Analysen und Dokumente
Wissenschaftliche Reihe des Bundesbeauftragten

Band 18

Analysen und Dokumente

Wissenschaftliche Reihe
des Bundesbeauftragten für die Unterlagen des Staatssicherheitsdienstes der ehemaligen Deutschen Demokratischen Republik

Herausgegeben von der Abteilung Bildung und Forschung

Redaktion:
Siegfried Suckut, Ehrhart Neubert, Walter Süß, Roger Engelmann, Jens Gieseke, Hubertus Knabe

Hubertus Knabe

West-Arbeit des MfS

Das Zusammenspiel von „Aufklärung" und „Abwehr"

Unter Mitarbeit von Bernd Eisenfeld,
Jochen Hecht, Hanna Labrenz-Weiß,
Andreas Schmidt, Birgit Sündram,
Monika Tantzscher, Tobias Wunschik
und Herbert Ziehm

Ch. Links Verlag, Berlin

Die Meinungen, die in dieser Publikationsreihe geäußert werden, geben ausschließlich die Auffassungen der Autoren wieder.

Die deutsche Bibliothek – CIP-Einheitsaufnahme

Knabe, Hubertus :
West-Arbeit des MfS : das Zusammenspiel von „Aufklärung“ und „Abwehr“ /
Hubertus Knabe. – 2. Aufl. Berlin : Links, 1999
(Analysen und Dokumente; Wissenschaftliche Reihe des Bundesbeauftragten für die Unterlagen des Staatssicherheitsdienstes der Ehemaligen Deutschen Demokratischen Republik ; Bd. 18)
ISBN 3-86153-182-8

2. Auflage, November 1999

Zehdenicker Str. 1, 10119 Berlin, Tel.: (030) 44 02 32-0
Internet: www.linksverlag.de
Umschlaggestaltung: KahaneDesign, Berlin, unter Verwendung eines Fotos von dpa: Willy Brandt und „Kanzlerspion“ Günter Guillaume bei einer Reise durch Schleswig-Holstein im September 1973
Satz: Kerstin Ortscheid, Berlin
Druck- und Bindearbeiten: WB-Druck, Rieden am Forggensee

ISBN 3-86153-182-8

Inhalt

1 Vorbemerkung

Die Öffentlichkeit hat erst in jüngster Zeit verstärkt zur Kenntnis genommen, daß die Tätigkeit des Ministeriums für Staatssicherheit (MfS) der DDR auch den westlichen Teil Deutschlands in erheblichem Maße tangiert hat. Während in den ersten Jahren nach Öffnung der Stasi-Unterlagen die Aufarbeitung der MfS-Vergangenheit vorrangig als Problem der Ostdeutschen wahrgenommen wurde, wächst inzwischen die Erkenntnis, daß der Staatssicherheitsdienst der DDR auch die westdeutsche Gesellschaft in vielfältiger Weise berührt hat – nicht nur im Bereich der „klassischen" Spionage.

Vor diesem Hintergrund bat im März 1997 der Vorsitzende der Enquete-Kommission des Deutschen Bundestages „Überwindung der Folgen der SED-Diktatur im Prozeß der deutschen Einheit" den Bundesbeauftragten für die Unterlagen des Staatssicherheitsdienstes der ehemaligen DDR um einen Bericht zum Thema „Die ‚West-Arbeit' des MfS und ihre Wirkungen". Dieser erklärte sich daraufhin bereit, die vorliegenden Erkenntnisse über die Westaktivitäten des MfS zusammenzutragen, wies aber zugleich darauf hin, daß die Materiallage bei diesem Thema teilweise dürftig und der Forschungsstand unbefriedigend sei. Nach knapp einjähriger Arbeit wurde der Bericht fertiggestellt und im März 1998 der Öffentlichkeit vorgestellt, was zu zahlreichen Anfragen führte, wann die Ergebnisse in breiter Form publiziert würden. Nach weiteren Recherchen und einer gründlichen Überarbeitung ist daraus das vorliegende Buch geworden, das erstmals auch die neu entschlüsselte Teildatenbank der „Aufklärung" analysiert.

Für die Behörde des Bundesbeauftragten stand die West-Arbeit des MfS in der Vergangenheit eher am Rande des Blickfeldes. Entstehungsgeschichte und Aufgabenbestimmung der Behörde brachten es mit sich, daß in der täglichen Arbeit das Schwergewicht auf den Aspekten der *inneren* Repression lag. Diese Orientierung wurde durch den Zustand der vom MfS überlieferten Karteien- und Aktenbestände verstärkt, in denen Findhilfsmittel und Schriftgut der für die „Auslandsaufklärung" vorrangig zuständigen Hauptverwaltung A (HV A) fast vollständig fehlen und auch die Unterlagen der anderen Diensteinheiten gerade zur West-Arbeit große Lücken aufweisen.

Gleichwohl war die West-Arbeit des MfS für die Behörde des Bundesbeauftragten nicht vollkommen bedeutungslos. Durch das Stasi-Unterlagen-Gesetz war sie zum Beispiel dazu verpflichtet, den Staatsanwaltschaften davon Mitteilung zu machen, wenn sich aus den Unterlagen Anhaltspunkte für eine Straftat im Zusammenhang mit der Tätigkeit des Staatssicherheitsdienstes ergeben – solche „Mitteilungen ohne Ersuchen" betrafen in vielen Fällen Alt-Bundesbürger, die für das MfS inoffiziell tätig waren. Darüber hinaus wurde auf Antrag von Wissenschaftlern, Untersuchungsausschüssen und Medienvertretern eine Vielzahl von Unterlagen über die Tätigkeit des MfS in Westdeutschland zugänglich gemacht oder in Kopie ausgehändigt. Zudem stellte eine wachsende Anzahl von Bürgern aus den alten Ländern einen Antrag auf Auskunft und Einsicht in die über sie vom MfS angelegten Unterlagen, die ihnen, soweit solche aufgefunden werden konnten, inzwischen auch vielfach gewährt wurden. Schließlich spielte die West-Arbeit des MfS auch in der Tätigkeit der Abteilung Bildung und Forschung in verschiedenen Zusammenhängen eine Rolle – sei es bei der Erforschung von Strukturen und Vorgehensweisen des MfS, sei es bei Vorträgen oder Ausstellungen im Rahmen der politischen Bildung, sei es in einzelnen Veröffentlichungen (vgl. Kap. 3.1.3).

Deutlich wurde bei all diesen Bezügen immer wieder, daß West-Arbeit und Ost-Arbeit im Geheimdienst der SED eng miteinander verwoben waren und im nachhinein kaum voneinander zu trennen sind. Zwar gab es Diensteinheiten wie die HV A, die überwiegend im Westen operierten, doch fungierte auch diese als genuiner Teil eines einheitlich geleiteten Apparates. Das ständige Zusammenspiel von „Abwehr" und „Aufklärung" kristallisierte sich geradezu als konstitutives Merkmal des Staatssicherheitsdienstes heraus – und strafte damit alle Behauptungen der „Aufklärer" und ihres langjährigen Leiters, Markus Wolf, Lügen, sie hätten mit der Überwachung und Verfolgung der Bevölkerung nichts zu tun gehabt. Insofern ist dieses Buch mehr als ein Bericht über die Informationsbeschaffung der DDR im Westen Deutschlands. Es macht deutlich, wie sehr auch die vermeintlich systemneutrale Spionage im Staatssicherheitsdienst der DDR Teil eines gegen die Demokratie gerichteten Repressivorgangs war.

Dieser Bericht hätte nicht entstehen können ohne die Unterstützung von zahlreichen Kollegen aus der Behörde des Bundesbeauftragten für die Stasi-Unterlagen. Viele Kapitel basieren auf umfangreichen Zuarbeiten, die in unterschiedlich starkem Maße bearbeitet wurden. Stellvertretend für die Abteilung Archive danke ich insbesondere Christa Knochenhauer, Ingelore Bartonek, Jochen Hecht, Birgit Sündram, Christine Eisenberg, Hannelore Edler und Ralf Blum; für die Abteilung Auskunft Klaus Richter und Herbert Ziehm; für die Abteilung Bildung und Forschung Roland Wiedmann, Monika Tantzscher, Bernd Eisenfeld, Hanna Labrenz-Weiß, Andreas Schmidt, Tobias Wunschik, Roger Engelmann, Reinhard Buthmann, Frank Joestel, Matthias Braun, Günter Förster, Henry Leide, Jens Gieseke, Regina Leupold und Claudia Schneemann. Mein größter Dank gebührt dabei Peter Popiolek, der die meisten der hier zitierten Dokumente zusammengetragen hat.

Berlin, im Juli 1999 Hubertus Knabe

2 Fragestellung und methodisches Vorgehen

2.1 Zum Begriff der West-Arbeit

Auf den ersten Blick ist die West-Arbeit des MfS ein vergleichsweise einfach und klar zu umreißendes Tätigkeitsfeld des Staatssicherheitsdienstes der DDR: Die Entsendung von Spionen in die Bundesrepublik und deren Führung oder, auf die Arbeitsstrukturen des MfS übertragen, die Spionagetätigkeit der Hauptverwaltung A (HV A) unter Generaloberst Markus Wolf und seinem Nachfolger, Werner Großmann. Tatsächlich umfaßte die „Arbeit im und nach dem Operationsgebiet" – wie das MfS seine Tätigkeit im westlichen Ausland bezeichnete – aber ein sehr viel breiteres Spektrum an Handlungsweisen und dafür zuständigen Diensteinheiten. Geographisch, strukturell, aufgabenbezogen und nicht zuletzt mit Blick auf die relevanten Quellenbestände ist der Begriff bedeutend weiter zu fassen, als dies in den meisten Darstellungen der Fall ist.

Geographisch war die Tätigkeit des MfS auf fremdem, nichtsozialistischem Territorium zunächst vor allem auf die neugegründete Bundesrepublik Deutschland sowie auf Westberlin konzentriert; es weitete sein Arbeitsgebiet jedoch bald auch auf andere westliche Staaten sowie auf zentrale Institutionen der NATO und der Europäischen Gemeinschaft (EG) aus. Mit der diplomatischen Anerkennung der DDR und der Einrichtung von Botschaften in zahlreichen Ländern nahmen die Möglichkeiten der konspirativen Informationsbeschaffung weiter zu und wurden – in erster Linie von der HV A – auch weidlich genutzt. Die West-Arbeit des MfS umfaßte also eine große Anzahl an geographischen Einsatzgebieten, zu denen neben Westdeutschland und der um die USA gruppierten westlichen Staatengemeinschaft die neutralen europäischen Staaten wie Österreich oder Schweden, eine Reihe von Entwicklungsländern, insbesondere in Afrika, sowie zahlreiche andere Länder der Erde zählten. Seit Anfang der siebziger Jahre gehörte auch die Volksrepublik China zum „Operationsgebiet", seit Anfang der achtziger de facto sogar die Volksrepublik Polen.[1]

Auch *strukturell* waren große Teile des MfS-Apparates in die West-Arbeit des Staatssicherheitsdienstes eingebunden. Für die Beschaffung von politi-

1 Vgl. dazu Mielkes „Feststellungen zur Lage in Polen" vom Februar 1982, in: Material über die erweiterte Kollegiumssitzung vom 19.2.1982 zur Auswertung der Beratung des Sekretariates des ZK der SED mit den 1. Sekretären der Kreisleitungen, Anlage zum Schreiben Erich Mielkes vom 25.2.1982, S. 19–23; BStU, ZA, DSt 102825.

schen, militärischen oder ökonomischen Informationen aus dem westlichen Ausland war keineswegs nur die HV A zuständig. Diensteinheiten wie die Hauptabteilung XVIII (Volkswirtschaft) oder die Hauptabteilung I (Abwehrarbeit in der Nationalen Volksarmee [NVA] und den Grenztruppen der DDR) hatten ebenfalls den Auftrag, in ihren jeweiligen Arbeitsfeldern „Aufklärung" zu betreiben. Die NVA verfügte zusätzlich noch über einen eigenen Aufklärungsdienst, der eng mit dem MfS verknüpft war, hier jedoch außer Betracht bleiben soll.[2] Die Hauptabteilung III, die den Äther überwachte, spielte, obgleich zur „Abwehr" gehörig, gleichermaßen eine zentrale Rolle bei der Informationsbeschaffung aus dem Westen. Fast alle nach innen gerichteten Diensteinheiten waren auch zur „Arbeit im und nach dem Operationsgebiet" verpflichtet, namentlich die Hauptabteilung II, die Spionageabwehr betreiben sollte, die Hauptabteilung VIII, die Observationen durchführte, die Hauptabteilung XXII, die sich mit Terrorabwehr beschäftigte, sowie die Hauptabteilung XX, die unter anderem den Staatsapparat, die Massenorganisationen, das Kulturleben und die Kirchen überwachen sollte. Mittelbar beteiligt waren ferner viele Diensteinheiten, die technisch-organisatorische Unterstützung leisteten, die die einlaufenden Informationen auswerteten oder die analytisch tätig waren – etwa die Abteilung M, die für die Postkontrolle zuständig war, die Abteilung 26, die für die Telefonüberwachung verantwortlich zeichnete, der Operativ-technische Sektor (OTS), der die technischen Mittel für die nachrichtendienstliche Arbeit entwickelte, oder die Zentrale Auswertungs- und Informationsgruppe (ZAIG), die unter anderem das Politbüro informierte. Grundsätzlich waren im MfS sämtliche Diensteinheiten dazu verpflichtet, sich in ihrer Arbeit gegenseitig zu unterstützen und jedes „Ressort-Denken" auszuschließen, und tatsächlich gehörten Zuarbeit und Kooperation im Staatssicherheitsdienst der DDR zur normalen Praxis.

Aufgabenbezogen erschöpfte sich die West-Arbeit des Ministeriums für Staatssicherheit nicht, wie die „Erinnerungen" des ehemaligen HVA-Chefs, Markus Wolf, annehmen lassen, auf die passive Beschaffung von Informationen für die oberste Führungsspitze – also das, was im Geheimdienstjargon gemeinhin „Aufklärung" genannt wird. Hinzukam zum einen eine extensive Wirtschafts- und Technologiespionage, deren Ergebnisse systematisch in die DDR-Wirtschaft und zumeist auch in die Sowjetunion transferiert wurden. Darüber hinaus ging es SED und MfS um die gezielte Nutzung der gewonnenen Informationen zur aktiven Einflußnahme auf die Politik des Westens, sei es durch Schürung von Konflikten und Differenzen, sei es durch die Auslösung und Forcierung von Skandalen, sei es durch die Beeinflussung von Staaten, Medien, Parteien oder Organisationen, damit diese eine der DDR

2 DA 3/87 über „Das politisch-operative Zusammenwirken zwischen den Diensteinheiten des Ministeriums für Staatssicherheit und dem Bereich Aufklärung des Ministeriums für Nationale Verteidigung"; BStU, ZA, ZAIG 13741, S. 9–24; ausführlicher zum „Bereich Aufklärung": *Kabus 1993*; *Siebenmorgen 1993,* S. 145 ff.; *Schlomann 1993*, S. 17 f.; *Wegmann 1997.*

möglichst genehme Politik betrieben. Auf der anderen Seite wollte man jeden unerwünschten Abfluß von Informationen aus der DDR verhindern, was als sogenannte Spionageabwehr vom MfS so weitgefaßt wurde, daß letztlich jede Form der Ost-West-Verbindung die Staatssicherheit auf den Plan rufen konnte – wie im Fall jenes Hamburger Bankdirektors, der aufgrund seiner regelmäßigen Besuche in seinem ostdeutschen Heimatdorf in den siebziger Jahren wegen des Verdachts der Agententätigkeit jahrelang im Operativen Vorgang „Prignitz" bearbeitet und rundum ausgeforscht wurde.[3] In der Logik dieses Sicherheitsdenkens lag es dabei, nicht nur die bundesdeutschen Geheimdienste „vorbeugend" zu infiltrieren, um mittels sogenannter Gegenspionage über alle Planungen und Schritte des Gegners frühzeitig informiert zu sein, sondern auch zahlreiche andere westliche Institutionen und Organisationen, die sich in irgendeiner Weise mit der DDR oder dem Ostblock beschäftigten. West-Arbeit spielte zudem auch bei der inneren Überwachung und Verfolgung eine zentrale Rolle, also bei dem, was man im MfS euphemistisch als „Abwehr" bezeichnete, denn bei der Bekämpfung von Flucht und Ausreise, von politischer Kritik und blockübergreifenden Bewegungen, von unkontrollierten deutsch-deutschen Kontakten und „Rückverbindungen" ausgereister DDR-Bürger wurde vom MfS immer nach den „Hintermännern" im Westen gefahndet. Zudem gehörte die Kontrolle und aktive „Zersetzung" von SED-„feindlichen" Personen und Einrichtungen im Westen von Anbeginn zu den Aufgaben des Ministeriums für Staatssicherheit, so daß der „Arbeit im und nach dem Operationsgebiet" auch in diesem Bereich großes Gewicht zukam. Schließlich zählte zum Aufgabentableau des MfS im Westen eine intensive Vorbereitung von Einsätzen in der Bundesrepublik und Westberlin für den Fall von Kriegs- und Krisensituationen.

Es versteht sich von selbst, daß bei einer solchen Ausgangslage auch *quellenbezogen* der Bereich der West-Arbeit des MfS außerordentlich weit zu fassen ist. Keineswegs ist hier ausschließlich oder vorrangig der – planmäßig beseitigte – Aktenbestand der HV A relevant, sondern letztlich die Überlieferung des gesamten Ministeriums. Auf der Ebene des zentralen Weisungsmaterials finden sich zahlreiche Planvorgaben, Richtlinien, Dienstanweisungen, Befehle oder Schreiben, in denen die West-Arbeit der verschiedenen Diensteinheiten geregelt wird. Um den Westen geht es vielfach auch im Bereich der verdichteten Analysen und Berichte, insbesondere der Zentralen Auswertungs- und Informationsgruppe, der Juristischen Hochschule (JHS) sowie der Auswertungsgruppen und -abteilungen der operativen Diensteinheiten. Unter den registrierten und inzwischen zumeist auch archivierten personenbezogenen Vorgängen finden sich ebenfalls zahlreiche Operative Vorgänge (OV), Operative Personenkontrollen (OPK) oder Arbeitsakten inoffizieller Mitarbeiter (IM) zu Bürgern der Bundesrepublik sowie über DDR-

3 Vgl. „Der vermeintliche Agent. Wie Fritz Schwieger aus Hamburg ins Fadenkreuz der Stasi geriet", in: Märkische Allgemeine vom 5.1.1998.

Bürger, die als Opfer oder Täter mit dem Westen näher in Berührung kamen. Darüber hinaus spiegelt sich die West-Arbeit des MfS in den personen- und sachbezogenen Ablagen der Diensteinheiten, in ihren Unterlagen über interne Besprechungen, Festlegungen und Pläne sowie in den umfangreichen Hinterlassenschaften der zentralen oder koordinierenden Organe des MfS, in erster Linie des Sekretariates des Ministers (SdM) und der Arbeitsgruppe des Ministers (AGM) wider. Nicht zuletzt in den zahlreichen zentralen und dezentralen Karteien finden sich wichtige Hinweise über das Vorgehen des MfS im Westen (vgl. Kap. 3.2).

Der Begriff West-Arbeit gibt somit kaum mehr als eine geographische Orientierung an und ist von der Gesamtarbeit des MfS nicht zu trennen. Tatsächlich hat es, unbeschadet der relativen organisatorischen und personellen Eigenständigkeit der verschiedenen „Linien", eine deutliche Unterscheidung oder gar strukturelle Trennung zwischen West-Arbeit und Ost-Arbeit im Staatssicherheitsdienst der DDR nie gegeben – die Verbindung von Nachrichtendienst und Geheimpolizei in einem einzigen Apparat ist vielmehr gerade das Spezifikum des Staatssicherheitsdienstes. Immer operierte das MfS nach innen und außen zugleich, was angesichts der bis 1961 offenen Grenze, der anfangs unerwarteten Teilung Deutschlands und der danach fortbestehenden vielfältigen Beziehungen zwischen Ost- und Westdeutschen kaum verwundern kann. Beteiligt waren daran nicht nur nahezu alle Diensteinheiten des MfS, sondern auch Bürger aus beiden Teilen Deutschlands und weiteren Staaten sowie solche, die ihren Wohnort oder ihre Staatsbürgerschaft wechselten. Westberlin wurde vom MfS ohnehin lange Zeit wie ein Teil der DDR behandelt, für den in erster Linie die Verwaltung für Staatssicherheit Groß-Berlin zuständig war – eine Bezeichnung, die für sich spricht und die erst 1976 abgeschafft wurde.

Eine Unterscheidung gab es allenfalls zwischen unterschiedlichen Aspekten und Zielrichtungen der West-Arbeit, die zum einen darauf gerichtet sein konnte, mehr oder weniger passiv Informationen über den „Gegner" zu gewinnen, zum anderen die Aufgabe haben konnte, „Angriffe des Gegners" auf das Herrschaftssystem der SED aktiv abzuwehren. Diese vom MfS benutzte Differenzierung zwischen „Aufklärung" und „Abwehr" trug gewissermaßen Grundformen nachrichtendienstlicher Arbeit Rechnung und war in der Vor- und Frühgeschichte des MfS auch institutionell mit verschiedenen Organisationssträngen verbunden (vgl. Kap. 4.1). Mit „Aufklärungsarbeit" war danach im Sprachgebrauch des MfS in erster Linie die Tätigkeit der Hauptverwaltung A und der von ihr angeleiteten Abteilungen XV in den Bezirksverwaltungen gemeint, obwohl diese, wie zu zeigen sein wird, ebenfalls Abwehraufgaben erfüllte – während die „Abwehrarbeit" Aufgabe aller übrigen operativen Diensteinheiten und Linien war, obgleich diese in der Regel ebenfalls „Arbeit im und nach dem Operationsgebiet" betrieben.

Tatsächlich verschwimmt bei genauerem Hinsehen auch diese Trennlinie. Zum einen lassen sich „Aufklärung" und „Abwehr" in der Sache kaum voneinander trennen, insbesondere, wenn zwischen inneren und äußeren Gegnern nicht unterschieden wird. Ist es „Abwehr" oder „Aufklärung", wenn die Gefangenenhilfsorganisation Amnesty International vom MfS ausgeforscht wurde? Ist es das eine oder das andere, wenn Agenten der HV A bei einem Parteitag in der Bundesrepublik einen bestimmten Antrag einbringen sollten? Im mechanischen Freund-Feind-Denken der SED konnte Kritik im Inneren der DDR aus ideologischen Gründen nur von äußeren „feindlichen" Einwirkungen ausgelöst worden sein, während umgekehrt jedes äußere Agieren des Westens als Versuch zielgerichteter Einmischung und „Diversion" betrachtet wurde. Dies und die ständige Angst der SED vor dem eventuellen Verlust der Macht ließen die Suche nach dem inneren „Feind" und seinen westlichen „Auftraggebern" so weit ausufern, daß die Grenzen zwischen innerer und äußerer Sicherheit bis zur Unkenntlichkeit verwischten.

Das ideologisch determinierte Grundverständnis des MfS mit seinem umfassenden Feindbegriff spiegelt sich bereits in einer verwirrenden Unklarheit der Begriffe: So galt die „Aufklärung" dem „Wörterbuch der politisch-operativen Arbeit" zufolge sowohl als Bestandteil der „Abwehrarbeit" wie der „Aufklärungsarbeit"; letztere wiederum wurde als „politisch-operative Arbeit verschiedener Diensteinheiten des MfS im und nach dem Operationsgebiet" definiert, die hauptsächlich von der Hauptverwaltung Aufklärung geleistet werde. Deren Ziel war es nicht nur, die „Pläne, Absichten, Agenturen, Mittel und Methoden des Feindes rechtzeitig und zuverlässig aufzuklären und Überraschungen auf politischem, militärischem, wissenschaftlichem und wissenschaftlich-technischem Gebiet zu verhindern", sondern auch die gegnerischen „Stützpunkte und Agenturen in der DDR" aufzuklären und zu zerschlagen sowie „offensive Maßnahmen gegen feindliche Zentren und gegen im Operationsgebiet tätige feindliche Kräfte durchzuführen".[4] Fast wortgleich werden diese Ziele auch für die „Arbeit im und nach dem Operationsgebiet" wiederholt, so daß in der „lingua securitatis" beide Begriffe offensichtlich Synonyme darstellten.[5] Doch im selben Begriffekanon des MfS wird auch die „Abwehrarbeit" als „Gesamtheit der vorbeugenden, schadenverhütenden, offensiven, schwerpunktbezogenen, komplexen und koordinierten offiziellen und inoffiziellen politisch-operativen Tätigkeit der operativen Linien und Diensteinheiten des MfS zum Schutz des Friedens, der Sicherung und Stärkung der DDR und ihrer Bürger vor allen Angriffen des Feindes innerhalb und außerhalb der DDR [...]" bezeichnet; und auch diese dient unter anderem „der rechtzeitigen und allseitigen Aufdeckung und Aufklärung sowie Durchkreuzung der gegen die DDR gerichteten Pläne, Programme, Absichten, Machenschaften, Maßnahmen und Umtriebe des Gegners" auf den verschiedenen Gebieten, einschließlich „der Schaffung von feindlichen Stütz-

4 *Suckut 1996*, S. 60 f.
5 Ebenda, S. 264 f.

punkten und Agenturen".[6] „Aufklärung" und „Abwehr" dienten somit beide einem gemeinsamen Ziel: die kommunistische Macht in der DDR und darüber hinaus zu sichern und zu stärken.

Tatsächlich waren „Aufklärung" und „Abwehr" auch organisatorisch in vielfältiger Weise vermengt. Dafür sorgte nicht nur, daß der Aufklärungsapparat von Markus Wolf 1953 seine institutionelle Eigenständigkeit verlor und in einem einheitlichen Staatssekretariat für Staatssicherheit aufging – mit der Folge einer engen und institutionalisierten Kooperation zwischen beiden Bereichen. In der Praxis verfolgten vielmehr alle im Westen aktiven Diensteinheiten sowohl Aufklärungs- wie Abwehrabsichten. Wie breit und umfassend die West-Zuständigkeiten sich über das gesamte Ministerium verteilten, macht ein Schreiben des Ministers für Staatssicherheit vom Oktober 1988 anschaulich, in dem die „Verantwortlichkeiten von Diensteinheiten zur Aufklärung, Kontrolle bzw. Bearbeitung feindlicher Stellen und Kräfte im Operationsgebiet" festgelegt werden. Danach wurden von den insgesamt 153 genannten Einrichtungen, die nach Auffassung des MfS „subversive Tätigkeit gegen die DDR und andere sozialistische Staaten inspirieren, organisieren bzw. durchführen oder durch anderweitige politisch-operativ relevante Aktivitäten Sicherheitsinteressen der DDR und anderer sozialistischer Staaten berühren bzw. gefährden (außer imperialistische Geheimdienste und kriminelle Menschenhändlerbanden)", lediglich 58 von der HV A bearbeitet; für 23 Einrichtungen war die Hauptabteilung XX zuständig, für 22 die Abteilung XXII (geändert 1989 in: Hauptabteilung), für 18 die Hauptabteilung II etc. (vgl. Tabelle 1). Auch in einer Übersicht der Abteilung XII (Zentrale Auskunft/Speicher) aus dem Jahre 1983 „über ausgewählte Erfassungen zu Objekten des Feindes, insbesondere über feindliche Zentren und Organisationen sowie terroristische Vereinigungen" spiegelt sich dieselbe breite Streuung der Zuständigkeiten: Von den 119 Einrichtungen waren 26 von der Hauptabteilung XX, 23 von der Abteilung XXII, 20 von der Hauptverwaltung A, 19 von der Hauptabteilung II sowie 31 von anderen Diensteinheiten des MfS erfaßt.[7]

6 Ebenda, S. 37 ff.

7 Die Gesamtzahl der „im Zusammenhang mit der Aufbereitung und Erfassung operativ bedeutsamer Informationen zu Personen im System zu beachtenden gegnerischen Geheimdienste, Zentren der politisch-ideologischen Diversion sowie anderen feindlichen Einrichtungen, Institutionen, Organisationen und Personengruppen" war mit etwa 1 800 freilich ungleich größer und reichte von der Fluchthilfeorganisation ABBAX bis zum Zweiten Deutschen Fernsehen; vgl. ZAIG: Anlage 2 zu den Hinweisen zum Ausfüllen der Belege Form 430 (Erfassungsbeleg), Form 431 (Auskunftsersuchen) und Form 432 (Übernahmemitteilung/Löschung) vom 7.2.1986, S. 1; BStU, ZA, DSt 103273.

Tabelle 1 Verantwortlichkeiten im MfS für „feindliche Stellen und Kräfte im Operationsgebiet" (Oktober 1988)[8]

HV A/I:	9	HA XX/1:	1	BV Berlin/XV:	10	BV Schwerin/XV:	1
	12	HA XX//4:	17	BV Berlin/VII:	1	BV Schwerin/VI:	1
HV A/III:	6	HA XX/5:	3	BV Berlin (gesamt)	11	BV Schwerin (gesamt)	2
HV A/IV:	1	HA XX/7:	2	ZKG/4:	3	HA VIII/4:	1
HV A/IX:	4	HA XX (gesamt):	23	ZKG/5:	2	HA XVIII/6:	1
HV A/X:	9	Abteilung XXII:	22	ZKG (gesamt):	5	BV Erfurt/XV:	1
HV A/XI:	8	HA II/AGA:	14	HA I/KGT/Aufkl.	3	BV Frankfurt/XX:	1
HV A/XII:	6	HA II/13:	3	HA I/Äuß. Abwehr:	1	BV Halle/VI:	1
HV A/XV:	2	HA II/AG 4:	1	HA I (gesamt):	4	BV Magdeburg/XV:	1
HV A/XVI:	1	HA II (gesamt):	18	BV Gera/BKG:	1	BV Suhl/XX:	1
HV A (gesamt):	58			BV Gera/XV:	2		
				BV Gera (gesamt):	3		

Wenn man überhaupt von einer Trennlinie innerhalb des MfS zwischen West- und Ost-Arbeit sprechen will, dann war diese eher technischer Natur und betraf vor allem die Besonderheiten, die mit dem IM-Einsatz auf fremdem Territorium verbunden waren. Spezifische Probleme verursachte zum Beispiel das „Verbindungswesen", also die Kommunikation mit den inoffiziellen Mitarbeitern im „Operationsgebiet"; auch ihre Anwerbung war komplizierter, da diese durch die hauptamtlichen Mitarbeiter oftmals nicht direkt vollzogen werden konnte, sondern über Mittelsmänner geschehen mußte. Diesen Besonderheiten wurde 1968 mit einer speziellen „Richtlinie 2/68 für die Arbeit mit Inoffiziellen Mitarbeitern im Operationsgebiet" Rechnung getragen, die für die „Linien der Aufklärung und äußeren Abwehr" gleichermaßen galt.[9] Mit der Neuformulierung der Richtlinien zum IM-Einsatz wurde diese Trennung Ende der siebziger Jahre jedoch wieder aufgegeben, denn nun wurde mit der Richtlinie 1/79 „die für alle operativen Diensteinheiten verbindliche Grundlage für die Arbeit mit IM und GMS vorgegeben" – mit einem ausführlichen Kapitel über „Die Arbeit mit IM im und nach dem Operationsgebiet".[10] Die nach wie vor bestehenden Sonderregelungen der HV A wurden in einer speziellen „Richtlinie Nr. 2/79 für die Arbeit mit Inoffiziel-

8 Laut Anlage 1 zum Schreiben des Ministers für Staatssicherheit vom 14.10.1988, betrifft: „Verantwortlichkeiten von Diensteinheiten zur Aufklärung, Kontrolle bzw. Bearbeitung feindlicher Stellen und Kräfte im Operationsgebiet, GVS 008-4/85; BStU, ZA, DSt 103142.

9 Richtlinie 2/68 für die Arbeit mit Inoffiziellen Mitarbeitern im Operationsgebiet, abgedruckt in: *Müller-Enbergs 1998*, S. 352–388, hier 353.

10 Richtlinie 1/79 für die Arbeit mit Inoffiziellen Mitarbeitern (IM) und Gesellschaftlichen Mitarbeitern für Sicherheit (GMS), abgedruckt in: *Müller-Enbergs 1996*, S. 305 ff., hier 306 und 351 ff.

len Mitarbeitern im Operationsgebiet" als verbindlich für die Diensteinheiten der Aufklärung erklärt, wobei auch die Diensteinheiten der Abwehr danach zu verfahren hatten, wenn „die Lösung spezieller Aufgaben die Anwendung spezieller politisch-operativer Methoden der Arbeit mit IM im Operationsgebiet" erforderte.[11]

Auch die Formen der „Bearbeitung" von Personen im Westen wiesen manche Besonderheiten auf. So konnte das MfS im „Operationsgebiet" nicht einfach Festnahmen oder Hausdurchsuchungen vornehmen, obwohl es auch das, vor allem in den fünfziger Jahren, immer wieder gegeben hatte. Mit abgestimmten Strategien der beteiligten Diensteinheiten und unter Nutzung aller „operativer Möglichkeiten" wurden die Interessen der DDR statt dessen auf andere Weise verfolgt – zum Beispiel mit der Entsendung von konspirativ tätigen „Ermittlern" oder mit sogenannten Zersetzungsmaßnahmen, die systematisch gegen „Feinde" im Westen ins Werk gesetzt wurden.

Trotz dieser Spezifika war die West-Arbeit nicht ein abgesonderter Nebenzweig der DDR-Staatssicherheit, sondern Gesamtaufgabe des MfS. In dem Begriff vermischen sich politisch-ideologische Vorstellungen mit geographischen und „operativen" Aspekten, so daß eine klare Definition, etwa in Abgrenzung zur Ost-Arbeit, letztlich nicht möglich ist. Nicht ohne Grund wurde der Begriff in den siebziger und achtziger Jahren durch die umständliche Formulierung „Arbeit im und nach dem Operationsgebiet" ersetzt, wobei man die indirekte Unterstützungsfunktion jener Diensteinheiten des MfS nicht vergessen darf, die mit dieser Tätigkeit nicht unmittelbar „operativ" beauftragt waren. In der verquasten Sprache des MfS bedeutete die „Arbeit im und nach dem Operationsgebiet":

> „Gesamtheit der politisch-operativen Aufgaben, Prozesse, Maßnahmen und Aktivitäten des MfS, der Einsatz politisch-operativer Kräfte des MfS im Operationsgebiet und die Nutzung solcher Personen aus dem Operationsgebiet, die zur Erfüllung operativer Aufgaben geeignet sind. Die Arbeit im und nach dem Operationsgebiet dient vor allem der Lösung der politisch-operativen Aufgaben im Operationsgebiet unter Nutzung der Potenzen und Möglichkeiten der operativen Basis des MfS. Sie schließt die vorgangs- und personenbezogene Arbeit der Diensteinheiten der Abwehr im und nach dem Operationsgebiet ein. Dabei ist ständig von der Einheit der Erfordernisse auszugehen, die sich aus der Zielstellung, der vorgangs- und personenbezogenen Arbeit im und nach dem Operationsgebiet und den Zielstellungen der Aufklärungstätigkeit ergeben."[12]

11 Richtlinie 2/79 für die Arbeit mit Inoffiziellen Mitarbeitern im Operationsgebiet, abgedruckt in: *Müller-Enbergs 1998,* S. 471 ff.

12 *Vgl. Suckut 1996*, S. 264.

2.2 Methodische Probleme

Die breite Ausrichtung der West-Arbeit des MfS stellt das vielleicht gravierendste methodische Problem bei der Abfassung der vorliegenden Studie dar. Zu der geographischen, strukturellen und aufgabenbezogenen Streuung der Aspekte tritt noch die historische Dimension der West-Arbeit, die die horizontale Themenvielfalt gleichsam in vertikaler Richtung auf knapp vierzig Jahre MfS-Geschichte ausdehnt. Es ist deshalb von vornherein in Rechnung zu stellen, daß aus der Fülle der relevanten Gesichtspunkte nur eine kleine Auswahl behandelt werden kann, die einen ersten Überblick ermöglichen soll und durch weitere Studien ergänzt und vertieft werden muß.

Verschärft wird dieses Problem dadurch, daß zu vielen untersuchungsrelevanten Gebieten bislang keine oder nur unzureichende Forschungsergebnisse existieren (vgl. Kap. 3.1). Ein großer Teil des in Frage kommenden Quellenmaterials ist wissenschaftlich bislang noch gar nicht ausgewertet worden – etwa die Bestände der für Observationen zuständigen Hauptabteilung VIII oder die der Hauptabteilung I, die unter anderem das Grenzgebiet zur Bundesrepublik aufklären sollte. Viele der in dieser Studie angeschnittenen Themen können daher nur vorläufig und holzschnittartig behandelt werden, und beträchtliche Bereiche müssen gänzlich offenbleiben. Durch die vom Bundesbeauftragten für die Stasi-Unterlagen betriebenen Forschungsanstrengungen und die Herausgabe von Unterlagen an externe Forscher konnte zwar manche Lücke geschlossen werden, doch viele Aufgabenfelder des MfS müssen nach wie vor als weitgehend unerforscht gelten.

In der Quellenüberlieferung liegt das dritte Problem, das durch die thematische Breite der zu verhandelnden Fragen noch verschärft wird. Bei einem Gesamtbestand von etwa 180 laufenden Kilometern Quellenmaterial in den Archiven des Bundesbeauftragten ist der Umfang der einschlägig relevanten Archivalien so groß, daß deren Aufarbeitung noch Jahre, wenn nicht Jahrzehnte in Anspruch nehmen wird. Darüber hinaus ist erst ein kleiner Teil archivarisch erschlossen, so daß vielfach ein systematischer Zugriff nicht möglich ist. Zwar sind mittlerweile etwa drei Viertel der Schriftgutbestände für Personenrecherchen nutzbar, doch nach Sachgesichtspunkten erschlossen sind bislang weniger als 20 Prozent. Gerade bei der Erschließung der Unterlagen vieler an der West-Arbeit beteiligter Diensteinheiten bestehen beträchtliche Lücken. Ein erhebliches Handicap für die Forschung besteht schließlich darin, daß ein bedeutender Teil der Bestände vernichtet oder beiseite geschafft wurde, so daß wichtige Arbeitsfelder – vor allem der HV A – kaum mit Akten belegt sind.

Diese Probleme sind um so gravierender, wenn es darum geht, die West-Arbeit des MfS nach systematischen Gesichtspunkten zu analysieren. Um die Dimensionen und Wirkungen der West-Arbeit nachzeichnen zu können, müßte man eigentlich die wichtigsten Wirkungsfelder, die angewandten Methoden sowie (soweit dies überhaupt möglich ist) die erzielten Ergebnisse untersuchen und dabei insbesondere das Zusammenspiel der beteiligten Diensteinheiten herausfiltern – doch zu einem solchen strukturübergreifenden Forschungsansatz fehlen bislang noch weitgehend die Voraussetzungen. Zum einen steckt die „Grundlagenforschung" zum MfS noch immer in den Anfängen, so daß sich eine Analyse der Methoden und Wirkungen auf unsicherem Boden bewegt und deshalb meistens nur punktuell und unter Vorbehalten möglich ist. Zum anderen bringen es die bürokratische Struktur, das ständige Streben nach Konspiration sowie die ideologischen Denkblockaden des MfS mit sich, daß aus den überlieferten Quellen nur selten brauchbare Aussagen über komplexe Fragestellungen abzuleiten sind. Die Frage etwa, wie weit das MfS in der Halbstadt Westberlin nun wirklich verankert war oder welchen Einfluß es gar auf den Deutschen Bundestag ausübte, ist in keiner der hauseigenen MfS-Analysen beantwortet – sie kann, wenn überhaupt, auf seriöse Weise nur durch die mühselige Rekonstruktion der vielfältigen Einsatzrichtungen des MfS geklärt werden.

Nicht zuletzt aus diesem Grunde kann die Frage nach den Wirkungen der West-Arbeit mit wissenschaftlicher Exaktheit gegenwärtig nur annäherungsweise beantwortet werden. Zum einen stellt sich dabei das grundsätzliche methodische Problem, wie überhaupt eine solche Wirkung gemessen werden kann, denn gerade im politischen und geistigen Leben ist es in der Regel schwierig festzustellen, was wodurch bewirkt worden ist. Wie soll man etwa heute unterscheiden, welchen Anteil das MfS und welchen die westdeutsche Gesellschaft daran hatte, daß der frühere Ministerpräsident von Baden-Württemberg, Hans Filbinger, wegen seiner Tätigkeit als Marinerichter im Nationalsozialismus 1978 in die Schlagzeilen geriet und unter dem Druck der Öffentlichkeit zurücktreten mußte? Und welches Motiv bewirkte letztlich, daß sich beim Mißtrauensvotum gegen Willy Brandt unter den Abgeordneten des Deutschen Bundestages am 27. April 1972 keine Mehrheit für den Kanzlersturz fand – waren es die Gelder des MfS an den Bundestagsabgeordneten der CDU, Julius Steiner, waren es die Gespräche und Gelder, mit denen der damalige Fraktionsgeschäftsführer der SPD, Karl Wienand, für seinen Kanzler auf Stimmenfang ging, oder waren es die generellen politischen Erwägungen und Stimmungen in dieser Zeit? Wie soll man heute feststellen, was an der Friedensbewegung der achtziger Jahre authentischer Protest gegen die Gefahren eines Nuklearkrieges war, was eine Folge gezielter Einwirkungen der DDR-Staatssicherheit und wie sehr etwa finanzielle Zuwendungen des MfS an die seinerzeit bedeutsame Gruppe „Generäle für den Frieden" deren politische Wirkung verstärkten? Natürlich kann – und sollte! – im Einzelfall genau geprüft werden, wo externe Einflußnahmen stattfanden und welche Wirkungen diese gegebenenfalls nach sich zogen. Doch das Verhältnis zwischen Steuerung und selbständiger Entwicklung ist im Regelfall kaum exakt anzugeben.

Am ehesten wäre wohl noch – wenn die diesbezüglichen Unterlagen noch existierten – eine Wirkung der West-Arbeit des MfS in der Wirtschafts- und Technologiespionage anzugeben, doch auch hier müßte man im wesentlichen auf die entsprechenden (Erfolgs-)Bilanzen des MfS zurückgreifen, ohne in der Regel verifizieren zu können, ob diese nicht geschönt wurden und vor allem: welcher konkrete Schaden oder Nutzen dadurch entstanden ist. Die zentrale Frage nach den Wirkungen der West-Arbeit des MfS kann deshalb im Rahmen dieser Studie nur im Sinne einer vorsichtigen, allgemeinen Bilanzierung thematisiert werden.

Eine andere, die Öffentlichkeit interessierende, Frage ist mit wissenschaftlicher Genauigkeit zur Zeit ebenfalls nicht zu beantworten – die Frage nach der Gesamtzahl der im Westen agierenden Informanten des MfS. Im Bestand des Bundesbeauftragten für die Stasi-Unterlagen wurden bislang keine Analysen und Statistiken gefunden, die darüber exakt Auskunft geben könnten, und angesichts der besonders starken Konspiration in diesem Bereich sowie der großen Anzahl der beteiligten Diensteinheiten ist es auch wenig wahrscheinlich, daß sie überhaupt geführt wurden. Zudem wurden gerade die Karteikarten und Arbeitsakten der IM im Westen in der Zeit der Auflösung systematisch beseitigt, so daß im Einzelfall verifizierte Aussagen wohl niemals möglich sein werden.

Bei einer Zählung von einem Prozent der verbliebenen Karteikarten ergab sich, daß 541 Bundesbürger vom MfS als IM erfaßt waren – hochgerechnet also über 50 000 im Lauf von 40 Jahren mit Stand November 1989. Bei einer Prüfung der überlieferten Akten von 54 dieser als IM erfaßten Bundesbürger – das sind nochmals zehn Prozent – stellte sich allerdings heraus, daß lediglich 17 Personen tatsächlich für das MfS im Westen tätig wurden, bei fünf Personen war der Westbezug äußerst gering – hochgerechnet bedeutet dies, daß zwischen 17 000 und 23 000 Westdeutsche für die Stasi tätig waren. Als Basis für eine exakte Bezifferung reicht diese Zählung freilich in keiner Weise aus, zumal die inoffiziellen Mitarbeiter der HV A sowie viele andere West-IM nicht mehr in der Kartei enthalten sind.

Bereits die Definition eines West-IM wirft erhebliche Probleme auf, denn der geborene Bundesbürger, der als „klassischer" Agent des MfS agierte, bewältigte nur einen kleinen – und wahrscheinlich geringeren – Teil der West-Arbeit der Stasi. Hinzuzurechnen ist zum einen die Zahl derjenigen, die zwar einen Wohnsitz in der Bundesrepublik hatten und dort für das MfS tätig waren, aber trotzdem keine Bundesbürger waren, zum Beispiel Ausländer, Diplomaten oder Staatenlose. Mitgezählt werden müssen außerdem die inoffiziellen Mitarbeiter, die in Drittstaaten für das MfS tätig waren und entweder aus dem betreffenden Land selbst kamen, die bundesdeutsche Staatsbürgerschaft besaßen oder aus der DDR – in der Regel mit einer Legende ausgestattet – dorthin entsandt wurden. Ein bedeutender Teil des IM-Netzes in Westdeutschland bestand schließlich aus solchen Personen, die vom MfS irgendwann in die Bundesrepublik übergesiedelt wurden, zum Teil unter eigenem Namen, zum Teil unter der „geliehenen“ Identität eines anderen Bundesbürgers, bei kurzfristigen Einsätzen auch unter einem fiktiven Namen.

Die besondere Situation im geteilten Deutschland führte dazu, daß sich Ost- und West-Biographien manchmal geradezu untrennbar miteinander vermengten: Wenn ein aus Schlesien Vertriebener in der DDR seinen Wohnsitz nahm, als Rentner in die Bundesrepublik wechselte und dort (weiter) für das MfS als IM tätig war – war er dann ein West-IM? Wenn ein DDR-IM vom MfS in das „Operationsgebiet“ ausgesiedelt wurde zwecks Schaffung einer neuen „Einsatzperspektive“ und er sich dann nach einigen eher widerwilligen Treffen seinen Führungsoffizieren entzog – war er dann ein West-IM? Wenn ein ehemaliger Ostdeutscher in der Bundesrepublik im Auftrag des MfS spionierte und nach einer gewissen Zeit in die DDR zurückkehrte oder zurückgerufen wurde, um dort eventuell weiter zu spitzeln – war er dann ein West-IM, und wie soll er als solcher noch in den Karteien identifiziert werden? Und was ist mit jenen, die, wie oftmals in den fünfziger Jahren, in der einen Hälfte Berlins lebten, in der anderen arbeiteten und obendrein das MfS mit Berichten versorgten? Ein weiteres Problem ist, daß ein großer Teil der West-Arbeit des MfS vom Boden der DDR aus geleistet wurde – durch „Kuriere“, „Instrukteure“, „Offiziere im besonderen Einsatz“, „Einsatzkader“ oder als IM verpflichtete Dienstreisende, die regelmäßig oder zeitweilig in den Westen entsandt wurden. Diese zumeist von der HV A geführten DDR-Bürger sind bislang in keiner Statistik berücksichtigt, da über sie in der Regel keine Unterlagen mehr überliefert sind. Schließlich: Gerade im Westen setzte das MfS häufig auch verdeckt arbeitende hauptamtliche Mitarbeiter ein wie den berühmten Kanzleramtsspion Günter Guillaume, der nach der Definition der Staatssicherheit gar kein IM war, sondern hauptamtlicher Offizier der Hauptverwaltung A.[13]

Die Sichtung einzelner Akten zu den bei der Stichprobenzählung festgestellten IM mit Wohnsitz in der Bundesrepublik hat jedenfalls gezeigt, daß wegen der vielfältigen Bezüge zwischen Ost und West eine saubere Herauslösung der West-IM aus der Gesamtmasse der inoffiziellen Mitarbeiter kaum möglich ist. Das MfS selbst unterschied auch nicht zwischen „Ost“- und „West“-IM, sondern kannte neben den speziellen IM-Typen der „Aufklärung“ nur die IM-Kategorie „IMF“ und später: „IMB“, die ziemlich vage als „Inoffizieller Mitarbeiter der Abwehr mit Feindverbindung zum Operationsgebiet“ sowie als „Inoffizieller Mitarbeiter mit Feindverbindung bzw. zur unmittelbaren Bearbeitung im Verdacht der Feindtätigkeit stehender Personen“ definiert wurden.[14] So, wie sich West- und Ost-Arbeit des MfS strukturell miteinander verschränkten, lassen sich letztlich auch die im Westen eingesetzten IM von den Informanten im Osten kaum exakt separieren –

13 Einem „Rentenantrag“ Guillaumes vom 6.2.1990 zufolge war er vom 1.10.1955 bis zum 28.2.1990 hauptamtlicher Mitarbeiter des MfS im Dienstgrad eines Oberst; BStU, ZA, Rentenunterlagen des MfS.

14 *Suckut 1996,* S. 197.

eine Schwierigkeit, die aufgrund des ständigen Fluktuationsprozesses in dem ca. 500 000 Menschen umfassenden IM-Bestand während der gesamten DDR-Geschichte noch verstärkt wird.

So gibt es nach wie vor nur überschlägige Schätzungen, denen zufolge seit Gründung des MfS etwa 20 000 bis 30 000 Bundesbürger als inoffizielle Mitarbeiter tätig waren. Neben den in der Stichprobenzählung ermittelten IM müssen auf jeden Fall noch die westdeutschen „Quellen" der HV A Berücksichtigung finden, deren genaue Zahl jedoch nicht bekannt ist. Durch Abschriften von Karteikarten der HV A sind bislang 1 553 Bundesbürger namentlich identifiziert worden, die zum Stichtag Dezember 1988 als IM der „Aufklärung" erfaßt waren.[15] Die Ende 1998 entschlüsselte Teildatenbank 12 der HV A enthält jedoch für den Zeitraum 1969 bis 1987 rund 4 500 Decknamen von inoffiziellen Mitarbeitern in der Bundesrepublik, so daß anzunehmen ist, daß das IM-Netz der HV A größer war als bislang vermutet, zumal wichtige Quellen wie Gabriele Gast oder Klaus Kuron in der Datei nicht enthalten sind. Hinzugerechnet werden müssen ferner jene inoffiziellen Mitarbeiter der HV A, die in der Datenbank nicht verzeichnet sind, weil ihre Tätigkeit für das MfS vor 1969 endete. Schließlich müssen auch noch die aus der zentralen Personenkartei des MfS 1989/90 herausgesäuberten West-IM der sogenannten Abwehr addiert werden, beispielsweise die der für die Kirchen zuständigen Hauptabteilung XX/4, die ebenfalls nicht bekannt sind. Eine quantitative Bemessung der Infiltration der alten Bundesrepublik durch das Ministerium für Staatssicherheit ist deshalb auch zehn Jahre nach dessen Untergang nicht möglich.

2.3 Aufbau der Studie

Die geschilderten methodischen Probleme machen es erforderlich, ein Untersuchungsdesign zu wählen, das in erster Linie pragmatischen Gesichtspunkten folgt. Dabei stehen die Forschungen und Erkenntnisse, die in der Behörde des Bundesbeauftragten für die Stasi-Unterlagen (BStU) erarbeitet wurden, im Mittelpunkt der Studie, wohingegen Doppelungen mit externen und bereits veröffentlichten Arbeiten nach Möglichkeit vermieden werden sollen. Eine systematische Auswertung der Pressepublikationen über die West-Arbeit des MfS, insbesondere über die zahlreichen Spionageprozesse der letzten Jahre, war nicht möglich. Im Mittelpunkt steht vielmehr eine Darstellung des beim Bundesbeauftragten verwalteten Aktenmaterials des MfS mit Schwerpunkt auf den allgemeinen, nicht personenbezogenen Archivalien.

West-Arbeit wird im Rahmen dieser Studie in erster Linie als Tätigkeit des MfS in und nach der Bundesrepublik Deutschland behandelt – Opera-

15 Vgl. *Müller-Enbergs 1998*, S. 39 f.

tionen in anderen westlichen Staaten sowie andere konspirative Aktivitäten der DDR in Westdeutschland und Westberlin, etwa der SED, werden nur am Rande erwähnt. Die Analyse der mit der Arbeit im Westen befaßten MfS-Strukturen steht dabei im Mittelpunkt; sie bilden aufgrund des Mangels an strukturübergreifenden Erkenntnissen den Ausgangspunkt, um Zielrichtungen und Vorgehensweisen aufzuzeigen, während Ergebnisse und Wirkungen aus den skizzierten Gründen nur punktuell thematisiert werden.

Im ersten Teil der Studie wird zunächst ein Überblick über den Forschungsstand zur West-Arbeit des MfS gegeben, wobei Schwächen und Stärken der umfangreichen Literatur zum Thema im Mittelpunkt stehen. Um die Möglichkeiten und Grenzen gegenwärtiger und künftiger Forschungsbemühungen zu veranschaulichen, wird in einem zweiten Kapitel die Überlieferungslage in den Archiven des Bundesbeauftragten ausführlich dargestellt.

Im zweiten Teil der Studie wird die Bedeutung der West-Arbeit im MfS in groben Zügen nachgezeichnet. Beginnend bei den Ursprüngen und Vorläuferformen wird die historische Entwicklung dieses Tätigkeitsbereiches in den einzelnen Dekaden skizziert, um schließlich die umfassende strukturelle Verankerung im Endzustand des Ministeriums (Herbst 1989) vor Augen zu führen.

Während hier die West-Arbeit der meisten Diensteinheiten nur gestreift werden kann, wird sie im dritten Teil der Studie anhand einzelner ausgewählter Diensteinheiten vertiefend behandelt, um die unterschiedlichen Aktivitäten und Einsatzrichtungen im Westen deutlicher zu machen. Kriterium für die Auswahl ist dabei nicht nur die Bedeutung der jeweiligen Diensteinheit für die West-Arbeit des MfS, sondern auch der Erschließungs- und Erkenntnisstand beim Bundesbeauftragten, der in wichtigen Bereichen immer noch gering ist.

Im letzten Teil dieses Buches wird der gemeinsame Datenspeicher der sozialistischen Länder in Moskau näher dargestellt, in den viele der im Westen erhobenen Informationen zu Personen eingespeichert wurden und der aller Wahrscheinlichkeit nach noch heute existiert. Eine zusammenfassende Einschätzung der Bedeutung der West-Arbeit und eine Auswahl wichtiger Dokumente, vor allem aus dem Bereich der HV A, beschließen die Studie.

Die kursiv gesetzten Angaben in den Fußnoten verweisen auf das Literaturverzeichnis.

3 Forschungsstand und Quellenlage

3.1 Publikationen zur West-Arbeit des MfS

Der Forschungs- und Erkenntnisstand zur West-Arbeit des MfS ist auch neun Jahre nach der Auflösung des Staatssicherheitsdienstes und dem Beitritt der DDR zur Bundesrepublik bruchstückhaft und unbefriedigend. Zwar trifft das Thema bei Medien und Verlagen durchaus auf ein besonderes Interesse, doch liegen nur wenige Studien und Monographien vor, die das zur Verfügung stehende Quellenmaterial in umfassender Weise berücksichtigen und dabei den Kriterien wissenschaftlicher Erkenntnisbildung genügen. Gerade bei den Darstellungen zur West-Arbeit des MfS dominieren oftmals sachfremde Interessen und methodische Grobschlächtigkeit. Das Ungleichgewicht zwischen Angebot und Nachfrage an fundierten Informationen führt dazu, daß die „Aufarbeitung" vor allem Journalisten mit einschlägigen Interessen und Kontakten sowie (ehemalige) Geheimdienstmitarbeiter vornehmen, deren Quellen oft im dunkeln bleiben oder wenig seriös erscheinen. Viele Themen und Fragestellungen sind zudem noch gar nicht in den Blick genommen worden, so daß der Forschungsprozeß insgesamt als noch am Anfang stehend bezeichnet werden muß.

Ob die bestehenden Lücken in absehbarer Zeit geschlossen werden, bleibt abzuwarten. Erschwerend wirkt vor allem die Tatsache, daß ein beträchtlicher Teil der die West-Arbeit betreffenden Aktenbestände vernichtet oder an Orte verbracht wurde, wo er dem wissenschaftlichen Zugriff entzogen ist (vgl. Kapitel 3.2). Anders als in den USA existiert in der Bundesrepublik auch keine an den Universitäten etablierte Geheimdienst-Forschung, die die Defizite mit fundierten Analysen zu schließen verspräche,[16] so daß es vielfach den ehemaligen Mitarbeitern des MfS überlassen bleibt, den Schleier des Geheimnisses über ihrer Arbeit zu lüften. Schließlich mangelt es oftmals

16 Eine Ausnahme bildet der 1994 von Universitätshistorikern gegründete Arbeitskreis Geschichte der Nachrichtendienste e. V., der sich das Ziel gesetzt hat, insbesondere in den Teildisziplinen der Geschichte der internationalen Beziehungen und der Militärgeschichte neue Forschungen anzuregen und kritisch zu begleiten. Vgl. den aus einer Konferenz im Mai 1995 hervorgegangenen Band von *Wolfgang Krieger* und *Jürgen Weber (1997)*, der auch einige grundsätzliche Überlegungen der Herausgeber über „Nutzen und Probleme der zeitgeschichtlichen Forschung über Nachrichtendienste" enthält – getragen von der, angesichts der DDR- und NS-Erfahrungen sicherlich weiter zu differenzierenden, Auffassung, daß ein Nachrichtendienst in jedem Fall „unentbehrlich" sei *(Krieger/Weber 1997,* S. 19*)*.

auch am politischen Willen, das Wirken des MfS im Westen eingehender zu untersuchen und der Öffentlichkeit in allen Einzelheiten transparent zu machen – und damit indirekt auch einen tiefen Einblick in das politische, wirtschaftliche und geistige Establishment der alten Bundesrepublik und seiner „stillen" Beziehungen in die DDR zu geben.

3.1.1 Frühe Darstellungen

Schon vor dem Zusammenbruch der SED-Herrschaft in der DDR sind immer wieder Publikationen erschienen, die sich der ostdeutschen Spionage in der Bundesrepublik Deutschland widmeten. Anzahl und Qualität hingen freilich in starkem Maße von den politischen Konjunkturen der Nachkriegsjahrzehnte ab, die – unabhängig vom tatsächlichen Bedrohungsgrad – eine sehr unterschiedliche Sensibilität für das Thema mit sich brachten. Während das Thema in den sechziger Jahren in zahlreichen Büchern abgehandelt wurde, erschienen in den siebziger und achtziger Jahren vergleichsweise wenige Darstellungen, deren Autoren sich zudem oft als „Kalte Krieger" abgestempelt sahen (*Schlomann 1981,* S. 3).

Noch vor dem Mauerbau kam in Berlin eine Dokumentation über die „Östliche Untergrundarbeit gegen Westberlin" heraus (*Senator für Inneres 1959*), in der das Vorgehen der östlichen Nachrichtendienste sowie die sogenannte Infiltrationsarbeit auf politischem, kulturellem und wirtschaftlichem Gebiet detailliert beschrieben wird. Über Agitations- und Zersetzungsmaßnahmen sowie über die Spionagetätigkeiten osteuropäischer Geheimdienste aus Ostberlin berichtete 1960 eine andere Broschüre (*Ostberlin 1960*). In ähnlicher Form informierte ein vom Untersuchungsausschuß Freiheitlicher Juristen (UFJ) herausgegebenes Heft über Struktur und Arbeitsweise des MfS, vornehmlich gestützt auf Berichte von Überläufern aus der HVA und anderen Diensteinheiten (*Herz 1961*).

Um die Wachsamkeit in Westdeutschland zu erhöhen, veröffentlichten zwei nur mit Nachnamen genannte Autoren Anfang der sechziger Jahre ein umfangreiches Buch, das nach „Auswertung aller bisher aufgeklärten Spionagefälle der östlichen Nachrichtendienste in der Bundesrepublik" einen Überblick über deren Arbeitsmethoden geben sollte (*Edgar/Armin 1962,* S. 11). Mit dem gleichen Anspruch – „Nehmt Kenntnis von den Methoden und Praktiken des Gegners!" (*Gerken 1965,* S. 10) – beschrieb ein Mitarbeiter des Bundesamtes für Verfassungsschutz, der seit Ende der dreißiger Jahre „im Dienst der deutschen Spionageabwehr" tätig war, Methoden und Praktiken der östlichen Geheimdienste. Aufklärung der Bevölkerung ist das Ziel der Redakteurin der Deutschen Welle *Eva Jentsch* (*1966*), die in ihrem Buch „Agenten unter uns" eine leicht verständliche und um Sachlichkeit bemühte Beschreibung der Spionage gegen die Bundesrepublik gibt. An der Grenze zur fiktionalen Darstellung bewegt sich dagegen der Band des wehrpolitischen Korrespondenten der Welt am Sonntag *Gerd Scharnhorst* (*1965*), der seine Artikel-Serie „Spione in der Bundeswehr“ Mitte der sechziger Jahre in erweiterter Form als Buch herausgab.

Eine neue, von der Entspannungspolitik der Großmächte ausgelöste Perspektive findet sich erstmals in dem Buch des englischen Journalisten *Louis Hagen* (*1969*), der ost- und westdeutsche Spionage parallel behandelt und dazu vorrangig öffentlich bekannte Fälle und Personen heranzieht (u. a. Heinz Felfe, Otto John, Reinhard Gehlen, Walter Linse, Karl Wilhelm Fricke). Mehrere Vor- und Nachworte zu der aus dem Englischen übersetzten Darstellung zeigen dabei deutlich die Unsicherheit über die Rolle der Nachrichtendienste in Westdeutschland am Ende der sechziger Jahre. Mit spürbarer Äquidistanz beschreibt auch der Journalist *Bernd Ruland* (*1971*) in seinem Buch „Krieg auf leisen Sohlen“ Deutschland als „Tummelplatz der Spionage“, in dem er feststellt: „Nicht allein der Osten schickt systematisch seine Kundschafter aus – in die Bundesrepublik. Auch vom Westen aus wird mit der gleichen Zielstrebigkeit spioniert – in der DDR.“ (S. 10 f.). Ein Schlaglicht auf den damaligen Stimmungswandel in der Bundesrepublik wirft nicht zuletzt das Buch von *Claus Zeller* (*1969*) „Marx hätte geweint“, das den Prozeß gegen den Fotohändler Hannsheinz Porst behandelt, der 1969 wegen seiner Tätigkeit für die HV A zu zwei Jahren und neun Monaten Gefängnis verurteilt wurde. Im Prozeß stellte Porst, der mit Hilfe der HV A in der FDP einen beträchtlichen Einfluß erlangte, seine Tätigkeit als harmlosen Versuch eines „Brückenschlages zwischen Ost und West“ dar, so daß seine Verteidiger auf „Verbotsirrtum“ und „fehlendes Unrechtsbewußtsein“ plädierten.

Ein anderer, die Öffentlichkeit beschäftigender Fall war der des ersten Leiters des Bundesamtes für Verfassungsschutz, Otto John, der am 20. Juli 1954 überraschend in die DDR überwechselte, um im Dezember 1955 ebenso überraschend zurückzukehren – seiner Darstellung nach eine Entführung, einem Urteil des Bundesgerichtshofes zufolge ein freiwilliger Übertritt, für den er 1956 zu vier Jahren Haft verurteilt wurde.[17] John veröffentlichte 1969 seine Erinnerungen (*John 1969*) und betrieb auch seine juristische Rehabilitierung. *Hans Frederik* (*1971*) suchte hingegen in einer umfangreichen Dokumentation den „Verrat“ des ehemaligen Widerstandskämpfers zu belegen; dem früheren Spiegel-Journalisten *Peter-Ferdinand Koch* (*1994*, S. 84 f.) sowie dem Buch der Geheimdienstler Murphy und Kondraschow (*Bailey/Kondraschow/Murphy 1997,* S. 248) zufolge schrieb Frederik sein Buch im Auftrag des KGB, der auf diese Weise den Verfassungsschutz kompromittieren wollte.

In den siebziger und achtziger Jahren erschienen dann nur noch wenige Publikationen zur West-Arbeit des MfS – obgleich mit der Verhaftung des Kanzlerreferenten Günter Guillaume 1974 der wohl spektakulärste Fall von

17 Auch in der neuesten Darstellung des „Falles“ John bleibt – trotz Hinzuziehung von Akten und Zeitzeugenaussagen aus dem ehemaligen KGB – offen, ob sein spektakulärer Übertritt freiwillig oder unter Zwang erfolgte; vgl. *Bailey/Kondraschow/Murphy 1997*, S. 245 ff.

Agententätigkeit des MfS bekannt wurde. Zwar widmete sich der Bericht des Bundesamtes für Verfassungsschutz weiterhin Jahr für Jahr der Problematik (*Bundesministerium des Innern 1971 ff.*), doch fand diese in der Literatur nur noch eine geringe Resonanz. Veröffentlichungen wie das in Bahnhofsbuchhandlungen vertriebene „Spionage-Karussell Ost-West" von *Ottomar Ebert* (*1984*) mit seinen mitunter fast pornographischen Passagen oder das anonym herausgegebene Buch vom durch die HV A subventionierten „verlag politisches archiv" über den Fall Guillaume, dessen Fakten angeblich „von Fachleuten und Sachexperten [stammten], denen die angeführten Ereignisse unmittelbar bekannt sind" (*Guillaume, der Spion, 1974,* S. 9), verstärkten den Eindruck der Unseriosität und Zwielichtigkeit bei diesem Thema.

Zu den seriösen, wenngleich in Deutschland nicht besonders wahrgenommenen, Publikationen dieser Zeit zählt das Buch von *Ernst R. Borer* (*1975*) über „Abwerbemethoden und Anwerbepraktiken der Geheimdienste" in der Schweiz, das trotz seines schmalen Umfanges einen erstaunlich umfassenden Einblick in die Problematik gibt. Drei spektakuläre Spionagefälle beschrieben drei Jahre später die Welt-Redakteure *Heinz Vielain* und *Manfred Schell* (*1978*) in ihrem Buch „Verrat in Bonn" – den der Sekretärin im Auswärtigen Amt, Helge Berger, den des Agentenehepaares Lutze im Bundesverteidigungsministerium, der am Ende zum Ministerrücktritt führte, und eben den des Kanzleramtsspions Günter Guillaume. *Karl Wilhelm Fricke* (*1982*), damals Redakteur beim Deutschlandfunk, skizzierte vier Jahre später in seinem Buch über „Die DDR-Staatssicherheit" auch wichtige Grundlinien der DDR-externen Arbeit des MfS. *Friedrich W. Schlomann* (*1984*), ebenfalls ein Rundfunkredakteur, analysierte schließlich in seiner umfangreichen Arbeit „Operationsgebiet Bundesrepublik" die Vorgehensweise östlicher Geheimdienste im Westen Deutschlands – und zeigte damit, wie informativ man auch schon zum damaligen Zeitpunkt, ohne Aktenzugang, die West-Arbeit der Stasi nachzeichnen konnte.

3.1.2 Überblicksdarstellungen

Erst nach dem Zusammenbruch der SED-Herrschaft und der Auflösung des MfS ist wieder eine größere Anzahl von Publikationen erschienen, die sich der West-Arbeit des MfS angenommen haben. Die Arbeit der Bürgerkomitees, die die Dienststellen des MfS ab Dezember 1989 besetzten, der plötzliche Zuwachs an Enttarnungen und Prozessen, die Aufklärungsversuche verschiedener Untersuchungsausschüsse, die gesetzliche Regelung des Zugangs zu den einstmals streng geheimen Unterlagen des Ministeriums sowie die Redseligkeit mancher ehemaliger Stasi-Mitarbeiter haben dazu geführt, daß das konspirative Wirken des MfS im Westen nach und nach transparenter wurde.

Gleichwohl existieren bis heute keine Darstellungen, die die *gesamte* West-Arbeit des MfS in den Blick nehmen. Die bisher erschienenen Überblicksdarstellungen beschäftigen sich vielmehr vorrangig mit der DDR-Spionage in der Bundesrepublik oder mit der Arbeit der Hauptverwaltung A – eine Einengung, die, wie zu zeigen sein wird, am breiten Charakter der MfS-Aktivitäten im „Operationsgebiet" vorbeigeht.

Friedrich W. Schlomann hat 1993 ein Buch vorgelegt, das sich noch einmal auf 350 Seiten der West-Arbeit der ehemaligen DDR-Spionagedienste widmet und den programmatischen Titel trägt: „Die Maulwürfe. Noch sind sie unter uns, die Helfer der Stasi im Westen". Wie in seinen früheren Darstellungen stützt er sich vor allem auf die Ergebnisse von Gerichtsverhandlungen gegen Agenten, auf Veröffentlichungen sowie auf Informationen aus bundesdeutschen Sicherheitsdiensten – Aktenmaterial bezieht er so gut wie keines ein. Einen umfassenden Ansatz verfolgt auch *Peter Siebenmorgen* (*1993*), der in seinem Buch nicht nur die Hauptverwaltung A und die anderen Spionageapparate der DDR skizziert, sondern erstmals auch den Blick auf die West-Arbeit der sogenannten Abwehr-Abteilungen des MfS lenkt. In einem umfangreichen Anhang veröffentlicht er darüber hinaus ausgewählte Dokumente, Strukturschemata und Übersichten. Auf welche Quellen sich Siebenmorgen stützt, bleibt leider offen, da er auf Fußnoten verzichtet und ausdrücklich keinen Anspruch auf Wissenschaftlichkeit erhebt – allein der sprachliche Duktus macht aber deutlich, daß wohl vor allem Beschreibungen und Unterlagen aus dem ehemaligen Apparat des MfS eingeflossen sind.

Eine besondere Nähe zu ehemaligen hohen HVA-Offizieren wird Siebenmorgen vom ehemaligen Spiegel-Redakteur Peter-Ferdinand Koch zum Vorwurf gemacht, der in einem umfangreichen Buch die Spionagetätigkeit von MfS und KGB in der Bundesrepublik beschreibt (*Koch 1994,* S. 12 ff.). Dem Autor geht es dabei nicht um Strukturen oder Aktionsformen, sondern um einzelne Vorgänge und Personen, die von der Öffentlichkeit mit besonderem Interesse verfolgt wurden – darunter Otto John, Walther Rosenthal, Wolfgang Vogel, William Borm und Markus Wolf. Kochs Quellen bleiben freilich – trotz vieler Fußnoten – oftmals mysteriös, etwa, wenn er den schnellen Wechsel der „Bettgespielinnen" von Markus Wolf mit „Archiv d. Verf." belegt (S. 236) oder den ehemaligen HVA-Chef mit einem Satz aus einem anderen Buch des Autors zitiert, wo er jedoch ebenfalls nicht belegt ist (S. 240). Demgegenüber verzichtet *Alexander Reichenbach* (*1992*) in seiner solide recherchierten „Markus-Wolf-Story", zu der auch eine Darstellung der HV A gehört, weitgehend auf Emotionen und macht gerade dadurch augenfällig, wie obskur und irreführend die Selbstinszenierung des früheren DDR-Aufklärungschefs ist. Viele seiner Erkenntnisse finden sich auch in dem englischsprachigen Wolf-Porträt von *Leslie Colitt* (*1996*), langjähriger Berlin-Korrespondent der Financial Times, wobei dieser einen merkwürdigen Akzent auf das „tragisch gespaltene Ich" (S. 9) des langjährigen HVA-Chefs legt. Die persönliche Verantwortung von Markus Wolf deutlich zu machen, ist nicht zuletzt das Anliegen des ehemaligen Präsidenten des Bundesamtes für Verfassungsschutz (BfV), *Richard Meier* (*1992*), der in seinem

Buch „Geheimdienst ohne Maske“ auch einige zentrale Aspekte der HVA-Arbeit skizziert, ohne im Detail immer recht zu haben – zum Beispiel, wenn er die für internationale Beziehungen zuständige Abteilung X des MfS fälschlicherweise der HV A zuordnet (S. 108).

Um Personen, nämlich um sechs „Top-Spione“ (Klaus Fuchs, George Blake, Günter Guillaume, Werner Stiller, John Walker und Oleg Gordiewski), geht es auch in dem Buch von *Guido Knopp* (*1994*), der das ZDF-Ressort Zeitgeschichte leitet. Der für seine zeithistorischen Fernsehfilme mehrfach ausgezeichnete Autor erzählt die unterschiedlichen Geschichten prominenter Agenten, von denen jedoch nur zwei für das MfS arbeiteten – einer, Stiller, als Überläufer. Aufschlußreich, insbesondere für die Frühzeit der DDR-Aufklärung, ist auch die wissenschaftlich erarbeitete politische Biographie über Kurt Vieweg (*Scholz 1997*), der als hoher Landwirtschaftsfunktionär der SED seit 1951 für den Außenpolitischen Nachrichtendienst (APN) der DDR – einem Vorläufer der HV A – tätig war und dann in Ungnade fiel. In den siebziger Jahren arbeitete Vieweg als Universitätsprofessor mit Verbindungen zu Herbert Wehner und anderen Westdeutschen unter dem Decknamen „Nordland“ erneut für das MfS (S. 214 ff.).

Aus systematischer Perspektive beschäftigt sich das Buch von *Rita Sélitrenny* und *Thilo Weichert* (*1991*) mit der Hauptverwaltung A. Die auf Aktenbeständen der Bezirksverwaltung für Staatssicherheit in Leipzig beruhende Monographie entstand nach der Besetzung der Leipziger Stasi-Zentrale und beschreibt Strukturen und Diensteinheiten der HV A, widmet sich aber auch einigen speziellen Aspekten der West-Arbeit wie dem internationalen Datenspeicher der östlichen Geheimdienste in Moskau, SOUD, oder dem Einsatz von inoffiziellen Mitarbeitern im „Operationsgebiet“. Auch *Irene Chaker* (*1995*) hat sich in einer kurzen Studie für die Enquete-Kommission „Aufarbeitung von Geschichte und Folgen der SED-Diktatur in Deutschland“ der HV A gewidmet, wobei sie erstmals die Auswirkungen von deren Tätigkeit auf oppositionelle Bestrebungen in der DDR thematisiert.

In übergreifenden Gesamtdarstellungen zum Staatssicherheitsdienst der DDR spielt die West-Arbeit des MfS eine unterschiedlich stark akzentuierte Rolle. *David Gill* und *Ulrich Schröter* (*1991*) skizzieren in ihrem Buch nur knapp Zielstellung, Struktur und Methoden der HV A, dokumentieren aber die zentrale Richtlinie 2/79 für die Arbeit mit inoffiziellen Mitarbeitern im Westen in voller Länge. Größeres Gewicht hat das Thema bei *Manfred Schell* und *Werner Kalinka* (*1991*), die nicht nur die Tätigkeit der HV A umreißen, sondern auch das massenhafte Abhören von Telefongesprächen in Westdeutschland durch die Hauptabteilung III, den Einsatz von Mordkommandos im Westen oder die Beziehungen des MfS zu international gesuchten Terroristen. Ausführlich wird die West-Arbeit des MfS – insbesondere das Vorgehen der HV A gegen die Bundesrepublik – auch in der englischsprachigen Darstellung des Staatssicherheitsdienstes von *David Childs* und *Richard Popplewell* (*1996*) behandelt, ebenso in dem französischsprachigen

Buch des Journalisten *Pierre de Villemarest* (*1991*), der allerdings die zweifelhafte und unbewiesene These vertritt, der Umbruch in der DDR sei ein im Auftrag der sowjetischen Führung durchgeführter „Staatsstreich von Markus Wolf" gewesen.

3.1.3 Darstellungen zu Einzelaspekten

Angesichts der Komplexität der West-Arbeit des MfS versteht es sich von selbst, daß gründliche Analysen eine Beschränkung auf Teilbereiche erforderlich machen, um Strukturen und Vorgehensweise näher auszuleuchten. Bei den bisher erschienenen Publikationen ist dies vor allem bei Themen geschehen, die in der Öffentlichkeit besonderen Widerhall fanden.

Auf die 1990 bekanntgewordene Tatsache, daß ehemalige Mitglieder der Terrorvereinigung Rote Armee Fraktion (RAF) unter geänderter Identität in der DDR untergetaucht waren und deshalb die langjährigen Fahndungsanstrengungen der bundesdeutschen Strafverfolgungsbehörden ins Leere laufen mußten, reagierte die Öffentlichkeit mit Entsetzen und Empörung. Ausführlicher wurde die „MfS-RAF-Connection" erstmals von *Karl Wilhelm Fricke* (*1991*) in seinem Buch „MfS intern" aufgegriffen. Ein Jahr später legten die Monitor-Mitarbeiter *Michael Müller* und *Andreas Kanonenberg* (*1992*) ein umfassendes Buch zu diesem Komplex vor, das vor allem auf den Ermittlungsergebnissen der Bundesanwaltschaft beruht. In dem Maße, wie die Stasi-Unterlagen den Ermittlungsbehörden einen tiefen Einblick in die Terrorismus-Szene erlaubten und auch Journalisten und Wissenschaftlern zur Auswertung zur Verfügung gestellt wurden, erfuhr die Öffentlichkeit durch Bücher wie die von *Fritz Schmaldienst* und *Klaus-Dieter Matschke* (*1995*) oder *Wilhelm Dietl* (*1995*) immer mehr Details über die internationalen terroristischen Umtriebe der siebziger und achtziger Jahre – und die Verstrickung des MfS darin, deren Höhepunkt etwa 1983 erreicht war (vgl. Kap. 5.6). Eine umfassende und den aktuellen Erkenntnisstand widerspiegelnde Darstellung der Problematik gibt *Tobias Wunschik* (*1997a*), der in der Behörde des Bundesbeauftragten die einschlägigen Unterlagen ausgewertet hat.

Ein zweites Themenfeld, das die Öffentlichkeit in besonderer Weise beschäftigte und eine Reihe umfangreicher Publikationen nach sich zog, ist das sogenannte Schalck-Imperium – also die Tätigkeit des Bereiches Kommerzielle Koordinierung (KoKo), dessen Leiter, Alexander Schalck-Golodkowski, Staatssekretär und MfS-Offizier im besonderen Einsatz (OibE) war. Die ausführlichste und seriöseste Analyse des KoKo-Komplexes hat zweifellos der Untersuchungsausschuß des *Deutschen Bundestages* (*1994*) veröffentlicht, der in der 12. Wahlperiode die Schalck-Aktivitäten untersuchen sollte – ein mehrbändiger Bericht mit zahlreichen Dokumenten aus einer Fülle von ausgewerteten Akten. Darüber hinaus wurde die historische Aufarbeitung vor allem von Journalisten bestimmt, die in den Jahren 1991/92 mit schnell geschriebenen Büchern das öffentliche Interesse befriedigen wollten. So publizierte *Norbert Treutwein* schon zu Beginn der Affäre zusammen mit *Wolfgang Seiffert* die sogenannten Schalck-Papiere – eine scharfe Abrechnung mit dem früheren Devisenbeschaffer der SED auf der Basis von Unterlagen, die die Zeitschrift Quick, wie es im Vorwort heißt, für „viel Geld" von Nachrichtenhändlern gekauft hatte (*Seiffert/Treutwein 1991,* S. 7 f.). Ein Jahr später publizierte der frühere Spiegel-Redakteur *Peter-Ferdinand Koch* (*1992*) eine Art kriminologische Biographie von Schalck, die nicht nur seine Aktivitäten zu DDR-Zeiten beschreibt, sondern – getreu dem Titel des Buches „Das Schalck-Imperium lebt" – auch ihren fließenden Übergang in die Marktwirtschaft. Daß die Schalck-Affäre auch eine Affäre der alten Bundesrepublik war, stellt *Egmont Koch* (*1992*) in den Vordergrund seines Buches, das – ebenso wie die frühere Bundestagsabgeordnete von Bündnis 90/Die Grünen, Ingrid Köppe, – mit Nachdruck die Verbindungen zwischen KoKo, BND und Staatssicherheitsdienst zur Sprache brachte. Schließlich widmete sich der ehemalige politische Redakteur der Wochenzeitung Rheinischer Merkur, *Walter Bajohr* (*1992*), der Schalck-Problematik, indem er drei seiner Zeitungsbeiträge zu diesem Thema in einem Sammelband veröffentlichte.

Darüber hinaus sind zu anderen Teilaspekten einige größere und kleinere Studien erschienen, die weniger dem tagespolitischen Interesse folgen, sondern auf wissenschaftliche Weise Licht in die Vergangenheit bringen wollen und sich dabei auch auf das vom MfS hinterlassene Aktenmaterial stützen. So hat *Roland Brauckmann* (*1996*) beispielsweise die Gefangenenhilfsorganisation Amnesty International als sogenanntes Feindobjekt der DDR untersucht und dabei insbesondere das koordinierte Zusammenwirken der verschiedenen Diensteinheiten des MfS veranschaulicht. Aufschlußreich ist auch die Studie von *Jürgen Wüst* (*1996*) über die Anstrengungen des MfS, die Internationale Gesellschaft für Menschenrechte (IGFM) in Frankfurt zu diskreditieren und zu zersetzen. Arbeiten von *Siegfried Mampel* widmeten sich unter anderem dem Kampf des MfS gegen den Untersuchungsausschuß Freiheitlicher Juristen (UFJ) in Westberlin (*1994*), der Einschätzung der DDR- und Deutschlandforschung durch das MfS (*1996a* und *1996b*) sowie der Entführung und Tötung des Rechtsanwaltes und UFJ-Mitarbeiters Walter Linse (*1999*). *Gunter Holzweißig* hat in einer Studie (*1995*) und später in einem Buch (*1997*) die „West-Medien im Fadenkreuz von SED und MfS" behandelt und damit einen ersten Einblick in die Praktiken der Überwachung und Beeinflussung westdeutscher Journalisten gegeben – wobei er nicht zuletzt mit der vorauseilenden Anbiederung vieler Chefredakteure und politischer Beamter aus Westdeutschland an die Staatsmacht im Osten ins Gericht geht.

Hinzukommen unterschiedlich überzeugende Arbeiten, die sich auf der Grenzlinie zwischen Wissenschaft und Journalismus bewegen. Solide recherchiert ist die Dokumentation der Fernsehjournalistin *Elisabeth Pfister* (*1999*), die auf der Basis von Befragungen und Aktenmaterial zeigt, wie die HV A mit männlichen „Werbern" in einer Vielzahl von Fällen bundesdeutsche Sekretärinnen für das MfS anwarb, indem sie deren Gefühle systematisch für die nachrichtendienstliche Arbeit mißbrauchte. Aus der Perspektive bundesdeutscher Sicherheitsstellen hat *Rainer O. M. Engberding* (*1993*) erstmals das große Ausmaß der Wirtschaftsspionage der DDR offengelegt, während der Deutschland-Korrespondent der New York Times, *Craig R. Whitney* (*1993*), ein umfangreiches Porträt des Honecker-Unterhändlers Wolfgang Vogel veröffentlichte. Zu Vogel hat auch der Spiegel-Redakteur *Norbert F. Pötzl* (*1997*) ein Buch geschrieben, das – wie so oft bei Biographien über lebende Personen, die ihre Erinnerungen und Unterlagen einem bestimmten Autor zur Verfügung stellen – freilich eher unkritisch mit der Lebensgeschichte des Anwaltes umgeht.

In der Abteilung Bildung und Forschung des Bundesbeauftragten für die Stasi-Unterlagen entstanden in den letzten Jahren eine Reihe von Arbeiten, die unterschiedliche Aspekte der West-Arbeit zum Thema hatten. 1996 erschien eine kürzere Arbeit von Stephan Fingerle und Jens Gieseke über die Entstehung einer im Westen agierenden Untergrundtruppe der Nationalen Volksarmee, die 1962 vom MfS übernommen wurde und erst nach dem Fall der SED-Herrschaft bekannt wurde (*Fingerle/Gieseke 1996*). Über einen anderen Aspekt, den der Einspeicherung „von Daten über den Gegner" in einen gemeinsamen Speicher kommunistischer Staaten in Moskau, haben *Bodo Wegmann* und *Monika Tantzscher* (*1996*) eine ausführliche Studie vorgelegt. Aussagen über die Anzahl der hauptamtlichen Mitarbeiter der mit der West-Arbeit befaßten Diensteinheiten enthält die entsprechende Untersuchung von *Jens Gieseke* (*1995*). Einen weiteren speziellen Aspekt – Entstehung und Zerschlagung der maoistischen „Sektion DDR" der KPD/ML – behandelt *Tobias Wunschik* (*1997b*) in seiner kurzen Studie. Über den Einsatz von IM im sogenannten Operationsgebiet berichtet nicht zuletzt in seiner umfangreichen Arbeit *Joachim Walther* (*1996*) über „Schriftsteller und Staatssicherheit in der Deutschen Demokratischen Republik", in der unter anderem die zahlreichen West-Reiseeinsätze des IMB „Dichter" (Paul Wiens) geschildert werden, der für MfS und KGB zugleich arbeitete (S. 596 ff.).

In jüngster Zeit sind weitere Arbeiten hinzugekommen: Karl Wilhelm Fricke und Roger Engelmann haben in einem Buch die „Konzentrierten Schläge" untersucht, mit denen die Staatssicherheit Mitte der fünfziger Jahre Gegner der SED im Innern, aber auch im Westen verfolgte (*Fricke/Engelmann 1998*). Helmut Müller-Enbergs hat eine Dokumentation der wichtigsten Richtlinien zur Arbeit mit IM im Operationsgebiet vorgelegt und mit einer umfangreichen Einführung versehen (*Müller-Enbergs 1998*). Darin werden die Techniken der Anwerbung und Führung von inoffiziellen Mitarbeitern in der Bundesrepublik sowie die inhaltlichen Arbeitsschwerpunkte der „operativen" Abteilungen der HV A dargestellt. Zugleich werden Abschriften von HVA-Unterlagen aus dem Zeitraum Dezember 1988 statistisch ausgewertet, um die quantitativen Dimensionen des IM-Netzes der HV A zu bestimmen; wegen der Unvollständigkeit der Unterlagen können diese jedoch nur eine grobe Orientierung geben. Thomas Auerbach hat schließlich in einer mit Dokumenten versehenen Studie die Einsatzgruppen des MfS untersucht, die in der Bundesrepublik Sabotage- und Terrorhandlungen durchführen sollten (*Auerbach 1999*).

3.1.4 Darstellungen von Beteiligten

Während die Anzahl der wissenschaftlichen Arbeiten zur West-Arbeit des MfS nach wie vor eher gering ist, liegen um so mehr Darstellungen von Beteiligten vor, die ihre Erinnerungen zu Papier gebracht haben. Diese lassen sich im großen und ganzen in zwei Gruppen einteilen: in Beiträge von Autoren, die die eigene Tätigkeit überwiegend positiv sehen und entsprechend euphemistisch beschreiben – und solche, in denen der Verfasser ein durchaus kritisches Verhältnis zu erkennen gibt, ohne daß dadurch der Wahrheitsgehalt zwangsläufig größer sein muß. Einige Publikationen dieser Art stammen auch aus fremden Federn, beruhen jedoch auf Interviews oder Hintergrundgesprächen mit Beteiligten, ohne deren Perspektive sonderlich kritisch zu hinterfragen. Nur wenige Veröffentlichungen sind hingegen erschienen, die die West-Arbeit des MfS aus der Perspektive der Opfer beschreiben, so daß über die Wirkungen, insbesondere von Zersetzungsmaßnahmen und politischen Manipulationen, immer noch vergleichsweise wenig bekannt ist.

Unter heuristischen Gesichtspunkten müssen viele dieser Arbeiten mit Vorsicht betrachtet werden, weil die Darstellung häufig von sachfremden Interessen beeinflußt, wenn nicht geleitet wird. So zeigen viele ehemalige Mitarbeiter des MfS ein starkes Rechtfertigungsbedürfnis und standen bei Abfassung ihrer Manuskripte teilweise unter dem Druck einer möglichen Strafverfolgung. Das Bestreben, die Deutung der Vergangenheit im vereinigten Deutschland zu beeinflussen oder zu bestimmen und jede Art von nachträglicher negativer Sanktionierung abzuwenden, steht vielfach im Vordergrund. Dieses hat sogar zur Bildung entsprechender Organisationen geführt, die auch mit Veröffentlichungen in Erscheinung treten, etwa das Insider-Komitee des ehemaligen HVA-Offiziers *Klaus Eichner* (*1995*), die Gesellschaft zum Schutz von Bürgerrecht und Menschenwürde e. V. (GBM) (*Reichelt et al., 1995*) oder die Arbeitsgemeinschaft Kundschafter des Friedens in der PDS (*Pumphrey 1998*). Andere ehemalige MfS-Mitarbeiter sparen die für sie unangenehmen Sachverhalte eher aus psychologischen Gründen aus oder versuchen, mit ihren Veröffentlichungen alte und neue Rechnungen zu begleichen. Selbst Überläufer oder Mitarbeiter westlicher Geheimdienste sind in der Regel in das nachrichtendienstliche Geflecht so sehr eingebunden, daß eine objektive Darstellung ihrer Erfahrungen kaum erwartet werden kann. Nicht zuletzt spielen kommerzielle Interessen eine Rolle und führen dazu, daß mit spektakulären „Enthüllungen“ der Verkaufswert zu steigern versucht wird. Die Betroffenenberichte leiden hingegen oftmals darunter, daß die Unterlagen, die das Vorgehen des MfS gegen Bundesbürger dokumentieren könnten, in der Regel unvollständig und ungenau sind oder sogar gänzlich fehlen.

Unter den interessengeleiteten Darstellungen ehemaliger Beteiligter sind zuallererst die „Erinnerungen" des langjährigen Leiters der Hauptverwaltung A, Generaloberst Markus Wolf, zu nennen. In einem Interview-Band mit dem Titel „Ich bin kein Spion" hatte er schon kurz nach dem Umbruch in der DDR seine Sicht auf die Tätigkeit des MfS und auf seine Auslandsaufklärung zu Protokoll gebracht. Eine seiner Behauptungen darin lautet, „weder direkt noch indirekt mit irgendwelchen Tötungsdelikten, Verschleppungen, Freiheitsberaubungen und auch nicht mit der Unterstützung der RAF-Leute zu tun" gehabt zu haben (*Runge/Stelbrink 1990,* S. 48). 1997 wurde er wegen eben solcher Freiheitsberaubungen in vier Fällen zu zwei Jahren Haft auf Bewährung verurteilt. Wenig später legte Wolf unter dem Titel „Im eigenen Auftrag" ein Buch vor, in dem er wider besseres Wissen die HV A als weitgehend unabhängigen Nachrichtendienst darstellt und unter anderem erklärt: Die „Aufklärer" seien „nicht verantwortlich [gewesen] für die Unterdrückung im Inneren des Landes" (*Wolf 1991,* S. 7); ein Interview-Band mit ähnlicher Zielrichtung erschien 1992 in Frankreich (*Wolf 1992*). Begleitet von einer großen Medienaufmerksamkeit kamen schließlich im Frühjahr 1997 – zeitgleich mit seiner Verurteilung durch das Landgericht Düsseldorf – Wolfs förmliche „Erinnerungen" heraus (*Wolf 1997*), die seine bisherige Verteidigungslinie fortschreiben und einige besonders spektakuläre, zumeist aber bereits bekannte, Fälle von Agententätigkeit und Kooperation von Bundesbürgern mit der DDR nachzeichnen. Grundsätzliche Zweifel an der eigenen Tätigkeit oder gar die Bereitschaft Wolfs, an einer kritischen Aufarbeitung mitzuwirken, werden auch in diesem Buch nicht erkennbar.

Der ungebrochene Glaube an das „Gute" seiner Tätigkeit für das MfS wird auch von *Hans Eltgen* (*1995*) geteilt, einem ehemaligen Offizier im besonderen Einsatz des Sektors Wissenschaft und Technik (SWT) der HV A, der 1966 in der Bundesrepublik verhaftet wurde und nach einem Agentenaustausch erneut für die HV A arbeitete. In seinem Buch schildert Eltgen seinen Werdegang vom inoffiziellen Mitarbeiter zum Kurier, Instrukteur und Werber der HV A, der in den meisten Ländern Westeuropas im Einsatz war. Aus dem gleichen Arbeitsbereich der HV A stammte der prominente Überläufer *Werner Stiller* (*1986*), der sich 1979 mit einer riskanten Flucht in die Bundesrepublik absetzte und in seinem Buch bereits vor dem Umbruch in der DDR einen tiefen Einblick in die Praxis der West-Arbeit des MfS gab. Ein dritter Autor, der die Arbeitsmethoden der HV A aus eigener Anschauung beschreibt, ist der ehemalige OibE im Ministerium für Auswärtige Angelegenheiten der DDR, *Heinz Günther,* der zuletzt Leiter des Lehrstuhls „Recht und Sicherheit" an der Schule der HV A war. Der von den politisch Verantwortlichen offensichtlich enttäuschte ehemalige MfS-Mitarbeiter veranschaulicht unter anderem die nachrichtendienstliche Tätigkeit aus den Botschaften der DDR, in diesem Fall in Belgrad, aber auch Aufgabe und Selbstverständnis der HVA-Schule sowie das Vorgehen des MfS bei der Gewinnung und Führung von inoffiziellen Mitarbeitern im Westen (*Günther o. J.*, S. 75 ff.).

Darstellungen von Beteiligten über die West-Arbeit des MfS erschienen vereinzelt auch in DDR-Verlagen. Getragen waren sie von dem Bemühen, die Tätigkeit der „Kundschafter" – und damit indirekt der des gesamten MfS – als wichtige und ehrenvolle Aufgabe zu beschreiben; auch der Ehrgeiz, ähnlich wie im Sport, die außerordentlichen „Erfolge" der DDR auf diesem Gebiet unter Beweis zu stellen, spielte offensichtlich eine Rolle. In den Genuß dieser Art von Traditionsliteratur kamen allerdings oftmals nur ausgewählte Leserkreise, in erster Linie Kader der „Schutz- und Sicherheitsorgane". So erschien 1988 im Militärverlag der DDR „Die Aussage" des Kanzleramtsspions *Günter Guillaume*, dessen Verhaftung mit ihren weitreichenden politischen Folgen eigentlich zu den größten Niederlagen der HV A hätte gerechnet werden müssen, zumal sich Guillaume bei seiner Festnahme grundlos dekonspiriert hatte. 1990 kam der Text, sprachlich leicht entschärft, auch in einem westdeutschen Verlag heraus, mit dem Hinweis, daß die DDR-Ausgabe als „Buchclubausgabe" deklariert und deshalb „Nur für den Dienstgebrauch" der Sicherheitsorgane und der Nationalen Volksarmee bestimmt gewesen sei (*Guillaume 1990,* S. 9). Umgekehrt verlief die Veröffentlichungsgeschichte der Autobiographie von *Heinz Felfe*, KGB-Agent in der Organisation Gehlen, der 1961 verhaftet und 1969 in die DDR ausgetauscht wurde, wo er als Professor an der Sektion Kriminalistik der Humboldt-Universität in Berlin arbeitete; seine Erinnerungen erschienen zunächst in der Bundesrepublik (*Felfe 1986*), in überarbeiteter Form dann auch in der DDR (*Felfe1988*).

In dieselbe Kategorie von Publikationen gehört das schmale Büchlein über „Stationen aus dem Leben und Wirken des Kommunisten und Tschekisten Paul Laufer", der 1955 Christel und Günter Guillaume angeworben und ein Jahr später in die Bundesrepublik eingeschleust hatte. Das Buch, dessen Autor ungenannt bleibt und das in Anbetracht seines nachrichtendienstlichen Vokabulars augenscheinlich für MfS-Angehörige bestimmt war, beschreibt propagandistisch, wie Laufer 1955 als Major in den Aufklärungsapparat („Apparat Heidenreich") eintrat und die Leitung der für die Bearbeitung von SPD und DGB verantwortlichen Abteilung übernahm (*Deckname Stabil 1988*). Weniger prominent ist der Fall des „Kundschafters" *Hans Voelkner* (*1989*), dessen Schicksal nicht ohne Tragik ist, da er 1949 zunächst von einem sowjetischen Militärtribunal zu 25 Jahren Arbeitslager verurteilt wurde, von denen er sechs in Bautzen absaß – um dann in den sechziger Jahren als Instrukteur und Kurier der HV A in Frankreich tätig zu werden, wo er erneut verhaftet wurde und weitere fünf Jahre im Gefängnis verbrachte.

Einen kritischeren Blick auf die Arbeit der HV A und ihren langjährigen Leiter, Markus Wolf, werfen *Peter Richter* und *Klaus Rösler* (*1992*) in ihrem als „Insider-Report" bezeichneten Buch über die Auslandsspionage des MfS. Rösler arbeitete für die HV A seit deren Gründung und leitete zwei Jahrzehnte die für die Ausforschung der NATO und der EG zuständige Abteilung XII; Richter stieß 1977 zur HV A und stieg dort bis zum stellvertretenden Leiter der Auswertungsabteilung (Abt. VII) auf. Ohne große Illusionen beschreiben die Autoren die Entstehung und Entwicklung der Auslandsaufklärung der DDR, die sie aus den Zeitumständen, aber auch aus dem stalinistischen Herrschaftsanspruch der SED zu erklären suchen. Aufschlußreich ist auch das Buch von *Günter Bohnsack* und *Herbert Brehmer* (*1992*), in dem sie erstmals Einzelheiten über die Arbeit der Abteilung X der HV A preisgaben, also jener Abteilung, die zuständig für „aktive Maßnahmen" war, das heißt: für die gezielte Desinformation des Westens mit Hilfe von Einflußagenturen und Kontaktpersonen, insbesondere in den Medien. *Bohnsack* und *Brehmer* waren selbst Mitarbeiter dieser Abteilung und erinnern sich an „Aktionen" gegen führende bundesdeutsche Politiker wie den ehemaligen Bundespräsidenten Lübke, den früheren Bundeskanzler Kurt-Georg Kiesinger oder den einstigen baden-württembergischen Ministerpräsidenten Hans Filbinger. Immer wieder gelang es danach offensichtlich der Abteilung X, Fälschungen, Halbwahrheiten oder belastende Fakten in die westdeutschen Medien zu lancieren und damit für erhebliche Unruhe in der Bundesrepublik zu sorgen.

Die Methoden des Ostblocks bei der „aktiven" Einflußnahme auf den Westen wurden schon zwei Jahrzehnte früher von dem tschechischen Überläufer *Ladislav Bittman* (*1972*) beschrieben, der von 1964 bis 1966 stellvertretender Leiter der Abteilung für Desinformation im Prager Geheimdienst war und bereits Anfang der siebziger Jahre über die Diffamierung des damaligen Bundespräsidenten Heinrich Lübke durch die HV A und den für „aktive Maßnahmen" zuständigen Oberstleutnant Wagenbreth berichtete (*Bittman 1972,* S. 162 ff.). *Bohnsacks* zweites Buch (*1997*) enthält demgegenüber wenig neue Aspekte – sieht man von einigen Reminiszenzen aus dem HVA-Alltag und dem halben Dutzend Dokumenten im Anhang ab, die aus den Archiven des Bundesbeauftragten stammen. Recht aufschlußreich ist dagegen der Bericht von *David E. Murphy* und *Sergej A. Kondraschow* über den „Krieg der Geheimdienste im geteilten Berlin" (*Bailey/Kondraschow/Murphy 1997*). Beide bekleideten in den fünfziger Jahren führende Positionen in den Geheimdiensten der USA und der Sowjetunion, der eine als Leiter der CIA-Operationsbasis Berlin (BOB), der andere als Chef der Deutschlandabteilung des KGB. Wegen ihrer gegensätzlichen politischen Herkunft stehen sie weniger als andere Akteure in der Gefahr, ihre frühere Tätigkeit vorwiegend apologetisch zu beschreiben. Darüber hinaus konnten sie auf Unterlagen aus den Archiven ihrer Dienste zurückgreifen, obgleich ihre Angaben in dieser Beziehung meist nicht verifizierbar sind. In ihrem Buch werfen sie – gestützt auf die Kenntnisse der sowjetischen „Berater" und die amerikanischen BOB-Berichte – auch auf viele innere Vorgänge des DDR-Staatssicherheitsdienstes ein Licht.

Das Bedürfnis nach Rechtfertigung hat nicht nur ehemalige hauptamtliche Mitarbeiter des MfS, sondern auch eine Reihe von westdeutschen Beteiligten zur Feder greifen lassen. Mehrere Bundesbürger, die der Spionage für das MfS beschuldigt wurden, haben inzwischen Bücher veröffentlicht, in denen sie zu ihrer früheren Tätigkeit Stellung nehmen – wohingegen die schriftlichen Darstellungen der Anklagebehörden über die ihnen vorgeworfenen Taten zumeist nur den Prozeßbeteiligten zugänglich sind und damit von der Öffentlichkeit kaum wahrgenommen wurden. *Bernd Michels* (*1992*), langjähriger Pressesprecher der SPD in Schleswig-Holstein und 1991 unter dem Verdacht der Spionage für die HV A verhaftet, erinnert sich beispielsweise in seinem Buch „Spionage auf deutsch" lediglich an einige harmlose Treffen mit DDR-Bürgern und versucht, die Rolle der Beteiligten ins Lächerliche zu ziehen – im Gegensatz zur Anklageschrift des Generalbundesanwaltes, die von Herbst 1973 bis Anfang 1990 eine geheimdienstliche Tätigkeit gegen die Bundesrepublik Deutschland konstatiert (*Der Generalbundesanwalt 1993b*). 1996 wurde Michels für schuldig befunden und zu 18 Monaten Haft auf Bewährung verurteilt.

Einen ähnlichen Versuch der Ehrenrettung im Vorfeld eines Strafprozesses unternimmt der Journalist *Gerd Lotze* (*1995*) in seinem Buch über den ehemaligen Bundesgeschäftsführer der SPD, Karl Wienand, gegen den die Bundesanwaltschaft 1994 Anklage wegen geheimdienstlicher Agententätigkeit für die DDR erhob. Wienand, der für das Buch laut Klappentext mit dem Autor lange Gespräche über seine Vergangenheit führte, bezeichnet darin die regelmäßigen Zusammenkünfte mit dem OibE der HVA-Abteilung I, Alfred Völkel alias „Krüger", als „zusätzlichen Gesprächskanal" im Auftrag Herbert Wehners (S. 37 f.) – während der ermittelnde Generalbundesanwalt als „Agentenjäger Lampe" firmiert, der ignoriere, daß Wienands Handeln „im Interesse der Bundesrepublik" lag (S. 163); 1996 verurteilte das Gericht Karl Wienand zu zweieinhalb Jahren Haft und zur Zahlung von mehr als einer Million Mark an die Staatskasse, inzwischen wurde er begnadigt.

Eine andere Variante zur Rechtfertigung seiner IM-Tätigkeit für das MfS wählt der ehemalige Terrorist *Till Meyer* (*1996*) von der „Bewegung 2. Juni", der 1980 wegen erpresserischen Menschenraubes zu 15 Jahren Haft verurteilt worden war und sich nach seiner vorzeitigen Freilassung 1987 der Hauptabteilung XXII als IMB „Willi Waldoff" verpflichtete. Meyer, der den Staatssicherheitsdienst vor allem mit Interna aus der linksalternativen Berliner Tageszeitung (taz) und ihrem Umfeld versorgte, streute auch Desinformationen zum Verbleib der in der DDR untergetauchten Terroristen und warnte das MfS unter anderem vor der Verteilung einer im März 1988 in Hamburg hergestellten falschen Ausgabe des „Neuen Deutschlands". In seinen „Erinnerungen" bekennt er sich ganz offen zu seiner Zusammenarbeit mit dem MfS. „Der bereits zu jener Zeit zum Untergang verurteilte zweite deutsche Staat hatte in mir einen kompromißlosen Verbündeten" (S. 452). Trotz seines Geständnisses, das Meyer auf bohrende Fragen von Journalisten hin 1992 ablegte, wurde das Ermittlungsverfahren nach seiner Darstellung zwei Jahre später „mangels Aktenfunden" (S. 472) eingestellt.

Ein „Bekenntnis" zu ihrer über zwanzigjährigen Spionagetätigkeit hat auch *Gabriele Gast* vorgelegt, die seit 1973 beim Bundesnachrichtendienst (BND) arbeitete und dort das Sowjetunion-Referat der Politischen Auswertung leitete (*Gast 1999*). In ihrem als „Autobiographie" gezeichneten Bericht beschreibt sie ihre Anwerbung Ende der sechziger Jahre und die darauffolgende nachrichtendienstliche Tätigkeit, ohne dabei – trotz spürbarer Verbitterung über Markus Wolf – irgendeine Art von Unrechtsbewußtsein erkennen zu lassen. Im Gegensatz zu ihr waren es beim Chef der Spionageabwehr im Kölner Bundesamt für Verfassungsschutz, *Hans Joachim Tiedge*, keine ideologischen Motive, sondern persönliche Gründe, die diesen 1985 zum Übertritt in die DDR veranlaßten. In seinem Buch breitet der immer noch auf der Flucht befindliche Überläufer eine Fülle von Details aus dem Geheimdienstmilieu aus, so daß es in der Bundesrepublik zeitweise beschlagnahmt wurde (*Tiedge 1998*). Ein merkwürdiges Sammelsurium aus Fakten, Vorwürfen und peinlichen Äußerungen enthält schließlich das Buch des ehemaligen Doppelagenten *Dieter Haase* (*1993*), der vom Spiegel Mitte der siebziger Jahre wohl nicht zu Unrecht als „schwatzhafter Exzentriker" bezeichnet wurde. Wegen Ausspähung der Bundeswehr war er damals zu elf Jahren Haft verurteilt worden – und hatte seinerzeit einen Skandal ausgelöst, weil er jahrelang von namhaften Wehrpolitikern der CSU unterstützt worden war.

Von anderer Natur sind dagegen die Berichte jener Bundesbürger, die Opfer von MfS-Aktionen im Westen wurden – und diese zumeist erst nach der Einsichtnahme in die zu ihrer Person angelegten Stasi-Unterlagen detaillierter nachvollziehen konnten. So rekonstruiert der Journalist *Karl Wilhelm Fricke* (*1996*) in seinem Buch „Akten-Einsicht" anhand von MfS-Akten die Geschichte seiner politischen Verfolgung wegen DDR-kritischer Artikel und Rundfunkbeiträge – von seiner ersten „Bearbeitung" im Operativen Vorgang „Illegale" gegen Mitarbeiter des Befreiungskomitees von Margarete Buber-Neumann in Westberlin (1954) über seine Entführung im April 1955 durch den inoffiziellen Mitarbeiter der „Linie V", Kurt Rittwagen, über seine zahlreichen Vernehmungen und anschließende Verurteilung zu vier Jahren Zuchthaus in der DDR bis hin zu seiner erneuten „Bearbeitung" im Westen durch die Hauptabteilung II in den siebziger und achtziger Jahren als Redakteur des Deutschlandfunkes. Auch der Schriftsteller *Jürgen Fuchs* (*1991, 1993, 1994, 1995, 1998*) hat in verschiedenen Veröffentlichungen die gegen ihn und andere in der Bundesrepublik lebende DDR-Kritiker ergriffenen Maßnahmen des MfS beschrieben und insbesondere das perfide Instrumentarium der „Zersetzungsmaßnahmen" bekanntgemacht. *Gerhard Löwenthal* und *Claus P. Clausen* skizzieren dagegen in ihrem Buch „Feindzentrale ‚Hilferufe von drüben'" (Hvd), wie diese Hilfsorganisation aus dem westfälischen Lippstadt – unter kontinuierlicher Beteiligung der HV A – im Zentralen

Operativen Vorgang (ZOV) „Kontra“ systematisch ausgeforscht und „zersetzt“ wurde (*Clausen/Kamphausen/Löwenthal 1993,* S. 234 ff.), während *Hubertus Knabe* (*1992*) die Akteneinsicht eines Westdeutschen schildert, der zu keinem Zeitpunkt in der DDR gelebt hat, wegen seiner Verbindungen zur DDR-Opposition aber trotzdem jahrelang „operativ bearbeitet“ wurde. In Presseveröffentlichungen und Rundfunkbeiträgen haben darüber hinaus Journalisten wie *Karl Corino* (*1993*), *Wolfgang Gast* (*1996*), *Jochen Kummer* (*1997*) oder *Helmut Lölhöffel* (*1993*) anhand ihrer eigenen Fälle über das Vorgehen des MfS gegen westdeutsche Korrespondenten und Berichterstatter informiert.

3.2 Überlieferungslage beim Bundesbeauftragten *(Jochen Hecht/Birgit Sündram)*

Durch die Beseitigung des HVA-Archivs bis zum Sommer 1990 gleicht die Rekonstruktion der West-Arbeit des MfS der Suche nach einem Phantom: In zahllosen Akteneinheiten finden sich zwar Hinweise auf die Tätigkeit des Staatssicherheitsdienstes in der Bundesrepublik, doch der historisch interessanteste Bestand über die Bearbeitung der westdeutschen Gesellschaft fehlt. Aus diesem Grunde sind die Möglichkeiten zu systematischen Recherchen stark eingeschränkt, fast immer greift man, wenn es um die konkreten Formen der Durchdringung geht, ins Leere. So findet man zu westdeutschen Politikern mit DDR-Kontakten zwar die Observationsberichte über ihre Aufenthalte in Ostdeutschland und unter Umständen auch noch die Abhörprotokolle ihrer Telefongespräche, doch der eigentliche „operative“ Aktenvorgang ist nicht mehr vorhanden. Zufallsfunde einzelner Dokumente, Parallelüberlieferungen sowie die umfangreichen Aktenbestände der „Abwehrdiensteinheiten“ mit einem breiten Spektrum an West-Bezügen können dieses Handicap nur unzureichend ausgleichen. Umso wichtiger ist es, im gesamten Fundus systematisch nach Bezügen zu suchen, die Aufschluß geben über die West-Arbeit des MfS.

Die Überlieferung beim Bundesbeauftragten teilt sich grundsätzlich in zwei Komplexe: in die bereits vom Staatssicherheitsdienst archivierten, überwiegend personenbezogenen Vorgänge mit einem Umfang von 59 laufenden Kilometern und in solche Unterlagen, die im Verlauf des 40jährigen Bestehens des Staatssicherheitsdienstes in den einzelnen Diensteinheiten entstanden und dort verwahrt wurden. Da die vom Staatssicherheitsdienst archivierten Unterlagen über die Personenkarteien des MfS zu den im Stasi-Unterlagen-Gesetz genannten Zwecken wie Akteneinsicht von Betroffenen, Rehabilitierung oder Überprüfungen im öffentlichen Dienst zum größten Teil bereits genutzt werden können, wurden diese bislang nur partiell inhaltlich erschlossen. Die nachstehenden Aussagen zu den archivalischen Quellen des

Staatssicherheitsdienstes zur West-Arbeit des MfS beziehen sich daher nur auf die 62,5 laufenden Kilometer Unterlagen der Diensteinheiten, von denen 1999 im Archiv der Zentralstelle 46,5 Prozent und in den Archiven der Außenstellen des BStU 70,2 Prozent archivisch erschlossen waren.[18] Diese Unterlagen gelangten im Verlauf des Auflösungsprozesses des MfS und seiner Gliederungen im Frühjahr und Sommer 1990 aus den Dienstzimmern der Mitarbeiter in die Archive, und zwar überwiegend „verunordnet", in Bündel, Säcke oder Kartons formiert und damit grundsätzlich für eine Nutzung nicht geeignet. Allein der Umfang des in Säcken überlieferten zerrissenen Materials beträgt mehr als 15 laufende Kilometer. Wegen des nach wie vor unzureichenden Erschließungsstandes ist eine abschließende Analyse der Überlieferungslage beim Bundesbeauftragten nach Struktur und Inhalt der Unterlagen nicht möglich, so daß diese Ausführungen als vorläufig zu betrachten sind.

Zur Überlieferung beim Bundesbeauftragten zählen auch etwa 39 Millionen Personenkarteikarten, von denen sich 17 Millionen im Archiv der Zentralstelle und 22 Millionen in den Archiven der Außenstellen befinden. Eine exakte Aussage darüber, wieviele Daten zu Bürgern der Bundesrepublik und Westberlins in diesen Karteien enthalten sind und insbesondere, wieviele für das MfS tätig waren, läßt sich jedoch allein aus den Erfassungen der Karteien ohne Sichtung der entsprechenden Akten nicht treffen.

3.2.1 Archivalische Quellen in der Zentralstelle

In der umfangreichsten zentralen Personenkartei des MfS, der F 16-Kartei, wurden ca. 5,1 Millionen Personen zwischen 1949 und 1989 „erfaßt". Die Kartei ist alphabetisch-phonetisch gegliedert. Eine Strukturierung dieser Karteimenge nach Staatsangehörigkeit wurde im Staatssicherheitsdienst nicht vorgenommen, so daß nur bei konkreten Personenanfragen in dieser Kartei recherchiert und über die dazugehörige Vorgangskartei F 22 der archivierte Vorgang gefunden und ausgewertet werden kann. Ein generelles Herausfiltern aller Bürger der Bundesrepublik und Westberlins anhand der Angaben über Staatsangehörigkeit oder Wohnort ist zwar möglich, wäre aber mit einem gegenwärtig nicht zu vertretendem Arbeits- und Zeitaufwand verbunden. Versuche, aus etwa einem Prozent der zentralen Personenkartei West-IM herauszufiltern, haben zudem gezeigt, daß allein aus der Erfassung in der F 16 als Bundesbürger und aus der Erfassung in der F 22 als IM ohne Sichtung der entsprechenden Akten eine verbindliche Aussage nicht möglich ist.

In der Zentralstelle des Bundesbeauftragten sind aber zwei kleinere MfS-Karteien überliefert, die bestimmte Aspekte der West-Arbeit des MfS perso-

18 Lediglich der Archivbestand „Allgemeine Sachablage" wurde bereits vom MfS sachthematisch erschlossen und zentral archiviert.

nen- und sachbezogen widerspiegeln. In der Abteilung XII/3 wurde seit 1981 eine Feindobjektkartei (F 17) geführt, die auf den Informationen der operativen Diensteinheiten basierte. Diese Kartei umfaßt etwa 20 370 Erfassungen zu Dienststellen, Einrichtungen und Institutionen im Westen, zu Organisationen, Vereinigungen und Verbänden mit und ohne Anschrift, zu Telefon- und Telexanschlüssen sowie zu Kraftfahrzeug-Kennzeichen aus der Bundesrepublik. Die Registriernummern auf den Karten verweisen auf die entsprechenden Vorgänge, wobei es sich zumeist um Objektvorgänge oder Operative Vorgänge handelt. Geführt wurde diese Kartei bis etwa 1986/87. Danach wurden die Daten in der elektronischen Zentralen Personendatenbank des MfS erfaßt, die 1990 mit Zustimmung des Runden Tisches in der DDR vernichtet wurde. Belege dieser Datenbank zu den sogenannten Feindobjekten wurden in der Zentralstelle des Bundesbeauftragten bisher nicht aufgefunden. Die überlieferte Kartei F 17 ist dabei höchstwahrscheinlich nicht vollständig, denn es sind überwiegend Nachweise zu gelöschten Erfassungen eingeordnet, und die in der Kartei abgelegten Kopien stellen Rückläufe von Diensteinheiten dar. Teile dieser „Feindobjektkartei" wurden inzwischen auch in den Außenstellen Rostock und Halle aufgefunden.

Eine andere Kartei mit eindeutigem Westbezug ist die sogenannte Straßenkartei (F 78). Sie stellt eine interne Nachweis- und Arbeitskartei der Abteilung XII des MfS dar und läßt somit Aussagen über die Vollständigkeit der Angaben oder weitere Vergleiche nicht zu. Enthalten sind in ihr insbesondere Erfassungen von IM in Westberlin, deren Anzahl, geordnet nach Straßennamen, laut Kartei mehr als 1 300 betrug; Stichproben haben ergeben, daß keineswegs über alle in Westberlin lebenden IM Karteikarten existieren. Über Erfassungen von IM in der Bundesrepublik enthält die Kartei nur 74 Karten mit insgesamt 84 Erfassungen, von denen 65 Vorgänge archiviert sind und zwölf auf die HV A verweisen.

In großer Zahl sind sogenannte Zielkontrollaufträge überliefert, mit denen die Überwachung von Fernschreibanschlüssen (einschließlich Datex- und Telexanschlüssen) und das Abhören von Fernsprechanschlüssen (einschließlich Funkgesprächen) eingeleitet wurde. Vorrangig betroffen waren davon Anschlüsse von Personen und Institutionen aus Politik und Wirtschaft in der alten Bundesrepublik. Die Zielkontrollaufträge (häufig in mehreren Kopien und als Durchschläge vorhanden) geben jedoch keinen Aufschluß über die Inhalte der abgehörten Gespräche, sondern sind Vorgaben über den Informationsbedarf der auftraggebenden Diensteinheiten. Angaben zum Auffinden der abgehörten Gespräche oder zu anderen Unterlagen wurden nicht gemacht.

In der Dokumentenablage des Staatssicherheitsdienstes sind die unterschiedlichsten innerdienstlichen Bestimmungen aus den Jahren 1951 bis 1989 überliefert, in denen durch Leitungsfestlegungen auch die West-Arbeit geregelt und gesteuert wurde. In diesen Dokumenten, zumeist Weisungen oder Befehle des Ministers für Staatssicherheit oder seiner Vertreter, spiegelt sich in konzentrierter Form die gesamte Breite der Aktivitäten des Staatssicherheitsdienstes wider. Sie machen zugleich deutlich, in welcher Weise der Staatssicherheitsdienst die Arbeit im „Operationsgebiet“ organisierte und welche Schwerpunkte dabei gesetzt wurden.

In zahlreichen Dokumenten ist beispielsweise die strukturelle Entwicklung derjenigen Diensteinheiten nachzuvollziehen, die für unterschiedliche Gebiete der West-Arbeit zuständig waren. Zugleich geben die Dokumente Einblick in die inhaltlichen Zielrichtungen und Schwerpunkte dieser Arbeit. So wurden zahlreiche „Aktionen“ festgehalten, die für das MfS so bedeutsam waren, daß sie durch Schreiben oder Weisungen der obersten Leitungsebene initiiert wurden. In den „Sachakten Ring I und II“ wurden zum Beispiel alle Informationen zum Untersuchungsausschuß Freiheitlicher Juristen in den fünfziger Jahren zusammengefaßt; auch Schulungsmaterial des Staatssicherheitsdienstes ist hier überliefert, in dem diese Organisation analysiert wird und Maßnahmen zu ihrer Bekämpfung dargestellt werden.[19] Zahlreiche Dokumente geben Einblick in das Vorgehen des MfS gegen die sogenannte Republikflucht, die später „ungesetzliches Verlassen der DDR“ genannt wurde, sowie in das Eindringen des Staatssicherheitsdienstes in Organisationen, die Fluchthilfe für DDR-Bürger organisierten und ausführten. Schließlich war das MfS an der Vorbereitung von offiziellen Begegnungen zwischen Politikern der Bundesrepublik und der DDR beteiligt, die sich insbesondere nach Abschluß des Grundlagenvertrages entwickelten.

Die Denkweise des MfS wird dabei oft genug schon durch die Tarnbezeichnungen für die geplanten Aktionen deutlich: So wurden die Sicherungsmaßnahmen in Vorbereitung des zweiten Treffens des Vorsitzenden des Ministerrates der DDR, Stoph, mit Bundeskanzler Brandt im Mai 1970 in Kassel mit dem Decknamen „Konfrontation II“ belegt. Eine Materialsammlung für eine Kampagne gegen das Ministerium für Gesamtdeutsche Fragen im Jahre 1958 trug – nach dem Minister Ernst Lemmer – den Namen „Aktion ‚Lemmerschwanz‘“, die Aufklärung der Vereinigung „Opfer des Stalinismus“ im Jahr 1953 geschah unter dem Decknamen „Pest“, die operative Bearbeitung trotzkistischer und anderer „feindlicher Gruppierungen“ im Jahr 1956 erhielt die Bezeichnung „Unrat“.[20]

Neben den vom MfS archivierten personenbezogenen Vorgängen und dem Schriftgut der Diensteinheiten hat die DDR-Staatssicherheit eine zentrale „Allgemeine Sachablage“ geführt. Die dazu geführten Archivregistrierbücher sind jedoch für sachbezogene Forschungen wenig brauchbar; umgekehrt ist ein großer Teil der in dieser Ablage vorhandenen personenbezogenen Unterlagen in den normalen Karteien nicht registriert. Die 440 laufende Meter umfassende Überlieferung der Allgemeinen Sachablage ist im Jahre 1999 vollständig erschlossen und damit personen- und sachbezogen nutzbar ge-

19 BStU, ZA, BdL-Dok. 004925.
20 BStU, ZA, BdL-Dok. 001527; BdL-Dok. 03877; BdL-Dok. 002087; BdL-Dok. 002228.

macht worden. Hinweise zur West-Arbeit finden sich vor allem zu folgenden Aspekten: Aufklärung der westlichen Besatzungsmächte, unter anderem von Einrichtungen der US-Streitkräfte in Deutschland; Informationen zu Dienststellen der westlichen Geheimdienste in der Bundesrepublik; Aufklärung der Flüchtlingslager in der Bundesrepublik; Ermittlungen zum Bundesnachrichtendienst, zum Bundesamt für Verfassungsschutz sowie zu Polizeidienststellen; Informationen zu westdeutschen und europäischen Institutionen und Organisationen sowie Vereinigungen und Firmen. In den zahlreichen in dieser Ablage gefundenen Gefangenenakten wurden auch Unterlagen zu Bundesbürgern gesichtet, ohne daß bisher eine verläßliche Quantifizierung möglich war.

Was das Schriftgut der Diensteinheiten betrifft, so finden sich in allen Überlieferungen Akten, Vorgänge oder Einzelschriftstücke, in denen Hinweise zur West-Arbeit des MfS enthalten sind. Von den knapp 25 000 laufenden Metern ungeordneter oder „verunordneter" Unterlagen, die sich in den Dienstzimmern und Abteilungsablagen des MfS befanden und im Archiv der Zentralstelle des Bundesbeauftragten eingelagert wurden, waren im Juni 1999 11 500 Meter archivisch erschlossen. Weitere archivalische Quellen und damit neue Erkenntnisse zur West-Arbeit des Staatssicherheitsdienstes können im Zuge des weiteren Erschließungsprozesses erwartet werden. Bei der archivischen Erschließung werden in aller Regel die Herkunft des Schriftgutes (Provenienz), der Inhalt – in Form von Aktentiteln und ergänzt mit „Enthält"-Vermerken – sowie der zeitliche Umfang bestimmt und in Findkarteien festgehalten. Erkennbare Registriervermerke des MfS werden ebenfalls nachgewiesen, um später in geeigneter Weise originale Registraturverhältnisse und -ablagen erkennen zu können. Zusätzlich zu diesen Angaben werden beim Bundesbeauftragten Daten von Personen mittels eines Elektronischen Personenregisters (EPR) nachgewiesen, um die entsprechenden Vorgänge für Personenrecherchen nutzbar zu machen. Die gegenwärtig erschlossene Überlieferung zu diesem Komplex soll im Folgenden anhand einzelner wichtiger Diensteinheiten des MfS näher dargestellt werden. Die jeweils angeführten Inhalte zeigen beispielhaft die ministeriumsübergreifende Tätigkeit in Richtung Westen.

Sekretariat des Ministers

Der Bestand der im Sekretariat von Erich Mielke abgelegten Akteneinheiten ist für die Rekonstruktion der West-Arbeit des MfS von besonderer Bedeutung, da einzelne herausgehobene Vorgänge – auch der HV A – direkt an den Minister gingen und dort abgelegt wurden. Hier finden sich auch die Protokolle der sogenannten Kollegiumssitzungen, bei denen die Führungsspitze des Ministeriums über die aktuelle Lage und die damit verbundenen „Aufgaben" beriet, wobei man regelmäßig auch über die Situation in der Bundesrepublik sprach. Zudem ist eine größere Zahl an Informationsberichten überliefert wie Informationen der HV A über Militärangelegenheiten der NATO und über den Verfassungsschutz der Bundesrepublik; Informationen des Ministeriums für Nationale Verteidigung zu Einrichtungen der Bundeswehr, zur NATO und zum Funkverkehr des westlichen Bündnisses; Informationen über die Arbeitsweise westlicher Geheimdienste, über Spionage in der Bundesrepublik und anderen nichtsozialistischen Staaten; Informationen über die innerdeutschen Beziehungen und den deutsch-deutschen Reiseverkehr sowie über den Agenten- und Gefangenenaustausch.

Sekretariat des Stellvertreters des Ministers, Neiber
In diesem Bestand sind zur West-Arbeit unter anderem Akteneinheiten über die politisch-operative Arbeit in den Auslandsvertretungen der DDR, über die Aufklärung und Bearbeitung „feindlicher" Organisationen im Westen sowie Dokumente zur „politisch-operativen Arbeit" in der Bundesrepublik und im Grenzbereich überliefert.

Zentrale Auswertungs- und Informationsgruppe (ZAIG)
In der Zentralen Auswertungs- und Informationsgruppe flossen die vom MfS „erarbeiteten" Informationen zusammen. Hier läßt sich am ehesten ein Überblick darüber herstellen, wie weit das MfS über Entwicklungen in der Bundesrepublik informiert war, ohne daß allerdings Angaben über die Quelle(n) des jeweiligen Berichtes gemacht werden. In diesem Bestand finden sich unter anderem zahlreiche Akteneinheiten mit Informationen über Organisationen und Bürger der Bundesrepublik aus kulturellen, wissenschaftlichen, politischen und kirchlichen Kreisen; über die Bearbeitung von westdeutschen Organisationen, Einrichtungen und Zentren und über den Einsatz von inoffiziellen Mitarbeitern im Westen; über aktuelle politische und wirtschaftliche Ereignisse und über Veranstaltungen und Aktionen in der Bundesrepublik; über die Außenpolitik Bonns und über Meinungen oder Reaktionen von Politikern; über westdeutsche Geheimdienste, Überläufer und über die Bundeswehr; über Rechts- und Linksextremismus sowie terroristische Gruppierungen; über Beobachtungen der westlichen Militärverbindungsmissionen und Militärinspektionen und über damit zusammenhängende Vorkommnisse auf dem Gebiet der DDR. Darüber hinaus finden sich Unterlagen aus der Auswertung von westlichen Massenmedien über Organisationen, Institutionen, politische Ereignisse und Entwicklungstendenzen im Westen, Berichte über die angebliche NS-Vergangenheit führender Politiker und anderer Personen in der Bundesrepublik sowie über die Tätigkeit von Agenten der DDR in der Bundesrepublik. Schließlich sind umfangreiche Akten über Dienstbesprechungen, Kollegiumssitzungen oder Dienstkonferenzen mit Auswertungen und Einschätzungen politischer Ereignisse im Westen überliefert.

Rechtsstelle
In verschiedenen Akteneinheiten sind Berichte, Informationen und Vereinbarungen über Politiker und Institutionen im Operationsgebiet sowie Analy-

sen zu bestimmten Sachverhalten (etwa zum Rentenrecht) und zur Westberlin-Frage aus dem Zeitraum 1971 bis 1989 enthalten.

Juristische Hochschule des MfS (JHS)
Ungefähr 80 Akteneinheiten aus diesem Bestand, im wesentlichen Hoch- und Fachschularbeiten, beschäftigen sich mit Fragen der West-Arbeit des MfS. Darunter befinden sich überwiegend Ausarbeitungen zu spionagetechnischen Themen wie die Möglichkeiten der „vorgangs- und personenbezogenen Arbeit“ im und nach dem „Operationsgebiet“, die Feststellung der Eignung von inoffiziellen Mitarbeitern für die HV A oder die Möglichkeiten des Erkennens einer Doppelagententätigkeit, aber auch Darstellungen zur „politisch-operativen Arbeit gegen feindliche politisch-klerikale Zentren“ in der Bundesrepublik und weitere Beschreibungen des Vorgehens im Westen (vgl. Kap. 7.2).

Hauptabteilung IX
In der sogenannten Untersuchungsabteilung des MfS finden sich zahlreiche Unterlagen mit Westbezug, insbesondere solche, die im Zusammenhang mit Fragen der Strafverfolgung stehen. Im einzelnen sind dies unter anderem Informationen über westdeutsche Polizeidienststellen und Strafvollzugseinrichtungen; über Tätigkeiten, Ziele und personelle Zusammensetzung von terroristischen und extremistischen Gruppen im Westen; über die Arbeit und die personelle Zusammensetzung von Flüchtlings- und Vertriebenenorganisationen in der Bundesrepublik; über westliche Firmen und Firmenmitarbeiter im Zusammenhang mit der Untersuchung von Wirtschaftsdelikten bei Import-/Exportgeschäften und bei Spionageverdacht; über die Bundeswehr und die westlichen Alliierten, insbesondere über Dienstabläufe, innere Organisation, technische Ausrüstung und Strukturen, die aus der Auswertung von Vernehmungsprotokollen – unter anderem von Überläufern – sowie von Veröffentlichungen, Merkblättern und Schriftenreihen gewonnen wurden.

Hinzu kommt Zahlenmaterial zu Bundes- und Landeseinrichtungen sowie zu Vereinigungen, Organisationen und Verbänden in der Bundesrepublik, das ebenfalls auf der Auswertung von Ermittlungsverfahren, Vernehmungsprotokollen sowie von Pressematerialien und anderen Veröffentlichungen beruht; ferner Material zu Geheimdiensten der Bundesrepublik, das aus Vernehmungsprotokollen Verhafteter und Befragungsprotokollen von Überläufern gewonnen wurde. Weitere Unterlagen befassen sich mit dem bundesdeutschen Notaufnahmeverfahren und den entsprechenden Aufnahmelagern; mit Konsularangelegenheiten und Fragen der Rechtshilfe; mit verhafteten Bundesbürgern und ihrer Betreuung durch westdeutsche Stellen; mit Häftlings- und Agentenaustausch, einschließlich Häftlingstransportlisten und dem Schriftverkehr zwischen Rechtsanwälten. Andere Akten dokumentieren Transitangelegenheiten und Grenzvorkommnisse; Berichte und Direktiven zu den Sitzungen der Transitkommission DDR/BRD; Informationen, Meldungen, Befragungsprotokolle und Fotodokumentationen über Vorkommnisse auf den Transitwegen und an den Grenzübergangsstellen; die „Ausschleusung" von DDR-Bürgern durch Fluchthelferorganisationen, einschließlich ausführlicher und teilweise bebildeter Dokumentationen zu diesen Organisationen mit Informationen über ihre Mitglieder, Pläne und Treffpunkte. Wieder andere Akten beinhalten Vermerke über Gespräche zwischen Mitarbeitern der Ständigen Vertretung der Bundesrepublik und des Außenministeriums der DDR – alles in allem ein großer Bestand an Unterlagen für eine Abteilung, die vordergründig wenig mit dem Westen zu tun hatte.

Hauptabteilung IX/11 (Aufklärung von NS- und Kriegsverbrechen)
In den bisher verzeichneten Unterlagen der Hauptabteilung IX/11, die im Zusammenhang mit der West-Arbeit genannt werden können, befinden sich vor allem Akten über die Unterstützung der DDR-Nebenkläger in Prozessen vor westdeutschen Gerichten; Informationen zur Rolle von westdeutschen Firmen während des NS-Regimes, Materialien zur angeblichen Verfälschung des Kampfes der Widerstandsorganisation „Rote Kapelle" durch westdeutsche Autoren und Medien sowie über Maßnahmen zur Aufdeckung des „Neonazismus" in der Bundesrepublik und die „Entlarvung" von Nazi- und Kriegsverbrechern mit Wohnsitz in Westdeutschland und Westberlin im Zeitraum von 1949 bis 1989.

Zentrale Koordinierungsgruppe (ZKG)
Die Akten der Zentralen Koordinierungsgruppe, zuständig für die Bekämpfung von Flucht und Ausreise, enthalten unter anderem Material über die Notaufnahmelager in der Bundesrepublik sowie über westdeutsche Ministerien, über die Bundeszentrale für Politische Bildung und über den Senat von Westberlin; über politische Gruppierungen wie den Verein Grenzopfer, den Bund der Mitteldeutschen, die Arbeitsgemeinschaft 13. August oder die Gefangenenhilfsorganisation Amnesty International; über sogenannte Schleusergruppen und die Besetzung von Botschaften westlicher Staaten durch ausreisewillige DDR-Bürger in den achtziger Jahren.

Hauptabteilung VI
In den etwa 1 600 Akteneinheiten der Hauptabteilung VI, zuständig für die Grenzkontrolle, befinden sich unter anderem Informationen zur Reisetätigkeit von Politikern der Bundesrepublik und Westberlins in die DDR; zu Reisegruppen des sogenannten Polittourismus, die von Stiftungen, Bildungseinrichtungen und anderen Trägern organisiert wurden; zu Handlungen und „Provokationen" von „feindlich-negativen" Kräften im Grenzbereich der DDR; zur Arbeit mit inoffiziellen Mitarbeitern in der Bundesrepublik; zum Aufenthalt von Bundesbürgern im Grenzbereich der DDR, einschließlich Bilddokumentationen.

Hauptabteilung VIII
Auch im Bestand der Hauptabteilung VIII, die vor allem Observationen durchführte, finden sich zahlreiche Unterlagen, die Fragen der West-Arbeit berühren, darunter Auftragsersuchen für Beobachtungen, Ermittlungen, Durchsuchungen oder Festnahmen im Zusammenhang mit Bundesbürgern; Suchaufträge im und nach dem „Operationsgebiet“ zu westdeutschen Personen und Reisegruppen, Organisationen, Verbänden, Objekten oder Firmen; Berichte über die Beobachtung von bundesdeutschen Politikern und Journalisten während ihres Aufenthalts in der DDR im Auftrag anderer Diensteinheiten des MfS, einschließlich Bilder, Lageskizzen und „Verbindungspläne“; Informationen über Fluchthelferorganisationen sowie Unterlagen über die Sicherung und Kontrolle der Transitwege.

Abteilung 26
In mehreren Akteneinheiten sind technische Informationen zur Untersuchung „gegnerischer“ Abhörtechnik aus dem Zeitraum 1961 bis 1989 enthalten.

Abteilung XIV
Die Akten der Abteilung XIV, zuständig für die Überwachung des Strafvollzugs in der DDR, enthalten immer wieder Hinweise zu Personen und Sachverhalten in der Bundesrepublik. Insbesondere finden sich dort Dokumentensammlungen zu den Staats- und Rechtsverhältnissen der Bundesrepublik und zu den Rechten der Militärverbindungsmissionen der Alliierten in der DDR; Berichte westlicher Medien über den Strafvollzug in Ostdeutschland und Material über die Aufklärung von Maßnahmen westlicher Geheimdienste gegen die DDR; Schulungsmaterial zur NATO und zur Bundeswehr; Anordnungen zu Fahndungen und Verhaftungen auf den Transitwegen sowie zur „operativen Sicherung“ von Personen aus der Bundesrepublik bei der Einreise und dem Aufenthalt in der DDR; Unterlagen zum Strafvollzug und zur Untersuchungshaft von Bundesbürgern wie Vollzugsakten, Gefangenenbücher, medizinische Unterlagen, Häftlingslisten, Berichte über Vorführungen zu Gerichtsverhandlungen, Überführungen, Vernehmungen, Arbeitsunterlagen zu Strafgefangenen, Lohnabrechnungen etc.

Abteilung Finanzen
Der Aktenbestand der Abteilung Finanzen ist unter dem Gesichtspunkt der West-Arbeit des MfS bislang kaum ausgewertet worden. Er enthält unter anderem Unterlagen über sogenannte Sonderfinanzierungen von Importen aus westlichen Ländern, über Verbindungen des MfS zum Bereich Kommerzielle Koordinierung, über die Verwendung von DM-Beträgen durch das MfS, über sogenannte Wiedergutmachungszahlungen westdeutscher Firmen an die DDR, über beschlagnahmte Gegenstände, deren Verwendung in der „politisch-operativen Arbeit“ oder deren Verkauf, unter anderem in der Sonderver-

kaufsstelle „Zentrum". Dokumentiert sind auch Anträge von Diensteinheiten zur Zahlung von „Operativgeldern" in DM, Abrechnungen, Kontoauszüge sowie Übersichten über Einnahmen, Visagebühren, Mindestumtausch und beschlagnahmte Geldbeträge.

Verwaltung Rückwärtige Dienste (VRD)
Verschiedene Akteneinheiten enthalten Wirtschaftsverträge zwischen Betrieben der DDR und westdeutschen Firmen über Lieferungen von Waren für den Zeitraum 1988 bis 1989.

Operativ-technischer Sektor (OTS)
In zahlreichen Akteneinheiten dieser Diensteinheit sind Inhalte mit Bezug zur West-Arbeit erkennbar. Die überlieferten Unterlagen betreffen unter anderem Importe des MfS aus der Bundesrepublik, vorwiegend von Meß- und Regeltechnik, elektronischen Bauelementen, Computer, Film- und Fotomaterial, Videotechnik, Chemikalien; Bestellungen, Importbegründungen und -genehmigungen, Wirtschaftsverträge mit verschiedenen Firmen, Lieferscheine und Rechnungen; Erprobungs- und Abschlußberichte über Planaufgaben zu Wissenschaft und Technik mit Hinweisen auf die verwendete Technik aus Westdeutschland; Marktbeobachtungen, Nachweise über die Gerätebeschaffung, Untersuchungsberichte; Aufklärung im „Operationsgebiet" sowie Berichte zu Entwicklungstendenzen in der Wirtschaft und zu Dienstreisen.

Abteilung Nachrichten
Verschiedene Akteneinheiten enthalten Hinweise zu nachrichtentechnischen Anlagen im grenznahen Raum sowie zur elektronischen Aufklärung der NATO und der Bundeswehr. Weiterhin sind überliefert Aufzeichnungen von Telefonüberwachungen und Unterlagen über die Koordinierung der Frequenznutzung zwischen der Bundesrepublik und der DDR.

Arbeitsgruppe XVII (Besucherbüro Westberlin)
Zu dieser Diensteinheit können zum Teil nur Angaben aus der Grobsichtung der Bündel gemacht werden. Ein Bezug zur West-Arbeit wird unter anderem erkennbar in sogenannten Führungsdokumentationen zur Einrichtung der Passierscheinstellen in Westberlin, in Unterlagen über Einreiseanträge von Politikern und anderen Personen aus Westberlin, in Informationen über Mitarbeiter von Senatsdienststellen und der Westberliner Polizei, in Unterlagen zu Kurier- und Transportfahrten der Westberliner Polizei sowie in Arbeitsmaterial zur Erkennung gefälschter Personalausweise der Bundesrepublik. In den bisher erschlossenen Akteneinheiten sind unter anderem folgende Themen nachzuweisen: Organisation, Aufgabenstellung, Arbeitspläne und Arbeitsweise des Besucherbüros in Westberlin; Berichte, Analysen, Dokumente aus der „politisch-operativen Arbeit"; Vermerke über Unterredungen

zwischen Mitarbeitern des Außenministeriums der DDR und dem Senat von Westberlin; Studien und Informationen über den Kuriereinsatz der DDR in Westberlin; sonstige Informationen über Westberlin.

Hauptabteilung I

Im Teilbestand der Hauptabteilung I sind bisher nur wenige Akteneinheiten zur Thematik nachzuweisen. Es handelt sich dabei um einzelne Akten zur Aufklärung des Umfeldes der Grenze zwischen der DDR und Westberlin.

Hauptabteilung II

Im Bestand der Hauptabteilung II können unter anderem Akten zu folgenden Punkten mit der West-Arbeit des MfS in Verbindung gebracht werden: Überprüfung von Bürgern der Bundesrepublik und anderer westlicher Staaten bei Verdacht der Spionagetätigkeit oder zwecks Gewinnung für die inoffizielle Zusammenarbeit mit dem MfS; Überprüfung von Mitarbeitern der Ständigen Vertretung der Bundesrepublik, der Botschaften anderer westlicher Staaten sowie westlicher Geheimdienststellen und anderer „Feindobjekte" in Westdeutschland.

Hauptabteilung III

Die Erschließung dieses Bestandes hat gezeigt, daß mehrere Hunderttausend Abhörprotokolle aus dem „Operationsgebiet" überliefert sind, die sich nicht eindeutig bestimmten Akteneinheiten zuordnen lassen, sondern vermischt mit Informationen mit DDR-Bezügen aufgefunden wurden. Diese Abhörprotokolle sind in drei Auswertungsstufen abgelegt:

- als Rohprotokoll: wörtliche Mitschnitte (hand- oder maschinenschriftlich), Namen der Gesprächsteilnehmer (auch unvollständig, vereinzelt ohne Namen), grundsätzlich keine weiteren Personendaten;
- als Vorauswertung: komprimierter Gesprächsinhalt, Namen der Gesprächsteilnehmer analog zum Rohprotokoll;
- als Auswertung: inhaltliche Zusammenfassung einer Vielzahl von Telefongesprächen, ohne Namen der Gesprächsteilnehmer, hauptsächlich im Sachzusammenhang mit anderen Unterlagen.

In der Hauptabteilung III sind weiterhin Akten überliefert, in denen nach sogenannten Delikteschlüsseln – einer Art Klassifikationsschema – Abhörprotokolle verschiedenen Inhalts abgelegt sind. Zur Aktivierung der Abhöreinrichtungen der Hauptabteilung III dienten die bereits erwähnten Zielkontrollaufträge. Diese enthalten die Namen der Personen oder Institutionen, deren Telefonnummern sowie Angaben zur Laufzeit der Überwachungsmaßnahmen und zum konkreten Informationsbedarf. Hinweise zur auftraggebenden Diensteinheit sowie zu den Ergebnissen einer eventuellen Abhöraktion gibt es nicht.

Hauptabteilung XVIII

Etwa die Hälfte der bislang erschlossenen Akteneinheiten aus der für die Kontrolle der DDR-Wirtschaft verantwortlichen Hauptabteilung XVIII enthält Angaben, die mit der West-Arbeit in Zusammenhang stehen. Da bei jedem „Vorkommnis" in der Volkswirtschaft der DDR grundsätzlich dem Verdacht auf eine Einflußnahme von außen nachgegangen wurde, operierte die Hauptabteilung XVIII sowohl innerhalb der DDR als auch in der Bundesrepublik. Besonders hervorzuheben sind Unterlagen zur Bearbeitung von westdeutschen Bürgern, von Firmen, Banken und Institutionen, um dem Verdacht der Spionage oder wirtschaftsschädigender Handlungsweisen nachzugehen oder um Möglichkeiten zur Beschaffung von sogenannten Embargo-Waren zu eruieren. Andere Akten betreffen die Aufklärung „gegnerischer" Dienststellen, zum Beispiel des Bundesnachrichtendienstes oder des Bundesamtes für Verfassungsschutz, ihrer Tätigkeit und ihres „Informationsinteresses" in der DDR, einschließlich des Einsatzes von Doppelagenten. Ein Teil der Unterlagen dokumentiert auch die geheimdienstliche „Absicherung" von Firmen der DKP sowie den Aufenthalt von Auslands- und Reisekadern der DDR im Westen, etwa zur Teilnahme an Schulungen, Wirtschaftsmessen oder Wirtschaftsverhandlungen.

Hauptabteilung XIX

In der Hauptabteilung XIX, die den Verkehrssektor in der DDR überwachen sollte, weisen verschiedene Akteneinheiten einen Bezug zur West-Arbeit des MfS auf. Hier sind vor allem Nachweise über IM-Einsätze im grenzüberschreitenden Verkehr zur Bundesrepublik und nach Westberlin überliefert, speziell im Bereich der Deutschen Reichsbahn, dem Güterkraftverkehr, der Schiffahrt sowie der Deutschen Post. Dokumentiert sind auch Angaben zu Kontakten von IM und anderen Mitarbeitern des Verkehrswesens der DDR zu Mitarbeitern westlicher Geheimdienste.

Hauptabteilung XX

Der Bestand der Hauptabteilung XX, die wohl wichtigste Diensteinheit für die innere Unterdrückung, enthält paradoxerweise besonders viele Akteneinheiten, die mit der West-Arbeit in Verbindung stehen. Dabei handelt es sich unter anderem um Dokumente zu IM-Einsätzen in der Bundesrepublik, zur Berichterstattung über das Büro für Besuchs- und Reiseangelegenheiten in Westberlin, zu Äußerungen von Mitgliedern westdeutscher Parteien, zur Arbeit des Ministeriums für Innerdeutsche Beziehungen, zu Sitzungen von Landesausschüssen einzelner Parteien in Westberlin und um IM-Berichte zur Evangelischen Akademie in Westberlin – um nur einige der Akteninhalte zu nennen. Hier finden sich auch immer wieder Unterlagen aus dem Bereich der HV A, die diese der „Abwehr" übermittelte, um die Bekämpfung von SED-Kritikern in Ost und West zu unterstützen.

Hauptabteilung XXII

Im Bestand der für „Terrorabwehr" zuständigen Hauptabteilung XXII ist eine Fülle von Akten über Aktivitäten des MfS im westlichen Ausland überliefert. Dazu gehören Ermittlungs- und Untersuchungsunterlagen sowie Auskunftsberichte und Informationen zu rechten und linken Gruppierungen im Westen; Nachweise über Personenüberprüfungen und Täterermittlungen im Zusammenhang mit Mord- und Gewaltdrohungen, provokatorischen Briefsendungen sowie Droh- und Schmähanrufen aus dem Westen; Material über die Überprüfung sogenannter Selbstanbieter, die von sich aus eine Mitarbeit beim MfS anstrebten; Unterlagen über die Aufklärung von Organisationen und Vereinen der linken und rechten Szene und von Wehrsportgruppen im „Operationsgebiet"; Informationen, Berichte und Überwachungsmaßnahmen zu Emigrantenorganisationen; Berichte zur NATO und zur Bundeswehr; Informationen zu „gegnerischen" Geheimdiensten sowie zu terroristischen Anschlägen und zum internationalen Terrorismus.

Arbeitsgruppe Bereich Kommerzielle Koordinierung

Die Akten der zur Überwachung des Bereiches Kommerzielle Koordinierung (KoKo) geschaffenen Arbeitsgruppe weisen immer wieder Bezüge zur West-Arbeit des MfS auf. Zur Aufklärung der KoKo-Aktivitäten wurden dem entsprechenden Untersuchungsausschuß des Deutschen Bundestages in der 12. Wahlperiode umfangreiche Aktenbestände in Kopie übergeben. Überliefert sind zudem Unterlagen, in denen im Zusammenhang mit der Umgehung von Embargo-Bestimmungen und der Klärung wirtschaftsschädigender Aktivitäten westdeutsche Bürger, Firmen, Banken und Institutionen beurteilt werden. Andere Akten befassen sich mit der „Absicherung" des Internationalen Handelszentrums in Ostberlin, in dem westliche Geschäftsleute regelmäßig verkehrten.

Hauptverwaltung A

Im Zuge der Selbstauflösung der HV A wurden nicht alle Unterlagen vernichtet, sondern einige Akteneinheiten im Sommer 1990 in das Archiv der Zentralstelle verbracht. Inzwischen sind diese verzeichnet worden und somit für die Forschung nutzbar. Sie decken im wesentlichen folgende Inhalte ab: Dienstanweisungen und Befehle des Ministers für Staatssicherheit; Berichte und Informationen zur Bundeswehr und zur wirtschaftlichen Entwicklung der Bundesrepublik; Unterlagen über westliche Geheimdienste, unter anderem zu Strukturen und zur Stellenbesetzung, sowie Karteien zu BND- und Verfassungsschutzmitarbeitern; Materialsammlungen zur Innen- und Außenpolitik der USA; Materialsammlungen zu US-Geheimdiensten; Sammlungen von Einzelinformationen sowie außenpolitische und militärische Informationsübersichten.

Aufgrund der Bedeutung der HV A wurde durch Mitarbeiter des Bundesbeauftragten auch im Schriftgut anderer Diensteinheiten des MfS nach HVA-Material gesucht und dieses zu einer Ersatzdokumentation zusammengefügt.

Insgesamt sind mittlerweile 1 600 Akteneinheiten in anderen Diensteinheiten erschlossen worden, in denen personen- und sachbezogene Bezüge zur HV A nachgewiesen werden können. Insbesondere in folgenden Teilbeständen haben sich Akten gefunden, die die vernichteten HVA-Unterlagen partiell ersetzen helfen:
Zentrale Auswertungs- und Informationsgruppe: Informationen der HV A zur Struktur, den Aufgaben und Methoden des Bundesamtes für Verfassungsschutz; Zusammenarbeit der ZAIG mit der HV A bei der Auswertung von Erkenntnissen über die Tätigkeit westlicher Geheimdienste sowie von Emigrantenorganisationen.
Hauptabteilung XVIII: Informationen der HV A über die Geschäftstätigkeit westlicher Firmen in der DDR.
Hauptabteilung III: Zusammenarbeit mit der HV A bei der Funkaufklärung der Bundeswehr und des Bundesgrenzschutzes; Informationen der HV A zu Einrichtungen des Zivil- und Katastrophenschutzes in der Bundesrepublik, vor allem der Funksysteme und Funkleiteinrichtungen.
Hauptabteilung XXII: Aufklärung und Beobachtung rechts- und linksextremer Organisationen und Gruppierungen im „Operationsgebiet“ sowie terroristischer Organisationen; Unterlagen über die internationale Terrorismusbekämpfung, unter anderem aus der Überwachung der Rote Armee Fraktion.

Im weiteren Ergebnis dieser besonderen Auswertung und Erschließung von Akten und Dateien sind bis 1999 92 700 Datensätze mit HVA-Bezug in eine speziell dafür geschaffene Datenbank eingegeben worden. Dabei handelt es sich unter anderem um etwa 35 900 Datensätze mit Personenangaben zu hauptamtlichen Mitarbeitern (4 000), inoffiziellen Mitarbeitern (1 900) und anderen Personen, die im Umfeld der HV A bekannt wurden (30 000).

Tonträger und Fotos

Zur archivalischen Hinterlassenschaft des Staatssicherheitsdienstes gehören auch etwa 1 220 000 Fotos, 68 000 Diapositive, 3 900 Videos, 780 Filme, 162 300 Tonträger und 10 000 Disketten sowie ca. 10 900 Magnetbänder und -platten. Eine archivische Erschließung an diesen Unterlagen gestaltete sich in vielen Fällen als technisch schwierig und aufwendig. Auch in diesen speziellen Medien sind Hinweise – allerdings in weitaus geringerer Zahl als beim Schriftgut – zur West-Arbeit des MfS möglich.

Bei den Tonträgern sollen Aufzeichnungen zu folgenden Themen hervorgehoben werden: Dienstberatungen des Ministers und einzelner Diensteinheiten sowie Kollegiumssitzungen mit Stellungnahmen zur IM-Arbeit im „Operationsgebiet“, zum Ausbau von Agenturen oder zur Spionageabwehr; Selbstdarstellungen ehemaliger HVA-Mitarbeiter wie Günter Guillaume und Richard Stahlmann; Schulungen für einen Einsatz im und nach dem Operationsgebiet; Prozesse bei Spionageverdacht und bei Kontakten zum Bundesnachrichtendienst, die zum Teil mit Todesurteilen endeten; Arbeit in Organisationen der Bundesrepublik wie zum Beispiel Vertriebenenverbänden; Überwachung von Personen und Firmen im Zusammenhang mit Aktivitäten des KoKo-Bereiches; Berichte zum Verkehrswesen in der Bundesrepublik sowie zu Industriemessen, Tagungen und zum Außenhandel; Material zum Bereich Fluchthilfe („Menschenhandel").

Überliefert sind zudem Fotos von Mitgliedern „gegnerischer" Gruppierungen wie dem Untersuchungsausschuß Freiheitlicher Juristen oder der Internationalen Gesellschaft für Menschenrechte; Angehörigen westlicher Geheimdienste und von Staatsschutzorganen des Bundes und der Länder; Gebäuden und Kasernen, die von westlichen Geheimdiensten genutzt wurden.

Auch auf Fotonegativen und Mikrofiches ist verfilmtes Schriftgut mit Bezügen zur West-Arbeit nachweisbar, so zum Beispiel Schriftverkehr der Bundeswehr, Ergebnisse der Überwachung der Post der Ständigen Vertretung der Bundesrepublik in der DDR; Informationen zum Anschlag auf die Diskothek „La Belle" in Westberlin; die Kartei des Ostbüros der FDP in Westberlin sowie der Schriftwechsel mit Anwälten zu verhafteten FDP-Sympathisanten in der DDR in den fünfziger Jahren.

3.2.2 Archivalische Quellen in den Außenstellen

Auch in den Außenstellen des Bundesbeauftragten finden sich zahlreiche Unterlagen zur West-Arbeit des MfS. Der Erschließungsstand ist jedoch teilweise noch gering, so daß nur einige inhaltliche Schwerpunkte und Besonderheiten in der Überlieferung aufgezeigt werden sollen. Hinweise zur Auswahl und Ausbildung geeigneter inoffizieller Mitarbeiter finden sich in den Unterlagen der Außenstellen in Gera (unter anderem über den Einsatz von Rentnern als IM), Neubrandenburg (Materialien über die „Regimeverhältnisse", Reiseberichte über Kaufhäuser und Stadtrundfahrten in der Bundesrepublik), Potsdam und Schwerin (ebenfalls zur „operativen Nutzung" von Rentnern).[21] Unterlagen über westliche – meist westdeutsche – Unternehmen sind in größerem Umfang vorhanden in Erfurt, Frankfurt/Oder, Gera, Halle, Magdeburg, Potsdam und Schwerin. Firmenkarteien der Abteilung XVIII sind aus den Bezirksverwaltungen Karl-Marx-Stadt und Cottbus überliefert. Akten über Partnerschaften mit westdeutschen Städten sind in den Außenstellen Dresden, Erfurt, Frankfurt, Potsdam und Schwerin vorhanden.

Über die Beobachtung des Transitverkehrs sowie von Touristen sind Unterlagen in Erfurt, Gera und Halle (etwa über Besucher des Kyffhäuser-Denkmals bei Bad Frankenhausen aus der Bundesrepublik) vorhanden. Hinweise zur Fluchthilfe ergeben sich aus Unterlagen der Außenstellen Erfurt, Halle und Potsdam; Akten zur Übersiedlung lagern in Erfurt, Gera und Halle. Unterlagen über westliche Journalisten und andere Medienvertreter sind

21 BStU, ASt Neubrandenburg, Abt. XV-76; BStU, ASt Potsdam, AKG 666; BStU, ASt Schwerin, Leiter Nr. 15 e; Abt. XIX 10357; Stellvertreter Operativ Nr. 1.

vorhanden in den Außenstellen Dresden, Erfurt, Frankfurt sowie in Halle und Potsdam. Unterlagen über westliche Diplomaten sind in Erfurt, Halle und Potsdam vorhanden. Die Ausspähung westlicher Grenzanlagen ist dokumentiert in den Unterlagen der Bezirksverwaltungen Schwerin und Suhl. Informationen über westliche und besonders westdeutsche Geheimdienste sind in der Regel in den Unterlagen der Abteilungen II zu finden; Unterlagen zu den Militärischen Verbindungsmissionen der Alliierten sind überliefert in Erfurt, Halle und Potsdam.

Akten über Mitglieder der DKP sind vorhanden in Dresden, Gera (für den Raum München 0,5 laufende Meter), Potsdam (Abteilung II), Leipzig und Schwerin; über die Rote Armee Fraktion und die „linke Szene" gibt es Aktenmaterial in Gera.[22] Besondere Erwähnung verdient die Überlieferung der Arbeitsgruppe XXII der BV Dresden. Es handelt sich dabei nach dem Erkenntnisstand zum Zeitpunkt der Drucklegung um die umfangreichste Überlieferung der AG XXII in einer Außenstelle. Erwähnenswert ist auch die Überlieferung zur Anleitungs- und Kontrolltätigkeit der Leitung der MfS-Bezirksverwaltung in der Messestadt Leipzig gegenüber einzelnen Diensteinheiten und den Kreis- und Objektdienststellen des Bezirkes. Es handelt sich dabei um 52 Akteneinheiten, die die verschiedenen Facetten der IM-Arbeit auf der Ebene der Kreisdienststellen aufzeigen, wie Kontaktaufnahme, Anwerbung, Berichte, Übernahme von IM anderer Diensteinheiten, Messearbeitspläne etc. Weitere Unterlagen aus den fünfziger und sechziger Jahren sind vorhanden in Magdeburg (zur Lage in der westdeutschen Wirtschaft), Gera (zu ehemaligen Nazis, Wehrmachtsmitgliedern und Soldatenverbänden, zu atomaren Objekten und zur Firma Hoechst) sowie in Potsdam (zum Flugplatz Gatow und zum Bund Nationaler Studenten in Westberlin).[23]

Von Bedeutung sind auch die Unterlagen über die den Bezirksverwaltungen zugewiesenen Sonderaufgaben im „Operationsgebiet", beispielsweise die Beauftragung zur „Bearbeitung" einzelner Einrichtungen in der Bundesrepublik durch die HV A oder die Zuweisung bestimmter „feindlicher" Objekte gemäß Schreiben des Ministers vom Oktober 1988.[24] In diesem Zusammenhang sind vereinzelt sogenannte Objektakten zu westdeutschen Institutionen überliefert, die Auskunft geben über die Bemühungen zu deren nachrichtendienstlicher Durchdringung.

Wie in der Zentrale wurde auch in den ehemaligen Bezirksverwaltungen für Staatssicherheit das Schriftgut der „Linie Aufklärung" 1990 systematisch vernichtet. Gleichwohl sind in den Beständen mitunter recht aufschlußreiche Unterlagen aus der Arbeit der Abteilungen XV erhalten geblieben, insbe-

22 Vgl. BStU, ASt Schwerin, Leiter der BV Nr. 15 b; BStU, ASt Leipzig, Leitung Nr. 166; BStU, ASt Gera, KD Jena X/894/81.

23 Vgl. u. a. BStU, ASt Magdeburg, AS 19/73; BStU, ASt Gera, KD Eisenberg, ZMA 01358.

24 Anlage 1 zum Schreiben des Ministers für Staatssicherheit vom 14.10.1988: „Verantwortlichkeiten von Diensteinheiten zur Aufklärung, Kontrolle bzw. Bearbeitung feindlicher Stellen und Kräfte im Operationsgebiet"; BStU, ZA, DSt 103142.

sondere in Leipzig, Gera, Magdeburg und Berlin. In der Leipziger Außenstelle ist sogar ein beträchtlicher Teil des Aktenbestandes der Aufklärungsabteilung vorhanden. In Berlin existiert umfangreiches Material über die Bearbeitung der Westberliner Parteien sowie eine Kurzübersicht über die inoffiziellen Mitarbeiter der Abteilung XV im „Operationsgebiet“. Wichtige Hinweise für die Analyse der Arbeit mit West-IM liefern schließlich die in Leipzig und Frankfurt/Oder überlieferten Karteien der Abteilung XV. Im letzten Fall handelt es sich um eine Kartei der Bezirksverwaltung Cottbus im Umfang von 800 Karteikarten. Weiteres Material für eine Feststellung der Anzahl der West-IM ist unter anderem in folgenden Akten oder Aktengruppen zu finden:

Außenstelle Chemnitz: In den Unterlagen der Bezirksverwaltung Karl-Marx-Stadt, Abteilung Finanzen, sind Nachweisbücher über die DM-Beträge vorhanden, die an inoffizielle Mitarbeiter in der Bundesrepublik gezahlt wurden.

Außenstelle Gera: Aus der Bezirksverwaltung Gera ist unter anderem eine Bestandsanalyse zur Arbeit im und nach dem Operationsgebiet 1989 überliefert. Ein weiterer Vorgang belegt IM-Kontakte zu westlichen Firmen in den Jahren 1965 bis 1982.[25] Ferner sind Jahresarbeitspläne der Abteilung XV erhalten geblieben.

Potsdam: Bei einer Überprüfung der Kerblochkartei F 505 der Abteilung II konnten hier 33 „aktive“ und 24 abgelegte IM-Vorgänge zur Tätigkeit im Westen zwischen 1960 und 1987 festgestellt werden. Für die Abteilung III wurden per Stichprobe zehn aktive IM-Vorgänge aus dem Zeitraum 1974 bis 1989 ermittelt. Dabei handelt es sich zumeist um Unterlagen über Westberliner (Amateur-) Funker.

Außenstelle Schwerin: Hier ist eine Kartei VSH-West der Abteilung XIX vorhanden; zwei Bände belegen zahlenmäßig das Eindringen des MfS in westdeutsche Grenzbehörden.[26]

Außenstelle Halle: Wie eine Recherche in den Unterlagen der Abteilung II ergab, verfügte allein diese Abteilung 1989 über elf aktive IMB, die im Westen eingesetzt wurden.

Die Überlieferungslage zur West-Arbeit des MfS ist in den Außenstellen insgesamt sehr ungleichgewichtig. Außer Zweifel steht, daß neben der bekannten Vernichtung großer Teile der Akten der Abteilungen XV weitere Unterlagen zur West-Arbeit in der Jahreswende 1989/90 vernichtet wurden. Nach den Festlegungen der Diensteinheiten des MfS Berlin zur Aktenvernichtung von November und Dezember 1989 wurden einige Tage später in der Regel nahezu gleichlautende Festlegungen in den Bezirksverwaltungen erlassen. Bei den Kreisdienststellen reicht das Spektrum von wahrscheinlicher Totalvernichtung wie in Neuhaus im Bezirk Suhl und der teilweise sehr

25 BStU, ASt Gera, Abt. II 4722; BStU, ASt Gera, ZMA 000119/120.
26 BStU, ASt Schwerin, Abt. XIX 10322; BStU, ASt Schwerin, Stellvertreter Operativ Nr. 1 und 3.

lückenhaften Überlieferung in den Kreisdienststellen der Bezirke Rostock und Neubrandenburg bis zu umfangreichen Hinterlassenschaften bei den Kreisdienststellen der sächsischen Bezirke. Material von den etwa 44 Paß- und Kontrolleinheiten der DDR ist nur aus Hirschberg/Probstzella und aus Wartha überliefert.

3.2.3 Elektronische Datenträger
(Herbert Ziehm)

Zur Überlieferung in den Archiven des Bundesbeauftragten zählen auch elektronische Datenträger, die vom MfS bespielt wurden. Sie stellen nur einen Bruchteil der früher vorhandenen dar, so daß die ursprünglich gespeicherten Informationen und deren aufeinander bezogene Vernetzung nur schwer nachzuvollziehen sind. Sie überstanden den Beschluß des Zentralen Runden Tisches von Anfang 1990, sämtliche elektronische Datenträger des MfS zu vernichten.[27]

Ein Teil der MfS-Datenträger wurde nach 1990 in Rechenzentren außerhalb des MfS – so zum Beispiel bei der NVA – aufgefunden. Sie wurden dem Bundesbeauftragten nach Inkrafttreten des Stasi-Unterlagen-Gesetzes 1992 von bundesdeutschen Sicherheitsbehörden übergeben. Mitarbeiter des Bundesbeauftragten begannen 1993 auf einer Rechenanlage im ehemaligen Rechenzentrum der NVA in Eggersdorf mit der Sichtung der etwa 10 000 überlieferten Datenträger des MfS.[28] Dabei fanden sie eine zunächst unidentifizierbare Datensammlung. Um diese Daten lesen, analysieren und bearbeiten zu können, mußten diese zunächst auf moderne Datenträger überspielt werden. Nach dem Auffinden verschiedener Projekt-Handbücher im Aktenbestand der Abteilung XIII des MfS (Datenverarbeitung) und durch eigene Entwicklungsarbeiten gelang es Ende 1998, das „System zur Informationsrecherche der HV A“ (SIRA) in seinem Datenaufbau wieder zu rekonstruieren.[29]

Ende der sechziger Jahre hatte die HV A begonnen, ihre bisherige Praxis, Informationen durch Karteikartensysteme auszuwerten, durch elektronisch gestützte Datenbanken zu ersetzen. Zu diesem Zweck wurden entsprechende Datenbanken auf einem Siemens-Rechner eingerichtet; Magnetbänder dienten als Speichermedium. In der zweiten Hälfte der achtziger Jahre wurde das

27 Vgl. *Gill/Schröter 1991*, S. 221–225.

28 Vgl. „Der Zugang zum Gedächtnis der Stasi-Spionageabteilung? In Eggersdorf bei Berlin wurde in den letzten Jahren der elektronische Nachlaß des MfS für die Gauck-Behörde lesbar gemacht“, in: Berliner Zeitung vom 13./14.12.1997.

29 „Das Pharaonengrab der Stasi“, in: Der Spiegel Nr. 3/1999, S. 32–38. Vgl. Stellvertreter des Ministers: Ordnung Nr. HV A 1/88 „über die Anwendung der elektronischen Datenverarbeitung (EDV) in der Hauptverwaltung A“ vom 1.7.1988; BStU, ASt Berlin, XV 389. HV A, Stab: Orientierung „für die weitere Qualifizierung der Auswertungs- und Informationstätigkeit in den operativen Diensteinheiten der HV A und den Abteilungen XV/BV“ vom 17.5.1988; ebenda. Ohne Autor, ohne Titel, ohne Datum [17seitige Darstellung zur Arbeitsweise von SIRA]; BStU, ASt Berlin, XV 389.

System auf einen Robotron-Rechner umgestellt, um von westlicher Technik unabhängig zu werden; jetzt wurden Magnetplatten als Speichermedium eingesetzt. Offensichtlich wurde bei der Uminstallierung eine Sicherungskopie angefertigt, die in Vergessenheit geriet und so der Vernichtung entging.

Die bisherigen Rekonstruktionsarbeiten zeigen, daß die SIRA-Datenbank aus mehreren Teildatenbanken besteht. Sie wurden im wesentlichen von den vier informationsauswertenden Abteilungen der HV A geführt: Abteilung VII (Auswertung und Information), Abteilung V im Sektor Wissenschaft und Technik (SWT), Abteilung IX (äußere Spionageabwehr) und Abteilung VI (Regimefragen). Die Teildatenbanken sind grundsätzlich gleichartig aufgebaut. Sie dienten den Auswertungs- und Analysereferaten als Recherchehilfen und zur Einschätzung von Quellen, aber auch zu statistischen Zwecken.

Die operativen Abteilungen des MfS erhielten von inoffiziellen Mitarbeitern und anderen Quellen Informationen (Ursprungsinformationen). Sofern sie für die Arbeit des MfS insgesamt wichtig waren, leiteten sie diese an die auswertenden Diensteinheiten weiter. Absender der Informationen waren sämtliche operativ tätigen Diensteinheiten der HV A, die Abteilungen XV der Bezirksverwaltungen, andere operative Diensteinheiten des MfS sowie verbündete Geheimdienste.

Die Diensteinheiten der HV A übergaben die bei ihnen erarbeiteten Ursprungsinformationen mit einem vorgehefteten Informationsbegleitbogen (IBB) an die Auswertung. Der Bogen, eine Art Formblatt, enthält Angaben zur Quelle, zu Art und Umfang der Information und zur Bewertung. In aller Regel werden Registriernummer und Deckname des inoffiziellen Mitarbeiters genannt, nicht aber der Klarname. Andere Diensteinheiten des MfS und fremde Nachrichtendienste haben, wenn sie Informationen an SIRA weitergaben, die Bögen nicht verwendet, sondern die Informationen möglichst abstrakt gemeldet, um keine Rückschlüsse auf ihre Quellen zuzulassen. Aussagen über Quellen sind deshalb nur bei Informationen möglich, die von der HV A an SIRA gegeben wurden.

Die Informationsbegleitbögen bildeten die Grundlage der Datenerfassung in SIRA. Zusätzlich wurde die Ursprungsinformation ausgewertet und verschlagwortet, so daß sogenannte Rechercheinformationen entstanden. Auswertungskriterien und Deskriptoren waren dabei vorgegeben, so daß alle eingegebenen Informationen nach Stichworten wie etwa Feindtätigkeit, PID, Innenpolitik, Außenpolitik abgesucht werden können. Nur diese Rechercheinformationen wurden dann zusammen mit den Daten des Informationsbegleitbogens als Datensatz eingespeist. Die Ursprungsinformation – etwa ein Bericht, ein Dokument oder ähnliches – wurde nicht in die Datenbank eingegeben, sondern blieb in der Regel als Mikrofilm in der auswertenden Diensteinheit. Es ist davon auszugehen, daß sie bei der Selbstauflösung der HV A vernichtet wurden.

SIRA funktioniert wie der Stichwortkatalog einer Bibliothek: Das System gibt einen groben Umriß über Umfang und Inhalt der Ursprungsinformationen und beschreibt damit die thematischen und institutionellen Felder der Spionage. Wie in dem Bibliothekskatalog ist dies aber auch die Grenze der Informationsgewinnung. Im Unterschied zur Bibliothek, in der man dann das Buch bestellen kann, enden die Möglichkeiten von SIRA im wesentlichen bei dieser Übersicht. Selbst der „Verfasser“ bleibt im dunkeln.

Die einzelnen Datensätze enthalten keine Klarnamen der Informanten, wohl aber die Registriernummer der Quelle. Mittels der Registriernummer ließe sich über die Personenkartei der HV A auch der Informant entschlüsseln, doch diese Kartei liegt dem Bundesbeauftragten nicht vor. Diese Lücke könnten jedoch die sogenannten Rosenholz-Papiere schließen, die sich im Besitz der Amerikaner befinden. Bei ihnen handelt es sich um eine Sicherungsverfilmung der Personenkarteien F 16 und F 22. Es ist also mit Hilfe von SIRA derzeit nicht möglich, Quellen und inoffizielle Mitarbeiter der HV A zu identifizieren, doch können Untersuchungen zum Einsatzort sowie zum quantitativen und qualitativen Wert der Quelle angestellt werden.

Ein vollständiger Datensatz enthält mehrere Datenfelder, die in Gruppen zusammengefaßt sind: Zur „Gruppe Absender“ zählen der Absender (Kurzzeichen der Diensteinheit), die Quelle (Angaben zur Quelle – bei einer MfS-Quelle in der Regel die Registriernummer und der Deckname), Format oder Umfang der gelieferten Information sowie der Grad der Vertraulichkeit. Zur „Gruppe Inhalt (Eingang)“ gehören die Entstehungszeit, der Sachverhalt (aufgeschlüsselt nach Deskriptoren wie Innenpolitik, Wirtschaft, Außenpolitik etc.), die Art der Information, der Verschlußcharakter der Originalinformationen, das Fachgebiet (im allgemeinen nur angegeben bei Themen mit Forschungsbezügen), der Länderhinweis (in der Regel Länder, auf die sich die Originalinformation bezieht), der Personenhinweis (in der Regel Personen, die in der Originalinformation genannt werden) sowie ein freies Merkmal. In der „Gruppe Einschätzung“ befinden sich die Felder Einschätzung (Bewertung), Empfänger, Hinweise zur Einschätzung (Aktualität, Wahrheitswert, Verhältnis zwischen angemeldetem Informationsbedarf und gelieferter Information), Format/Umfang sowie Zweck der Übergabe. Die „Gruppe Text“ schließlich besteht aus dem Feld Text mit dem Titel der Information. Die Titelbildung ist dabei häufig sehr allgemein, zum Beispiel „Außenpolitische Probleme der BRD“, manchmal aber auch konkret auf Personen oder Ereignisse bezogen. Dokumente und Aktenzeichen werden nur selten genannt, hier bilden die Eintragungen zur Quelle „Topas“ (Rainer Rupp) eine Ausnahme.

Prinzipiell kann nach jedem dieser Datenfelder recherchiert werden. Allerdings hat sich im Laufe der Jahre der Erfassungsprozeß verändert, es kamen – durchaus aus politischen Gründen – neue Schlagworte hinzu und andere fielen weg, Begriffe wandelten sich. Auf diese Art und Weise entstanden im Laufe der Jahre mehr als 5 000 Schlagworte. Recherchen in diesen Datenfeldern sind aber nicht nur deshalb kompliziert. Wichtig ist auch, daß nicht bei jeder Information jedes Datenfeld belegt wurde. Schlagwortrecherchen zu Datensätzen aus verschiedenen Jahren führen daher durchaus zu unterschiedlichen Ergebnissen. So wurden entsprechend der politischen und militärischen Entwicklung Anfang der achtziger Jahre Begriffe wie „NATO-Doppelbeschluß" oder „Nachrüstung" als Schlagwort benutzt. Sie verschwanden später wieder ebenso wie etwa „Geilenkirchen" – jener Ort in der alten Bundesrepublik, in dem ein AWACS-Geschwader stationiert war.

Bei der Sicherung der elektronischen Datenträger konnten bisher die Datenmengen dreier Teildatenbanken erschlossen werden: Aus der Teildatenbank der HV A, SWT (Sektor Wissenschaft und Technik) sind nur etwa 21 100 Datensätze aus den Jahren 1981 und 1988 erhalten. Sie beziehen sich im wesentlichen auf wissenschaftliche, wirtschaftliche und technische Forschungsergebnisse, Projekte und Analysen. Die Datensätze weisen auf mehr als 1 000 Quellen der HV A hin. Aus der Teildatenbank der HV A IX (äußere Spionageabwehr) sind ca. 1 050 Datensätze aus den Jahren 1988 und 1989 überliefert, die auf etwa 300 Quellen der HV A zurückgeführt werden. Aus der Teildatenbank der HV A VII (Auswertung und Information) liegen aus den Jahren 1969 bis 1987 etwa 180 500 Datensätze mit Hinweisen auf ungefähr 4 500 Quellen der HV A vor. Etwa zehn dieser Quellen haben im Laufe der Jahre jeweils mehr als 1 000 Informationen geliefert. Dagegen lieferten etwa vier Fünftel der Quellen (ca. 3 500) weniger als zehn Informationen. Unterschiedlich ist auch das Informationsaufkommen in den einzelnen Jahren: Zwischen 1969 und 1976 wurden jährlich etwa 5 000 Informationen in die SIRA-Datenbank aufgenommen. Das änderte sich 1977 schlagartig, als jedes Jahr mehr als 11 000 Informationen verzeichnet wurden.

Die HV A speiste Informationen, die auf ihre inoffziellen Mitarbeiter zurückgingen, mit Registriernummer und häufig auch mit Decknamen in die Teildatenbanken ein. Allerdings gibt die einfache Addition dieser Quellen keinen Hinweis auf die Gesamtzahl der inoffziellen Mitarbeiter der HV A, denn einzelne Informationen wurden unter unterschiedlichen Gesichtspunkten ausgewertet und konnten daher in die verschiedenen Teildatenbanken mehrfach eingegeben werden. So sind von den ca. 300 Quellen der Teildatenbank der Abteilung IX 150 auch in der HVA-Abteilung VII enthalten.

Andere Besonderheiten erklären sich aus Gründen der Konspiration innerhalb des MfS: Mit der Weitergabe von Informationen an die auswertenden Diensteinheiten war auch die Befürchtung verbunden, daß die Konspiration zwischen den einzelnen HVA-Abteilungen und ihren inoffiziellen Mitarbeitern aufbrechen könnte und die IM dadurch gefährdet würden. Deshalb wurden Informationen von Top-Quellen in den verschiedenen Datenbanken unter unterschiedlichen Decknamen abgelegt. So trug Gabriele Gast bei der HV A den Decknamen „Gisela". Lieferte sie außenpolitische Informationen, wurden diese in SIRA jedoch dem Decknamen „Gerald" zugeordnet; berichtete sie zu nachrichtendienstlichen Themen, gab die operative Diensteinheit die Information unter dem Decknamen „Reinhard" an die Auswerter.

Mit Abstand die meisten Informationen hat die Quelle „Friedrich" geliefert: 1 930 Informationen werden ihr zugeschrieben. Nach ersten Erkenntnissen handelt es sich bei „Friedrich“ allerdings nicht um einen inoffiziellen Mitarbeiter der HV A, sondern unter diesem Decknamen wurden Informationen der Hauptabteilung III (Funkaufklärung) verarbeitet. Konspirative Gründe führten dazu, daß man die abgehörten Informationen als Angaben eines inoffiziellen Mitarbeiters tarnte.

Bislang konnten Informationen über die Tätigkeit der HV A nur aus Papieren gewonnen werden, die in anderen Diensteinheiten des MfS zufällig erhalten geblieben waren. Aussagen ehemaliger Mitarbeiter der HV A, Recherchen von Wissenschaftlern und Journalisten, aber auch die Ermittlungsverfahren der Justizbehörden waren die einzigen Quellen für die Tätigkeit der HV A. So entstand ein grober Überblick. Einzelheiten kamen erst 1993 hinzu, als ein befreundeter Dienst den deutschen Ermittlungsbehörden Ausschnitte aus seinem Wissen über die Struktur und Tätigkeit der HV A zur Verfügung stellte. Sie ergänzten das Wissen, ließen aber die inhaltliche Tätigkeit der HV A unberührt.

SIRA eröffnet nun eine neue Perspektive: Das Projekt gibt einen Überblick über die Interessen und Tätigkeitsfelder der HV A im westlichen Ausland – als würden anhand eines aufgefundenen Kataloges der Bestand einer verlorengegangenen Bibliothek und die Tätigkeit der Bibliothekare beschrieben werden.

4 Zur Bedeutung der West-Arbeit im MfS

4.1 Ursprünge

Die konspirative Arbeit auf eigenem oder fremdem Territorium gehörte von Anfang an zu den Kennzeichen der kommunistischen Bewegung leninistischer Prägung. Von den illegalen Parteistrukturen der Bolschewiki im Rußland der Zarenzeit, in der sich Parteikader mit Decknamen wie „Lenin" oder „Stalin" tarnten, über den geheimen M-Apparat der KPD, der gegen die Weimarer Republik kämpfte,[30] über die von Moskau gesteuerten Agenten der Komintern, die an den „revolutionären Brennpunkten" der Welt agierten, bis hin zu den verdeckten Operationen des Sowjetstaates in China oder Spanien und dem weltweiten Agentennetz des 1920 gegründeten Aufklärungsdienstes der Roten Armee – kommunistische Politik hatte immer neben der öffentlichen und offiziellen Seite noch eine konspirative und inoffizielle Dimension, die für den „Sieg der Weltrevolution" auch vor Ländergrenzen nicht haltmachte.[31] Mit der Roten Armee rückten deshalb 1945 ins zertrümmerte Deutschland zugleich starke geheimdienstliche Apparate der Sowjetunion ein, die lange Zeit eine Schlüsselrolle spielten.[32]

Zu den ersten Anliegen der Besatzungsmacht und der von ihr gelenkten KPD (seit 1946 SED) gehörte es, alte konspirative Verbindungen wiederzubeleben und neue Strukturen der Nachrichtendienste und die Geheimpolizei in Deutschland zu schaffen. In der Anfangszeit geschah dies nicht durch Bildung eines einheitlichen Geheimdienstes, sondern mittels kurzfristiger

30 Bei dem M-Apparat handelte es sich um den militärischen Geheimapparat der KPD, der Anfang der zwanziger Jahre auf Geheiß der Komintern gebildet worden war und bis zu seiner Auflösung im Jahre 1937 unter verschiedenen (Tarn-)Bezeichnungen agierte. Seit dem II. Kongreß der Kommunistischen Internationale im August 1920 waren alle kommunistischen Parteien dazu verpflichtet, neben dem legalen Apparat auch illegale Parteiorgane aufzubauen. Zu den konspirativen Strukturen der KPD gehörten auch eine Abteilung Zersetzung (Z- oder Zer-Apparat) und ein Nachrichtendienst (N-Apparat). Vgl. ausführlich: *Koch 1994*, S. 54 f. sowie die stark apologetische Studie des ehemaligen Leiters der HVA-Schule, *Bernd Kaufmann et al. (1993).*

31 Zur kommunistischen Aufklärungsarbeit vor 1945 vgl. *Höhne 1985* sowie den aufschlußreichen Zeitzeugenbericht des ehemaligen Leiters des Militärischen Nachrichtendienstes der UdSSR für Westeuropa, *Walter G. Krivitsky 1990;* aus DDR-offizieller Sicht u. a. *Mader 1984*; *Werner 1977.*

32 Vgl. dazu *Naimark 1995*; *Engelmann 1997* sowie aus der Perspektive ehemaliger Beteiligter: *Kondraschew 1997; Semirjaga 1996.* Letzterem zufolge (S. 748) zählte allein der „Geheimapparat der Aufklärungsabteilung des Stabs der inneren Truppen des NKVD [...] in Deutschland, der ausschließlich aus Deutschen bestand, 3.083 Personen".

Schaffung verschiedener Apparate und Dienststellen in Polizei, Verwaltung und Partei, wie der Dezernate 5 der Kriminalpolizei (K 5), der Abteilung Nachrichten und Information (N/I) und der Hauptverwaltung zum Schutz der Volkswirtschaft in der Deutschen Verwaltung des Innern (DVdI) oder den nach seinem Leiter benannten „Haid-Apparat" in der Berliner SED-Zentrale.[33] Diese Apparate und ihre in der illegalen Arbeit zumeist bereits erprobten leitenden Mitarbeiter standen in enger persönlicher Beziehung zu den sowjetischen Dienststellen und fungierten zunächst mehr oder weniger als deren „deutsche" Außenstellen oder Residenturen.[34] Nach außen hin waren sie durch die Zuordnung zu Institutionen wie die Pressestelle des Berliner Polizeipräsidiums, die Deutsche Zentralverwaltung für Umsiedler oder die Personalpolitische Abteilung der KPD/SED getarnt, so daß das vielschichtige Geflecht von offiziellen und konspirativen Strukturen in den ersten Nachkriegsjahren heute nicht nur wegen der schlechten Quellenüberlieferung oftmals schwer zu rekonstruieren ist.

Eine Unterscheidung zwischen Ost- und West-Arbeit gab es in dieser frühen Nachkriegszeit nicht, und die Apparate arbeiteten im Vergleich zu späteren Jahren in bescheidenem, oft unprofessionellem Rahmen. Bestimmte Arbeitsfelder und Strukturen waren jedoch schon damals in besonderer Weise auf die westlichen Besatzungszonen ausgerichtet, und ihre Mitarbeiter spielten häufig auch in der späteren West-Arbeit des MfS eine bedeutende Rolle. Da die KPD das wichtigste Standbein der Kommunisten in den Westzonen bildete, kam anfangs den konspirativen Parteistrukturen die entscheidende Bedeutung zu – namentlich den Apparaten des „Abwehrfachmanns" Bruno Haid und des Komintern-Kämpfers Richard Stahlmann, die beide dem für Kaderfragen zuständigen Mitglied der Parteiführung, Franz Dahlem, unterstellt waren. Wirtschaftsspionage betrieb der nach Kurt Stoph, einem Bruder des langjährigen DDR-Ministerpräsidenten Willi Stoph, benannte „Stoph-Apparat", über dessen Tätigkeit freilich bislang wenig bekannt ist.[35]

Stahlmann[36] war in der KPD und deren Folgepartei der SED für die technische Abwicklung der West-Arbeit zuständig und leitete dann 1948 die neu gebildete Abteilung „Verkehr" im Zentralsekretariat der Partei. Sein konspirativer Apparat firmierte unter verschiedenen Bezeichnungen (Grenzapparat, Referat Transport, Abteilung Verkehr) und hatte vor allem die geheimen Verbindungen nach Westdeutschland zu organisieren. Dabei arbeitete er eng mit Kurieren, Mitarbeitern des alten Paßfälscherapparates der KPD und bestimmten SED-Kadern zusammen, die, wie der spätere Staatssicherheits-

33 Zu den „staatlichen" Vorläufern des MfS vgl. *Laufer 1991* und *Naimark 1995*, S. 353 ff.; zu den frühen Parteiapparaten vgl. *Kubina 1996* und *1998*.
34 *Naimark 1995*, S. 359.
35 *Fricke 1997*, S. 215.
36 Stahlmanns eigentlicher Name lautete Arthur Illner; er wurde 1923 Mitglied des Militärischen Rates der KPD und war ein enger Vertrauter des Komintern-Chefs Georgi Dimitroff; vgl. *Wolf 1997*, S. 57.

chef Wollweber, offiziell keinerlei nachrichtendienstliche Funktion ausübten. Ende 1948 soll der gesamte Westapparat der SED einschließlich Stahlmanns geheimen Grenzapparates „100–150 Menschen, 20 Lastkraftwagen, 10 Personenkraftwagen" umfaßt, über „unbeschränkte Geldmittel" verfügt und „jede Unterstützung jeder nur denkbaren Organisation der sowjetischen Besatzungsmacht" bekommen haben.[37]

Die Bildung des „Haid-Apparates" ging auf einen Beschluß des KPD-Sekretariates vom Juli 1945 zurück, mit dem die Franz Dahlem unterstellte Kaderabteilung beauftragt wurde, die „Schaffung eines Abwehrapparates zur Beobachtung und Beschaffung von Informationsmaterialien" vorzubereiten.[38] Während dieser parteieigene Abwehrapparat anfangs vor allem die eigenen Kader durchleuchtete, trat er diese Aufgabe später zunehmend an die neu geschaffenen staatlichen Abwehrstrukturen ab und konzentrierte sich – mit Hilfe seiner Informanten aus dem Umfeld der westdeutschen KPD – mehr auf Aufgaben der Aufklärung.

Ehemalige konspirative Mitarbeiter der KPD wie Huldreich Stroh und Paul Laufer[39] trugen bereits im Herbst 1945 – offiziell als Angehörige der „Pressestelle" des Berliner Polizeipräsidiums – systematisch Akten aus der NS-Zeit zusammen, darunter umfangreiche Bestände des Volksgerichtshofes und der Gestapo. Für die nachrichtendienstliche Arbeit waren diese Akten von großem Wert, so daß sie 1946 zunächst in das SED-Zentralsekretariat und Anfang der fünfziger Jahre ins MfS überführt wurden.[40] Mit den Akten wechselten auch die meisten Mitarbeiter der „Pressestelle" in die Kaderabteilung des Zentralsekretariates. Stroh und Laufer wurden Mitarbeiter des von Bruno Haid geleiteten Referates „Untersuchungen und Schiedsgerichte",

37 Apparat der SED, 8.3.1949 (Fritz Schreiber), AdsD, Ostberlin 0302/I, zitiert nach: *Kubina 1996*, S. 354 (Anm. 91).

38 Protokoll Nr. 2: Sitzung des Sekretariats am 8.7.1945, in: *Benser/Krusch 1993*, Bd. 1, S. 35.

39 Paul Laufer, der erste Führungsoffizier des späteren Kanzleramtsspions Günter Guillaume, verkörpert in besonderer Weise die personelle Kontinuität der konspirativen kommunistischen Arbeit: 1904 geboren, trat er 1921 der SPD bei und begann Ende der zwanziger Jahre damit, unter dem Decknamen „Stabil" für das ZK der KPD in der Berliner SPD zu spitzeln. Auch seine Freundin Frieda Schulz warb Laufer für diese Arbeit. Trotz der Arbeit gegen seine Partei blieb Laufer Mitglied der SPD. Nach dem Ende des Zweiten Weltkrieges arbeitete Laufer „an der Seite alter Kampfgefährten" zunächst in der „Pressestelle" des Berliner Polizeipräsidiums, von 1946 an im Referat „Untersuchungen und Schiedsgerichte" der KPD-Zentrale und wurde 1947 Hauptreferent des neugebildeten „Abwehrreferates" der Abteilung Personalpolitik der SED unter Bruno Haid. 1949 wechselte er in die Zentrale Parteikontrollkommission (ZPKK), wo er die Kader der SED zu prüfen hatte. 1955 wurde er Major des MfS im „Apparat Heidenreich", der späteren HV A. Als Abteilungsleiter wirkte er dort wiederum vor allem gegen die SPD, in die er nicht nur das Ehepaar Guillaume einschleuste, sondern gegen deren Ostbüro er u. a. mit dem persönlichen Sekretär des damaligen DGB-Vorsitzenden Willi Richter, Wilhelm Gronau, operierte. Vgl. *Deckname Stabil 1988*; *Koch 1994,* S. 190 ff. Huldreich Stroh trat 1929 in die KPD ein, für die er während der NS-Zeit illegale Parteiarbeit betrieb; 1945 wurde er Mitarbeiter der „Pressestelle" des Polizeipräsidiums, 1946 der Informationsabteilung der KPD bzw. SED, von 1948 an war er Resident der „Parteiaufklärung" in Westberlin. Vgl. BStU, ZA, HA II/6, 1158, S. 534.

40 *Deckname Stabil 1988,* S. 57 ff. und 66 f.; vgl. auch *Leide 1998.*

in dem nun die „Entlarvung von Parteifeinden und ihrer konkreten Hintermänner" zunehmend an Bedeutung gewann.[41] So bekämpfte Haids Referat beispielsweise bereits von Sommer 1946 an den ehemaligen Rätekommunisten Alfred Weiland, dessen Wohnung in Berlin-Schöneberg zum zentralen Treffpunkt linker oppositioneller Kräfte in Berlin geworden war; 1950 wurde er in den Ostsektor verschleppt und dort acht Jahre lang inhaftiert.[42] Im Juni 1947 beschloß das Zentralsekretariat offiziell die Bildung eines speziellen Referates „für die Untersuchung aller Versuche der Zersetzung und des Eindringens feindlicher Elemente in die Partei", mit dessen Leitung wiederum Bruno Haid beauftragt wurde und das vor allem gegen die Tätigkeit des Ostbüros der SPD gerichtet war.[43] Bald war der Abwehrapparat der SED so weit ausgebaut, daß er auch im Westen zu aktiven Maßnahmen und zur systematischen Informationsbeschaffung in der Lage war.[44]

Die SED verfügte damit über einen ersten, eng mit den sowjetischen Diensten verwobenen Nachrichtendienst in Westdeutschland und Westberlin. Näheren Einblick in dessen operative Arbeit gibt eine Akteneinheit im Bestand des BStU aus dem Jahr 1952 zur Untersuchung und Abwicklung des als „ehemalige Parteiaufklärung" bezeichneten Informantennetzes. Dieses war dem 1951 gegründeten Auslandsaufklärungsdienst der DDR gleich zu Beginn von Haid übergeben und von Markus Wolf anschließend gründlich überprüft worden.[45] Danach umfaßte die Parteiaufklärung im Westen ein umfangreiches Spitzelsystem mit einem „Hamburger Teil", einem „unmittelbar dem Genossen Vesper angeschlossene[n] Teil" sowie weiteren „anderen Residenturen". Einer der Residenten führte unter anderem die „Quelle X (Lothar Weihrauch, [Haupt-]Geschäftsführer der FDP)", während sich Markus Wolf an eine „Residentur" in Bayern, an einen Frankfurter Journalisten mit dem Decknamen „Wagner" und an einen hohen Beamten im Bundesministerium für gesamtdeutsche Fragen erinnert.[46]

In Westberlin gehörten zum Apparat der Parteiaufklärung im Oktober 1951 „1 Resident, 3 operative Mitarbeiter und 26 Quellen".[47] Von den Quellen gehörten 13 der SPD an, zwei der CDU, drei der FDP, zwei der UAP, eine der USPD,[48] fünf waren parteilos. Eine Quelle war bei der Westberliner „Stumm-Polizei" beschäftigt, eine andere erhielt 1952 eine Stelle in der Senatsverwaltung, eine dritte gab mit finanzieller Unterstützung aus Ostdeutschland die trotzkistische Zeitschrift Pro und Contra heraus. Angeleitet wurden

41 *Deckname Stabil 1988,* S. 67.
42 Ausführlich: *Kubina 1996,* S. 367 ff.
43 Protokoll der Zentralsekretariatssitzung am 10.6.1947, zitiert nach: *Kubina 1996*, S. 364; *Deckname Stabil 1988,* S. 69.
44 *Kubina 1996*, S. 365.
45 BStU, ZA, HA II/6, 1158, Bl. 30 f.; *Wolf 1997*, S. 65 ff.
46 Ebenda.
47 BStU, ZA, HA II/6, 1158, Bl. 529 ff.
48 UAP: Unabhängige Arbeiterpartei; USPD: Unabhängige Sozialdemokratische Partei Deutschlands.

die Quellen von Huldreich Stroh, der seit 1948 Resident der Parteiaufklärung in Westberlin war.[49]

Im Oktober 1951 wurden diese Quellen vom neuen Auslandsaufklärungsdienst übernommen, der als „Institut für wirtschaftswissenschaftliche Forschung" (IWF) firmierte. Da der Verdacht bestand, westliche Geheimdienste hätten die Parteiaufklärung infiltriert, beschloß die Leitung des Institutes auf Anweisung von Ulbricht im August 1952, die Arbeit mit diesen Quellen zu beenden. Einige wurden in der Folge „konserviert", einige – zum Teil wegen des Verdachts auf Doppelagententätigkeit – an das Ministerium für Staatssicherheit abgegeben, vier Quellen waren für eine Weiterverwendung vorgesehen. „Um schnell die Nachrichtenarbeit in Westberlin zu organisieren", erachtete man es als notwendig, bis Ende 1952 zwei neue „Residenturen und 2 bis 3 Quellenwerber auszusuchen und vorzubereiten" sowie „4–5 Werbungen von Quellen" vorzubereiten und durchzuführen; besondere Beachtung sei dabei der „nachrichtenmäßigen Bearbeitung der westlichen Besatzungsbehörden unter Ausnutzung von Agentur- und legalen Möglichkeiten zu widmen".[50]

Die Abwicklung der „Parteiaufklärung" bedeutete nicht das Ende der geheimen Nachrichtenkanäle der SED in den Westen. Das Zentralkomitee (ZK) der SED verfügte vielmehr bis zum Ende der DDR über eigene konspirative Verbindungen, vor allem zu den kommunistischen Parteien KPD, DKP und SEW sowie zu kommunistisch gesteuerten „speziellen Firmen", für die weiterhin die – zuletzt Erich Honecker unterstellte – Abteilung Verkehr (Abteilung 72) beim ZK der SED verantwortlich war;[51] für die „Absicherung" und nachrichtendienstliche Nutzung dieser Verbindungen war wiederum das MfS zuständig (vgl. Kap. 5.2). Auch andere DDR-Organisationen wie FDGB, FDJ, DFD etc. betrieben vor allem in den fünfziger Jahren unter dem Signum der „gesamtdeutschen Arbeit" eine intensive konspirative West-Arbeit mit eigenen Instrukteuren und Verbindungsleuten, die vom ZK der SED kontrolliert und vom MfS planmäßig genutzt wurde.[52]

Die Gründung eines eigenständigen Auslandsaufklärungsdienstes der DDR[53] erfolgte den „Erinnerungen" von Markus Wolf zufolge am 16. August 1951,

49 BStU, ZA, HA II/6, 1158, Bl. 529 ff.

50 Ebenda, Bl. 552 f.

51 Da im ehemaligen Zentralen Parteiarchiv ein spezieller Bestand zur Abteilung Verkehr nicht existiert, ist davon auszugehen, daß ein Großteil der Unterlagen vernichtet wurde. Aufschluß gibt aber zum Teil der beim BStU überlieferte Bestand der HA II.

52 So hatte – einer Aufstellung des MfS zufolge – allein die FDJ im Juli 1951 247 Instrukteure in Westdeutschland eingesetzt, die vom Zentralrat der FDJ „Arbeitsrichtlinien" erhielten. Vgl. MfS, Einsatzstab Aktion „Morgenröte": Schreiben an die Länderverwaltung Sachsen vom 13.7.1951, betr.: Instrukteure, welche durch den Zentralrat der FDJ in Westdeutschland eingesetzt wurden; BStU, ZA, DSt 100009. Eine ausführliche Darstellung der kommunistischen Infiltrationstätigkeit, insbesondere in Westberlin, gibt die Denkschrift „Östliche Untergrundarbeit gegen Westberlin", *Senator für Inneres 1959.* Zum neueren Forschungsstand: *Erker 1993; Staadt 1993; Herms/Popp 1997; Mönnighoff 1998.*

53 Ich danke Roland Wiedmann von der Abteilung Bildung und Forschung des BStU für seine Hinweise zum Aufbau des APN.

als unter der Legende des IWF in einer Villa in Berlin-Bohnsdorf der Außenpolitische Nachrichtendienst (APN) gebildet wurde.[54] Wie der entsprechenden Direktive zu entnehmen ist, sollte er die „innenpolitische und wirtschaftliche Lage in Westdeutschland; [...] die Aktivitäten der Bonner Regierung und ihrer Ministerien, des Bundestages, des Bundesrates; [...] die führenden Organe der bürgerlichen und sozialdemokratischen Parteien; die wissenschaftlich-technischen Zentren und Laboratorien; und die Kirchen und andere gesellschaftliche Organisationen“ ausforschen.[55] SED-intern wurde dieser Dienst auch als „Apparat Heidenreich“ bezeichnet – benannt nach Gerhard Heidenreich, der aus dem Parteiapparat zum APN stieß und dort Stellvertreter für organisatorische Angelegenheiten wurde.

Verantwortlich für den Aufbau des APN waren – „von Stalin persönlich beauftragt“[56] – der sowjetische Aufklärungsoffizier Andrej G. Grauer und auf deutscher Seite Anton Ackermann, zu dieser Zeit Staatssekretär im DDR-Außenministerium und Kandidat des Politbüros der SED. Bei dieser Zuordnung richtete sich die SED nach dem Vorbild der Sowjetunion, wo 1948 der Auslandsnachrichtendienst aus dem Apparat der Geheimpolizei herausgelöst und als Informationskomitee dem Außenminister unterstellt worden war. Zur Gründungsgruppe gehörten der bereits erwähnte Richard Stahlmann (Jg. 1891), einer der Stellvertreter Ackermanns und zuständig für den Operativ-technischen Sektor, die Altkommunisten Robert Korb (Jg. 1900), Peter Scheib (Jg. 1902) und Wilhelm Wöhl (Jg. 1903) sowie die jüngeren SED-Kader Herbert Hentschke (Jg. 1919), Gerhard Heidenreich (Jg. 1916) und Markus Wolf (Jg. 1923). Andere leitende Kader wie Helmut Hartwig (Jg. 1929) oder Gustav Szinda (Jg. 1898) stießen im November 1951 zum APN. Von April bis Oktober 1952 fand darüber hinaus in Berlin für „etwa 30 auserwählte Parteimitglieder“ ein spezieller Lehrgang statt, „um nach politischer Unterweisung das Einmaleins der Geheimdienstarbeit zu pauken“ – die Einweisung der ersten eigens für diese Arbeit ausgebildeten Mitarbeiter des APN.[57]

Der APN nahm zunächst seinen Sitz in einem Gebäude am Rolandufer der Spree. Über die anfängliche Aufgabenverteilung liegen unterschiedliche Angaben vor. Während amerikanische Quellen von vier Abteilungen berichten, „denen jeweils ein sowjetischer Berater beigeordnet war“, ist in einem Tagesbefehl vom 1. Oktober 1952 von den Hauptabteilungen I, II und III sowie den Abteilungen 1, 2 und 3 die Rede;[58] daneben gab es noch administrative, technisch-operative und sicherstellende Organisationseinheiten.

54 *Wolf 1997, S. 55.* Die Kaderunterlagen der führenden Mitarbeiter datieren dagegen den Beginn der Arbeit auf den 1.9.1951, z. B. bei Robert Korb; BStU, ZA, KS I 18/89, S. 19 und 23 f. sowie KS I 19/89 (Nebenakte), S. 49 f.

55 Zitiert nach: *Bailey/Kondraschow/Murphy 1997*, S. 181.

56 *Wolf 1997*, S. 58.

57 *Richter/Rösler 1992*, S. 17; einer der Teilnehmer war Rösler selbst, der später Leiter der Abt. XII der HV A (NATO und EG) wurde.

58 *Bailey/Kondraschow/Murphy 1997*, S. 183; Tagesbefehl vom 1.10.1952; BStU, ZA, SV 274/87, Bd. 2, Bl. 33.

Die Hauptabteilung I, in drei Abteilungen untergliedert, stand unter der Leitung von Oberst Herbert Hentschke und war zuständig für die „politische Aufklärung in Westdeutschland und in Westberlin“.[59] Die Hauptabteilung II wurde von Robert Korb geleitet und war für Information und Auswertung verantwortlich; die Hauptabteilung III war vermutlich für die Aufklärung der westlichen Alliierten zuständig. Die von Gustav Szinda geleitete Abteilung 1 hatte hingegen die Aufgabe, „die westlichen Geheimdienste zu beobachten und zu infiltrieren“, während die Abteilung 2 „wirtschaftliche und wissenschaftlich-technische Aufklärung auf den Gebieten der Kern- und Trägerwaffen, der Kernenergie, Chemie, Elektronik und Elektrotechnik, des Flugzeug- und Maschinenbaus und der konventionellen Waffen“ betreiben sollte.[60] Markus Wolf, der zuvor an der Moskauer DDR-Botschaft tätig gewesen war, war zunächst Stellvertreter von Gustav Szinda im Bereich Abwehr und Gegenspionage; zusammen mit diesem wurde er im Oktober 1952 für seine „gewissenhafte und aufopferungsvolle Arbeit“ bei der Lösung einer nicht näher definierten Aufgabe ausgezeichnet – wahrscheinlich die oben erwähnte Abwicklung der „Parteiaufklärung“.[61]

Nur wenige Monate nach seiner Gründung nahm der APN auf Empfehlung der Sowjets und nach Rücksprache mit Ulbricht im November 1951 Kontakt auf zum Generalsekretär der Vereinigung der gegenseitigen Bauernhilfe (VdgB) und ZK-Sekretär, Kurt Vieweg, der nach eigener Aussage in Ackermanns Wohnung und „im Beisein der sowjetischen Freunde sozusagen verpflichtet“ wurde, „als leitender Genosse mitzuarbeiten“.[62] Wenig später wurden von der Leitung des APN folgende Ziele der Arbeit mit Vieweg bestätigt: „a) Aufbau einer legalen Residentur, um die großen Möglichkeiten des Arbeitskreises auch zur Herstellung uns interessierender Kontakte zu nutzen; b) Nutzung der Möglichkeiten, die sich aus der DSP (Deutsche-Soziale-Partei, gegründet von Dr. Gereke), ihrer Zeitung ‚Der Deutsche Weg‘ sowie aus der im Aufbau befindlichen Wochenzeitung ‚Wir Bauern‘ von Dr. Korte für die Nachrichtenarbeit ergaben.“[63] Nach Auskunft des späteren HVA-Chefs Markus Wolf hatte sich der APN in allen Parteien und Massenorganisationen derartige „legale Residenturen“ geschaffen und in diesem Zusammenhang dem konspirativen Apparat des Gesamtdeutschen Arbeits-

59 *Wolf 1997*, S. 59.

60 Ebenda, S. 59 f.

61 Szinda und Wolf erhielten jeweils eine Prämie in Höhe von 500 DM, die „Genossen Herbert Müller, Karl Behrend und Helga Reichelt“ bekamen je 300 DM. Tagesbefehl vom 1.10.1952; BStU, ZA, SV 274/87, Bd. 2, Bl. 33.

62 SAPMO-BA, DY 30/IV 2/4/395, ZPKK-Befragung Vieweg am 27. und 30.11.1953, zitiert nach: *Scholz 1997*, S. 140.

63 BStU, ZA, AIM 1200/77, Bd. I/2, Zusammenfassender Bericht über die Zusammenarbeit mit der Aufklärung, zitiert nach: *Scholz 1997*. Dr. Günther Gereke war von 1946 bis 1947 Innenminister, von 1948 bis 1950 Landwirtschaftsminister und stellvertretender Ministerpräsident des Landes Niedersachsen. Im Mai 1950 wurde er aus der CDU ausgeschlossen. Nach seinem Übertritt in die DDR wurde er 1953 Präsident der Zentralstelle für Zucht- und Leistungsprüfung der Vollblut- und Traberpferde der DDR.

kreises der Land- und Forstwirtschaft (GAK) immer häufiger Aufgaben der „Aufklärung“ übertragen. Vieweg erhielt den Auftrag, mit Hilfe weiterer Landwirtschaftsfunktionäre die Verbindungen in den Westen „genauestens zu charakterisieren“ und die aus Sicht der Spionage interessanten Fälle „intensiv abklären zu lassen“.[64] Im Juli 1952 wurde jedoch der Herausgeber des Deutschen Weges, Horst Schauß, nach Westberlin beordert und in den Ostsektor entführt, wo er wegen Tätigkeit für den amerikanischen Geheimdienst inhaftiert wurde. Auch Korte wurde in die DDR geholt und verhaftet, wenig später aber – da er in Westdeutschland über die geheimen Verbindungen nach Ostberlin geschwiegen hatte – wieder ausgeflogen. Der Führer der DSP, Günther Gereke, setzte sich freiwillig in die DDR ab und wurde dort Mitglied des Präsidiums des Nationalrates der Nationalen Front. In Absprache mit Ulbricht und den Sowjets brach der APN nach diesen Ereignissen und im Zuge der zunehmenden Abkehr der SED von ihrer gesamtdeutschen Politik die operative Zusammenarbeit mit Vieweg schließlich ab und stellte die operative Nutzung des GAK ein.[65]

Im Dezember 1952 bestellte Walter Ulbricht Markus Wolf in das Zentralkomitee und eröffnete ihm, Wolfs „Erinnerungen“ zufolge, daß er „nun an Stelle Ackermanns, der eine solche Lösung erbeten habe, die Leitung des Dienstes übernehmen“ und dabei Ulbricht direkt unterstellt sein solle.[66] Tatsächlich hatte das Politbüro kurz zuvor beschlossen, daß der damalige Minister für Staatssicherheit und Politbüromitglied Wilhelm Zaisser in der obersten Führungsspitze der SED auch für den APN die zentrale Verantwortung übertragen bekam.[67] Nachdem ein Mitarbeiter der Abteilung 3, Gotthold Krauss, kurz vor Ostern 1953 in den Westen überlief und dort eine Reihe von Verhaftungen auslöste,[68] erhielten die Arbeitsbereiche des APN neue Unterkünfte, die nun über das ganze Ostberliner Stadtgebiet verteilt waren; sämtliche Mitarbeiter wurden erneut intensiv überprüft. Nach den Ereignissen am 17. Juni 1953 und der Umwandlung des Ministeriums für Staatssicherheit in ein dem Ministerium des Innern eingegliedertes Staatssekretariat verlor der APN seine Selbständigkeit: Markus Wolf wurde zum Stellvertreter des damaligen Staatssekretärs für Staatssicherheit ernannt und im Herbst desselben Jahres in dieser Funktion bestätigt; der Aufklärungsapparat war von nun an Teil der DDR-Staatssicherheit und erhielt nach einer Übergangszeit im Juni 1956 die Bezeichnung Hauptverwaltung A.

64 Ebenda.
65 Ausführlicher dazu: ebenda, S. 160 ff.
66 *Runge/Stelbrink 1990,* S. 15; vgl. auch *Wolf 1997,* S. 74.
67 Protokoll der Sitzung des Politbüros am 11.11.1952, Anlage Nr. 3, Bl. 18; SAPMO-BA IV 2/2/244.
68 Weil diese in Teilen ungerechtfertigt waren, zog der Übertritt für den bundesdeutschen Verfassungsschutz die sogenannte Vulkan-Affäre sowie beträchtliche Schadenersatzforderungen der Betroffenen nach sich. Vgl. *Richter/Rösler 1992,* S. 21 f.

4.2 Entwicklungslinien

4.2.1 „Das Gesicht dem Westen zu" – die fünfziger Jahre

Die West-Arbeit des MfS begann nicht erst mit der Integration des APN in das Ministerium. Vielmehr waren innere und äußere Aufgabenstellungen der DDR-Staatssicherheit von Anfang an eng miteinander verwoben.[69] Schon bei der formellen Gründung des Ministeriums auf der Grundlage eines Gesetzes der Provisorischen Volkskammer der DDR vom 8. Februar 1950 begründete der damalige Minister des Innern, Karl Steinhoff, diesen Schritt damit, daß Spionage-, Diversions- und Sabotageakte nicht nur den wirtschaftlichen und politischen Aufschwung der DDR gefährdeten, sondern auch geeignet seien, den Frieden zu gefährden, indem sie direkt oder indirekt Anlaß für neue kriegerische Verwicklungen bieten könnten. Zu den Hauptaufgaben des Ministeriums rechnete er deshalb neben dem Schutz der DDR-Wirtschaft vor „Anschlägen verbrecherischer Elemente" auch den „entschiedenen Kampf gegen die Tätigkeit feindlicher Agenturen, Diversanten, Saboteure und Spione".[70]

Tatsächlich spielte die Bekämpfung des „Feindes" im Westen bereits in den ersten Monaten nach Gründung des MfS eine zentrale Rolle: Schon im Oktober 1950 vereinheitlichte Erich Mielke, damals Staatssekretär im MfS, das Vorgehen der Länderverwaltungen für Staatssicherheit gegen sogenannte Agenten, indem er den dortigen Abteilungen IV detailliert vorgab, wie sie dem Ministerium in Zukunft über jeden „neuen Vorgang, wo konkrete Feststellungen auf Spionage getroffen werden," berichten sollten. „Nur wenn von allen Verwaltungsstellen des Ministeriums für Staatssicherheit auf dieser Grundlage gearbeitet wird, ist es möglich, Einblick in den Apparat des Gegners personenmäßig sowie [einen] Überblick in die von ihm angewandten Arbeitsmethoden und Taktiken sowie über die Ziele zu erhalten. Durch die Auswertung der anfallenden Vorgänge werden wir im Laufe der Zeit dahin gelangen, vorbeugend zu wirken und die Absicht des Gegners nicht zur Durchführung gelangen zu lassen."[71]

Für „alle operative Agenturarbeit nach Westdeutschland" war laut Befehl des ersten Ministers für Staatssicherheit, Wilhelm Zaisser, seit 1951 die Abteilung II zuständig gewesen – die älteste Spionage-Diensteinheit des MfS.[72] Dem Befehl zufolge sollten damals auch in den Bezirksverwaltungen für

69 Ich danke Roger Engelmann und Roland Wiedmann von der Abteilung Bildung und Forschung beim BStU für ihre ausführlichen Hinweise zur West-Arbeit der Staatssicherheit in den fünfziger Jahren.

70 Zitiert nach: *Fricke1993*, S. 10 f.

71 Richtlinie I/IV/50 vom 9.10.1950, S. 1 f.; BStU, ZA, DSt 101092.

72 Befehl 67/51 über die „Zentralgeleitete Erfassung und Bearbeitung aller Vorgänge der Abt. II (Spionage- und Abwehrarbeit)" vom 11.12.1951, S. 1; BStU, ZA, DSt 100016.

Staatssicherheit unverzüglich Abteilungen II eingerichtet und mit entsprechendem Personal ausgestattet werden. Die neuen Abteilungen II mußten jede Werbung eines Informanten in der Bundesrepublik sofort an die zentrale Abteilung II des Ministeriums melden, wobei es ausdrücklich verboten war, Mitglieder der KPD zu werben. Auch die Kreisdienststellen mußten Informationen über wichtige Personen oder Ereignisse in Westdeutschland umgehend an die Bezirksverwaltung oder das Ministerium weitergeben, durften jedoch keine eigene Spionagetätigkeit betreiben. Die Bezirksverwaltungen sollten ihre zuverlässigen und überprüften Geheimen Informatoren (GI) an die Zentrale melden, damit diese auf einen Einsatz in der Bundesrepublik vorbereitet werden konnten.[73]

Im Mittelpunkt des Aufklärungsinteresses standen damals Institutionen wie der Rundfunk im amerikanischen Sektor (RIAS), der Untersuchungsausschuß Freiheitlicher Juristen (UFJ), die Kampfgruppe gegen Unmenschlichkeit (KgU) und die Vereinigung der Opfer des Stalinismus (VOS), die vom MfS allesamt als „Agentenzentralen" betrachtet wurden. Alle Informationen über diese vornehmlich in Westberlin ansässigen Einrichtungen flossen an einer Stelle zusammen; zu ihrer Aufklärung und Bekämpfung wurden detaillierte Anweisungen gegeben.[74] Insbesondere die Abteilung V, die eigentlich gegen innere „Feinde" vorgehen sollte, wurde mit der Verfolgung von DDR-Gegnern im Westen beauftragt.

In dieser ersten Phase wurde die West-Arbeit des MfS noch ganz vom engmaschigen Netz der sowjetischen Berater angeleitet und kontrolliert.[75] Sowjetische Ausbilder zeigten damals nicht nur, „wie man Agenten bearbeitet, vorbereitet und rekrutiert, wie man Akten über Agenten anlegt und mit Agenten arbeitet, sondern sie haben auch selbst mit Agenten in der gleichen Weise, wie es deutsche Offiziere taten, in diesen Institutionen gearbeitet".[76] Die „Anleitung" ging so weit, daß, wie es in einem Bericht des damaligen MGB-Chefs in Berlin vom Februar 1952 hieß, „das deutsche Personal bisher nicht mit Agenten und nicht mit den Akten über die Ausforschung von Residenturen der anderen Seite und von anderen feindlichen Einrichtungen betraut wird. Diese Akten wurden ihnen weggenommen und von unseren eigenen Leuten bearbeitet." Die Sowjets betrachteten diese einseitige Abhängigkeit teilweise aber selbst als Problem, da auf diese Weise

73 Ebenda, S. 2.

74 Zum RIAS: DA II/IV/50 vom 13.11.1950 sowie „Nachträge" vom 14.2.1951 und vom 19.2.1951; BStU, ZA, DSt 100825; zum UFJ: Schreiben des Staatssekretärs vom 22.10.1951; BStU, ZA, DSt 100833 sowie ausführlich: *Mampel 1994*; zur KgU: Befehl 60/52 vom 24.4.1952; BStU, ZA, DSt 100030; zum VOS: Sachakte „Pest" vom 24.1.1953; BStU, ZA, DSt 100861; allgemein: Schreiben des Staatssekretärs vom 9.3.1953; BStU, ZA, DSt 101392.

75 Vgl. *Engelmann 1997*.

76 Bericht des Leiters des Berliner MGB-Apparates, Generalmajor Kawerznew, an den damaligen Minister für Staatssicherheit der UdSSR, Semjon Denissowitsch Ignatiew, vom 29.2.1952, auszugsweise dokumentiert bei: *Kondraschew 1997*, S. 152.

„den Deutschen die Initiative, aber auch das Interesse an der Arbeit genommen [wurde]. Als Folge davon haben sich ungesunde Entwicklungen zwischen ihnen ergeben; man hat Diskussionen darüber mitbekommen, ‚daß man ihnen nicht vertraue' und daß es unmöglich sei, unter solchen Bedingungen zu arbeiten."[77] Auf einer Tagung befehlshabender Organe des militärischen Nachrichtendienstes in Deutschland waren deshalb viele sowjetische Offiziere dafür, „den deutschen Organen (unter unserer Kontrolle) mehr Unabhängigkeit zu geben", so daß man „die Art und Weise, wie wir die deutschen Organe der Staatssicherheit in der DDR geführt haben", änderte. „Ausbilder, die direkt mit den Agenten und mit der unabhängigen Führung von Agenten in Institutionen, die zum operativen Bereich der deutschen Organe gehörten, zu tun hatten, wurden von der Arbeit befreit."[78]

Trotz dieser Spannungen bescheinigten die Sowjets dem MfS im Februar 1952, „über qualifizierte Agenten für die innere Arbeit in der DDR, für die Arbeit in Westdeutschland und in den Westsektoren Berlins" zu verfügen.[79] Mit der Gründung des APN im August 1951 und der Bildung der für „alle operative Agenturarbeit nach Westdeutschland" zuständigen Abteilungen II im MfS nach dem Ministerbefehl vom Dezember war die West-Arbeit systematisch verstärkt worden (vgl. Kap. 5.2.1).[80] Dennoch konstatierte Erich Mielke in einem Rundschreiben an die Länderverwaltungen vom Juni 1952: „Trotz intensiver Arbeit, wobei beachtliche Einzelerfolge erzielt wurden, ist es bisher nicht gelungen, in die imperialistischen Spionageorganisationen einzudringen."[81] Mit dem systematischen Einsatz von Agenten gelang es jedoch zunehmend, die „feindlichen" Institutionen im Westen zu infiltrieren, so daß das MfS beispielsweise Anfang 1953 bereits über Mitarbeiter in den Westberliner Filialen der „Organisation Gehlen" verfügte – die späteren „Überläufer" Hans-Joachim Geyer und Gerhard Prather.[82] Insbesondere aus Kreisen ehemaliger Internierter sowie früherer Funktionsträger des NS-Regimes suchte sich das MfS seine Informanten, wobei die wirtschaftliche Not vieler Flüchtlinge gezielt ausgenutzt wurde.[83] Bei ihrem Vorgehen gegen den Westen schreckte die Staatssicherheit auch nicht vor gewaltsamen Aktionen zurück wie die Entführung des UFJ-Mitarbeiters Walter Linse im Juli 1952, der später in der Sowjetunion zum Tode verurteilt und hingerichtet wurde.[84]

Nach den Ereignissen des 17. Juni 1953 kam es auch in der West-Arbeit des MfS zu einschneidenden personellen, organisatorischen und konzeptionellen Veränderungen. Da das Ministerium für Staatssicherheit unter Wil-

77 Ebenda.
78 Ebenda.
79 Ebenda.
80 Befehl 67/51 über die „Zentralgeleitete Erfassung und Bearbeitung aller Vorgänge der Abt. II (Spionage- und Abwehrarbeit)" vom 11.12.1951; BStU, ZA, DSt 100016.
81 Rundschreiben Mielkes an die Länderverwaltungen vom 6.6.1952; BStU, ZA, DSt 101164.
82 Vgl. *Fricke/Engelmann 1998.*
83 Vgl. Sachakte „Pest" vom 24.1.1953, S. 3; BStU, ZA, DSt 100861.
84 Vgl. *Fricke, 1996a; Mampel 1999.*

helm Zaisser aus der Sicht Ulbrichts auf der ganzen Linie versagt hatte, wurde Zaisser abgesetzt und das Ministerium zu einem Staatssekretariat des Ministeriums des Innern herabgestuft, dessen Leitung nun Ernst Wollweber übernahm. Zugleich wurde der APN ins MfS integriert (vgl. Kap. 4.1), so daß „Aufklärung" und „Abwehr" nun aus einem einheitlichen Apparat heraus betrieben wurden. Vier Wochen nach der Niederschlagung der Arbeiterproteste in der DDR rügte der neue Chef der Staatssicherheit auf einer Dienstbesprechung: „Wir hatten vollkommen verkannt die Bedeutung der Aufgaben in bezug auf Westdeutschland und Westberlin. Wir haben weiter unterschätzt die Bedeutung der Tätigkeit des Ostbüros und seiner Agenturen." Über die Absichten des Gegners werde man erst dann genaue Informationen haben, wenn die Informatoren der Staatssicherheit in den feindlichen Zentren seien. Überall, in jeder Kreisdienststelle, müsse deshalb die Möglichkeit überprüft werden, „wie wir unsere Arbeit nach dem Westen verstärken können, das heißt: in diese Zentralen hineinkommen. [...] Die Schaffung der Möglichkeiten hierfür ist Aufgabe jedes Mitarbeiters."[85]

In einem Grundsatzbeschluß vom 23. September 1953 definierte das Politbüro die künftigen Aufgaben der Staatssicherheit unter anderem als „Durchführung einer aktiven Spionageabwehr in Westdeutschland und Westberlin sowie auf dem Territorium der Deutschen Demokratischen Republik" und erläuterte dies als „Eindringen der Informatoren in die Spionageorgane, Schulen und Zentren von Spionage- und Diversionsorganisationen zwecks Aufdeckung der Pläne und Absichten des Feindes sowie der in die DDR, UdSSR und in die Länder der Volksdemokratien eingeschleusten Agenten der feindlichen Spionagedienste, der westdeutschen und Westberliner Spionage-, Diversions- und terroristischen Organisationen".[86] Diese Aufgabenstellung fand sich wenig später auch im Statut des Staatssekretariats für Staatssicherheit vom 15. Oktober 1953 wieder, in dem der Staatssicherheit das Recht zuerkannt wurde, gleichermaßen „in Westdeutschland, Westberlin und in der DDR effektiv arbeitende Agenturen zu errichten und zu unterhalten".[87] Im November 1953 klagte Wollweber jedoch auf einer Dienstkonferenz, daß es bis jetzt noch nicht gelungen sei, „nach dem Auftrag des Politbüros die Hintermänner und die Organisatoren des Putsches vom 17. Juni festzustellen. Es ist uns bisher nicht gelungen, diesen Auftrag zu erfüllen."[88]

Um den „Feind" und seine „Hintermänner" im Westen zu schlagen, wurde im Herbst 1953 – unter direkter Beteiligung von Walter Ulbricht und Hermann Matern sowie der sowjetischen Chefberater Jewgeni Pitowranow

85 Protokoll der Dienstbesprechung am 21.8.1953; BStU, ZA, SdM 1921, S. 203 ff.

86 Außerordentlicher „Beschluß des Politbüros" vom 23.9.1953 in Anwesenheit von Otto Grotewohl, Walter Ulbricht, Hermann Matern, Karl Schirdewan, Willi Stoph, Ernst Wollweber, Erich Mielke und Otto Walter; SAPMO-BA, DY 30, J IV 2/202/62.

87 Statut des Staatssekretariats für Staatssicherheit vom 15.10.1953, S. 2; BStU, ZA, DSt 102272.

88 Referat Wollwebers auf der zentralen Dienstkonferenz am 11./12.11.1953, S. 4; BStU, ZA, DSt 102272.

und Iwan Fadejkin – eine neue Offensivstrategie formuliert, die den Gegner mit „konzentrierten Schlägen" in die Knie zwingen sollte: Mit zentral gesteuerten Massenverhaftungen, einschließlich Entführungen aus Westberlin und Westdeutschland, sollten „Feinde und Agenten" aus dem Weg geräumt und dies mit Propagandakampagnen sowie verstärkten Infiltrierungsanstrengungen im Westen flankiert werden.[89] Für Sabotageeinsätze im Westen wurde die Abteilung „zur besonderen Verwendung" (z.b.V.) geschaffen, die vom ehemaligen Rotgardisten und NKWD-Agenten Josef Gutsche geleitet wurde und Wollweber direkt unterstellt war (vgl. Kap. 5.5). Die neue Richtung begründete Wollweber im November 1953 gegenüber den Leitern seiner Diensteinheiten wie folgt:

> „Um das Ziel, die Vernichtung feindlicher Organisationen, zu erreichen, damit unseren Staat, die Bevölkerung und die betrieblichen Einrichtungen zu sichern, ist es in erster Linie notwendig, die Aufklärungsarbeit zu verstärken, um über die Zentren feindlicher Tätigkeit durch unsere G[eheimen] I[nformatoren] und G[eheimen] M[itarbeiter] jederzeit unterrichtet zu sein über die Absichten und Pläne der Feinde. Die schwierigste und wichtigste Aufgabe, die wir haben, ist die Aufklärungsarbeit in den Zentralen des Feindes, und alle Möglichkeiten müssen ausgenutzt und mitgeteilt werden."[90]

Namentlich Westberlin sollte stärker infiltriert werden. Auf Geheiß von KGB-Chef Serow befahl der Leiter des Berliner KGB-Apparates, Pitowranow, 1954 die Einleitung „aktiver offensiver Operationen gegen die feindliche Aufklärung und andere subversive Organe und Dienste in Westberlin".

Zuständig dafür sollte die „auf Empfehlung des KGB in der Berliner Bezirksverwaltung geschaffene Spezialabteilung für Westberlin" sein, deren Aufgabe es war, „breite Agentennetze anzuwerben, die in der Lage sind, systematisch über die Lage in Westberlin zu informieren [...] und zu gewährleisten, daß Maßnahmen ergriffen werden, um die Vorhaben der subversiven Zentren und Organisationen des Gegners in Berlin zu zerschlagen" – die berüchtigte Abteilung IV, deren Gegenstück im KGB für Sabotageaktionen und „aktive Maßnahmen" zuständig war.[91]

Tatsächlich gelang es der Staatssicherheit nun vermehrt, mit Hilfe von Agenten in den „Feindorganisationen" herauszufinden, welche DDR-Bürger

89 *Fricke/Engelmann 1998.*
90 Ebenda, S. 11.
91 Zitiert nach: *Bailey/Kondraschow/Murphy 1997*, S. 385. Diese speziell für Westberlin zuständige Diensteinheit erfüllte offensichtlich nicht die in sie gesetzten Erwartungen und wurde 1957 zur Abteilung XV umgewandelt und der HV A unterstellt. Zur Begründung hieß es, sie sei in den wichtigsten Regierungsstellen im Senat und in der CDU nicht und in den anderen Organisationen nur auf unterster Ebene verankert gewesen und habe ihre Hauptaufgabe nicht erfüllt, der Partei bei ihrer Arbeit in Westberlin durch qualifizierte politische Informationen und aktive Maßnahmen zu helfen. Protokoll der Kollegiumssitzung am 3.1.1957; BStU, ZA, SdM 1552, Bl. 3.

Kontakt zu diesen aufgenommen hatten oder gar aktiv deren Arbeit unterstützten; auch vor Einbrüchen in deren Räumlichkeiten schreckte man nicht zurück. Einer MfS-internen Publikation zufolge beschaffte etwa der persönliche Sekretär des früheren DGB-Vorsitzenden Willi Richter, Wilhelm Gronau, den Zahlencode des Panzerschrankes in der Bonner SPD-Zentrale, in dem die Personalkartei des Ostbüros aufbewahrt wurde. Dies führte der Publikation zufolge zu zahlreichen Verhaftungen und schließlich zur Zerschlagung seines Unterstützernetzes in der DDR.[92] In einem anderen Fall gelang es im Mai 1956 mit Hilfe des Geheimen Mitarbeiters Horst Hesse in Würzburg, die Agentenkartei des amerikanischen Militärspionagedienstes MIS (Military Intelligence Service) zu rauben, was allein 140 Verhaftungen nach sich zog (vgl. Kap. 5.2.1). In mehreren Wellen kam es zur Verhaftung Hunderter oppositioneller DDR-Bürger, denen Verbindungen zu westlichen Stellen vorgeworfen wurden.

Gleichzeitig verschleppte die Staatssicherheit exponierte Gegner des SED-Regimes und Geheimdienstmitarbeiter in den Osten. Derartige Entführungen waren in den Jahren 1953 bis 1955 integraler Bestandteil der „Großaktionen“ und trafen ganz unterschiedliche Personengruppen. So wurden beispielsweise im Zusammenhang mit der Aktion „Blitz“ der Mitarbeiter der „Organisation Gehlen“ Wilhelm van Ackern, der Publizist Karl Wilhelm Fricke sowie die ehemaligen SED-Funktionäre E. Ch. und Paul Behm entführt.[93] Im Operativplan hieß es in diesem Fall lapidar: „Maßnahme einleiten, um Behm zu ziehen.“[94] 1954 wurde Karl-Albrecht Tiemann von einer Operativgruppe der Staatssicherheit entführt und später, nach Zustimmung des Politbüros, in Dresden enthauptet, weil er in Westberlin – und nicht etwa von der DDR aus – Verbindungen zu westlichen Nachrichtendiensten unterhalten hatte.[95] Zur Bestätigung der Propagandabehauptung, daß der „faschistische Putsch“ am 17. Juni von den westlichen „Kriegstreibern“ organisiert wurde, fand zum Jahrestag des Juni-Aufstandes ein Schauprozeß statt, dessen Angeklagte ausnahmslos vom Staatssicherheitsdienst nach Ostberlin verschleppt oder dorthin gelockt worden waren. Zuchthausstrafen zwischen fünf und 15 Jahren waren das Ergebnis.[96] In den Akten überlieferte Planungen zeigen, daß noch weit mehr Verschleppungen – vor allem von leitenden Mitarbeitern der Ostbüros, der KgU und des UFJ – geplant waren, die jedoch oft aus rein zufälligen Gründen nicht realisiert werden konnten. Auch

92 *Deckname Stabil 1988*, S. 86 ff. Demgegenüber hat ein Zeitzeuge, Helmut Bärwald, festgestellt, daß es eine Kartei der Ostbüromitarbeiter in Mitteldeutschland gar nicht gab. „Diese waren vielmehr in mehreren jeweils verschlüsselten und getrennt aufbewahrten Listen erfaßt. Diese Listen lagen auch nicht in einem mit einem Zahlenschloß versehenen Panzerschrank, sondern in anderen, auf vielfältige Weise gesicherten Behältnissen.“ Vgl. Frankfurter Allgemeine Zeitung vom 15.12.1997, S. 13.

93 Vgl. *Fricke 1995,* S. 41 ff.; *Fricke 1996b*, S. 896; *Fricke/Engelmann 1998*.

94 *Fricke 1996b*, S. 896.

95 Ebenda, S. 889 f.

96 Ebenda, S. 891 f.

zu publizistisch tätigen „Renegaten" wie Wolfgang Leonhard und Carola Stern gab es solche, im Detail ausgearbeiteten Entführungspläne, die nicht umgesetzt werden konnten. Der letzte im engeren Sinn politisch motivierte Entführungsfall war der des in den Westen gegangenen ehemaligen SED-Funktionärs Heinz Brandt, der noch kurz vor dem Mauerbau im Juni 1961 in die DDR verschleppt wurde.[97]

Während der innere Widerstand gegen die SED-Diktatur auf diese Weise zunehmend gebrochen werden konnte, richtete sich die Arbeit des Staatssicherheitsdienstes von der Mitte der fünfziger Jahren an verstärkt gegen Staat und Gesellschaft in der Bundesrepublik, die als stärkste Bedrohung der kommunistischen Herrschaft in Ostdeutschland betrachtet wurde. Die Ausforschung von Politik, Wirtschaft und Militär im Westen gewann, ausgelöst von entsprechenden sowjetischen Direktiven, sprunghaft an Bedeutung. Im August 1954 befahl Erich Mielke den Leitern der Bezirksverwaltungen, durch ihre „Agenturen" Zusammensetzung, Aufgaben und Rechte der damals geplanten „Koordinierungskommission beim Amt des Bundeskanzlers" in Erfahrung zu bringen.[98] Im Januar 1955 erließ Wollweber die Dienstanweisung 3/55, nach der die „westdeutschen Monopole und Wirtschaftsvereinigungen" verstärkt aufzuklären seien, wozu alle „Informatoren, die [die] Möglichkeit haben, auf dieser Linie zu arbeiten, jedoch hauptsächlich in anderer Richtung tätig sind, [...] gleichzeitig mit Aufgaben der wirtschaftlichen sowie wissenschaftlich-technischen Aufklärung zu beauftragen" seien (vgl. Kap. 5.4).[99] Zugleich kritisierte er auf einer Dienstbesprechung, daß „jetzt eine Reihe [von] Genossen in die Hauptabteilung XV versetzt [werden], aber bei fast allen sind Diskussionen notwendig, weil die Versetzung [eine] verhältnismäßig geringe Einschränkung des persönlichen Lebens mit sich bringt".[100]

Nach „Besprechungen mit leitenden Genossen des sowjetischen, polnischen und tschechoslowakischen Sicherheitsdienstes" und entsprechenden Beschlüssen der Sicherheitskommission der SED bezeichnete Wollweber im März 1955 die „Beschaffung von Informationen aus den politischen Zentren der feindlichen Länder" und „die Ausnützung der Gegensätze im feindlichen Lager" durch „aktive Maßnahmen" und „Beeinflussung der öffentlichen Meinung" als „Schwerpunkte der Aufgabenstellung". Zu den „praktischen Schlußfolgerungen" zählte er die Schaffung von eigenen Aufklärungsabteilungen in den Bezirksverwaltungen (BV), die „Aktivierung" der besonderen Abteilung für Westberlin in der Berliner Verwaltung für Staatssicherheit sowie die Verstärkung der Aufklärung durch die Linien der Abwehr.[101] Im April 1955 erhielten die Bezirksverwaltungen eine detaillierte Anleitung für die Tätig-

97 Vgl. *Brandt 1967.*
98 Schreiben des Stellvertreters des Staatssekretärs an den Leiter der BV Cottbus vom 5.8.1954; BStU, ZA, DSt 101537.
99 DA 3/55 vom 12.1.1955, S. 3; BStU, ZA, DSt 100938.
100 Protokoll der Dienstbesprechung am 19.1.1955; BStU, ZA, SdM 1921, Bl. 126.
101 Protokoll der Dienstbesprechung am 22.3.1955; ebenda, Bl. 104 f.

keit der neu gebildeten „Arbeitsgruppen für wirtschaftliche und technisch-wissenschaftliche Aufklärung" im Westen.[102]

Begründet wurde die neue Linie mit veränderten Konstellationen in der Weltpolitk: Nach dem Inkrafttreten der Pariser Verträge und der Unterzeichnung des Warschauer Vertrages waren im Mai 1955 endgültig zwei einander entgegengesetzte Militärblöcke entstanden. Wollweber ging jedoch davon aus, daß aufgrund der neuen Massenvernichtungswaffen ein Krieg zwischen den Supermächten Sowjetunion und USA immer unwahrscheinlicher und es zu einer internationalen Entspannung kommen werde – Adenauer und seine „antikommunistische Politik" verlören dadurch zunehmend an Rückhalt. Um die „aggressiven" Kräfte weiter zu schwächen und um gegen jeden eventuellen Angriff gewappnet zu sein, verlangte Wollweber, die Aufklärungsarbeit im Westen umfassend zu verstärken. In einem Grundsatzreferat vor den Leitern der Diensteinheiten am 5. August 1955 verkündete er unter Berufung auf einen Beschluß der Sicherheitskommission des ZK, daß der Apparat der Aufklärung noch im Laufe des Jahres um 100 neue Mitarbeiter aufgestockt werden müsse, um „unsere Positionen in den feindlichen Zentren zu verstärken. [...] 75 Prozent von der Erweiterung des Apparates des Aufklärungsdienstes müssen im Lager des Feindes arbeiten." Wörtlich führte er aus:

> „Also ich stelle die Verstärkung der Aufklärungsarbeit, nicht nur die Verstärkung durch die Abteilung XV, sondern insgesamt die Aufklärungsarbeit, mit voller Absicht in den Mittelpunkt unserer Aufgaben in der nächsten Zeit unter dem Gesichtspunkt – Kampf gegen den Krieg, den Krieg unter den Bedingungen, von denen ich gesprochen habe."

Auch die anderen Abteilungen müßten sich deshalb in ihrer Arbeit umstellen, zum Beispiel die Abteilungen VII und VIII.

> „Die VII hat doch bis jetzt gearbeitet auf ihrem Gebiet rein abwehrmäßig, aber zum Teufel, in der Volkspolizei gibt es doch sehr viele Möglichkeiten, um anzuknüpfen und für die Aufklärung etwas rauszuholen. Ja? Durch die Hände der Volkspolizei laufen doch Tausende von Menschen, von denen man einige ausnutzen kann."[103]

Insbesondere die Leiter der Bezirksverwaltungen sollten Wollweber zufolge persönlich mehr zur Verstärkung der Aufklärungsarbeit beitragen – selbst wenn dies auf Kosten der inneren Überwachung ginge. Er verlangte, daß sie

102 Richtlinie des Stellvertreters des Staatssekretärs für die wirtschaftliche und technisch-wissenschaftliche Aufklärung und für die Bearbeitung der Konzerne vom 18.4.1955; BStU, ZA, DSt 100938.

103 Referat des Staatssekretärs Wollweber auf der Dienstbesprechung am 5.8.1955; BStU, ZA, SdM 1921, Bl. 54 ff.; vgl. dazu auch *Engelmann 1997*, S. 62 f.

„sich in Zukunft mindestens die Hälfte ihrer Zeit mit der Verstärkung der Aufklärungsarbeit in den politischen Zentren und der Verstärkung der Arbeit zum Eindringen in die feindlichen Agentenzentralen im Westen beschäftigen. Bei den Bezirksverwaltungen sage ich ausdrücklich, die Chefs 50 Prozent das Gesicht dem Westen zu. Jetzt nicht nur rein formal die Aufklärung, sondern auch das Eindringen in die feindlichen Agentenzentralen, das ist also das, was auf der Linie II, V usw. bearbeitet wird, aber nach dem Westen zu."[104]

Schließlich verlangte Wollweber auch „die Verstärkung unserer Arbeit in Westberlin", indem er forderte:

„Nun Genossen, wir müssen besonders die Einstellung zu Westberlin ändern, so geht das nicht mehr. In Westberlin darf nichts passieren, was wir nicht wissen. 2. Wir müssen einen Zustand erreichen, wo in Westberlin jeder Agent damit rechnen muß, daß er in kurzer Zeit bei uns ist, ein Gefühl der Unsicherheit und 3. wir müssen bei den Agenten in Westberlin eine solche Psychose erzeugen, daß sie auf verlorenem Posten stehen, und auch bei Angehörigen des Staatsapparates in Westberlin, der Senatsverwaltung usw. [...] Wir müssen mit einigen Leuten sprechen und einigen klarmachen, wie die Lage ist, und einmal wird die Westberliner Frage auch gelöst, und dann gibt es keinen Ausweg. Das gibt uns operative Möglichkeiten, das heißt, wir müssen darauf hinarbeiten, daß sich eine Reihe Leute auf Rückversicherung einstellt."[105]

Obwohl die von den Sowjets initiierte Umschichtung der Kapazitäten der Staatssicherheit zugunsten von Aufklärung und sogenannten aktiven Maßnahmen im Westen bei Ulbricht und dem Leiter der ZK-Abteilung für Sicherheitsfragen, Gustav Röbelen, eher auf Ablehnung stieß, beschloß die Sicherheitskommission der SED im April 1956 den forcierten Ausbau des Aufklärungsbereiches zur HV A.[106] Während Ulbricht nach dem XX. Parteitag der KPdSU vor allem innenpolitische Gefahren heraufziehen sah und den „Gegner" beschuldigte, Stimmungen und Fehlerdiskussionen in intellektuellen Kreisen und der Partei auszunutzen, um in die DDR einzudringen,[107] ließ Wollweber die West-Arbeit weiter verstärken: Im Mai 1956 stellte er per Dienstanweisung die „Bearbeitung der westdeutschen Konzer-

104 Referat Wollwebers auf der Dienstbesprechung am 5.8.1955; BStU, ZA, SdM 1921, Bl. 57.
105 Ebenda, Bl. 61 f.
106 Protokoll der Sitzung der Sicherheitskommission des Politbüros am 20.4.1956, S. 4: Bildung der HV A; BA-MA, DVW 1/39551. Zur Haltung von Ulbricht und Röbelen schreibt Wollweber: „Ich hatte die ganze Zeit mit der Schwierigkeit zu tun, daß er [Ulbricht] immer etwas Unheilvolles sah, das uns bevorsteht.[...]" Die Sicherheitsabteilung des ZK unter Leitung von Gustav Röbelen verbreitete ausgesprochene Panikstimmung, von der er nicht unbeeinflußt war. *Wollweber 1990*, S. 361 f.
107 Rede Ulbrichts auf der Parteiaktivtagung des MfS am 11.5.1956; BStU, ZA, SdM 2366, Bl. 20–34, hier 25.

ne und der zugehörigen Forschungsstellen und Versuchsanlagen“ auf eine breitere Basis und machte die „systematische Werbung von GM“ in diesem Bereich zur Aufgabe aller Mitarbeiter der „Linien“ II und VI.[108] Zur Auswertung der Spionageergebnisse auf wissenschaftlich-technischem Gebiet wurde eine spezielle Arbeitsgruppe im MfS gebildet, und die HV A erhielt den Auftrag, eine neue Abteilung zur „Masseninfiltration in die Truppenteile der Bundeswehr zu schaffen“.[109] Schon im August 1956 begann das MfS mit der Erfassung aller „operativen Möglichkeiten“ im Zusammenhang mit den für 1957 geplanten Bundestagswahlen, um die Pläne der Parteien „exakt“ aufzuklären und „vielseitig“ darauf einzuwirken.[110] Im Januar 1957 wurde die Aufklärungsarbeit in Westberlin neu organisiert, um eine „gründliche Berichterstattung über die Ordnung und Lage“ zu gewährleisten und „in weit größerem Maße [als bisher] aktive politische Maßnahmen“ zu ergreifen.[111]

Die Ereignisse in Polen und Ungarn führten jedoch bald zu einer Revision der vor allem von Wollweber vertretenen Linie.[112] Im Zuge der Entmachtung des Staatssicherheitschefs durch Ulbricht kritisierte letzterer auch die starke Westorientierung des MfS; im Bericht des Politbüros an das 32. ZK-Plenum im Juli 1957 hieß es dazu:

> „Die vom Genossen Wollweber gegebene einseitige Orientierung: ‚Das Gesicht dem Westen zu‘ führte zu einer groben Vernachlässigung der Bekämpfung feindlicher Agenturen im Gebiet der Deutschen Demokratischen Republik. Der größte Teil der Dienststellen und Mitarbeiter des Ministeriums für Staatssicherheit sah seine Aufgabe darin, irgendwie in Westberlin und Westdeutschland ‚verankert‘ zu sein. Das führte nicht nur zu unkontrollierbaren Verbindungen nach Westen, sondern schwächte auch die Verantwortung der Kreis- und Bezirksdienststellen der Organe der Staatssicherheit für die Sicherheit in ihrem Gebiet ab.“[113]

108 DA 12/56 zur weiteren Bearbeitung der westdeutschen Konzerne vom 12.5.1956; BStU, ZA, DSt 100972.

109 DA 14/56 vom 8.6.1956; BStU, ZA, BdL-Dok. 002213; DA 18/56 zu „Maßnahmen zur Bearbeitung der Bundeswehr, des Bundesverteidigungsministeriums und seiner nachgeordneten Dienststellen, der NATO-Stäbe und der Soldatenverbände in der Bundesrepublik“ vom 17.8.1956, S. 1; BStU, ZA, DSt 100977.

110 Direktive 2/56 vom 25.8.1956 zur „Erfassung aller operativen Möglichkeiten des MfS im Zusammenhang mit den Bundestagswahlen 1957“, S. 1; BStU, ZA, BdL-Dok. 002613.

111 Protokoll der Kollegiumssitzung am 3.1.1957; BStU, ZA, SdM 1552, Bl. 3 und 5. Unter anderem wurde beschlossen, aus der Abteilung IV der Verwaltung Groß-Berlin eine Abteilung XV (wie in den anderen DDR-Bezirken) zu bilden und diese von der HV A anleiten zu lassen; in ähnlichem Sinne sollte die Aufgabenstellung für die Abteilung XV der BV Potsdam überprüft werden. „Die Aufgabe der Schaffung von G[eheimen] I[nformatoren] in den Wohnbezirken, Straßen, Hotels, Lokalen usw. in Westberlin wird von der Abteilung VIII der Verwaltung Groß-Berlin übernommen.“ Ebenda, Bl. 5.

112 Zu den Auswirkungen der polnischen Ereignisse auf die DDR vgl. *Wolle 1996*.

113 Protokoll des 32. Plenums des ZK, 10. bis 12.7.1957; SAPMO-BA, DY 30, IV 2/1/177, Bl. 13–53, hier 43 f.

Mit der Berufung Erich Mielkes zum Staatssicherheitsminister im Oktober 1957 übernahm ein Mann die Leitung des MfS, für den die Sicherung der Macht nach innen oberste Priorität hatte.[114] Gleichwohl bedeutete dieser Führungswechsel keine umfassende Einschränkung oder gar das Ende der West-Arbeit des MfS – im Gegenteil: Das Ziel der Herrschaftssicherung machte es in den Augen des neuen Chefs unumgänglich, „Abwehr" und „Aufklärung" systematischer zusammenzubinden und auch im Westen die Überwachung und Verfolgung zu perfektionieren. Im Dezember 1957 erhielten die Leiter der Bezirksverwaltung die Anweisung, genaue Angaben zu machen über sämtliche „Inoffizielle Mitarbeiter der Linie V, die in Westdeutschland oder Westberlin wohnhaft sind bzw. nach dort eingesetzt werden".[115] Und im Februar 1958 verlangte Mielke auf einer Kollegiumssitzung eine „Verstärkung und Unterstützung der Arbeit der Partei nach Westdeutschland" [...].

> „Es ist an der Zeit, geeignete leitende Kader auszuwählen, die nach Westdeutschland gehen und gute Agenturen aufbauen. [...] Diese Leute sind nur mit dieser Aufgabe zu beschäftigen, um in die wichtigsten Stellen einzudringen. Die Beschaffung operativer Informationen durch die Aufklärung muß verstärkt werden. Informationen allgemeiner Art helfen in der operativen Arbeit ungenügend vorwärts. [...] Wir müssen den Feind so schlagen, daß er mit sich selbst zu tun hat und gezwungen wird, die Hetze und Verleumdung gegen unsere Partei und die DDR einzustellen."[116]

Die späten fünfziger Jahre standen dabei für das MfS vor allem unter dem Eindruck der wachsenden Fluchtbewegung. Einerseits führte diese zu einem deutlichen Abfluß kritischer Bevölkerungskreise und ermöglichte es auch, eine große Anzahl von Agenten unauffällig in den Westen einzuschleusen.[117] Andererseits verschlimmerte sie den ohnehin vorhandenen Arbeitskräftemangel in der DDR und wirkte wie eine „Abstimmung mit den Füßen" über das SED-Regime. Auch die West-Arbeit des MfS war bis zum Mauerbau von diesen Determinanten geprägt (vgl. Kapitel 5.7).

Die spektakuläre Flucht prominenter DDR-Bürger beantwortete Mielke im September 1958 mit dem Befehl, gegen das Gesamtdeutsche Ministerium unter seinem Minister Ernst Lemmer von der CDU „einen wirksamen Schlag

114 Zum Wechsel von Wollweber zu Mielke ausführlicher: *Engelmann/Schumann 1995b*.
115 Schreiben des Stellvertreters des Ministers vom 6.12.1957, S. 1; BStU, ZA, DSt 101596.
116 Protokoll der Kollegiumssitzung am 19./20.2.1958; BStU, ZA, SdM 1900, Bl. 7 f.
117 Zur Ausnutzung der Fluchtbewegung schreiben die ehemaligen HVA-Mitarbeiter Richter und Rösler: „Schnell erkannte die HVA die damit verbundenen operativen Möglichkeiten. Nicht wenige dieser Umsiedler konnten sich nämlich sehr effektvoll als politische Flüchtlinge darstellen; andere zogen bald Profit aus der Wirtschaftswunderzeit. Solche Möglichkeiten der beruflichen und sozialen Eingliederung wurden bewußt genutzt, indem einige der fähigsten inoffiziellen Mitarbeiter (IM) der HVA den Auftrag erhielten, mit geeigneter Legende in den Westen zu gehen und sich dort – mit Hilfe von Verwandten und soweit möglich auch der Zentrale – eine Existenz aufzubauen, die später für die Spionagetätigkeit auswertbar war." *Richter/Rösler 1992,* S. 33.

zu führen" – die sogenannte Aktion „Lemmerschwanz".[118] 1959 wurde eine detaillierte Arbeitsrichtlinie erlassen, um die Notaufnahmelager in Westdeutschland und Westberlin „operativ zu bearbeiten", und die Leiter der Bezirksverwaltungen wurden unter anderem angewiesen, „alle vorhandenen inoffiziellen Mitarbeiter, die im gastronomischen Gewerbe tätig sind bzw. Kenntnisse auf dem Gebiet besitzen und in Westberlin bzw. Westdeutschland wohnhaft sind", an die Zentrale zu melden.[119] Zugleich veranlaßte die MfS-Spitze die Leiter der Bezirksverwaltungen 1958 zu einer „besseren und zielstrebigeren Organisierung der Abwehr- und Aufklärungsarbeit gegen den Bundesnachrichtendienst".[120] Im Oktober desselben Jahres legte die Hauptverwaltung A einen Maßnahmeplan vor, der vorgab, wie mit Bestechung, Drohbriefen, Fälschungen und lancierten Presseartikeln Einfluß auf die für Dezember geplanten Wahlen in Westberlin zugunsten der SED ausgeübt werden sollte.[121] In der Bundesrepublik sollte der Kampf gegen die „feindlichen Zentralen" verstärkt und der Einsatz von qualifizierten Mitarbeitern „für spezielle Aufgaben der Aufklärung" beschleunigt werden.[122] Die „Maßnahmen zur Entlarvung der Kriegspolitik Adenauers und seiner Komplicen" seien weiterzuführen, wobei die HV A den Auftrag erhielt, Erich Mielke „eine Liste der Personen vorzulegen, die in den Aktionen weiter bearbeitet werden sollen".[123] Neu ins Blickfeld gerückte Organisationen wie das Westberliner Büro des Internationalen Bundes Freier Gewerkschaften (IBFG) wurden mit großer Intensität „aufgeklärt" und bekämpft.[124]

4.2.2 „Entlarvung des Bonner Staates" – die sechziger Jahre

Die Abriegelung der Sektorengrenzen in Berlin am 13. August 1961 bedeutete für das MfS neben der innenpolitischen Stabilisierung der SED-Herrschaft, daß es seine West-Arbeit in Teilen neu organisieren mußte. Zwar wurde das „Verbindungswesen" einem Kontrollbericht über die Arbeit der HV A zufolge „entsprechend den Schutzmaßnahmen von Partei und Regierung schon vorher umgestellt",[125] doch die grenzüberschreitenden Verbindungen waren auch für das MfS komplizierter geworden. Um „die stän-

118 Schreiben des Ministers vom 3.9.1958, S. 1; BStU, ZA, DSt 101612.
119 Arbeitsrichtlinie für die HA VII/2 und die Abt. VII/2 in den Bezirksverwaltungen, S. 1; BStU, ZA, DSt 101111; Schreiben des Stellvertreters des Ministers vom 5.2.1959; BStU, ZA, DSt 101623.
120 Schreiben des Stellvertreters des Ministers vom 6.3.1958, S. 1; BStU, ZA, DSt 101602.
121 HV A, Abt. V: Maßnahmeplan zur Aktion „Klarheit" vom 16.10.1958, S. 2 und 10; BStU, ASt Berlin, XV 25.
122 Protokoll der Kollegiumssitzung am 2.7.1960; BStU, ZA, SdM 1903, Bl. 44.
123 Protokoll der Kollegiumssitzung am 9.8.1960; BStU, ZA, SdM 1556, Bl. 131.
124 Instruktion zur Bearbeitung der Feindorganisation „Berliner Büro des IBFG"; BStU, ZA, DSt 101376.
125 Abt. für Sicherheitsfragen des ZK der SED: Bericht über den Brigadeeinsatz der Abt. für Sicherheitsfragen in der HA Aufklärung des Ministeriums für Staatssicherheit Berlin vom 15.3.1962; BStU, ZA, SdM 1351, Bl. 123.

dige Information aus den Objekten zu sichern", beschloß die Abteilung XV im September 1961 die „Umstellung der gesamten Treffdurchführung auf Treffen in Westberlin" und die „Schaffung der dazu nötigen Voraussetzungen (Instrukteure, Kuriere, Residenten usw.)" sowie den „Bau von illegalen Grenzschleusen" und den verstärkten Einsatz von Funk und Fotografie.[126] Vor allem das Problem der „Schleusungen" von Personen oder Gegenständen für die „Arbeit im und nach dem Operationsgebiet" beschäftigte das MfS, da diese nach Möglichkeit auch vor dem Wach- und Kontrollpersonal konspiriert werden sollten. 1962 wurde deshalb festgelegt, daß spezielle „Offiziere für Sonderaufgaben" an den Grenzen ausschließlich mit Maßnahmen und Aufgaben zu betrauen seien, „die sich aus der Organisierung und Durchführung von Schleusungen für die operativen Hauptabteilungen und selbst[ändigen] Abteilungen, die Bezirksverwaltungen/Verwaltungen und Kreisdienststellen des MfS, für die Partei und anderen in dieser Richtung wirkenden Organen und Institutionen im entsprechenden Abschnitt der Grenzbereitschaft ergeben".[127] In Berlin wurde eine „Gruppe ‚Grenzschleuse'" bzw. „Arbeitsgruppe Staatsgrenze" für Schleusungen zuständig.[128]

Gleichzeitig ging es darum, die verschlossenen Grenzen lückenlos unter Kontrolle zu bekommen, einschließlich des „Grenzvorfeldes" im Westen sowie des verbleibenden Reiseverkehrs. Im Januar 1962 kam deshalb die sogenannte Grenzaufklärung der Nationalen Volksarmee (NVA) zum MfS, dessen Hauptabteilung I von nun an systematisch auf der westlichen Seite spionierte.[129] Zugleich erhielt das MfS die neue Aufgabe, den grenzüberschreitenden Verkehr zu kontrollieren und abzufertigen, weshalb im August 1962 die Arbeitsgruppe (von 1964 an: Hauptabteilung) Paßkontrolle und Fahndung gebildet wurde. Schnell wurde dabei deutlich, daß die Kontrollpunkte nicht nur der „Filtrierung des [...] passierenden Personenkreises zum Erkennen und zur Unschädlichmachung von Feinden der DDR" dienen konnten, sondern auch der Feststellung von für das MfS „interessanten" Personen und Personengruppen. Die systematische „Erarbeitung von politisch-operativ auswertbaren Informationen aus dem Reiseverkehr" zählte nun ebenso zu den Aufgaben des MfS wie die Beobachtung und Aufklärung der „gegnerischen" Grenzübergangsstellen.[130] Eine ähnliche Rolle spielten die Leip-

126 Verwaltung Groß-Berlin, Abt. XV: Einschätzung der Lage in Westberlin nach dem 13.8.1961 vom 12.9.1961; BStU, ASt Berlin, XV 25, Bl. 2.

127 Befehl 598/61 zur Übernahme der Aufklärungsorgane der Grenztruppen durch das MfS (Abt. Aufklärung beim Kdo. Grenze – HA I) vom 10.12.1961; BStU, ZA, DSt 100326; Befehl 56/62 zur Aufgabenstellung der Abt. Aufklärung beim Kommando Grenze der NVA vom 19.1.1962, S. 4 f.; BStU, ZA, DSt 100330.

128 Bestätigte Vorlagen der Abt. XV der Verwaltung Groß-Berlin im MfS vom 17.1.1962 und vom 4.6.1963; BStU, ASt Berlin, XV 25.

129 Befehl 56/62 zur Aufgabenstellung der Abt. Aufklärung beim Kommando Grenze der NVA vom 19.1.1962; BStU, ZA, DSt 100330.

130 Ausführlich Horst Meinzer und Wolfgang Lindner: Die Bildung der HPF als Ausdruck der Reaktion des MfS auf neue Sicherheitserfordernisse zu Beginn der 60er Jahre (Hausarbeit); BStU, ZA, VVS JHS 001-1175/77, S. 28, 34 und 43.

ziger Messen, über die es beispielsweise in einem „Abschlußbericht" vom September 1962 lapidar hieß: „Der Einsatz der Mitarbeiter der HV A in Leipzig und an den Grenzkontrollpunkten hat sich für die Herstellung neuer operativer Kontakte gelohnt."[131]

Nicht zuletzt wegen der größeren logistischen Schwierigkeiten kam es nach dem Mauerbau nur noch vereinzelt zu Verschleppungen, die nunmehr hauptsächlich „republikflüchtige" ehemalige hauptamtliche Mitarbeiter des MfS betrafen. Unter den insgesamt auf mehrere hundert geschätzten Entführungsopfern der Staatssicherheit befanden sich laut Angaben der Hauptabteilung Kader und Schulung immerhin knapp 120 ehemalige Mitarbeiter des MfS.[132]

Von den Folgen des veränderten „Grenzregimes" abgesehen, blieben die Zielrichtungen der West-Arbeit nach dem Mauerbau aber im wesentlichen unverändert. Anders als sein Vorgänger Wollweber war Mielke jedoch ungleich mißtrauischer gegenüber der Verständigungsbereitschaft des Westens. So erklärte er im Dezember 1961 auf einer Kollegiumssitzung des MfS:

> „Vom Abbau des kalten Krieges ist nichts zu spüren. Die Verhandlungsbereitschaft bestimmter Kreise ist zwar vorhanden, aber sie darf uns nicht täuschen über die tatsächliche Lage. [...] Daraus ergibt sich die Forderung, daß wir durch alle vorhandenen Kanäle erfahren müssen, wie ist die Lage und wie ist der Stand beim Gegner. Wir müssen die Arbeit auch in der Beziehung verändern, daß wir unsere Probleme an die Menschen in Westdeutschland herantragen, daß wir die positiven Kräfte stärken und die Ultras und ihre Lakaien zersetzen. Wir müssen eine scharfe Auseinandersetzung zwischen den verhandlungsbereiten Kräften und den Kräften, die an der alten Position festhalten, herbeiführen."[133]

Im Frühjahr 1962 erhielt die HV A als „Hauptaufgaben" das verstärkte „Eindringen in die politischen, wirtschaftlichen und militärischen Zentren und Führungsgremien des Gegners" und die „stärkere Mithilfe bei der Durchführung von politisch-operativen aktiven Maßnahmen zur Entlarvung des Charakters des Bonner Staates, seiner Kriegsvorbereitungen und antinationalen Politik"; außerdem sollte sie „Maßnahmen zur Verbesserung des Verbindungswesens und der besseren Absicherung der im Operationsgebiet tätigen Quellen unter allen Bedingungen" treffen.[134] Nach dem VI. Parteitag der SED im Januar 1963 forderte Mielke erneut, „daß die Aufklärung in der Ar-

131 HV A, Stellvertreter Operativ: Abschlußbericht zur Aktion „Kooperation" vom 15.9.1962; BStU, Abteilung Bildung und Forschung, Information und Dokumentation, Dokument 38, S. 5.

132 *Gieseke 1995*, S. 81.

133 Protokoll der Kollegiumssitzung am 13.12.1961, Fortsetzung am 20.12.1961; BStU, ZA, SdM 1558, S. 6.

134 Abt. für Sicherheitsfragen des ZK der SED: Bericht über den Brigadeeinsatz der Abt. für Sicherheitsfragen in der HA Aufklärung des Ministeriums für Staatssicherheit Berlin vom 15.3.1962; BStU, ZA, SdM 1351, Bl. 125.

beit des MfS einen größeren Platz als bisher einnehmen muß [...], weil die Basis für die Feindtätigkeit im wesentlichen außerhalb des Territoriums unserer Republik liegt".[135]

Im Sommer 1965 beschloß die Führungsspitze des MfS, „daß Kader für die Arbeit im Innern freigemacht und für die Arbeit gegen den Feind im Operationsgebiet eingesetzt werden". Diese „Umgruppierung der Kräfte" wurde mit den „neuen Aufgaben" begründet, die sich aus der „Verschärfung der Lage und der zugenommenen Kriegsgefahr" ergäben. Das MfS müsse unbedingt das „Überraschungsmoment ausschalten" und solche Informationen beschaffen, die es der Partei- und Staatsführung der DDR ermöglichten, „richtig führen zu können". Insbesondere die Linie II (Spionageabwehr) müsse verstärkt „Führungskader" schaffen, die sich „ausschließlich auf die Führung qualifizierter Agenturen konzentrieren". Um alle Möglichkeiten für die „Arbeit im Lager des Feindes" erkennen und nutzen zu können, sei eine „straffe Federführung" durch die Hauptabteilung II notwendig. Die Arbeit mit IM im Innern der DDR müsse verbessert werden, um „geeignete Personen für die Arbeit nach Westdeutschland auszuwählen, besonders auch unter Beachtung des Gesichtspunktes, daß Aufgaben der HV A wahrgenommen werden".[136]

Im selben Jahr erließ Markus Wolf eine Richtlinie zum Schutz des Spitzelnetzes im Westen, die vorschrieb, alle „Maßnahmen, Methoden und Mittel der feindlichen Organe" zu melden.[137] 1968 folgte eine umfassende, von Mielke erlassene Richtlinie „für die Arbeit mit inoffiziellen Mitarbeitern im Operationsgebiet", die als Schwerpunkte der „Aufklärung" und der „äußeren Abwehr" die Bearbeitung der politischen, militärischen, wirtschaftlichen, wissenschaftlich-technischen und geheimdienstlichen Zentren vorsah sowie die „Durchführung aktiver politisch-operativer Maßnahmen gegen die Politik und die Zentren des Feindes zur direkten Unterstützung der Politik der Partei- und Staatsführung".[138] Im selben Jahr traf Mielke umfangreiche Regelungen für die „auf dem Gebiet der Aufklärung tätigen Offiziere im besonderen Einsatz" und „hauptamtlichen inoffiziellen Mitarbeiter" – die hauptberuflichen Agenten des MfS, deren finanzielle und soziale Versorgung darin mit deutscher Gründlichkeit geklärt wurde.[139]

135 Zitiert nach: Referat eines ungenannten Mitarbeiters der Bezirksverwaltung für Staatssicherheit (wahrscheinlich der Leiter der Abt. XV), o. D. (1963), S. 1; BStU, ASt Berlin, XV 25.

136 Protokoll über die Sitzung des Kollegiums am 1. Juni 1965, Beschluß Nr. 2/65; BStU, ZA, SdM 1562, Bl. 130.

137 Richtlinie der HV A zur Einleitung von Maßnahmen zum Schutze und zur Sicherung des inoffiziellen Netzes im Operationsgebiet und der Organe des MfS im Bereich der Aufklärung vom 23.7.1965; BStU, ZA, SdM 342, Bl. 1–23.

138 Richtlinie 2/68 für die Arbeit mit Inoffiziellen Mitarbeitern im Operationsgebiet; BStU, ZA, DSt 101126; dokumentiert in: *Müller-Enbergs 1998*, S. 353 f., hier 228 f.

139 Grundsätze zur Regelung des Dienstverhältnisses mit den auf dem Gebiet der Aufklärung tätigen Offizieren im besonderen Einsatz des Ministeriums für Staatssicherheit und zur Regelung der Vereinbarungen mit den auf dem Gebiet der Aufklärung tätigen hauptamtlichen inoffiziellen Mitarbeitern des Ministeriums für Staatssicherheit; BStU, ZA, DSt 102131, dokumentiert in: ebenda, S. 389–405.

Zu den Schwerpunkten der West-Arbeit der SED gehörte es in den sechziger Jahren, die Bundesrepublik als „nazistisch" zu diskreditieren. Unter Federführung des für Agitation zuständigen Politbüromitglieds, Albert Norden, suchte die DDR-Führung auf diese Weise, die Bonner Republik international in Mißkredit zu bringen und die Opposition gegen die CDU-geführte Regierung anzuheizen. Das MfS fahndete zu diesem Zweck mit großem Aufwand nach Belastungsmaterial, um Politiker, Juristen, Beamte und andere „Vertreter des Bonner Staates" gezielt zu kompromittieren.[140] Wie die HVA-Mitarbeiter Günter Bohnsack und Herbert Brehmer 1992 berichteten, suchte man dabei Hinweise auf persönliche Verstrickungen in das NS-Regime, wofür „Personalakten aus der NS-Zeit [...] aus den Archiven angefordert und nach belastendem Material durchsucht und je nach Maßgabe ‚vervollständigt' [wurden] durch Dokumente aus eigener Fertigung".[141] Diese wurden in die westliche Presse lanciert oder auf propagandistischen Pressekonferenzen der Nationalen Front in Ostberlin präsentiert. Derartige Aktionen zur Kompromittierung wurden unter anderem gegen Hans Globke, Kurt-Georg Kiesinger und Eugen Gerstenmaier von der CDU, aber auch gegen Herbert Wehner und Willy Brandt von der SPD geplant bzw. durchgeführt (vgl. Kap. 5.2). Für das sogenannte Braunbuch, das im Juli 1965 erschien und in der Bundesrepublik heftige Diskussionen auslöste, lieferte das MfS seitenweise Namen und Biographien.[142]

Eine generalstabsmäßig organisierte Kampagne wurde in den sechziger Jahren namentlich gegen Bundespräsident Heinrich Lübke initiiert, der unter diesem Druck im September 1968 seinen vorzeitigen Rücktritt ankündigte. Zu diesem Zweck wurde aus Archiven der DDR systematisch Material zusammengetragen, das Lübke vor allem wegen seiner Tätigkeit in der „Baugruppe Schlempp" belasten sollte. Einen Tag vor seiner Wiederwahl im Juni 1964 veranstaltete Norden eine Pressekonferenz, auf der er ihn als mitverantwortlich „für die Anforderung, den Einsatz, die Mißhandlung und Ermordung ungezählter KZ-Häftlinge" sowie als „Vertrauensmann der Gestapo" bezeichnete.[143] Danach organisierten MfS, ZK und weitere DDR-Organisationen unter Anleitung von Norden jahrelang seinen Rufmord, wofür eine Arbeitsgruppe „Lübke" eingerichtet wurde, in der alle Schritte der Kampagne beraten wurden.[144] Federführend auf MfS-Seite war die Abteilung Agitation, die allein etwa sechs laufende Meter Aktenbestand zur Anti-Lübke-Kampagne hinterlassen hat.[145] Mit Erfolg bemühte man sich dabei darum,

140 Ausführlich dazu: *Unverhau 1998*.

141 *Bohnsack/Brehmer 1992*, S. 49; *Bittman 1972*, S. 162 ff.

142 Schreiben des stellvertretenden Leiters der Abt. Agitation, Oberstleutnant Kehl, an Mielke vom 3.7.1965; BStU, ZA, SdM 1941, Bl. 463. *Braunbuch 1968*.

143 Neues Deutschland vom 30.6.1964.

144 Ausführlicher zur Kampagne gegen Lübke: *Bittman 1972*, S. 162 ff.; *Bohnsack/Brehmer 1992*, S. 59 f.; *Morsey 1996*, S. 505 ff. Vgl. auch *Braunbuch 1968*, S. 40 f. und *Norden 1981*, S. 235.

145 BStU, ZA, AV 7/85; BStU, ZA, AS 29/66.

die Kampagne nicht nur von Ostberlin aus, sondern zunehmend auch unter Nutzung westlicher Journalisten und Medien zu betreiben, wofür wiederum die HV A hauptverantwortlich war.[146] So informierte der Leiter der Abteilung Agitation nach einer Vorbesprechung für eine Pressefahrt mit zehn westdeutschen Journalisten im Februar 1966 den Minister für Staatssicherheit, daß Norden im Anschluß an die Sitzung „unter vier Augen" darum gebeten hätte, „ob es dem MfS nicht möglich sei, die Kampagne gegen Lübke durch spezielle aktive Maßnahmen in Westdeutschland zu unterstützen". Er schlug vor, „eine Durchschrift dieser Information an Genossen Generalleutnant Wolf zu geben, mit der Bitte, die Möglichkeiten zur Realisierung [...] durch die HV A zu prüfen".[147] Im Mittelpunkt des „Belastungsmaterials" standen Barackenbaupläne mit der Unterschrift Lübkes, die dem Deckblatt zufolge „zur Erstellung eines KZ-Lagers für 2 000 Häftlinge" in Neu-Staßfurt dienten – ein Deckblatt, das vom MfS nachträglich hinzugefügt worden war.[148]

Ein anderes Angriffsziel bildete die Bundeswehr, die ebenfalls Gegenstand diskreditierender Maßnahmen wurde. So übergab die Abteilung „S" des Zentralkomitees der SED Erich Mielke 1963 einen vertraulichen Bericht über eine Sitzung der Arbeitsgruppe „Militärpolitik" bei der Agitationskommission des Politbüros, während der die „Schwerpunkte" der militärpolitischen Propaganda nach Westdeutschland festgelegt worden waren. Als „Personen, gegen die sich als Vertreter der aggressiven Politik des Bonner Staates unser Angriff richten muß", werden in dem Bericht hochrangige Bundeswehroffiziere genannt, darunter der Inspekteur der Marine, Zenker, und der damals neu berufene MAD-Chef Schmeyr. „Zu diesem Personenkreis soll besonders nach Material geforscht werden", heißt es in dem Bericht. Umgekehrt wurde es als „zweckmäßig" angesehen, eine Reihe anderer Offiziere, darunter den von Verteidigungsminister Franz Josef Strauß abgelösten MAD-Chef Wessel, „als mögliche Gegner der offiziellen Militärpolitik vorläufig zu werten".[149]

Das MfS versuchte überdies, mittels konspirativer Aktionen die Bundesrepublik als antisemitisch zu diskreditieren. Als im April 1961 in Jerusalem der Eichmann-Prozeß eröffnet wurde, kam es in verschiedenen westdeutschen Städten zu antisemitischen Hetzaktionen, die offensichtlich von der

146 Vgl. Schreiben des Leiters der Abt. Agitation an Mielke vom 3.2.1966, S. 2 f.; BStU, ZA, AU 7/85, Bd. 2, Bl. 138–140. Eine Schlüsselrolle in der Kampagne fiel insbesondere dem Chefredakteur des Stern, Henry Nannen, sowie dem Spiegel zu; vgl. dazu: *Morsey 1996*, S. 536 ff.

147 Schreiben des Leiters der Abt. Agitation an Mielke vom 3.2.1966; BStU, ZA, AU 7/85, Bd. 2, Bl. 138–140.

148 Erklärung des ehemaligen Mitarbeiters der Abt. X der HV A, Günter Bohnsack, in einem am 24.2.1994 gesendeten Interview des Deutschlandfunks, zitiert nach: *Morsey 1996*, S. 513, Anm. 38. Das Deckblatt ist abgebildet in: *Braunbuch 1968*, Tafel 13.

149 Information über die Beratung der Arbeitsgruppe Militärpolitik am 2.4.1963, S. 2 f.; BStU, ZA, SdM 1110.

Staatssicherheit initiiert wurden. Eine Akte aus dem Bestand der für die Kirchen zuständigen Hauptabteilung XX/4 enthält beispielsweise den ausgearbeiteten „Vorschlag“, an rechtsextreme Organisationen in Westdeutschland „Aufforderungen zu antisemitischen Aktionen“ zu verschicken – Deckname der Aktion: „Vergißmeinnicht“. Bei der „Aktion J“ ging es dagegen darum, antisemitische Hetz- und Drohbriefe an überlebende Juden in Westdeutschland zu versenden, wofür eigens ein inoffizieller Mitarbeiter des MfS nach München entsandt wurde, um „Adressen jüdischer Bürger“ zu beschaffen.[150] Auch an der Welle antisemitischer Vorfälle zur Jahreswende 1959/60 soll das MfS beteiligt gewesen sein, wofür sich jedoch in den Akten bislang keine Belege gefunden haben.[151] In dem überlieferten „Entwurf“ eines vom MfS verfaßten Hetzbriefes heißt es:

> „Offensichtlich habt Ihr Juden immer noch nicht begriffen, daß Ihr aus Deutschland zu verschwinden habt. Euch hat es wohl nicht gereicht, daß wir 6 Millionen von Euch vergast haben! Hätten wir mehr von Euch in der ‚Sonderbehandlung‘ gehabt, würde schon heute niemand mehr über Euch reden. Eure Ausrottung ist nur durchbrochen worden. Wir kennen Euch alle! Jetzt wollt Ihr über unseren Kameraden Eichmann triumphieren. Wir werden ihn rächen. Dich haben wir schon vorgemerkt!
> Deutschland erwache!
> (ein Kamerad Eichmanns).“[152]

Derartige Briefentwürfe finden sich auch für die „Reaktionen“ der betroffenen Juden. Sie dienten ebenfalls dem Zweck, eine akute Bedrohung der in Westdeutschland lebenden Juden zu suggerieren. In einem dieser vom MfS verfaßten „Opferbriefe“ heißt es:

> „Ich bin deutscher Jude, das muß ich hervorheben, weil es bereits von anderen und im anderen Sinne wieder hervorgehoben wird. Bis 1945 war ich Schutz-Häftling im Groß-Deutschen Reich. Ich habe verschiedene Konzentrationslager kennengelernt und empfinde es heute noch als ein Wunder, daß ich sie überlebt habe. Es ist aber so, wie ich und andere es nicht für möglich gehalten haben. Nicht nur ich als Häftling habe die KZs überlebt, auch die Nazis haben Hitler-Deutschland überlebt.
> Ich schreibe Ihnen, weil in der letzten Zeit diese Nazis in mir wieder den Juden entdeckt haben. Die Nachrichten in der Presse habe ich nicht geglaubt. Ich meinte, daß auch etwas derartiges nicht wieder kommen könnte. Im schlimmsten Falle, so hatte ich angenommen, sind es Unverbesserliche. Jetzt aber habe

150 Vorschlag vom 3.5.1961 sowie die verschiedenen „Entwürfe“ für antisemtische Hetzbriefe; BStU, ZA, HA XX/4-513.
151 Vgl. *Wolffsohn 1995*, S. 20 ff.
152 Vorschlag vom 3.5.1961 sowie die verschiedenen „Entwürfe“ für antisemtische Hetzbriefe; BStU, ZA, HA XX/4-513, S. 6.

ich Angst, Angst vor der Wiederholung, Angst um die Zukunft, und ich weiß nicht, wie lange es noch dauern wird bis zur Angst ums Leben.
Man beschimpft mich nicht spontan, sondern organisiert. Laufend bekomme ich Briefe mit den schrecklichsten Drohungen, die Absender wollen die Vergangenheit nicht zur Ruhe kommen lassen. [...]
Ich werde Deutschland verlassen. Diesmal wollen ich und meine Glaubensbrüder das rechtzeitig tun. Die Angst ist wieder da.“[153]

Als „neue und zusätzliche Gefahr“ betrachteten SED und MfS Ende der sechziger Jahre die vor allem von der SPD vertretene Ostpolitik – und ordneten im Rahmen der West-Arbeit umfangreiche Gegenmaßnahmen an. Auf einer Delegiertenversammlung der HVA-Parteiorganisation im Februar 1967 erklärte Mielke, daß durch die Bildung der Großen Koalition bedeutende Vorstellungen der SPD-Führer zum Kampf gegen die DDR jetzt zu einem „festen Bestandteil der offiziellen Bonner Regierungspolitik und Feindtätigkeit gegen die DDR geworden sind bzw. werden“, was sich „insbesondere bei den verstärkten Versuchen des Gegners zur Intensivierung der *politisch-ideologischen Diversions- und Aufweichungspolitik*, der sogen[annten] *Kontaktpolitik* und auf dem gesamten Gebiet der sogen[annten] *Ostpolitik*“ zeige (Hervorhebungen im Original). Das MfS müsse es deshalb erreichen, „stärker in solche Gremien in Westdeutschland einzudringen, in denen die Politik Bonns gegen die DDR beschlossen bzw. beraten wird“. Aus den Quellen im Westen müsse „bedeutend mehr an Substanz [darüber] herausgeholt werden, was unmittelbar vom Standpunkt der Sicherung und Stärkung der DDR wichtig und notwendig ist“.[154] Die Aufklärungstätigkeit müsse insgesamt weitaus stärker als bisher unter den Gesichtspunkten der Abwehr betrieben werden – eine Linie, die in der Folgezeit immer mehr an Gewicht gewann. Nicht nur Mielke, auch die Führungsspitze der HV A erhob nunmehr regelmäßig „die Forderung, immer von der Gesamtaufgabenstellung des MfS auszugehen und jedes Ressort- und Liniendenken energisch zu bekämpfen. Hierbei wurden besonders die Hinweise des Genossen Minister Mielke beachtet, daß alle Linien der Aufklärung noch enger mit den Linien der Abwehr zusammenarbeiten und alle noch vorhandenen Tendenzen der Unterschätzung der inneren Abwehraufgaben überwunden werden.“[155]

Einen anderen Schwerpunkt der West-Arbeit bildete in den sechziger Jahren die „rechtzeitige Aufklärung“ sogenannter Kriegsvorbereitungshandlungen in Westdeutschland, die in Perioden verstärkter politischer Spannungen zwischen Ost und West regelmäßig forciert wurde. 1962 erteilte Mielke die Anweisung, alle überprüften, in Westdeutschland tätigen und für diese Auf-

153 Ebenda, S. 8 f.
154 Hinweise für das Schlußwort auf der Delegiertenkonferenz der Parteiorganisation V (HV A) vom 2.2.1967, S. 22 ff. und 50; BStU, ZA, SdM 1343.
155 Bericht des 1. Sekretärs der Parteiorganisation der HV A an das Sekretariat der Kreisleitung der SED am 11.11.1969; BStU, ZA, SED-KL 146.

gaben geeigneten IM „zur systematischen Beobachtung und schnellen Feststellung außergewöhnlicher Handlungen der in ihrem Bereich vorhandenen wichtigsten militärischen und zivilen Objekte einzusetzen“; eine 20 Seiten umfassende Liste nahezu aller wichtigen Einrichtungen der Bundesrepublik fügte er bei.[156] Drei Jahre später warnte Mielke erneut vor der „Kriegsvorbereitung durch den deutschen Imperialismus“ und verlangte von seiner Generalität, daß „durch die konzentrierte und schwerpunktmäßige Arbeit die Möglichkeit jeder Überraschung durch den Feind ausgeschaltet“ werden müsse.[157] Im Zusammenhang mit dem Vietnam-Krieg wurde 1968 per Ministerbefehl die vom gesamten MfS zu bewerkstelligende „lückenlose und tiefgreifende Aufklärung und Beobachtung aller außergewöhnlichen kriegsvorbereitenden Handlungen des Gegners und feindlichen Provokationen“ weiter perfektioniert – die nach Objekten und Orten gegliederte „Aufstellung der wichtigsten militärischen, zivilen und industriellen Objekte“ umfaßte nun mehr als 100 Seiten.[158]

Ein weiterer Akzent lag auf dem Ausbau der Wirtschaftsspionage, deren Bedeutung im Zuge der Modernisierungsbestrebungen der SED in den sechziger Jahren beständig zunahm. Zur Verstärkung der wissenschaftlich-technischen „Aufklärungsarbeit“ war einem Befehl aus dem Jahre 1962 zufolge alles einschlägige Material von sämtlichen Diensteinheiten des MfS der Abteilung V der HV A „zwecks Auswertung“ zuzustellen; im Industriestandort Jena wurde eigens ein Sonderreferat der HV A für Industriespionage gebildet.[159] Zwecks „größerer Spezialisierung der Arbeit“ wurden 1969 in der HV A die militärische und die wirtschaftliche Technikspionage getrennt und von stark spezialisierten Einzelreferaten übernommen.[160] Zur „Beschaffung von Mustern wichtiger Militärtechnik“ und „zur Vermeidung von Doppelaufträgen“ wurde zugleich eine spezielle Koordinierungsgruppe unter Federführung der HV A gebildet.[161] Anfang der siebziger Jahre wurde dann der Sektor Wissenschaft und Technik der HV A als das eigentliche Zentrum für die Wirtschaftsspionage des MfS gebildet (vgl. Kap. 5.1).

Das MfS übernahm auch spezielle nachrichtendienstliche Aufgaben im Rahmen der West-Arbeit der SED und weiterer DDR-Organisationen. Deren verdeckte Verbindungen in die Bundesrepublik wurden in erster Linie von der Hauptabteilung II, des weiteren auch von anderen „Linien“ wie der

156 DA 6/62 vom 1.6.1962, S. 1 und Anlage (20 Bl.); BStU, ZA, DSt 101041.

157 Protokoll über die Sitzung des Kollegiums am 20. Juli 1965; BStU, ZA, SdM 1562, Bl. 154. Ähnlich: Protokoll über die Sitzung des Kollegiums [des MfS] am 1. Juni 1965, Beschluß Nr. 2/65; BStU, ZA, SdM 1562, Bl. 130.

158 Befehl 40/68 „über die Durchführung politisch-operativer Maßnahmen zur Ausschaltung des Überraschungsmomentes und zum rechtzeitigen Erkennen einer akuten Kriegsgefahr“ vom 2.12.1968, S. 7, sowie 1. DB vom 18.12.1968; BStU, ZA, DSt 100572.

159 Befehl 539/62 vom 1.9.1962; BStU, ZA, DSt 100367; Befehl 172/62 vom 2.4.1962; BStU, ZA, DSt 100341.

160 Befehl 26/69 vom 9.8.1969, S. 1; BStU, ZA, DSt 100595.

161 Befehl 23/69 „über die Koordinierung der Maßnahmen zur Beschaffung von Mustern wichtiger Militärtechnik“ vom 14.7.1969, S. 1 f.; BStU, ZA, DSt 100593.

für die Wirtschaft zuständigen Hauptabteilung III (von 1964 an: XVIII) „abgesichert“ (vgl. Kap. 5.2). Zur „Gewährleistung eines gesicherten Vertriebes von Agitationsmaterial der DDR nach Westdeutschland und Westberlin“ befahl Mielke 1967 zudem die Bildung einer Organisation „außerhalb des Ministeriums“, die, als Arbeitsgemeinschaft Intergraphik getarnt, seinem 1. Stellvertreter, Beater, unterstellt wurde. „Die Hauptaufgabe der Vertriebsorganisation“, hieß es in dem Befehl, „besteht im systematischen Aufbau und in der qualifizierten Steuerung eines eigenen IM-Netzes“ aus inoffiziellen Mitarbeitern in Ost und West, wobei deren Anwerbung „unter Legende“ geschehen sollte, um eine Dekonspiration der Organisation als Einrichtung des MfS auszuschließen.[162]

Das Jahr 1968 mit den Protesten der Studentenbewegung im Westen und der Niederschlagung des „Prager Frühlings“ im Osten hatte auch auf die West-Arbeit des MfS Auswirkungen. Die marxistisch geprägte Fundamentalkritik der Studenten bot einerseits ein neues Motiv bei der Werbung von Informanten. Auf der anderen Seite sah das MfS sich veranlaßt, nach dem schockierenden Einmarsch in die ČSSR bei den West-IM die „Erziehungsarbeit“ durch die Partei zu verstärken.[163] Und noch vor der Intervention fertigte Markus Wolf für Erich Mielke einen „Maßnahmeplan zur Zurückdrängung konterrevolutionärer Einflüsse und zur Stärkung progressiver Kräfte in der ČSSR“ an, in dem er seitenlang die verschiedenen Einsatzmöglichkeiten von IM „aus dem Operationsgebiet“ und der DDR „in Richtung ČSSR“ auflistete.[164] Ein Jahr später berichtete er dann seinem Minister von einer „Aktion von vier Wochen im ČS[SR]-Operationsgebiet mit erfolgreichen Abwehrmaßnahmen“ im Rahmen der Aktion „Genesung“ sowie von Einsätzen einer Gruppe hauptamtlicher IM, deren „Hauptergebnisse“ in der „Kontaktaufnahme zu Personen des konterrevolutionären Untergrundes“ und der „dadurch möglichen Informationsbeschaffung zu geplanten Aktionen“ gelegen hätten.[165]

Die Bedeutung der West-Arbeit für den DDR-Staatssicherheitsdienst wurde 1969 in dem vom Nationalen Verteidigungsrat beschlossenen neuen Statut des MfS noch einmal bekräftigt. Danach sollte sich die Tätigkeit des MfS „auf die Aufklärung und Abwehr zur Entlarvung und Verhinderung feindlicher Pläne und Absichten der aggressiven imperialistischen Kräfte und ihrer

162 Befehl 13/67 vom 10.4.1967 zur „Gewährleistung eines gesicherten Vertriebes von Agitationsmaterial der DDR nach Westdeutschland und Westberlin“, S. 3 f.; BStU, ZA, BdL-Dok. 001154.

163 Westkommission: Bericht über die durchgeführten Gruppenversammlungen zu Fragen der politisch-ideologischen Erziehungsarbeit mit den Verbindungen im Operationsgebiet vom 14.1.1969; BStU, ASt Berlin, A 1334.

164 Maßnahmeplan zur Zurückdrängung konterrevolutionärer Einflüsse und zur Stärkung progressiver Kräfte in der ČSSR vom 14.6.1968; BStU, ZA, SdM 1437, dokumentiert in: *Tantzscher 1994*, S. 59–75.

165 Bericht des Leiters der HV A über die Erfüllung der politisch-operativen Verpflichtungen der II. Etappe der Vorbereitung des 20. Jahrestages der DDR vom 18.3.1969; BStU, ZA, SdM 1474, S. 5 f.

Helfer“ konzentrieren. Unter den „Hauptaufgaben“ stand an erster Stelle, „feindliche Agenturen zu zerschlagen, Geheimdienstzentralen zu zersetzen und andere politisch-operative Maßnahmen gegen die Zentren des Feindes durchzuführen“. Die „wissenschaftliche Führungs- und Leitungstätigkeit im MfS“ richtete sich ebenfalls vor allem auf „die Arbeit am Feind und das Eindringen in politische, militärische, ökonomische und wissenschaftliche Zentren des Feindes“ und „diesbezügliche prognostische und perspektivische Planungen“.[166]

4.2.3 „Gefahren“ der Entspannungspolitik – die siebziger Jahre

Das Ende des Kalten Krieges zwischen den Supermächten und der Beginn eines von der sozialliberalen Koalition in Bonn und der Führung der SED geförderten Entspannungsprozesses, der zu einer schrittweisen „Normalisierung“ des Verhältnisses zwischen beiden deutschen Staaten führte, brachte für die West-Arbeit des MfS erhebliche Veränderungen mit sich. Paradoxerweise mehrten sich aus dem Blickwinkel des Staatssicherheitsdienstes im Zuge der Entspannungspolitik vor allem die „Gefahren“ für die DDR und folgerichtig die „Aufgaben“ des MfS – zugleich aber auch die Möglichkeiten der Einwirkung und Infiltration. Während die MfS-Delegation auf einem Treffen der osteuropäischen „Aufklärungsorgane“ in Budapest im Dezember 1970 die Ostpolitik noch als „Variante der gegen das gesamte sozialistische Lager gerichteten imperialistischen Politik“ geißelte,[167] sah die SED immer mehr auch die Chancen, die sich ihr dadurch boten. Die „Politik der weiteren Normalisierung der Beziehungen, der Durchsetzung der Prinzipien der friedlichen Koexistenz wird fortgesetzt“ – lautete deshalb Mitte der siebziger Jahre das Credo der Staatssicherheit, um sogleich hinzuzusetzen: „Es kommt darauf an, alles zu erkunden und zu nutzen, was der Politik der Partei gegenüber der BRD und Westberlin nützt, und alles aufzuklären, was dieser Politik entgegenwirkt und was sich gegen unsere Republik richtet.“[168] Neben der Aufklärung und Beeinflussung der westdeutschen Verhandlungspositionen gegenüber der DDR ging es dem MfS vor allem darum, ein politisches, ideologisches und ökonomisches „Eindringen“ des Westens im Zuge der Entspannung zu verhindern und zugleich die gewachsenen Möglichkeiten zur Schaffung neuer „operativ interessanter“ Verbindungen in der Bundesrepublik umfassend auszunutzen.

Zu den neuen Aufgaben des MfS gehörte zunächst die enge „Begleitung“

166 Statut des Ministeriums für Staatssicherheit der Deutschen Demokratischen Republik, bestätigt vom Nationalen Verteidigungsrat am 30.7.1969, abgedruckt in: *Florath/Mitter/Wolle 1992*, S. 138–145, hier 139 f. und 142.

167 Redebeitrag der Delegation des MfS der DDR für die Beratung der Aufklärungsorgane in Budapest, Dezember 1970; BStU, ZA, SdM 355, Bl. 23–45, hier 32. Dokument 2, S. 316–332, hier 318 und 323.

168 Zentrale Planvorgabe für 1976 und den Perspektivplanzeitraum bis 1980, S. 31; BStU, ZA, DSt 102260.

des Verhandlungsprozesses. So befahl Mielke im Vorfeld des Treffens zwischen Willi Stoph und Willy Brandt im Mai 1970 in Kassel die Aktion „Konfrontation II", in deren Rahmen „alle operativen Linien der Aufklärung/ Abwehr [...] alle feindlichen Pläne, Absichten und Maßnahmen, die im Zusammenhang mit der Vorbereitung und Durchführung des Treffens stehen, aufzuklären" hatten, insbesondere solche mit dem Ziel, „die DDR-Delegation zu diskriminieren und ihre Verhandlungsposition zu schwächen (besonders durch Demonstrationen, Veranstaltungen, Flugblattaktionen usw.). [...] Alle Diensteinheiten, die die Möglichkeit haben, zuverlässige inoffizielle Mitarbeiter im Raum Kassel einzusetzen (ohne Gefahr der Dekonspiration), melden diese dem Leiter der Aktion persönlich." In einer ausführlichen Anlage wurde den Diensteinheiten dann der „Informationsbedarf zur Verhandlungskonzeption der Bundesregierung" und zum Ablauf der Treffen, zu geplanten Kundgebungen und zur „Reaktion der Bevölkerung der DDR und Westdeutschlands" im einzelnen aufgelistet.[169] Dem MfS saß dabei noch der Schreck über die erste Begegnung zwischen Brandt und Stoph in Erfurt in den Knochen, wo es zu spontanen Hochrufen auf den westdeutschen Kanzler gekommen war („Konfrontation I").

Über seine Informanten an wichtigen Stellen der westdeutschen Politik – darunter der HVA-Offizier Günter Guillaume, der von 1972 bis zu seiner Verhaftung im April 1974 als persönlicher Referent des damaligen Bundeskanzlers Willy Brandt arbeitete – war das MfS über die Vorstellungen und Verhandlungsstrategien der Bonner Regierung gut informiert. „Die Erfahrung zeigt", so verkündete das MfS auf der Budapester Beratung im Dezember 1970, „daß wir das koordinierte Vorgehen unserer Parteien und Regierungen effektiv durch exakte, rechtzeitig beschaffte Informationen über die Pläne, Konzeptionen und Absichten des Gegners unterstützen können".[170] Nachdem die DDR durch den 1972 ratifizierten Grundlagenvertrag auch von der Bundesrepublik als Staat anerkannt worden war, ging es in der Folgezeit vor allem um die Ausgestaltung und Interpretation der Verträge.

Besonders argwöhnisch betrachteten SED und Staatssicherheit nach dem Abschluß des Grundlagenvertrages (1972) die Bemühungen des Westens, „Westberlin als zur BRD zugehörig zu behandeln" und dem östlichen Konzept einer „selbständigen politischen Einheit" entgegenzuwirken.[171] Umfangreiche HVA-Berichte zu diesem Thema gingen regelmäßig an die Führung der SED.[172] „Es geht", so die Zentrale Planvorgabe für 1978, „um den kon-

169 Befehl 17/70, S. 5 und 13 ff.; BStU, ZA, DSt 100614.
170 Beitrag der Delegation des MfS der DDR für die Beratung der Aufklärungsorgane in Budapest (Dezember 1970); BStU, ZA, SdM 355, Bl. 23–45, hier 25.
171 Zentrale Planvorgabe für 1976 und den Perspektivplanzeitraum bis 1980, S. 33; BStU, ZA, DSt 102260.
172 Vgl. Information Nr. 775/74 vom 28.10.1974 „über einige Probleme der gegenwärtigen politischen und wirtschaftlichen Lage Westberlins"; BStU, ZA, HVA 112, Bl. 247–254. Laut Verteiler ging die Information an neun Adressaten, darunter Erich Honecker, Kurt Hager und Willi Stoph.

kreten Nachweis der Verletzung des Vierseitigen Abkommens durch die Westmächte" und „seitens der Regierung der BRD und des Senats von Westberlin".[173] Namentlich das geplante Umweltbundesamt (UBA) in Berlin suchte das MfS massiv zu torpedieren. So entwickelte die Verwaltung für Staatssicherheit Groß-Berlin 1974 einen umfangreichen Maßnahmeplan gegen das Amt mit dem Ziel der „wirksamen Aufklärung und Bekämpfung der geplanten Errichtung einer weiteren zentralen Bundesbehörde als bisher eklatantestes Beispiel der vielen Versuche der Regierung der BRD und des Senats von Westberlin, das Vierseitige Abkommen zu unterlaufen". Neben der Informationsbeschaffung durch verschiedene inoffizielle Mitarbeiter (unter anderem „Jutta" beim Senator für Finanzen, „Frosch" in der Senatskanzlei sowie „Eisenstein" und „Erler" im Landesvorstand der SPD) sollte dabei auch die „Außenbeobachtung" der UBA-Gebäude in Berlin organisiert und die Möglichkeit von „Einschleusungen" geprüft werden. Allein zehn inoffizielle Mitarbeiter sollten „aufgrund ihrer beruflichen Möglichkeiten gesondert zur Aufklärung der personellen Besetzung des Amtes" eingesetzt werden.[174]

Darüber hinaus wollte das MfS alles über die politischen Fraktionierungen und Konzeptionen in den Bonner Parteien in Erfahrung bringen, um Einfluß auf die Entwicklung der Politik in der Bundesrepublik nehmen zu können. Eine der wichtigsten Aufgaben sei es, so die Zentrale Planvorgabe für 1976, „mit unseren spezifischen politisch-operativen Mitteln die Widersprüche und Rivalitäten im imperialistischen Lager weiter zu vertiefen". Insbesondere die Bekämpfung der „entspannungsfeindlichen Kräfte" in der Union und der „hinter ihnen stehenden Kreise des Monopolkapitals" wurde in der Planvorgabe zur Aufgabe erhoben.[175] Zwei Jahre später verlangte Mielke erneut die „Aufklärung und Analysierung der Entwicklung der Kräftekonstellation in der BRD", besonders der „weiteren Stärkung der CDU/CSU und ihrer Vorbereitungen auf neue, globale Angriffe auf die Positionen der derzeitigen Regierung (unter Ausnutzung der Rechtsentwicklung in der BRD, des Terrorismus, neonazistischer Tendenzen, der möglichen Aufwertung von Strauß)". In der Planvorgabe für 1978 befahl er unter anderem, die möglichen „Auswirkungen der Landtagswahl in Niedersachsen und der Bürgerschaftswahl in Hamburg (jeweils am 4.6.1978) sowie der Landtagswahlen in Bayern und Hessen (im Herbst 1978) auf die Lage der Regierungskoalition" auszukundschaften.[176]

Daneben wurden die Wirtschafts- und Militärspionage intensiviert. Die dabei erzielten Ergebnisse waren so umfangreich, daß sie in der DDR oft-

173 Zentrale Planvorgabe für die Jahresplanung 1978, S. 14; BStU, ZA, DSt 102428.

174 Leiter der Verwaltung für Staatssicherheit Groß-Berlin: Maßnahmeplan zur Aufklärung der feindlichen Pläne, Absichten, Maßnahmen und Aktivitäten im Zusammenhang mit der Errichtung des Umweltbundesamtes in Westberlin vom 24.7.1974; BStU, ASt Berlin, XV 10.

175 Zentrale Planvorgabe für 1976 und den Perspektivplanzeitraum bis 1980, S. 34 und 36; BStU, ZA, DSt 102260.

176 Zentrale Planvorgabe für die Jahresplanung 1978, S. 14 f.; BStU, ZA, DSt 102428.

mals nicht verwendet werden konnten. Trotzdem wurden in den siebziger Jahren die Anstrengungen auf diesem Sektor verstärkt – in erster Linie, um die Sowjetunion mit Informationen zu versorgen und gegenüber den „Bruderorganen" die Effektivität der DDR-eigenen „Aufklärung" unter Beweis zu stellen. So heißt es in einem 30 Punkte umfassenden Kurzbericht des neu gebildeten Sektors Wissenschaft und Technik über „wichtige Arbeitsergebnisse der wissenschaftlich-technischen Aufklärung im 1. Halbjahr 1971" unter Punkt 1.1.: „Die wesentlichen Nachfolgetypen des Starfighters (geplante und in der Planungsdiskussion befindliche) konnten vollständig oder in wichtigen Teilen dokumentiert werden. [...] Die Auswertung erfolgte mit guten Einschätzungen, in erster Linie der SU, aber auch bei unserer NVA, über den Kampfwert dieser Typen."[177]

Während die mit der Entspannungspolitik verbundene Anerkennung des geopolitischen Status quo in Europa als Erfolg der sowjetischen „Friedenspolitik" und als außenpolitische Festigung der SED-Herrschaft gewertet wurde, hatte Mielke vor allem die „Gefahren" im Auge, die von der neuen Lage für die innere Stabilität der DDR ausgingen. Besonders alarmierten ihn die Folgen der „politisch-ideologischen Diversion", die mit dem Abbau der Konfrontationspolitik gegenüber der Bundesrepublik auf die DDR zukamen. Korrespondenten und Diplomaten, die dauerhaft in der DDR lebten und über sie berichteten, die Intensivierung der wirtschaftlichen, politischen und persönlichen Beziehungen, die Zunahme der grenzüberschreitenden Reisen und nicht zuletzt die mit der Entspannungspolitik einhergehenden Hoffnungen auf einen weitergehenden politischen Wandel in der DDR verlangten aus der Optik des MfS nicht nur eine Verstärkung der inneren Überwachung, sondern auch der sogenannten äußeren Abwehr. Seit Anfang der siebziger Jahre rückte diese deshalb zunehmend in den Mittelpunkt der West-Arbeit des MfS.

Auf einem zentralen Führungsseminar im März 1971 verwies Mielke auf die „vielfältigen, ständig raffinierter und hinterhältiger werdenden Feindmethoden" und folgerte daraus, daß „wir auf dem Gebiet der äußeren Abwehr große Anstrengungen zur Erhöhung der Effektivität unserer Arbeit unternehmen müssen". Um „allen Versuchen des Feindes, die Gestaltung des entwickelten gesellschaftlichen Systems des Sozialismus sowohl durch Angriffe von außen als auch im Innern der DDR zu stören oder zu hemmen, vorbeugend und offensiv entgegenzuwirken", bedürfe es inbesondere „der rechtzeitigen Aufklärung der Pläne, Absichten, Maßnahmen, Mittel und Methoden der feindlichen Zentren und anderen Ausgangspunkten der subversiven Tätigkeit" im Westen. Zu diesem Zweck sei die „Einschleusung von Perspektiv-IM" sowie die „Werbung von Mitarbeitern aus diesen Einrichtungen" erforderlich. Zur Verstärkung der „äußeren Abwehrarbeit" wurde eine nichtstrukturelle Arbeitsgruppe geschaffen, die für die künftige Bear-

177 HVA, SWT-Leiter: Kurzbericht über wichtige Arbeitsergebnisse der wissenschaftlich-technischen Aufklärung im 1. Halbjahr 1971; BStU, ZA, SdM 355, Bl. 14–22, hier 14.

beitung der „Feindzentralen" in einer neuen Richtlinie Verantwortlichkeiten und Aufgaben genau definieren sollte.[178]

In der ersten Hälfte der siebziger Jahre wurde die „Abwehrarbeit" gegen den Westen mit Befehlen zur systematischen Überwachung und Bearbeitung von Korrespondenten, Diplomaten, Handelsvertretern und anderen „bevorrechteten Personen" sowie von allen in der DDR lebenden Ausländern von Grund auf neu geregelt. Zuständig war dafür in erster Linie die Hauptabteilung II, die nun im MfS-Gefüge immer mehr an Gewicht gewann (vgl. Kap. 5.2.1).[179] Darüber hinaus wurde die Überwachung des grenzüberschreitenden Reiseverkehrs durch mehrere Dienstanweisungen verschärft.[180] Auch die HV A bekam zusätzliche Aufgaben zugewiesen, insbesondere das systematische „Eindringen" in westliche Geheimdienste durch die neugebildete Abteilung IX.[181]

Nach der Unterzeichnung der KSZE-Schlußakte in Helsinki sah Mielke das gesamte MfS „vor der Aufgabe, alle Versuche der Entspannungsgegner und anderer imperialistischer Kreise, die Konferenzergebnisse für ihre gegen die DDR und andere sozialistische Staaten gerichteten Ziele auszunutzen und zu mißbrauchen sowie feindlich-negative und politisch schwankende Personen in der DDR zu feindlich-negativen Handlungen zu aktivieren, rechtzeitig mit allen zur Verfügung stehenden geeigneten Kräften sowie Mitteln und Methoden aufzuklären und zu verhindern".[182] Speziell die HV A, aber auch die anderen operativen Diensteinheiten wurden angewiesen, Informationen über westliche Pläne zu beschaffen, „aufgrund der KSZE-Vereinbarungen (besonders der Abschnitte über die Zusammenarbeit in den Bereichen Wirtschaft, Wissenschaft und Technik sowie in humanitären Bereichen) bei künftigen Verhandlungen mit der DDR [...] entsprechende Forderungen zur Verwirklichung" zu stellen. Wirtschaftsunternehmen im Westen wurden nun ebenso verstärkt unter Kontrolle genommen wie Einrichtungen der DDR- und Ostforschung (vgl. Kap. 5.3) sowie Geheimdienste und „Zentren der poli-

178 Referat Mielkes auf dem Zentralen Führungsseminar vom 1.–3.3.1971, Bd. 4, S. 254 ff.; BStU, ZA, DSt 102212.

179 Befehl 16/74 zur politisch-operativen Sicherung der Vertretungen anderer Staaten, internationaler zwischenstaatlicher Organisationen und bevorrechteter Personen in der DDR vom 12.8.1974; BStU, ZA, DSt 100802; Befehl 17/74 zur politisch-operativen Sicherung der in der DDR akkreditierten Publikationsorgane anderer Staaten, deren ständigen Korrespondenten sowie von Reisekorrespondenten aus anderen Staaten; ebenda.

180 DA 3/75 „über die politisch-operative Sicherung der Einreisen von Personen aus nichtsozialistischen Staaten und Westberlin und ihres Aufenthaltes in der DDR" vom 6.8.1975; BStU, ZA, DSt 101498; DA 4/75 „über die politisch-operative Sicherung des Reiseverkehrs von Bürgern der DDR nach nichtsozialistischen Staaten und Westberlin" vom 6.8.1975; BStU, ZA, DSt 101499; DA 5/75 „über die politisch-operative Sicherung des Transitverkehrs durch das Staatsgebiet der DDR" vom 6.8.1975; BStU, ZA, DSt 101500; DA 6/75 „zur Einleitung und Realisierung von Fahndungen im Reiseverkehr über die Staatsgrenze der DDR" vom 6.8.1975; BStU, ZA, DSt 101970.

181 Befehl 14/73 vom 25.4.1973: „Strukturveränderungen im MfS" – HV A –; BStU, ZA, DSt 100750.

182 Schreiben des Ministers vom 6.8.1975, S. 2; BStU, ASt Berlin, A 1202.

tisch-ideologischen Diversion" – wie das MfS Medien und Institutionen aus der Bundesrepublik, die sich kritisch mit der DDR auseinandersetzten, bezeichnete. Im Innern der DDR sollten alle Versuche der „Ausnutzung" der KSZE-Ergebnisse „rechtzeitig festgestellt, aufgeklärt und wirksam unterbunden werden" – etwa die „Einschleusung von Druckerzeugnissen, in denen die Ergebnisse der KSZE nach westlicher Terminologie interpretiert oder verfälscht werden", Bestrebungen, „bei Umgehung der dafür geltenden staatlichen Regelungen" Kontakt in den Westen aufzunehmen oder „verstärkte Versuche, unter Berufung auf die Ergebnisse der KSZE Anträge auf Übersiedlung" zu stellen.[183]

Welche Rückwirkungen die wachsende Anzahl derartig begründeter Ausreiseanträge auf die West-Arbeit des MfS hatte, zeigt exemplarisch der Fall der 1972 gegründeten Gesellschaft für Menschenrechte in Frankfurt am Main.[184] Die Gruppe wurde den Organisationen des Feindes zugerechnet, „die den subversiven Kampf zur Schaffung eines politischen Untergrundes in der DDR unter dem Deckmantel der angeblichen Verteidigung von Menschenrechten führen". Da es dem „Gegner zur politischen Schädigung unserer sozialistischen Staats- und Gesellschaftsordnung" vor allem darum gehe, die Zahl der Übersiedlungsersuchenden zu erhöhen und diese „für vorbereitete Provokationen zu mißbrauchen", sei „die Abwehr dieser gegnerischen Angriffe gegenwärtig das wichtigste Problem". Um zu verhindern, daß die Antragsteller ihrem Anliegen mit „demonstrativen Aktionen" Nachdruck verleihen, bei denen „die Täter bewußt [...] unterhalb der Schwelle der Kriminalität zu bleiben trachten", wurde 1977 nicht nur das politische Strafrecht verschärft, sondern zugleich verlangt, „so viel wie möglich Fakten zu erbringen, welche die ‚Gesellschaft für Menschenrechte' als eine geheimdienstlich aufgezogene, durchsetzte und gesteuerte Einrichtung kennzeichnet [...]. Es ist die Voraussetzung, um in den Strafverfahren gegen Bürger der DDR auch durch die Anwendung entsprechender Tatbestände [aus dem StGB] zu charakterisieren, daß sie nicht etwa innere Opposition, ‚Bürgerrechtler' oder lediglich wegen ihrer Übersiedlungsabsicht verfolgte Personen sind, sondern diese Straftaten von außen organisiert und in Kollaboration mit dem äußeren Feind als Landesverrat begangen werden. [...] Die Erfahrungen besagen [...], daß sich kaum jemand für einen nachweislichen Spion, für einen Landesverräter öffentlich einsetzt."[185]

Der Nachweis einer solchen geheimdienstlichen „Steuerung" jeder innenpolitischen Kritik oder Unzufriedenheit in der DDR ließ die „äußere Abwehr" immer mehr zur Suche nach einem omnipotenten Phantom werden, dessen Gefährlichkeit und Allgegenwärtigkeit den operativen Diensteinheiten unentwegt eingebleut wurde. Auf Aktivtagungen und Dienstkonferen-

183 Ebenda, S. 2 ff.
184 Ausführlich: *Wüst 1996*.
185 Material zur zentralen Dienstkonferenz des 1. Stellvertreters des Ministers, Generalleutnant Beater, am 28.4.1977, S. 1, 7, 15 und 17; BStU, ASt Berlin, A 1201/02.

zen, in Planvorgaben, Weisungen und Befehlen verlangte Mielke immer wieder, „konkreter zu wissen, welche imperialistischen Geheimdienste, andere Zentren, Organisationen und Kräfte des Klassengegners bestrebt sind, feindliche Stützpunkte in der DDR zu schaffen".[186] Entsprechend umfangreich war die Tätigkeit des MfS im Westen, um dem Minister „beweiskräftiges" Material aus Geheimdiensten, Verbänden, Ministerien, Instituten und Konzernen zu liefern. Über seine Agenten sollte es „in die Zentren und Spitzen des Gegners [eindringen], um die Pläne und Maßnahmen dort zu erkunden, wo sie festgelegt werden".[187] Seit dem Ende der siebziger Jahre wurden die gesammelten „Daten über den Gegner" in ein in Moskau installiertes gemeinsames Speichersystem eingegeben – bis Ende 1987 wurden dort 188 343 Personen erfaßt.

Eine Zusammenstellung vom Mai 1978 führt 113 westdeutsche Institutionen auf, die vom MfS als „Zentren, Organisationen und Einrichtungen der politisch-ideologischen Diversion" klassifiziert wurden. Zugleich wird in dem Papier vermerkt, in welchem Maße das MfS zu diesem Zeitpunkt „auskunftsfähig" war (a: es liegen umfassende Angaben vor; b: es liegen nur vereinzelte Angaben vor; c: es liegen nur offizielle Angaben vor). Unter „staatliche Einrichtungen" werden das Bundesministerium für innerdeutsche Beziehungen (b) und das Gesamtdeutsche Institut (b) aufgeführt, während unter „Verlage und Rundfunkstationen" unter anderem der RIAS (b) und der Deutschlandfunk (b) genannt werden. Mit 15 Seiten außerordentlich umfangreich ist die Liste der „Zentren, Organisationen und Institutionen", die von Amnesty International in Hamburg (a) über das Notaufnahmelager in Gießen (a) und die Arbeitsgemeinschaft 13. August in Berlin (a) bis zur Zentralen Erfassungsstelle für Gewaltverbrechen in der DDR in Salzgitter (a) reicht. Mit elf Seiten nur wenig kürzer ist die Reihe der „Einrichtungen der DDR- und Ostforschung", zu denen beispielsweise das Bundesinstitut für ostwissenschaftliche und internationale Studien in Köln (a), das Deutsche Institut für Wirtschaftsforschung (b), die Bundeszentrale für politische Bildung in Bonn (b) und der Arbeitskreis für vergleichende Deutschlandforschung (a) gezählt werden. „Bedeutende links- und rechtsextremistische Organisationen" wie die KPD (b) oder der Bund der Vertriebenen (b) sowie diverse Emigrantenvereinigungen beschließen die Übersicht.[188]

Daß zu den „feindlichen Aktivitäten im Rahmen des weltweiten Antikommunismus" auch diejenigen „maoistischer, terroristischer und anderer antisozialistischer Kräfte" gezählt wurden, wirft ein Schlaglicht auf das ideologisierte

186 Mielke auf der Zentralen Aktivtagung vom 25.6.1976 zur Auswertung des IX. Parteitages der SED, zitiert nach: ebenda, S. 5; vgl. auch Mielkes Weisung vom 22.12.1976, zusammengefaßt wiedergegeben in: ebenda, S. 5 f.

187 Zentrale Planvorgabe für 1976 und den Perspektivplanzeitraum bis 1980, S. 32; BStU, ZA, DSt 102260.

188 Übersicht über Zentren, Organisationen und Einrichtungen der politisch-ideologischen Diversion in der BRD und in Westberlin vom Mai 1978; BStU, ZA, ZAIG 5161.

Weltbild des MfS.[189] Die im Gefolge der Studentenbewegung aufkommenden neo-marxistischen Gruppen wurden als eine besonders „raffinierte" Form der ideologischen Diversion betrachtet, die die West-Arbeit unmittelbar tangierten: Zum einen ging es dem MfS darum, in die kommunistischen Splittergruppen einzudringen, ihre Pläne, besonders gegenüber der DDR, in Erfahrung zu bringen und zu sabotieren und die Gruppen nach Möglichkeit lahmzulegen; zugleich sollte auf jeden Fall ein „Überschwappen" auf die DDR verhindert werden.[190] Dasselbe galt für die wachsende terroristische Szene in der Bundesrepublik und anderen Staaten, wobei in diesem Fall zunehmend eine Strategie der „Umarmung" zum Tragen kam, um sich das Wohlwollen der Terrorgruppen zu sichern (vgl. Kap. 5.6). Für beide Erscheinungsformen der „Neuen Linken" wurde die 1975 gegründete Abteilung XXII mit Dependancen in den Bezirksverwaltungen „federführend" zuständig, doch auch die HV A, die Hauptabteilung II und weitere Diensteinheiten beteiligten sich aktiv an ihrer Aufklärung und Durchdringung.

Die partielle Öffnung in Richtung Westen brachte nicht nur „Gefahren", sondern auch „neue operative Möglichkeiten" mit sich – eine Erkenntnis, die im Laufe der siebziger Jahre im MfS immer mehr an Gewicht gewann. Die Nutzung der neuen DDR-Botschaften im Westen als „legal abgedeckte Residenturen" (LAR) des Staatssicherheitsdienstes, die Herausfilterung von „operativ interessanten Personen" aus dem wachsenden Strom westlicher DDR-Besucher, die zielstrebige Instrumentalisierung von familiären, freundschaftlichen oder beruflichen Ost-West-Verbindungen zur Vergrößerung des Spitzelnetzes und die systematische Einschleusung von „Übersiedlungs-IM" in die Bundesrepublik vergrößerten die Wirkungsmöglichkeiten des MfS. So hieß es in der Zentralen Planvorgabe von Erich Mielke für 1976, daß die Erfahrung bei vielen Besuchern aus dem Westen eine wachsende Bereitschaft zum politischen Gespräch zeige, „gerade auch bei den Menschen, für die wir uns am meisten interessieren". Wie bereits in der Zentralen Planvorgabe für 1975 hervorgehoben worden sei, bleibe es eine der vorrangigen Aufgaben, die Möglichkeiten zur Schaffung neuer „operativ interessanter" Verbindungen in den Westen, die sich in allen „operativen" Diensteinheiten bieten würden oder bereits vorhanden seien, „planmäßig zu erschließen". Von besonderer Bedeutung sei die „allseitige Nutzung" der inoffiziellen Mitarbeiter und die „lückenlose Erfassung" jeder geeigneten „operativen Verbindung" von DDR-IM zu Personen in der Bundesrepublik. Genauso „lückenlos" sollten alle Verbindungen zu Bürgern der USA und anderer NATO-Staaten erfaßt

189 Material zur zentralen Dienstkonferenz des 1. Stellvertreters des Ministers, Generalleutnant Beater, am 28.4.1977, S. 3; BStU, ASt Berlin, A 1201/02.

190 Befehl 17/79 „zur Aufklärung, vorbeugenden Verhinderung und Bekämpfung subversiver Pläne, Absichten und Maßnahmen linksextremistischer und trotzkistischer Organisationen, Gruppen und Kräfte" vom 8.12.1979; BStU, ASt Berlin, XV 2; vgl. auch die ausführliche Studie zur Bekämpfung der KPD/ML und ihrer „Sektion DDR" von *Tobias Wunschik 1997b.*

werden, jede Reise eines aktiven oder ehemaligen inoffiziellen Mitarbeiters in das „Operationsgebiet" sowie jeder Einreiseantrag, der zu einem solchen IM gestellt werde.[191]

Einen wichtigen Ansatzpunkt zum Ausbau des „inoffiziellen Netzes" bildeten auch die Hochschulen der Bundesrepublik, die seit Ende der sechziger Jahre in zunehmendem Maße unter dem Einfluß der linksorientierten Studentenbewegung standen. Hier ergaben sich zahlreiche Möglichkeiten zur Werbung sogenannter Perspektiv-IM (PIM), die sich aus ideologischen Gründen zu einer Zusammenarbeit mit dem MfS bereitfanden und im Zuge ihrer beruflichen Entwicklung später in andere Einrichtungen „eindringen" konnten. Per Dienstanweisung befahl Markus Wolf deshalb 1971 eine verstärkte „Bearbeitung" der Universitäten zur „laufenden Gewinnung von Perspektiv-IM und geeigneten Einschleusungskandidaten für das Eindringen in die Hauptobjekte des Feindes". Im Gegensatz zu den sechziger Jahren, als in erster Linie aus der DDR entsandte „Einsatzkader" an den Universitäten Agenten zu rekrutieren suchten, ging es jetzt um die „Schaffung von stabilen operativen Stützpunkten", die an den Hochschulen selbst verankert waren und dort das Terrain sondierten.[192] Die praktischen Erfahrungen mit dieser Art der Agentenrekrutierung wurden einige Jahre später von der HV A in einer umfangreichen Forschungsarbeit ausgewertet (vgl. Kap. 5.1.3).[193]

Die Ausweitung des westlichen IM-Netzes wurde in den siebziger Jahren noch durch andere Maßnahmen vorangetrieben. Zur Gewinnung von „Einschleusungskandidaten, Werbern und anderen Kategorien von Perspektiv-IM" bildete die HV A getarnte Einrichtungen, die in der DDR systematisch nach Nachwuchskadern für die Arbeit im Westen suchten – sogenannte operative Außenarbeitsgruppen (OAG).[194] Unter dem Kennwort „Aspirant" wandte sich Erich Mielke im November 1976 an sämtliche Diensteinheiten und befahl die systematische Suche nach geeigneten Kadern „für einen langfristigen oder zeitlich befristeten Einsatz im Operationsgebiet" – vorrangig unter den in der Abwehrarbeit „bereits erprobten" DDR-IM.[195] Um „alle sich bie-

191 Zentrale Planvorgabe für 1976 und den Perspektivplanzeitraum bis 1980, S. 37 f.; BStU, ZA, DSt 102260.

192 DA 5/71 des Stellvertreters des Ministers „über die systematische operative Bearbeitung der Universitäten und Hochschulen im Operationsgebiet – Bearbeitung von Universitäten und Hochschulen –" (Fassung vom 1.8.1971), S. 1 f.; BStU, ASt Berlin, XV 11. Vgl. *Hartmann 1997a*, S. 1124 f.

193 HV A: Forschungsergebnisse zum Thema „Die politisch-operative Bearbeitung der Hochschulen in der BRD und in Westberlin", GVS 211-A 20/76; BStU, ASt Berlin, XV 6.

194 DA 6/71 des Stellvertreters des Ministers über Grundsätze für die Arbeit mit operativen Außenarbeitsgruppen (OAG) – Operative Außenarbeitsgruppen – vom 14.10.1971; BStU, ASt Berlin, XV 11.

195 Zu den „Grundanforderungen" rechnete er dabei u. a. : „Ehepaare ohne Kinder oder geschiedene weibliche und männliche Personen, die in der Regel nicht älter als 30 Jahre sein sollten; erwiesene politische Zuverlässigkeit und Standhaftigkeit sowie Verbundenheit mit der sozialistischen Staats- und Gesellschaftsordnung; [...] möglichst Kenntnisse in westlichen Fremdsprachen oder entsprechende Sprachveranlagung." Befehl 21/76 vom 12.11.1976, S. 2 f.; BStU, ZA, DSt 102295.

tenden Möglichkeiten für die Arbeit im und nach dem Operationsgebiet zu erfassen", verlangte er in der Zentralen Planvorgabe für 1978 „wesentlich größere Anstrengungen durch alle operativen Diensteinheiten" und forderte – entsprechend seiner Orientierung auf dem Zentralen Führungsseminar zum Thema Einreiseverkehr – „sicherzustellen, daß die im Zusammenhang mit dem zunehmenden Einreiseverkehr aus kapitalistischen Ländern sich entwickelnden zahlreichen Kontakte auf ökonomischen, wissenschaftlichen, kulturellen und anderen Gebieten [...] geprüft und im Fall der Eignung einer sachkundigen Weiterbearbeitung zugeführt werden".[196] Namentlich den Abteilungen XV wies die MfS-Spitze bei der Rekrutierung von West-IM, bei der Erarbeitung von Hinweisen auf „operativ interessante Personen" oder bei der „Auswahl von Übersiedlungskandidaten" eine Schlüsselrolle zu.[197]

Zugleich verstärkte das MfS seine Anstrengungen, um das „inoffizielle Netz" im Westen vor Dekonspiration zu schützen. Die Diensteinheiten wurden angewiesen, daß sich ihre IM an den Grenzübergangsstellen auch gegenüber DDR-Beamten nicht mehr zu erkennen geben sollten.[198] „Verräter" – das heißt Überläufer oder rückkehrunwillige West-IM – sollten, soweit sie DDR-Bürger waren, nach Möglichkeit von der Arbeitsgruppe Sicherheit (AG S) der HV A in die DDR „zurückgeführt" werden, um sie dort zu bestrafen.[199] Nach der ungeschickten Selbstenttarnung von Günter Guillaume bei seiner Festnahme[200] und nach Erfahrungen mit verschiedenen Indizienprozessen in der Bundesrepublik ließ Mielke den West-IM erneut einschärfen, bei Verhaftungen die Aussage zu verweigern und „die operative Ausrüstung [...] auf das unbedingt notwendige Maß zu beschränken".[201] Die Arbeitsgruppe G der HV A erhielt zudem genaue Anweisungen „zur Schaffung und Nutzung von Grenzschleusen für das operative Verbindungswesen".[202]

Beunruhigt war das MfS vor allem über die verstärkten Anstrengungen der Bundesrepublik auf dem Gebiet der inneren Sicherheit im Zuge der Terrorismusbekämpfung und der Fahndung nach DDR-Agenten. Durch systematische Analyse aller bekanntgewordenen Fakten und Merkmale und durch den Ausbau computergestützter Fahndungsmethoden (Rasterfahndung) hatten die bundesdeutschen Sicherheitsbehörden dem Lehrstuhlleiter „Recht und Sicherheit" der HVA-Schule zufolge „nach und nach eine solche Per-

196 Zentrale Planvorgabe für die Jahresplanung 1978, S. 17; BStU, ZA, DSt 102428.

197 DA 3/79 des Stellvertreters des Ministers über Aufgaben und Anleitung der Abteilungen XV in den Bezirksverwaltungen – Arbeit der Abt. XV/BV – vom 3.12.1979, S. 2; BStU, ASt Berlin, XV 2.

198 Schreiben des Ministers vom 15.7.1970; BStU, ZA, DSt 101887.

199 DA 7/71 des Stellvertreters des Ministers über „Maßnahmen zum Schutz und zur Sicherung des inoffiziellen Netzes der Hauptverwaltung A und der Abteilungen XV der Bezirksverwaltungen in der Fassung vom 20.4.1987, S. 13 ff.; BStU, ASt Berlin, XV 14.

200 *Guillaume 1990*, S. 384.

201 Schreiben des Ministers vom 26.8.1977, S. 3; BStU, ZA, DSt 102385.

202 DA 4/79 über die Aufgaben und die Tätigkeit der Arbeitsgruppe G der HV A zur Schaffung und Nutzung von Grenzschleusen für das operative Verbindungswesen – Grenzschleusen – vom 3.12.1979; BStU, ASt Berlin, XV 2.

fektion und Leistungsfähigkeit im Aufspüren unserer ‚Kundschafter' entwickelt, daß deren Enttarnung oft schon vorprogrammiert war".[203] Bereits Mitte der siebziger Jahre sah Mielke das MfS „mit der Tatsache konfrontiert, daß die gegnerischen Organe zur Aufdeckung unseres inoffiziellen Netzes im Operationsgebiet, unserer Verbindungswege und Arbeitsmethoden personell und materiell ständig ausgebaut werden".[204] Hinzu kamen die Großfahndungen nach terroristischen Gewaltverbrechern, die die Gefahr erhöhten, daß der Polizei auch MfS-Mitarbeiter ins Netz gingen. Nach der Entführung des Berliner CDU-Vorsitzenden Peter Lorenz wies Erich Mielke im März 1975 deshalb alle Diensteinheiten an, kurzfristig alle „operativen Maßnahmen im und nach dem Operationsgebiet [...] in einem dieser Situation entsprechenden Maße einzuschränken".[205] Ähnliche Anweisungen gab er nach der Ermordung des Generalbundesanwaltes Siegfried Buback im April 1977.[206] Nach der Entführung und Ermordung des Arbeitgeberpräsidenten Hanns-Martin Schleyer im Herbst 1977 unterrichtete die MfS-Führung die Diensteinheiten in allen Einzelheiten von der anlaufenden Großfahndung der westdeutschen Sicherheitsbehörden und verlangte eindringlich den weiteren „Einsatz geeigneter Kräfte und Mittel zur allseitigen Aufklärung des Systems und der Maßnahmen der Fahndung, der angewandten Mittel und Methoden".[207]

Tatsächlich fielen die beiden größten „Niederlagen" der HV A in die siebziger Jahre: die Verhaftung Günter Guillaumes im April 1974 und die heimliche Flucht des HVA-Oberleutnants Werner Stiller im Januar 1979. Während die erste vor allem politische Nachteile nach sich zog – den Rücktritt des sozialdemokratischen Bundeskanzlers Willy Brandt und eine Verschlechterung der deutsch-deutschen Beziehungen – bedeutete die zweite vor allem aus „operativen" Gründen einen Einbruch für die West-Arbeit des MfS: Der für die Rekrutierung von West-IM wichtige Nimbus der absoluten Konspiration im MfS war erschüttert worden oder, wie Markus Wolf in seiner Weisung vom 20. Januar 1979 formulierte: „Der Feind verfolgt [...] das Ziel, das IM-Netz des MfS und der sozialistischen Bruderorgane im Operationsgebiet zu verunsichern und labile oder schwankende IM und K[ontakt]P[ersonen] zur Offenbarung und zum Verrat zu bewegen."[208] Das Selbstbild des MfS ließ freilich eine offene Auswertung dieser Ereignisse in den eigenen Reihen nicht zu, so daß das HVA-Material „zur Entwicklung der Krise der SPD/FDP-Koalition in der BRD und zum Verfall der Autorität Brandts" vom

203 *Günther o. J.*, S. 87.
204 Zentrale Planvorgabe für 1976 und den Perspektivplanzeitraum bis 1980, S. 40 f; BStU, ZA, DSt 102260.
205 Schreiben des Ministers vom 6.3.1975, S. 2; BStU, ZA, DSt 102042.
206 Schreiben des Ministers vom 7.4.1977; BStU, ZA, DSt 102333; Schreiben des Ministers vom 6.5.1977; BStU, ZA, DSt 102338.
207 Schreiben des 1. Stellvertreters des Ministers vom 5.9.1977; Schreiben des Leiters der ZAIG vom 8. und 16.9.1977; Schreiben des Ministers vom 28.10.1977; BStU, ZA, DSt 102387.
208 Weisung von Markus Wolf vom 20.1.1979; BStU, ZA, SdM 1931, Bl. 162–164, hier 162.

Mai 1974 statt Selbstkritik nur politische Platitüden und Vorwürfe gegen Politiker, Sicherheitsbehörden und Medien der Bundesrepublik enthält.[209] Auch nach dem Stiller-Übertritt und den nachfolgenden Verhaftungen wurden zwar die MfS-internen Sicherheitsvorkehrungen verstärkt, das grundsätzliche Problem der erstmals öffentlich zutage getretenen massenhaften Infiltration der Bundesrepublik durch MfS-Agenten und seine negativen politischen Auswirkungen wurden jedoch nicht thematisiert. Im Gegenteil – in einer „Information über die Arbeit der feindlichen Abwehrorgane gegen inoffizielle Mitarbeiter des MfS im Operationsgebiet" vom Mai 1979 bekräftigte Mielke seine Überzeugung: „Die Erkenntnisse des MfS, aber auch des Feindes, besagen, daß sie nicht verhindern können, daß wir weitere Kämpfer an der unsichtbaren Front gewinnen werden."[210]

Die Erfahrungen und „Niederlagen" bei der Arbeit mit inoffiziellen Mitarbeitern im „Operationsgebiet" führten allerdings im MfS dazu, nun seinerseits „politisch-operative Grundprozesse neu zu durchdenken und entsprechende Schlußfolgerungen für die Weiterentwicklung unserer Arbeit zu ziehen".[211] Neben der erwähnten ausführlichen „Information" zu diesem Thema flossen die Erkenntnisse vor allem in ein neues und umfassendes Regelwerk zur Arbeit mit inoffiziellen Mitarbeitern, das nach langen Beratungen am 1. Januar 1980 in Kraft trat: Die Richtlinien 1/79 und 2/79 legten nun in allen Einzelheiten fest, wie IM für die West-Arbeit geworben, geführt und abgesichert werden sollten und welche Anforderungen damit an das „Verbindungswesen", die Ausrüstung und die „Leitungstätigkeit" verbunden waren. Verankert wurde darin nicht nur das Erfordernis, „die Arbeit der operativen Diensteinheiten der Abwehr mit IM im und nach dem Operationsgebiet zur aktiven Bekämpfung der Ausgangspunkte der gegen die DDR gerichteten subversiven Tätigkeit zu intensivieren", sondern auch die geographische Ausdehnung der „Aufklärung" auf die Volksrepublik China, auf internationale Krisenzonen sowie auf ausgewählte Entwicklungsländer.[212] „Tatsache ist", so Erich Mielkes Bilanz am Ende des Jahrzehnts, „daß das MfS über ein solides und schlagkräftiges Netz von Patrioten an der unsichtbaren Front verfügt, das eine streng konspirative, erfolgreiche und wirkungsvolle Aufklärungsarbeit leistet".[213]

209 Anlage zum Schreiben des Ministers vom 21.5.1974; BStU, ZA, DSt 102016.

210 Schreiben des Ministers vom 3.5.1979: Information über die Arbeit der feindlichen Abwehrorgane gegen inoffizielle Mitarbeiter des MfS im Operationsgebiet; BStU, ZA, DSt 102563.

211 Anlage zum Schreiben des Ministers vom 3.5.1979: Ebenda, S. 2.

212 Richtlinie 1/79 für die Arbeit mit Inoffiziellen Mitarbeitern (IM) und Gesellschaftlichen Mitarbeitern für Sicherheit (GMS) vom 8.12.1979, abgedruckt in: *Müller-Enbergs 1996*, S. 305–373, hier 351; Richtlinie 2/79 für die Arbeit mit Inoffiziellen Mitarbeitern im Operationsgebiet vom 8.12.1979, abgedruckt in: *Gill/Schröter 1991*, S. 478–523, hier 481.

213 Anlage zum Schreiben des Ministers vom 3.5.1979: Information über die Arbeit der feindlichen Abwehrorgane gegen inoffizielle Mitarbeiter des MfS im Operationsgebiet, S. 2; BStU, ZA, DSt 102563.

4.2.4 „Einheit von Aufklärung und Abwehr" – die achtziger Jahre

Die Tendenzen der West-Arbeit in den siebziger Jahren – Intensivierung der „Aufklärung" in allen Bereichen, Verstärkung der „äußeren Abwehr" gegenüber einem breiten Spektrum „feindlicher Zentren" und Ausbau der IM-Rekrutierung – haben sich im letzten Jahrzehnt des MfS fortgesetzt. Nur jetzt operierte das MfS noch aufwendiger, noch verfeinerter und noch mehr auf „Vorbeugung" bedacht, so wie in den achtziger Jahren die gesamte Tätigkeit des Ministeriums für Staatssicherheit immer stärker ausuferte. In der riesigen Maschinerie der DDR-Staatssicherheit verschmolzen dabei „Abwehr" und „Aufklärung" zunehmend zu einem einheitlichen Apparat, dessen Aufgabe vor allem darin bestand, das erodierende SED-Regime zusammenzuhalten und gemeinsam den „feindlichen Angriffen" von innen und außen entgegenzuwirken.

Nach dem sowjetischen Einmarsch in Afghanistan und dem NATO-Doppelbeschluß über die Stationierung atomarer Mittelstreckenraketen in Europa stand die West-Arbeit des MfS zu Beginn der achtziger Jahre vor allem im Zeichen des angespannten Ost-West-Verhältnisses. Das MfS war darum bemüht, den Anti-Raketen-Protesten im Westen zum Erfolg zu verhelfen – und gleichzeitig die eigene strategische Lage durch Verstärkung der Militärspionage zu verbessern. Im August 1981 legte der Leiter der Abteilung II der HV A ein ausführliches „Konzept für aktive Maßnahmen zur Förderung der Friedensbewegung in der BRD" vor,[214] im Februar 1982 instruierte Mielke die Führungsspitze des MfS, „die Friedensbewegung stärker zu fördern und zu unterstützen".[215] Im Juni 1983 gab er erneut die Orientierung, die Bewegung gegen die Stationierung in den westlichen Ländern, besonders in der Bundesrepublik, durch „geeignete, wirksame aktive Maßnahmen, unter Nutzung [der] Mittel und Möglichkeiten des MfS stärker zu unterstützen" (vgl. Kap. 5.1.2).[216]

Zugleich wurden alle Diensteinheiten des MfS dazu verpflichtet, verstärkt in die „feindlichen Hauptobjekte" einzudringen, um geheime Fakten über die Absichten des Westens in Erfahrung zu bringen. So hieß es im Juli 1983 in einer Dienstanweisung des Leiters der Berliner Bezirksverwaltung für Staatssicherheit:

> „Die infolge der imperialistischen Konfrontationspolitik zunehmenden internationalen Spannungen, wachsenden Kriegsgefahren und verschärften Angriffe von außen gegen die sozialistischen Staaten erfordern eine noch umfassen-

214 HV A, Abt. II: Konzept für aktive Maßnahmen zur Förderung der Friedensbewegung in der BRD vom 17.8.1981, auszugsweise dokumentiert in: *Sélitrenny/Weichert 1991*, S. 196–200, hier 200.

215 Material über die erweiterte Kollegiumssitzung vom 19.2.1982 zur Auswertung der Beratung des Sekretariates des ZK der SED mit den 1. Sekretären der Kreisleitungen, Anlage zum Schreiben Erich Mielkes vom 25.2.1982, S. 13; BStU, ZA, DSt 102825.

216 Hinweise für die Kollegiumssitzung am 26.6.1983, S. 4; BStU, ZA, SdM 1567.

dere und effektivere Aufklärung der gegnerischen Pläne, Absichten, Maßnahmen, Kräfte, Mittel und Methoden im Operationsgebiet; sie verlangen erhöhte Anstrengungen zur Verhinderung jeglicher Überraschungen, vor allem eines militärischen Überfalls auf die sozialistischen Länder."[217]

Nach der Stationierung neuer atomarer Mittelstreckenraketen in West- und Osteuropa gewann die Militärspionage im Westen weiter an Bedeutung. Zur Unterstützung der „Friedens- und Sicherheitspolitik der Partei" verlangte Mielke in seiner Zentralen Planvorgabe für 1985 eine „Erhöhung der Qualität und Effektivität der Aufklärung der gegen die sozialistische Staatengemeinschaft gerichteten friedensfeindlichen Pläne, Absichten und Aktivitäten des Gegners".[218] Absolute Priorität bei der Informationsbeschaffung hätte dabei das frühzeitige Erkennen militärischer Agressionsabsichten, wozu er – unter Federführung der HV A – alle Diensteinheiten des MfS verpflichtete.[219] Markus Wolf bildete dazu in der HV A ein spezielles „Lagezentrum" und gab in allen Einzelheiten vor, wie „durch zielgerichtetes operatives Eindringen in feindliche Entscheidungszentren und durch Erkennen spezieller Merkmale (Indikatoren) im Operationsgebiet, auf dem Territorium der DDR und im Äther frühzeitig und zuverlässig [entsprechende] Hinweise zu beschaffen und zu melden" seien.[220] Die Abteilung XII (Zentrale Auskunft/Speicher) lieferte der HV A für die Informationsbeschaffung eine Liste mit 477 IM-Verbindungen verschiedener Diensteinheiten in die Bundesrepublik.[221] Die HV A selbst übernahm 1987 die Planung von Sabotageaktionen

217 DA 1/83 des Leiters der BV für Staatssicherheit Berlin vom 28.7.1983 „zur verstärkten Nutzung der operativen Basis der Abwehrdiensteinheiten der Bezirksverwaltung für Staatssicherheit Berlin für die Linie Aufklärung/Abt. XV sowie andere operative Diensteinheiten mit liniengebundenen spezifischen Aufgaben im und nach dem Operationsgebiet", S. 1; BStU, ASt Berlin, XV 389.

218 Zentrale Planvorgabe für die Jahresplanung 1985, S. 8; BStU, ZA, DSt 103102.

219 Ebenda, S. 13; Befehl 1/85 zu den „Aufgaben der Diensteinheiten des MfS zur frühzeitigen Aufklärung akuter Aggressionsabsichten und überraschender militärischer Aktivitäten imperialistischer Staaten und Bündnisse, insbesondere zur Verhinderung eines überraschenden Raketenkernwaffenangriffs gegen Staaten der sozialistischen Gemeinschaft"; BStU, ZA, DSt 103137. Dieser Befehl trat an die Stelle der erwähnten Regelungen aus den 60er Jahren – des Befehls 40/68 und der 1. Durchführungsbestimmung (DB) vom 18.12.1968.

220 1. DB des Stellvertreters des Ministers zum Befehl 1/85 vom 15.2.1985, GVS 0008-1/85: „Allseitige Nutzung der Möglichkeiten der Diensteinheiten des MfS zur frühzeitigen und zuverlässigen Beschaffung von Hinweisen auf akute feindliche Agressionsabsichten, -vorbereitungen und -handlungen"; BStU, ZA, DSt 103137; DA 3/85 der HV A vom 1.8.1985 „über die Aufgaben der Diensteinheiten der Hauptverwaltung A und der Abteilungen XV/BV zur Realisierung des Befehls 1/85 des Ministers, GVS 0008-1/85, und 1. DB, GVS 0008-12/85; BStU, Abteilung Bildung und Forschung, Information und Dokumentation, Dokument 36; Katalog ausgewählter Indikatoren zur Früherkennung gegnerischer militärischer Aggressionsvorbereitungen und Überraschungsabsichten, insbesondere von Maßnahmen zur Vorbereitung eines überraschenden Raketenkernwaffenangriffs (KWA), GVS 198-A 14/85, zitiert in: ebenda (Dokument zum Zeitpunkt der Drucklegung dieses Buches nicht aufgefunden).

221 Aufstellung der Abt. XII über festgestellte Verbindungen im Operationsgebiet vom 24.5.1985, zitiert nach: *Der Generalbundesanwalt 1992*, S. 70.

im Westen für den Fall eines Krieges oder einer Spannungsperiode und verstärkte ihre Vorbereitungen „auf besondere Lagebedingungen im Operationsgebiet“ (vgl. Kap. 5.1.2).[222] Zudem wurde der Aufklärungsapparat der Nationalen Volksarmee, der Ende der achtziger Jahre mehr als 1 000 Mitarbeiter beschäftigte, zur Intensivierung der Militärspionage noch stärker in das MfS eingebunden.[223]

Obwohl sich das Verhältnis zwischen den Supermächten nach dem Machtantritt Michail Gorbatschows wieder verbesserte und weitreichende Abrüstungsabkommen geschlossen wurden, blieben die „gestellten Aufgaben, insbesondere hinsichtlich der Schaffung neuer qualifizierter Quellen in politischen und militärischen Entscheidungszentren, vor allem in den USA und unter ihren engsten Verbündeten (Großbritannien, BRD und Japan) sowie im Apparat der NATO und in den Geheimdiensten“ bis 1989 „voll gültig“.[224]

Das Auf und Ab in den Ost-West-Beziehungen determinierte auch das Verhältnis der SED zur westlichen Friedensbewegung und zur 1980 gegründeten Partei der Grünen. Einerseits betrachteten SED und MfS das „Ökopax-Lager“ im Westen als Bündnispartner gegen die Raketenstationierung und die 1982 ins Amt gekommene Regierung Kohl – andererseits bekämpften sie die Entstehung einer ähnlichen Bewegung in der DDR außerhalb der offiziellen Bahnen.[225] Obwohl Erich Honecker im Oktober 1983 zur Stär-

222 Mit dem „Ziel, Prozesse der politisch-operativen Arbeit im und nach dem Operationsgebiet zusammenzuführen und damit verbundene politisch-operative Hauptaufgaben einheitlich und straff zu leiten“, wurde die bis 1986 für die Vorbereitung von Sabotageeinsätzen im Westen zuständige Abteilung IV des MfS zum 1.1.1987 als selbständige Struktureinheit aufgelöst und statt dessen die Abteilung XVIII in der HV A gebildet, die nunmehr die Realisierung dieser Aufgaben übernahm; Befehl 21/86 des Ministers vom 15.12.1986; BStU, ZA, DSt 103342. Für die Informationstätigkeit im Verteidigungszustand erarbeitete die HV A 1984 einen umfangreichen Plan, welche Informationen bei Kriegsgefahr von ihr beschafft und an die Führungsstelle des Ministers gemeldet werden sollten; Plan der HV A für die Informationstätigkeit im Verteidigungszustand (PIV) vom 15.6.1984; BStU, ASt Berlin, XV 3. Die Diensteinheiten der HV A hatten zu gewährleisten, daß im Rahmen der „Vorbereitungsarbeit auf Spannungsperioden und den Verteidigungszustand“ genaue Angaben zu allen „politisch-operativ relevanten Objekten und Personen“ in der Bundesrepublik zur Verfügung gestellt wurden; Befehl 2/88 der HV A „zur politisch-operativen Vorbereitung der Hauptverwaltung A auf besondere Lagebedingungen im Operationsgebiet BRD und Westberlin“ vom 20.6.1988, S. 4 f.; BStU, ASt Berlin, XV 9.

223 Für die Kontrolle des bis 1988 auf 1 158 Mitarbeiter angewachsenen „Bereichs Aufklärung“ im DDR-Verteidigungsministerium war die HA I zuständig. Die Durchsetzung des Mitarbeiterbestandes der Armeeaufklärung mit IM des MfS soll 1 zu 4 betragen haben, das heißt: jeder vierte Agentenführer soll gleichzeitig Informant des MfS gewesen sein. Vgl. *Siebenmorgen 1993*, S. 156 f.; DA 3/87 „über das politisch-operative Zusammenwirken zwischen den Diensteinheiten des MfS und dem Bereich Aufklärung des MfNV“; BStU, ZA, DSt 103372.

224 Zentrale Planvorgabe für 1989, S. 9; BStU, ZA, DSt 103530; Planorientierung des Leiters der HV A für das Jahr 1989, S. 5 f.; BStU, ASt Berlin, XV 24.

225 Vgl. Material über die erweiterte Kollegiumssitzung vom 19.2.1982 zur Auswertung der Beratung des Sekretariates des ZK der SED mit den 1. Sekretären der Kreisleitungen, Anlage zum Schreiben Erich Mielkes vom 25.2.1982, S. 40–44; BStU, ZA, DSt 102825; Referat von Erich Mielke auf der zentralen Dienstkonferenz zu ausgewählten Fragen der politisch-operativen Arbeit der Kreisdienststellen und deren Führung und Leitung, Potsdam-Eiche, 11.10.1982, S. 51–69; BStU, ZA, DSt 102884.

kung der Anti-Raketen-Bewegung im Westen erstmals eine Delegation der Grünen in Ostberlin empfing, erhielten von 1984 an nahezu alle dem MfS bekannten Funktionäre, Mitglieder und Sympathisanten der Partei Einreiseverbot.[226] „In enger Zusammenarbeit mit den zuständigen Diensteinheiten der Abwehr", so hieß es militärisch knapp in der Zentralen Planvorgabe für 1985, „sind die von den Grünen und der Alternativen Liste ausgehenden antisozialistischen Aktivitäten zurückzudrängen und vorbeugend zu verhindern".[227] Im April 1987 – fünf Monate vor Honeckers Bonn-Besuch – wurde die kollektive Einreisesperre zur „wirksamen Unterstützung der Dialogpolitik" der SED wieder gelockert und angeordnet, daß nur noch den als „feindlich-negativ" eingestuften Grünen-Politikern die Einreise verweigert werden sollte. Bei Einreisewünschen solcherart gesperrter „Führungskräfte" der Grünen war nun jedesmal die Entscheidung des Ministers einzuholen – „unter Beachtung der aktuellen politischen Lage, der mit der Einreise beabsichtigten Zielstellung, der mitreisenden Personen und der sicherheitspolitischen Erfordernisse".[228]

Zu den Schwerpunkten der West-Arbeit gehörte in den achtziger Jahren neben der Militärspionage die intensive „Aufklärung" des politischen Geschehens in Westdeutschland. Die Stellung der Bundesrepublik im westlichen Lager interessierte das MfS ebenso wie die „Auffassungen politischer Kreise der BRD über die Taktik zur Realisierung der Wiedervereinigungs- und anderer revanchistischer Konzeptionen"; die Verhandlungskonzeptionen für die weitere Gestaltung der Beziehungen zur DDR waren gleichermaßen von Bedeutung wie die „Differenzierungsprozesse in den Regierungsparteien, die Meinungsbildung in der SPD und bei den Grünen".[229] Über das Ausmaß der Überwachung von Politikern und Beamten ist wegen der Vernichtung der HVA-Unterlagen vergleichsweise wenig bekannt. Unterlagen aus den ehemaligen Bezirksverwaltungen für Staatssicherheit zeigen aber die systematische „Bearbeitung" von Politikern, Parteien und staatlichen Einrichtungen im Westen.[230] Mit enormem Aufwand wurde Anfang der achtzi-

226 Schreiben vom 21.9.1984 zur „Gestattung der Einreise in die DDR für Mitglieder der Bundestagsfraktion der Partei Die Grünen der BRD"; BStU, ZA, DSt 103092; Schreiben vom 29.10.1986 zur „Durchführung differenzierter operativer Kontroll- und Überwachungsmaßnahmen zu Mitgliedern der Partei Die Grünen und der Alternativen Liste/Westberlin während ihres Aufenthaltes auf dem Gebiet der DDR"; BStU, ZA, DSt 103325.

227 Zentrale Planvorgabe für die Jahresplanung 1985, S. 16; BStU, ZA, DSt 103102.

228 Schreiben vom 22.6.1987 betreffs „Einreisen von Mitgliedern und politischen Führungskräften der Partei Die Grünen der BRD und der Alternativen Liste Westberlins in die DDR"; BStU, ASt Berlin, A 1202/1; Zentraler Maßnahmeplan zur Durchsetzung der Grundsatzentscheidung über die Einreisen von Mitgliedern und Sympathisanten der Partei Die Grünen in der BRD und der Alternativen Liste in Westberlin in die DDR vom 13.4.1987; ebenda.

229 Zentrale Planvorgabe für 1986 und den Zeitraum bis 1990, Bd. I, S. 19 f.; BStU, ZA, DSt 103287.

230 Vgl. BV Berlin, Abt. XV: Personengruppenanalyse SPD-Fraktionsgeschäftsstelle des Westberliner Abgeordnetenhauses vom 1.8.1984; BStU, ASt Berlin, XV-6; Ordner „SPD Fraktion u. Ausschüsse"; BStU, ASt Berlin, XV-69; Bezirksverwaltung für Staatssicher-

ger Jahre der „Polittourismus“ – das heißt: jede Privatreise eines westdeutschen Politikers in die DDR – ins Visier genommen, wofür die Hauptabteilung VI die „Federführung“ hatte.[231] Auch der in den achtziger Jahren stark ausgeweitete Reiseverkehr aus der DDR in die Bundesrepublik wurde systematisch unter Kontrolle genommen, nicht zuletzt mit dem Ziel, daß alle dienstlich in den Westen reisenden inoffiziellen Mitarbeiter zuvor der HV A für Einsätze „angeboten“ werden mußten.[232] Ähnliches galt für die neu geknüpften deutsch-deutschen Städtepartnerschaften.[233]

heit Berlin, Abt. XV/1a: Kurzauskunft über den CDU-Landesverband Westberlin vom 15.11.1980; BStU, ASt Berlin, Abt. XV-45; Bezirksverwaltung für Staatssicherheit Berlin, Abt. XV/1a: Objektanalyse CDU-Landesverband Westberlin vom 2.11.1981; ebenda; Bezirksverwaltung für Staatssicherheit Berlin, Abt. XV/1a: Objektanalyse CDU-Landesverband Westberlin vom 1.6.1983; ebenda; [Bezirksverwaltung für Staatssicherheit Berlin, Abt. XV]: Auskunft zum CDU-Landesverband Westberlin vom 2.9.1983; ebenda; Abt. XV: Analyse zur aktuellen Situation im CDU-Landesverband vom 31.1.1984; ebenda; Bezirksverwaltung für Staatssicherheit Berlin, Abt. XV: Personengruppenanalyse Fraktionsgeschäftsstelle der CDU-Fraktion im Westberliner Abgeordnetenhaus vom 18.6.1986; BStU, ASt Berlin, Abt. XV-48; Bezirksverwaltung für Staatssicherheit Berlin, Abt. XV: Personengruppenanalyse zur Landesgeschäftsstelle der Westberliner CDU vom 13.6.1986; BStU, ASt Berlin, Abt. XV-50; Bezirksverwaltung für Staatssicherheit Berlin, Abt. XV: Personengruppenanalyse Fraktionsgeschäftsstelle der CDU-Fraktion im Westberliner Abgeordnetenhaus vom 18.6.1986; BStU, ASt Berlin, XV-48; Bezirksverwaltung für Staatssicherheit Berlin, Abt. XV: Ergänzung der vorhandenen Objektanalyse über die Westberliner CDU vom 27.11.1987; BStU, ASt Berlin, Abt. XV-45; Bezirksverwaltung für Staatssicherheit Berlin, Abt. XV: Personengruppenanalyse zu Funktionsträgern des CDU-Landesverbandes Westberlin in zentralen Gremien der Bundes-CDU und des politischen Systems der BRD vom 27.11.1987; ebenda; Abt. XV: Maßnahmeplan zur Erarbeitung einer Personengruppenanalyse über den Kreis der Mitarbeiter von CDU-Funktionsträgern vom 29.3.1988, S. 1; BStU, ASt Berlin, XV-50; Major Harald Niederländer: Die Einflüsse politischer Spektren und Strömungen im CDU-Landesverband Westberlin auf dessen Neuformierungsprozeß und die gegenwärtige Kräftekonstellation, Potsdam 1985; BStU, ZA, JHS 20431.

231 Vgl. 2. DB zur DA 3/75 vom 16.2.1981 betreffs „Politisch-operative Sicherung privater und touristischer Einreisen von Persönlichkeiten des politischen und gesellschaftlichen Lebens der BRD und Westberlin“; BStU, ZA, DSt 101498. Auch aus Westberlin registrierte die BV Berlin „bis zum IV. Quartal 1984 eine ständig steigende Tendenz von Einreisen von Persönlichkeiten (1983: 504 zu 1984: 824)“, so daß beschlossen wurde, „zu allen 265 Persönlichkeiten der Kategorie II von Berlin (West) Kontroll- und Überwachungsmaßnahmen“ durchzuführen. Aufgrund der zunehmenden Bedeutung des „Polittourismus“ wurde 1984 zudem eine Zentrale Arbeitsgruppe unter Leitung des Politbüromitgliedes Häber gebildet, der von seiten des MfS der Leiter der HA VI, Fiedler, angehörte. Reisegruppen bildungspolitischer Einrichtungen aus der Bundesrepublik wurden als sogenannte T-Gruppen analog den Überwachungsmaßnahmen von Persönlichkeiten der Kategorie I behandelt. Auch die „Kontaktpartner“ der Einreisenden, überwiegend deren Verwandte, wurden unter Kontrolle gestellt; vgl. Rededisposition eines unbekannten Mitarbeiters der BV Berlin zum Thema „Polittourismus“, o. D. (1985); BStU, ASt Berlin, A 1126.

232 DA 4/85 vom 12.8.85 „über die politisch-operative Sicherung des Reiseverkehrs von Bürgern der DDR nach nichtsozialistischen Staaten und Westberlin“; 1. DB vom 12.8.1985 „Die politisch-operative Sicherung des Dienstreiseverkehrs von Bürgern der DDR nach nichtsozialistischen Staaten und Westberlin“; BStU, ZA, DSt 103209.

233 Schreiben vom 23.11.1987 betreffs „Städtepartnerschaften zwischen Städten der DDR und der BRD“; BStU, ZA, DSt 103427.

Einen dritten Schwerpunkt der West-Arbeit bildete das, was in der Zentralen Planvorgabe 1986–1990 euphemistisch als „maximale Unterstützung der Verwirklichung der ökonomischen Strategie der Partei“ überschrieben wurde. Zur „Beschleunigung des wissenschaftlich-technischen Fortschritts“ in der DDR und zur „Erhöhung von Produktivität und Effektivität in der Volkswirtschaft“ wurden die Diensteinheiten des MfS zu „zielgerichtete[n] Maßnahmen zur wissenschaftlich-technischen und Wirtschaftsaufklärung“ verpflichtet. Die Liste der Spionagewünsche reichte dabei von der „Mikro- und Optoelektronik“ über „Verfahren für energieeinsparende Prozesse“ bis zur „Biotechnologie und Gentechnik“.[234] Die „qualifizierte Auswertung, Überarbeitung und Nutzung operativ beschaffter wissenschaftlich-technischer Erkenntnisse“ waren dabei so zu organisieren, daß sie „unmittelbar und wesentlich zur Intensivierung der gesellschaftlichen Produktion beitragen“ – ohne die nachrichtendienstlich organisierte Technologiezufuhr aus dem Westen war die DDR-Wirtschaft immer weniger lebensfähig.[235] Mit umfangreichen Anweisungen zur Arbeit der für Wirtschaftsfragen zuständigen Hauptabteilung XVIII und der HV A wurde die Wirtschaftsspionage deshalb Anfang der achtziger Jahre weiter perfektioniert (vgl. Kap. 5.4).[236] Beide Diensteinheiten sollten gleichzeitig Ansatzpunkte „für die Erweiterung des Exports der DDR“ finden,[237] etwa indem sie Angebote westlicher Firmen beschafften, die dann von DDR-Betrieben gezielt unterboten wurden. Eine große Rolle spielte auch der illegale Import von westlicher Spitzentechnologie, für die im Rahmen der COCOM-Regelungen ein Ausfuhrverbot in den Ostblock bestand – er blieb bis 1989 eine „vorrangige“ Aufgabe des MfS, die „durch den koordinierten Einsatz geeigneter operativer Kräfte und Mittel“ gelöst werden sollte.[238]

Ausgebaut wurde in den achtziger Jahren auch die bereits im Zuge der Entspannungspolitik forcierte „gründliche Aufklärung und vorbeugende Verhinderung der gesamten subversiven Tätigkeit [des Westens], der konkreten Absichten und Aktivitäten für das weitere Vorgehen gegen den Sozialismus“. Versuche, die sozialistischen Staaten gegeneinander auszuspielen, sollten ebenso bekämpft werden wie Handlungen, „die auf die Schwächung und

234 Zentrale Planvorgabe für 1986 und den Zeitraum bis 1990, Bd. I, S. 59 ff.; BStU, ZA, DSt 103287.

235 Zentrale Planvorgabe für die Jahresplanung 1985, S. 14; BStU, ZA, DSt 103102. Zur Wirtschaftsspionage vgl. ausführlicher: *Engberding 1993*.

236 DA 1/82 vom 10.3.1982 „zur politisch-operativen Sicherung der Volkswirtschaft“; BStU, ZA, DSt 102836; 6. DB „Politisch-operative Sicherung der Auswertung und Nutzung politisch-operativ beschaffter wissenschaftlich-technischer Erkenntnisse in der Volkswirtschaft der DDR“ vom 3.1.1983; ebenda; DA 2/83 der HV A vom 15.11.1983 „zur Organisierung und Durchführung der Wirtschaftsaufklärung im Bereich der Hauptverwaltung A und der Abteilungen XV der Bezirksverwaltungen – Wirtschaftsaufklärung –“; BStU, ASt Berlin, X 8.

237 Zentrale Planvorgabe für die Jahresplanung 1985, S. 15; BStU, ZA, DSt 103102.

238 Planorientierung des Leiters der HV A für das Jahr 1989, S. 24; BStU, ASt Berlin, XV 24. Dokument 19, S. 485–510, hier 499.

Destabilisierung einzelner sozialistischer Staaten" gerichtet waren. Nahezu jeder kritische Blick auf den „real existierenden Sozialismus" geriet auf diese Weise ins Visier der Staatssicherheit – von der „Schürung von Nationalismus" und der „Ausnutzung bestimmter innerer Entwicklungsprobleme [...] zur Schaffung eines Oppositions- und Konfliktpotentials" über die „Forcierung der Menschenrechtsdemagogie" und den „Mißbrauch des KSZE-Prozesses" bis hin zur „breiten Nutzung der Ergebnisse der Ost- und Kommunismusforschung" oder zur „Inspirierung einer sog[enannten] blockübergreifenden, staatlich unabhängigen Friedensbewegung in sozialistischen Staaten".[239]

Zur Verstärkung der „äußeren Abwehr" wurde in den achtziger Jahren eine Fülle neuer Regelungen getroffen. Im November 1982 erließ Mielke eine umfangreiche Dienstanweisung über die „Einleitung und Realisierung von Fahndungen" im grenzüberschreitenden Reiseverkehr, in der die Überwachung und Festnahme von Reisenden sowie die Durchsetzung von „Reisesperren" geregelt wurde – Tausende von Bundesbürgern und ehemaligen DDR-Bürgern erhielten Einreise- oder Durchreiseverbot.[240] Im März 1983 beauftragte Mielke die Zentrale Auswertungs- und Informationsgruppe (ZAIG) mit einer umfassenden Untersuchung über die Bekämpfung von „feindlichen" Einrichtungen im Westen und ihre „Verbindungen" in die DDR. Die Analyse von über 100 Vorgängen ergab, daß insbesondere bei den Zentralen Operativen Vorgängen aus Sicht der Zentrale Schwächen bestanden. So sei es in den meisten Fällen nicht oder nicht im erforderlichen Umfang gelungen, in den Kern der „feindlichen" Organisationen einzudringen; einige ZOV seien seit Jahren nicht mehr aktiv bearbeitet worden. Aus diesem Grunde wurde vorgeschlagen, die Verantwortlichkeiten bei der Bekämpfung dieser Stellen zu präzisieren und die Arbeit mit ZOV durch eine Durchführungsbestimmung neu zu regeln.[241] In Aktualisierung früherer Festlegungen erarbeitete die ZAIG eine Übersicht über „Organisationen, Einrichtungen und Zentren im Operationsgebiet, die politisch-ideologisch und subversiv gegen die DDR und andere sozialistische Staaten tätig" seien.[242]

239 Zentrale Planvorgabe für 1986 und den Zeitraum bis 1990, Bd. I, S. 19 ff.; BStU, ZA, DSt 103287.

240 DA 2/82 „Einleitung und Realisierung von Fahndungen im Reiseverkehr über die Staatsgrenze der Deutschen Demokratischen Republik"; BStU, ZA, DSt 102895.

241 ZAIG, Bereich 2: Information über Erkenntnisse, Schlußfolgerungen und Vorschläge zur weiteren Qualifizierung und Vervollkommnung der Führung und Bearbeitung Zentraler Operativer Vorgänge zur zielgerichteten Aufklärung und offensiven Bearbeitung feindlicher Organisationen, Einrichtungen und Zentren im Operationsgebiet vom 15.9.1983; BStU, ZA, ZAIG 13651.

242 Die Zuständigkeiten bei der Bekämpfung „feindlicher" Institutionen im Westen waren seit 1977 geregelt in: Befehl 6/77 des Ministers vom 18.3.1977 „zur Vorbeugung, Verhinderung und Bekämpfung feindlich-negativer Handlungen im Zusammenhang mit rechtswidrigen Versuchen von Bürgern der DDR, die Übersiedlung nach nichtsozialistischen Staaten und Westberlin zu erreichen, sowie zur Unterbindung dieser rechtswidrigen Versuche", Anlage 1: Bisher bekannte Organisationen, Einrichtungen und Zentren in der BRD und in Westberlin, die feindliche Angriffe gegen die DDR vortragen mit dem Ziel, eine konterrevolutionäre Untergrundbewegung zu schaffen, indem sie Bürger der DDR

Zur Bekämpfung dieser insgesamt 225 namentlich aufgelisteten „Stellen und Kräfte“ beauftragte Mielke im Februar 1985 jeweils eine bestimmte Diensteinheit des MfS, in deren „Ausgangsbasen und Führungsgremien einzudringen, rechtzeitig und umfassend ihre Pläne, Absichten und Maßnahmen zu erkennen, wirksam ihre feindlichen Machenschaften zu entlarven sowie nachhaltig ihr Wirksamwerden in der DDR und anderen sozialistischen Staaten zu verhindern“.[243] Ein Jahr später erhielt der Leiter der Zentralen Auswertungs- und Informationsgruppe den Auftrag, „Untersuchungen zur Effektivität der Bearbeitung“ durchzuführen und „Vorschläge zur weiteren schwerpunktmäßigen Bearbeitung zu unterbreiten“.[244] Auf Basis dieser Überprüfungen aktualisierte Mielke im Oktober 1988 die „Schwarze Liste“ und benannte zu nunmehr 153 westlichen Einrichtungen jeweils eine Diensteinheit, die die „politisch-operative Verantwortlichkeit für die Aufklärung, Kontrolle bzw. Bearbeitung [...] voll wahrzunehmen“ hatte. Weitere 50 Einrichtungen waren zentral in der ZAIG zu erfassen, um zu sichern, daß zu diesen „ständig der Erkenntnisstand vervollkommnet, die erforderliche Auskunftsfähigkeit gegenüber anfragenden Diensteinheiten gewährleistet sowie bei Notwendigkeit [...] Vorschläge für Entscheidungen über festzulegende Verantwortlichkeiten“ erarbeitet würden.[245]

Zur selben Zeit wurde mit der Dienstanweisung 2/85 der Kampf gegen innere Kritiker neu geregelt. Da unbedingt der Nachweis ihrer „geheimdienstlichen Steuerung“ erbracht und die Nutzung von „Rückverbindungen“ ehemaliger DDR-Bürger verhindert werden sollte, kam der West-Arbeit dabei wachsende Bedeutung zu. So sollten über den „Mißbrauch von Immunitäten und Privilegien“ durch Diplomaten und Korrespondenten „offiziell verwertbare Informationen“ beschafft werden, und zur „Zersetzung bzw. Einschränkung der Wirksamkeit feindlicher Stellen und Kräfte“ waren sogenannte aktive Maßnahmen durchzuführen. Namentlich die HV A, aber auch die Hauptabteilung II, die Hauptabteilung XX sowie eine Reihe anderer Diensteinheiten bekamen von Mielke den Auftrag „zur vorbeugenden Verhinderung, Aufdeckung und Bekämpfung politischer Untergrundtätigkeit“ – auch und gerade im Westen.[246]

zur Übersiedlung nach nichtsozialistischen Staaten und Westberlin inspirieren und zu provokatorischen Demonstrativhandlungen veranlassen sowie in die verbrecherische Tätigkeit der kriminellen Menschenhändlerbanden einbeziehen; BStU, ZA, BdL-Dok. 004791, Bl. 43–47. Die Auflistung enthält 19 Institutionen, von Amnesty International bis zu einem Münchener Rechtsanwaltbüro, sowie 14 angebliche Fluchthelferorganisationen.

243 Schreiben des Ministers vom 15.2.1985, GVS o008-4/85, S. 1; BStU, ZA, DSt 103142, dokumentiert in: *Siebenmorgen 1993*, S. 367–391, hier 367.

244 Zentrale Planvorgabe für 1986 und den Zeitraum bis 1990, Bd. I, S. 30; BStU, ZA, DSt 103287.

245 Schreiben des Ministers vom 15.2.1985 in der aktualisierten Fassung vom 14.10.1988, S. 2 f.; BStU, ZA, DSt 103142; Schreiben des Leiters der ZAIG vom 9.8.1989; BStU, ZA, DSt 103142.

246 DA 2/85 „zur vorbeugenden Verhinderung, Aufdeckung und Bekämpfung politischer Untergrundtätigkeit“ vom 20.2.1985; dokumentiert in: *Fricke 1991*, S. 146–163, hier 148 f. und 156 ff.

Verstärkt wurde zum Beispiel die „weitere [...] Aufklärung und Bekämpfung der Feindorganisationen ‚Internationale Gesellschaft für Menschenrechte' und ‚Hilferufe von drüben'", deren bereits in den siebziger Jahren eröffnete Zentralen Operativen Vorgänge nunmehr von der Zentralen Koordinierungsgruppe (ZKG) geführt wurden (vgl. Kap. 5.7). Vor allem durch den „Einsatz der vorhandenen inoffiziellen Kräfte" sollten gegen sie „gezielt beweiskräftige Informationen" erarbeitet werden zur „wirksamen Unterbindung ihrer feindlichen Angriffe und Aktivitäten bis hin zu ihrer Zersetzung".[247] Auch der gemeinsame Datenspeicher in Moskau SOUD wurde Mitte der achtziger Jahre mit der Aufnahme zusätzlicher Personenkategorien weiter ausgebaut (vgl. Kap. 6.1).[248] Allein die keineswegs vollständige Liste aus der BV für Staatssicherheit Berlin über Westdeutsche, die als Unterstützer der „politischen Untergrundtätigkeit" (PUT) in der DDR betrachtet wurden, umfaßt nahezu 1 400 Namen – die Überwachungs- und Verfolgungsmaßnahmen des MfS gegen die Betroffenen füllen, soweit sie nicht vernichtet wurden, Bände operativer Akten.[249]

Im Rahmen des in den achtziger Jahren entwickelten Konzeptes der „komplexen Spionageabwehr" galt der „zielgerichteten Aufspürung und Bekämpfung von Ausgangspunkten für Spionage u. a. subversive Handlungen der Geheimdienste" die besondere Aufmerksamkeit des MfS.[250] Mit den Spitzenbeamten Klaus Kuron (Bundesamt für Verfassungsschutz), Gabriele Gast und Alfred Spuhler (Bundesnachrichtendienst) verfügte namentlich die Abteilung IX der HV A über außerordentlich bedeutsame Informanten in den bundesdeutschen Geheimdiensten.[251] Darüber hinaus wurden sämtliche IM, die im Auftrag des MfS Verbindung zu westlichen Geheimdiensten hatten, nunmehr federführend von der Hauptabteilung II gesteuert (vgl. Kap. 5.2).[252] Ein besonders spektakulärer „Erfolg" fiel dem MfS freilich von allein in den Schoß: der Übertritt des Kölner Verfassungsschützers Hans Joachim Tiedge im August 1985. Mit ihm offenbarte ausgerechnet der für Spionageabwehr verantwortliche Regierungsdirektor dem MfS sein gesamtes Wissen über die Abwehr von DDR-Spionen, so daß Mielke nicht zu Unrecht feststellen konnte

247 Schreiben des Leiters der Abt. 5 der ZKG vom 26.8.1985, S. 1; BStU, ZA, Dst 103221; Schreiben des Leiters der ZKG vom 7.12.1987; BStU, ZA, DSt 103432.

248 Ordnung 1/86 über die operative Zusammenarbeit der ZAIG mit der HV A, den operativen HA/selbständigen Abteilungen und den Bezirksverwaltungen zur Gewährleistung der Aufbereitung und Erfassung von Informationen im „System der vereinigten Erfassung von Informationen über den Gegner" sowie zur Nutzung von im System gespeicherten Informationen vom 8.1.1986; BStU, ZA, DSt 103250; Schreiben des Leiters der ZAIG vom 13.1.1986; ebenda.

249 Gesamt-PUT-Liste (NSW), Stand: 7.4.1989; BStU, ASt Berlin, A 1001/2.

250 DA 1/87 „zur Gewährleistung des komplexen Vorgehens bei der Abwehr geheimdienstlicher Angriffe gegen politische, ökonomische und militärische Bereiche – Spionageabwehr –", S. 8; BStU, ZA, DSt 103354.

251 Vgl. *Schlomann 1993*, S. 136 ff.

252 Schreiben des Ministers vom 22.6.1984; BStU, ZA, DSt 103066.

der Übertritt habe „beim Gegner erhebliche Unruhe, Verwirrung und Aktivitäten ausgelöst".[253]

Sprunghaft an Bedeutung gewann seit Ende der siebziger Jahre auch die elektronische „Aufklärung" des Westens. Das Abhören von Funksprüchen und Telefongesprächen in der Bundesrepublik wurde in einem Maße intensiviert und perfektioniert, daß die dabei erzielten Ergebnisse oftmals die der menschlichen Quellen übertrafen. Die 1971 geschaffene Abteilung III verdoppelte in wenigen Jahren die Anzahl ihrer Mitarbeiter und wurde 1983 zusammen mit der Abteilung „F" zur mächtigen Hauptabteilung III unter Generalmajor Horst Männchen ausgebaut (vgl. Kap. 5.3).[254] Obwohl die Hauptabteilung III nicht zum Aufklärungsbereich des MfS zählte, betrieb sie im Westen eine außerordentlich effektive Spionage. Über Abhörstützpunkte an den Grenzen zur Bundesrepublik und sogenannte Erfassungspunkte auf dem Territorium der BRD[255] hörte sie nicht nur per „Zielkontrolle" gezielt den Telefon- und Funkverkehr im Westen ab, sondern besaß durch die systematische Auswertung, Verdichtung und Analyse der aufgefangenen Signale ein dichtes Bild von den unterschiedlichsten Vorgängen, Objekten und Personen in der Bundesrepublik. Sowohl auf Anfrage als auch von sich aus informierte sie fortlaufend das gesamte MfS über ihre Erkenntnisse;[256] alle Diensteinheiten waren dazu verpflichtet, „darauf hinzuwirken, daß die sich aus dem Einsatz funkelektronischer Mittel ergebenden Möglichkeiten [...] zielstrebiger und auf Schwerpunkte konzentriert genutzt werden".[257]

Eine neue Qualität bekam die West-Arbeit des MfS noch in anderer Hinsicht – die Grenzen zwischen „Abwehr" und „Aufklärung" wurden in den achtziger Jahren immer weiter eingeschmolzen. Während die Abwehrdiensteinheiten nun systematisch zur Aufklärungsarbeit herangezogen wurden, insbesondere bei der Rekrutierung inoffizieller Mitarbeiter, gewannen die HV A und ihre Abteilungen XV in den Bezirksverwaltungen immer mehr an Bedeutung bei der Bekämpfung SED-kritischer Bestrebungen in- und außerhalb der DDR. „Die komplizierte internationale Lage", so erklärte Erich Mielke in der Zentralen Planvorgabe für 1983,

> „erfordert die Mobilisierung aller geeigneten operativen Potenzen des gesamten Ministeriums zur Aufklärung der gegen die DDR und die sozialisti-

253 Schreiben des Ministers vom 30.8.1985; BStU, ZA, DSt 103204. Vgl. *Tiedge 1999.*

254 Befehl 1/83 vom 15.1.1983 zur „Bildung der HA III"; BStU, ZA, DSt 102905.

255 Vorschlag zur Errichtung von Erfassungspunkten auf dem Territorium der BRD, Anlage zum Schreiben von Markus Wolf vom 30.11.1977; BStU, ZA, HA III 8128.

256 Ordnung 5/87 vom 3.7.1987 „über die Gewinnung, Aufbereitung und Weiterleitung operativ bedeutsamer Informationen durch Diensteinheiten der Linie III und deren Auswertung in den Diensteinheiten des MfS – Informationsordnung –"; 1. DB zur Ordnung 5/87 vom 7.12.1987 „Festlegungen zur Erteilung gezielter Informationsbedarfsvorgaben sowie Kontrollaufträge durch die Diensteinheiten des MfS an die Diensteinheiten der Linie III"; BStU, ZA, DSt 103395. Dokument 17, S. 479–481.

257 Zentrale Planvorgabe für 1986 und den Zeitraum bis 1990, Bd. I, S. 35; BStU, ZA, DSt 103287.

sche Staatengemeinschaft gerichteten feindlichen Angriffe. Die wachsende Kriegsgefahr und die weitere Verschärfung der Situation [...] gebieten die Ausschöpfung aller Möglichkeiten der Erhöhung der Effektivität der Aufklärung, die Nutzung aller Möglichkeiten der Informationsbeschaffung und der Unterstützung der Aufklärung bei der Gewinnung neuer Positionen im Operationsgebiet, vor allem in den Zentren und Institutionen, die Entscheidungen im politischen und militärischen Bereich vorbereiten, treffen und ausführen. Die Nutzung der Möglichkeiten der operativen Basis der Diensteinheiten der Abwehr auch für die Aufklärung [...] hat noch umfassender und zielgerichteter zu erfolgen."[258]

Die Diensteinheiten der „Abwehr" sollten nun auf nahezu allen Gebieten der West-Arbeit einen größeren Beitrag leisten – in der Militärspionage, in der Wirtschaftsspionage, in der Spionage in der Politik und bei der „Aufklärung" der sogenannten Feindorganisationen. Dazu sollten sie alle Verbindungen ihrer inoffiziellen Mitarbeiter in das „Operationsgebiet", besonders zu Militärangehörigen, EG-Mitarbeitern, US-Bürgern, Ausländern, Künstlern und Wissenschaftlern sowie zu Privatreisenden aus bundesdeutschen Parteien und Parlamenten „auf ihre Nutzung für die Aufklärung" prüfen. Als besonders bedeutsam galten darüber hinaus Hinweise auf „operativ interessante Personen aus dem Einreiseverkehr, die langfristig in dritten Ländern eingesetzt sind (vorrangig Diplomaten, Wissenschaftler, Spezialisten aus kapitalistischen Staaten)", auf Geheimdienstmitarbeiter, Angehörige der westdeutschen Grenzschutzorgane, der Ausländerämter, der Paß- und Meldebehörden, der bundesdeutschen Staatsdruckereien und der EDV-Einrichtungen zur Bevölkerungsregistratur, auf Reisekorrespondenten und Journalisten, die aus privaten Gründen die DDR besuchten, auf Mitarbeiter aus Forschungs- und Verwaltungsbereichen, auf technisches Personal aus Archiven und Vervielfältigungseinrichtungen von Wirtschaftsunternehmen, auf Rechtsanwälte, Handelsvertreter und Angehörige anderer freier Berufe mit intensiver Reisetätigkeit, auf Studenten der technischen Fachrichtungen sowie Jura- und Volkswirtschaftsstudenten, auf Dolmetscher und Übersetzer, „die sich nicht in linken Gruppen exponiert haben", auf Sekretärinnen sowie auf Bundesbürger, die im grenznahen Verkehr regelmäßig die DDR besuchten. In allen diesen Fällen war die „Bearbeitungswürdigkeit und -möglichkeit solcher Verbindungen zur Schaffung neuer Positionen in feindlichen Zentren und Territorien" von den „Abwehr"-Diensteinheiten in Abstimmung mit der „Aufklärung" zu prüfen.[259]

Tatsächlich unterstützten die Diensteinheiten der „Abwehr" nun in umfassender Weise die Aufklärungsarbeit im Westen. Ein Beispiel dafür ist die Umsetzung der Planvorgabe 1983 in der Bezirksverwaltung für Staatssicher-

258 Zentrale Planvorgabe für die Jahresplanung 1983, S. 9; BStU, ZA, DSt 102893.
259 Ebenda, S. 12 ff.

heit Berlin, dessen Leiter im Juli 1983 auftragsgemäß eine entsprechende Dienstanweisung erließ.[260] Allen „geeigneten“ inoffiziellen Mitarbeitern, die sich zeitweise im westlichen Ausland aufhielten, sollten nun „gezielte Aufträge zur Beschaffung von Informationen besonders durch Abschöpfung und Beobachtung“ erteilt werden. Dazu wurde ein detaillierter Katalog verfaßt mit Angaben zum „Informationsbedarf“ des MfS – von „Anzeichen kriegsvorbereitender Handlungen“ über „neue Techniken und Technologien“ bis hin zu „Dossiers“ zu Personen der in der Planvorgabe genannten Gruppen. Sogar zu bestimmten, namentlich aufgeführten Kfz-Werkstätten in der Bundesrepublik wurden „Informationen“ verlangt. Bei jeder Reise eines „zuverlässigen und überprüften“ inoffiziellen Mitarbeiters in das „Operationsgebiet“ mußten nun vorab die im Westen agierenden Diensteinheiten der Bezirksverwaltung unterrichtet werden; nach der Westreise war an die „Aufklärung“ Bericht zu erstatten. „Zur Prüfung auf Nutzung für die Aufklärung“ mußten die Abwehroffiziere einen speziellen „Meldebogen“ über sämtliche Westverbindungen ihrer inoffiziellen Mitarbeiter ausfüllen, die erfahreneren unter diesen wurden per Formblatt erfaßt, damit ihre „operative Nutzung“ systematisch geprüft werden konnte. Eine Reihe weiterer Festlegungen sowie diverse Formblätter und eine Durchführungsbestimmung vom November 1985 komplettierten das Maßnahmepaket zur „Basisnutzung“.[261]

Bei einer Leiterberatung im Oktober 1984 wurde in der Bezirksverwaltung Berlin eine erste Bilanz der neuen Regelungen gezogen. Der Leiter der Aufklärung stellte fest, daß sich die Maßnahmen „als zeitgemäße Form der vertrauensvollen Zusammenarbeit von Abwehr und Aufklärung“ bewährt hätten. Insgesamt seien 39 Informationen über geplante und 70 Berichte über stattgefundene IM-Reisen vorgelegt worden, ferner sei über 86 Westverbindungen von Abwehr-IM Meldung erstattet worden, die nun geprüft würden. Auch wenn nicht jeder gemeldete Kontakt ein aussichtsreicher Vorgang werde, zeige allein ihre Zahl, welche Reserven der Minister zu erschließen vorgegeben habe. „Jeder Vorgang, der über den Weg natürlicher Kontakte entwickelt werden kann, spart nicht nur Geld und Kräfteeinsatz, sondern hilft auch, die Abwehr des Feindes zu unterlaufen“, erklärte der Berliner Aufklärungschef. So seien der Aufklärung in „Spitzenzentren“ verschiedene Verbindungen „übergeben“ worden, darunter eine „Sekretärin in übernationaler Institution“ oder ein „Mitglied zentraler politischer Institutionen“. Allein 1984 seien 50 neue gemeinsame „Vorgangsbearbeitungen“ von Diensteinheiten der „Abwehr“ und der „Aufklärung“ geschaffen worden, davon je-

260 DA 1/83 der BV Berlin vom 28.7.1983 „zur verstärkten Nutzung der operativen Basis der Abwehrdiensteinheiten der Bezirksverwaltung für Staatssicherheit Berlin für die Linie Aufklärung/Abt. XV sowie andere operative Diensteinheiten mit liniengebundenen spezifischen Aufgaben im und nach dem Operationsgebiet“; BStU, ASt Berlin, XV 389.

261 Ebenda; 1. DB der BV Berlin zur DA 1/83, GVS Bln. 69/83, vom 19.11.1985 „zur allseitigen Nutzung der Möglichkeiten der Diensteinheiten der BV Berlin zur frühzeitigen und zuverlässigen Beschaffung von Hinweisen auf akute feindliche Aggressionsabsichten, -vorbereitungen und -handlungen“; BStU, ASt Berlin, B 40.

weils zehn von den Abteilungen XVIII (Wirtschaft) und XX (Staatsapparat, Kultur, Kirchen, Opposition). Um jeweils konkrete Aufträge für jeden IM zu haben, sollten deren geplante Westreisen in Zukunft aber noch frühzeitiger gemeldet werden als bislang.[262]

Im Juni 1985 befahl Mielke die Bildung eines „Bereiches K" in der HV A, der „vorhandene Reserven bei der Nutzung ausgewählter Einrichtungen, Institutionen und Organisationen der DDR für die Aufklärung systematischer" erschließen sollte. Neue Möglichkeiten für die Aufklärungsarbeit sollten insbesondere mit dem Einsatz von Offizieren im besonderen Einsatz und ausgewählten inoffiziellen Mitarbeitern aus den Bereichen Gesellschaftswissenschaften, Kunst und Kultur, bestimmten DDR-Organisationen und den Außenhandelsbeziehungen „erschlossen" werden. Diese sollten strategische und aktuelle Informationen aus dem „Operationsgebiet" erarbeiten, „operativ interessante Personen und Schwerpunktobjekte" ausforschen sowie „aktive Maßnahmen" durchführen. Das „operative Potential der HV A" sollte dabei zugleich „voll zur Durchsetzung der politischen Linie der Partei und der Sicherheitserfordernisse" in den betreffenden DDR-Einrichtungen genutzt werden.[263] 1988 wurde der „Bereich K" zur Abteilung XVI aufgewertet – die HV A expandierte immer mehr in klassische „Abwehr"- Bereiche der DDR- Staatssicherheit.[264]

Tatsächlich beteiligte sich die „Aufklärung" in den achtziger Jahren systematisch an der Bekämpfung „feindlicher" Bestrebungen im Innern der DDR. Während einer zentralen Dienstkonferenz im Oktober 1982 hatte Mielke die „Verhinderung des Mißbrauchs der Kirchen für feindliche Pläne, Absichten und Aktivitäten" als „zentrale Aufgabe des MfS" bezeichnet.[265] In der Planvorgabe für 1983 wurde in diesem Zusammenhang unter anderem eine „systematische und zwischen den operativen Diensteinheiten koordinierte objekt-, personen- und vorgangsbezogene Arbeit im und nach dem Operationsgebiet" verlangt.[266] Zur Umsetzung dieser Direktive legte der Leiter der Bezirksverwaltung für Staatssicherheit Berlin in der erwähnten Dienstanweisung 1/83 fest, daß die im Westen wirkenden Diensteinheiten „alle geeigneten politisch-operativen Möglichkeiten und Aufklärungsergebnisse auszuschöpfen" hätten, um die „Abwehrdiensteinheiten und -bereiche wirkungsvoll bei der Erfüllung ihrer Aufgaben [...] zu unterstützen". So

262 Rededisposition des Stellvertreters Aufklärung auf der Leiterberatung der BV Berlin am 11.10.1984 zur „Basisnutzung"; BStU, ASt Berlin, A 1124.

263 Befehl 10/85 vom 5.6.1985 „zur weiteren Erhöhung der operativen Effektivität bei der Nutzung von ausgewählten geeigneten Einrichtungen, Institutionen und Organisationen der DDR durch die HV A und zur Vervollkommnung der Zusammenarbeit mit den jeweils verantwortlichen Abwehrdiensteinheiten", S. 1 f.; BStU, ZA, DSt 103177.

264 Befehl 11/88 vom 20.6.1988; BStU, ZA, DSt 103493.

265 Referat auf der zentralen Dienstkonferenz zu ausgewählten Fragen der politisch-operativen Arbeit der Kreisdienststellen und deren Führung und Leitung, Potsdam-Eiche, 11.10.1982, S. 62; BStU, ZA, DSt 102884.

266 Zentrale Planvorgabe für die Jahresplanung 1983, S. 29; BStU, ZA, DSt 102893.

sollte die Abwehr beispielsweise von der „Aufklärung“ noch umfassender über „feindliche Pläne [...], Feindobjekte sowie in die Feindtätigkeit einbezogene Personen“ informiert werden.[267] In einer Zwischenbilanz hieß es ein Jahr später, daß die für „Aufklärung“ zuständige Abteilung XV der BV insgesamt 146 „Abwehrinformationen“ übergeben habe. In 50 neuen gemeinsamen Vorgängen von „Abwehr“ und „Aufklärung“ verwirkliche sich „die Forderung für jeden Aufklärer, die Abwehrarbeit als unabdingbaren Bestandteil der eigenen Arbeit durchzusetzen“.[268]

Inoffizielle Mitarbeiter, Informationen oder Aufträge wurden im Zuge der gegenseitigen Unterstützung von „Abwehr“ und „Aufklärung“ je nach Bedarf hin- und hergeschoben. So hatte die für West-Arbeit zuständige Abteilung XV der Bezirksverwaltung Leipzig nach der erwähnten Dienstkonferenz im Oktober 1982 „mit der Zielstellung einer effektiven Aufklärung und Bearbeitung von reaktionären kirchlichen und kirchlich gebundenen Kräften, einschließlich der Zurückdrängung von politisch-negativen Aktivitäten dieser Kräfte“, alle inoffiziellen Mitarbeiter zu melden, die auch in der Kirche oder in derem Umfeld eingesetzt werden konnten. Die Meldung mußte den Decknamen, die Registriernummer, die berufliche Tätigkeit und weitere Einzelheiten sowie die „bisherige und profilierbare Einsatzrichtung auf der Linie ‚Kirche‘“ enthalten.[269] Auch einschlägiger „Informationsbedarf“ wurde den Diensteinheiten der „Aufklärung“ auf diese Weise annonciert, so etwa, wenn die Abteilung XX/4 der BV Berlin über „Bestrebungen feindlich-negativer Kräfte aus dem Operationsgebiet zur Inspirierung und Unterstützung der politischen Untergrundtätigkeit in der DDR“ informiert werden wollte – eine Liste mit 90 Namen aus Ost und West und mit 26 westlichen Institutionen lag dem Schreiben bei.[270] Schließlich war die HV A auch an den „Zersetzungsmaßnahmen“ gegen SED-Kritiker im Westen, etwa im Fall der Bürgerrechtler Roland Jahn und Jürgen Fuchs, unmittelbar beteiligt (vgl. Kap. 5.1.2).

Die „operative Bearbeitung“ von Feindpersonen im Westen umfaßte in der Regel ein breites Arsenal an Überwachungs- und Verfolgungsmaßnahmen wie Postkontrolle, Telefonkontrolle, Bespitzelung, Observation, Einreise- und/oder Transitreiseverbot, Zermürbung durch gezielte Diskreditierung,

267 DA 1/83 der BV Berlin vom 28.7.1983 „zur verstärkten Nutzung der operativen Basis der Abwehrdiensteinheiten der Bezirksverwaltung für Staatssicherheit Berlin für die Linie Aufklärung/Abt. XV sowie andere operative Diensteinheiten mit liniengebundenen spezifischen Aufgaben im und nach dem Operationsgebiet“, S. 16 f.; BStU, ASt Berlin, XV 389.

268 Rededisposition des Stellvertreters Aufklärung auf der Leiterberatung der BV Berlin am 11.10.1984 zur „Basisnutzung“, S. 7 und 4; BStU, ASt Berlin, A 1124.

269 Schreiben des Stellvertreters Operativ der BV Leipzig vom 10.2.1983, dokumentiert in: *Sélitrenny/Weichert 1991,* S. 125 f.

270 Abt. XX/4 der BV Berlin: Schreiben vom 3.10.1984 „Informationsbedarf für Diensteinheiten der Linie Aufklärung hinsichtlich der Bestrebungen feindlich-negativer Kräfte aus dem Operationsgebiet zur Inspirierung und Unterstützung der politischen Untergrundtätigkeit in der DDR, die insbesondere unter dem Deckmantel kirchlicher Möglichkeiten wirksam werden“; BStU, ASt Berlin, A 710.

Organisierung beruflicher Mißerfolge und andere „spezielle Maßnahmen". In einem umfangreichen Zentralen Operativen Vorgang wurde beispielsweise der in Westberlin lebende Bürgerrechtler Roland Jahn systematisch mit sogenannten Zersetzungsmaßnahmen überzogen.[271] Sein Telefon wurde rund um die Uhr abgehört, und für sein Stammcafé wurde die „Einleitung der B-Maßnahme der HA VIII" beschlossen – im Klartext: die Installation einer Wanze.[272] Gegen den Schriftsteller Jürgen Fuchs leitete das MfS allein im September 1982 die folgenden „speziellen Maßnahmen" ein:

> „FUCHS wurde kontinuierlich, vor allem in den Nachtstunden, in seiner Wohnung angerufen, ohne daß sich der Anrufer meldete. Gleichzeitig wurde jeweils der Fernsprechanschluß zeitweilig blockiert. Im Namen von FUCHS wurde eine Vielzahl von Bestellungen aufgegeben, darunter auch Bestellungen, die zur Kompromittierung des FUCHS geeignet sind. Mehrfach wurden Taxis und Notdienste (Schlüsselnotdienst, Abflußnotdienst, Abschleppdienst) vorwiegend nachts zur Wohnung des FUCHS bestellt. Mit einer Vielzahl von Dienstleistungsunternehmen und anderen Einrichtungen wurden zu unterschiedlichen Tageszeiten, einschließlich der Wochenenden, Besuche bei FUCHS vereinbart (Beratung von Wohnungs- und Kücheneinrichtung sowie zur Badausstattung; Polstermöbelaufarbeitung, Polstermöbelreinigung, Wohnungsreinigung, Fensterputzer, Abholung von Schmutzwäsche, von Teppichen und Gardinen; Verkauf von Antiquitäten, Antiquariatsartikeln, Musikinstrumenten, Wohnungsauflösung, Abholung von Autowracks; Reparatur von Fernsehgeräten und Waschmaschinen; Möbeltransport, Ungezieferbekämpfung, Bereitstellung von Mietautos mit Fahrer, Massage, Beratung über Versicherungsabschlüsse, Buchung von Reisen, Bestellung von Menüs)."[273]

Im Januar 1986 erstattete Wolf bei Minister Mielke schriftlich Bericht über den „Beitrag der Hauptverwaltung A zur Gewährleistung der inneren Sicherheit der DDR". Darin hob er hervor, daß die „Aufklärung" die Zusammenarbeit mit den Diensteinheiten der „Abwehr" weiter ausgebaut habe. Mit der stärkeren Einbeziehung des IM-Netzes im „Operationsgebiet" und in der DDR in Aufgaben der „Abwehr" sei „ein wertvoller Beitrag der HV A zur Gewährleistung der inneren Sicherheit der DDR" erbracht worden; das Jahr 1985 könne als das „bisher erfolgreichste Jahr auf diesem Gebiet eingeschätzt" werden. Neben Informationen und Dokumenten zur Spionagetätigkeit hätten sich die „abrechenbaren Ergebnisse" zum Beispiel bei der Zerschlagung von Fluchthilfegruppen, bei der Erarbeitung von Personendossiers sowie bei der Bekämpfung der politisch-ideologischen Diversion und der Untergrundtätigkeit gezeigt. Namentlich die Linie XX sei „durch

271 Zur Methode der „Zersetzung" vgl. *Knabe 1998*.
272 Absprachepprotokoll vom ZOV „Weinberg" vom 13.11.1987, Bd. 10, S. 21; BStU, ZA, 16922/91.
273 Zitiert nach *Fuchs 1994*, S. 39.

Übergabe von Informationen über Aktivitäten feindlicher Kräfte gegen die DDR in der Friedensbewegung der BRD“ unterstützt worden. Die Zusammenarbeit der HV A mit den Diensteinheiten der „Abwehr“ habe dadurch 1985 „eine neue, höhere Qualität erhalten, deren Grundlage immer mehr das gemeinsame Handeln wird, wie die Übergabe/Übernahme von IM, der Einsatz des IM-Netzes der HV A auf der Basis von Absprachen, Abstimmungen und gezielten Aufgabenstellungen, die direkte Kooperation bei der Vorgangsbearbeitung usw“.[274]

In der Zentralen Planvorgabe für 1986 und den Zeitraum bis 1990 wird zwischen den Aufgaben der „Aufklärung“ und der „Abwehr“ nicht mehr unterschieden; für die Lösung der inneren und äußeren Aufgaben werden vielmehr jeweils *alle* Diensteinheiten des MfS verantwortlich gemacht. Selbst über so „klassische“ Domänen der HV A wie die deutsch-deutschen Beziehungen heißt es nun: „Durch die Diensteinheiten der Aufklärung und Abwehr ist ein maximaler Beitrag zur Unterstützung der Politik der DDR gegenüber der BRD zu leisten. Unter Nutzung aller Möglichkeiten gilt es, die Aufklärung und Einschätzung der Außen- und Innenpolitik der BRD [...] weiter zu qualifizieren.“ Und zur „vorbeugenden Verhinderung, Aufdeckung und Bekämpfung politischer Untergrundtätigkeit“ wird angeordnet, daß „alle operativen Diensteinheiten [...] die in der Dienstanweisung 2/85 [...] festgelegten Aufgaben und Maßnahmen konsequent, einheitlich und abgestimmt durchzusetzen“ hätten.[275]

Der Prozeß der zunehmenden Verschmelzung von „Aufklärung“ und „Abwehr“ – und damit auch von West-Arbeit und Ost-Arbeit des MfS – setzte sich bis zur Auflösung der Staatssicherheit fort. So verlangte Mielke in der Zentralen Planvorgabe für 1989, nun auch „alle operativen Potenzen der Kreisdienststellen für die Arbeit im und nach dem Operationsgebiet [...] umfassend zu erschließen und zu nutzen“. Wieder ging es darum, neue Verbindungen aufzubauen, Hinweise auf Personen zu erarbeiten und erprobte IM für die West-Arbeit bereitzustellen. Die Arbeit der Offiziere für Aufklärung (OfA) in den Kreisdienststellen sollte dafür „noch konsequenter auf die Lösung operativer Schwerpunktaufgaben der Aufklärung ausgerichtet“ werden, während umgekehrt die in der HV A konzentrierten „Regime-Materialien“ über den Westen „von den Diensteinheiten der Abwehr verstärkt zu nutzen“ seien.[276] Und in der Planorientierung des Leiters der HV A für 1989 hieß es aus Sicht der „Aufklärung“: „Alle Diensteinheiten sind auf der Grundlage meiner Weisung vom 29.2.1988 verantwortlich für die Aufklärung und offensive Bearbeitung von im Operationsgebiet festgestellten Ausgangspunkten der Organisierung der politischen Oppositions- und Unter-

274 Beitrag der HV A zur Gewährleistung der inneren Sicherheit der DDR. Anlage zum Schreiben von Wolf an Mielke vom 6.1.1986; BStU, ZA, ZAIG 7373.

275 Zentrale Planvorgabe für 1986 und den Zeitraum bis 1990, Bd. I, S. 19 und 108; BStU, ZA, DSt 103287.

276 Zentrale Planvorgabe für 1989, S. 20 f.; BStU, ZA, DSt 103530.

grundtätigkeit. [...] Geeignete DDR-IM [der „Aufklärung"] sind auf dem Territorium der DDR mit in die Bearbeitung oppositioneller Kräfte und Gruppierungen einzubeziehen."[277] Die „neuen Anforderungen an die Organisation der politisch-operativen Arbeit der HV A zur Aufdeckung und Bekämpfung der P[olitisch-]I[deologischen] D[iversion] und die Zusammenarbeit von Aufklärung und Abwehr" – so der Titel einer der Schule der HV A übertragenen Forschungsarbeit aus dem Jahr 1989 – waren das herausragende Kennzeichen der West-Arbeit des MfS am Ende der achtziger Jahre.[278]

Die politische „Wende", die Egon Krenz im Oktober 1989 verkündete, hatte auf die West-Arbeit des DDR-Staatssicherheitsdienstes zunächst nur indirekte Auswirkungen, weil die neue Führung davon ausging, daß ein Auslandsnachrichtendienst auch in einer reformierten DDR gebraucht werde. Während das Amt für Nationale Sicherheit (AfNS), wie das MfS bald hieß, Akten, die politisch nicht mehr opportun erschienen, systematisch vernichtete, wurden gleichzeitig umfangreiche Pläne für die künftigen Aufgaben und Strukturen des Sicherheitsapparates erstellt. Insbesondere die Mitarbeiter der Hauptverwaltung A machten sich Hoffnungen auf das Fortbestehen ihrer Institution, wenngleich mit vermindertem Personalbestand.[279] Die Buhrufe, mit denen Wolf auf der Großdemonstration in Berlin am 4. November bedacht wurde, die Besetzung der Stasi-Dienststellen in der gesamten DDR und die eindeutigen Stellungnahmen der Teilnehmer des Runden Tisches ließen jedoch keinen Zweifel daran, daß die Bevölkerung die Beseitigung *aller* Strukturen der Staatssicherheit verlangte. Am 12. Januar 1990 erklärte deshalb Ministerpräsident Modrow vor der Volkskammer der DDR, daß das AfNS ersatzlos aufgelöst werde und bis zu den ersten freien Wahlen eine neue Institution mit nachrichtendienstlichen Aufgaben nicht gebildet werde.[280] Bis zum 31. März 1990 wurden sämtliche hauptamtlichen Mitarbeiter entlassen, wobei der HV A vom Zentralen Runden Tisch das Recht eingeräumt wurde, sich bis Ende Juni selbst aufzulösen. Auch die Agenten im Westen wurden nach und nach „entpflichtet", oftmals verbunden mit beträchtlichen Geldzahlungen und der verbindlichen Mitteilung, daß ihre Akten vernichtet worden seien.[281] Der „Agenturfunk" sendete zum letzten Mal am 31. Mai 1990, und dem offiziellen Auflösungsbericht zufolge wurde die

277 Planorientierung des Leiters der HV A für das Jahr 1989, S. 12 f.; BStU, ASt Berlin, XV 24. Dokument 19, S. 485–510, hier 491 f.

278 Schule der HV A: Forschungsergebnisse zum Thema: Aktuelle Tendenzen und langfristige Stoßrichtungen der politisch-ideologischen Diversion des Imperialismus gegen den Sozialismus in der DDR (Teil I der Forschungsarbeit: „Die neuen Anforderungen an die Organisation der politisch-operativen Arbeit der HV A zur Aufdeckung und Bekämpfung der PID und die Zusammenarbeit von Aufklärung und Abwehr"), Juli 1989; BStU, ZA, JHS 22033.

279 Überlegungen zur Konzeption der Aufklärung vom 24.11.1989; BStU, ASt Gera, Abt. XV 0302, Bl. 2–11. Vgl. auch *Günther o. J.*, S. 153 ff.

280 Vgl. *Gill/Schröter 1991*, S. 180 f.

281 *Schlomann 1993*, S. 77.

Zahl der HVA-„Vorgänge" bis zum 25. Juni auf 13 verringert.[282] Zumindest einzelne Agenten des MfS spionierten aber auch noch nach dem Beitritt der DDR zur Bundesrepublik – nunmehr für sowjetische Nachrichtendienste.[283]

4.3 Strukturelle Verankerung im Herbst 1989

Von der Gründung bis zur Auflösung des Ministeriums für Staatssicherheit war die West-Arbeit eine Aufgabe, die quer zu den Strukturen des Ministeriums verlief. Weder in der vertikalen Gliederung (Zentrale, Bezirksverwaltungen, Kreis- und Objektdienststellen) noch in der horizontalen Aufteilung nach „Linien", die jeweils für ein abgezirkeltes Aufgabenfeld zuständig waren, beschränkte sich die West-Arbeit auf einen bestimmten Teil der DDR-Staatssicherheit. Wie die Arbeit im Innern der DDR war sie grundsätzlich eine Aufgabe aller Diensteinheiten, die sie in ihrem jeweiligen „Verantwortungsbereich" mehr oder weniger intensiv wahrzunehmen hatten. Ohne die West-Arbeit der 218 Kreisdienststellen mit ihren insgesamt rund 11 000 Mitarbeitern hinzuzurechnen, waren allein auf bezirklicher und zentraler Ebene mehr als 200 Diensteinheiten unmittelbar und etwa 100 Diensteinheiten mittelbar an der „Arbeit in und nach dem Operationsgebiet" beteiligt. Die HV A mit ihren westlichen Agenturen bildete in dieser komplexen Maschinerie des MfS lediglich einen Baustein mit teilweise spezifischen Aufgaben.

Wie sehr die West-Arbeit nicht nur Aufgabe der Zentrale, sondern bis in die unterste Ebene verankert war, macht ein Blick auf die vertikale Aufgabenverteilung im MfS deutlich: So, wie der HVA-Chef in der Ministeriumsspitze zugleich Stellvertreter des Ministers war, hatten auch die Leiter der Bezirksverwaltungen für Staatssicherheit einen „Stellvertreter Aufklärung und Leiter der Abteilung XV", der „linienmäßig" der HV A unterstellt war. Sein Arbeitsbereich wurde nicht nur inhaltlich von der HV A angeleitet und kontrolliert, sondern bildete gleichsam deren Unterbau, indem beispielsweise flächenmäßig nach interessanten „operativen Verbindungen" oder potentiellen „Quellen" gesucht wurde, die der HV A übergeben werden konnten. Auch in den Kreisdienststellen gab es entsprechende Offiziere für Aufklärung, die wiederum von der Abteilung XV der jeweiligen Bezirksverwaltung angeleitet wurden und bei denen die Linie gewissermaßen endete.[284]

282 Abschlußbericht über die Auflösung der ehemaligen HV A vom 19.6.1990, S. 8; BStU, ZA, HV A 804.

283 Vgl. *Schlomann 1993*, S. 291 ff.

284 Die Hauptaufgabe der „Offiziere für Aufklärung" bestand „in der zielstrebigen Suche, Auswahl und Verdichtung operativ-bedeutsamer Verbindungen sowie der Sichtbarmachung zuverlässiger und befähigter IM aus der Basis der Kreisdienstelle für die Arbeit im und in das Operationsgebiet"; vgl. BV Schwerin, Abt. XV: Funktions- und Qualifikationsmerkmale für den Offizier für Aufklärung in den Kreisdienststellen, 10.7.1981, S. 2; BStU, ASt Schwerin, KD Hagenow 5248. Obwohl die Kreisdienststellen normalerweise

Dasselbe „Linienprinzip“ galt auch für die anderen zentralen Diensteinheiten – von der für „Spionageabwehr“ zuständigen Hauptabteilung II mit ihren Entsprechungen auf Bezirksebene über die für Ausreise und Flucht zuständige Zentrale Koordinierungsgruppe mit ihren Ablegern in den Bezirken bis hin zur Linie III, die für die funkelektronische Aufklärung der Bundesrepublik zuständig und ebenfalls in den Bezirksverwaltungen verankert war. Gerade weil den unteren Diensteinheiten die Verantwortung für die „Sicherheit im Territorium“ zufiel, waren sie automatisch auf dieser Ebene auch für alle westlichen Bezüge zuständig.

Wie vielfältig diese Bezüge sein konnten, wird bei genauer Betrachtung des Aufgabentableaus der „Linien“ auf zentraler Ebene deutlich, wo in ganz unterschiedlichen Zusammenhängen West-Arbeit geleistet wurde. Entsprechendes galt für die Bezirke und wird hier nicht näher ausgeführt. Angesichts der Fülle von Aufgaben- und Zuständigkeitsbereichen mit Westbezug und des nach wie vor geringen Erschließungs- und Erkenntnisstandes zu vielen Diensteinheiten des MfS kann im Rahmen dieser Studie auch für die Zentrale nur ein skizzenhafter Überblick ohne Anspruch auf Vollständigkeit gegeben werden. Da die numerische Ordnung der Diensteinheiten aufgrund wiederholter Strukturveränderungen nur bedingt zur Orientierung taugt, wird dabei im Folgenden – wie im MfS üblich – nach den Zuständigkeitsbereichen des Ministers und seiner Stellvertreter vorgegangen, und zwar nach dem Stand vom Oktober 1989.[285]

Erich Mielke, Minister für Staatssicherheit seit 1957, war für den größeren Teil der Diensteinheiten seines Ministeriums selbst verantwortlich – vom Wachregiment „Feliks E. Dzierzynski“ über die Hauptabteilung Kader und Schulung bis hin zum Büro der Zentralen Leitung der Sportvereinigung Dynamo; insbesondere die Diensteinheiten mit übergreifenden Funktionen waren ihm direkt unterstellt. Von diesen waren insbesondere die *Arbeitsgruppe des Ministers (AGM)*, die *Zentrale Auswertungs- und Informationsgruppe (ZAIG)* sowie die *Hochschule des MfS* – in je eigener Weise – mit Aufgaben der West-Arbeit betraut.

Die *AGM* war verantwortlich für alle Aufgaben der Mobilmachungsarbeit und -planung im Ministerium, womit im MfS die Vorbereitungen auf Kriegs- und Spannungsperioden umschrieben wurden. Im Bereich 1 gab es dafür ein eigenes Arbeitsgebiet V unter Oberst Heinz Siebenhühner, das ausschließlich Aufgaben im „Operationsgebiet“ wahrzunehmen hatte. Darüber hinaus war in der AGM bis April 1988 eine spezielle Arbeitsrichtung angesiedelt, die unter anderem für die Ausbildung und den Einsatz von „spezifischen Kräften“ für „aktive Maßnahmen gegen den Feind und sein Hinterland“ wie „Diversionsakte“, „aktive physische Maßnahmen gegen bestimmte Personen“

nicht nach dem „Linienprinzip“ arbeiten sollten, gab es auch dort zu vielen Arbeitsbereichen spezielle Verantwortliche oder Struktureinheiten; vgl. *Gill/Schröter 1991*, S. 57 f.

285 Zum Folgenden ausführlicher: *Die Organisationsstruktur des Ministeriums für Staatssicherheit 1989 (1995).*

oder „Unterstützung bei physischer Auflehnung gegen die Staatsstruktur des Kriegsgegners" zuständig war (vgl. Kap. 5.5).[286]

In der *ZAIG* befaßte sich der Bereich 1 (Zentrale Auswertungs- und Informationstätigkeit) mit 56 Planstellen und sechs Arbeitsgruppen in starkem Maße mit Problemen der West-Arbeit: Arbeitsgruppe 1 war für internationale Fragen und die sogenannte Systemauseinandersetzung zuständig und hatte die Aufgabe, ständig die Lage in der Bundesrepublik zu analysieren; Arbeitsgruppe 2 war unter anderem mit der zentralen Auswertung von Informationen zu links- und rechtsextremistischen Organisationen, zum Terrorismus und zur „inneren Spionageabwehr", das heißt: Tätigkeit von Diplomaten, Journalisten und westlichen Geheimdiensten, beschäftigt; Arbeitsgruppe 3 analysierte Informationen zur Ausreise- und Fluchtproblematik, zum grenzüberschreitenden Verkehr einschließlich „Polittourismus" sowie zur Verteidigungspolitik und Grenzsicherung der DDR; Arbeitsgruppe 4 und 5 befaßten sich mit der systematischen Auswertung der westlichen Massenmedien sowie mit der Dokumentation von Informationen über „feindliche" Stellen, Organisationen und Personen im Operationsgebiet, die von anderen Diensteinheiten nach Bedarf abgerufen werden konnten; Arbeitsgruppe 6 schließlich war für Kirchen, Kultur, Jugend und Opposition zuständig, wozu auch die Analyse der „gegnerischen Kontaktpolitik und Kontakttätigkeit" gehörte. Im Bereich 4 war vor allem die Arbeitsgruppe 4 für die West-Arbeit von Bedeutung; sie belieferte den zentralen Datenspeicher zur „Erfassung von Informationen über den Gegner" in Moskau und organisierte dessen regelmäßige Abfrage durch das MfS (vgl. Kap. 6.1).

Die vielfältigen Aspekte der Arbeit „im und nach dem Operationsgebiet" spiegelten sich auch in der Tätigkeit seiner zentralen Ausbildungsstätte, der *Hochschule* in Potsdam-Golm, wider. So beschäftigte sich der Lehrstuhl „Probleme des Imperialismus" unter anderem mit der Tätigkeit „imperialistischer Geheimdienste", während der Lehrstuhl „Grundprozesse der politisch-operativen Arbeit" Grundfragen der „Arbeit im und nach dem Operationsgebiet", darunter grundlegende Methoden der Bekämpfung „feindlicher Stellen und Kräfte", behandelte. Der Lehrstuhl „Kriminalistik" erteilte unter anderem Unterricht in „operativer" Beobachtung für „Auslandskader", während es im Lehrstuhl „Volkswirtschaft" einen „wissenschaftlichen Arbeitskreis" zur „politisch-operativen Sicherung und Kontrolle dienstlicher Einreisen" aus dem Westen gab. Der Lehrstuhl „Staatsgrenze" war für die Bekämpfung des „staatsfeindlichen Menschenhandels" und für die „Aufdeckung der Feindtätigkeit im Zusammenhang mit dem Einreiseverkehr" zuständig. Seit 1983 fungierte auch die separate Schule der HV A als Sektion der Hochschule (vgl. Kap. 5.1).[287]

286 *Fingerle/Gieseke 1996,* S. 17.

287 Befehl 7/83 [des Ministers] über die Übertragung der Rechte und Pflichten einer Sektion der Hochschule des MfS an die Schule der Hauptverwaltung A – 1.6.1983; BStU, ZA, DSt 102940.

Zu den großen „operativen“ Diensteinheiten des MfS, die sich in starkem Maße mit dem Westen beschäftigten, gehörte die *Hauptabteilung II* mit ihren zuletzt 1 432 hauptamtlichen Mitarbeitern. Im Aufgabentableau des MfS war die Hauptabteilung II für „Spionageabwehr“ zuständig – tatsächlich hatte sie ein gigantisches Überwachungsnetz geschaffen, das der Aufklärung und Abwehr von geheimdienstlichen „Angriffen“ und „feindlichen“ Organisationen aus dem Westen ebenso diente wie der lückenlosen Kontrolle aller in der DDR lebenden oder arbeitenden Ausländer. Wie noch näher ausgeführt wird (vgl. Kap. 5.2), waren dabei insbesondere die Abteilungen 2 der Hauptabteilung II (Spionageabwehr im und in das Operationsgebiet), 12 (Bearbeitung der Ständigen Vertretung der Bundesrepublik in der DDR), 13 (Bearbeitung von Auslandskorrespondenten), 19 (Sicherung der Auslandsbeziehungen der SED) sowie die Arbeitsgruppe Ausländer (AGA) auf die Bearbeitung von Bundesbürgern ausgerichtet.

Die für die Postkontrolle zuständige *Abteilung M* mit 530 Mitarbeitern (fachlich der Hauptabteilung II unterstellt) hatte ebenfalls einen starken Schwerpunkt in der West-Arbeit, nicht nur im Sinne des schlichten Öffnens der zwischen Ost und West versandten Briefe. So war die Abteilung 1 („Internationaler Postverkehr – Abgang“; 74 Planstellen) für die systematische Fahndung nach Briefsendungen und deren Auswertung zuständig, um geheimdienstliche Aktivitäten, Kontakte „vorbeugend zu sichernder Personen“ sowie Informationen über „operativ interessierende Personen aus dem Operationsgebiet“ festzustellen. Dieselben Aufgaben hatte die Abteilung 2 für den Bereich „Eingang“ (40 Planstellen). Diese Abteilung mußte zudem gewährleisten, daß keine DDR-kritischen Schriften den Weg ins Land nahmen. Ferner hatte sie „Rückverbindungen“ ehemaliger DDR-Bürger nach Ostdeutschland festzustellen und aufzuklären sowie alle Formen der „gegnerischen Kontakttätigkeit“ und der Fluchthilfe oder -vorbereitung zu verhindern. Ähnlich sah das Aufgabenrepertoire der Abteilung 4 aus (32 Planstellen), deren Mitarbeiter den „Internationalen Kleingutverkehr“ überwachten, während die Abteilung 6 (48 Planstellen) speziell für die Bearbeitung geheimdienstlich verdächtiger Postsendungen geschaffen worden war.

Auch die Arbeit der Untersuchungs- und Ermittlungsbehörde des MfS, die *Hauptabteilung IX*, mit insgesamt 484 hauptamtlichen Mitarbeitern bezog sich in erheblichem Maße auf den Westen. Getreu dem Feindbild und der Aufgabenstellung des MfS, sollten in erster Linie unerwünschte Westverbindungen, verbotene Flucht- und Ausreisebestrebungen, sogenannte Spionage[288] sowie grundsätzliche Kritik am DDR-System – die in den Augen

288 Den Tatbestand der „Spionage“ erfüllte nach § 97 des Strafgesetzbuches der DDR jeder, der „Nachrichten oder Gegenstände, die geheimzuhalten sind, zum Nachteil der Interessen der Deutschen Demokratischen Republik für eine fremde Macht, deren Einrichtungen oder Vertreter oder für einen Geheimdienst oder für ausländische Organisationen sowie deren Helfer sammelt, an sie verrät, ihnen ausliefert oder in sonstiger Weise zugänglich macht“. Nach § 99 wurde auch bestraft, „wer der Geheimhaltung nicht unterliegende

der SED nur vom Westen inspiriert oder gesteuert sein konnte – strafrechtlich verfolgt und verhindert werden. Die Abteilung 1 der Hauptabteilung IX (ca. 40 Mitarbeiter) ermittelte und kämpfte gegen das, was das MfS als „Spionagetätigkeit" bezeichnete, die Abteilung 2 (ca. 30 Mitarbeiter) gegen „politische Untergrundtätigkeit" (PUT), die Abteilung 6 (ca. 25 Mitarbeiter) gegen Militärstraftaten, darunter „Angriffe gegen die Staatsgrenze", die Abteilung 9 (ca. 38 Mitarbeiter) gegen „staatsfeindlichen Menschenhandel". Eine zentrale Rolle spielte nicht zuletzt die Abteilung 11, die systematisch personenbezogene Unterlagen zur NS-Vergangenheit sammelte und aufbereitete – und diese je nach Bedarf bei Strafverfahren, Anwerbungsversuchen oder „aktiven Maßnahmen" in der Bundesrepublik zur Verfügung stellte.[289]

Mit West-Arbeit waren außerdem viele der dem Mielke-Stellvertreter Generaloberst Mittig unterstellten Diensteinheiten befaßt. Insbesondere die Hauptabteilungen XVIII, XIX und XX, die eigentlich für die Kontrolle der Wirtschaft, des Verkehrs sowie des staatlichen und gesellschaftlichen Lebens zuständig waren, operierten keineswegs nur im Inneren der DDR.

Die „Sicherung der Volkswirtschaft" war eines der ältesten Aufgabengebiete des MfS und wurde „federführend" von der *Hauptabteilung XVIII* mit ihren zuletzt 647 hauptamtlichen Mitarbeitern betrieben. Von Anfang an waren dabei die nach innen und nach außen gerichteten Aspekte der Arbeit eng miteinander verwoben. So war die Hauptabteilung XVIII beispielsweise dafür zuständig, daß sämtliche Geschäftsreisen und Wirtschaftsbeziehungen zwischen Ost und West der Kontrolle des MfS unterworfen waren. Praktisch bedeutete dies, daß Tausende von DDR-Bürgern von der Hauptabteilung XVIII

Nachrichten zum Nachteil der Interessen der Deutschen Demokratischen Republik an die im § 97 genannten Stellen oder Personen übergibt, für diese sammelt oder ihnen zugänglich macht", und nach § 100 auch derjenige, der „zu den im § 97 genannten Stellen oder Personen Verbindung aufnimmt oder sich zur Mitarbeit anbietet oder diese Stellen oder Personen in sonstiger Weise unterstützt, um die Interessen der Deutschen Demokratischen Republik zu schädigen"; Strafgesetzbuch und Strafprozeßordnung der Deutschen Demokratischen Republik mit den Änderungen vom 28.6.1979, Seminarmaterial des Gesamtdeutschen Instituts – Bundesanstalt für gesamtdeutsche Aufgaben, Bonn o. J., S. 24. Vor der Strafrechtsreform lautete § 97, Abs. 2: „Wer es unternimmt, Tatsachen, Gegenstände, Forschungsergebnisse oder sonstige Nachrichten, die im politischen oder wirtschaftlichen Interesse oder zum Schutze der Deutschen Demokratischen Republik geheimzuhalten sind, für einen imperialistischen Geheimdienst oder für andere Organisationen, Einrichtungen, Gruppen oder Personen, deren Tätigkeit gegen die Deutsche Demokratische Republik oder andere friedliebende Völker gerichtet ist, oder deren Vertreter oder Helfer zu sammeln, an sie auszuliefern oder zu verraten, wird mit Freiheitsstrafe nicht unter fünf Jahren bestraft." § 98 lautete: „(1) Wer Nachrichten, die geeignet sind, die gegen die Deutsche Demokratische Republik oder andere friedliebende Völker gerichtete Tätigkeit von Organisationen, Einrichtungen, Gruppen oder Personen zu unterstützen, für sie sammelt oder ihnen übermittelt, wird mit Freiheitsstrafe von zwei bis zu zwölf Jahren bestraft." In: Strafgesetzbuch der Deutschen Demokratischen Republik – StGB –, hrsg. vom Ministerium der Justiz, Berlin (Ost) 1968, S. 43 f. Der Straftatbestand der Spionage war damit so weit gefaßt, daß er letztlich alle unerwünschten Kontakte kriminalisieren und jederzeit als Vorwand genutzt werden konnte, unerwünschtes politisches Engagement strafrechtlich zu verfolgen.

289 Vgl. dazu ausführlicher: *Leide 1998*; *Unverhau 1998.*

auf ihre Tauglichkeit als „Reisekader" überprüft und zugleich alle einreisenden Firmenvertreter oder Techniker aus dem Westen durchleuchtet wurden. Die Diensteinheit beteiligte sich zudem an der Ausspionierung von westdeutschen Forschungseinrichtungen wie dem Deutschen Institut für Wirtschaftsforschung und bekämpfte die Umweltorganisation Greenpeace. Vor allem aber betrieb die Hauptabteilung XVIII in der Bundesrepublik eine intensive Wirtschaftsspionage, indem sie auf konspirativem Wege technologische Neuerungen und Erkenntnisse beschaffte und anschließend dem *Sektor Wissenschaft und Technik (SWT)* der HV A übergab; auch an der Beschaffung von Embargo-Gütern war die Hauptabteilung XVIII unmittelbar beteiligt. Für die Koordinierung dieser „Arbeit im und nach dem Operationsgebiet" war in der Hauptabteilung XVIII eine spezielle Abteilung 14 verantwortlich (vgl. Kap. 5.4).

Während die Hauptabteilung XVIII anfangs auch den gesamten Außenhandel der DDR „abzusichern" hatte, wurde 1983 für den Bereich Kommerzielle Koordinierung (KoKo) im Ministerium für Außenhandel der DDR eine eigene Diensteinheit des MfS gebildet, die von 1986 an zudem für die Außenhandelsbetriebe und Vertretergesellschaften des KoKo-Bereiches verantwortlich wurde: die *Arbeitsgruppe Bereich Kommerzielle Koordinierung (AG BKK).* Mit ihren zuletzt 120 Mitarbeitern war sie damit für die nachrichtendienstliche Kontrolle jenes Firmengeflechtes zuständig, das einer Ministerratsverfügung vom 1. April 1966[290] zufolge mit dem Ziel der „maximalen Devisenerwirtschaftung außerhalb des Plans" geschaffen wurde und bis 1989 von dem MfS-Offizier im besonderen Einsatz Alexander Schalck-Golodkowski geleitet wurde. Zu den Aufgaben der AG BKK gehörte neben der Durchleuchtung der annähernd 2 000 Beschäftigten dieser Firmen sowie des Internationalen Handelszentrums in der Berliner Friedrichstraße die Überwachung ihrer jährlich etwa 5 000 einreisenden Geschäftspartner aus dem Westen.

Eine bedeutende Rolle bei der West-Arbeit des MfS fiel auch der *Hauptabteilung XIX* zu, die eigentlich für die „Absicherung" des Verkehrswesens der DDR verantwortlich war. Die Diensteinheit mit ihren 251 Mitarbeitern war nicht nur für den Verkehr innerhalb der DDR zuständig, sondern kontrollierte auch die grenzüberschreitenden Verkehrsströme, insbesondere der Deutschen Reichsbahn (einschließlich Mitropa), der zivilen Luftfahrt (Interflug), der Speditionstätigkeit sowie der Binnen- und Seeschiffahrt. Zudem unterstand ihr die „Absicherung" des Post- und Fernmeldewesens. Der Hauptabteilung XIX oblag dabei nicht nur die Überprüfung der außerhalb der DDR eingesetzten Arbeitskräfte (Flugpersonal, Eisenbahnpersonal, Fernfahrer, Binnenschiffer, Seeleute etc.), sondern sie ließ von diesen im Westen

290 Vgl. Verfügung 61/66 vom 1.4.1996, in: Erste Beschlußempfehlung und erster Teilbericht des 1. Untersuchungsausschusses nach § 44 des Grundgesetzes vom 14.10.1992, Bundestagsdrucksache 12/3464, Dokument 7, S. 58–61.

gezielt Beobachtungen und Ermittlungen durchführen. Ungefähr die Hälfte aller Mitarbeiter der Hauptabteilung XIX übte eine „IM-führende Tätigkeit" aus.

Die *Hauptabteilung XX*, die unter anderem Kirchen und Universitäten, Künstler und Schriftsteller, Jugendliche und Oppositionsgruppen kontrollierte, wird gemeinhin als das wichtigste Organ des MfS zur inneren Überwachung und Verfolgung betrachtet. Weniger bekannt hingegen ist, wie intensiv diese Diensteinheit im und nach dem Westen operierte. Insbesondere die Abteilung 5 der Hauptabteilung XX bearbeitete in der Bundesrepublik und Westberlin systematisch Vorgänge und Personen, vorrangig ehemalige DDR-Bürger und Anhänger alternativer Gruppierungen und Organisationen, die als „Inspiratoren und Organisatoren der politischen Untergrundtätigkeit" in der DDR galten.[291] Auch die für Kirchen und Religionsgemeinschaften zuständige Abteilung 4 unterhielt ein eigenes Referat 4 zur Aufklärung und zur Arbeit „im und in das Operationsgebiet" sowie zu kirchlichen Zentren und Organisationen im Ausland. Ebenfalls ohne In- und Ausland zu trennen, arbeitete die für die Bekämpfung der „politischen Untergrundtätigkeit" geschaffene Abteilung 9. Die übrigen Abteilungen der Hauptabteilung XX operierten gleichermaßen regelmäßig gen Westen – beispielsweise mit IM-Einsätzen von DDR-Verlagsleitern oder Schriftstellern, die von der Hauptabteilung XX/7 gelenkt wurden.

Eine andere, aber nicht weniger bedeutende Form der West-Arbeit leistete die eigentlich für die „Absicherung" des DDR-Militärs geschaffene *Hauptabteilung I* mit ihren 2 319 hauptamtlichen Mitarbeitern. Schon im Dezember 1961 war – wie erwähnt – die gesamte „Abteilung Aufklärung" beim Kommando Grenze der Nationalen Volksarmee, die vor allem für die zielgerichtete Ausspähung des westlichen Territoriums an den Grenzen der DDR zuständig war, in die Hauptabteilung I eingegliedert worden.[292] Zu ihren Aufgaben gehörte es, Truppen, Stäbe und Einrichtungen der Bundeswehr, des Bundesgrenzschutzes, des Zollgrenzdienstes und der Bayerischen Grenzpolizei, der Grenzüberwachung sowie von NATO-Objekten zu erkunden. Zur „Spionageabwehr" unterhielt die Hauptabteilung I unter anderem die Abteilung Äußere Abwehr, die eine ganze Palette von Aufgaben in der Bundesrepublik zu realisieren hatte. Neben der allgemeinen „Arbeit im und nach dem Operationsgebiet" war sie speziell für die Bearbeitung der Deutschen Gesellschaft für Sozialbeziehungen e. V./Deutsche Gesellschaft für zeitgeschichtliche Fragen e. V. in Bonn, die als „Feindobjekt" eingestuft war, zuständig. Darüber hinaus sollte sie schwere Fahnenfluchtverbrechen wie Desertion in den Westen unter Nutzung der Schußwaffe verfolgen sowie den militärischen Nachrichtendienst der DDR mit seinen teilweise hochkarätigen Quellen in der Bundesrepublik „absichern", das heißt: infiltrieren

291 Vgl. dazu ausführlicher: *Auerbach 1997*.
292 Befehl 56/62 des Ministers für Staatssicherheit vom 19.1.1962; BStU, ZA, DSt 100330.

und kontrollieren.[293] Die Abteilung Äußere Abwehr hatte 49 Planstellen für IM-führende Mitarbeiter, die auch in der Bundesrepublik Agenten lenkten – zum Beispiel einen ehemaligen Rekruten der NVA mit dem Decknamen „Stephan Simon",[294] der mittels einer vorgetäuschten Flucht von einem Schiff der Handelsmarine in den Westen geschleust wurde und sowohl in der Bundesrepublik als auch in der DDR mit Mitarbeitern der Hauptabteilung I zu Treffs zusammenkam. Ein anderer IM der Hauptabteilung I war hauptamtlicher Geheimer Mitarbeiter im besonderen Einsatz (GME) und reiste von 1964 bis 1967 mehr als fünfzigmal in die Bundesrepublik, um „tote Briefkästen" anzulegen, Treffen zu vereinbaren sowie Personen und Objekte aufzuklären.[295]

Bedeutender war aber noch die Zuständigkeit der Hauptabteilung I für die „Sicherung" der Grenztruppen der DDR, was neben den Aufgaben der Abwehr – darunter auch „vorbeugende Spionageabwehr" – vor allem eine umfangreiche Aufklärungsarbeit in der Bundesrepublik einschließlich geheimer Schleusungen über die innerdeutsche Grenze umfaßte. So hatte die Abteilung Aufklärung Grenzkommando Nord mit Sitz in Stendal die politisch-operative Aufklärung und Bearbeitung der im „Verantwortungsbereich" (das heißt: in einem 30 Kilometer breiten Streifen entlang der Grenze) verteilten militärischen Kräfte der Bundeswehr und der NATO sowie der Grenzüberwachungsorgane der Bundesrepublik zu gewährleisten und darüber hinaus jede Art von „subversiven Angriffen" und „feindlicher Schleusungstätigkeit" über die Grenze in die DDR aufzuklären.[296] Für diese Arbeit wurde von den laut Stellenplan 56 IM-führenden Mitarbeitern eine unbekannte Zahl von Bundesbürgern eingesetzt. Ein Ehepaar aus Niedersachsen lieferte beispielsweise zwischen 1976 und 1978 Material für 74 schriftliche Informationen und erhielt dafür vom MfS 4 000 DM. Ein anderes Ehepaar aus der Bundesrepublik informierte von 1974 bis 1985 ebenfalls über militärische Einrichtungen in zahlreichen niedersächsischen Orten. Es berichtete auch über die politische Bildungsstätte „Haus Altmark", verschiedene Personen, darunter der damalige Bundestagsabgeordnete der CDU, Joachim Clemens, sowie die „Deutsch-Deutsche Arbeitsgruppe Wolfsburg", die der Hauptabteilung I als sogenanntes Feindobjekt zugewiesen war. Das Ehepaar war mit unterschiedlichen Hilfsmitteln ausgerüstet worden und hatte eine entsprechende Anleitung und Ausbildung vom MfS erhalten. Ein drittes Ehepaar

293 Zum „Bereich Aufklärung" des Ministeriums für Nationale Verteidigung vgl. den von einem ehemaligen Mitarbeiter geschriebenen Report „Auftrag Windrose" *(Kabus 1993)* sowie *Siebenmorgen 1993,* S. 145 ff. und *Wegmann 1997.* Als Quellen für den militärischen Nachrichtendienst der DDR arbeiteten beispielsweise der Chiffrieroffizier der Bundeswehr im NATO-Hauptquartier, Heinz-Helmut Werner, oder der CDU-Abgeordnete in der Hamburger Bürgerschaft, Gerd Löffler; weitere Beispiele bei *Siebenmorgen 1993*, S. 364 ff.
294 BStU, ZA, AIM 15383/82.
295 BStU, ZA, AIM 9564/67.
296 Vgl. den Befehl 31/72 des Ministers vom 14.7.1972 zur „Tätigkeit der Grenzaufklärung der HA I des MfS"; BStU, ZA, DSt 100682.

beschaffte für die Hauptabteilung Informationen über Zolldienststellen und militärische Objekte der Bundeswehr bei Göttingen und erhielt dafür vom MfS „Auslagenerstattungen“, Geschenke und Bargeldzuwendungen im Wert von 35 000 DM. 1970 bewarb sich der Ehemann des Paares im Auftrag des MfS zur Einstellung als Zivilbeschäftigter beim Bundesgrenzschutz (BGS), wo er bis 1977 als Küchenhilfe arbeitete und 50 Informationen mit „operativ wertvollem Charakter“ lieferte. Beide nutzten, wie die anderen Genannten, ein breites Spektrum nachrichtendienstlicher Mittel wie geheime Funkanlagen, konspirative Wohnungen, Grenzschleusen, sogenannte Container, Deckadressen, Decktelefon sowie „tote Briefkästen“.[297]

In ähnlicher Weise arbeiteten auch die anderen Aufklärungsabteilungen der Hauptabteilung I: Die Abteilung Aufklärung Grenzkommando Mitte mit Sitz in Berlin war für die Bearbeitung und die Kontrolle zugewiesener Ziel- und Kontrollobjekte der Polizei, des Grenzzolldienstes und der alliierten Streitkräfte in Westberlin zuständig. Darüber hinaus hatte sie alle „Angriffe“ gegen die Grenze aus der westlichen Halbstadt aufzuklären oder zu verhindern. Sie verfügte über 56 Planstellen für IM-führende Mitarbeiter, die inoffizielle Mitarbeiter aus Ost und West dirigierten, darunter auch hauptamtliche IM, die mit gefälschten Papieren regelmäßig in den Westen fuhren, um „Regimeverhältnisse“ aufzuklären, Personen zu beobachten, politische Ausstellungen zu dokumentieren oder „Haus- und Gebietsaufklärung“ zu betreiben.[298] Die Hauptabteilung I war dadurch beispielsweise in der Lage, „mit Stand vom Mai 1988 eine Abschrift vom Original einer Aufstellung von Dienst- und Privatfahrzeugen von Angehörigen der Botschaft der USA in der DDR“ zu fertigen, deren Insassen „Zutrittsberechtigung zu militärischen Einrichtungen der US-Armee“ in Westberlin hatten.[299] Die Abteilung Aufklärung Grenzkommando Süd mit Sitz in Erfurt hatte hingegen Ziel- und Kontrollobjekte im Südosten der Bundesrepublik zu bearbeiten. Sie sollte jede Form von „Grenzprovokation“ aufklären sowie für andere Diensteinheiten des MfS Schleusungen von und nach Westdeutschland durchführen. Sie besaß zuletzt 69 Planstellen für IM-führende Mitarbeiter. Auch die zahlreichen Unterabteilungen der Hauptabteilung I zur sogenannten Spionageabwehr waren in ihrer Arbeit in starkem Maße gegen den Westen orientiert.

Von den Diensteinheiten des MfS, die personenbezogen gegen Bürger der Bundesrepublik operierten, kam der *Hauptabteilung VI* eine besondere Bedeutung zu, da sie den gesamten grenzüberschreitenden Verkehr sowie Einrichtungen des Reiseverkehrs und Tourismus zu überwachen hatte. Die 2 025 hauptamtlichen Mitarbeiter waren in der Paßkontrolle eingesetzt sowie für die Personenfahndung und Überwachung des grenzüberschreitenden Reiseverkehrs zuständig; außerdem waren sie mit der Aufklärung der Grenz-

297 BStU, ZA, AIM 6612/87.
298 Vgl. HIM „Melanie“; BStU, ZA, A 507/89.
299 Information 209/88 der HA I über Fahrzeuge der Botschaft der USA in der DDR vom 25.11.1988, S. 1; BStU, ASt Berlin, B 29.

übergangsstellen der Bundesrepublik und Westberlins beauftragt. Die dafür zuständige Abteilung 1 hatte 51 Planstellen und sollte unter anderem Fluchtversuche und Fluchthilfeorganisationen bekämpfen sowie spionageverdächtige Personen aus dem Westen aufklären und bearbeiten. Die Abteilung Objektsicherung und Tourismus mit ihren 48 Planstellen sowie 20 „legendierten“ hauptamtlichen Mitarbeitern überwachte hauptsächlich die Interhotels der DDR und kontrollierte vorzugsweise alle „operativ bedeutenden“ Gäste des Metropol-, Palast- und Grandhotels in Ostberlin – bis hin zur Überwachung der Schlafräume mit Mikrophonen oder Videokameras. Insbesondere Persönlichkeiten des politischen Lebens wurden von der Hauptabteilung VI während ihres Aufenthaltes in der DDR intensiv überwacht; heute sind aus dieser akribischen Observationsarbeit in den Archiven des Bundesbeauftragten mehr als 1 200 personenbezogene „Handakten“, das heißt: Personendossiers, überliefert.[300] Anderen Diensteinheiten arbeitete die Hauptabteilung VI regelmäßig mit Auflistungen der Ein- und Ausreisen von Bundesbürgern zu, mit Fahndungsmaßnahmen, mit der Durchsetzung von Einreisesperren oder mit dem Verzicht auf die obligatorische Grenzkontrolle bei sogenannten Avisierungen.

Ähnlich wie die Hauptabteilung I operierte auch die für die „Absicherung“ des Ministeriums des Innern, der Deutschen Volkspolizei und des Strafvollzugs zuständige *Hauptabteilung VII* nicht nur im Innern der DDR. Die Abteilung 1 bearbeitete beispielsweise das „Informationsbüro West“ (IWE) in Westberlin als „Feindobjekt“, während die Abteilung 3 das Aufnahmeverfahren zur Wohnsitznahme von Ausländern in der DDR konspirativ kontrollierte. Die Abteilung 2 war zuständig für die Sicherung der Grenzgebiete und die Verhinderung von „Grenzdurchbrüchen“, wozu auch die „vorgangs- und personenbezogene Arbeit im und nach dem Operationsgebiet“ gehörte. So schleuste sie zum Beispiel 1972 einen IM „Thomas Schneider“ mittels eines fingierten Grenzdurchbruchs in die Bundesrepublik, nachdem dieser zuvor einen Schulungs- und Überprüfungseinsatz in Polen absolviert hatte. Der IM nahm ein Studium an der Juristischen Fakultät Gießen auf und forschte bis 1979 unter anderem die Vereinigung der Opfer des Stalinismus (VOS) und den Ring Christlich-Demokratischer Studenten (RCDS) aus; die Verbindung zum MfS wurde über einen Instrukteur und einen Kurier gehalten.[301] Eine andere inoffizielle Mitarbeiterin, die regelmäßig in den Westen reisen durfte, arbeitete gegen Geldzuwendungen für die Hauptabteilung VII unter dem Decknamen „Rosemarie Schneider“ als Kurierin und hielt die Verbindung zu einer „Schleuserorganisation“ in Westberlin, wodurch drei Personen in Haft gerieten; darüber hinaus forschte sie im Auftrag des MfS die Organisationen Flüchtlingshilfe e. V. und Hilfswerk

300 Erschließungsergebnis AR 5 zur Ablage „Politprominenz“ der HA VI (Objektsicherung und Tourismus), Mai 1997 (BStU – interne Ausarbeitung).
301 Deckname „Thomas Schneider“; BStU, ZA, AIM 14540/82.

Helfende Hände in Hamburg aus.[302] Das Referat 3 der Abteilung 8 der Hauptabteilung VII („Sicherung des Strafvollzugs") war unter anderem dafür verantwortlich, aus den Strafgefangenen der DDR sowie „in aktuellen Zielgruppen des Gegners im Innern der DDR" systematisch IM-Kandidaten zu rekrutieren – häufig wurden diese dann gezielt in die Bundesrepublik übergesiedelt, um dort für das MfS zu spionieren. Die Abteilung 13 war schließlich für die Bearbeitung und Aufklärung schwerer Straftaten auf den Gebieten Schmuggel und Spekulation zuständig, wo es ebenfalls häufig um Bundesbürger ging.

Eine besonders wichtige Rolle im „Operationsgebiet" spielte die *Hauptabteilung VIII*, die für Observationsaufgaben geschaffen worden war. Der einschlägigen Richtlinie zufolge war sie für die auftragsgebundene Durchführung von Beobachtungen und Ermittlungen in und außerhalb der DDR verantwortlich, aber auch für „weitergehende operative Maßnahmen" im Westen – was immer das bedeutete.[303] Die Spezialeinheit unter Generalmajor Karli Coburger hatte 1 618 Mitarbeiter und war unter anderem mit der Beschattung von Diplomaten, Korrespondenten, westlichen Politikern, Angehörigen der Militärinspektionen und Personen aus dem grenzüberschreitenden Reiseverkehr beauftragt. Darüber hinaus kontrollierte sie die Transitwege durch die DDR. Sie ermittelte und beobachtete auch systematisch im Westen, wo sie sowohl gegen Personen als auch gegen Einrichtungen vorging. Namentlich die Abteilungen 4 („Beobachtung der Transitstrecken", ca. 30 Mitarbeiter), 6 („Beobachtung im Operationsgebiet", 45 Mitarbeiter), 10 („Observierung bevorrechteter Personen", 156 Mitarbeiter), 12 („Beobachtung politischer Untergrundtätigkeit und des Polittourismus", 149 Mitarbeiter) und 13 („Ermittlungen im Operationsgebiet", 47 Mitarbeiter) richteten sich bei ihrer Arbeit gegen Bundesbürger.

Neben Observationen und Ermittlungen führte die Hauptabteilung VIII für andere Diensteinheiten des MfS regelmäßig „aktive operative Maßnahmen im und nach dem Operationsgebiet" durch. So übernahm sie beispielsweise Aufträge zur konspirativen Beschaffung von Informationen, Materialien, Unterlagen und Beweismitteln im Westen oder zur Verbreitung von Schriftstücken, die die Stasi unerkannt lancieren wollte. Für die Lösung von Spezial- und Sonderaufgaben mit „spezifischen" Mitteln war das Referat 6 der Abteilung 6 verantwortlich. Zur Erfüllung ihrer Aufgaben hatte die Hauptabteilung VIII das Bundesgebiet mit einem Netz von IM überzogen, zu denen unter anderen der Inoffizielle Mitarbeiter mit „Feindberührung" (IMB) „Rennfahrer" gehörte. Dieser baute in den siebziger Jahren aus seinem Verwandten- und Bekanntenkreis eine zeitweilig aus bis zu 13 Personen bestehende Agententruppe auf und erhielt vom MfS für seine Tätigkeit mehr

302 IMF/IMV „Rosemarie Schneider"; BStU, ZA, AIM 10972/91, AIM 11239/91, A 299/83.
303 Ordnung 6/87 über die Zusammenarbeit zwischen den operativen Diensteinheiten und den Diensteinheiten der Linie VIII vom 3.7.1987, S. 12; BStU, ZA, ASt Berlin, A 1202/1.

als 800 000 DM. Das MfS schulte ihn systematisch in geheimdienstlicher Arbeit einschließlich „operativer Schließtechnik" und konspirativer Abhörtechnik und rüstete ihn mit entsprechenden Hilfsmitteln aus, darunter Zweitdokumente und Schnellnarkotika.[304] Die Hauptabteilung VIII schickte häufig auch DDR-Bürger zu Beobachtungsaufgaben in den Westen, etwa die aus Dresden stammende HIM „Gabriele", die von 1965 bis 1973 mit gefälschten Dokumenten annähernd fünfzigmal ins „Operationsgebiet" reiste, um dort Ermittlungsaufträge zu oftmals jeweils mehr als zehn Personen auszuführen; sie legte im Westen „tote Briefkästen" an und berichtete über Gaststätten, Hotels und Grenzkontrollen. Für ihre Einsätze erhielt sie vom MfS etwa 30 000 DM.[305]

Die 1989 aus dem Zusammenschluß der Abteilungen XXII und XXIII hervorgegangene *Hauptabteilung XXII* war ihrem Auftrag nach für die Bekämpfung von Terrorhandlungen gegen die DDR zuständig, doch die 878 hauptamtlichen Mitarbeiter operierten in starkem Maße in Richtung Westen: Sie beobachteten und bearbeiteten dort links- und rechtsterroristische sowie andere gewaltorientierte Organisationen, Gruppen und Personen und überwachten und kontrollierten den internationalen Terrorismus sowie den Links- und Rechtsextremismus in der Bundesrepublik. Wie noch ausführlicher dargestellt wird, übernahm die Hauptabteilung XXII dabei nicht nur eine kontrollierende Funktion, sondern unterstützte zumindest zeitweise auch einzelne terroristische Gruppen und Aktionen (vgl. Kap. 5.6).

In Richtung Westen arbeitete auch die im Dezember 1975 auf Befehl Mielkes gebildete *Zentrale Koordinierungsgruppe (ZKG)*, die die Aufgabe hatte, das Vorgehen des MfS gegen Übersiedlungs- und Fluchtwillige zu vereinheitlichen. Obgleich die ZKG vor allem eine Überwachungs-, Analyse- und Repressivfunktion nach innen besaß, war die „Arbeit im und nach dem Operationsgebiet" in dieser Diensteinheit von zentraler Bedeutung. So war sie beispielsweise für die „politisch-operative Bearbeitung" von Fluchthelfergruppen, „Feindorganisationen" sowie besonders aktiven Personen zuständig, die mit Flucht und Ausreisen in Verbindung gebracht wurden; zu diesem Zweck wurden inoffizielle Mitarbeiter in West und Ost angeworben und eingesetzt. Die für Übersiedlungen und Rückkehrersuchen zuständige Abteilung 1 war unter anderem mit der Bearbeitung von Rechtsanwalts- und Haftfällen sowie von „Listenfällen" und „Problem- und Prominentenfällen" befaßt; sie hatte zudem die Bittbriefe westlicher Politiker zu prüfen. Aufgabe der Abteilung 2 war es, Fluchtbestrebungen und Fluchthilfeorganisationen zu bekämpfen, die vom MfS als „Kriminelle Menschenhändlerbanden" bezeichnet wurden; dies geschah überwiegend in Operativen Vorgängen oder in Zentralen Operativen Vorgängen, bei denen jeweils mehrere Dienst-

304 IMB „Rennfahrer"; BStU, ZA, A 593/79.
305 HIM „Gabriele"; BStU, ZA, AIM 252/74.

einheiten zusammenarbeiteten.[306] Namentlich das Referat 3 dieser Abteilung hatte den Auftrag, im „Operationsgebiet“ gegen den „staatsfeindlichen Menschenhandel“ vorzugehen und dazu eine breite „inoffizielle Basis“ anzuleiten. Die Abteilung 4 war für „feindliche“ Objekte und Personen in der Bundesrepublik zuständig, wobei das Referat 2 ausschließlich die Zentrale Aufnahmestelle in Gießen und das Durchgangswohnheim in Berlin-Marienfelde ausforschte. Die Abteilung 5 kämpfte ebenfalls gegen bundesdeutsche „Feindorganisationen“, und zwar insbesondere gegen die in Frankfurt am Main ansässige Internationale Gesellschaft für Menschenrechte sowie gegen den eingetragenen Verein Hilferufe von drüben in Lippstadt; diese sollten im Ergebnis planmäßiger Diskreditierung und Verunsicherung „zersetzt“ werden. Wie erfolgreich das MfS dabei war, mit bis in die Gegenwart reichenden Nachwirkungen, hat Jürgen Wüst am Beispiel der IGFM gezeigt, die im 61 Bände umfassenden ZOV „Zentrale“ bearbeitet und vom MfS systematisch als rechtsextrem stigmatisiert wurde.[307] Ähnlichen Aufwand entfaltete die Abteilung mit dem ZOV „Kontra“ gegen die Gruppe Hvd, auf die nach Aktenlage im Laufe der Jahre 83 inoffizielle Mitarbeiter angesetzt waren, die unter anderem durch eine systematische Recherche in den Speichern des MfS und durch die Überwachung praktisch aller Verbindungen von Lippstadt in die DDR und umgekehrt rekrutiert wurden. Sie hatten die Aufgabe, die „Feindorganisation“ aufzuklären und zu „zersetzen“, wobei die ZKG – wie immer in solchen Fällen – bei der Umsetzung der Maßnahmen eng mit anderen Diensteinheiten des MfS zusammenarbeitete, insbesondere mit der HV A, den Hauptabteilungen III, IX und XX sowie mit der Abteilung Agitation (vgl. Kap. 5.7).[308]

Ebenfalls der West-Arbeit zuzuordnen ist die *Arbeitsgruppe XVII*, die für die sogenannten Büros für Besuchs- und Reiseangelegenheiten der DDR in Westberlin zuständig war und bis zum Sommer 1989 zum Stellvertreterbereich von Mittig zählte. Die 308 hauptamtlichen Mitarbeiter stellten nicht nur in den fünf Genehmigungsstellen Einreiseerlaubnisse für Westberliner aus, sondern waren auch für die Klärung von „Vorkommnissen“ aller Art zuständig, die im Rahmen ihrer Arbeit im „Operationsgebiet“ auftraten.

Unter den vom Mielke-Stellvertreter Schwanitz verantworteten Diensteinheiten kam der *Hauptabteilung III* eine besondere und für die West-Arbeit des gesamten MfS zentrale Bedeutung zu. Als „Diensteinheit des funkelektronischen Kampfes“ (ELOKA) waren die 2361 Mitarbeiter für die systematische Überwachung von Funknetzen und Nachrichtenverbindungen im Westen zuständig. Diese nahm in den achtziger Jahren ein derartiges Ausmaß an, daß man ohne Übertreibung von einer „Ätherpolizei“ sprechen kann.

306 Vgl. zu diesem Komplex u. a. die Diplomarbeiten der MfS-Mitarbeiter *Bogisch*, *Debski* und *Hauck* (s. Anhang).
307 Vgl. ZOV „Zentrale“; BStU, ZA, AOP 6072/91; *Wüst 1996*.
308 Ausführlicher dazu: *Clausen/Kamphausen/Löwenthal 1993*, S. 249 ff.

Wie noch ausführlicher dargestellt wird (vgl. Kap. 5.3), übernahm es die „Linie III" nicht nur, Funksprüche bundesdeutscher Polizeikräfte oder westlicher militärischer Einrichtungen aufzufangen und zu entschlüsseln. Vielmehr hörte sie auch systematisch einen großen Teil des überörtlichen Telefonverkehrs in der Bundesrepublik ab und recherchierte ungehindert in den Datennetzen von Einwohnermeldeämtern, Polizeidienststellen und des Kraftfahrtbundesamtes in Flensburg. Die über den Äther gewonnenen Informationen wurden systematisch ausgewertet und anschließend den zuständigen Diensteinheiten übermittelt. Diese waren dadurch oft schneller und gründlicher informiert als über ihre inoffiziellen Mitarbeiter.

Von den zahlreichen Untergliederungen der Hauptabteilung III hatte die Abteilung 1 mit 87 Planstellen die eingehenden „operativen Informationen" auszuwerten und zu analysieren. Die Abteilung 12 wertete funktechnische Informationen, unter anderem zur Herausarbeitung von nachrichtentechnischen Trends und Abschöpfquellen sowie zur Bewertung der Bedeutung „gegnerischer Nachrichtenkanäle", aus. Die Abteilung 6 war für die Aufklärung dieser Nachrichtenverbindungen zuständig, und spezielle Abteilungen befaßten sich mit der Informationsgewinnung aus den verschiedenen Medien: für Kurzwelle die Abteilung 8, für Satellitenfunk die Abteilung 2, für Richtfunk die Abteilung 7, für drahtgebundene Nachrichtenverbindungen die Abteilung 16. IM-Arbeit im und nach dem Westen betrieb die Abteilung 11 mit ihren 16 Planstellen, wobei sie von der Abteilung 10, die den Amateurfunk überwachte, unterstützt wurde.

Von spezifischer Bedeutung für die West-Arbeit des MfS war der sogenannte *Operativ-technische Sektor (OTS)* mit seinen 1 131 hauptamtlichen Mitarbeitern. Hier wurden zum Beispiel „Container" entwickelt und hergestellt, in denen unentdeckt Filmrollen aus dem Westen transportiert werden konnten, Taschen mit doppelten Böden und anderen Verstecken, Spezialkameras zur Anfertigung von „Mikraten" (fingernagelgroße Filmnegative, die Platz unter einer Briefmarke fanden), „operative Dokumente", die teilweise oder total gefälscht sein konnten, Flüssigkeiten, die unsichtbares Schreiben ermöglichten, Nachschlüssel und komplizierte „Nachschließtechnik", technische Mittel zur Beobachtung oder zum Belauschen.

Auch die *Abteilung XI* des MfS mit ihren 513 Mitarbeitern war für die West-Arbeit nicht unbedeutend, sollte sie schließlich unter anderem den Chiffrierverkehr der ausländischen Vertretungen in der DDR enttarnen. Gravierender war aber noch die Tätigkeit der *Abteilung 26*, die nicht nur den Telefon- und Telexverkehr der DDR überwachte (Auftrag „A" und „T") – also auch jene Verbindungen, die aus der oder in die DDR zustande kamen –, sondern darüber hinaus „Wanzen" installierte (Auftrag „B") und Videodokumentationen anfertigte (Auftrag „D"). Für die Überwachung von Diplomaten und Korrespondenten in der DDR war dabei speziell ihre *Abteilung 5* mit mehr als 40 hauptamtlichen Mitarbeitern verantwortlich.

Zuständig für „Auslandsaufklärung", „Gegenspionage" und „aktive Maßnahmen" im Westen war schließlich die mit 3 819 hauptamtlichen Mitarbeitern größte Diensteinheit des MfS – die *Hauptverwaltung A (HVA)* oder *Hauptverwaltung Aufklärung*, wie sie oftmals in Publikationen und zuweilen auch in MfS-Dokumenten genannt wird.[309] Wie in Kap. 5.1 ausführlicher dargestellt wird, betrieb die HV A in erster Linie die Ausforschung der zentralen staatlichen Einrichtungen der Bundesrepublik, der Parteien und gesellschaftlichen Organisationen, des Militärs, des Zivilschutzes und der Geheimdienste, der NATO, der EU und Nordamerikas sowie nicht zuletzt der Wirtschaft und der Forschung. Prominente Spione wie Günter Guillaume, Hannsheinz Porst, William Borm, Gabriele Gast und das Ehepaar Rupp wurden von dieser Diensteinheit geführt, die bis 1986 von Generalleutnant Markus Wolf geleitet wurde.

Durch die einheitliche Leitung des Ministeriums für Staatssicherheit war, trotz MfS-interner Konspiration, für ein enges Zusammenspiel all dieser Arbeitsbereiche gesorgt. Die einfließenden Informationen wurden automatisch an die davon betroffenen Diensteinheiten weitergeleitet und zusätzlich auf verschiedenen Ebenen zur Auswertung gebracht. Zugleich informierten die auswertenden Stellen sowohl von sich aus als auch auf Anfrage über die dort vorliegenden Erkenntnisse. In vielen Fällen war die Kooperation durch Richtlinien und Dienstanweisungen genau geregelt; bei Bedarf konnte sie zusätzlich durch Absprachen der Leiter oder durch Anordnung der höheren gemeinsamen Leitungsebene erzielt werden. Durch das Prinzip der zentralen „Erfassung" von Personen und Objekten waren die Zuständigkeiten im Regelfall eindeutig, so daß die Zusammenarbeit in der Praxis ohne größere Reibungsverluste entweder direkt zwischen den „operativen" Mitarbeitern oder über deren Leiter erfolgte.

309 Siebenmorgen meint dazu, das „A" könne keineswegs mit „Aufklärung" aufgelöst werden, sondern sei „lediglich eine Bezeichnungsabgrenzung zu anderen Gliederungskomplexen des MfS, so, wie die bis in die sechziger Jahre hinein existierende Struktureinheit, die für den Bereich der rückwärtigen Sicherstellung zuständig war, Hauptverwaltung B hieß". Erst in den Tagen der Auflösung der Stasi habe man es für vorteilhaft gehalten, zur Betonung des Aufklärungscharakters der HVA auch in offiziellen Dokumenten der Hauptverwaltung A „Aufklärung" zu schreiben. *Siebenmorgen 1993*, S. 106 f.

5 Zur West-Arbeit ausgewählter Diensteinheiten

5.1 Auslandsspionage und „aktive Maßnahmen" in der Bundesrepublik – Die Hauptverwaltung A

Geschichte und Arbeitsweise der „Auslandsaufklärung"[310] des MfS, für die in der Zentrale die Hauptverwaltung A, auf Bezirksebene die Abteilungen XV und auf Kreisebene die Offiziere für Aufklärung zuständig waren, lassen sich auch zehn Jahre nach Auflösung des Ministeriums für Staatssicherheit nur unvollkommen darstellen. In keinem anderen Sektor ist die Quellenlage so prekär wie in diesem, da aus der praktischen „operativen" Arbeit kaum Aktenmaterial überliefert ist. Während in den meisten anderen Diensteinheiten die im November 1989 einsetzende systematische Vernichtung von Aktenbeständen von den Bürgerkomitees gestoppt werden konnte, hatte sich die Arbeitsgruppe Sicherheit des Zentralen Runden Tisches „in Berücksichtigung der spezifischen Bedingungen" der „Auslandsaufklärung" im Februar 1990 damit einverstanden erklärt, daß die HV A ihre Auflösung selbst betrieb und dafür bis Ende Juni 1990 Zeit eingeräumt bekam.[311] Die Vertreter der Staatssicherheit hatten die Beteiligten am Runden Tisch zuvor davon überzeugen können, daß die „Auslandsaufklärung" mit der inneren Repression in der DDR nichts zu tun gehabt hätte, die Mitarbeiter der HV A im Ausland deshalb unauffällig zurückgezogen und die Unterlagen vernichtet werden sollten. Bereits von Ende Oktober 1989 an war es in der HV A zu einer „radikale[n] Reduzierung [...] der Akten und des Karteienbestandes" gekommen, und Ende Februar 1990 wurde damit begonnen, das zentrale Archiv der HV A bis auf einen kleinen Restbestand zu vernichten und auch den größten Teil der Unterlagen der Abteilungen XV in den Bezirksverwaltungen zu beseitigen.[312]

310 „Auslandsaufklärung" wird in diesem Kapitel synonym für jenen Teil des MfS-Apparates benutzt, der bis 1986 Markus Wolf und danach Werner Großmann unterstand: die HV A (bis 1956: HA XV), die von der HV A angeleiteten Abteilungen XV der Bezirksverwaltungen sowie die diesen fachlich unterstellten Offiziere für Aufklärung in den Kreisdienststellen. Streng genommen betrieben jedoch auch andere Diensteinheiten „Auslandsaufklärung" (vgl. Kap. 2.1. und 4.3.), und der Wolf-Apparat war darüber hinaus für „Gegenspionage" und „aktive Maßnahmen" im Westen zuständig.

311 *Gill/Schröter 1991*, S. 213; vgl. auch *Schlomann 1993*, S. 65 ff.

312 Abschlußbericht über die Auflösung der ehemaligen HV A vom 19.6.1990, S. 3 f. und 6 f.; BStU, ZA, HV A 804. Diesem Bericht zufolge blieben lediglich 45 laufende Meter Schriftgut von der Vernichtung verschont. Eine ausführliche Schilderung der Vernichtungsaktion und der gezielt hinterlassenen Unterlagen, vornehmlich zu westlichen Geheimdiensten, gibt der ehemalige HVA-Offizier Klaus Eichner; vgl. *Eichner/Dobbert 1997*, S. 275 ff.

In den Archiven des Bundesbeauftragten für die Stasi-Unterlagen steht deshalb zur Rekonstruktion der Tätigkeit der HV A nur ein schmaler Quellenbestand zur Verfügung – in erster Linie Befehle und Anweisungen zu Struktur- und Personalveränderungen aus der Dokumentenverwaltung des MfS, vereinzelte Berichte und Pläne, die im Sekretariat des Ministers abgelegt wurden, Schriftstücke der „Aufklärung", die in den Abteilungen XV mancher Bezirksverwaltungen überliefert geblieben sind, operatives Material der HV A, das an andere Diensteinheiten weitergeleitet wurde und dort der Vernichtung entging, sowie jene Akten, die von der HV A bewußt zurückgelassen wurden.[313] Geschlossene Operativ-Vorgänge oder IM-Akten aus dem Bereich der „Aufklärung" wurden nur in wenigen Fällen gefunden – namentlich in der Außenstelle Leipzig, wo sich das örtliche Bürgerkomitee 1990 dem Ansinnen des damaligen Innenministers der DDR, Peter-Michael Diestel, widersetzte, die Akten der Abteilung XV nach Berlin zu überstellen.[314] Über die Bearbeitung von Politikern, Ministerien, Parteien und Verbänden, über die Einflußnahme auf Medien und Politik, über die Infiltrierung von Gewerkschaften, Kirchen und Unternehmen oder über die Durchführung von sogenannten spezifischen Maßnahmen der HV A im Westen ist dagegen kaum Vorgangsmaterial überliefert. Dieses Defizit wird auch nicht durch die verschiedenen inzwischen publizierten „Erinnerungen" ehemaliger Mitarbeiter der HV A ausgeglichen, da diese häufig mehr zur Legendenbildung als zur historischen Aufarbeitung beitragen.[315] Die nachfolgende Skizze zur Tätigkeit der HV A muß daher notgedrungen schemenhaft und unvollständig bleiben.

5.1.1 Organisationsstruktur

Obwohl der Außenpolitische Nachrichtendienst der DDR von Anbeginn eng mit dem Ministerium für Staatssicherheit zusammenarbeitete, genoß die „Auslandsaufklärung" auch nach ihrer Integration in das MfS im Herbst 1953 einen gewissen Sonderstatus. Die weitgehende Steuerung der West-Arbeit durch sowjetische Instrukteure in den ersten Jahren und die enge Kooperation mit dem sowjetischen Geheimdienst KGB bis zur Auflösung, der besonders große Zwang zur Konspiration bei im Westen ansässigen Quellen und deren oftmals hochsensible Plazierung im „Feindesland", die Ernennung von Markus Wolf zum stellvertretenden Chef der Staatssicherheit (1953) und seine ausgeprägten persönlichen Ambitionen als Leiter der „Auslandsaufklärung" – all diese Faktoren führten dazu, daß die „Aufklärung" innerhalb des MfS von Anbeginn mit einer besonderen Aura umgeben war.[316] Gleichwohl

313 Ein Teil des Anleitungsmaterials der HV A ist dokumentiert in: *Müller-Enbergs 1998*.

314 Zum Leipziger Bestand der „Aufklärung" vgl. ausführlich: *Sélitrenny/Weichert 1991*.

315 Vgl. exemplarisch: *Bohnsack/Brehmer 1992*; *Bohnsack 1997*; *Deckname Stabil 1988*; *Eichner 1995*; *Eltgen 1995*; *Günther o. J.*; *Guillaume 1990*; *Michels 1992*; *Richter/Rösler 1992*; *Runge/Stelbrink 1990*; *Stiller 1986*; *Voelkner 1989*; *Wolf 1991, 1992, 1997*.

316 Zum „Mythos" der HV A vgl. *Fricke 1997b*.

unterschied sich die Arbeitsweise in diesem Bereich nicht grundsätzlich von der West-Arbeit anderer Diensteinheiten.

Während die „Auslandsaufklärung" MfS-intern anfangs oft als „Wolf-Apparat", als „Abt. Wolf" oder als „Apparat Heidenreich"[317] bezeichnet wurde, lautete ihre offizielle Bezeichnung zunächst „Hauptabteilung XV". 1956 wurde sie in „Hauptverwaltung A" umbenannt, während die 1955 gebildeten Aufklärungsabteilungen in den Bezirksverwaltungen bis zuletzt die Bezeichnung „Abteilung XV" behielten, in Berlin bis 1957 „Abteilung IV". Im Zuge der Ausweitung der West-Arbeit unter Wollweber gewann die „Auslandsaufklärung" im MfS Mitte der fünfziger Jahre zunehmend an Bedeutung (vgl. Kap. 4.2.1) und zählte mit 481 hauptamtlichen Mitarbeitern (1958) schon damals zu den größten Diensteinheiten der DDR-Staatssicherheit.[318]

Die inneren Strukturen des Außenpolitischen Nachrichtendienstes blieben nach dessen Einbindung ins MfS (vgl. Kap. 4.1) anfangs weitgehend unverändert. Die wachsende Bedeutung der wissenschaftlich-technischen Aufklärung führte jedoch dazu, daß die zuständige Abteilung 2 im Jahre 1954 zur Hauptabteilung IV aufgewertet wurde – die bisherige Hauptabteilung IV (Operative Dienste/Technik) erhielt statt dessen die Ziffer VI. 1955 wurde zudem die für Sabotageaktionen im Westen zuständige Abteilung „Zur besonderen Verwendung" (z.b.V.) für vier Jahre Markus Wolf direkt unterstellt. Er selber wurde im Mai 1954 zum Generalmajor ernannt und erhielt für seine Arbeit eine Reihe von Auszeichnungen wie das Ehrenzeichen der Deutschen Volkspolizei, den „Vaterländischen Verdienstorden" (VVO) in Silber (beide 1954) und die Verdienstmedaille der NVA in Gold (1957).[319] 1956 befahl der Minister für Staatssicherheit die Bildung einer zusätzlichen Abteilung im Aufklärungsapparat zur „Bearbeitung des Bundesverteidigungsministeriums, seiner nachgeordneten Dienststellen, der NATO-Stäbe in der Bundesrepublik sowie zur Organisierung einer Masseninfiltration in die Truppenteile der [damals neugegründeten] Bundeswehr".[320]

Zur „weiteren Verbesserung der Arbeitsweise und Arbeitsorganisation des Ministeriums" hielt Mielke 1959 eine „Vereinfachung der Struktur der Hauptverwaltung A" für erforderlich. Er befahl, deren Hauptabteilungen aufzulösen und durch eine neue Organisationsstruktur zu ersetzen.[321] Als integraler

317 Gerhard Heidenreich war zu dieser Zeit Stellvertreter von Markus Wolf und u. a. für die Kaderarbeit verantwortlich.

318 *Giesecke 1995*: Mitarbeiterstatistik der Diensteinheiten des MfS Berlin 1954 bis 1989 (Anlage).

319 HA Kader und Schulung: Kurzbiographie vom 18.11.1987, S. 3; BStU, ZA, AOP 22623/91, Bd. Ia. Insgesamt erhielt Wolf bis zu seinem Ausscheiden aus dem MfS mehr als 70 Auszeichnungen und Orden.

320 DA 18/56 vom 17.8.1956 betreffs „Maßnahmen zur Bearbeitung der Bundeswehr, des Bundesverteidigungsministeriums und seiner nachgeordneten Dienststellen, der NATO-Stäbe und der Soldatenverbände in der Bundesrepublik", S. 1; BStU, ZA, DSt 100977. Die Abteilung sollte zentral in der HA II der HV A und auf Bezirksebene in den Referaten der Abteilungen XV disloziert werden.

321 Befehl 48/59 vom 29.1.1959, S. 1; BStU, ZA, DSt 100245.

Bestandteil des Ministeriums verlor die HV A damals ihr selbständiges Referat Finanzen, ihr eigenständiges Kaderreferat sowie einen Teil ihres bis dahin weitgehend eigenständigen technischen und Verwaltungsapparates.[322] Nach der von Mielke angeordneten Umstrukturierung gliederte sich die HV A ab 1959 in folgende selbständige Abteilungen:

„Abteilung 1: verantwortlich für die Bearbeitung des westdeutschen Staatsapparates (außer militärischen Objekten und Geheimdiensten).
Abteilung 2: Bearbeitung der wichtigsten Parteien, Massenorganisationen und anderer politischer Organisationen in Westdeutschland und Westberlin (außer Ostbüro und ähnliche Organisationen).
Abteilung 3: Für die Bearbeitung der politischen Zentren der imperialistischen Hauptmächte auf dem Gebiet Westdeutschlands und Westberlins und für die Arbeit in ‚dritten Ländern'.
Abteilung 4: Bearbeitung der militärischen Zentren der Bundesrepublik und der NATO.
Abteilung 5: Für die wissenschaftlich-technische Aufklärung sowie die Aufklärung der wirtschaftlich-politischen und feindlichen Pläne der Konzerne, Banken und Unternehmerorganisationen.
Abteilung 6: Für Ausbildung und Legalisierung.
Abteilung 7: Auswertung und Information.
Abteilung 8: Operative Dienste.
Objekt 9: Schule der Hauptverwaltung A."[323]

Diese Strukturen blieben in ihren Grundzügen bis zur Auflösung der HV A im Frühjahr 1990 bestehen. Im Verlauf von drei Jahrzehnten wurden sie jedoch durch das Hinzutreten neuer Aufgabengebiete und eine größere Spezialisierung ergänzt und verfeinert. Im Industriezentrum Jena wurde 1962 ein Sonderreferat der – inzwischen mit römischen Ziffern benannten – Abteilung V mit den „Arbeitsgebieten" Elektrotechnik/Optik, Mikrobiologie/ Bakteriologie und Flugzeugbau/Maschinenbau geschaffen, das die Möglichkeit hatte, in allen bedeutenden Betrieben und Forschungseinrichtungen der Stadt „selbständig operative Maßnahmen durchführen zu können".[324] Im Mai 1966 wurde ein zehn Jahre zuvor gebildetes Sonderreferat „F" per Ministerbefehl aus dem Bereich der Abteilung VII herausgelöst und zur Abteilung X aufgewertet, die für „aktive Maßnahmen" im Westen zuständig

322 Die Aufgaben des selbständigen Referates Finanzen der HV A wurden mit Wirkung vom 1.1.1959 von der Abteilung Finanzen des Ministeriums übernommen; vgl. Befehl 46/59 vom 30.1.1959; BStU, ZA, DSt 100244. Die Aufgabengebiete der Abteilung 1 der HA VI (Operative Dienste/Technik) wurden mit der Arbeitsgruppe D der Abteilung K des Ministeriums zur neuen Abteilung L zusammengelegt; vgl. Befehl 48/59 vom 29.1.1959, S. 2; BStU, ZA, DSt 100245.
323 Ebenda, S. 1 f.
324 Befehl 172/62 vom 2.4.1962; BStU, ZA, DSt 100341.

war. Drei Jahre später folgte die Neugliederung der Abteilung V, indem die bis dahin bestehenden Referate B, D und E wie nachstehend beschrieben umstrukturiert und umbenannt wurden:

„Referat 2 Chemische und biologische Forschung und deren Anwendung – Chemische Großindustrie einschließlich der wissenschaftlichen Institute und Verbände des Fachgebietes.
Referat 3 Chemische Anlagen und Verfahrenstechnik.
Referat 6 Rüstungskonzerne – konventionelle Rüstung des Schiffbaus und Kriegsfahrzeugbau.
Referat 7 Objekte des Maschinenbaus – Chemieanlagenbau – Mechanisierung und Automatisierung – Grundlagenforschung des Fachbereiches.
Referat 9 Militärelektronik – Nachrichtentechnik – Starkstromtechnik.
Referat 10 Datenverarbeitung – Bauelemente.“[325]

Zur „schnellen und effektiveren Realisierung der beschafften Materialien [...] durch Nutzung offizieller und halboffizieller Möglichkeiten“ wurde 1969 zugleich die „Linie WTA“ (Wissenschaftlich-technische Auswertung) erweitert: Der Auswertungsbereich des MfS sollte um 23 Planstellen und eine Arbeitsgruppe für die Auswertung von strategischen militärtechnischen Informationen vergrößert werden.[326] Zur „Vermeidung von Doppelaufträgen“ wurde zudem eine spezielle Koordinierungsgruppe unter Federführung der HV A für die „Beschaffung von Mustern wichtiger Militärtechnik“ geschaffen.[327] Mit dem „Sektor Wissenschaft und Technik“ (SWT) schuf sich die HV A 1970 dann einen eigenen Organisationsbereich, der nur für die Aufklärung und Auswertung auf diesem Gebiet zuständig war. Der Sektor bestand zuletzt aus sieben verschiedenen Arbeitseinheiten, von denen vier den Rang einer eigenen Abteilung hatten: Abteilung V im SWT war für die wissenschaftlich-technische Auswertung zuständig, Abteilung XIII für die Aufklärung der Grundlagenforschung, Abteilung XIV für die Aufklärung von Elektronik, Optik und EDV, Abteilung XV für die Aufklärung von Wehrtechnik, Maschinenbau, Luft- und Raumfahrt; darüber hinaus gab es im SWT die Arbeitsgruppen 1 (Residenturkräfte, IM in technisch-kommerziellen Büros), 3 (Operative Beschaffung von Rüstungsgütern) und 5 (Nutzung offizieller Kontakte). Zur „Realisierung der zentralen Schwerpunktaufgabe ‚Wirtschaftsaufklärung‘“ wies Wolf 1983 an, daß der Leiter des SWT auch für die Koordinierung der Tätigkeiten der Hauptabteilung XVIII zuständig sei.[328]

325 Befehl 26/69 vom 9.8.1969, S. 1 f.; BStU, ZA, DSt 100595.
326 Ebenda, S. 2.
327 Befehl 23/69 „über die Koordinierung der Maßnahmen zur Beschaffung von Mustern wichtiger Militärtechnik“ vom 14.7.1969, S. 1 f.; BStU, ZA, DSt 100593.
328 DA 2/83 der HV A „zur Organisierung und Durchführung der Wirtschaftsaufklärung im Bereich der Hauptverwaltung A und der Abteilungen XV der Bezirksverwaltungen“ vom 15.11.1983, S. 5; BStU, ASt Berlin, XV/8.

Die Hauptveraltung Aufklärung 1989

Leiter der HV A
und Stellvertreter des Ministers
Generaloberst Werner Großmann

Parteiorganisation der SED in der HVA
1. Sekretär
Generalmajor Otto Ledermann

- Sekretariat – Oberst Günter Irmscher
- Arbeitsgruppe des Leiters, Mobilmachung – Oberst Christian Rößler
- Abt. VII, Auswertung und Information – Oberst Werner Bierbaum
- Abt. IX, Äußere Spionageabwehr (Gegenspionage) – Generalmajor Harry Schütt
- Abt. X, „Aktive Maßnahmen“: Desinformation, Einflußagenturen – Oberst Rolf Wagenbreth
- Arbeitsgruppe Sicherheit, Sicherung des Agentennetzes – Oberst Eberhard Kopprasch

1. Stellvertreter – Generalmajor Horst Vogel
- Abt. VIII, Operative Technik und Funk – Oberst Werner Degenhardt
- Abt. XX, EDV in der HV A – Oberst Peter Feuchtenberger
- Sektor Wissenschaft und Technik – Oberst Manfred Süß
  - Abt. V, Wissenschaftlich-technische Auswertung – Oberst Harry Herrmann
  - Abt. XIII, Aufklärung Grundlagenforschung – Oberst Siegfried Jesse
  - Abt. XIV, Aufklärung Elektronik, Optik, EDV – Oberst Horst Müller
  - Abt. XV, Aufklärung Wehrtechnik, Maschinenbau, Luft- und Raumfahrt – Oberst Günter Ebert
  - Arbeitsgruppe 1, Residenturkräfte, IM in technisch-kommerziellen Büros – Oberst Gerhard Jauck
  - Arbeitsgruppe 3, Operative Beschaffung von Rüstungsgütern – Oberst Erich Gaida
  - Arbeitsgruppe 5, Nutzung offizieller Kontakte – Oberst Christian Streubel

Stellvertreter und Leiter des Stabes – Generalmajor Heinz Geyer
- Stab, Grundsatzdokumente, Koordinierung, Registratur – Oberst Heinz Enk (1. Stellvertreter)
- Abt. VI, Operativer Reiseverkehr, „Regimefragen“ – Oberst Helmut Reinhold
- Abt. XVII, Grenzschleusungen – Oberst Werner Wulke
- Abt. Rückwärtige Dienste, Materiell-technische und finanzielle Sicherstellung – Oberst Tilo Kretzschmar
- Arbeitsgruppe XV/BV, Anleitung der Abt. XV der Bezirksverwaltungen – Oberst Manfred Ebert

Stellvertreter – Oberst Ralf-Peter Devaux
- Abt. I, Aufklärung Staatsapparat BRD: Kanzleramt, Ministerien, Behörden – Oberst Bernd Fischer
- Abt. II, Aufklärung Parteien, Organisationen und Kirchen BRD – Oberst Kurt Gailat
- Abt. XVI, Nutzung legaler Beziehungen (vor allem BRD) – Oberst Rudolf Genschow
- Abt. XVIII, Vorbereitung von Sabotage, Aufklärung Zivilschutz – Oberst Gotthold Schramm

Stellvertreter – Generalmajor Heinrich Tauchert
- Abt. IV, Militärische Aufklärung BRD – Oberst Siegfried Milke
- Abt. XI, Aufklärung Nordamerika und US-Einrichtungen in der BRD – Oberst Jürgen Rogalla
- Abt. XII, Aufklärung NATO und EG – Oberst Klaus Rösler

Stellvertreter – Generalmajor Werner Prosetzky
- Abt. III, Legal abgedeckte Residenturen (außer USA und BRD) – Oberst Horst Machts
- Abt. XIX, Schulung, Betreuung, Sprachmittlung, Traditionsarbeit – Oberst Harry Mittenzwei
- Schule der HVA in Gosen, Aus- und Weiterbildung, analytische Arbeiten – Oberst Bernd Kaufmann

1973 befahl Mielke, daß „die bisher von der Hauptabteilung II bzw. den Abteilungen II der Bezirksverwaltungen wahrgenommenen Aufgaben der Bearbeitung feindlicher Zentren im Operationsgebiet [...] von der Hauptverwaltung A bzw. den Abteilungen XV der Bezirksverwaltungen übernommen" werden sollten; für die „Äußere Spionageabwehr" oder „Gegenspionage" sowie für die „Sicherung der Auslandsvertretungen der DDR im nichtsozialistischen Ausland" war fortan die neu gebildete Abteilung IX zuständig.[329] 1985 ließ Mielke innerhalb der HV A dann den „Bereich K" bilden, der die Aufgabe hatte, „vorhandene Reserven bei der Nutzung ausgewählter Einrichtungen, Institutionen und Organisationen der DDR für die Aufklärung systematischer zu erschließen".[330] Ein Jahr darauf schuf Wolf die Arbeitsgruppe Z (AG Z), die der Abteilung VII zugeordnet war und „ab sofort außer zum Befehl 1/85 des Genossen Ministers [zur Aufdeckung akuter Aggressionsabsichten des Westens] auch über andere bedeutende Vorkommnisse und Ereignisse im Operationsgebiet wie feindliche Pläne und Handlungen sowie Provokationen gegen die DDR, andere sozialistische Staaten; Militärputsche, Terrorakte, Attentate; Fahndungen, Festnahmen von IM unverzüglich telefonisch oder in kurzer schriftlicher Form zu informieren" hatte.[331]

Ende 1986 kam auch die bislang der Arbeitsgruppe des Ministers (AGM) zugeordnete und unter anderem für die Aufklärung von möglichen Sabotageobjekten im Westen zuständige Abteilung IV des MfS zur HV A: Per Ministerbefehl wurde sie „als selbständige Struktureinheit im MfS aufgelöst und die Realisierung der ihr bisher obliegenden politisch-operativen Aufgaben der HV A übertragen" – durch Bildung der Abteilung XVIII.[332] Eine weitere Ziffer wurde 1987 von der neu gebildeten Abteilung XIX belegt, in der die bis dahin bestehenden selbständigen Arbeitsgruppen „Schulung und Traditionspflege", „Operative Betreuung von aus dem Operationsgebiet zurückgezogenen Kundschaftern" und „Fremdsprachen" aufgingen.[333] Kurz darauf beschloß Mielke überdies, „aus der Hauptabteilung Kader und Schulung die Abteilung Fremdsprachenausbildung herauszulösen und in die Hauptverwaltung A einzugliedern".[334] 1988 schuf er schließlich aus verschiedenen Arbeitsgruppen und Bereichen der HV A die Abteilungen XVI (zuvor: „Bereich K"), XVII (zuvor: AG Grenze) und XX (zuvor: AG EDV).[335] Die Befugnisse der Leiter der einzelnen Diensteinheiten waren in Dienstanweisungen von 1982 und 1989 detailliert geregelt.[336]

329 Befehl 14/73 vom 23.4.1973; BStU, ZA, DSt 100750.
330 Befehl 10/85 vom 5.6.1985, S. 1; BStU, ASt Berlin, XV 13.
331 Schreiben des Stellvertreters des Ministers vom 1.4.1986; BStU, ASt Berlin, XV 389.
332 Befehl 21/86 vom 15.12.1986, S. 1; BStU, ZA, DSt 103342.
333 Befehl 7/87 vom 29.5.1987; BStU, ZA, DSt 103382.
334 Befehl 21/87 vom 23.12.1987; BStU, ZA, DSt 103436.
335 Befehl 11/88 vom 20.6.1988; BStU, ZA, DSt 103493.
336 DA 5/89 der HV A zur Regelung der Entscheidungsbefugnisse und Bestätigungsberechtigungen der Leiter der HV A vom 3.10.1989; BStU, ASt Berlin, XV 16. Die DA 1/82 der

Nach dem Kenntnisstand zum Zeitpunkt der Drucklegung dieser Studie verfügte die Hauptverwaltung A zuletzt über 3 819 hauptamtliche Mitarbeiter; 669 Planstellen standen davon für Offiziere im besonderen Einsatz und 700 für Hauptamtliche Inoffizielle Mitarbeiter zur Verfügung.[337] Letzter Leiter der HV A war Generaloberst Werner Großmann, sein 1. Stellvertreter Generalmajor Horst Vogel. Dem Leiter direkt unterstellt waren die Abteilungen VII („Auswertung und Information"), IX („Äußere Spionageabwehr"), X („Aktive Maßnahmen") sowie die Arbeitsgruppe des Leiters (AGL) und die Arbeitsgruppe Sicherheit (AG „S"). Zum Bereich des 1. Stellvertreters gehörten die Abteilungen VIII („Operative Technik und Funk"), XX (EDV) sowie der bereits skizzierte „Sektor Wissenschaft und Technik" (SWT).

Dem Stellvertreter und Leiter des Stabes, Generalmajor Geyer, waren der Stab der HV A unterstellt sowie die Abteilungen VI („Operativer Reiseverkehr", „Regimefragen"), XVII („Grenzschleusungen"), XXI („Rückwärtige Dienste") und die für die Anleitung der Abteilungen XV in den Bezirksverwaltungen zuständige Arbeitsgruppe. Zum Stellvertreterbereich von Oberst Devaux gehörten die Abteilungen I („Aufklärung des Staatsapparates der Bundesrepublik"), II („Aufklärung der Organisationen und Parteien der Bundesrepublik"), XVI („Nutzung legaler Beziehungen") und XVIII („Sabotagevorbereitung, Aufklärung des Zivilschutzes"). Die Abteilungen IV („Militärische Aufklärung der Bundesrepublik"), XI („Aufklärung Nordamerika und US-Einrichtungen in der Bundesrepublik") und XII („Aufklärung NATO und EG") unterstanden dem Stellvertreter Generalmajor Tauchert; die Abteilungen III („Legal abgedeckte Residenturen in ‚dritten' Ländern") sowie XIX („Schulung und Betreuung") dem Stellvertreter Generalmajor Prosetzky.

Als einzige Diensteinheit verfügte die HV A über eine eigene Schule mit verschiedenen Lehrstühlen und einem hochschulähnlichen Studienprogramm. Im Rahmen der Umstrukturierung der HV A im Jahre 1959 erhielt die seit 1952 bestehende Schule die interne Bezeichnung „Objekt 9", später „Objekt S".[338] Sie hatte lange Zeit ihren Sitz in Belzig (Bezirk Potsdam) und war als „Zentralschule der Gesellschaft für Sport und Technik Etkar André" getarnt. Von 1965 an wurde sie schrittweise mit der neu gegründeten Juristischen Hochschule (JHS) des MfS verklammert: Zunächst erhielt die HVA-Schule den Rang einer Fachschule; Mitarbeiter der HV A konnten an ihr nach einem zweijährigen Studium an der JHS im dritten Studienjahr eine Spezialausbildung absolvieren. Darüber hinaus war sie für die Ausbildung von Mitarbeitern der HV A im Fernstudium, für die Durchführung von politischen

HV A lag zum Zeitpunkt der Veröffentlichung dieses Buches nicht vor; sie trägt in der Fassung vom 25.10.1983 die VVS-Nummer 0198 – A 36/83.

337 Zum Endzustand der HV A vgl. ausführlicher: *Müller-Enbergs 1998; Organisationsstruktur des Ministeriums für Staatssicherheit 1989*, S. 364 ff.; ferner: *Sélitrenny/Weichert 1991; Siebenmorgen 1993.*

338 Befehl 48/59 vom 29.1.1959; BStU, ZA, DSt 100245. Zur Schule der HV A vgl. *Förster 1996*, S. 21 ff. sowie – aus der Binnenperspektive – *Günther o. J.*

und operativen Qualifizierungslehrgängen – auch für Leiter von anderen Diensteinheiten – sowie für systematische Forschungsarbeit zuständig.[339]

Per Ministerbefehl erhielt die Schule der HV A 1968 den Status einer „Fachrichtung für Aufklärung" an der JHS, wobei dem Leiter der Schule die Rechte und Pflichten eines Prorektors zugewiesen wurden. Die „Fachrichtung für Aufklärung", die aus dem Institut Spezialausbildung A 1, Institut Spezialausbildung A 2, dem Lehrstuhl Marxismus-Leninismus und dem Lehrkabinett für Information und Dokumentation bestand, hatte nunmehr die Aufgabe, die an der JHS immatrikulierten Direkt- und Fernstudenten der HV A mit theoretischen Kenntnissen auszurüsten, die „für die Arbeit im Operationsgebiet" notwendig waren.[340] 1978 wurde festgelegt, daß die Offiziershörer (Fernstudenten) der HV A und der Abteilung XV der Bezirksverwaltungen ihr Studium bis zum Abschluß an der JHS durchführen.[341] 1983 erhielt die Schule entsprechend „den Erfordernissen der Aus- und Weiterbildung der Kader der Hauptverwaltung A sowie der Entwicklung der Forschungsarbeit auf dem Gebiet der Aufklärung" die Rechte und Pflichten einer Sektion der JHS übertragen.[342] Unabhängig davon blieben ihre Mitarbeiter Angehörige der HV A; Inhalt und Form des Studiums sowie der Forschungsarbeit legten weiterhin der dafür zuständige Stellvertreter des Rektors sowie der Leiter der HV A fest. Obwohl die Schule nun offiziell „Sektion A" hieß, bezeichnete sich ihr Leiter, Bernd Kaufmann, nach wie vor als Leiter der Schule der HV A. 1988 wurde die Schule, zusammen mit der ihr angeschlossenen Fremdsprachenschule des MfS in Dammsmühle, nach Gosen bei Berlin verlegt. Danach erfolgte eine grundlegende Umstrukturierung und Neubesetzung der Lehrstühle, die 1989 noch nicht abgeschlossen war. Im November 1989 gab es drei eigene Lehrstühle – Lehrbereich A: Politisch-operative Ausbildung; Lehrbereich B: Operative Spezialdisziplin und Methodik der nachrichtendienstlichen Arbeit; Lehrbereich F: Fremdsprachenschule des MfS.[343]

5.1.2 Aufgabenschwerpunkte

Die kurze Organisationsgeschichte der „Auslandsaufklärung" macht bereits deutlich, wo die Haupteinsatzrichtungen der HV A lagen – Ministerien, Parteien und Verbände der Bundesrepublik standen zunächst im Mittelpunkt der politischen Spionage. Daneben wurde eine intensive Wirtschafts- und

339 Direktive des Stellvertreters des Ministers über die Aufgaben der Schule der HV A bei der Ausbildung und Qualifizierung der Kader und die Zusammenarbeit mit der Juristischen Hochschule vom 28.6.1965; BStU, ZA, SdM 1474, S. 55–64.

340 Befehl [des Ministers] 4/68; BStU, ZA, DSt 100538.

341 Aktennotiz des Direktors für Erziehung und Ausbildung der JHS vom 4.9.1978; BStU, ZA, JHS 372, Bl. 6.

342 Befehl 7/83 [des Ministers] über die Übertragung der Rechte und Pflichten einer Sektion der Hochschule des MfS an die Schule der HV A – 1.6.1983; BStU, ZA, DSt 102940.

343 Eine ausführliche Darstellung der Struktur der Schule gibt: *Förster 1996*, S. 23.

Militärspionage sowie die Ausforschung der westlichen Alliierten in Deutschland betrieben. Später kamen weitere Bereiche wie Desinformation und Gegenspionage hinzu, und die Wirtschaftsspionage gewann immer mehr an Umfang. Auch geographisch dehnte sich das Aktionsfeld der HV A sukzessive aus.

Schon in den sechziger Jahren übernahm die HV A Arbeitsgebiete, die mit West-Arbeit oder Auslandsaufklärung nur noch wenig zu tun hatten. So bildete insbesondere die Unterstützung von linksorientierten Regimen und Bewegungen in der Dritten Welt einen neuen Schwerpunkt. 1964 wurden dem MfS in diesem Zusammenhang erste wichtige Aufgaben in Afrika übertragen: neben materiellen Hilfeleistungen vor allem die Entsendung von Beratern, Ausbildern, technischen Spezialisten sowie die Ausbildung von Mitarbeitern der „Sicherheitsorgane" anderer Staaten in der DDR. In einem von Wolf entworfenen Kader-Perspektivplan „für die Lösung von Sonderaufgaben zur Unterstützung junger Nationalstaaten und der nationalen Befreiungsbewegungen" aus dem Jahr 1965 wird auf die Notwendigkeit verwiesen, „in den verschiedensten Diensteinheiten des MfS qualifizierte Kader auszuwählen und systematisch auf die Lösung derartiger Aufgaben vorzubereiten". Für den Einsatz in Afrika waren danach 1965 36 und für 1970 48 MfS-Angehörige vorgesehen; für Asien waren es 16 und für Lateinamerika 18 (1965) bzw. 20 (1970). Über deren „Qualifizierungsmerkmale" hieß es: „Die in den einzelnen Diensteinheiten zu benennenden Mitarbeiter müssen absolut zuverlässig, einsatzbereit und durch mehrjährige Tätigkeit im MfS politisch-operativ erfahren sein, über umfangreiche Kenntnisse des Marxismus-Leninismus und gute Allgemeinbildung verfügen." Ausdrücklich merkte Wolf dabei an, daß der Plan „nicht identisch mit dem Kaderperspektivplan zur Besetzung von Funktionen in den Auslandsvertretungen der DDR [ist], in den ebenfalls Diensteinheiten der Abwehr und der Bezirksverwaltungen einbezogen" seien.[344]

Ein anderes „zusätzliches" Arbeitsgebiet der HV A bildete die „Zurückdrängung konterrevolutionärer Einflüsse" und die „Stärkung progressiver Kräfte in der ČSSR" während des „Prager Frühlings". Im Juni 1968 legte Wolf dazu seinem Minister einen Maßnahmeplan zur „Kenntnisnahme und Bestätigung" vor. Ziel war es, Informationen „aus den Zentren des Gegners" zu beschaffen, und herauszufinden, wie die Westmächte und die Bundesrepublik die innere Lage in der ČSSR einschätzten. Außerdem wollte Wolf Angaben über Reisen westdeutscher Bundestagsabgeordneter sowie Gewerkschafts- und Parteifunktionäre erlangen, Vorstellungen zum Ausbau der Handelsbeziehungen erkunden und Pläne zur Verbreitung westlicher Presseerzeugnisse in der ČSSR aufklären. Dazu sollten mehr als 20 IM aus dem

344 Kader-Perspektivplan für die Lösung von Sonderaufgaben zur Unterstützung junger Nationalstaaten und der nationalen Befreiungsbewegung (Entwurf), o. D. (1965); BStU, ZA, SdM 1448, Bl. 22–28, hier 26 und 28.

„Operationsgebiet“ eingesetzt werden – darunter die Quellen „Adler“ aus dem Bereich des Auswärtigen Amtes, „Schrammel“ aus dem Bereich des Auswärtigen Amtes und der SPD, „Gildemann“ aus dem Bereich des Bundesministeriums für gesamtdeutsche Fragen, Westberliner Dienststelle, „Jäger“ aus der SPD-Führung und Wirtschaftskreisen, „Stiller“ aus dem Bereich des Bundesministeriums für Wirtschaft, „Rabe“ über Kontakte des SPD-Vorstandes, „Wallone“ über Pläne und Absichten des SPD-Parteivorstandes, „Olaf“ aus der FDP-Fraktion des Bundestages und dem Parteivorstand der Partei, „Wieland“ über die Absichten der katholischen Kirche etc. Zugleich sollten zahlreiche DDR-IM „in Richtung ČSSR“ eingesetzt werden und sogar Studienbekanntschaften, verwandtschaftliche Beziehungen und Urlaubsbekanntschaften von HVA-Offizieren aktiviert werden.[345] Die Ergebnisse der Aktion „Genesung“, wie die Schützenhilfe des MfS bei der Niederschlagung des „Prager Frühlings“ genannt wurde und an der namentlich das Sonderreferat und die Abteilung I der HV A beteiligt waren, würdigte Wolf ein Jahr später in einem Bericht zum 20. Jahrestag der DDR, in dem er unter anderem die „Informationsbeschaffung zu geplanten Aktionen und zu Verbindungen innerhalb und außerhalb der ČSSR und der politischen Einflußnahme auf gesunde Kräfte in der KPČ“ herausstellte.[346]

Einen Einblick in die Arbeitsschwerpunkte der „Aufklärung“ in den späten sechziger Jahren geben die „Hinweise für das Schlußwort [von Erich Mielke] auf der Delegiertenkonferenz der Parteiorganisation V (HV A)“ vom Februar 1967. Mielke warnte darin vor den „neue[n] und zusätzliche[n] Gefahren“ nach dem Eintritt der „rechten SPD-Führer“ in die Bonner Regierung; er erwartete davon „eine weitere Verschärfung“ des „Kampfes gegen die DDR“ und „die Anwendung von vielfältigen neuen, raffinierten, schwerer als Feindtätigkeit erkennbaren Formen, Mitteln und Methoden“.[347] In der „Aufklärungsarbeit“ komme es deshalb darauf an, „die Pläne und Absichten des Gegners zum politischen Eindringen in die DDR gründlicher zu erkennen und vor allem auch fest[zu]stellen, in welcher Weise die Bonner Regierung mit den Zentren der politisch-ideologischen Zersetzungs- und Aufweichungstätigkeit wie zum Beispiel Rundfunk und Fernsehen und anderen Feindzentralen wie Kuratorium Unteilbares Deutschland, Forschungsbeirat, Landsmannschaften, Vertriebenenverbände usw. konkret zusammenarbeitet und mit welchen Mitteln und Methoden der Wirkungsgrad der politisch-ideologischen Zersetzungs- und Aufweichungstätigkeit zu erhöhen versucht wird“.

345 Maßnahmeplan zur Zurückdrängung konterrevolutionärer Einflüsse und zur Stärkung progressiver Kräfte in der ČSSR vom 14.6.1968; BStU, ZA, SdM 1437.

346 Leiter der HV A: Bericht über die Erfüllung der politisch-operativen Verpflichtungen der II. Etappe der Vorbereitung des 20. Jahrestages der Deutschen Demokratischen Republik vom 18.3.1969; BStU, ZA, SdM 1474, S. 5 f.

347 Hinweise für das Schlußwort auf der Delegiertenkonferenz der Parteiorganisation V (HV A) – 2.2.1967, S. 6 und 13; BStU, ZA, SdM 1343.

In diesem Bereich gebe es noch erhebliche Lücken in den Aufklärungsergebnissen, die möglichst rasch geschlossen werden sollten. „Wir müssen es erreichen, stärker in solche Gremien in Westdeutschland einzudringen, in denen die Politik Bonns gegen die DDR beschlossen bzw. beraten wird. [...] Das sind im wesentlichen das Wehner-Ministerium, der Staatssekretärsausschuß (der direkt dem Bundeskanzleramt untersteht), die entsprechenden Bundestagsausschüsse, die Treuhandstelle für den Interzonenhandel und einige andere Euch bekannte Gremien." Zu untersuchen sei, „wie durch eine allseitigere Ausnutzung der Quellen, durch Umsetzungen und Konzentrierung der Kräfte auf diese Hauptobjekte schneller *die* Aufklärungsergebnisse erzielt werden könnten, die wir zur Abwehr der feindlichen Politik dringend benötigen". Außerdem solle geprüft werden, inwieweit es möglich sei, bestimmte wertvolle Quellen in den westdeutschen Parteien, namentlich in SPD und FDP, noch stärker für die Berichterstattung über Probleme der Regierungspolitik auszunutzen. Das „Hauptziel der Aufklärungsarbeit" müsse darin bestehen, *„Originalinformationen und konkrete Fakten über die Bonner Politik und Feindtätigkeit gegen die DDR und andere sozialistische Staaten zu erkunden,* und zwar aus erster Hand, aus *den* Gremien des Gegners, wo diese Politik und Feindtätigkeit beraten, beschlossen und in den Einzelheiten festgelegt und durchgesetzt wird" (Hervorhebungen im Original).[348]

Entscheidende Bedeutung kam dabei der „weiteren Aufklärung der Bonner Pläne und Absichten auf dem Gebiete der Bonner Militär- und Rüstungspolitik" zu, wobei Mielke hervorhob, „daß hier bereits gute Erfolge [...] erzielt worden" seien. Es müßten aber von der HV A verstärkte Anstrengungen unternommen werden, „um den konkreten Nachweis über die militärische Zielsetzung von Forschung, Entwicklung und Produktion auf dem Gebiet der Kerntechnik führen zu können". Außerdem sei es „notwendig, die Aufgabenstellung des Bonner Kriegsministeriums zur Entwicklung biologischer und chemischer Kampfstoffe aufzuklären und in diesem Zusammenhang auch zu erkunden, welchen Stand die westdeutschen Chemiekonzerne und Forschungsinstitute auf diesem Gebiet erreicht haben. Das ist auch erforderlich im Hinblick auf den Flugzeug- und Raketenbau sowie alle Industriezweige und Monopole, die führend in der Rüstungsproduktion sind."[349]

Einen querschnittartigen Überblick über die Arbeit der HV A zu diesem Zeitpunkt gibt ein Bericht von Wolf für Mielke über die „Erfüllung der politisch-operativen Verpflichtungen der II. Etappe der Vorbereitung des 20. Jahrestages der Deutschen Demokratischen Republik".[350] Darin würdigt er zunächst die Arbeit der einzelnen Abteilungen, um dann über die Vorbe-

348 Ebenda, S. 26, 33 ff. und 44.
349 Ebenda, S. 15 und 18.
350 Bericht über die Erfüllung der politisch-operativen Verpflichtungen der II. Etappe der Vorbereitung des 20. Jahrestages der Deutschen Demokratischen Republik vom 18.3.1969; BStU, ZA, SdM 1474. Dokument 1, S. 307.

reitung und Realisierung von Werbungen und über Leitungs- und Kaderprobleme zu berichten. Die Abteilung I erzielte danach in der Informationsbeschaffung qualitative Verbesserungen zu Problemen der Bonner Ostpolitik und der Beziehungen zwischen beiden deutschen Staaten; erstmalig habe sie mittels neuer Quellen eine Vielzahl an Informationen zur Bonner Entwicklungshilfepolitik beschaffen können. In der Abteilung II habe sich die „Effektivität des Quellennetzes“ wie vorgesehen erhöht, vor allem durch die „Verbesserung der Qualität von Informationen über Pläne und Absichten des Feindes, besonders der SPD, im Rahmen seiner gegen die DDR und die sozialistischen Länder gerichteten subversiven Tätigkeit“. Die Abteilung III/A hätte „wertvolle Informationen von überwiegend dokumentarischem Charakter zu wichtigen militärischen und politischen Fragen“ beschaffen können, während die Abteilung III/B „eine wesentliche Erweiterung der bisherigen Kenntnisse über die NATO-Hauptobjekte“ ermöglicht habe. Auch die Abteilung IV hätte bei der Informationsbeschaffung auf militärischem Gebiet besonders gute Ergebnisse erzielt; „so konnten *sehr wertvolle* und *wertvolle* Informationen um 45 Prozent gesteigert werden, und es wurden fast ausschließlich Dokumente beschafft“ (Hervorhebungen im Original).

Die Abteilung V, so Wolf weiter, „erfüllte eine Reihe wichtiger politisch-operativer Verpflichtungen zur Lösung von Schwerpunktaufgaben in strukturbestimmenden Zweigen der Volkswirtschaft“, darunter die „Verpflichtung ‚Rezepte für Finalprodukte‘ Polyurethane“ und die „Verpflichtung über die Beschaffung von Materialien über schnelle Brutreaktoren“. Die Abteilung VII habe über den Plan hinaus sechs Ausarbeitungen und umfangreiche Übersichten zu politisch-ökonomischen und militärischen Problemen angefertigt wie eine Übersicht „über die Kriegsfallplanungen und die Dislozierung wichtiger Objekte und Einrichtungen der Bundeswehr“, eine Ausarbeitung über die „Friedrich-Ebert-Stiftung“ und eine „Übersicht über weitere 100 führende westdeutsche und Westberliner Vertreter des Monopolkapitals“. Auch die für „aktive Maßnahmen“ zuständige Abteilung X habe ihre Verpflichtungen erfüllt. Darüber hinaus habe das Sonderreferat der HV A im Rahmen der Aktion „Genesung“ eine Reihe von Maßnahmen und Einsätzen in der ČSSR durchgeführt.

Bei der Quellenanwerbung rühmte sich Wolf ebenfalls der „Erfolge“ der HV A. Wörtlich heißt es in seinem Bericht:

> „Die Abteilung I konnte in zwei Hauptobjekten (BMZ, BMWi) erstmalig Quellen schaffen. [...] Zwei Vorgänge, Sekretärinnen in [der] CDU-Spitze, befinden sich vor Abschluß der Werbung. Zwei Vorgänge, MdB der SPD, konnten von der politischen Kontaktierung in die Phase der Abschöpfung politischer Informationen übergeleitet werden. Ein IM wurde in die Friedrich-Ebert-Stiftung eingeschleust. Es konnten drei Werber im Operationsgebiet entwickelt werden. Die Abteilung II schloß bei vier Residenten-Ehepaaren die operative Überprüfung für die Übersiedlung in das Einsatzgebiet ab. Mit der

> Realisierung dieser Verpflichtung können 1969/70 die wesentlichen Lücken beim Einsatz von Führungskadern für wichtige Vorgänge geschlossen werden. [...] Die Abteilung III/C warb eine Quelle (EWG) unter fremder Flagge. Sie liefert wertvolle Informationen. [...] Die Abteilung IV konnte einen IM in ein Hauptobjekt (BMVtg. Fü I) einschleusen. Eine weitere erfolgreiche Schleusung in dieses Spitzenobjekt gelang mit einem Perspektiv-IM (BMVtg. – Ministerialbüro) [...] Vom Sonderreferat der HV A wurde eine Quelle in das P.P. Frankf./M 18 K eingeschleust. Damit konnte die erste Quelle dieses Referates in einem direkten Abwehrorgan geschaffen werden [...]"[351]

In grundsätzlicher, summarischer Form werden die Aufgabenschwerpunkte der HV A in den einschlägigen Richtlinien zur IM-Arbeit dargelegt, beispielsweise in der Richtlinie 2/68 für die Arbeit mit inoffiziellen Mitarbeitern im Operationsgebiet.[352] Schwerpunkt der „Aufklärung" und der „äußeren Abwehr" war danach zum einen die „Bearbeitung der staatlichen und anderen politischen Zentren des Feindes, das heißt: der wichtigsten staatlichen Machtorgane und der die imperialistische Macht unterstützenden und fördernden Parteien und Organisationen in Westdeutschland und Westberlin, wie auch von staatlich-politischen Zentren in den USA und anderen imperialistischen Ländern". Zum zweiten ging es um die „Bearbeitung der militärischen Zentren der westdeutschen Bundesregierung und der mit ihr verbündeten USA und anderen NATO-Partner, der militärischen Hauptobjekte der NATO und der Bundeswehr, der wichtigsten Stäbe und Kommandobehörden in Westdeutschland und in den anderen NATO-Staaten, der Zentren zur Organisation der verdeckten und der psychologischen Kriegführung". Einen dritten Schwerpunkt bildete die „Bearbeitung der wirtschaftspolitischen und wissenschaftlich-technischen Zentren des Feindes, das heißt: der führenden und herrschenden Kreise des Monopolkapitals, der Verwaltungsstellen und Verbände der Wirtschaftsführung, der wirtschaftlichen und wissenschaftlich-technischen Forschungseinrichtungen der Konzerne, der staatlich gelenkten Institutionen von Wissenschaft und Forschung". Dabei ging es vor allem um die „Nutzbarmachung der Erkenntnisse für die erfolgreiche Durchführung der technisch-wissenschaftlichen Revolution" in der DDR und der mit ihr verbündeten Staaten. Ein vierter Bereich war die „Bearbeitung der Zentren, Dienststellen und Mitarbeiter der imperialistischen Geheimdienste, der feindlichen Nachrichten-, Abwehr- und Polizeiorgane sowie ihrer Agenten- und Untergrundorganisationen" mit dem Ziel der „Aufklärung" und der „Zerschlagung der feindlichen Agenturen und Zersetzung

351 Ebenda. BMZ = Bundesministerium für wirtschaftliche Zusammenarbeit; BMWi = Bundesministerium für Wirtschaft; MdB = Mitglied des Bundestages; EWG = Europäische Wirtschaftsgemeinschaft; BMVtg. = Bundesministerium für Verteidigung; P.P. Frankf./M. = Polizeipräsidium Frankfurt am Main.

352 Richtlinie 2/68 für die Arbeit mit Inoffiziellen Mitarbeitern im Operationsgebiet; BStU, ZA, DSt 101126; dokumentiert in: *Müller-Enbergs 1998*, S. 352–388.

der Geheimdienstzentralen“ sowie der „Beschaffung von speziellen Informationen über Bedingungen und Möglichkeiten konspirativer Reisetätigkeit und konspirativen Aufenthalts sowie über Regimeverhältnisse im Operationsgebiet“. Schließlich verlangte die Richtlinie die „Durchführung aktiver politisch-operativer Maßnahmen gegen die Politik und die Zentren des Feindes zur direkten Unterstützung der Partei- und Staatsführung“.[353]

Auch in der Nachfolge-Richtlinie 2/79 werden die „Hauptaufgaben“ der Diensteinheiten der Aufklärung ausführlicher beschrieben – inzwischen ein umfangreicher, fast grenzenloser Aufgabenkatalog. Ziel ihrer „operativen Arbeit“ war danach:

- „die Sicherheit und die Interessen der DDR, der sozialistischen Staatengemeinschaft, der kommunistischen Weltbewegung und anderer revolutionärer Kräfte gefährdende oder beeinträchtigende Pläne, Absichten, Agenturen, Mittel und Methoden des Feindes rechtzeitig und zuverlässig aufzuklären und Überraschungen auf politischem, militärischem, wirtschaftlichem und wissenschaftlich-technischem Gebiet zu verhindern;
- zur Aufdeckung und Zerschlagung feindlicher Stützpunkte und Agenturen in der DDR, in der sozialistischen Staatengemeinschaft, in der kommunistischen Weltbewegung sowie in anderen revolutionären Kräften beizutragen;
- exakte Kenntnisse über die wichtigsten Feindzentren, über das feindliche Potential sowie über die Widersprüche im Lager des Feindes zu erarbeiten und offensive Maßnahmen gegen feindliche Zentren und gegen im Operationsgebiet tätige feindliche Kräfte durchzuführen;
- die internationale Position des Sozialismus und seiner Verbündeten in der Klassenauseinandersetzung mit dem Imperialismus zu festigen und zu stärken, die offensive Friedenspolitik der sozialistischen Staatengemeinschaft zu unterstützen, antiimperialistische Bewegungen, Kräfte und Organisationen zu fördern und den fortschrittlichen Regierungen in den Entwicklungsländern bei der Festigung ihrer Macht zu helfen;
- die auf die ökonomische und militärische Stärkung sowie auf die weitere Erhöhung des Wohlstandes des Volkes gerichtete Politik der Partei- und Staatsführung zu unterstützen;
- die Sicherheit der Auslandsvertretungen der DDR sowie der DDR-Bürger im nichtsozialistischen Ausland zu gewährleisten.

Das Operationsgebiet der Diensteinheiten der Aufklärung erstreckt sich insbesondere auf die USA, die BRD, die anderen NATO-Staaten und Westberlin. Zunehmende Bedeutung gewinnt die operative Arbeit in Richtung VR China, in internationalen Krisenzonen und in ausgewählten Entwicklungsländern.“[354]

353 Ebenda, S. 354.

354 Richtlinie 2/79 „für die Arbeit mit Inoffiziellen Mitarbeitern im Operationsgebiet“ vom 8.12.1979, dokumentiert in: *Gill/Schröter 1991*, S. 478–523, hier 480 f.

Entkleidet man diesen Zielkatalog seiner ideologischen Floskeln, beschreibt er recht genau die Arbeitsschwerpunkte des Aufklärungsapparates in den achtziger Jahren: Gewährleistung eines effektiven Frühwarnsystems für eventuelle Bedrohungen der äußeren Sicherheit, aktive Betreibung einer inneren und äußeren „Abwehr" gegenüber westlichen Geheimdiensten und Gegnern des SED-Regimes, umfassende Unterstützung der Außenpolitik des sozialistischen Lagers mittels Spionage und Einflußnahme, intensive Wirtschafts- und Militärspionage zur Stärkung des kommunistischen Systems sowie schließlich Kontrolle und nachrichtendienstliche Nutzung der Auslandsvertretungen der DDR.[355] Die Arbeit des Aufklärungsapparates sollte sich dabei vorrangig auf solche „feindlichen" Zentren und Objekte richten, in denen geheime Informationen konzentriert waren oder die günstige Ausgangspositionen für das Eindringen in diese „feindlichen Hauptobjekte" und für die Durchführung wirkungsvoller „aktiver Maßnahmen" boten. Laut Richtlinie 2/79 waren namentlich zu „bearbeiten":

- „Führungszentren der USA, der BRD, der anderen imperialistischen Staaten, Westberlins, der NATO, der Europäischen Gemeinschaft (EG), der VR China und anderer operativ bedeutsamer Staaten;
- Zentren, Dienststellen und Mitarbeiter der imperialistischen Geheimdienste, Polizei- und Abwehrorgane, insbesondere des CIA, des BND, des BfV, des MAD sowie anderer Zentren der Subversion;
- militärische Zentren der USA, der NATO, der BRD, anderer imperialistischer Staaten sowie der VR China;
- Führungszentren der systemtragenden Parteien, besonders in der BRD und in Westberlin sowie ihre internationalen Vereinigungen;
- rechts- und linksextremistische, einschließlich maoistische, Organisationen und Gruppierungen;
- wirtschaftspolitische und wissenschaftlich-technische Zentren der USA, der BRD und anderer imperialistischer Staaten, insbesondere Zentren der Rüstungsforschung und Rüstungswirtschaft;
- Hochschulen und andere Basisobjekte, deren Bearbeitung günstige Voraussetzungen für das Eindringen in die imperialistischen Hauptobjekte schafft."[356]

355 Einer Auflistung aus dem Jahre 1985 zufolge betrieb die HVA im Ausland insgesamt 119 „Legale Residenturen", das heißt: nachrichtendienstliche Einheiten in Botschaften, Generalkonsulaten, Kulturzentren und anderen DDR-Vertretungen. Der Bogen spannte sich dabei von Washington (A/1a) und Bonn (A/2) über Bern (B/2) und Wien (B/4) bis Tripolis (C/12) und Tokio (F/12). Von den sozialistischen Ländern waren nur Rumänien (G/6), Jugoslawien (G/7), Albanien (G/8), China (G/12) und Kuba (G/13) mit Residenturen bestückt. Im Unterschied zu den Residenturen in den NATO-Staaten, entwickelten kapitalistischen Staaten, bedeutenden Entwicklungsländern und in Krisengebieten betrieben die kleineren Residenturen keine „Linienarbeit". HVA, Abt. VIII, AG AV: Analyse zum Stand, zur Wirksamkeit und den Ergebnissen der Konterarbeit in Objekten legal abgedeckter Residenturen vom 25.11.1985 (Anlage); BStU, ZA, HVA 407.

356 Richtlinie 2/79 für die Arbeit mit Inoffiziellen Mitarbeitern im Operationsgebiet vom 8.12.1979, S. 8; BStU, ASt Berlin, XV 22.

Einen Überblick über die Arbeitsschwerpunkte des Aufklärungsapparates am Ende der achtziger Jahre gibt die Planorientierung des Leiters der HV A für das Jahr 1989, die unter anderem auf den Ergebnissen einer Beratung der Aufklärungsabteilungen des Ostblocks im Oktober 1988 fußt. An erster Stelle wird darin hervorgehoben, daß es eine herausragende Aufgabe bleibe, „einen entscheidenden Beitrag zur *Gewährleistung der äußeren und inneren Sicherheit der DDR und des sozialistischen Staatenbündnisses* gegen militärische, politische, ökonomische, subversive und geheimdienstliche Angriffe und zur Vereitelung feindlicher Überraschungen zu leisten". Im zweiten Kapitel heißt es, daß „die *Außen- und Innenpolitik der imperialistischen Länder*, die *Abstimmungsprozesse* zwischen ihnen und die sich vollziehenden *Differenzierungen* [...] Schwerpunkte der Aufklärung zur Unterstützung der offensiven Außenpolitik der sozialistischen Staaten" seien. Dem dritten Abschnitt zufolge hätte der Aufklärungsapparat seinen „Beitrag zur Verwirklichung der ökonomischen Strategie der Partei, insbesondere zur schnelleren Entwicklung der Volkswirtschaft der DDR, zur dauerhaften Sicherung der intensiv erweiterten Reproduktion und zur Stärkung der sozialistischen ökonomischen Integration zu erhöhen" (Hervorhebungen im Original).[357]

5.1.2.1 Spionage

Zu den vorrangigen Aufgaben des MfS gehörte es, in der Bundesrepublik mit Hilfe eines Netzes von Quellen, Residenten, Werbern, Instrukteuren, Kurieren, Funkern, Kontaktpersonen (KP) etc. einen laufenden Informationsfluß aus Regierung und Staatsapparat, Parteien und Verbänden, Wirtschaft und Wissenschaft, Militär und Sicherheitsbehörden zu gewährleisten. Als „von operativer Bedeutung" galten dabei nach der Richtlinie 2/79 des Ministers für Staatssicherheit Informationen über

- „feindliche Pläne, Absichten, Agenturen, Mittel und Methoden [...];
- Zusammenhänge, Fakten und Sachverhalte, die für die Vorbereitung und Durchführung aktiver Maßnahmen geeignet sind;
- feindliche Zentren und Objekte, operativ interessante Personen, Arbeitsmethoden feindlicher Abwehrorgane, Bedingungen im grenzüberschreitenden Verkehr und sonstige Rahmenbedingungen, die für die Gewährleistung einer hohen Effektivität und Sicherheit der operativen Arbeit erforderlich sind."[358]

Die eingehenden Informationen aus dem Westen wurden von speziellen „Auswertern" benotet und in besonderen Fällen vom MfS prämiert, um die Mitarbeiter zu größtmöglichen Leistungen anzuspornen. Zugleich wurden

357 Planorientierung des Leiters der Hauptverwaltung A für das Jahr 1989, S. 5, 13 und 22; BStU, ASt Berlin, XV 24. Dokument 19, S. 485–510, hier 486, 492 und 498.

358 Richtlinie 2/79 für die Arbeit mit Inoffiziellen Mitarbeitern im Operationsgebiet vom 8.12.1979, S. 9; BStU, ASt Berlin, XV 22.

die Informationen im Rahmen einer systematischen Auswertungs- und Informationstätigkeit analysiert, verdichtet und auf ihre Verwendbarkeit geprüft. Auf diese Weise hatte das MfS einen guten Überblick über die wichtigsten gesellschaftlichen Vorgänge, Einrichtungen und Personen in der Bundesrepublik. Ein Großteil dieser Informationen, insbesondere aus dem militärischtechnischen Bereich, floß umgehend weiter an die „Freunde", wie der KGB im MfS-Jargon bezeichnet wurde. So ging von den über 180 000 auf einer Datenbank der HV A gespeicherten Agenteninformationen fast jede zweite an den sowjetischen Geheimdienst.[359]

Der Umfang dieser Spionage läßt sich im nachhinein schwer quantifizieren. Im Bestand des Bundesbeauftragten sind jedoch verschiedene Berichte, Aufstellungen und Abrechnungen überliefert, die einen Eindruck vom Ausmaß dieser Informationsbeschaffung vermitteln. So meldete etwa HVA-Chef Wolf dem Minister für Staatssicherheit im März 1969, daß allein in der II. Wettbewerbsetappe zur Vorbereitung des 20. Jahrestages der DDR etwa 55 000 Mikrate – das heißt: Kleinstbildnegative von Dokumenten – bearbeitet werden „mußten".[360] Auch aus zahlreichen Spionageprozessen ist inzwischen hervorgegangen, wie umfassend der Informationsfluß von West nach Ost gewesen ist.[361] Agenten wie der Kanzleramtsreferent Günter Guillaume, die Sekretärin des CDU-Bundestagsabgeordneten Werner Marx, Inge Goliath, und der Vortragende Legationsrat im Auswärtigen Amt, Hagen Blau, gaben regelmäßig Interna aus ihren Tätigkeitsbereichen weiter. Allein im Jahr 1988 kam die HV A auf diese Weise auf knapp 10 000 konspirativ beschaffte Informationen (ohne Wirtschaftsspionage), von denen etwa ein Viertel als „wertvoll" oder sogar „sehr wertvoll" eingestuft wurde.

Aus dem Bereich der politischen Spionage sind zahlreiche von der HV A gefertigte „Informationen" überliefert, die diese an andere Diensteinheiten des MfS oder – über die Ministeriumsspitze – an führende Mitglieder des Politbüros sowie an befreundete Geheimdienste des Ostblocks sandte. Diese Informationen basieren in der Regel auf internen Quellen oder Materialien und geben zumeist ein detailgetreues, wenngleich ideologisch gefärbtes Bild der jeweiligen Situation. Im Juni 1968 wurde beispielsweise auf elf Seiten „über die konstituierende Sitzung des CDU-Beirates für Hochschul- und Forschungspolitik" berichtet und ausführlich aus den Referaten und Diskussionsbeiträgen zitiert.[362] Im selben Monat informierte das MfS „nach zuverlässigen internen Angaben" über zwei Sitzungen des tarifpolitischen

359 Vgl. „Das Pharaonengrab der Stasi", in: Der Spiegel Nr. 3/1999, S. 32–38, hier 34.

360 Bericht des Leiters der HV A über die Erfüllung der politisch-operativen Verpflichtungen der II. Etappe der Vorbereitung des 20. Jahrestages der Deutschen Demokratischen Republik vom 18.3.1969, S. 11; BStU, ZA, SdM 1474. Dokument 1, S. 307–315, hier 314.

361 Eine ausführliche Auswertung dieser Prozesse bei: *Schlomann 1993*; vgl. auch die Übersichten im Anhang bei: *Siebenmorgen 1993*.

362 Einzelinformation 627/68 „über die konstituierende Sitzung des CDU-Beirates für Hochschul- und Forschungspolitik" vom 15.6.1968; BStU, ZA, HV A 130.

Ausschusses des DGB.[363] Ein anderer Bericht betraf die Auswertung des 25. Parteitages der Berliner SPD durch führende Parteifunktionäre, unter anderem auf einer Sekretärskonferenz am 30. Mai,[364] ein weiterer referierte unter Berufung auf „eine zuverlässige Quelle“ den Inhalt eines internen Schreibens des Auswärtigen Amtes an den „Bundesverband der Deutschen Industrie“.[365] Weiterhin informierte das MfS über Auseinandersetzungen in der Westberliner Außerparlamentarischen Opposition nach „Angaben zuverlässiger und vertrauenswürdiger Quellen“.[366] Für jeden einzelnen Monat sind rund 50 derartige Berichte aus dem „Operationsgebiet“ überliefert.

Zahlreiche Unterlagen zur Partei der „Grünen“ machen deutlich, daß diese Informationen auch den sogenannten Abwehrdiensteinheiten regelmäßig zuflossen. Durch die inoffiziellen Mitarbeiter der „Aufklärung“ war das MfS insbesondere über die Kontakte zu SED-kritischen Gruppen in Ostdeutschland genau informiert – und konnte sich bei seinen Maßnahmen zur Unterbindung gemeinsamer Aktionen entsprechend darauf einstellen.[367] Im Bestand der Hauptabteilung XX findet sich beispielsweise ein Bericht der Abteilung IX der HV A vom Januar 1984 über die „Einflußnahme des BECKMANN auf die Zusammensetzung des Bundesvorstandes der Partei ‚Die GRÜNEN‘“.[368] Im September teilte eine Information des MfS mit: „Zuverlässig wurden Einzelheiten über den Inhalt des geplanten Briefes antikommunistischer Kräfte der Grünen und der Alternativen Liste (AL) Westberlin an Gen[ossen] Honecker und BRD-Kanzler Kohl bekannt, der mit einer Unterschriftensammlung in der DDR und der BRD verbunden werden soll.“[369] Und im Dezember hieß es in einer Information: „Vorliegende Einschätzungen aus Führungsgremien der Grünen bestätigen in der Tendenz seit Mitte dieses Jahres eine gewisse politisch-parlamentarische und organisatorische Konsolidierung der Partei.“[370] Einige Monate später schrieb die Abteilung VII der HV A in einer Leiterinformation: „Bei der weiteren Informationsbeschaffung zur Entwicklung der Grünen stehen folgende Fragen im Vordergrund:

363 Einzelinformation 619/68 „über einige Fragen der Lohn- und Tarifpolitik im Lichte des 4. Jahresgutachtens und des Jahreswirtschaftsberichtes 1968 der westdeutschen Bundesregierung und der Haltung führender Gewerkschaftskreise zur Mitarbeit im Rahmen der konzertierten Aktion“ vom 11.6.1968; ebenda.

364 Einzelinformation 617/68 „über Äußerungen und Einschätzungen führender SPD-Funktionäre zum Verlauf des 25. Landesparteitages“ vom 10.6.1968; ebenda.

365 Einzelinformation 605/68 „über die Haltung der Bundesregierung zu privaten Geschäftsverbindungen mit Rhodesien“ vom 6.6.1968; ebenda.

366 Einzelinformation 542/68 „über das Verhältnis der außerparlamentarischen Opposition zur SED Westberlin“ vom 18.5.1968; ebenda.

367 Ausführlich dazu: *Jordan/Mitter/Wolle 1994*.

368 HV A, Abt. IX, Januar 1984: Einflußnahme des Beckmann auf die Zusammensetzung des Bundesvorstandes der Partei Die Grünen; BStU, ZA, HA XX/AKG 1586.

369 Information 357/84 über den Inhalt des geplanten Briefes antikommunistischer Kräfte der grün-alternativen Bewegung an Genossen Honecker und H. Kohl, S. 1; BStU, ZA, Arbeitsbereich Neiber 437.

370 Information 432/84 über die innerparteiliche Situation und Politik der Grünen vor ihrer Bundesversammlung vom 7. bis 9.12.1984 in Hamburg; ebenda, S. 1 und 5.

[...] Zuarbeit für Personeneinschätzungen zu folgenden führenden Funktionären der Grünen: [...]"[371]

Einen weiteren Schwerpunkt der Informationsbeschaffung bildeten die westlichen Geheimdienste. Das „Aufkommen an Geheimdienst-Informationen", so berichtete HVA-Chef Wolf seinem Minister Anfang 1986,

„hat den bereits hohen Stand der vergangenen Jahre noch übertroffen und ist in qualitativer Hinsicht beträchtlich angestiegen. Es wurden [1985] insgesamt 6 709 (Vorjahr 6 338) Informationen beschafft. Der Anteil der sehr wertvollen und wertvollen Informationen stieg von 4 544 Informationen im Vorjahr auf 5 025 Informationen im Jahre 1985. Das sind 71,9 Prozent des gesamten Aufkommens von Geheimdienst-Informationen.

Bezüglich des BND sind das solche herausragenden Materialien wie

- Erkenntnisse und Einschätzungen des BND zum SDI-Projekt der USA und die Konsequenzen für die BRD; [...]
- Dokumente mit Erkenntnisübersichten und Wertungen zur Militärpolitik, Militärstrategie, Logistik, Dislozierung, Manövern, Bewaffnung und Ausrüstung der Streitkräfte der UdSSR und der anderen Warschauer Vertragsstaaten; [...]

Aus strategisch bedeutsamen Bereichen der USA-Geheimdienste konnten wertvolle Dokumente und Informationen zu folgenden Komplexen beschafft werden: [...]

- die vollständige Planung des zentralen Geheimdienstes der USA-Landstreitkräfte, INSCOM, für die Struktur und Aufgabenverteilung der INSCOM-Einheiten im Frieden sowie für den Übergang in den Kriegszustand im Weltmaßstab sowie für den europäischen Handlungsraum;
- Originaldokumente, die die Angriffsrichtungen, Methoden, personellen und technischen Potenzen und die Vorhaben zur Entwicklung der Fähigkeiten und Möglichkeiten bis in die 90er Jahre des Hauptobjektes der Fm/Elo-Spionage [Funkaufklärung] der USA in Westberlin umfassend enttarnen;
- detaillierte Dokumente zur Struktur und Tätigkeit des Geheimdienstes der USA-Luftwaffe für die Fm-Elo-Spionage insgesamt sowie zu speziellen Dienststellen in der BRD und in Westberlin einschließlich ihrer technischen Ausrüstungen; [...]

Diese Informationen fanden eine hohe Wertschätzung durch die Leitung des K[omitees]f[ür]S[taatssicherheit der UdSSR] und Genossen Tschebrikow persönlich [...]"[372]

371 HV A, Abt. VII: Leiterinformation über die innerparteiliche Situation der Grünen und ihre Politik gegenüber der DDR vom 9.9.1985; ebenda, S. 1 und 4.

372 Beitrag der Hauptverwaltung A zur Gewährleistung der inneren Sicherheit der DDR, o. D. (mit Schreiben vom 6.1.1986 von Wolf an Mielke übersandt), S. 3 f.; BStU, ZA, ZAIG 7373.

Daß das Jahr 1985 für die HV A das „bisher erfolgreichste" auf dem Gebiet der „Gewährleistung der inneren Sicherheit" gewesen sei, habe sich unter anderem gezeigt in der

> „– Beschaffung einer beträchtlichen Anzahl von Informationen und Dokumenten aus den Hauptobjekten des Feindes im Operationsgebiet (zum Beispiel BND, BfV) zur Spionagetätigkeit gegen die DDR und andere sozialistische Staaten, zum Menschenhandel, zur Untergrundtätigkeit und zu Verbrechen gegen die Volkswirtschaft, die zur Entlarvung oder Festnahme von Spionen des BND, des BfV u. a. Staatsfeinden bzw. zur Anlegung von Vorgängen und zur Einleitung weiterer operativer Maßnahmen führten".[373]

Das Informationsaufkommen bei der Bekämpfung der bundesdeutschen Abwehrorgane sei

> „in beachtlichem Maße weiter angestiegen. In qualitativer Hinsicht ist in einzelnen Richtungen ein sprunghafter Zuwachs zu verzeichnen. Diese positive Entwicklung ist hauptsächlich durch die kontinuierliche und stabile Arbeit mit den Quellen in den Hauptobjekten erreicht worden. [...] Im Planjahr gelang es, umfangreiche und äußerst wertvolle Materialien und Informationen aus den Abwehrorganen, insbesondere aus dem Verfassungsschutz, zu beschaffen."[374]

Auch auf dem Gebiet der Militär- und Wirtschaftsspionage operierte die HV A mit Erfolg. Die im Bestand des Bundesbeauftragten überlieferten Berichte, Pläne und Befehle machen deutlich, das beides frühzeitig im großen Stil betrieben wurde. „Die auf dem XXII. Parteitag der KPdSU gestellte Aufgabe, die Wirtschaft sämtlicher sozialistischer Länder unablässig weiterzuentwickeln, um dadurch das Übergewicht des Weltsystems des Sozialismus über das kapitalistische hinsichtlich des absoluten Umfanges der Produktion zu erreichen, erfordert eine verstärkte wissenschaftlich-technische Aufklärungsarbeit", erklärte Mielke in einem Befehl vom September 1962. „Gleichzeitig ist mit der Verstärkung der Aufklärungsarbeit auf diesem Gebiet eine gewissenhafte Sicherung der Aufklärungsergebnisse und ihre Auswertung zu gewährleisten." Aus diesem Grund sollte ab sofort alles wissenschaftlich-technische Aufklärungsmaterial aus sämtlichen Diensteinheiten zwecks Auswertung der Abteilung V der HV A zugestellt werden.[375]

Welchen Umfang die Wirtschaftsspionage bereits in den sechziger Jahren hatte, zeigt ein Schreiben der Abteilung V an Generalleutnant Wolf vom Oktober 1967 aus Anlaß des 50. Jahrestages der Oktoberrevolution. Darin heißt es, daß 21 Positionen mit insgesamt 11 770 Blatt zur Weitergabe an

373 Ebenda, S. 1.
374 Ebenda, S. 9.
375 Befehl 539/62 vom 1.9.1962; BStU, ZA, DSt 100367.

die „Freunde“ übergeben würden; vorab seien bereits fünf Positionen, die ebenfalls zur Verpflichtung gehörten, „über den Genossen Minister an die Freunde übergeben“ worden. Die Liste der Materialien reichte von den Systemunterlagen des Datenverarbeitungssystems „Siemens 4004“ über „Unterlagen über einen Druckwasserreaktor mit einer Leistung von 600 MW von Siemens nebst Unterlagen zur Turbinenanlage“ bis hin zu „Unterlagen über durchgeführte und künftige Forschungs- und Entwicklungsvorhaben im Kernforschungszentrum Karlsruhe“.[376] Ein ähnliches Beispiel ist der bereits zitierte Bericht von Wolf über die „Erfüllung der politisch-operativen Verpflichtungen“ zum 20. Jahrestag der DDR vom März 1969, in dem zahlreiche Beschaffungsverpflichtungen als „erfüllt“ gemeldet werden.[377] Aufschlußreich – nicht zuletzt, was die Verzahnung der „inoffiziellen“ mit der „offiziellen“ Ebene anbetrifft – ist ferner die Übergabe von 150 000 Seiten konspirativ beschaffter Materialien zu einem Datenverarbeitungsystem der Firma IBM durch die Abteilung V im September 1969. Zur Information der sowjetischen „Spezialisten“ wurde im Anschreiben der Abteilung vorgeschlagen, „daß beiliegende Exemplare [...] in den nächsten Tagen übergeben werden an Genossen Dr. Günther Mittag, Genossen Staatssekretär Kleiber, Genossen Minister Steger und ein Exemplar zur persönlichen Verfügung des Genossen Minister Mielke“.[378]

Im Januar 1970 übersandte Generalleutnant Wolf dem Minister für Staatssicherheit Teile des NATO-Dokumentes MC 14/3, das den Sicherheitsstempel „NATO-Secret“ trug. In seinem Anschreiben teilte er mit, daß das Dokument „von der besonderen Quelle mittels der neuen operativen Technik aufgenommen“ worden sei. „Die Beschaffung einer kompletten Fassung ist eingeleitet.“[379] Und in einem Kurzbericht des Sektors Wissenschaft und Technik über „wichtige Arbeitsergebnisse der wissenschaftlich-technischen Aufklärung im 1. Halbjahr 1971“ heißt es im Verlauf einer 30 Punkte umfassenden Auflistung:

> „1.4. Wir konnten die Führungssysteme der Nachrichtentechnik der Luftwaffe des westdeutschen Feindes und Teile seiner Pläne darüber besorgen. Das Material hat sehr großen strategischen Wert für uns. Es wird auch taktisch in unserer NVA und der UdSSR ausgewertet. [...]
> 1.6. Im Prinzip konnten wir die Nachrichtensysteme und die perspektivisch geplanten Nachrichtensysteme der NATO in Europa dokumentieren, weil die Untersuchungsberichte darüber bei uns vorliegen, ebenso die Entwicklungsmaterialien der wichtigsten westdeutschen Konzerne. Die Unterlagen haben

376 Abt. V: Schreiben an Generalleutnant Wolf vom 26.10.1967; BStU, ZA, SdM 1465.
377 Leiter der HV A: Bericht über die Erfüllung der politisch-operativen Verpflichtungen der II. Etappe der Vorbereitung des 20. Jahrestages der Deutschen Demokratischen Republik vom 18.3.1969, S. 3; BStU, ZA, SdM 1474. Dokument 1, S. 307–315.
378 Abt. V: Schreiben an Generalmajor Fruck vom 2.9.1969; BStU, ZA, SdM 986.
379 Schreiben des Leiters der HV A an Mielke vom 2.1.1970; BStU, ZA, SdM 286.

großen strategischen Wert, bieten aber auch Lösungen für unsere eigene Entwicklung in der Elektronik an. [...]

1.11. Der Auftrag der Freunde, die Entwicklungsberichte über das Atomschiff ‚Otto Hahn' der westdeutschen Imperialisten zu besorgen, konnte erfüllt werden. [...]

2.1. Die Situation in der Herstellung von Festkörperschaltkreisen in der DDR und in den RGW-Staaten ist ein echter Schwerpunkt geworden. Es geht nicht nur um die Technik der Großproduktion, sondern um die Effektivität der Produktion. Wir produzieren mit einem Kostensatz, der oft den 5–10fachen Weltmarktpreis für das Finalprodukt bedingt. Die für die Aufklärung daraus abgeleiteten Aufgabenstellungen konnten zum Teil realisiert werden. Das Halbleiterwerk Frankfurt/Oder und das Funkwerk Erfurt erwarten daraus einen volkswirtschaftlichen Nutzen von 4,5 Mio. An dem Problem wird von uns weiter gearbeitet."[380]

Aus einer „Aufstellung der wichtigsten Aufklärungsobjekte im NATO-Kommandobereich Zentraleuropa" vom Oktober 1984 geht hervor, daß die HV A über militärische Einheiten, Bewaffnung und Stationierungsorte in der Bundesrepublik und Westeuropa eingehend orientiert war. Die siebenseitige Liste reicht vom amerikanischen „Stab 56 RBr" in Schwäbisch-Gmünd mit Pershing 1 A und 2-Bewaffnung über das amerikanische „501. FIRG" im englischen Greenham mit BGM 109 G TOMAHAWK-Bewaffnung bis zum bundesdeutschen „LSK" in Alflen/Eifel mit Kernbomben – die Liste sollte die Abteilungen XV der Bezirksverwaltungen für Staatssicherheit instruieren.[381]

5.1.2.2 „Aktive Maßnahmen"

Die HV A beschaffte nicht nur Informationen, sondern suchte über ihre inoffiziellen Mitarbeiter, über zentral gesteuerte „Aktionen" und einzelne „aktive Maßnahmen" im Westen politisch Einfluß zu nehmen. Getreu dem Selbstverständnis des MfS als „Schild und Schwert der Partei" wurde die Tätigkeit im „Operationsgebiet" als eine Fortsetzung des internationalen „Klassenkampfes" mit den spezifischen Mitteln eines Geheimdienstes betrachtet. Die wichtigsten Mittel dazu waren die Kompromittierung und Verunsicherung politischer „Gegner" der SED im Westen, die Schürung von Differenzen und Konflikten, sowohl innerhalb der Bundesrepublik als auch gegenüber anderen Staaten, sowie die Förderung der vom MfS vorgegebenen politischen und taktischen Linie durch inoffizielle Mitarbeiter, lancierte Veröffentlichungen und andere Maßnahmen. Die Einwirkungen sollten dabei so vorgenom-

380 HV A, SWT-Leiter: Kurzbericht über wichtige Arbeitsergebnisse der wissenschaftlich-technischen Aufklärung im 1. Halbjahr 1971 vom 12.8.1971, S. 2 f. und 5; BStU, ZA, SdM 355, Bl. 14–22, hier 15 f. und 18.

381 HV A, AG XV/BV: Aufstellung der wichtigsten Aufklärungsobjekte im NATO-Kommandobereich Zentraleuropa vom 25.10.1984; BStU, ASt Berlin, XV 13.

men werden, daß der Staatssicherheitsdienst als Urheber nicht zu erkennen war.[382] Um derartige Maßnahmen vorbereiten und durchführen zu können, war es eine wesentliche Aufgabe des MfS, aus den „feindlichen Zentren und Objekten" im Westen die dafür erforderlichen Informationen zu beschaffen.[383]

Das Prinzip der „aktiven Maßnahmen" ist in dem überlieferten Richtlinienmaterial zur Arbeit mit inoffiziellen Mitarbeitern im „Operationsgebiet" beschrieben. Ausmaß und Wirkungen der konspirativen Einflußnahme sind jedoch aufgrund der Beseitigung der Vorgangsakten der HVA bislang nur punktuell zu rekonstruieren. Auskunft über das Vorgehen der in erster Linie dafür zuständigen HVA-Abteilung X haben allerdings deren ehemalige Mitarbeiter Günter Bohnsack und Herbert Brehmer in verschiedenen Veröffentlichungen sowie gegenüber der Bundesanwaltschaft gegeben.[384] Eine Reihe von aufgefundenen Dokumenten belegt ebenfalls, wie die Staatssicherheit im Westen Politik zu machen versuchte.

Um die Regierung des bis 1957 unabhängigen Saarlandes zu verunsichern, organisierte das MfS beispielsweise im Vorfeld der im Herbst 1955 abgehaltenen Volksabstimmung ein „Scheinattentat" gegen den damaligen Ministerpräsidenten Johannes Hoffmann. Zu diesem Zweck wurde ein Agent der „Aufklärung" im Februar 1955 beauftragt, eine Briefbombe an den Regierungschef zu senden, die beim Öffnen explodieren sollte. Ziel war es, den Ministerpräsidenten und seine unmittelbare Umgebung „in politische Nervosität zu versetzen". Durch Zufall entdeckte damals jedoch ein Postbeamter den Sprengsatz und alarmierte die Polizei. Der Agent der Abteilung III, Alfred Weise (IM „Wenig"), wurde daraufhin in die DDR zurückgezogen, im September aber von Markus Wolf erneut „zur Auftragserfüllung" in den Westen kommandiert. Den beim Bundesbeauftragten überlieferten Unterlagen zufolge arbeitete Weise für das MfS seit 1954 „auf hauptamtlicher Basis" und leitete in Westdeutschland „eine Gruppe von inoffiziellen Mitarbeitern". Nach seiner erneuten Entsendung bekam er Hamburg „als Arbeitsgebiet" zugewiesen, von wo aus er bis mindestens 1964 „Verbindung mit der Zentrale [...] durch einseitige Funkverbindung" und durch regelmäßiges Versenden von „Ansichtskarten" hielt. In einem 1997 erschienenen Artikel erklärte Weise zu seiner früheren Tätigkeit für das MfS: „Ich war freier Mitarbeiter der Stasi und sollte Menschen finden, die im Kriegsfall wie Partisanen arbeiten und viel Unheil beim Gegner anrichten."[385]

382 Richtlinie 2/79 „für die Arbeit mit Inoffiziellen Mitarbeitern im Operationsgebiet" vom 8.12.1979, S. 11; BStU, ASt Berlin, XV 22. Dokumentiert in: *Gill/Schröter 1991*, S. 478–523.

383 1. Kommentar zur Richtlinie 2/79 des Ministers für die Arbeit mit Inoffiziellen Mitarbeitern im Operationsgebiet. „Die Hauptaufgaben und Hauptrichtungen der operativen Arbeit der Diensteinheiten der Aufklärung des MfS. Die Anforderungen an das IM-Netz"; BStU, ASt Neubrandenburg, Abt. XV, dokumentiert in: *Müller-Enbergs 1998*, S. 514–552, hier 524.

384 *Bohnsack/Bremer 1992; Bohnsack 1997; Der Generalbundesanwalt 1993b*.

385 IM-Vorgang „Wenig"; BStU, ZA, AIM 1844/70, S. 39, 49 und 62; „Bombers Beichte.

Ein anderes Beispiel ist der Maßnahmeplan zur Aktion „Klarheit" von Oktober 1958.[386] Darin legte die Abteilung V dem Leiter der „Aufklärung", Wolf, auf 13 Seiten dar, auf welche Weise sie den Wahlkampf der SED bei den Wahlen zum Westberliner Abgeordnetenhaus unterstützen wollte. Unter anderem sollten mittels eines gefälschten Briefes an führende Funktionäre der Westberliner CDU diese „gegenseitig ausgespielt [...] und die Differenzen zwischen den Mitgliedern und Funktionären der CDU verstärkt werden". Das Papier enthielt insgesamt 39 derartige Maßnahmen, wie durch nachrichtendienstlich organisierte Fälschungen, Lancierungen, Drohungen, Diffamierungen, Diskreditierungen und Desinformationen auf den Ausgang der Wahlen Einfluß genommen werden sollte. Den inoffiziellen Mitarbeitern in SPD, CDU, DGB und weiteren Parteien und Organisationen fiel dabei die Rolle zu, die von der HV A vorgegebenen Fragestellungen auf Versammlungen und in Gesprächen zur Sprache zu bringen.[387] Ähnliche „Aktionen" fanden auch aus anderen Anlässen statt – zum Beispiel zur Diskreditierung des gesamtdeutschen Ministeriums und seines Ministers Ernst Lemmer im September 1958 (Aktion „Lemmerschwanz").[388]

Zur Unterstützung des sogenannten Deutschlandplanes der SED ist ein ähnlicher Maßnahmeplan vom Mai 1960 überliefert.[389] Zur „Beeinflussung westdeutscher und Westberliner Bevölkerungsschichten" wurde darin eine Fülle detaillierter Vorschläge gemacht. Auch hier ging es vor allem um die Lancierung von SED-freundlichen Stellungnahmen durch konspirativ veranlaßte Presseveröffentlichungen und durch das Auftreten von inoffiziellen Mitarbeitern im Westen. Zur Einflußnahme auf sozialdemokratische und gewerkschaftliche Kreise sollten beispielsweise die „op[erativen] Möglichkeiten des Auftretens von SPD- und DGB-Funktionären" in der Presse und

Der Anschlag auf den Saar-Ministerpräsidenten anno 1955 war Werk eines Stasi-Spezialisten", in: Focus Nr. 19/1997, S. 36 ff.

386 Maßnahmeplan zur Aktion „Klarheit". Anlage zum Schreiben der Abt. V der HV A an Generalmajor Wolf vom 16.10.1958; BStU, ASt Berlin, XV 25.

387 Trotz dieser Maßnahmen blieb die SED bei den Abgeordnetenhauswahlen 1958 mit 1,9 % der abgegebenen gültigen Stimmen unter der Fünf-Prozent-Marke; *Berlin-Handbuch 1992*, S. 1340.

388 Im Rahmen der „Aktion Lemmerschwanz" wurden alle Linien des Ministeriums aufgefordert, „alle Materialien, Dokumente, Beweise, operative Vorgänge usw., die zur Führung dieses Schlages geeignet sind, zu melden", darunter „alle Materialien, die zur Entlarvung der Rolle des Ministeriums für gesamtdeutsche Fragen beitragen können, einschließlich der Entlarvung des Lemmer als Agent der Gestapo und anderer imperialistischer Geheimdienste". Schreiben des Ministers vom 3.9.1958; BStU, ZA, DSt 101612. Die Bezirksverwaltung des MfS in Potsdam sandte bereits sechs Tage später die ersten Unterlagen an das Büro der Leitung in Berlin. Unter anderem hatte sie eine Kontaktperson „Tamara" ausfindig gemacht, deren Vater mit Lemmer Anfang der 50er Jahre regelmäßig Skat gespielt hatte und die damals „meist bei Ernst Lemmer auf dem Schoß saß". Abt. III, betr: Verbindung der KP „Tamara" zu Lemmer, 14.10.1958; BStU, ASt Potsdam, AS 3/60, Bd. III, Bl. 27 f.

389 Entwurf über Vorschläge und Maßnahmen für die Verbreitung des Deutschlandplanes des Volkes und zur Beeinflussung westdeutscher und Westberliner Bevölkerungsschichten für den Deutschlandplan; BStU, ZA, SdM 1121.

in Versammlungen überprüft sowie Materialien „zwecks Unterstützung des Auftretens von G[eheimen] M[itarbeitern] in SPD und DGB“ erarbeitet werden. Ein anderer Vorschlag beinhaltete die „Organisierung der Abgabe von Erklärungen durch westdeutsche, DDR- und ausländische Teilnehmer an den Film-Festspielen in Cannes, die über unsere legalen Residenturen und G[eheimen] M[itarbeiter] in der breitesten Öffentlichkeit in Westdeutschland und in der DDR, aber auch im Ausland publik gemacht werden“.

Zur gezielten politischen Einflußnahme auf den Westen wurde 1966, wie erwähnt, aus dem Sonderreferat „F“ der Abteilung VII die Abteilung X der HV A gebildet. Dessen bisheriger Leiter, Oberstleutnant Rolf Wagenbreth, wurde zum Abteilungsleiter ernannt.[390] Die Abteilung X war speziell mit der Durchführung von „aktiven Maßnahmen“ beauftragt und bediente sich dazu eines eigenen Netzes an inoffiziellen Mitarbeitern in der DDR und der Bundesrepublik, zu dem vor allem Journalisten und andere „Multiplikatoren“ gehörten. Durch die Lancierung von im MfS formulierten Texten sowie von echten, gefälschten oder verfälschten „Dokumenten“ nahm sie auf vielfältige Weise auf das politische Leben in der Bundesrepublik Einfluß. In den sechziger Jahren spielte sie unter anderem eine Schlüsselrolle bei der Kompromittierung führender westdeutscher Politiker als angebliche ehemalige Nazis (vgl. Kap. 4.2.2). In den siebziger und achtziger Jahren löste sie wiederholt politische Affären aus oder verstärkte sie, indem sie Medien wie dem Stern, dem Spiegel oder der Süddeutschen Zeitung Materialien zuspielte, die dann von diesen veröffentlicht wurden und eine entsprechende Wirkung erzeugten.

Die Abteilung arbeitete dabei auch mit dem sowjetischen KGB zusammen, mit dem jedes Jahr ein Plan über gemeinsame „aktive Maßnahmen“ vereinbart wurde. Einzelheiten über diese Kooperation gehen aus Unterlagen über eine Besprechung zwischen MfS und KGB in Moskau im April 1967 hervor. Danach sah der sowjetische „Perspektivplan“ für den Zeitraum 1966 bis 1970 vor, „alle Mittel und Anstrengungen gegen [die] USA und Westdeutschland als Hauptfeind sowie deren Verbündete“ zu richten. Ziel war vor allem die „Verstärkung der Widersprüche allgemein, besonders zwischen Westdeutschland und den USA“, sowie die „Kompromittierung besonders gefährlicher Feinde des sozialistischen Lagers“. Auf die Bundesrepublik bezogen, war unter anderem ihre Diskreditierung als gefährlichster europäischer NATO-Partner vorgesehen, die „Durchführung von Maßnahmen zur Kompromittierung westdeutscher Truppen in dritten Ländern“ und die „Durchführung geeigneter Maßnahmen zur Entlarvung der Bestrebungen Westdeutschlands, alle Staaten, die Kernwaffen herstellen könnten, zu einem Block gegen den Atomwaffen-Sperrvertrag zu vereinigen“. Ferner plante der KGB Schritte gegen die Arbeit des CIA und des BND wie „Entlarvung operativer Dächer der Geheimdienste, Entlarvung von Persönlich-

390 Befehl 14/66; BStU, ZA, DSt 100480.

keiten, Schaffung von Schwierigkeiten der Geheimdienste bei der Durchführung ihrer Arbeit".[391]

Im Protokoll der beiden Geheimdienste „über gemeinsame aktive Maßnahmen für das Jahr 1967"[392] stellten diese fest, daß der bilaterale Plan für 1966 „im wesentlichen [...] erfüllt und zu einer guten Basis bei der Durchführung aktiver Maßnahmen wurde. Es wurde beschlossen, die weitere Zusammenarbeit auf einer konkreteren Ebene, mit Nachdruck auf die Durchführung von komplexen Maßnahmen zu orientieren, die ermöglichen, dem Gegner harte Schläge zu versetzen und zur Vereitelung seiner Pläne beizutragen." Bezogen auf die Bundesrepublik, sollte bei der Ausarbeitung dieser Maßnahmen das Augenmerk auf die „Kompromittierung führender Vertreter der Regierung", „aktiver reaktionärer Persönlichkeiten und Organisationen" sowie „einzelner rechter SP[D]-Führer" in der Bundesrepublik gerichtet werden.

Konkret wurde zwischen KGB und MfS ein gutes Dutzend „Aktionen" vereinbart, darunter die Unterstützung der Internationalen Kommission Demokratischer Juristen zur Entlarvung der „amerikanischen Aggression in Vietnam" (Aktion „Tribunal"), die „Enthüllung der Herstellung von ABC- und Raketenwaffen" in Westdeutschland (Aktion „Verwüstung"), die „Weiterführung der Aktion des MfS zur Verschärfung der Gegensätze zwischen Westdeutschland und den arabischen Ländern" (Aktion „Marabu"), die „Beeinträchtigung der Positionen Westdeutschlands" in Afrika (Aktion „Sonne") und im Fernen Osten (Aktion „Taifun") und die „Diskreditierung der höheren Politiker und Regierungsbeamten der westdeutschen Bundesrepublik auf der Grundlage ihrer Nazivergangenheit" (Aktion „Nazikamarilla"). In der Regel ging es dabei um die Verbreitung von „desinformatorischen Dokumenten" im Westen über nachrichtendienstliche Kanäle der beiden Geheimdienste. In bezug auf die „Desinformationstätigkeit" gab der KGB dem MfS allerdings wegen des „großen Aufwand[es] an Zeit und Kraft" zu bedenken, ob sich dieses „eine solche Aufgabenstellung zum derzeitigen Zeitpunkt schon zumuten" sollte.[393]

Bei den Beratungen in Moskau wurde auch festgelegt, eine Aktion zur Kompromittierung des SPD-Politikers Herbert Wehner durchzuführen.[394] Der einstige hohe KPD-Funktionär wurde von der SED bis in die siebziger Jahre als „Arbeiterverräter" verunglimpft, wobei man nicht nur gegen seine politische Rolle in der Nachkriegs-SPD polemisierte, sondern ihn auch be-

391 HVA, Abt. X: Wiedergabe der thesenhaften Ausführungen des Generalmajors Agajanz; BStU, ZA, SdM 1465, Bl. 125–133.

392 Protokoll über Verhandlungen zwischen Vertretern des MfS der DDR und des KfS beim Ministerrat der UdSSR über gemeinsame aktive Maßnahmen für das Jahr 1967; BStU, ZA, SdM 1465, Bl. 134–147.

393 HVA, Abt. X: Niederschrift über die Arbeitsberatung mit der Abteilung aktive Maßnahmen beim KfS vom 10.–15.4.1967; ebenda, Bl. 148–151.

394 Anlage zum Plan der Maßnahmen, die gemeinsam mit Freunden anläßlich des 50. Jahrestages der Großen Sozialistischen Oktoberrevolution durchzuführen sind; ebenda, Bl. 158–160, hier 159.

schuldigte, während seines Exils in Schweden Mitglieder der antifaschistischen Untergrundbewegung an die Polizei verraten zu haben.[395] Über dieses Vorhaben sind im Zentralarchiv des Bundesbeauftragten zahlreiche Unterlagen überliefert, die nicht nur die Kooperation zwischen MfS und KGB, sondern auch das Zusammenspiel von „Abwehr" und „Aufklärung" im Staatssicherheitsdienst deutlich machen. Im Bestand des Ministers fand sich ein Aktenkonvolut von annähernd 1 700 Blatt, das in erster Linie aus Dokumenten über seine Tätigkeit als Funktionär der KPD im Zeitraum von 1937 bis 1942 besteht, darunter Schriftstücke des KGB und des MfS sowie schwedische Kopien von Prozeßunterlagen.[396] Hinzukommt ein sogenannter Forschungsvorgang der Hauptabteilung IX/11 aus 56 Bänden, der den Aufwand zeigt, mit dem der Staatssicherheitsdienst über Jahre hinweg (vergeblich) nach Belastungsmaterial gegen Wehner suchte.[397] Die Federführung der Kampagne lag beim SED-Zentralkomitee, ihre Einstellung erfolgte 1978 auf persönliche Veranlassung von Erich Honecker.

Erhalten geblieben ist im Sekretariat des Ministers auch ein „Plan aktiver Maßnahmen gegen die Bundesversammlung am 5. März [1969] in Westberlin", bei der Gustav Heinemann zum Bundespräsidenten gewählt werden sollte.[398] Hauptziel der Maßnahmen war danach „die Störung der Vorbereitung und Durchführung der Bundesversammlung vor allem durch Unterstützung der geplanten Aktionen der Außerparlamentarischen Opposition in Westberlin [...] sowie durch verstärkte Bekämpfung der Politik und der Person von [Bürgermeister] Schütz". Zu diesem Zweck wollte man der APO unter anderem „Hilfe bei der Erarbeitung und Verbreitung von Flugblättern und anderen Agitationsmaterialien" leisten und eine Sonderausgabe des Berliner Extradienstes herausgeben. Dem Plan war eine „Aufstellung über operative Verbindungen zu Organisationen und Gruppen der APO in Westberlin" beigefügt, derzufolge allein der Aufklärungsapparat des MfS in der Berliner Studentenbewegung über mehr als zwei Dutzend inoffizielle Mitarbeiter und Kontaktpersonen verfügte. Handschriftlich hatte Wolf, der den Plan am 18. Februar an Mielke sandte, auf dem Papier noch den Zusatz angebracht: „Fortsetzung der Beeinflussung der FDP-Spitze u. -Fraktion" und festgelegt, daß „in Verbindung mit der noch zu erwartenden Orientierung ein entspr[echender] spezieller Plan der Einflußnahme zu ergänzen" sei.

Partiellen Einblick in die Arbeit der Abteilung X gibt überdies ein „Sonderoperativ-Vorgang" gegen den Ostberliner Wirtschaftsprofessor Hermann von Berg, der 1978 vom MfS verdächtigt wurde, das sogenannte Spiegel-

395 Ausführlich zum Komplex Wehner: *Staadt 1993*, S. 100–110; *Scholz 1997; Wolf 1997*, S. 195–219.

396 BStU, ZA, SdM 1856, 1857, 1858, 1860, 1861, 1862, 1863, 1864, 1865, 1866, 1869, 1870.

397 BStU, ZA, HA IX/11, AS 95/65. Akten mit HVA-Provenienz sind zu Wehner bislang nicht aufgefunden und wahrscheinlich vernichtet worden.

398 HVA, Abt. X: Plan aktiver Maßnahmen gegen die Bundesversammlung am 5. März in Westberlin vom 17.2.1969; BStU, ZA, SdM 1439.

Manifest verfaßt zu haben.[399] Den Unterlagen zufolge arbeitete er seit 1962 unter dem Decknamen „Günther“ für die HVA-Abteilung X. Aufgrund seiner Verbindungen zu westlichen Journalisten und Politikern wurde er in der zweiten Hälfte der sechziger Jahre wiederholt als Bote für vertrauliche Briefwechsel zwischen Spitzenpolitikern beider deutscher Staaten eingesetzt. Dabei entwickelte die HV A mit verschiedenen Maßnahmen die „Legende“, daß von Berg eine Gruppe von „Reformern“ in der SED repräsentiere und Vertrauter des damaligen Ministerpräsidenten Willi Stoph sei. Auf diese Weise hatte er jahrelang Kontakt zu höchsten westdeutschen Politikern, insbesondere in der SPD, die er für das MfS regelmäßig abschöpfte. Sporadisch wurde von Berg auch als Übermittler von Material für „aktive Maßnahmen“ eingesetzt.

Auch für die Folgezeit finden sich immer wieder Hinweise auf gezielte politische Einflußnahmen durch das MfS. Über die Umsetzung einzelner von der Abteilung X geplanter Maßnahmen gibt ein Bericht von Markus Wolf Aufschluß, in dem er im März 1969 Minister Mielke die Erfüllung der „politisch-operativen Verpflichtungen“ in Vorbereitung des 20. Jahrestages der DDR meldete.[400] Drei Jahre später bestach die HV A den Bundestagsabgeordneten der CDU Julius Steiner mit 50 000 DM, damit er beim konstruktiven Mißtrauensvotum gegen Bundeskanzler Willy Brandt dem Antrag seiner eigenen Fraktion seine Stimme versagte.[401] Den Ermittlungsergebnissen der Generalbundesanwaltschaft zufolge wurde seinerzeit „in [der] Abteilung II HV A der Plan entwickelt, Julius Steiner durch Versprechen eines größeren Geldbetrages zu veranlassen, dem Mißtrauensvotum der Bundestagsopposition seine Stimme zu versagen. Nachdem der Angeschuldigte [Markus Wolf] den Plan im Grundsatz gebilligt hatte, führte er Gespräche mit seinem für die Anleitung der Abteilung II zuständigen Stellvertreter Werner Großmann [...], in welchen die Formulierung der mit Julius Steiner zu treffenden schriftlichen Vereinbarung festgelegt wurde. Dabei entschied der Angeschuldigte, daß Steiner als Gegenleistung für die Stimmabgabe ein Geldbetrag von 50 000 DM zu bieten sei. Planmäßig erklärte sich Julius Steiner zu der vom MfS vorgeschlagenen Verfahrensweise bereit, erhielt vor Durchführung der Bundestagsabstimmung bei einem Treff in Ost-Berlin von seinen Führungsoffizieren der Abteilung II HV A den Geldbetrag von 50 000 DM ausgehändigt und stimmte am 27. April 1972 im Parlament für Bundeskanzler Willy Brandt.“[402]

Anfang der achtziger Jahre bemühte sich das MfS, mit verschiedenen

399 Sonder-Operativvorgang (SOV) „Tal“; BStU, ZA, GH 25/87. Zum „Spiegel-Manifest“: *Geppert 1996*.

400 Leiter der HV A: Bericht über die Erfüllung der politisch-operativen Verpflichtungen der II. Etappe der Vorbereitung des 20. Jahrestages der Deutschen Demokratischen Republik vom 18.3.1969; BStU, ZA, SdM 1474. Dokument 1, S. 307–315.

401 *Der Generalbundesanwalt 1992*, S. 101 f.

402 Ebenda.

„politisch-aktiven Maßnahmen“ die Friedensbewegung im Westen zu fördern, wozu die HV A ein ausführliches Konzept erarbeitete.[403] Unter anderem wies Mielke in diesem Zusammenhang die Führungsspitze der Staatssicherheit im Juni 1983 an, jene Kräfte in der SPD zu unterstützen, die die Parteiführung dazu drängen sollten, noch vor dem Sonderparteitag im Herbst „endlich klar Stellung zu beziehen“. Wörtlich wies er an: „Zunehmenden Differenzierungsprozeß nutzen, ihn fördern!“. Bei Kontakten mit Grünen solle man sich auf Berührungspunkte im Kampf um die Friedenssicherung konzentrieren.[404] Unterlagen über die konkrete Umsetzung dieser Vorgaben wurden bislang nicht aufgefunden. Allein die Gruppierung „Generäle für den Frieden“ wurde aber den „Erinnerungen“ von Markus Wolf zufolge vom MfS mit 100 000 DM unterstützt.[405]

Überliefert ist schließlich ein Vorhaben der Abteilung IX/B der HV A, mit „aktiven Maßnahmen“ dazu beizutragen, „die subversive Tätigkeit der feindlichen Geheimdienste und ihrer Stützpunkte unter Journalisten zu entlarven und zu beeinträchtigen“. Die Maßnahmen sollten dabei „vorwiegend im Operationsgebiet unter Verwischung der DDR-Herkunft“ durchgeführt werden. Zur Realisierung übersandte die HV A der Hauptabteilung II/13 im Dezember 1982 eine Namensliste von Journalisten mit der Bitte,

> „zu prüfen,
> - welche Personen aus diesem Kreis bei Berücksichtigung operativer Erfordernisse längerfristig in aktive Maßnahmen gegen feindliche Geheimdienste einbezogen werden können?
> - welche Erkenntnisse zu diesen Personen, neben Angaben zur Person (Lebensweg, Entwicklung, politische Haltung, Tätigkeit, Verbindungen usw.), insbesondere solche, mit denen Kontakte zu feindlichen Geheimdiensten nachgewiesen bzw. die dazu ausgenutzt werden können, Verdachtsmomente oder Beweise für eine geheimdienstlich orientierte bzw. gesteuerte subversive Tätigkeit zu schaffen, vorhanden sind, beschafft und schließlich zur operativen Ausnutzung zur Verfügung gestellt werden können?“[406]

Wie so oft bei den „aktiven Maßnahmen“ war es der HV A letztlich gleichgültig, ob die Betroffenen tatsächlich für einen westlichen Geheimdienst tä-

403 Vgl. 1. Kommentar zur Richtlinie 2/79 des Ministers für die Arbeit mit Inoffiziellen Mitarbeitern im Operationsgebiet. „Die Hauptaufgaben und Hauptrichtungen der operativen Arbeit der Diensteinheiten der Aufklärung des MfS. Die Anforderungen an das IM-Netz“; BStU, ASt Neubrandenburg, Abt. XV, dokumentiert in: *Müller-Enbergs 1998*, S. 514–552, hier 524; HV A, Abt. II: Konzept für aktive Maßnahmen zur Förderung der Friedensbewegung in der BRD vom 17.8.198, auszugsweise dokumentiert in: *Sélitrenny/ Weichert 1991*, S. 196–200, hier 200 und 197 f. *Wolf 1997*, S. 343.

404 Hinweise für die Kollegiumssitzung am 26.6.1983, S. 4; BStU, ZA, SdM 1567.

405 *Wolf 1997*, S. 343.

406 HV A, Abt. IX/B: Schreiben an den Leiter der HA II/13 vom 22.12.1982; BStU, ZA, HA II/13 1614.

tig waren oder nicht – ausschlaggebend war allein, wie der vorgesehene Vorwurf auf möglichst glaubwürdige Weise zu belegen war. Tatsächlich übersandte die Hauptabteilung II/13 nach einigen Monaten der Überprüfung eine neue Namensliste, verbunden mit dem Vorschlag, „die nachfolgend aufgeführten Personen in diese Maßnahmen einzubeziehen".[407]

5.1.2.3 Bekämpfung „feindlicher" Stellen und Personen

Die Infiltrierung und „Zersetzung" DDR-kritischer Einrichtungen und Personen im Westen war von Anbeginn eine zentrale Aufgabe des MfS, wobei zwischen Geheimdiensten, als „feindlich" eingestuften Organisationen und Institutionen, SED-kritischen Medien, Einrichtungen der DDR- und Osteuropaforschung oder politisch engagierten Personen kein grundsätzlicher Unterschied gemacht wurde. Bei der Bekämpfung dieser „feindlichen" Stellen und Personen spielte die HV A eine Schlüsselrolle – und arbeitete dabei eng mit den im Westen operierenden Diensteinheiten der „Abwehr" zusammen.

In den fünfziger Jahren galten namentlich die Ostbüros von SPD und DGB als „Hauptfeind" der SED, deren Bekämpfung eigentlich eine Aufgabe der „Abwehr" war. Tatsächlich setzte aber auch die „Aufklärung" ihre spezifischen Möglichkeiten im „Operationsgebiet" ein, um Gegner der DDR dort mundtot zu machen. Ehemalige Parteifunktionäre wie Heinz Lippmann oder Fritz Schenk, die in der Bundesrepublik für einen „Dritten Weg" eintraten, wurden von der HV A ebenfalls mittels verschiedener Quellen „bearbeitet".[408]

Ein Beispiel für dieses Vorgehen der HV A ist der Gewerkschaftsfunktionär Wilhelm Gronau, der vom MfS in einem langfristigen Prozeß zur Spitzenquelle aufgebaut wurde. Als Geschäftsführer der Gewerkschaft Handel-Banken-Versicherungen bekam er von seinem Führungsoffizier, Paul Laufer, Mitte der fünfziger Jahre den Auftrag, „sich aktiv in der SPD zu betätigen, Fremdsprachen zu erlernen, publizistisch in den Zeitungen und Zeitschriften der Gewerkschaft tätig zu werden und interessante Bekanntschaften zu machen". Zugleich wurde er eingehend „mit Grundfragen der Personenaufklärung sowie mit einer Reihe operativ-technischer Probleme vertraut gemacht". Mit Unterstützung einer von ihm angeworbenen Agentin wurde Gronau schließlich persönlicher Sekretär des damaligen DGB-Vorsitzenden Willi Richter und Leiter des Referates Wiedervereinigung im DGB-Vorstand.[409]

In dieser Funktion arbeitete Gronau eng mit dem Bundesministerium für gesamtdeutsche Fragen, den Ostbüros von SPD und DGB und der Friedrich-Ebert-Stiftung zusammen und kam in den Forschungsbeirat für Fragen der Wiedervereinigung Deutschlands, in das Kuratorium Unteilbares Deutschland sowie in weitere Gremien. Dort beschaffte er für das MfS „äußerst wert-

407 HA II/13: Schreiben an HVA/IX/B vom 16.9.1983; ebenda.
408 Einzelinformation 321/61 über das Renegatenzentrum „Der dritte Weg"; BStU, ZA, SdM 1121.
409 *Deckname Stabil 1988*, S. 86 ff.; *Koch 1994*, S. 199 ff.

volle Informationen und hatte wesentlichen Anteil an der Beschaffung der Grauen Pläne und an der weitgehenden Zerschlagung" des Unterstützernetzes des Ostbüros der SPD. „Mit Akribie, Detail für Detail, Tag für Tag, Woche um Woche, Monat für Monat", so schrieb Markus Wolf in einer Würdigung Gronaus aus dem Jahr 1989, „durchforschte und ermittelte [er und] setzte sich auf zahllosen Sitzungen und Begegnungen genau ins Bild".[410] Erst 1972 wurde Gronau wegen Spionage in Westberlin in Haft genommen, ein Jahr später wurde er im Rahmen des Agentenaustausches mit der DDR freigelassen.

In einer Zusammenstellung vom Mai 1978 werden insgesamt 113 westdeutsche Institutionen aufgeführt, die das MfS als „Zentren, Organisationen und Einrichtungen der politisch-ideologischen Diversion" klassifizierte, darunter „staatliche Einrichtungen" wie das Bundesministerium für innerdeutsche Beziehungen, „Verlage und Rundfunkstationen" wie der RIAS und der Deutschlandfunk, „Zentren, Organisationen und Institutionen" wie Amnesty International sowie „Einrichtungen der DDR- und Ostforschung" wie die Bundeszentrale für politische Bildung in Bonn.[411] Über viele der aufgeführten Einrichtungen bezeichnete sich die HV A als „umfassend auskunftsfähig", das heißt: Im Normalfall verfügte sie über mindestens eine gut plazierte Quelle im Inneren. Einer anderen Aufstellung zufolge war die HV A im Jahr 1983 für 20 zentral „erfaßte Objekte des Feindes" zuständig, darunter das Bundesverteidigungsministerium, das Bundesamt und verschiedene Landesämter für Verfassungsschutz sowie für Amnesty International, das ZDF-Magazin, den Rundfunksender RIAS, das Kuratorium Unteilbares Deutschland und die Gesellschaft für Deutschlandforschung.[412]

Am Ende der DDR war die HV A für 58 Gruppen und Institutionen „verantwortlich", die von Mielke 1988 zu den „feindlichen Stellen und Kräften" in der Bundesrepublik gerechnet wurden – darunter der Arbeitskreis Atomwaffenfreies Europa in Westberlin, der Arbeitskreis ehemaliger DDR-Akademiker in Köln, die ARD-Ostredaktion, der Axel Springer Verlag, der Bund der Mitteldeutschen und der Bund der Vertriebenen in Bonn, das Bundesamt für gewerbliche Wirtschaft in Frankfurt/Main, das Bundesinstitut für ostwissenschaftliche und internationale Studien in Köln, um nur die ersten der in alphabetischer Reihenfolge aufgelisteten „Objekte" zu nennen.[413] Diese Einrichtungen wurden in der Regel in Feindobjektakten (FOA), Operativen Vorgängen oder Zentralen Operativen Vorgängen bekämpft. Ziel

410 *Kundschafter des Friedens 1989*, S. 297.

411 Übersicht über Zentren, Organisationen und Einrichtungen der politisch-ideologischen Diversion in der BRD und in Westberlin vom Mai 1978; BStU, ZA, ZAIG 5161.

412 Abt. XII, Leiter: Schreiben an den stellvertretenden Leiter der ZAIG vom 10.2.1983, Anlage 1; BStU, Abteilung Bildung und Forschung, Information und Dokumentation, Dokument 27.

413 Anlage 1 zum Schreiben des Ministers für Staatssicherheit vom 14.10.1988, betrifft: „Verantwortlichkeiten von Diensteinheiten zur Aufklärung, Kontrolle bzw. Bearbeitung feindlicher Stellen und Kräfte im Operationsgebiet"; BStU, ZA, DSt 103142.

war es, die jeweilige „Feindorganisation“ umfassend aufzuklären, zu lähmen und nach Möglichkeit zu „zersetzen“.[414]

Die Bekämpfung erfolgte aber auch personenbezogen. Zwar fehlt bislang ein Überblick über die Zahl der als „feindlich“ eingestuften und bearbeiteten Bundesbürger, doch allein die (unvollständige) Liste aus der Bezirksverwaltung für Staatssicherheit Berlin über Personen im Westen, die als Unterstützer des „politischen Untergrundes“ (PUT) in der DDR betrachtet wurden, umfaßte Anfang 1989 fast 1 400 Namen.[415] Die HV A war daran in der Regel auch dann beteiligt, wenn die „Federführung“ bei anderen Diensteinheiten lag.

Deutlich wird dies beispielsweise in dem umfangreichen Zentralen Operativen Vorgang gegen den in Westberlin lebenden Bürgerrechtler Roland Jahn, der dort systematisch Zersetzungsmaßnahmen ausgesetzt war. Obgleich für seine „Bearbeitung“ die Hauptabteilung XX/5 zuständig war, ging in ihrem Auftrag die Abteilung X der HV A Hinweisen von inoffiziellen Mitarbeitern nach, die besagten, daß Jahn beim Hamburger Institut für Sozialforschung tätig sei. Im April 1987 berichtete sie zunächst der „Abwehr“: „Den Aussagen einer Quelle zufolge ist Jahn als Mitarbeiter dieses Institutes nicht bekannt.“ Tatsächlich war er jedoch an einem Forschungsprojekt eines anderen Wissenschaftlers als externer Mitarbeiter beteiligt, was die HV A offenbar bald herausfand. Wenige Monate später hieß es nämlich in einem Schreiben der Hauptabteilung XX/5 an Oberst Rolf Rabe von der HV A: „Mit Ihrer Unterstützung wurde der Nachweis erbracht, daß der Organisator und Inspirator politischer Untergrundtätigkeit in der DDR, JAHN, Roland [...] von der Stiftung Hamburger Institut für Sozialforschung beschäftigt wird und von dort ein bis Herbst 1987 befristetes Stipendium erhält.“ Die HV A wurde sodann gebeten, eine Charakteristik der Stiftung und Erkenntnisse zu verschiedenen Personen zu liefern – was umgehend geschah.

Ähnliche Auskünfte erteilte die HV A auf Anfrage zu anderen Tätigkeitsfeldern und Kontaktpersonen Jahns, so zum Gesamtdeutschen Institut, zu Mitarbeitern der Berliner Tageszeitung (taz), zu einer Bundestagsabgeordneten der Grünen und zu einer Südamerikareise Jahns. Wenn der Bürgerrechtler in Hessen ein Referat halten sollte, informierte die HV A schon vorab über die Einladung; und als die Bundestagsfraktion der Grünen erwog, ihn als Mitarbeiter einzustellen, traf die zuständige Diensteinheit die Festlegung: „In Zusammenarbeit mit der HV A/II ist eine Arbeitsaufnahme Jahns bei den ‚Grünen‘ zu verhindern.“[416] Zu seiner Isolierung wurden in Zusammenarbeit mit der HVA-Abteilung X verschiedene „aktive Maßnahmen“ in Gang gesetzt, die ihn in seinem Umfeld diskreditieren sollten, beispielsweise

414 Zum Zersetzungsbegriff: *Suckut 1996*, S. 422; Richtlinie 1/76 zur Entwicklung und Bearbeitung Operativer Vorgänge (OV), abgedruckt in: *Gill/Schröter 1991*, S. 381 ff.

415 Gesamt-PUT-Liste (NSW), Stand: 7.4.1989; BStU, ASt Berlin, A 1001/2.

416 Abspracheprotokoll vom ZOV „Weinberg“ vom 13.11.1987; BStU, ZA, AOP 16922/91, Bd. 10, Bl. 21.

durch anonyme Briefe, in denen ihm Absprachen mit konservativen CDU-Politikern unterstellt wurden.[417] Die Wirkungen wurden durch inoffizielle Mitarbeiter sowie die Auswertung seiner Telefongespräche überprüft und durch die beteiligten Diensteinheiten in regelmäßigen „Abspracheprotokollen" bilanziert.[418]

Die wachsende Bedeutung, die der HV A bei der Bekämpfung von Kritikern innerhalb und außerhalb der DDR zufiel, geht auch aus anderen Unterlagen hervor (vgl. Kap. 4.2.4). So sandte Wolf Anfang 1986 einen Bericht an Mielke über den „Beitrag der Hauptverwaltung A zur Gewährleistung der inneren Sicherheit der DDR", in dem es hieß, daß „im Ergebnis einer stärkeren Einbeziehung des IM-Netzes im Operationsgebiet und in der DDR [...] ein wertvoller Beitrag der HV A zur Gewährleistung der inneren Sicherheit der DDR und der sozialistischen Bruderländer erbracht" werden konnte. Dies hätte sich unter anderem gezeigt in der

- „Zerschlagung bzw. weiteren gemeinsamen Bearbeitung von Menschenhändlerbanden sowie Aufdeckung von Absichten und Maßnahmen von Einzelpersonen und Personengruppen zum ungesetzlichen Verlassen der DDR;
- Abstimmung und Durchführung von Maßnahmen bei der Bekämpfung der P[olitisch]I[deologischen]D[iversion] und der Untergrundtätigkeit sowie der im Operationsgebiet tätigen Organisationen zur Schaffung des politischen Untergrundes in der DDR; [...]

Weiter wurden die DE [Diensteinheiten] der Abwehr informiert
- zu feindlichen Aktivitäten des Vatikans, der Christlichen Internationale und der BRD- und Westberliner Kirchen sowie über Verbindungen zu feindlichen und negativen Personen innerhalb von Kirchenkreisen der DDR und der sogenannten blockübergreifenden Friedensbewegung;
- zu Aktivitäten westlicher Auslandsvertretungen und bevorrechteter Personen;
- zur politisch-ideologischen Situation an Hoch- und Fachschulen und innerhalb von DDR-Künstlerkreisen sowie über negative Personen an Universitäten und Hochschulen."[419]

In der letzten Planorientierung der HV A nahm dieser Schwerpunkt einen bedeutenden Raum ein. Auf der Grundlage einer speziellen Weisung von HVA-Chef Großmann vom 29. Februar 1988 waren alle Diensteinheiten „verantwortlich für die Aufklärung und Bearbeitung von im Operationsgebiet festgestellten Ausgangspunkten der Organisierung der politischen Oppositions- und Untergrundtätigkeit". Konkret ging es dabei um die

417 Vgl. Absprachеprotokolle vom ZOV „Weinberg" vom 13.11.1987 und vom 9.1.1988; ebenda, Bl. 18–20.
418 Vgl. Ebenda.
419 Beitrag der Hauptverwaltung A zur Gewährleistung der inneren Sicherheit der DDR, o. D. (mit Schreiben vom 6.1.1986 von Wolf an Mielke), S. 1 f.; BStU, ZA, ZAIG 7373.

– „Identifizierung feindlicher Kräfte, die unmittelbar Einfluß auf die Inspirierung und Steuerung der politischen Untergrundtätigkeit im Gesamtsystem der BRD und anderen NATO-Staaten nehmen. Aufklärung ihrer Pläne und Absichten, Überprüfung aller Hinweise auf mögliche Einflüsse imperialistischer Geheimdienste.
– Aufklärung und Bearbeitung von Feindorganisationen, ‚Initiativen' und Einzelpersonen, die als Organisatoren der politischen Untergrundtätigkeit in der DDR und anderen sozialistischen Staaten in Erscheinung treten.
– Entlarvung konspirativer Verbindungskanäle und Maßnahmen zur Schaffung weiterer Verbindungslinien zwischen Feindkräften des Operationsgebietes und feindlich-negativen Kräften in der DDR.
– Detaillierte Erfassung aller Hinweise über Haltungen, Aktivitäten, Pläne und Maßnahmen sich im Operationsgebiet aufhaltender Feindpersonen aus der DDR.

Geeignete DDR-IM sind auf dem Territorium der DDR mit in die Bearbeitung oppositioneller Kräfte und Gruppierungen einzubeziehen."[420]

5.1.2.4 Vorbereitungen auf Kriegs- und Krisensituationen

Der Kampf gegen den Westen wurde von SED und MfS auch als militärische Auseinandersetzung geplant und vorbereitet – unabhängig von den öffentlichen Bekenntnissen zum Frieden. Im MfS lief dazu eine intensive „Mobilmachungsarbeit" (Mob-Arbeit), bei der die HV A eine wichtige Rolle spielte. Schon früh hatte sie die Aufgabe der „rechtzeitigen und zuverlässigen Aufklärung akuter imperialistischer Aggressionsabsichten in allen möglichen Handlungs- und Kriegsarten" übertragen bekommen, die zuletzt durch den Ministerbefehl 1/85 umfassend geregelt wurde (vgl. dazu Kap. 4.2.2 und Kap. 4.2.4).[421] Bis 1989 verlangte die Planorientierung der HV A zu diesem Zweck „die Schaffung einer breiten Quellenbasis in den politischen und militärischen Entscheidungszentren der USA, der BRD und den anderen NATO-Staaten", die Bestimmung von „Spannungsmerkmale[n] hoher Schlüssigkeit" und die schnelle Analyse der dazu eingehenden Informationen durch das „Lagezentrum" der HV A. Für die „Informationstätigkeit im Verteidigungszustand" hatte die HV A einen eigenen Plan ausgearbeitet.[422]

420 Planorientierung des Leiters der Hauptverwaltung A für das Jahr 1989, S. 12 f.; BStU, ASt Berlin, XV 24. Dokument 19, S. 485–510, hier 491 f.

421 Ebenda, S. 486; vgl. Befehl 1/85 zu den „Aufgaben der Diensteinheiten des MfS zur frühzeitigen Aufklärung akuter Aggressionsabsichten und überraschender militärischer Aktivitäten imperialistischer Staaten und Bündnisse, insbesondere zur Verhinderung eines überraschenden Raketenkernwaffenangriffs gegen Staaten der sozialistischen Gemeinschaft" vom 15.2.1985; BStU, ZA, DSt 103137.

422 Plan der Hauptverwaltung A für die Informationstätigkeit im Verteidigungszustand (PIV) vom 15.6.1984; BStU, ASt Berlin, XV 3.

Darüber hinaus wurden spezielle Vorbereitungen für Westeinsätze der HV A in Spannungsperioden getroffen. So waren, wie in Kapitel 5.5 näher dargestellt, Sabotageaktionen Mitte der fünfziger Jahre Aufgabe der Abteilung III der HV A und ab 1987 der neugebildeten HVA-Abteilung XVIII. Auch in der dazwischen liegenden Zeit führte sie in der Bundesrepublik und in Westberlin spezielle „Quellen, die in Spannungs- und Krisenzeiten [...] eine besondere Bedeutung gewinnen".[423] Nach einer zentralen Dienstbesprechung zur Mobilmachungsarbeit im MfS im Februar 1988[424] erließ der Leiter der HV A im Juni einen Befehl „zur politisch-operativen Vorbereitung der Hauptverwaltung A auf besondere Lagebedingungen im Operationsgebiet BRD und Westberlin", der die Diensteinheiten der „Aufklärung" dazu verpflichtete, die

> „zur Durchführung geplanter linienspezifischer Maßnahmen [im Westen] erforderlichen Kräfte und Mittel [...] zu bestimmen, ihre Bereitschaft [...] zu organisieren und sicherzustellen, daß sie unter allen Lagebedingungen und zu jeder Zeit zum erfolgreichen Einsatz gebracht werden können. Von besonderer Bedeutung ist die rechtzeitige Bereitstellung der erforderlichen Daten, Informationen und operativ bedeutsamen Sachverhalte zu allen politisch-operativ relevanten Objekten und Personen."[425]

Verantwortlich für diese „Vorbereitungsarbeit" war in der HV A die Arbeitsgruppe des Leiters (AGL), die neben den „erforderlichen dokumentarischen Grundlagen" auch „die zur Durchführung linienspezifischer Maßnahmen der HV A im Operationsgebiet erforderlichen personellen Kräfte zahlenmäßig und strukturell zu bestimmen, im Zusammenwirken mit den zuständigen Diensteinheiten ihre zweckentsprechende Ausbildung und rechtzeitige Bereitstellung zu organisieren und die vollständige rückwärtige und technische Sicherstellung zu gewährleisten" hatte. Den Vorgaben der Arbeitsgruppe des Ministers (AGM) entsprechend (vgl. Kap. 5.5) hatten die Diensteinheiten der „Aufklärung" den umfassenden „Informationsbedarf" aktuell und präzise zu befriedigen, „eine aktuelle und detaillierte Auskunftsfähigkeit über das Operationsgebiet durch Übersichten zu den staats- und parteipolitischen, ökonomischen, militärischen, geheimdienstlichen und kulturellen Bereichen mit politisch-operativer Relevanz im Verteidigungszustand zu gewährleisten" und „alle durch die Diensteinheiten exakt bestimmten Objekte,

423 Stellvertreter des Ministers: Zu einigen Mitteln und Methoden der operativen Arbeit – Operative Schlußfolgerungen – vom 31.10.1983 (Neufassung der operativen Schlußfolgerungen vom 28.5.1979), S. 8; BStU, ASt Berlin, XV/8. Dokument 11, S. 411–423, hier 414.

424 Referat Mielkes auf der Dienstbesprechung zur Mobilmachungsarbeit im MfS vom 26.2.1988; BStU, ZA, DSt 103458.

425 Befehl 2/88 des Stellvertreters des Ministers vom 20.6.1988 zur politisch-operativen Vorbereitung der Hauptverwaltung A auf besondere Lagebedingungen im Operationsgebiet BRD und Westberlin, S. 1; BStU, ASt Berlin, XV 9.

Einrichtungen und Personen mit politisch-operativer Relevanz in Nachweisen zu führen".[426]

Unter Verweis auf die Dienstkonferenz im Februar und den Befehl vom Juni 1988 sind die „Herstellung und Gewährleistung höherer Stufen der Einsatzbereitschaft" und die „Vorbereitungsarbeit auf eine Spannungsperiode und den Verteidigungszustand" auch Gegenstand der letzten Planorientierung der HV A für das Jahr 1989 gewesen. Dort wurde unter anderem festgelegt, daß die entsprechenden Aufgaben in die Jahresarbeitspläne der jeweiligen Diensteinheiten aufzunehmen waren.[427] Wie dies konkret aussehen konnte, geht aus dem überlieferten Arbeitsplan der Abteilung XV der Berliner Bezirksverwaltung für Staatssicherheit hervor, in dem es unter der Überschrift „7.6. Arbeit mit ausgewählten IM zur Gewährleistung des Verbindungswesens unter allen Lagebedingungen (Mob-Residenturen)" heißt: „Auf der Grundlage der Vorgaben des Stabs der HV A erfolgt die weitere Arbeit zur Qualifizierung der Mob-Residenturen ‚Heinemann', ‚Controlletti' und ‚Friedemann'."[428] „Heinemann" wird in einer als Anlage beigefügten Übersicht über die West-IM der Abteilung als Hauptamtlicher IM bezeichnet und taucht bereits in einer „Aufstellung über operative Verbindungen zu Organisationen und Gruppen der APO in Westberlin" als Mitglied des Republikanischen Clubs und der Vereinigung Unvereinigter Sozialisten (VUS) auf.[429] Bei „Controlletti" handelte es sich um einen Zahnarzt, bei „Friedemann" um einen Angestellten des Westberliner Senats.

Die Planung „spezifischer" Einsätze im Westen geschah nicht nur im Rahmen der „Mobilmachungsarbeit", sondern folgte auch aktuellen „operativen" Bedürfnissen der HV A. Überliefert ist in diesem Zusammenhang eine Bitte Wolfs vom März 1982 an die AGM/S, bei der es um „die Bereitstellung, Ausbildung und ständige Gewährleistung der Einsatzbereitschaft einiger weniger vertrauensvoller Einsatzkader für ganz spezifische Aufgaben im Operationsgebiet" ging. Die „Hauptrichtungen der [für diese Kader] vorgesehenen Aufgaben" sollten in „der Bekämpfung feindlicher Personen in der vollen Breite der möglichen Maßnahmen zu ihrer Bestrafung, Unschädlichmachung, ihrer Verbringung in sicheren Gewahrsam, der Sicherung und dem Schutz von Personen, der Sicherung bedeutsamer operativer Maßnahmen [und] der Sicherstellung, der Sicherung und dem Transport von Dokumenten, technischen Materialien und Ausrüstungen" bestehen (vgl. Kap. 5.5).[430]

426 Ebenda, S. 2 f.

427 Planorientierung des Leiters der Hauptverwaltung A für das Jahr 1989, S. 33; BStU, ASt Berlin, XV 24. Dokument 19, S. 485–510, hier 507.

428 Arbeitsplan der Abt. XV der Bezirksverwaltung Berlin für das Jahr 1989 vom 16.12.1989; ebenda, S. 21.

429 HV A, Abt. X: Plan aktiver Maßnahmen gegen die Bundesversammlung am 5. März in Westberlin vom 17.2.1969 (Anlage); BStU, ZA, SdM 1439.

430 AGM/S, Leiter: Information über ein Anliegen der HV A zur Bereitstellung von Einsatzkräften durch die AGM/S vom 12.3.1982, S. 1; BStU, ZA, HA XXII, Bündel 521.

Aus einer Dienstanweisung vom Februar 1989 geht hervor, daß Ende der achtziger Jahre innerhalb der HV A eine „Spezifische Ausbildungseinrichtung" (SAE) existierte, um „die Diensteinheiten bei der physischen und psychischen Vorbereitung ihrer operativen Kräfte für die Lösung spezifischer politisch-operativer Aufgaben im vorgesehenen Einsatzgebiet unter komplizierten Bedingungen zu unterstützen". Verantwortlich für die SAE war der Leiter der AGL, die unter anderem dafür zu sorgen hatte, daß „über einen Zeitraum von 3–5 Tagen bis zu 6 Genossen gleichzeitig ausgebildet" und „Einzelausbildungen von IM aus dem Operationsgebiet durchgeführt werden können". Genutzt werden sollte die SAE der Dienstanweisung zufolge für „Mitarbeiter der Diensteinheiten, die für spezielle Aufgaben vorgesehen sind", für Offiziere im besonderen Einsatz, „die für die Lösung von Sonderaufgaben im Operationsgebiet einzeln oder in Gruppen vorgesehen sind", für inoffizielle Mitarbeiter „der DDR, die als Einsatzfunker oder Einsatzkader II in einer Spannungsperiode bzw. im Verteidigungszustand für das Operationsgebiet vorgesehen sind", für inoffizielle Mitarbeiter „aus dem Operationsgebiet, die für die Lösung spezifischer Aufgaben einzeln oder in Gruppen vorgesehen sind" sowie für „vor der Übersiedlung stehende bzw. bereits übergesiedelte Residenten". Das Ziel der Ausbildung bestand in der „speziellen individuellen Befähigung der Kader, Handlungen abzuwehren, die sich gegen ihr Leben und ihre Gesundheit richten und die Erfüllung ihres Auftrages im Operationsgebiet gefährden könnten".[431]

5.1.3 Vorgehensweisen

Über die Vorgehensweise der HV A, über Stärken und Schwächen des Aufklärungsapparates im Verlauf seiner fast vierzigjährigen Existenz, gibt eine Reihe von Dokumenten Auskunft, die zumeist aus der Binnenperspektive verfaßt wurden; hinzukommt das Befehls- und Anleitungsmaterial der HV A, das zumindest für die achtziger Jahre vergleichsweise dicht überliefert ist.[432] Zu den frühen Jahren sind auch einzelne Akten aus der „operativen" Arbeit überliefert, darüber hinaus können die Ermittlungsergebnisse aus verschiedenen Spionageprozessen in der Bundesrepublik hinzugezogen werden.

Die Gewinnung von aussagekräftigen Informationsquellen stand naturgemäß im Mittelpunkt des Vorgehens der HV A. In der Anfangszeit bediente man sich dazu vergleichsweise primitiver geheimdienstlicher Methoden. Im Laufe der Zeit wurde daraus jedoch ein ausgefeiltes, „wissenschaftlich" durchdachtes Instrumentarium, das in ein ausuferndes normatives Regelwerk gegossen wurde.

Eine Form der Agentenrekrutierung war die Schaffung oder Ausnutzung

431 DA 2/89 der HV A vom 27.2.1989 zur Nutzung der Spezifischen Ausbildungseinrichtung (SAE) der Hauptverwaltung A, S. 3 ff.; BStU, ASt Gera, XV 0278.
432 Ein Teil davon ist dokumentiert in: *Müller-Enbergs 1998.*

von Drucksituationen. Im März 1955 wurde beispielsweise in der Abteilung II der Hauptabteilung XV der Plan entwickelt, die Mitarbeiterin der Ostabteilung der amerikanischen Mission in Westberlin (HICOG), Christa Trapp, als Agentin anzuwerben. Wolf bestätigte damals einen Plan, daß die Sekretärin dazu mit Hilfe eines an sie „herangespielten" inoffiziellen Mitarbeiters in den Ostsektor gebracht und dort vor die Alternative gestellt werden sollte, entweder gegen eine großzügige finanzielle Vergütung für die Staatssicherheit zu arbeiten oder „wegen der Tätigkeit für den Amerikaner und gegen das deutsche Volk" verhaftet zu werden.[433] Dieselbe Abteilung warb Ende der fünfziger Jahre den FDP-Politiker William Borm an, der zum damaligen Zeitpunkt unter dem Vorwurf eines Transitvergehens seit mehreren Jahren in der DDR in Haft saß. Nach seiner Freilassung im Jahr 1959 traf sich der spätere Bundestagsabgeordnete (1965–1972) regelmäßig mit HVA-Offizieren und wurde von 1969 bis 1982 von Wolf praktisch selbst geführt.[434]

Durch sorgfältig vorbereitete Einschleusung gelangte dagegen 1956 das Ehepaar Christel und Günter Guillaume in die Bundesrepublik; beide waren 1955 in der DDR angeworben und unter Umgehung des Notaufnahmelagers übergesiedelt worden. Von ihrer Führungsstelle in der HV A wurden sie über Jahre hinweg zu hochwertigen Quellen aufgebaut, die über die SPD zuletzt bis in das Bundeskanzleramt bzw. in die hessische Landesvertretung in Bonn vordrangen.[435] Politische Sympathien für die SED waren schließlich das Motiv, das zur Anwerbung des Nürnberger Fotokaufmanns Hannsheinz Porst führte, der in den frühen fünfziger Jahren von einem Verwandten mit Offizieren der „Aufklärung" in Verbindung gebracht wurde und ab 1955 von Wolf persönlich geführt wurde. In Absprache mit dem MfS trat Porst im selben Jahr der FDP bei und profilierte sich dort als großzügiger „Mäzen" der Parteiarbeit. Ein zweiter, 1955 übergesiedelter Agent wurde ihm von der HV A für seine Arbeit in der FDP zur Seite gestellt und vertrat ihn bald in Sitzungen von Führungsgremien der Partei – die HV A war auf diese Weise jahrelang über wichtige Interna der Parteiarbeit informiert.[436]

Einen Einblick in die Arbeit des Aufklärungsapparates zu Beginn der sechziger Jahre gibt der Bericht der Abteilung für Sicherheitsfragen des Zentralkomitees der SED über einen „Brigadeeinsatz" in der HV A. Danach hatte die HV A 1961 in der „operativen Tätigkeit" ein höheres Niveau erreicht, was in Folgendem zum Ausdruck gekommen sei:

- „in der quantitativen und qualitativen Verbesserung der Informationen;
- das Netz ist durch eine bessere Auswahl inoffizieller Mitarbeiter qualifizierter und zuverlässiger geworden. Der Umfang des Netzes ist nach dem

433 Werbevorlage vom 23.3.1955, Bl. 89, zitiert nach: *Der Generalbundesanwalt 1992*, S. 228.
434 Zum Fall Borm ausführlich: ebenda, S. 230 ff.; Koch 1994, S. 206 ff.; *Wolf 1997*, S. 461 ff.
435 Ausführlich zum Fall Guillaume: *Deckname Stabil 1988*, S. 82 ff.; *Guillaume, der Spion 1974*; *Guillaume 1988* und *1990*; *Knopp 1994*; *Vielain/Schell 1978*.
436 Ausführlich zum Fall Porst: *Zeller 1969*; *Der Generalbundesanwalt 1992*, S. 237 ff.

13.8.1961 im wesentlichen erhalten geblieben und das Verbindungswesen wurde entsprechend den Schutzmaßnahmen von Partei und Regierung schon vorher umgestellt;
- außerdem konnte durch die Beschaffung einer Reihe wichtiger Materialien zur Entlarvung des Bonner Staates als Nachfolger des Hitlerstaates und seiner aggressiven Absichten und Kriegsvorbereitungen beigetragen werden;
- umfangreiche Arbeiten wurden für den eigenen Apparat für den Verteidigungszustand vorbereitet und durchgeführt."[437]

Kritisch wurde in dem Bericht angemerkt, daß es eine „Diskrepanz zwischen der hohen Anzahl der Informationen und ihrem nachrichtendienstlichen Wert" gebe. „Die Aufgabe der Werbung von Quellen in den Hauptzentren des Gegners wurde ungenügend gelöst. [...] Außerdem wurde die Zahl der zur Übersiedlung vorgesehenen Personen, Residenten und vor allem Funker nicht erfüllt." Die Tatsache, daß 1961 die Verbindung zu 400 Quellen in der DDR und im „Operationsgebiet" abgebrochen wurde, daß 225 hauptamtliche Mitarbeiter der HV A zwischen 1952 und 1962 ausschieden und daß sechs „Fälle von Verrat" auftraten, wurde als Beleg für die Notwendigkeit einer gründlicheren Prüfung der Werbungskandidaten und einer besseren Auswahl der Mitarbeiter gewertet. Darüber hinaus wurde festgestellt, „daß es durch den Minister [für Staatssicherheit] für die Hauptverwaltung Aufklärung kein festes System der Kontrolle gibt". Verlangt wurde in dem Bericht, daß in der HV A ein „ständiger Kampf gegen alle Erscheinungsformen des liberalen Verhaltens in ideologischen Fragen" geführt werde und bei der Besetzung von Planstellen in Zukunft in der Regel „bewährte und qualifizierte Mitarbeiter der Abwehr" übernommen würden.[438] Dieser von der SED verordnete Austausch von Kadern, der sich auch bei Spitzenfunktionären der HV A wie Hans Fruck, Otto Knye, Robert Korb oder Gustav Szinda nachzeichnen läßt, belegt einmal mehr das Zusammenspiel von „Abwehr" und „Aufklärung".[439]

Für die künftige Arbeit der HV A stellte der Bericht die folgenden „Hauptaufgaben":

1. „Verstärktes Eindringen in die politischen, wirtschaftlichen und militärischen Zentren und Führungsgremien des Gegners, um den politischen Wert der Informationen zu erhöhen und rechtzeitig die Pläne und Absichten des Gegners zu erkennen.
2. Stärkere Mithilfe bei der Durchführung von politisch-operativen aktiven Maßnahmen zur Entlarvung des Charakters des Bonner Staates, seiner Kriegsvorbereitungen und antinationalen Politik.

437 Bericht über den Brigadeeinsatz der Abt. für Sicherheitsfragen in der HA Aufklärung des Ministeriums für Staatssicherheit Berlin vom 15.3.1962, S. 2; BStU, ZA, SdM 1351.
438 Ebenda, S. 3, 6 und 16.
439 Vgl. *Fricke 1997b*, S. 34 f.

3. Maßnahmen zur Verbesserung des Verbindungswesens und der besseren Absicherung der im Operationsgebiet tätigen Quellen unter allen Bedingungen."[440]

Zur Qualifizierung der „operativen Arbeit" leitete die HVA-Führung in den sechziger Jahren umfangreiche Maßnahmen ein. Zur „Verbesserung des Systems der Kontrolle" fand noch vor der Auswertung des ZK-Berichtes im Kollegium des MfS eine Dienstbesprechung der HV A statt, in der verschiedene Festlegungen getroffen wurden.[441] Zur „planmäßigen Erhöhung der Bildung der Kader, der Entwicklung ihrer politisch-ideologischen Reife, der Anerziehung tschekistischer Charaktereigenschaften und Fähigkeiten" erließ Wolf 1965 eine Direktive über die Aufgaben der Schule der HV A, die darin zu einem umfassenden Ausbildungsprogramm verpflichtet wurde: eine einjährige „Spezialausbildung" für Studenten der Juristischen Hochschule, „politische Qualifizierungslehrgänge" zur wirksamen politischen Anleitung des IM-Netzes, „operative Qualifizierungslehrgänge" zur Vermittlung der neuesten „Regimekenntnisse" und der sich daraus ergebenden „operativen Probleme der Theorie und Praxis der Aufklärungsarbeit", Einführungslehrgänge sowie Sonderlehrgänge der verschiedenen „Linien" der HV A und nicht zuletzt die planmäßige Forschungsarbeit mittels Analysen, Diplomarbeiten und Dissertationen.[442]

Im selben Jahr erließ Wolf eine neue Richtlinie zum Schutz des inoffiziellen Netzes im Westen. Diese schrieb eine zentrale Erfassung aller Erkenntnisse über Maßnahmen, Methoden und Mittel der „feindlichen Organe" gegen West-IM vor. Ferner sah die Richtlinie eine Meldepflicht vor über „die zentral gelenkte Öffentlichkeitsarbeit [des Westens] zur Zersetzung des inoffiziellen Netzes [des MfS] mit Hilfe von Presse, Film, Funk und Fernsehen" sowie über die „Schulungs- und Aufklärungstätigkeit im Staatsapparat und in der Wirtschaft der Bundesrepublik über die Arbeit und Methoden des MfS, insbesondere Schulung und Belehrung von Geheimnisträgern, Beamten, Behörden, Angestellten und Soldaten" im Westen. „Maßnahmen, Richtlinien, interne Dienstanweisungen der feindlichen Abwehrorgane und des Staatsapparates [...], die illegale Einschleusungen von Personen aufdecken bzw. verhindern sollen", sollten ebenso aufgeklärt werden wie die „Mittel feindlicher Grenz- und Abwehrorgane (u. a. Bundesgrenzschutz, Zollorgane, örtliche Polizeidienststellen) zur Grenzsicherung und zur Aufdeckung und Aufklärung von operativen Schleusungen". Weiter unterlagen der Meldepflicht: Angaben über die Ermittlungsmethoden des Westens; über die Absicherung

440 Bericht über den Brigadeeinsatz der Abt. für Sicherheitsfragen in der HA Aufklärung des Ministeriums für Staatssicherheit Berlin vom 15.3.1962, S. 4; BStU, ZA, SdM 1351.

441 Vorschlag von Markus Wolf; ebenda, S. 6.

442 Direktive des Stellvertreter des Ministers vom 28.6.1965 über die Aufgaben der Schule der HV A bei der Ausbildung und Qualifizierung der Kader und die Zusammenarbeit mit der Juristischen Hochschule; BStU, ZA, SdM 1474, S. 55–64.

zentraler staatlicher, militärischer und wirtschaftlicher Objekte; über „Personen, die Beziehungen in die DDR haben"; über routinemäßige Überprüfungsmaßnahmen sowie über administrativ-technische Maßnahmen wie beispielsweise der Aufbau zentraler Karteien zur Spionageabwehr in der Bundesrepublik.

In seinem Schlußwort auf der Delegiertenkonferenz der HVA-Parteiorganisation vom Februar 1967 verlangte Erich Mielke, daß bei der Arbeit mit West-IM die „Auftragserteilung wesentlich zu qualifizieren" sei. Nicht auf die Menge der Informationen käme es an, sondern in erster Linie auf die Qualität. Auch dem Schutz der Quellen käme eine erhöhte Bedeutung zu, obgleich sich jeder Spion ausrechnen könne, „wenn er gekriegt wird, wird er wieder freigeholt von der DDR. [...] Außerdem wird drüben keine Todesstrafe ausgesprochen, er hat überhaupt nichts zu riskieren, als ein bißchen im Gefängnis zu sitzen". In der ihm eigenen Art wies er die anwesenden Genossen der HV A schließlich darauf hin, daß „die Frage steht, auf Leben und Tod zu kämpfen. Da müssen die anderen getötet werden, wir müssen weiter leben und dazu muß man arbeiten. Das ist der größte Humanismus, Genossen."[443]

Im selben Jahr bat Wolf den Minister für Staatssicherheit um Genehmigung für zusätzliche Planstellen, um Mitarbeiter der HV A in Auslandsvertretungen der DDR plazieren zu können, ohne daß „die Residenten die von ihnen besetzten Planstellen voll ausfüllen müssen". Dem Ministerium für Auswärtige Angelegenheiten sollten zu diesem Zweck 20 „außerplanmäßige Attaché-Stellen" zur Verfügung gestellt werden, „so daß unter Wahrung der Konspiration das MfS über diese Planstellen voll verfügen kann".[444] Gleichzeitig war vorgesehen, daß geeignete Residenten, Gehilfen der Residenten (Chiffreure oder Funker), andere IM und eventuell Ehefrauen der Residenten „eine gründliche operativ-technische Ausbildung" erhalten, um die Auslandsvertretungen der DDR konspirativ auf das Vorhandensein von „Feindtechnik" (Abhöranlagen) überprüfen zu können.[445] Auch ein eigenes Übersetzerbüro hielt die HV A 1967 für erforderlich, da sich die „Quantität und Qualität interner Informationen und Materialien – besonders umfangreiche Dokumente mit hohem politischem und fachlichem Inhalt auf dem wirtschaftspolitischen und wissenschaftlich-technischen Sektor – und die Anforderungen an Übersetzungen auf diesem Gebiet seitens der Partei- und Staatsführung" wesentlich erhöht hätten.[446]

1968 erließ Mielke „Grundsätze" zur Regelung des Status' von Hauptamtlichen Inoffiziellen Mitarbeitern (HIM) und getarnten Offizieren im be-

443 Hinweise für das Schlußwort auf der Delegiertenkonferenz der Parteiorganisation V (HV A) – 2.2.1967, S. 50 ff.; BStU, ZA, SdM 1343.

444 Stellvertreter des Ministers: Schreiben an Erich Mielke vom 19.7.1967; BStU, ZA, SdM 1448.

445 Vorlage zur Erhöhung der Wirksamkeit bei der operativ-technischen Absicherung der Auslandsvertretungen der DDR vom 19.7.1967, S. 1; ebenda.

446 Vorlage zur Einrichtung eines Übersetzerbüros vom 13.11.1967; ebenda.

sonderen Einsatz, die, zumeist in den Auslandsvertretungen der DDR oder als anderweitig getarnte Residenten, für die HV A berufsmäßig im Westen operierten.[447] OibE/Aufklärung werden in dem Dokument als „nachrichtendienstlich tätige Offiziere im Operationsgebiet" definiert, als „Offiziere, die in Schlüsselpositionen und in anderen für die nachrichtendienstliche Tätigkeit wichtigen Funktionen in Institutionen und Organisationen der Deutschen Demokratischen Republik (In- und Ausland) arbeiten", als „selbständig arbeitende oder in Arbeitsgruppen zusammengefaßte Offiziere, die keiner Institution oder Organisation angehören" sowie als „Offiziere, die sich in Vorbereitung ihres Einsatzes in der Ausbildung befinden". Das Papier regelte in allen Einzelheiten die praktischen Fragen eines Einsatzes, von der Verantwortung für „die Legendierung und evtl. Einschleusung in eine Institution oder Organisation" bis zur „regelmäßige[n] Kassierung von Parteibeiträgen". Darüber hinaus wurde festgelegt, daß ein Auslandseinsatz „doppelt auf das Dienstalter angerechnet werden" kann, „bei Erfüllung besonders gefährlicher Aufträge oder bei besonderer Standhaftigkeit in direkter Konfrontation mit dem Feind" sogar dreifach.[448] Ähnliche Regelungen wurden vom Minister auch für die HIM getroffen.

Ein umfassendes Regelwerk zur Arbeit mit inoffiziellen Mitarbeitern im „Operationsgebiet" trat im Januar 1968 in Kraft.[449] Hauptziel war danach „die Beschaffung von wertvollen, internen Informationen aus den entscheidenden Zentren des Feindes. Das wichtigste Kriterium einer erfolgreichen Arbeit sind besonders geheime Originaldokumente."[450] In der Richtlinie werden zunächst die „Schwerpunkte" der Arbeit mit West-IM beschrieben, um dann ausführlich die unterschiedlichen IM-Kategorien, die Vorbereitung und Durchführung ihrer Anwerbung, ihre Anleitung, Erziehung und Qualifizierung, das Verbindungswesen, Maßnahmen zum Schutz des IM-Netzes sowie Grundsätze der Führungs- und Leitungstätigkeit darzulegen. Diese Festlegungen wurden in der Folgezeit mit einer Reihe von Dienstanweisungen vom Stellvertreter des Ministers und Leiter HV A verfeinert und spezifiziert.

So verlangte beispielsweise die Dienstanweisung 5/71 „in verstärktem Maße von allen operativen Diensteinheiten der Aufklärung eine zielgerichtete operative Bearbeitung der Universitäten" in der Bundesrepublik. Für die wichtigsten Hochschulen wurde jeweils eine Diensteinheit „federführend" verantwortlich gemacht. Diese sollten sichern, „daß alle geeigneten Personen-Hinweise in Richtung der festgelegten Objekte zielstrebig bearbeitet

447 Grundsätze zur Regelung des Dienstverhältnisses mit den auf dem Gebiet der Aufklärung tätigen Offizieren im besonderen Einsatz des Ministeriums für Staatssicherheit und zur Regelung der Vereinbarungen mit den auf dem Gebiet der Aufklärung tätigen hauptamtlichen inoffiziellen Mitarbeitern des Ministeriums für Staatssicherheit; BStU, ZA, DSt 102131.

448 Ebenda, S. 2, 8 f. und 14 f.

449 Richtlinie 2/68 für die Arbeit mit Inoffiziellen Mitarbeitern im Operationsgebiet; BStU, ZA, DSt 101126; dokumentiert in: *Müller-Enbergs 1998*, S. 352–388.

450 Ebenda, S. 263.

werden“. Ziel der operativen Bearbeitung sei die Schaffung von stabilen operativen Stützpunkten zur laufenden Gewinnung von Perspektiv-IM und zur „systematischen Nutzung für die Erarbeitung von Informationen entsprechend der Gesamtaufgabenstellung der HV A“. Dazu zählte die Dienstanweisung insbesondere:

> „die Aufklärung der politischen Gruppierungen und deren Aktivitäten, besonders über maoistische und rechtsextreme Kreise sowie über den politischen Differenzierungsprozeß und dessen operative Nutzung,
> die Aufklärung und Bekämpfung der an den Universitäten und Hochschulen wirkenden Kräfte bzw. Institutionen der politisch-ideologischen Diversion, insbesondere auf dem Gebiet der sogenannten DDR- und Ost-Forschung,
> die Aufklärung und Beschaffung von Forschungsergebnissen auf politischem, ökonomischem, militärtechnischem und naturwissenschaftlichem Gebiet,
> die Aufklärung der Aktivitäten der Geheimdienste im Hochschulbereich,
> die Erfassung bzw. Erarbeitung der sich für die Durchführung aktiver politisch-operativer Maßnahmen ergebenden Möglichkeiten, deren Nutzung der Abteilung X der HV A zur Bestätigung und Koordinierung vorzuschlagen ist,
> die Erarbeitung von Hinweisen, Erkenntnissen und Möglichkeiten für den Aufbau und die Lancierung von Perspektiv-IM sowie von Protektionsmöglichkeiten.“[451]

1971 erließ Wolf „Grundsätze für die Arbeit mit operativen Außenarbeitsgruppen (OAG)“ – das heißt Gruppen von Offizieren im besonderen Einsatz und Hauptamtlichen Inoffiziellen Mitarbeitern der Aufklärung, „die unter einer speziellen Abdeckung relativ selbständig unter Leitung eines operativen Mitarbeiters konspirativ tätig sind und spezifische operative Aufgaben lösen“ und dabei „gleichzeitig der Auswahl und Qualifizierung von Perspektivkadern und Einstellungskadern“ dienen sollten – die „Kaderschmieden“ der HV A. Die „Abdeckung“, so hieß es in der Dienstanweisung, sollte „keinen oder nur einen geringen Publikumsverkehr nach sich ziehen“, sich „in das Gesamtbild der für die Abdeckung ausgewählten Dienststellen, Institutionen, Betriebe u. a. einfügen“ und der Öffentlichkeit „normal“ er-

451 DA 5/71 des Stellvertreters des Ministers vom 11.10.1971 „über die systematische operative Bearbeitung der Universitäten und Hochschulen im Operationsgebiet – Bearbeitung von Universitäten und Hochschulen –“, VVS 198/A 38/71, hier: Fassung vom 1.8.1974; BStU, ASt Berlin, XV 11; vgl. auch: HV A, Forschungsergebnisse zum Thema „Die politisch-operative Bearbeitung der Hochschulen in der BRD und in Westberlin“, GVS 0211 – A 20/76; BStU, ASt Berlin, XV 6. Zur Erhöhung der „Wirksamkeit an den Schwerpunkten“ wurden im Frühjahr 1971 in der Abteilung XV der Bezirksverwaltung Berlin, die für die Bearbeitung der Freien und der Technischen Universität Berlin zuständig war, die „Arbeitsgruppe D (Bearbeitung von Studenten als Perspektiv-IM)“ und die sogenannte Außengruppe, die aus dem grenzüberschreitenden Reiseverkehr „Werber“ und „Perspektiv-IM (Studenten und Sekretärinnen)“ werben sollte, zusammengelegt zu einem neuen Referat D. Vorschlag der Abt. XV der Verwaltung für Staatssicherheit Groß-Berlin vom 25.3.1971; BStU, ASt Berlin, XV 25.

scheinen; „die Objekt- und Arbeitslegende ist schriftlich auszuarbeiten“, und die Mitarbeiter „sind gewissenhaft mit diesen Legenden vertraut zu machen“. Die OAG hatten die Aufgabe, „Grundlagenarbeit für die politisch-operative Arbeit im Operationsgebiet zu leisten“ und waren „so zu gestalten, daß durch rationelle Nutzung und Ausbau der operativen Basis qualifizierte operative Materialien erarbeitet bzw. Kader gewonnen werden, die für die Bearbeitung der festgelegten Objekte des Feindes genutzt bzw. eingesetzt werden können“. Hatten die Vorgänge eine bestimmte „Reife“ entwickelt, waren sie an die zuständigen Diensteinheiten zu übergeben.

„Im einzelnen richten die OAG ihre Tätigkeit auf die
- Bearbeitung operativer Hinweise, besonders aus dem Reiseverkehr, mit dem Ziel, Einschleusungskandidaten, Werber u. a. Kategorien von Perspektiv-IM zu gewinnen.[...]
- Gewinnung von geeigneten IM – die aufgrund ihrer Voraussetzungen, Funktion, Stellung und Verbindungen in der Lage sind, operative Hinweise im Operationsgebiet zu beschaffen und ihre Anfangsbearbeitung zu übernehmen;
- Suche und Auswahl von Einsatzkadern für den Einsatz im Operationsgebiet zum Ausbau von Kontakten und für andere operative Aufgaben im Rahmen der Aufgabenstellung der OAG;
- Erarbeitung von Hinweisen zur Gewinnung von Übersiedlungsdokumentationen;
- ständige Suche nach Übersiedlungskandidaten [...].

Durch eine konkrete Vorgabe der zu bearbeitenden Personenkreise bzw. der zu gewinnenden Kategorien von Kontaktpersonen und IM im Operationsgebiet ist sicherzustellen, daß die Tätigkeit der OAG konzentriert auf die Lösung der Schwerpunktaufgaben gerichtet und eine Verzettelung verhindert wird.“[452]

Die Dienstanweisung 7/71 legte erneut „Maßnahmen zum Schutz und zur Sicherung des inoffiziellen Netzes“ fest. In dem mit Anlagen mehr als 60 Seiten umfassenden Papier wird eine „ständige und sorgfältige Analyse der Sicherheitslage in jedem Vorgang“ verlangt und eine „Meldepflicht bei sicherheitsrelevanten Sachverhalten“ vorgeschrieben – von „akuter Gefahrensituation“ und „Doppelagententätigkeit“ über „Verräter“ und „Offenbarung“ bis zu „Abbruch“, „Aussiedlung“ und „Dekonspiration“; zu jedem dieser „Sachverhalte“ war ein genauer Fragenkatalog abzuarbeiten. Besondere Verantwortung kam dabei der Arbeitsgruppe Sicherheit (AG S) zu, die befugt bzw. verpflichtet war, „zu den sicherheitsrelevanten Sachverhalten

452 DA 6/71 des Stellvertreters des Ministers vom 14.10.1971 „über Grundsätze für die Arbeit mit operativen Außenarbeitsgruppen (OAG) – Operative Außenarbeitsgruppen –“; BStU, ASt Berlin, XV 11.

Kontrollvorgänge zu führen“ sowie mit Zustimmung der HVA-Leitung „im erforderlichen Fall Einsicht in die jeweiligen Vorgänge zu nehmen“. Die „Gewährleistung des Schutzes und der Sicherheit des inoffiziellen Netzes der Aufklärung“, so hieß es in der Anweisung, „ist vor allem durch eine systematisch vorbeugende Arbeit, durch die Weiterentwicklung und Qualifizierung des abwehrmäßigen Denkens und Handelns aller Leiter und Mitarbeiter in der Vorgangsarbeit sowie durch die qualifizierte Abwehr feindlicher Angriffe auf das inoffizielle Netz zu erreichen“.[453]

Einen Einblick in die Vorgehensweise des Aufklärungsapparates zu Beginn der siebziger Jahre gibt das im Zentralarchiv des Bundesbeauftragten überlieferte Referat von Markus Wolf auf dem zentralen Führungsseminar des MfS vom 1. bis 3. März 1971.[454] Deutlich wird darin nicht nur das enge Zusammenspiel zwischen „Abwehr“ und „Aufklärung“, sondern auch welchen Stellenwert Wolf dieser Integration beimaß. In seinem Referat hob er wiederholt hervor, wie wichtig die „Vervollkommnung der Nutzung des gesamten Systems des MfS für die effektivere Arbeit in Richtung Operationsgebiet“ sei; bestimmte Aufgaben seien ohne die Kraft des gesamten Ministeriums nicht lösbar. Da jede von der DDR aus erkannte oder erschlossene Möglichkeit eine gewaltige Einsparung an Kraft, Mitteln und Risiko im Operationsgebiet bedeute, stünde insbesondere vor den Aufklärungsabteilungen der Bezirksverwaltungen „noch stärker die Aufgabe der besseren und allseitigen Nutzung der operativen Basis in unserer Republik für alle zentralen Aufgaben des MfS, d. h. hier der HV A im Operationsgebiet“. Größere Möglichkeiten seien auch bei der für die Postkontrolle zuständigen Abteilung M vorhanden. Besonders bei Aufträgen über bestimmte Straßen und Städte in Westdeutschland und Westberlin erhielte die HV A verhältnismäßig wenig Material. Bei der Zusammenarbeit mit der für die Grenzkontrolle zuständigen Hauptabteilung VI ginge es besonders um eine schnellere Weitergabe der Hinweise aus dem Reiseverkehr.

Das Gesamtsystem des Ministeriums könne nur dann funktionieren, wenn die Teilsysteme richtig miteinander verbunden und aufeinander abgestimmt seien, denn umgekehrt könne auch die HV A „nicht qualifiziert im Operationsgebiet arbeiten, ohne dabei nicht gleichzeitig die inneren Probleme, den Schutz und die Sicherung der DDR zu beachten. Wir stellen deshalb an die Spitze die Forderung, daß Aufklärer abwehrmäßig denken und handeln müssen.“ Durch die ständige „Erziehungsarbeit“ auf diesem Gebiet sei die Anzahl der „Operativinformationen“ an die „Abwehrabteilungen“ von Jahr zu Jahr beträchtlich gestiegen. Diese seien zum Teil von „wesentlicher Bedeutung“ gewesen und hätten zu Festnahmen von „Agenten“ in der DDR ge-

453 DA 7/71 zu „Maßnahmen zum Schutz und zur Sicherung des inoffiziellen Netzes der Hauptverwaltung A und der Abteilungen XV der Bezirksverwaltungen in der Fassung vom 20.4.1987; BStU, ASt Berlin, XV 14.

454 Referat des Genossen Generalleutnant Wolf zum zentralen Führungsseminar vom 1.–3.3.1971; BStU, ZA, ZAIG 7691. Dokument 3, S. 333–348.

führt. Das zeuge insgesamt von einer stärkeren und besseren, allseitigen Nutzung des IM-Netzes im „Operationsgebiet“ und in der DDR für die Sicherung der DDR und für eine bessere und qualifiziertere Zusammenarbeit mit den Abwehrlinien, insbesondere den Hauptabteilungen II, XVIII und XX. „Es steht aber ebenso fest, daß auf dem Gebiet der Beschaffung von Abwehrinformationen durchaus noch weitere Möglichkeiten und Reserven vorhanden sind, die unbedingt ausgeschöpft werden müssen. Hier muß das Einwirken der Abwehrabteilungen im konkreten Vorgang bzw. abzusichernden Objekt verstärkt werden.“[455]

Zur Verbesserung der West-Arbeit erließ Wolf in der Folgezeit immer wieder neue Anweisungen zur Regelung oftmals sehr spezieller Probleme. Die Dienstanweisung 1/76 machte beispielsweise die Abteilung IX der HV A „für die Erfassung, Erarbeitung und Weiterleitung von Informationen über terroristische Handlungen und Aktionen im Operationsgebiet sowie über Personalangaben von Terroristen“ verantwortlich.[456] Die Dienstanweisung 3/79 regelte die „Aufgaben, Arbeitsweise und Anleitung der Abteilungen XV in den Bezirksverwaltungen“, um die effektive „Nutzung der sich bietenden Möglichkeiten der operativen Basis in der DDR für die Arbeit im Operationsgebiet“ zu gewährleisten – insbesondere zur Schaffung von „Perspektiv-IM“, „Werbern“ und „Stützpunkten“ an Universitäten und Hochschulen im „Operationsgebiet“ und zur „Erarbeitung von Hinweisen auf operativ interessante Personen für die operativen Diensteinheiten der HV A“.[457] Die Dienstanweisung 4/79 legte die „Schaffung von Grenzschleusen“ und von „Quellen in den Grenzüberwachungsorganen der BRD und Westberlins zur Sicherung der Schleusungstätigkeit“ sowie die „Aufklärung der für die Schleusungstätigkeit wichtigen Regimeverhältnisse im grenznahen Raum des Operationsgebietes“ durch die Arbeitsgruppe G fest.[458]

Eine umfassende Neuregelung der Arbeit mit inoffiziellen Mitarbeitern im „Operationsgebiet“ enthielt die Richtlinie 2/79, die speziell für die Dienst-

455 Ebenda, S. 29 f.

456 DA 1/76 des Stellvertreters des Ministers vom 25.10.1976 „über die Behandlung von Informationen über terroristische Aktionen und über Personalangaben von Terroristen im Operationsgebiet – Terroristen –“; BStU, ASt Berlin, XV 10.

457 Dienstanweisung 3/79 „über Aufgaben, Arbeitsweise und Anleitung der Abteilungen XV in den Bezirksverwaltungen – Arbeit der Abt. XV/BV“, vom 3. Dezember 1979; BStU, ASt Berlin, XV 2. Der Anlage zum überlieferten Exemplar der DA 3/79 zufolge war die Abteilung XV der Bezirksverwaltung Berlin für die „Bearbeitung in eigener Zuständigkeit“ von folgenden „Objekten“ in Westberlin zuständig: Senatskanzlei, Senator für Wirtschaft, Innensenat und Landesamt für Verfassungsschutz, Abgeordnetenhaus, Landesverbände von SPD, FDP und CDU, Jugendorganisationen dieser Parteien, Siemens Westberlin, AEG Telefunken Westberlin, Schering Westberlin, Freie Universität mit den „Zentren politisch-ideologischer Diversion“ Osteuropa-Institut, Otto-Suhr-Institut und „Ost-, DDR-, Friedens- und Zukunftsforschung“, Deutsches Institut für Wirtschaftsforschung (DIW), Wissenschaftszentrum Berlin.

458 DA 4/79 des Stellvertreters des Ministers vom 3.12.1979 „über die Aufgaben und die Tätigkeit der Arbeitsgruppe G der HV A zur Schaffung und Nutzung von Grenzschleusen für das operative Verbindungswesen“; BStU, ASt Berlin, XV 2.

einheiten der „Aufklärung“ als „verbindliche Grundlage“ von Mielke erlassen wurde. In dem 50 Seiten umfassenden Regularium wurden die „Hauptmethoden“ der Informationsgewinnung durch IM, Abschöpfung und Einsatz operativer Technik sowie Fragen der Konspiration und die Entwicklung eines „funktionstüchtigen IM-Netzes“ detailliert geregelt. Darüber hinaus wurden die unterschiedlichen IM-Kategorien definiert, die Werbungsmethoden beschrieben und Vorgaben für die praktische Arbeit mit inoffiziellen Mitarbeitern gemacht. In dem für das MfS charakteristischen bürokratischen Duktus wurden zahllose Einzelheiten der IM-Arbeit fixiert, einschließlich der Motive, die Bundesbürger dazu hätten verleiten können, für das MfS zu arbeiten – von „progressiven politischen Überzeugungen“ über „divergierende reaktionäre Überzeugungen und Interessen“ bis hin zu „materiellen und persönlichen Interessen“.[459]

Trotz dieser detaillierten Vorgaben wurde in der Folgezeit eine Fülle von zusätzlichen Dienstanweisungen, Ordnungen, Durchführungsbestimmungen und Befehlen erlassen, mit denen in den achtziger Jahren die Vorgehensweise der HV A verbessert, verfeinert und den veränderten Bedingungen angepaßt wurde. In sogenannten Operativen Schlußfolgerungen fixierte Wolf 1983 noch einmal die Grundprinzipien des Vorgehens.[460] Deutlich wird darin unter anderem, daß die „Aufklärung“ nicht wahllos im Westen agieren sollte, sondern „die operative Arbeit [...] auf die effektive Bearbeitung der feindlichen Hauptobjekte zu konzentrieren“ hatte – anders war das gigantische Informationsaufkommen gar nicht zu bewältigen. „Es kommt nicht darauf an, eine Vielzahl von IM zu führen, sondern diese in solchen Positionen zu haben, in denen sie in der Frage Krieg oder Frieden die entscheidenden Informationen beschaffen können.“ Auf der anderen Seite hielt Wolf gerade deshalb an der Basis ein sehr breites, systematisches Vorgehen für erforderlich – das heißt: „eine umfassende Sammlung von Angaben zu Personen aus den Objekten“ und eine „effektivere Gestaltung der Dossierarbeit“, die Verstärkung der „Kontaktarbeit“ in beiden deutschen Staaten, die umfassende Aufklärung und Überprüfung von „aus der Dossierarbeit erkannten Zielpersonen“ für eine Werbung, „die Entwicklung geeigneter, für den Gegner nicht belasteter und überprüfbarer Werber und Werbestützpunkte“, die „Suche und Auswahl geeigneter P[erspektiv-]IM“, vorrangig in „operativen Schwerpunktterritorien oder Objektstädten“, die dafür notwendige verstärkte „Entwicklung von Stützpunkten an Universitäten und Hochschulen“, die Bearbeitung von „Basisstützpunkten“ auf Landesebene, in der Friedensbewegung oder in alternativen Gruppen, um dort „PIM aufzubauen, die von ihren Führungskräften in zentrale Schwerpunktobjekte mitgenommen bzw.

459 Richtlinie 2/79 vom 8.12.1979 „für die Arbeit mit Inoffiziellen Mitarbeitern im Operationsgebiet“, S. 14 f.; BStU, ASt Berlin, XV 22.

460 Zu einigen Mitteln und Methoden der operativen Arbeit – Operative Schlußfolgerungen des Stellvertreters des Ministers vom 31.10.1983 (Neufassung der operativen Schlußfolgerungen vom 28.5.1979); BStU, ASt Berlin, XV/8.

empfohlen werden“ etc. „Generallinie muß sein, unter Nutzung aller operativen Möglichkeiten unseres Organs, eine große Anzahl von Personen aufzuklären und zu überprüfen, aber nur die perspektivreichsten Personen zu kontaktieren bzw. mit dem Ziel der Werbung zu bearbeiten.“[461]

Die „Vervollkommnung der Objektbearbeitung“ stand auch im Mittelpunkt eines umfangreichen Forschungsvorhabens an der Schule der HV A, das 1983 vom späteren Wolf-Nachfolger, Generalleutnant Großmann, veranlaßt und 1987 abgeschlossen wurde. Dem Leiter der Schule zufolge entsprach die Forschungsarbeit „den Grundorientierungen in den Führungsdokumenten der HV A, in denen eine effektivere und erfolgreichere Bearbeitung der feindlichen Zentren und Objekte als eine zentrale Aufgabe für die Hauptverwaltung A gestellt und als Kernstück der operativen Arbeit im Operationsgebiet charakterisiert wird.“ Im Zentrum der „Objektbearbeitung“ stand danach

> „der Aufbau und die Führung eines IM-Netzes, was hinsichtlich seiner Struktur, Dislozierung und Organisation des Zusammenwirkens der IM den Zielen und Bedingungen der Objektbearbeitung entspricht. Dabei haben die Schaffung und der Einsatz von Quellen eine besondere Priorität. [...] Die Ausarbeitung der Bearbeitungskonzeption als das entscheidende Dokument zur Führung des operativen Angriffs auf die Hauptobjekte setzt ein hohes Niveau der Analysetätigkeit in der Objektbearbeitung voraus.“[462]

Über die Wirksamkeit dieser Regularien und seiner Bemühungen um eine verbesserte Vorgehensweise legte Wolf in sogenannten Sicherheitsanalysen Rechenschaft ab, in denen er Erfolge und Mißerfolge der HV A kritisch bewertete. Für das Jahr 1985, in dem der Leiter der Spionageabwehr im Kölner Bundesamt für Verfassungsschutz (BfV), Tiedge, freiwillig in die DDR übertrat, ist eine solche „Sicherheitsanalyse des inoffiziellen Netzes der HV A“ überliefert. Wolf kommt darin zu der Einschätzung, daß dieses

> „insgesamt stabil gearbeitet hat. Eine wesentliche Voraussetzung dafür war die verstärkte vorbeugende Führungs- und Leitungstätigkeit zum Schutz des inoffiziellen Netzes, insbesondere durch die rechtzeitige Einstellung der operativen Methodik bzw. des Arbeitsregimes auf die konkreten Erfordernisse sowie durch wirksame Zusammenarbeit der für die Sicherheit des inoffiziellen Netzes zuständigen Diensteinheiten der HV A mit den Diensteinheiten der

461 Ebenda, S. 3 ff.

462 HV A, Leiter des Objekt S: Leiterinformation über vorliegende Forschungsergebnisse zur weiteren Vervollkommnung der Objektbearbeitung vom November 1987, S. 2; Matthias-Domaschk-Archiv (MDA), Hefter BV Leipzig HV A. Vgl. auch: HV A, Objekt S: Ergebniszusammenfassung zum Thema: Die weitere Entwicklung und Vervollkommnung der Objektbearbeitung durch die Diensteinheiten der HV A und die Abteilungen XV der Bezirksverwaltungen des MfS; BStU, ASt Berlin, XV 14.

Abwehr, insbesondere mit den HA II und IX. [...] In dieser Situation erlitt das BfV der BRD durch den Übertritt des Leiters der Spionageabwehr in die DDR sowie durch mehrere von der HV A im 2. Halbjahr erfolgreich durchgeführte Rückzüge wertvoller IM die bisher schwerste Niederlage. Das führte für das BfV auch bei seinen Verbündeten zu einem bedeutenden Vertrauensverlust. [...]
Zur konkreten politisch-operativen Lage ist festzustellen, daß es den feindlichen Organen der BRD und anderer imperialistischer Staaten im Jahr 1985 erneut nicht gelungen ist, wirksame Ergebnisse im Kampf gegen das inoffizielle Netz der HV A und seine aktive Aufklärungstätigkeit zu erreichen. Von den wenigen Verhaftungen erfolgte nur eine im Hauptoperationsgebiet BRD und zwei in Westberlin. Der operative Gesamtschaden ist insgesamt relativ gering. [...] Ausdrücklich ist festzustellen, daß alle Verhaftungen Einzelmaßnahmen waren. Die feindlichen Organe erreichten keine Einbrüche durch gezielte, systematische Bearbeitungskonzeptionen in das inoffizielle Netz. Die Mehrzahl der Verhaftungen hätte bei noch qualifizierterer Vorgangsführung gemäß den bestehenden Befehlen und Weisungen vermieden werden können."[463]

Im letzten Jahrzehnt der HV A erlangte die systematische, rechnergestützte Auswertung der eingehenden Informationen immer größere Bedeutung. Zu diesem Zweck wurde ein spezielles „System zur Informationsrecherche der HV A" (SIRA) entwickelt, das den vier informationsauswertenden Diensteinheiten – Abteilung VII, SWT, Abteilung VI und Abteilung IX – ein EDV-gestütztes Informations- und Dokumentationssystem erlaubte.[464] Dabei ging es nicht nur um die Nutzung der Datenfonds dieser Diensteinheiten durch die gesamte HV A, sondern auch um die „Bereitstellung, Aufbereitung, Erfassung und Speicherung operativ bedeutsamer Informationen" in der Zentralen Personendatenbank (ZPDB) und im sogenannten „SYSTEM" des MfS.[465] Im Zuge der zunehmenden Verschmelzung von „Aufklärung" und

463 HV A: Zur Sicherheitslage des inoffiziellen Netzes der HV A im Jahre 1985, S. 1 ff.; BStU, ZA, ZAIG 7373.

464 Ordnung 1/88 des Stellvertreters des Ministers der HV A vom 1.7.1988 „über die Anwendung der elektronischen Datenverarbeitung (EDV) in der Hauptverwaltung A"; BStU, ASt Berlin, XV 389; HV A, Stab: Orientierung „für die weitere Qualifizierung der Auswertungs- und Informationstätigkeit in den operativen Diensteinheiten der HV A und den Abteilungen XV/BV" vom 17.5.1988; ebenda; ohne Autor, ohne Titel, o. D. (17seitige Darstellung zur Arbeitsweise von SIRA); BStU, ASt Berlin, XV 389. Ein Teil der SIRA-Datenträger wurde 1990 nicht vernichtet und im Frühjahr 1992 von bundesdeutschen Sicherheitsbehörden dem BStU übergeben; seitdem gab es umfangreiche Bemühungen, sie wieder lesbar zu machen. Die inhaltliche Auswertung der Datenträger begann 1998. Vgl. „Der Zugang zum Gedächtnis der Stasi-Spionageabteilung? In Eggersdorf bei Berlin wurde in den letzten Jahren der elektronische Nachlaß des MfS für die Gauck-Behörde lesbar gemacht", in: Berliner Zeitung vom 13./14.12.1997.

465 Anweisung 2/81 vom 15.10.1981 „zur Nutzung der Datenfonds der informationsauswertenden Diensteinheiten der Hauptverwaltung A im Rahmen des Informations-Recherche-Systems auf der Basis der EDV – Speichernutzung der IADE –"; BStU, ASt Berlin, XV 389; HV A, Leiter des Stabes: 1. Vorläufige DB zur Anweisung 2/81 der HV A (VVS

„Abwehr" (vgl. Kap. 4.2.4) beteiligte sich die HV A ab Januar 1989 an der ZPDB und wurde in „zentrale Regelungen des MfS bei der Erfassung von Personen und der Registratur von Vorgängen und Akten" eingegliedert.[466] In diesem Zusammenhang wurde 1989 mit der „zentralen Weiterleitung von Informationen, die in die Zuständigkeit von Abwehrlinien fallen, begonnen".[467] Die HV A hatte damit ihre von den „Aufklärern" wenig später in der Öffentlichkeit immer wieder beschworene „Sonderrolle" im MfS endgültig verloren.

5.2 Bearbeitung von Geheimdiensten, Korrespondenten und anderen „feindlichen Zentren" – Die Hauptabteilung II (*Hanna Labrenz-Weiß*)

Neben der HV A war die 1953 gebildete Hauptabteilung II (HA II) die wohl bedeutendste Diensteinheit des MfS, die „im und nach dem Operationsgebiet" tätig wurde und zu diesem Zweck auch zahlreiche Agenten in der Bundesrepublik führte. Unter ihren Leitern Josef Kiefel (1953–1960), Werner Grünert (1960–1976) und Günther Kratsch (1976–1989) gehörte sie seit ihrer Gründung zum Kernbestand des Staatssicherheitsdienstes. Offiziell zuständig für „Spionageabwehr", bearbeitete sie in Wahrheit ein sehr viel breiteres Aufgabenfeld, das von der lückenlosen inneren Überwachung über die gezielte Verfolgung politischer Gegner bis hin zur Bekämpfung zahlreicher Institutionen im Westen reichte. Im Feindbild des MfS waren in der Gesellschaft nahezu überall geheimdienstliche Angriffe und Verbindungen zu vermuten, die möglichst schon vorbeugend bekämpft werden sollten. Wie beliebig der Begriff „Spionage" zur Stigmatisierung jedweder Kritik an der SED vom MfS eingesetzt wurde, zeigt schlaglichtartig der Fall der Veröf-

A 88/81) „über die Nutzung der Datenfonds der IADE im Rahmen des Informations-Recherchesystems auf der Basis der EDV – Speichernutzung der IADE –" vom 5.1.1982; ebenda; Ordnung 1/88 „über die Anwendung der elektronischen Datenverarbeitung (EDV) in der Hauptverwaltung A" vom 1.7.1988; BStU, ASt Gera, XV 0278; DA 1/88 „über die Aufbereitung und Übergabe von operativ beschafften Informationen durch die operativen Diensteinheiten der HV A und die Abteilungen XV/BV an die informationsauswertenden Diensteinheiten der Hauptverwaltung A und deren Auswertung" vom 2.5.1989; BStU, ASt Gera, XV 0278; DA 2/88 „zur Organisierung der Bereitstellung, Aufbereitung, Erfassung und Speicherung operativ bedeutsamer Informationen durch die operativen Diensteinheiten der Hauptverwaltung A und die Abteilungen XV der Bezirksverwaltungen" vom 1.7.1988; BStU, ASt Berlin, XV 389.

466 Ohne Autor, o. D.: Auszug aus der Planorientierung für 1988 (Punkt IV.5.); BStU, Abteilung Bildung und Forschung, Information und Dokumentation, Dokument 39; Stellvertreter des Ministers: Anforderungen und Aufgaben, die sich aus der Mitarbeit der HV A an der ZPDB des MfS ergeben, 7.7.1987; ebenda.

467 HV A, Stab, 1. Stellvertreter: Schreiben an die Leiter der Diensteinheiten vom 16.12.1988; BStU, ASt Berlin, XV 389.

fentlichung von Rudolf Bahros Buch „Die Alternative" oder des „Spiegel-Manifestes", die beide als Spionagetätigkeit verfolgt wurden.[468]

Zum „komplexen Vorgehen bei der Abwehr geheimdienstlicher Angriffe gegen politische, ökonomische und militärische Bereiche"[469] gehörte es nicht nur, die sicherheitsrelevanten Felder im eigenen Land vor einer „Ausforschung" durch den Westen abzuschirmen. Vielmehr wollte das MfS selbst in die westlichen Nachrichtendienste eindringen und deren Absichten und Arbeitsweise aufklären. Mit großem Aufwand bearbeitete die HA II deshalb – in enger Zusammenarbeit mit der HV A – deren Mitarbeiter, um sie anzuwerben, abzuschöpfen oder als Referenzpersonen für die Einschleusung von Perspektivagenten zu nutzen. Zur Beschaffung von Dokumenten, Unterlagen und Informationen wurde der Bestand an inoffiziellen Mitarbeitern ständig weiter entwickelt. Auf der Suche nach geheimdienstlichen „Angriffen" gerieten jedoch nicht nur die Nachrichtendienste selbst ins Visier der HA II, sondern auch Diplomaten, Journalisten oder Ausländer, die mit der DDR zu tun hatten oder dort lebten.

Zu den „Zentren des Feindes" zählte das MfS auch viele nicht-geheimdienstliche Institutionen und Behörden in der Bundesrepublik, die es mit entsprechenden Überwachungsmaßnahmen überzog: Polizeidienststellen und Bundeswehreinrichtungen, Zentren der Datenverarbeitung und Massenmedien, politische Parteien und sogar karitative Einrichtungen, die sich um Übersiedler aus der DDR kümmerten.[470] Die Otto-Benecke-Stiftung in Zirndorf oder die Gesellschaft für bedrohte Völker in Berlin galten ebenso als „Objekte des Feindes", die in die Zuständigkeit der HA II fielen und mit geheimdienstlichen Mitteln bearbeitet wurden, wie der Rundfunksender RIAS. Die „komplexe Spionageabwehr" wurde vom MfS so weit gefaßt, daß darunter letztlich jede Form des Ost-West-Kontaktes fiel, wenn dieser als eine – wenn auch nur potentielle – Gefährdung der DDR betrachtet wurde. Allein die Tatsache der „Feindberührung" reichte vielfach aus, um die Maschinerie der Hauptabteilung II in Gang zu setzen.[471]

468 Vgl. Problemstudie bezogen auf den Inhalt und die Entwicklung der Abwehrarbeit des MfS gegenüber geheimdienstlichen Angriffen auf politische Bereiche (Untersuchungszeitraum 1969/70 bis 1985/86); BStU, ZA, HA II/6, 1056, S. 165; zum „Spiegel-Manifest": *Geppert 1996*, S. 69.

469 Vgl. DA 1/87 vom 13.2.1987 zur Gewährleistung des komplexen Vorgehens bei der Abwehr geheimdienstlicher Angriffe gegen politische, ökonomische und militärische Bereiche – Spionageabwehr –; BStU, ZA, DSt 103354.

470 Vgl. Bekämpfung feindlicher Stellen und Kräfte im Operationsgebiet, die subversiv gegen die DDR und andere sozialistische Staaten tätig sind (außer imperialistische Geheimdienste und kriminelle Menschenhändlerbanden); BStU, ZA, DSt 103142.

471 Ein besonders erschütterndes Dokument für diese Auffassung von „Spionageabwehr" ist der für Schulungszwecke angefertigte MfS-Film „Der Revisor", in dem der Fall eines älteren Mannes vorgeführt wird, der einem West-Korrespondenten einige literarische Arbeiten geben wollte, um sie im Westen zu veröffentlichen. Der Film zeigt, wie ein IM im Büro des Korrespondenten davon erfährt, das MfS informiert und dieses nach aufwendigen „Ermittlungen" und einer konspirativen Hausdurchsuchung den Betreffenden vor dem Büro des Korrespondenten schließlich wegen versuchter „Spionage" festnimmt. BStU, ZA, HA II-Vi 70.

5.2.1 Entstehung und Entwicklung

Die Hauptabteilung II entstand im November 1953 aus der Zusammenlegung der Abteilungen II (Spionage) und IV (Spionageabwehr). Diese wurde in den Anleitungsbereich von Erich Mielke, damals 1. Stellvertreter des Staatssekretärs für Staatssicherheit, eingegliedert und Josef Kiefel mit ihrer Leitung beauftragt.[472]

Die Zusammenfassung von Spionage und Spionageabwehr in einer Hauptabteilung zeigt, wie eng der Zusammenhang zwischen innerer und äußerer Arbeit in den fünfziger Jahren war. Zum einen lag die Gründung zweier deutscher Staaten erst kurze Zeit zurück, und Berlin war nach wie vor eine offene Stadt, in der man die politischen Systeme mit der U-Bahn wechseln konnte. Zum anderen hatte die brutale Repression im Innern der DDR dazu geführt, daß politischer Widerstand gegen die SED nun fast nur noch im Untergrund oder von westlichem Territorium aus möglich war und dabei zunehmend konspirativ vorgehen mußte – Geheimdienste und geheimdienstähnliche Organisationen hatten unter diesen Bedingungen Hochkonjunktur. In dieser Gemengelage kam der Hauptabteilung II und ihrer West-Arbeit eine Schlüsselrolle zu.

Die neue Hauptabteilung gliederte sich damals in vier Abteilungen: Abteilung 1 (amerikanische Linie) unter der Leitung von Oberstleutnant Boede, Abteilung 2 (englische Linie) unter Major Grünert, Abteilung 3 (französische Linie) unter Oberstleutnant Heine und Abteilung 4 (westdeutsche Linie) unter Oberstleutnant Kukelski.[473] Mit einer intensiven Unterwanderungsarbeit sowie spektakulären Massenverhaftungen von tatsächlichen oder vermeintlichen Geheimdienstagenten des Westens sorgte die Hauptabteilung II bald dafür, daß die Bereitschaft, konspirativ gegen die SED-Diktatur zu arbeiten, zunehmend zurückging. Bei der sogenannten Aktion „Feuerwerk“[474] wurden beispielsweise Ende 1953 in der DDR 108 Personen unter der Beschuldigung festgenommen, einer „Filiale“ der Organisation Gehlen, dem Vorläufer des Bundesnachrichtendienstes, in Westberlin anzugehören. Im August 1954 führte die Aktion „Pfeil“[475] zur Festnahme von 354 Personen, die verdächtigt wurden, für den amerikanischen Geheimdienst und die Organisation Gehlen gearbeitet zu haben. Im Verlaufe der Aktion „Schlag“ im Mai 1956 gelang es der Hauptabteilung II, mit Hilfe des Geheimen Mitarbeiters Horst Hesse („Jürgen“) in Würzburg die Agentenkartei des amerikanischen Militärspionagedienstes MIS (Military Intelligence Service) zu rauben – 140 Verhaftungen waren die Folge.[476]

472 Befehl 371/53 vom 25.11.1953 über die „Löschung von Disziplinarstrafen, Beförderungen, Ernennungen und Veränderungen im Bereich des SfS“, S. 3; BStU, ZA, Dst 100076; vgl. auch DA 48/53 vom 31.12.1953; BStU, ZA, DSt 100889.

473 Ebenda, S. 5.

474 Operativplan der Aktion „Feuerwerk“ vom 26.10.1953; BStU, ZA, DSt 100077.

475 DA 44/54 vom 26.7.1954 zur Aktion „Pfeil“; BStU, ZA, DSt 100926.

476 Operativplan der Aktion „Schlag“ vom 16.5.1956; BStU, ZA, AIM 11599/85, Bd. 1 (II), S. 64; Auskunftsbericht über Hans Wax; ebenda, Bd. 2, S. 20 ff.; vgl. auch: Positionspa-

Die Aktion „Schlag" wurde im Auftrag von Kiefel und Mielkes Stellvertreter, Bruno Beater, organisiert und von einer „Gruppe für Sondereinsätze" ausgeführt. Diese stand unter Leitung des Westberliner Kraftfahrzeugmechanikers Hans Wax (Deckname „Donner"), der den Akten zufolge im November 1955 angeworben worden war und für das MfS „spezielle Aufträge in Westberlin und Westdeutschland" erledigte – neben Beobachtungs- und Aufklärungsarbeiten auch Entführungen, Anschläge und Einbrüche.[477] So rammten er und zwei Gehilfen am 17. November 1955 auf der Autobahn bei Alsfeld den Wagen des angeblichen „Gehlen-Residenten und Mitarbeiters des dänischen Geheimdienstes", Werner Rieker, fesselten ihn und transportierten ihn im Kofferraum in die DDR.[478] Dort wurde er zu 15 Jahren Haft verurteilt, von denen er bis zu seinem Freikauf durch die Bundesrepublik im Jahre 1964 die meiste Zeit im Gefängnis Bautzen II zubrachte. Im Dezember 1956 führte Wax in Westberlin eine ähnliche Aktion durch, und 1958 erhielt er den Auftrag, den Sender „Freies Rußland" in München mit einem Sprengsatz „zu liquidieren" – das MfS revanchierte sich mit zahlreichen Auszeichnungen und umfangreichen Geldzahlungen. Als Kiefel 1960 die Leitung der Hauptabteilung II abgab und Leiter der Abteilung 21 wurde (zuständig für „spezielle" Aufgaben gegen „feindliche" Zentralen), wechselte auch die Sondergruppe „Donner" in die Abteilung 21. Ob die 1962 in der Hauptabteilung II gegründete Gruppe für Spezialaufgaben dieselben Aufgaben wie die Sondergruppe „Donner" zu erfüllen hatte, ist unklar.

Die Hauptabteilung II spielte in den fünfziger Jahren überdies eine Rolle bei der Unterstützung der kommunistischen Infiltrationspolitik in der Bundesrepublik, die von der SED vor allem unter dem Signum der „gesamtdeutschen Arbeit" betrieben wurde. Zuständig dafür war unter anderem die „Abteilung Verkehr" beim Zentralkomitee (ZK) der SED, die seit Mitte der fünfziger Jahre von der Hauptabteilung II „abgesichert" wurde.[479] Diese Abteilung verfügte über zwei Parteibetriebe, die Druckerei „Phönix" und die Firma „Deutscher Kraftverkehr Grünau", die organisatorisch und technisch die Arbeit der – seit 1956 illegalen – Kommunistischen Partei Deutschlands (KPD) in Westdeutschland unterstützten. Die ersten Versuche der SED, konspirative Firmen im westlichen Ausland zu schaffen, gab es aber schon Ende der vierziger/Anfang der fünfziger Jahre, indem in Westdeutschland die „Ost-

piere zur Neuorganisation der Spionageabwehr in der DDR, Anlage: Ergebnisse der Tätigkeit der Spionageabwehr in der Geschichte der DDR; BStU, ZA, HA II/AGL, Bündel 29.

477 Wax' Einsätze sind in einer 28 Bände umfassenden AIM-Akte dokumentiert; BStU, ZA, AIM 11599/85. Aus „Sicherheitsgründen" siedelte der 1927 geborene Automechaniker kurz vor dem Mauerbau von West- nach Ostberlin über, wo er 1984 starb; vgl. Schlußbericht zum HIMS „Donner" vom 9.7.1985; ebenda, Teil 1, Bd. 1, Bl. 480–484.

478 Auskunftsbericht zu Wax, Hans, vom 11.6.1980; ebenda, Bd. 3 (I), Bl. 171; vgl. auch: „Donner, Blitz und Teddy", in: Der Spiegel, Nr. 10/1996, S. 58. Gegen einen der Mitarbeiter von Wax, Deckname „Teddy", wurde im September 1997 in Berlin ein Prozeß eröffnet; vgl. Berliner Zeitung vom 6.9.1997.

479 Vgl. Analyse über das Arbeitsgebiet „Abt. Verkehr beim ZK der SED" vom 7.12.1974; BStU, ZA, HA II/19, Bündel 150.

West-Handelsorganisation“ geschaffen wurde. Nachdem diese Organisation zerschlagen worden war, wurde mit Zustimmung der KPD das Transportunternehmen Richard Ihle in Hamburg aufgebaut und zum Umschlags- und Transportunternehmen entwickelt. Gleichzeitig wurden die Firmen Wittenbacher KG, IMOG und DHG in Essen gegründet, die nach dem Verbot der KPD im Jahre 1956 jedoch ihre Tätigkeit einstellten. 1962 wurden die kommunistisch gelenkten Firmen der Abteilung Verkehr beim ZK der SED als Patenbetriebe übergeben und die Geschäftsführer von der SED eingesetzt; weitere konspirative Firmen wurden 1963/64 gegründet.[480] Auch im Zusammenhang mit der „gesamtdeutschen Arbeit“ des Freien Deutschen Gewerkschaftsbundes (FDGB) wurde 1958 eine Arbeitsgruppe aus der für die Wirtschaft zuständigen Hauptabteilung III (vgl. Kap. 5.4) herausgelöst und in die Hauptabteilung II eingegliedert.

Zur Koordinierung der Arbeit der Abteilung Verkehr beim ZK der SED und der Abteilung 4 der Hauptabteilung II wurde 1960 ein „Objektvorgang“ angelegt. Darin waren 91 Personen erfaßt, die im Zusammenhang mit der Unterstützung der KPD bekannt geworden sind. Trotzdem kam es immer wieder zu Überschneidungen und Pannen, wenn die Hauptabteilung II zum Beispiel Personen unter dem Verdacht der Feindtätigkeit bearbeitete, die für die SED illegale Arbeit in der Bundesrepublik leisteten. Auf Anweisung des ZK der SED wurde deshalb die Arbeit der Hauptabteilung II/4 auf diesem Sektor 1961 eingestellt und der Objektvorgang abgeschlossen. Diese Entscheidung wurde jedoch später von der Westkommission beim Politbüro des ZK der SED wieder revidiert, weil es wegen des Wegfalls der „Absicherungsarbeit“ zu Problemen in der illegalen Arbeit der KPD kam. Für die „Absicherung“ der Abteilung Verkehr wurde deshalb 1962 von der Hauptabteilung II der Sondervorgang „Wegbereiter“ eröffnet; Aufgabenschwerpunkte waren dabei die Unterstützung der Verkehrsabteilung bei der Zusammenarbeit mit der KPD und beim grenzüberschreitenden Verkehr sowie die Information von Partei und Regierung. Anfang 1962 gingen diese Aufgaben dann an das neugebildete Büro der Leitung II (BdL II) über.

Zu den Aufgaben der Hauptabteilung II, später des Büros der Leitung I (BdL), gehörte es auch, zusammen mit der Hauptabteilung Personenschutz (HA PS) das Objekt „Valentin“ abzusichern.[481] Dabei handelte es sich um den „Freiheitssender 904“, der 1956 – einen Tag nach dem Verbot der KPD – eingerichtet wurde, um politische Propaganda in der Bundesrepublik zu betreiben und die politische Anleitung der illegal arbeitenden Parteiorganisation zu gewährleisten.[482] Das BdL II soll auch für den „Einsatz von DKP-Mit-

480 Neu gegründet wurden die Unternehmen Nolter AG, Chemoplast, Intema, Friam in den Niederlanden, Interschiff in Hamburg, Firma Melcher sowie Langenbruch und Wittenbacher KG in Westberlin. Vgl. Aktenvermerk vom 3.4.1976; BStU, ZA, HA II/19, Bündel 34.

481 Ebenda, S. 8.

482 Als Folge des Grundlagenvertrages wurde das Objekt im Mai 1972 aufgegeben und vom Ministerium für Post- und Fernmeldewesen als Ferienobjekt übernommen.

arbeitern als Agenten“ zuständig gewesen sein, die für das MfS in der Bundesrepublik Observationsaufträge ausführten.[483]

Die Situation nach dem Mauerbau brachte für das MfS und die Hauptabteilung II eine veränderte Ausgangslage. Zu den neuen Aufgaben der HA II gehörte jetzt zum Beispiel das Aufspüren von Tunnel- und Stollenbauten von Westberlin aus in das Hoheitsgebiet der DDR; bis 1967 wurden 287 solcher Anlagen entdeckt.[484] Insgesamt waren die Bedingungen für westliche Geheimdienstoperationen in der DDR aber deutlich erschwert und damit die Arbeit für die Hauptabteilung II vereinfacht worden. Auf einer Dienstkonferenz der Linie II im Mai 1962 wurde vor diesem Hintergrund festgelegt, innere und äußere Spionageabwehr in Zukunft stärker zu trennen. Um die Arbeit im „Operationsgebiet“ zu verbessern, wurden neue Informanten „mit Feindverbindung“ geworben.[485] Im Rahmen verschiedener Strukturveränderungen wurde 1963 zudem eine Operativgruppe gebildet, die primär den Bundesnachrichtendienst bekämpfen sollte.[486] 1964 gewann die Trennung weiter an Gewicht, indem die Abteilungen 1 (bisher amerikanische Geheimdienste) und 2 (bisher englischer Geheimdienst) für die „offensive Abwehr“ ausländischer Geheimdienste bzw. von BND und Verfassungsschutz zuständig wurden, während die Abteilungen 3 (bisher französischer Geheimdienst) und 4 (bisher BND) die Verantwortung für die „innere Abwehr“ übernahmen. 1968 schuf die Hauptabteilung II eigene Beobachtungsgruppen aus hauptamtlichen und inoffiziellen Mitarbeitern, die speziell für den Einsatz in der Bundesrepublik vorgesehen waren.[487]

Ein Beispiel für die Westarbeit der Hauptabteilung II nach dem Mauerbau ist der operative Vorgang „Signal“, der 1961 gegen das Landesamt für Verfassungsschutz (LfV) in Westberlin angelegt wurde, weil das Amt beschuldigt wurde, alle „progressiven“, um eine „freie Stadt“ kämpfenden Kräfte zu unterdrücken.[488] Die Bearbeitung richtete sich vor allem gegen einen leitenden Mitarbeiter des Amtes mit dem Decknamen „Bergmann“, der im Januar 1963 auf der Basis kompromittierenden Materials und finanzieller Interessen für das MfS angeworben werden sollte.[489] Der inoffizielle Mitarbeiter des MfS, „Streller“, der diesen Plan ausführen sollte, wurde jedoch bei der Werbungsaktion von westdeutschen Sicherheitsorganen festgenommen. Im Rah-

483 „Bezahlte Westschnüffler“, in: Der Spiegel, Nr. 12/1991.
484 Joachim Schumann, Diplomarbeit zum Thema: „Erarbeitung eines Entwurfs zur Chronik der HA II für die II. Entwicklungsetappe 1960–1969“; BStU, ZA, JHS 21287, S. 33.
485 Ebenda, S. 43.
486 Befehl 278/63 vom 4.5.1963 über die „Bildung einer Operativgruppe in der HA II/4 sowie Auflösung des Referats C der HA II/4 und der selbständigen Arbeitsgruppe bei der HA II“; BStU, ZA, DSt 100380.
487 „Der Aufbau und Einsatz von Beobachtungsgruppen zur Bearbeitung operativer Schwerpunkte im Operationsgebiet, insbesondere zur Bearbeitung von Mitarbeitern und Dienststellen des BND und BfV durch die Linie II“; BStU, ZA, HA II 955, S. 248–285.
488 ZOV „Signal“; BStU, ZA, 5393/70, Bd. V, S. 4.
489 Vgl. Plan zur Überwerbung eines hauptamtlichen Mitarbeiters des Landesamtes für Verfassungsschutz Westberlin; ebenda, Bd. II, S. 101.

men der Aktion „Konterschlag“ wurde „Streller“ deshalb mit Hilfe der Hauptabteilung II in die DDR zurückgeführt und anschließend dort eine Verhaftungsserie in Gang gesetzt: 19 Personen wurden festgenommen, gegen 26 wurden Ermittlungsverfahren eingeleitet, 21 erhielten hohe Zuchthausstrafen.[490] Von den insgesamt neun inoffiziellen Mitarbeitern im LfV, die in dem 131 Bände umfassenden OV genannt werden, verblieben dem MfS nach der Aktion „Konterschlag“ immer noch drei – die Geheimen Mitarbeiter (GM) „Flame“ (HV A), „Werner“ (HA II/4a) und „Fred Strauch“ (HA II/4a).[491]

Im Zuge der politischen Entspannung zwischen Ost und West wuchs der Aufgabenbereich der Hauptabteilung II erneut: Als eine „Bewährungsprobe“ wurde bereits die Passierscheinregelung von 1963/64 bewertet, da erstmals wieder zahlreiche Besucher aus Westberlin in die DDR einreisen konnten. Die Dienstanweisung 4/68[492] ordnete dann die verstärkte Kontrolle von Ausländern in der DDR durch die Linie II an und ermächtigte die Hauptabteilung II zu einer Verstärkung der „äußeren Abwehr“ in diesem Bereich. Der Abschluß des Viermächteabkommens (1970) und des Grundlagenvertrages (1971) sowie die Aufnahme diplomatischer Beziehungen zu zahlreichen Staaten führten schließlich zu einem Ende der extremen Abschottung der DDR und damit auch zu verstärkter „Feindberührung“, etwa mit ausländischen Diplomaten und westlichen Korrespondenten in der DDR oder mit Gesprächspartnern der neu eröffneten DDR-Botschaften im Ausland. Zudem lockerten sich die Restriktionen im Reiseverkehr, so daß die Zahl persönlicher Begegnungen sprunghaft anstieg. Bei der „Absicherung“ der neuen „Gefahrenquellen“ bekam die Hauptabteilung II die Schlüsselrolle zugewiesen und wurde zu diesem Zweck personell enorm aufgestockt. In ihrer Vorgehensweise mußte sie jetzt aber verstärkt darauf achten, daß kein außenpolitischer Schaden durch ihre Maßnahmen entstand.

Ausführliche Orientierungen zu den neuen Bedingungen für die „Abwehrarbeit“ gab Mielke erstmals auf dem Zentralen Führungsseminar im März 1971, die auf zwei Dienstkonferenzen weiter konkretisiert wurden.[493] Mit dem Befehl 16/74 machte der Minister die Hauptabteilung II ab 1975 für die „politisch-operative Sicherung der Vertretungen anderer Staaten, internationaler zwischenstaatlicher Organisationen und bevorrechteter Perso-

490 Ebenda, Bd. 90, S. 7 und Bd. V, S. 9.
491 Ebenda.
492 DA 4/68 vom 30.8.1968: zur „Erhöhung der Effektivität der operativen Absicherung und Kontrolle der im Gebiet der Deutschen Demokratischen Republik wohnhaften Ausländer und Staatenlosen“; BStU, ZA, DSt 101068.
493 Zentrales Führungsseminar des Ministers, 1.–3.3.1971, Bd. 4, S. 254 ff.; BStU, ZA, DSt 102212; Konzeption für die Realisierung des präzisierten Forschungsauftrages vom 21.6.1988 zum Thema „Der Beitrag und die Verantwortung der Organe für Staatssicherheit im Kampf zur Sicherung des Friedens und der erfolgreichen Gestaltung der entwickelten sozialistischen Gesellschaft in der Erfüllung des Klassenauftrages des IX. und X. Parteitages der SED, insbesondere bei der Bekämpfung der Spionagetätigkeit der imperialistischen Geheimdienste“, S. 128; BStU, ZA, HA II/6, 1057.

nen" in der DDR zuständig.[494] Zugleich sollte die Hauptabteilung II die Abwehrarbeit im Bereich des Ministeriums für Auswärtige Angelegenheiten (MfAA) und seinen Vertretungen im Ausland übernehmen. Mit neuen Abteilungen, speziellen Sicherungsbereichen und eigenen Stützpunkten in Berlin-Mitte sollte die Hauptabteilung II die diplomatischen Vertretungen vor Anschlägen schützen und darüber hinaus deren Besucher identifizieren sowie eventuelle geheimdienstliche Tätigkeiten aufklären. Offiziere im besonderen Einsatz besetzten Schlüsselstellungen in der DDR-Diplomatie, insbesondere im Bereich der Sicherheit der Botschaften und des Ministeriums.

Zur „politisch-operativen Sicherung" von westlichen Journalisten, die in der DDR tätig wurden, erließ Mielke den Befehl 17/74, der die Aufgaben der Hauptabteilung II auch in bezug auf diese Berufsgruppe genau festlegte;[495] ebenso wie der Befehl 16/74 sah er die Gründung einer speziellen Abteilung für den neuen Arbeitsbereich vor: die Hauptabteilung II/13 (vgl. Kap. 5.2.2). In Berlin wurde kurz nach der Einrichtung der Abteilung zugleich das „Haus der internationalen Presse" geschaffen und systematisch mit Offizieren im besonderen Einsatz und IM besetzt.[496] „Offiziell" kontrolliert wurden die West-Journalisten von der Abteilung Journalistische Beziehungen im Ministerium für Auswärtige Angelegenheiten, die wiederum von der Agitationsabteilung des Zentralkomitees gesteuert wurde.[497] Zumindest in der MfAA-Abteilung war das MfS aber auch direkt präsent, wie die aus „unmittelbarem eigenen operativen Erleben" geschriebene Diplomarbeit eines Oberstleutnants der Hauptabteilung II aus dem Jahre 1983 anschaulich macht.[498] Das Tätigkeitsfeld der Hauptabteilung II/13 beschränkte sich nicht auf das Territorium der DDR, sondern umfaßte auch die „personen-, vor-

494 Befehl 16/74 vom 12.8.1974 zur politisch-operativen Sicherung der Vertretungen anderer Staaten, internationaler zwischenstaatlicher Organisationen und bevorrechteter Personen in der Deutschen Demokratischen Republik; BStU, ZA, DSt 100802. Dokument 4, S. 349–362.

495 Befehl 17/74 vom 12.8.1974 zur politisch-operativen Sicherung der in der Deutschen Demokratischen Republik akkreditierten Publikationsorgane anderer Staaten, deren ständigen Korrespondenten sowie von Reisekorrespondenten aus anderen Staaten; BStU, ZA, DSt 100802. Dokument 5, S. 363–372.

496 Jahresarbeitsplan 1977 der HA II/13 vom 5.1.1977; BStU, ZA, HA II/13, S. 386 ff. Danach sollten die Stellen des Sicherheitsbeauftragten, des Verwaltungsdirektors, des Elektroakustikers, der Chefsekretärin, des Einlaßleiters, des Schichtleiters sowie der Mitarbeiter des politischen Bereiches und der Dokumentation durch OibE besetzt werden. IM besetzten bereits folgende Stellen: Chef vom Dienst (zwei Stellen), Chefsekretärin (eine Stelle), Einlaß- und Informationsdienst (sechs Stellen), politischer Bereich (acht Stellen), Verwaltungsbereich (zwei Stellen), ein Gaststättenleiter, zwei Oberkellner, drei Kellner, ein Objektleiter, ein Techniker und ein Elektromeister. Vgl. auch Claus-Dieter Scholze: Der Einsatz von IM/GMS zur Kontrolle ständig und zeitweilig akkreditierter Korrespondenten der BRD und Westberlins bei der Realisierung journalistischer Vorhaben; BStU, ZA, JHS 1264.

497 Zur „offiziellen" Kontrolle der West-Journalisten durch das MfAA und das ZK vgl. *Holzweißig 1997,* S. 182 f.

498 Hans-Dieter Ternies: Zur Tätigkeit der Abteilung Journalistische Beziehungen des MfAA der DDR bei der Gewährleistung von Ordnung und Sicherheit durch Einhaltung und Durchsetzung gesetzlicher Regelungen und Schaffung von Beweisen für ungesetzliche Aktivitäten ausländischer Korrespondenten in der DDR; BStU, ZA, HA II/13 1249.

gangs- und stützpunktbezogene Arbeit im und in das Operationsgebiet".[499] Ihre Aufgabe war es, die politischen Zielsetzungen journalistischer Vorhaben schon im Westen rechtzeitig aufzuklären und entsprechend dort zu bearbeiten – in enger Zusammenarbeit mit der Hauptabteilung II/2 und der HVA-Abteilung IX. Alle diesbezüglichen Informationen sollten der Hauptabteilung II/13 übergeben werden, die prüfte, welche Maßnahmen einzuleiten waren.[500]

In den achtziger Jahren führte die Hauptabteilung II/13 mehr als 60 Operative Vorgänge und Operative Personenkontrollen (OPK) gegen westliche Journalisten. Deren „Bearbeitung" übernahmen nicht nur hauptamtliche MfS-Mitarbeiter, sondern auch Dutzende von inoffiziellen Mitarbeitern, die in Westberlin und Westdeutschland eingesetzt wurden.[501] Ein beliebtes Mittel zur Bekämpfung mißliebiger Korrespondenten war die Verhängung von Reisesperren.[502] Im November 1981 eröffnete die Hauptabteilung II/13 beispielsweise die operative Personenkontrolle „Schleicher" gegen den Frankfurter Rundfunkjournalisten Karl Corino mit dem Ziel der „Aufklärung und Dokumentierung der gegen die DDR gerichteten journalistischen Aktivitäten" und der „Vervollständigung des Persönlichkeitsbildes des C.".[503] Seine Kontakte und Reisen in die DDR sowie seine Sendungen im Hessischen Rundfunk waren bereits seit den frühen siebziger Jahren registriert worden, so daß ihn die Hauptabteilung II/13 schon 1977 „KK" erfaßte.[504] Zur ge-

499 Befehl 17/74 vom 12.8.1974 zur politisch-operativen Sicherung der in der Deutschen Demokratischen Republik akkreditierten Publikationsorgane anderer Staaten, deren ständigen Korrespondenten sowie von Reisekorrespondenten aus anderen Staaten, S. 10; BStU, ZA, DSt 100802. Dokument 5, S. 367.

500 Zur Bearbeitung der West-Medien durch das MfS ausführlicher: *Holzweißig 1995*.

501 Gegen westliche Journalisten waren u. a. die folgenden IM eingesetzt: IMB „Andre" – arabischer Korrespondent, der im Auftrag des MfS u. a. Kontakte zur US-Mission in Westberlin unterhielt; IMB „Marti" – ein IM des MfS, der sich beruflich als Handelsvertreter in Westberlin „stabilisierte"; IMB „Anton" – Korrespondent einer arabischen Zeitung, der im Auftrag des MfS zum Doppelagenten wurde; IMB „Michel" – Korrespondent einer arabischen Zeitung, der im Auftrag des MfS Kontakte zum amerikanischen Geheimdienst pflegen sollte; IMB „Prinz", IMB „Martina", IMB „Sayed" und IMB „Hansen" waren in verschiedenen Medieneinrichtungen in Westberlin eingesetzt. Vgl. Jahresarbeitsplan der HA II/13 für 1988; BStU, ZA, HA II/13, 448, S. 13.

502 Einreisesperren erhielten bis 1986 u. a. die Journalisten: D. Bub – Stern, Sperre seit 1983; W. Büscher – freischaffend, Sperre seit 1984; H. Clemens – Hessischer Rundfunk, Sperre seit 1978; J. Fehrmann – freischaffend, Sperre seit 1985; E. Franzmann – Express-Köln, Sperre seit 1980; K. W. Fricke – Deutschlandfunk, Sperre seit 1985, H. van Loyen – ZDF, Sperre seit 1979; M. Mara – Informationsbüro West; M. T. Mehr – Die Tageszeitung, Sperre seit 1979; P. Probst – ZDF; W. Sikorsky – Ullstein BZ, Sperre seit 1971; F. Schenk – ZDF, Sperre seit 1979; C.G. Ströhm – Die Welt, Sperre seit 1985; D. Urban – Evangelischer Pressedienst, Sperre seit 1984; dem Spiegel-Korrespondenten Jörg Mettke wurde 1975 die Akkreditierung entzogen, dem ARD-Korrespondenten Lothar Loewe 1976, dem ZDF-Korrespondenten H. van Loyen 1979 und dem Stern-Korrespondenten Dieter Bub 1983; das Ostberliner Büro des Spiegels wurde 1978 von der DDR geschlossen und durfte erst sieben Jahre später wiedereröffnet werden.

503 BStU, ASt Leipzig, AOPK 598/87, Bd. 1, Bl. 8.

504 Erfassung in der Kerblochkartei (KK) mit der Folge der alleinigen „Zuständigkeit" der erfassenden Diensteinheit für die Person.

zielten „Aufklärung“ des Journalisten setzte die Hauptabteilung II eigene IM und solche anderer Diensteinheiten ein. Dabei ging es ihr um die „Schaffung von Hinweisen, Beweisen, Aussagen und Niederschriften von Bürgern und staatlichen Institutionen über die Verletzungen der ‚Verordnung über die Tätigkeit von Publikationsorganen anderer Staaten und deren Korrespondenten in der DDR‘ vom 21.2.1973 sowie anderer Rechtsnormen“.[505] Bei Einreisen in die DDR wurde Corino deshalb von der Hauptabteilung VIII unverzüglich „zur Beobachtung aufgenommen“; das Staatliche Komitee für Rundfunk, Redaktion Monitor, lieferte im Auftrag des MfS Abschriften seiner Sendungen. Wegen seiner Kontakte zu kritischen Literaten in Leipzig wurde die OPK 1985 an die Abteilung XX der Bezirksverwaltung Leipzig abgegeben, die aufgrund des erarbeiteten Materials den Operativvorgang „Schleicher“ eröffnete.[506] Journalisten wie Wolfgang Gast von der Berliner Tageszeitung (taz), Jochen Kummer von der Welt am Sonntag, Karl Wilhelm Fricke vom Deutschlandfunk oder Helmut Lölhöffel von der Süddeutschen Zeitung haben über ähnliche Formen der „Bearbeitung“ berichtet.[507]

Entlastung fand die durch die Entspannungspolitik stark geforderte Hauptabteilung II an anderer Stelle: Auf Befehl des Ministers wurde 1973 an die HV A die „Gegenspionage“ übertragen, bei der es ohnehin immer wieder zu störenden Überschneidungen gekommen war.[508] Die neue Abteilung IX der HV A übernahm von der Hauptabteilung II nicht nur die Kompetenzen bei der „äußeren Spionageabwehr“, sondern auch einen Teil ihrer IM; zugleich sollte sie die Auslandsvertretungen der DDR in den nichtsozialistischen Ländern „sichern“. Einige Jahre später wurde diese Regelung jedoch zum Teil wieder rückgängig gemacht und die Zuständigkeit für die äußere Spionageabwehr aufgeteilt: Die HV A war nun für die Bearbeitung der Geheimdienstzentralen zuständig, während die Hauptabteilung II für bestimmte Dienststellen des BND sowie für die Abteilung 3 des Bundesamtes für Verfassungsschutz (BfV) verantwortlich zeichnete.[509] Unabhängig davon besaß die Hauptabteilung II weiterhin einige hochkarätige „Quellen“ in den Zentralen bundesdeutscher Sicherheitsdienste, wie Oberst Joachim Krase, der

505 BStU, ASt Leipzig, AOPK 598/87, Bd. 1, Bl. 14.
506 Ausführlicher: *Corino 1993.*
507 *Gast 1996; Kummer 1997; Fricke 1996; Lölhöffel 1993.*
508 Befehl 14/73 vom 25.4.1973 „Strukturveränderungen im MfS“ – HV A –; BStU, ZA, DSt 100750.
509 Es handelte sich dabei um die BND-Dienststellen „Ring“ (Bremen), „Brücke“ (Hamburg) und „Isarsalon“ (München) sowie um die Dienststellen in Westberlin. Die Abteilung 3 des BfV war für Verkehr auf Schiene und Straße sowie für politische Parteiarbeit zuständig. Vgl. Konzeption für die Realisierung des präzisierten Forschungsauftrages vom 10.2.1988 zum Thema „Der Beitrag und die Verantwortung der Organe für Staatssicherheit im Kampf zur Sicherung des Friedens und der erfolgreichen Gestaltung der entwickelten sozialistischen Gesellschaft in der Erfüllung des Klassenauftrages des IX. und X. Parteitages der SED, insbesondere bei der Bekämpfung der Spionagetätigkeit der imperialistischen Geheimdienste“; BStU, ZA, HA II/6 1057, S. 210.

von 1969 bis 1988 – zuletzt als Vertreter des Amtschefs des Militärischen Abschirmdienstes (MAD) – für das MfS spionierte und vom Leiter der Hauptabteilung II, Kratsch, persönlich geführt wurde.[510] Eine besondere Rolle bei der Ausforschung der westlichen Geheimdienste durch die Linie II spielte zudem die sogenannte Blickfeldarbeit das heißt: die Positionierung von IM des MfS im „Blickfeld" von Geheimdienstmitarbeitern, um sie von diesen als Doppelagenten anwerben zu lassen und dann „in die Konspiration des Feindes einzudringen".[511]

In den achtziger Jahren wurde die Hauptabteilung II immer mehr zur zentralen Diensteinheit für Spionageabwehr ausgebaut, vor allem seit sie – nach dem Tod von Beater – 1982 in den unmittelbaren Zuständigkeitsbereich des Ministers kam. Neben der Aufsicht über den gesamten Bereich der Postkontrolle war für die West-Arbeit auch die Wiedereingliederung des Büros der Leitung II von Bedeutung, aus dem 1980 die Abteilung 19 (HA II/19) entstand.[512] Diese Abteilung hatte, wie erwähnt, die Aufgabe, die Verbindungen des SED-Zentralkomitees zu DKP und SEW „abzusichern", und sollte unter anderem die politische und ökonomische Spionageabwehr bei den sogenannten speziellen Firmen im Operationsgebiet übernehmen – westdeutsche Betriebe im (konspirativ abgedeckten) Eigentum der SED.[513] Die ökonomische und politische Verantwortung für diese Firmen lag bei der Abteilung Verkehr (Abteilung 72) des ZK der SED. Um „Angriffe" westdeutscher Geheimdienste aufzuklären, wurden die Mitarbeiter dieser Firmen und ihre Ehepartner von der Hauptabteilung II/19 in operativen Vorgängen und Sicherungsvorgängen erfaßt.[514]

Im Selbstverständnis der Hauptabteilung II bildete die Phase 1982 bis 1986 die „erfolgreichste" Zeit in der Geschichte der Spionageabwehr durch das MfS.[515] Von den zwischen 1970 und 1985 wegen Spionage verhafteten 149 Personen wurden die meisten in den achtziger Jahren festgenommen. Die Anzahl der Ermittlungsverfahren wegen Spionageverdachts stieg allein 1982 im Vergleich zum Vorjahr um 170 Prozent[516] – was immer das MfS dabei unter „Spionage" verstand. 1981 fanden vor dem Militärgericht Berlin

510 Zum Fall Krase vgl. *Schlomann 1993*, S. 149 ff.; *Siebenmorgen 1993,* S. 161 und 172.

511 *Suckut 1996*, S. 82. Vgl. auch: Verwaltung für Staatssicherheit Groß-Berlin, Abt. II: Einige Grundanforderungen an die Gestaltung der gegen die imperialistischen Geheimdienste gerichteten Blickfeldarbeit, 17.6.1974; BStU, ASt Berlin, B 29.

512 Befehl 6/80 vom 1.4.1980 zur „Eingliederung der Diensteinheiten AG Ausländer, BDL II und Abt. XXI in die HA II"; BStU, ZA, DSt 102650.

513 Vorschlag zur Entwicklung der politisch-operativen Abwehrarbeit auf dem Gebiet der speziellen Firmen im Operationsgebiet vom 2.1.1986; BStU, ZA, HA II/19, Bündel 34.

514 Informationsbedarf zu Mitarbeitern „spezieller" Firmen („Transport") in Westberlin; Erfassung spezieller Firmen aus dem Operationsgebiet vom 20.5.1986; Arbeitsplan des Leiters der HA II/19 vom 15.11.1988, S. 14; Leitmaterial spezieller Firmen. Aktivitäten von BRD-Geheimdiensten gegen Mitarbeiter „spezieller Firmen"; BStU, ZA, HA II/19, Bündel 34.

515 Referat des Leiters der HA II zur Dienstkonferenz vom 8.4.1987, S. 18; BStU, ZA, HA II/AGL, Bündel 6.

516 Ebenda, S. 105.

19 Spionageprozesse statt, bei denen in vier Fällen Bürger der Bundesrepublik Deutschland und Westberlins verurteilt wurden.

Der Bedeutungszuwachs der Hauptabteilung II führte in den achtziger Jahren zu einer engeren Zusammenarbeit mit der HV A. Um die organisatorische Trennung zwischen „Abwehr“ und „Aufklärung“ zu überbrücken, wurde zum Beispiel die gemeinsame Bearbeitung von westlichen Journalisten und in der DDR tätigen Diplomaten vereinbart, ebenso die gemeinsame Nutzung von Technik sowie der Austausch von Informationen über Mitarbeiter und Strukturen der westlichen Geheimdienste.[517] Die „besten“ IM der Hauptabteilung II im Westen sollten im Zusammenhang mit der Dienstanweisung 2/80 unter Leitung der HV A eingesetzt werden.[518] Die allgemeinen Vereinbarungen zwischen dem Leiter der Hauptabteilung II und der HV A, Kratsch und Wolf, wurden 1984 mit dem zuständigen Leiter der HV A/IX, Schütt, konkretisiert.[519] Insbesondere wurde festgelegt, die bewußte Weitergabe von (Des-)Informationen „an den Feind“ durch IMB jeweils genau abzustimmen, wozu eine enge Zusammenarbeit der beteiligten Diensteinheiten erforderlich sei.[520] Um die Erfahrungen der HV A für die praktische Arbeit der Hauptabteilung II nutzbar zu machen, wurden einzelne Mitarbeiter der Hauptabteilung II auch vorübergehend in der „Aufklärung“ eingesetzt.[521]

Zur besseren Abstimmung der Spionageabwehr entstand in der Hauptabteilung II im Oktober 1985 die Arbeitsgruppe Koordinierung (AG K). Sie war der zentrale Ansprechpartner für die operativen Abteilungen und Arbeitsgruppen der Hauptabteilung II, für die Abteilungen II der Bezirksverwaltungen, für die anderen Abwehrdiensteinheiten des MfS in Berlin sowie für die HV A/IX. Zu den wichtigsten Aufgaben der AG K gehörte die zentrale Koordinierung der Arbeit mit den inoffiziellen Mitarbeitern, die Verbindungen zu westlichen Geheimdiensten unterhielten und als IM „mit Feindberührung“ (IMB) geführt wurden. Dabei ging es vor allem um die Erfassung und Steuerung des Informationsabflusses an westliche Geheimdienste, um die Organisierung ihrer gezielten Desinformation in Abstimmung mit der HV A/IX, um die Mithilfe bei der Vorbereitung von Legenden für den IMB-Einsatz, um die Erstellung von Analysen zum IMB-Bestand sowie um die Bewertung der eingehenden Informationen.[522]

517 Protokoll über die Sitzung des Leitungskollektivs am 18.2.1983, S. 2; BStU, ZA, HA II/AKG, Bündel 43.

518 DA 2/80 vom 20.6.1980 zum „Kadereinsatz für längerfristige operative Arbeit im Ausland“, S. 6; BStU, ZA, DSt 102675.

519 Als Leiter der Abteilung IX der HV A war Harry Schütt für die Aufklärung und Bearbeitung von BND, MAD, BfV/LfV sowie von Einrichtungen der USA, der Polizei, Emigrantenorganisationen und für die Telefonüberwachung im Großraum Bonn zuständig.

520 Protokoll über die Besprechung des Leiters der HA II am 12.3.1984, S. 2; BStU, ZA, HA II/AKG, Bündel 43.

521 Ebenda.

522 Vgl. auch Ordnung II/3/87 und DB zur Funktion und den Aufgaben der Arbeitsgruppe Koordinierung der HA II vom 15.7.1987; BStU, ZA, HA II/AGL, Bündel 6.

Der gesamte Bereich der Spionageabwehr wurde im Februar 1987 mit der Dienstanweisung 1/87 des Ministers für Staatssicherheit erstmals umfassend geregelt.[523] Diese galt für alle „Diensteinheiten der Abwehr zur vorbeugenden Verhinderung, Aufdeckung und Bekämpfung der Angriffe der Geheimdienste und Staatsschutzorgane“ aus dem Westen.[524] Der Dienstanweisung zufolge hätten „die Angriffe imperialistischer Geheimdienste gegen alle gesellschaftlichen Bereiche [...] eine neue Qualität erreicht“ und erforderten ein ebenso „komplexes Vorgehen“ des MfS.[525] Die Federführung dafür wurde der Hauptabteilung II übertragen, auf der Ebene der Bezirksverwaltungen der jeweiligen Abteilung II. Alle Tätigkeiten sollten in Zukunft zentral ausgewertet und „einheitlich ausgerichtet“ werden, insbesondere was die Arbeit mit IMB anbetraf, die Verbindungen zu westlichen Geheimdiensten hatten.[526] Zu den Aufgaben der „Spionageabwehr“ wurde besonders die Entwicklung eines adäquaten IM-Bestandes gezählt, die Sicherung der „politisch-operativen Schwerpunktbereiche“, die „zielgerichtete Arbeit mit IM im und nach dem Operationsgebiet“, vor allem im Blickfeld von Mitarbeitern westlicher Geheimdienste und anderer „Zentren des Feindes“, sowie die Bearbeitung aller Hinweise auf Spionagehandlungen und „andere geheimdienstlich gesteuerte subversive Aktivitäten“.[527] Die Linie II sollte sich unter anderem darauf konzentrieren, „geheimdienstliche Verbindungslinien“ zu enttarnen, die „agenturführenden Dienststellen“ zu bearbeiten, in diese „einzudringen“, ihre Informationsinteressen und „Angriffsschwerpunkte“ herauszufinden sowie „Ausgangsbasen der Agenturarbeit“ offensiv zu bekämpfen.[528] Dabei war die Hauptabteilung II sowohl bei grundsätzlichen Fragen als auch bei vorgesehenen konkreten Maßnahmen der „Arbeit im und nach dem Operationsgebiet“ zur Abstimmung und Zusammenarbeit mit der Hauptverwaltung A verpflichtet. Umgekehrt bestand auch für die HV A eine Informationspflicht bei der IMB-Arbeit im Bereich westlicher Geheimdienste.[529]

5.2.2 Aufgaben und Strukturen

West-Arbeit und Ost-Arbeit waren in der Hauptabteilung II kaum voneinander zu trennen. Während manche ihrer Abteilungen überwiegend im Innern der DDR „Spionageabwehr“ betrieben, richteten sich andere teilweise oder

523 DA 1/87 vom 13.2.1987 zur Gewährleistung des komplexen Vorgehens bei der Abwehr geheimdienstlicher Angriffe gegen politische, ökonomische und militärische Bereiche – Spionageabwehr – BStU, ZA, DSt 103354.

524 Ebenda, S. 6.

525 Ebenda, S. 5 f.

526 Zu diesem Zweck waren der DA spezielle Formblätter beigefügt, in denen über Treffs mit den entsprechenden IMB, über westliche Werbungsversuche von IM sowie über die Einsatz- und Entwicklungskonzeption zur Weiterführung der „Feindverbindungen“ zentral berichtet werden mußte; vgl. DA 1/87, Anlagen 1a–1c; ebenda, S. 43–50.

527 Ebenda, S. 13.

528 Ebenda, S. 14 f.

529 Ebenda, S. 19 und 26.

ausschließlich gegen bundesdeutsche Institutionen und deren Mitarbeiter. Die überwiegend mit der Bearbeitung von Bundesbürgern beschäftigten Abteilungen und ihre Aufgaben sollen im Folgenden näher dargestellt werden.

Arbeitsgruppe Koordinierung (HA II/AG K): Die AG K hatte die Aufgabe, die Arbeit mit IMB, die Verbindungen zu westlichen Geheimdiensten unterhielten, zu koordinieren. Zudem sollte sie für eine Abstimmung der operativen Arbeit gegen die sogenannten feindlichen Stellen im Westen sorgen. Schließlich war sie verantwortlich für die Identifizierung von westlichen Agenten und deren Zielpersonen, wofür die AG K einen speziellen Fahndungsspeicher führte.[530] In der AG K waren Anfang 1989 18 Personen beschäftigt.

Arbeitsgruppe Ausländer (AG A): Die AG A war für die „Absicherung und Kontrolle" der in der DDR ansässigen Ausländer verantwortlich. Diese sollten sowohl in der DDR als auch im „Operationsgebiet" bearbeitet, aufgeklärt und nach Möglichkeit geworben werden, um dem „Feindmißbrauch" vorzubeugen. Inoffizielle Mitarbeiter der AG A unterhielten zum Beispiel Kontakte zum Bundesamt für Verfassungsschutz, zu Emigrantenorganisationen oder zum libyschen Geheimdienst. Im westlichen Ausland setzte die AG A 1988 unter anderem einen Iraker, einen Jugoslawen und einen Österreicher ein, die hauptsächlich Exilgruppen und Studenten ausspionieren sollten. Andere im Westen eingesetzte IMB sollten Informationen zur „politischen Untergrundtätigkeit" gegen die DDR oder wissenschaftlich-technische Informationen liefern. Bei den für das Jahr 1989 geplanten Neuwerbungen konzentrierte sich die Arbeitsgruppe auf Senatsmitarbeiter in Westberlin und auf Beamte aus dem Bereich der Ausländerpolizei.[531] In der AG A arbeiteten zuletzt 40 Mitarbeiter.

Abteilung 1 (HA II/1): Diese Abteilung hatte vor allem nachrichtendienstliche „Angriffe" gegen ehemalige Angehörige des MfS und dessen IM-Netz „abzuwehren". Doch auch die vorgangs- und personenbezogene „Arbeit nach dem Operationsgebiet" und die dazugehörige Werbung von Agenten unter westdeutschen Bürgern zur Gewinnung von Informationen „aus dem Lager des Feindes"[532] bildeten einen Aufgabenschwerpunkt. 1989 waren 42 von 60 Planstellen dieser Abteilung besetzt.[533]

Abteilung 2 (HA II/2): Die Abteilung war für die „operative Bearbeitung" der Geheimdienststellen der Bundesrepublik Deutschland und für die Durchführung „weiterer offensiver Maßnahmen im Operationsgebiet" zuständig.

530 Ordnung II/3/87 und DB zur Funktion und zu den Aufgaben der Arbeitsgruppe Koordinierung der HA II vom 15.7.1987; BStU, ZA, HA/AGL, Bündel 5.

531 Jahresarbeitsplan der AG Ausländer zu Schwerpunkten in der politisch-operativen Arbeit und ihrer Leitung vom 11.11.1988; BStU, ZA, HA II/AKG, Bündel 43, S. 9.

532 Ebenda, S. 6.

533 Vgl. Zimmerbelegungsplan der HA II/1 vom 13.2.1989; BStU, ZA, HA II/AGL, Bündel 35; Struktur- und Stellenplan der HA II vom 26.9.1988; BStU, ZA, HA II/AKG, Bündel 43.

Die Hauptabteilung II/2 sollte dazu Dokumente, Unterlagen und Informationen aus folgenden Einrichtungen und Parteien beschaffen: Bundesnachrichtendienst; Bundesamt und Landesämter für Verfassungsschutz (BfV, LfV); Militärischer Abschirmdienst; Bundeskriminalamt (BKA); Dienststellen der Bundeswehr; Polizeidienststellen; Zentren der Datenverarbeitung; Konzerne; Springer-Konzern; Massenmedien; CDU-Landesverbände in Westberlin, Niedersachsen und Baden-Württemberg; SPD-Landesverband in Westberlin; Die Grünen sowie Menschenrechtsorganisationen. Zur Beschaffung derartiger Informationen wurden im Bundesgebiet von der Hauptabteilung II/2 zuletzt 34 IMB eingesetzt.[534] Für das Jahr 1989 waren 14 neue Werbungen von IMB im Operationsgebiet vorgesehen und 20 weitere in Vorbereitung; außerdem sollten 30 DDR-Bürger angeworben werden.[535] Zuletzt arbeiteten 34 Personen in der Hauptabteilung II/2 .[536]

Abteilung 3 (HA II/3): Diese Abteilung war für die Bearbeitung der „legalen Basis" des amerikanischen Geheimdienstes CIA in der DDR, der Botschaft der USA in der DDR und für andere US-Bürger zuständig, die im Verdacht standen, „feindlich" gegen die DDR tätig zu sein.[537] Auch die Bearbeitung von Vorgängen gegen Personen, die der Verbindung zum CIA verdächtigt wurden, sowie die Kontrolle des Besucherverkehrs an der Botschaft oblagen dieser Abteilung. Ferner hatte sie die Aufgabe, in das „Sicherungssystem" der Botschaft einzudringen, das Botschaftsgebäude elektronisch zu überwachen und Informationen über diese Einrichtung zu sammeln. Die Hauptabteilung II/3 sollte zudem CIA-Stellen in Westberlin aufklären. Für diese Abteilung waren 54 Planstellen[538] vorgesehen, namentlich bekannt sind 38 Mitarbeiter.[539]

Abteilung 4 (HA II/4): Diese Abteilung war federführend für die Abwehr von Militärspionage zuständig, betrieb aber durch ihr Referat 4 auch „äußere Militärspionageabwehr" in der Bundesrepublik.

Abteilung 5 (HA II/5): Diese Abteilung organisierte die Fahndung nach postalischen Verbindungen westlicher Geheimdienste.

Abteilung 6 (HA II/6): Zu den Aufgaben dieser Abteilung gehörten die „vorbeugende Verhinderung, Aufdeckung und Bekämpfung von Spionageangriffen" westlicher Geheimdienste gegen politische sowie ausgewählte ökonomische Bereiche und Wissenschaftseinrichtungen und – in Zusammenarbeit mit der HV A und der Hauptabteilung XVIII/5 – die „Bearbeitung" ehemaliger hoher Geheimnisträger sowie in der Öffentlichkeit stehender DDR-Bür-

534 Sie lieferten hauptsächlich Informationen über die Dienststellen und Mitarbeiter des BND, des BfV und des BKA. Vgl. Arbeitsplan 1989 der HA II/2 vom 30.1.1988, S. 20; BStU, ZA, HA II/AKG, Bündel 43.

535 Arbeitsplan 1989 der HA II/2 vom 30.1.1988; BStU, ZA, HA II/AKG, Bündel 43.

536 Zimmerbelegungsplan der HA II/2 vom 9.2.1989; BStU, ZA, HA II/AGL, Bündel 35.

537 Arbeitsplan 1989 zu den politisch-operativen Schwerpunkten im Verantwortungsbereich der HA II/3 vom 21.11.1988; BStU, ZA, HA II/AKG, Bündel 43.

538 Struktur- und Stellenplan der HA II vom 26.9.1988; BStU, ZA, HA II/AKG, Bündel 43.

539 Zimmerbelegungsplan der HA II/3 vom 6.2.1989; BStU, ZA, HA II/AGL, Bündel 35.

ger. In diesem Zusammenhang klärte sie auch Personen aus dem Bereich der bundesdeutschen Ostforschung auf sowie westliche Bürger, die sich offiziell in der DDR aufhielten und deren Tätigkeit vom MfS als „politisch-ideologische Diversion" gewertet wurde.[540] Namentlich bekannt sind 29 Mitarbeiter dieser Abteilung.[541]

Abteilung 9 (HA II/9): Der Abteilung unterstand die Bearbeitung von Geheimdiensten westlicher europäischer Länder (ohne deutschsprachige Staaten). Den Schwerpunkt bildeten britische und französische Geheimdienste sowie das französische Kulturzentrum in Ostberlin. Hinzu kam die analytische Aufarbeitung von Diplomaten-Treffen in Westberlin. Für 1989 waren 20 IM-Werbungen geplant, bevorzugt wurden dabei Ausländer mit Verbindungen nach Frankreich und Großbritannien. Die Abteilung hatte 35 Planstellen, von denen 30 besetzt waren.[542]

Abteilung 11 (HA II/11): Die Abteilung war für die „Außensicherung" der ausländischen diplomatischen Vertretungen in Ostberlin zuständig und beteiligte sich darüber hinaus an deren Überwachung und Kontrolle.

Abteilung 12 (HA II/12): Bei der „Bearbeitung" von Bundesbürgern fiel dieser Abteilung eine besondere Rolle zu, da sie die Aufgabe hatte, die Ständige Vertretung (StäV) der Bundesrepublik Deutschland in Ostberlin geheimdienstlich zu überwachen. Observiert wurden vorrangig Mitarbeiter aus der Wirtschafts-, der Rechts- und der politischen Abteilung sowie Westdeutsche, die zu Dienstleistungen oder als Kuriere zur Ständigen Vertretung einreisten.[543] Obwohl während der gesamten Bearbeitungszeit unter den Angehörigen der StäV kein einziger Mitarbeiter eines westdeutschen Geheimdienstes festgestellt werden konnte (das MfS hingegen im Leiter des politischen Referates, Knut Gröndahl, mindestens einen hochrangigen Informanten besaß[544]), entfaltete die Hauptabteilung II/12 einen gigantischen Aufwand: Um das Gebäude der Ständigen Vertretung unter Kontrolle zu halten, wurden spezielle Observationsstützpunkte aufgebaut und rund um die Uhr besetzt; zusätzlich wurde in den gegenüberliegenden Häusern Videotechnik installiert. Die Abteilung M des MfS kontrollierte im Auftrag der Hauptabteilung II/12 die an die Vertretung gerichtete Post, die Abteilung 26 überwachte die Telefonverbindungen. Die ca. 150 IM der Abteilung wurden in erster Linie eingesetzt, um die Mitarbeiter der StäV abzuschöpfen. Inoffizielle Mitarbeiter im Wohnbereich kontrollierten deren Tagesablauf und ihre Besucher oder wurden an westdeutsche Bürger „herangespielt", um kompro-

540 Jahresarbeitsplan 1989 der HA II/6 vom 28.11.1988, S. 20; BStU, ZA, HA II/AKG, Bündel 43.

541 Zimmerbelegungsplan der HA II/6; BStU, ZA, HA II/AGL, Bündel 35.

542 Struktur- und Stellenplan der HA II vom 26.9.1988; BStU, ZA, HA II/AKG, Bündel 43; Zimmer- und Telefonverzeichnis der HA II/9 vom 6.2.1989; BStU, ZA, HA II/AGL, Bündel 35.

543 Arbeitsplan der Abt. 12 für das Jahr 1989 vom 15.11.1988; BStU, ZA, HA II/AKG, Bündel 43.

544 Vgl. *Holzweißig 1997*, S. 209.

mittierendes Material zusammenzutragen. 1989 arbeiteten 28 hauptamtliche Mitarbeiter[545] in der Hauptabteilung II/12, die von Oberstleutnant Reiner Oertel geleitet wurde.

Abteilung 13 (HA II/13): Auch die 1976 gebildete Abteilung 13 arbeitete, wie erwähnt, überwiegend in Richtung Westen. Sie hatte die Aufgabe der „Sicherung und Bearbeitung der in der DDR akkreditierten Büros und Publikationsorgane ausländischer Staaten und deren ständige und Reisekorrespondenten".[546] Zur lückenlosen Kontrolle der West-Journalisten[547] wurde ein engmaschiges Netz aus IM und OibE geflochten, die im Internationalen Pressezentrum (IPZ), im Außenministerium, im Auslandspressedienst und in ähnlichen Einrichtungen eingesetzt waren. Hinzu kamen weitere IM aus anderen Diensteinheiten, die den Arbeits-, Wohn- und Freizeitbereich der in der DDR akkreditierten Korrespondenten überwachten. Darüber hinaus wurde die Hauptabteilung II/13 bei ihrer Überwachungsarbeit unter anderem von der Linie VI (Paßkontrolle, Tourismus, Interhotels), der Abteilung M (Postkontrolle), der Paketzollfahndung (PZF), der Abteilung 26 (Abhörmaßnahmen) und den Zollorganen unterstützt. Die nachrichtendienstliche Ausspähung beschränkte sich dabei nicht auf die ausländischen Journalisten selbst, sondern schloß das „Eindringen" in die „Zentralen" westlicher Publikationsorgane ein. In der Abteilung waren 1989 von 65 Planstellen 41 besetzt.[548]

Abteilung 14 (HA II/14): Diese Abteilung sollte die „Abwehrarbeit" im Ministerium für Auswärtige Angelegenheiten (MfAA) und seinen nachgeordneten Stellen gewährleisten, einschließlich der Einrichtungen für Diplomaten und Dolmetscher sowie des Gästehauses des MfAA. Dabei arbeitete sie intensiv mit der HV A zusammen,[549] nicht zuletzt durch die Übergabe von IM bei vorübergehenden Auslandseinsätzen. An der „Arbeit im und nach dem Operationsgebiet" wirkten auch IM mit, die im Auftrag der Hauptabteilung II/14 übergesiedelt waren.[550] Von den 105 laut Stellenplan vorgesehenen Mitarbeitern, davon 66 OibE,[551] sind 26 namentlich bekannt.[552]

Abteilung 15 (HA II/15): Diese Abteilung war speziell für die Sicherung und Überwachung der Botschaften nichtsozialistischer Staaten außerhalb

545 Zimmerbelegungsplan der HA II/12 vom 8.2.1989; BStU, ZA, HA II/AGL, Bündel 35.
546 Jahresarbeitsplan 1977 der HA II/13 vom 5.1.1977, S. 411; BStU, ZA, HA II/13 448; vgl. auch: Jahresarbeitsplan 1989 der HA II /13 vom 24.11.1988; BStU, ZA, HA II/AKG, Bündel 43.
547 Vom Abschluß des Grundlagenvertrages bis zum Herbst 1989 waren in der DDR bis zu 20 westdeutsche Hörfunk-, Fernseh- und Zeitungskorrespondenten ständig akkreditiert; hinzu kamen jährlich mehrere hundert Reisekorrespondenten; *Holzweißig 1997*, S. 182.
548 Vgl. Struktur- und Stellenplan der HA II vom 26.9.1988; BStU, ZA, HA II/AKG, Bündel 43; Telefon- und Zimmernachweis der HA II/13, Stand 21.2.1989; BStU, ZA, HA II/AGL, Bündel 35.
549 Arbeitsplan der HA II/14 für das Jahr 1989, S. 16; BStU, ZA, HA II/AKG, Bündel 43.
550 Ebenda, S. 21.
551 Struktur- und Stellenplan der HA II vom 26.9.1988; BStU, ZA, HA II/AKG, Bündel 43.
552 Telefon- und Zimmerverzeichnis der HA II/14 vom 27.2.1989; BStU, ZA, HA II/AGL, Bündel 35.

Europas zuständig, ausgenommen die USA und Kanada. Zu ihren wichtigsten Aufgaben gehörte die Gewinnung von IM, darunter auch solche mit Wohnsitz in Westberlin.

Abteilung 16 (HA II/16): Die Hauptabteilung II/16 war vorrangig mit „operativ-technischen" Aufgaben betraut. Dazu gehörte unter anderem der Einsatz von Computern, von spezieller Technik zur Stimmenidentifizierung sowie Maßnahmen der akustischen und optischen Überwachung, insbesondere im „Operationsgebiet".

Abteilung 17 (HA II/17): Diese Abteilung war für konspirative Beobachtungsmaßnahmen im Rahmen von Spionagevorgängen zuständig und hatte unter anderem – in Zusammenarbeit mit der Hauptabteilung II/3 – Stellen von US-Geheimdiensten in Westberlin zu observieren. Mit 66 Planstellen zählte sie zu den großen Abteilungen,[553] von denen jedoch nur fünf Mitarbeiter namentlich bekannt sind.[554]

Abteilung 18 (HA II/18): Diese 1977 geschaffene Anti-Terror-Abteilung der Hauptabteilung II richtete sich auf die Abwehr terroristischer Handlungen gegen Botschaften und sogenannte bevorrechtete Personen in der DDR in Zusammenarbeit mit der Hauptabteilung XXII (Terrorabwehr)[555] sowie auf die vorbeugende Verhinderung „öffentlichkeitswirksamer Demonstrativhandlungen" von SED-Kritikern, hauptsächlich in Berlin-Mitte. Dazu wurden auch zahlreiche Personen „bearbeitet", die Kontakte zu arabischen Terroristen hatten, sowie gezielt inoffizielle Mitarbeiter angeworben. Von den vorgesehenen 39 Mitarbeitern sind nur 20 bekannt.[556]

Abteilung 19 (HA II/19): Die bereits erwähnte Abteilung war in erster Linie für die „politisch-operative Sicherung" der Beziehungen der SED und des FDGB zu kommunistischen Parteien und Organisationen in der Bundesrepublik, vor allem zur DKP und zur SEW, zuständig. Ihre Aufgabe war es unter anderem, die Maßnahmen des Verfassungsschutzes zur Aufklärung dieser Verbindungen abzuwehren. Zu ihrem „Sicherungsbereich" gehörten die Abteilung 72 (Verkehr) des ZK der SED und deren Betriebe (einschließlich der Kuriere von SED und DKP), die Abteilung 70 (Institut für Politik und Wirtschaft – IPW), der Sektor Parteibeziehungen der SED-Bezirksleitung Berlin, die Abteilung Internationale Gewerkschaftsbeziehungen des Bundesvorstandes des FDGB, die zentrale Geschäftsstelle von „International – Informations- und Bildungszentrum e. V.", die Abteilung Internationale Verbindungen des FDGB beim Bezirksvorstand Berlin sowie die Mili-

553 Struktur- und Stellenplan der HA II vom 26.9.1988; BStU, ZA, HA II/AKG, Bündel 43.
554 Arbeitsplan der Abt. 17 der HA II für das Jahr 1989 vom 22.11.1988, Bl. 2; BStU, ZA, HA II/AKG, Bündel 43.
555 Ausführlicher: *Wunschik 1995.*
556 Struktur- und Stellenplan der HA II vom 26.9.1988; BStU, ZA, HA II/AKG, Bündel 43; Arbeitsplan der HA II/18 für das Jahr 1989 vom 28.11.1988; BStU, ZA, HA II/AKG, Bündel 43.

tärorganisation (MO) der DKP (vgl. Kap. 5.5).[557] Fast alle 43 Planstellen der Hauptabteilung II/19 waren 1989 besetzt.[558]

Abteilung 20 (HA II/20): Diese vorrangig für den Schutz der sowjetischen Botschaft zuständige Abteilung überwachte auch die Diplomatenetage im Interhotel „Unter den Linden“ sowie wichtige Mitarbeiter von NATO-Vertretungen und deren Kontaktpartner; mit 184 Planstellen war sie die größte Abteilung der Hauptabteilung II.[559]

5.2.3 Beispiele aus der IM-Arbeit

Bei der „Arbeit im und nach dem Operationsgebiet“ bildeten die inoffiziellen Mitarbeiter „mit Feindberührung“ (IMB) das wichtigste Instrument der Hauptabteilung II. Im IMB-Bestand der Hauptabteilung II befanden sich sowohl Bundesbürger als auch DDR-Bürger, darunter auch solche, die gezielt in die Bundesrepublik übergesiedelt worden waren, um als Agenten eingesetzt zu werden. Drei Beispiele sollen die IM-Arbeit auf der Linie II illustrieren:

Eine bedeutende Agentin der Hauptabteilung II/2 war eine 1957 geworbene Bundesbürgerin mit dem Decknamen „Inge Schneider“. In ihrer Verpflichtungserklärung hatte sie unter anderem geschrieben: „Angesichts der Remilitarisierung Westdeutschlands durch Adenauer und die Initiatoren des 2. Weltkrieges halte ich es für meine patriotische Pflicht, mit allen Kräften einem drohenden 3. Weltkrieg entgegenzuwirken.“[560] Zur Zeit ihrer Werbung war sie als Fernschreiberin bei der Bundesbahn beschäftigt. Sie lieferte dem MfS aus ihrem damaligen Arbeitsbereich unter anderem „Fernschreiben über Militärtransporte [...] meist im Original“.[561]

1960 bewarb sich „Inge Schneider“ im Auftrage des MfS beim Innenministerium, dem Landeskriminalamt Düsseldorf und bei der Bundeswehr. Sie wurde schließlich bei der Bundeswehr eingestellt, wo sie Einsicht in die Tätigkeit des MAD bekam. Sie belieferte das MfS auch von dieser Arbeitsstelle mit Originaldokumenten. Um die Agentin nicht zu gefährden, wurde der Ehemann – ebenfalls ein IMB des MfS – zu den Treffs nach Ostberlin bestellt.

1961 wurde „Inge Schneider“ vom MfS mit einem zweiten bundesdeutschen Reisepaß ausgestattet. Darüber hinaus benutzte sie eine spezielle Geheimschrift, einen sogenannten Container (eine Damentasche mit Geheimfach), vier „tote Briefkästen“ (TBK), mehrere konspirative Objekte und ein

557 Struktur- und Stellenplan der HA II vom 26.9.1988; BStU, ZA, HA II/AKG, Bündel 43.
558 Ebenda; Zimmerbelegungsplan der HA II/9 vom 7.2.1989; BStU, ZA, HA II/AGL, Bündel 35.
559 Struktur- und Stellenplan der HA II vom 26.9.1988; BStU, ZA, HA II/AKG, Bündel 43.
560 Verpflichtungserklärung Ruth Wiegands vom 21.2.1957; BStU, ZA, AIM 1776/91, Teil I, Bd. 1, Bl. 37.
561 Einschätzung der GM „Inge Schneider“; ebenda, Bl. 113.

mit dem MfS vereinbartes Losungswort, das lautete: „Entschuldigen Sie bitte, wie komme ich zur Luise-Emma-Straße?“ – „Ich habe den gleichen Weg und bringe Sie hin!“

Im Auftrage des MfS bewarb sich „Inge Schneider“ 1962 beim Landesamt für Verfassungsschutz (LfV) in Düsseldorf. Die Sicherheitsüberprüfung für diese Arbeitsstelle führte zu keinen Verdachtsmomenten, da die Bewerberin keine Verwandtschaft in der DDR besaß. Im Zusammenhang mit Umstrukturierungen in Nordrhein-Westfalen wurde ihr 1971 eine neue Stelle als Fernschreiberin im Landeskriminalamt (LKA) angeboten. Die Hauptabteilung II sah darin die Möglichkeit, noch mehr Informationen zu bekommen und beauftragte die Agentin, diese Stelle anzunehmen.[562] Bereits aufgrund der ersten Gedächtnisprotokolle, die sie dem MfS lieferte, wurden in der DDR elf Ermittlungsverfahren eingeleitet.[563]

In den Jahren 1971 bis 1976 übergab „Inge Schneider“ dem MfS 3 281 Originaldokumente, davon 1 355 mit nachrichtendienstlicher Bedeutung.[564] Bis Oktober 1977 lieferte sie weitere 5 400 Einzelinformationen. Diese betrafen Hinweise zur Struktur und zum Personalbestand der westdeutschen Polizei, Informationen zur Tätigkeit der Geheimdienste und Polizeiorgane gegen Ost-Agenten, Hinweise zu Terroristen und Linksextremisten sowie über das Fahndungs- und Überwachungssystem der Bundesrepublik. Nach dem Ausscheiden aus dem LKA im Jahre 1982 berichtete „Inge Schneider“ weiterhin über Mitarbeiter ihrer ehemaligen Dienststelle. Ihre „Arbeitsakte“ umfaßt insgesamt 46 Bände.[565] Ihre Führungsstelle maß dem von ihr gelieferten Material große Bedeutung bei und belohnte sie mit insgesamt 846 000 DM sowie zahlreichen Auszeichnungen.

Ein zweiter Fall ist der des Sicherheitsbeauftragten der Firma IBM-Sondersysteme in Wilhelmshaven, der in den siebziger Jahren als sogenannter Selbststeller zum MfS kam: Am 21. März 1975 meldete er sich an der Grenzübergangsstelle Friedrichstraße in Ostberlin und bot sich dort für eine nachrichtendienstliche Zusammenarbeit an. In seiner Firma hatte er Zugang zu geheimen und streng geheimen Unterlagen, die damals ein computergesteuertes Führungssystem der Bundesmarine und der NATO entwickelte.[566] Als Beweis legte er zwei Dokumente über den Systemaufbau des Projektes und eine Skizze über die Nachrichtenverbindungen der Marine vor.

Der Sicherheitsbeauftragte wurde zuerst als Kontaktperson „Drucker“ und später als IMB „Reuter“ geführt. Zur Verbindungsaufnahme erhielt er eine Deckadresse, eine Decktelefonnummer, einen Container und einen gefälsch-

562 Dienstwechsel bei der Quelle „Inge Schneider“; ebenda, Bl. 194.
563 Ebenda, Bl. 195.
564 Im Verlaufe des Jahres 1976 in den IM-Vorgängen „Inge Schneider“ und „Fritz Würfel“ eingetretene Ereignisse und die sich daraus ergebenden Konsequenzen für die Weiterführung des IM-Vorganges „Inge Schneider“; ebenda, Bl. 199.
565 BStU, ZA, AIM 1776/91, Teil II, 46 Bde.
566 BStU, ZA, AIM 6369/86, Teil I, Bd. 1, Bl. 57 und 78.

ten Reisepaß auf den Namen Paul Gärtner. Ab 1977 bestand auch eine Instrukteurverbindung über den IM „Michael".

„Reuter" übergab zuerst technische Zeichnungen des neuen Projektes mit den Standorten der installierten IBM-Anlagen und den Hauptfunktionen des Marineführungssystems; er machte Angaben zum Personalstand und informierte über den MAD-Stützpunkt in Wilhelmshaven. Bei weiteren Treffs im Jahre 1976 übergab er unter anderem sechs Schmalfilme mit etwa 13 000 Aufnahmen von geheimen Unterlagen der NATO und der Bundeswehr.[567]

Anfang 1980 lieferte „Reuter" der Hauptabteilung II als VS-Geheim eingestufte Dokumente zum Projekt „Tenne" im Umfang von 40 Leitz-Ordnern. Diese Dokumente ermöglichten es, im Falle eines Krieges das gesamte Führungssystem der Bundesmarine zu stören. Bei der Auflösung der IBM-Niederlassung in Wilhelmshaven hatten sie eigentlich unter seiner Kontrolle vernichtet werden sollen, doch „Reuter" schaffte die Ordner zu sich nach Hause. Da er keine andere Möglichkeit sah, die Dokumente nach Ostberlin zu transportieren, entschloß er sich, einen Wagen zu mieten und sie zum Grenzübergang Drewitz zu fahren. In Drewitz „dekonspirierte" er sich vor den Mitarbeitern der Grenzkontrolle, um die Ladung abzugeben und an die Hauptabteilung II/2 weiterzuleiten. Wegen der Bedeutung der Dokumente wurde Mielke persönlich davon unterrichtet;[568] der Leiter der Hauptabteilung II, Kratsch, teilte Mielke mit, daß die Auswertung dieser Dokumente die Möglichkeiten seiner Diensteinheit sprenge, und schlug vor, die Auswertung des Gesamtmaterials in militärisch-strategischer Hinsicht vornehmen zu lassen. „Reuter" erhielt ein Jahr später auf Vorschlag von Kratsch den „Kampforden für Verdienste um Volk und Vaterland" in Bronze sowie eine hohe Geldprämie.

Da „Reuter" nach der Auflösung seiner Arbeitsstelle arbeitslos wurde, konnte er keine relevanten Informationen aus dem Bereich der Bundeswehr mehr liefern. Obwohl noch einige Treffs stattfanden, wurde der Vorgang 1986 wegen Perspektivlosigkeit geschlossen. Für seine Dienste bekam er insgesamt 70 000 DM vom MfS.

Ein drittes Beispiel ist das des einstigen Internationalen Pressezentrums (IPZ) der DDR, das 1976 für die Betreuung westlicher Journalisten eingerichtet wurde; für die West-Arbeit des MfS – nicht nur der zuständigen Hauptabteilung II/13, sondern auch der HV A – hatte es beträchtliche Bedeutung. Der von 1976 bis 1989 amtierende Direktor des IPZ, Fred Müller, wurde als inoffizieller Mitarbeiter der HV A geführt,[569] berichtete aber auch

567 Ebenda, Teil II, Bd. 1 und 2.
568 Ebenda, Bd. 3, Bl. 261.
569 Information: Einsätze des Direktors des „Hauses für journalistische Dienstleistungen" (HfJD), Fred Müller, im Operationsgebiet im Auftrag der HV A/X vom 22.4.1978; Vorschlag für gemeinsame Maßnahmen mit der HV A/X vom 24.10.1985; Vorlage zu operativen Erkenntnissen zum Direktor des IPZ Berlin aus Sicht der Erkenntnisse zur Gewährleistung der inneren Sicherheit des MfS vom 28.2.1989; BStU, ZA, HA II/13 459.

dem stellvertretenden Abteilungsleiter der Hauptabteilung II/13, Ternies, der eine sogenannte Personenhandakte zu Müller führte. Daneben führte die HV A mindestens vier weitere IM in Schlüsselpositionen des IPZ.[570] Alle diese IM unterhielten direkte Kontakte zu ausländischen Journalisten sowie zu Personen, die keine offiziellen Arbeitsbeziehungen zum IPZ hatten.

IPZ-Direktor Müller pflegte zum Beispiel Kontakte zu einer WDR-Redakteurin, um sie über interessante Vorgänge im WDR bzw. SFB abzuschöpfen. Darüber hinaus reiste er in seiner Funktion als ehemaliger Sekretär des Verbandes der Film- und Fernsehschaffenden der DDR mit einem weiteren IM der HV A zu den Dokumentarfilmtagen nach Oberhausen in Westdeutschland. Dieser IM baute im Auftrage der HV A/X beim Auslandspressedienst der DDR, „Panorama", eine sogenannte Reisestelle zur „Kontaktarbeit mit ausländischen Journalisten" auf. Ein anderer IM des IPZ pflegte eine langjährige Verbindung mit einem RIAS-Redakteur, den die HV A verdächtigte, für den amerikanischen Geheimdienst tätig gewesen zu sein.

Das IPZ diente nicht nur der Abschöpfung und Überwachung von West-Journalisten, sondern auch der Legendierung und Offizialisierung anderer Aktivitäten der HV A. So wurden im Herbst 1978 drei für die HV A interessante SPD-Landtagsabgeordnete in Abstimmung mit dem Leiter der Westabteilung des ZK der SED, Häber, und dem Leiter der Hauptabteilung Presse im MfAA, Meyer, in die Betreuung des IPZ gegeben, ohne daß diese in irgendeiner Weise journalistisch arbeiteten.[571] Das IPZ diente auch dazu, bei der Visaerteilung den DDR-Aufenthalt eines schwedischen Bürgers, der ein langjähriger Kontaktpartner eines HVA-IM war, als „Informationsreise und Gast des IPZ" zu legendieren. Schließlich wurde das IPZ für propagandistische Zwecke von der HVA genutzt. So organisierte die HV A/X im Mai 1979 im IPZ ein Pressegespräch der Zeitschrift „Horizont" mit ausländischen Journalisten, das „auf Wunsch der asylsuchenden ehemaligen Sekretärin Goliath des CDU-Bundestagsabgeordenten MARX aus der BRD"[572] stattfand. Auch DDR-Bürger beteiligten sich auf diese Weise in erheblichem Maße an der inoffiziellen „Arbeit im und nach dem Operationsgebiet".

570 HA II/13: Informationen über dekonspirierende Aktionen der HV A/X im und mit dem Sicherheitsobjekt der HA II/13, „Internationales Pressezentrum" vom 16.6.1979; ebenda, S. 72–74.

571 Ebenda.

572 Ebenda. Inge Goliath beschaffte 13 Jahre lang für das MfS parteipolitische Interna aus der CDU, bis sie 1979 in die DDR abberufen wurde. Zum Pressegespräch mit ihr im Mai 1979 vgl. auch *Holzweißig 1997,* S. 206. Zu den „engen Beziehungen" zwischen HV A/X und der Zeitschrift „Horizont": *Bohnsack/Bremer 1992*, S. 194.

5.3 „Aufklärung" des Funkverkehrs und der Telefongespräche in Westdeutschland – Die Hauptabteilung III (*Andreas Schmidt*)

Bei seiner „Arbeit im und nach dem Operationsgebiet" bediente sich das Ministerium für Staatssicherheit nicht nur menschlicher Quellen – der sogenannten human intelligence (HUMINT). Eine immer größere Rolle spielte vielmehr, wie in der Arbeit aller Nachrichtendienste, die technische oder funkelektronische Aufklärung – die sogenannte signal intelligence (SIGINT). Diese bereits während des Zweiten Weltkrieges bedeutsame Form der Spionage wurde im MfS in erster Linie von der Linie III betrieben.[573] Der zur „Abwehr" gehörenden Diensteinheit kam dadurch eine Schlüsselrolle in der West-Arbeit zu.

Der Informationsgewinn durch den Einsatz technischer „Quellen" und nachrichtentechnischer Verfahren hatte gegenüber der klassischen „agenturischen" Spionage für das MfS vor allem den Vorteil, daß er weitaus risikoärmer war. Er ermöglichte eine Vervielfachung des nachrichtendienstlichen Gewinns ohne die Gefahr der Enttarnung oder Verhaftung eigener „Quellen", da die „Aufklärung" des „Gegners" vom eigenen Territorium oder von „Stützpunkten" befreundeter Staaten bzw. aus Objekten mit diplomatischer Immunität erfolgte. Entscheidend für die wachsende Bedeutung der Linie III war dabei nicht die bloße Aufzeichnung von nachrichtentechnischen Signalen aus dem Westen, sondern vor allem die systematische Analysetätigkeit, die auf einen breiten Ausstoß an „Auskunftsberichten", „Dossiers" und anderen „operativen Informationen" gerichtet war. Die großen Möglichkeiten der funkelektronischen Aufklärung führten dazu, daß die Zahl der Aufträge an die Linie III von anderen Diensteinheiten seit Mitte der siebziger Jahre beständig wuchs – was wiederum verstärkte Anstrengungen für eine gezielte und „systematische Dossierarbeit" zur Folge hatte. Über die Bedeutung der Ergebnisse der Funkaufklärung hieß es 1982 in einem Leiterreferat:[574]

> „Es ist kein Geheimnis, daß wir als Linie III zum Teil besser, schneller und umfassender in der Lage sind, Personendossiers für die verschiedenste Diensteinheiten des MfS interessierenden Personen aus dem Operationsgebiet zu erarbeiten als diese Diensteinheiten selbst. Und gerade deshalb, und ich meine mit Recht, werden die diesbezüglichen Anforderungen, die an uns als Linie III gestellt werden, nicht geringer, sondern immer größer. In zunehmendem Maße treten die Leitung des MfS und die Diensteinheiten des MfS an uns heran und stellen die berechtigten Forderungen und Bitten nach mehr

573 Vgl. *Krieger/Weber 1997*, S. 15 und 23 ff.
574 Referat in der HA III (ohne Autor) vom 22.6.1982; BStU, ZA, HA III 7974, S. 78.

hochwertigen Ausgangsangaben und Ausgangsmaterialien zu pol[itisch]-op[erativ] bedeutsamen Personen des Operationsgebietes. [...] Sind es nicht wir [...], die mit unseren Möglichkeiten

- in relativ kurzem Zeitraum umfassende Personenaufklärungsergebnisse auf den Tisch legen können und dabei z. B. selbst Hinweise und Angaben aus dem tiefsten intimen Bereich von Menschen, die beispielsweise ein IM nicht erarbeiten und erbringen könnte, erarbeiten;
- [...], die ohne Menschen, IM, der Gefahr auszusetzen, wesentliche und umfassende Angaben zu Personen erarbeiten können, selbst zu solchen Personen, die der Gegner besonders abschirmt, mitsichert bzw. die einer besonderen Sicherheitsstufe unterliegen, wenn z. B. Personenaufklärungsmaßnahmen im klassischen Sinne nur sehr schwer und durch aufwendige Mittel und Methoden realisiert werden könnten."[575]

Die Aufklärung der Bundesrepublik durch die Linie III spielt in den meisten Darstellungen zur West-Arbeit des MfS eine untergeordnete Rolle oder wird gänzlich übersehen. Aus zahlreichen Opferakten geht jedoch hervor, daß das MfS in der Bundesrepublik systematisch Telefongespräche und Funksprüche belauschte, deren Inhalt laufend analysiert und als „Hinweis" oder „Information" an die zuständigen Diensteinheiten weitergeleitet wurde. Etwa 30 000 bis 40 000 Telefonanschlüsse sollen nach Aussagen des ehemaligen Leiters der HA III, Horst Männchen, von der Linie III per „Zielkontrolle" im Westen ständig überwacht worden sein.[576]

5.3.1 Entstehung und Entwicklung

Im Jahre 1966 beauftragte der 1. Stellvertreter des Ministers für Staatssicherheit, Bruno Beater, den späteren Leiter der Hauptabteilung III, Horst Männchen, mit dem Aufbau einer Arbeitsgruppe, die mit verschiedenen Stützpunkten entlang der innerdeutschen Grenze den Funkverkehr der Bundesrepublik Deutschland aufklären sollte. Die sogenannte Koordinierungsgruppe Funk besaß zunächst den Rang einer Stabsstelle und wurde bis zum Jahre 1970 schrittweise zum „Bereich III" im MfS erweitert. Schon Anfang der sechziger Jahre kontrollierte das MfS aber über Stralsund (Deckname „Adelheid") den Telefonverkehr zwischen Westberlin und Skandinavien und fing dabei unter anderem ein Gespräch zwischen Willy Brandt und Herbert Wehner auf.[577]

575 Ebenda, S. 78 f.

576 Vernehmung von Horst Männchen vom 24.–26.9.1991, zitiert nach: *Der Generalbundesanwalt 1993a*, S. 114. Vgl. Oberstleutnant Männchen/Major Friedrich: Probleme des Einsatzes spezifischer technisch-physikalischer Mittel und Methoden durch das MfS bei der Abwehr und Aufklärung des „elektronischen Kampfes" in der Klassenkampfauseinandersetzung zwischen Imperialismus und Sozialismus; BStU, ZA, JHS 21825/1 und 21825/2.

577 Blitztelegramm der Kreisdienststelle Stralsund an das MfS Berlin vom 30.12.1965; BStU, ZA, Abt. N 149, Bl. 3–5.

Mit Wirkung vom 1. Juli 1971 wurden im MfS die „selbständige Abteilung III" und „im erforderlichen Umfang" in den Bezirksverwaltungen und der Verwaltung Groß-Berlin die „selbständigen Referate III" gebildet.[578] Aufgabe dieser Linie III war dem Befehl Mielkes zufolge die „Gewährleistung einer wirkungsvollen und optimalen Aufklärung, Abwehr und offensiven Bekämpfung der gegnerischen Elektronischen Kampfführung mit operativ-technisch-physikalischen Mitteln und Methoden".[579] Begründet wurde dies damit, daß die „imperialistische BRD" als festes Glied der NATO in zunehmender Weise feindlich-subversive Aktivitäten unter dem Begriff des „Elektronischen Kampfes" gegen die DDR und die sozialistischen Bruderstaaten entfalte.

Gemäß einer Vereinbarung übernahm die Linie III 1982 die Kontrolle des grenzüberschreitenden, drahtgebundenen Fernsprechverkehrs (Aufgabe V) sowie des Fernschreibverkehrs (Aufgabe R), die bis dahin der Abteilung 26 oblag; zugleich wurden die selbständigen Referate III in den Bezirksverwaltungen in den Rang von Abteilungen gehoben.[580] Mit dem Befehl 1/83 entstand aus der Fusion der Abteilung III im MfS und der für die Funkabwehr zuständigen Abteilung F die Hauptabteilung III,[581] die bis Anfang 1990 tätig war.

5.3.2 Strukturen und Personalbestand

Die Hauptabteilung III war eine der größten Diensteinheiten des MfS und gliederte sich zuletzt in fünf Stellvertreterbereiche mit insgesamt 25 Abteilungen, zu denen auch die für die technische Ausbildung des Nachwuchses zuständige Schule „Bruno Beater" in Groß-Schönebeck gehörte. Zu Beginn des Jahres 1989 unterhielt die Linie III etwa 70 bis 80 Objekte und Stützpunkte auf dem Gebiet der DDR, die zumeist als Einrichtungen der NVA deklariert wurden. Das zentrale Dienstobjekt befand sich in Berlin-Wuhlheide. Etwa die Hälfte der Außenobjekte wurde von den Abteilungen III der Bezirksverwaltungen geführt. Leiter der Hauptabteilung war Horst Männchen, der zuletzt den Titel eines Generalmajors führte.

Die Hauptabteilung III hatte 1989 2 361 Mitarbeiter, von denen etwa 800 im Wach- und Sicherungsdienst eingesetzt waren.[582] 500 Mitarbeiter versahen ihren Dienst im Zentralen Objekt Wuhlheide (ZOW), 700 Mitarbeiter im Zentralobjekt der Spezialfunkdienste (SF) in Gosen, etwa 700 Mitarbei-

578 Befehl 20/71 Mielkes vom 26.6.1971 zur Bildung der selbständigen Abteilungen III und der selbständigen Referate III im MfS, S. 1–10; BStU, ZA, DSt 100646.

579 Ebenda, S. 2.

580 Befehl 18/82 Mielkes vom 1.9.1982 zur Umbildung der selbständigen Referate III in den Bezirksverwaltungen des MfS in selbständige Abteilungen III in den BV des MfS, S. 1 f.; BStU, ZA, DSt 102879.

581 Befehl 1/83 Mielkes vom 15.1.1983 zur Bildung der HA III im MfS, S. 1 f.; BStU, ZA, DSt 102905.

582 *Vgl. Gieseke 1995* (Beilage).

ter in den zentral geführten Außenobjekten und rund 600 Mitarbeiter in den Außenstellen, für die die jeweiligen Bezirksverwaltungen zuständig waren. Seit Gründung der Linie III durch den Befehl 20/71 vergrößerte sich der Personalbestand auf nahezu das Dreifache.

Tabelle 2: Anzahl der Mitarbeiter der Abteilung Funk, der Abteilung III sowie der Hauptabteilung III (ohne Bezirksverwaltungen) 1971–1989[583]

Jahr	Abteilung Funk (F)	Abteilung III	Hauptabteilung III
1971	705	187	
1972	737	326	
1973	778	573	
1974	835	746	
1975	900	896	
1976	926	998	
1977	981	1 032	
1978	1 031	1 171	
1979	1 058	1 426	
1980	1 072	1 689	
1981	1 096	1 810	
1982	1 095	1 909	
1983	= zur HA III	= zur HA III	2 979
1984			2 985
1985			3 011
1986			2 971
1987			2 937
1988			2 848
1989			2 361

Zum Anleitungsbereich von Horst Männchen gehörten die Arbeitsgruppe des Leiters (AGL), die Auswertungs- und Kontrollgruppe (AKG), das Sekretariat des Leiters (SdL), der Finanzbereich und der Bereich Rückwärtige Dienste (RD). Die genaue Gliederung der Hauptabteilung III wird in dem Organigramm auf der folgenden Seite dargestellt. Nachfolgend werden die insgesamt fünf Anleitungsbereiche näher skizziert; dabei stehen Darlegungen zu den Stellvertreterbereichen O (Operativ) und I (Informationsgewinnung) im Vordergrund, weil diese für die West-Arbeit besondere Bedeutung besaßen.

583 Ebenda. Um die Struktur der HA III rationeller zu gliedern und effektiver zu gestalten, kam es in den Jahren von 1985 bis 1988 zu einem Personalabbau, hauptsächlich im Bereich Rückwärtige Dienste (Handwerker, Küchenpersonal, Fahrdienst, Urlaubsvertretung u. ä.). Die Verringerung der Personalkapazität von 1988 zu 1989 ist der Tatsache geschuldet, daß die Bewachung der Dienstobjekte der Linie III zum größten Teil vom Wachregiment des MfS übernommen wurde.

Stuktur der HA III (Funkaufklärung und Funkabwehr) des MfS

Stand: Dezember 1988

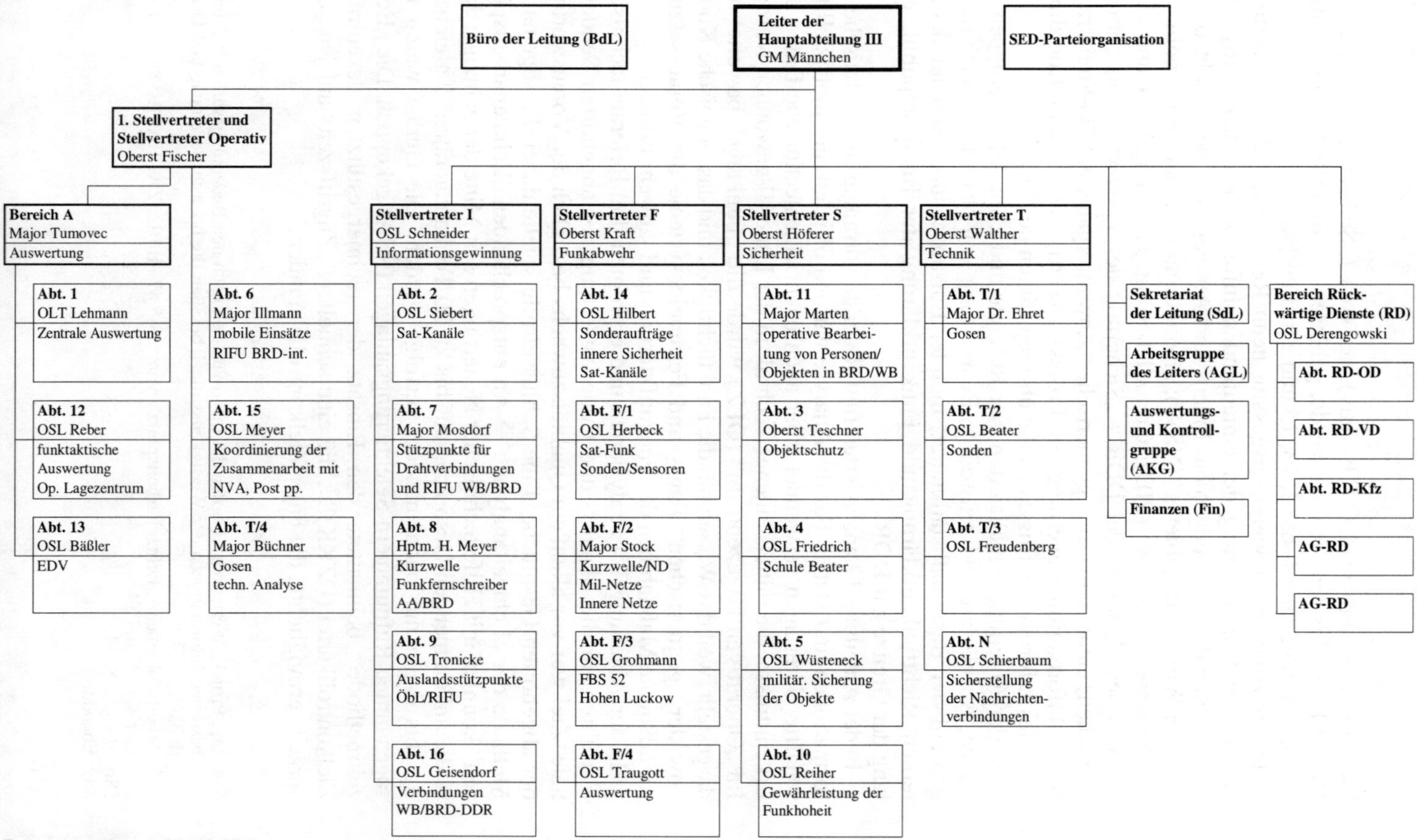

Zusammengestellt von A. Schmidt, BStU, nach VVS MfS 0026-1073/88, Blatt 3

Zum Stellvertreterbereich O (Operativ), der vom 1. Stellvertreter Männchens, Oberst Heinz Fischer, geleitet wurde, gehörten der Bereich A (Auswertung) mit den Abteilungen 1, 6, 12, 13, 15 und T[echnik]/4.

In der Abteilung 1 waren insgesamt neun Referate mit der Auswertung, Analyse und Speicherung der einlaufenden Informationen beschäftigt. Sie bearbeiteten die Themengebiete Innen- und Außenpolitik des „nichtsozialistischen Wirtschaftsgebietes" (NSW); „Feindorganisationen" und „politisch-ideologische Diversion" (PID); Grenzsicherung, Fahndung/West und „Ungesetzliches Verlassen der DDR"; „Sicherung der Volkswirtschaft"; innere Sicherheit; Geheimdienste; „gegnerische" Abwehrorgane; NATO-Streitkräfte; sowie Informationsbewertung im Projekt „Wertigkeit"[584] und Koordinierung des Informationsflusses an die übrigen Linien des MfS.

In der Abteilung 6 realisierten vier Referate und zwei Arbeitsgruppen die Suche, Aufklärung und zeitweilige Bearbeitung von Nachrichtenverbindungen auf der Basis halbstationärer, mobiler Einsatztechnik, darunter der internen Richtfunkaufklärung und Funkaufklärung der Bundesrepublik entlang der Grenze zur DDR.

In der Abteilung 12 analysierten fünf Referate vorrangig funktechnische Informationen und Daten. Für die Analyse wurden offiziell und inoffiziell beschaffte Unterlagen verwendet, aber auch nachrichtentechnische Daten und Erkenntnisse, die mittels eigener Technik in der Linie III gewonnen wurden. Im „Operativen Lagezentrum" (OLZ) wurde die „Funklage" bewertet und dargestellt, weil das Wissen um die Funktüchtigkeit und das technische Know-how der „gegnerischen" Funk- und Fernmeldesysteme die Voraussetzung für adäquate Maßnahmen der Funkaufklärung und -abwehr bildete.

In der Abteilung T/4 analysierten und erprobten drei Referate technische Verfahren für die Magnet- und Codeauswertung der abgehörten Sendekanäle. Ziel war vor allem ein Qualitätszuwachs bezüglich der Vorauswertung der abgehörten Gespräche. Eine Schlüsselrolle spielte dabei die sogenannte Methode der „Echtzeitanalyse":[585] An entsprechenden „Echtzeitarbeitsplätzen" konnten mit Hilfe technischer Neuerungen seit Mitte der achtziger Jahre die ankommenden Gespräche auf bis zu 20 Tonbandgeräten[586] gleichzeitig (bis dahin nur nacheinander) verfolgt werden. Die Geräte waren mit sogenannten Rufnummern-Selektierungsanlagen (RSA) gekoppelt. Die „Echtzeitmethode" beinhaltete den Einsatz der rechnergestützten dezentralen Zielkontrollkartei (DZKK)[587], die eine schnellere „Zugriffszeit" auf jene Gespräche ermöglichte, die unter Zielkontrolle standen.

584 Im „Projekt Wertigkeit" wurden die Informationen nach den Bedeutungsstufen 1, 2 und 3 bewertet. Informationen der Wertigkeitsstufe 1 besaßen die höchste Bedeutung und Dringlichkeit.

585 Arbeitsdokument „Echtzeitarbeitsplatz" vom 23.5.87; BStU, ZA, HA III 585, S. 1–61, hier 4, 6–8 und 34.

586 Ebenda, S. 34.

587 Ebenda.

Zu den Anleitungsbereichen des Stellvertreters I (Informationsgewinnung), Oberstleutnant Peter Schneider, gehörten die Abteilungen 2, 7, 8, 9 und 16.

Mit drei Referaten schöpfte die Abteilung 2 Informationen aus den westlichen Nachrichtenbeziehungen via Satellit ab. Zu ihren Aufgaben gehörte auch die Aufklärung technischer Parameter des Satellitenfunks.

In der Abteilung 7 schöpften zwei Referate vorrangig die drahtlosen Richtfunkverbindungen zwischen dem Bundesgebiet und Westberlin sowie die Richtfunktrassen innerhalb Westdeutschlands gezielt ab. Schwerpunkte bildeten dabei die Richtfunkstrecken und -territorien Westberlin, Hamburg, Hannover, Frankfurt/Main, Düsseldorf, Köln/Bonn und München. Abgehört wurden diese von den Stützpunkten „Quelle 3" (Schwerin) und „Quelle 4" (Magdeburg).

Drei Referate schöpften in der Abteilung 8 seit Anfang der siebziger Jahre Informationen aus den Funkbeziehungen westdeutscher Einrichtungen im Kurzwellen-Spektrum ab.[588] Dabei arbeitete die Abteilung eng mit dem Referat 7 der Abteilung F[unkabwehr]/3, der Abteilung III der Erfurter Stasi-Verwaltung und der Abteilung XI[589] zusammen. Seit Mitte der siebziger Jahre war hier insbesondere das Eindringen in folgende Funkbeziehungen von Bedeutung: Sicherheitsdienst der Bundesrepublik; Auswärtiges Amt (AA); Bundesgrenzschutz (BGS); Bereitschaftspolizei; diplomatische und kommerzielle Verbindungsnetze.

In den Jahren 1975/76 konnten beispielsweise jährlich 2 000 bis 3 000 bedeutsame Informationen aus dem Bereich der Geheimdienste und Staatsschutzorgane gewonnen werden.[590] Allerdings war seit Mitte der achtziger Jahre eine erhebliche Verringerung des Informationsaufkommens im Kurzwellen(KW)-Bereich zu verzeichnen. Hauptursache hierfür war der Einsatz neuer Nachrichtentechnik, neuer Übertragungsverfahren und versierter Chiffriertechnik zum Schutze der Funkverbindungen in der Bundesrepublik; der „altmodische" KW-Funk wurde immer seltener angewandt.

Vor allem von den diplomatischen Diensten in Westdeutschland wurden nun verstärkt Satellitenverbindungen genutzt. Die Abteilung 8 konzentrierte sich demgemäß seit Anfang der achtziger Jahre auf das Eindringen in die rechnergestützte Übermittlung von Fernschreiben. So wurden aus dem diplomatischen Dienst der Türkei im Jahre 1982 ca. 10 300 Telegramme bzw. Telexsendungen abgefangen – monatlich zwischen 800 und 600. Diese wurden an die Abteilung XI übergeben, die wiederum für eine fast hundertprozentige Dechiffrierung sorgte.[591] Obwohl sich der Informationsschwund auf-

588 Funkaufklärung im Kurzwellenbereich (KW) umfaßte die komplexe Aufklärung und zeitweilige Abschöpfung einzelner Funknetze im gesamten Frequenzbereich von 1,5 MHz bis 30 MHz. Zeitweilig wurde die Aufklärung auf den speziellen Frequenzbereich von 4 MHz bis 10 MHz konzentriert.

589 Die Abt. XI der HA II war zuständig für die Enttarnung des Chiffrierverkehrs mittels Chiffriertechnik und kryptologischer Verfahren.

590 Einschätzung des Standes und der Wirksamkeit der Funkaufklärung im Kurzwellenbereich vom 28.3.1988; BStU, ZA, HA III 542, S. 140–166, hier 143.

591 Ebenda, S. 143.

grund des technischen Innovationsschubes in der Nachrichtentechnik der westdeutschen Dienste und Einrichtungen seit 1986 deutlich bemerkbar machte, ging die „Quelle KW-Funk" dem MfS in den achtziger Jahren aber nicht ganz verloren.

Aufgrund des geringen „operativen" Wertes der gewonnenen Informationen und wegen des unverhältnismäßig hohen technischen Aufwandes wurden seit dieser Zeit einige Funkverbindungen im Kurzwellenbereich nur noch periodisch überprüft, oder ihre Abschöpfung wurde ganz eingestellt. Das betraf unter anderem die Funkbeziehungen der Diplomatischen Dienste Nigerias und Marokkos, der Streitkräfte Frankreichs, die internen Funkverbindungen des Radiosenders Deutsche Welle in Köln, die Residentur- und Partnerdienstverbindungen des BND, die KW-Funknetze des BGS und der Zollorgane an der Seegrenze der Bundesrepublik. Das Abschöpfen der KW-Funknetze des Auswärtigen Amtes (AA), der INTERPOL und des Diplomatischen Dienstes der Türkei wurde dagegen fortgesetzt. Aus dem Auswärtigen Amt gewann man auf diese Weise Informationen „zu Reiseaktivitäten von führenden Politikern des Operationsgebietes ins Ausland, zu Interna des Auswärtigen Amtes, insbesondere Baumaßnahmen an Auslandsvertretungen, Personalveränderungen u. ä., zu Spannungs- und Krisensituationen".[592] Über INTERPOL entschlüsselte man Nachrichten „zur gegnerischen Terrorismusbekämpfung, zur Durchsetzung der Embargopolitik des Gegners gegen die sozialistischen Länder, mit direktem Bezug zu Interessen der sozialistischen Staaten sowie zu Interna" aus der internationalen Polizeiorganisation.[593] Aus dem Diplomatischen Dienst der Türkei erfuhr man Fakten „zu militärischen Fragen an der Südflanke der NATO und zur Militäraufklärung (Militärattaché) der Türkei, zu den [die] sozialistischen Staaten tangierenden politischen Fragen, zu terroristischen Aktivitäten verschiedener Kräfte".[594]

Tabelle 3: Entwicklung des Informationsaufkommens der Abteilung 8 (1980–1987)

	1980	1981	1982	1983	1984	1985	1986	1987
Geheim-dienste	1	4	8	11	148	592	968	429
Staatsschutz-organe	861	560	106	48	14	14	142	23
Sicherheits-dienste	–	435	417	320	407	642	725	375
Polizei	1 330	2 775	2 105	8 157	136	55	131	5
Diplomatie	1 190	1 843	3 862	5 978	5 869	3 045	6 711	4 006
Militär	158	396	142	96	50	85	1 013	550
gesamt	3 540	6 013	6 640	14 610	6 624	4 433	9 690	5 388

592 Ebenda, S. 160.
593 Ebenda.
594 Ebenda, S. 161.

Die fünf Referate der Abteilung 9 waren für Abhöranlagen zuständig, die außerhalb der DDR betrieben wurden. In enger Zusammenarbeit mit der HV A und dem Ministerium des Innern der ČSSR (FMdI) wurden sogenannte Abschöpfungsstützpunkte auf dem Gebiet der Bundesrepublik und einiger westeuropäischer Staaten unterhalten.

Tabelle 4: Stützpunkte der HA III in Zusammenarbeit mit der HV A[595]

Tarnbezeichnung	Ort	Unterbringung
„Steuerung 1"	Bonn	Auslandsvertretung (AV) der DDR
„Steuerung 1a"	Bonn	Botschaft der UdSSR
„Steuerung 1b"	Köln	Handelspolitische Abteilung (HPA) der UdSSR
„Steuerung 1c"	Düsseldorf	Handelspolitische Abteilung (HPA) der DDR
„Steuerung 2"	Wien/Österreich	Botschaft der DDR in Wien
„Steuerung 3"	Brüssel/Belgien	Botschaft der DDR in Brüssel
„Netzwerk"	Aden/VR Jemen	

Der Stützpunkt „Steuerung 1" in der Bonner Vertretung der DDR war etwa 30 Quadratmeter groß. Rund um die Uhr wurden 35 Tonbandgeräte und 32 Empfänger betrieben. Zusätzlich waren ca. vier Quadratmeter mit „operativer Technik" der HV A belegt. Von diesem Stützpunkt aus wurden folgende Bereiche überwacht: Bundesamt für Verfassungsschutz (BfV), Deckname „Otto"; Bundesnachrichtendienst (BND), Deckname „Beate"; Militärischer Abschirmdienst (MAD), Deckname „Marta"; C-Netz (ÖbL)[596] der Deutschen Bundespost, Deckname „Bruder". Von den in sowjetischen Einrichtungen untergebrachten Stützpunkten „Steuerung 1a" und „Steuerung 1b" wurden ebenfalls das Bundesamt für Verfassungsschutz und der Bundesnachrichtendienst überwacht.

Der Stützpunkt „Steuerung 1c" befand sich in Düsseldorf. Er hatte ähnliche Abhörziele wie die Bonner Anlage. Neben dem Bundesamt für Verfassungsschutz und dem Bundesnachrichtendienst wurden von hier der Militärische Abschirmdienst, das C-Netz der Deutschen Bundespost sowie alle Richtfunkstrecken im Territorium (Deckname „Staffel") überwacht. Der Stützpunkt war 20 Quadratmeter groß und mit 35 Tonbandgeräten sowie 32 Emp-

595 Schreiben von Oberst Degenhardt vom 31.10.1980: Eine Übersicht über die vorhandenen Funkstützpunkte der HV A im Operationsgebiet mit technischer Ausrüstung, zu überwachenden gegnerischen Funkdiensten und zu kontrollierenden Frequenzen; BStU, ZA, HA III 6646, S. 218–241.

596 ÖbL: Öffentlicher beweglicher Landfunkdienst; das heißt u. a. Autotelefongespräche, die durch territoriale Peil- und Verstärkersysteme übermittelt werden.

fängern ausgestattet. Mit einer Spezialantenne wurden zudem seit 1982 Richtfunkaussendungen vom Hauptquartier der Britischen Rheinarmee empfangen sowie ein Richtfunknetz der NATO mit den Endstellen Bonn, Oslo, Den Haag, Kopenhagen, Brüssel, Hammerfest und Wilhelmshaven abgehört.

Von dem in Wien befindlichen Stützpunkt „Steuerung 2“ wurden das Bundesamt für Verfassungsschutz, der Bundesnachrichtendienst, der Militärische Abschirmdienst sowie die österreichischen Landessicherheitsorgane (Deckname „LSO“) abgehört. Der in der Brüssler DDR-Botschaft untergebrachte Stützpunkt „Steuerung 3“ war 30 Quadratmeter groß und mit elf Tonbandgeräten und zehn Empfängern bestückt; die HV A belegte davon etwa vier Quadratmeter Fläche mit eigener Technik. Auch von hier wurden die drei westdeutschen Geheimdienste abgehört.

Tabelle 5: Stützpunkte der HA III im Zusammenwirken mit der ČSSR

Tarnbezeichnung	Ort
„Rubin“	Cerov/ČSSR
„Topas“	Polednik/ČSSR
„Saphir 2“	Novy Ves/ČSSR
„Saphir 3“	Wien/Österreich

Mit fünf Referaten schöpfte die Abteilung 16 Informationen aus drahtgebundenen Nachrichtenverbindungen ab. Vorrangig wurden dabei Fernschreiben der Parteien der Bundesrepublik ausgewertet und Telefonate von Personen des öffentlichen Lebens abgehört. Auch die Telefonüberwachung von ausgereisten DDR-Bürgern mit sogenannten Rückverbindungen in die DDR war Aufgabe dieser Abteilung.

Zu den Anleitungsbereichen des Stellvertreters F (Funkabwehr), Oberstleutnant Ernst Kraft, gehörten die Abteilungen F/1, F/2, F/3, F/4 und 14. Mittels Funkbeobachtungsstationen und Funkpeilstellen wurde vorrangig die Funkabwehr im H[och]F[requenz]- und K[urz]W[ellen]-Bereich realisiert. Zu den Anleitungsbereichen des Stellvertreters S (Sicherheit), Oberst Gerhard Höferer, gehörten die Abteilungen 3, 4, 5, 10 und 11. Die Abteilung 3 zeichnete für die Sicherheit der Objekte und Stützpunkte der HA III verantwortlich. Im Zuständigkeitsbereich der Abteilung 4 befand sich die Schule „Bruno Beater“, in der die Angehörigen der Linie III sowie Mitarbeiter aus dem Verantwortungsbereich von Generalleutnant Schwanitz Qualifizierungslehrgänge absolvierten. Die Abteilung 5 war mit der Wach- und Sicherungseinheit der HA III identisch.

Die Abteilung 10 überwachte in erster Linie den gesamten Bereich des Amateurfunks. Das betraf die Erkundung, Identifizierung und Kontrolle von sogenannten Aussendungen, die die „Funkhoheit“ der DDR untergruben, und richtete sich gegen Amateurfunker in der DDR wie in der Bundesrepublik.

Zugleich wurden Funkamateure in Ost und West als inoffizielle Mitarbeiter (Funk-IM) des MfS verpflichtet.

Die Abteilung 11 war für die Arbeit mit sogenannten Funk-IM und Funksicherungs-IM zuständig, die das MfS beim Aufklären und Abschöpfen von „feindlichen" Nachrichtenbeziehungen unterstützten. Die Abteilung 11 führte auch operative Vorgänge gegen Personen, Objekte und Organisationen. Zum Beispiel wurde von ihr in der Bundesrepublik der Deutsche Amateur-Radio-Club (DARC) als Organisation überwacht. Zudem standen Mitglieder und die von DARC genutzten Wohnungen und Räumlichkeiten unter Beobachtung.

Zu den Anleitungsbereichen des Stellvertreters Technik (T), Oberstleutnant Ralph Walther, gehörten die Abteilungen T/1, T/2, T/3 und T/N. Hier ging es in erster Linie um die Betreuung von Forschungs- und Entwicklungsthemen, um die Bewertung von technischen Problemen und um die wissenschaftlich-technische Analyse im Sektor Nachrichtentechnik. Zugleich befaßte man sich mit der Erarbeitung von Projektunterlagen und technischen Sofortlösungen, mit der Ausrüstung stationärer, halbstationärer, mobiler und maritimer Stützpunkte und mit der Errichtung spezieller Anlagen und Spezialaufbauten wie zum Beispiel Antennentragwerke.

5.3.3 Aufgabenfelder

Die Hauptabteilung III verstand sich als „Zentrales Organ des Elektronischen Kampfes (ELOKA) des MfS". Gemeinsam mit den nachgeordneten Diensteinheiten der Linie III in den Bezirksverwaltungen sollte sie mit nachrichtentechnischen Mitteln möglichst viele Informationen aus den „feindlichen" Nachrichtenbeziehungen gewinnen, in erster Linie aus den Funk- und Fernmeldeverbindungen der Bundesrepublik Deutschland. Daneben hatte sie illegale Funksendungen auf dem Gebiet der DDR aufzuspüren (Funkabwehr) und den DDR-internen Funkverkehr zu kontrollieren. Wie in anderen Bereichen des MfS bildeten „Abwehr" und „Aufklärung" auch in der Funkaufklärung eine Einheit.

Im Mittelpunkt des Lauschangriffs auf die Bundesrepublik standen Informationen aus der Bundesregierung und den Landesregierungen, den Parteien und Medien, der Bundeswehr, der Rüstungsindustrie, den westdeutschen Geheimdiensten und der Polizei. In den achtziger Jahren arbeitete die Hauptabteilung III zunehmend nach speziellen Informationsbedarfsvorgaben, die ihr von der HV A und anderen Diensteinheiten des MfS erteilt wurden. „Operative Zielkontrollen" dienten der gezielten und systematischen Überwachung vorgegebener Telefon- und Autotelefonanschlüsse. In den achtziger Jahren wurde das technische Potential der Hauptabteilung III im steigenden Maße auch zur Bekämpfung der sogenannten Politischen Untergrundtätigkeit (PUT) eingesetzt. Die von der Deutschen Bundespost genutzten Übertragungsmedien Richtfunk, Kabel und Satellit trugen dabei in unterschiedlichem Maße zum Gesamtinformationsaufkommen der Linie III bei.[597]

597 Vgl. die MfS-Diplomarbeit von *Schieferdecker* (s. Anhang), S. 1–5 und 10–19, hier 10.

Tabelle 6: Anteil der einzelnen Quellen am Gesamtinformationsaufkommen der Linie III im Jahre 1987

Quelle	prozentualer Anteil
TA 10[598]	21,87 %
Richtfunk	23,17 %
drahtgebundene Nachrichtenverbindungen	28,54 %
Ultrakurzwelle (UKW)	11,15 %
Kurzwelle (KW)	9,94 %
Satelliten	3,69 %
sonstige Quellen (IM/MA/Funkamateure)	1,64 %

5.3.3.1 Aufklärung des Richtfunkverkehrs

Seit Ende der sechziger Jahre war es der Hauptabteilung III möglich, den das DDR-Territorium überquerenden Richtfunkverkehr zu überwachen. Dabei wurde ständig verbesserte Technik eingesetzt. Gleiches galt für Teile des über sogenannte Funktrassen innerhalb der Bundesrepublik geführten Fernmeldeverkehrs.

Das Richtfunknetz der Bundespost in Westdeutschland und die Richtfunkverbindungen zwischen Westdeutschland und Westberlin bildeten über viele Jahre hochwertige Quellen der Hauptabteilung III zur Deckung des Informationsbedarfs des MfS. Durch die Insellage Westberlins vermochte sie, nahezu alle Fernmeldebereiche der Bundesrepublik „anzugreifen" sowie über westdeutsche Richtfunkverbindungen in „operativ-relevante Territorien des Operationsgebietes" einzudringen. Dabei kam das Richtfunksystem TA-500[599] von verschiedenen Stützpunkten aus zum Einsatz, vorwiegend entlang der Staatsgrenze (siehe Seite 218); für die Standortwahl waren vor allem günstige Empfangsbedingungen und optimale Eindringtiefen ausschlaggebend.

Neben dem Zugriff auf den öffentlichen Selbstwählferndienst hatte die Hauptabteilung III zu Mietleitungen von Sondernutzern Zugang, wobei für sie insbesondere militärische Kräfte und Sicherheitsdienste von Bedeutung waren. Grundsätzlich konnten über das Abhören des Richtfunknetzes der Deutschen Bundespost in den Funkterritorien Westberlin, Hamburg, Han-

598 TA 10: Richtfunksystem; HA III-interne Bezeichnung für die Aufklärung und Abschöpfung des Funk- und Autotelefonverkehrs auf dem Funkfernsprechnetz B (B-Netz).

599 TA 500: Richtfunksystem (Antennen, Verstärker, Empfänger, Selektoren, Aufzeichnungsgeräte) zur Abschöpfung der drahtlosen Richtfunkverbindungen zwischen dem Bundesgebiet und Westberlin, der das Gebiet der DDR in Thüringen passierenden Richtfunkstrekken Hamburg–München und München–Hannover (auch umgekehrt) und des auf Trassen innerhalb der Bundesrepublik verlaufenden Richtfunkverkehrs. Darunter fiel auch die rechnergestütze Informationsgewinnung aus dem öffentlichen Selbstwählferndienst (SWFD)-Netz der Deutschen Bundespost. Die Richtfunkaufklärung TA 500 wurde auch mit dem Terminus „funkelektronische Gebietserkundung" bezeichnet, die in der Suche und Aufklärung „gegnerischer" Richtfunk-Kommunikationssysteme sowie deren Kontrolle und gezielten Abschöpfung in vorgegebenen Frequenzbereichen bestand.

nover, Frankfurt/Main, Köln/Bonn, München und Düsseldorf Informationen zu allen bedeutsamen Nutzern im „Operationsgebiet" beschafft werden, insbesondere über Spitzenpolitiker, über den sogenannten Militärisch-Industriellen Komplex, über die Führungsgremien des Militärs und der NATO sowie über die Geheimdienste.

Drei weitere Abschöpfungsstützpunkte – „Rubin", „Topas" und „Saphir 2" – waren auf dem Gebiet der ČSSR stationiert. Auf dem Stützpunkt Rubin waren die Funkstrecken zur Versorgung der Hauptknotenvermittlungsstellen Weiden, Regensburg, Passau und Deggendorf sowie der Knotenvermittlungsstellen Starnberg, Schwandorf, Straubing und Amberg empfangbar. Über den Stützpunkt „Saphir 2" wurde die Botschaft der Bundesrepublik Deutschland in Wien unter ständiger funkelektronischer Ausspähung gehalten. (Siehe Seite 218.)

Die Richtfunkaufklärung erfolgte durch „landgestützte Einsatzmaßnahmen auf halbstationärer Basis". Das heißt, die Stützpunkte wurden über speziell ausgerüstete Großfahrzeuge und wiederverwendbare technische Aufbauten zeitweilig entfaltet. Aus den Einsatzstandorten entlang der westlichen Staatsgrenze wurden seit 1980 insgesamt 88 Trägerfrequenzanlagen,[600] also westdeutsche Richtfunkquellen, mit insgesamt 69 720 Kanälen belauscht.

Tabelle 7: Bearbeitungsstand trägerfrequenter Richtfunksysteme in der Bundesrepublik durch die Abteilung 6, 1980–1987:[601]

Jahr	Zahl der bearbeiteten Anlagen und Kanäle	
1980	5 Anlagen mit	3 600 Kanälen
1981	11 Anlagen mit	6 180 Kanälen
1982	30 Anlagen mit	13 740 Kanälen
1983	51 Anlagen mit	31 500 Kanälen
1984	65 Anlagen mit	45 540 Kanälen
1985	70 Anlagen mit	60 000 Kanälen
1986	71 Anlagen mit	60 000 Kanälen
1987	73 Anlagen mit	63 000 Kanälen

600 Mit Richtfunksystemen (verschiedene Anlagentypen) werden auf bestimmten Frequenzen Informationen oder Nachrichten von einer Informationsquelle zu einem Verbraucher geführt. Wichtig war die Standortbestimmung der jeweiligen Anlage, das Erkennen des jeweils zugrunde liegenden technischen Systems, die Bestimmung der Sendefrequenzen und die Ermittlung der Kanäle (Kanalanalyse), in denen Informationen geführt wurden. Die Informationsquellen wurden zeitlich befristet aufgeklärt und abgeschöpft. Die gewonnenen Informationen wurden im „Projekt Wertigkeit" analysiert. Derartige Informationsquellen waren gemietete Fernsprechkanäle, Richtfunkverbindungen im öffentlichen Selbstwählferndienstnetz der Deutschen Bundespost sowie Fernsprech-, Fernschreib- und andere Datenaustauschverbindungen. Seit 1983 war die selbständige Struktureinheit „Spezielle Informationsgewinnung" in der Abteilung 6 für die Kontrolle und Bearbeitung trägerfrequenter Richtfunksysteme zuständig. Seit November 1987 wurde die Standortbestimmung von Trägerfrequenzanlagen durch Hubschraubereinsätze unter der Tarnbezeichnung „Relais IV" perfektioniert.

601 Bearbeitungsstand trägerfrequenter Richtfunksysteme vom 7.12.1987; BStU, ZA, HA III 5357, S. 415–425, hier 416.

Einsatzstandorte der Richtfunkaufklärungsmaßnahmen der Abteilung 6 an der Staatsgrenze West seit 1980

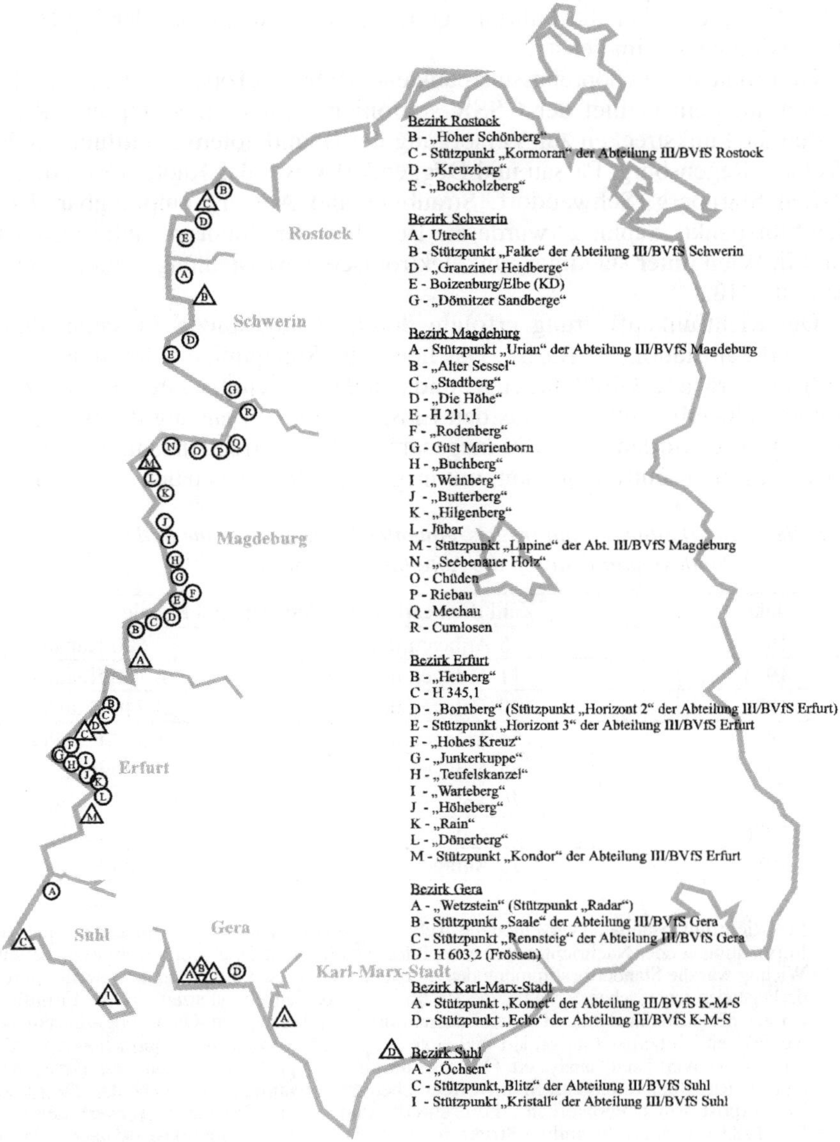

Zusammengestellt von A. Schmidt, BStU,
nach Vorlagen der Abt. 6 der HA III

Im gleichen Zeitraum wurden mindestens 150 zeitweilige oder wiederholte „Einsatzmaßnahmen“ durch die entfalteten Stützpunkte realisiert. Im November 1981 wurde beispielsweise die Richtfunkverbindung zwischen den Hauptvermittlungsstellen Lübeck und Kiel vom Stützpunkt „Kormoran“ in Rostock belauscht. (Einsatzmaßnahme „Horizont 4“). Im April 1982 klärte die HA III vom Stützpunkt „Rennsteig“ in Gera mehrere Richtfunkverbindungen in Bayern auf, um den dienstinternen Telefonverkehr der Politischen Polizei abzuschöpfen („Horizont 5“). Im Oktober 1987 wurde die Verbindung zwischen Bremen und Hamburg vom Stützpunkt „Urian“ in Magdeburg abgehört („Trennlinie 6“); dabei ging es um die Abschöpfung des Nachrichtenverkehrs westdeutscher Geheimdienste durch rechnergesteuerte Massenauswertung. Weitere Einsatzmaßnahmen betrafen die Abschöpfung von dienstinternem Telefonverkehr des Militärischen Abschirmdienstes auf Richtfunkstrecken der Bundespost, eines Fernschreibkanals des Bundeskriminalamtes in Wiesbaden zum Nachrichtenaustausch mit westdeutschen Geheimdiensten („Horizont 3“) sowie die Abschöpfung des Telefonverkehrs des Rechtsanwaltbüros Alfred Dreggers in Fulda mit politischen Führungsebenen in Bonn („Trennlinie 5“).

Der Richtfunk war eine der bedeutendsten Quellen der Linie III. Nicht nur die Quantität der aus Richtfunkverbindungen gewonnenen Informationen, sondern auch deren Qualität wurden regelmäßig analysiert. 47 Prozent aller in Sofort-, Einzel- und Ergänzungsinformationen verarbeiteten „Materialien“ der Linie III im Jahre 1987 stammten beispielsweise aus der Quelle Richtfunk.[602] Im selben Jahr lieferte die Quelle Richtfunk zugleich 31,5 Prozent aller in der Linie III erarbeiteten „Spitzeninformationen“.[603] Auch bei den folgenden Auswertungsbereichen war der Anteil der Richtfunk-Informationen im Jahre 1987 außerordentlich hoch: Elektronischer „Kampf“ (ELOKA): 74,1 Prozent; Ostforschungseinrichtungen: 61,4 Prozent; Militär: 52,6 Prozent; Staatsschutzorgane: 51,8 Prozent; Feindorganisationen: 49,4 Prozent; Politik: 38,8 Prozent; Sicherheitsdienste: 36,9 Prozent; Journalismus: 24,4 Prozent[604].

Während Gespräche über die Funkbrücke von und nach Westberlin ohne Schwierigkeiten abgehört werden konnten, ergab sich für die anderen Richtfunkstrecken das Problem, daß nur das in Richtung DDR verlaufende Funkfeld empfangbar war. Das hieß beispielsweise, daß einer der beiden Gesprächspartner maximal mit mittelmäßiger Lautstärke hörbar war. Eine Ausnahme bildete jedoch der Stützpunkt „Lupine“ der Bezirksverwaltung für Staatssicherheit Magdeburg. Dieser befand sich in einem Waldgebiet der Gemarkung Holzhausen (Kreis Salzwedel) und war als Objekt der DDR-Grenztruppen getarnt. Die vorgeschobene geografische Lage – in unmittelbarer Grenznähe

602 *Schieferdecker*, (s. Anhang), S. 11.
603 Ebenda.
604 Ebenda.

zur Lüneburger Heide und zu den Fernmelde-Ortsnetzbereichen Uelzen, Lüneburg, Wolfsburg, Braunschweig und Hannover – bot günstige Bedingungen, das öffentliche Selbstwählferndienst-Netz wichtiger Territorialbereiche Niedersachsens funkelektronisch zu erschließen und abzuschöpfen. Vorzügliche technische Parameter wie große Eindringtiefe, gut empfangbare Signalqualität und hohe Anzahl erfaßbarer Fernmeldeverbindungen ermöglichten eine intensive Informationsgewinnung aus den Fernmeldetrassen Köln/Bonn – Hannover, Hannover – Hamburg, Düsseldorf – Hannover und Hamburg – Braunschweig. Sowohl bei der rechnergestützten als auch bei der manuellen Abschöpfung von Gesprächsverbindungen auf diesen Richtfunkstrecken war der uneingeschränkte zweiseitige Empfang der Gesprächsteilnehmer möglich. Dies galt auch für den Empfang von Gesprächen aus Richtfunkverbindungen, die über DDR-Gebiet verliefen.

Im September 1987 wurde auf dem Stützpunkt „Lupine“ eine zeitweilige Arbeitsgruppe gebildet, um spezielle öffentliche Verbindungen des Selbstwählferndienstes der Bundespost und einige Nachrichtenkanäle zu identifizieren und abzuschöpfen. Dabei wurden Informationen aus dem Landesamt für Verfassungsschutz Niedersachsen, dem Bundesamt für Verfassungsschutz Köln, dem Bundeskriminalamt Meckenheim und dem Landeskriminalamt Niedersachsen abgelauscht. Innerhalb von sechs Wochen wurden auf diese Weise insgesamt 109 Informationen gewonnen, davon zwei mit der Wertigkeit 1, 44 mit der Wertigkeit 2 und 63 mit der Wertigkeit 3.[605]

Nach Auswertungsbereichen gegliedert, ergab sich folgendes Informationsaufkommen: Geheimdienste: eine Information; Abwehrorgane: 20 Informationen; Staatsschutzorgane: 21; Sicherheitsdienste: drei; Feindorganisationen: zwei; Politik: 21; Ökonomie: 16; Journalismus: zwei; Diplomatie: drei; Ostforschung: zwei; „ungesetzliches Verlassen“ der DDR: eine Information; Kontakte: sieben; Militär: vier; „militärisch-industrieller Komplex“: vier; „feindliche“ Personen/politischer „Untergrund“ in der DDR: zwei Informationen.

Im November 1987 wurde die 32kanalige Selektionsanlage durch eine 12kanalige Selektionsanlage ersetzt. Diese machte eine rechnergestützte „Zielkontrolle“ auf allen von Hannover nach Bonn/Köln verlaufenden Kanälen möglich. Im Dezember 1987 wurde die Richtfunkverbindung in die alleinige Zuständigkeit der Abteilung III der Bezirksverwaltung Magdeburg übergeben. Der Personalbestand des Stützpunktes „Lupine“ umfaßte zu diesem Zeitpunkt 16 Mitarbeiter, von denen neun mit der Abschöpfung von Quellen beauftragt waren. Zur Bearbeitung der speziellen Richtfunktrasse wurde eine Arbeitsgruppe von fünf Mitarbeitern gebildet.

605 Abschlußbericht zur Tätigkeit einer zeitweiligen Einsatzgruppe der HA III zur Informationsgewinnung TA 500 auf dem Stützpunkt „Lupine“ der Abt. III Magdeburg (Maßnahme Trennlinie 7) vom 19.11.1987; BStU, ZA, HA III 5491, S. 15–24, hier 18.

Wichtige Stützpunkte der Richtfunk-Fernmeldeaufklärung HA III

Zusammengestellt von A. Schmidt, BStU,
nach Vorlagen der Abt. 6 der HA III

Bis Mitte der achtziger Jahre setzte die Bundespost im überregionalen Fernmeldenetz vorwiegend analoge Richtfunksysteme ein. Seit 1986 wurden jedoch nur noch digitale Richtfunksysteme für den weiteren Netzausbau verwendet. Gleichzeitig wurden bestehende analoge Richtfunksysteme durch digitale ersetzt. Die Entwicklungskonzeption der Bundespost für den Ausbau des Fernmeldenetzes sah damals unter anderem vor, ein flächendeckendes digitales Richtfunknetz aufzubauen, das gemeinsam mit den anderen Übertragungsmedien bis 1995 alle Zentral- und Hauptvermittlungsstellen überregional miteinander verbinden sollte. Im Zuge dieser Entwicklung gingen der Hauptabteilung III seit Mitte der achtziger Jahre immer mehr Informationsquellen aus dem analogen Richtfunknetz verloren.

5.3.3.2 Aufklärung des Funk- und Autotelefonverkehrs

Eine ergiebige Quelle war auch der Autotelefonverkehr. Dabei wurde sowohl die Nummer der rufenden als auch die der angerufenen Stelle übertragen, so daß auch die abgehenden Gespräche kontrolliert werden konnten. Nachrichtendienstliche Bedeutung besaß zunächst das sogenannte Funktelefonnetz B (B-Netz), das technisch unkompliziert abgeschöpft werden konnte. Seit Mitte der achtziger Jahre verlagerte sich die Abhörtätigkeit auf das inzwischen eingeführte C-Netz. Dieses trug fortan die MfS-interne Quellenbezeichnung TA 10 C.[606] Die Funknetze B und C wurden von den bereits genannten Stützpunkten entlang der innerdeutschen Grenze und auf dem Gebiet der ČSSR abgeschöpft. (Siehe Seite 223.)

Der Autotelefonverkehr innerhalb Westberlins konnte problemlos und uneingeschränkt mitgehört werden. Das Abhören des Autotelefonverkehrs im Bundesgebiet war dagegen nur möglich, wenn sich die Gesprächsteilnehmer im sogenannten Richtfunkerfassungsbereich befanden, dessen Grenzlinie sich von Bremen über Minden, Gießen, Aschaffenburg, Ingolstadt bis nach Berchtesgaden erstreckte. Außerhalb dieses Richtfunkerfassungssektors gab es für die funkelektronische Überwachung aber mindestens noch die Abhörstützpunkte „Steuerung 1a“, „Steuerung 1b“ und „Steuerung 1c“, die der herausragenden Bedeutung des Großraumes Düsseldorf-Köln-Bonn Rechnung trugen.

Der funkelektronischen Aufklärung unterlagen alle wichtigen Persönlichkeiten aus Politik, Militär und Wirtschaft, darunter das Autotelefon des Bundespräsidenten, des Präsidenten des Bundesnachrichtendienstes, des Präsidenten des Bundesamtes für Verfassungsschutz und des Generalbundesanwaltes. Daneben standen die Autotelefone sämtlicher Mitglieder der Bundesregierung seit etwa 1987 unter „Zielkontrolle“. Das gleiche gilt für zahlreiche Abgeordnete des Bundestages.

606 TA 10 C: Richtfunksystem; HA III-interne Bezeichnung für die Aufklärung und Abschöpfung der Funknetze bundesdeutscher Behörden und des Autotelefonverkehrs auf dem seit 1985 technisch ausgereifteren Funkfernsprechnetz C (C-Netz).

Wichtige Stützpunkte der Funk- und Fernmeldeaufklärung der Hauptabteilung III, u. a. zum Abhören des Autotelefonverkehrs

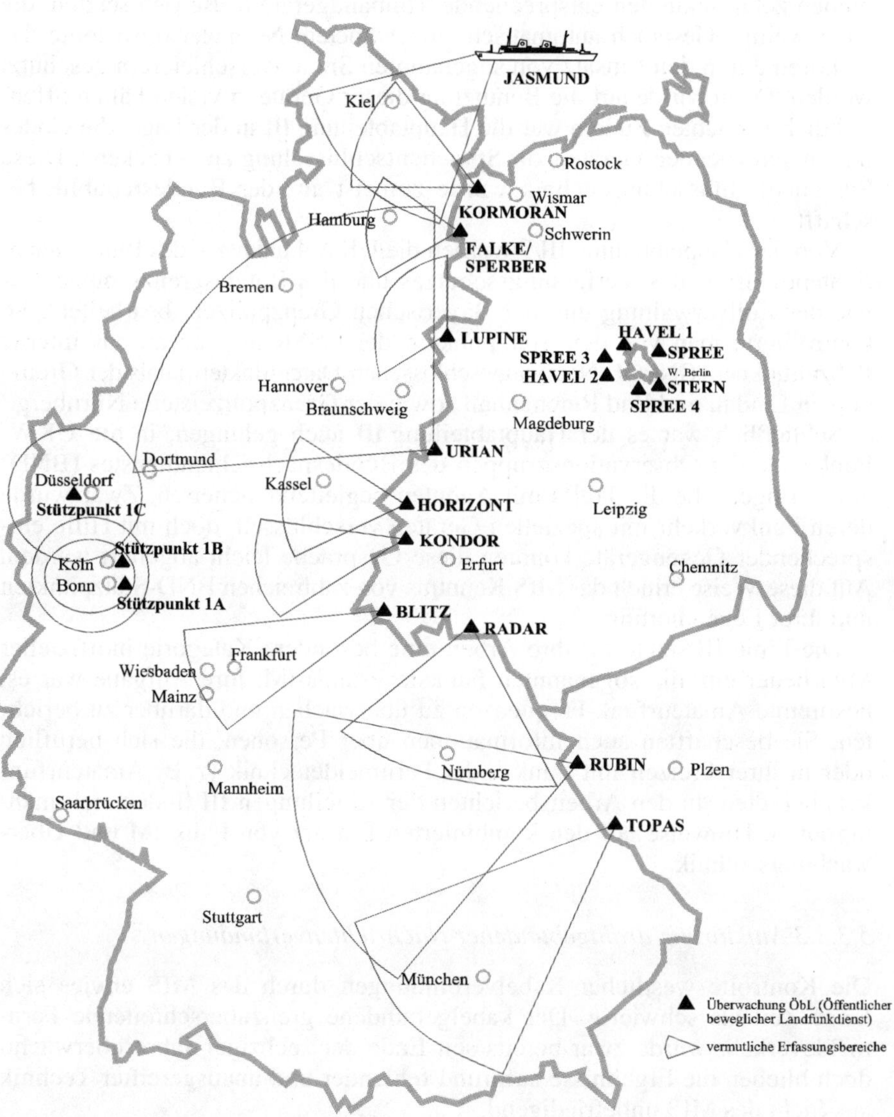

Zusammengestellt von A. Schmidt, BStU,
nach Vorlagen der Abt. 6 der HA III

Das Prinzip der Funkaufklärung basierte darauf, daß die Wählimpulse einer angerufenen Telefonnummer mit Spezialantennen aufgefangen wurden und binnen zehn Sekunden entsprechende Tonbandgeräte in Betrieb setzten, die das jeweilige Gespräch automatisch aufzeichneten. Normalerweise sollte das Abhören durch den Einsatz von sogenannten Sprachverschleierern geschützt werden. Doch wurde auf die Benutzung dieser Geräte in vielen Fällen offensichtlich verzichtet. Zudem war die Hauptabteilung III in der Lage, die Codes mit entsprechenden Geräten zur Sprachentschlüsselung zu „knacken". Diese Sprachentschlüsselungstechnik wurde zumeist aus der Bundesrepublik beschafft.

Von der Hauptabteilung III/9 wurden die UKW-Funknetze des Bundesnachrichtendienstes, des Verfassungsschutzes und des Bundesgrenzschutzes sowie der Zollverwaltung und der Bayerischen Grenzpolizei „bearbeitet". So kontrollierte man von den Stützpunkten der ČSSR aus die an das interne Polizeifunknetz (INPOL-Netz) angeschlossenen Datenfunkterminals der Grenzpolizei Lindau und Bad Reichenhall sowie der Grenzpolizeistelle Nürnberg.

Schließlich war es der Hauptabteilung III auch gelungen, in die UKW-Funknetze der Observationsgruppen des Bundesnachrichtendienstes (BND) einzudringen, die die Treffs mit Agenten begleitend sicherten. Zwar wurde deren Funkverkehr mit speziellen Geräten verschlüsselt, doch mit Hilfe entsprechender Gegengeräte konnten diese Gespräche leicht abgehört werden. Auf diese Weise erhielt das MfS Kenntnis von zahlreichen BND-Stützpunkten und ihrer Legendierung.

Die Linie III setzte für ihre Arbeit eine besondere Kategorie inoffizieller Mitarbeiter ein, die sogenannten Funksicherungs-IM. Ihre Aufgabe war es, bestimmte Amateurfunk-Frequenzen zu überwachen und darüber zu berichten. Sie beschafften auch Informationen über Personen, die sich beruflich oder in ihrer Freizeit mit Funk- oder Fernmeldetechnik (z. B. Amateurfunker) befaßten. In den Arbeitsberichten der Abteilungen III finden sich mannigfaltige Hinweise auf den kombinierten Einsatz von Funk-IM und Überwachungstechnik.

5.3.3.3 Aufklärung drahtgebundener Nachrichtenverbindungen

Die Kontrolle westlicher Kabelverbindungen durch das MfS erwies sich lange Zeit als schwierig. Der kabelgebundene grenzüberschreitende Fernmeldeverkehr wurde zwar bereits seit Ende der sechziger Jahre überwacht, doch blieben die Ergebnisse aufgrund fehlender und unausgereifter Technik aus Sicht des MfS unbefriedigend.

In einem Schacht im Grenzsperrgebiet am Brandenburger Tor wurde 1976 ein Kabel für den Fernmeldeverkehr zwischen Westberlin und Ostberlin verlegt. Dieses Kabel wurde 1981 angezapft, indem ein „Mithörkabel" in den Stützpunkt „Brunnen" verlegt wurde. Der Stützpunkt „Brunnen" befand sich in einem Kellerraum des Hauses Otto-Grotewohl-Straße 5 in Ostberlin.

Fortan konnte der über dieses Kabel geführte Fernsprechverkehr aufgezeichnet werden. Zunächst war die Abteilung 16, später die Abteilung 7 der Hauptabteilung III für dieses „Abhören" zuständig. Die Kontrolle des Kabels wurde 1984 in das Dienstobjekt Gotlindestraße verlagert.

Ende 1982 verliefen zwischen West- und Ostberlin etwa 570 ankommende und 90 abgehende Fernsprechkabelleitungen. Diese Kabel wurden im selben Jahr in der Knotenvermittlungsstelle des Fernmeldeamtes Dottistraße (Berlin-Lichtenberg) angezapft.[607] Die Sonderleitungen wurden in das nahegelegene Dienstobjekt Gotlindestraße verlegt. Seitdem wurden die Fernmeldeverbindungen zwischen der DDR und Westberlin mittels Selektierungstechnik aufgezeichnet und ausgewertet. Im Objekt Gotlindestraße waren Ende 1989 zur automatischen Überwachung der Fernsprechverbindungen vier Rufnummernselektierungsanlagen installiert. Zwei dieser Anlagen konnten jeweils 1 024 Leitungen kontrollieren.

1982 wurden auch in Magdeburg, Schwerin und Leipzig die Knotenvermittlungsstellen für Leitungen zwischen der DDR und der BRD angezapft und von der Abteilung III der jeweiligen Bezirksverwaltung für Staatssicherheit abgehört. Von Leipzig führten zum damaligen Zeitpunkt 24 Leitungen, von Magdeburg 36 und von Schwerin neun Leitungen in das Bundesgebiet. Auch in der Stasi-Bezirksverwaltung Magdeburg wurde zur Kabelüberwachung eine Rufnummerselektierungsanlage mit 1 024 Kanälen betrieben. Für die Kontrolle der Fernmeldeverbindungen innerhalb der DDR war die Hauptabteilung III nicht zuständig. Diese Aufgabe fiel in den Kompetenzbereich der Abteilung 26.

Der technische Fortschritt zwang das MfS, sich mit seiner Abhörtechnologie den Neuerungen jeweils anzupassen, um die Informationsgewinnung auf gleichem Niveau zu halten. Insbesondere die Digitalisierung der Fernmeldenetze bildete für das MfS eine „Herausforderung". Im Dezember 1983 wurde in einem Sachstandsbericht darauf verwiesen, daß von der Deutschen Bundespost „der Einsatz eines Glasfaserkabels, bestehend aus 40 Fasern mit einer Übertragungskapazität von 140 Mbit = 1 920 Kanäle je Faser" geplant sei.[608] Dieses Glasfaserkabel werde zwischen Westberlin und der Bundesrepublik (Uelzen) verlegt. Im April 1985 wurde deshalb auf Anweisung des Leiters der HA III eine nichtstrukturelle Arbeitsgruppe mit dem Ziel gebildet, dieses Glasfaserkabel für die Informationsgewinnung zu nutzen. Das Vorhaben trug die Tarnbezeichnung „Saphir A/2-1". Noch vor der Inbetriebnahme wurde das Glasfaserkabel von der Deutschen Post der DDR angezapft. Die entsprechenden Kabel wurden zum Stützpunkt „Quelle 1" geführt. Dieser Stützpunkt befand sich in Rhinow und wurde von der Abteilung 7 betrieben. Dort wurden die Gespräche und Nachrichten abgehört. Dabei wur-

607 Vernehmung von Horst Männchen, zitiert nach: *Der Generalbundesanwalt 1993,* S. 47 f.
608 Sachstandsbericht über erkannte Richtfunkbeziehungen der Deutschen Bundespost der BRD zwischen der BRD und Westberlin vom 2.12.1983; BStU, ZA, HA III 430, S. 144 f.

den die einzelnen Fasern (Leitungen) mit Hilfe entsprechender westlicher Technik aufgelöst.[609]

Im Juni 1987 wurde eine Gesamtkapazität von 76 800 Kanälen auf dem Glasfaserkabel erreicht, und zum Ende desselben Jahres begann die Bundespost damit, Telefonverbindungen auf dieses Übertragungssystem zu schalten. Im Oktober 1989 konnten annähernd 6 000 Kanäle für Fernsprech- und Datenübertragungen genutzt werden. Bereits im Januar 1988 hatte die Hauptabteilung III auf 60 ausgesuchten Kanälen begonnen, Informationen zu gewinnen. Dies geschah teils durch manuelles Abhören, teils auf dem Wege der automatischen Zielkontrolle. In der Folgezeit wurde die Nutzungskapazität kontinuierlich gesteigert.

Ob und inwieweit die Hauptabteilung III versuchte, innerhalb der Bundesrepublik und Westberlin Telefonkabel anzuzapfen, ist bislang ungeklärt. Zumindest in einem Fall ist aber belegt, daß das MfS auch innerhalb einer Stadt Telefonate belauschte. In diesem Fall ging es um ein Gespräch zwischen dem CSU-Vorsitzenden Franz Josef Strauß und dem Chefredakteur des Bayernkuriers, das 1977 für eine „aktive Maßnahme“ benutzt und der Süddeutschen Zeitung zugespielt wurde.

5.3.3.4 Aufklärung des Satellitenfunks

Seit Anfang der achtziger Jahre befaßte sich die Linie III mit der Aufklärung und Nutzung des Satellitenfunks. Dabei stand die Rund-um-die-Uhr-Abschöpfung der Satellitensysteme MARISAT, FLEETSATCOM, LEASAT, INTELSAT (Deckbezeichnung SATURN) im Vordergrund. Das Kanalangebot der fünf im Empfangsbereich der Linie III observierten Satelliten übertraf das vorhandene technische Potential erheblich. Von den etwa 3 500 Kanälen, die von der Bundespost genutzt wurden, konnten vom MfS zuletzt 376 Sprachkanäle, 14 Fernschreibkanäle und eine Datenleitung „bearbeitet“ werden. Für die Bearbeitung der Sprechkanäle standen eine 128kanalige und zwei 32kanalige automatische Selektierungsanlagen zur Verfügung. Daneben wurden fünf manuell bedienbare Geräte verwendet, die jeweils 40 Kanäle erfassen konnten.

Anfang 1989 war es möglich, die Gespräche, den Telexverkehr sowie Daten- und Telefaxübertragungen auf diversen Satellitenverbindungen zur Bundesrepublik abzuschöpfen. So konnten die Verbindungsrichtungen zu den USA, Ägypten, Kenia, Südafrika, Jordanien, Nigeria und Syrien allesamt abgehört werden. Eine wichtige Erkenntnisquelle waren für das MfS insbesondere die via Satellit übermittelten Informationen der BND-Residenturen Wien, Washington, New York, Amman, Nairobi und Pretoria an die BND-

609 In der Fachsprache wurde diese Technik als „PCM-Demultiplex-Technik“ bezeichnet. Vgl. Ausrüstungskonzeption für die Informationsgewinnung aus dem dienstintegrierten digitalen Netz (ISDN) der Deutschen Bundespost vom 22.3.1989; BStU, ZA, HA III 5406, S. 1–48, hier 11.

Zentrale in Pullach. Von 1988 an kam es zur Kontrolle des satellitengestützten Funkverkehrs des amerikanischen Geheimdienstes CIA.

Die Ergebnisse der Satellitenfunkaufklärung wurden lückenlos analysiert und beschrieben, wie an einem Beispiel verdeutlicht werden soll:

> „[...] Ebenfalls seit Mitte des Monats Oktober 1988 werden Retranslationen von Faksimilesendungen im Interesse der USA-MFO-Streitkräfte (stationiert auf der Halbinsel Sinai-Ägypten) verstärkt festgestellt (Kanalfrequenz 261,675 MHz).
>
> Aus dem in diesem Zusammenhang analysierten Telefonfunkverkehr gelangten folgende Informationen zur Kenntnis:
>
> 1. Der US-Verteidigungsminister FRANK CARLUCKI besucht am 2.11.1988 das „NORDCAMP" auf Sinai, in seiner Begleitung befindet sich ein Oberstleutnant HUDDLESTON (phonetisch).
> 2. Der Stabschef der holländischen Armee PIETER JAN GRAFF besucht am 31.10.1988 das „SÜDCAMP" auf Sinai."[610]

Die lesbar gemachten Faksimiles wurden der Abteilung 1 zur Auswertung übergeben.

5.3.3.5 Das System der „Operativen Zielkontrolle" (OZK)

Seit Ende der siebziger Jahre gab es Bemühungen, die bis dahin zeitweilig und manuell ausgeführte Überwachung von Anschlüssen und Rufnummern auf ein neues Niveau zu heben. Die Stützpunkte der Linie III wurden mit selbsttätig funktionierenden Rufnummerselektierungsanlagen (RSA) ausgestattet. Damit konnten ausgewählte Fernmeldeanschlüsse zeitweise oder ständig automatisch überwacht werden. Vorher war dies nur möglich, indem avisierte Rufnummern mittels eines Codiergerätes lesbar gemacht und mit Listen verglichen wurden, in denen die zu kontrollierenden Anschlüsse verzeichnet waren.

Das Herz einer jeden Selektierungsanlage bildete ein Erkennungsrechner, der die angewählte Rufnummer suchte und bei positivem Abgleich eines von insgesamt 128 peripheren Tonbandgeräten anschaltete. Dieses Laufwerk druckte umgehend ein Protokoll aus, das die erfaßte Fernmeldeverbindung, Datum, Beginn und Ende des Aufzeichnungsvorganges, die entsprechenden Bearbeitungs- und Weiterleitungskriterien sowie das Gerät wiedergab, das den Gesprächsverkehr aufgezeichnet hatte. Auch Telex- und Telefaxaussendungen wurden auf Band aufgezeichnet und anschließend decodiert bzw. lesbar gemacht.

Die Auswertung der automatisch bespielten Bänder bewegte sich parallel

610 Operative Aufgabenstellung und Arbeitsergebnisse der Satellitenfunkabwehr der Spezialfunkdienste des MfS der DDR, Monat Oktober 1988, vom 4.11.1988; BStU, ZA, HA III 839, S. 72–76, hier 76.

zum Abhörvorgang und erfolgte durch sogenannte Vorauswerter entsprechend den Vorgaben des Zielkontrollauftrages. Danach wurde entschieden, ob eine Weiterbearbeitung notwendig war. Unabhängig davon mußten zeitgleich ein oder zwei Mitarbeiter in frei gesuchte Gespräche hineinhören, die nicht unter Zielkontrolle standen. Bei „operativ bedeutsamen" Gesprächsinhalten wurden die Aufnahmebänder sofort in die Gruppe der Vorauswerter weitergeleitet.

Das Verfahren der Zielkontrolle wurde von einer speziellen Rahmenordnung der Linie III und zwei Durchführungsbestimmungen vom Februar 1986 geregelt und darin wie folgt definiert: „Das System der operativen Zielkontrollen ist eine spezifische Form der gezielten Informationsgewinnung in der Linie III, die durch die Abschöpfung vorgegebener Fernschreib- und Fernsprechanschlüsse (einschließlich Datex-, Telex- und Funkfernsprechanschlüsse) nach bestimmten Kriterien realisiert wird."[611] Die 1. Durchführungsbestimmung zur Informationsordnung[612] des MfS sah vor, daß Kontrollaufträge an die Diensteinheiten der Linie III erteilt werden konnten zu Telefon-, Telex- und Faksimileanschlüssen in der DDR und in der Bundesrepublik sowie zu Mobiltelefonanschlüssen (Autotelefon, Schiffstelefon usw.) und Eurosignalanschlüssen im Westen.[613] Aufträge waren auch zu Bildschirmtext-, Datex- und Teletexanschlüssen möglich. Rufnummern, unter denen Mail-Boxen und Datenverarbeitungssysteme zu erreichen waren, wurden ebenfalls unter Zielkontrolle gestellt, insbesondere um Codewörter und Einwahlsysteme zu erfahren.

Die erteilten Zielkontrollaufträge enthielten die Vorwahl- und Anschlußnummern (Telefon, Funktelefon, Telex, Teletex, Telefax) der abzuhörenden Personen, deren Vor- und Nachnamen, wenn bekannt Geburtsdatum und Wohnanschrift, die berufliche Tätigkeit und den konkreten Informationsbedarf. Die

611 Rahmenordnung der Linie III zur DA 1/80 des Ministers vom 25.2.1986 zur Aufbereitung, Bereitstellung, Erfassung und Speicherung politisch-operativ bedeutsamer Informationen; BStU, ZA, HA III 282, S. 248–296; 1. DB zur Rahmenordnung der Linie III zur DA 1/80 des Ministers zur Aufbereitung, Bereitstellung, Erfassung und Speicherung politisch-operativ bedeutsamer Informationen (Zielkontrollordnung); ebenda, S. 272–288, hier 272; vgl. auch 2. DB zur Rahmenordnung der Linie III zur DA 1/80 des Ministers zur Aufbereitung, Bereitstellung, Erfassung und Speicherung politisch-operativ bedeutsamer Informationen (Ordnung Arbeitsrichtung III/16); ebenda, S. 289–296.

612 Ordnung 5/87 Mielkes vom 3.7.1987 über die Gewinnung, Aufbereitung und Weiterleitung operativ bedeutsamer Informationen durch Diensteinheiten der Linie III und deren Auswertung in den Diensteinheiten des MfS – Informationsordnung –, S. 1–13, Anlage; Dokument 15, S. 466–473. 1. DB zur Ordnung 5/87 des Stellvertreters des Ministers Generalleutnant Schwanitz vom 7.12.1987. Festlegungen zur Erteilung gezielter Informationsbedarfsvorgaben sowie Kontrollaufträge durch die Diensteinheiten des MfS an die Diensteinheiten der Linie III, S. 1–7; Dokument 16, S. 474–478. 2. DB zur Ordnung 5/87 des Stellvertreters des Ministers Generalleutnant Schwanitz vom 7.12.1987. Übermittlung operativ bedeutsamer Informationen der Diensteinheiten der Linie III an die Sicherheitsorgane der befreundeten sozialistischen Staaten, S. 1–5; Dokument 17, S. 479–481. 3. DB zur Ordnung 5/87 des Stellvertreters des Ministers Generalleutnant Schwanitz vom 7.12.1987. Übermittlung von durch die Diensteinheiten der Linie III erarbeiteten Informationen an die Partner des politisch-operativen Zusammenwirkens, S. 1–5; Dokument 18, S. 482–484. BStU, ZA, DSt 103395.

613 1. DB zur Informationsordnung 5/87 vom 7.12.1987, S. 5; ebenda. Dokument 16, S. 474–478.

Kontrollvorgaben umfaßten fast immer auch die Privatsphäre und das Umfeld der abzuschöpfenden Personen. Hinzu kamen Vorgaben zur Laufzeit der „Operativen Zielkontrolle“ (OZK), zur Form der Inhaltswiedergabe und zur Zeitspanne, innerhalb derer die jeweilige Information an die auftraggebende Diensteinheit zu übermitteln war. Für die Zielkontrolle gab es unterschiedliche „Laufzeiten“. Sie konnten einen Monat, sechs Monate, zwei Jahre oder zehn Jahre betragen, was einer ständigen Überwachung gleichkam.

Die Weiterleitung der Informationen vollzog sich nach verschiedenen Abstufungen. Diese reichten von der „Sofortinformation“ bis hin zur Magnetbandkonserve, die im Zeitraum von vier Werktagen auf dem Kurierweg zu überbringen war. Die „Sofortinformation“ war binnen drei Stunden auf fernschriftlichem Wege zu übersenden. Sie beinhaltete die wörtliche Wiedergabe des Gesprächsinhaltes. Mitunter wurde die „Sofortinformation“ auch schon vorab fernmündlich übermittelt.

Die Eingangskontrolle, Erfassung und Vermittlung der Zielkontrollaufträge geschah überwiegend rechnergestützt in der für die Koordinierung des EDV-Einsatzes zuständigen Abteilung 13. Von dort wurden die Aufträge über die Abteilung 12 an die betreffenden Stützpunkte weitergeleitet. Die Abteilung 12 zeichnete bis Mitte der achtziger Jahre für die Überprüfung der funktechnischen Realisierbarkeit der Zielkontrollaufträge verantwortlich. Die Zielkontrollaufträge (ZKA) wurden von der Abteilung 13 auf Disketten gespeichert und per Kurier an diejenigen Stützpunkte gebracht, die aufgrund ihrer territorialen Lage für das „Abschöpfen“ der entsprechenden Anschlüsse am besten geeignet waren.

Zielkontrollaufträge wurden vor allem von der HV A erteilt. Andere Auftraggeber waren die Hauptabteilungen II („Spionageabwehr“), I („Sicherung der NVA und der Grenztruppen“), XVIII („Sicherung der Volkswirtschaft“), XIX („Sicherung der Verkehrs- und Nachrichtenverbindungen“) und XXII („Terrorabwehr“). Aber auch die Hauptabteilung XX („Staatsapparat, Kultur, Kirche, Untergrund“), die Zentrale Koordinierungsgruppe (ZKG), der KGB und der Geheimdienst der ČSSR veranlaßten operative Zielkontrollen.

Die Hauptabteilung III selbst durfte nur in Ausnahmefällen eigenständig operative Zielkontrollen einleiten und verwirklichen. Dies war besonders dann der Fall, wenn während der Abhörtätigkeit auf den Stützpunkten Erkenntnisse zu Bundesbürgern „anfielen“, die für eine „operative Nutzung“ in Betracht kamen. Hierzu zählten vorrangig Personen aus dem Politikumfeld wie persönliche Referenten, Sekretärinnen, Kraftfahrer, Angehörige von Geheimdienstmitarbeitern sowie ehemalige DDR-Bürger mit regen „Rückverbindungen“. Diesbezügliche Abhörergebnisse wurden zur weiteren Verwendung vorrangig an die HV A übergeben.

Insgesamt wurden die Erkenntnisse aus operativen Zielkontrollen in den Fachreferaten der Abteilung 1 ausgewertet. Hier wurden Sofort-, Einzel- oder Ergänzungsinformationen erstellt oder aber Auskunftsberichte und Dossiers gefertigt, die an die zuständigen Diensteinheiten weiterzugeben waren.

Alle Ausarbeitungen enthielten aus konspirativen Erwägungen keinen Hinweis auf die Linie III und waren sprachlich zumeist so gestaltet, als seien die Informationen auf menschliche „Quellen“ (IM) zurückzuführen.

Wie das Verfahren der Zielkontrolle in der Praxis funktionierte, verdeutlicht das Beispiel der in Westberlin lebenden ehemaligen DDR-Bürger Jürgen Fuchs und Roland Jahn. Zu ihrer Überwachung arbeitete die HA III eng mit der HA XX, der HA IX, der HV A und der Abteilung 26 zusammen. In einem Aktenvermerk vom 28. Juli 1986 heißt es im Zentralen Operativen Vorgang „Weinberg“:

> „1. Gen[osse] Vogel versicherte, daß beide Personen in Zielkontrolle gestellt sind und weitgehend gewährleistet wird, daß alle Informationen im grenzüberschreitenden Verkehr (DDR-Westberlin/BRD), innerhalb Westberlins und der BRD sowie zwischen der BRD und Westberlin aufbereitet und der HA XX/5 zugänglich gemacht werden.
> 2. Um die Zielkontrolle effektiv und möglichst umfassend organisieren zu können, benötigt die HA III Angaben über
> - die Telefonanschlüsse der operativ bearbeiteten Personen bzw. deren wichtigste Verbindungen (Operationsgebiet und DDR),
> - den Personenkreis, auf den die Zielfahndung in erster Linie konzentriert werden soll (Operationsgebiet und DDR),
> - Personen, die zentral bzw. dezentral bearbeitet werden, um den Informationsfluß unmittelbar zu gewährleisten,
> - die Erfassungsverhältnisse zu bearbeitender Personen.“[614]

Und in einem anderen Vermerk vom 12. Januar 1988 wurden im Zusammenhang mit einem Ermittlungsverfahren bei ausgeschriebener Fahndung gegen Roland Jahn folgende Festlegungen getroffen:

> - „die HA XX/5 erhält ab sofort Kopien von gefertigten Bandaufzeichnungen zur operativen Auswertung und zur Anfertigung von auf Jahn bezogenen T[on]B[and]-Abschriften;
> - die HA XX/8 prüft Möglichkeiten zur Verbesserung der Telefonaufzeichnungen, insbesondere im Hinblick auf die Feststellung und Dokumentierung [der] bei den überwachten Personen ankommenden Gespräche;
> - die Zusammenarbeit und das Z[usammen]W[wirken] mit anderen operativen Diensteinheiten, wie Diensteinheit HA XX, Abt. III, HV A und Abt. 26, wird durch die HA XX/5 gewährleistet – in Absprache mit der IX/2 [...].
>
> An die HA XX/5 wurden übergeben:
> - 1 Satz Kopien gefertigter Abschriften zu Hirsch (Band 1),[615]

614 ZOV „Weinberg“; BStU, ZA, AOP 16922/91.
615 Gemeint ist der Ostberliner Bürgerrechtler Ralph Hirsch, mit dem Jahn regelmäßig aus dem Westteil der Stadt telefonierte. Die Angabe „(Band 1)“ bezieht sich auf die numerische Zuordnung der übergebenen Tonbänder.

– TB zur Überwachung vom 22.12.–26.12.1987 zu Poppe und Bohley (Originale),[616]
– TB zur Überwachung vom 27.12.–31.12.1987 zu allen 4 Personen (Originale),
– dazugehörige Zählstreifen und Auswertungen,
– Formulare zur Anfertigung von Abschriften.“[617]

Spätestens seit 1985 entwickelte die Hauptabteilung III im Zusammenwirken mit dem Operativ-technischen Sektor (OTS) ein technisches Verfahren zur automatischen Stimmenanalyse und -identifizierung, vorrangig für Personen aus dem „Operationsgebiet“. Dazu wurden „Stimmenkonserven“ angelegt, die in die rechnergestützte Technik eingespeist wurden, um über Vergleichsvorgänge die Stimmenerkennung von Gesprächsteilnehmern zu ermöglichen. Wichtige Parameter für den Stimmenabgleich waren die Stimmlage, die Ausdrucksweise und der Dialekt.

Durch dieses Verfahren war das „Abhören“ von Gesprächen auf einer qualitativ neuen Stufe möglich, weil auch die Stimme als Selektierungsmerkmal eingesetzt werden konnte. Telefongespräche von bestimmten Personen konnten automatisch erfaßt werden, ganz gleich über welchen Anschluß sie liefen. Zudem war eine Identifizierung von Personen auch dann möglich, wenn sie ihren Namen während des Gespräches nicht nannten oder die Verständigung per „Decknamen“ führten. Vermutlich wäre die Hauptabteilung III ab 1990 in der Lage gewesen, das Selektierungsmerkmal „Stimme“ technisch ausgereift in die Abhörvorgänge zu integrieren.

5.3.3.6 Einzelmaßnahmen

Seit den siebziger Jahren wurden von der Linie III „Personen- und Sachfahndungshinweise“ der bundesdeutschen Sicherheitsbehörden ständig automatisch abgehört, aufgezeichnet und ausgewertet. Sämtliche auf diese Weise gewonnenen Informationen wurden seit 1980 im Datenverarbeitungsprojekt „Fahndung West“ gespeichert – Informationen zu 200 000 Personen, 30 000 Kraftfahrzeugen und 1 000 Objekten allein im Jahr 1980. Diese wurden an die HV A und an andere operative Diensteinheiten zweckbezogen weitergegeben. Die Informationen und Daten dienten dazu, Agenten, inoffizielle Mitarbeiter oder Reisekader im Kontext „operativer Maßnahmen“ im „Operationsgebiet“ zu unterstützen und zu schützen.

Seit Mitte der achtziger Jahre sicherte die Linie III „operative Vorgänge“ der HV A in der Bundesrepublik und in Westberlin funktechnisch ab. Diese funktechnischen Sicherungshandlungen liefen unter der Deckbezeichnung „Schutz“. In erster Linie handelte es sich dabei um die Begleitung von Treffs

616 Gemeint sind die Bürgerrechtlerinnen Ulrike Poppe und Bärbel Bohley.
617 BStU, ZA, AUV 34/89.

zwischen Agenten der HV A und Kurieren oder Instrukteuren sowie um die Sicherung bei der Nutzung von „toten Briefkästen“ im Westen. Die Maßnahmen wurden von der Arbeitsgruppe „Nachrichten“ (AG „N“) der Abteilung 9 der HVA koordiniert. Der Beitrag der Linie III bestand darin, die Umgebung von „Trefforten“ bzw. von Standorten „toter Briefkästen“ vor, während und nach einem „operativen Ereignis“ funktechnisch aufzuklären. Auf diese Weise wollte man verhindern, daß die Aktionen des MfS durch Observationskräfte des Verfassungsschutzes, des Bundesnachrichtendienstes oder der Polizei gefährdet würden. Die gleiche Aufgabe hatte die Linie III bei der Sicherung von Schleusungsaktionen der HV A (Personen und Material). Hier ging es darum, die Handlungen des Bundesgrenzschutzes, der Polizei und der Zollverwaltung im betreffenden Grenzterritorium funktechnisch aufzuklären.

Seit dem Jahre 1982 unternahm die Linie III regelmäßig „funktaktische Aufklärungshandlungen“ mit dem Ziel, Frequenzbereiche zu erkunden und auszuwerten, die aufgrund ihrer geringen elektromagnetischen Ausstrahlungswerte vom Territorium der DDR aus nicht erfaßt bzw. empfangen werden konnten. Die „Maßnahmen“ liefen unter den Deckbezeichnungen „Relais II“, „Relais III“, „Relais IV“ oder „Relais VI“. Sie betrafen in erster Linie Firmenobjekte, Verlagsgebäude, Druckereien und wichtige Ämter, von denen Funkaussendungen betrieben werden konnten.

Im Rahmen der Maßnahme „Relais II“ wurden beispielsweise seit 1983 mit einem sowjetischen Hubschrauber in monatlichen Abständen in Westberlin gelegene Objekte funkelektronisch und fotooptisch aufgeklärt und analysiert. Andere Frequenzbereiche in der Bundesrepublik und in Westberlin wurden mit getarnten Kraftwagen bzw. mit Diplomatenfahrzeugen erkundet und aufgeklärt. Ähnliche Aktionen gab es auch entlang der innerdeutschen Grenze. Die Aufklärungsergebnisse wurden in einem Katalog bilanziert und laufend aktualisiert.[618] Die Angaben zu stationären Anlagen und zu häufig genutzten Aufbauplätzen wurden in ein „Konzentratblatt“ eingetragen und mit entsprechenden Fotos, Kartenausschnitten und Lageskizzen ergänzt. Die dabei auf seiten des MfS zum Einsatz gekommene Funk-, Antennen-, Aufzeichnungs- und Fototechnik stammte ausschließlich aus westlicher Produktion.

Seit Mitte der siebziger Jahre war die Hauptabteilung III in der Lage, mittels eines vom MfS im Westen beschafften Autotelefons (B-Netz) bei bundesdeutschen Dienststellen, insbesondere beim Kraftfahrt-Bundesamt in Flensburg, Informationen abzufragen. Zu diesem Zweck war der Teilnehmer-Codegeber des Autotelefons so manipuliert worden, daß er frei programmierbar war und durch Kennungen berechtigter Teilnehmer ersetzt werden konnte, die zuvor durch Abhören aufgeklärt worden waren. Auch die zur Abfrage benötigten

618 Stationen der Fernmelde- und Elektronischen Aufklärung im grenznahen Raum der BRD zur DDR, o. D., Katalog; BStU, ZA, HA III 6328, S. 1–59.

Kennwörter, die in bestimmten zeitlichen Abständen wechselten, stammten vorwiegend aus der Funkaufklärung. So erfuhr die Hauptabteilung III die vom Kraftfahrt-Bundesamt zur Direktabfrage alle zwei Wochen veränderten Codes durch Mitlesen des entsprechenden Fernschreibverkehrs. In Einzelfällen waren die Kennwörter von der HV A beschafft worden.

Die Maßnahme „Zugriff" wurde von einem streng abgeschotteten Mitarbeiterteam der Hauptabteilung III ausgeführt. Die Aufträge erteilten zumeist die HV A oder die Hauptabteilung VIII (Ermittlungen und Beobachtungen). Zur Abfrage von Personendaten fuhr die „operative Gruppe" meist auf den Brocken im Harz oder in den Thüringer Wald. Diese grenznahen Gebiete waren durch eine funktüchtige Höhenlage gekennzeichnet und besaßen den Vorteil, daß die Peilung durch bundesdeutsche Dienststellen nicht genau ausmachen konnte, ob die elektronische Abstrahlung vom DDR-Gebiet ausgegangen war. Von wechselnden Standorten aus wurden so Verbindungen in das Fernsprechnetz der Bundespost – scheinbar vom Bundesgebiet aus – hergestellt und darüber unkontrolliert telefoniert. Zur Personenkennung wurden dabei Namen verwendet, die zuvor aus vom MfS beschafften Verzeichnissen westdeutscher Polizeidienststellen gewonnen worden waren. Die anfallenden Gebühren wurden automatisch dem für die jeweils verwendete Kennung zugelassenen Teilnehmer zugeschlagen.

Außer Anfragen beim Kraftfahrt-Bundesamt, bei Kfz-Zulassungsstellen, Einwohnermeldeämtern, territorialen Polizeidienststellen und Dienststellen der Post gab es auch Anrufe bei Zielkontrollpersonen zum Zwecke des Stimmenvergleichs. Jährlich wurden etwa 1 000 „Zugriff"-Maßnahmen realisiert. Bisweilen wurde das entsprechende Autotelefon vom russischen Geheimdienst KGB genutzt, um zu agenturischen Quellen im „Operationsgebiet" Verbindung aufzunehmen.

5.3.3.7 Zusammenarbeit mit osteuropäischen Geheimdiensten

Als Teil des „Gesamtsystems des Elektronischen Kampfes" arbeitete die Hauptabteilung III auf dem Gebiet der Funkabwehr eng mit den Funkabwehrdiensten (FAD) der „Bruderorgane" zusammen. Für die Koordinierung dieser speziellen Zusammenarbeit war der „Apparat der Koordination" (AdK) zuständig, der seinen Sitz in Prag hatte. Der AdK wurde zuletzt von Oberst Tschernokoshich geleitet und war in sechs Teilbereiche gegliedert.[619] Neben mobilen und halbstationären Einsatzmaßnahmen zur Bearbeitung des „gegnerischen Agentenfunks" basierte die Funkabwehr in den einzelnen Funk-

619 FAD 1: UdSSR (Leiter: Oberst Konoplow); FAD 3: Bulgarien (Leiter: Oberst Marintschewski); FAD 4: Ungarn (Leiter: Oberst Ruzsa); FAD 5: DDR (Leiter: Oberst Ebert); FAD 6: Polen (Leiter: Oberst Zabawski); FAD 8: ČSSR (Leiter: Hptm. Cesenek). Vgl. Stützpunkte der HA III in Zusammenarbeit mit der HV A des MfS außerhalb der DDR und innerhalb der DDR. Die internationale Zusammenarbeit der Funkabwehrdienste sozialistischer Länder; BStU, ZA, HA III 379, S. 39–41, hier 40.

abwehrbereichen auf der Arbeit ständiger Funkbeobachtungsstationen (FBS) und Funkpeilstellen (FPS). Zentralen Stellenwert besaßen dabei die FBS 51 Gosen und die FBS 52 Hohen-Luckow, die im Dienste aller Funkabwehrdienstbereiche standen. Diese Funkbeobachtungsstationen waren mit sogenannten Funkpeilstellen technisch vernetzt. Darüber hinaus wurden aber noch zahlreiche andere Funkpeilstellen gemeinsam genutzt.[620]

Neben der Beteiligung der Hauptabteilung III an den Aufgaben der Funkabwehr unter dem Dach des „Apparates der Koordination" kam es besonders im Bereich der elektronischen Aufklärung zu einer engen Zusammenarbeit mit der XVI. Verwaltung des KGB der UdSSR in Moskau und deren in Potsdam stationierten Gruppe 16. Auch mit der XIII. Verwaltung des Ministeriums des Innern der ČSSR gab es eine enge Kooperation. Von und zu beiden „Bruderorganen" waren Verbindungsoffiziere eingesetzt. Diese Zusammenarbeit bezog sich auf den Austausch von Informationen, die Abstimmung von Aufklärungsplänen, die Ausführung gemeinsamer Forschungs- und Entwicklungsvorhaben und den Austausch von Technik. Zu bestimmten Terminen erhielten die befreundeten Nachrichtendienste – vor allem in der UdSSR, in Polen und in der ČSSR – ein Band bzw. mehrere Bänder mit ausgewählten, aktuellen und „operativ" besonders wichtigen Zielkontrollaufträgen.

In den Jahren 1987 und 1988 gab es zur Aufklärung noch nicht erkannter Richtfunksysteme in der Bundesrepublik entlang der Grenze zur ČSSR gemeinsame Hubschraubereinsätze. Der Betrieb von drei auf dem Territorium der ČSSR stationierten Erfassungsstützpunkten bot günstige Möglichkeiten zum Eindringen in die bundesdeutsche Nachrichtenkommunikation – vorrangig in UKW-Funkverbindungen, in Autotelefonnetze und in interne und grenzüberschreitende Richtfunkstrecken.

Unter der Deckbezeichnung „Wolke" war die Hauptabteilung III (Abteilung 14, Abteilung T/4 und Abteilung 6) in den Jahren 1983 und 1984 gemeinsam mit Kräften des polnischen Innenministeriums an funkelektronischen Aufklärungseinsätzen in der Nähe der US-Botschaft in Warschau beteiligt.[621] Diese Einsätze fanden unter dem Tarnnamen „Wolke III/86" im Januar 1986 ihre Fortführung. In dem entsprechenden Maßnahmeplan heißt es:

> „Die operative Ziel- und Aufgabenstellung besteht in der erneuten Überprüfung der funkelektronischen Lage in der unmittelbaren Umgebung (Nahbereich) der US-Botschaft, um Veränderungen gegenüber der in den vorangegangenen Einsätzen festgestellten Situation zu erkennen. Schwerpunkte bilden dabei

620 Die wichtigsten Funkpeilstellen und ihre Nutzer waren: FPS 521 Gosen (für FAD 5 und 6), FPS 522 Bautzen (für FAD 4 und 5), FPS 523 Hohen-Luckow (für FAD 1, 5 und 8), FPS 524 Erfurt (für FAD 1, 5 und 8), FPS 575 Heudeber, FPS 576 Wieck, FPS 577 Langenheide, FPS 578 Großbeeren, FPS 579 Schönwalde, FPS 625 Gdańsk/Polen, FPS 621 Warschau/Polen, FPS 823 Bratislava/ČSSR, FPS 822 Plzeň/ČSSR (alle für FAD 5); ebenda.

621 Maßnahmeplan zur Durchführung (Fortführung) eines Aufklärungseinsatzes mit funkelektronischen Mitteln im Nahbereich der US-Botschaft in Warschau, Deckbezeichnung „Wolke III/86" vom 2.12.1985; BStU, ZA, HA III 9543, S. 20 und 4–67.

- die potentiellen Möglichkeiten der US-Botschaft zur Abschöpfung des kommerziellen und nichtkommerziellen Funkverkehrs in Warschau; dazu sind die in Objektnähe einfallenden landeseigenen Funkverbindungen zu erfassen und unter dem Aspekt des Geheimnisabflusses zu bewerten;
- die Aufklärung der Funkaktivitäten des Zielobjektes [...] sowie zur weiteren Erkundung von Möglichkeiten ihrer offensiven Ausnutzung zum Eindringen in die Kommunikationsbeziehungen des Gegners;
- die Aufklärung evtl. vorhandener bzw. neu entstandener parasitärer Abstrahlungen technischer Einrichtungen des Zielobjektes, deren Erfassung und Abschöpfung Rückschlüsse auf innere Aktivitäten (Regimeverhältnisse) ermöglichen;
- die Aufklärung evtl. vorhandener geheimdienstlicher Aktivitäten im Nachrichtenverbindungssystem ‚Pyramide'.

Die Einsatzkräfte wurden [...] durch den Leiter der HA III/6 detailliert eingewiesen. In die Einweisung werden auch die bei uns vorliegenden Erkenntnisse zur Untergrundtätigkeit der Feindsender Radio-Solidarność und die Methoden ihrer Bekämpfung mit einbezogen."[622]

Für die Aktion „Wolke III/86" wurden die technischen Mittel und Systeme sowie die Einsatzkräfte mit einem Sonderflugzeug transportiert – „wegen ihres (Technik) hohen Wertumfanges und der im Aktionszeitraum zu erwartenden widrigen Straßenverhältnisse".[623] Ein konspirativ geschützter Stützpunkt in der Nähe der US-Botschaft wurde von polnischer Seite bereitgestellt. Alle Legendierungsfragen, die Modi für die Melde- und Informationswege während des Einsatzes sowie für die Lagerung, den Transport und Gebrauch der benötigten „operativen" Dokumente und Materialien wurden untereinander abgestimmt. Den Abschlußbericht zum Einsatz „Wolke III/86" übergab Minister Mielke dem polnischen Innenminister und dem KGB.

5.3.3.8 Zusammenarbeit mit dem Operativ-technischen Sektor

Die Hauptabteilung III kooperierte eng mit dem Operativ-technischen Sektor (OTS) des MfS. Die Zusammenarbeit betraf sämtliche Belange auf dem Gebiet der Entwicklung, Anwendung und Sicherstellung von technischen Geräten und Systemen, die die Funkspionage und Funkabwehr ermöglichen sollten. Hauptpartner bei der „operativ-technischen Sicherstellung" war das Institut für Technische Untersuchungen (ITU).

Spätestens seit 1985 wurden im Rahmen einer wissenschaftlich-technischen Forschungsarbeit (WFA) mit der Deckbezeichnung „Omega"[624] alle

622 Ebenda, S. 64 f.
623 Maßnahmeplan „Wolke III/86", Vorschlag/Konzeption zur Durchführung eines Spezialistentreffens in Warschau vom 3.12.1985; BStU, ZA, HA III 9543, S. 20.
624 Bericht über Untersuchungen zur Schaffung eines einheitlichen Systems von technischen Funkabwehrmitteln für den VHF-UHF-SHF-EHF-Bereich (Deckbezeichnung „Omega") vom April 1987; BStU, ZA, OTS 58, S. 20–43.

Anstrengungen gebündelt, um den technischen Standard und technische Spezifika von „Agentenfunkverbindungen“[625] zu analysieren und zu prognostizieren sowie die Entwicklung entsprechender technischer Geräte und Funkabwehrmittel voranzutreiben. Diese Forschungsarbeit wurde unter Beteiligung aller Funkabwehrdienste innerhalb des „Apparates der Koordination“ durchgeführt und stand im Zeichen der „Strategie 2000“.[626]

Ausgangspunkt sämtlicher Bemühungen zur Verbesserung der Funk- und Abhörtechnik waren die in der Forschungsarbeit „Raduga-2“[627] gewonnenen Erkenntnisse zu den sich ständig verändernden taktisch-technischen Parametern von „Agentenfunkverbindungen“. Vor allem die immer wieder festgestellten Veränderungen hinsichtlich der Frequenzbereiche, Sendedauer, Übertragungsgeschwindigkeiten, Bandbreiten und Codearten zeigten nach Ansicht des MfS die Bestrebungen des „Gegners“, seine „Agentenfunkverbindungen“ besser zu schützen und zu tarnen. Dieses Ziel sollte hauptsächlich durch die Verkürzung der Übertragungsdauer von Informationen erreicht werden. Der Einsatz von sogenannter Frequenzsprungtechnik bewirkte beispielsweise, daß die Verweildauer pro Frequenzkanal weiter verringert werden konnte, ohne daß die Übertragungsgeschwindigkeit erhöht und der Informationsumfang vermindert werden mußte.

Der Operativ-technische Sektor übernahm für die Funkfahndung und -überwachung die Entwicklung und den Bau von Empfangsantennen, Empfängern bzw. Empfangsgeräten, Überwachungsempfängern, Peilsystemen, Signalempfangs- und -analysetechnik, Nachrichtenübertragungssystemen, Funk- bzw. Impulsverstärkungsgeräten, Zeitsystemen, Kompaß- bzw. Navigationsverfahren, Geräten und Gerätesystemen zur Satellitenüberwachung, Schnittstellentechnik sowie Speichertechnik. Zudem entwickelte er Chiffrier- bzw. Analyseverfahren und konstruierte Datenverarbeitungs- und Rechentechnik für die Prozeßsteuerung.

5.3.3.9 Auswertungsarbeit

Alle Informationen, die mittels nachrichtentechnischer Verfahren oder von Funk-IM gewonnen wurden, durchliefen einen Auswertungsprozeß. Die Federführung für die Auswertung und Aufbereitung hatte die Abteilung 1 inne. Die Ordnung der Informationen wurde auf der Grundlage von „Personen-, Sachverhalts- und Merkmalskategorien“ organisiert. So konnte der spezifische Gehalt einer Information genau vorbezeichneten „Schlagwörtern“ zuge-

625 Ebenda, S. 21 f.

626 Einschätzung des Standes der Zusammenarbeit mit dem OTS vom 10.1.1989; BStU, ZA, OTS 51, S. 2 und 11–13. Zuarbeit zur Erarbeitung des Planstellennormativs vom 28.6.1988; BStU, ZA, OTS 779, S. 1–125, hier 96 ff.

627 Bericht über Untersuchungen zur Schaffung eines einheitlichen Systems von technischen Funkabwehrmitteln für den VHF-UHF-SHF-EHF-Bereich (Deckbezeichnung „Omega“) vom April 1987; BStU, ZA, OTS 58, S. 20–43, hier 22.

ordnet werden und war zu jeder Zeit abrufbar. Solche „Schlagwörter" waren zum Beispiel: „Ungesetzlicher Grenzübertritt BRD-DDR", „Beabsichtigter ungesetzlicher Grenzübertritt BRD-DDR", „Linksextremistische Organisationen", „Geschehen an der Staatsgrenze DDR-Westberlin", „Grenzdurchbruch" oder „Kriminelle Menschenhändlerbanden".

Im sogenannten Projekt Wertigkeit wurden die Informationen nach den Bedeutungsstufen 1, 2 und 3 bewertet, wobei Informationen mit der Wertigkeitsstufe 1 die höchste Bedeutung und Dringlichkeit besaßen. Die Informationen wurden entsprechend ihrer Wichtigkeit entweder als „Sofortinformation" an die auftraggebende Diensteinheit weitergeleitet oder aber sie durchliefen die normale Frist bzw. Hierarchie. Informationen, denen ein besonderer konspirativer Status zugewiesen war, durften nur auf Leiterebene ausgetauscht und diskutiert werden. Andere wichtige Informationen wurden mitunter mündlich oder vorab telefonisch weitergeleitet.

Allen Informationen war gemeinsam, daß sie durch eine Buchstaben-Ziffern-Kombination codiert wurden – zum Beispiel: „Information A/003817/29/01/88/03". Die Codierung enthält neben dem Datum, zu dem die Information gewonnen wurde, und der laufenden Informationsnummer, bezogen auf die „Quelle", von der die Information stammt, unterschiedliche Buchstaben, die die Herkunft der jeweiligen Information markieren.

Die wichtigsten Buchstaben hatten dabei folgende Bedeutung:

A – Die Information wurde aus Ausgangserkenntnissen erarbeitet, die von einer „spezifischen Quelle" der Linie III stammten. Dabei handelte es sich um technische Systeme (stationär, halbstationär, mobil usw.) oder feste Stützpunkte der Linie III, die den Abhörvorgang realisiert hatten. Die Quelle trug zumeist den Namen der zugrundeliegenden technisch-elektronischen Einheit oder war mit einer Tarnbezeichnung gekennzeichnet. Wichtige „spezifische Quellen" waren die Stützpunkte, die in verschiedenen Bezirksverwaltungen für Staatssicherheit von den dortigen Abteilungen III betrieben wurden: „Kormoran" (Rostock), „Falke" (Schwerin), „Horizont 2" (Erfurt), „Blitz" (Suhl) sowie „Urian" und „Lupine" (Magdeburg). Ferner gehörten dazu die Abhöranlagen „Quelle 3" (Schwerin), „Quelle 4" (Magdeburg), „TA 10c" (Richtfunksystem C-Netz) sowie „TA 500" und „TA 10" (Richtfunksystem). Daneben existierten aber noch zahlreiche weitere Quellen.

B – Die Information wurde aus Erkenntnissen erarbeitet, die in einem Auslandsstützpunkt („Steuerung 1", „Steuerung 1a" und andere) gewonnen worden waren.

C – Die Information wurde auf der Grundlage von Erkenntnissen erstellt, die von den sogenannten Partnern des operativen Zusammenwirkens (POZW) geliefert worden waren.

D – Die Information basierte auf Erkenntnissen von einem „Funksicherungs-IM".

E – Die Information stützte sich auf Angaben und Erkenntnisse, die bei einem Treff mit einem IM jeder anderen Kategorie bekanntgeworden waren.

F – Die Information wurde auf der Basis von Angaben und Erkenntnissen erstellt, die ein Mitarbeiter der Linie III zu Sachverhalten aus dem Freizeitbereich geliefert hatte.

G – Die Information war die Quintessenz von Erkenntnissen, die aus mehreren „spezifischen Quellen" der Linie III gewonnen worden waren.

H – Die Information basierte auf Personen- und Sachverhaltsinformationen, die im Rahmen des Datenverarbeitungsprojektes „Fahndung-West" rechnergestützt gewonnen und systematisiert worden waren.

Da im Verlaufe der achtziger Jahre die Zahl der abgehörten Fernsprechkanäle anstieg, vermehrte sich die Anzahl der „spezifischen Quellen" in der Linie III, was zu einer weiteren Differenzierung in der Quellenbezeichnung führte. Zusätzliche Kategorien waren:

I – Informationen, die im Rahmen „operativer Zielkontrollen" aus Fernsprechverbindungen zwischen Westberlin und der DDR gewonnen wurden.

Z – Informationen, die im Rahmen „operativer Zielkontrollen" aus Fernsprechverbindungen zwischen der BRD und der DDR gewonnen wurden.

X – Informationen, die im Rahmen „operativer Zielkontrollen" aus Fernsprechverbindungen zwischen dem Ausland und der DDR gewonnen wurden.

T – Informationen, die im Rahmen der manuellen Direktkontrolle aus Fernsprechverbindungen aller Verkehrsrichtungen gewonnen wurden.

S – Informationen, die im Rahmen der Kontrolle des Richtfunkverkehrs der DDR gewonnen wurden.

Y – Informationen, die im Rahmen der Bearbeitung des Telexverkehrs der DDR mit dem Ausland gewonnen wurden.

Eine der wichtigsten Aufgaben der Linie III war die „Dossierarbeit", an der der Wert der „Fern- und Funkmeldeaufklärung" gemessen wurde. Stets wurde in Dienstkonferenzen und Referaten darauf hingewiesen, das „Ausspähen" und „Abschöpfen" nicht zu einer quantitativen Pflichtübung verkommen zu lassen, bei der lediglich Hinweise, Angaben und Merkmale ohne „operative Bedeutung" beschafft würden.[628]

Ein vorrangiges Ziel der „Dossierarbeit" war „die gezielte Unterstützung der operativen Linien des MfS zur Schaffung von Stützpunkten und IM im Operationsgebiet."[629] Diese Aufgabe resultierte aus der 1982 formulierten Erkenntnis, „daß der Gegner in den letzten Jahren für sich bei der Aufspürung und Liquidierung von IM und Patrioten im Operationsgebiet einige Erfolge errungen hat. Unabhängig davon, ob nun hierbei Verrat oder andere Momente eine Rolle spielten, geht es darum, schnell und sicher das System und Netz der IM-Basis im Operationsgebiet wieder zu stabilisieren und stark

628 Referat in der HA III (ohne Autor) vom 22.6.1982; BStU, ZA, HA III 7974, S. 82.
629 Ebenda.

zu machen."[630] Wiederholt wurde der „Spürsinn" der Mitarbeiter angesprochen, um „echte operative Anhaltspunkte" für eine mögliche Anwerbung zu finden.[631] Kriterien waren zum Beispiel:

- „außereheliche Liebes- und Intimverhältnisse verheirateter Personen", wobei auf markante „Begleitumstände" wie finanzielle Abhängigkeit vom Ehepartner und das daraus resultierende Verschwiegenheitsinteresse oder zur Herabwürdigung geeignete sexuelle Praktiken ein besonderes Augenmerk gerichtet wurde;
- „finanzielle Sorgen und Probleme aus den verschiedensten Gründen", beispielsweise festzustellen durch Hinweise auf mehrmalige Kreditaufnahme, ungeduldiges Warten auf Gehaltszahlungen, Mahnungen zur Begleichung finanzieller Rückstände und Schulden;
- „Alkoholiker/Alkoholmißbrauch und Drogensucht";
- „Geltungsbedürfnis und Schwatzhaftigkeit";
- „ausgeprägte Leidenschaften";
- „Unzufriedenheit mit seiner Arbeit, Haß gegen seinen Vorgesetzten, künftige Aufenthalte in sozialistischen Staaten, ungebundene Tätigkeit im Operationsgebiet und damit verbundene künftige Reisen innerhalb des Operationsgebietes oder des kap[italistischen] Auslands usw. usf".[632]

Das „Abschöpfen" von Privatgesprächen galt auch „während besonderer Ereignisse, Klassenkampfsituationen und Lagebedingungen" als wichtig, weil dem MfS zufolge die „Aktivitäten im Äther" dann stiegen, die „Gesprächsfreudigkeit" zunahm und die „Konspiration ins Hintertreffen" geriet.[633] So hörte die Staatssicherheit nach der Verhängung des Kriegsrechts in Polen die Telefongespräche von Angehörigen der Deutschen Botschaft in Warschau ab, die sie von Westberlin mit ihren Verwandten oder Bekannten in Westdeutschland führten. In einem Leiterreferat vom Juni 1982 resümierte die Stasi wie folgt den Wert dieser Aktion:

> „Neben politisch-operativ wertvollen Informationen, die den Charakter der Sofortinformation trugen, war es uns durch intensive Abschöpfung der Gespräche dieser BRD-Botschaftsangehörigen möglich, zu ihnen umfassende Hinweise zu erarbeiten, die Aussagen über
> - ihre Charaktereigenschaften,
> - ihre Tätigkeiten in der BRD-Botschaft in Warschau,
> - ihren Verwandten- und Bekanntenkreis,
> - ihre Frauen, Liebschaften und Liebeleien,
> - die Verhältnisse an der BRD-Botschaft in Warschau
>
> zeitigten und im Rahmen der Dossierarbeit aufbereitet und somit wertvolle Ausgangsmaterialien für die operative Arbeit wurden. Und da nicht immer die

630 Ebenda, S. 84.
631 Ebenda, S. 84 f.
632 Ebenda.
633 Ebenda, S. 92 f.

gleichen Mitarbeiter kamen, sondern oft die Personen gewechselt wurden, war es möglich, zu einer ganzen Reihe von Angehörigen des diplomatischen Dienstes der BRD wertvolle Materialien zu erarbeiten."[634]

Ein zweites Ziel der „Dossierarbeit" war die systematische Informationsbeschaffung für nachrichtendienstliche Zwecke – im Stasi-Jargon: „die gezielte Unterstützung der Vorgangsarbeit der operativen Linien und Diensteinheiten des MfS, einschließlich der Bruderorgane".[635] Vorrangigen Wert besaßen dabei Zielkontrollen von Personen, die an detaillierte inhaltliche Profile durch die auftraggebenden Diensteinheiten gebunden waren. Die Linie III forderte von den zuständigen Diensteinheiten immer wieder die Benennung des konkreten Informationsbedarfs. Zugleich galt es aber auch, dem speziellen Informationsinteresse der Diensteinheiten zu Objekten, Einrichtungen und Institutionen nachzukommen. Dieser Informationsbedarf wurde unterschieden nach allgemeingültigen und aktuellen Aussagen sowie nach Sofortinformationen. Das Aufklärungsinteresse richtete sich natürlich auch auf die in diesen Einrichtungen und Objekten tätigen Personen.

Vor allem „Auskunftsberichte" und Dossiers zu „Angehörigen der gegnerischen Geheimdienste und Abwehrorgane", der Landesämter für Verfassungsschutz, der Observationsorgane des Bundesnachrichtendienstes und des Militärischen Abschirmdienstes wurden als bedeutende Ergebnisse dargestellt: „Die Praxis unserer Arbeit beweist, daß wir selbst dazu in der Lage sind, zu den führenden Vertretern dieser Geheimdienst- und Abwehrorgane, Kinkel und Meyer, eine Vielzahl von Angaben und Hinweisen aus dem privaten Bereich zu erarbeiten, die zusammengesetzt sehr wertvolle Materialien darstellen."[636] „Auskunftsberichte" und Dossiers wurden ebenfalls zu Menschen aus sogenannten Feindorganisationen wie der Internationalen Gesellschaft für Menschenrechte oder dem sogenannten Emigrantenzentrum „Kontinent" gefertigt.

Ein drittes Ziel der „Dossierarbeit" bestand in der „Vervollständigung und Präzisierung der im MfS zu ausgewählten Personen bereits vorhandenen Erkenntnisse".[637] Diese periodisch durchgeführte Erkenntnisverdichtung bezog sich auf einen beträchtlichen Kreis von Personen in der Bundesrepublik: führende Mitglieder von Parteien in der Bundesrepublik und Westberlin; Bundestags- und Landtagsabgeordnete; Bundes- und Landesminister; führende Mitarbeiter in den Massenmedien; „Umfeldpersonen" von Politikern und Geheimdienstmitarbeitern (Sekretärinnen, Schreibkräfte, Kraftfahrer, persönliche Referenten und Mitarbeiter, Haushaltshilfen, Freundinnen, Freunde, Servicepersonen usw.); Offiziere und leitendes Personal der Bundeswehr und der US-Armee; Aktivisten der westlichen Friedensbewegung; Mitar-

634 Ebenda, S. 94 f.
635 Ebenda, S. 98.
636 Ebenda, S. 99.
637 Ebenda, S. 101.

beiter sogenannter Zentren der politisch-ideologischen Diversion wie Radio Free Europe, Radio Liberty, Deutsche Welle oder RIAS; Personen, die mit der sogenannten Konterrevolution in Polen sympathisierten; Mitarbeiter von Detekteien in der Bundesrepublik und in Westberlin.

Das nachfolgende Beispiel verdeutlicht die planmäßige Dossierarbeit der Linie III. Im Referat 2 der Abteilung III/10 wurde im Frühjahr 1986 ein „Prognoseplan“ entwickelt, auf dessen Grundlage die Dossierarbeit zum Deutschen Amateur-Radio-Club (DARC) unter der Vorgangsbezeichnung „Dach“ vorangetrieben wurde. In diesem „Prognoseplan“ heißt es:

> „Im Rahmen des operativen Materials ‚Dach‘ wird der ‚Deutsche Amateur-Radio-Club e. V.‘ der BRD (DARC) bearbeitet. Die Bearbeitung des Materials bezieht sich auf
> – den Vorstand des DARC,
> – den Amateurrat,
> – die Funktionäre bis auf Distriktebene,
> – die Geschäftsstelle des DARC in Baunatal mit ihren Beschäftigten
> und trägt komplexen Charakter. Die in der HA III vorliegenden operativen Erkenntnisse zum DARC, seinen Aktivitäten auf internationaler und bilateraler Ebene begründen die Notwendigkeit einer operativen Bearbeitung im Rahmen der offensiven Abwehrarbeit der Linie III.“[638]

Die Bearbeitung des DARC wurde bis zum Jahre 1990 in fünf Bearbeitungsetappen von jeweils einem Kalenderjahr eingeteilt:

> „1. Bearbeitungsetappe (1986)
> In der ersten Etappe der Bearbeitung geht es vorrangig um die Erarbeitung von Angaben zu den Regimeverhältnissen im DARC und seiner Geschäftsstelle in Baunatal sowie der Erarbeitung von ersten Angaben zu den bekannten Führungskadern des DARC. [...] Die Möglichkeit einer Beobachtungsmaßnahme durch die HA VIII in Baunatal ist zu prüfen. Im Rahmen der 1. Etappe der Bearbeitung erfolgt die Ausarbeitung und Festlegung der wesentlichen Anforderungskriterien für die Auswahl der perspektivischen IM-Kandidaten.
> 2. Bearbeitungsetappe (1987)
> Schwerpunkt [...] ist die Erarbeitung von Personenhinweisen aus dem Zielobjekt unter Nutzung der spezifischen Möglichkeiten der Linie III sowie der Auswertung von internen und offiziellen Materialien (Rundschreiben des DARC, Deutschlandrundspruch, Zeitschrift CQ-DL usw.) [...] Zur Erarbeitung von Personenhinweisen wird das vorhandene IM-Netz eingesetzt. Es erfolgt eine wesentliche Eingrenzung und spezifische Auswahl der weiteren Zielpersonen. [...]

638 Prognoseplan zur Bearbeitung des operativen Materials „Dach“ für den Zeitraum 1986–1990; BStU, ZA, HA III 213, S. 32–34, hier 32.

3. Bearbeitungsetappe (1988)
In dieser Phase werden operative Ermittlungen realisiert und weitere Angaben zu den Personen durch Aufklärung und Werbung von Verbindungspartnern in der DDR gewonnen. Der Prozeß der weiteren Eingrenzung der operativ nutzbaren Zielpersonen wird fortgesetzt.
4. Bearbeitungsetappe (1989)
Die vierte Etappe dient der unmittelbaren Vorbereitung der Werbung der bis dahin festgelegten Kandidaten. In dieser Phase ist zum Kandidaten ein operativer Kontakt (wenn er nicht bereits besteht) herzustellen und zu festigen. Aufklärungshandlungen laufen parallel weiter.
5. Bearbeitungsetappe (1990)
In der fünften Bearbeitungsetappe wird die Werbung der Kandidaten realisiert."[639]

5.3.3.10 „Aktive Maßnahmen"

Wie die anderen gegen den Westen arbeitenden Diensteinheiten fungierte auch die Hauptabteilung III nicht nur als Nachrichtenbeschaffer und -auswerter, sondern sollte zugleich „aktive Maßnahmen" gegen den „Feind" entwickeln und in Gang setzen. Unter Federführung der Abteilung 16 wurde 1988 eine Vorlage für derartige Maßnahmen auf internationalen Fernmeldeleitungen erarbeitet, in der diese näher beschrieben werden. In der bürokratischen Sprache des MfS ging es danach um Aufgaben der „Desinformation und Täuschung", der „Verhinderung ungewollter internationaler Fernmeldeverbindungen", der „Störung bestehender Verbindungen", des „Trennens aufgebauter Verbindungen" sowie des „Nutzens von Transitverbindungen und von Ausnahmehauptanschlüssen zur Vortäuschung eines nicht realen Quellengebietes".[640]

Erfahrungsberichte von ehemaligen DDR-Bürgern bestätigen, daß das MfS den Telefonverkehr zwischen Bürgern in Ost und West als mitunter einziges Verständigungsmedium gezielt störte oder verhinderte: Gespräche wurden unterbrochen und/oder blockiert; stundenlang hatte das MfS Leitungen „auf sich gezogen", so daß das Einwählen auf eine Freileitung nicht möglich war; Transitleitungen nach Osteuropa, vor allem nach Polen und in die ČSSR, wurden gezielt „unterstört" sowie phasenweise und/oder punktuell blockiert, was dazu führte, daß die Kommunikationsfäden zu Oppositionsgruppen wie Solidarność oder Charta 77 oft rissen. Systematisch wurde auch telefonischer Psychoterror betrieben, etwa durch Hineinrufen in Gespräche, Verun-

639 Ebenda, S. 33.
640 Zum Problemkreis „aktive Maßnahmen" auf internationalen Fernmeldeleitungen vom 7.4.1988, Vorlage; BStU, ZA, HA III 5357, S. 2–11, hier 8 f.

sicherung der Gesprächsteilnehmer durch Beschimpfungen oder Drohungen, durch regelmäßiges und/oder nächtliches Anklingeln, ohne sich zu melden, durch das „Umschalten" von Telefonanschlüssen, so daß der Inhaber von beliebigen Personen angerufen werden konnte und wurde. Im Zusammenspiel zwischen der Linie III und der Linie VIII kam es auch zum Einsatz mobiler Stationen vor den Wohnhäusern der „Zielpersonen", um den Telefonverkehr zu manipulieren.

Im Verlaufe der achtziger Jahre wurden zudem die Voraussetzungen geschaffen für „aktive Maßnahmen" wie

- „Desinformation und Täuschung auf den Verbindungsrichtungen von der DDR nach dem Ausland,
- der manuellen Störung bestehender Verbindungen zwischen der DDR und der BRD und zwischen Westberlin und der BRD im Fernamt Magdeburg. Gleiches gilt für das Trennen einer bereits bestehenden Verbindung."[641]

Über andere „aktive Maßnahmen" auf den internationalen Fernmeldeleitungen war bis zum Frühjahr 1988 noch keine endgültige Entscheidung getroffen worden. Es gab aber zielgerichtete Tests und technische Untersuchungen im nationalen Netz der DDR. Das betraf vor allem Maßnahmen wie

- „‚Eintritt' in eine Transitverbindung und Anwahl eines Teilnehmers im Ausland,
- [...] (gezielte Unterbindung zu ausgewählten Fernsprechnummern beziehungsweise Ortsnetz- und Einwahlkennziffern),
- Unterbrechung bestehender Verbindungen durch Auslösung eines Impulses ‚Gesprächsende' durch den Operateur (manuelle Informationsgewinner)".[642]

Ein Beispiel für diese technischen „Experimente" bilden die Maßnahmen, die unter der Tarnbezeichnung „Saphir A" der Abteilung III in Magdeburg geplant wurden. Vorgesehen waren aktive Manipulationen auf dem Grenzkabel GK 307, durch das unter anderem die drei Fernmeldeverbindungen Westberlin – Bundesrepublik, DDR – Bundesrepublik/Westeuropa und Transit Osteuropa – BRD/Westeuropa verliefen. Auf diesem Kabel konnten seinerzeit folgende aktive Manipulationen vorgenommen werden:

- „Unterbrechung des gesamten Fernmeldeverkehrs auf diesem Kabel
- selektive Unterbrechung gesprächsführender Kanäle
- breitbandige beziehungsweise selektive Störung
- Aufbau einer fiktiven Verbindung zur Desinformation".[643]

641 Ebenda, S. 11.
642 Ebenda.
643 Ebenda, S. 5.

Am leichtesten waren „selektive Störungen" bzw. „Störungen" durch das Herbeiführen von Überlagerungen zu realisieren. Aber auch die Unterbrechung von Gesprächen bereitete kein Problem, wenn bestimmte Wahlgabeverfahren zugrunde lagen. Dennoch wurden innerhalb des MfS Bedenken gegenüber der technischen „Reife der Verfahren" geäußert, etwa, weil „keine Dekoder zur Verfügung" standen und „kurzfristig entwickelt werden" mußten oder weil das „Ursprungsland" erkennbar und die „Störungen meßbar" seien. Bei der „gezielten Desinformation" wurde unter anderem nach einer einwandfreien „konspirativen" Lösung gesucht, die verhinderte, daß festgestellt werden konnte, daß die Einwahl vom Territorium der DDR aus erfolgte.[644]

5.4 Wirtschaftsspionage und Überwachung westlicher Geschäftsleute – Die Hauptabteilung XVIII[645]

Die Kontrolle der Wirtschaft, insbesondere der Betriebe und der Handelsbeziehungen, gehörte von Anbeginn zu den zentralen Aufgaben des MfS – nicht ohne Grund ging das Ministerium für Staatssicherheit 1950 aus der von Erich Mielke zuvor aufgebauten und geleiteten „Hauptverwaltung zum Schutze der Volkswirtschaft" hervor.[646] Die dafür in erster Linie zuständige Abteilung – seit 1951 Hauptabteilung – III, die 1964 zur Hauptabteilung XVIII wurde, hatte dabei nicht nur eine nach innen gerichtete Überwachungsfunktion, sondern operierte in erheblichem Maße auch in der Bundesrepublik.

In den ersten Jahren spielten vor allem die grenzüberschreitenden Verbindungen zu ehemaligen Besitzern und leitenden Mitarbeitern von enteigneten Betrieben, die inzwischen in Westdeutschland lebten, eine zentrale Rolle. Unter diesem Gesichtspunkt sollten beispielsweise die 1953 eingerichteten Objektsachbearbeiter in verschiedenen Schwerpunktbetrieben „feindliche Tätigkeiten" und sogenannte Sabotage- und Diversionshandlungen aufdecken. Nach den Ereignissen des 17. Juni 1953 und einer damit zusammenhängenden Neustrukturierung der Arbeit gewann die Bekämpfung der „Sabotage", die nach Meinung des Staatssicherheitsdienstes in erster Linie vom Ostbüro der SPD sowie von ehemals leitenden Konzernangestellten

644 Ebenda, S. 7.

645 Der folgende Abschnitt beruht im wesentlichen auf den Forschungen von Maria Haendcke-Hoppe-Arndt für die Abteilung Bildung und Forschung beim BStU; vgl. *Haendcke-Hoppe-Arndt 1997.* Diese stehen unter dem Vorbehalt, daß zum Zeitpunkt der Fertigstellung ihrer Studie über die HA XVIII der Erschließungsstand bei den Unterlagen der HA XVIII lediglich 25 % betrug. Von den Fachabteilungen waren nur zwei, die HA XVIII/7 (Außenhandel) und die HA XVIII/8 (Elektrotechnik und Elektronik), teilerschlossen, von den Unterlagen der AKG waren nur 10 % erschlossen. Vgl. zur Thematik: *Buthmann 1997; Macrakis 1997.*

646 Beschluß des Politbüros der SED über das Ministerium für Staatssicherheit vom 24.1.1950, zitiert in: *Hoffmann/Schmidt/Skyba 1993*, S. 55; Gesetz über die Bildung eines Ministeriums für Staatssicherheit, in: GBl. der DDR 1950, Nr. 15 vom 21.2.1950, S. 95.

betrieben wurde, weiter an Gewicht. Ein weiteres Einsatzfeld der Hauptabteilung III bildeten zu diesem Zeitpunkt die Leipziger Messen, bei denen systematisch versucht wurde, Geheime Informatoren (GI) und Geheime Mitarbeiter (GM) – auch aus dem Westen – anzuwerben.

Auf einer Dienstkonferenz im November 1954 verpflichtete der damalige Staatssekretär für Staatssicherheit, Ernst Wollweber, die Hauptabteilung III, verstärkt in Richtung Westen zu arbeiten und in feindliche Stellen einzudringen.[647] Diesem Auftrag trug die Dienstanweisung 3/55 vom Januar 1955 Rechnung, die die Schaffung eines besonderen Referates „für wirtschaftliche und wissenschaftlich-technische Aufklärung“ mit Untergruppen in fast allen Bezirksverwaltungen vorsah.[648] Die neue Linie „Konzerne“ hatte die Aufgabe, das anfallende Material konzentriert zu bearbeiten sowie in westdeutsche Wirtschaftsvereinigungen und Forschungsorganisationen einzudringen, um deren Pläne und Absichten gegenüber der DDR aufzuklären. Die „Schaffung“ der dazu „erforderlichen“ Geheimen Mitarbeiter war dabei ebenso vorgesehen wie die Beschaffung von wissenschaftlich-technischem Material zwecks „Auswertung in der volkseigenen Wirtschaft“.

Eine Richtlinie vom April 1955 legte fest, zu den wichtigsten westdeutschen Konzernen und Wirtschaftsvereinigungen sogenannte Objektvorgänge anzulegen. Jede Bezirksverwaltung für Staatssicherheit war nunmehr für bestimmte, namentlich aufgeführte West-Betriebe verantwortlich und sollte dort Geheime Mitarbeiter werben und führen.[649] Im August 1955 wurde die Bedeutung der West-Arbeit erneut unterstrichen, als Wollweber auf einer Dienstkonferenz über die „Großkapitalisten“ in Westdeutschland und ihre Absichten ausführte: „Bei ihnen muß doch der Gedanke auftauchen, wenn wir die Betriebe schon nicht bekommen, dann werden wir sie soviel wie möglich stören, auch in ihren technischen Anlagen, und gerade durch die Entspannung kann eintreten, daß sich die Aktivität in bezug auf Diversionsakte in unseren Betrieben, besonders in ehemaligen Konzernbetrieben, verstärkt.“[650] Im Mai 1956 wurde die Linie „Konzerne“ indes wieder aufgelöst, um die Arbeit zur Unterstützung der DDR-Wirtschaft und ihrer Forschungs- und Entwicklungsstellen „auf breiterer Basis“ zu betreiben. Zuständig war für diese Aufgaben nun die gesamte Linie III; für Flugzeugkonzerne trug die Linie VI die Verantwortung, für westdeutsche Ministerien und Wirtschaftsverbände die HV A.[651]

Auch nach dem Mauerbau blieb die West-Arbeit ein wichtiger Schwer-

647 Vermerk über die Dienstbesprechung des Staatssekretärs mit der HA III am 30.11.1954; BStU, ZA, SdM 1920, Bl. 60–67.
648 DA 3/55 vom 21.1.1955, S. 1–4; BStU, ZA, DSt 100938.
649 Richtlinie für die wirtschaftliche und technisch-wissenschaftliche Aufklärung und für die Bearbeitung von Konzernen vom 18.4.1955, S. 1–13; BStU, ZA, DSt 100938.
650 Referat des Staatssekretärs auf der Dienstbesprechung am 5.8.1955; BStU, ZA, SdM 1921, Bl. 59 f.
651 DA 12/56 zur weiteren Bearbeitung der westdeutschen Konzerne vom 12.5.1956, S. 2; BStU, ZA, DSt 100972.

punkt der 1964 zur Hauptabteilung XVIII umgebildeten Diensteinheit unter dem späteren Mielke-Stellvertreter Rudolf Mittig. Im Zusammenhang mit der Zunahme von Kontakten und Geschäftsreisen in die Bundesrepublik ab Mitte der sechziger Jahre spielte vor allem die Überwachung des Wirtschaftsreiseverkehrs eine zentrale Rolle.[652] Dabei ging es nicht nur um eine umfassende Überprüfung der in den Westen reisenden DDR-Vertreter, sondern auch um eine lückenlose Kontrolle aller einreisenden Geschäftsreisenden, Firmenvertreter auf Leipziger Messen, Konferenzteilnehmer, Monteure, Techniker und Mitglieder von Handelsvertretungen. Zur Erfassung dieses Personenkreises wurde in der Hauptabteilung XVIII (etwa 1964) die *Arbeitsgruppe Wirtschaftsbeziehungen* gegründet, der die „Federführung“ bei der „Sicherung“ des Geschäftsreiseverkehrs übertragen wurde – mit Ablegern in sämtlichen Bezirksverwaltungen. Außerdem war die Hauptabteilung XVIII dafür verantwortlich, daß in jedem westlichen Kundendienststützpunkt oder Baustab mindestens ein inoffizieller Mitarbeiter arbeitete. Daß diese intensive Überwachungsarbeit des MfS für die Betroffenen nicht ungefährlich war, zeigt schlaglichtartig der Fall der beiden Bundesbürger Hermann Hüttenrauch und Herbert Latinsky, die im Herbst 1967 in einem spektakulären Prozeß wegen „Spionage“ zu 15 Jahren bzw. zu lebenslanger Haft verurteilt wurden, nachdem Hüttenrauch von einem MfS-Spitzel zuvor Unterlagen zugespielt worden waren.[653] Durch die Strafrechtsreform von 1968 wurde der Spionagetatbestand noch weiter gefaßt: jetzt war nicht mehr nur die Lieferung von Informationen an Institutionen, die als „verbrecherische Organisation“ eingestuft wurden, strafbar, sondern die an alle „Organisationen, Einrichtungen, Gruppen oder Personen, deren Tätigkeit gegen die Deutsche Demokratische Republik oder andere friedliebende Völker gerichtet ist“.[654]

Eine Ausweitung des Spionageradius der Hauptabteilung XVIII bedeutete 1966 die Gründung des Bereiches Kommerzielle Beziehungen, später: Kommerzielle Koordinierung (KoKo), im damaligen Ministerium für Außenhandel und Innerdeutschen Handel (MAI). Erster kommissarischer Bevollmächtigter des Bereiches wurde der OibE der Hauptabteilung XVIII im MAI,

652 Vgl. DA 7/65 vom 1.8.1965 zur „Politisch-operativen Arbeit auf dem Gebiet des Reiseverkehrs zur Aufnahme bzw. Unterhaltung von Wirtschaftsbeziehungen zwischen der Deutschen Demokratischen Republik und dem nichtsozialistischen Ausland“ ; BStU, ZA, DSt 101063.

653 Vgl. Neue Formen und Methoden imperialistischer Spionage, Sabotage und Diversion gegen die sozialistische Volkswirtschaft der DDR. Aus dem Urteil des Obersten Gerichts vom 19.10.1967 gegen Hüttenrauch und Latinsky, in: Neue Justiz 21 (1967), S. 681–688. Der Prozeß erfolgte im Rahmen einer Agitationskampagne des MfS gegen den CIA. Vgl. Günter Halle, Kurt Blecha und Günter Köhler: Forschungsergebnisse zum Thema „Die Lösung von Aufgaben der staatlichen Öffentlichkeitsarbeit zum Schutz und zur Sicherung der DDR durch Kooperation des Ministeriums für Staatssicherheit und des Presseamtes beim Vorsitzenden des Ministerrates unter besonderer Berücksichtigung der Durchführung gemeinsamer Aktionen im Kampf gegen die subversive Tätigkeit des Feindes“, Anlage 17; BStU, ZA, JHS 21805.

654 Zum Spionagebegriff der DDR vgl. Anm. 278.

Horst Roigk, der 1967 von Alexander Schalck-Golodkowski abgelöst wurde; Stellvertreter Roigks wurde der damalige stellvertretende Abteilungsleiter der Hauptabteilung XVIII/7, Manfred Seidel. Die Hauptabteilung XVIII hatte nicht nur den KoKo-Bereich „abzusichern", sondern sollte einem 1976 geschlossenen Kooperationsabkommen zufolge von diesem auch „alle Möglichkeiten, Erfahrungen und Mitteilungen", die für die „Abwehr"-Linien von Bedeutung waren, übermittelt bekommen.[655] Die Hauptabteilung XVIII/7 und Hauptabteilung XVIII/8 plazierten zudem zahlreiche inoffizielle Mitarbeiter im KoKo-Bereich. Erst in den achtziger Jahren wurde die nachrichtendienstliche Verantwortung für den Bereich Kommerzielle Koordinierung aus der Hauptabteilung XVIII ausgegliedert.[656]

Die Ausweitung der Aufgaben der Hauptabteilung XVIII auf die Bereiche Außenhandel und Wissenschaft wurde in der 1969 erlassenen Richtlinie 1/69 „Zur politisch-operativen Sicherung der Volkswirtschaft der Deutschen Demokratischen Republik" bestätigt.[657] Schwerpunkte der Überwachung bildeten danach unter anderem die Außenwirtschaftsbeziehungen, die „Reisekader" sowie die einreisenden Geschäftspartner aus dem Westen. Im Rahmen der äußeren Abwehr sollten dabei die „vorhandenen operativen Möglichkeiten" zugleich voll zur Wirtschaftsspionage genutzt werden. Die 1. Durchführungsbestimmung zur Richtlinie legte fest, daß die Arbeit der Hauptabteilung XVIII von sechs Objektdienststellen und 83 Operativgruppen in wichtigen Betrieben und Industriezweigen unterstützt werden sollte.[658] In das Ministerium für Außenwirtschaft (MAW) und in besonders exponierte Außenhandelsbetriebe wurden spezielle „Kontrollbeauftragte" eingeschleust.

Im Zusammenhang mit den Ost-Verträgen und den intensiveren Ost-West-Beziehungen verschärfte die Hauptabteilung XVIII Anfang der siebziger Jahre ihre „Abwehrarbeit" gen Westen. Die Weichen dazu hatte Erich Mielke im März 1971 auf einem zentralen Führungsseminar des MfS gestellt.[659] Dort hatte er erklärt, daß der „Gegner" seinen „Kampf" gegen die DDR nun zunehmend langfristig anlege und sich dazu eines umfassenden „Systems feindlicher Zentralen, Institutionen, Organisationen und Kräfte" bediene. Ausgangspunkte der von diesen betriebenen „politisch-ideologischen Diversion" (PID)[660] seien Regierungsstellen, Parteien, Massenmedien, Ver-

655 Ordnung über die Zusammenarbeit zwischen den Dienstbereichen des MfS und dem Bereich Kommerzielle Koordinierung des Ministeriums für Außenhandel und Innerdeutschen Handel, Entwurf, o. D.; BStU, ZA, HA XVIII 8088.

656 Zum Bereich KoKo ausführlich: *Deutscher Bundestag 1994*.

657 Richtlinie 1/69 „Zur politisch-operativen Sicherung der Volkswirtschaft der Deutschen Demokratischen Republik" vom 25.8.1969; BStU, ZA, DSt 101131.

658 Anlage 1 zur Richtlinie 1/69, S. 1–54; ebenda. Zur Objektdienststelle Zeiss Jena vgl. *Buthmann 1997*.

659 Referat Mielkes auf dem zentralen Führungsseminar vom 1.–3. März 1971; BStU, ZA DSt 102212, 10 Bände.

660 Zum Begriff der „Politisch-ideologischen Diversion" (PID) vgl. Oberstleutnant Dr. Helmut Eck (JHS) und Oberst Professor Dr. Tregubenkow (Hochschule des KGB): Die psychologische Kriegführung und politisch-ideologische Diversion des westdeutschen Imperia-

bände, Konzerne, „feindliche Zentren“ sowie wissenschaftliche Einrichtungen in der Bundesrepublik. Die Hauptabteilung XVIII bekam deshalb unter anderem die Aufgabe, die „gegnerische Ost- und DDR-Forschung“ verstärkt auszuforschen und auf wirtschaftlichem Gebiet in die sogenannten Feindzentralen einzudringen.[661] Auch die neu errichteten Handels- und Industriebüros in der DDR, die nicht über einen diplomatischen oder konsularischen Status verfügten, wurden nun von der Linie XVIII infiltriert.[662]

Ein Beispiel für das seinerzeitige Vorgehen der Linie XVIII ist die Bearbeitung des Bauernverbandes in Westberlin im Zentralen Operativen Vorgang „Bauernfeind“, die unmittelbar nach dem Führungsseminar mit einer „Instruktion“ des Leiters der Hauptabteilung XVIII verschärft wurde.[663] Zu diesem Zweck schleuste die Abteilung XVIII der MfS-Bezirksverwaltung Potsdam den Westberliner Agrarwissenschaftler Andreas Kurjo (IM „Thaer“) im November 1971 als hauptamtlichen Mitarbeiter in den Bauernverband und forcierte die „Aufklärung“ der Organisation.[664] In dem ZOV waren insgesamt 1 047 Personen registriert, darunter zahlreiche Rentner; 49 wurden in operativen Teilvorgängen bearbeitet, von denen 14 mit Ermittlungsverfahren, fünf durch Werbung zum IM und drei durch „Zersetzung“ abgeschlossen wurden.[665] 1973 löste sich der Verband, der ursprünglich als Beratungsstelle für die ostdeutsche Landbevölkerung sowie für bäuerliche Flüchtlinge aus der DDR fungierte, nach dem Mauerbau aber überwiegend als Informationsstelle zur Situation der Bauern in der DDR in Erscheinung trat, auf Druck der DDR auf.

Nach der Unterzeichnung der KSZE-Schlußakte von Helsinki im Jahre 1975 kam es in der Hauptabteilung XVIII erneut zu einer Intensivierung ihrer Tätigkeit gegenüber dem „Operationsgebiet“. Laut Planorientierung für die Linie XVIII bis 1980 sollte die Basis an inoffiziellen Mitarbeitern mit „Feindverbindungen im Operationsgebiet“ (IMF) erweitert werden, um für die Abwehr „mehr und aussagekräftigere Informationen“ aus dem Westen zu liefern.[666] Ei-

lismus gegen das sozialistische Lager, insbesondere gegen die DDR. Die Anforderungen an die Bekämpfung der politisch-ideologischen Diversion durch die Diensteinheiten des MfS im Zusammenwirken mit anderen Staatsorganen und gesellschaftlichen Organisationen; BStU, ZA, JHS 21808, S. 36 ff.; *Suckut 1996*, S. 303.

661 Rede Mielkes auf dem zentralen Führungsseminar am 3.3.1971, Bd. 3, S. 199; BStU, ZA, DSt 102212.

662 Vgl. Befehl 16/74 zur politisch-operativen Sicherung der Vertretungen anderer Staaten, internationaler zwischenstaatlicher Organisationen und bevorrechteter Personen in der Deutschen Demokratischen Republik; BStU, ZA, DSt 100802. Dokument 4, S. 349–362, hier 359.

663 HA XVIII: Instruktion zur Bearbeitung des „Bauernverbandes Berlin e. V.“ vom 11.3.1971; BStU, ASt Potsdam, AOP 1650/66, ZOV „Bauernfeind“, Bd. V, Bl. 16–22.

664 BV Potsdam, Abt. XVIII: Plan für den Treff mit IMF „Thaer“ vom 14.8.1972; BStU, ASt Potsdam, vorl. archiv. 18/75, Bd. II, fol. 135. Vgl. Berliner Zeitung vom 22.5.1992, S. 3.

665 BStU, ASt Potsdam, AOP 1650/66, ZOV „Bauernfeind“, Bd. V, Bl. 59 und 64.

666 Planorientierung für die Planung der politisch-operativen Arbeit 1976–1980 der Abt. XVIII der BV/V vom 29.11.1975; BStU, ZA, HA XVIII 916, Bl. 27.

ner umfangreichen „Sicherungskonzeption" der für den Außenhandel zuständigen Hauptabteilung XVIII/7 zufolge standen allein für diese Abteilung neben dem Ministerium für Außenhandel (MAH) 32 Einrichtungen des Außenhandels mit rund 17 000 Beschäftigten im Mittelpunkt der Überwachung. 26 500 „Reisekader" des Außenhandels und der Industrie sowie 25 000 Geschäftsreisende aus dem Westen sollten „abgesichert" werden. Für zehn namentlich aufgeführte Konzerne in der Bundesrepublik sollten bis Juni 1976 die Ziele und die erforderlichen Kräfte für sogenannte operative Vorlaufmaterialien bestimmt werden.[667]

Am 1. Januar 1977 wurde in der Hauptabteilung XVIII die Arbeitsgruppe Operationsgebiet gegründet, die die Arbeit in Richtung Westen koordinieren sollte. Hier wurden unter anderem die Ergebnisse der nachrichtendienstlichen Durchdringung zusammengeführt und ausgewertet und die Zusammenarbeit mit anderen Diensteinheiten, vor allem der HV A und der Hauptabteilung II, abgestimmt. 1981 erhielt die Arbeitsgruppe den Status einer Operativgruppe (OG), und im Rahmen einer umfassenden Neustrukturierung wurde sie 1987 zur Abteilung 14 umgebildet, deren Leitung weiterhin in den Händen von Oberst Werner Stephan lag.

Im Rahmen der Neubestimmung ihrer Aufgaben durch die Dienstanweisung 1/82 wurden für die Hauptabteilung XVIII auch die Schwerpunkte der West-Arbeit neu formuliert: Unter den „Hauptaufgaben zur politisch-operativen Sicherung der Volkswirtschaft der DDR" nennt die Dienstanweisung an erster Stelle die „Aufklärung gegnerischer Pläne, Absichten und Maßnahmen sowie Kräfte, Mittel und Methoden". Darüber hinaus erhielt die Linie XVIII erneut den Auftrag, mit ihren spezifischen „operativen" Kräften und Mitteln die DDR-Wirtschaft zu unterstützen: durch die Bereitstellung „aussagefähiger Informationen" zu Strategien und Taktiken von Konzernen, Firmen, Einrichtungen und Personen aus dem Westen; durch die Nutzung rechtlicher, vertraglicher und „politisch-operativer" Möglichkeiten, um von westlichen Firmen bei Rechtsverstößen sogenannte Wiedergutmachungsleistungen zu erlangen; durch die nachrichtendienstliche „Erschließung" zusätzlicher Exportmöglichkeiten für DDR-Betriebe sowie durch die Beschaffung von wissenschaftlich-technischen Informationen aus dem Ausland – im Klartext: durch Wirtschaftsspionage.[668]

Letztere wurde in einer speziellen Durchführungsbestimmung näher geregelt, in der HVA-Chef Markus Wolf anordnete: „Die für die politisch-operative Sicherung volkswirtschaftlicher Prozesse und Objekte zuständigen Diensteinheiten haben ihre operativen Kräfte und Mittel optimal und planmäßig zur Erlangung wissenschaftlich-technischer Erkenntnisse aus dem Operationsgebiet zu nutzen." Die konspirativ beschafften Technologien, Erzeug-

667 Sicherungskonzeption für den Handel der DDR mit kapitalistischen Industrieländern vom 12.2.1976; BStU, ZA, HA XVIII 8089, Bl. 43.

668 Alle Zitate aus DA 1/82 vom 10.3.1982 zur politisch-operativen Sicherung der Volkswirtschaft, S. 14 und 26; BStU, ZA, DSt 102836.

nismuster und Forschungsergebnisse sollten „unverzüglich“ an den Sektor Wissenschaft und Technik (SWT) der HV A zur Auswertung übergeben werden. Von dort sollten sie wiederum über zentrale Wirtschafts- und Wissenschaftseinrichtungen der DDR der Volkswirtschaft zur Verfügung gestellt werden, wobei die Unterlagen vorher als „geheim“ zu kennzeichnen und Hinweise auf Quellen zu entfernen waren.[669] Auf der anderen Seite sollten die operativen Diensteinheiten vom SWT sogenannte Orientierungshilfen bekommen, um diejenigen „Zielobjekte“ im Westen zu bestimmen, wo die Schaffung neuer „Quellenpositionen“ für die DDR-Wirtschaft erforderlich schien.[670] Eine weitere Durchführungsbestimmung regelte die „Sicherung“ der in der DDR eingesetzten ausländischen Arbeitskräfte, die ebenfalls für die „Arbeit im und nach dem Operationsgebiet“ genutzt werden sollten.[671]

Der Dienstanweisung 1/82 zufolge sollten auch die „gegnerische [...] Kontaktpolitik/Kontakttätigkeit“ zurückgedrängt und das „Zusammenwirken [...] äußerer und innerer feindlicher Kräfte“ aufgedeckt werden. Die „Arbeit im und nach dem Operationsgebiet“ war dabei vorrangig durch die Entwicklung und Bearbeitung von Operativen Vorgängen, die Durchführung von Operativen Personenkontrollen sowie durch die Arbeit mit Inoffiziellen Mitarbeitern mit Feindverbindung zu realisieren und mit dem Leiter der HV A zu koordinieren. Als „Basis für die Entwicklung von IMB“ waren vor allem Auslands- und Reisekader der DDR-Wirtschaft zu nutzen, sogenannte Zielpersonen des Gegners in DDR-Betrieben sowie westliche Geschäftsleute und Techniker.[672] Tatsächlich wuchs die Zahl derjenigen, die die Hauptabteilung XVIII Anfang der achtziger Jahre in Operativen Personenkontrollen „bearbeitete“. Ihr Leiter, Alfred Kleine, beklagte im Oktober 1983 aber zugleich, daß es trotz des hohen Bestandes an OPK und Operativen Vorgängen nicht genügend gelungen sei, Verstöße gegen das Strafgesetzbuch der DDR nach den Paragraphen 97 (Spionage) und 98 (Sammlung von Nachrichten) zu „erarbeiten“.[673]

Zu den Bundesbürgern, die auf diese Weise unter Observation des MfS gerieten, zählten seit Ende der siebziger Jahre auch Wissenschaftler aus Ein-

669 6. DB des Stellvertreters des Ministers: „Politisch-operative Sicherung der Auswertung und Nutzung politisch-operativ beschaffter wissenschaftlich-technischer Erkenntnisse in der Volkswirtschaft der DDR“ vom 3.1.1983, S. 6 ff.; ebenda.

670 DA 2/83 der HV A vom 15.11.83 zur Organisierung und Durchführung der Wirtschaftsaufklärung im Bereich der Hauptverwaltung A und der Abteilungen XV der Bezirksverwaltungen – Wirtschaftsaufklärung –, S. 4; BStU, ASt Berlin, XV/8.

671 5. DB des Stellvertreters des Ministers vom 3.1.1983 zur „Politisch-operativen Sicherung in der Volkswirtschaft der Deutschen Demokratischen Republik eingesetzter ausländischer Werktätiger“, S. 9; BStU, ZA, DSt 102836; vgl. auch Befehl 3/81 zur weiteren Qualifizierung der politisch-operativen Sicherung der sich ständig oder zeitweilig in der DDR aufhaltenden Ausländer vom 25.2.1981; BStU, ZA, DSt 102738.

672 DA 1/82 vom 10.3.1982 zur politisch-operativen Sicherung der Volkswirtschaft, S. 11 und 14 ff.; BStU, ZA, DSt 102836.

673 HA XVIII, Leitung: „Auszüge aus Dokumenten der Dienstkonferenz der Linie XVIII zur weiteren Durchsetzung der DA 1/82 am 4. und 5.10.1983 an der Hochschule des MfS“ vom 13.10.1983; BStU, ZA, HA XVIII 941, Bl. 32 f.

richtungen der DDR- und Osteuropa-Forschung, die vom MfS mit großem Aufwand ausgeforscht wurden. Die Hauptabteilung XVIII konzentrierte sich dabei auf „linienverwandte" Institute wie das Deutsche Institut für Wirtschaftsforschung (DIW), das Institut für Gesellschaft und Wissenschaft (IGW) oder die Forschungsstelle für gesamtdeutsche wirtschaftliche und soziale Fragen. So ließ die Abteilung XVIII der BV Potsdam beispielsweise jahrelang drei Wirtschaftsforscher aus Westberlin – unter anderem von dem erwähnten IMF „Thaer" – bespitzeln, obgleich deren Erkenntnisse auch nach eigenem Eingeständnis auf „legal zugänglichen Veröffentlichungen der DDR" beruhten und lediglich durch „umfassende und tiefgründige Analyse" zustande gekommen seien.[674] Kurjo („Thaer"), der in den achtziger Jahren als Referent an der Forschungsstelle tätig war, wurde 1980 an die Aufklärungsabteilung der Bezirksverwaltung Potsdam übergeben, aus deren Arbeit keine IM-Vorgänge überliefert sind.

1983 verlor die Hauptabteilung XVIII einen Teil ihrer Kompetenzen in der West-Arbeit, als – nach dem Überlaufen zweier führender KoKo-Manager[675] – die neugebildete Arbeitsgruppe Bereich Kommerzielle Koordinierung (AG BKK) für den KoKo-Bereich zuständig wurde. Die diesem zugeordneten Außenhandelsbetriebe und Vertretergesellschaften verblieben zwar zunächst im Zuständigkeitsbereich der Hauptabteilung XVIII, doch ab 1986 wurden sie ebenfalls von der AG BKK bearbeitet. Die HA XVIII mußte in diesem Zusammenhang 58 Planstellen an die AG BKK abtreten, darunter die aus 43 Personen bestehende Wach- und Sicherungseinheit des Internationalen Handelszentrums in der Friedrichstraße.

Auf der anderen Seite dehnte sich das Aufgabentableau der Hauptabteilung XVIII in der ersten Hälfte der achtziger Jahre weiter aus. Dafür sorgten nicht nur die Dienstanweisung 1/82 mit ihren Festlegungen zur „Federführung" der Hauptabteilung XVIII bei der „Sicherung der Volkswirtschaft" und die Erweiterung des Auswertungs- und Informationssystems im MfS im Rahmen der Richtlinie 1/80. Vielmehr verstärkten sich nach der Stationierung von neuen Mittelstreckenraketen in Europa die Bemühungen des MfS um die „politisch-operative Sicherung von Forschungs-, Entwicklungs- und Produktionsvorhaben" für Rüstungsmaßnahmen des Warschauer Paktes sowie zur „frühzeitigen Aufklärung akuter Aggressionsabsichten und überraschender militärischer Aktivitäten imperialistischer Staaten und Bündnisse".[676] Die Li-

674 Major Stark, Abt. XVIII, BV Potsdam: „Vorschlag zur Einstellung der OPK Betty" vom 27.5.1987; BStU, ASt Potsdam, AOPK „Betty" 1390/87, Bl. 20.

675 Vgl. Abweichender Bericht der Berichterstatterin der Gruppe Bündnis 90/Die Grünen im 1. Untersuchungsausschuß, Ingrid Köppe (MdB), S. 28–33 und 7–10 (Typoskript); Beschlußempfehlung und Bericht des Schalck-Untersuchungsausschusses vom 27.5.1994, BT 12/7600, S. 116.

676 Befehl 11/84 vom 30.5.1984 „Zur politisch-operativen Sicherung von Forschungs-, Entwicklungs- und Produktionsvorhaben für moderne strategisch bedeutsame Waffensysteme"; BStU, ZA, DSt 103105; Befehl 1/85 vom 15.2.1985 zu „Aufgaben der Diensteinheiten des MfS zur frühzeitigen Aufklärung akuter Aggressionsabsichten und überraschender mili-

nie XVIII war bei diesem Themenfeld besonders gefragt, und der Leiter der Hauptabteilung XVIII instruierte seine Abteilungsleiter im August 1985, daß ihre zuverlässigsten IM alle Abschöpfungsmöglichkeiten im Operationsgebiet nutzen sollten, um den insgesamt 19 Indikatoren – von auffälligen Transportbewegungen bis zu Massenschlachtungen von Vieh – nachzugehen.[677]

Die „personenbezogene Arbeit im und nach dem Operationsgebiet auf Linie XVIII" wurde 1985 zum Thema einer 150 Seiten langen „Dissertation" an der Juristischen Hochschule des MfS gemacht, in der die Inoffiziellen Mitarbeiter mit Feindverbindung (IMB) als Hauptmittel zur Realisierung der „politisch-operativen" Zielstellungen bezeichnet werden.[678] Die IMB sollten danach das Vertrauen der „feindlichen Stellen" erringen und in deren „Konspiration" eindringen. Das sei „besonders durch die mündliche oder schriftliche Übergabe für den Gegner wertvoller, glaubwürdiger und überprüfbarer Dokumente möglich", wobei die „Sicherheitsinteressen" jedoch nicht gefährdet werden dürften. Beim „Gewinnungsprozeß" von West-IM, wie selbständigen Firmeninhabern, Vertretern, Angestellten oder Monteuren, sei zu beachten, daß deren materielle „Existenzbedingungen" im Westen lägen, die sie nicht gefährden, sondern möglichst verbessert reproduzieren wollten. Da diese IM in der Regel eine berufliche Tätigkeit innerhalb des „kapitalistischen Wirtschaftsmechanismus" ausübten, könnten sie neben dem Schutz der DDR-Wirtschaft vor „feindlichen Angriffen" aus diesem Bereich Informationen entsprechend des „Informationsbedarfs" des MfS liefern.[679]

Nach dem XI. Parteitag der SED legte Mielke in seiner Zentralen Planvorgabe für den Zeitraum 1986–1990 fest, daß die Beiträge zur Spionageabwehr, zur Aufdeckung von Wirtschaftskriminalität, zur wirksamen Überwachung der Schwerpunktobjekte, zur Unterstützung und Stabilisierung volkswirtschaftlicher Prozesse und zur Beschaffung von wissenschaftlich-technischen Erkenntnissen erhöht werden sollten.[680] Im Mittelpunkt der „Unterstützung der Beschleunigung" des wissenschaftlich-technischen Fortschritts mit Hilfe von Schlüsseltechnologien sollte – in enger Kooperation mit der HVA – die

tärischer Aktivitäten imperialistischer Staaten und Bündnisse, insbesondere zur Verhinderung überraschender Raketenangriffe gegen Staaten der sozialistischen Gemeinschaft"; BStU, ZA, DSt 103137; 1. DB zum Befehl 1/85 des Stellvertreters des Ministers vom 5.6.1985 zur „Allseitigen Nutzung der Möglichkeiten der Diensteinheiten des MfS zur frühzeitigen und zuverlässigen Beschaffung von Hinweisen auf akute feindliche Aggressionsabsichten, -vorbereitungen und -handlungen"; ebenda.

677 Schreiben des Leiters der HA XVIII an den Leiter der HA XII: „Weisung zur Durchsetzung des Befehls 1/85 des Ministers vom 15.2.1985 in der HA XVIII" vom 5.8.1985; BStU, ZA, HA XVIII 1444, Bl. 1–14.

678 Oberstleutnant Gert Grund und Oberstleutnant Wolfgang Meinel: Die personenbezogene Arbeit im und nach dem Operationsgebiet auf Linie XVIII; BStU, ZA, JHS 20089.

679 Ebenda, Bl. 94–101.

680 Zentrale Planvorgabe für 1986 und den Zeitraum bis 1990 vom 21.5.1986, S. 60; BStU, ZA, DSt 103287.

Wirtschaftsspionage stehen; darüber hinaus sollten aber auch die westlichen Geschäftsreisenden durch eine gemeinsame „Realisierungskonzeption" der Hauptabteilung XVIII, der Hauptabteilung XIX (Verkehr) und der Hauptabteilung II (Spionageabwehr) noch besser unter Kontrolle genommen werden. Tatsächlich erging eine solche Ende 1988 an die Leiter aller Diensteinheiten und definierte – bei 1989 immerhin 63 830 geschäftlichen Einreisen – detailliert die Personenkategorien, über die in Zukunft Dossiers angelegt werden sollten.[681]

Zusätzliche Aufgaben übernahm die Hauptabteilung XVIII in der zweiten Hälfte der achtziger Jahre auf dem Gebiet der Umweltpolitik, denn das MfS beobachtete mit Sorge das Anwachsen „feindlicher Angriffe auf dem Gebiet von Umweltschutz und Wasserwirtschaft". So wurde die Hauptabteilung XVIII aktiv bei der Aufklärung und Bekämpfung der Umweltorganisation Greenpeace Deutschland e. V., nachdem Erich Mielke ihr 1988 mit der aktualisierten Geheimen Verschlußsache 4/85 die „Verantwortung" für diese Gruppe übertragen hatte. Die wichtigsten Mitglieder und Aktivisten der Organisation wurden von der Abteilung 6 der Hauptabteilung XVIII „erfaßt" und aufgeklärt, Arbeitsstrukturen, Ziele und Vorgehensweise gegenüber der DDR bis ins einzelne ausgeforscht.[682] Um die „vorbeugende Verhinderung, Aufklärung und Bekämpfung der gegen diesen Bereich wirkenden gegnerischen Einrichtungen und Kräfte zu konzentrieren", wurde 1988 vom Stellvertreter des Ministers, Mittig, ein Maßnahmeplan bestätigt, der den zielgerichteten Einsatz von inoffiziellen Mitarbeitern sowie eine „qualifizierte" Arbeit mit Operativen Vorgängen und Operativen Personenkontrollen vorsah – unter Federführung der Hauptabteilung XVIII und bei enger Zusammenarbeit aller involvierten Diensteinheiten, einschließlich der HV A.[683] So wurde zum Beispiel ein IM der Berliner Bezirksverwaltung für Staatssicherheit Berlin im „Operationsgebiet" eingesetzt, um Verbindungen zu Personen und Gruppierungen zu festigen, „die an Kontakten zu Personen aus der Öko-Bewegung"

681 MfS-Realisierungskonzeption „zum abgestimmten und koordinierten Vorgehen bei der Erfassung, Kontrolle und schwerpunktbezogenen Bearbeitung der aus kommerziellen und wissenschaftlich-technischen Gründen einreisenden NSW-Personen" vom 1.12.1988; BStU, ZA, HA XVIII 125; vgl. auch Oberstleutnant Falk Vogel, Oberstleutnant Karl Heinz Kotira, Major Hans Georg Iwohn, Major Jürgen Lipowski, Hauptmann Jörg Frölich: Die politisch-operative Abwehrarbeit gegenüber Personen aus dem NSW, die im Rahmen ökonomischer, kommerzieller und wissenschaftlich-technischer Beziehungen in die DDR einreisen; BStU, ZA, JHS 20001.

682 Leiter der HA XVIII: Rückflußinformation zur weiteren Qualifizierung der Führung, Leitung und Organisation der politisch-operativen Abwehrarbeit bei der schwerpunktbezogenen Aufklärung und vorbeugenden Verhinderung subversiver Handlungen von „Greenpeace Deutschland e. V." gemäß GVS o008 4/85 des Ministers; BStU, ZA, DSt 103575, dokumentiert in: *Bastian 1996,* Dokument 23; ausführlicher dazu: ebenda, S. 9 ff.

683 Leiter der HA XVIII: Weitere Qualifizierung der Führung, Leitung und Organisation der politisch-operativen Abwehrarbeit auf dem Gebiet von Umweltschutz und Wasserwirtschaft zur vorbeugenden Verhinderung, Aufklärung und Bekämpfung feindlicher Angriffe vom 16.5.1988; BStU, ZA, HA XVIII 7270, dokumentiert in: ebenda, Dokument 2, S. 104 und 108 f. (Seiten vertauscht).

der DDR interessiert waren.[684] Noch im September 1989 legte die Abteilung 6 der Hauptabteilung XVIII in einem Entwurf zum Jahresplan für 1990 die Anlage des Zentralen Operativen Vorganges „Regenbogen“ fest, in dessen Rahmen unter anderem zwei IM für die „Blickfeldarbeit“ zu Greenpeace ausgewählt und vorbereitet werden sollten, um auf diese Weise in die Organisation einzudringen.[685]

Wieviele Bundesbürger als IM für die Hauptabteilung XVIII gearbeitet haben, ist bislang nicht bekannt; von den insgesamt 1 886 IM der Hauptabteilung XVIII waren 1986 allerdings nur 44 als IM „mit Feindverbindung“ registriert.[686] Hierbei sind freilich weder die IM der Abteilungen XVIII in den Bezirksverwaltungen berücksichtigt, die auf rund 9 000 geschätzt werden, noch die der Einsatzrichtungen Wirtschaft in den 211 Kreisdienststellen, deren Zahl bis heute unbekannt ist.

5.5 „Offensive Kampfmaßnahmen im Operationsgebiet“ – Das Arbeitsgebiet „S“ der Arbeitsgruppe des Ministers

Zur West-Arbeit des MfS gehörte es auch, spezielle Kampfkräfte für den Einsatz in der Bundesrepublik und Westberlin auszubilden, die „auf Befehl gegen politische, wirtschaftliche und militärische Schwerpunktobjekte – insbesondere deren neuralgische Punkte – einschließlich Personen erfolgreiche Aktionen“ führen sollten. Diese Einsatzgruppen hatten „jederzeit bereit zu sein, um unter allen Bedingungen der Lage – unter relativ normalen, friedlichen Bedingungen als auch im Falle bewaffneter Auseinandersetzungen – aktive Aktionen gegen den Feind und sein Hinterland erfolgreich durchzuführen“.[687]

Geschichte und Arbeitsweise dieser speziell geschulten Kampfkräfte sind erst in jüngster Zeit eingehender untersucht worden.[688] Anders als bei den von der „Abwehr“ punktuell veranlaßten Entführungen, Überfällen, Einbrüchen oder Anschlägen (vgl. Kap. 5.2) ging es hier um die Schaffung von besonderen Einsatzgruppen, die systematisch für Sabotageaktionen und andere Kampfeinsätze im „Hinterland des Feindes“ vorbereitet wurden. Entsprechen-

684 BV Berlin, AG XXII: Einsatz- und Entwicklungskonzeption für den IMB „Robert“; BStU, ASt Berlin, AIM 5740/91, Bl. 235 ff., auszugsweise dokumentiert in: ebenda, Dokument 12.

685 Entwurf der HA XVIII/6 zum Jahresplan 1990; BStU, ZA, HA XVIII 5386, auszugsweise dokumentiert in: ebenda, Dokument 26.

686 Struktur und Dislokation des IM-Bestandes der HA XVIII, Stand 31.10.1986; BStU, ZA, HA XVIII 3018, Bl. 8 f.

687 Leiter Arbeitsgebiet „S“ der Arbeitsgruppe des Ministers: Einsatzgrundsätze und Hauptaufgaben der Einsatzgruppen im Operationsgebiet vom 15.4.1981, GVS 046-9/81, S. 1; BStU, ZA, HA XXII, Bündel 1600.

688 *Auerbach 1999.*

de Aufgabenstellungen hatte – auf Vorschlag der sowjetischen Berater – bereits 1953 eine Abteilung z.b.V. (zur besonderen Verwendung) unter Leitung von Generalmajor Gutsche übernommen.[689] Diese Abteilung verübte unter anderem das Scheinattentat gegen den Saarländischen Ministerpräsidenten Hoffmann im Jahr 1955 (vgl. Kap. 5.1).[690] Im selben Jahr wurde die Abteilung dem Stellvertreter des Ministers, Markus Wolf, unterstellt und ab 1956 als Abteilung III der HV A weitergeführt. Diese wurde 1959 aus der HV A herausgelöst und kam als Abteilung IV in den Anleitungsbereich der Arbeitsgruppe des Ministers (AGM). 1964 gingen daraus die Abteilungen IV/1 (Aufklärung im Operationsgebiet) und IV/2 (Ausbildung der Einsatzgruppen in der DDR) hervor. Darüber hinaus verfolgte die 15. Verwaltung der Nationalen Volksarmee „gleichlautende operative Aufgaben", die, da sie „bereits in Friedenszeiten" ausgeführt werden mußten, 1962 ebenfalls im MfS aufging. Die Abteilungen IV/1 und IV/2 waren dem Arbeitsgebiet „S" zugeordnet, das von Heinz Stöcker geleitet wurde und – einschließlich der „zentralen spezifischen Einsatzkräfte" (ZSK) – 1988 eine Stärke von 548 Mitarbeitern sowie 168 Unteroffizieren auf Zeit besaß.[691] 1988 wurde die AGM/S zur Abteilung XXIII umgewandelt,[692] die 1989 wiederum mit der Abteilung XXII zur Hauptabteilung XXII vereinigt wurde.[693] Die Abteilung IV der AGM ging hingegen 1987 in der neugebildeten HVA-Abteilung XVIII auf, die für die Aufklärung und Bearbeitung strategisch wichtiger Objekte in der Bundesrepublik, der Maßnahmen des Zivilschutzes sowie für die Vorbereitung von Sabotageaktionen im Westen zuständig war.[694]

Ungeachtet der wechselnden Dislozierung in der MfS-Struktur blieben die Aufgaben der Einsatzgruppen im Laufe der Jahre weitgehend unverändert. Schon 1959 hieß es in einem Bericht über die bisherige Arbeit der Verwaltung 15, daß der „Auftrag, im Bereich der NVA eine Verwaltung aufzubauen, die mit der Aufgabe betraut ist, bei Angriffshandlungen der Bundeswehr auf die DDR im Hinterland des Feindes eine wirkungsvolle Partisanentätigkeit zu entfalten", im wesentlichen erfüllt worden sei. Ziel dieses Partisa-

689 Vgl. Befehl 371/53, betrifft: „Löschung von Disziplinarstrafen sowie Beförderungen, Ernennungen und Veränderungen im Bereich des SfS" vom 25.11.1953; BStU, ZA, DSt 100076.

690 Vgl. IM-Vorgang „Wenig"; BStU, ZA, AIM 1844/70.

691 Hinzu kamen 317 Mann der „territorialen spezifischen Einsatzkräfte" (TSK), die jedoch im Innern der DDR eingesetzt werden sollten; vgl. *Auerbach 1994*, S. 124. Die „Bezirks- bzw. Kreiskampfkräfte" sollten in der DDR eingeschleuste bewaffnete Gruppen und andere „subversive Elemente des Gegners" vernichten. Vgl. Politisch-operative Hauptaufgaben zur Gewährleistung der staatlichen Sicherheit im Verantwortungsbereich, GVS Gr.Bln. 26 Nr. 133/74; BStU, ASt Berlin XV 11, S. 2.

692 Befehl 4/88 des Ministers vom 13.4.1988 zur Umbenennung der AGM/S in Abt. XXII; BStU, ZA, DSt 103471.

693 Befehl 3/89 des Ministers vom 25.1.1989 zur „Bildung der HA XXII"; BStU, ZA, DSt 103551.

694 HV A, Abt. XVIII: Informationsbedarf der Abt. XVIII, September 1987; BStU, ASt Gera, Abt. XV 0187, Bl. 111–121. Vgl. *Fingerle/Gieseke 1996*; *Müller-Enbergs 1998*, S. 245 f.; *Auerbach 1999*, S. 11.

nenkampfes sei es, „wichtige militärische Objekte des Feindes zu zerstören und seine Kampffähigkeit zu behindern“, wobei dazu auch „Einrichtungen der Treibstoffversorgung“, „wichtige Einrichtungen des Funk-, Telegrafen-, Fernsprech- und Radarnetzes“, „Störung der Strom-, Gas- und Wasserversorgung“ sowie „Maßnahmen gegen das Personal mit langjähriger Spezialausbildung wie das Personal von Raketeneinheiten und die Piloten von Düsenmaschinen“ gezählt wurden.[695] In fünf, später drei Schulen waren seinerzeit mehrere hundert „Partisanen“ geschult worden, von denen 1962 bereits mehr als 80 im Westen arbeiteten, wo sie Stützpunkte mit Funkern, Kurieren, „Ermittlern“ und Gelddepots aufbauten; das Netz von „Gebietsleitern“, „Gruppenleitern“ und „Residenten“ reichte von Sylt bis in den Schwarzwald.[696]

1964 erließ Erich Mielke einen Befehl zur „Durchführung von Maßnahmen, die notwendig sind, um unter allen Bedingungen der Lage bereit zu sein, zum Schutz der Deutschen Demokratischen Republik aktive Maßnahmen gegen den Feind und sein Hinterland erfolgreich durchführen zu können“.[697] Dieser sah vor, operative Mitarbeiter verschiedener „Linien“ des MfS sowie inoffizielle Mitarbeiter der Hauptabteilung I (Angehörige der Grenztruppen der NVA) spezielle Lehrgänge unter Leitung der AGM absolvieren zu lassen. Wie der Leiter der AGM, Alfred Scholz, 1972 ausführte, sollten sie in die Lage versetzt werden, gegen „neuralgische Punkte [...] erfolgreich Aktionen zu führen“, darunter „Diversionsakte“, „aktive physische Maßnahmen gegen bestimmte Personen“ oder „Unterstützung bei physischer Auflehnung gegen die Staatsstruktur des Kriegsgegners“.[698]

1973 wurden die „Einsatz- und Kampfgrundsätze tschekistischer Einsatzkader bei der Durchführung offensiver tschekistischer Kampfmaßnahmen im Operationsgebiet“ formuliert, und 1981 legte der Leiter der AGM/S, Stöcker, erneut „Einsatzgrundsätze und Hauptaufgaben der Einsatzgruppen im Operationsgebiet“ fest. Die „Kampftaktik der Einsatzgruppen“ war danach „durch überraschend geführte geheime Aktionen gekennzeichnet“. In der Übergangsphase von der Spannungsperiode zum offenen militärischen Konflikt könnten sich nämlich „konzentrierte Schläge durch tschekistische Einsatzkräfte als notwendig und zweckmäßig erweisen, da in dieser Phase eine sehr hohe Wirkung durch gezielte Kampfaktionen erzielt werden muß“. Die Durchführung aller Kampfaktionen müsse „dabei so erfolgen, daß keine Rückschlüsse und Zusammenhänge für den Feind erkennbar werden“, zum Beispiel durch Vortäuschung von Havarien oder unter Ausnutzung der „Szene der Terror- und Gewaltverbrechen“.

Im Falle bewaffneter Auseinandersetzungen hätten die Einsatzgruppen die Aufgabe gehabt, gegen Objekte und Einrichtungen im politisch-militäri-

695 *Fingerle/Gieseke 1996*, Dokument 4, S. 39 und 41 f.
696 Ebenda, S. 12.
697 Befehl 107/64 des Ministers vom 21.1.1964 zur „Bildung und Aufgaben der Arbeitsrichtung Stöcker in der AGM“; BStU, ZA, DSt 100405, dokumentiert in: ebenda, S. 66 ff.
698 Zitiert nach: ebenda, S. 17.

schen Bereich, im ökonomischen Bereich sowie im militärischen Bereich unter anderem wie folgt vorzugehen:

„Ausschaltung von Führungskräften mit Entscheidungsbefugnis oder speziellen Fähigkeiten; Störung der staatlichen Führungstätigkeit und der gesamtgesellschaftlichen Einwirkung zur imperialistischen Beeinflussung der Volksmassen; Erzeugung von Zweifeln, Chaos und Panik; [...] Störung bzw. Lahmlegung von Nachrichtenverbindungen (Draht, Funk); [...] Zerstörungen bzw. Beschädigungen der Gasversorgung, der Wasserversorgung, des Straßentransportwesens, des Binnenwasserstraßentransportwesens, des Seetransportwesens, des Lufttransportwesens; [...] Inbesitznahme wichtiger Bauwerke, Objekte und Anlagen."

In Spannungsperioden war unter anderem vorgesehen:

„Behinderung und Verunsicherung politisch-administrativer Zentren zur Durchsetzung des Notstandsmechanismus; Verunsicherung von führenden Personen im imperialistischen Machtapparat; [...] Auslösung von panikerzeugenden Maßnahmen; [...] Störung bzw. Behinderung der Arbeit der Massenkommunikationsmittel; [...] Behinderung der Umstellung auf die Kriegswirtschaft durch Störungen in der Treibstoffversorgung, der Energie-, Gas- und Wasserversorgung, des Verkehrswesens sowie einzelner wichtiger Zulieferbetriebe der Rüstungs- und Versorgungsindustrie [...]".

Unter den „relativ friedlichen Verhältnissen"der normalen Koexistenz und Entspannung hatten die Einsatzgruppen folgende Aufgaben:

„Durchführung befohlener spezifischer Einzelaufgaben; Liquidierung oder Beibringung von Verrätern; Liquidierung bzw. Ausschaltung führender Personen von Terrororganisationen, deren Tätigkeit gegen die staatliche Sicherheit der DDR gerichtet ist; Verunsicherung von führenden Zentren der politisch-ideologischen Diversion durch Störung bzw. Behinderung ihres Arbeitsablaufes sowie Beschädigung oder Lahmlegung von Einrichtungen, Technik und Akten bzw. Unterlagen dieser Zentren; Beschaffung wichtiger Dokumente, Unterlagen oder spezifischer feindlicher Technik; Unterstützung von Kräften, die gegen den imperialistischen Machtapparat auftreten."[699]

Die tschekistischen Einsatzkräfte setzten sich einem Dokument aus dem Jahr 1973 zufolge aus speziellen „Einsatzkadern des MfS" und aus „allgemeinen Kämpfern im Auftrage des MfS" zusammen, die sich bei ihren

699 Alle Zitate aus: Einsatzgrundsätze und Hauptaufgaben der Einsatzgruppen im Operationsgebiet vom 15.4.1981 des Leiters Arbeitsgebiet „S" der Arbeitsgruppe des Ministers, GVS 046-9/81; BStU, ZA, HA XXII, Bündel 1600/1, Bl. 3–12, dokumentiert in: *Auerbach 1999*, S. 147–151.

Handlungen „auf das Stützpunktsystem des MfS im Operationsgebiet und bei entsprechenden Einsatz- und Kampfbedingungen auf patriotische Kräfte“ stützen sollten. Der tschekistische Einzelkämpfer war danach „in der Regel ein tschekistischer Einsatzkader des MfS, welcher, auf sich allein gestellt, spezifische offensive Kampfmaßnahmen im Operationsgebiet aufgrund seiner vielseitigen spezifischen Kenntnisse, Fähigkeiten und Fertigkeiten erfüllen kann“. Die tschekistische Einsatzgruppe war demgegenüber „eine, entsprechend den Erfordernissen der zu erfüllenden spezifischen offensiven tschekistischen Kampfmaßnahmen im Operationsgebiet, zusammengestellte Gruppe tschekistischer Einsatzkräfte, welche von einem tschekistischen Einsatzkader des MfS geführt wird, und aus weiteren tschekistischen Einsatzkadern, Spezialisten oder allgemeinen Kämpfern als Gruppenmitgliedern bis zu einer Stärke von maximal 6 Kämpfern bestehen kann“. Als „Spezialisten“ galten dabei Kundschafter, Spezialisten für Sprengtechnik, für Funk- und Nachrichtentechnik, für Alarm- und Sicherungstechnik, Scharfschützen, Kampfschwimmer sowie allgemeine Kämpfer mit beruflichen Spezial- und Sprachkenntnissen. Das tschekistische Kommando war schließlich „eine, entsprechend den Erfordernissen einer zu erfüllenden besonders komplizierten offensiven tschekistischen Kampfmaßnahme im Operationsgebiet, speziell aus tschekistischen Einsatzkadern, Spezialisten und allgemeinen Kämpfern zusammengestellte Einheit von mehr als 6 Kämpfern, welche stabsmäßig geführt wird“.

Bei den „Kampfformen der offensiven tschekistischen Kampfmaßnahmen“ differenzierte das MfS zwischen der „Erfüllung einer nach Ort und Zeit begrenzten, im Detail vorgegebenen Kampfaufgabe, mit und ohne Nutzung operativer Stützpunkte oder patriotischer Kräfte des Operationsgebietes“ (die „tschekistische Aktion“) und der „Gesamtheit der abgestimmten, koordinierten und voneinander abhängigen offensiven konspirativen Handlungen tschekistischer Einsatzkräfte in den jeweiligen Einsatzformen zur Erfüllung einer oder mehrerer bedeutsamer und komplizierter Kampfaufgaben im Operationsgebiet unter Ausnutzung aller erforderlichen operativen Stützpunkte und patriotischen Kräfte“ (die „tschekistische Operation“). Bei den Einsatz- und Kampfbedingungen unterschied es zwischen „relativ friedlichen Verhältnissen (als Verhältnisse des normalen, koexistierenden, abgegrenzten Nebeneinanderbestehens bei fortschreitender Tendenz der internationalen Entspannung)“, einer inneren „Krisensituation“, einer äußeren „Spannungsperiode“ und dem „Kriegsfall“. Als Zielstellungen der tschekistischen Aktionen und Operationen werden „das Zerstören“, „das Vernichten“, „das Beschädigen“, „das Lahmlegen“, „das Stören“, „das Behindern“, „das Desorganisieren“, „das Demoralisieren“, „das Verunsichern“, „das Liquidieren“, „das Ausschalten“ (von Personen) und „das Inbesitznehmen“ aufgeführt, wobei hinzugefügt wird, wie das jeweilige Ziel erreicht werden kann. Zum Beispiel so:

„Das Liquidieren beinhaltet die physische Vernichtung von Einzelpersonen und Personengruppen. *Erreichbar durch:* das Erschießen, Erstechen, Verbrennen, Zersprengen, Strangulieren, Erschlagen, Vergiften, Ersticken. [...] Das Ausschalten von Personen beinhaltet die Handlungsunfähigkeit derselben im weitesten Sinne dieses Begriffes. *Erreichbar durch:* die Geiselnahme, das andauernde oder zeitweilige Festhalten, die Entführung, das Verschwinden, die provozierte oder durch Drohung erzwungene Flucht, das Untertauchen, Verstecken, die mittels zugespielter echter oder gefälschter Informationen, Beweise, Beschuldigungen erreichte offizielle Abdankung, Funktionsenthebung, Entlassung, Verhaftung, Verurteilung, Inhaftierung und Vollstreckung der Todesstrafe, die Untergrabung des Vertrauens, des Ansehens, der Unbescholtenheit" (Hervorhebungen im Original).[700]

Über die Umsetzung dieser Einsatzgrundsätze ist wenig bekannt, da die entsprechenden Akten der HV A nicht überliefert sind und diese Aktivitäten auch innerhalb des MfS einer strengen Geheimhaltung unterlagen. Bis Mitte der achtziger Jahre hatte die AGM/S rund 3 500 Einzelkämpfer und Spezialisten für Diversionseinsätze ausgebildet.[701] Aufstellungen der Abteilung IV zufolge waren 1981 von ihr insgesamt 346 bedeutende „Zielobjekte", darunter acht Atomkraftwerke und kerntechnische Anlagen, entsprechend der Linie der Diensteinheit und der „operativen Möglichkeiten planmäßig in der Perspektive analystisch zu bearbeiten".[702] Eine unbekannte Zahl von inoffiziellen Mitarbeitern in der Bundesrepublik war damit beauftragt, diese Objekte auszuspähen und in ihrer Umgebung Grundstoffe zur Herstellung von Sprengladungen zu deponieren.

Aufgrund ihrer Ausbildung und ihrer Fertigkeiten waren die „Einsatzkräfte" dafür geeignet, auch für andere Diensteinheiten gewaltsame Aktionen im Westen durchzuführen. So berichtete der Leiter der AGM/S in einer „Information" vom März 1982 „über ein Anliegen der HV A zur Bereitstellung von Einsatzkräften durch die AGM/S" im „direkten Auftrag" von Markus Wolf.[703] Vorgesehen war danach, eine Gruppe von drei bis vier Mitarbeitern zu bilden und diese „als Einzelkämpfer oder als Einsatzgruppe gemeinsam mit speziell ausgebildeten Kräften der HV A im Operationsgebiet zur Durch-

700 Alle Zitate aus: Einsatz- und Kampfgrundsätze tschekistischer Einsatzkader bei der Durchführung offensiver tschekistischer Kampfmaßnahmen im Operationsgebiet, GVS MfS 005-389/73; BStU, ZA, HA XXII 5565/13, Bl. 1–19, dokumentiert in: *Auerbach 1999*, S. 132–141.

701 AGM/S: Übersicht über den spezifisch ausgebildeten und derzeitig verfügbaren Kräftebestand im MfS vom 22.3.1985; BStU, ZA, HA XXII 5670/5, Bl. 29, zitiert nach: *Auerbach 1999*, S. 36.

702 Abt. IV: Listen mit bedeutenden Zielobjekten, die entsprechend der Linie der Diensteinheit und der operativen Möglichkeiten planmäßig in der Perspektive analystisch zu bearbeiten sind, vom 6.1.1981 und vom 20.1.1981; BStU, ZA, HA XXII 5684/3, Bl. 3–99, zitiert nach: *Auerbach 1999*, S. 65 (Anm. 245) und S. 76.

703 AGM/S, Leiter: Information über ein Anliegen der HV A zur Bereitstellung von Einsatzkräften durch die AGM/S vom 12.3.1982; BStU, ZA, HA XXII, Bündel 521.

führung spezifischer operativer Aufgaben einzusetzen" – unter anderem zur „Bekämpfung feindlicher Personen in der vollen Breite der möglichen Maßnahmen". Ihre Ausbildung durch HV A und AGM/S „müßte in starkem Maße praxisbezogen sein und sollte bis zur Durchführung von Übungshandlungen, operativen Teilhandlungen, Tests und Reisen im Sinne von Übungen im Operationsgebiet ausgestaltet werden [...] Grundsätze, Lösungswege und Maßnahmen, die bisher nur in Konzeptionen vorhanden sind, würden in der Praxis überprüft und vervollkommnet". Der Leiter der AGM/S gab deshalb die Empfehlung, dem Anliegen zuzustimmen (vgl. Kap. 5.1.2).

Ob der Minister für Staatssicherheit, Erich Mielke, wie vom Leiter der AGM in einem handschriftlichen Zusatz zur Auflage gemacht, der Bitte Wolfs nachgekommen ist, geht aus den Akten nicht hervor. Noch 1988 fand jedoch im MfS eine zentrale Dienstbesprechung zur Mobilmachungsarbeit statt, bei der Mielke auch „einige Orientierungen zur weiteren Qualifizierung der Arbeit der AGM/S" gab. Er erinnerte dabei daran, daß die AGM/S „vor ca. 25 Jahren als ein in Spannungsperioden bzw. im Verteidigungszustand zu handelndes MOB-Organ gebildet [wurde]. In diesem Organ wurden und werden speziell ausgebildete Kampfkräfte vorbereitet, die die Hauptkräfte der Spezialkampfführung des MfS bilden. Sowohl in Spannungsperioden als auch im Verteidigungszustand ist die AGM/S aufgrund zentraler Festlegungen hauptverantwortlich für die Vorbereitung und Durchführung von spezifischen tschekistischen Maßnahmen und Aktionen in vorher klar bestimmten Bereichen des Operationsgebietes." Bestimmend für die Arbeit der AGM/S sei gegenwärtig unter anderem die Vorbereitung und Durchführung solcher Maßnahmen „gegen ausgewählte Schwerpunktobjekte des Gegners zur Störung des Vorbereitungs- und Umstellungsprozesses und zur Beeinträchtigung seiner Kampfkraft in Spannungsperioden und im Verteidigungszustand".[704]

Tatsächlich sind aus der Arbeit der AGM/S Übungsunterlagen und Ausbildungsanleitungen überliefert, die eine systematische Schulung der Einsatzgruppen für diese Aufgaben belegen – zum Beispiel für Überfälle, für die Legung eines „konspirativen Hinterhaltes" oder für die „Suche, Verfolgung und Einkreisung feindlicher Kräfte".[705] Ehemalige westdeutsche Kommunisten berichteten zu Beginn des Jahres 1990, daß die Deutsche Kommunistische Partei (DKP) in der Bundesrepublik eine geheime Militärorganisation (MO) mit mehreren hundert Mitgliedern unterhalten habe, die in Krisenfäl-

704 Referat auf der Dienstbesprechung zur Mobilmachungsarbeit im MfS (26.2.1988), GVS o008-7/88, S. 122 f.; BStU, ZA, DSt 103458.

705 Abt. XXIII (AGM/S): Ausbildungsanleitung „Der Überfall", Juli 1988, VVS o073-H 14/88; BStU, ZA, HA XXII, Bündel 521; Arbeitsgebiet „S" der Arbeitsgruppe des Ministers, Ausbildungsrichtlinie: Der konspirative Hinterhalt gegen Einzelpersonen, Personengruppen und Fahrzeuge, 1974, GVS oo5-389/73 und GVS 32/74; BStU, ZA, HA XXII, Bündel 5708; dies.: Ausbildungsanleitung „Grundsätze der Suche, Verfolgung und Einkreisung feindlicher Kräfte", Oktober 1986, VVS o046-765/86; BStU, ZA, HA XXII, Bündel 521; zitiert nach: *Auerbach 1994*, S. 125. Weitere Einzelheiten bei: *Auerbach 1994*, S. 51–63.

len als „Partisanenarmee“ Sabotageakte verüben sollte – augenscheinlich die vom MfS erwähnten „patriotischen Kräfte“. Diese Kämpfer seien in der DDR von Spezialeinheiten des MfS und der NVA in mehrwöchigen Kursen für einen Untergrundeinsatz ausgebildet worden, darunter ein Postbeamter, gegen dessen Entlassung aus dem Staatsdienst in den siebziger Jahren in der Bundesrepublik etliche „Komitees gegen Berufsverbote“ gekämpft hatten. Wie der Spiegel 1990 berichtete, seien die Angehörigen dieser konspirativen Organisation für die „Befreiung festgesetzter Genossen“, für „Sabotageakte gegen Züge und Fernmeldeeinrichtungen“ sowie für „Anschläge auf ausgesuchte Personen“ vorgesehen gewesen.[706]

Die Militärorganisation wurde den wenigen beim Bundesbeauftragten aufgefundenen Unterlagen zufolge Ende der sechziger Jahre gegründet und vom MfS als Gruppe „Forster“ bezeichnet. In den ersten fünf Jahren fand die Ausbildung der Militärorganisation in Ungarn und in Polen statt. Mitte der siebziger Jahre wurde die Ausbildungsarbeit auf das Gebiet der DDR verlagert. Die Leitung der Militärorganisation war in einer Villa in Berlin-Grünau untergebracht. Die westdeutschen Teilnehmer an den Lehrgängen wurden militärisch ausgebildet und in Fragen der Konspiration geschult. Die Mitglieder der Militärorganisation waren in Gruppen eingeteilt, die sich zum Üben konspirativ in der Bundesrepublik treffen konnten.[707] Im Herbst 1995 verurteilte das Landgericht Frankfurt/Main 14 der noch feststellbaren Angehörigen der Militärorganisation wegen „Vorbereitung von Sabotagehandlungen“ und „Agententätigkeit zu Sabotagezwecken“ zu Geldbußen, ohne Umfang und Bedeutung der Untergrundtruppe wirklich aufklären zu können.[708]

Unterlagen, die im Bestand der Bezirksverwaltung Berlin gefunden wurden, zeigen, daß das MfS im Zusammenhang mit seinen Kriegsvorbereitungen auch die Übernahme von Westberlin durch den Staatssicherheitsdienst minutiös vorbereitet hatte. Geplant war nicht nur die Einrichtung von Kreisdienststellen in allen westlichen Bezirken, für die sogar das Personal bereits namentlich fixiert war – in den Dokumenten als „Konstituierung und Entfaltung der Verwaltung B 2“ bezeichnet. Vielmehr wurden als zu lösende „Hauptaufgaben“ der Staatssicherheit in Westberlin konkret festgelegt:

> „1. Festnahme, Isolation bzw. Internierung der feindlichen Kräfte auf der Grundlage der vorhandenen Dokumente, Zuführung in die festgelegten Zuführungspunkte, Sicherung der Erstvernehmung bedeutender Personen und zweckgerichtete Auswertung der gewonnenen Informationen.
> Entfaltung eines wirksamen Fahndungssystems, um untergetauchte Feindkräfte aufzuspüren und unschädlich zu machen.

706 Der Spiegel Nr. 1/1990, S. 65–70; Nr. 2/1990, S. 61–63; Nr. 4/1990, S. 89 f.; Nr. 11/1990, S. 105–109; Nr. 36/1990, S. 94 f.; Nr. 27/1991, S. 82 f.

707 Vgl. Arbeitsplan des Leiters der HA II/19 vom 15.11.1988; BStU, ZA, HA II/AKG 43, S. 19.

708 Der Spiegel Nr. 46/1995, S. 38; Frankfurter Rundschau vom 30.10.1995, S. 13.

Schwerpunkte sind Geheimdienstmitarbeiter, Leitungskräfte der bekannten Feindorganisationen, leitende Polizeikräfte, Spitzenpolitiker, PID-Mitarbeiter aus den Medien, Spitzenbeamte aus Schwerpunktbereichen des Staatsapparates und Geheimnisträger aus Wirtschaft, Wissenschaft und Technik.

2. Besetzung und Sicherung der bedeutsamen Zentren des Feindes, Sicherstellung und Erstauswertung dort vorhandener, aktuell operativ wichtiger Informationen und Dokumente.

Schwerpunkte sind bekannte Geheimdienstobjekte, Polizeidienststellen, Abwehrbereiche, Archive, Stabs- und Planungsbereiche in den feindlichen Hauptobjekten, des Staatsapparates, der Wissenschaftszentren (Akademien und Hochschulen), Konzernzentralen, Partei-, Organisations- und Feindorganisationsdienststellen sowie Datenbänke. [...]

6. Organisierung des politisch-operativen Kampfes gegen die zu erwartende Aktivierung der Feindtätigkeit. Einsatz vorhandener geeigneter IM aus Westberlin und der Hauptstadt zur Aufklärung und zum Eindringen und Unschädlichmachen dieser Feindkräfte, Brechen des gegnerischen Widerstandes.

Schwerpunkte sind Kampf gegen Spionage, Sabotage, Diversion, Terror, Hetze, politische Untergrundtätigkeit, Unruhestiftung durch Falschmeldung und Gerüchte, Plünderungen, Streik und Zusammenrottung, Angriffe auf progressive Kräfte und das bestehende Grenzregime."[709]

Im Juni 1987 wurde den Leitern ausgewählter Diensteinheiten in diesem Zusammenhang eine spezielle „Konzeption" erläutert; die einzelnen Maßnahmen waren in einem „Operationsplan für das Operationsgebiet II" fixiert – beide Dokumente konnten jedoch bislang nicht aufgefunden werden. Die „Verantwortung zur stabsmäßigen Führung der Vorbereitungsarbeit, der Koordination und der Sicherung des einheitlichen Vorgehens der einzubeziehenden Diensteinheiten sowie der militärischen Abstimmung im engen Zusammenwirken mit den zuständigen Organen" wurde der AGM übertragen. Die AGM kümmerte sich darum, daß „aktuelle, aussagekräftige, reale und praktisch anwendbare Führungs-, Auskunfts- und Berichtsdokumente zur Gesamtheit der Maßnahmen" vorlagen, „Übersichten zu den politisch-administrativen, geheimdienstlichen, subversiven, ökonomischen, kulturellen und militärischen Bereichen" erstellt wurden, „Personen, Personengruppen, Objekte, Organisationen, Einrichtungen, Materialien und Gegenstände mit politisch-operativer Relevanz exakt" bestimmt und „in laufenden Nachweisen gewissenhaft" geführt wurden. Zu diesem Zweck formulierte sie einen umfassenden „Informationsbedarf", der regelmäßig weiter präzisiert werden sollte, und für dessen Deckung die betroffenen Diensteinheiten „alle einschlägigen inoffiziellen und offiziellen Quellen gründlich auszuschöpfen" hatten.[710]

709 Leiter der Bezirksverwaltung für Staatssicherheit Berlin: Linienspezifische Aufgaben der BV Berlin, 5.8.1985, S. 1 f.; BStU, ASt Berlin, A 1011/2.

710 Leiter der AGM: Informationsbedarf zur politisch-operativen Vorbereitung des Operationsgebiets II für besondere Lagebedingungen vom 28.1.1988; BStU, ASt Berlin, XV 389.

Allein die für „Aufklärung“ zuständige Abteilung XV der Bezirksverwaltung hatte zu diesem Zeitpunkt Kurzdossiers über 1 000 Westberliner Bürger zusammengetragen.[711]

5.6 „Abwehr“ und Unterstützung des internationalen Terrorismus – Die Hauptabteilung XXII (*Tobias Wunschik*)

Die Akten der Abteilung XXII, die sich heute in den Archiven des Bundesbeauftragten befinden, enthalten weniger Belege für eine intensive Kooperation der bundesdeutschen Linksterroristen mit dem Staatssicherheitsdienst, als die spektakulären Presseberichte über die „RAF-Stasi-Connection“[712] in der Nachwendezeit zunächst vermuten ließen. Der überlieferte Aktenbestand dieser Diensteinheit, die sich MfS-intern als „Terrorabwehr“ bezeichnete, enthält zu einem erheblichen Teil unbedeutende Quellen wie diverse „Grauschriften“ des politischen Extremismus in der Bundesrepublik oder Ausschnitte westlicher Pressemeldungen. Auch die eigentlichen MfS-Unterlagen helfen nicht immer weiter, sind doch die Grundsatzdokumente (wie etwa die „Jahresarbeitspläne“ der verschiedenen Unterabteilungen dieser Diensteinheit) meist stereotyp gehalten und unter geflissentlicher Beachtung der Regeln der Konspiration formuliert. Aussagefähige Dokumente (wie im Zuge der Vorgangsbearbeitung erstellte „Maßnahmepläne“ oder „Sachstandsberichte“), die etwas über die Kooperation sui generis und deren genauen Verlauf auszusagen vermögen, sind nur in geringem Umfang vorhanden. Daher schätzt auch das Bundesministerium des Innern den Nutzen der verfügbaren Unterlagen eher zurückhaltend ein: „Für eine Zusammenarbeit zwischen MfS und RAF enthalten die Akten keine ausreichenden Beweise. Sie belegen jedoch enge Kontakte.“[713] In Einzelfällen immerhin sind aussagekräftige Unterlagen, gerade zu palästinensischen Terroristen, überliefert.[714]

Die Ursachen des oftmals geringen Erkenntniswertes der Akten liegen in der MfS-typischen Konspiration, welche in dieser mit einer politisch heiklen Thematik befaßten Abteilung besonders streng beachtet wurde. Die Abteilung XXII legendierte ihre Aufgaben teilweise sogar gegenüber anderen Diensteinheiten des MfS.[715] Zu den Besonderheiten der Abteilung gehörte

711 Abt. XV der Bezirksverwaltung für Staatssicherheit Berlin: Information für die AGM vom 5.1.1988; BStU, ASt Berlin, A 2991 (unerschlossenes Material), zitiert nach: *Auerbach 1999*, S. 31.
712 Vgl. *Müller/Kanonenberg 1992*.
713 Zitiert nach Wolfgang Gast: Kistenweise Stasi-Akten für die RAF-Fahndung, in: Tageszeitung (taz) vom 29.6.1993, S. 3.
714 Vgl. Faksimile-Abdruck bei *Schmaldienst/Matschke 1995*, S. 254–300.
715 Vgl. Entwurf einer Präzisierung der operativen Verantwortlichkeiten (Arbeitsgegenstände)

ferner, daß in den Operativen Vorgängen nicht bloß, wie in anderen Diensteinheiten gemeinhin üblich, einzelne oder wenige Personen bearbeitet wurden, sondern ganze „Feindobjekte", das heißt westliche Terrorgruppen mit teilweise Hunderten von Mitgliedern, was die Übersichtlichkeit des Materials stark beeinträchtigt. Weil die Operativen Vorgänge – wie die inoffiziellen Mitarbeiter – größtenteils zum Zeitpunkt der Wende noch aktiv waren, liegen die dazugehörigen Akten heute auch nicht als relativ kompakte, im Archiv des MfS (Abteilung XII) verwahrte Vorgänge bereit; vielmehr befanden sich die Dokumente aus der laufenden Vorgangsbearbeitung im Herbst 1989 noch in verschiedenen Dienstzimmern der Abteilung XXII und wurden dann zu Aktenbündeln buchstäblich zusammengeschnürt, denen der innere Zusammenhang oft fehlt und die von den Erschließungsreferaten des Bundesbeauftragten lediglich „grob erschlossen" wurden.

Die größte Erschwernis bei der Aufklärung der Verbindungen zwischen Staatssicherheitsdienst und Terroristen ist jedoch die gezielte Vernichtung der Akten. Das noch existierende MfS bzw. dessen kurzlebiger Nachfolger, das Amt für Nationale Sicherheit (AfNS), bemühten sich im Spätherbst 1989, bestimmte Dokumente „verschwinden" zu lassen, was zugleich als Indiz für die politische Brisanz dieser Unterlagen gelten kann. Offensichtlich hielten die Geheimdienstmitarbeiter die Unterlagen der seinerzeitigen Hauptabteilung XXII (die nicht nur mit dem deutschen, sondern auch mit dem arabischen Terrorismus befaßt war) für besonders relevant, denn diese Bestände waren in überdurchschnittlichem Maße von der Aktenvernichtung betroffen. Wie es um die schriftliche Überlieferung bestellt ist, zeigt sich auch daran, daß sich die staatsanwaltschaftlichen Ermittlungen gegen seinerzeit im Westen tätige inoffizielle Mitarbeiter der Abteilung XXII teilweise mehr auf die Zeugenaussagen ehemaliger MfS-Mitarbeiter stützen als auf schriftliche Unterlagen.[716]

Die 1975 formierte Abteilung XXII[717] wurde zunächst von Oberst Harry Dahl geleitet, ab 1985 von Horst Franz. Bis 1980 wuchs die Zahl ihrer hauptamtlichen Mitarbeiter auf fast 140 Personen, doch auch mit schließlich 248 Mitarbeitern im Jahre 1988 zählte die Abteilung noch zu den kleineren Diensteinheiten im Ministerium für Staatssicherheit. Durch die im März 1989 vollzogene Vereinigung mit der für die unmittelbare militärische Bekämpfung von Gewalttätern zuständige Abteilung XXIII erhöhte sich die Zahl der Mitarbeiter auf 878 Personen (Stand 31. Oktober 1989).[718] Angesichts der politischen Brisanz des Arbeitsgegenstandes war die Abteilung XXII in besonderem Maße um Rückendeckung bei der MfS-Spitze bemüht. Bei-

der Referate 1 und 3 der Abt. XXII/8 vom 28.6.1988; BStU, ZA, HA XXII 5479, Bl. 1–8, hier 5.

716 Vgl. u. a. *Meyer 1996*, S. 472.

717 Zu Aufgaben und Struktur der Abt. XXII sowie für weitere Quellenhinweise vgl. *Wunschik 1995* sowie *Siebenmorgen 1993*, S. 201–235.

718 Vgl. *Gieseke 1995*.

spielsweise bedurfte die Auswahl der zu bearbeitenden „Zielobjekte“ und die Grundkonzeption der in diesem Zusammenhang zu tätigenden „Treffs“ der Zustimmung des Stellvertreters des Ministers, Gerhard Neiber, oder sogar von Mielke selbst.[719]

Weit mehr als andere Diensteinheiten des MfS, deren Tätigkeitsfeld die Bundesrepublik berührte, war die Abteilung XXII auf das „Operationsgebiet“ fixiert. Die „Feindobjekte“, welche die Abteilung XXII „federführend“ zu bearbeiten hatte, lagen ausnahmslos im Westen.[720] Sie war immer dann zuständig, wenn die Staatssicherheit glaubte, beim „Gegner“ eine Bereitschaft zur Ausübung von Gewalt gegen die DDR erkennen zu können: „Entscheidendes Kriterium dafür, daß sich die Abteilung XXII der Aufklärung, operativen Kontrolle und Bearbeitung von Stellen und Kräften des Operationsgebietes zuwendet, ist ein Terror- bzw. anderer operativ bedeutsamer Gewaltbezug.“[721] So standen zahlreiche terroristische Organisationen in der Bundesrepublik, Westeuropa und dem Nahen Osten – wie der international gesuchte „Top-Terrorist“ „Carlos“, die Abu-Nidal-Gruppe, die italienischen Roten Brigaden, die baskische ETA oder die irische IRA – in ihrem Visier. Doch auch die „autonome“ und „antiimperialistische“ Szene in Westberlin sowie der militante politische Linksextremismus in der Bundesrepublik,[722] das heißt, alle deutlich links von der SPD stehenden Gruppierungen mit DDR-kritischer bis -feindlicher Ausrichtung wie die Kommunistische Partei Deutschlands/Marxisten-Leninisten[723] mit ihrer Sektion DDR oder der Kommunistische Bund Westdeutschlands wurden von der Diensteinheit prophylaktisch „beobachtet“ oder systematisch „zersetzt“, wenn sie sich gegen die DDR zu wenden schienen. Des weiteren befaßte sich die

719 Vgl. Referat von Gerhard Neiber vom 25.1.1983 auf der Zentralen Dienstkonferenz des Arbeitsbereichs Neiber; BStU, ZA, HA XXII 5842, Bl. 458–680, hier 565. Mielke bestätigte beispielsweise auch, daß die RAF-Aussteigerin Inge Viett für das Jahr 1983 als IM zu werben sei. Vgl. Jahresplan 1983 der Abt. XXII vom 23.12.1982; BStU, ZA, HA XXII 5778, Bl. 1296–1338, hier 1304.

720 Vgl. DA 1/81 vom 16.3.1981 zur Aufklärung, vorbeugenden Verhinderung, operativen Bearbeitung und Bekämpfung von Terror- und anderen operativ bedeutsamen Gewaltakten, S. 8 und 22; BStU, ZA, DSt 102735. Siehe auch Protokoll der Beratung des Leiters der HA XXII vom 4.4.1989; BStU, ZA, HA XXII 884, o. Pag.; Geheime Verschlußsache 4/85 vom 15.2.1985: Bekämpfung feindlicher Stellen und Kräfte im Operationsgebiet, die subversiv gegen die DDR und andere sozialistische Staaten tätig sind (außer imperialistische Geheimdienste und kriminelle Menschenhändlerbanden); BStU, ZA, DSt 103142.

721 Vgl. Thesen zur Auswertung der multilateralen Beratung zu Problemen des sogenannten internationalen Terrorismus in Varna, o. D. (Anfang Dezember 1987); BStU, ZA, HA XXII 18118, Bl. 23–93, hier 28. Als Gewaltandrohungen betrachtete die Staatssicherheit „demonstrative Bekundungen bzw. Ankündigungen von Terror- und anderen operativ bedeutsamen Gewaltakten, insbesondere Attentate, Morde, Geiselnahmen, Entführungen, Erpressungen, Überfälle, Sprengstoffanschläge, Explosionen, Brände, sogenannte ‚Bombenlegungen‘ und andere Gemeingefahren.“ 5. DB zur DA 1/81 vom 12.7.1984, S. 3 und 7; BStU, ZA, DSt 102735.

722 Vgl. Befehl 17/79 vom 8.12.1979 zur Aufklärung, vorbeugenden Verhinderung und Bekämpfung subversiver Pläne, Absichten und Maßnahmen linksextremistischer und trotzkistischer Organisationen, Gruppen und Kräfte; BStU, ZA, DSt 102619.

723 Vgl. *Wunschik 1997b.*

Abteilung XXII mit der Tageszeitung (taz)[724], bei der sie Erkenntnisse über die linksterroristische Szene der Bundesrepublik zu gewinnen hoffte. Die Abteilung XXII operierte zugleich gegen die neonazistische und rechtsextreme Szene in Westdeutschland mit Gruppierungen wie die Aktionsfront Nationaler Sozialisten/Nationale Aktivisten, Kampfgruppe Priem und Wehrsportgruppe Hoffmann. Hinzu kamen verschiedene militante Exilorganisationen wie exil-afghanisch-islamische Kräfte oder die türkischen rechtsextremen Grauen Wölfe sowie einige antikommunistische Gruppen wie das Brüsewitz-Zentrum und die Arbeitsgemeinschaft 13. August – Haus am Checkpoint Charlie.

Zur Aufklärung der genannten Organisationen bediente sich der Staatssicherheitsdienst vor allem seiner inoffiziellen Mitarbeiter. Es war beabsichtigt, geeignete „überörtlich einsetzbare IM" zu gewinnen und in das jeweilige Milieu einzuschleusen – womit jedoch, vermutlich aufgrund der Sorge vor Verwicklungen, mehr die Peripherie als der „harte Kern" terroristischer Gruppen gemeint war.[725] Das Anforderungsprofil an die IM im linksextremen Bereich zielte auf „Szenekenner" aus dem Westen, von denen sich die Staatssicherheit den besten Überblick über die verschiedenen militanten Organisationen versprach. Werbungen aus dem eigentlichen terroristischen Milieu sollten nur unter bestimmten Bedingungen und unter größter Vorsicht vorgenommen werden. Gefragt waren auch DDR-Bürger, die an „Berührungspunkten" mit den verschiedenen terroristischen Organisationen eingesetzt werden konnten, insbesondere ostdeutsche Verwandte von bundesdeutschen Linksextremisten. Da auch Vorteile bei der Konspiration dafür sprachen, inoffizielle Mitarbeiter innerhalb Ostdeutschlands zu werben, kamen von den 161 inoffiziellen Mitarbeitern der gesamten Abteilung XXII lediglich 35 aus dem Westen, vornehmlich aus der Bundesrepublik.[726] Auffällig ist dabei der in dieser Diensteinheit überdurchschnittlich hohe Anteil Inoffizieller Mitarbeiter mit direktem „Feindkontakt" (IMB).[727] Von dieser Kategorie setzte allein die Abteilung XXII gegen die einzelnen palästinensischen und arabischen Gruppierungen bis zu sechs Mitarbeiter ein (etwa gegen Abu Nidal).[728] Zur Aufklärung der französischen Action Directe war

724 Vgl. Tageszeitung (taz) vom 28. bis 31.12.1992 (Serie), S. 5.

725 Vgl. DA 1/81 vom 16.3.1981 zur Aufklärung, vorbeugenden Verhinderung, operativen Bearbeitung und Bekämpfung von Terror- und anderen operativ bedeutsamen Gewaltakten, S. 23; BStU, ZA, DSt 102735; Entwurf einer DA von 1977 zur vorbeugenden Verhinderung, Aufklärung und Bekämpfung von Terror- und anderen schwerwiegenden Gewaltakten; BStU, ZA, HA XXII 865, o. Pag.

726 Die Zahl umfaßt IMB (Inoffizieller Mitarbeiter der Abwehr mit Feindverbindung), IME (Inoffizieller Mitarbeiter im bzw. für einen besonderen Einsatz) und IMS (Inoffizieller Mitarbeiter für Sicherheit). Vgl. Analyse der Abt. XXII vom 24.4.1987 zur Einschätzung der Wirksamkeit der IM-Arbeit in der Abt. XXII; BStU, ZA, HA XXII 17846, Bl. 12–29, hier 21.

727 Die IMB machten ein Drittel aller inoffiziellen Mitarbeiter der „Terrorabwehr" aus (der Kategorien IMB, IME und IMS), während ihr Anteil im gesamten Staatssicherheitsdienst (allerdings ohne HV A) nur 3,6 % betrug. Vgl. *Müller-Enbergs, 1993*, S. 9.

728 Vgl. Analyse der Abt. XXII/8 der IM-Arbeit auf der Grundlage der 1988 erzielten Ergebnisse bei der Qualifizierung und Erweiterung des IM-Bestandes in den Kategorien IMB/IMS vom 22.2.1989; BStU, ZA, HA XXII 521, o. Pag.

dagegen lediglich ein IMB im Einsatz, nämlich der ehemalige RAF-Anwalt Klaus Croissant.[729] Der ehemalige Angehörige der Bewegung 2. Juni, Till Meyer,[730] war dem MfS genauso zu Diensten wie der Ex-Terrorist und DDR-Bürger Werner Lotze.[731] Im Umfeld der genannten rechtsextremen Zielgruppen hatte die Abteilung XXII jeweils maximal drei IM plaziert.[732] Als sehr ergiebig erwies sich dabei der direkte „operative Kontakt" zu dem Rechtsterroristen Odfried Hepp.[733]

Die Verbindung zwischen dem Ministerium für Staatssicherheit und der westdeutschen Terroristenszene begann 1970 mit der dosierten Gewährung von Möglichkeiten des Aufenthaltes bzw. der Durchreise durch den SED-Staat.[734] Nur wenige Wochen nach der gewaltsamen Befreiung von Andreas Baader am 14. Mai 1970, was als Gründungsdatum der Roten Armee Fraktion (RAF) gilt, bemühte sich die daran beteiligte Ulrike Meinhof in Ostberlin um die Erlaubnis, das Territorium der DDR als Ausgangsbasis für die „Organisierung des Widerstandes" in Westberlin nutzen zu können, weswegen sie umgehend einen „politisch Verantwortlichen" sprechen wolle. Sie wurde zunächst auf den Folgetag vertröstet,[735] dann jedoch nicht mehr über die Grenze gelassen.[736] Auch später duldete das MfS nach heutigem Wissensstand keine Operationsbasis der RAF auf ostdeutschem Terrain, ließ aber steckbrieflich gesuchte Terroristen auf dem Weg in den Nahen Osten den Ostberliner Flughafen Schönefeld ungehindert passieren.[737] Das MfS gestattete die Grenzpassage teilweise stillschweigend,[738] teilweise aber auch explizit.[739] Inge Viett beispielsweise, Mitglied der Bewegung 2. Juni, wurde

729 Vgl. Tageszeitung (taz) vom 5.1.1993, S. 1 und vom 12.2.1993, S. 2.
730 Vgl. Tobias Wunschik: Till Meyer. Biographisches Porträt, in: Uwe Backes und Eckhard Jesse (Hrsg.): Jahrbuch Extremismus und Demokratie, Baden-Baden 1998, S. 231–251.
731 Vgl. *Wunschik 1993*, S. 177–189.
732 Vgl. Analyse der Abt. XXII/1 vom 17.10.1988 zum neonazistischen Potential des Operationsgebietes; BStU, ZA, HA XXII 1189, Bl. 6–50.
733 Vgl. Der Spiegel Nr. 47/1991, S. 137–144.
734 Ausführlicher zum Folgenden: *Wunschik 1997a*.
735 Ihr Ansinnen trug sie beim 1. Sekretär des Zentralrates des FDJ, Günther Jahn, vor. Vgl. Günther Jahn: Information vom 17.8.1970; BStU, ZA, HA XX, AIG 496, S. 17–19. Ihr Ehemann Klaus Rainer Röhl dagegen behauptet, Meinhof habe im gleichen Zeitraum um „Asyl" bzw. Unterschlupf in Ostberlin nachgesucht. Dort wurde ihr angedeutet, daß wohl ihre eigene, nicht aber die Aufnahme der anderen Gruppenmitglieder möglich sei. Unter diesen Bedingungen lehnte sie ab und ließ sich statt dessen in den Nahen Osten ausweisen. *Röhl 1974*, S. 395.
736 Vgl. KK Ulrike Meinhof; BStU, ZA, HA XX, AIG 496.
737 Vgl. u. a. Bericht der HA IX/2 vom 7.8.1970; BStU, ZA, SdM 309, S. 39–42. Aus dem Dokument geht auch hervor, daß der Staatssicherheitsdienst teilweise im voraus über die geplanten Grenzübertritte von Horst Mahler, Hans-Jürgen Bäcker, Ulrike Meinhof und anderen informiert war. Vgl. auch *Horchem 1988*, S. 123.
738 Vgl. Volker Speitel: Ich mach das Affentheater nicht mehr mit (Interview), in: Stern Nr. 35/1981, S. 141.
739 Inge Viett: Wahr bleibt ..., in: Konkret 3/1992, S. 28. Zu ihrer Zusammenarbeit mit dem MfS vgl. Gert Rosenkranz und Jürgen Gottschlich: Neue Belege für die RAF als „5. Kolonne", in: Tageszeitung (taz) vom 27.2.1992, S. 11; Helmut Voigt: „Es ging um Schmidt/Strauß", in: Der Spiegel Nr. 26/1991, S. 94 f.

bei einem Grenzübertritt von MfS-Seite zutreffend versichert, es gäbe „keine Zusammenarbeit mit dem BRD-Polizeiapparat", der nachteilige Konsequenzen für die Linksterroristen nach sich ziehen könnte.[740] So konnte Viett unmittelbar nach der geglückten Befreiung von Till Meyer am 27. Mai 1978 am Grenzübergang Friedrichstraße in die DDR einreisen und sich damit dem Zugriff der westdeutschen Polizei entziehen.[741] Außerdem prüfte das MfS, ob die gefälschten Reisepässe von RAF-Terroristen den westlichen Sicherheitsbehörden schon bekannt waren und riet gegebenenfalls vor der weiteren Verwendung dieser Dokumente ab. Auch warnte das MfS sie rechtzeitig vor dem Bundeskriminalamt, das ein von Terroristen angelegtes Erddepot beobachtete.[742] Und zumindest in einem Fall prüfte der Staatssicherheitsdienst den Verdacht der RAF, eine Person im Umfeld der Gruppe könnte für das Bundesamt für den Verfassungsschutz arbeiten[743] – als „Gegenleistung" erhielt das MfS von RAF-Unterstützern gesammelte Unterlagen über eine US-amerikanische Kaserne in der Bundesrepublik.[744] Naturgemäß verschaffte dies den im Westen meist steckbrieflich gesuchten Tätern einen erheblichen taktischen Vorteil. Sofern es in seiner Macht stand, sorgte das MfS mitunter sogar für die Freilasssung von Terroristen, wie aus einer MfS-Information hervorgeht: „Am 27. Juni 1978 wurden die Viett, Siepmann und Nicolai in Prag durch tschechische Sicherheitsorgane festgenommen und dem MfS übergeben. In der Zeit vom 28. Juni bis 12. Juli 1978 waren sie in der DDR in einem konspirativen Objekt untergebracht und wurden anschließend unter operativer Kontrolle nach Bagdad/Irak ausgeflogen."[745] Die Verhafteten an die westlichen Strafverfolgungsbehörden zu übergeben, kam der Staatssicherheit offenbar nicht in den Sinn.

Noch größere Handlungsfreiheit in der DDR hatten die ehemaligen Angehörigen der Revolutionären Zellen (RZ), Johannes Weinrich und Magdalena Kopp, da sie unter dem Schutz ihres Mentors, des international gesuchten „Top-Terroristen Carlos", standen.[746] Spätestens seit März 1979 hielt sich der palästinensische Terrorist immer wieder als Gast der jemenitischen Botschaft – und damit unter den duldsamen Blicken des Staatssicherheitsdien-

740 *Viett 1997*, S. 180.

741 Vgl. *Meyer 1996*, S. 361.

742 So der mit den RAF-Mitgliedern befaßte Hauptmann der Staatssicherheit Walter Lindner, zitiert nach: Süddeutsche Zeitung vom 10.1.1992, S. 6.

743 So die Angabe des genannten Walter Lindner im Prozeß gegen Inge Viett; vgl. Wolfhard Klein: „Nix, oder wie's war", in: Konkret 10/1992, S. 32 f.

744 So beschrieb der mit den RAF-Mitgliedern ebenfalls unmittelbar befaßte Oberst der Staatssicherheit, Helmut Voigt, die Kooperation mit der RAF; zitiert nach Katrin Klocke: HA Terrorismus – Zusammenarbeit mit der Stasi, RTL-Plus (Spiegel-TV), 23.6.1991.

745 Information zu Aktivitäten von Vertretern der palästinensischen Befreiungsorganisation in Verbindung mit internationalen Terroristen zur Einbeziehung der DDR bei der Vorbereitung von Gewaltakten in Ländern Westeuropas vom 3.5.1979; BStU, ZA, HA XXII 18613, S. 277–292, hier 287; *Viett 1997*, S. 205.

746 Vgl. BStU, ZA, HA XXII 953, S. 154; HA XXII 18613, S. 95. Zu Weinrich vgl. *Schmaldienst/Matschke 1995*; Der Spiegel Nr. 35/1994, S. 133.

stes – in der DDR auf.[747] Allerdings verscherzte er sich durch sein undisziplíniertes Auftreten und seinen ausschweifenden Lebenswandel in der DDR ebenso seine Sympathien wie schon Jahre zuvor in Moskau.[748]

Johannes Weinrich konnte Ostberlin sogar in seine Terrorakte gegen die Bundesrepublik einbeziehen: Im Mai 1982 landete er mit 25 Kilogramm Sprengstoff im Gepäck auf dem Ostberliner Flughafen Schönefeld. Dies stellte eine „Einfuhr von Sprengmitteln" dar, die nach geltendem DDR-Recht mit mindestens zwei Jahren Haft hätte bestraft werden müssen (§ 206 StGB) – wäre das MfS ihm nicht so wohlgesonnen gewesen. Der Sprengstoff wurde zwar zeitweilig beschlagnahmt, doch gegen die Zusicherung Weinrichs, er werde das explosive Material nicht selbst verwenden, sondern an eine „Befreiungsbewegung" weiterleiten, später wieder an ihn ausgehändigt. Und dies, obwohl dem MfS bekannt war, daß Weinrich sich in nächster Nähe bereits ein konkretes Anschlagsziel ausgesucht hatte, nämlich die in Westberlin gelegene Kultureinrichtung „Maison de France". Als dort am 16. August 1983 der Sprengstoff detonierte, starb eine Person, weitere 21 wurden zum Teil schwer verletzt.[749]

Das logistisch aufwendigste Unterfangen des MfS war jedoch die Aufnahme von RAF-Angehörigen, die dem „bewaffneten Kampf" abschwören wollten. Durch Inge Viett vermittelt, konnten Anfang der achtziger Jahre Silke Maier-Witt, Susanne Albrecht, Monika Helbing, Ekkehard von Seckendorff-Gudent, Werner Lotze, Christine Dümlein, Sigrid Sternebeck und Ralf Baptist Friedrich (sowie später auch Henning Beer und schließlich Viett selbst) in der DDR Unterschlupf finden. Um die RAF-Aussteiger zu überwachen, führte das MfS zunächst Operative Personenkontrollen durch; 1981 legte es die Operativen Vorgänge „Stern I" und „Stern II" an und setzte zur Absicherung ihrer geänderten Identität insgesamt 20 inoffizielle Mitarbeiter ein (Stand 1989).[750] Teilweise waren die RAF-Aussteiger selbst als inoffizielle Mitarbeiter tätig.[751] Weil 1985 und 1986 in ihrem gesellschaftlichen Umfeld und auch im Westen Hinweise auf die wahre Vergangenheit von Albrecht, Maier-Witt und Viett bekannt wurden, „mußten" die drei Frauen unabhängig voneinander abermals ihre Identität wechseln und an einem anderen Ort

747 Vgl. Information zu Aktivitäten von Vertretern der palästinensischen Befreiungsorganisation in Verbindung mit internationalen Terroristen zur Einbeziehung der DDR bei der Vorbereitung von Gewaltakten in Ländern Westeuropas vom 3.5.1979; BStU, ZA, HA XXII 18613, S. 277–292, hier 278.

748 Vgl. *Meier 1992*, S. 201–209; *Dietl/Neumann 1995*, S. 89–107.

749 Gegen Weinreich wurde 1997 in dieser Sache vor dem Landgericht Berlin verhandelt. Alle für das Verfahren relevanten Unterlagen des MfS unterlagen bis zum Abschluß dieses Berichtes einem Sperrvermerk der Staatsanwaltschaft und waren somit der wissenschaftlichen Forschung nicht zugänglich.

750 Vgl. Analyse der Abt. XXII/8 der IM-Arbeit auf der Grundlage der 1988 erzielten Ergebnisse bei der Qualifizierung und Erweiterung des IM-Bestandes in den Kategorien IMB/IMS vom 22.2.1989; BStU, ZA, HA XXII 521, o. Pag.

751 Vgl. Oberlandesgericht Koblenz, 2. Strafsenat, Urteil gegen Inge Viett vom 26.8.1992, S. 35.

der DDR eine neue Existenz beginnen.[752] Maier-Witt hatte sich sogar einer Gesichtsoperation zu unterziehen, um eine erneute Wiedererkennung auszuschließen.[753] Ihre Betreuer vom MfS erklärten den Umkehrern angeblich, sie hofften auf den Ausstieg weiterer Terroristen, weil deren Umtriebe „politisch nichts einbringen“ würden.[754] Daß die polizeiliche Fahndung nach Linksterroristen in der Bundesrepublik in der zweiten Hälfte der achtziger Jahre erfolglos blieb, ist in gewisser Hinsicht auch darauf zurückzuführen, daß ein Teil der Gesuchten in der DDR hatte Unterschlupf finden können.

Die aktiven RAF-Mitglieder, die ihren „bewaffneten Kampf“ fortsetzen wollten, zeigten sich höchst erfreut über die Unterstützung durch das MfS. Um die Perspektiven einer Kooperation auszuloten, sondierten im Vorfeld des geplanten RAF-Attentats auf General Kroesen[755] zunächst Wolfgang Beer und Christian Klar in einem Gespräch mit MfS-Mitarbeitern die Lage.[756] Außer ihnen reisten später Helmut Pohl, Henning Beer, Adelheid Schulz und, seinerzeit im Terrorismus noch aktiv, Inge Viett in die DDR, wo sie in einem Objekt des MfS in Briesen bei Frankfurt an der Oder untergebracht wurden. Auf nahegelegenen Schießplätzen wurden sie dort im Umgang mit Waffen, insbesondere einer Panzerfaust, trainiert.[757]

Das MfS zeigte grundsätzlich keine Neigung, der westdeutschen Fahndung nach den politisch motivierten Gewalttätern behilflich zu sein; in manchen Fällen tendierte es sogar zur Unterstützung der Terroristen. Vordringlichste Absicht des Staatssicherheitsdienstes der DDR war dabei die lückenlose Aufklärung der terroristischen Szene, denn nur so meinte der ostdeutsche Geheimdienst, etwaige Gefahren für die DDR abwehren bzw. die jeweilige Organisation „zielgerichtet bearbeiten“ zu können – was auch immer sich im einzelnen dahinter verbergen mochte. Daher lautete der Auftrag des MfS,

752 Vgl. Oberlandesgericht Stuttgart, 5. Strafsenat, Urteil gegen Susanne Becker, geb. Albrecht, vom 3.6.1991, S. 14; *Viett 1997*, S. 281.

753 Vgl. *Wunschik 1992*, S. 153.

754 So der o. g. Walter Lindner, zitiert nach: Süddeutsche Zeitung vom 9.1.1992, S. 6. Der seinerzeitige Leiter der Abteilung XXII, Harry Dahl, sowie drei seiner Untergebenen, die sich durch die Aufnahme der Ex-Terroristen der Strafvereitelung in der Bundesrepublik schuldig gemacht haben, wurden im März 1997 „mit Strafvorbehalt verwarnt“ und zu Geldbußen von bis zu 5 000 DM verurteilt. Dahls Nachfolger, Oberst Horst Franz, und sein Vorgesetzter, der stellvertretende Minister für Staatssicherheit, Generalleutnant Gerhard Neiber, die ebenfalls in dieser Sache hätten belangt werden können, galten seinerzeit als verhandlungsunfähig.

755 Vgl. Oberlandesgericht Koblenz, 2. Strafsenat, Urteil gegen Henning Beer vom 3.7.1991, (Az. 2 StE 2/91), S. 79; Oberlandesgericht Koblenz, 2. Strafsenat, Urteil gegen Inge Viett vom 26.8.1992, (Az. 2 StE 3/91), S. 133 f. Dagegen bestimmte die Bundesanwaltschaft den Zeitpunkt der Übungen mit einer Panzerfaust in Briesen auf das Frühjahr 1982, also *nach* dem Anschlag auf Kroesen; vgl. Süddeutsche Zeitung vom 31.7.1992, S. 6. Wegen dieser Unsicherheiten wurde nach dreijährigen Recherchen das diesbezügliche Ermittlungsverfahren gegen Mielke und sechs ehemalige Mitarbeiter der Staatssicherheit am 16.9.1994 eingestellt; vgl. Süddeutsche Zeitung vom 17./18.9.1994, S. 2.

756 Vgl. Helmut Voigt: „Es ging um Schmidt/Strauß“; in: Der Spiegel Nr. 26/1991, S. 94 f.

757 Vgl. Der Spiegel Nr. 14/1991, S. 22–26; Nr. 26/1991, S. 92–95. Henning Beer nahm am militärischen Training möglicherweise nicht mehr teil.

die Mitglieder extremistischer Gruppen linker wie rechter Couleur im Westen zu identifizieren, ihre Absichten zu erkunden, ihren personellen „Rückverbindungen" nach Ostdeutschland nachzuspüren und die vermutete Steuerung dieser Gruppen durch westliche Geheimdienste aufzudecken.[758] Gerade bei der Aufnahme der RAF-„Pensionäre" in die DDR stand das Aufklärungsinteresse des MfS im Vordergrund. Hiervon versprach sich der Staatssicherheitsdienst aktuelle Auskünfte über die bundesdeutsche sowie die internationale Terrorszene. Gleiches gilt für den DDR-Aufenthalt von Weinrich, dessen Wissen teilweise offen (in langen Gesprächen mit MfS-Vertretern), teilweise verdeckt (mittels Post- und Telefonkontrolle) abgeschöpft wurde.[759]

Die „Gastfreundschaft" des MfS, besonders gegenüber verschiedenen palästinensischen Gruppen, war aber auch ein Ausdruck politischer Sympathien. Es entsprach der grundsätzlichen Linie der Ostblockstaaten, die „fortschrittlichen Kräfte", d. h. die Befreiungsbewegungen der Dritten Welt sowie etliche „junge Nationalstaaten", als Verbündete im Kampf gegen den „Imperialismus" zu betrachten und sie dementsprechend zu fördern (vgl. Kap. 5.1). Gegenüber den offenkundig militanten Kräften innerhalb dieses Lagers grenzte sich Ostberlin nicht wirklich ab, so daß die massive Hilfe, etwa für den Süd-Jemen,[760] der offen mit der palästinensischen Terrororgansiation PFLP paktierte, letztlich auch den bundesdeutschen Linksterroristen zugute kam, die sich in den Ausbildungslagern in Aden regelmäßig militärisch trainieren ließen.

Auch gegenüber der RAF bestand eine „unübersehbare Geistesverwandtschaft",[761] insbesondere was die gemeinsame Frontstellung gegenüber dem „Imperialismus" betraf. Auch wenn das SED-Regime den RAF-Terrorismus offiziell ablehnte,[762] beabsichtigte die Staatssicherheit doch, „ein Abgleiten linksterroristischer Kräfte in das Lager des Gegners zu verhindern".[763] Die gemeinsame Feindschaft gegenüber der „imperialistischen" Bundesrepublik stand auch hinter der Vorstellung Erich Mielkes, im Kriegsfall die RAF hinter den feindlichen Linien zur Schwächung des Gegners einzusetzen.[764]

Der Staatssicherheitsdienst wollte seine gewaltbereiten Gäste mit seinem

758 Vgl. Befehl 17/79 vom 8.12.1979 zur Aufklärung, vorbeugenden Verhinderung und Bekämpfung subversiver Pläne, Absichten und Maßnahmen linksextremistischer und trotzkistischer Organisationen, Gruppen und Kräfte; BStU, ZA, DSt 102619; DA 1/81 vom 16.3.1981 zur Aufklärung, vorbeugenden Verhinderung, operativen Bearbeitung und Bekämpfung von Terror- und anderen operativ bedeutsamen Gewaltakten; BStU, ZA, DSt 102735.

759 Vgl. Der Spiegel Nr. 35/1994, S. 133.

760 Vgl. u. a. die Vereinbarung über die Zusammenarbeit zwischen dem Ministerium für Staatssicherheit der Deutschen Demokratischen Republik und dem Komitee für Staatssicherheit der Volksdemokratischen Republik Jemen vom 25.11.1980; BStU, ZA, BdL-Dok. 001843.

761 *Backes 1991*, S. 200.

762 Vgl. u. a. Stellungnahme des Präsidiums der DKP zum Terroranschlag in Köln, abgedruckt in: Unsere Zeit vom 7.9.1977, S. 2.

763 Erfahrungen der Abt. XXII bei der Organisierung der vorbeugenden Terrorabwehr vom März 1988; BStU, ZA, HA XXII 5538, Bl. 127–145, hier 140.

764 Vgl. Interview mit Markus Wolf, in: Tageszeitung (taz) vom 25.8.1994, S. 10.

Entgegenkommen zu politischem Wohlverhalten gegenüber Ostberlin bewegen. Wäre man restriktiver vorgegangen, so die Befürchtung, hätten die Mitglieder palästinensischer Gruppierungen aus Verärgerung über den entzogenen Beistand auch gegen die DDR aktiv werden können. Mit der permanenten terroristischen Bedrohung des Westens konnte der Mielke-Apparat dagegen gut leben.[765] Angesichts der ideologischen Ausrichtung der linksmilitanten Kräfte war die Befürchtung, sie könnten die Fronten wechseln und sich gegen die DDR wenden, freilich weitgehend irreal.

Daß es trotz der wechselseitigen politischen Sympathien zwischen SED-Regime und Linksterroristen nicht zu einem engeren Schulterschluß zwischen beiden kam, resultierte vor allem aus den Sicherheitsproblemen, die sich unvermeidlich aus dem DDR-Aufenthalt der Terroristen ergaben, aus taktischen Überlegungen und aus ideologischen Vorbehalten gegenüber bestimmten Formen des „individuellen Terrorismus". Das MfS registrierte dessen Stoßrichtung gegen den Westen zwar mit Wohlwollen, die „Kampfform" jedoch hielt es für kritikwürdig oder – im Sinne einer längerfristigen Strategie – sogar für kontraproduktiv.[766] Der subtilen Neigung der SED, dem bundesdeutschen „Imperialismus" mit der Förderung des Linksterrorismus vielleicht den einen oder anderen Schlag zu versetzen, stand auch entgegen, daß der RAF-Terrorismus in den siebziger Jahren mehrfach polizeiliche Fahndungswellen und verstärkte Sicherheitsmaßnahmen in der Bundesrepublik ausgelöst hatte.[767] Diese Entwicklung gefährdete die MfS-Mitarbeiter im „Operationsgebiet" und konnte – in der Optik der SED – dem Westen als Vorwand zur „Unterdrückung" der „demokratischen Kräfte" dienen.[768] Der mit Abstand wichtigste Grund aber, die zu Gewalthandlungen neigenden „Gäste" immer wieder zur Mäßigung anzuhalten und sie nicht offen zu unterstützen, war die taktisch bedingte Sorge des MfS vor außenpolitischen Komplikationen. Vor den Augen der Weltöffentlichkeit der Unterstützung der weltweiten Terrorszene überführt zu werden, hätte dem SED-Regime schweren politischen Schaden zugefügt.[769] Deswegen hielt das MfS die Terroristen dazu an, sich auch innerhalb der DDR konspirativ zu bewegen, und aus dem gleichen Grund wurde die immer schwerer zu verbergende Unterstützung des internationalen Terrorismus von 1984 an deutlich vermindert.[770]

765 Vgl. *Siebenmorgen 1993*, S. 206.

766 So beschrieb eine 1983 in der DDR aufgenommene Ex-Terroristin die seinerzeitige Position der MfS-Mitarbeiter wie folgt: „Einerseits fanden sie die terroristische Praxis falsch und schädlich, andererseits respektierten sie die revolutionäre Moral der RAF und ihre antiimperialistische Überzeugung". Inge Viett: Wahr bleibt ..., in: Konkret 3/1992, S. 28 f.

767 Vgl. u. a. Schreiben Mielkes an die Leiter der Diensteinheiten vom 7.4.1977 über politisch-operative Maßnahmen nach dem Attentat auf den Generalbundesanwalt Buback; BStU, ZA, SdM 1931, Bl. 276–280.

768 Vgl. u. a. Einschätzung der Abt. XXII vom 14.11.1978 zu rechtlichen Regelungen zur Terrorismusbekämpfung in der BRD; BStU, ZA, HA XXII 777, Bd. 4, Bl. 2–4.

769 Vgl. hierzu auch die offiziellen Konsultationen der DDR und der USA zu Fragen der Terrorismusbekämpfung vom Februar 1988; BStU, ZA, HA XXII 18138.

770 Vgl. *Nielsen 1996*, S. 15.

Da in diesem Zeitraum auch der Aufenthalt von „Carlos“ und seinen deutschen Komplizen in der DDR nicht mehr geduldet wurde,[771] ist offenkundig, daß sich die Staatssicherheit sogar dieses gefährlichen Zeitgenossen erwehren konnte. Die DDR von terroristischer Gewalt frei zu halten, ist also offensichtlich auch anders möglich gewesen, als die weltweit gesuchten Gewalttäter mit Duldung und Unterstützung zu Wohlwollen gegenüber Ostberlin zu bewegen. Deutlich wird das Anliegen der „Terrorabwehr“ des MfS auch in der Absicht der Abteilung XXII, die Terrorismusbekämpfung der demokratischen Staaten nicht etwa zu unterstützen, sondern aufzuklären und zu „bearbeiten“. In mindestens einem Fall sollten aktive Maßnahmen des MfS das Kölner Bundesamt für den Verfassungsschutz bei dessen Aufklärung des Terrorismus sogar behindern und verunsichern.[772]

5.7 Kampf gegen Flucht und Ausreise – die Rolle der Zentralen Koordinierungsgruppe (*Bernd Eisenfeld*)

Auf deutschem Boden gab es nach 1945 ein untrügliches Barometer dafür, welches System die Deutschen im Ost-West-Vergleich vorzogen – die „Abstimmung mit den Füßen“. Für den SED-Staat, der Zeit seiner Existenz seine Überlegenheit über die westdeutsche parlamentarische Demokratie propagierte und aus der Ideologie des Marxismus/Leninismus seine historische Höherwertigkeit glaubhaft zu machen versuchte, mußte dieser Systemvergleich besonders schmerzhaft erscheinen. Flucht und Ausreise weitestgehend einzuschränken und zu unterbinden, stand deshalb immer im Zentrum der Politik der SED. Voraussetzung dafür waren detaillierte Kenntnisse über die Seelenlage der Menschen und ihre Ambitionen, ein Überwachungs- und Kontrollsystem, das es ermöglichte, Fluchtanläufe bereits im Keim zu ersticken, ein Grenzsystem, das weitgehend undurchdringlich und abschreckend erscheinen mußte, sowie ein Apparat, der auch auf westdeutscher Seite nichts unversucht ließ, solche Personen und Einrichtungen aufzuspüren und zu bekämpfen, die Bemühungen um Flucht oder Ausreise aus der DDR praktisch unterstützten.

771 Vgl. Jahresplan 1985 der Abt. XXII vom 20.12.1984; BStU, ZA, HA XXII 5778, Bl. 630–675, hier 640.

772 Vgl. Vorschlag von Oberst Horst Franz vom 12.2.1985 zur Durchführung einer Offensivmaßnahme gegen das Bundesamt für den Verfassungsschutz (OV „Reiter“); BStU, ZA, HA XXII 5619, Bl. 3 f. Nach Einschätzung des MfS wurde der „gegnerische Nachrichtendienst erheblich und mit Langzeitwirkung desinformiert und verunsichert“. Wesentliche Ergebnisse der Erfüllung der Plan- und Kampfaufgaben der Abt. XXII vom 18.7.1985; BStU, ZA, HA XXII 5601, Bl. 233–238.

Damit war klar, daß der Kampf gegen Flucht und Ausreise eine zentrale Aufgabe aller Diensteinheiten des MfS bildete. Da SED und Staatssicherheit stets unterstellten, daß die Flucht- und Ausreisewilligkeit ihrer Bürger hauptsächlich durch westliche Einflüsse angeregt und letztlich initiiert wurde, hatten die operativen Diensteinheiten des MfS ihr Augenmerk besonders auf die „Ausgangspunkte und Zentren der feindlichen ideologischen Diversion" in der Bundesrepublik und in Westberlin zu richten, vor allem mit dem Einsatz inoffizieller Mitarbeiter.[773]

5.7.1 Bekämpfung der Fluchtbewegung

Während das MfS vor dem Mauerbau in erster Linie sogenannte Abwerbungen für die Massenflucht ihrer Bürger verantwortlich machte, schrieb es nach dem 13. August 1961 dem sogenannten staatsfeindlichen Menschenhandel und kriminellen Menschenhändlerbanden (KMHB) die Hauptschuld zu. Vor dem Mauerbau wurden deshalb systematisch Betriebe und Einrichtungen im Westen „aufgeklärt", die mit Flüchtlingen zu tun hatten bzw. viele Ostdeutsche aufnahmen; an dieser Aufgabe hatte sich das „gesamte inoffizielle Netz" des MfS im Westen auszurichten.[774] Nach dem Mauerbau war das MfS neben der weiteren „Aufklärung" der offiziellen Aufnahmestellen für Flüchtlinge vor allem mit der Identifizierung, Einschränkung und Ausschaltung von Fluchthelfern beschäftigt, wofür wiederum vor allem inoffizielle Mitarbeiter eingesetzt wurden.

Neue Fluchtgefahren sahen SED und MfS in den siebziger Jahren aufgrund der deutsch-deutschen Verträge, insbesondere des Transitabkommens,[775] sowie infolge der Vereinbarungen der Konferenz über Sicherheit und Zusammenarbeit in Europa heraufziehen. Ihnen sollte durch eine verstärkte zentrale Koordinierung der Aufgaben der Diensteinheiten des MfS zur Fluchtverhinderung entgegengetreten werden.

In den sechziger und frühen siebziger Jahren war insbesondere die Abteilung 5 der Hauptabteilung XX für die Zurückdrängung von „Feinden" der DDR im Westen verantwortlich. Ihr wurde deshalb 1962 auch die „Federführung" bei der Bekämpfung von westlichen Fluchthelferzentren und -gruppen übertragen. Außerdem übernahm sie koordinierende Funktionen bei der Bekämpfung der Flucht über andere Ostblockstaaten.[776] Mitte der siebziger Jahre verschärfte Mielke das Vorgehen gegen die Fluchtbestrebungen und

773 Anweisung 1/60 „Politisch-operative Maßnahmen zur Einengung der Republikfluchten" vom 4.5.1960; „Entwurf über Maßnahmen und Vorschläge zur Bekämpfung der Republikflucht" vom 2.3.1961, S. 1 f.; BStU, ZA, DSt 101427.

774 Ebenda.

775 Vgl. Mitteilung der Bundesregierung zu Verbesserungen im Berlin-Verkehr vom 19.12.1975, dokumentiert in: Seminarmaterial „Berlin Verkehr", hrsg. vom Gesamtdeutschen Institut, Bonn o. J.

776 Befehl 506/62 des Ministers vom 27.8.1962; BStU, ZA, DSt 100366; Befehl 373/64 des Ministers vom 6.5.1964; BStU, ZA, DSt 100417.

erließ dazu ein umfassendes Regelwerk.[777] „Der Gegner", so hieß es zur Begründung, „versucht in zunehmendem Maße durch eine breit angelegte politisch-ideologische Diversion und Kontaktpolitik/Kontakttätigkeit als Elemente seiner psychologischen Kriegsführung Einfluß auf Bürger der DDR zu gewinnen, sie im Sinne der bürgerlichen Ideologie zu manipulieren und unter anderem bei ihnen den Entschluß zum Verlassen der DDR zu wecken". Mielke machte deshalb seinen Stellvertreter, Generalleutnant Beater, für die Koordinierung „aller politisch-operativen Maßnahmen" und „aller operativen Diensteinheiten" zur „Gewährleistung des planmäßigen, konzentrierten und wirksamen Vorgehens [...] bei der Vorbeugung, Aufklärung und Verhinderung des ungesetzlichen Verlassens der DDR und Bekämpfung des staatsfeindlichen Menschenhandels" verantwortlich.[778] Als ständige Arbeitsorgane zur Umsetzung dieser Aufgabe wurden in der MfS-Zentrale in Berlin die Zentrale Koordinierungsgruppe (ZKG), auf bezirklicher Ebene die Bezirkskoordinierungsgruppen (BKG) gebildet.[779]

Die ZKG war verantwortlich für die „ständige zentrale Analyse" der Flucht- und Ausreisebestrebungen, für die „Gewährleistung der aktuellen Gesamtübersicht" und für die „Herausarbeitung der politisch-operativen Schwerpunkte". Zudem sollte sie Führungsentscheidungen und zentrale Orientierungen vorbereiten, um Umstände, die das Verlassen der DDR begünstigten, aufzudekken und zu beseitigen; den zielgerichteten Einsatz von inoffiziellen Mitarbeitern zu gewährleisten; das „ungesetzliche Verlassen" der DDR konsequent und umfassend aufzuklären und zu verhindern; Fluchthelfer in der DDR und im Westen „offensiv" zu bekämpfen sowie die aus der Praxis und aus der Forschung gewonnenen Erfahrungen zu verallgemeinern. Schließlich war es ihre Aufgabe, die Diensteinheiten des MfS über neue Erkenntnisse zu informieren und sie in ihrer Arbeit zu qualifizieren, zweckmäßige Formen des gemeinsamen Vorgehens zu entwickeln sowie den konzentrierten Einsatz aller Kräfte zur Aufklärung unbekannter Fluchtwege sicherzustellen.[780]

Zur Bewältigung dieser Aufgaben mußten die Diensteinheiten des MfS der ZKG über alle „operativ bedeutsamen" Erscheinungen (zum Beispiel Erkenntnisse über entsprechende „feindliche Kräfte, Vorkommnisse, Handlungen") auf diesem Gebiet Meldung machen.[781] Diese Informationen wurden

777 Befehl 1/75 vom 15.12.1975 zur Vorbeugung, Aufklärung und Verhinderung des ungesetzlichen Verlassens der DDR und zur Bekämpfung des staatsfeindlichen Menschenhandels; BStU, ZA, DSt 102092; Instruktion zum Befehl Nr. 1/75 vom 15.1.1976; ebenda.

778 Befehl 1/75 vom 15.12.1975 zur Vorbeugung, Aufklärung und Verhinderung des ungesetzlichen Verlassens der DDR und zur Bekämpfung des staatsfeindlichen Menschenhandels, S. 1 und S. 14; BStU, ZA, DSt 102092.

779 Vgl. dazu ausführlich: *Eisenfeld 1995b*.

780 Befehl 1/75 vom 15.12.1975 zur Vorbeugung, Aufklärung und Verhinderung des ungesetzlichen Verlassens der DDR und zur Bekämpfung des staatsfeindlichen Menschenhandels, S. 15 ff.; BStU, ZA, DSt 102092. *Eisenfeld 1995b*.

781 Vgl. Befehl 1/75 vom 15.12.1975 zur Vorbeugung, Aufklärung und Verhinderung des ungesetzlichen Verlassens der DDR und zur Bekämpfung des staatsfeindlichen Menschenhandels, S. 19 f.; BStU, ZA, DSt 102092.

von den Mitarbeitern der ZKG in Form von operativen Handakten und einer Vielzahl von Karteien, unter anderem zu inoffiziellen Mitarbeitern, Objekten, Telefonnummern, Kraftfahrzeugen, Fahndungen, Adressen und Bildmaterial, ausgewertet und verdichtet.[782] Statistiken lassen erkennen, daß das MfS 1977 19 professionell arbeitende Fluchthilfeorganisationen mit etwa 150 Personen[783] und zwei Jahre später 18 derartige Gruppierungen mit etwa 190 Personen erfaßt hatte.[784]

Für eine zielgerichtete und effektivere Bekämpfung der Fluchthelfer wurden einzelne Operative Vorgänge in Teilvorgängen (TV) und Zentralen Operativen Vorgängen zusammengefaßt. Insbesondere ging es dabei um Zersetzungsmaßnahmen gegenüber angeblichen Auftraggebern, Aufkäufern, Unterstützern, Kurieren oder sogenannten Stützpunkten der Fluchthilfe.[785] Die Bearbeitung dieser Vorgänge wurde in die Hände derjenigen Diensteinheiten des MfS gelegt, die „dafür über die besten politisch-operativen Möglichkeiten und Voraussetzungen verfügten".[786] Das hatte zur Folge, daß die bis 1975 verantwortlichen Diensteinheiten des MfS zur Bekämpfung von Fluchthelfern in der Regel auch weiterhin für deren Bearbeitung verantwortlich blieben, während die ZKG in erster Linie koordinierende Funktionen übernahm.

So sahen die Grundsätze der MfS-Bezirksverwaltung Potsdam zur Führung von ZOV zur Bekämpfung von Fluchthilfeorganisationen vor, einmal im Jahr unter der Leitung der federführenden Diensteinheit, der Abteilung VI (Beobachtung/Ermittlungen), eine Grundsatzberatung durchzuführen. Beteiligt waren daran nicht nur Vertreter der ZKG, der Hauptabteilungen VI und IX (Untersuchungsorgan), der Hauptverwaltung A sowie jener Diensteinheiten, die an Vorgängen oder Teilvorgängen im Rahmen des ZOV arbeiteten.[787] Darüber hinaus arbeitete die ZKG neben der bereits genannten Hauptabteilung XX/5 mit der Hauptabteilung VIII (Beobachtungen/Ermittlungen), der Abteilung X (Internationale Verbindungen) und mit der Hauptabteilung XXII (Terror- und Spionageabwehr) zusammen.

Der ZKG fielen vor allem anleitende und unterstützende Aufgaben zu, insbesondere beim abgestimmten Einsatz von inoffiziellen Mitarbeitern, die „im und nach dem Operationsgebiet" tätig waren. Für jeden eingesetzten IM wurde dazu im Rahmen des ZOV eine detaillierte „Einsatz- und Entwicklungskonzeption" angefertigt. Zum Vorgehen des MfS zählte es auch, inoffi-

782 Vgl. ebenda, S. 27.

783 Information des Ministers über Erkenntnisse des gegnerischen Vorgehens – insbesondere krimineller Menschenhändlerbanden vom Juli 1977, Anlage 2, S. 99–145; BStU, ZA, DSt 102374.

784 1. Ergänzung zur Information zur VVS 70/77 vom Dezember 1978, Anlage 1; BStU, ZA, ZKG 2105.

785 Erich Mielke: Redemanuskript vom 22.1.1975, S. 119; BStU, ZA, DSt 102227. Vgl. hierzu die MfS-Diplomarbeit von *Bogisch* (s. Anhang).

786 Befehl 1/75 vom 15.12.1975 zur Vorbeugung, Aufklärung und Verhinderung des ungesetzlichen Verlassens der DDR und zur Bekämpfung des staatsfeindlichen Menschenhandels, S. 19; BStU, ZA, DSt 102092.

787 Vgl. die MfS-Diplomarbeit von *Hauck* (s. Anhang).

zielle Mitarbeiter zielgerichtet in die Bundesrepublik übersiedeln zu lassen, damit sie dort Fluchthilfeorganisationen auskundschafteten.[788]

Inoffizielle Mitarbeiter, die in Fluchthilfeorganisationen tätig waren, sollten möglichst nicht mit solchen Personen identisch sein, die an politisch-operativen Zersetzungsmaßnahmen beteiligt waren. Dies entsprach „voll und ganz der Rolle und Aufgabenstellung des inoffiziellen Mitarbeiters im Operationsgebiet".[789] Auf diese Weise sollten die „wertvolle" Quelle geschützt und die „günstigsten Möglichkeiten" ausgeschöpft werden, um in den Kern der Organisation einzudringen.[790]

Wie intensiv die Suche nach westlichen IM im Bereich der organisierten Fluchthilfe betrieben wurde, läßt sich beispielhaft aus den MfS-Berichten zum Zentralen Operativen Vorgang „Alpha" entnehmen. Diese einzige direkt von der ZKG ausgeführte „Bearbeitung" einer Fluchthilfeorganisation führte bei der Suche nach potentiellen IM zur Erfassung von nicht weniger als 600 Westdeutschen. Von mehr als 300 Personen wurden Auskunftsberichte erstellt und schließlich 46 „herausgearbeitet", die für die Arbeit der ZKG bedeutsam erschienen. Vier von der ZKG direkt geführte IM erhielten den Auftrag, diese Personen näher aufzuklären.[791] Allein in den Monaten Juli bis September 1984 registrierte die ZKG im ZOV „Alpha" insgesamt 15 faktische oder potentielle inoffizielle Mitarbeiter, die 35 mündliche und 13 schriftliche Berichte abgaben.[792]

Unmittelbar eingeschaltet werden mußte die ZKG in akuten Fällen zur Festlegung von Sofortmaßnahmen und entsprechenden Abstimmungen mit anderen Abteilungen. Das traf vor allem auf die Zusammenarbeit mit der Linie IX, dem Untersuchungsorgan des MfS, zu. Die Abteilungen dieser Linie konnten aus Vernehmungen von Betroffenen unmittelbare Erkenntnisse über geplante und bevorstehende Fluchtunternehmen, über Fluchthelfer sowie über Mittel und Methoden gewinnen und mußten die ZKG umgehend darüber informieren.

Die Arbeit in Richtung Westen gegen Fluchthelfer und Fluchtwillige vollzog sich sowohl konspirativ als auch offiziell. Einerseits wurden Operationspläne gegen westliche Fluchthelfer und diesen nahestehende Organisationen und Einrichtungen streng geheimgehalten; andererseits betrieb man eine gezielte Öffentlichkeitsarbeit, um Fluchthelfer und deren Unterstützer zu kriminalisieren. Die Diensteinheiten des MfS waren dazu verpflichtet, Fakten und Sachverhalte zu dokumentieren, die zur Diskreditierung von Personen oder Gruppen geeignet waren oder westdeutsche Instanzen zum Eingreifen

788 Ebenda, S. 17.
789 Vgl. die MfS-Diplomarbeit von *Bogisch* (s. Anhang), S. 32.
790 Ebenda.
791 Protokoll Leitungsberatung der ZKG vom 25.6.1980; BStU, ZA, ZKG 94, Bl. 95.
792 Die 15 Personen setzten sich wie folgt zusammen: 1 IMB, 2 IMS, 1 GMS, 2 KW, 4 Vorlauf-IM, 3 Deckadressen und 2 Kontaktpersonen; vgl. Treffstatistik zur AG „Alpha" vom 1.7.–30.9.84; BStU, ZA, ZKG 824, Bl. 13.

gegen sie bewegen konnten.[793] Die „besten Ergebnisse“ wurden dabei dem MfS zufolge dort erzielt, wo bei der Bekämpfung der organisierten Fluchthilfe die Voraussetzungen „für die umfassende und detaillierte Aufklärung [...] ihrer Leiter und Mitglieder, Hintermänner und Verbindungspersonen, Stützpunkte und [...] ihrer Pläne und Absichten, Mittel und Methoden“ geschaffen werden konnten.[794]

Für die öffentliche Diskreditierung sorgte vornehmlich die ZKG in Zusammenarbeit mit anderen Diensteinheiten und staatlichen Einrichtungen. Typisch dafür war die Lancierung von Desinformationen,[795] zum Beispiel in Form von Scheinwerbungen sowie von Wahrheiten und Halbwahrheiten (darunter Informationen an die Presse über Charakterschwächen und abnorme beziehungsweise ausschweifende Lebensgewohnheiten von Fluchthelfern). Gezielt wurden im Westen Informationen verbreitet über angebliche Verletzungen innerstaatlicher Rechtsnormen der Bundesrepublik durch Fluchthelfer wie beispielsweise Schwarzhandel mit gebrauchten Autos, Diebstahl von TÜV-Plaketten, Beschaffung, Verfälschung von Blanko-Personalausweisen oder -Reisepässen, Rauschgiftschmuggel oder Organisierung von Kindesentführungen und Finanzmanipulationen.[796] Eingeschleuste IM wurden vom MfS beauftragt, von Fall zu Fall entsprechende Anzeigen bei der Polizei zu veranlassen.[797]

Die Zunahme spektakulärer Fluchten, die seit Mitte der siebziger Jahre vom Westen aus mit Hilfe von Flugzeugen und Hubschraubern über die Staatsgrenzen der DDR, Ungarns und der ČSSR organisiert wurden,[798] veranlaßten die ZKG zu verstärkten Koordinierungsmaßnahmen mit den betroffenen Ostblockstaaten. So vereinbarte man beispielsweise, sich wechselseitig über den Reiseverkehr verdächtiger Personen zu informieren sowie in Grenznähe gelegene Flugplätze im Westen und mögliche Landeplätze im „Grenzgebiet und im grenznahen Hinterland“ mit der „Schaffung inoffizieller Positionen“ gezielt zu überwachen.[799]

793 Instruktion zum Befehl 1/75 vom 15.1.1976, S. 178–180; BStU, ZA, DSt 102092.

794 1. Ergänzung zur Information VVS MfS 008-70/77 im Juli 1977 über Erkenntnisse des gegnerischen Vorgehens – insbesondere krimineller Menschenhändlerbanden zur Abwerbung, Ausschleusung und Verschleppung von Bürgern der DDR sowie einige Erfahrungen bei der Vorbeugung und Verhinderung des ungesetzlichen Verlassens der DDR und Bekämpfung des staatsfeindlichen Menschenhandels, Dezember 1978; BStU, ZA, ZKG 2105, S. 56.

795 Vgl. *Eisenfeld 1996*, S. 41–53.

796 Vgl. dazu die MfS-Diplomarbeit von *Debski* (s. Anhang), S. 38 f.

797 Vgl. u. a. die MfS-Diplomarbeit von *Hauck* (s. Anhang), S. 32.

798 Das MfS registrierte zwischen 1975 und Mitte 1983 insgesamt „19 geplante, versuchte bzw. gelungene Luftraumprovokationen“. Zwischen 1980 und 1983 gelang auf diese Weise in acht Fällen zwölf Personen die Flucht aus der DDR. Vgl. Information über Ergebnisse und Erkenntnisse des MfS bei der Aufklärung und Bekämpfung von Luftraumprovokationen verbunden mit Personenschleusungen vom 16.6.1983; BStU, ZA, ZKG 754, Bl. 11.

799 Empfehlung der Beratung zu Fragen der vorbeugenden Verhinderung von spektakulären Schleusungsaktionen mittels Flugzeugen und Hubschraubern zwischen den Beauftragten des MfS der DDR und des FMdI der ČSSR vom 1.7.1983; ebenda, Bl. 8. Vgl. *Tantzscher 1998*.

Versagten die Zersetzungsmaßnahmen, schreckte das MfS auch vor Mordversuchen nicht zurück, wie Gerichtsverfahren gegen ehemalige hauptamtliche und inoffizielle Mitarbeiter des MfS zu Tage förderten. In zwei bekannt gewordenen Fällen waren die Opfer Leiter von besonders wirkungsvollen Fluchthilfeorganisationen – der Fluchthelfer Wolfgang Welsch, der 1981 während eines Urlaubsaufenthaltes in Israel mit seiner Familie Opfer eines Vergiftungsattentates wurde und dem Tod nur knapp entkam,[800] und der Fluchthelfer Julius Lampl, der mit Hilfe eines vom MfS gelieferten Sprengsatzes zwischen 1982 und 1983 „liquidiert" werden sollte.[801] Beide Mordaufträge, „operativ" geleitet von der Hauptabteilung VI (Paßkontrolle, Tourismus, Interhotel) und der Hauptabteilung VIII (Beobachtung und Ermittlung), wurden jeweils westdeutschen IM in die Hände gelegt und von den Stellvertretern Mielkes, Bruno Beater und Gerhard Neiber, gedeckt.

Insgesamt konnte das MfS bei der Unterbindung von Schleusungsaktionen aus der DDR eine „positive" Bilanz ziehen: Die Zahl der versuchten oder gelungenen Ausschleusungen war stark rückläufig.[802] Trotzdem mußte selbstkritisch eingeräumt werden, daß es im Jahre 1980 „nur bei einzelnen kriminellen Menschenhändlerbanden gelang [...], IM in die unmittelbare Bearbeitung leitender Bandenmitglieder einzuführen. Die Mehrzahl der im und nach dem Operationsgebiet eingesetzten IM wirkt an der Peripherie der Banden."[803] Im Jahre 1984 konnten „die IM im und nach dem Operationsgebiet nur zum Teil wertvolle Informationen entsprechend dem konkreten Arbeitsgegenstand zu besonders gefährlichen Feindpersonen erarbeiten".[804] Schließlich seien auch „unüberprüfte Quellen bzw. solche, die noch nicht über die erforderlichen politisch-operativen Fähigkeiten verfügten", bei der Arbeit im Operationsgebiet eingesetzt worden.[805]

5.7.2 Bekämpfung der Ausreise

Mit der Bildung der ZKG wurden auch die Voraussetzungen für eine zentrale Steuerung und Koordinierung der legalen Ausreise aus der DDR geschaffen.[806] Darin spiegelte sich die zunehmende Brisanz der Ausreisebestrebungen seit Mitte der siebziger Jahre als gesellschaftliches Konfliktfeld

800 Vgl. Presseberichterstattung über den Prozeß, in: Berliner Morgenpost, Berliner Kurier, Die Welt und Berliner Zeitung vom 25.11.1993 sowie zum Urteilsspruch, in: Süddeutsche Zeitung, Die Welt, Frankfurter Rundschau vom 29.11.1994.

801 Vgl. Urteil des Kammergerichts Berlin vom 6.10.1993 sowie Presseberichterstattung vom 28.3.1996, in: Berliner Zeitung, Berliner Kurier, Neues Deutschland und Berliner Morgenpost (zusätzlich 2.4.1996).

802 Vgl. *Eisenfeld 1995b*, S. 49.

803 Jahresanalyse der ZKG für das Jahr 1980 vom 5.11.1980; BStU, ZA, ZKG 1978, S. 52.

804 Dienstbesprechung des Leiters der ZKG am 8.12.1984 zur weiteren Qualifizierung der Arbeit mit IM im und nach dem Operationsgebiet in den operativen Abteilungen der ZKG; BStU, ZA, ZKG 2296, Bl. 11.

805 Ebenda, Bl. 23 ff.

806 *Eisenfeld 1995b*.

und destabilisierendes Element des SED-Regimes. Auch hier unterstellten die SED und ihr Sicherheitsapparat als auslösendes Motiv in erster Linie westliche Einflüsse: Mittels einer breiten Hetzkampagne in den Massenmedien, durch staatliche Stellen und durch eine Vielzahl feindlicher Organisationen, so hieß es in dem 1977 erlassenen Befehl zur Bekämpfung „rechtswidriger Übersiedlungsersuchen", würden „immer massivere Aktivitäten entwickelt, Bürger der DDR im feindlich-negativen Sinne zu beeinflussen, zur Übersiedlung zu inspirieren, Verbindungen zu übersiedlungswilligen Personen aufzunehmen, sie zu ‚beraten', zu ‚unterstützen' sowie zur Nichteinhaltung der Gesetze aufzufordern".[807]

Im Visier der Staatssicherheit lagen damit Einrichtungen und Organisationen im Westen, die unmittelbar mit Ausgereisten zu tun hatten und/oder sich zur Hilfe gegenüber verfolgten und/oder ausreisewilligen Bürgern verpflichtet fühlten. Das traf auf staatliche Institutionen bzw. Einrichtungen zu wie das Bundesministerium für gesamtdeutsche bzw. innerdeutsche Beziehungen und das diesem nachgeordnete Gesamtdeutsche Institut sowie auf die Aufnahmelager in Gießen und Berlin-Marienfelde, vornehmlich aber auf Organisationen, Vereine, Verbände oder auch auf engagierte Einzelpersonen. Namentlich erfaßt, unter Nennung der hauptverantwortlichen Diensteinheit, waren in dem Befehl von 1977 insgesamt 19 „bisher bekannte Organisationen, Einrichtungen und Zentren in der BRD und in Westberlin" aufgelistet, die „feindliche Angriffe gegen die DDR mit dem Ziel vortragen, eine konterrevolutionäre Untergrundbewegung zu schaffen, indem sie Bürger der DDR zur Übersiedlung nach nichtsozialistischen Staaten und Westberlin inspirieren und zu provokatorischen Demonstrativhandlungen veranlassen sowie in die verbrecherische Tätigkeit der kriminellen Menschenhändlerbanden einbeziehen".[808]

Die Zahl der vom MfS bekämpften Einrichtungen weitete sich in den achtziger Jahren explosionsartig aus. In der letzten Auflistung vom Oktober 1988 werden 153 westliche Institutionen und Organisationen genannt, denen nunmehr ganz allgemein „subversive Tätigkeit gegen die DDR und andere sozialistische Staaten" unterstellt wurde.[809] Zur Eindämmung der Ausreisebewegung operierte das MfS mit umfangreichen „Vorgängen" vor allem gegen die Internationale Gesellschaft für Menschenrechte in Frankfurt/Main und deren Ableger in Westberlin, gegen den Verein Hilferufe von drüben e. V. in Lippstadt, gegen die Arbeitsgemeinschaft 13. August in Westberlin und die

807 Befehl 6/77 des Ministers vom 18.3.1977 „zur Vorbeugung, Verhinderung und Bekämpfung feindlich-negativer Handlungen im Zusammenhang mit rechtswidrigen Versuchen von Bürgern der DDR, die Übersiedlung nach nichtsozialistischen Staaten und Westberlin zu erreichen, sowie zur Unterbindung dieser rechtswidrigen Versuche"; BStU, ZA, BdL-Dok. 004791, Bl. 2–42, hier 3.

808 Ebenda, Anlage 1, Bl. 43–45.

809 Anlage 1 zum Schreiben des Ministers für Staatssicherheit vom 14.10.1988, betrifft: „Verantwortlichkeiten von Diensteinheiten zur Aufklärung, Kontrolle bzw. Bearbeitung feindlicher Stellen und Kräfte im Operationsgebiet, GVS o008-4/85; BStU, ZA, DSt 103142.

Vereinigung der Opfer des Stalinismus (VOS), gegen Selbsthilfevereine ehemaliger DDR-Bürger sowie gegen die Schriftstellerin Brigitte Klump, die als Beschwerdeführerin bei der UNO auftrat.[810]

Namentlich die IGfM und den Verein Hilferufe von drüben stufte das MfS als hochgradig gefährlich ein und „bearbeitete" sie mit ungeheurem Aufwand in den Zentralen Operativen Vorgängen „Zentrale" und „Kontra"; die ZKG übernahm diese Zentralen Operativen Vorgänge im November 1983.[811] Schon 1981 hatte die ZKG einen Auskunftsbericht über den Verein Hilferufe von drüben angefertigt, der deutlich macht, wie sehr das MfS versuchte, in die persönliche Sphäre von Bundesbürgern einzudringen.[812] Neben ausführlichen Dossiers über die Vorstandsmitglieder, den Ehrenpräsidenten und über die Ehrenmitglieder enthält die Dokumentation eine Liste mit den Adressen und teilweise den Geburtsorten und Geburtsdaten von 373 Unterstützern in der Bundesrepublik und Westberlin.[813] Alle operativen Diensteinheiten des MfS, die Personen mit einem Bezug zur Gruppierung Hilferufe von drüben „bearbeiteten", waren verpflichtet, die bekannt gewordenen Helfer „aufzuklären". Dazu gehörte die Erstellung eines „Persönlichkeitsbildes", die Aufklärung ihrer Verbindungen und Eigentumsverhältnisse, ihres „Verbindungssystems" zum Vorstand einschließlich der finanziellen Beziehungen sowie die prophylaktische „Bearbeitung" von Personen in der DDR, die noch nicht als Antragsteller in Erscheinung getreten waren, bei denen aber aus Sicht des MfS die Gefahr bestand, daß sie als „feindliche Stützpunkte" des Vereins genutzt werden könnten.[814] Alle „bedeutsamen Einzelmaßnahmen", die die operativen Diensteinheiten zu Operativen Vorgängen oder Teilvorgängen im Zusammenhang mit dem Verein einleiteten, mußten mit der ZKG vor ihrer Realisierung beraten werden. Vordringlich ging es dabei vor allem um den koordinierten Einsatz von IM.[815] Die „Aufklärung" der Unterstützer hatte im übrigen das Ziel, Ansatzpunkte zu finden, um aus ihrem Kreis Personen für eine IM-Tätigkeit zu gewinnen oder zu erpressen.[816]

Als ergiebige Quelle von Erkenntnissen über Betätigungen ehemaliger DDR-Bürger in Westberlin erwies sich die Plazierung von drei inoffiziellen Mitarbeitern durch die ZKG im Verband ehemaliger DDR-Bürger e. V. Dieser Verband wurde von der ZKG unter dem Decknamen „Polyp" „bearbeitet". Das MfS gelangte auf diese Weise unter anderem an die Mitgliederkartei über zeitweise bis zu 100 Personen sowie an Informationen über Einzelberatungen durch den Verband, darunter auch von DDR-Bürgern, die diesen

810 *Eisenfeld 1995b*, S. 36 f.

811 Ebenda, S. 35 f.

812 Auskunftsbericht der ZKG aus dem Jahre 1981 zur FO (Feindorganisation) „Hilferufe von drüben"; BStU, ZA, ZKG 1745.

813 Ebenda, Anlage 3, S. 57–102.

814 Ebenda, S. 27.

815 Ebenda, S. 25.

816 Ausführlicher zur „Bearbeitung" der beiden Organisationen durch das MfS: *Wüst 1996*; *Löwenthal/Kamphausen/Clausen 1994*.

während einer West-Reise aufgesucht hatten, um Rat und Hilfe in Fragen der Übersiedlung zu erlangen.

Zwar ging der Wunsch nach Ausreise von DDR-Bürgern in erster Linie auf deren eigene Erfahrungen mit der SED-Diktatur zurück, doch spielten auch die Kontakte zwischen ausgereisten und zurückgebliebenen DDR-Bürgern eine gewichtige Rolle. Das MfS war der Ansicht, daß die „Rückverbindungen“ einen der wesentlichsten Ausgangspunkte für neue Versuche des „ungesetzlichen Grenzübertritts“ und der „rechtswidrigen Übersiedlungsversuchen“ bildeten.[817] Diese seit Beginn der siebziger Jahre vertretene Meinung führte nicht nur zu allen möglichen Versuchen, die DDR-Bürger von diesen Kontakten fernzuhalten – zum Beispiel durch Einreiseverbote der Ausgereisten und Be- bzw. Verhinderungen von Treffen in anderen Ostblockstaaten. Sie äußerte sich auch in einer „operativen Bearbeitung“ derjenigen, die sich nach ihrer Ausreise in den Westen nicht „zur Ruhe setzten“, sondern sich dort für die Zurückgebliebenen einsetzten.

In seiner Dienstanweisung 2/83 hatte Mielke dazu festgelegt, daß bei Personen, von denen mit Sicherheit zu erwarten sei, daß sie nach ihrer Übersiedlung gegen die DDR tätig würden, bereits vorher die „erforderlichen Maßnahmen zur Diskreditierung dieser Personen sowie zur Desinformation und Verunsicherung des Gegners einzuleiten“ seien. Durch die Anwendung „operativer Kombinationen“ und „Legenden“ seien die entsprechenden Personen noch vor der Übersiedlung „zu verunsichern und in das Blickfeld gegnerischer Abwehrorgane zu rücken“ – das heißt, man wollte den Eindruck erwecken, sie seien MfS-Spitzel. Durch den Einsatz von inoffiziellen Mitarbeitern und durch die Anwendung „operativer Mittel und Methoden im ehemaligen Umgangskreis“ sei zudem zu gewährleisten, daß entstehende „Rückverbindungen“ nach der Übersiedlung „rechtzeitig erkannt, unterbunden, positiv beeinflußt oder für die Arbeit im und nach dem Operationsgebiet zielstrebig genutzt“ würden. „Durch gezielte Argumentation“, so heißt es weiter, „sind übergesiedelte Personen in ihren ehemaligen Arbeits-, Wohn- und Freizeitbereichen zu diskreditieren, um deren Einfluß zurückzudrängen“.[818]

Akteneinsichten von Übersiedlern haben bestätigt, daß dieses Verfahren auch in der Praxis angewandt worden ist. Gegenüber einem ehemaligen Bausoldaten und politischen Häftling kam es beispielsweise zu folgenden Maßnahmen des MfS:

- Ausstreuen von Gerüchten, die im Zusammenhang mit einer plötzlichen und außergewöhnlichen Einreiseerlaubnis in die DDR (unter anderem im Zusammenhang mit einer Konfirmation) den Verdacht einer inoffiziellen Zusammenarbeit mit dem MfS auslösen sollten;[819]

817 Vgl. *Eisenfeld 1995a*, S. 213.
818 Vgl. *Eisenfeld 1996*, S. 49.
819 Vgl. Kerblochkarteikarte B. Eisenfeld; BStU, ZA, HA XX.

– weitere Einreiseerlaubnisse „mit dem Ziel der weiteren Kontrolle und Bearbeitung zum Nachweis der Begehung von Straftaten gemäß §§ 97 und 98 StGB der DDR [Spionage] und der Einleitung offensiver Maßnahmen gegen ihn, die insbesondere darauf auszurichten sind, bereits bestehende sicherheitspolitische Bedenken gegen seine Person zu verstärken“;[820]
– Observation von Treffen mit Freunden und Verwandten in der ČSSR;
– Abhören von Telefongesprächen in Westberlin sowohl am Dienstort als auch in der Privatwohnung.

Diese Maßnahmen machen deutlich, daß auch im Verantwortungsbereich der ZKG West-Arbeit und Ost-Arbeit einen Zusammenhang bildeten. Aus der Optik des MfS konnte die „Zurückdrängung“ der Flucht- und Ausreisebewegung nur erfolgreich sein, wenn sie auch in Westberlin und in der Bundesrepublik mit den spezifischen Mitteln der Staatssicherheit betrieben wurde. Wirksam war sie dabei insofern, als es ihr gelang, westdeutsche Einrichtungen und Organisationen zu infiltrieren, deren Tätigkeit einzuschränken und zu erschweren, Fluchtpläne aufzudecken und Fluchthilfeorganisationen zu zerschlagen, Ausgereiste, Flüchtlinge und Fluchthelfer ins Zwielicht zu rükken sowie die persönlichen Beziehungen zwischen Ausgereisten und Zurückgebliebenen zu behindern oder zu zerstören. Die Geschichte der Flucht- und Ausreisebewegung belegt allerdings auch, daß es dem SED-Regime letztlich nicht gelang, die bekämpften Phänomene in den Griff zu bekommen.[821]

820 Vgl. Information der HA II/6 zu aktuellen öffentlichkeitswirksamen Aktionen des „Verbandes ehemaliger DDR-Bürger e. V.“ im Zusammenhang mit den 750-Jahr-Feiern der Stadt Berlin; BStU, ZA, OV „Erz“, HA II/6 653, Bl. 92 f. Hierzu: *Eisenfeld 1996*, S. 49 f.
821 Vgl. dazu ausführlich: *Eisenfeld 1995a, 1997, 1999.*

6 Auswirkungen der West-Arbeit

6.1 Datentransfers nach Moskau (*Monika Tantzscher*)

Die Informationen, die sich das MfS auf konspirative Weise im Westen beschaffte, füllten nicht nur die Speicher und Archive der DDR-Staatssicherheit, wo sie von den Diensteinheiten nach Bedarf abgerufen werden konnten. Vielmehr wurden viele Informationen auch an die verbündeten sozialistischen Staaten weitergeleitet, deren Geheimdienste eine enge, vertraglich geregelte Kooperation pflegten. Erfuhr das MfS beispielsweise davon, daß ein „operativ bearbeiteter" Bundesbürger nach Ungarn oder in die ČSSR fuhr, wandte sich die zuständige Diensteinheit häufig über die für „Internationale Beziehungen" zuständige Abteilung X des MfS an den entsprechenden Partner-Geheimdienst und bat um Beobachtung des Betreffenden; der befreundete Geheimdienst gab dann auf demselben Weg die in Erfahrung gebrachten Erkenntnisse einschließlich der genauen Ein- und Ausreisedaten an das MfS weiter.[822]

Schwerpunkte des Datentransfers bildeten Spionageergebnisse aus Politik, Wirtschaft und Militär sowie Informationen über „Feindpersonen", die nicht nur für die DDR von Interesse waren. In einer „Einschätzung des politischen Informationsaustausches mit dem DDR-Bruderorgan das Jahr 1988 betreffend", berichtete etwa der ungarische Geheimdienst von 178 Materialien, die er vom MfS bekommen habe. „Die Mehrzahl der Materialien knüpfte an unserem Informationsbedarf an." 49 Informationen seien direkt an die ungarische Partei- und Staatsführung weitergeleitet worden. Wichtigster Empfänger war jedoch der sowjetische KGB, der MfS-intern als „Freunde" tituliert wurde und einer Vereinbarung aus dem Jahr 1959 zufolge mit 32 „Verbindungsoffizieren" direkt beim MfS vertreten war.[823] Zu den Hauptaufgaben der Zusammenarbeit mit den Sowjets zählte dabei unter anderem der „Austausch der politischen, ökonomischen und technisch-wissenschaftlichen Information" über Westdeutschland und andere kapitalistische Länder.[824] Darüber hinaus unterhielten die wichtigsten, im Westen tätigen Diensteinheiten

822 Ausführlich zur Abteilung X und zur Kooperation zwischen den Geheimdiensten der sozialistischen Staaten: *Tantzscher 1996*; aus der Perspektive eines Betroffenen: *Knabe 1992*.

823 Vereinbarung über den Unterhalt von Offizieren des Komitees für Staatssicherheit beim Ministerrat der UdSSR für Koordinierung und Verbindung mit dem MfS der DDR vom 30.10.1959; BStU, ZA, SdM 423, Bl. 8 ff.

824 Über die Gruppe des Komitees für Staatssicherheit beim Ministerrat der UdSSR zur Koordinierung und Verbindung mit dem MfS der DDR; ebenda, Bl. 13 ff.

des MfS, darunter die HV A, die Hauptabteilung I, die Hauptabteilung II und die Hauptabteilung XVIII, ständig eigene Arbeitskontakte zu den entsprechenden Abteilungen des KGB.

Der Umfang des Datentransfers zwischen der DDR und der Sowjetunion muß sehr groß gewesen sein; genaue Angaben dazu sind bislang nicht aufgefunden worden. Allein die für „wissenschaftlich-technische Auswertung" zuständige Abteilung V der HV A übergab aber zum 50. Jahrestag der russischen Oktoberrevolution (1967) dem KGB mehr als 11 000 Blatt Materialien – von Systemunterlagen der Firma Siemens zur Datenverarbeitung bis zu den Einstellungsbedingungen bei den Farbwerken Leverkusen.[825] Zwei Jahre später schlug Mielke dem für Wirtschaftsfragen verantwortlichen Politbüro-Mitglied Mittag vor, daß die DDR-Delegation bei Expertengesprächen mit sowjetischen Kollegen „beiliegende Unterlagen separat vorweist mit dem Hinweis, daß die DDR diesen vorhandenen Stock in die Kooperation mit der UdSSR einbringen könnte" – die Papiere waren vom MfS „zu Ehren des 20. Jahrestages der Deutschen Demokratischen Republik" beschafft worden und umfaßten insgesamt 150 000 Seiten.[826] In einem Kurzbericht des Sektors Wissenschaft und Technik (SWT) über „wichtige Arbeitsergebnisse der wissenschaftlich-technischen Aufklärung im 1. Halbjahr 1971" wird deutlich, daß insbesondere die Ergebnisse der Militärspionage fast ausnahmslos in die UdSSR transferiert wurden – etwa so: „Der Gegner entwikkelt Flächenkampfmittel mit Mehrzwecksprengköpfen [...]. Der zurzeitige Stand beim Gegner konnte dokumentiert werden. Die Freunde haben uns gebeten, diese Arbeiten dringlichst weiterzuverfolgen."[827] Aber auch in umgekehrter Richtung flossen die Informationen, wie aus einer Einschätzung der Auswertungsabteilung der HV A vom Oktober 1970 hervorgeht; im Verlauf von zehn Monaten erhielt danach die HV A 399 Berichte vom KGB, mit deren Aussagekraft sie jedoch oftmals nicht zufrieden war.[828]

Eine besondere Form des Datentransfers bildete das „System der vereinigten Erfassung von Daten über den Gegner" (SOUD),[829] das die Sicherheitsdienste von sechs Warschauer-Pakt-Staaten und drei weiteren verbündeten Ländern seit Ende der siebziger Jahre entwickelten. Seine Aufgabe war es, Erkenntnisse über gegnerische Geheimdienste sowie über Personen und Institutionen zusammenzuführen, von denen nach dem Verständnis der SOUD-Teilnehmer eine Gefahr für ihre innere Sicherheit ausging. Auf die Gesamtmenge der Informationen hatte allerdings nur der sowjetische Geheimdienst als größter Nutznießer des Datenverbundes ständigen Zugriff.

825 Abt. V: Schreiben an Generalleutnant Wolf vom 26.10.1967, S. 1; BStU, ZA, SdM 1465.
826 Schreiben von Erich Mielke an Günter Mittag vom 3.9.1969; BStU, ZA, SdM 986.
827 HV A, SWT-Leiter: Kurzbericht über wichtige Arbeitsergebnisse der wissenschaftlich-technischen Aufklärung im 1. Halbjahr 1971 vom 12.8.1971; BStU, ZA, SdM 355, Bl. 14–22, hier 16.
828 HV A, Abt. VII: Einschätzung von Informationen der sowjetischen Sicherheitsorgane (1.1.–14.10.1970) vom 22.10.1970, S. 1; BStU, ZA, SdM 578.
829 Die Abkürzung „SOUD" leitet sich von der russischen Bezeichnung „Sistema objedinjonnogo utschota dannych o protiwnike" ab. Ausführlicher dazu: *Wegmann/Tantzscher (1996).*

Der sogenannte Arbeitsapparat des SOUD in Moskau unterhielt den Zentralspeicher und war für den Aufbau des Systems, seinen Betrieb sowie für die Koordinierung der Erfassungen und Abfragen zuständig. Er war eine eigenständige Abteilung in der Verwaltung I der für die Auslandsaufklärung zuständigen I. Hauptverwaltung des KGB.[830]

Die Entwicklung des Systems verlief parallel zur Einführung der elektronischen Datenverarbeitung bei den kommunistischen Sicherheitsdiensten ab Anfang der siebziger Jahre. Ein entsprechendes Abkommen wurde Ende 1977 von den für die Staatssicherheit ihrer Länder verantwortlichen Ministern der Sowjetunion, der Tschechoslowakei, der DDR, Ungarns, Polens, Bulgariens, Kubas und der Mongolei unterzeichnet.[831] 1984 schloß sich noch Vietnam an.

Erste detaillierte Informationen über SOUD erhielt im Januar 1990 die Arbeitsgruppe Sicherheit, die nach einem Beschluß des Zentralen Runden Tisches vom 27. Dezember 1989 zur Überwachung des Auflösungsprozesses des DDR-Staatssicherheitsdienstes gebildet worden war.[832] Im Mai 1991 ließ der Sonderbeauftragte der Bundesregierung für die personenbezogenen Unterlagen des ehemaligen Staatssicherheitsdienstes eine erste Bestandsaufnahme über die im Zentralarchiv des MfS lagernden SOUD-Unterlagen vornehmen.[833] Die Ergebnisse bildeten die Grundlage für die im August 1991 gegebene Antwort des Bundesministers des Innern auf eine Anfrage der Gruppe Bündnis 90/Die Grünen zum SOUD an die Bundesregierung.[834] Diese sah in den im SOUD gespeicherten Personendaten – die „auch nach Auflösung des MfS sowohl in der Bundesrepublik Deutschland wie auch bei den früheren ‚Bruderorganen' weiterhin vorhanden sein dürften" – eine „gewaltige Gefährdung des Persönlichkeitsrechts der Betroffenen".[835] Die im gleichen Jahr erschienene Dokumentation über die Hauptverwaltung Aufklärung des MfS von Rita Sélitrenny und Thilo Weichert,[836] in der die Mitarbeit des MfS im SOUD in den Grundzügen erläutert wird, sowie eine teilweise irreführende Meldung des Bundeskriminalamts vom Oktober 1991 zum „Datenverbund der STASI"[837] lösten 1992 eine erneute Anfrage an die

830 Zur Struktur des KGB und den Aufgaben der Diensteinheiten vgl. *Barron 1974* und *1984*; *Geworkjan 1992*; *Andrew/Gordiewski 1990*.

831 Vgl. Abkommen über das System der vereinigten Erfassung von Informationen über den Gegner (SOUD); BStU, ZA, SdM 425, Bl. 135–143.

832 Zur Arbeitsgruppe Sicherheit vgl. *Gill/Schröter 1991*, S. 218–221. Öffentlich bekannt wurde das System auch durch den in den Westen geflohenen KGB-Offizier Oleg Gordiewski. Vgl. *Andrew/Gordiewski 1990*, S. 825.

833 Vgl. Der Sonderbeauftragte der Bundesregierung für die personenbezogenen Unterlagen des ehemaligen Staatssicherheitsdienstes, Referat AU 5: Information über die Ergebnisse einer ersten Bestandsaufnahme von Dokumenten und Materialien, die durch das MfS – Mielkes Befehl 11/79 (SOUD) folgend – in das „System der vereinigten Erfassung von Informationen über den Gegner" eingespeichert wurden; BStU, Abteilung Bildung und Forschung, Information und Dokumentation, S. 1–24.

834 Vgl. Deutscher Bundestag, 12. Wahlperiode, Drucksache 12/1088, S. 1–5.

835 Ebenda, S. 1.

836 *Sélitrenny/Weichert 1991*, S. 116–123.

837 Vgl. „Die Pressestelle des Bundeskriminalamtes teilt mit: Datenverbund der STASI mit

Bundesregierung aus.[838] Wiederholte Presseveröffentlichungen und Ausführungen über SOUD in Buchpublikationen zum Thema Geheimdienste[839] zeugen von einem anhaltenden Interesse an dem Datenspeichersystem, das nicht zuletzt von der Besorgnis genährt wird, daß die Nachfolger des KGB nach den Worten des früheren Generalbundesanwalts Alexander von Stahl „nach wie vor mit diesem gigantischen Machtinstrument SOUD arbeiten".[840]

Die Entstehung des SOUD hängt eng mit den Problemen der inneren Sicherheit zusammen, die sich in den siebziger Jahren in den Augen der östlichen Geheimdienste für die Staaten des Warschauer Paktes infolge der partiellen Öffnung gegenüber dem Westen und der größeren Freizügigkeit und Bewegungsfreiheit für die eigenen Bürger im Zuge des verstärkten Integrationsprozesses im Ostblock abzeichneten. So wurde 1971 das „Komplexprogramm für die weitere Vertiefung und Vervollkommnung der Zusammenarbeit und Entwicklung der sozialistischen Integration der Mitgliedsländer des RGW" beschlossen, was zum Beispiel einen verstärkten Austausch von Wissenschaftlern, technischem Fachpersonal und sonstigen Arbeitskräften zur Folge hatte. Mitglieder des Rates für gegenseitige Wirtschaftshilfe (RGW) – und später auch des SOUD-Abkommens – wurden 1972 Kuba und 1978 Vietnam; die Mongolei war bereits 1962 aufgenommen worden. 1972 wurde der paß- und visafreie Reiseverkehr von und nach Polen und der ČSSR eingeführt. Daraus ergaben sich aus Sicht der kommunistischen Sicherheitsorgane umfängliche Aufgaben der „politisch-operativen Sicherung" des Grenzverkehrs wie auch des Aufenthalts der Bürger in den jeweiligen Ländern. Das betraf vor allem die Kontaktmöglichkeiten zu Angehörigen westlicher Staaten und zu westlichen Auslandsvertretungen sowie zu oppositionellen Kreisen in den anderen Ostblockländern. DDR-Bürger versuchten zugleich verstärkt, über andere Ostblockländer – vor allem über die Tschechoslowakei und Ungarn – in den Westen zu gelangen, und wurden dabei in verschiedenen Fällen von westlichen Fluchthelfern unterstützt.[841]

dem KGB aufgedeckt". – Die Mitteilung enthält die Fehlinformation, der Zentralrechner des SOUD sei mit „sogenannten operativen Daten über Agenten des MfS gespeichert" worden. Gewarnt wird in diesem Zusammenhang vor der „Gefahr einer Reaktivierung durch das KGB". Vgl. hierzu auch *Weichert 1991*.

838 Deutscher Bundestag, 12. Wahlperiode, Drucksache 12/2041 vom 5.2.1992, S. 1–3.

839 Vgl. *Schell/Kalinka 1992*; *Siebenmorgen 1993*, S. 298 und 304; *Wegmann 1995*, S. 884 f.; *Fricke/Marquardt 1995*, S. 76 ff. SOUD war auch Teil der Anklage gegen den langjährigen Leiter der DDR-Auslandsaufklärung, Markus Wolf. Vgl. *Der Generalbundesanwalt 1992*, S. 138 ff.

840 Alexander von Stahl: „KGB reaktiviert alte Stasi-Quellen, Russen richten ihr Spionagenetz in Deutschland neu aus", in: Die Welt vom 27.6.1992.

841 Laut Bericht über die Zusammenarbeit der Linie Untersuchung des MfS mit der Linie Untersuchung des MdI der ČSSR im Jahre 1972 vom 17.1.1973 wurden 1972 allein in der ČSSR 918 DDR-Bürger wegen versuchten Grenzdurchbruchs festgenommen und der DDR übergeben. Die davon in die Zuständigkeit des MfS fallenden 462 Personen bedeuteten gegenüber 1971 eine Steigerung um mehr als das Dreifache. Bei 10 % aller Festgenommenen wurde eine direkte oder indirekte Hilfe bei den versuchten Grenzdurchbrüchen von Bürgern aus Westdeutschland, Westberlin oder anderen westlichen Staaten festgestellt; BStU, ZA, HA IX 267, Bl. 1–8.

Mit der Unterzeichnung der KSZE-Schlußakte von Helsinki im Jahre 1975 verpflichteten sich die Ostblockstaaten zur Beachtung der grundlegenden Menschenrechte, auf die sich nun eine wachsende Bürgerrechtsbewegung in diesen Ländern berief. Die von den Sicherheitsdiensten angestrebte Kontrolle der grenzübergreifenden Kontakte von Dissidenten war ohne eine enge Zusammenarbeit nicht zu gewährleisten. Dem Vertrag zwischen KGB und MfS von 1973 folgten 1974 Grundsatzvereinbarungen des MfS mit dem polnischen und dem bulgarischen Partnerdienst. Die Tschechoslowakei kam 1977 hinzu, in dem Jahr, in dem das SOUD-Abkommen unterzeichnet wurde.[842] Ungarn unterschrieb erst 1981 einen Grundsatzvertrag, arbeitete aber zuvor schon mit den Staatssicherheitsdiensten auf der Grundlage von Kooperationsvereinbarungen und Arbeitsplänen fachlich zusammen. Einzig Rumänien wurde von Staaten des Warschauer Paktes an der Vernetzung der Geheimdienste nicht beteiligt. Neben der bilateralen Kooperation der verbündeten Sicherheitsdienste gewann zugleich die multilaterale Zusammenarbeit an Bedeutung. Das betraf nicht nur den grenzüberschreitenden Verkehr einschließlich des internationalen Zivilluftverkehrs, die abwehrmäßige Sicherung von Militärmanövern der Warschauer-Pakt-Staaten sowie von großen internationalen Veranstaltungen, sondern vor allem die Terrorabwehr und die Bekämpfung der sogenannten politisch-ideologischen Diversion – das heißt: der geistigen Einflüsse aus dem Westen.[843]

Die Reihe der internationalen Konferenzen der sowjetfreundlichen Geheimdienste zum Thema „ideologische Diversion" war 1974 in Havanna eröffnet worden. Drei Jahre später fand in Budapest die nächste Tagung statt, auf der eine erste umfassende Bilanz über die für die innere Sicherheit der Ostblockländer als bedrohlich eingeschätzten Folgen der KSZE-Schlußakte von Helsinki gezogen wurde.[844] „1976 war so etwas wie ein Rekordjahr, was die Ausmaße der ideologischen Diversionshandlungen betrifft", stellte der sowjetische Delegationsleiter und damals noch stellvertretende Vorsit-

842 Vgl. Entwurf der „Vereinbarung über die Zusammenarbeit zwischen dem Ministerium für Staatssicherheit der Deutschen Demokratischen Republik und dem Komitee für Staatssicherheit beim Ministerrat der Union der Sozialistischen Sowjetrepubliken" vom 28.11.1973; BStU, ZA, SdM 423, Bl. 182 ff.; Entwurf der „Vereinbarung über die Zusammenarbeit zwischen dem Ministerium für Staatssicherheit der Deutschen Demokratischen Republik und dem Ministerium für Innere Angelegenheiten der Volksrepublik Polen"; BStU, ZA, ZAIG 5627a, Bl. 19 ff. Die Abkommen mit der ČSSR und mit Bulgarien wurden bis zum Abschluß dieses Berichtes nicht aufgefunden, werden aber in anderen MfS-Unterlagen erwähnt.

843 Dem Wörterbuch der Staatssicherheit zufolge war die politisch-ideologische Diversion „Bestandteil der gegen den realen Sozialismus gerichteten Subversion des Feindes, der die subversiven Angriffe auf ideologischem Gebiet umfaßt". Ziel seien die „Zersetzung des sozialistischen Bewußtseins" und die „Inspirierung antisozialistischer Verhaltensweisen bis hin zur Begehung von Staatsverbrechen" gewesen. Vgl. *Suckut 1996*, S. 303 f.

844 Vgl. Symposium zu Problemen der politisch-ideologischen Diversionstätigkeit des Imperialismus und ihrer Bekämpfung, Budapest, 23.–29.5.1977; BStU, ZA, ZAIG 5106, S. 1–251.

zende des KGB, Generalleutnant W. M. Tschebrikow, in seiner Rede fest.[845] Die ideologische Diversion sei „unter den gegenwärtigen Bedingungen eines der gefährlichsten Mittel des subversiven Eindringens in die Staaten der sozialistischen Gemeinschaft". Erstmals in den Nachkriegsjahren hätten offizielle Vertreter der amerikanischen Botschaft versucht, mit dem „Komitee für die Einhaltung der Vereinbarungen von Helsinki" innerhalb der Sowjetunion ein legales Zentrum antisowjetischer Kräfte unter Führung des russischen Atomphysikers Juri Orlow zu schaffen.

Der Delegationsleiter des MfS, Generalmajor Irmler, bestätigte in seiner Rede eine ähnliche Entwicklung in der DDR. Mit Blick auf die Kooperation der Sicherheitsdienste verwies er auf die steigende Tendenz bei den „sogenannten Systemkritikern und anderen feindlich-negativen Kräften", Verbindungen mit Gleichgesinnten in anderen sozialistischen Ländern herzustellen oder dort mit Personen zusammenzutreffen, über die in der DDR eine Einreisesperre verhängt worden war.[846] Während des Treffens kamen auch Probleme der Terrorismusbekämpfung zur Sprache. Das MfS schlug in diesem Zusammenhang vor, auf bilateraler Ebene die im „SOUD vorgesehene Erfassung von Angaben über Mitglieder von Terrororganisationen und einzelnen Terroristen sowie zu Geiselnehmern, Flugzeug- und Schiffsentführern und Diversanten zeitlich vorzuziehen, [...] auch im Hinblick auf die Absicherung der Olympischen Spiele".[847] Nach dem Attentat der palästinensischen Gruppe „Schwarzer September" auf israelische Sportler während der Olympischen Spiele 1972 in München befürchteten die DDR als Veranstalter der X. Weltjugendfestspiele 1973[848] sowie die Sowjetunion als Ausrichter der Olympischen Spiele 1980 ähnliches im eigenen Machtbereich. Dies trug zweifellos ebenfalls zur Intensivierung des SOUD-Projekts bei. Daß SOUD jedoch eigens aus diesem Anlaß ins Leben gerufen worden sei, wie in mehreren Publikationen behauptet wird,[849] kann in dieser Ausschließlichkeit nach den vorliegenden MfS-Unterlagen nicht bestätigt werden.

Im Mai 1980 ging das SOUD in den Testbetrieb und im Dezember 1980 in den Echtbetrieb über – von nun an wurden nicht nur Daten eingegeben, sondern konnten auch Anfragen der Teilnehmerdienste bearbeitet werden. Im Januar 1981 war das SOUD dann einsatzbereit. In der ersten Etappe waren die Einrichtung des Systems und die Erfassung von Personen in zunächst zehn, später 15 Personenkategorien (PK) vorgesehen. Die Personenkategorien untergliederten sich in:

845 Ebenda, S. 216.
846 Ebenda, S. 54.
847 Ebenda, S. 45 f.
848 Die Terrorabwehr während der Weltjugendfestspiele wurde 1973 noch von einer Zentralen Einsatzgruppe (ZEG) wahrgenommen; 1975 entstand dann im MfS eine selbständige Abteilung für Terrorabwehr, die Abt. – später HA – XXII. Vgl. Kap. 5.6 sowie *Wunschik 1995*.
849 Vgl. *Sélitrenny/Weichert 1991*, S. 117, und *Reichenbach 1992*, S. 156.

PK 1	Mitarbeiter und Agenten gegnerischer Geheimdienste sowie Personen, die der Zugehörigkeit bzw. Verbindung zu ihnen verdächtigt werden.
PK 2	Leitende Mitarbeiter der Zentren der „politisch-ideologischen Diversion“ sowie Mitarbeiter dieser Zentren, die subversiv gegen die sozialistische Staatengemeinschaft tätig sind.
PK 3	Mitglieder von Terrororganisationen, einzelne Terroristen, Geiselnehmer, Flugzeug- und Schiffsentführer.
PK 4	Mitglieder zionistischer, feindlicher Emigranten-, klerikaler und anderer Organisationen.
PK 5	Personen, die Aufträge gegnerischer Geheimdienste und der Zentren der politisch-ideologischen Diversion ausführen.
PK 6	Personen, die als Anschleusungen des Gegners entlarvt wurden sowie ausländische Bürger und Staatenlose, bei denen es in der Zusammenarbeit zu Mißerfolgen aus ungeklärten Gründen kam.
PK 7	Personen, die Falschinformationen anbieten oder aus Gewinnsucht ein und dieselben Materialien und technische Muster an mehrere Staaten verkaufen.
PK 8	Personen, die provokatorische Aktionen auf den Territorien der SOUD-Teilnehmerstaaten sowie gegen deren Auslandsvertretungen organisieren.
PK 9	Personen, die aus den SOUD-Teilnehmerstaaten ausgewiesen wurden bzw. gegen die eine Einreisesperre verhängt wurde.
PK 10	Personen, die besonders gefährliche Staatsverbrechen begangen haben und nach denen in den SOUD-Teilnehmerländern gefahndet wird.
PK 11	Diplomaten und Mitarbeiter westlicher diplomatischer und konsularischer Vertretungen.
PK 12	Akkreditierte Korrespondenten der NATO-Mitgliedsländer, Japans, Chinas und Thailands.
PK 13	Mitarbeiter von Handels- und Wirtschaftsvertretungen sowie von Kulturzentren.
PK 14	Mitglieder internationaler Schmugglerorganisationen sowie einzelne Schmuggler.
PK 15	Personen, die eine Schädigung der Wirtschaft der SOUD-Teilnehmerstaaten betreiben.

In der Regel wurden im SOUD nur solche Personen aufgenommen, die nicht Staatsbürger der neun Mitgliedsländer des Datenverbunds waren. Ausnahmen bildeten bestimmte Personen, die die Staatsangehörigkeit eines der Mitgliedsländer besaßen, jedoch mit staatlicher Genehmigung ausgereist waren oder „Republikflucht“ begangen hatten und sich im westlichen Ausland oder in anderen „operativ interessierenden Staaten“[850] aufhielten. Bis Ende 1987 waren 188 343 Personen im SOUD erfaßt worden. Nach den Personenkategorien verteilten sie sich wie folgt:

850 Siehe Hinweise für die Nutzung von im „System der vereinigten Erfassung von Informationen über den Gegner“ gespeicherten, operativ bedeutsamen Informationen durch die HV A, die operativen HA/selbst. Abteilungen und die BV/V vom 16.2.1981, S. 2; BStU, ZA, DSt 102741.

PK 1	(Mitarbeiter und Agenten gegnerischer Geheimdienste)	102 223
PK 2	(Mitarbeiter von Zentren ideologischer Diversion)	12 332
PK 3	(Mitglieder von Terrororganisationen u. ä.)	13 140
PK 4	(Mitglieder subversiver Organisationen)	9 337
PK 5	(Beauftragte von Geheimdiensten u. ä.)	6 941
PK 6	(„Anschleusungen")	2 082
PK 7	(Falsch-Informanten)	134
PK 8	(Provokateure)	803
PK 9	(ausgewiesene und unerwünschte Personen)	31 528
PK 10	(Staatsverbrecher)	1 093
PK 11	(feindliche Diplomaten)	5 576
PK 12	(feindliche Korrespondenten)	2 471
PK 13	(Mitarbeiter feindlicher Wirtschaftsvertretungen, Kulturzentren)	153
PK 14	(Schmuggler)	334
PK 15	(Wirtschaftsschädlinge)	196.[851]

Auf ihrer Moskauer Konferenz im Jahre 1986 beschlossen die SOUD-Teilnehmer die Erweiterung des Systems um eine sogenannte Objektdatei, in der gegnerische Organisationen und Institutionen erfaßt werden sollten. Sie sollte in ihrem Aufbau den Personenkategorien entsprechen und folgende Komplexe umfassen:

1. „Gegnerische Geheimdienste, ihre Dienststellen, Vertretungen und Residenturen, die gegen die Staaten der Teilnehmer des Abkommens tätig sind;
2. Organisationen und Einrichtungen, die durch die Geheimdienste geschaffen wurden und finanziert werden und/oder ihnen als Tarnung dienen;
3. Zentren der politisch-ideologischen Diversion [...];
4. Terroristische und extremistische Organisationen, die für die Sicherheitsorgane, die Teilnehmer des SOUD-Abkommens sind, von operativem Interesse sind;
5. Emigranten (aus den Staaten der Teilnehmer des Abkommens), nationalchauvinistische, zionistische und klerikale Organisationen, die unmittelbar gegen die Staaten der Teilnehmer des Abkommens tätig sind;
6. Organisationen, die internationalen Schmuggel in großem Ausmaß betreiben [...]; Organisationen, die sich mit der Ausschleusung von Personen aus den Staaten der Teilnehmer des Abkommens befassen;
7. Organisationen, deren Tätigkeit auf die Unterminierung der Wirtschaft der Staaten der Teilnehmer des Abkommens abzielt."[852]

851 Vgl. Dokumente der zweiten multilateralen SOUD-Konferenz; BStU, ZA, Abt. X, Bündel 65.
852 Siehe Arbeitsapparat des SOUD, Konzeption der Objektdatei des SOUD, Moskau, 1987 (o. Adressat); BStU, ZA, Abt. X, Bündel 65, S. 5–7.

Zu einem späteren Zeitpunkt plante man eine Erweiterung um Informationen zu diplomatischen, konsularischen, Handels- und Wirtschaftsvertretungen und Kulturzentren der USA und der anderen NATO-Staaten sowie Japans und der VR China.

Die Nutzer des Systems, die operativen Diensteinheiten, konnten einerseits Erfassungen veranlassen und andererseits Auskunftsersuchen an das System richten. Ergab eine SOUD-Antwort, daß bei einem der angeschlossenen Staatssicherheitsdienste Erkenntnisse zu einer Person oder Einrichtung vorlagen, konnte die anfragende Diensteinheit über die für internationale Verbindungen zuständige Abteilung X des MfS Kontakt mit der entsprechenden Stelle des Partnerdienstes aufnehmen, um einen Informationsaustausch einzuleiten.

Zwischen 1979 und 1989 veranlaßte das MfS 74 388 Erfassungen im System.[853] Nach Personenkategorien ergab sich Ende 1989 folgende Verteilung der MfS-Erfassungen:

PK 1	(Mitarbeiter und Agenten gegnerischer Geheimdienste)	17 901
PK 2	(Mitarbeiter von Zentren ideologischer Diversion)	3 054
PK 3	(Mitglieder von Terrororganisationen u. ä.)	2 730
PK 4	(Mitglieder subversiver Organisationen)	6 100
PK 5	(Beauftragte von Geheimdiensten u. ä.)	8 019
PK 6	(„Anschleusungen“)	780
PK 7	(Falsch-Informanten)	14
PK 8	(Provokateure)	304
PK 9	(ausgewiesene und unerwünschte Personen)	20 669
PK 10	(Staatsverbrecher)	189
PK 11	(feindliche Diplomaten)	1 279
PK 12	(feindliche Korrespondenten)	3 755
PK 13	(Mitarbeiter feindlicher Wirtschaftsvertretungen, Kulturzentren)	210
PK 14	(Schmuggler)	352
PK 15	(Wirtschaftsschädlinge)	200
gesamt:		65 556[854]

Unter den mehr als 17 000 MfS-Erfassungen in der PK 1 befanden sich 4 441 mutmaßliche Mitarbeiter bundesdeutscher Nachrichtendienste[855] sowie 4 424 amerikanische, 737 britische, 537 französische, 286 niederländische

853 Vgl. Der Sonderbeauftragte der Bundesregierung für die personenbezogenen Unterlagen des ehemaligen Staatssicherheitsdienstes, Referat AU 5: Information über die Ergebnisse einer ersten Bestandsaufnahme von Dokumenten und Materialien, die durch das MfS – Mielkes Befehl 11/79 (SOUD) folgend – in das „System der vereinigten Erfassung von Informationen über den Gegner“ eingespeichert wurden; BStU, Abteilung Bildung und Forschung, Information und Dokumentation, S. 1 f.

854 Die Differenz der bestehenden zu den Gesamterfassungen ergibt sich vermutlich aus den gelöschten Datensätzen.

855 Davon waren 2 213 aus dem Bundesnachrichtendienst (BND), 1 507 aus dem Bereich der Ämter für Verfassungsschutz und 721 Angehörige des Militärischen Abschirmdienstes.

und 24 italienische Geheimdienstangehörige. Hinzu kamen 28 Geheimdienstmitarbeiter Finnlands, 20 des Irans, 45 des Iraks und 7 000 weitere Erfassungen, bei denen eine eindeutige Zuordnung zu einem bestimmten Geheimdienst dem MfS nicht möglich war.

Die unter der PK 3 vom MfS erfaßten Personen verteilten sich unter anderem auf folgende als „terroristisch“ eingestufte Organisationen:

Bundesrepublik Deutschland:

– Kampfgruppe gegen Unmenschlichkeit	53
– Wiking Jugend	97
– Wehrsportgruppe Hoffmann	133
– Nationaldemokratische Partei Deutschlands	93
– Aktionsfront Nationaler Sozialisten/Freiheitliche Arbeiterpartei	87
– Revolutionäre Zellen	38
– Bewegung 2. Juni	24
– Baader-Meinhof-Gruppe	9
– Rote Armee Fraktion	132
– Rote Armee Fraktion/Asyl DDR[856]	9

Zusätzlich waren 503 sogenannte Einzelterroristen registriert.

International:

– Action Directe/Frankreich	13
– Libysche Terrorgruppen	36
– Graue Wölfe/Türkei	249
– IRA/Großbritannien	7
– ETA/Spanien	7
– LTTE/Sri Lanka	4
– Brigato Rosso/Italien	49
– PLO/Schwarzer September	95
– Kubanische Gruppe	18
– Moslem Bruderschaft	279
– Jugoslawische Gruppen	109
– Rote Armee/Japan	102
– Algerische/tunesische Tätergruppen	198
– Abu-Nidal-Organisation	66
– Carlos-Gruppe	22

Unter den Personen, für die eine Erfassung in der PK 6 veranlaßt war, befanden sich auch verschiedene inoffizielle Mitarbeiter des MfS, mit denen die Zusammenarbeit eingestellt worden war, weil der Verdacht bestand, sie würden im Auftrag eines westlichen Nachrichtendienstes mit dem MfS zusammenarbeiten.

Bis zum Zusammenbruch des östlichen Bündnissystems fanden insgesamt zwei multilaterale Konferenzen der SOUD-Teilnehmer statt. Die erste tagte

856 Hierbei handelt es sich um ehemalige mutmaßliche Mitglieder der RAF, die unter der Deckung des MfS in der DDR lebten (vgl. Kap. 5.6).

1986 in Moskau, doch wurde darüber außer dem Programm[857] nur die Rede des Delegationsleiters des MfS, Irmler,[858] aufgefunden. Der Vortrag Irmlers umgeht dabei weitgehend das Problem des Mißverhältnisses zwischen Aufwand und Nutzen des Systems. Wie aus einem Vortrag des Leiters des Bereichs EDV der ZAIG, Bochmann, hervorgeht, war nämlich die „Trefferquote“ bei Auskunftsersuchen des MfS nach Personen im System nahe Null: Auf mehr als 100 Anfragen entfiel nur eine positive Antwort, die zudem nicht in jedem Fall einen Erkenntnisgewinn bedeutete.[859] Bei thematischen Recherchen war das Verhältnis zwischen Anfragen und erhaltenen Informationen siebzehn zu eins.[860] Irmler sprach hingegen von einer „Vielzahl wertvoller Informationen für die operative Arbeit des MfS“, die bei den Recherchen im SOUD gewonnen worden seien. „Erstmals ist eine schnelle Zusammenführung und Verdichtung von bedeutsamen Informationen der Bruderorgane [...], eine immer umfassendere Beantwortung der Frage ‚Wer ist wer?‘ unter den gegnerischen Kräften möglich. Besonders zutreffend ist das nach unseren Erkenntnissen hinsichtlich der Geheimdienste, der terroristischen u. a. extremistischen Organisationen und Kräfte.“[861]

Zur Einspeicherung von Daten in das System führte er aus: „In erster Linie konzentrieren wir uns [...] auf die Aufbereitung und Erfassung der aktuellen operativen Materialien, der konkreten Ergebnisse der Arbeit mit den IM, der Bearbeitung der Operativen Vorgänge und der Operativen Personenkontrolle sowie der Untersuchungsarbeit, also auf ‚lebende‘ Informationen, auf Informationen unmittelbar aus den operativen Arbeitsprozessen [...]. Wir schätzen ein, daß durch alle Diensteinheiten der Aufklärung und Abwehr, bis hin zu den Kreisdienststellen, die in das System einzuspeichernden Informationen bereits weitgehend aktuell und lückenlos aufbereitet und bereitgestellt wurden.“[862] Erkenntnisgewinn durch das SOUD verzeichnete Irmler insbesondere „im Zusammenhang mit der operativen Sicherung unserer Auslandskader und Auslandsvertretungen, der Durchführung von operativen Maßnahmen gegen den Mißbrauch der diplomatischen Vertretungen nichtsozialistischer Staaten in der DDR, von internationalen Kongressen und Tagungen sowie der Zusammenarbeit mit internationalen Einrichtungen und

857 Vgl. Modalitäten der Durchführung der multilateralen Beratung der Vertreter der SOUD-Teilnehmer in Moskau vom 28. bis 29.5. d. J., 26.2.1986, Übersetzung aus dem Russischen 247/86; BStU, ZA, SdM 425, Bl. 163 f.

858 Vgl. Ausführungen des Leiters der Delegation des MfS der DDR, Generalmajor Irmler, während der multilateralen Beratung der Vertreter der SOUD-Teilnehmer am 28. und 29.5.1986 in Moskau; BStU, ZA, ZAIG 5112, Bl. 2–15.

859 Vgl. Vortrag des Leiters des Bereiches EDV der ZAIG zu Grundfragen der Arbeit mit der Zentralen Personendatenbank des MfS (ZPDB), der Personendatenbank der DDR (PDB) sowie zur Nutzung des Sonderspeichers 11/79; BStU, ZA, ZAIG 7052, Bl. 1–62, hier 57.

860 Ebenda, Bl. 61.

861 Vgl. Ausführungen des Leiters der Delegation des MfS der DDR, Generalmajor Irmler, während der multilateralen Beratung der Vertreter der SOUD-Teilnehmer am 28. und 29.5.1986 in Moskau; BStU, ZA, ZAIG 5112, Bl. 9 f.

862 Ebenda, Bl. 5.

Vertretern [...]". Dazu führt er vier Beispiele an, bei denen die Überprüfung von Kontakten und Verbindungen zur Feststellung einer Mitarbeit bei gegnerischen Geheimdiensten geführt hatte.[863]

Rückschlüsse auf die Ergebnisse der Moskauer Beratung erlaubt die Rede des Leiters des Arbeitsapparates von SOUD, Smirnow, auf der zweiten multilateralen SOUD-Konferenz vom 16. bis 20. Mai 1988 in Sofia. Dort heißt es dazu:

> „Die Nutzer brachten eine Reihe konstruktiver Vorschläge ein, wie zum Beispiel die Speicherung von Daten über militärische Beobachter, insbesondere aus den Ländern der NATO, die den Truppenmanövern der Warschauer Vertragsstaaten beiwohnen, sowie über Mitarbeiter von Organen, Einrichtungen und Objekten der NATO, über die Möglichkeit von Frühinformationen von Spionage- und Gegenspionageaktivitäten der gegnerischen Geheimdienste, über ideologische und ökonomische Diversion, über die erweiterte Erfassung von Personen besonders gefährlicher Kategorien [...]"[864]

Der wichtigste Beschluß der Konferenz 1986 war jedoch die Einleitung der sogenannten zweiten Etappe des Aufbaus von SOUD: die Schaffung einer Objektdatei, für die der Arbeitsapparat des SOUD 1987 eine Konzeption vorlegte.[865] Entsprechende Ergänzungen und Veränderungen fanden im SOUD-Abkommen und in der SOUD-Ordnung ihren Niederschlag.[866]

Das Beratungsprotokoll der zweiten multilateralen SOUD-Konferenz[867] in Sofia erlaubt es, an dieser Stelle erstmals die Gesamtzahlen der bis 1988 gespeicherten Informationen zu den einzelnen Personenkategorien zu veröffentlichen. Auf dieser Basis sind auch die Möglichkeiten ihrer weiteren Nutzung nach dem Zusammenbruch des östlichen Bündnissystems besser abzuschätzen. Die Redebeiträge der Delegationsleiter ergeben eine Art Zusammenschau über Wirkungsweise und Schwächen des Systems ein Jahrzehnt nach seiner Gründung. Gleichzeitig spiegelt sich in ihnen die Situation der Sicherheitsdienste angesichts des unter Gorbatschow ausgelösten Liberalisierungsprozesses, der schließlich zum Untergang des sowjetischen Imperiums führte. Während die politische Lage von den einen scheinbar gelassen hingenommen wurde bzw. kaum Erwähnung fand, fällt insbesondere die Rede des MfS-Gesandten durch alarmierende Töne und Appelle an die „Bruderorgane" auf, aus SOUD endlich ein länderübergreifendes wirksames Kontrollinstrument zu machen.

863 Ebenda, Bl. 10.

864 Vgl. Dokumente der zweiten multilateralen SOUD-Konferenz, S. 1–75; BStU, ZA, Abt. X, Bündel 65.

865 Vgl. Konzeption der Objektdatei des SOUD (Kurzfassung), S. 1–13; ebenda.

866 Vgl. Leiter der Abt. X an den Leiter ZAIG: Protokollentwürfe und Veränderungen zum SOUD-Abkommen und zur SOUD-Ordnung, vom 17.2.1987; BStU, ZA, Abt. X, Bündel 65, o. Pag.

867 Vgl. Dokumente der zweiten multilateralen SOUD-Konferenz, S. 1–75; BStU, ZA, Abt. X, Bündel 65.

Zur Anhörung kamen der Bericht des Arbeitsapparats des SOUD und die Vorträge der neun Delegationsleiter. Der Leiter des Arbeitsapparats, Smirnow, pries eingangs in seinem Referat die Vorzüge des Systems.[868] Erstmals sei es möglich, in einem einheitlichen Speicher bedeutende Mengen von früher zersplitterten Informationen über Personen zu konzentrieren, die eine reale oder potentielle Gefahr für die Mitgliedsländer darstellten. Dadurch müßten bestimmte Personen nicht mehr parallel von den Teilnehmern des Systems „bearbeitet" werden. Auch habe sich der Sicherheitsgrad in der Arbeit der Auslandsvertretungen sowie der Bürger im Ausland erhöht. Dann setzte Smirnow zur Kritik an: Trotz der 1986 gefaßten Beschlüsse zur Vergrößerung und Aktualisierung des Datenbestandes und zur Erweiterung der funktionellen Aufgaben des Systems bleibe der operative Nutzeffekt hinter den Erwartungen zurück. Dies sei in erster Linie darauf zurückzuführen, daß die gespeicherten Daten häufig unvollständig und nicht mehr aktuell seien und daß SOUD noch nicht unmittelbar in die Arbeitsprozesse der Sicherheitsorgane integriert sei. Wirklich aktiv genutzt würden in der Überprüfungsarbeit und in der Arbeit der signalisierenden Informierung nur 25 Prozent der verfügbaren Informationen. Einen qualitativ neuen Schritt in der Entwicklung des SOUD stellten jedoch die 1985 neu eingeführten fünf zusätzlichen Personenkategorien dar. Über sie enthalte das System ca. 8 800 Informationen, davon:

- mehr als 5 500 Datensätze zu Diplomaten und Angehörigen diplomatischer und konsularischer Vertretungen der NATO-Staaten, Japans und der Volksrepublik China;
- ca. 2 500 erfaßte Korrespondenten der Massenmedien dieser Staaten;
- ca. 250 erfaßte Mitarbeiter von Handels-, Wirtschafts- und Kulturzentren der genannten Länder;
- ca. 350 „Schmuggler" und Mitglieder von Organisationen, die sich mit internationalem Schmuggel in großem Ausmaß befaßten und
- mehr als 200 Personen, die „Störtätigkeit gegen die Wirtschaft" der Vertragspartner des Abkommens ausübten.

Smirnow führte weiterhin aus, daß seit der Moskauer Beratung eine umfangreiche Arbeit zur Ergänzung und Aktualisierung des Datenbestands geleistet worden sei. Dennoch könne man die Erfassung aller nach der SOUD-Ordnung zu berücksichtigenden Personenkategorien, die eine Gefahr darstellten oder von operativem Interesse für alle Teilnehmer des Systems seien, nicht als befriedigend bezeichnen. Die Mehrzahl der Teilnehmer liefere im wesentlichen Informationen, die nur für sie selbst von operativem Interesse seien.

In den Jahren 1986 und 1987 wurden nach Smirnows Worten mehr als 114 000 einmalige und ständige Überprüfungsersuchen an den Arbeitsapparat gestellt. Zu etwa 10 500 Personen habe es Auskünfte gegeben. Er berichtete, daß mit Hilfe der EDV eine klassifizierte Liste von Objekten und

868 Ebenda, S. 6–19.

Organisationen erstellt worden sei, die bereits im Umlauf sei und zur Identifizierung genutzt würde. Ein weiterer wichtiger Schritt sei die Einführung von maschinenlesbaren Datenträgern, insbesondere von Magnetbändern. Der Arbeitsapparat habe bereits auf bilateraler Ebene mit einigen Nutzern diese Frage in Angriff genommen. Der Delegationsleiter des KGB, Schapkin, wiederholte die Kritik Smirnows bezüglich der ungenügenden Erweiterung des Datenbestands und der mangelnden Aktualität vieler Informationen.[869] Zu schleppend gingen auch die Erfassungen in den neuen Personenkategorien und die Bearbeitung der Auskunftsersuchen voran. Schapkin beklagte, daß die SOUD-Teilnehmer nicht über eine einheitliche Technik verfügten.

Der Delegationsleiter des MfS, Schwock, führte dagegen aus, daß sich seit 1986 die Effizienz des Systems in der operativen Arbeit der Aufklärungs- und Spionageabwehrdiensteinheiten insgesamt erhöht habe.[870] Die Informationen über Mitarbeiter und Agenten der Geheimdienste der USA sowie über Diplomaten und Korrespondenten der USA hätten eine große Bedeutung für den rechtzeitigen und zielgerichteten Einsatz der operativen Kräfte des MfS. Das beziehe sich sowohl auf die konzentrierte operative Bearbeitung der Residentur der CIA in der Botschaft der USA in der DDR und der CIA-Vertretung in Westberlin als auch auf die zahlreichen Mitarbeiter der US-Geheimdienste, die unter einem Vorwand aus dem Stabsquartier oder aus anderen europäischen Residenturen der CIA kurzfristig in die DDR beordert würden. Dank der SOUD-Informationen könnten häufig die notwendigen operativen Maßnahmen noch vor der Akkreditierung oder der Einreise solcher Personen realisiert werden.

Was die Arbeit anderer Geheimdienste, insbesondere der BRD, aber auch Großbritanniens, Frankreichs und nordeuropäischer Länder betrifft, so gebe es vorerst lediglich vereinzelte Resultate. Die Nutzung des Systems könne hier nur erfolgreich sein, wenn – wie bei der Informierung über die Geheimdienste, Diplomaten und Korrespondenten der USA – alle Partnerdienste möglichst vollständig die vorhandenen Informationen im SOUD speicherten. Fortschritte seien bei der Nutzung des Systems im Kampf gegen die „ideologische Diversion", gegen die Bestrebungen des Gegners zur Schaffung einer inneren Opposition und zur Organisierung einer politischen Untergrundtätigkeit in der DDR zu verzeichnen. Doch angesichts der gegenwärtigen politisch-operativen Lage sei dieser Fortschritt offensichtlich unzureichend. Kritisch stellte er fest, daß das SOUD ungenügend zur Unterstützung der operativen Abteilungen eingesetzt würde. Offenbar seien die im System gespeicherten Informationen unzulänglich.

Zur dritten multilateralen Beratung, die für 1990 in Ungarn geplant war, kam es nicht mehr. Zwar blieben auch nach der Umwandlung des MfS in ein Amt für Nationale Sicherheit (AfNS) die „Hinweise" zum Ausfüllen der

869 Ebenda, S. 42–53.
870 Ebenda, S. 26–31.

SOUD-Belege in Kraft,[871] doch am 11. Dezember erklärte Oberst Schröter von der ZAIG in einem Schreiben an den neuen Leiter der Staatssicherheit, Generalleutnant Schwanitz, daß er eine „Entscheidung über den Verbleib bzw. die Vernichtung der operativen Daten, insbesondere solcher Projekte wie [...] des multilateralen Systems SOUD [für] dringend erforderlich" halte.[872] Drei Tage darauf beschloß der Ministerrat der DDR, das AfNS aufzulösen. Die letzte nachweisbare MfS-Registratur für SOUD trägt das Datum 21. Dezember 1989.[873] Bis dahin hatte das MfS 74 388 Erfassungen zu Personen im System veranlaßt. Im Archiv des Bundesbeauftragten befinden sich heute 66 526 dieser Datensätze.

Der Zentralspeicher in Moskau, in den diese Informationen eingingen, verblieb nach der Auflösung des MfS weiterhin bei der Auslandsaufklärung des sowjetischen KGB. Im Zuge der Zerschlagung des KGB Ende 1991 wurde daraus zunächst der neue sowjetische Aufklärungsdienst ZSR[874], aus dem der heutige russische SWR[875] hervorging. Dieser hat sein Hauptquartier nach wie vor in seinem alten Gebäude, so daß angenommen werden kann, daß die SOUD-Datensätze in die Archive des SWR übergegangen sind. Darüber hinaus dürften sich auch in den Beständen der Nachfolgeeinrichtungen anderer kommunistischer Sicherheitsdienste SOUD-Informationen aus dem MfS finden. Trotz ihres zunehmend historischen Charakters bilden sie immer noch ein Reservoir für die weitere nachrichtendienstliche Arbeit. Insbesondere die in der PK 1 erfaßten Personen sind in verschiedenen Fällen noch heute Mitarbeiter westlicher Nachrichtendienste und bleiben – auch aufgrund der SOUD-Daten – als solche erkennbar. Verglichen mit anderen zur Verfügung stehenden nachrichtendienstlichen Quellen spielt das SOUD-Material jedoch wahrscheinlich eher eine untergeordnete Rolle.

Die ursprüngliche Vision vom SOUD als ein funktionierendes, effizientes System des multinationalen nachrichtendienstlichen Informationsaustausches ist letztlich nie Wirklichkeit geworden. Dies lag nicht zuletzt in der Spezifik geheimdienstlicher Arbeit begründet. So haben laut Aussagen ehemaliger MfS-Mitarbeiter die maßgeblichen Diensteinheiten wie die HV A (Auslandsaufklärung) oder die Hauptabteilung II (Spionageabwehr) die Eingabe von Daten aus Sorge um den Quellenschutz nur in begrenztem Umfang realisiert. Auch dem ehemaligen KGB-Offizier Oleg Gordiewski zufolge soll das SOUD niemals wirklich bedeutsam gewesen sein.[876] Der ehemalige Offizier der Nordamerika-Verwaltung der KGB-Auslandsaufklärung, Juri Schwez, bezeichnete das SOUD sogar überspitzt als eine „Art Friedhof für nutzlose

871 Ebenda, S. 8.
872 Siehe Schreiben von Oberst Schröter an Generalleutnant Schwanitz, vom 11.12.1989; BStU, ZA, ZAIG 5721, Bl. 25.
873 Siehe Posteingangsbuch der ZAIG/5 ab dem 5.4.1989; BStU, ZA, ZAIG 8583, Bl. 203–207.
874 ZSR: Zentralnaja Slushba Raswedki (Zentraler Dienst für Aufklärung).
875 SWR: Slushba Wneschnei Raswedki (Dienst für Auslandsaufklärung).
876 Schreiben von O. Gordiewski an B. Wegmann.

Kontakte".[877] Ein weiterer Gesichtspunkt war das starke Divergieren der technischen Voraussetzungen bei den einzelnen Teilnehmern, das einen schnellen Datenabgleich verhinderte. Die Aufbereitung der zu erfassenden Daten war ein aufwendiger und umständlicher Arbeitsvorgang. Das komplizierte Verfahren des Austauschs neuer Erkenntnisse über die Moskauer Zentrale tat ein übriges.

Eine beispielgebende Wirkung scheint von SOUD dennoch ausgegangen zu sein – ein Nachfolgesystem befindet sich bereits im Aufbau. Im Frühjahr 1995 schlossen auf einem Treffen in Georgien elf Leiter von Sicherheits- und Geheimdiensten aus Ländern der GUS ein Abkommen über die Einrichtung eines gemeinsamen Datenverbundes.[878]

6.2 Wirkungen in der Bundesrepublik – eine vorläufige Bilanz

Die Wirkungen der West-Arbeit des MfS in der Bundesrepublik sind bis heute kaum erforscht. Voraussetzung dafür ist die genaue Rekonstruktion der entsprechenden Bemühungen des MfS, wie sie in dieser Arbeit zumindest für Teilbereiche versucht wurde. Darüber hinaus müssen aber auch die historischen Prozesse selbst unter dem Gesichtspunkt möglicher Einflußnahmen durch das MfS noch einmal neu untersucht werden. Angesichts der vielfältigen Versuche der Einflußnahme im Westen bedarf es weiterer, breit angelegter Forschungsanstrengungen, um diese bislang weitgehend vernachlässigte Dimension der deutschen Nachkriegsgeschichte aufzuarbeiten. Mit Nachdruck ist darauf zu drängen, daß die in diesem Zusammenhang relevanten Unterlagen in das Archiv des Bundesbeauftragten zurückgeführt werden, damit sie der Forschung zur Verfügung gestellt werden können. Ungeachtet dessen soll auf der Basis der in diesem Buch vorgelegten Analysen eine kurze, vorläufige Bilanz gezogen werden, welche Bedeutung der West-Arbeit des MfS insgesamt zuzumessen ist.

Betrachtet man die Geschichte des MfS von ihrem Ende her, könnte man zu dem Ergebnis kommen, daß die DDR-Staatssicherheit letztendlich erfolglos geblieben ist, weil es ihr nicht gelungen ist, ihren eigentlichen Auftrag, als „Schild und Schwert der Partei" die SED-Herrschaft zu sichern und zu festigen, zu erfüllen. Für die West-Arbeit drängt sich ein solcher Schluß noch mehr auf, weil die Politik der SED und die Aktivitäten des MfS wahrscheinlich zu keinem Zeitpunkt eine ernsthafte politische Bedrohung der demokratischen Ordnung der Bundesrepublik zur Folge hatten. Je weiter die SED-Herrschaft in den Schatten der Vergangenheit tritt, desto stärker wird

877 Schreiben von Juri Schwez vom 19. und 26.6.1996 an B. Wegmann.
878 Vgl. *Sherr 1995*, S. 11–17.

die Versuchung, einer solchen retrospektiven Geschichtsbetrachtung Folge zu leisten.

Aus makrohistorischer Perspektive läßt sich allerdings auch die umgekehrte Schlußfolgerung formulieren: Trotz ihrer gesellschaftlichen Minderheitenposition ist es der SED und ihren Sicherheitsapparaten über einen Zeitraum von mehr als 40 Jahren gelungen, die kommunistische Herrschaft in Ostdeutschland zu bewahren und zunehmend zu stabilisieren. Das Ministerium für Staatssicherheit agierte insofern außerordentlich erfolgreich, als es die ihm übertragenen Aufgaben – außer im Juni 1953 – nahezu durchgehend zur Zufriedenheit der Führung löste. Dies gilt kaum weniger für die West-Arbeit des MfS, da die latente „Bedrohung" der SED-Herrschaft durch die Bundesrepublik wenigstens nach dem Mauerbau zu keinem Zeitpunkt zu einer ernsten politischen Destabilisierung der DDR geführt hat. „Versagt" hat im Schicksalsjahr 1989, wenn überhaupt, nicht die Staatssicherheit, sondern die politische Führung, die in der sich zuspitzenden Krisensituation nicht mehr in der Lage war, wirksame Maßnahmen zur Systemstabilisierung zu ergreifen.

Unterhalb dieser globalen Betrachtungsweise ist zunächst hervorzuheben, wie bedeutsam die West-Arbeit für das MfS war. Die vorliegende Arbeit hat deutlich gemacht, daß die „Arbeit im und nach dem Operationsgebiet" für das MfS von Anbeginn eine „Hauptaufgabe" darstellte und daß sie den gesamten Apparat des Ministeriums beschäftigte. An der Nahtstelle der Blöcke war es in den Augen der SED nicht nur naheliegend, sondern überlebenswichtig, auch im Westen Deutschlands starke nachrichtendienstliche und geheimpolizeiliche Aktivitäten zu entfalten. Die Aufarbeitung der MfS-Vergangenheit ist daher keineswegs nur ein Problem der Ostdeutschen, sondern betrifft auch die Bürger der alten Bundesrepublik.

Tatsächlich ist der Kreis der Westdeutschen, der bis 1989 auf die eine oder andere Weise in das Visier der Staatssicherheit geriet, größer, als man auf den ersten Blick annehmen könnte – immerhin sind, trotz Entfernung der Karteikarten der HV A, etwa zwei der insgesamt sechs Millionen „erfaßten" Menschen in der Zentralkartei des MfS Bürger der alten Bundesrepublik. Zu ihnen gehörten nicht nur „operativ" interessierende Berufsgruppen wie Politiker, leitende Beamte, Militärs, Wirtschaftsleute, Angehörige der Polizei, der Geheimdienste, des Zolls und des Bundesgrenzschutzes, Journalisten, Diplomaten oder Sekretärinnen, sondern auch Studenten, Fluchthelfer, ehemalige DDR-Bürger, Links- oder Rechtsextremisten sowie zahllose „normale" Westdeutsche und Westberliner, die aufgrund ihres Wohnortes, ihrer verwandtschaftlichen Kontakte, ihrer Transitreisen durch die DDR oder wegen eines zufällig abgefangenen Briefes oder Telefonates ins Blickfeld der Staatssicherheit kamen. Eine der Wirkungen der West-Arbeit des MfS bestand somit in der systematischen Verletzung der Privatsphäre von Alt-Bundesbürgern und in der Anhäufung eines beträchtlichen Wissens über sie, das bei Bedarf abgerufen, nutzbar gemacht oder an andere befreundete Geheimdienste weitergeleitet werden konnte.

Die „Hauptwaffe“ des MfS bildeten auch in der West-Arbeit die inoffiziellen Mitarbeiter (IM), die auf breiter Basis und mit großer Systematik vom Staatssicherheitsdienst rekrutiert wurden, um über alle „operativ“ relevanten Sachverhalte möglichst schon im Planungsstadium informiert zu werden. Dabei kamen keineswegs nur „klassische“ Spione zum Einsatz, also Bundesbürger, die geheime Unterlagen an das MfS weitergaben oder darüber berichteten, sondern die unterschiedlichsten Kategorien und Typen geheimer Mitarbeiter: ein hochkomplexes System verdeckter Verbindungen, in dem auch Ostdeutsche und Angehörige dritter Staaten eine bedeutende Rolle spielten. Die konspirative Durchdringung der Bundesrepublik, das heißt: die Existenz eines Netzes von Vertrauenspersonen des MfS in Parteien und Organisationen, Bewegungen und Gruppierungen, Verwaltungen und Institutionen, Geheimdiensten und bewaffneten Verbänden, Universitäten und Redaktionen, Industriebetrieben und Wohngebieten, die unterschiedlichste Aufgaben erfüllten, aber von einem einheitlichen militärischen Apparat gelenkt wurden, zählt somit ebenfalls zu den grundlegenden Wirkungen der West-Arbeit des MfS.

Über die Aufgaben der inoffiziellen Mitarbeiter, die in der „Arbeit im und nach dem Operationsgebiet“ zum Einsatz kamen, geben Planvorgaben, Anweisungen, Maßnahmepläne, Einsatzkonzeptionen und ähnliche Dokumente oftmals detailliert Auskunft. Danach ging es dem MfS in erster Linie um einen umfassenden Strom „operativ“ bedeutsamer Informationen aus dem Westen, um die Einflußnahme auf für das kommunistische Herrschaftsystem relevante politische Entscheidungen und Entwicklungen, um die Bekämpfung und Neutralisierung von als „feindlich“ eingestuften Stellen und Personen sowie um die Vorbereitung auf Kriegs- und Krisensituationen, bei denen das MfS mit einem speziellen konspirativen Netz gegen den „Klassenfeind“ agieren wollte. Eine wesentliche Aufgabe der inoffiziellen Arbeit bestand ferner darin, die permanente Reproduktion und qualitative Verbesserung des IM-Netzes zu gewährleisten.

So wie in der Ost-Arbeit sind auch in der West-Arbeit die Pläne des MfS nicht automatisch mit den tatsächlichen Handlungen oder den erzielten Ergebnissen gleichzusetzen. Häufig ist das überlieferte Aktenmaterial von einer spezifischen Binnensicht des MfS geprägt, die die „Gefährlichkeit“ des „Gegners“ überhöht und die eigene Schlagkraft betont – und damit gleichsam in beide Blickrichtungen eine nicht immer zutreffende Omnipotenz suggeriert. Aus diesem Generalvorbehalt kann freilich nicht abgeleitet werden, daß das gesamte Ministerium für Staatssicherheit mit seinen zuletzt 91 000 hauptamtlichen Mitarbeitern – davon mehr als 4 500 im Aufklärungsapparat des MfS – lediglich Pläne geschmiedet hat und seine Arbeit in der Bundesrepublik und Westberlin folgenlos geblieben sei.

Unbestritten ist, daß das MfS bei seiner Informationsbeschaffung aus dem „Operationsgebiet“ außerordentlich erfolgreich war – vielfach so sehr, daß es mit der Auswertung der gewonnenen Informationen kaum noch hinterherkam. Voraussetzung dafür war ein vergleichsweise dicht geknüpftes, wohl durchdachtes und den jeweiligen Verhältnissen Rechnung tragendes Spitzelnetz, das nicht nur aus der Binnenperspektive des MfS, sondern auch nach Einschätzung der westdeutschen Abwehrbehörden sehr effektiv arbeitete – zweifellos das wirkungsvollste Agentensystem auf westdeutschem Boden nach dem Ende des Zweiten Weltkrieges. Die umfassende Informationsbeschaffung hatte dabei weitreichende Konsequenzen: Während die Ergebnisse der Wirtschaftsspionage der DDR „Einsparungen" in Milliardenhöhe brachte und den ökonomischen Kollaps der achtziger Jahre möglicherweise um Jahre hinauszögerte, machte die Militärspionage den Westen im Fall einer kriegerischen Auseinandersetzung auf gefährliche Weise verletzlich. Die Informationen aus dem politischen und gesellschaftlichen Leben boten die Grundlage für die systematische Einflußnahme auf Personen, Vorgänge und Institutionen, während die Ausforschung der Geheimdienste die innere Sicherheit und nicht zuletzt die persönliche Unversehrtheit ihrer Mitarbeiter gefährdete. Zudem bildeten sie die Voraussetzung für die „politisch-operative Vorbereitung auf besondere Lagebedingungen", das heißt: auf Kriegs- und Spannungssituationen, die insbesondere im Fall Westberlins zahlreiche Menschen unmittelbar bedrohte. Daß die Informationsbeschaffung aus dem Westen, wie von ehemaligen MfS-Mitarbeitern häufig behauptet wird, bei den politisch Handelnden im Osten für ein realistischeres Bild des „Gegners" gesorgt und damit vor unbedachten Aktionen bewahrt hätte,[879] läßt sich aus dem hier ausgewerteten Aktenmaterial nicht ableiten. Im Gegenteil: Es ist fast immer von einer betont feindlichen Grundhaltung geprägt und zeichnet die „Gefahren" aus dem Westen eher größer als kleiner.

Seine Schlagkraft verdankte das MfS nicht, wie in der Öffentlichkeit zuweilen angenommen, einer besonderen nachrichtendienstlichen „Genialität" des langjährigen Leiters der HV A, Markus Wolf. Auschlaggebend war dafür in erster Linie das mit etwa 91 000 hauptamtlichen Mitarbeitern enorme personelle Potential des MfS, dem ein verhältnismäßig kleines Einsatzgebiet – im wesentlichen die beiden deutschen Staaten – gegenüberstand. Führt man sich vor Augen, daß die DDR von ihrer Bevölkerungszahl nur die Größe von Nordrhein-Westfalen erreichte, wird diese Hypertrophie des Staatssicherheitsdienstes noch augenfälliger, während sich die „Erfolge" durchaus relativieren. „Abwehr" und „Aufklärung" bildeten dabei, wie in diesem Buch gezeigt, keine voneinander unabhängigen Arbeitszweige, sondern waren vielfältig miteinander verwoben und dadurch besonders effektiv. Durch seine Einbettung in das Herrschaftssystem der SED kamen dem MfS außerdem die spezifischen „Vorteile" des totalitären Parteistaates zugute. Bei der flächendeckenden Überwachung der Bürger und den praktischen nachrichtendienstlichen Operationen waren im großen und ganzen weder rechtliche

879 Vgl. *Wolf 1997*; *Hartmann 1997*; *Eltgen 1995*. Aus wissenschaftlicher Perspektive: *Krieger/Weber 1997*, die von einer „Spionage für den Frieden" sprechen.

noch politische noch moralische Vorbehalte zu berücksichtigen. Und während die Bundesrepublik im Innern wie nach außen offen und durchlässig war, kontrollierte die SED das von ihr beherrschte Territorium mit diktatorischen Methoden. Einen dritten Faktor bildeten schließlich die „natürlichen" Gegebenheiten – also die Tatsache, daß die geheimdienstliche Arbeit in einem gespaltenen Land mit einer gemeinsamen Sprache und vielfältigen persönlichen Beziehungen vonstatten ging und sich dabei insbesondere den ständigen Ausreise- und Flüchtlingsstrom von Ost nach West zunutze machen konnte.

Wie sehr es dem MfS letztendlich gelang, aufgrund des nachrichtendienstlich beschafften Wissens und mittels seiner konspirativen Verbindungen auch unmittelbaren politischen Einfluß in der Bundesrepublik auszuüben, ist nur im konkreten Fall und anhand detaillierter Einzelstudien zu beurteilen, die freilich durch die umfangreiche Aktenvernichtung stark erschwert werden. Die SED-Führung selbst war grundsätzlich der Ansicht, „daß wir heute auf die BRD stärker wirken als sie auf uns", wie sie 1984 hervorhob, als die KPdSU-Spitze Erich Honecker nach Moskau einbestellte, um ihn von seinem geplanten Bonn-Besuch abzuhalten.[880] In vielen Bereichen ist tatsächlich eine effektive Einflußnahme des MfS nachzuweisen – in einzelnen Fällen, wie beim gescheiterten Mißtrauensvotum gegen Willy Brandt, auch mit gravierenden politischen Konsequenzen. Insbesondere die Intention, radikale Kritik an der DDR im Westen zu diskreditieren, zu isolieren oder zum Verstummen zu bringen, konnte vielfach mit Erfolg verwirklicht werden, nicht nur gegenüber ausgereisten oder ausgebürgerten DDR-Bürgern, sondern auch im Bereich des politischen, geistigen und wirtschaftlichen Lebens.

Allerdings griffe es zu kurz, die wachsende Akzeptanz, auf die die DDR als Staat in der alten Bundesrepublik stieß, vorrangig oder gar ausschließlich auf eine geheimdienstliche Einflußnahme durch das MfS zurückzuführen. Hinzu kam die konspirative Einflußnahme durch den Parteiapparat der SED und die von der Öffentlichkeit abgeschirmten Verbindungen zu kommunistisch gelenkten oder beeinflußten Organisationen und Institutionen. Noch bedeutender war aber wohl die zunehmende Bereitschaft der westdeutschen Gesellschaft, sich mit der Diktatur im Osten abzufinden und sich ihr geistig, politisch und ökonomisch auf neue Weise anzunähern. Die vielschichtigen Gründe dafür können an dieser Stelle nicht näher beleuchtet werden, doch unübersehbar ist, daß der „Wandel durch Annäherung", der als programmatische Maxime die Ostpolitik der sozialliberalen Koalition begründen sollte, auch und gerade in umgekehrter Richtung wirksam wurde: Der Gegensatz zwischen Diktatur und Demokratie verschwamm, die moralischen Barrieren gegenüber der kommunistischen Parteiherrschaft wurden tiefer gehängt oder eingeebnet, die Immunität gegenüber einem System, das auf Gewalt und Unterdrückung beruhte, verlor sich im Zeitgeist der „Entspannung".

880 Vgl. *Oldenburg/Stephan 1995*, S. 800.

Dokumente

Editorische Vorbemerkung

Die in den Originaldokumenten vorhandenen Rechtschreib-, Interpunktions- und kleineren Grammatikfehler wurden aus Gründen der besseren Lesbarkeit stillschweigend bereinigt. Die Schreibweise, auch der Abkürzungen, wurde generell den heutigen Duden-Regeln (alte Rechtschreibung) angepaßt. Die Korrektur von größeren Grammatikfehlern ist jeweils in Fußnoten angezeigt. Handschriftliche Einfügungen, Änderungen und sonstige Besonderheiten sind ebenfalls in Fußnoten erläutert und, wo es sich aus Gründen der Klarheit anbot, im Text zusätzlich mit eckigen Klammern angezeigt. Hervorhebungen aller Art sind kursiv wiedergegeben. Inkonsequenzen bei Hervorhebungen und Einrückungen wurden bereinigt.

Die im Dokument 1 vorkommenden, aus Geheimschutzgründen erfolgten handschriftlichen Eintragungen in dafür vorgesehene Lücken des Typoskripts sind kursiv gekennzeichnet.

Beim Dokument 21 wurde die durch den Computerausdruck bedingte Form im wesentlichen übernommen (Versalien, Abkürzungen) und nur ganz behutsam korrigiert bzw. vereinheitlicht. Die alphabetisch geordnete Spalte mit den Feindobjekten erscheint (im Unterschied zum Original) aus Gründen der besseren Übersicht an erster Stelle.

Verzeichnis der Dokumente

18. März 1969

Bericht über die Erfüllung der politisch-operativen Verpflichtungen der II. Etappe der Vorbereitung des 20. Jahrestages der Deutschen Demokratischen Republik[1]

Am 17.2. d. J. übergaben mir die Leiter der Diensteinheiten der HV A ihre Rapporte über die Zwischenauswertung der II. Etappe des Wettbewerbs zu Ehren des 20. Jahrestages der Gründung der DDR und des Ministeriums für Staatssicherheit.[2]
Die verschiedenen Diensteinheiten, Arbeitskollektive und Mitarbeiter der Hauptverwaltung A hatten sich zu Ehren des 20. Jahrestages der Gründung der DDR für die II. Etappe hohe politisch-operative Kampfaufgaben gestellt und dabei besondere und zusätzliche Verpflichtungen übernommen. Im Mittelpunkt stand die konzentrierte Bearbeitung der gegnerischen Hauptobjekte mit dem Ziel der Beschaffung wertvoller Informationen zu politischen Hauptfragen und der Schaffung neuer Quellen. Die Ereignisse in der ČSSR erforderten die Übernahme und Lösung neuer zusätzlicher politsch-operativer Aufgaben.[3]
Es kann festgestellt werden, daß die übernommenen Aufgaben und Verpflichtungen im wesentlichen erfüllt wurden. Der Wettbewerb wurde zu einem mobilisierenden Faktor zur Erreichung größerer Arbeitsergebnisse. Ein wesentliches Ergebnis ist, daß viele IM in den Kampf um bessere und besondere Arbeitsleistungen erfolgreich miteinbezogen werden konnten.
Der Kampf der Genossen um die Realisierung der Aufgaben war gekennzeichnet durch großes Verantwortungsbewußtsein, hohe Einsatzbereitschaft, Initiative und Fleiß. In den Kollektiven wurde eine gute Atmosphäre des Kampfes gefördert.
Als bestes Kollektiv wurde durch mich und den Parteisekretär der HV die Abteilung VI ausgezeichnet.
Nachstehend die Zusammenfassung der wesentlichen Ergebnisse:

I. Zu Problemen der Informationsbeschaffung, -auswertung und aktiven Maßnahmen

1. Das Kollektiv der Abteilung I[4] erzielte in der Informationsbeschaffung

1 BStU, ZA, SdM 1474, Bl. 23–35. Kopf: Leiter der Hauptverwaltung A an Genossen Minister, Generaloberst Mielke. Vermerke: Auf Bl. 23: persönlich, Geheim!, auf Bl. 35: handschriftlich gezeichnet: Wolf, Generalleutnant.
2 Die Gründung der DDR erfolgte am 7.10.1949, die des Ministeriums für Staatssicherheit am 8.2.1950.
3 Gemeint ist der Einmarsch sowjetischer Truppen in die Tschechoslowakei am 21.8.1968 zur Niederschlagung des „Prager Frühlings".
4 Die Abteilung I der HV A war zuständig für die Ausforschung der Bundesregierung.

vorgesehene qualitative Verbesserungen zu Problemen der Bonner Ostpolitik und der Beziehungen zwischen beiden deutschen Staaten.
Erstmalig konnte mit neuen Quellen eine Vielzahl Informationen zur Bonner Entwicklungs-Hilfe-Politik beschafft werden.

2. In der Abteilung II[5] wurde die vorgesehene Effektivität des Quellennetzes erhöht. Das bezieht sich besonders auf die Verbesserung der Qualität von Informationen über Pläne und Absichten des Feindes, besonders der SPD, im Rahmen seiner gegen die DDR und die sozialistischen Länder gerichteten subversiven Tätigkeit.
3. Abteilung III/A[6] erreichte besondere Ergebnisse auf dem Gebiet der Informationsbeschaffung, indem wertvolle Informationen von überwiegend dokumentarischem Charakter zu wichtigen militärischen und politischen Fragen beschafft werden konnten.
Für hervorragende Ergebnisse wurden der Leiter des Referates 2 und ein Mitarbeiter des Referates mit dem „Kampforden für Verdienste um Volk und Vaterland" in Silber bzw. Bronze ausgezeichnet.
4. Im Arbeitsbereich der Abteilung III/B[7] konnten von den wichtigen Quellen mehr hauptobjektbezogene Informationen zu wesentlichen militärischen und politischen Fragen der NATO und der EWG beschafft werden.
Dazu gehört eine wesentliche Erweiterung der bisherigen Kenntnisse über die NATO-Hauptobjekte.
5. Besonders gute Ergebnisse erzielte die Abteilung IV[8] auf dem Gebiet der Informationsbeschaffung auf militärischem Gebiet. So konnten *sehr wertvolle* und *wertvolle* Informationen um 45 Prozent gesteigert werden, und es wurden fast ausschließlich Dokumente beschafft.
6. Die Abteilung V[9] erfüllte eine Reihe wichtiger politisch-operativer Verpflichtungen zur Lösung von Schwerpunktaufgaben in strukturbestimmenden Zweigen der Volkswirtschaft:
   - Projekt Ammoniak wurde erfüllt.
     Die Anlage in Schwedt läuft mit 85 % Produktionsausstoß.
     Es besteht die Sicherheit, daß sie auf 100 % Produktionsausstoß und mehr zu bringen ist.
     Zusätzlich wurden Wege ermittelt, wie die Ensaanlage Kalkammonsalpeter auf vollen Produktionsausstoß zu bringen ist.
   - Die Verpflichtung, „Rezepte für Finalprodukte" Polyurethane zu beschaffen, wurde erfüllt. Ebenso die Verpflichtung Schnellpolymerisate

5 Die Abteilung II der HV A war zuständig für die Ausforschung der Parteien in der Bundesrepublik.
6 Die Abteilung III/A der HV A war zuständig für die Informationsbeschaffung über „legal abgedeckte Residenturen" in europäischen Auslandsvertretungen der DDR.
7 Die Abteilung III/B der HV A war zuständig für die Informationsbeschaffung über „legal abgedeckte Residenturen" in Auslandsvertretungen der DDR im Nahen Osten und Asien.
8 Die Abteilung IV der HV A war zuständig für Militärspionage in der Bundesrepublik.
9 Die Abteilung VI der HV A war zuständig für Industrie- und Wissenschaftsspionage.

von Hochpolymeren, Copolymerisate des Vinylchlorids, des Styrols der Polyurethane.
- Verpflichtung Äthylen-Oxyd, Propylen-Oxyd wurde erfüllt. Vier mögliche Lösungswege erarbeitet.
- Verpflichtung über Vorschläge zur Verbesserung der Struktur-Prognose der DDR wurde ebenfalls erfüllt und wird in der III. Etappe des Wettbewerbs weiter bearbeitet.
- Die Verpflichtung über die Beschaffung von Materialien über schnelle Brutreaktoren ist erfüllt.
- Die Verpflichtung zur Steigerung der Informationstätigkeit zum Thema EDVA ist ebenfalls weit über die Zielstellung hinaus erfüllt worden.
- Die Verpflichtung „Komplettierung der Unterlagen zum TEL-Verfahren" ist erfüllt.
- Auch die Verpflichtung der „Erarbeitung einer Marktanalyse technisches Glas" wurde erfüllt. Analyse wurde abgeliefert.

Darüber hinaus wurde eine Reihe weiterer Verpflichtungen erfüllt bzw. teilweise erfüllt.

Zu den aktiven Maßnahmen zum Thema „ABC-Waffen-Produktion in Westdeutschland" wurde durch das öffentliche Auftreten von mehreren wichtigen IM (Pressekonferenz, Fernsehen usw.) entscheidend beigetragen.

7. Die Abteilung VII[10] fertigte über die vorgesehene Arbeitsplanung hinaus sechs Ausarbeitungen bzw. umfangreiche Übersichten zu politisch-ökonomischen und militärischen Problemen. Es handelt sich dabei um:
   - Übersicht der vorliegenden internen Angaben über die Kriegsfallplanungen und die Dislozierung wichtiger Objekte und Einrichtungen der Bundeswehr und der ausländischen NATO-Streitkräfte in Westdeutschland.

     Mit dieser Übersicht wurde gleichzeitig ein wertvolles Material für den Gen[ossen] Marschall Koschowoi zur Beurteilung wichtiger militärischer Vorgänge in Westdeutschland erarbeitet.
   - Ausarbeitung über die „Friedrich-Ebert-Stiftung", deren Rolle, Bedeutung und Aktivität bei der Forcierung der politisch-ideologischen Diversion der Bonner Regierung gegenüber den sozialistischen Staaten.
   - Auskunft über die Modifizierung der politisch-ideologischen Diversion durch die Führung der westdeutschen Gewerkschaften gegenüber der DDR.
   - Übersicht über weitere 100 führende westdeutsche und Westberliner Vertreter des Monopolkapitals.
   - Analyse der Politik Finnlands gegenüber beiden deutschen Staaten.

10 Die Abteilung VII der HV A war zuständig für Auswertung und Information.

8. Die Abteilung X[11] arbeitete zusätzlich an politisch-operativen Maßnahmen gegen Kiesinger und Gerstenmaier.
   Der 1. Entwurf der Kiesinger-Dokumentation liegt vor. Die erarbeitete Gerstenmaier-Dokumentation wurde auf einer internationalen Pressekonferenz der Öffentlichkeit übergeben.
   Die Materialsichtung und -zusammenstellung zu der in Frankreich geplanten Buchausgabe „Das 4. Reich" wurde abgeschlossen.
   In der schwedischen und holländischen Presse konnten kompromittierende Artikel über Kiesinger veröffentlicht werden.
   Für eine Publikation gegen die Fortsetzung der Großen Koalition wurde Material gesammelt und zusammengestellt, Sondierungs- und Kontaktgespräche geführt, Abgeordnete und Funktionäre um schriftliche Stellungnahme ersucht. Die Rohfassung der Publikation liegt vor.
9. Im Rahmen der Aktion „Genesung"[12] führte das Sonderreferat außerhalb des Planes eine Reihe von Maßnahmen und Einsätze durch:
   - der Referatsleiter befand sich auf operativ notwendigen Reisen und Einsätzen,
   - Mitarbeiter und vier Außenmitarbeiter führten eine Aktion von vier Wochen im ČS-Operationsgebiet[13] mit erfolgreichen Abwehrmaßnahmen durch.

   Es wurden Analysen über die Methoden westdeutscher Polizei- und Abwehrorgane erarbeitet. Ebenso wurde vorhandenes Material über westdeutsche Haftanstalten zu Objektauskünften zusammengestellt.
10. Von der Abteilung I[14] wurden Einsätze einer Gruppe hauptamtlicher IM unter Leitung eines Referatsleiters und mehrerer DDR-IM durchgeführt. Hauptergebnisse liegen dabei in der Kontaktaufnahme zu Personen des konterrevolutionären Untergrundes, der dadurch möglichen Informationsbeschaffung zu geplanten Aktionen, zu Verbindungen der geplanten Aktionen und zu Verbindungen innerhalb und außerhalb der ČSSR und der politischen Einflußnahme auf gesunde Kräfte der KPČ.

II. Zum Gebiet der Vorbereitung und Durchführung von Werbungen

1. Die Abteilung I konnte in zwei Hauptobjekten *(BMZ, BMWi)*[15] erstmalig Quellen schaffen. Beide Quellen wurden unter fremder Flagge geworben.

11 Die Abteilung X der HV A war zuständig für „aktive Maßnahmen" und „Desinformation".
12 Unter der Tarnbezeichnung „Genesung" liefen die Aktionen des Staatssicherheitsdienstes bei der Niederschlagung des „Prager Frühlings". Vgl. Tantzscher 1994.
13 Gemeint ist die Tschechoslowakei nach der Niederschlagung des Prager Frühlings.
14 Die Abteilung I der HV A war zuständig für die Ausforschung der Bundesregierung.
15 Bei den kursiv gekennzeichneten Textteilen handelt es sich um handschriftliche Eintragungen in dafür vorgesehenen Lücken im Typoskript. Dieses Verfahren wurde in Fällen besonders strenger interner Geheimhaltung angewendet. – Auf Bl. 28: handschriftlich eingetragen: „BMZ": Bundesministerium für wirtschaftliche Zusammenarbeit; „BMWi": Bundesministerium für Wirtschaft.

Darüber hinaus wurden neue operative Vorgänge, insbesondere gegen Bonner Vertretungen in sozialistischen Ländern, entwickelt.

2. In der Abteilung II[16] konnten die Verpflichtungen der Mitarbeiter für die verstärkte operative Bearbeitung der zentralen Objekte des Operationsgebietes zielstrebig realisiert werden.
   Zwei Vorgänge, *Sekretärinnen in CDU-Spitze*[17] befinden sich vor Abschluß der Werbung.
   Zwei Vorgänge, *MdB der SPD*[18], konnten von der politischen Kontaktierung in die Phase der Abschöpfung politischer Informationen übergeleitet werden.
   Ein IM wurde in die *Fr[iedrich]-Ebert-Stiftung*[19] eingeschleust.
   Es konnten drei Werber im Operationsgebiet entwickelt werden.
   Die Abteilung II schloß bei vier Residenten-Ehepaaren die operative Überprüfung für die Übersiedlung in das Einsatzgebiet ab. Mit der Realisierung dieser Verpflichtung können 1969/70 die wesentlichsten Lücken beim Einsatz von Führungskadern für wichtige Vorgänge geschlossen werden.
   In der Erfüllung der übernommenen Verpflichtungen zur Verbesserung des operativen Verbindungswesens wurden in Einheit mit der Sicherung der operativen Vorgänge gute Ergebnisse erzielt.
3. Der Wert der Verpflichtungen der Abteilung III/A[20] kommt besonders in der Anwendung neuer Methoden zur Bearbeitung der Hauptobjekte zum Ausdruck. Es wurden 16 neue Vorgänge im Operationsgebiet entwickelt, die Perspektive auf der Linie USA hinsichtlich der Gewinnung von Werbern, Einschleusungskandidaten und für das Verbindungswesen besitzen.
   Darüber hinaus gelang es, drei KP zu schaffen, die als Quelle systematisch unter Legende in die nachrichtendienstliche Arbeit einbezogen wurden und zum Teil wertvolle Informationen zu politisch-ökonomischen Fragen aus zentralen Regierungsinstitutionen beschaffen.
   An den erreichten Erfolgen sind in starkem Maße IM beteiligt. Sie wurden durch Übernahme konkreter Verpflichtungen bewußt mit in den Wettbewerb einbezogen.
   Im Bereich der Abteilung III/A konnten fünf Übersiedlungskandidaten auf Linie USA neu in die Ausbildung einbezogen werden. Ein Kandidat davon wurde in das Operationsgebiet zur Zwischenlegalisierung übersiedelt.

16 Die Abteilung II der HVA war zuständig für die Ausforschung der Parteien in der Bundesrepublik.
17 Auf Bl. 29: handschriftlich eingetragen: „Sekretärinnen in CDU-Spitze".
18 Auf Bl. 29: handschriftlich eingetragen: „MdB der SPD".
19 Auf Bl. 29: handschriftlich eingetragen: „Friedrich Ebert-Stiftung".
20 Die Abteilung III/A der HVA war zuständig für die Informationsbeschaffung über „legal abgedeckte Residenturen" in europäischen Auslandsvertretungen der DDR.

4. Mit der Perspektive des Einsatzes als Werber im Operationsgebiet wurden in der Abteilung III/B[21] vier neue entwicklungsfähige Vorgänge geschaffen. In der Abteilung III/B konnten zur Verstärkung der Basis im Operationsgebiet sechs Übersiedlungen erfolgreich durchgeführt werden.
5. Die Abteilung III/C[22] warb eine Quelle *(EWG)*[23] unter fremder Flagge. Sie liefert wertvolle Informationen.
   Die Werbung eines Perspektiv-IM wurde gefestigt und die Einschleusung in ein US-Basis-Objekt vorbereitet.
   Bei mehreren unter Legende geworbenen Quellen konnte die Zusammenarbeit qualifiziert werden. Die Ergebnisse dieser Arbeit widerspiegeln sich in dem erhöhten Wert der eingebrachten Informationen. Es gelang in zunehmendem Maße dokumentarisches Material zu beschaffen.
6. Die Abteilung IV[24] konnte einen IM in ein Hauptobjekt *(BMVtg Fü I.)*[25] einschleusen.
   Eine weitere erfolgreiche Schleusung in dieses Spitzenobjekt gelang mit einem Perspektiv-IM. *(BMVtg-Ministerialbüro)*[26].
   Die Abteilung IV konnte zur Verbesserung der Arbeit mit vorhandenen Spitzenquellen zwei Informationsresidenturen bilden.
7. Vom Sonderreferat der HV A wurde eine Quelle in das *P[olizei]P[räsidium].* Frankf[urt]/M., *18. K[ommissariat]*[27] eingeschleust. Damit konnte die erste Quelle dieses Referats in einem direkten Abwehrorgan geschaffen werden. Die Qualität der Informationen erhöhte sich dadurch wesentlich.
   Die Einschleusung einer weiteren Quelle in den Österr[eichischen][28] Abwehrapparat wurde vorbereitet.
   Die Anwerbung einer Sekretärin im *MdI NRW*[29] wurde entsprechend Wettbewerbsetappenziel vorangebracht.
   Über den Jahresplan 1968 hinaus entwickelte das Referat sieben neue Vorgänge erfolgversprechend gegen westdeutsche Abwehr- und Polizeiobjekte. In einem Vorgang davon steht die Werbung unmittelbar bevor.
   Hervorzuheben ist, daß westdeutsche IM hier direkt in die Verpflichtung zur Schaffung neuer Vorgänge einbezogen wurden.

21 Die Abteilung III/B der HV A war zuständig für die Informationsbeschaffung über „legal abgedeckte Residenturen“ in Auslandsvertretungen der DDR im Nahen Osten und Asien.
22 Die Abteilung III/C der HV A war zuständig für die Informationsbeschaffung über „legal abgedeckte Residenturen“ in Auslandsvertretungen der DDR in Afrika und Lateinamerika.
23 Auf Bl. 30: handschriftlich eingetragen: „EWG“: Europäische Wirtschaftsgemeinschaft.
24 Die Abteilung IV der HV A war zuständig für Militärspionage in der Bundesrepublik.
25 Auf Bl. 30: handschriftlich eingetragen: „BMVtg Fü I“: Bundesministerium der Verteidigung, Führungsstab I.
26 Auf Bl. 30: handschriftlich eingetragen: „BMVtg-Ministerialbüro“: Bundesministerium der Verteidigung – Ministerialbüro.
27 Auf Bl. 31: handschriftlich eingetragen: „Frankfurt/M., 18. K“: 18. Kommissariat, zuständig für Staatsschutz.
28 Auf Bl. 31: handschriftlich eingetragen: „Österreichischen“.
29 Auf Bl. 31: handschriftlich eingetragen: „MdI NRW“: Ministerium des Innern des Landes Nordrhein-Westfalen.

8. Von der Arbeitsgruppe Grenze der Hauptverwaltung wurden zwei technische Grenzschleusen installiert und erfolgreich erprobt. Eine weitere technische Grenzschleuse befindet sich im Aufbau. Zwei IR-Schleusen an der Staatsgrenze Westberlin arbeiten erfolgreich.
   In Verbindung mit der Abteilung VIII[30] wurde das Benachrichtungsgerät „Pieper" entwickelt und verschiedenen IM im westlichen Grenzgebiet bereits übergeben. Mit Hilfe des Gerätes kann zu den IM kurzfristig und außerplanmäßig Verbindung aufgenommen werden.
   Zum Überwinden von Grenzhindernissen wurden Hilfsmittel entwickelt, die von allen Sachbearbeitern genutzt werden.
9. Die Dienstbereiche der Abteilung VI[31] haben erfolgreiche Anstrengungen unternommen, trotz der sich schnell verändernden Regimebedingungen im Operationsgebiet, den Umfang der Übersiedlungsergebnisse annähernd aufrechtzuerhalten. Bei den Übersiedlungskombinationen wurde eine größere Vielfalt erreicht. Stärker als bisher gelang es, Kombinationen zu praktizieren, bei denen im Pseudonym keine Beziehungen zur DDR erkennbar sind.
   Aufgrund der von der Regierung der DDR beschlossenen Maßnahmen zur Einführung der Paß- und Visapflicht wurde kurzfristig eine große Anzahl zusätzlicher Aufgaben übernommen und gelöst, die eine reibungslose Grenzpassage der IM gewährleisten.
   Zwei Genossen der Abteilung entwickelten ein neues Repro-Gerät, welches kombiniert für Farb- und Schwarz-Weiß-Aufnahmen benutzt werden kann. Durch diese Neuentwicklung wird die Qualität der Ausstellungsgrundlagen für operative Dokumente erhöht. Darüber hinaus werden meßbar Zeit und Kosten gespart.
10. In der Abteilung VIII wurde in der operativen Funkverbindung für eine rationelle Telegrammübermittlung die Lochstreifentechnik auch auf die Bezirke ausgedehnt.
   Durch Überarbeitung der Ausbildungsunterlagen und Konzentrierung auf die Schwerpunkte der noch vorhandenen Fehler und Mängel in der praktischen Durchführung der Funkverbindungen – Einsatzgebiet Zentrale – wurde die Qualität der Verbindungen erhöht.
   An der Staatsgrenze wurde eine automatische Dezi-Empfangsanlage eingerichtet und in Probebetrieb genommen.
   Für die Benachrichtung der IM im Grenzgebiet wurden fünf Warn- und Signalgeräte eingesetzt.
   Zur Absicherung von Schleusungen werden zwei Tonruflinien aus eigener Entwicklung und Fertigung erprobt.
   Mit dem Ziel der schnellen Auswertung der Mikrofilme aus dem Verfah-

30 Die Abteilung VIII der HV A war zuständig für „operative" Technik und Funk.
31 Die Abteilung VI der HV A war zuständig für „operativen" Reiseverkehr und „Regimefragen".

ren „Wega“ wurden drei Rückvergrößerungsgeräte entwickelt, gebaut und der Bildstelle zur Verfügung gestellt.

Gleichzeitig entstand das Muster eines kleinen Lesegerätes für Filme des gleichen Verfahrens.

In der Mikratbearbeitung wurde eine 100 %ige Auswertbarkeit erreicht. Ca. 55 000 Mikrate mußten in der Wettbewerbsetappe bearbeitet werden.[32]

Durch zielgerichtete und intensive Qualifizierung der Mitarbeiter der Bildstelle sind z. Z. sechs Genossen in der Lage, an allen technischen Geräten voll eingesetzt zu werden.

An operativ-technischen Hilfsmitteln konnten von Ledercontainern 30 Stück über den Plan gefertigt und den operativen Abteilungen zur Verfügung gestellt werden.

III. Zu Leitungs- und Kaderproblemen

1. Die Arbeitsgruppe beim Stellvertreter des Leiters der HV A verpflichtete sich, in der II. Etappe des Wettbewerbs eine Sicherungsbeiakte zur Erhöhung der Sicherheit des IM-Netzes und zur Verbesserung der Führungs- und Leitungstätigkeit zu erarbeiten.
   Die Sicherungsbeiakte erfaßt in kurzer und übersichtlicher Form alle Sicherheitsprobleme eines operativen Vorgangs. Sie dient dem operativen Mitarbeiter und Leiter als wesentliches Hilfsmittel bei der Einschätzung des Vorgangs und bei allen operativen Entscheidungen.
   Der praktische Nutzen der Sicherungsbeiakte besteht weiter darin, daß bei operativen Komplikationen alle Sicherheitsprobleme sofort überschau- und auswertbar sind, um entsprechende Sicherungsmaßnahmen unverzüglich einleiten zu können.
   Die Sicherungsbeiakte soll ein Bestandteil der Personalakte im Rahmen der neu einzuführenden Aktenordnung auf der Grundlage der Richtlinie 2/68 werden.
   Der Entwurf der Sicherungsbeiakte wurde termingerecht fertiggestellt.
2. Die Abteilung VII schuf Voraussetzung für eine neue Form der Ablage, Registratur und Dokumentation interner Informationen. Darüber wurde eine Konzeption erarbeitet, die bereits bestätigt ist und schrittweise verwirklicht wird.
3. Die Schule der HV A erarbeitete eine für die nächsten Jahre gültige Gesamtkonzeption.
   Die Mitarbeiter des Lehrstuhls Operative Methodik übernahmen die zusätzliche Aufgabe, einen Residenten-Vorgang des kapitalistischen Auslands auszuwerten (Schlußfolgerungen aus den Pannen in Österreich).

32 Mikrat: Fingernagelgroßes Filmplättchen zum Übermitteln von abfotografierten Schriftstücken.

Die Erkenntnisse daraus finden im Ausbildungs- und Lehrprozeß Berücksichtigung. Qualifiziertes Schulungsmaterial dazu wurde erarbeitet.
Zu den Problemen „Grundfragen und aktuelle Probleme der Lage der studentischen Jugend in Westdeutschland" und die „Zielstellung und Methodik der staatsmonopolistischen Regulierung auf dem Gebiet der Wissenschaft und Forschung in Westdeutschland" wurden wichtige Materialien zusätzlich erfaßt und analytisch verarbeitet.
An der Schule fand die Erfüllung der Wettbewerbsaufgaben auch in der weiteren Entwicklung der gesellschaftlichen Aktivität des Kollektivs ihren Niederschlag. Große erzieherische Bedeutung hatte der Ausbau der Verbindung zu einer Einheit der Luftstreitkräfte der Sowjetarmee. Die Überzeugung von der Notwendigkeit der Festigung der Freundschaft und Kampfgemeinschaft wurde vertieft.
Das Kollektiv der Schule errang auf dem Gebiet der Sportarbeit und ihrer Ergebnisse den 1. Platz der HV A.

4. Im Referat Chiffre wurden alle Vorbereitungen zur Einführung der neuen Technik getroffen. Vier Genossen haben sich in der Bedienung des Fernschreibers und der Cellatron-Schreibmaschine zur Herstellung von Lochstreifen qualifiziert.
5. Das Referat R überarbeitete und erneuerte eine Kartei, was mit einer erheblichen Mehrarbeitsleistung verbunden war.
   Mit der Erfüllung dieser Verpflichtung wurde eine vollwertige Nachweisführung hergestellt.
6. Alle Mitarbeiter des Sonderreferates legten das Schießleistungsabzeichen in Gold und das Sportleistungsabzeichen in Gold ab und erfüllten die Schwimmnormen.

Bei den hier genannten Ergebnissen handelt es sich um Beispiele und Auszüge aus den Rapporten der einzelnen Diensteinheiten der HV A. Über die verschiedenen vielseitigen Ergebnisse der II. Etappe auf dem Gebiet der politisch-ideologischen Arbeit im Rahmen der Parteiorganisation, der massenpolitischen, kulturpolitischen Arbeit und auf dem Gebiet des Sports wurde ein besonderer Bericht der Parteileitung der HV A vom 3.2.69 angefertigt, der dem Sekretär der Zentralen Kommission vorliegt.
Die Berichterstattung und Einschätzung der Ergebnisse wurde in allen Kollektiven verbunden mit der Ergänzung bzw. Übernahme neuer Verpflichtungen und Kampfaufgaben, mit der Mobilisierung aller Genossen zu neuen hervorragenden Leistungen zu Ehren des 20. Jahrestages der DDR und des MfS.

Dezember 1970

Redebeitrag der Delegation des MfS der DDR für die Beratung der Aufklärungsorgane in Budapest[33]

Gestatten Sie, daß ich mich in meinen Ausführungen ganz[34] auf die Einschätzung der Lage in der Bundesrepublik Deutschland konzentriere und die sich daraus für unsere Arbeit ergebenden Aufgaben.
Für die Aufklärung des Ministeriums für Staatssicherheit der DDR handelt es sich bei dem imperialistischen westdeutschen Staat verständlicherweise um den unserer gemeinsamen Gegner, der den überwiegenden Teil unserer Aufmerksamkeit und Kraft beansprucht. Wir lassen uns dabei von der gemeinsam durch unsere Parteien getroffenen Einschätzung leiten, daß es sich an unserer Grenze mit der BRD und mit der selbständigen politischen Einheit Westberlin um einen entscheidenden Abschnitt der weltweiten Klassenauseinandersetzung zwischen Sozialismus und Kommunismus handelt; um einen Abschnitt, der im Interesse des Kampfes für Frieden und Sicherheit in Europa unsere besondere Wachsamkeit erfordert. Diese Einschätzung wird durch die Erfahrung unseres täglichen Kampfes immer aufs neue bestätigt.
An der Nahtstelle zwischen Sozialismus und Imperialismus in Europa steht uns mit der Bundesrepublik Deutschland der Hauptverbündete der USA in Europa, die militärisch und ökonomisch stärkste in die NATO fest eingegliederte imperialistische Macht des Kontinents gegenüber und auf ihrem Territorium die konzentrierteste Präsenz von Streitkräften, Waffensystemen, einschließlich atomarer Waffen, aber auch von Zentralen und Filialen der gefährlichsten Geheimdienste und anderer Formen der Subversion gegen unsere Länder.
Nach den letzten Bundestagswahlen im September 1969 wurde in Westdeutschland bekanntlich erstmalig nach Beendigung des Krieges eine Regierung unter einem sozialdemokratischen Kanzler gebildet. Die stärkste Partei, die CDU/CSU, mußte die Regierungssessel räumen.
Wie ist das zu werten und was ist seitdem geschehen?
Es ist hier natürlich nicht möglich, die für die Beurteilung wesentlichen außen- und innenpolitischen Faktoren im einzelnen zu behandeln. Aber zweifelsohne hat auch in der BRD die in der Welt vor sich gehende Veränderung des Kräfteverhältnisses zugunsten des Sozialismus Auswirkungen. Die gemeinsame Initiative der Staaten des Warschauer Vertrages, wirksam zur Ge-

33 BStU, ZA, SdM 355, Bl. 23–45. – Vermerk: Auf Bl. 23: Streng geheim! Ohne Autorenangabe, wahrscheinlich Erich Mielke oder Markus Wolf.
34 Auf Bl. 23: „ganz" handschriftlich durchgestrichen, geändert in: „hauptsächlich".

sundung der Lage auf dem europäischen Kontinent und zur praktischen Verwirklichung der Prinzipien der friedlichen Koexistenz beizutragen, zeigt sichtbare Ergebnisse, nachdem alle direkten Angriffe gegen unsere Staaten und ihre sozialistische Ordnung – nicht zuletzt dank der militärischen Macht der Sowjetunion – gescheitert sind. Die letzte Beratung des Politischen Beratenden Ausschusses der Teilnehmerstaaten des Warschauer Vertrages in Berlin hat die große internationale Bedeutung der Verträge durch die BRD mit der UdSSR und der Volksrepublik Polen für das Schicksal des Friedens in Europa unterstrichen. Das konsequente und koordinierte Vorgehen unserer Länder hat dazu geführt, daß die Regierung der BRD verbindlich die bestehende Lage in Europa, die Unantastbarkeit der Grenzen, einschließlich der Oder-Neiße-Grenze und der Grenze zwischen der BRD und der DDR, bestätigen mußte.

Der Imperialismus in der BRD muß einige unhaltbar gewordene Positionen räumen.

In einer nach der Unterzeichnung des Vertrages in Moskau herausgegebenen Broschüre der SPD-Führung für ihre Parteiorganisation heißt es dazu:

„Die Vorstellungen von Adenauer und Dulles, man könne Osteuropa vom Kommunismus befreien, hatte sich als Illusion erwiesen."

Die Politik der Regierung Brandt/Scheel spiegelt neben der Stimmung großer Teile der westdeutschen Bevölkerung vor allem die Haltung des hinter ihr stehenden Teils der westdeutschen Monopolbourgeoisie wider, der die Auffassung vertritt, daß die Politik des Eindringens in die sozialistischen Länder realer und vorteilhafter ist, als die Politik der direkten Konfrontation. Diese Umstellung der Taktik stößt auf hartnäckigen Widerstand besonders der um die CDU/CSU gescharten rechten Kräfte, aber auch aus unterschiedlichen Gründen auf Mißtrauen in Kreisen der westlichen Verbündeten. Das zeigen unter anderem die Verhandlungen über die Normalisierung der Lage in Westberlin. Die innerhalb oder in Nachbarschaft zur CDU/CSU organisierten rechten Kräfte halten an der alten expansionistischen Zielstellung fest und treten wütend gegen jede Vereinbarung auf, die der Sicherung des Status quo und der Anerkennung der Grenzen in Europa dient. Diese Kreise bemühen sich, nationalistische Leidenschaften zu entfachen und Voraussetzungen für den Sturz der Regierung Brandt zu schaffen. Mit der Herausbildung dieses Rechtsblocks ist in Westdeutschland der Differenzierungsprozeß in ein Stadium getreten, das besondere Beachtung verdient und wichtige Ansatzpunkte für unsere Politik wie für die operative Arbeit bietet. Wir werden alles tun, um die Kräfte in der BRD und außerhalb ihrer Grenzen, die die Situation realistisch beurteilen und die sich wirklich um den Frieden in Europa sorgen, gegen die revanchistischen und militaristischen Kräfte zu unterstützen.

Der Kampf um die Ratifizierung der Verträge wird weiter hart und kompliziert sein. Die Normalisierung der Beziehungen der meisten unserer Staaten zur BRD steht noch in den Anfängen. Der Herstellung von Beziehungen zwischen der DDR und der BRD auf der Basis der zwischen Staaten üblichen völkerrechtlichen Prinzipien wird der meiste Widerstand auch seitens der Regierung Brandt/Scheel entgegengebracht.

Für unsere Aufklärungsorgane ergeben sich daraus große Aufgaben. Die Erfahrung zeigt, daß wir das koordinierte Vorgehen unserer Parteien und Regierungen effektiv durch exakte, rechtzeitig beschaffte Informationen über die Pläne, Konzeptionen und Absichten des Gegners unterstützen können. Dabei spielt die richtige Beurteilung der Zuverlässigkeit und das Tempo beim Austausch der Informationen eine große Rolle. Zur richtigen Beurteilung der Situation und entsprechend der erforderlichen taktischen Schritte ist es wichtig, neben den aktuellen Informationen aus dem Regierungsapparat die internen, oft divergierenden Einschätzungen, Absichten und den praktischen Einfluß der verschiedenen Gruppen der Großbourgeoisie, der sie repräsentierenden Politiker in den Parteien und Organisationen in den entscheidenden imperialistischen Staaten genau zu kennen und objektiv zu analysieren.

Wenn wir diese Aufgaben betonen, die sich aus einigen günstigeren Möglichkeiten für unseren gemeinsamen Kampf um die europäische Sicherheit im Zusammenhang mit der Politik der derzeitigen westdeutschen Regierung ergeben, so ändert das nichts daran, daß wir als Aufklärung der Sicherheitsorgane unsere Hauptaufmerksamkeit den Gefahren widmen müssen, die unvermindert von der imperialistischen Machtkonzentration im Herzen Europas für unsere sozialistische Staatengemeinschaft ausgehen. Daran hat sich mit dem Regierungswechsel in Bonn nichts geändert – im Gegenteil, in mancher Beziehung ist der Kampf komplizierter geworden.

Bei der Vielfalt der Beziehungen und Kontakte, die sich gegenwärtig entwickeln, ist es insgesamt politisch, aber auch in der Praxis der operativen Arbeit wichtig, die Gefahren klar zu sehen.

Der Regierungswechsel in Westdeutschland ist kein Machtwechsel. Die gegenwärtige Regierung vertritt die Interessen des westdeutschen Imperialismus nach innen und außen. Das gilt insbesondere auch für die grundsätzlich feindliche Einstellung zum Sozialismus und zur sozialistischen Staatengemeinschaft.

Teile der westdeutschen Bourgeoisie sehen offensichtlich in der von der SPD geführten Regierung die günstigste Möglichkeit, durch die wissenschaftlich-technische Revolution überfällig gewordene Reformen durchzuführen, bestimmte soziale Probleme auf Kosten der Werktätigen zu entschärfen und die Funktionsfähigkeit des Staatsapparates, besonders für den Kampf gegen die progressiven Kräfte zu erhöhen. Gleichzeitig sollen die Positionen der westdeutschen Bundesrepublik im internationalen System der imperialistischen Länder gestärkt werden, um wenigstens teilweise den Rückstand gegenüber den USA als der imperialistischen Führungsmacht aufzuholen.

Dennoch stößt die Politik der Brandt/Scheel-Regierung auf harten Widerstand aller rechts von der SPD und FDP stehenden Kräfte von konservativen

Kreisen der CDU über die CSU, bis zu extrem rechten Kreisen in der neuen von der FDP abgespaltenen NLA[35], den Landsmannschaften und der NPD. Der extrem rechte Flügel dieses Rechtsblocks veranstaltete die Provokation der sogenannten „Aktion Widerstand“ Ende Oktober in Würzburg, in deren Verlauf bis zu 5 000 Faschisten aus dem gesamten Bundesgebiet zusammenkamen und neben einer wüsten Hetze gegen die soz[ialistischen] Länder Morddrohungen gegen Brandt und andere sozialdemokratische Führer ausstießen.
Die Rechtskräfte verfügen über fast die Hälfte der Sitze im westdeutschen Parlament, über einflußreiche Positionen im Staatsapparat und über eine breite Anhängerschaft in der Bevölkerung, wie die letzten Landtagswahlen gezeigt haben. Wenn unsere Parteien und Regierungen die realistischer denkenden Kräfte in Westdeutschland gegen diesen Rechtsblock unterstützen, dann heißt das, daß wir der Aufklärung der Absichten und Maßnahmen der rechten Kräfte in Westdeutschland besondere Beachtung schenken. Die Regierung der DDR hat dieser Notwendigkeit der taktischen Differenzierung zum Beispiel durch die Terminisierung unseres Angebotes für den Meinungsaustausch mit der BRD auf einen Zeitpunkt Rechnung getragen, der es den westdeutschen Regierungsparteien gestattete, Vorteile für den Landtagswahlkampf in Hessen und Bayern zu ziehen.
Allerdings ist die SPD wie bisher stets, wenn sie die Regierungsgewalt innehatte, nicht bereit, die ihr zur Verfügung stehenden Machtmittel gegen die rechten Kräfte einzusetzen. Das zeigte unter anderem kraß die Behandlung des Attentäters gegen den Wachposten der Sowjetarmee am Ehrenmal in Westberlin. Die rechten SPD-Führer weichen gegenüber dem Druck von rechts immer zurück.
Dagegen unternehmen sie alles, um dem von den Mitgliedern der SPD und den Gewerkschaften ausgehenden Druck zur Durchführung demokratischer Reformen entgegenzuwirken. Die Haltung der bürgerlich-liberalen FDP dient der rechten Führung der SPD als Vorwand, um die Forderungen nach grundsätzlichen Reformen in der Gesellschaftspolitik abzuwürgen.
Die SPD-Führung hat unlängst beschlossen, gegen alle linken Kräfte in der Partei, besonders gegen die Jungsozialisten und Studenten, scharf vorzugehen und sich mit einer Parteireform das Instrument gegen jegliche revolutionäre Regung in der eigenen Partei zu schaffen.
Der Absicherung ihrer Gesamtpolitik dient auch der Beschluß der Führungsgremien der SPD vom 13. und 14.11.1970, der das schärfste antikommunistische Dokument der deutschen Sozialdemokratie seit der Großen Sozialistischen Oktoberrevolution darstellt.
Mit diesem Dokument bekennt sich die rechte Führung der SPD eindeutig zum staatsmonopolistischen System. Es heißt darin:
„Das gesellschaftliche System der Bundesrepublik Deutschland hat sich auf

35 NLA: National-Liberale Aktion.

der Grundlage der bestehenden Eigentumsordnung als politisch stabil, wirtschaftlich leistungsfähig und sozial entwicklungsfähig erwiesen: Die deutsche Sozialdemokratie braucht zur Verwirklichung ihres Programms keine Enteignungsmaßnahmen."

Dieser Beschluß formuliert an anderer Stelle die Kampfansage gegen den Kommunismus und bildet gewissermaßen die Brücke zwischen Innen- und Außenpolitik der SPD. Brandt hat in seiner ersten Regierungserklärung die Kontinuität seiner Innen- und Außenpolitik zur Politik der früheren Regierungen betont, und die SPD/FDP-Regierung handelt danach. Immer wieder betont er die Priorität seiner Westpolitik.

Westdeutschland ist nach wie vor auf das engste mit den USA verbunden und betrachtet die Zusammenarbeit mit den USA als das Rückgrat der westdeutschen Außenpolitik, wie Brandt wiederholt unterstrich.

Die westdeutsche Regierung nutzt zweifellos die Situation, die sich daraus ergibt, daß die USA nicht in der Lage sind, ihre Interessen überall gleichzeitig zu wahren, um die eigene Position zu stärken. Das zeigt die kontinuierliche Fortsetzung der schon von den CDU-Regierungen eingeleiteten Bemühungen durch die Regierung Brandt, die politischen Koordinierungsfunktionen der EWG und der NATO und damit das politische Eigengewicht der BRD zu erhöhen. Die im Zusammenhang damit und mit der Ostpolitik auftretenden Meinungsverschiedenheiten mit den USA haben aber nur taktischen Charakter, wie Nixon selbst und andere führende amerikanische Politiker verschiedentlich erklärten.

In allen entscheidenden Fragen, das bestätigt die Analyse der Informationen, wird die gegenwärtige Regierung der BRD wie jede andere zur Zeit denkbare westdeutsche Regierung keine Politik ohne und gegen die USA betreiben. Unter dem Druck der USA ist die Regierung Brandt/Scheel bereit, die USA zu entlasten, wobei sie natürlich darauf spekuliert, im Gegenzug größeren Einfluß in der NATO und in Westeuropa zu gewinnen sowie ihre Ostpolitik abzusichern. Das zeigte sich zum Beispiel an der Tagung der Verteidigungsminister der westeuropäischen NATO-Staaten in Brüssel am 10. November 1970, auf der die westdeutsche Seite als einziger westeuropäischer NATO-Partner den USA ein konkretes Angebot für die Finanzierung von Infrastrukturvorhaben der NATO und Beiträge für die Truppenstationierung unterbreitete. Das Festhalten an der unverminderten Präsenz der amerikanischen Streitkräfte in Westdeutschland gehört zu den Eckpfeilern der sozialdemokratischen Politik. Sie betrachtet diese als Pfand für das amerikanische Engagement in Europa.

Wie in dieser Frage wahrt die SPD-Regierung auch in den anderen Grundfragen der Wehrpolitik die Kontinuität zu den früheren Regierungen der CDU/CSU.

Das von dem auf dem äußersten rechten Flügel der SPD stehenden Kriegsminister Schmidt erarbeitete Programm ist auf die Erhöhung der Effektivität und Kampfkraft der Bundeswehr ausgerichtet. Grundpfeiler der Militärpolitik ist die feste Einbettung in die militärische und politische NATO-Integration.

Uns bekanntgewordene Maßnahmen und Materialien zur Vorbereitung der gerade zu Ende gegangenen Tagungen des NATO-Rates und anderer NATO-Gremien bestätigen die besondere Aktivität der Bundesrepublik Deutschland zur Erhöhung des personellen und materiellen Potentials der NATO, ihrer Rüstung, Mobilität und Einsatzbereitschaft für die in allen Dokumenten, Übungen und Manövern angenommene Auseinandersetzung mit den sozialistischen Staaten.

Die SPD/FDP-Regierung besteht wie ihre Vorgängerin unvermindert auf die volle Durchsetzung der Vorwärtsstrategie, die von Schmidt als „tragendes Sicherheitsprinzip" bezeichnet wird. Für die Realisierung dieser abenteuerlichen Strategie will Schmidt weitere Voraussetzungen wie die Umstrukturierung der Landstreitkräfte im Rahmen der Heeresreform schaffen.

Der Militäretat wird 1971 gegenüber 1970 um weitere 2 Mrd. DM auf 21,9 Mrd. DM erhöht, unter anderem um das umfangreiche Rüstungsprogramm zur modernen Ausrüstung der Bundeswehr für die konventionelle Kriegsführung zu sichern.

Damit unterstützt die Regierung de facto den militärindustriellen Komplex, der diese Rüstungsprojekte durchführt und sich in Westdeutschland immer stärker herausbildet. Der militärisch-industrielle Komplex ist aber die Hauptstütze der Rechtspolitik mit Strauß als ihrem wichtigsten Exponenten. Strauß hat bedeutenden Einfluß unter der Generalität und im Offizierskorps der Bundeswehr.

Wie bereits die früheren Regierungen, verstärkt die SPD/FDP-Regierung und Bundeswehrführung ihren Einfluß auf die Planungen für den Kernwaffeneinsatz der NATO und versucht, diesen sowohl institutionell wie auch personell abzusichern. Sie erzielte dabei Erfolge, wie zum Beispiel die Billigung des geheimen Richtlinienentwurfs für den Einsatz taktischer Kernwaffen, der im Mai 1969 auf der Ministertagung der nuklearen Planungsgruppe der NATO angenommen wurde.

Diese Richtlinien stellen ein gefährliches Zugeständnis an die Forderungen des westdeutschen Imperialismus nach Mitbestimmung über die Auswahl der Ziele, den Zeitpunkt und den Umfang des Kernwaffeneinsatzes dar.

Ungeachtet ihrem Beitritt zum Nichtverbreitungsvertrag setzt die Bonner Regierung die Bemühungen zur Erweiterung der potentiellen Möglichkeiten für die eigene Produktion von Kern- und Trägerwaffen fort.

Die vom Territorium Westdeutschlands ausgehende militärische Bedrohung ist in keiner Weise geringer geworden. Sowohl die uns bekannten Forderungen des BND an seine Agenturen wie die von unserer Abwehr in jüngster Zeit aufgedeckten Stützpunkte bestätigen die Bedeutung, die der westdeutsche Geheimdienst der Kriegsvorbereitung beimißt.

Deshalb stellt die Konzentrierung militärischer Macht auf dem Territorium Westdeutschlands uns weiter vor die erstrangige Aufgabe, die Inanspruch-

nahme des Überraschungsmoments durch die imperialistischen Länder maximal auszuschalten. Die ständige Einstellung unserer Aufklärung auf die rechtzeitige Beschaffung dieser Informationen unter allen Umständen und in jeder Situation ist besonders kompliziert und erfordert stärkste Beachtung!
Ich sagte bereits einleitend, daß sich wesentliche Teile der westdeutschen Monopolbourgeoisie von der Taktik der Konfrontation auf die Taktik des Eindringens in die sozialistischen Länder umorientiert haben. Das taktische Ziel der Bonner Regierung besteht darin, mögliche territoriale Streitpunkte mit der Sowjetunion, der Volksrepublik Polen und der ČSSR auszuräumen, sich als „verständigungsbereiter Partner" darzustellen und die dadurch gewonnenen politischen Positionen im Kampf gegen die Einheit der sozialistischen Länder und gegen das sozialistische Gesellschaftssystem überhaupt zu nutzen.
Die konterrevolutionäre Zielsetzung des Gegners spiegelt sich deutlich in den Informationsanforderungen des Bundesnachrichtendienstes wider, in denen immer nachhaltiger Fragen nach Meinungsverschiedenheiten zwischen den sozialistischen Ländern und nach der Haltung dieser Länder zur DDR auftauchen.
Die tatsächliche Entwicklung beweist, daß der Gegner diesen Weg einschlägt und versucht, die abgeschlossenen Verträge und die weiteren Verhandlungen auszunutzen, um uns gegeneinander auszuspielen.
Die Versuche der Bonner Regierung, die Verträge mit der Sowjetunion und Polen durch Interpretation zu relativieren, werden fortgesetzt. Es besteht nicht die Absicht, das Ratifizierungsverfahren abzuschließen, bevor es nicht gelingt, die illusionären Ziele besonders in der Westberlin-Frage durchzusetzen.
Die Beschaffung von Informationen über die westlichen Konzeptionen für eine vorläufige Regelung der Westberlin-Frage bildet deshalb gegenwärtig einen besonderen Schwerpunkt unserer Arbeit. Die Verhandlungen und die uns zugänglichen internen Materialien zeigen, daß die Westmächte und die westdeutsche Bundesrepublik noch nicht zu einem tragbaren Kompromiß bereit sind und das Interesse der sozialistischen Länder an der Entspannung in Europa und am Zustandekommen einer europäischen Sicherheitskonferenz ausnutzen wollen, um eine Bestätigung der illegalen Tätigkeit der westdeutschen Bundesrepublik, die Einschränkung der Souveränitätsrechte der DDR und eine demonstrative Bestätigung sogenannter Vier-Mächte-Rechte für Deutschland als Ganzes zu erhalten.
Mit ihrem erpresserischen Spiel, dem von ihr selbst geschaffenen Junktim mit der Westberlin-Frage, hat die SPD/FDP-Regierung sich selbst die Schlinge um den Hals gelegt und bei ihrer an sich schon schwierigen Situation im Parlament die Möglichkeit der Ratifizierung der Verträge in Frage gestellt.
Noch komplizierter gestaltet sich die Normalisierung der Beziehungen zur DDR, da die Regierung Brandt/Scheel zur Zeit nicht die Absicht hat, die in Moskau paraphierten Absichtserklärungen einzuhalten, bevor die DDR nicht der annexionistischen Konzeption der „innerdeutschen Beziehungen" zugestimmt hat.

Während zum Beispiel die westdeutsche Bundesrepublik die Herstellung diplomatischer Beziehungen zu den übrigen sozialistischen Ländern anstrebt, wird dies gegenüber der DDR abgelehnt. Die Bonner Regierung versucht entgegen aller Normen des Völkerrechts, sich mit den von Brandt in Kassel unterbreiteten 20 Punkten ein „Recht" zur Einmischung in die inneren Verhältnisse der DDR zu sichern. Von der DDR werden Zugeständnisse in Fragen gefordert, die allein der inneren Entscheidungsgewalt der DDR unterstehen, wie zum Beispiel eine Änderung des Regimes der DDR für Reisen von DDR-Bürgern nach Westdeutschland, die Zustimmung zur „Familienzusammenführung" usw.

Eine objektive und nüchterne Analyse der sogenannten Ostpolitik der gegenwärtigen westdeutschen Regierung läßt demnach keine andere Einschätzung zu, als daß es sich hier um eine Variante der gegen das gesamte sozialistische Lager gerichteten imperialistischen Politik handelt. Wenn diese Politik ihre Angriffe gegenwärtig besonders gegen die DDR richtet, so geschieht das im Bündnis mit der größten imperialistischen Macht, den USA, und den anderen Verbündeten der BRD im imperialistischen Lager. Ihre Absicht, die DDR zu isolieren, ihrer Integration im Bündnis der sozialistischen Staaten entgegenzuwirken, um sie letzten Endes doch noch aus dem sozialistischen Lager herauszubrechen, entspringt ihrem gemeinsamen Klasseninteresse. Darin sind sich die verschiedenen imperialistischen Gruppierungen trotz aller Unterschiede und taktischen Differenzen einig. Mit dem Appell an die Einheit der Nation versucht man die Menschen in der DDR wie in Westdeutschland vom Klassencharakter der Auseinandersetzung zwischen den beiden Staaten auf deutschem Boden abzulenken; spielt man mit den Gefühlen und persönlichen Interessen vieler unserer Bürger unter dem Schein „humanistischer Anliegen"; deshalb spricht man nicht von völkerrechtlichen, sondern „besonderen" Beziehungen, deshalb schreibt man nicht über die Verhandlungen von Vertretern der souveränen Staaten DDR und BRD, sondern nach einheitlicher Sprachregelung vom „innerdeutschen Dialog" und prägt sogar entsprechende Erinnerungsmünzen aus Silber, Gold und Platin.

Deshalb haben unsere Parteien der Sicherung der DDR stets so große Bedeutung beigemessen und die gegen sie gerichtete imperialistische Politik als einen Angriff gewertet, der sich gegen unsere gesamte Staatengemeinschaft richtet und der gemeinsam in all seinen Formen konsequent abgewehrt werden muß.

Unter den Bedingungen der Veränderung des Kräfteverhältnisses zwischen Sozialismus und Kapitalismus trägt der Imperialismus seine Angriffe gegen die sozialistischen Länder vor allem in den Bereichen der Politik, der Wirtschaft und Ideologie vor. Die politisch-ideologische Diversion, die psychologische Kriegsführung wurden zur Hauptmethode des Klassenkampfes.

In einem von der NATO in Vorbereitung der diesjährigen Dezember-Tagung ausgearbeiteten Dokument wird eingeschätzt, es sei anzunehmen, daß auch in den 70er Jahren in den Ländern des Warschauer Vertrages liberali-

stische und nationalistische Tendenzen weiter bestehen bleiben und als Zentrifugalkräfte wirken werden. Diese Länder würden zwar nach den Erfahrungen in der ČSSR vorsichtiger sein, aber ihr Streben nach größerer nationaler Unabhängigkeit, nach ökonomischem Fortschritt und innerer Liberalisierung halte an. Die NATO-Staaten müßten auf Veränderungen in dieser Richtung positiv reagieren und alle sich bietenden Möglichkeiten für Kontakte und Verhandlungen wahrnehmen.
Die Entwicklung der ökonomischen, wissenschaftlich-technischen und kulturellen Beziehungen zu den Staaten des Warschauer Vertrages liege unter Berücksichtigung dieses Gesichtspunktes im Interesse der NATO. Die Formen und Methoden der Entspannungspolitik müßten der gegebenen Situation angepaßt werden, wobei ein voller Erfolg dieser Entspannungspolitik erst in der fernen Perspektive möglich sei.
Diese Einschätzung zeigt die Hauptrichtung der Feindtätigkeit – gegen die Einheit und Geschlossenheit der sozialistischen Länder, gegen die führende Rolle der Partei und gegen die stärkste Macht der sozialistischen Gemeinschaft, gegen die Sowjetunion.
Operative Angaben bestätigen, daß der Gegner aus seinen Erfahrungen in der ČSSR die Schlußfolgerung zieht, noch klüger, besser getarnt, differenzierter und gleichzeitig koordinierter vorzugehen. Er denkt und handelt dabei langfristig nach einem durchdachten und organisierten System.
In diesem System hat sich auch der Geheimdienst immer stärker auf die Aufgaben der ideologischen Diversion eingestellt. Beim BND ist eine besondere Steigerung der Informationsforderung gegen politische und ökonomische Bereiche der sozialistischen Länder erkennbar. Dabei wird deutlich, daß vor allem Ansatzpunkte und Wirkungsmöglichkeiten für eine gezielte und differenzierte politische, ideologische, kulturelle, aber auch für eine weitere subversive Einflußnahme erforscht werden sollen. Im Mittelpunkt stehen Informationsforderungen nach unterschiedlichen Auffassungen und Widersprüchen in den einzelnen sozialistischen Ländern, bei der Beurteilung der internationalen Lage, der Taktik und der Einleitung von Maßnahmen besonders auch im Hinblick auf die gegenwärtige Ostpolitik der BRD, auftretende Schwierigkeiten und Komplikationen in den Beziehungen der sozialistischen Länder im Rahmen des RGW bzw. auf bilateraler Ebene, Unterschiede in ihren Außenhandelskonzeptionen und -praktiken und ähnliches mehr. Umfassender interessiert sich der westdeutsche Geheimdienst dafür, einen möglichst repräsentativen Querschnitt über die Stimmung der Bevölkerung aller Schichten und Ebenen zu erhalten, wobei sein besonderes Interesse der Erforschung oppositioneller und antisozialistischer Kräfte und Strömungen gilt. Immer mehr werden dafür neben geworbenen Agenten die Möglichkeiten der Informationsabschöpfung im Rahmen der zunehmenden Kontaktmöglichkeiten und des Reiseverkehrs genutzt.
Unter Einschaltung der verschiedenartigsten Organisationen und Institutionen versucht der BND, Verbindungen zu Wissenschaftlern, Künstlern, Jour-

nalisten und ähnlichen Kreisen in sozialistischen Ländern aufzunehmen. Bevorzugt werden solche Kreise, die politisch unklare, revisionistische, nationalistische und ausgesprochen antikommunistische Einstellungen haben.
Der Imperialismus muß bei der ideologischen Diversion die Veränderungen berücksichtigen, die in der Gesellschaft der sozialistischen Länder in den letzten 20 Jahren vor sich gegangen sind. Seine Argumente sind deshalb nicht mehr den primitiven Spielarten des Antikommunismus entnommen, sondern müssen berücksichtigen, daß der Sozialismus in den Gedanken der Menschen der sozialistischen Gesellschaft festen Fuß gefaßt hat.
Der Imperialismus orientiert sich deshalb heute auf die verschiedensten Spielarten des Opportunismus, stützt sich auf die langjährige Entwicklung des modernen Revisionismus.
An erster Stelle steht die Schürung des Antisowjetismus als gefährlichste Spielart des Antikommunismus. Der Antisowjetismus zielt auf die Isolierung der sozialistischen Länder voneinander; er richtet sich gegen die Hauptkraft des sozialistischen Lagers, auf der die Sicherheit aller sozialistischen Länder beruht.

> Der Chefredakteur der SPD-Zeitschrift „Neue Gesellschaft", Leo Bauer, ein Renegat, der als engster Berater Brandts und Kontaktbeauftragter zu denjenigen kommunistischen Parteien tätig ist, von denen divergierende Auffassungen zur Haltung der Mehrheit der kommunistischen Weltbewegung angenommen werden, erklärte dazu, das Nahziel der SPD bestehe in der Torpedierung der Bemühungen der KPdSU, die Einheit der kommunistischen Weltbewegung zu festigen.

Wenn unsere Parteien zum Ausdruck bringen, daß sie in der Einstellung zur Sowjetunion ein wesentliches Kriterium der Treue zum Internationalismus sehen, so sehen wir in der brüderlichen Zusammenarbeit mit dem Komitee für Staatssicherheit der UdSSR, deren Aufklärung in diesem Monat ihr ruhmreiches 50. Jubiläum[36] begeht, die über die größte Erfahrung verfügt und überall in der Welt eine schwere Verantwortung trägt, unsere beste Antwort auf die strategische Angriffsrichtung des Feindes. Gleichzeitig ist die enge Zusammenarbeit mit dem Komitee für Staatssicherheit der UdSSR die beste Grundlage für die Weiterentwicklung der Zusammenarbeit der einzelnen Aufklärungen untereinander.
Die Schwierigkeit bei der Aufklärung und Abwehr der ideologischen Diversion besteht in der Vielschichtigkeit, dem engen Zusammenhang der offenen, verdeckten und streng konspirativen Formen, der Vielzahl der damit befaßten feindlichen Zentren und ihrer Träger.
Die Ergebnisse der Aufklärung werden weitgehend bestimmt von der umfassenden Analyse aller zugänglichen Materialien zu diesem Komplex in engster Zusammenarbeit mit allen Stellen der Partei, der Regierung, anderen Institutionen, insbesondere aber der Abwehr.

36 Auf Bl. 35: handschriftliche Randnotiz: „= Dez. 1920".

Die richtige Erarbeitung der Hauptangriffsrichtungen des Feindes und der wichtigsten Objekte der ideologischen Diversion bestimmen die Schwerpunkte der operativen Arbeit.
In unserer Praxis befassen sich nahezu alle operativen Linien der Aufklärung und der Abwehr mit der Bekämpfung der ideologischen Diversion, wobei es natürlich eine Abgrenzung der Verantwortung, eine Arbeitsteilung und Koordinierung gibt. Unsere Erfahrung hat bestätigt, daß man zur wirksamen Aufdeckung der Pläne der ideologischen Diversion operativ in den entscheidenden Zentren der imperialistischen Macht, der Regierungsspitze, den dafür entscheidenden Ministerien und von diesen gesteuerten Institutionen und Forschungsrichtungen, den Geheimdiensten, den internationalen Koordinationsorganen mit der NATO an der Spitze, den Spitzen der Parteien, Organisationen, Konzerne und in von diesen gesteuerten Spezialeinrichtungen genauso verankert sein muß, wie in spezifischen Zentren der psychologischen Kriegsführung.
Vom Gebiet Westdeutschlands und Westberlins aus tritt uns die ideologische Diversion in verschiedenster Form entgegen. Sie kleidet sich in alle Spielarten der bürgerlichen Ideologie, oft auch scheinbar unpolitisch. Sie geht vom extremen Nationalismus, über die Reklame des relativ hohen Lebensstandards vieler Menschen in Westdeutschland bis zur Infiltration der amerikanischen Lebensweise und Unkultur besonders unter der Jugend.
Zur Verwirklichung der ideologischen Diversion gegenüber Sozialisten und Kommunisten hat sich dem Imperialismus besonders die Sozialdemokratie angeboten. Die westdeutschen Sozialdemokraten sind bei der Schürung des Antikommunismus im Rahmen der Sozialistischen Internationale besonders aktiv.
Der stellvertretende Vorsitzende der SPD, Wehner, erklärte dazu im Jahre 1969 auf der Tagung der Sozialistischen Internationale in Eastbourne, daß konservative und neonazistische Kräfte schwerlich dazu imstande seien, die sozialistischen Länder aufzuweichen. Der Kampf gegen den Kommunismus könne nur durch solche Demokraten geführt werden, die gleichzeitig Sozialdemokraten seien.
Die sozialdemokratische Variante der ideologischen Diversion ist in Westdeutschland deshalb gefährlicher geworden, weil ihr gegenwärtig in weitaus stärkerem Maße alle Mittel des staatsmonopolistischen Systems in Gestalt des Staatsapparates zur Verfügung stehen. Sie ist auch deshalb so gefährlich, weil sich die SPD-Regierung durch stärkere Berücksichtigung der Realitäten das Image einer friedliebenden Partei zugelegt hat und an Illusionen anknüpft, die in manchen Kreisen sozialistischer Länder vorhanden sind. Die Anerkennung bestimmter Realitäten in Europa durch die SPD/FDP-Regierung ist besonders darauf angelegt, neue Ausgangspositionen für die von Brandt formulierte „Politik der Durchdringung“ der sozialistischen Länder zu erhalten.

Sein Berater Leo Bauer äußerte sich offen zu den Zielen dieser Durchdringung:

„Der Sozialdemokratismus muß zu einer Epidemie unter den kommunistischen Parteien werden."

Jeder von uns hat und wir alle gemeinsam haben uns in den vergangenen Jahren wiederholt davon überzeugen müssen, daß es sich hier keineswegs nur um den Wettstreit von Ideen, sondern um eine wohlorganisierte Form feindlicher Subversion handelt. Die ideologische Diversion der westdeutschen Regierung gegen die sozialistischen Länder ist generalstabsmäßig organisiert. Sie wird, seit Brandt Kanzler wurde, noch straffer durch das Bundeskanzleramt geleitet.

Im Interesse der Straffung der Leitung der ideologischen Diversion und der Schaffung von Ansatzpunkten wurde die Koordinierung der drei westdeutschen Geheimdienste durch das Bundeskanzleramt verstärkt. Damit hängen auch die von der Bonner Regierung vorgenommenen Reorganisationsmaßnahmen und besonders auch die Neubesetzung von Führungspositionen mit beweglichen Zivilisten im Sinne der effektiveren Unterstützung der Bonner Ost- und Deutschlandpolitik eng zusammen. Um die Zusammenarbeit der westdeutschen Geheimdienste effektiver zu gestalten, hat die Regierung Anfang 1970 eine neue Richtlinie erlassen.

Es ist erwiesen, daß der westdeutsche Geheimdienst bei der Verbreitung von Falschinformationen über die Lage in den sozialistischen Ländern und dem Entstehen von Fehleinschätzungen in den Spitzen der Regierung und der Parteien der BRD, die oft die Grundlage feindlicher Planungen sind, eine gefährliche Rolle spielt.

Die Grundlinien der ideologischen Diversion werden in enger Zusammenarbeit mit den Organen der NATO und der NATO-Länder festgelegt. Zwischen den entsprechenden Organen Westdeutschlands und der anderen NATO-Länder, vor allem der USA, existieren enge Kontakte. Das betrifft die Zusammenarbeit zwischen den Geheimdiensten der einzelnen imperialistischen Länder, die sich in ihrer Konzeption gegenseitig abstimmen. Das betrifft zum Beispiel auch die Institute für politische Wissenschaften in den USA und in anderen westeuropäischen Ländern.

Bezeichnend ist schon, daß die westdeutsche Regierung in bezug auf Radio Freies Europa und Radio Liberty nicht von den Vollmachten des Entzugs der entsprechenden Lizenzen Gebrauch macht, die ihr zustehen, obwohl die Tätigkeit dieser Sender die Optik ihrer Ostpolitik stört. Sie lehnt es ab, selbst im Hinblick auf die Olympischen Spiele in München gegen diese Sender vorzugehen, und beschränkt sich auf Ermahnungen an die Sendeleitung, für diese Zeit nicht zu aggressive Tonarten anzuschlagen.

Zur Analyse und Planung der politisch-ideologischen Diversion, wie zur Verstärkung der Kontakte in die sozialistischen Länder bedient sich der westdeutsche Imperialismus verstärkt der sogenannten Marxismus- und Ostforschung, wie des Bundesinstituts für Ostwissenschaft und internationale Studien, der verschiedensten Osteuropagesellschaften und Dutzender anderer Institute. Dabei geht ein Prozeß der Intensivierung und Zentralisierung der Ostforschung vor sich, dessen Ergebnisse von der Bundesregierung in die Entscheidungsfindung einbezogen werden.

Mitarbeiter der Ostinstitute reisen unter dem Vorwand wissenschaftlicher Forschungsarbeit in die sozialistischen Länder, nehmen dort Kontakte zu solchen Kreisen auf, von denen sie sich eine multiplizierende Wirkung versprechen. In gleichem Maße werden Wissenschaftler aus den sozialistischen Ländern nach Westdeutschland zu Tagungen eingeladen. Dabei zeigt es sich, daß derartige Kontakte oft unter privater Flagge angeknüpft werden und keiner echten Kontrolle durch die zuständigen staatlichen Organe unterliegen. Organisationen der Sozialdemokratischen Partei schalten sich in die politisch-ideologische Diversion ein. So bemüht sich zum Beispiel die Friedrich-Ebert-Stiftung aktiv, eine Basis in den sozialistischen Ländern zu schaffen, von der aus sie operieren kann.

Zwischen der politisch-ideologischen und ökonomischen Diversion besteht eine enge Wechselbeziehung. Die westdeutsche Bundesregierung betrachtet ihr Wirtschaftspotential als wesentliche Waffe zur Durchsetzung ihrer politischen Ziele gegenüber den sozialistischen Ländern, als Mittel ihrer Ostpolitik. Sie stellt dabei die Rechnung [auf], daß erhebliche Teile der westdeutschen Großbourgeoisie am Handel mit den sozialistischen Ländern interessiert sind und daß andererseits auch in den sozialistischen Ländern Interesse am Bezug moderner westdeutscher Anlagen und Ausrüstungen besteht, die zur Festigung der Volkswirtschaft in den sozialistischen Ländern genutzt werden.

Bei der gegnerischen Aktivität zur Nutzung der wirtschaftlichen Beziehungen wird versucht, das Interesse der sozialistischen Länder an wirtschaftlichen Beziehungen mit westlichen Ländern zu Erpressungsversuchen auszunutzen, um die Aufgabe grundsätzlicher politischer Positionen zu erreichen. So versuchen die westdeutschen Unterhändler, über den Abschluß von Wirtschaftsverträgen die Anerkennung der Zugehörigkeit Westberlins zur westdeutschen Bundesrepublik zu erreichen.

Eines der Argumente der imperialistischen Infiltration besteht darin, besonders Vertretern der wissenschaftlich-technischen Intelligenz in den sozialistischen Ländern einzureden, daß sie ohne westliche Hilfe die Anforderungen der technischen Revolution nicht meistern werden. Aus den Schwierigkeiten bei der Durchführung unserer Wirtschaftsreform und ihren Besonderheiten versucht man Beweise für die Berechtigung der revisionistischen Konvergenztheorie, die Notwendigkeit der sogenannten „Entideologisierung" der Wirtschafts- und Wissenschaftsprobleme abzuleiten.

Es wird darauf spekuliert, daß die Einleitung von Wirtschaftsbeziehungen zu den sozialistischen Ländern über zwischenbetriebliche Verträge zur Zusammenarbeit über Kooperationsbeziehungen, über – dort wo es möglich ist – Kapitalbeteiligung zu langfristigen Abhängigkeiten führen kann. Westdeutsche Konzernkreise schätzen ein, daß derartige „geschäftliche und persönliche Kontakte nicht ohne Folgen für das kommunistische Gesellschaftssystem bleiben werden".

Die Wirtschaftsbeziehungen werden in vielen Fällen genutzt, um uns ökonomisch zu schädigen und Konzerninteressen auf Kosten und zum Schaden der sozialistischen Länder zu verfolgen.

Besondere Aufmerksamkeit widmen wir in unserer Aufklärungstätigkeit den Bemühungen der EWG-Länder, eine gemeinsame Handelspolitik gegenüber den sozialistischen Ländern in Gang zu bringen. Es liegen Angaben vor, daß insbesondere westdeutsche Vertreter im Apparat der EWG darauf dringen, diese Handelspolitik gegenüber den einzelnen sozialistischen Ländern zur Durchsetzung ihrer Ziele gegen uns zu nutzen.

Wir mußten die Schlußfolgerung ziehen, daß im Zusammenhang mit den wachsenden Wirtschaftsbeziehungen zwischen Westdeutschland und den sozialistischen Ländern nicht nur die Aufgaben und Möglichkeiten für die wissenschaftlich-technische Aufklärung wachsen, sondern auch die Aufgaben hinsichtlich der Aufklärung und Abwehr der Feindtätigkeit. Im Zusammenhang mit der möglichen Ausnutzung des Wirtschaftspotentials der westlichen Länder zugunsten des sozialistischen Aufbaus und der Festigung der sozialistischen Wirtschaft beachten wir die feindlichen Konzeptionen, die sich unter Ausnutzung dieser Beziehungen gegen das sozialistische Gesellschafts- und Wirtschaftssystem und gegen unsere Wirtschaftsintegration im Rahmen des RGW richten.

Wir unterstützen die Vorschläge, der Bearbeitung der Objekte der ideologischen Diversion durch die Aufklärungsorgane der sozialistischen Länder größere Aufmerksamkeit zu schenken. Ausgehend von der Feststellung, daß die ideologische Diversion gegenwärtig die Hauptmethode des Kampfes gegen die sozialistischen Länder darstellt, müssen die wichtigsten Objekte der ideologischen Diversion mit unseren operativen Mitteln aktiv bearbeitet und bekämpft werden. Der analytischen Arbeit, dem Austausch von Informationen und Erkenntnissen auf diesem Gebiet und der engeren Koordinierung unserer Maßnahmen muß unseres Erachtens bei der Entwicklung unserer Zusammenarbeit besondere Aufmerksamkeit gewidmet werden.

In den vergangenen Jahren haben sich die operativen Arbeitsbedingungen in Westdeutschland stark verändert.

Die Veränderung des Kräfteverhältnisses in der Welt zugunsten des Sozialismus, die politischen Veränderungen in Westdeutschland, die Verstärkung des Differenzierungsprozesses und der Widersprüche auf internationaler Ebene und zwischen den politischen Kräften in Westdeutschland, die zunehmende Ernüchterung breiter Bevölkerungskreise, die bis in den Staatsapparat hineinreicht, besonders unter der Jugend, haben eine Reihe günstiger Voraussetzungen für unsere operative Arbeit geschaffen.

Auf der anderen Seite hat der Prozeß der systematischen Stärkung der Exe-

kutivorgane, die Erweiterung ihrer Befugnisse und ihre Zentralisation unmittelbare Folgen für die operative Arbeit.
Die Befugnisse der Abwehrorgane, der Geheimdienste und der Justiz werden ausgeweitet und die Anzahl der Mitarbeiter erhöht. Das Bundeskriminalamt wurde unter anderem durch Einstellungen weiterer 500 Beamter ausgebaut, der Stellenplan verdoppelt. Die Sicherungsgruppe Bonn, die dem Bundeskriminalamt untersteht, erhielt exekutive Befugnisse im ganzen Bundesgebiet. Den Geheimdiensten wurde jetzt offiziell das Recht zugesprochen, das Post- und Fernmeldegeheimnis zu verletzen.
Die feindlichen Organe nutzen zur Erfassung und Auswertung von nachrichtendienstlich bedeutsamen Fakten und Umständen immer mehr die Methoden der elektronischen Datenverarbeitung und werden in umfassendem Maße mit entsprechenden Anlagen ausgerüstet.

Die westdeutschen Abwehrorgane unternehmen große Anstrengungen, um das System des Geheimschutzes auszubauen und zu perfektionieren. Es werden neue Geheimschutzorgane auf dem Gebiet der Wirtschaft im Interesse der Rüstungsindustrie (Koordinierungsstelle für Sicherheitsfragen in der gewerblichen Wirtschaft – KSW – und regionale Verbände für Sicherheitsfragen) geschaffen.

Es gibt umfangreiche Bemühungen, die Einschleusungs- und Aufenthaltsbedingungen einzuengen. Von besonderer Bedeutung sind dabei die Kontrolle und Überwachung der Personenbewegung innerhalb der kapitalistischen Länder und des grenzüberschreitenden Verkehrs. Immer stärker werden elektronische Anlagen und Systeme wie Fernsehen, Foto, Röntgentechnik zur Gepäckdurchleuchtung, zur verdeckten Erfassung, Beobachtung, Fahndung, Abfertigung und Registrierung, insbesondere an Grenzübergängen, angewandt.
Zur Kategorie dieser Maßnahmen gehört auch die Umstellung der Bevölkerungsregistratur an die elektronische Datenverarbeitung, die Errichtung einer zentralen Einwohner-Datenbank für die gesamte Bundesrepublik und die Erteilung eines personengebundenen Kennzeichens für jeden Bürger bis zum Jahre 1973.

Damit wird das Ziel verfolgt, das Meldewesen zu einem perfekten sicherheitspolizeilichen Instrument zu machen, das einen lückenlosen Nachweis des derzeitigen Aufenthalts eines Bürgers ermöglicht. Auf diese Weise wird es möglich sein, mit Hilfe der elektronischen Datenverarbeitung die Bürger nach bestimmten Gesichtspunkten zu selektieren.

Es ist festzustellen, daß die feindlichen Organe bei der Bearbeitung von erkannten Agenturen immer mehr zu einer gründlichen und langfristigen Bearbeitung übergehen, in deren Verlauf sie versuchen, alle nachrichtendienstlichen Verbindungen festzustellen und genügend Beweismaterial zu sammeln. In zunehmendem Maße wird der Versuch unternommen, Agenturen zu überwerben bzw. sie als Doppelagenten einzusetzen.

Eine besondere Rolle spielen die wiederholten Aufrufe, sich freiwillig zu stellen, wobei unter Hinweis auf § 153 d der westdeutschen Strafprozeßordnung Straffreiheit in Aussicht gestellt wird.

Man muß einschätzen, daß trotz der Rivalität zwischen den einzelnen Geheimdiensten der imperialistischen Länder sich die Tendenzen zur Zusammenarbeit und Koordinierung der Aktionen verstärken.
Die Zentralisation des staatsmonopolistischen Machtapparates verändert die operativen Arbeitsbedingungen aber auch in anderer Hinsicht. Die Arbeitsweise des stärker zentralisierten Apparates bedingt, daß Entscheidungen in weit größerem Maße als früher an zentralen staatlichen Stellen getroffen werden und daß entsprechendes Material sich in größerem Maße als früher an bestimmten Schwerpunktstellen konzentriert.

Zu derartigen Schaltstellen gehören in Westdeutschland etwa das Bundeskanzleramt, wo die entscheidenden Probleme der politischen Arbeit stabsmäßig untersucht werden, das Bundesministerium für Wissenschaft und Forschung als Organisation der staatsmonopolistischen Forschungsplanung und andere.

Auf internationaler Ebene spielen dabei die sich bildenden Großkonzerne eine Rolle, bei denen eine Vielzahl von Informationen konzentriert sind, die für die Sicherheit und weitere Entwicklung der sozialistischen Länder von großer Bedeutung sind.
Eine besondere Rolle spielen dabei die Konzerne, die sich mit der elektronischen Datenverarbeitung befassen. Gerade diese Konzerne verfügen über umfangreiche interne Informationen vorwiegend nachrichtendienstlichen Charakters aus allen informationsintensiven Bereichen von Politik, Wirtschaft, Wissenschaft und Rüstung.
Die Zusammenarbeit der Organe der Aufklärung auf diesem Gebiet sollte sich auf die gegenseitige Konsultation über solche neuen Erscheinungsformen und Ansatzpunkte für unsere Arbeit erstrecken. Entsprechend der Aufgabenstellung der einzelnen Organe sollte der Informationsaustausch zu diesen Fragen verstärkt werden.
Das gilt auch für die neuen operativ-technischen Probleme, die sich aus dem Einsatz moderner technischer Mittel in der Verwaltungsarbeit der gegnerischen Zentren ergeben, wie der EDV und der Mikroverfilmung.
Im Zusammenhang mit der dynamischen Entwicklung der wissenschaftlich-technischen Revolution hat die wissenschaftlich-technische Aufklärung eine immer größere Bedeutung für unsere Organe gewonnen.
Die vorrangige Aufgabe auf diesem Gebiet, unseren Beitrag zur Verteidigung unseres Lagers zu leisten, zwingt uns naturgemäß, den Problemen der Rüstungstechnik und derjenigen Wissenschaftsgebiete, die entscheidende Bedeutung für die Entwicklung der Militärtechnik haben, absoluten Vorrang zu geben.
Bereits bei der Aufklärung dieser Probleme können gleichzeitig wichtige Schlußfolgerungen für die Entwicklung der zivilen Technik und der Volkswirtschaft gewonnen werden. Darüber hinaus ist es notwendig, die wissenschaftlich-technische Aufklärung auf solche wichtigen Probleme zu konzentrieren, die strukturbestimmend auf die Entwicklung unserer volkswirtschaftlichen Kapazitäten wirken.

Um dieses große und komplizierte Gebiet der wissenschaftlich-technischen Aufklärung zu bewältigen ist es zweckmäßig, die Zusammenarbeit zu verbessern, Doppelarbeiten auszuschalten und die zu bearbeitenden Aufgaben untereinander besser abzustimmen. Mit einigen unserer Bruderorgane haben wir in den letzten Jahren auf diesem Gebiet einiges erreicht und effektive Beiträge zur gegenseitigen Unterstützung bei der Erfüllung wichtiger Beschlüsse des RGW und unserer Regierungen geleistet. Die vorhandenen Möglichkeiten sind aber wesentlich größer, wenn sie systematisch, planmäßig und koordiniert genutzt werden.

Insgesamt gesehen sind die Möglichkeiten des Informationsaustausches auf allen Gebieten noch nicht ausgeschöpft. Mit einigen Ländern gibt es bereits engere Verbindungen auf der Ebene der Informationsabteilungen. Hier wurden schon gewisse Erfolge erzielt. Wir werden das Suchen nach besseren Formen der Zusammenarbeit beim Informationsaustausch verstärkt fortsetzen.

Die regelmäßige gemeinsame Einschätzung der politisch-operativen Situation im imperialistischen Lager, die gemeinsame Beurteilung der Pläne, Maßnahmen, Absichten, Formen und Methoden des Kampfes der imperialistischen Hauptmächte auf den verschiedensten Gebieten und die Abstimmung gemeinsamer politisch-operativer Schlußfolgerungen, wie das auf dieser Beratung erfolgte, können dazu beitragen, die Arbeit unserer Aufklärungsorgane weiter zu qualifizieren, damit sie ihrer Rolle im Klassenkampf gegen den gemeinsamen Gegner noch besser gerecht werden können.

Im Zuge der zweiseitigen Beratungen wird darüber hinaus der Vergleich der Arbeitsmethoden bei der Beschaffung und Auswertung von Informationen, die genauere Einschätzung der Regimeverhältnisse und die Einschätzung bestimmter theoretischer Probleme der Aufklärungstätigkeit beitragen.[37]

Die Verstärkung der brüderlichen Zusammenarbeit zwischen den Organen der Aufklärung der Länder des Warschauer Vertrages auf bilateraler und multilateraler Basis wird damit einen Beitrag zur Lösung der Aufgaben leisten, die vor jedem einzelnen unserer Sicherheitsorgane von unseren Partei- und Staatsführungen gestellt sind.

37 Auf Bl. 45 wurde dieser Absatz handschriftlich gestrichen.

März 1971

Referat des Gen[ossen] Generalleutnant Wolf zum zentralen Führungsseminar vom 1. bis 3. März 1971[38]

Politisch-operative Aufgabenstellung durch Minister erteilt. Konkretisierung für Aufklärung – siehe Planorientierung, Informationsschwerpunkte.
Kampf um Durchführung – Leitungsaufgabe. „Wie"?

Auch für HV A und Abteilungen XV gilt 1971:
Hohe *Qualität* – höhere *Effektivität* in der operativen Arbeit zu erreichen. Diese Forderung ist zu erfüllen unter Beachtung, daß operative Arbeitsbedingungen in Westdeutschland in den vergangenen Jahren stark verändert.
Einerseits: eine Reihe günstiger Voraussetzungen durch Veränderung der politischen Verhältnisse, durch Verstärkung des Differenzierungsprozesses und der Widersprüche auf internationaler Ebene und zwischen den politischen Kräften in Westdeutschland. Die zunehmende Ernüchterung breiter Bevölkerungskreise, besonders auch unter der studentischen Jugend.
Andererseits: Prozeß der systematischen Stärkung der Exekutivorgane, der Erweiterung ihrer Befugnisse und ihrer Zentralisation. Hat unmittelbare Folgen für die operative Arbeit.
Auswirkungen für Tätigkeit der feindlichen Geheimdienste, Abwehr- und Polizeiorgane werden im entsprechenden Teil der Ausführungen behandelt.
Auch in anderer Hinsicht verändert Zentralisation des staatsmonopolistischen Machtapparates die operativen Arbeitsbedingungen. Sie bedingt, daß Entscheidungen mehr als früher an zentralen staatlichen Stellen getroffen werden und sich entsprechendes Material in größerem Maße an bestimmten Schwerpunkten konzentriert.
Zu derartigen Schaltstellen gehören das BKA[39] (stabsmäßige Anleitung, Koordinierung und Kontrolle), BMVg.[40], das Bundesministerium für Wissenschaft und Forschung als Organisation der staatsmonopolistischen Forschungsplanung unter andere Großkonzerne spielen eine wichtige Rolle, die für Sicherheit und weitere Entwicklung der sozialistischen Länder von großer Bedeutung sind, zum Beispiel Konzerne, die sich mit EDV befassen. Diese verfügen über umfangreiche, interne Informationen, vorwiegend nach-

38 BStU, ZA, ZAIG 7691, Bl. 49–66. – Vermerk: Auf Bl. 49: GVS MfS 008-252/71, handschriftlich hinzugefügt: „18 Blatt". Bei diesem Dokument handelt es sich um ein teilweise nicht ausformuliertes Redekonspekt.
39 BKA: Bundeskanzleramt.
40 BMVg: Bundesministerium für Verteidigung.

richtendienstlichen Charakters aus allen informationsintensiven Bereichen von Politik, Wirtschaft, Wissenschaft und Rüstung.
Das gilt auch für neue operative und operativ-technische Probleme, die sich aus dem Einsatz moderner technischer Mittel in der Verwaltungsarbeit der gegnerischen Zentren ergeben, wie EDV und Mikroverfilmung.
Wie diese Forderung – hohe Qualität, höhere Effektivität bei veränderten Bedingungen im Operationsgebiet – durchsetzen?
(Ausführungen weniger für die anwesenden Genossen der Aufklärung, da mit diesen wie mit Leitern XV ausführlich beraten, methodische Beratungen durchgeführt usw.)

Dazu einige Fragen der *Methodik im Bereich der Aufklärung und der Vervollkommnung der Nutzung des gesamten Systems des MfS für die effektivere Arbeit in Richtung Operationsgebiet.*
Für Methodik *Richtlinie 1 und 2/68* und bisher *4 Kommentare* (5. in Ausfertigung) gute Grundlage.[41]
In Erziehungs- und Schulungsarbeit der Durchsetzung der Grundsätze der operativen Arbeit größte Aufmerksamkeit widmen. Aus Verletzung elementarer Regeln entstehen die meisten Fehler und Unzulänglichkeiten in der operativen Arbeit.
Festlegung Schwerpunktobjekte, Federführung und Koordinierungsmaßnahmen im Prinzip erfolgt und bekannt.
Prognose und Entwürfe der Perspektivpläne der zentralen Linien – gute Grundlage.
Für Abteilung XV werden einige Korrekturen, nach Abstimmung, erfolgen – Planorientierung wird am 31.3.1971 an Leiter XV gegeben. (Perspektive bis 1975.)
Vor diesem Kreis auf einige Probleme der operativen Methodik eingehen, wie sie vor der Aufklärung – ausgehend von der konkreten Analyse der Arbeitsergebnisse 1970 einschließlich IM-Arbeit – stehen, da sich daraus die *Probleme der effektiveren Nutzung der Möglichkeiten des gesamten MfS ergeben* – bezogen auf Arbeitsplanung 1971.

Vor HV A und Abteilungen XV steht die Aufgabe, das IM-Netz im Operationsgebiet qualitativ weiter zu verstärken.
Muß besonders in *Gewinnung neuer wertvoller*[42] *Quellen* seinen Ausdruck finden. (Nicht Quantität – siehe auch bei Informationen.)

Hauptmethoden für höhere Qualität und Effektivität der operativen Arbeit *im* Operationsgebiet (gilt wahrscheinlich ähnlich für äußere Abwehr):

41 Gemeint sind die Richtlinien zum Einsatz von inoffiziellen Mitarbeitern Nr. 1/68 und Nr. 2/68, dokumentiert in: Müller-Enbergs (1996) 1, S. 242–282 und ders. (1998), S. 352–388.
42 Auf Bl. 50: handschriftlich unterstrichen: „wertvoller".

Eindringen in die Objekte:
Objektanalyse Voraussetzung, einschließlich der Feinstruktur, der operativen Basis, Personalpolitik und optimale Einschleusungswege, um auf dieser Grundlage das Eindringen real planen zu können.
Werbungen aus den Objekten:
Zentrale Vorgänge – zum direkten Eindringen in die zentralen Feindzentren – begrenzte geringe Zahl, fordert höchste Qualität, meist hohen Aufwand, meist komplizierte operative Methoden.
Werbungen nur auf Vorgänge mit realen Voraussetzungen und Perspektiven konzentrieren.
Qualität der Werbung entscheidet.
Aufwand und zu erwartenden Nutzen vorher genau prüfen.
Werbevarianten:
Oft noch zu einseitig. Wo andere Methoden keinen Erfolg versprechen und wo lohnend, *Werbung unter fremder Flagge* stärker als bisher anwenden.
1970 nur geringer Prozentsatz unter fremder Flagge geworben. Praxis zeugt vom Erfolg dieser Methode.
Andererseits: nur dort anwenden, wo erforderlich. Sonst unnötiger Aufwand und Fesseln bei Nutzung.
Einschleusungen nach wie vor erfolgreicher Weg des Eindringens in Objekte. Setzt Gewinnung *geeigneter Perspektiv-IM*, besonders Studenten, Sekretärinnen, Schreibkräfte und andere Kategorien voraus.
Vor allem auch ausreichender Vorlauf an geeigneten Perspektiv-IM notwendig.
In diesem Kreis besonders betonen: Zielstrebige, planmäßige Schaffung geeigneter Perspektiv-IM. (Objektiv günstige politische und operative Bedingungen.)
Anzahl von geeigneten Perspektiv-IM in D[ienst]E[inheiten] sehr unterschiedlich. Insgesamt fast durchweg zu wenig geworben. Besonders auch bei Abt[eilung] XV. (Trotz aller Festlegungen operative Arbeit noch immer von Zufälligkeiten abhängig.)
Gestellte Aufgaben wurden 1970 nicht genügend beachtet. Dialektisches Verstehen der Forderung höhere Qualität – nicht Quantität. Man kann nicht genug *geeignete* Perspektiv-IM haben. Auf diesem Gebiet müssen unter Nutzung aller Möglichkeiten höhere Ergebnisse geplant und erreicht werden.
Vorgenannte Aufgaben setzen Schaffung weiterer *qualifizierter Werber aus dem Operationsgebiet* voraus.
Müssen operativ geeignete, fähige Menschen mit entsprechenden Voraussetzungen sein.
Ledige Männer aller Altersstufen interessieren in diesem Zusammenhang besonders.
Auch geeignete *DDR-Werber* erforderlich, aber Problem der Dokumentierung und Abdeckung und später (bei Erfolg) des Kontaktes. Problem der Weiterführung im Blickfeld der Abwehr. DDR-Werber sollten als Führungs-

IM für Werber aus Operationsgebiet fungieren, da diese noch nicht mit allen Problemen vertraut, zu wenig unsere Methoden kennen und Schritt für Schritt mit Kenntnissen versehen werden, die sie befähigen, an Personen verschiedener Art, Objekten, Einschleusungskandidaten usw. zu arbeiten und damit ihre Aufgabenstellung zu realisieren.
Aufträge an Werber müssen den Voraussetzungen und Fähigkeiten entsprechen.
Nutzeffekt muß da sein.
Hauptfrage, daß mit Werbern eine *zielgerichtete*, exakte Arbeit geleistet wird.

Problematik der *Übersiedlung* für 1971 zum operativen Schwerpunkt geworden.
Kern zuverlässiger Führungskader (Residenten und andere) muß bleiben.
Für MfS bleibt auch in Zukunft für das Operationsgebiet in den NATO-Ländern die sogenannte illegale Linie ausschlaggebend, selbst wenn es in diesen Ländern größere offizielle Auslandsvertretungen geben sollte.
Dank guter Arbeit an Basis, Unterstützung durch B[ezirks]V[erwaltung], finden wir geeignete DDR-Kandidaten. Weiterhin notwendig, in DDR in Abwehrarbeit erprobte Kader für Einsatz bereitzustellen. Übersiedlungen werden immer komplizierter.
Minister: Junge IM in systematischer Abwehrarbeit entwickeln, unter anderem auch für Aufgaben Aufklärung!
Wie wurden bisher Originalpersonen gesucht und gefunden?
(Rückkehrer – Zuwanderer.)
Jetzt erforderlich, daß alle operativen Linien der Aufklärung geeignete Originalpersonen erarbeiten und einen ständigen Vorlauf für kommende Jahre schaffen.
Diese Aufgaben werden in Arbeitsplänen aller Abteilungen der Aufklärung 1971 im einzelnen ausgewiesen, um die Durchsetzung zu gewährleisten.
Diese methodischen Aufgaben – Schwerpunkte der Planvorgabe der HVA 1971.
Organisatorische Durchsetzung – zentral genau straff planen und kontrollieren. Ebenso wie die im Referat Minister genannten inhaltlichen Aufgaben, die nicht durch eine „federführende" Linie allein zu lösen sind. Als Schwerpunkte *aller* Linien, die in allen Plänen auszuweisen sind, stellen wir solche Fragen, wie die mit der Arbeit in Richtung USA zusammenhängenden Fragen, die Bearbeitung der Objekte und Träger der ideologischen Diversion, das Eindringen in die zentralen Objekte des staatsmonopolistischen Systems in Westdeutschland, wie das BKA[43].
Das *Erkennen und die Nutzung der optimalen Möglichkeiten eines Vorgangs, des IM – Hauptreserve zur höheren Effektivität.*
Problem der Schulung der Mitarbeiter,
Hauptfrage: Leitungsproblem.

43 BKA: Bundeskanzleramt.

Referat Minister: Leiter bei Planung und Erfüllung der Pläne stärker fürs Ganze verantwortlich fühlen. Koordinierung dabei gewährleisten.
Dafür Beispiel: Unterstützung Nationalstaaten.

Zunahme der Klassenauseinandersetzungen mit dem Imperialismus auch in Dritten Ländern, arabischen Staaten, Afrika, Asien, Lateinamerika. Hilfe der SU [Sowjetunion] und sozialistischen Staatengemeinschaft für progressive junge Nationalstaaten und die nationale Befreiungsbewegung somit von großer Bedeutung. Mit wachsender internationaler Autorität der DDR und Erweiterung der internationalen Beziehungen in zunehmendem Maße Verpflichtungen zur Unterstützung der revolutionären Kräfte durch uns. Für das MfS ergeben sich daraus vielfältige Aufgaben, die fester Bestandteil der politisch-operativen Arbeit der verschiedenen Leitungsebenen und Linien werden müssen.

1. Bedeutung und Zahl der Auslandsvertretungen der DDR und ihrer Mitarbeiter und damit der Feindtätigkeit gegen sie (ebenso unter Ausnutzung des grenzüberschreitenden Reiseverkehrs) steigt an. Zunahme der feindlichen Kontaktarbeit zur Abschöpfung und Schaffung von Stützpunkten, An- und Abwerbetätigkeit. Dieser größeren feindlichen Tätigkeit wird im bestimmten Maße durch leichtfertige Delegierungen verschiedener staatlicher, wirtschaftlicher und kultureller Institutionen Vorschub geleistet. Große Lücken bei Überprüfungs- und Bestätigungsverfahren bestehen zur Zeit noch bei Überprüfungen durch die Kreisdienststellen und Bezirksverwaltungen, besonders wenn die DDR-Kader *nicht in Schwerpunktobjekten* arbeiten.
   - Erhöhung der Qualität der Überprüfungsmaßnahmen durch alle betroffenen operativen Linien. Unterstreicht die Feststellung Referat Minister zu den Aufgaben zuverlässiger Ermittlungen, besonders in K[reis] D[ienststellen].
   - Einflußnahme auf legale Überprüfungsinstitute in Ministerien, V[ereinigung]V[olkseigener]Betriebe, Betrieben, Universitäten usw. durch zuständige operative Linien zur Verbesserung der Überprüfung:
     - *allseitige* Einschätzung der Delegierungskader durch fachliche Vorgesetzte, Parteisekretäre, Kaderleiter, ABV [Abschnittsbevollmächtigte];
     - *rechtzeitige* Auswahl von Delegierungskadern und langfristige Kaderplanung.
2. Für die Aufklärung der feindlichen Pläne und Absichten, die aktive Bekämpfung der imperialistischen Geheimdiensttätigkeit müssen die Möglichkeiten der legalen Positionen der DDR in Dritten Ländern zielstrebiger genutzt werden.
   Die D[ienst]A[nweisung] 7/65 (eine Neufassung ist erforderlich und in Bearbeitung) regelt die Verantwortlichkeit dahingehend, daß die HVA prinzipiell für die Nutzung und Bearbeitung aller langfristig (ein Jahr oder

länger) eingesetzten Kader zuständig ist. Zum Einsatz kommende IM sollten der HV A/III[44] rechtzeitig zur Zusammenarbeit angeboten werden.
HV A verpflichtet, speziellen Erfordernissen der einzelnen Abwehr-Linien voll Rechnung zu tragen. Sinnvolle Kooperation notwendig, hierbei schon gute Fortschritte.

3. Die internationalen Beziehungen des MfS und die Zusammenarbeit mit den Sicherheitsorganen progressiver Nationalstaaten erweitern sich. Daraus ergibt sich bedeutende Zunahme Delegationsaustausch, Kaderausbildungen, Beratertätigkeit, Informations- und Erfahrungsaustausch, materiell-technische Hilfe und anderes kann nicht ausschließlich oder hauptsächlich von HV A getragen werden, zumal es vorrangig um Hilfe bei der Organisierung der Abwehrarbeit geht. Hierzu müssen noch einige prinzipielle Fragen eine praktische Regelung erfahren, wozu entsprechende Vorschläge vorbereitet werden.
Befehl 3/70[45] des Ministers fordert Bereitstellung und zielgerichtete Qualifizierung geeigneter Kader für den Einsatz als Berater, Verbindungsoffiziere, Instrukteure der verschiedenen Linien. Sorgfältige und gewissenhafte Auswahl dieser Kader (pol[itischer] Weitblick, operative Beweglichkeit und Erfahrungen, Fremdsprachenkenntnisse und anderes).
Erste Vorschläge werden gegenwärtig bearbeitet, für weitere Vorschläge – langfristige Planung und Reserve ist erforderlich – wurden im Befehl 3/70 entsprechende Termine gestellt.
Kader, die Einsatz absolviert haben, gehen in Diensteinheiten zurück. Reservekader muß jederzeit auch für kurzfristigere Einsätze abrufbar sein.

Komme zurück auf die *inhaltlichen und methodischen Schwerpunkte* der Arbeitspläne *aller* Linien der Aufklärung.
Wie muß man von diesen Schwerpunkten ausgehend

eindringen in die Hauptobjekte (Zentren BRD, ideologische Diversion, USA, NATO);
Schaffung von geeigneten IM auf Perspektive;
Auswahl und Gewinnung von geeigneten Werbern aus dem Operationsgebiet und
Sicherung der Einschleusung neuer Führungskundschafter ins Operationsgebiet (Originalpersonen aus dem Operationsgebiet)

die bessere Nutzung des Gesamtsystems unseres Ministeriums sehen?
(Größere Teil trifft auch für viele Linien [der] äußeren Abwehr zu.)
Jede auf Gebiet der DDR erkannte oder erschlossene Möglichkeit – gewaltige Einsparung an Kraft, Mitteln und Risiko im Operationsgebiet. Jede Kon-

44 Die Abteilung III der HV A war zuständig für „legal abgedeckte Residenturen“ in Auslandsvertretungen der DDR.
45 Der in der ehemaligen Dokumentenstelle des MfS verzeichnete Befehl 3/70 weist keinen inhaltlichen Bezug zum hier behandelten Thema auf.

taktanbahnung oder gar Werbung in der DDR – setzt im Operationsgebiet Kräfte für besonders schwierige und *nur dort* lösbare Aufgaben frei.

Abteilungen XV – große Kraft. Guter Anteil am Gesamtergebnis der Aufklärung.
Deshalb stellen wir vor Abteilungen XV noch stärker die Aufgabe der besseren und allseitigen Nutzung der gesamten *operativen Basis des MfS in unserer Republik* für *alle* zentralen Aufgaben im Operationsgebiet.
Die Möglichkeiten der Basis eines Bezirkes lassen sich nicht in eine eng spezifizierte Richtung pressen.
Trotzdem behalten die Abteilungen XV in den Bezirken die Aufgabe, *ins* und *im* Operationsgebiet zu arbeiten – in Richtung *aller* zentralen Objekte und Aufgaben und in speziell für sie bestimmte Richtungen.
In der *Planorientierung für Abteilungen XV* heißt es dazu:
Die Leiter der Abteilungen XV und Instrukteure haben Kräfte noch stärker auf die Hauptaufgaben der Abteilungen XV zu konzentrieren.
Das bezieht sich besonders auf die

- effektivere Nutzung des vorhandenen Netzes im Operationsgebiet. Die *Informationsbeschaffung* ist qualitativ weiter zu verbessern. Der Anteil an Informationen von nachrichtendienstlich geringem oder ohne Wert muß konsequent eingeschränkt werden.
  Die Effektivität vorhandener Quellen ist hinsichtlich Aufwand und Nutzen zu überprüfen. Danach sind entsprechende Entscheidungen zu treffen;
- allseitige Nutzung der operativen Basis der Bezirke, die Sicherung und Bearbeitung operativer Hinweise mit Perspektive auf die Hauptobjekte; besonders aus dem IM-System der BV[46], auf die Bearbeitung bestimmter Personenkategorien wie Studenten, Sekretärinnen und andere, um qualifizierte Perspektiv-IM zu gewinnen;
- operative Bearbeitung zugewiesener Objekte;
- Schaffung von Einsatz- und Übersiedlungskandidaten. Erarbeitung von Hinweisen zur Gewinnung von Übersiedlungsdokumentationen;
  (Einsatz von je einem Mitarbeiter in [den Abteilungen] XV für diese Aufgaben.)
- Entwicklung von Nachwuchskadern für die HV A.

Es gibt noch große Qualitätsunterschiede in den Abteilungen XV, das ist eine Frage der Aktivität und Fähigkeit der Leiter der Abteilungen XV, aber insbesondere auch der Aktivität der Instrukteure der HV A, wie sie es verstehen, dem Abteilungsleiter zu helfen.
Wir halten es für erforderlich, daß die Instrukteure der Kontrolle der Werbungen größere Aufmerksamkeit schenken.

46 BV: Bezirksverwaltung (für Staatssicherheit).

Die Abteilungsleiter XV müssen dazu erzogen werden, Werbungen nur dann durchzuführen, wenn auf der Grundlage der vorhandenen Erfahrung die Möglichkeiten, Ehrlichkeit und Bereitschaft der Kandidaten real einzuschätzen sind.
Man muß sagen, daß oft zu schnell zu Werbungen übergegangen wird, ohne gründlich genug die zu erwartende Effektivität zu überprüfen und Aufwand und Ergebnis ehrlich und nüchtern gegenüberzustellen.
Die Unterschiedlichkeit in den Abteilungen zum Beispiel in der Zahl der Perspektivkader bzw. der Werber ist für die Organisierung einer planmäßigen operativen Arbeit zu groß. Ein richtiges Verhältnis der Kategorien, also der IM, mit denen wir wirklich an Werbungen arbeiten, die wir wirklich als Einschleusungskader bearbeiten, die nach ihrem Studium unsere Gesichtspunkte beachten werden und die auch von uns entsprechend ihrer vorgesehenen oder bereits gestellten Aufgaben angeleitet werden, haben wir noch nicht erreicht.
Wenn wir das im Operationsgebiet vorhandene Netz der Abteilungen XV auf die Zahl der Mitarbeiter aufteilen, wenn wir weiter berücksichtigen, daß die Mehrheit der von den Mitarbeitern durchgeführten Treffs über Berlin geführt werden, den hierzu notwendigen Zeitaufwand berechnen, muß man feststellen, daß die Genossen der Abteilungen XV zwar eine große Arbeit leisten, daß aber der Aufwand an toter Zeit zu groß ist. Die Genossen werden also der ureigensten Aufgabe der Abteilungen XV durch unrationelle operative Arbeit entzogen.
Um Kräfte für ihre Hauptaufgaben freizubekommen, haben wir festgelegt, daß die Leiter der Abteilungen XV vorschlagen, welche laufenden Vorgänge an die operativen Linien der HV A übergeben werden sollen.
Diese Gesamtorientierung optimaler Nutzung entspricht den zentralen Aufgaben auf den verschiedenen Linien, erfordert höheres und vielseitigeres Wissen und Können der Genossen, aber auch eine straffe zentrale Führung.

Was kann nun von den anderen Linien, besonders auch den sog[enannten] Querschnittsabteilungen, zu dieser angestrebten *besseren Nutzung des Gesamtsystems des MfS* noch getan werden? Sie ist relativ klar, was die Erfassung von Personen betrifft, die unmittelbar in Schwerpunktobjekten tätig sind bzw. wo Zusammenhänge mit Hilfe des Westkatalogs zu Befehl 299/65[47] erkennbar und erfaßbar sind.
Hier geht es um die exakte und disziplinierte Durchsetzung. Bei „Anfall" entsprechender Personen werden oft die Befehle und Ordnungen verletzt. Und es muß an der Präzisierung des Informationsbedarfs der Linien und der Abgrenzung der Federführung weitergearbeitet werden.

47 Befehl 299/65 betr.: Organisierung eines einheitlichen Systems der politisch-operativen Auswertungs- und Informationstätigkeit im MfS, vom 24.7.1965; BStU, ZA, BdL/Dok. 003900.

Wesentlich komplizierter ist es mit der Erfassung von Hinweisen auf Perspektiv-IM, Werbern aus dem Operationsgebiet oder geeigneten Originalpersonen, an deren Dokumenten wir interessiert sind.
Die Definition des Informationsbedarfs ist kompliziert, aber gerade deshalb wichtig.
Daran muß weiter gearbeitet werden (Thema für Forschung, Diplomarbeiten und Dissertationen).

Hauptweg, weitere Reserven zu erschließen:
Richtiges Verstehen und Durchsetzen der Ausführungen im Referat des Gen[ossen] Minister zur IM-Arbeit, zur Vorgangsbearbeitung, zum Klärungsprozeß „Wer ist wer"? und zur operativen Personenkontrolle nach Richtlinie 1/71.
Die bessere *Erfassung und Nutzung der Möglichkeiten des gesamten IM-Systems* (hier vor allem DDR-IM) im Ergebnis *qualifizierter Vorgangsbearbeitung* – das ist die Grundfrage.
Erfolgt sehr unterschiedlich.
Hängt vom Wissen des vorgangsführenden Mitarbeiters und dem Leitungssystem ab.
Größte Reserven – dort, wo Chef die Möglichkeiten erfaßt hat und kennt, gibt es so viele Hinweise, daß jeder Streit über Nutzung überflüssig.
Optimale Nutzung der *Reise-IM ins Operationsgebiet*.
Kontakte.
Qualifizierung der *Bearbeitung des Reiseverkehrs*, angefangen von den Möglichkeiten der Linie VI, der Erfassung und Nutzung der Erfaßten nach Befehl 299/65 unter anderen Programmen bis zur aktiven Bearbeitung über IM aller operativen Linien.
Informationsbedarf muß präziser spezifiziert werden. Es interessieren zum Beispiel *Städte* wie Bonn, Köln, Düsseldorf, Hannover, München, Frankfurt (Main), Hamburg, Kiel, Göttingen, Wiesbaden usw.
Oder aus der Kategorie der Studenten bestimmte *Studienrichtungen*: Jura, pol[itische] Wissenschaften, Journalistik, Sprachwissenschaften, Naturwissenschaften usw.
Studenten aus den USA und geeignete Perspektivkader aus den NATO-Staaten.
Personengruppen, die in Opposition zur Entwicklung in Westdeutschland stehen – Außerparlamentarische Opposition, Studenten-Organisationen, Personen in „freien Berufen".
Gegenwärtig objektiv günstige politische und operative Bedingungen. Wichtig bei Erstbearbeitung – mit geeigneten Legenden operieren. Konsultation mit Fachabteilungen der HV A oder den Abteilungen XV.
Alle nicht ausgeschöpften, nicht genutzten operativen Möglichkeiten bedeuten Effektivitätsverlust in unserer operativen Arbeit.
In HV A und mit Leitern XV werden wir uns 1971 noch mit Problemen der

Verbesserung der Erfassung und Nutzung operativer Möglichkeiten befassen, um besonders die Basis der Bezirke verstärkt nutzbar zu machen.
Wir werden dazu noch weitere Hilfsmittel erarbeiten.
Leiter [der Abteilungen] XV sind instruiert.
Diese Hinweise sollen aber jetzt schon anregen, in diese Richtung zu denken und selbst zu prüfen, welche Möglichkeiten im eigenen Bereich liegen, die Konspiration und den Abwehrriegel des Feindes an diesen entscheidenden Punkten aufzubrechen.

Das Gesamtsystem unseres Ministeriums kann nur dann funktionieren, wenn die Teilsysteme richtig miteinander verbunden und aufeinander abgestimmt sind. Die EDV-Programme können uns in *Zukunft* dabei helfen. Was wir *bisher* für die Arbeit im Operationsgebiet dabei erreicht haben – war möglich durch richtige und abgestimmte Arbeitskonzeptionen der entsprechenden Leiter und konkrete Maßnahmen.
Die Ausführungen des Gen[ossen] Minister auf der Dienstkonferenz am 24.6.1970 über die wachsende Rolle der imperialistischen Geheimdienste im staatsmonopolistischen System und über die Notwendigkeit der verstärkten Sicherung des IM-Netzes im Operationsgebiet werden durch unsere Erfahrungen und Erkenntnisse über die Arbeit und Methodik der feindlichen Organe gegen das IM-Netz im Operationsgebiet und gegen die Organe des MfS bestätigt.
Befugnisse der Abwehrorgane, der Geheimdienste und der Justiz werden ausgeweitet, Anzahl der Mitarbeiter erhöht. Stellenplan des Bundeskriminalamtes verdoppelt. Durch Einführung der EDV soll größere Effektivität erreicht werden. Sicherungsgruppe Bonn, die dem Bundeskriminalamt untersteht, erhielt exekutive Befugnisse. Geheimdiensten wurde offiziell das Recht zugesprochen, das Post- und Fernmeldegeheimnis zu verletzen.

Westdeutscher Innenminister Genscher am 30.9.1970:
„Eine gewisse Zentralisierung der Abwehroperation ist unumgänglich."
Die Koordinierung der Tätigkeit der westdeutschen Geheimdienste wird effektiver.
Feindliche Organe nutzen zur Erfassung und Auswertung von nachrichtendienstlich bedeutsamen Fakten und Umständen immer mehr EDV und werden in umfassendem Maße mit entsprechenden Anlagen ausgerüstet.
Westdeutsche Abwehrorgane bauen Systeme des Geheimnisschutzes weiter aus. Neue Geheimschutzorgane auf dem Gebiet der Wirtschaft im Interesse der Rüstungsindustrie geschaffen.
Einschleusungs- und Aufenthaltsbedingungen werden eingeengt. Kontrolle und Überwachung der Personenbewegung innerhalb der kapitalistischen Länder und des grenzüberschreitenden Verkehrs. Immer stärkere Anwendung elektronischer Anlagen und Systeme wie Fernsehen, Foto, Röntgentechnik zur

Gepäckdurchleuchtung, zur verdeckten Erfassung, Beobachtung, Fahndung, Abfertigung und Registrierung, insbesondere an Grenzübergängen.
Zu diesen Maßnahmen gehört auch die Umstellung der Bevölkerungsregistratur auf EDV, die Errichtung einer zentralen Einwohnerdatenbank für die gesamte Bundesrepublik und Erteilung eines personengebundenen Kennzeichens für jeden Bürger bis 1973. Damit wird Ziel verfolgt, [das] Meldewesen zum perfekten sicherheitspolizeilichen Instrument zu machen, das [einen] lückenlosen Nachweis des jeweiligen Aufenthaltes eines Bürgers ermöglicht. So wird [es] möglich, mit Hilfe der EDV nach bestimmten Gesichtspunkten zu selektieren.
Neuer westdeutscher DPA[48].

Trotz der Rivalitäten zwischen den einzelnen Geheimdiensten verstärken sich die Tendenzen zur Zusammenarbeit und Koordinierung.

In den vergangenen Jahren wurde in der HV A in Abteilungsleiterbesprechungen, Referatsleiterschulungen und operativen Fachschulungen der Mitarbeiter der verstärkten Feindtätigkeit gegen das IM-Netz im Operationsgebiet und gegen die Organe des MfS große Beachtung geschenkt.
Die Praxis lehrt, daß es notwendig ist, diese Abwehrproblematik ständig zu behandeln, weil hier noch Schwächen vorhanden sind.
Man kann nicht qualifiziert im Operationsgebiet arbeiten, ohne dabei nicht gleichzeitig die inneren Probleme, den Schutz und die Sicherung der DDR zu beachten.
Wir stellen deshalb an die Spitze die Forderung, daß Aufklärer abwehrmäßig denken und handeln müssen.
Durch die ständige Erziehungsarbeit auf diesem Gebiet ist die Anzahl der Operativinformationen an die Abwehrabteilungen von Jahr zu Jahr beträchtlich gestiegen, die z. T. von wesentlicher Bedeutung waren und zu Festnahmen von Agenten in der DDR führten.
Das zeugt insgesamt von einer stärkeren und besseren, allseitigen Nutzung des IM-Netzes im Operationsgebiet und in der DDR für die Sicherung der DDR und für eine bessere und qualifiziertere Zusammenarbeit mit den Abwehrlinien, insbesondere den Hauptabteilungen II, XVIII und XX[49].
Es steht aber ebenso fest, daß auf dem Gebiet der Beschaffung von Abwehrinformationen durchaus noch weitere Möglichkeiten und Reserven vorhanden sind, die unbedingt ausgeschöpft werden müssen. Hier muß das Einwirken der Abwehrabteilungen im konkreten Vorgang bzw. abzusichernden Objekt verstärkt werden.

48 DPA: Deutscher Personalausweis.
49 Die Hauptabteilung II war zuständig für Spionageabwehr, die Hauptabteilung XVIII für die Überwachung der DDR-Wirtschaft, die Hauptabteilung XX für die Kontrolle der Blockparteien und Massenorganisationen, des Staatsapparates, der Jugend, des Sports, der Kirchen, der Medien, des Kulturbetriebs sowie oppositioneller Gruppierungen.

Die operative Praxis und die ständige Analyse von *Vorgängen mit Feindberührung*, mit erkannter und vermuteter *Doppelagententätigkeit* sowie von Verhaftungsvorgängen hat die wichtige Erkenntnis immer wieder bestätigt, daß es vor allem darauf ankommt, eine *feindliche Bearbeitung* von IM im Operationsgebiet *rechtzeitig* und *zuverlässig zu erkennen*, um entsprechende Sicherungsmaßnahmen einleiten zu können und unnötige Pannen und Verluste zu vermeiden.
Die Bestimmungen der Führungsdokumente zum Schutze und zur Sicherung des IM-Netzes im Operationsgebiet sind konsequent einzuhalten und durchzusetzen.

Auch in der Forschungsarbeit der HV A wurde durch eine Reihe von Schulungsmaterialien und Diplomarbeiten diese Problematik untersucht und wichtige und lehrreiche Erkenntnisse für die operative Praxis und für die Verbesserung der Führungs- und Leitungstätigkeit auf dem Gebiet des Schutzes und der Sicherung des IM-Netzes im Operationsgebiet gewonnen.
Besondere Bedeutung für diesen Gesamtkomplex hat der im November 1970 herausgegebene Informationskatalog über

Maßnahmen, Mittel und Methoden feindlicher Organe
gegen das inoffizielle Netz im Operationsgebiet.

Die Bedeutung dieses Informationskataloges besteht vor allem darin, daß jetzt allen Leitern ein Material in die Hand gegeben wurde, das in übersichtlicher und zusammengefaßter Form unsere bisherigen Erkenntnisse über die Arbeitsweise der feindlichen Abwehrorgane in Westdeutschland sowie über die Arbeit der imperialistischen Geheimdienste gegen unser IM-Netz in Westdeutschland darstellt.
Der Informationskatalog vermittelt nicht nur die Kenntnisse, *wer* uns im Operationsgebiet gegenübersteht, sondern er stellt auch dar, *wie* der Feind unsere inoffiziellen Verbindungen im Operationsgebiet aufzuspüren versucht, zu ermitteln und aufzuklären, um in unser Netz einzudringen und letzten Endes unseren Apparat zu bearbeiten und, wie bereits bewiesen, versucht, in unsere Zentrale direkt einzudringen.
Die Hauptfrage besteht jetzt darin, daß diese Erkenntnisse in der täglichen operativen Arbeit Beachtung finden und alle Leiter in der operativen Arbeit die richtigen operativen Schlußfolgerungen ziehen. Es ist notwendig, mit Hilfe des Informationskataloges die Fachschulungen, die sich mit dieser Problematik befassen, gründlicher und intensiver durchzuführen, um damit zu erreichen, daß wir in der operativen Arbeit mit dem inoffiziellen Netz insgesamt eine höhere Qualität erreichen.
Zur Ergänzung und Vervollständigung unserer Erkenntnisse wäre es von Vorteil, wenn alle Linien laufend ihre neuen Erkenntnisse zur Auswertung und Verarbeitung zur Verfügung stellen.
Die operativen Erfahrungen lehren uns, daß die feindlichen Geheimdienste und Abwehrorgane versuchen, sich auf die qualifizierteren Methoden unserer Arbeit einzustellen und ihre Abwehrtätigkeit verstärken und vervollkommnen.

Bedeutung *Problem Doppelagentur* – Behandlung würde zuviel Zeit beanspruchen – muß gesondert erfolgen – bei Fortsetzung Führungsseminar.
Bis auf einen Residenturvorgang konnten bei allen Verhaftungsvorgängen im Jahre 1970 die Ursachen der Verhaftung analysiert werden.
Die Werbungen vom Gebiet der DDR her wurden in einer Reihe von Fällen zu früh durchgeführt, um zu einem schnellen Erfolg zu kommen; ohne Kontrolle und gründliche Überprüfung im Operationsgebiet. Das heißt, daß bei gründlicher Analyse dieser Vorgänge in einigen Fällen die Verhaftung vermeidbar gewesen wäre.
Das in unserer operativen Arbeit ständig einzukalkulierende Risiko muß vertretbar, das heißt durchdacht sein. Es lohnt sich nicht, ein Risiko bei Vorgängen auch nur zu erwägen, die von vornherein keinen größeren operativen Nutzen versprechen oder wo bereits von Anfang an eine starke Gefährdung des Vorganges zu erkennen ist.
Fehlentscheidungen in der operativen Arbeit sind genau so schädlich wie mangelnder Mut, mangelnde Entscheidungsfreude und mangelnde Bereitschaft zu einem genau kalkulierten Risiko.

Wir haben insgesamt in der Vorbereitung und Anleitung unserer inoffiziellen Mitarbeiter für das Verhalten vor feindlichen Untersuchungs- und Justizorganen in den letzten Jahren wesentliche Fortschritte gemacht. Davon zeugen eine Reihe von Beispielen, in denen sich IM nach ihrer Verhaftung gegenüber dem Feind klassenmäßig und standhaft verhalten haben.
Die Analyse der Verhaftungsvorgänge im Jahre 1970 zeigt aber, daß trotz Vorbereitung einige IM umfangreiches operatives Wissen vor feindlichen Organen preisgegeben haben, obwohl das überhaupt nicht notwendig war.
Wenn man auch diesen IM unterstellen kann, daß sie subjektiv nicht zur Sache aussagen wollten, so ist es doch eine Tatsache, daß einige IM letzten Endes vor dem Feind durch ihr umfangreiches Geständnis versagt haben.
Daß aber unsere Linie richtig ist und die in der Instruktion enthaltenen Grundsätze, sich durch Aussageverweigerung zu verteidigen, wenn keine andere Möglichkeit der Entlassung besteht, in der Praxis bewährt haben, zeigten wiederum mehrere Beispiele aus dem Jahre 1970.
Im Jahre 1970 konnten mehrere verhaftete IM mit Hilfe zentraler operativer Maßnahmen des Gen[ossen] Minister befreit werden, zwei IM sogar ohne Prozeß. Das beweist, daß der Feind aufgrund ihres standhaften Verhaltens nichts mit ihnen anfangen konnte, nachdem auch seine Überwerbungsversuche erfolglos geblieben waren. Das zeigt also, daß Schweigen immer und in jedem Falle erfolgreicher ist als sich zu produzieren und alle Kenntnisse preiszugeben.
Es kommt darauf an, in der ständigen Vorbereitung und Schulung der IM auf die unmittelbare Konfrontation mit feindlichen Untersuchungs- und Justizorganen nicht nachzulassen, sondern diesem Teil der Ausbildung der IM große Aufmerksamkeit zu schenken und mehr Zeit dafür einzuplanen.

Zur gründlichen Vorbereitung auf das richtige Verhalten bei Festnahme oder Verhaftung gehören auch solche Fragen, wie das Verhalten der IM bei Überwerbungsangeboten durch den Feind und das Verhalten von IM bei Feindberührungen in Form von Befragungen oder Vernehmungen, ohne daß eine Festnahme erfolgt.
Natürlich gehören zu dieser Problematik auch weitere Fragen, wie die richtige Auswahl der Einsatzkader, ihre ständige Überprüfung, das rechtzeitige Erkennen politisch-ideologischer Probleme, Krankheit, Überbelastung usw.
Hierzu gehört auch, daß zur Verbesserung der operativen Leitungstätigkeit und der Erziehungsarbeit der IM die Mitarbeiter stärker mit speziellen psychologischen Erkenntnissen vertraut gemacht werden müssen. Die Mitarbeiter müssen dazu befähigt werden, noch gründlicher die Verhaltensweisen, Charaktereigenschaften und Schwächen der IM rechtzeitig zu erkennen und vor allem zu erkennen, ob Angstgefühle vorhanden sind.

Für das rechtzeitige Erkennen für die Bearbeitung unseres IM-Netzes und der Organe des MfS durch die feindlichen Organe und zur weiteren Erhöhung der Sicherung des IM-Netzes im Operationsgebiet sind in der operativen Arbeit vor allem folgende Grundsätze zu beachten:

- In der operativen Arbeit kommt es in erster Linie darauf an, daß die Grundprinzipien und die bewährten Methoden der Aufklärungsarbeit eingehalten werden.
  In der Führungs- und Leitungstätigkeit geht es vor allem um eine strenge Ordnung und Disziplin in den Grundfragen der operativen Arbeit und um die Einhaltung der Konspiration (Richtlinien 1 und 2/68, Kommentare)[50].
  In der politisch-ideologischen Erziehungsarbeit ist mit Hilfe der Parteiorganisation der Kampf gegen die Schwatzhaftigkeit zu führen und um den erhöhten Schutz unserer operativen Mittel und Methoden.
  Jeder darf nur das Wissen vermittelt erhalten, was die Erfüllung seines operativen Auftrages erfordert. Vor allem die Einsatzkader wissen zuviel.
  In der Führungs- und Leitungstätigkeit ist in verstärktem Maße der Kampf gegen alle Erscheinungen der Routine in der operativen Arbeit zu führen und eine straffe Kontrolle durch die Leiter durchzusetzen. Die Leiter dürfen bei operativen Mitarbeitern kein Wunschdenken zulassen und müssen darauf achten, daß die Mitarbeiter nicht blind in den eigenen Vorgang verliebt sind.
  In der operativen Arbeit ist die entscheidende Voraussetzung ein reales Denken und Handeln. Jedes bewußte Frisieren von Berichten und Vorla-

50 Gemeint sind die Richtlinien zum Einsatz von inoffiziellen Mitarbeitern Nr. 1/68 und Nr. 2/68, abgedruckt in: Müller-Enbergs (1996) 1, S. 242–282 und ders. (1998), S. 352–388.

gen macht die operative Arbeit unmöglich. Solche Mitarbeiter müssen zur Verantwortung gezogen werden.

- Zur Sicherung des IM-Netzes im Operationsgebiet und zum rechtzeitigen Erkennen einer feindlichen Bearbeitung und einer Doppelagententätigkeit sind die Leiter dafür verantwortlich, daß die Ausarbeitung der Sicherheitsanalysen in den Vorgängen entsprechend der neuen Aktenordnung für die Aufklärung durchgesetzt wird.
  Alle Vorkommnisse, Widersprüche, Störungen, Hinweise und Verdachtsmomente müssen im Zusammenhang gesehen werden, auch wenn sie isoliert erscheinen und auch als normal erklärt werden können.
- Die IM haben in vielen Fällen umfangreiche Kenntnisse über das MfS und seine Mittel und Methoden, die in keinem Verhältnis zu ihren operativen Funktionen und Aufgaben stehen.
  Sie müssen gezielter ausgebildet und nur mit den operativen Mitteln ausgerüstet werden, die sie für ihre Funktion benötigen.
- In Kenntnis der Tatsache der verstärkten Überwachung der Verbindungswege zwischen der DDR und dem Operationsgebiet durch die feindlichen Organe ist die Sicherheit im Verbindungswesen zu erhöhen. Das bedeutet, daß Reisen und Grenzpassagen von IM, besonders über den Bahnhof Friedrichstraße, auf das notwendigste Minimum zu reduzieren sind.
  Auf erforderliche Grenzpassagen müssen IM gewissenhaft und gründlich vorbereitet werden, um Pannen zu verhindern.
  Routine, Oberflächlichkeit und Leichtsinn im Verbindungswesen sind konsequent zu bekämpfen.
- Alle Mitarbeiter sind besonders auf die verstärkte Feindmethode, mit Doppelagenten in das IM-Netz einzudringen oder feindliche Agenturen in der DDR aufzubauen, hinzuweisen.
  Dabei ist besonders die Tatsache zu beachten, daß die feindlichen Organe in verstärktem Maße unsere Mitarbeiter und den Apparat bearbeiten.
  Es ist deshalb vor allen Dingen die Wachsamkeit zu erhöhen und jede Sorglosigkeit, Fahrlässigkeit und Oberflächlichkeit energisch zu bekämpfen.
  Wertvolle Informationen sind noch lange nicht der absolute Beweis für die Zuverlässigkeit eines Vorganges.
  Auch bei der Lieferung wertvoller Informationen darf die Sicherheitsanalyse im Vorgang nicht unterlassen werden.

Trotz der verstärkten Abwehrtätigkeit der feindlichen Organe darf nicht zugelassen werden, daß der Feind überschätzt wird. Es ist notwendig, daß alle Leiter, operativen Mitarbeiter und IM ein objektives und reales Feindbild besitzen.

Wir haben in den letzten Jahren auf dem Gebiet des Schutzes und der Sicherheit des IM-Netzes im Operationsgebiet in der Führungs- und Leitungstätigkeit wesentliche Fortschritte gemacht. Wenn wir die Anstrengungen und Akti-

vitäten der feindlichen Abwehrorgane und imperialistischen Geheimdienste in unserer täglichen operativen Arbeit in Rechnung stellen, können wir auf dem feindlichen Territorium, das wir als Operationsgebiet bezeichnen, uns so bewegen, so operieren, unsere Kräfte in solchem Umfang einsetzen, steuern und zu Erfolgen führen, wie wir das entsprechend unserer Aufgabenstellung, Konzeptionen und Pläne für erforderlich halten.
Wenn wir selbst keine ernsten Fehler machen, gibt es keine objektiven Umstände und keinen Feind, der uns daran hindern könnte.

12. August 1974

Befehl Nr. 16/74 zur politisch-operativen Sicherung der Vertretungen anderer Staaten, internationaler zwischenstaatlicher Organisationen und bevorrechteter Personen in der Deutschen Demokratischen Republik[51]

Das in Durchsetzung der sozialistischen Außenpolitik, insbesondere der Prinzipien der friedlichen Koexistenz zugunsten des Sozialismus veränderte Kräfteverhältnis führte zu größerer internationaler Autorität und der umfassenden völkerrechtlichen Anerkennung der DDR durch kapitalistische und andere nichtsozialistische Staaten.
Damit verbunden ist die Errichtung von Vertretungen anderer Staaten sowie die Aufnahme der Tätigkeit internationaler zwischenstaatlicher Organisationen (im folgenden Vertretungen genannt) und bevorrechteter Personen (siehe Anlagen)[52]. Diesen Vertretungen und bevorrechteten Personen werden durch die DDR entsprechend eingegangener internationaler Verpflichtungen und der innerstaatlichen Rechtsvorschriften Privilegien und Immunität gewährt, die der Wahrnehmung deren Aufgaben zur Entwicklung von völkerrechtlichen Beziehungen dienen.
Bei der Gestaltung günstiger außenpolitischer Bedingungen für die Friedensoffensive der sozialistischen Staaten unter Führung der Sowjetunion und zur weiteren Stärkung der sozialistischen Staats- und Gesellschaftsordnung in der DDR kommt dem Schutz der Vertretungen und bevorrechteten Personen hohe Bedeutung zu.
Daraus ergeben sich für alle Organe der sozialistischen Staatsmacht verantwortungsvolle Aufgaben.
Für das Ministerium für Staatssicherheit bestehen sie in der

Gewährleistung der Rechte der Vertretungen und bevorrechteten Personen, einschließlich deren wirksamen Schutz vor terroristischen Gewaltakten, Zerstörungen oder Beschädigungen, Erpressungen, Drohungen, Verschleppungen, Entführungen, Geiselnahmen sowie jeder weiteren rechtswidrigen Beeinträchtigung;

Aufklärung der Pläne, Absichten und Maßnahmen des Gegners, insbesondere der Geheimdienste, der Zentren der politisch-ideologischen Diversion, nationalistischer, chauvinistischer, anarchistischer sowie anderer rechts- und linksextremistischer Kräfte, irregeleiteter Elemente bzw. zu-

51 BStU, ZA, DSt 100802, 24 Bl. – Kopf: Ministerrat der Deutschen Demokratischen Republik, Ministerium für Staatssicherheit, Der Minister. – Vermerke: Auf Bl. 1: VVS MfS 008 Nr. 807/74, 198. Ausfertigung. Auf Bl. 14: handschriftlich gezeichnet: Mielke, Generaloberst.

52 Die Anlagen zum Befehl 16/74 werden hier nicht dokumentiert, da sie überwiegend technische Details regeln.

rechnungsunfähiger Personen, zur Verhinderung von Angriffen gegen Vertretungen und bevorrechteter Personen;
Aufdeckung und Bekämpfung feindlicher Pläne, Absichten und Maßnahmen des Mißbrauchs der Rechte der Vertretungen und bevorrechteter Personen nichtsozialistischer und anderer politisch-operativ interessierender Staaten für subversive Handlungen, insbesondere für Spionage, staatsfeindlichen Menschenhandel, staatsfeindliche Verbindungsaufnahme und staatsfeindliche Gruppenbildung;
Aufdeckung und Bekämpfung staatsfeindlicher bzw. anderer krimineller Handlungen, die durch Bürger der DDR oder Bürger anderer Staaten unter Nutzung von bzw. in Verbindung mit Vertretungen oder bevorrechteten Personen begangen werden;
Aufdeckung von begünstigenden Bedingungen für subversive und kriminelle Handlungen und Einflußnahme auf deren Beseitigung durch die zuständigen Organe.

Für die Lösung dieser politisch-operativen Aufgaben sind alle Diensteinheiten des MfS verantwortlich, dabei haben sie insbesondere die politische Situation, den Charakter der Beziehungen der DDR zum Entsendestaat und die Stellung der bevorrechteten Personen zu berücksichtigen.

Zur Realisierung dieser umfangreichen politisch-operativen Aufgabenstellung

befehle ich:

1. *Die Hauptabteilung II*[53] ist verantwortlich für
die politisch-operative Sicherung des Ministeriums für Auswärtige Angelegenheiten, seiner Einrichtungen in der DDR und im sozialistischen Ausland;
den Schutz aller Vertretungen und bevorrechteten Personen in der DDR;
die politisch-operative Sicherung der in der DDR akkreditierten Publikationsorgane anderer Staaten, deren ständige Korrespondenten sowie von Reisekorrespondenten (Verantwortlichkeit und Aufgabenstellung sind im Befehl Nr. 17/74[54] festgelegt);
die vorbeugende Verhinderung, Aufdeckung und Bearbeitung von staatsfeindlichen Handlungen, insbesondere Spionage und Menschenhandel, von Kontakttätigkeit, völkerrechtswidriger Asyl- oder Aufenthaltsgewährung in Vertretungen nichtsozialistischer und anderer politisch-operativ interessierender Staaten sowie anderen kriminellen Handlungen bevorrechteter Personen;

53 Die Hauptabteilung II der HV A war zuständig für Spionageabwehr.
54 Siehe Dokument 5, S. 363–372.

die Gewinnung politischer und operativer Informationen aus den Vertretungen nichtsozialistischer sowie politisch-operativ interessierender Staaten in der DDR;
die politisch-operative Nutzung der Kräfte des Wachkommandos Missionsschutz (WKM), des PdVP[55] Berlin und des Zollamtes Berlin I (Diplomaten-Zollamt);
die Orientierung und Unterstützung jener politisch-operativen Diensteinheiten sowie koordinierte Zusammenarbeit mit ihnen, in deren Verantwortungsbereich operative Aufgabenstellungen im Zusammenhang mit der Tätigkeit bevorrechteter Personen zu realisieren sind;
die zentralisierte Erfassung und analytische Aufbereitung der durch alle operativen Linien und Diensteinheiten über Vertretungen und bevorrechtete Personen gewonnenen Informationen, die der ständigen Qualifizierung der politisch-operativen Arbeit sowie der Unterstützung von Maßnahmen und Entscheidungen zur weiteren Gestaltung der Innen- und Außenpolitik der DDR dienen, in enger Zusammenarbeit mit der ZAIG[56].

1.1. Politisch-operative Sicherung des Ministeriums für Auswärtige Angelegenheiten (MfAA) seiner Einrichtungen in der DDR und im sozialistischen Ausland.
Zur Aufdeckung, Bekämpfung und Verhinderung staatsfeindlicher Handlungen sind die operativen Grundprozesse, insbesondere der zielgerichtete und qualifizierte Einsatz der IM/GMS zu richten auf die
Abwehr feindlicher Angriffe, insbesondere von geheimdienstlichen oder anderen subversiven Handlungen gegen das MfAA und dessen Tätigkeit;
Sicherheitsüberprüfung der Personen, die im MfAA oder einer Auslandsvertretung tätig werden sollen bzw. tätig sind;
Durchsetzung des Geheimnisschutzes sowie Gewährleistung von Ordnung und Sicherheit;
Sicherung des Personals der Auslandsvertretungen der DDR in den sozialistischen Staaten;
Sicherung und den Schutz des Verbindungswesens des MfAA;
Sicherung und politisch-operative Nutzung
des Dienstleistungsamtes für Ausländische Vertretungen (DAV);
der Poliklinik für Angehörige diplomatischer Vertretungen;
des Diplomatenclubs;
des Versorgungsbetriebes „Versina", einschließlich der entsprechenden Verkaufseinrichtungen und
der Jagdgebiete, Erholungs- und Freizeiteinrichtungen,

55 PdVP: Präsidium der Volkspolizei.
56 ZAIG: Zentrale Auswertungs- und Informationsgruppe des MfS.

besonders durch eine gewissenhafte Sicherheitsüberprüfung der in diesen Bereichen zum Einsatz kommenden Bürger der DDR.

Die Aufklärungsmaßnahmen dazu laufen unter der Bezeichnung „Kabinett".

Mit der Hauptverwaltung A und den Hauptabteilungen I, VI, VII, PS sowie den selbständigen Abteilungen X und XI sind die erforderlichen Abstimmungen vorzunehmen.[57] Die notwendigen Verbindungen dieser Diensteinheiten in das MfAA sind mit der Hauptabteilung II zu vereinbaren.

1.2. Gewährleistung des umfassenden Schutzes aller Vertretungen und bevorrechteten Personen.

Zur Gewährleistung des Schutzes der Vertretungen ist die politisch-operative Arbeit zu konzentrieren auf

die zielstrebige und rechtzeitige Aufdeckung und vorbeugende Verhinderung von Gewaltvorhaben, wie Sprengstoffanschlägen, angedrohten Gewalttätigkeiten, Mord, Freiheitsberaubung und anderen strafrechtswidrigen Anschlägen;

die Fahndung nach Postsendungen und anderen Gütern, die zum Zwecke terroristischer und anderer Gewaltanwendung Vertretungen und bevorrechteten Personen zugesandt werden bzw. Drohungen mit Gewalt beinhalten;

den qualifizierten Einsatz des WKM[58];

den allseitigen Einsatz der IM zur Gewinnung von derartigen Informationen und zur Verhinderung rechtswidriger Handlungen.

Dies erfordert eine enge Zusammenarbeit mit anderen Diensteinheiten, insbesondere mit den Hauptabteilungen VI, VII, VIII, den Abteilungen M und PZF sowie der A[rbeits]G[ruppe] Terrorabwehr.[59]

1.3. Überprüfung der bevorrechteten Personen vor bzw. mit der Aufnahme ihrer Tätigkeit in der DDR.

Es ist Einfluß darauf zu nehmen, daß bestimmte bevorrechtete Personen aus Gründen der staatlichen Sicherheit keine Möglichkeiten für die Aufnahme einer Tätigkeit in der DDR erhalten.

In Zusammenarbeit mit anderen Linien und Diensteinheiten sind dazu alle vorhandenen inoffiziellen Erkenntnisse über bevorrechtete Perso-

57 PS: Personenschutz. Die Hauptverwaltung A war zuständig für Auslandsaufklärung, die Hauptabteilung I für die Kontrolle der Nationalen Volksarmee (NVA), die Hauptabteilung VI für die Grenzkontrolle der DDR, die Hauptabteilung VII für die Kontrolle der Polizei, des Innenministeriums und des Strafvollzuges, die Hauptabteilung PS für den Schutz der DDR-Nomenklatura und ihrer ausländischen Gäste. Die Abteilung X war verantwortlich für die Zusammenarbeit mit „befreundeten" Geheimdiensten, die Abteilung XI u. a. für die Enttarnung des Chiffrierverkehrs ausländischer Vertretungen in der DDR.

58 WKM: Wachkommando Missionsschutz.

59 PZF: Postzollfahndung. Die Hauptabteilung VI war zuständig für die Grenzkontrollen der DDR, die Hauptabteilung VII für die Kontrolle der Polizei, des Innenministeriums und des Strafvollzuges, die Hauptabteilung VIII für Observationen. Die Abteilungen M und PZF waren zuständig für die Post- und Paketkontrolle.

nen, vorrangig aus imperialistischen Staaten, für Entscheidungsfindungen der Parteiführung und der Regierung beweiskräftig und rechtzeitig zur Verfügung zu stellen.

1.4. Aufklärung bevorrechteter Personen und operative Kontrolle ihrer Aktivitäten zur Aufdeckung und Abwehr subversiver Tätigkeit.

Alle politisch-operativen Mittel und Methoden sind unter strengster Wahrung der Geheimhaltung und Konspiration zur Gewinnung von Informationen zu nutzen. Diese politisch-operativen Mittel und Methoden sind auszurichten auf die

- Persönlichkeitsaufklärung, vor allem im Wohn- und Freizeitbereich;
- Feststellung, Dokumentierung und Aufklärung von politisch-operativ bedeutsamen Verbindungen und Kontakten;
- Feststellung, Dokumentierung und Aufklärung von Verdachtsmomenten subversiver Handlungen und anderen politisch-operativ bedeutsamen Rechtsverletzungen;
- Erlangung von Informationen entsprechend den Schwerpunkten der ZAIG, Hauptabteilung II und Hauptverwaltung A aus politischen, nachrichtendienstlichen, militärischen, wirtschaftlichen und wissenschaftlich-technischen Bereichen.

Die Gewinnung von bevorrechteten Personen für eine inoffizielle Zusammenarbeit ist ständig zu prüfen. Die Vorschläge bedürfen der Bestätigung durch den Leiter der Hauptabteilung II. Die Bestätigung für den Bereich der Hauptabteilung A obliegt nach Abstimmung mit dem Leiter der Hauptabteilung II dem Leiter der Hauptabteilung A.

1.5. Aufklärung der in den Vertretungen und bei bevorrechteten Personen tätigen Bürger der DDR.

Die Aufklärung hat mit dem Ziel zu erfolgen,

- sie aktiv in die Schutz- und Sicherungsmaßnahmen einzubeziehen;
- sie für die Durchführung von operativen Aufgaben zu gewinnen;
- ihre Handlungen rechtzeitig zu erkennen, die zur Schädigung der DDR führen können;
- zu verhindern, daß Personen mit labilem und leicht zu beeinflussendem Charakter von feindlichen Kräften ausgenutzt werden.

1.6. Aufklärung und Bearbeitung von DDR-Bürgern, Ausländern und Staatenlosen, die zu bevorrechteten Personen verdächtige Kontakte herstellen und unterhalten.

Zu klären sind:

- Art der Kontaktherstellung, Intensität und Zielstellung des Kontaktes;
- Möglichkeiten und Voraussetzungen dieser Personen zur Unterstützung subversiver bzw. anderer krimineller Absichten bevorrechteter Personen;
- Auswirkungen der Kontakte auf dritte Personen.

Durch geeignete politisch-operative Maßnahmen sind die negativen Auswirkungen derartiger Kontakte zu verhüten. Bei vorhandenen Möglich-

keiten sind die Kontakte zur IM-Werbung bzw. zur Durchführung von offensiven Maßnahmen zu nutzen.
Die Aufklärung und Bearbeitung der Kontakte hat in Abstimmung und in enger Zusammenarbeit mit den für die DDR-Bürger bzw. Ausländer zuständigen operativen Diensteinheiten zu erfolgen.

1.7. Bearbeitung operativer Vorgänge und Materialien über feindliche Tätigkeit und Straftaten allgemeiner Kriminalität bevorrechteter Personen und der in den Vertretungen tätigen DDR-Bürger.
Schwerpunkte der operativen Bearbeitung sind geheimdienstliche Aktivitäten, feindliche Kontakte und Verbindungen, gegnerische Stützpunkte, staatsfeindlicher Menschenhandel, ungesetzliche Einfuhr und Besitz von Waffen und Munition, Rauschgiftschmuggel.
Die Bearbeitung solcher Materialien ist durch den Einsatz zuverlässiger IM, durch schöpferische Legenden und Kombinationen sowie operative Spiele zu qualifizieren.
Die umfassende und zweifelsfreie Beweisführung der feindlichen Tätigkeit sowie anderer krimineller Handlungen der bevorrechteten Personen ist im Prozeß der operativen Bearbeitung zu garantieren. Die Arbeitsergebnisse müssen abrufbereit der Parteiführung und der Regierung zur Verfügung gestellt werden können.
Die operativen Diensteinheiten sind bei der Bearbeitung von Vorgängen und Materialien gegen DDR-Bürger mit Verbindungen zu bevorrechteten Personen durch die Hauptabteilung II zu unterstützen.
Zur Gewährleistung dieser Aufgabenstellung sind derartige operative Vorgänge und Materialien mit der Hauptabteilung II bzw. den Abteilungen II der Bezirksverwaltungen abzustimmen.
Entscheidungen über die Einleitung von politisch-operativen Maßnahmen gegenüber Vertretungen oder bevorrechteten Personen, die sich wegen

- Mißbrauchs der Funktion, Immunität und Privilegien;
- spezifischen politisch-operativen Interessen

notwendig machen und aus Gründen der staatlichen Sicherheit offiziellen Charakter erhalten, bedürfen meiner Zustimmung bzw. der meines 1. Stellvertreters.

1.8. Durchführung von Personen- und vorgangsbezogenen operativen Maßnahmen in das Operationsgebiet.
Die operativen Maßnahmen sind zu konzentrieren auf die

- Aufklärung, Bearbeitung sowie Dokumentierung der Verbindungen von bevorrechteten Personen zu imperialistischen Geheimdiensten, feindlichen Organisationen, Gruppen und Einzelpersonen;
- Erkundung und Bekämpfung der Ausgangsbasen der gegen die Sicherungsobjekte der Hauptabteilung II gerichteten subversiven Tätigkeit;
- Aufklärung und Bearbeitung der Konzentrierungspunkte und Kon-

taktstellen bevorrechteter Personen im Operationsgebiet, besonders in Westberlin.

Hierbei ist die koordinierte Zusammenarbeit mit der Hauptverwaltung A zu sichern.

1.9. Überwachung und Bearbeitung des Verbindungs- und Nachrichtenwesens der Vertretungen.

Die operativen Maßnahmen sind insbesondere zu richten auf

den Schutz der gewährten Nachrichtenmittel und -einrichtungen gegen alle rechtswidrigen Beeinträchtigungen;

die Aufklärung und das Eindringen in das Verbindungswesen der Vertretungen;

die Verhinderung des Mißbrauchs des Verbindungs- und Nachrichtenwesens.

Die operativen Maßnahmen sind in enger Koordinierung mit den selbständigen Abteilungen III, 26 und N durchzuführen.

1.10. Politisch-operative Nutzung des WKM[60].

Sie hat vorrangig zu erfolgen durch

Einflußnahme auf die Organisierung des Einsatzes des Missionsschutzes;

Einbeziehung der Kräfte des Missionsschutzes, speziell der operativen Einsatzkräfte des WKM, in die Lösung von Sicherungs-, Aufklärungs- und Bearbeitungsaufgaben;

Nutzung der inoffiziellen Möglichkeiten der Hauptabteilung VII sowie der zu gewinnenden IM der Hauptabteilung II;

Einflußnahme auf die Erhöhung der Qualität der Informationsgewinnung und Auswertung des Informationsaufkommens des WKM hinsichtlich der Vertretungen ausländischer Staaten und bevorrechteter Personen in der DDR.

1.11. Politisch-operative Nutzung des Zollamtes Berlin I (Diplomaten-Zollamt).

Die politisch-operative Nutzung hat zu erfolgen durch

Einflußnahme auf dessen Kontrolltätigkeit zur Realisierung politisch-operativer Aufgaben;

Auswertung der Informationsspeicher des Zollamtes.

1.12. Gewährleistung einer umfassenden und intensiven Arbeit mit allen IM-Kategorien, GMS sowie mit Offizieren im besonderen Einsatz zur Erzielung hoher operativer Ergebnisse bei der Realisierung der in diesem Befehl gestellten Aufgaben.

1.13. Erfassung und analytische Aufbereitung von politisch-operativen Informationen im Zusammenhang mit Vertretungen und bevorrechteten Personen.

60 WKM: Wachkommando Missionsschutz.

Die ständige Erfassung und analytische Aufbereitung von politisch-operativen Informationen, insbesondere zur Herausarbeitung von

politisch-operativen Schwerpunkten der Feindtätigkeit;
typischen Begehungsweisen, Mitteln und Methoden (Deliktspezifik);
Motiven, Zielstellungen der Täter;
Ursachen und begünstigenden Bedingungen

ist zu gewährleisten. Hierbei ist die Zusammenarbeit und Abstimmung mit der ZAIG zu sichern.

2. Aufgaben für andere operative Linien und Diensteinheiten.
Alle Linien und Diensteinheiten sind verpflichtet, ihre Verantwortung und Möglichkeiten entsprechend der Aufgabenstellung dieses Befehls voll wahrzunehmen.
Die nachstehend genannten Linien und Diensteinheiten haben folgende Aufgaben zu lösen:
Hauptverwaltung A [61]
Durchführung von operativen Aufgaben, die zur Gewährleistung des Schutzes und der Sicherheit der Vertretungen anderer Staaten und deren bevorrechteten Personen erforderlich und im nichtsozialistischen Ausland zu realisieren sind.
Nutzung der politisch-operativen Möglichkeiten zur Sicherung des MfAA.
Feststellung von bevorrechteten und anderen Personen, die für den Einsatz in der DDR vorgesehen sind und Unterstützung bei deren Aufklärung.
Erarbeitung von Informationen aus dem Operationsgebiet, der DDR und anderen sozialistischen Staaten, die Einfluß auf die Sicherung bzw. Bearbeitung der Vertretungen haben können.
Sicherung der langfristig eingesetzten DDR-Bürger, der Objekte der Auslandsvertretungen der DDR und deren Tätigkeit in nichtsozialistischen Staaten.
Informierung und Übergabe operativer Materialien über die Hauptabteilung II an die zuständigen Diensteinheiten über DDR-Bürger, die ihre Tätigkeit in einer Auslandsvertretung beenden, in die DDR zurückkehren und für die Hauptverwaltung A keine operative Bedeutung mehr haben.
Nutzung der durch die in der DDR akkreditierten Vertretungen anderer Staaten bestehenden operativen Möglichkeiten zur Gewinnung von IM und Kontaktpersonen für den späteren Einsatz für Schwerpunktaufgaben der Hauptverwaltung A. Dabei ist eine gemeinsame Bearbeitung geeigneter Personen mit der Hauptabteilung II zu planen und durchzuführen.

61 Die Hauptverwaltung A war zuständig für Auslandsspionage.

Übernahme und Auswertung politisch-operativer Materialien von der Hauptabteilung II, speziell über bevorrechtete Personen, die ihre Tätigkeit in den Vertretungen beenden und die DDR verlassen.

Hauptabteilung I[62]
Sicherung der Verwaltung „Internationale Verbindungen" beim Ministerium für nationale Verteidigung und von Militärangehörigen, die operativ bedeutsame Verbindungen zu Militärattachés und deren Mitarbeitern bzw. anderen bevorrechteten Personen haben.
Enges Zusammenwirken mit dem Ministerium für Nationale Verteidigung und Abstimmung mit der Hauptabteilung II, den Abteilungen II der Bezirksverwaltungen/Verwaltungen und den Kreisdienststellen sowie mit der Hauptabteilung VIII (MVM) bei der Abwehr der gegen militärische Objekte gerichteten Aufklärungstätigkeit bevorrechteter Personen.

Hauptabteilung VI[63]
Gewährleistung des schnellen, reibungslosen Kontrollverfahrens bei Grenzpassagen bevorrechteter Personen entsprechend den internationalen Gepflogenheiten und der Rechtsordnung der DDR.
Eine differenzierte Behandlung von bevorrechteten Personen beim Kontrollverfahren darf nur auf Weisung meines 1. Stellvertreters erfolgen.
Erfassung und Analyse der Grenzübertritte bevorrechteter Personen und Übermittlung der Informationen auf der Grundlage der mit der Hauptabteilung II[64] abgestimmten Informationsbedarfsvorgaben.
Zusammenwirken mit den Organen der Zollverwaltung, um Anhaltspunkte zu erkennen und zu dokumentieren, die im Zusammenhang mit der Schleusung von Personen, nachrichtendienstlichen Hilfsmitteln, Schußwaffen und anderen erlaubnispflichtigen, operativ bedeutsamen Gegenständen und Stoffen stehen können.
Schaffung von Voraussetzungen für eine schnelle Übergabe von bevorrechteten Personen, die in Fahndung mit Beobachtung gestellt sind, an die Linie VIII[65].
Ständige Analyse und Gewährleistung eines Überblicks über die in die DDR einreisenden Ausländer, vor allem in der BRD und Westberlin ansässiger Personen, anläßlich bedeutsamer politischer Ereignisse in den Entsendestaaten der Vertretungen analog meinem Befehl Nr. 15/71, Abschnitt 7.

62 Die Hauptabteilung I war zuständig für die Überwachung der Nationalen Volksarmee (NVA).
63 Die Hauptabteilung VI war zuständig für die Grenzkontrollen der DDR.
64 Die Hauptabteilung II war zuständig für Spionageabwehr.
65 Die Linie VIII war zuständig für Observationen.

Sicherung des Zollamtes Berlin I (Diplomaten-Zollamt) und Gewährleistung dessen politisch-operativer Nutzung durch die Hauptabteilung II.
Schutz von bevorrechteten Personen bei Aufenthalten und Übernachtungen in Interhotels und auf Intercampingplätzen sowie Einleitung geeigneter operativer Maßnahmen zur Aufklärung und Überwachung von verdächtigen Konktakten der bevorrechteten Personen.

Hauptabteilung VII[66]
Koordinierung mit der Hauptabteilung II zur Gewährleistung des Schutzes und von Abwehraufgaben gegenüber Vertretungen und bevorrechteten Personen.
Politisch-operative Einflußnahme auf die Organe des Ministeriums des Innern zur Sicherung der politisch-operativen Interessen des Ministeriums für Staatssicherheit bei den sich für das Ministerium des Innern ergebenden Aufgaben, besonders zur Feststellung von Hinweisen zu bevorrechteten Personen über

- Einreiseversuche in Sperrgebiete;
- Reisetätigkeit über die Kontrollpunkte der Hauptstadt der DDR;
- Verbindungen und Kontakte zu Bürgern der DDR;
- Rechtsverletzungen und Verkehrsunfälle.

Sicherung des Personalbestandes des WKM, insbesondere durch den Einsatz politisch zuverlässiger VP-Angehöriger.
Verantwortliche Wahrnehmung von Aufgaben des Schutzes und der Sicherheit der Vertretungen anderer Staaten in der DDR im Zusammenwirken mit den Kräften des WKM und Dienststellen des PdVP Berlin.
Gewährleistung der politisch-operativen Nutzung des WKM durch die Hauptabteilung II.

Hauptabteilung VIII[67]
Einleitung und Durchführung von zielgerichteten Aufgaben der Beobachtung, der Ermittlung und anderer politisch-operativer Maßnahmen auf der Grundlage bestätigter Auftragsersuchen zur Realisierung der Gesamtaufgabenstellung, die mit den spezifischen Kräften, Mitteln und Methoden der Hauptabteilung VIII entsprechend meinem Befehl Nr. 21/74[68] zu lösen sind.

66 Die Hauptabteilung VII war zuständig für die Kontrolle der Polizei, des Innenministeriums und des Strafvollzuges.
67 Die Hauptabteilung VIII war zuständig für Observationen.
68 Befehl 21/74 betr.: Aufgaben der Linie VIII bei der politisch-operativen Sicherung von Vertretungen anderer Staaten, internationaler zwischenstaatlicher Organisationen, bevorrechteter Personen und Korrespondenten, vom 12.8.1974; BStU, ZA, BdL/Dok. 001922.

Hauptabteilung IX[69]

Nutzung aller spezifischen Möglichkeiten der Hauptabteilung IX

zur vorbeugenden Verhinderung von verbrecherischen Anschlägen;

zur Durchführung notwendiger Untersuchungshandlungen bei begründetem Verdacht von Staatsverbrechen oder schwerwiegenden anderen Straftaten;

bei der Bearbeitung von schwerwiegenden Ereignissen oder Vorkommnissen.

Zusammenarbeit mit der Hauptabteilung II bei der Bearbeitung und Realisierung von Operativ-Vorgängen.

Informierung der Hauptabteilung II und Abstimmung mit ihr bei Ersuchen von Vertretungen und bevorrechteten Personen im Zusammenhang mit Strafverfahren gegen Ausländer.

Abstimmung mit dem Untersuchungsorgan der VP und Einflußnahme auf die von der VP bearbeiteten Vorgänge im Zusammenhang mit Vertretungen bzw. bevorrechteten Personen zur Sicherung der Interessen des MfS.

Abteilung X[70]

Abstimmung und Koordinierung von politisch-operativen Maßnahmen mit der Hauptabteilung II und Gewährleistung des gegenseitigen Austauschs von politisch-operativen Informationen über Vertretungen und bevorrechtete Personen.

Hauptabteilungen XVIII, XIX und XX[71]

Sicherung der Bereiche in den staatlichen Organen, den Wirtschafts- und Verkehrseinrichtungen sowie in den gesellschaftlichen Organisationen, die zum Direktverkehr mit Vertretungen anderer Staaten berechtigt sind bzw. die von bevorrechteten Personen in Ausübung ihrer Tätigkeit kontaktiert werden.

Sicherung, Aufklärung und Bearbeitung ausländischer Vertretungen ohne diplomatische oder konsularische Rechte und deren Mitarbeiter:

Hauptabteilung XVIII bzw. Abt. XVIII der BV	Handels- und Industriebüros
Hauptabteilung XIX bzw. Abt. XIX der BV	Verkehrsbüros

69 Die Hauptabteilung IX war zuständig für Ermittlungsverfahren.

70 Die Abteilung X der HV A war zuständig für die Zusammenarbeit mit „befreundeten" Geheimdiensten.

71 Die Hauptabteilung XVIII war zuständig für die Kontrolle der Wirtschaft, die Hauptabteilung XIX für die Kontrolle des Verkehrswesens und die Hauptabteilung XX für die Kontrolle der Blockparteien und Massenorganisationen, des Staatsapparates, der Jugend, des Sports, der Kirchen, der Medien, des Kulturbetriebs und oppositioneller Gruppierungen.

Hauptabteilung PS [72]
Koordinierung und Abstimmung der linienspezifischen Schutz- und Sicherungsaufgaben mit der Hauptabteilung II im Zusammenhang mit Vertretungen anderer Staaten und bevorrechteten Personen.

Hauptabteilung Kader und Schulung
Zusammenarbeit mit den Bezirksverwaltungen bei der kontinuierlichen Vorbereitung und Zuführung operativ bewährter Kader mit vorwiegend gesellschaftswissenschaftlicher Hochschulausbildung, einschließlich Fremdsprachen, zur Hauptabteilung II.
Dazu ist erforderlich, die

rechtzeitige Suche und Auswahl während des Studiums;
systematische Einbeziehung in die operative Arbeit, vorwiegend inoffiziell, zum Erwerb notwendiger Fähigkeiten;
ständige Eignungsprüfung entsprechend dem vorgesehenen Einsatz.

Die ausgewählten Kader sind in die Kadernomenklatur der Hauptabteilung II aufzunehmen. In Abstimmung mit der Hauptabteilung II ist die moralische und materielle Betreuung zu sichern.

Verwaltung Rückwärtige Dienste
Gewährleistung der zur Lösung der Aufgabenstellung dieses Befehls notwendigen materiell-technischen Voraussetzungen.

Bezirksverwaltungen/Verwaltungen
Die Leiter der BV/V haben in ihrem Verantwortungsbereich die Durchsetzung der in diesem Befehl festgelegten Aufgabenstellungen zu gewährleisten. Die Abteilungen II haben insbesondere die im 1. Abschnitt genannten Aufgaben wahrzunehmen, einschließlich der Gewinnung und Vorbereitung geeigneter IM für den Einsatz im und nach dem Operationsgebiet in Zusammenarbeit mit der Hauptabteilung II.

Im Rahmen dieser Aufgabenstellung haben folgende BV/V zu gewährleisten:
Verwaltung Groß-Berlin
Einflußnahme des Leiters der Verwaltung auf die Standortfestlegung für Botschafts- und Residenzgebäude sowie die Wohnungsvergabe an bevorrechtete Personen zur Gewährleistung der staatlichen Sicherheitsinteressen.
In Abstimmung mit der Hauptabteilung II Einflußnahme auf die Vergabe von Wohnungen in unmittelbarer Umgebung von Vertretungen, Residenzen und Wohngebieten mit Konzentration bevorrechteter Per-

72 PS: Personenschutz. Die Hauptabteilung PS war zuständig für den Schutz der DDR-Nomenklatura und ihrer ausländischen Gäste.

sonen zur Schaffung operativer Stützpunkte und Verhinderung der Wohnungszuweisung an negative Personen. In Zusammenarbeit mit der Hauptabteilung II Abstimmung der erforderlichen Festlegungen mit der Bezirksleitung der SED, dem MfAA, dem Magistrat, der Stadtkommandantur der NVA sowie dem PdVP Berlin.
Mitarbeit bei der Sicherung und operativen Kontrolle der Vertretungen und bevorrechteten Personen unter Einbeziehung der KD.
Übernahme von Aufgaben im und nach dem Operationsgebiet.

Bezirksverwaltung Potsdam
Sicherung und operative Kontrolle des Diplomatenclubs in Zeuthen sowie der Bungalowsiedlung im Kreis Gransee.

Bezirksverwaltung Rostock
Sicherung der konsularischen Vertretungen in Rostock und Sicherung sowie operative Kontrolle der Bungalowsiedlung in Loddin.

Bezirksverwaltung Leipzig
Sicherung der konsularischen Vertretungen sowie in Zusammenarbeit mit der Hauptabteilung II Absicherung und operative Kontrolle bevorrechteter Personen während der Messen und bei anderen Veranstaltungen.

Bezirksverwaltung Karl-Marx-Stadt
Sicherung der konsularischen Vertretungen.

3. Die Informationsgewinnung hat auf der Grundlage der Aufgabenstellung entsprechend den Abschnitten 1 und 2 dieses Befehls sowie der nach Abstimmung mit der ZAIG durch die Hauptabteilung II herauszugebenden Schwerpunkte des Informationsbedarfs zu erfolgen.
Für den Informationsfluß gelten folgende Regelungen:
Alle Linien und Diensteinheiten sind verpflichtet, die in ihrem Verantwortungsbereich erarbeiteten operativen Informationen entsprechend diesem Befehl ständig an die Hauptabteilung II zu übergeben.
Die Abteilungen der BV/V und die Kreis-/Objektdienststellen übermitteln die Informationen aus ihrem Verantwortungsbereich über die Abteilungen II an die Hauptabteilung II.
Durch schnelle und kontinuierliche Informationsübermittlung ist eine straffe und zentralisierte Auswertung bei der Hauptabteilung II zu gewährleisten.
Die Hauptabteilung II ist aufgrund ihrer Gesamtübersicht ständig verpflichtet, in enger Zusammenarbeit mit den anderen Diensteinheiten zu prüfen, wie die erarbeiteten Informationen für die weitere Gestaltung der politisch-operativen Arbeit differenziert auszuwerten sind.

Das betrifft insbesondere Informationen

über den Schutz und die Gewährleistung der Sicherheit der Vertretungen und bevorrechteten Personen;

zu staatsfeindlichen und anderen kriminellen Handlungen;

über die Möglichkeit der Aufnahme operativer Spiele;

zur Lage der in der DDR lebenden Ausländer.

Nach Vorliegen weiterer operativer Erkenntnisse und Erfahrungen ist durch den Leiter der Hauptabteilung II in Abstimmung mit der ZAIG die Notwendigkeit für die Ausarbeitung einer Meldeordnung zu prüfen. Die Bestätigung dieser Meldeordnung erfolgt durch meinen 1. Stellvertreter.

4. Die detaillierten Aufgaben der Hauptverwaltung A, der Hauptabteilungen und selbständigen Abteilungen, der Bezirksverwaltungen/Verwaltungen, Kreisdienststellen und Objektdienststellen sind in Zusammenarbeit mit der Hauptabteilung II in die Perspektiv- und Jahrespläne einzuarbeiten.

   Die selbständigen Abteilungen III, F, N, XI, 26 und E sowie der OTS[73] arbeiten nach den von mir bestätigten Instruktionen.

   Entsprechend den politisch-operativen Erfordernissen und den gesammelten Erfahrungswerten sind die detaillierten Aufgaben ständig zu konkretisieren.

5. Durch die Hauptabteilung XX sind alle Voraussetzungen für eine ordnungsgemäße Übergabe der operativen Unterlagen über das Ministerium für Auswärtige Angelegenheiten, einschließlich der IM, an die Hauptabteilung II zu schaffen, so daß die Hauptabteilung II ab 1.1.1975 für die Sicherung des Ministeriums für Auswärtige Angelegenheiten die Verantwortung trägt.

6. Der Befehl Nr. 11/69 und die Direktive zum Befehl Nr. 11/69 vom 7.4.1969 werden außer Kraft gesetzt.

73 OTS: Operativ-technischer Sektor. Die Abteilungen III und F waren zuständig für die Aufklärung des Funkverkehrs, die Abteilung N für das Nachrichtenwesen der DDR, die Abteilung XI u. a. für die Enttarnung des Chiffrierverkehrs ausländischer Vertretungen in der DDR, die Abteilung 26 für die Kontrolle des Telefonverkehrs in der DDR, die Abteilung E und OTS für die Entwicklung und Bereitstellung technischer Hilfsmittel.

12. August 1974

Befehl Nr. 17/74 zur politisch-operativen Sicherung der in der Deutschen Demokratischen Republik akkreditierten Publikationsorgane anderer Staaten, deren ständigen Korrespondenten sowie von Reisekorrespondenten aus anderen Staaten[74]

Die Deutsche Demokratische Republik leistet durch ihre mit der Union der Sozialistischen Sowjetrepubliken und den anderen befreundeten sozialistischen Staaten abgestimmte konstruktive Friedenspolitik einen wichtigen Beitrag zur Entspannung und zur Durchsetzung der Politik der friedlichen Koexistenz zwischen Staaten unterschiedlicher Gesellschaftsordnungen. Durch diese Politik wurden die imperialistischen Staaten und von ihnen abhängige Länder gezwungen, ihre Positionen zur DDR zu überprüfen und diplomatische Beziehungen aufzunehmen.

Damit verbunden ist die Akkreditierung von Publikationsorganen anderer Staaten und deren ständigen Korrespondenten sowie die kurzfristige Tätigkeit ausländischer Reisekorrespondenten in der DDR (siehe „Verordnung vom 21.2.1973 über die Tätigkeit von Publikationsorganen anderer Staaten und deren Korrespondenten in der DDR“ sowie 1. DB zur Verordnung Gbl. I Nr. 10 S. 99).

Mit der weltweiten Anerkennung der DDR und der gegenseitigen Entsendung ständiger oder zeitweise tätiger Korrespondenten sind neue Bedingungen bei der politisch-operativen Sicherung wichtiger Seiten der Politik der DDR eingetreten.

Für das Ministerium für Staatssicherheit entstehen aus der Akkreditierung von Publikationsorganen anderer Staaten und der Tätigkeit deren Korrespondenten neue verantwortungsvolle Aufgaben.

Diese bestehen in der

- Gewährleistung des Schutzes der ständigen und der Reisekorrespondenten anderer Staaten, einschließlich deren Arbeits- und Wohnräume in der DDR vor terroristischen und anderen Gewalttaten, wie Bedrohung, Erpressung, Nötigung und Behinderung sowie jeder anderen rechtswidrigen Beeinträchtigung;
- Aufklärung und Bekämpfung der Pläne, Absichten und Maßnahmen des Gegners zur Nutzung der in der DDR akkreditierten Publikationsorgane und Korrespondenten, unter Mißbrauch der ihnen gewährten Arbeitsmöglichkeiten, für subversive, insbesondere geheimdienstliche Tätigkeit, zur

74 BStU, ZA, DSt 100802, 10 Bl. – Kopf: Ministerrat der Deutschen Demokratischen Republik, Ministerium für Staatssicherheit, Der Minister. – Vermerke: Auf Bl. 1: VVS MfS 008 808/74, 198. Ausfertigung. Auf Bl. 10: handschriftlich gezeichnet: Mielke, Generaloberst.

Bildung illegaler Korrespondentennetze, für staatsfeindlichen Menschenhandel und staatsfeindliche Hetze sowie für andere Untergrundtätigkeit;
Aufdeckung und Bekämpfung staatsfeindlicher bzw. anderer krimineller Handlungen durch Bürger der DDR oder Bürger anderer Staaten sowie von Staatenlosen unter Nutzung von bzw. in Verbindung mit den legalen Möglichkeiten von Korrespondenten anderer Staaten;
Aufdeckung von begünstigenden Bedingungen für subversive und andere kriminelle Tätigkeit im Zusammenhang mit Publikationsorganen und Korrespondenten anderer Staaten und Einflußnahme auf ihre Beseitigung durch die zuständigen Organe.

Zur Realisierung dieser umfangreichen politisch-operativen Aufgabenstellung

befehle ich:

1. Die Hauptabteilung II ist verantwortlich für
den Schutz der ständigen und der Reisekorrespondenten anderer Staaten, deren Arbeits- und Wohnräume in der DDR vor terroristischen und anderen Gewalttaten, wie Bedrohung, Erpressung, Nötigung und Behinderung sowie jeder anderen rechtswidrigen Beeinträchtigung;
die politisch-operative Bearbeitung aller unter Mißbrauch der gewährten Arbeitsmöglichkeiten organisierten subversiven, insbesondere geheimdienstlichen Tätigkeit, der Bildung illegaler Korrespondentennetze, des staatsfeindlichen Menschenhandels und der staatsfeindlichen Hetze sowie anderer Untergrundtätigkeit;
die Aufdeckung und Bekämpfung staatsfeindlicher bzw. anderer krimineller Handlungen durch Bürger der DDR oder Bürger anderer Staaten sowie von Staatenlosen unter Nutzung von bzw. in Verbindung mit den legalen Möglichkeiten von Korrespondenten anderer Staaten;
die Orientierung und Unterstützung der politisch-operativen Diensteinheiten sowie koordinierte Zusammenarbeit mit ihnen, in deren Verantwortungsbereich operative Aufgabenstellungen im Zusammenhang mit der Tätigkeit ausländischer Korrespondenten zu realisieren sind;
die Sicherung des Auslandspressedienstes „Panorama DDR" und des „Hauses der internationalen Presse";
die politisch-operative Nutzung des Zollamtes Berlin I (Diplomaten-Zollamt);
die zentralisierte Erfassung und analytische Aufbereitung der durch alle operativen Linien und Diensteinheiten über Publikationsorgane anderer Staaten sowie Korrespondenten gewonnenen Informationen, die der ständigen Qualifizierung der politisch-operativen Arbeit sowie der Unterstützung von Maßnahmen und Entscheidungen zur weiteren Gestaltung der Innen- und Außenpolitik der DDR dienen, in enger Zusammenarbeit mit der ZAIG.

Daraus ergeben sich folgende Aufgaben:

1.1. Überprüfung und Aufklärung der Publikationsorgane anderer Staaten, deren ständigen Korrespondenten und Reisekorrespondenten vor bzw. mit Aufnahme ihrer Tätigkeit in der DDR.
Zur Gewährleistung der Sicherheitserfordernisse der DDR ist Einfluß auf die Akkreditierung von Publikationsorganen anderer Staaten, deren ständigen Korrespondenten sowie auf die Erteilung der Arbeitsgenehmigung für Reisekorrespondenten zu nehmen.
In Zusammenarbeit mit anderen Linien und Diensteinheiten und in Abstimmung mit den zuständigen staatlichen Organen ist zu sichern, daß alle politisch-operativen Erkenntnisse, vorrangig über Korrespondenten aus den imperialistischen Staaten, für Führungsentscheidungen beweiskräftig und rechtzeitig zur Verfügung gestellt werden können.

1.2. Operative Kontrolle der Korrespondenten im Arbeits-, Wohn- und Freizeitbereich.
Vorrangig sind folgende Sachverhalte zu klären und zu dokumentieren:
Kontaktanbahnungen von Korrespondenten zu operativ interessanten Bürgern der DDR;
Aufnahme von Verbindungen zu Vertretungen nichtsozialistischer und anderer politisch-operativ interessierender Staaten sowie zu internationalen zwischenstaatlichen Organisationen in der DDR;
Versuche der Korruption gegenüber den bei akkreditierten Korrespondenten beschäftigten und anderen DDR-Bürgern;
Verbindungen zu anderen Korrespondenten, insbesondere zu solchen, über die operativ relevante Informationen vorliegen;
Feststellung und Aufklärung der von Korrespondenten rechtswidrig angewandten Methoden und Mittel zur Beschaffung sowie Weitergabe von Informationen und Materialien, die geeignet sind, feindliche Stellen zu unterstützen bzw. die sozialistische Staats- und Gesellschaftsordnung zu schädigen;
Aufklärung der von Korrespondenten angewandten Methoden der Beschaffung, Konstruktion und Verbreitung tendenziöser Informationen, von Hintergrundinformationen, sogenannter Schubladenliteratur und von Materialien, die der Gerüchteverbreitung dienen.
Die operative Kontrolle ist in Zusammenarbeit mit den Hauptabteilungen VI, VII, VIII sowie anderen Diensteinheiten zu realisieren.[75]

1.3. Bearbeitung operativer Materialien und Vorgänge über feindliche Tätigkeit und Straftaten der allgemeinen Kriminalität der Korrespondenten.

75 Die Hauptabteilung VI war zuständig für die Grenzkontrollen der DDR, die Hauptabteilung VII für die Kontrolle der Polizei, des Innenministeriums und des Strafvollzuges, die Hauptabteilung VIII für Observationen.

Schwerpunkt der operativen Bearbeitung sind geheimdienstliche Aktivitäten, feindliche Kontakte und Verbindungen, gegnerische Stützpunkte, staatsfeindlicher Menschenhandel, Verbreitung nichtlizenzierter Schriften, ungesetzliche Einfuhr bzw. Besitz von Waffen und Munition, Rauschgiftschmuggel.

Beweisführung und Dokumentierung der feindlichen sowie anderen kriminellen Tätigkeit zur ständigen Verfügung für Führungsentscheidungen.

Unterstützung anderer Diensteinheiten bei der Bearbeitung von Materialien und Vorgängen gegen DDR-Bürger mit Verbindungen zu Korrespondenten anderer Staaten.

Entscheidungen über die Einleitung von politisch-operativen Maßnahmen gegenüber publizistischen Vertretungen, deren Korrespondenten und Reisekorrespondenten, die sich wegen

- Mißbrauchs der ihnen gewährten Arbeitsmöglichkeiten;
- spezifischem politisch-operativem Interesse

notwendig machen und aus Gründen der staatlichen Sicherheit offiziellen Charakter erhalten, bedürfen meiner Zustimmung bzw. der meines 1. Stellvertreters.

1.4. Zielstrebige Nutzung der bestehenden operativen Möglichkeiten zur Gewinnung von IM unter Korrespondenten.

1.5. Überprüfung, Bestätigung und bei operativer Notwendigkeit Bearbeitung der bei akkreditierten Korrespondenten zur Einstellung gelangenden DDR-Bürger.

Dies hat insbesondere zu erfolgen durch:

- Einhaltung der Rechtsvorschriften der DDR bei der Einstellung von DDR-Bürgern;
- umfassende Sicherheitsüberprüfung der einzustellenden Kräfte;
- Gewinnung von IM unter diesen Personenkreisen;
- Aufdeckung und Bearbeitung von feindlichen oder anderen kriminellen Handlungen.

1.6. Aufklärung und Bearbeitung von DDR-Bürgern, die zu Korrespondenten operativ bedeutsame Kontakte unterhalten.

Es ist zu klären:

- Art der Kontaktherstellung, Intensität und Zielstellung der Kontakte;
- Möglichkeiten und Voraussetzungen dieser DDR-Bürger zur Unterstützung subversiver oder anderer krimineller Absichten ausländischer Korrespondenten;
- Aktivitäten zur Kontaktverdichtung und Kontaktverbreiterung;
- Nutzung solcher Kontakte zur IM-Werbung.

1.7. Einleitung politisch-operativer Maßnahmen zur Sicherung, operativen Kontrolle und Bearbeitung von Reisekorrespondenten, insbesondere der aus dem nichtsozialistischen Ausland.

Schwerpunkte der politisch-operativen Maßnahmen sind:

Einflußnahme auf die Auswahl und Tätigkeit der Betreuer für diese Korrespondenten;

Werbung qualifizierter IM unter den Betreuern und anderen Personen, die mit Reisekorrespondenten in Kontakt stehen;

Orientierung dieser IM auf die Sicherung, operative Kontrolle und Bearbeitung der Reisekorrespondenten sowie auf die Erarbeitung von Voraussetzungen für die Gewinnung von Reisekorrespondenten als IM.

1.8. Feststellung und Aufklärung von Bürgern anderer Staaten und von diesen beauftragte Personen, die in der DDR unberechtigt journalistisch tätig werden.

Dies hat vorrangig zu erfolgen durch

Einsatz der IM;

Einflußnahme auf die Organe des MdI und anderer staatlicher Einrichtungen zur Unterbindung derartiger Handlungen;

Bearbeitung von der Feindtätigkeit verdächtiger Personen.

1.9. Operative Kontrolle des Verbindungs- und Nachrichtenwesens der Korrespondenten.

Ziel der Kontrolle ist:

Schutz der den Korrespondenten gewährten Nachrichtenmittel und -einrichtungen gegen rechtswidrige Beeinträchtigungen;

Aufklärung und Verhinderung des Mißbrauchs des Verbindungs- und Nachrichtenwesens durch die Korrespondenten, insbesondere für feindliche Handlungen.

Die operative Kontrolle ist in enger Koordinierung mit den selbständigen Abteilungen III, 26 und N durchzuführen.

1.10. Personen-, vorgangs- und stützpunktbezogene Arbeit im und in das Operationsgebiet.

Die operative Arbeit im und in das Operationsgebiet ist auszurichten auf die Aufklärung und Dokumentierung der Verbindungen zu imperialistischen Geheimdiensten, feindlichen Organisationen, Gruppen und Einzelpersonen, speziell zu den Vertretungen anderer Staaten in Westberlin.

1.11. Gewährleistung einer umfassenden und intensiven Arbeit mit allen IM-Kategorien, GMS sowie Offizieren im besonderen Einsatz zur Erzielung hoher operativer Ergebnisse bei der Realisierung der in diesem Befehl gestellten Aufgaben.

1.12. Erfassung und analytische Aufbereitung von politisch-operativen Informationen im Zusammenhang mit Publikationsorganen anderer Staaten und Korrespondenten.

Die ständige Erfassung und analytische Aufbereitung von politisch-operativen Informationen, insbesondere zur Herausarbeitung von

politisch-operativen Schwerpunkten der Feindtätigkeit;

typischen Begehungsweisen, Mitteln und Methoden (Deliktspezifik);

Motiven, Zielstellungen der Täter;
Ursachen und begünstigenden Bedingungen
ist zu gewährleisten.
Hierbei ist die Zusammenarbeit und Abstimmung mit der ZAIG zu sichern.

2. Aufgaben für andere operative Linien und Diensteinheiten.
Hauptverwaltung A[76]
Aufklärung der Pläne, Absichten, Maßnahmen sowie Mittel und Methoden des Feindes, Korrespondenten anderer Staaten zu subversiven Handlungen gegen die DDR und andere sozialistische Staaten zu nutzen.
Übergabe von bedeutsamen Materialien und Hinweisen über Journalisten anderer Staaten, die in der DDR tätig sind oder werden sollen.
Nutzung der Möglichkeiten bei der Betreuung und operativen Absicherung von Reisekorrespondenten und der Absicherung von Korrespondenten bei Großveranstaltungen (Messe, Ostseewoche, Jubiläen u. ä.) sowie bei der Sicherung des Auslandspressedienstes „Panorama DDR" und des „Hauses der internationalen Presse".

Hauptabteilung I[77]
Aufklärung und Bearbeitung von Verbindungen, die Angehörige und Zivilbeschäftigte der NVA zu Korrespondenten anderer Staaten unterhalten.
Zusammenarbeit mit der Linie II und den Kreisdienststellen bei der wirksamen Abwehr der gegen militärische Objekte gerichteten subversiven Tätigkeit durch Korrespondenten.

Hauptabteilung VI[78]
Erfassung und Dokumentierung der Grenzpassagen von
Korrespondenten anderer Staaten, deren Familienangehörigen und Personal;
Journalisten und anderen Personen, speziell aus der BRD und Westberlin, die bei Nachrichten- und Bildagenturen, Fernseh- und Rundfunkanstalten, Presseorganen, Verlagen und anderen Kommunikationsmitteln angestellt bzw. für solche tätig sind.
Zusammenwirken mit den Organen der Zollverwaltung zum Erkennen und zur Verhinderung von staatsfeindlichen und anderen kriminellen Handlungen durch Korrespondenten anderer Staaten und Gewährleistung der politisch-operativen Nutzung des Zollamtes Berlin I (Diplomaten-Zollamt) durch die Hauptabteilung II.

76 Die Hauptverwaltung A war zuständig für Auslandsspionage.
77 Die Hauptabteilung I war zuständig für die Überwachung der Nationalen Volksarmee (NVA).
78 Die Hauptabteilung VI war zuständig für die Grenzkontrollen der DDR.

Überwachung der Korrespondenten bei Aufenthalten in Interhotels bzw. auf Intercampingplätzen.

Hauptabteilung VII[79]
Koordinierung mit der Hauptabteilung II zur Gewährleistung von Schutz- und Abwehraufgaben gegenüber den Büros von Publikationsorganen und Korrespondenten anderer Staaten in der DDR.
Aufklärung und Bearbeitung von Verbindungen, die Angehörige des MdI und seiner Organe zu Korrespondenten anderer Staaten unterhalten.
Einflußnahme auf die Organe des MdI zur Wahrung der Interessen des MfS, besonders zur Feststellung von Hinweisen zu Korrespondenten über

- Kontakte zu Vertretungen und bevorrechteten Personen sowie DDR-Bürgern;
- Einreiseversuche in Sperrgebiete;
- meldepflichtige Übernachtungen;
- Reisetätigkeit über die Kontrollpunkte der Hauptstadt der DDR;
- Rechtsverletzungen und Verkehrsunfälle.

Hauptabteilung VIII[80]
Einleitung und Durchführung von zielgerichteten Aufgaben der Beobachtung, der Ermittlung und anderen politisch-operativen Maßnahmen auf der Grundlage bestätigter Auftragsersuchen zur Lösung von Abwehraufgaben gegen Korrespondenten, die mit den spezifischen Kräften, Mitteln und Methoden der Hauptabteilung VIII entsprechend meinem Befehl 21/74 zu lösen sind.

Hauptabteilung IX[81]
Nutzung aller spezifischen Möglichkeiten der Hauptabteilung IX

- zur vorbeugenden Verhinderung von verbrecherischen Anschlägen;
- zur Durchführung notwendiger Untersuchungshandlungen bei begründetem Verdacht von Staatsverbrechen oder schwerwiegenden anderen Straftaten;
- bei der Bearbeitung von schwerwiegenden Ereignissen oder Vorkommnissen.

Zusammenarbeit mit der Hauptabteilung II und den Abteilungen II der Bezirksverwaltungen/Verwaltungen bei der Bearbeitung und Realisierung von Operativ-Vorgängen.

79 Die Hauptabteilung VII war zuständig für die Kontrolle der Polizei, des Innenministeriums und des Strafvollzuges.
80 Die Hauptabteilung VIII war zuständig für Observationen.
81 Die Hauptabteilung IX war zuständig für Ermittlungsverfahren.

Informierung der Hauptabteilung II und erforderlichenfalls Zusammenarbeit bei Ersuchen von Korrespondenten anderer Staaten im Zusammenhang mit Strafverfahren gegen Ausländer.
Abstimmung mit dem Untersuchungsorgan der VP und Einflußnahme auf die von der VP bearbeiteten Vorgänge im Zusammenhang mit Korrespondenten.

Abteilung X[82]
Abstimmung und Koordinierung von politisch-operativen Maßnahmen mit der Hauptabteilung II und Gewährleistung des gegenseitigen Austauschs von politisch-operativen Informationen über Publikationsorgane anderer Staaten, deren ständige Korrespondenten und Reisekorrespondenten.

Hauptabteilungen XVIII, XIX und XX[83]
Aufklärung und Bearbeitung politisch-operativ bedeutsamer Verbindungen von Personen aus den Zuständigkeitsbereichen dieser Linien zu Korrespondenten.
Einflußnahme auf die staatlichen Leiter zur Einhaltung der Ordnung und Sicherheit in ihren Bereichen, insbesondere zur Wahrung von Staatsgeheimnissen bei der Realisierung journalistischer Vorhaben (Interviews, Besichtigungen usw.) durch Korrespondenten.
Verhinderung von Provokationen und anderen zu den gewährten Rechten im Widerspruch stehenden Handlungen im Verantwortungsbereich dieser Linien durch geeignete politisch-operative Maßnahmen. Sicherung und Kontrolle von Korrespondenten bei deren journalistischer Tätigkeit in den Zuständigkeitsbereichen dieser Linien.
Zusammenarbeit und Informationsaustausch mit der Hauptabteilung II zur Bekämpfung der durch Korrespondenten organisierten politisch-ideologischen Diversionshandlungen und bei Verbindungsaufnahme zu politisch und operativ bedeutsamen Personen.

Hauptabteilung PS[84]
Die Koordinierung und Abstimmung der linienspezifischen Schutz- und Sicherungsaufgaben mit der Hauptabteilung II im Zusammenhang mit Publikationsorganen und Korrespondenten anderer Staaten.

82 Die Abteilung X war zuständig für die Zusammenarbeit mit „befreundeten" Geheimdiensten.
83 Die Hauptabteilung XVIII war zuständig für die Kontrolle der Wirtschaft, die Hauptabteilung XIX für die Kontrolle des Verkehrswesens und die Hauptabteilung XX für die Kontrolle der Blockparteien und Massenorganisationen, des Staatsapparates, der Jugend, des Sports, der Kirchen, der Medien, des Kulturbetriebs und oppositioneller Gruppierungen.
84 PS: Personenschutz. Die Hauptabteilung PS war zuständig für den Schutz der DDR-Nomenklatura und ihrer ausländischen Gäste.

Hauptabteilung Kader und Schulung
Zusammenarbeit mit den Bezirksverwaltungen/Verwaltungen bei der kontinuierlichen Vorbereitung und Zuführung operativ bewährter Kader mit vorwiegend journalistischer Ausbildung, einschließlich Fremdsprachen sowie von geeigneten Arbeiterkorrespondenten und anderen journalistisch tätigen Personen zur Hauptabteilung II.
Suche, Auswahl und Vorbereitung von Kadern, die in der Lage sein müssen, aus der politisch-operativen Analyse feindlicher bzw. diskriminierender Veröffentlichungen von Nachrichten-, Bild- und Tonjournalisten anonym bzw. pseudonyme Verfasser zu identifizieren, die zu der Kategorie der mit Geheimdiensten und Agentenzentralen verbundenen Nachrichten-Journalisten mit speziellen Aufträgen gehören.
Dazu ist erforderlich die

rechtzeitige Suche und Auswahl während des Studiums;
systematische Einbeziehung in die operative Arbeit, vorwiegend inoffiziell, zum Erwerb notwendiger Fähigkeiten;
ständige Eignungsprüfung entsprechend dem vorgesehenen Einsatz.

Die ausgewählten Kader sind in die Kadernomenklatur der Hauptabteilung II aufzunehmen. In Abstimmung mit der Hauptabteilung II ist die moralische und materielle Betreuung zu sichern.

Bezirksverwaltungen/Verwaltungen
Die Leiter der Bezirksverwaltungen/Verwaltungen haben in ihrem Verantwortungsbereich die Durchsetzung der in diesem Befehl festgelegten Aufgabenstellungen zu gewährleisten.
Vorrangig haben sie in Zusammenarbeit mit allen operativen Linien und im Zusammenwirken mit den anderen Schutz- und Sicherheitsorganen zu gewährleisten, daß Provokationen und andere zu den gewährten Rechten im Widerspruch stehende Handlungen der Korrespondenten, besonders bei gesellschaftlichen Höhepunkten und Massenveranstaltungen, verhindert werden.
Die Abteilungen II haben insbesondere die im 1. Abschnitt genannten Aufgaben wahrzunehmen.

3. Die Informationsgewinnung hat auf der Grundlage der Aufgabenstellung entsprechend den Abschnitten 1 und 2 dieses Befehls sowie der nach Abstimmung mit der ZAIG durch die Hauptabteilung II herauszugebenden Schwerpunkte des Informationsbedarfs zu erfolgen.
Für den Informationsfluß gelten folgende Regelungen:

Alle Linien und Diensteinheiten sind verpflichtet, die in ihrem Verantwortungsbereich erarbeiteten operativen Informationen entsprechend diesem Befehl ständig an die Hauptabteilung II zu übergeben.
Die Abteilungen der Bezirksverwaltungen/Verwaltungen und die Kreis-/Objektdienststellen übermitteln die Informationen aus ihrem

Verantwortungsbereich über die Abteilungen II an die Hauptabteilung II.
Durch schnelle und kontinuierliche Informationsübermittlung ist eine straffe und zentralisierte Auswertung bei der Hauptabteilung II zu gewährleisten.

Die Hauptabteilung II ist aufgrund ihrer Gesamtübersicht ständig verpflichtet, in enger Zusammenarbeit mit den anderen Diensteinheiten zu prüfen, wie die erarbeiteten Informationen für die weitere Gestaltung der politisch-operativen Arbeit differenziert auszuwerten sind.
Das betrifft insbesondere Informationen

- über den Schutz und die Gewährleistung der Sicherheit der Korrespondenten;
- zu staatsfeindlichen und anderen kriminellen Handlungen;
- über die Möglichkeit der Aufnahme operativer Spiele.

Nach Vorliegen weiterer operativer Erkenntnisse und Erfahrungen ist durch den Leiter der Hauptabteilung II in Abstimmung mit der ZAIG die Notwendigkeit für die Ausarbeitung einer Meldeordnung zu prüfen. Die Bestätigung dieser Meldeordnung erfolgt durch meinen 1. Stellvertreter.

4. Die detaillierten Aufgaben der Hauptverwaltung A, der Hauptabteilungen und selbständigen Abteilungen, der Bezirksverwaltungen und Verwaltungen, der Kreisdienststellen und Objektdienststellen sind in Zusammenarbeit mit der Hauptabteilung II in die Perspektiv- und Jahrespläne einzuarbeiten.
Die selbständigen Abteilungen III, F, N, XI, 26 und E sowie der OTS arbeiten nach den von mir bestätigten Instruktionen.[85]

5. Durch die Hauptabteilung XX sind alle Voraussetzungen für eine ordnungsgemäße Übergabe der operativen Unterlagen über die in der DDR akkreditierten Publikationsorgane, deren ständigen Korrespondenten sowie von Reisekorrespondenten aus anderen Staaten, einschließlich der IM, an die Hauptabteilung II zu schaffen, so daß die Hauptabteilung II ab 1.1.1975 für die Sicherung und Bearbeitung der ausländischen Korrespondenten die Verantwortung entsprechend dem Befehl trägt.

85 OTS: Operativ-technischer Sektor. Die Abteilungen III und F waren zuständig für die Aufklärung des Funkverkehrs, die Abteilung N für das Nachrichtenwesen der DDR, die Abteilung XI u. a. für die Enttarnung des Chiffrierverkehrs ausländischer Vertretungen in der DDR, die Abteilung 26 für die Kontrolle des Telefonverkehrs in der DDR, die Abteilung E und OTS für die Entwicklung und Bereitstellung technischer Hilfsmittel.

6. August 1975

[Schlußfolgerungen aus der Unterzeichnung des Schlußdokumentes der Konferenz über Sicherheit und Zusammenarbeit in Europa (KSZE) in Helsinki][86]

Mit der Unterzeichnung des Schlußdokumentes der Konferenz über Sicherheit und Zusammenarbeit in Europa (KSZE) in Helsinki haben die Staaten des Warschauer Vertrages eine Hauptaufgabe des Friedensprogramms des XXIV. Parteitages der KPdSU und der außenpolitischen Programme des VIII. Parteitages der SED sowie der Parteitage der Bruderparteien erfüllt.

Die erstmalige multilaterale Verankerung der territorialen und politischen Ergebnisse der Kriegs- und Nachkriegsentwicklung in Europa und der Prinzipien der friedlichen Koexistenz im Schlußdokument tragen wesentlich dazu bei, die bisher erreichten positiven Wandlungen in Europa dauerhaft zu machen. Damit werden neue günstige Bedingungen für die Weiterführung des Entspannungsprozesses auf bi- und multilateraler Ebene und für die Festigung der Positionen des Sozialismus in Europa geschaffen.

Die Leiter aller Diensteinheiten und die Leitungen aller Partei- und Grundorganisationen im MfS haben zu sichern, daß das Schlußdokument und die veröffentlichten Reden der Repräsentanten der sozialistischen Gemeinschaft, insbesondere des Generalsekretärs des ZK der KPdSU, Genossen Leonid Iljitsch Breshnew, und des Ersten Sekretärs des ZK der SED, Genossen Erich Honecker, gründlich studiert und ausgewertet werden und bei allen Angehörigen und inoffiziellen Mitarbeitern politisch-ideologische Klarheit über die im Schlußdokument enthaltenen Konferenzergebnisse erreicht wird.

Die Schaffung politisch-ideologischer Klarheit ist die entscheidende Voraussetzung für das Erkennen der zu erwartenden Veränderungen in der politischen und politisch-operativen Lage und der sich daraus ergebenden neuen politisch-operativen Schlußfolgerungen und Aufgaben im jeweiligen Verantwortungsbereich.

Das MfS steht vor der Aufgabe, alle Versuche der Entspannungsgegner und anderer imperialistischer Kreise, die Konferenzergebnisse für ihre gegen die DDR und andere sozialistische Staaten gerichteten Ziele auszunutzen und zu mißbrauchen sowie feindlich-negative und politisch schwankende Personen in der DDR zu feindlich-negativen Handlungen zu aktivieren, rechtzeitig

86 Dokumententitel sinngemäß vom Autor gebildet. – BStU, ASt Berlin A 12 R1/R2, 3 Bl. – Kopf: Ministerrat der Deutschen Demokratischen Republik, Ministerium für Staatssicherheit, Der Minister an die Leiter der Hauptverwaltung A, Hauptabteilung/selbst. Abteilung, Bezirksverwaltung/Verwaltung für Staatssicherheit. Vermerke: Auf Bl. 1: VVS MfS 008 Nr. 724/75, 368. Ausfertigung; Tgb.-Nr. VMA/. Datenleiste mit Paraphen. Auf Bl. 3: handschriftlich gezeichnet: Mielke, Generaloberst.

mit allen zur Verfügung stehenden geeigneten Kräften sowie Mitteln und Methoden aufzuklären und zu verhindern.

Zur Realisierung dieser verantwortungsvollen Aufgaben

weise ich an:

1. Die HVA, alle operativen Hauptabteilungen/selbständigen Abteilungen, Bezirksverwaltungen/Verwaltungen haben alle Möglichkeiten zu nutzen zur Beschaffung von Informationen, vor allem über
   - Einschätzungen der Regierungen nichtsozialistischer Staaten, multilateraler Gremien (NATO, EG, Sozialistische Internationale) sowie weiterer führender politischer und wirtschaftlicher Kreise dieser Staaten über das Schlußdokument der KSZE, die während der KSZE in Helsinki stattgefundenen bilateralen Gespräche zwischen den Delegationen aus sozialistischen und nichtsozialistischen Staaten und die von den führenden Repräsentanten der sozialistischen Staaten abgegebenen Erklärungen;
   - Pläne, Absichten und Maßnahmen der Regierungen nichtsozialistischer Staaten und anderer staatlicher Organe (besonders der USA und BRD);
     - zur weiteren Koordinierung bzw. Modifizierung ihrer „Ost- und Deutschlandpolitik" besonders im Rahmen der NATO und der „Europäischen Politischen Zusammenarbeit" (EPZ) sowie daraus resultierender Hauptangriffsrichtungen,
     - unter Bezugnahme auf das Schlußdokument der KSZE (besonders die Abschnitte „Zusammenarbeit in den Bereichen der Wirtschaft, der Wissenschaft und der Technik sowie der Umwelt" und „Zusammenarbeit in humanitären und anderen Bereichen"), bei künftigen Verhandlungen mit der DDR und anderen sozialistischen Staaten entsprechende Forderungen zur Verwirklichung der darin enthaltenen Konferenzergebnisse zu stellen bzw. diesbezügliche Vorschläge bei bi- und multilateralen Verhandlungen zu unterbreiten,
     - zur Fortsetzung der Wiener Verhandlungen über die Reduzierung von Streitkräften und Rüstungen in Mitteleuropa, der SALT-Gespräche, der Genfer Abrüstungskonferenz sowie weiterer anstehender Verhandlungen nach Abschluß der KSZE;
   - Pläne, Absichten und Maßnahmen der Entspannungsgegner hinsichtlich ihrer weiteren Sammlung und Formierung für den Kampf gegen die Ergebnisse der KSZE, gegen realistischere Kräfte im eigenen Lager sowie
   - auftretende Widersprüche und Differenzen im imperialistischen Lager zur Ausnutzung für die politisch-operative Arbeit;
   - Pläne nichtsozialistischer Staaten sowie von führenden Wirtschaftskreisen, Konzernen, Unternehmerverbänden u. ä. dieser Staaten, die im

Abschnitt „Zusammenarbeit in den Bereichen der Wirtschaft, der Wissenschaft und der Technik sowie der Umwelt" des KSZE-Schußdokumentes enthaltenen Ergebnisse für den Ausbau der Wirtschaftsbeziehungen mit den sozialistischen Staaten nach ihren Vorstellungen zu nutzen;

- Pläne, Absichten und Maßnahmen der imperialistischen Geheimdienste, der Zentren der politisch-ideologischen Diversion, Einrichtungen der „DDR-/Ostforschung" und ähnlicher Einrichtungen, unter mißbräuchlicher Ausnutzung des Schlußdokumentes die subversiven Aktivitäten zu verstärken;
- Pläne, Absichten und Maßnahmen rechtskonservativer Parteien, rechtsradikaler und linksextremistischer, maoistischer Kreise sowie Emigrantenorganisationen, besonders hinsichtlich der Organisierung politischer Provokationen, subversiver Aktivitäten u. ä. (besonders auch zu beachten im Hinblick auf geplante Störaktionen und politische Provokationen anläßlich des 14. Jahrestages der Errichtung des antifaschistischen Schutzwalles am 13.8.1975).

2. Die Leiter der operativen Diensteinheiten haben in ihren Verantwortungsbereichen zu gewährleisten, daß durch eine verstärkte vorbeugende politisch-operative Arbeit geplante feindlich-negative Handlungen im Zusammenhang mit den Ergebnissen der KSZE rechtzeitig festgestellt, aufgeklärt und wirksam unterbunden werden, insbesondere
   - Versuche der Ausnutzung des grenzüberschreitenden Reiseverkehrs und des Transitverkehrs für feindliche Handlungen, insbesondere für den Mißbrauch zur Organisierung und Durchführung von Schleusungen seitens krimineller Menschenhändlerbanden, für Handlungen der staatsfeindlichen Hetze, der politisch-ideologischen Diversion und anderen (Die von mir erlassenen und Ihnen in nächster Zeit zugehenden drei „Dienstanweisung(en) über die politisch-operative Sicherung
     - der Einreisen von Personen aus nichtsozialistischen Staaten und Westberlin und ihres Aufenthaltes in der DDR" (mit 1. Durchführungsbestimmung);
     - „... des Reiseverkehrs von Bürgern der DDR nach nichtsozialistischen Staaten und Westberlin" (mit 1. Durchführungbestimmung);
     - „... des Transitverkehrs durch das Staatsgebiet der DDR"

     sowie die

     „Dienstanweisung – Einleitung und Realisierung von Fahndungen im Reiseverkehr über die Staatsgrenze der DDR"

     sind in diesem Zusammenhang konkret und sachbezogen anzuwenden).
   - Versuche der Einschleusung von Druckerzeugnissen, in denen die Ergebnisse der KSZE nach westlicher Terminologie interpretiert bzw. verfälscht werden und die geeignet sind, bestimmte Personenkreise in der DDR zu feindlich-negativen Handlungen zu aktivieren;

- staatsfeindliche Hetze in mündlicher und schriftlicher Form, anonyme und pseudonyme mündliche oder schriftliche Drohungen, Auftreten von Personen mit demonstrativen und anderen provokatorischen Handlungen unter Bezugnahme auf die Ergebnisse der KSZE;
- politisch-operativ bedeutsame Aktivitäten von bevorrechteten Personen und Korrespondenten nichtsozialistischer Staaten gegenüber staatlichen und wirtschaftsleitenden Organen, Betrieben, Kombinaten und Einrichtungen sowie gesellschaftlichen Organisationen;
- verstärkte Versuche, unter Berufung auf die Ergebnisse der KSZE Anträge auf Übersiedlung in nichtsozialistische Staaten und nach Westberlin (unter anderem zum Zwecke der Familienzusammenführung), auf Eheschließung mit Bürgern nichtsozialistischer Staaten und Westberlins, auf Entlassung aus der Staatsbürgerschaft, auf Ausreise aus der DDR mit den verschiedensten Begründungen (zum Beispiel durch nicht antragsberechtigte Personen) zu stellen;
- Bestrebungen vor allem von Einrichtungen und gesellschaftlichen Organisationen sowie von bedeutenden Einzelpersonen der DDR, bei Umgehung der dafür geltenden staatlichen Regelungen Kontakte nach nichtsozialistischen Staaten, besonders nach der BRD und Westberlin, aufzunehmen;
- Provokationen, Angriffe und andere terroristische Aktivitäten, die gegen die Unverletzlichkeit der Staatsgrenze der DDR zur BRD und Westberlin gerichtet sind.

3. Die Reaktion der Bevölkerung der DDR und anderer Personen auf die Abschlußphase der KSZE und das Schlußdokument ist sorgfältig und umfassend einzuschätzen.
   Dabei sind folgende Probleme besonders zu beachten:
   - Wertung der Konferenzergebnisse und des Auftretens der Delegationen der Staaten der sozialistischen Gemeinschaft und führender Politiker nichtsozialistischer Staaten durch die verschiedenen Personenkreise in der DDR;
   - Vorstellungen, Erwartungen und Spekulationen im Zusammenhang mit den im Schlußdokument enthaltenen Ergebnissen und den während der Konferenz geführten persönlichen Gesprächen zwischen den Repräsentanten der teilnehmenden Staaten.

   Von besonderer politisch-operativer Bedeutung ist die Reaktion solcher Personenkreise in der DDR, die
   - eine feindlich-negative Einstellung besitzen, revisionistische Positionen vertreten und zu verbreiten versuchen und als ideologische Stützpunkte des Gegners zu betrachten sind;
   - bereits Anträge auf Übersiedlung nach nichtsozialistischen Staaten und Westberlin, auf Eheschließung mit Personen aus nichtsozialistischen Staaten und Westberlin und auf Entlassung aus der Staatsbürgerschaft

der DDR gestellt haben und deren Anträge von den zuständigen staatlichen Organen der DDR abgelehnt wurden;
- eine Antragstellung auf Ausreise aus den vorgenannten Gründen in nichtsozialistische Staaten und Westberlin beabsichtigen;
- besonders enge persönliche Beziehungen und Bindungen zu in nichtsozialistischen Staaten und Westberlin lebenden Personen unterhalten und eine politisch schwankende Haltung einnehmen (darunter vordringlich solche Personenkreise wie Wissenschaftler, Kultur- und Geistesschaffende, medizinische Intelligenz, Pädagogen, Studenten und Jugendliche).

Außerdem sind die Reaktion und die politisch-ideologischen Beeinflussungsversuche der einreisenden bzw. der sich in der DDR aufhaltenden Personen aus nichtsozialistischen Staaten – vor allem aus der BRD – und aus Westberlin einzuschätzen, insbesondere:
- Welche Personen bzw. Personenkreise aus nichtsozialistischen Staaten und Westberlin treten hauptsächlich in Erscheinung bzw. werden besonders wirksam?
- Welche Probleme stehen bei Kontakten mit DDR-Bürgern im Mittelpunkt politisch-ideologischer Beeinflussungsversuche?
- Welche Personenkreise der DDR werden besonders und zielstrebig beeinflußt?

4. Mit den Bezirks- und Kreisleitungen der SED, mit staatlichen und wirtschaftsleitenden Organen ist ein enges Zusammenwirken und die Übergabe entsprechender Informationen und Hinweise zu organisieren, um insbesondere die offensive politisch-ideologische Arbeit zur Abwehr der politisch-ideologischen Diversionstätigkeit des Gegners zu unterstützen und gemeinsam die Lage im Verantwortungsbereich jederzeit fest im Griff zu haben.

5. Zu den unter Punkt 1–3 angewiesenen Aufgaben hat die Berichterstattung an die ZAIG[87] zu erfolgen.
In der Berichterstattung über Pläne, Absichten und Maßnahmen über feindlich-negative Handlungen sowie über Vorkommnisse und Erscheinungen sind die eingeleiteten politisch-operativen Maßnahmen und ihre bisherigen Ergebnisse konkret zu vermerken.
Die Berichterstattung an die ZAIG entbindet die Diensteinheiten nicht von der Sofortmeldepflicht an den Zentralen Operativstab (ZOS)[88].
Eine erste zusammenfassende Einschätzung zu vorgenannten Aufgaben hat bis zum 20. August 1975 zu erfolgen, der nächste Berichterstattungstermin ist der 15. September 1975.

87 ZAIG: Zentrale Auswertungs- und Informationsgruppe des MfS.
88 ZOS: Zentraler Operativstab. Diensteinheit im MfS zur Durchführung zentraler Maßnahmen und Aktionen.

6. Allen an der Vorbereitung und Durchführung der politisch-operativen Aufgaben und der Maßnahmen zur Sicherung der Delegation der Deutschen Demokratischen Republik während der 3. Phase der Konferenz über Sicherheit und Zusammenarbeit in Europa eingesetzten Mitarbeitern ist im Auftrage der Partei- und Staatsführung, insbesondere des Ersten Sekretärs des ZK der SED, Genossen Erich Honecker, sowie in meinem persönlichen Namen der Dank und die Anerkennung für die geleistete Arbeit auszusprechen. Durch die gezeigte hohe Einsatzbereitschaft, vorbildliche Pflichterfüllung, Umsicht und Gewissenhaftigkeit haben sie einen bedeutsamen politischen Beitrag zum erfolgreichen Auftreten der Delegation der Deutschen Demokratischen Republik geleistet und zum störungsfreien Verlauf der Konferenz beigetragen.

3. Dezember 1979

Dienstanweisung 3/79 über Aufgaben, Arbeitsweise und Anleitung der Abteilungen XV in den Bezirksverwaltungen – Arbeit der Abt[eilung] XV/BV[89]

Zur Gewährleistung der effektiven Nutzung der sich bietenden Möglichkeiten der operativen Basis in der DDR für die Arbeit ins Operationsgebiet

weise ich an:

1. Die Arbeit der Abteilungen XV/BV ist auf der Grundlage meiner Planorientierung auf die Lösung folgender Hauptaufgaben zu richten:
   - Erfüllung der in den Jahresplänen gestellten Schwerpunktaufgaben zur zielstrebigen Bearbeitung der Hauptobjekte. Unter Nutzung der Basis sind in der DDR und im Operationsgebiet qualifizierte IM-Vorgänge, vor allem – Perspektiv-IM, Werber und Stützpunkte in Universitäten und Hochschulen im Operationsgebiet – zu schaffen. Die Hinweise auf operativ interessante Personen aus der Basis der Bezirke und des Operationsgebietes sind für die Erfüllung dieser Aufgaben sowie zur Bearbeitung der den Abteilungen XV/BV zugewiesenen Territorien und Objekte zu verwenden.
   - Zur Entwicklung und Vervollständigung bewährter Methoden der Nutzung der operativen Basis sind die sich verändernden Möglichkeiten, wie die Verbindungen in Wahrnehmung staatlicher und gesellschaftlicher Interessen der DDR oder aus privaten Gründen zu Institutionen und Personen in der BRD und anderen nichtsozialistischen Staaten, der Einsatz von Reisekadern der DDR im Ausland und die zeitweilig in der DDR lebenden Ausländer, ständig zu analysieren und auf ihre operative Nutzbarkeit zu prüfen.

     Neben der allseitigen Nutzung der gesamten operativen Basis der Bezirksverwaltungen auf der Grundlage bestehender Weisungen sind in wichtigen staatlichen und gesellschaftlichen Institutionen der DDR IM-Stützpunkte zu schaffen.

     Die vorhandenen operativen Möglichkeiten sind mit dem Ziel zu nutzen, einen ständigen Vorlauf an Hinweisen mit operativer Perspektive zu sichern.

89 BStU, ASt Berlin, Abteilung XV/2, 4 Bl. – Kopf: Stellvertreter des Ministers. – Vermerke: Auf Bl. 1: VVS MfS 198 Nr. A 33/79, 31. Ausfertigung. Datenleiste mit Paraphen. Auf Bl. 4: handschriftlich gezeichnet: Wolf, Generalleutnant. Auf Bl. 5: Anlage, 1 Bl.

- Eine ständige Aufgabe der Abteilungen XV/BV ist die Erarbeitung von Hinweisen auf operativ interessante Personen für die operativen Diensteinheiten der HV A. Sie ist in die Jahrespläne aufzunehmen und entsprechend der Schwerpunktaufgaben und erteilten Auflagen zu realisieren.
  Die Übergabe der Hinweise hat nur nach ausführlichen Ermittlungen zur Person, beim Vorhandensein operativer Perspektiven und Möglichkeiten für die operative Bearbeitung, zu erfolgen.
  Die Leiter der operativen Diensteinheiten der HV A bestätigen den Leitern der Abteilungen XV/BV schriftlich die Übernahme dieser Hinweise und geben eine Einschätzung der Qualität. In den Jahresberichterstattungen der Abteilungen XV/BV – im Teil I, Ziffer 3 der Gliederung für den Jahresbericht – ist die Anzahl und Qualität der übergebenen Hinweise auszuweisen.
- Die Auswahl von Übersiedlungskandidaten, die Schaffung von Übersiedlungsgrundlagen und die Erfüllung der Aufgaben des Befehls 21/76[90] des Genossen Minister hat im Rahmen der Planauflagen, mit Unterstützung der Leiter der BV, zu erfolgen.

2. Die Anleitung der Abteilungen XV/BV erfolgt auf der Grundlage meiner Weisungen durch meinen zuständigen Stellvertreter. Durch ihn wird die kontinuierliche Verbindung zu den Leitern der Bezirksverwaltungen gehalten.
   Zur Unterstützung der Führungs- und Leitungstätigkeit der Leiter der Abteilungen XV/BV werden durch mich bestätigte Instrukteure tätig, die folgende Aufgaben zu erfüllen haben:
   - Beratung des Inhalts und der Methode der Leitungsarbeit der Leiter der Abteilungen XV/BV;
   - Beratung der Leiter der Abteilungen XV/BV bei der Realisierung der politisch-operativen Aufgabenstellung des MfS entsprechend meiner Planorientierung und der bestätigten Arbeitspläne;
   - Beratung bei der Entwicklung operativ bedeutsamer Vorgänge im Operationsgebiet und der Schaffung einer qualifizierten operativen Basis im Operationsgebiet zur Bearbeitung der Hauptobjekte, der zugewiesenen Territorien und Objekte unter Beachtung der gestellten Schwerpunktaufgaben in Abstimmung und Koordinierung mit den dafür federführenden Diensteinheiten der HV A;
   - Einflußnahme auf die Zuführung von geeigneten Einsatzkadern (DDR-IM) und IM aus dem Operationsgebiet für zentrale Vorhaben.

90 Befehl 21/76 betr.: Auswahl geeigneter Kader für einen Einsatz im O[perations]G[ebiet] zur Schaffung weiterer zuverlässiger Quellen im Lager des Gegners und sicherer Verbindungswege. Kennwort: „Aspirant“, vom 12.11.1976; BStU, ZA, BdL/Dok. 005989.

Die Bestätigung von Vorlagen zu wichtigen operativen Maßnahmen erfolgt entsprechend meiner DA 5/78 – Entscheidungsbefugnisse – (VVS A 69/78).

3. Die bei meinem zuständigen Stellvertreter bestehende Arbeitsgruppe hat folgende Aufgaben zu lösen:
   - Vorbereitung der Jahres- und Perspektivpläne der Abteilungen XV/BV und der Berichterstattung über den Stand der Realisierung.
   - Führung der Übersicht über den Stand der operativen Arbeit der Abteilungen XV/BV (Auswertung der Jahresberichte und Statistiken).
   - Organisation des zentralen Erfahrungsaustausches zu bedeutsamen Problemen der Arbeit im Rahmen der regelmäßigen Dienstberatungen und Fachschulungen.
   - Durchführung spezifischer Lehrgänge für Mitarbeiter der Abteilungen XV/BV an der Schule der HV A.
   - Durchführung von Untersuchungen zu Schwerpunkten und Querschnittsproblemen der operativen Arbeit in den Abteilungen XV/BV, ihre Analyse und Verallgemeinerung für die Führungs- und Leitungstätigkeit.
   - Sicherstellung einer langfristig zu planenden und kontinuierlichen Kaderentwicklung für Leiterfunktionen in den Abteilungen XV/BV und Kaderzuführung an die HV A entsprechend des Bedarfs.

4. Zur Gewährleistung des effektiven Einsatzes der vorhandenen Mitarbeiter in den Abteilungen XV/BV, zur Schaffung günstiger Voraussetzungen für die Arbeit ins Operationsgebiet und zur besseren Nutzung der operativen Basis in der DDR ist – auf der Grundlage beiliegenden Musters – unter Berücksichtigung der konkreten Kadersituation und der Aufgabenstellung die Struktur für die Abteilungen XV/BV zu erarbeiten und nach Zustimmung durch die Leiter der Bezirksverwaltungen mir zur Bestätigung vorzulegen.

Meine Dienstanweisung 1/66 über die Anleitung der Abteilungen XV/BV verliert hiermit ihre Gültigkeit und ist an den Leiter des Stabes der HV A zurückzusenden.

[Anlage]

Abteilung XV
Berlin

Bearbeitung in eigener Zuständigkeit

Territorium: Westberlin

Objekte:
- Senatskanzlei
- Senator für Wirtschaft
- Innensenat und Landesamt für Verfassungsschutz
- Abgeordnetenhaus
- SPD-Landesverband
- FDP-Landesverband
- CDU-Landesverband
- Jugendorganisationen dieser Parteien
- Siemens Westberlin
- AEG Telefunken Westberlin
- Schering Westberlin
- Freie Universität – mit PID-Zentren OEI[91], OSI[92] und Ost-, DDR-, Friedens- und Zukunftsforschung
- Deutsches Institut für Wirtschaftsforschung
- Wissenschaftszentrum Berlin

Objekte zur Bearbeitung im Zusammenwirken mit den federführenden Diensteinheiten der HVA

– links- und rechtsextremistische Parteien	(Abt. II)
– Institut für Entwicklungspolitik	(Abt. III)
– Friedrich-Ebert-Stiftung	(Abt. II)
– Politische und militärische Dienststellen der Alliierten	(Abt. XI)
– Geheimdienste der Alliierten	(Abt. IX)

91 OEI: Osteuropa-Institut der Freien Universität Berlin.
92 OSI: Otto-Suhr-Institut der Freien Universität Berlin.

8. Dezember 1979

Befehl Nr. 17/79 zur Aufklärung, vorbeugenden Verhinderung und Bekämpfung subversiver Pläne, Absichten und Maßnahmen linksextremistischer und trotzkistischer Organisationen, Gruppen und Kräfte[93]

In der BRD und Westberlin existierende linksextremistische und trotzkistische Organisationen, Gruppen und Kräfte, wie

- „Kommunistische Partei Deutschlands/Marxisten-Leninisten" (KPD/ML),
- „Kommunistische Partei Deutschlands" (KPD),
- „Kommunistischer Bund Westdeutschlands" (KBW),
- „Kommunistischer Arbeiterbund Deutschlands" (KABD),
- „Kommunistischer Bund" (KB),
- „Gruppe Internationaler Marxisten" (GIM),
- „Spartacusbund" (SB)

und von ihnen gelenkte Unterorganisationen verfolgen trotz aller Differenziertheit und Gegensätze zwischen den und innerhalb der einzelnen Organisationen und Gruppen antisowjetische und DDR-feindliche Ziele.
Politisch-operativen Erkenntnissen zufolge verstärkt gegenwärtig besonders die „KPD/ML" ihre subversiven Aktivitäten mit der offen erklärten Zielsetzung, die sozialistische Gesellschaftsordnung in der DDR beseitigen zu wollen. Diese zum Teil militanten Kräfte sind bestrebt, in der DDR personelle Stützpunkte aufzubauen, die als „Zellen" einer sogenannten DDR-Sektion deklariert werden.
Andere der genannten Organisationen, Gruppen und Kräfte entwickeln ebenfalls mit unterschiedlicher Intensität feindliche Aktivitäten gegen die DDR, die Bestandteil des gesamten subversiven Vorgehens des Gegners im Rahmen der politisch-ideologischen Diversion, der gegnerischen Kontaktpolitik/Kontakttätigkeit und der politischen Untergrundtätigkeit sind.
Diese linksextremistischen und trotzkistischen Kräfte solidarisieren sich mit dem Ziel der engen Zusammenarbeit offen mit Renegaten, Verrätern und anderen Feinden des Sozialismus. Die feindlichen Angriffe werden vorwiegend mit konspirativen geheimdienstlichen Mitteln und Methoden vorgetragen. Terror- und andere Gewaltakte werden von vornherein eingeplant.
Das Vorgehen der linksextremistischen und trotzkistischen Organisationen, Gruppen und Kräfte ist besonders durch folgende subversive Aktivitäten gekennzeichnet:

93 BStU, ZA, DSt 102619, 5 Bl. – Kopf: Ministerrat der Deutschen Demokratischen Republik, Ministerium für Staatssicherheit, Der Minister. – Vermerke: Auf Bl. 1: VVS MfS 0008 Nr. 58/79, 220. Ausfertigung. Auf Bl. 3: handschriftlich gezeichnet: Mielke, Generaloberst.

- Versuche der Einschleusung und Verbreitung von Hetzmaterialien unter Mißbrauch des grenzüberschreitenden Verkehrs;
- Herstellung und Ausbau von Kontakten zu Bürgern der DDR mit dem Ziel der Schaffung personeller Stützpunkte in der DDR;
- Sammlung von Informationen aus allen gesellschaftlichen Bereichen der DDR, insbesondere mit dem Ziel ihrer Verwendung für die Anfertigung von Hetzmaterialien;
- Durchführung von Provokationen an der Staatsgrenze der DDR, wie Anbringen von Hetzlosungen an den Grenzsicherungsanlagen, Abhalten von Hetzkundgebungen;
- Durchführung von Provokationen gegen Vertretungen anderer Staaten in der DDR, insbesondere der UdSSR und anderer befreundeter sozialistischer Staaten;
- Provokationen gegen Einrichtungen bzw. Bürger der DDR und anderer sozialistischer Staaten außerhalb des Staatsgebietes, unter anderem gegen die Ständige Vertretung der DDR in der BRD, gegen die Anlagen und Einrichtungen der Deutschen Reichsbahn in Westberlin sowie gegen die Büros für Besuchs- und Reiseangelegenheiten der DDR in Westberlin.

Zur zielstrebigen Aufklärung, vorbeugenden Verhinderung und Bekämpfung der Pläne, Absichten und Maßnahmen der linksextremistischen und trotzkistischen Organisationen, Gruppen und Kräfte

befehle ich:

1. Die Leiter aller operativen Diensteinheiten haben in Rahmen der ihnen übertragenen Verantwortung durch die Nutzung aller geeigneten Möglichkeiten folgende Aufgaben zu lösen:
   - Aufklärung, vorbeugende Verhinderung und Bekämpfung der Pläne, Absichten und Maßnahmen von linksextremistischen und trotzkistischen Organisationen, Gruppen und Kräften, insbesondere zur Durchführung von Provokationen, zur subversiven Infiltration, zur Schaffung personeller Stützpunkte in der DDR, zur konspirativen Instrukteur- und Kuriertätigkeit sowie zur Einschleusung und Verbreitung von Hetzmaterialien;
   - Ausrichtung der politisch-operativen Maßnahmen auf das rechtzeitige Erkennen und die vorbeugende Verhinderung und Bekämpfung aller Aktivitäten zur Formierung eines politischen Untergrundes und dessen Wirksamwerden in der DDR, Gewährleistung der zielstrebigen operativen Kontrolle und operativen Bearbeitung der erkannten personellen Stützpunkte;
   - Aufklärung und Bekämpfung feindlich-negativer Handlungen von Bürgern der DDR, die durch pseudorevolutionäre „Theorien“ inspiriert werden;

- Einleitung differenzierter Fahndungsmaßnahmen bei der Hauptabteilung VI[94] über bekanntwerdende Angehörige und Sympathisanten linksextremistischer und trotzkistischer Organisationen und Gruppen gemäß meiner Dienstanweisung Nr. 6/75[95];
- Durchführung wirksamer Kontroll- und Überwachungsmaßnahmen, insbesondere zur Aufklärung von Kontakten zu Bürgern der DDR, während des Aufenthaltes solcher Personen in der DDR, wenn deren Einreise gestattet wird.

2. Zur Koordinierung der politisch-operativen Arbeit der operativen Diensteinheiten bei der Lösung der in diesem Befehl gestellten Aufgaben wird der Abteilung XXII[96] die Federführung bei der Aufklärung, vorbeugenden Verhinderung und Bekämpfung der subversiven Tätigkeit von linksextremistischen und trotzkistischen Organisationen, Gruppen und Kräften übertragen. Sie hat dabei eng mit den operativen Hauptabteilungen und anderen Diensteinheiten des MfS Berlin entsprechend deren Verantwortung für die politisch-operative Arbeit auf ihren Linien zusammenzuarbeiten.
Die Abteilung XXII hat insbesondere zu gewährleisten:
- die zentrale Übersicht über die gewonnenen Erkenntnisse zu den Plänen, Absichten und Maßnahmen linksextremistischer und trotzkistischer Organisationen, Gruppen und Kräfte sowie über die zu ihrer vorbeugenden Verhinderung und Bekämpfung eingeleiteten politisch-operativen Maßnahmen;
- die Abstimmung der von operativen Diensteinheiten der Abwehr geplanten, vorgangsbezogenen politisch-operativen Maßnahmen im und nach dem Operationsgebiet mit der Hauptverwaltung A, soweit das unter Berücksichtigung der Aufgabenstellung und Verantwortung der Hauptverwaltung A erforderlich ist, sowie die Übergabe der von den operativen Diensteinheiten der Abwehr erarbeiteten Erkenntnisse zu Objekten und Personen im Operationsgebiet an die Hauptverwaltung A,
- die Vorbereitung erforderlicher zentraler Entscheidungen;
- die Information der operativen Diensteinheiten entsprechend deren Zuständigkeit über Erkenntnisse bei der politisch-operativen Bearbeitung linksextremistischer und trotzkistischer Organisationen, Gruppen und Kräfte;
- die Unterstützung der operativen Diensteinheiten bei der Lösung von Schwerpunktaufgaben.

94 Die Hauptabteilung VI war zuständig für die Grenzkontrollen der DDR.
95 Dienstanweisung 6/75 betr.: Einleitung und Realisierung von Fahndungen im Reiseverkehr über die Staatsgrenze der Deutschen Demokratischen Republik, vom 6.8.1975; BStU, ZA, BdL/Dok. 004622.
96 Die Abteilung XXII war zuständig für Terrorabwehr.

Die operativen Diensteinheiten haben operative Meldungen über Vorkommnisse im Zusammenhang mit subversiven Aktivitäten linksextremistischer und trotzkistischer Organisationen, Gruppen und Kräfte sowie politisch-operativ bedeutsame Informationen und Hinweise über deren Pläne, Absichten und Maßnahmen und über das Wirksamwerden solcher Kräfte der Abteilung XXII zu übermitteln. Die festgelegten Informationsflüsse auf Linie an operative Hauptabteilungen bzw. an andere operativ zuständige Diensteinheiten werden davon nicht berührt. Über das Anlegen Operativer Vorgänge gegen linksextremistische und trotzkistische Kräfte und die vorgesehene Bearbeitungsrichtung ist die Abteilung XXII zu informieren.

3. Im Rahmen ihrer Gesamtaufgabenstellung sind verantwortlich:
   - die HV A[97] für die Aufklärung und das gezielte Eindringen in die linksextremistischen und trotzkistischen Zentren im Operationsgebiet;
   - die Hauptabteilung II[98] für die Aufklärung, vorbeugende Verhinderung und Bekämpfung der im Zusammenhang mit der feindlichen Tätigkeit linksextremistischer und trotzkistischer Organisationen, Gruppen und Kräfte stehenden Aktivitäten von Vertretungen bzw. bevorrechteten Personen einiger politisch-operativ interessierender Staaten;
   - die Hauptabteilung VI[99] für die qualifizierte Realisierung der von den operativen Diensteinheiten eingeleiteten differenzierten Fahndungsmaßnahmen gegen Angehörige und Sympathisanten linksextremistischer und trotzkistischer Organisationen und Gruppen sowie für die Nutzung aller Möglichkeiten bei der Grenzpassage für die Erarbeitung operativer Hinweise und zum Erkennen solcher Personen sowie zur Verhinderung der Einschleusung von Hetzmaterialien und anderen Materialien, die zur Durchführung feindlicher Handlungen genutzt werden können.

4. Alle operativen Diensteinheiten der Abwehr haben geplante bedeutsame politisch-operative Maßnahmen gegen linksextremistische und trotzkistische Organisationen, Gruppen und Kräfte, einschließlich des Einsatzes von IM im und nach dem Operationsgebiet, mit der Abteilung XXII abzustimmen.

5. Die Durchführung besonders bedeutsamer offensiver politisch-operativer Maßnahmen gegen die linksextremistischen und trotzkistischen Zentren bedürfen meiner Zustimmung bzw. der Zustimmung meines jeweils zuständigen Stellvertreters.

97 Die Hauptverwaltung A war zuständig für Auslandsspionage.
98 Die Hauptabteilung II war zuständig für Spionageabwehr.
99 Die Hauptabteilung VI war zuständig für die Grenzkontrollen.

6. Zur Schaffung der erforderlichen Voraussetzungen für die Realisierung dieses Befehls haben in Abstimmung mit dem Leiter der Abteilung XXII
   – der Leiter der Hauptabteilung Kader und Schulung die Bereitstellung von Planstellen und die Zuführung von Kadern im Rahmen der Möglichkeiten zur planmäßigen Erweiterung des Kaderbestandes und
   – die Leiter der Verwaltung Rückwärtige Dienste und der Abteilung Finanzen die notwendige materiell-technische und finanzielle Sicherstellung

   zu gewährleisten.

16. Februar 1981

2. Durchführungsbestimmung zur Dienstanweisung Nr. 3/75:[100] Politisch-operative Sicherung privater touristischer Einreisen von Persönlichkeiten des politischen und gesellschaftlichen Lebens der BRD und Westberlins

Die Reisetätigkeit von Persönlichkeiten des politischen und gesellschaftlichen Lebens der BRD und Westberlins (nachfolgend Persönlichkeiten) in die DDR hat eine zunehmende Tendenz.
Der Gegner mißt bei der Durchsetzung seiner politischen Ziele und subversiven Absichten den Reisen von Persönlichkeiten in die DDR im Rahmen des gesamten Reiseverkehrs besondere Bedeutung zu. Mit diesem Polittourismus wird versucht, im Sinne der Bonner „Ost- und Deutschlandpolitik" wirksam zu werden und revanchistische Thesen vom „Offenhalten der deutschen Frage" und der „Einheit der Nation" Nachdruck zu verleihen.
Derartige private und touristische Einreisen von Persönlichkeiten und die dazu objektiv verbundene Präsenz in der DDR werden zielgerichtet genutzt, die Politik führender Kreise der BRD in der DDR zu organisieren, Kontakte zu Bürgern der DDR aufzunehmen und zu pflegen und damit im Sinne der politisch-ideologischen Diversion und der gegnerischen Kontaktpolitik/-tätigkeit wirksam zu werden.
In westlichen Massenmedien werden derartige Reisen in die DDR im Sinne der Bonner Politik ausgewertet.
Zur vorbeugenden Verhinderung politisch-negativer und anderer operativ bedeutsamer Auswirkungen ist eine weitere Verstärkung und Qualifizierung der Kontroll- und Überwachungsmaßnahmen während des Aufenthaltes in der DDR erforderlich.
Zur Gewährleistung der weitgehend lückenlosen politisch-operativen Kontrolle und Überwachung sowie des Schutzes der Persönlichkeiten von der Einreise in die DDR bis zur Wiederausreise und der abwehrmäßigen Sicherung der mit diesen in Berührung kommenden Personen gemäß der Dienstanweisung Nr. 3/75 werden folgende Festlegungen getroffen:

100 BStU, ZA, DSt 101498, 6 Bl. – Vermerke: Auf Bl. 1: VVS MfS 0008 Nr. 9/81, 779. Ausfertigung, 6 Bl. Auf Bl. 5: handschriftlich gezeichnet: Mielke, Armeegeneral. Auf Bl. 6: Anlage. Die Dienstanweisung 3/75 regelte in extensio die Kontrolle von westlichen Reisenden, die die DDR besuchten. Vgl. Dienstanweisung 3/75 über die politisch-operative Sicherung der Einreisen von Personen aus nichtsozialistischen Staaten und Westberlin und ihres Aufenthaltes in der DDR, vom 6.8.1975; BStU, ZA, DSt 101498.

1. Verantwortlichkeit für die politisch-operative Sicherung einreisender Persönlichkeiten

1.1. Verantwortlichkeit und Aufgaben der Hauptabteilung VI bzw. Abteilungen VI der Bezirksverwaltungen/Verwaltungen

Gewährleistung der Federführung für die politisch-operative Sicherung der privaten und touristischen Einreisen von Persönlichkeiten aus der BRD und Westberlin in die DDR;

Erfassung aller bekannt werdenden Persönlichkeiten gemäß der Anlage in der zentralen Hinweiskartei der Hauptabteilung VI[101]. Vornahme einer VSH-Erfassung in der Abteilung XII des MfS mittels Übergabe von Personenkarteikarten F 16, die zusätzlich mit dem Vermerk „Prominenz" zu versehen sind;

differenzierte Aufnahme der Persönlichkeiten in die Fahndungsmittel der Hauptabteilung VI;

Einleitung der erforderlichen Maßnahmen bei der Grenzpassage, wenn erforderlich, im Zusammenwirken mit anderen an der Grenzübergangsstelle tätigen Organen und in Zusammenarbeit mit den Diensteinheiten der Linie VIII[102];

Gewährleistung der unverzüglichen Information des ZOS[103] und der für die politisch-operative Sicherung zuständigen Diensteinheiten über die erfolgte Ein- und Ausreise;

Durchführung der erforderlichen politisch-operativen Maßnahmen zur Kontrolle und Überwachung sowie zum Schutz der Persönlichkeiten in den zum Verantwortungsbereich gehörenden Unterkunftsobjekten sowie bei anderweitiger Inanspruchnahme von Leistungen des Reisebüros der DDR;

Einleitung und Koordinierung der erforderlichen politisch-operativen Maßnahmen an den Aufenthaltsorten bzw. in den Aufenthaltsobjekten in enger Zusammenarbeit mit den territorial zuständigen Diensteinheiten und den Diensteinheiten, für die die Persönlichkeiten bzw. die antragstellenden Bürger der DDR in der Abteilung XII aktiv erfaßt sind;

Speicherung und Auswertung der Ergebnisse der durchgeführten Kontroll- und Überwachungsmaßnahmen über den Aufenthalt von Persönlichkeiten; Führung von Handakten zu eingereisten Persönlichkeiten;

Auswertung von Veröffentlichungen in westlichen Massenmedien über den Aufenthalt von Persönlichkeiten in der DDR;

ständige Gewährleistung der Gesamtübersicht über beantragte private und touristische Einreisen von Persönlichkeiten, über die sich jeweils in

101 Die Hauptabteilung VI war zuständig für die Grenzkontrollen der DDR.

102 Die Linie VIII war zuständig für die Observationen.

103 ZOS: Zentraler Operativstab. Diensteinheit im MfS zur Durchführung zentraler Maßnahmen und Aktionen.

der DDR aufhaltenden Persönlichkeiten sowie Nachweisführung über die stattgefundenen Ein- und Wiederausreisen, einschließlich der besuchten Aufenthaltsorte.
In den Verantwortungsbereichen der Bezirksverwaltungen/Verwaltungen sind diese Aufgaben, soweit das zutrifft, von den Abteilungen VI in Zusammenarbeit mit der Hauptabteilung VI durchzuführen.

1.2. Verantwortlichkeit und Aufgaben der für den Aufenthaltsort territorial zuständigen Diensteinheiten

Einleitung und Durchführung der erforderlichen politisch-operativen Maßnahmen zur Kontrolle und Überwachung sowie zum Schutz einreisender Persönlichkeiten während des Aufenthaltes im Verantwortungsbereich in Abstimmung mit der zuständigen Abteilung VI;
abwehrmäßige Sicherung des Personenkreises, der am Aufenthaltsort mit der Persönlichkeit in Berührung kommen kann;
Einleitung und Durchführung vorbeugender politisch-operativer Maßnahmen zur Unterbindung der Kontaktaufnahme feindlich-negativer Personen zu eingereisten Persönlichkeiten;
unverzügliche Übergabe der Ergebnisse der Kontroll- und Überwachungsmaßnahmen über die zuständige Abteilung VI an die Hauptabteilung VI[104].

1.3. Verantwortlichkeit und Aufgaben der Diensteinheiten, für die die Persönlichkeiten bzw. die antragstellenden Bürger der DDR in der Abteilung XII[105] aktiv erfaßt sind

Nach Erhalt der Information über den Antrag auf Einreise einer erfaßten Persönlichkeit bzw. einer Persönlichkeit zu einem erfaßten Bürger der DDR unverzügliche Prüfung auf der Grundlage des über diese Personen vorliegenden Materials:

- Welche Maßnahmen sind im Zusammenhang mit der Einreise der Persönlichkeit unbedingt erforderlich?
- Welchen Beitrag kann die Diensteinheit selbst dazu leisten?
- Welche Kräfte können zum Einsatz kommen?
- Welche vorliegenden Informationen können für die Einleitung politisch-operativer Maßnahmen von Bedeutung sein und müssen der territorial zuständigen Diensteinheit zugeleitet werden?
- Welche Maßnahmen dürfen nicht durchgeführt werden?

Unverzügliche Übermittlung der im Ergebnis dieser Prüfung getroffenen Entscheidungen bzw. aufbereiteten Informationen an die Hauptabteilung VI.

104 Die Hauptabteilung VI war zuständig für die Grenzkontrollen der DDR.
105 Die Abteilung XII war zuständig für die zentrale Erfassung von Personen.

1.4. Verantwortlichkeit und Aufgaben der HV A[106]
Nutzung aller politisch-operativen Möglichkeiten zur Feststellung der Persönlichkeiten gemäß der Anlage und Beschaffung der erforderlichen Personalien.
Übergabe der Personalien an die Hauptabteilung VI.
Aktualisierung der Angaben bei Veränderungen.

2. Durchzuführende politisch-operative Maßnahmen zur Kontrolle und Überwachung sowie zum Schutz einreisender Persönlichkeiten
Zur Gewährleistung der Kontrolle und Überwachung sowie zum Schutz einreisender Persönlichkeiten sind, differenziert entsprechend deren politischen und politisch-operativen Bedeutsamkeit, alle politisch-operativen Maßnahmen sowie der Einsatz der dazu notwendigen operativen Kräfte und Mittel sorgfältig zu planen und in operativen Maßnahmeplänen festzulegen.
Die Durchführung politisch-operativer Maßnahmen ist zu konzentrieren auf die

- Erarbeitung von Informationen über
  - die Bewegung der Persönlichkeiten in der DDR,
  - Kontaktpersonen, Zusammenkünfte, Telefongespräche, Korrespondenzen sowie den Charakter der Verbindungen,
  - das Verhalten und Auftreten in der Öffentlichkeit, in den Unterkunftsobjekten, bei Veranstaltungen sowie im Verwandten- und Bekanntenkreis,
  - Interessen gegenüber bestimmten Personen, Objekten oder gesellschaftlichen Verhältnissen,
  - in Gesprächen zum Ausdruck gebrachte politische Ziele und Argumentationen sowie politische Standpunkte zur Politik der DDR und zur Politik der BRD-Regierung,
  - die politische Wertung von Erlebnissen und Erkenntnissen beim Aufenthalt in der DDR durch die Persönlichkeiten,
  - versuchte und begangene Rechtsverletzungen beim Aufenthalt in der DDR sowie moralische Schwächen, Charaktereigenschaften, Verhaltensweisen und persönliche Interessen;
- Abschöpfung der Kontaktpartner zur Gewinnung von Informationen über die Persönlichkeiten;
- abwehrmäßige Sicherung des Personenkreises, der mit den Persönlichkeiten in Berührung kommt, wie des Hotel- und Bedienungspersonals, der Betreuer und Reiseleiter und andere; Einsatz von IM und anderen zuverlässigen Personen, auch solcher, die in der Lage sind, die Politik der DDR gegenüber den Persönlichkeiten offensiv zu vertreten;

106 Die Hauptverwaltung A war zuständig für Auslandsspionage.

- operative Kontrolle feindlich-negativer Elemente, von denen Demonstrativhandlungen und andere Provokationen ausgehen könnten oder die versuchen könnten, mit den Persönlichkeiten in Kontakt zu kommen; Unterbindung solcher Verbindungsaufnahmen, insbesondere bei Personen, die sich bei der Realisierung von Übersiedlungsabsichten und anderen feindlich-negativen Vorhaben Unterstützung erhoffen;
- vorbeugende Verhinderung von Terrorhandlungen und anderen Angriffen gegen die eingereisten Persönlichkeiten zur Vermeidung schwerwiegender politischer Folgen, Überprüfung von in Unterkunftsobjekten abgegebenen Gepäckstücken, Briefen und anderen Gegenständen auf das Vorhandensein von Sprengstoffen und anderen gefährlichen Materialien vor der Übergabe an die Persönlichkeiten sowie Einleitung anderer notwendiger vorbeugender Sicherungsmaßnahmen;
- Aufklärung der festgestellten Kontaktpartner und des Charakters der Verbindungen im Rahmen des Klärungsprozesses „Wer ist wer?" auch nach der Wiederausreise der Persönlichkeiten.

Zur Vermeidung politisch-negativer und anderer operativ bedeutsamer Auswirkungen ist bei der Durchführung aller politisch-operativen Maßnahmen der Gewährleistung der Konspiration und Geheimhaltung besondere Bedeutung beizumessen.

3. *Signalisierung beantragter Einreisen von Persönlichkeiten*

Die Informierung des ZOS[107] und der für den Aufenthaltsort territorial zuständigen Diensteinheiten über beantragte Einreisen von Persönlichkeiten in ihren Verantwortungsbereich hat durch die Hauptabteilung VI[108] über die zuständige Abteilung VI zu erfolgen. Diese Information hat auch Angaben zu mitreisenden Personen, benutzten Kfz, benutzten Grenzübergangsstellen sowie zu vorliegenden Erkenntnissen von früheren Einreisen zu enthalten.

Eine Überprüfung der Persönlichkeiten bzw. der antragstellenden DDR-Bürger durch die territorial zuständigen Diensteinheiten in der Abteilung XII[109] hat nicht zu erfolgen.

Unabhängig davon sind, wenn die einreisenden Persönlichkeiten bzw. die antragstellenden DDR-Bürger in der Abteilung XII aktiv erfaßt sind, die erfassenden Diensteinheiten durch die Abteilung XII zu informieren (Kennwort „Prominenz").

107 ZOS: Zentraler Operativstab. Diensteinheit im MfS zur Durchführung zentraler Maßnahmen und Aktionen.
108 Die Hauptabteilung VI war zuständig für die Grenzkontrollen der DDR.
109 Die Abteilung VII war zuständig für die zentrale Erfassung von Personen und Objekten.

4. *Auswertung- und Informationstätigkeit*
Operative Meldungen im Zusammenhang mit der Einreise und dem Aufenthalt von Persönlichkeiten in der DDR haben über die OLZ[110] der Abteilung VI der Bezirksverwaltung/Verwaltung an das OLZ der Hauptabteilung VI zu erfolgen, das den ZOS und die Hauptabteilung II[111] zu informieren hat.
Zusammenfassende Berichte über den Aufenthalt von Persönlichkeiten im Verantwortungsbereich sowie Dokumentationen über politisch-operativ bedeutsamen Feststellungen sind von den territorial zuständigen Diensteinheiten unverzüglich nach der Wiederausreise über die zuständige Abteilung VI an die Hauptabteilung VI zu übersenden.
Antragstellende Bürger der DDR und andere festgestellte Kontaktpartner sind, soweit keine aktive Erfassung in der Abteilung XII erforderlich ist, von der territorial zuständigen Diensteinheit in der VSH-Kartei[112] zu erfassen.
Die zentrale Auswertung aller erarbeiteten Informationen über private und touristische Einreisen von Persönlichkeiten hat durch die Hauptabteilung VI zu erfolgen.
Informationen über Persönlichkeiten bzw. beantragende DDR-Bürger, die in der Abteilung XII aktiv erfaßt sind, sind durch die Hauptabteilung VI an die Diensteinheiten weiterzuleiten, für die diese Personen erfaßt sind.
Ergebnisse und Erkenntnisse der zentralen Auswertung sind meinem zuständigen Stellvertreter vorzulegen sowie der ZAIG[113] und der Hauptabteilung II zu übermitteln.

110 OLZ: Operatives Leitzentrum, zuständig für Ad hoc - Entscheidungen einer Diensteinheit.
111 Die Hauptabteilung II war zuständig für Spionageabwehr.
112 VSH-Kartei: Vorverdichtungs-, Such- und Hinweiskartei, wichtigster Informationsspeicher einer Diensteinheit.
113 ZAIG: Zentrale Auswertungs- und Informationsgruppe des MfS.

Anlage

Übersicht über Personen, die bei Einreisen in die DDR im Sinne der 2. Durchführungsbestimmung zur Dienstanweisung Nr. 3/75 als Persönlichkeiten des politischen und gesellschaftlichen Lebens in der BRD und in Westberlin politisch-operativ zu sichern sind

BRD
- Bundesminister
- Staatssekretäre, einschließlich parlamentarische Staatssekretäre
- Parteivorsitzende, Landesvorsitzende, Mitglieder der Bundes- und Landesvorstände SPD, FDP, CDU/CSU
- Fraktionsvorsitzende des Bundestages
- Ministerpräsidenten der Länder, Bürgermeister der Städte Hamburg und Bremen, Landesminister
- Bundestagsabgeordnete
- Landtagsabgeordnete
- Oberbürgermeister und Bürgermeister grenznaher Städte
- Gewerkschaftsvorsitzende, Mitglieder der Führungsgremien des DGB, der Gewerkschaften und Industriegewerkschaften
- Präsidenten und Mitglieder der Vorstände der Unternehmerverbände

Westberlin
- Regierender Bürgermeister
- Senatoren
- leitende Angestellte des Senats (Chef und Abteilungsleiter der Senatskanzlei, Senatsdirektoren)
- Parteivorsitzende, Kreisvorsitzende, Mitglieder der Landes- und Kreisvorstände SPD, FDP, CDU
- Mitglieder des Abgeordnetenhauses
- Bezirksbürgermeister und Stadträte
- Gewerkschaftsvorsitzende, Mitglieder der Führungsgremien des DGB, der Gewerkschaften und Industriegewerkschaften
- Präsidenten und Mitglieder der Vorstände der Unternehmerverbände

Kirchliche Würdenträger
- Kardinäle
- Bischöfe
- Erzbischöfe
- Propste
- Generalsuperintendenten
- Generalvikare
- Kirchenpräsidenten
- Weihbischöfe

Weitere Personen, die aufgrund ihres Bekanntheitsgrades und ihrer bedeutenden Öffentlichkeitswirksamkeit, ihrer politischen oder gesellschaftlichen Vergangenheit oder ihrer gegenwärtigen exponierten Stellung in der Politik, in der Kultur, im Sport, in der Wissenschaft oder in anderen gesellschaftlichen Bereichen der BRD oder Westberlins als Persönlichkeit im Sinne dieser Durchführungsbestimmung zu beachten sind.

13. Januar 1983[114]

Auszug aus dem Referat des Genossen Generaloberst Wolf auf der Aktivtagung der Parteiorganisation der HV A[115]

Unsere heutige Parteiaktivtagung, auf der wir traditionell die Arbeitsergebnisse des vergangenen Jahres auswerten und die Aufgaben für das neue Jahr abstecken, findet im Zeichen bedeutender internationaler Ereignisse statt. Erst vor wenigen Tagen hat der Politisch-Beratende Ausschuß des Warschauer Vertrages getagt und neue bedeutende Initiativen der Länder der sozialistischen Staatengemeinschaft beschlossen. Die Dokumente der Tagung des Politisch-Beratenden Ausschusses sind ebenso wie die bedeutsame Rede J. W. Andropows vom 21.12.1982 und die Beschlüsse der 5. Tagung des ZK der SED wichtige Markierungspunkte und Orientierungen für unsere tschekistische und politisch-ideologische Arbeit. Sie unterstreichen deutlich die größer gewordenen Aufgaben des Jahres 1983, die sich sowohl aus nationalen als auch internationalen Anforderungen ergeben. Nicht umsonst weist die Politische Deklaration der Teilnehmerstaaten des Warschauer Vertrages darauf hin, daß die Lage immer komplizierter wird und die Gefahr eines Krieges, insbesondere eines Kernwaffenkrieges, zunimmt. Die ersten Reaktionen aus dem imperialistischen Lager auf das umfassende Friedensprogramm der sozialistischen Staaten, wie es auf der Tagung des Politischen Beratenden Ausschusses beschlossen wurde, zeigen die Furcht vor der Wirksamkeit dieser Vorschläge und zwingen sie zum Lavieren. Wir haben also zu berechtigtem Optimismus Anlaß, daß es gelingt, die Konfrontationspolitiker in die Defensive zu drängen. Dieser Optimismus findet in der Deklaration seinen Niederschlag.

„Die auf der Tagung vertretenen Staaten sind (...) überzeugt, daß es bei aller Kompliziertheit der Lage möglich ist, die gefährliche Phase in den internationalen Beziehungen zu überwinden. Der gegenwärtige Lauf der Ereignisse muß und kann aufgehalten und in eine Richtung gelenkt werden, die den Hoffnungen der Völker entspricht."

Die richtige Analyse der Gefahren, die die Welt bedrohen, und der Möglichkeiten des Kampfes gegen sie, die sich aus der Stärke der sozialistischen Staatengemeinschaft, dem Wachstum des Widerstandes der Friedenskräfte in der ganzen Welt gegen die Konfrontationspolitik ergeben – das ist die Aufgabe, die im vergangenen Jahr vor uns stand und die auch im neuen Jahr unsere Arbeit bestimmen wird. Die Kriegsgefahr zu bannen und die allseiti-

114 Im Original irrtümlich „1982".
115 BStU, ASt Gera, BV Gera, Abteilung XV 0389, Bl. 1–25. – Vermerk: 10. Exemplar.

ge Stärkung der DDR zu gewährleisten – das sind die Grundlagen der Planorientierung der HV A 1983.
Die 5. Tagung des ZK hat eine positive Bilanz der Arbeit der Werktätigen der DDR gezogen und festgestellt, daß wir 1982 ein beträchtliches Stück vorangekommen sind. Unsere Arbeitsergebnisse reihen sich würdig in die Leistungen der Werktätigen ein. Ohne überschwenglich zu sein, ist die Feststellung berechtigt, daß wir 1982 einen Stand der Arbeit erreicht haben, wie wir ihn in den letzten Jahren nicht hatten. Daran sind ausnahmslos alle Diensteinheiten der HV A beteiligt und in Summe auch die Abteilungen XV der Bezirksverwaltungen.
Dazu ist viel zu sagen und dazu ist das Wesentliche auf der Abteilungsleiterbesprechung am 21.12.1982 bereits gesagt worden. Ich möchte hier insbesondere hervorheben die quantitative, vor allem aber qualitative Verbesserung der Informationsbeschaffung entsprechend den vorgegebenen Schwerpunkten und die Schaffung neuer Positionen in Schwerpunktobjekten sowie anderer wichtiger Quellen. Damit sind wir 1982 vor allem dort vorangekommen, wo wir im vergangenen Jahr Rückstände kritisieren mußten.
Die Auswertung der Jahresergebnisse 1982 hat gezeigt, daß die Diensteinheiten und die Parteikollektive die richtigen Schlußfolgerungen gezogen haben und daß die höheren qualitativen Maßstäbe zunehmend das Niveau der operativen Arbeit bestimmen. Sicher können wir heute noch nicht mit allem zufrieden sein, aber die Ausgangspositionen für weitere Fortschritte sind gut. Die stabile Weiterentwicklung des vorhandenen Quellennetzes und die Erreichung einer effektiveren Nutzung unter wesentlich erschwerten Bedingungen, die Intensivierung und ideenreichere Gestaltung der Vorgangsarbeit sowie die Schaffung erfolgversprechender Ausgangspositionen bei der Bearbeitung der Schwerpunktobjekte, der zielgerichtete und qualifiziertere Einsatz von Werbern und die größere Anzahl von Perspektivbearbeitungen – all das läßt erwarten, daß sich die positive Entwicklung unserer Arbeit auch im Jahre 1983 weiter fortsetzt. So kann man auch für das Jahr 1982 einschätzen, daß die gestellten Forderungen nach höherer Effektivität, besserem Wirksamwerden und Einsatz der vorhandenen Kräfte, höherer Qualität und mehr Eigenverantwortung und Initiative im Kampf um die Durchsetzung der als richtig erkannten Ziele und um die vollständige Erfüllung der Planaufgaben von unseren Kollektiven richtig verstanden worden sind.
So waren wir in der Lage, trotz der erschwerten Bedingungen die Partei- und Staatsführung und die Bruderorgane, insbesondere das KfS der UdSSR, über die wesentlichsten Vorgänge und Vorhaben des Gegners zu informieren, zum Kampf um die Erhaltung des Friedens und zur Sicherung der kontinuierlichen Entwicklung der DDR und der anderen Länder der sozialistischen Staatengemeinschaft einen gewichtigen Beitrag zu leisten. Das gilt für fast alle Bereiche der politischen und militärischen Informationen, wo gerade durch neue Spitzenquellen wichtige Erkenntnisse gewonnen wurden. Weitere Fortschritte wurden im Bereich der Informationen über die Geheimdienste

und für den Schutz des IM-Netzes erzielt. Dabei wurde der Anteil der wertvollen Ergebnisse erhöht.
Wesentlich qualifiziert wurde die Zusammenarbeit mit den Diensteinheiten der Abwehr. Es wurde ein besseres Ergebnis bei der Beschaffung abwehrrelevanter Informationen erzielt und damit ein angemessener Beitrag zur inneren Sicherung der DDR geleistet. Die weitere Entwicklung der schon recht guten Koordination mit den Abwehreinheiten, die bewährte Methode der gemeinsamen Bearbeitung von Schwerpunkten hat ihre Früchte getragen.
Weiter notwendig bleibt die bessere Nutzung der operativen Technik. Noch immer gibt es unbegründete Vorbehalte bei der Nutzung der operativen Technik für die Beschaffung von Informationen und im Verbindungswesen.
Immer im Auge behalten werden muß auch die Einhaltung des richtigen Verhältnisses zwischen Aufwand und Nutzen bei der Beschaffung von Informationen. Das erfordert, die ideologische Motivation in unserem IM-Netz weiter zu stärken.
So gibt es also bei allen Fortschritten, die wir erzielt haben, nicht überall ein gleiches Niveau und nicht überall die gleiche Konsequenz bei der Durchsetzung der als richtig erkannten Aufgaben. Aber die Lage ist nicht so, daß wir uns mit ungerechtfertigten Leistungsunterschieden abfinden können. Die Anforderungen sind hoch und steigen weiter. Wenn wir auf der Höhe unserer Aufgaben bleiben wollen, dann bedeutet das, alle Reserven zu mobilisieren, alle guten Erfahrungen – soweit das irgendwie möglich ist – zu verallgemeinern, überall Spitzenleistungen zu bringen, die Partei und Regierung mit Recht von uns erwarten.
Der Kampf gegen die Kriegsgefahr, zur Verhinderung einer militärischen Überraschung gegenüber den sozialistischen Ländern genießt nach wie vor höchste Priorität in unserer Arbeit. Die Verantwortung vor den Völkern der sozialistischen Staatengemeinschaft, für das Schicksal der Menschheit überhaupt, verlangt von uns höchste Anstrengungen, um die Pläne des Imperialismus aufzudecken und zu vereiteln, eine militärische Überlegenheit gegenüber den Ländern der sozialistischen Staatengemeinschaft zu erreichen.
Wir haben davon auszugehen, daß ungeachtet der Widerstände, die es in breiten gesellschaftlichen Kreisen der imperialistischen Länder, vor allem der USA und der BRD, gibt, die bis hin in die Spitzen der Monopolbourgeoisie reichen, die Rechtskräfte der USA auf ihren Hochrüstungsplänen beharren. Wie bekannt, beabsichtigt die Reagan-Administration, 100 strategische Raketen MX mit insgesamt 1 000 Sprengköpfen von je 600 Kilotonnen Sprengkraft, dem 30fachen der Hiroshima-Bombe, zu stationieren. Darüber hinaus wollen die USA gegen den Widerstand weiter Kreise der westeuropäischen Bevölkerung und der ablehnenden Position mehrerer NATO-Staaten Ende dieses Jahres mit der Dislozierung von Mittelstreckenwaffen – Pershing II und Cruise Missiles in Westeuropa beginnen.
Die USA versuchen, die Fähigkeit zum nuklearen Erstschlag gegen die UdSSR zu erwerben. Und das geschieht zu einem Zeitpunkt, wo die sowje-

tische Führung vor der Weltöffentlichkeit ihren Verzicht auf den Ersteinsatz von Kernwaffen erklärt hat.
Erhöhte Anstrengungen der USA und der NATO zur materiellen Kriegsvorbereitung erfolgen auch im konventionellen Bereich mit dem Ziel, die Offensivkraft der NATO zu stärken. Der Rogers-Plan, der während der kürzlichen Ministertreffen der NATO im Grundsatz akzeptiert wurde, zielt im Rahmen der geltenden NATO-Strategie auf einen Ausbau der Fähigkeit zur offensiven Führung eines Landkrieges in Europa.
Die Staaten des Warschauer Vertrages können an dieser Sachlage nicht vorbeigehen. Die jüngste Tagung des Politischen Beratenden Ausschusses zeigt, daß wir uns auf die Realitäten einstellen, ohne in Kriegshysterie zu verfallen oder uns zu einer Absage an die Politik der friedlichen Koexistenz verleiten zu lassen. Zu dieser Politik gibt es keine akzeptable Alternative.
Wir treffen jedoch zugleich alle notwendigen materiellen Maßnahmen, um dem Imperialismus klarzumachen, daß seine Träume von militärischer Überlegenheit Wunschträume sind und bleiben werden.
Genosse Andropow versicherte auf der Festsitzung zum 60. Jahrestag der UdSSR, daß die Programme für eine weitere Aufrüstung die Sowjetunion nicht dazu bringen werden, einseitige Zugeständnisse zu machen. Sie wird sich veranlaßt sehen, die Herausforderung der amerikanischen Seite durch den Aufbau ihrer entsprechenden Waffensysteme zu erwidern.
Gleichzeitig unterbreitete er neue weitgehende Vorschläge zur Abrüstung auf dem Gebiet der strategischen Waffen und der Mittelstreckenwaffen, die ihre Wirkung auf die Weltöffentlichkeit nicht verfehlt haben. Diese Vorschläge, der Vorschlag des Warschauer Vertrages über den Abschluß eines Vertrages über den gegenseitigen Verzicht auf die Anwendung militärischer Gewalt und die übrigen weiterreichenden Vorschläge der politischen Deklaration, zeigen die reale Möglichkeit einer Verbesserung des internationalen Klimas und der Abrüstung auf der Grundlage der gleichen Sicherheit beider Bündnissysteme und kontrastieren gleichzeitig mit der starren Position des USA-Imperialismus, der immer weniger verschleiern kann, daß die Reagan-Administration nicht auf Abrüstung, sondern auf Hochrüstung aus ist.
Betrachtet man den Rüstungshaushalt der USA, so werden in diesem Jahr 261 Mrd. Dollar für die Rüstung ausgegeben und bis 1987 sollen diese Ausgaben auf 367 Mrd. Dollar steigen. Das heißt, pro Tag wird dann allein durch die USA ein Beitrag von mehr als 1 Mrd. Dollar für die Rüstung ausgegeben.
Daraus ergeben sich immer neue Anforderungen in der politisch-ideologischen und politisch-operativen Arbeit, besonders in der Arbeit mit dem Netz, zur Durchsetzung des Befehls 40/68 des Genossen Ministers. Das erfordert von allen Genossen, mit Zuversicht und Optimismus, mit vollem Vertrauen in die Stärke des Sozialismus besonders auch auf militärischem Gebiet an die Lösung der gestellten Aufgaben heranzugehen.
So ist es wichtig immer wieder deutlich zu machen, daß die Weigerung der USA, sich dem Verzicht der Sowjetunion auf Kernwaffenersteinsatz anzu-

schließen, unsere Verantwortung für eine Verhinderung des Überraschungsmomentes weiter erhöht. Durch unsere Aufklärungsergebnisse müssen wir die Produktion moderner Waffensysteme, auch die Weiterentwicklung und Vervollkommnung der konventionellen Waffentechnik in engem Zusammenwirken mit den sowjetischen Genossen unterstützen. Dabei ist es notwendig, die militärischen Forschungsthemen und Vorhaben der NATO-Staaten rechtzeitig zu erkennen, wenn die neuen Projekte sich noch auf dem Reißbrett befinden. Das ist schwierig, aber außerordentlich wichtig. Neben den USA verfügt die BRD über ein umfangreiches Potential und bestimmt in einer Reihe von Bereichen das Spitzenniveau der NATO, vor allem in der Entwicklung und Produktion hochmoderner Waffensysteme im nichtstrategischen Bereich, die in ihrer Wirkung zum Teil den Charakter von Massenvernichtungsmitteln erreichen.

Gleichzeitig gilt es, unsere Aufmerksamkeit auf die Veränderungen der feindlichen Militärstrategie, der konkreten militärischen Absichten und Aktivitäten zu konzentrieren, um jederzeit zuverlässig militärische Überraschungen des Gegners ausschließen zu können.

Wir haben davon auszugehen, daß ungeachtet der Verbesserung der Bedingungen für den Friedenskampf der Höhepunkt des Konfrontationskurses noch nicht überschritten ist. Aber gleichzeitig sehen wir, daß die Bäume des Imperialismus nicht in den Himmel wachsen. Wir müssen also das Aufdekken der Gefahren, die vom Imperialismus ausgehen, mit der Feststellung und Nutzung der positiven Möglichkeiten und Ansatzpunkte des Kampfes verbinden, die sich für uns ergeben.

Richtige Analyse der Lage heißt, von objektiven Gegebenheiten auszugehen, heißt, in der Politik und im operativen Handeln sowohl die Möglichkeiten wie auch die Grenzen des Imperialismus real ein[zu]schätzen: das sehen wir als Voraussetzung nicht nur für passives Betrachten, sondern für eigenes aktives Handeln, für die Nutzung aller, auch der kleinsten Ansatzpunkte für unseren Kampf in den entscheidenden Richtungen, den Schwerpunkten unserer operativen Arbeit. Deshalb ist die richtige und überzeugte Darstellung der anderen Seite nicht minder wichtig: Wir sind der imperialistischen Politik nicht hilflos ausgeliefert. Wenn wir feststellen, daß der Sozialismus die Entwicklung in der Welt prägt, hat das einen realen Hintergrund und zeigt gerade uns die Möglichkeiten für unseren Kampf, für unsere Arbeit.

Die militärische und ökonomische Stärke des Sozialismus, verbunden mit höchster Wachsamkeit, wird, wie Gen[osse] Breshnew in seiner letzten Rede ausführte, die heißen Köpfe des Imperialismus abkühlen. Auch der Imperialismus ist sich der Risiken bewußt. Unsere Stärke, begründet auf der Macht des Sowjetlandes, bleibt Hauptfaktor unserer äußeren Sicherheit.

Die militärische Stärke ist aber nicht der einzige Trumpf des Sozialismus. Weltweit bleibt die konstruktive Außenpolitik der sozialistischen Staatengemeinschaft wirksam. Sie bleibt nach wie vor auf die Entspannung gerichtet, wie Gen[osse] Andropow auf dem letzten Plenum des ZK der KPdSU

erklärte: „Wir denken, daß die Schwierigkeiten und Spannungen, die die gegenwärtige internationale Lage kennzeichnen, überwunden werden können und müssen."
Diese Politik findet Resonanz bei den Völkern. Ausdruck dafür ist die Friedensbewegung in Westeuropa und den USA. Ich denke dabei nur an die gewaltigen Friedenskundgebungen in Westeuropa, an die Abstimmung in acht USA-Staaten für die Lösung des Einfrierens der Kernwaffen, den Entwurf des Hirtenbriefes der katholischen Kirche der USA, der Reagan bereits zu einer Intervention beim Vatikan veranlaßt hat. Fortschritte im Kampf um den Frieden sind also auch dadurch gekennzeichnet, daß wir mit der Friedenspolitik im Lager des Gegners ideologisch, und nicht nur ideologisch, wirksam sind. Auch wenn die Friedensbewegung noch nicht stark genug ist, um den Rüstungswettlauf aufzuhalten, so ist sie doch bereits ein beträchtlicher politischer Faktor.
Dem muß der Gegner Rechnung tragen, sei es zunächst auch nur durch wachsende Demagogie mit Null-Lösungen, mit der er sich bemüht, den Hochrüstungskurs zu verschleiern. Die sozialistischen Länder werden mit allen Mitteln dazu beitragen, diese Demagogie zu entlarven, damit die Friedensbewegung weiter erstarkt und noch größeren Einfluß gewinnt. Dabei wurde schon einiges erreicht und bewirkt, nicht zuletzt auch mit unseren Mitteln, mit denen ein nicht unerheblicher Beitrag zur weiteren Vertiefung und Ausweitung der Friedensbewegung in westeuropäischen NATO-Ländern und zur Einflußnahme auf die Entscheidungsfindung der betreffenden Regierungen geleistet wurde.
Trotz der erreichten Ergebnisse sind weiter zunehmende Anstrengungen notwendig, um die Friedensbewegung in westeuropäischen Staaten mittels aktiver Maßnahmen weiter zu stärken und Spaltungsversuche abzuwehren, wie die Aufgabenstellung der Planorientierung fordert. Die Vorschläge des Genossen Andropow auf der Festsitzung aus Anlaß des 60. Jahrestages der Bildung der UdSSR, die Dokumente der Beratung des PBA in Prag, das Interview des Gen[ossen] Ustinow zu den militärischen Konsequenzen der amerikanischen Hochrüstungspolitik – all das liefert uns genügend Argumente sowohl zur politisch-ideologischen Erziehung unserer eigenen Mitarbeiter, aber auch für die Arbeit im Operationsgebiet.
Auch hinsichtlich der Forcierung des Wirtschaftskrieges mußte Reagan eine Niederlage einstecken. Die Aufhebung des Embargos gegen die Erdgasleitung Sibirien-Westeuropa durch die Reagan-Administration ist eine Schlappe, auch wenn Reagan versucht, das mit Hinweisen auf eine angeblich abgestimmte Wirtschaftspolitik der NATO und Japans gegenüber sozialistischen Ländern zu kaschieren. Aber niemand hat bisher ein solches Papier gesehen. Frankreich hat sich ausdrücklich davon distanziert, daß der USA-Außenminister Shultz jetzt über eine spezielle neue Studie zu diesen Fragen in Paris verhandeln mußte. Auch auf der NATO-Tagung ist es nicht gelungen, Übereinstimmung zu dieser Frage zu erzielen.

Sicher werden die USA ihre Bemühungen nicht aufgeben, einen solchen Kurs durchzusetzen, aber hier wird es nicht zuletzt von den ökonomischen Anstrengungen der sozialistischen Länder abhängen, wie ihnen das gelingt. Es zeigt sich bereits, daß die Anstrengungen der DDR und übriger sozialistischer Länder, auch unter schwierigen außenwirtschaftlichen Bedingungen ihre Verschuldung abzubauen, erste Früchte tragen.
Ich sage das nicht, um die Bedeutung und Fülle der Aufgaben zu mindern, wie wir sie an unserem Kampfabschnitt gerade aus den Problemen abgeleitet haben, die der Wirtschaftskrieg und andere Schwierigkeiten mit sich bringen, sondern auch hier auf die Notwendigkeit des dialektischen Herangehens hinzuweisen. Diese ersten Erfolge dürfen uns unter keinen Umständen dazu verführen, in den Anstrengungen zur Bekämpfung des Wirtschaftskrieges nachzulassen. Wir haben davon auszugehen, daß die führenden imperialistischen Kreise immer neue Pläne entwickeln, ihre Stör- und Feindtätigkeit weiter zu eskalieren und zu intensivieren. Deshalb sind unsere Anstrengungen zur Aufdeckung der Pläne und Absichten des Feindes gegen die stabile und langfristige Entwicklung der sozialistischen Länder und ihrer Volkswirtschaften zu verstärken und in Anbetracht der entstandenen Lage wesentlich zu qualifizieren.
Es ist notwendig, sich verstärkt damit zu befassen, wie der Feind die Rolle der ökonomischen Faktoren bei der Entwicklung des internationalen Kräfteverhältnisses und den Einfluß technischer und technologischer Entwicklungen auf unsere militärische Stärke bewertet. Die ökonomische Feindtätigkeit geht vom Konzept her auch davon aus, in welchem Maße durch volkswirtschaftliche Schwierigkeiten innenpolitische Probleme ausgelöst werden können.
Es geht also darum, durch die weitere offensive Arbeit einen wirksamen Beitrag gegen die aggressive Wirtschaftsstrategie des Imperialismus zu leisten und durch eine hohe Effektivität in der Informationsarbeit zur weiteren ökonomischen Stärkung unserer Republik und der sozialistischen Staatengemeinschaft beizutragen. Dabei sind die Probleme der Erhöhung der ökonomischen Wirksamkeit von Wissenschaft und Technik für unsere gesamtgesellschaftliche Entwicklung von entscheidender Bedeutung. So kommt es bei der Umsetzung der wissenschaftlich-technischen Aufklärungsergebnisse besonders darauf an, der Forderung nach einer Verkürzung der Entwicklungs- und Überleitungszeiten durch unsere Arbeit noch zielgerichteter Rechnung zu tragen. Die Aufklärungsergebnisse noch rascher produktionswirksam zu machen ist nach wie vor eine der vordringlichsten Aufgaben.
An dieser Stelle möchte ich auch darauf aufmerksam machen, daß das Nahrungsmittelprogramm der KPdSU als auch die vor unserer Landwirtschaft stehenden Probleme von uns einen größeren Beitrag verlangen. Das heißt, wir müssen stärker als bisher durch unsere wissenschaftlich-technische Informationsarbeit dazu beitragen, uns weitestgehend von den noch notwendigen Importen freizumachen und [um] dem Imperialismus keine Chance zu

bieten, Nahrungsmittel als Waffe gegen den Sozialismus einzusetzen. Gleichzeitig sehen wir aber auch, daß der Imperialismus, der den ökonomischen Zusammenbruch des Sozialismus prophezeit, einer seit den 30er Jahren nicht gekannten Wirtschaftskrise gegenübersteht, durch die sich die innerimperialistischen Widersprüche immer mehr verschärfen. Es zeigt sich, daß im Unterschied zu früher die Rüstungsproduktion die Wirtschaft nicht ankurbelt, sondern im Gegenteil die Krise verschärft. Das wird deutlich bei den riesigen Haushaltsdefiziten, die in den USA fast 100 Mrd. Dollar, in der BRD rund 40 Mrd. Mark 1983 betragen, zu deren Deckung der Volkswirtschaft Mittel entzogen werden müssen, was letztlich zu einer Verschärfung der Krise führt.

All das beunruhigt die Monopole, zumal bisherige Mechanismen der Wirtschaftsregulierung nicht mehr greifen und die Arbeiterklasse die Krisenfolgen nicht widerstandslos auf sich abwälzen läßt. Das führt dazu, daß auch führende Monopolkreise eine Kürzung der Rüstungsausgaben fordern, so das Wallstreet Journal bei dem Raketensystem MX, den strategischen Bombern und dem Ausbau der Kriegsflotte.

Wenn wir all das, auch die Differenzen und Widersprüche im imperialistischen Lager, genauso der Krise entspringende Gefahren und die gegnerischen Potenzen real und nüchtern analysieren, so ergibt sich daraus für uns sicher kein Grund, in der Wachsamkeit nachzulassen. Im Gegenteil – wir müssen den abenteuerlichen Kurs Reagans in Rechnung stellen, auch irrationale Schritte einkalkulieren, die die Spannungen rapide verschärfen können.

Das trifft auch auf die BRD zu. Das Einstellen auf die veränderten Lagebedingungen und die schnelle und umfassende Aufklärung der innen- und außenpolitischen Zielsetzung der neuen BRD-Regierung stellt hohe Anforderungen an uns, wenn wir der besonderen Verantwortung gerecht werden wollen, die wir als Aufklärungsorgan der DDR für die Entlarvung der Pläne des Imperialismus der BRD haben. Wir müssen in unserer weiteren Arbeit entsprechend meiner Arbeitsdirektive von Ende September 1982 davon ausgehen, daß die neue Regierung in vielen Fragen eine konservativere Position einnehmen wird als ihre Vorgängerin. Der Handlungsspielraum der Regierung ist jedoch durch die Krisensituation und insbesondere die Notwendigkeit der Sanierung der Staatsfinanzen, der Reduzierung der Massenarbeitslosigkeit und der Bewahrung wichtiger Ergebnisse der Entspannungspolitik im eigenen Interesse der BRD auch im Hinblick auf die Bundestagswahlen am 6. März so eingeengt, daß die Regierung Kohl gegenwärtig nicht in dem von ihr gewünschten Maße von den Grundlinien der bisherigen Politik abgehen kann. Manches aus Bonn hört sich deshalb bis jetzt gar nicht schlecht an, man will vor den Neuwahlen im März die bei der Bevölkerung populären Ergebnisse der sozialliberalen Koalition übernehmen, bleibt aber bei der Formulierung der Absichten gegenüber der DDR bewußt allgemein und unverbindlich. Es gibt aber doch Veränderungen in Tonart und Terminologie, so daß wir in der kurzen Zeit, seitdem die Kohl-Regierung an der Macht ist, feststellen

- großdeutsche, nationalistische Töne. Man spricht nicht wie im Grundlagenvertrag von den beiden deutschen Staaten, sondern von zwei Staaten in Deutschland;
- ultimative Forderungen (zum Beispiel Mindestumtausch);
- Angriffe gegen das Grenzregime;
- Verstärkung diplomatischer Aktivitäten gegen die DDR in Drittländern und
- wachsende Angriffe des BND gegen unsere Mitarbeiter und Bürger im kapitalistischen Ausland.

Nach den nun für den 6.3. zu erwartenden Neuwahlen in den Bundestag ist mit einer noch härteren Gangart und ausgeprägteren proamerikanischen Orientierung zu rechnen, falls die CDU/CSU Erfolg hat. Der rechte Flügel der CDU/CSU wird hier schon aktiv. So hat Strauß auf der Jahreshauptversammlung des CDU/CSU-Wirtschaftsbeirats Mitte Dezember 1982 offen erklärt, daß er nicht 13 Jahre gegen die Ostpolitik der SPD gekämpft habe, um im 14. Jahr ihre Kontinuität zu verkünden.

Doch auch hier dürfen wir die andere Seite nicht übersehen: Jede Regierung der BRD muß bestimmte Grundinteressen der BRD beachten und kann nicht an Realitäten vorbei. Das zeigten schon die zurückliegenden Wochen mit dem Treffen von Bundespräsident Carstens mit Gen[ossen] Honecker und der Erneuerung der Einladung an Gen[ossen] Honecker zum Besuch der BRD, aber auch die Treffen Dollinger–Arndt, Schneider–Juncker, der Jenninger-Besuch in Berlin. Das sind Auswirkungen der Realität: Die Ergebnisse unseres Kampfes der 70er Jahre sind nicht einfach wegzuwischen.

Für uns heißt das: zuverlässige Informationen zu beschaffen, nüchtern und objektiv die Fakten zu prüfen, zu analysieren und dabei besonders wachsam die Verstärkung feindlicher Aktivitäten zu verfolgen. Die schönen Worte von Frieden, Verantwortung beider deutscher Staaten zur Erhaltung des Friedens sind die eine Seite, die Bekräftigung des Raketenbeschlusses in weit undifferenzierterer Art als durch die vorherige Regierung ohne Rücksicht auf die Beziehungen DDR-BRD, die sofortige Ablehnung der Friedensvorschläge des Gen[ossen] Andropow durch maßgebliche Vertreter der BRD-Regierung fällt da schwerer ins Gewicht. Da bleibt von schönen Worten nicht mehr viel übrig.

Das 5. Plenum bot die Bereitschaft der DDR an, die Beziehungen zu entwickeln, wobei wir davon ausgehen, daß das geschlossene Vorgehen der sozialistischen Staatengemeinschaft im Kampf für den Frieden in Europa dieser Problematik übergeordnet bleibt. Die Feststellung der mit den Beziehungen zur DDR und den anderen sozialistischen Ländern zusammenhängenden konkreten Absichten der BRD ist ein wichtiger Aspekt unserer operativen Aufgaben. Aber gleichzeitig stellt uns der Kampf gegen subversive Aktionen und politische Provokationen vor eine Reihe weiterer Aufgaben. Der Barzel-

Besuch in Berlin verdeutlicht, was hier auf uns zukommen kann, unter anderem im Zusammenhang mit Luther-Feierlichkeiten in diesem Jahr.
In der operativen Arbeit müssen wir uns also darauf einstellen, daß wir es vermutlich für eine längere Zeit mit einer CDU-geführten Regierung zu tun haben. Es gilt daher, besondere Anstrengungen auf den Ausbau der Quellenpositionen in dieser Partei zu richten und mit unseren operativen Mitteln und Methoden auf eine Stärkung der realistischen Positionen und Strömungen in dieser Regierung hinzuwirken. Gleichzeitig bleibt aber auch die Einschätzung der inneren Lage der BRD insgesamt und der Entwicklung des innenpolitischen Kräfteverhältnisses von grundlegender Bedeutung. Das betrifft den fortschreitenden Differenzierungsprozeß, den zunehmenden Widerstand gegen die Raketenstationierung, das Weiterbestehen der wirtschaftlichen Probleme und insbesondere die weiter ansteigende Arbeitslosigkeit, die Konzeptionslosigkeit der Regierung und ihr Bestreben einer Umverteilung von unten nach oben. Eine wesentliche Aufgabe besteht also darin, die im Gefolge dieser Entwicklung andauernde Labilität des innenpolitischen Kräfteverhältnisses ständig unter Kontrolle zu halten und mögliche wesentliche Lageveränderungen, zum Beispiel durch das Entstehen neuer Kräftekonstellationen, die Auswirkungen auf die Regierbarkeit der BRD haben können, rechtzeitig zu erkennen und richtig zu bewerten.
Ein Bearbeitungsschwerpunkt bleibt trotz ihrer jetzigen Oppositionsrolle die SPD. In dieser Partei ist nach dem Wegfall der Rücksichtnahme auf die Regierungsverantwortung eine gewisse Stärkung realistischerer Positionen eingetreten. Die SPD-Führung sieht sich im Interesse der Verbreiterung der Wählerbasis der Partei gezwungen, bestimmte Argumente linker Kräfte zu übernehmen und die Frage von Bündnissen mit den neuen sozialen Bewegungen in ihre Überlegungen einzubeziehen. Wichtig ist vor allem, daß sich eine flexiblere Haltung der SPD-Führung zum Raketenbeschluß abzeichnet, daß nach Wegen gesucht wird, von der bisherigen eindeutigen Zustimmung zur Stationierung neuer Raketen bei einem Mißerfolg der Genfer Verhandlungen wegzukommen. Das zeigen auch die Reaktionen aus SPD-Kreisen auf den Vorschlag des Gen[ossen] Andropow. Hier müssen wir dazu beitragen, daß diesem Schritt weitere in der richtigen Richtung folgen.
Mit großer Aufmerksamkeit müssen wir auch die Entwicklung der Grünen und Alternativen beobachten, die nicht nur zu den Kernkräften der außerparlamentarischen Opposition, vor allem der Friedensbewegung, gehören, sondern in zunehmendem Maße das traditionelle Parteiengefüge in der BRD durcheinanderbringen und eine Rolle im parlamentarischen System zu spielen beginnen. Diese Kräfte sind bereits in fünf Länderparlamenten und im Westberliner Abgeordnetenhaus vertreten, und es ist durchaus möglich, daß sie bei der nächsten Bundestagswahl auch den Einzug in die höchste parlamentarische Vertretung der BRD schaffen. In diesem Fall können sich neue Kräftekonstellationen ergeben, auf die wir vorbereitet sein müssen.
Zu den Schwerpunkten der politisch-operativen Arbeit gehört weiterhin die

Aufklärungstätigkeit in Richtung China. Dabei geht es vor allem um die Beantwortung der Frage nach der konkreten Haltung Chinas zu den wichtigsten Problemen der internationalen Klassenauseinandersetzung. Wir wissen, daß sich in China Entwicklungen vollziehen, die dazu geführt haben, daß auf dem XII. Parteitag einige Akzente in der Außenpolitik verändert wurden. Ich verweise auf die Information des Politbüros über den XII. Parteitag, die in allen GO/APO[116] behandelt wurde. Unsere Aufklärungsaufgaben in Richtung China sind bekannt. Zur Zeit gilt es vor allem die Frage zu beantworten, was die chinesische Führung mit ihrem Wunsch nach Verbesserung der Beziehungen mit der UdSSR und anderen Staaten tatsächlich erreichen will und was sie dafür selbst zu tun bereit ist. Das ist um so wichtiger, weil wir wissen, daß die Auseinandersetzungen in der chinesischen Führung um die außenpolitische Grundorientierung andauern. Wir gehen an die Entwicklung der Beziehungen zu China ohne jede Illusionen heran. Wir behalten dabei stets im Auge, daß die chinesische Führung in den internationalen Fragen einer langfristigen, im Wesen klassenindifferenten Globalmachtkonzeption folgt, in der den Beziehungen mit der UdSSR und anderen sozialistischen Staaten taktische Bedeutung zugemessen wird. Das Hauptziel dieser Gruppe besteht darin, China zur Führungsmacht der „dritten Welt" zu erheben. Die gerade zu Ende gegangene Reise des chinesischen Ministerpräsidenten in zahlreiche afrikanische Länder verdeutlicht diese Zielstellung.
Immer größere Bedeutung in der Konfrontationspolitik gewinnt die ideologische Diversion gegen die sozialistischen Länder. Die kürzliche Konferenz im State Department zeigt, daß die ideologische Zersetzungsarbeit gegen die sozialistischen Staaten als Bestandteil der Konfrontationspolitik in den Rahmen offizieller staatlicher Politik erhoben wurde. Die USA stellen jährlich 1 Mrd. Dollar für direkte konterrevolutionäre Aktivitäten gegen die sozialistischen Länder zur Verfügung, davon 44 Millionen Dollar für direkte Zuwendung an konterrevolutionäre Elemente. Die Zielstellung ist bekannt, ich brauche darauf nicht neu einzugehen. Für die Aufklärung der DDR ergibt sich, alles zu tun, um Einheit und Geschlossenheit unserer Gemeinschaft weiter zu stärken und zum Wachstum der Macht und der Stärke sowie des Einflusses im Weltmaßstab beizutragen. Der lang bekannte Plan des Klassenfeindes zur Schwächung der Einheit und Geschlossenheit der sozialistischen Länder, um einzelne Länder aus dem Bündnis herauszubrechen, die sozialistische Ordnung zu zersetzen und Veränderungen von innen heraus zu erreichen, blieb nicht ohne Ergebnisse – siehe Polen. Der Gegner hat daraus seine Schlußfolgerungen gezogen und bemüht sich, die polnischen Erfahrungen bei seinen subversiven Angriffen gegen andere sozialistische Staaten zu nutzen. Daraus ergibt sich die Notwendigkeit, unser Wissen über das strategische und taktische Vorgehen des Imperialismus ständig zu ver-

116 GO: Grundorganisation der SED. APO: Abteilungsparteiorganisation der SED.

vollkommnen, das heißt noch festere Positionen in den Führungszentren der ideologischen Diversion und den ausführenden Organen zu erringen, um feindliche Pläne bereits dort aufzuklären, wo sie ausgearbeitet wurden. Besondere Aufmerksamkeit haben wir den neuen Formen der ideologischen Diversion des Feindes zu schenken, die in letzter Zeit entstanden sind. Es ist nicht verwunderlich, daß gerade unter den Bedingungen der Konfrontationspolitik, des Kampfes um militärische Überlegenheit die Untergrabung der Verteidigungsbereitschaft durch Installierung einer „unabhängigen" Friedensbewegung in den sozialistischen Ländern ein wichtiges Ziel der sich beständig verschärfenden ideologischen Diversion ist. Aber das ist nicht das einzige Ziel.
Hier sieht der Feind die Möglichkeit und den Ansatzpunkt, doch noch sein Ziel zu erreichen, unter Mißbrauch des Friedenswillens des Volkes eine antisozialistische Opposition aufzubauen. Der Feind rechnet damit, über die Aktivitäten antisozialistischer Kreise in der Kirche und der künstlerischen Intelligenz seinen Einfluß auf die Arbeiterklasse, die Jugend und die Intelligenz zu erweitern.
Wir betrachten es als wesentliche Aufgabe der Abwehr- und Aufklärungstätigkeit, auch hier die konkreten feindlichen Verbindungen und Kanäle aufzudecken, über die der Gegner bei uns einzudringen versucht, wie es der Genosse Minister in seiner Planvorgabe 1983 für die HV A formuliert hat. Das gleiche gilt auch für die Versuche des Gegners, bei uns eine ökologische Opposition zu installieren. Wichtig erscheint auch die Verstärkung des Kampfes gegen den Vatikan. Seit der Wahl Johannes Paul II. zum Papst sind die vorhandenen Tendenzen des Eintretens für eine internationale Entspannung im Vatikan weniger deutlich geworden, während sich seine Rolle als subversives Zentrum gegen die sozialistischen Staaten stärker ausgeprägt hat. Es scheint, daß der Vatikan mehr und mehr auf die Linie der Konfrontationspolitik der Reagan-Administration einschwenkt.
Wir müssen auch damit rechnen – das zeichnet sich bereits jetzt ab – daß sich die revanchistische und nationalistische Agitation gegen die DDR verstärkt. Nicht umsonst haben die Bonner Regierung und die CDU/CSU für 1983 Orientierungspunkte gesetzt, die die Richtung der feindlichen Diversion deutlich machen – den 30. Januar 1933, den 500. Geburtstag Luthers und den 30. Jahrestag des faschistischen Putsches 1953, um aus Gemeinsamkeiten der deutschen Geschichte eine nationalistische und antikommunistische Stoßrichtung abzuleiten.
Notwendig bleibt also, weitere operative Positionen in den Führungszentren der PID[117] sowohl auf dem Gebiet der BRD wie auch international zu schaffen. Das gilt auch für die ausführenden Organe und Instumentarien der PID zur Beeinflussung der praktischen Regierungspolitik und ihr Zusammenwir-

117 PID: Politisch-ideologische Diversion.

ken mit Geheimdiensten und anderen subversiven Kräften. Das ist sicher nicht einfach, bleibt aber notwendig.
Ich wies bereits eingehend darauf hin, daß die Angriffe der feindlichen Geheimdienste gegen die sozialistischen Länder aggressiver, gefährlicher und zielgerichteter werden. Das bestätigt sich ständig aufs neue. Die gegnerischen Geheimdienste haben eine Vielzahl von Maßnahmen zur Erhöhung des Informationsaufkommens über die sozialistischen Staaten eingeleitet, insbesondere durch Erhöhung von Qualität, Effektivität und Gefährlichkeit in der Spionageaktivität. Das verpflichtet uns, aufbauend auf den bisherigen Erfolgen, den Kampf gegen die Geheimdienste, zur Sicherung unserer Auslandskader, zum Schutz unseres Netzes zu verstärken und unsere Einsatzkader politisch-ideologisch und operativ besser auf die Konfrontation mit dem Feind vorzubereiten. Die organisatorischen Maßnahmen des BND[118], die Schaffung neuer Struktureinheiten für den Kampf gegen die sozialistischen Länder, die Erhöhung der Bedeutung der Auslandsresidenturen und die Zunahme geheimdienstlicher Angriffe gegen Außenvertretungen der DDR machen unsere ganze Verantwortung deutlich.
Ich bin nur auf einige Fragen eingegangen, aber ich glaube das macht deutlich, daß die Situation auch im neuen Jahr 1983 hohe Aufgaben an uns stellt. Die Bedingungen für die operative Arbeit im und ins Operationsgebiet haben sich wie die allgemeine Situation in vielfacher Hinsicht verschärft. Aber auch hier kommt es darauf an, nicht nur die erschwerten Bedingungen, das verstärkte Abwehrregime, den ideologischen Druck auf unser inoffizielles Netz, die auch durch die Krise mit beeinflußten Erschwernisse beim Eindringen in die Hauptobjekte zu analysieren und zu berücksichtigen, sondern auch die größeren Möglichkeiten für die Gewinnung neuer Kämpfer an unserer Front, die sich aus den veränderten Faktoren der internationalen Klassenauseinandersetzung, dem Kampf um den Frieden, der Krise des Kapitalismus ergeben. Hohes Wissen und die Bereitschaft, es anzuwenden, klarer Kopf, Realitätssinn und Parteilichkeit, diese wichtigen Eigenschaften tschekistischen Verhaltens gilt es beständig durch politisch-ideologische Arbeit zu festigen.
Der Weg, den wir mit den Maischlußfolgerungen von 1979 beschritten haben, hat sich als richtig erwiesen. Unsere Anstrengungen zum Eindringen in die Hauptobjekte müssen aber angesichts der Entwicklung der Lage weiter erhöht werden und im Mittelpunkt der Arbeitspläne und der entsprechenden Leitungstätigkeit stehen. Dabei gilt es, die neuauftauchenden Probleme stets richtig zu erkennen und zu analysieren, um den veränderten Lagebedingungen im Operationsgebiet jederzeit ständig gerecht werden zu können. Die Entwicklung nach dem Regierungswechsel in Bonn zeigt die erhöhten Anforderungen, die in diesem Zusammenhang vor uns stehen. Ich verweise in

118 BND: Bundesnachrichtendienst.

diesem Zusammenhang nur auf die neuen Möglichkeiten, die sich im Zusammenhang mit der internationalen Lage für die Werbungen aus den Objekten heraus ergeben, ohne daß hierbei die Methode der Einschleusung in diese Objekte vernachlässigt wird.
Wenn wir die Möglichkeiten erkennen und nutzen, die sich aus dem verstärkten Differenzierungsprozeß im Operationsgebiet für unsere Arbeit ergeben, werden wir weiter gute Erfolge beim Ausbau und der Entwicklung unserer Positionen im Operationsgebiet erzielen. Dabei können wir solche Faktoren nutzen, wie die Erkenntnis der von den USA ausgehenden Gefahren zum Teil in Form sich ausbreitender Angst vor einem neuen Krieg, die sich aus der Regierungspolitik der CDU/CSU-geführten Regierung in der BRD ergebenden Konsequenzen, die Entwicklung der Friedensbewegung und der alternativen Gruppen und die Folgen der kapitalistischen Krise und die damit zusammenhängenden Probleme bestimmter Personengruppen einschließlich von Angehörigen der Intelligenz und vor allem der Jugend. Wir können bei der Erarbeitung entsprechender Hinweise auf [sic!] das Potential des gesamten Ministeriums rechnen. Der Gen[osse] Minister hat in seiner zentralen Planvorgabe für 1983 eine sehr eindeutige Orientierung dazu gegeben. Die Forderung an alle Diensteinheiten des MfS, jede Möglichkeit zur Unterstützung der Aufklärung auszuschöpfen, bietet beste Ausgangspositionen, die wir durch kameradschaftliche Zusammenarbeit mit den Diensteinheiten der Abwehr voll nutzen müssen. Natürlich stellt diese Situation erhöhte Anforderungen an die Leitungstätigkeit der dienstlichen Leiter, aber auch der Parteileitungen. Wir haben im Jahre 1982 dabei zweifellos Fortschritte erzielt. Die Leitungstätigkeit hat sich stärker auf die Schwerpunkte konzentriert, was sich positiv auf die Erhöhung der persönlichen Verantwortung der Leiter der verschiedensten Ebenen ausgewirkt hat. Durch die Qualifizierung der analytischen Arbeit der Leiter, die Intensivierung der Vorgangsarbeit, die konkretere und differenziertere Anleitung der Mitarbeiter zu Schwerpunktvorgängen und durch regelmäßige kollektive Beratungen auf verschiedenen Leiterebenen wurden weitere Schritte zur qualifizierten Steuerung operativer Prozesse und zur Durchsetzung der Prinzipien der konzentrierten und vielfältigen Beurteilung der Hauptobjekte gegangen. Die persönlichen Arbeitspläne der Leiter haben sich bewährt und zur zielgerichteten Erfüllung wichtiger Planpositionen beigetragen. Natürlich bleibt es für uns ein großes Problem, den eigenen Zeitfonds richtig einzuteilen und zu planen, aber deshalb ist es um so wichtiger.
Der Maßstab für die qualifizierte Leitungstätigkeit 1983 ist und bleibt die Lösung der in der Planorientierung festgelegten und in den Arbeitsplänen der Diensteinheiten bestätigten Schwerpunktaufgaben. Dabei bleibt es notwendig, endgültig von überholten Arbeitsmethoden und Routine abzugehen. Die neuen Aufgaben machen eine weitere Qualifizierung der Tätigkeit des Stabes notwendig. Die ersten Schritte zeigen die Richtigkeit der Vorstellungen, die wir Anfang 1982 entwickelt haben und widerlegen die falsche Mei-

nung, daß der Ausbau des Stabes eine Erweiterung des „administrativen“ Sektors zu Lasten der operativen Arbeit bedeutet. Die ersten Schritte, die gegangen werden zur Analyse grundlegender Probleme der Entwicklung der Klassenauseinandersetzung und der Ableitung von Aufgabenstellungen für den Einsatz der operativen Kräfte daraus, der Weiterentwicklung der Planung und Plankontrolle mit dem Ziel, die Hauptfragen der operativen Arbeit schneller lösen zu helfen und der konsequenten Nutzung der EDV[119] zur Verbesserung der Leitungstätigkeit unterstreichen im Gegenteil, daß uns hier ein Potential zuwächst, durch das die operative Arbeit wesentlich befruchtet werden kann.

119 EDV: Elektronische Datenverarbeitung.

31. Oktober 1983

Zu einigen Mitteln und Methoden der operativen Arbeit* – Operative Schlußfolgerungen[120]

[Gliederung]

Einleitung

Zur weiteren Qualifizierung der Aufklärungstätigkeit kommt es bei konsequenter Anwendung der bisher bewährten Mittel und Methoden in der operativen Arbeit gegenwärtig darauf an,

- einige operative Grundprozesse unter Beachtung der veränderten Lagebedingungen und der Aufgaben zum Eindringen in die Hauptobjekte linien- und objektbezogen neu zu überdenken und
- konkrete Festlegungen zur verstärkten Bearbeitung der Hauptobjekte zu treffen, die im Mittelpunkt der Arbeitspläne sowie der praktischen Leitungstätigkeit stehen müssen.

Die geforderten qualitativen Maßstäbe und die Notwendigkeit der Vielfalt der operativen Arbeit sind dabei ständig den neuen Erkenntnissen und Erfahrungen anzupassen.

Unter Berücksichtigung dieser Erfordernisse wurde diese aktualisierte Fassung der operativen Schlußfolgerungen vom 28. Mai 1979 erarbeitet.

1. *Die operative Arbeit ist auf die effektive Bearbeitung der feindlichen Hauptobjekte zu konzentrieren.*
   Dazu ist es notwendig,
   - das operativ-methodische Vorgehen stärker auf der Grundlage aktuell-politischer Entwicklungen, operativer Objektanalysen sowie realer Anforderungsbilder für IM und der Analyse des vorhandenen IM-Netzes zu realisieren.
     Es ist zu prüfen, wie das vorhandene Netz im Operationsgebiet noch effektiver zur Lösung der Schwerpunktaufgaben genutzt werden kann, welche IM unter den gegebenen Bedingungen gegen die Hauptobjekte einsetzbar sind bzw. bleiben und welche IM aus dem Operationsgebiet entsprechend der erforderlichen Qualifizierung der operativen Arbeit als Führungs-IM entwickelt und eingesetzt werden können.
     Bei nicht mehr gegen die Hauptobjekte einsetzbaren IM sind die Einsatzmöglichkeiten neu zu durchdenken und zu entscheiden, ob sie mit

* Neufassung der operativen Schlußfolgerungen vom 28. Mai 1979.

120 BStU, ZA, GVS 0198 MfS-Nr. A 67/83, 43. Ausfertigung. Bl. 1–11. – Kopf: Ministerrat der Deutschen Demokratischen Republik, Ministerium für Staatssicherheit, Stellvertreter des Ministers. – Vermerk: Auf Bl. 11: handschriftlich gezeichnet: Wolf, Generaloberst.

anderen operativen Aufgaben zu betrauen sind. Dabei ist ihr Einsatz als austauschbare IM, IM im Verbindungswesen und zur Regimeaufklärung, IM zur Arbeit an Universitäten und Hochschulen des Operationsgebietes oder als Werber für die Schaffung von für den Gegner sicherheitspolitisch nicht belasteter PIM[121] zu prüfen;

- jeden einzelnen IM so individuell und variabel vorzubereiten, daß er vom Feind nicht erkannt werden kann und maximal befähigt ist, am Feind bzw. im Blickfeld des Feindes zu arbeiten. *Es kommt nicht darauf an, eine Vielzahl von IM zu führen, sondern diese in solchen Positionen zu haben, in denen sie in der Frage Krieg oder Frieden die entscheidenden Informationen beschaffen können.* „Beschäftigung", Routine und Schematismus in der Arbeit mit IM sind Todfeinde einer erfolgreichen sozialistischen Aufklärungsarbeit;
- in der IM-Arbeit die entscheidenden Grundsätze zu beachten und strikt durchzusetzen:
  - die richtige Auswahl der Kandidaten,
  - die gewissenhafte Prüfung der Eignung, operativen Möglichkeiten und Perspektive,
  - die sorgsame Führung der IM,
  - die ständige Überprüfung der IM in der Anleitung und Aufgabenstellung auf Ehrlichkeit,
  - die nicht außer acht zu lassende tschekistische Wachsamkeit (einschließlich der Überprüfungen mit spezifischen Mitteln der Abteilung IX) bei aller persönlichen Achtung und Wertschätzung der IM, insbesondere dann, wenn sich Veränderungen ergeben,
  - die gewissenhafte Abwägung von Aufwand und Nutzen, von Risiko und Ergebnis bei der Einschätzung jedes IM-Vorganges und jeder operativen Handlung;
- bei operativen Kombinationen und Maßnahmen gegen die Hauptobjekte die Überprüfungspraxis des Feindes zugrundezulegen und zu beachten sowie Entscheidungen über die Führung operativer Kräfte und den Einsatz operativ-technischer Mittel unbedingt auf der Grundlage aktualisierter Sicherheitsanalysen zu treffen.

Größere Bedeutung erlangt die Methode der *Werbung von Quellen aus den Objekten heraus*. Dabei ist davon auszugehen, daß sich aus der Zuspitzung der Lage neue Möglichkeiten eröffnen und daß die Gefahr eines Krieges zu einer bedeutenden Motivation für die Gewinnung von Quellen im Operationsgebiet geworden ist. Durch eine systematische Personenaufklärung und -analyse unter anderem im Rahmen der Dossierarbeit müssen wir frühzeitiger das Potential geeigneter Kandidaten erkennen.

121 PIM: Perspektiv-IM.

Die stärkere Orientierung auf Werbungen aus den Objekten erfordert
- eine umfassendere Sammlung von Angaben zu Personen aus den Objekten, die durch den Einsatz aller inoffiziellen und offiziellen Möglichkeiten sowie durch die *effektivere Gestaltung der Dossierarbeit* in den operativen D[ienst]E[einheit] mit dem Ziel zu unterstützen ist, vorhandene Reserven zu erschließen und die Hinweisbearbeitung zum größeren Nutzen für die operative Arbeit zu gestalten;
- die aus der Dossierarbeit erkannten Zielpersonen zur Werbung umfassend aufzuklären und zu überprüfen, um Fehlschläge zu vermeiden und informativ wertvolle Quellen zu gewinnen;
- eine bessere Beherrschung der abwehrmäßigen Absicherung der Objekte, um unkontrollierbares Risiko einzuschränken;
- die Entwicklung geeigneter, für den Gegner nicht belasteter und überprüfbarer Werber und Werbestützpunkte;
- den verstärkten Einsatz von kombinierten Werbegruppen aus Werbern/Operationsgebiet und Werbern/DDR unter anderer zur Durchsetzung von Werbungen unter fremder Flagge.

Die *Einschleusung von Perspektiv-IM in die feindlichen Hauptzentren* bleibt weiterhin *eine* wichtige Richtung unserer Arbeit. Um diese Methode mit höherer Effektivität kontinuierlich fortführen zu können, sind die strengeren Maßstäbe an die *Qualität* der IM konsequenter durchzusetzen.
Das betrifft insbesondere:
- PIM[122] müssen dem Anforderungsbild des Feindes in politischer, fachlicher und sicherheitspolitischer Sicht maximal entsprechen. Die Schaffung dieser PIM bleibt weiterhin Kampfauftrag der operativen Diensteinheiten der HV A und der Abteilungen XV/BV.
- Die Kontaktierung und Werbung von „sauberen" PIM ist in der Regel im Operationsgebiet durchzuführen. Dazu ist die Arbeit zur Entwicklung von Stützpunkten an Universitäten und Hochschulen des Operationsgebietes zu verstärken.
- Bei der Suche und Auswahl geeigneter PIM ist die Dissolution der Zielobjekte zu beachten. Es sind vorrangig solche PIM auszuwählen, die in operativen Schwerpunktterritorien oder Objektstädten wohnhaft bzw. tätig sind.
- Die PIM sind danach zu prüfen, ob zu den Hauptobjekten geeignete und unverdächtige Förderverbindungen/Protektionen entwickelt und genutzt werden können. Damit ist der Grundsatz zu verfolgen: „Nicht schieben, sondern ziehen lassen."
- Im Operationsgebiet BRD/Westberlin sind stärker Möglichkeiten zu erschließen, über Länderregierungen, Führungsgremien der Parteien

122 PIM: Perspektiv-IM.

und Organisationen in den Bundesländern sowie über Stützpunkte an den Universitäten und Hochschulen, der Friedensbewegung und alternativen Gruppen PIM aufzubauen, die von ihren Führungskräften in zentrale Schwerpunktobjekte mitgenommen bzw. empfohlen werden. Die Bearbeitung dieser *Basisstützpunkte* ist mit geeigneten IM/DDR, die über eine ausreichende Abdeckung im Operationsgebiet verfügen, zu verstärken. Dazu ist die operative Nutzung von geeigneten Einrichtungen, Institutionen und Organisationen der DDR auszubauen und weiterzuentwickeln.

- Durch die sorgfältige operative Bearbeitung, Werbung und Einschleusung von PIM in die Hauptobjekte ist zu gewährleisten, daß dem Feind durch die operative Zusammenarbeit bzw. durch Bewegungen und Verhaltensweisen der PIM in dieser Zeit keinerlei Ansatzpunkte für einen Verdacht gegeben werden, da Bewerber in feindlichen Hauptobjekten einer tiefgehenden Sicherheitsüberprüfung vor der Einstellung unterworfen sind, die bis zu zehn Jahre die Entwicklung des Kandidaten vor der Bewerbung erfaßt.
- Bei der Suche, Auswahl und operativen Führung von PIM ist die Möglichkeit einer Doppelagententätigkeit ständig und gründlich zu prüfen und bei Anzeichen dafür rechtzeitig eine eindeutige Klärung herbeizuführen.

2. In der *Arbeit mit Quellen* ist davon auszugehen, daß sie als die wichtigste IM-Kategorie am intensivsten der feindlichen Abwehrtätigkeit ausgesetzt sind.
   - Bei jeder Quelle ist zu prüfen und zu entscheiden, ob die Führung durch offiziell legalisierte bzw. legendierte und somit für die Umgebung erkennbare und für den Feind überprüfbare Kontakte erfolgen kann oder ob sie streng konspirativ unter Verdeckung jeglicher wahrnehmbarer persönlicher Verbindungen erfolgen muß.
   - Für jede Quelle ist der Informationsentnahme- und –transportmechanismus entsprechend der Sicherheitslage in den einzelnen Objekten festzulegen und ständig dem herrschenden personellen und materiellen Geheimnisschutz im jeweiligen Objekt anzupassen. Dabei ist das Verhältnis von Risiko und Ergebnis ständig neu einzuschätzen.
   - Bei Quellen, die in Spannungs- und Krisenzeiten oder perspektivisch aus anderen Gründen eine besondere Bedeutung gewinnen, ist jedes Risiko der Informationsgewinnung zu vermeiden und die Verbindung auf ein erforderliches Minimum zu reduzieren.
   - Bewegungen von Quellen müssen unter Berücksichtigung des feindlichen Kontrollmechanismus vor sich gehen. Deshalb ist alles zu unterlassen, was Verdacht erwecken und feindliche Handlungen auslösen kann. Eine für den Feind unmotiviert erscheinende Reisetätigkeit ist zu unterbinden.

- Im Umgangs- und Bekanntenkreis der Quellen ist zu prüfen, ob sich darunter Personen befinden, auf die Rastermerkmale des Feindes zutreffen und die eine Bearbeitung auslösen können. Solche Verbindungen sind systematisch abzubauen.
- Um eine hohe Sicherheit der Quellen zu erreichen, sie andererseits aber nicht zu verunsichern und Inaktivität zu erzeugen, ist ihre ständige Erziehung und Ausbildung zu hoher Wachsamkeit und Konspiration individuell und vorgangsbezogen durchzuführen.

3. *Die Übersiedlung* von qualifizierten und zuverlässigen IM, insbesondere von Führungskadern, in das Operationsgebiet ist trotz umfangreicher Abwehrmaßnahmen des Feindes nach wie vor eine wichtige Aufgabe.
   - Die Gewinnung geeigneter Übersiedlungskandidaten und austauschbarer IM ist weiterzuentwickeln. Es kommt vor allem darauf an, solche IM für den Abzug aus dem Operationsgebiet zu finden, deren personelle Grundlagen einen operativen Spielraum für das Double erlauben. Die in diesem Zusammenhang erteilten Auflagen sind konsequent zu realisieren.
   - Für qualifizierte Übersiedlungen ist die stärkere Auswahl von Kadern erforderlich, die Sprachkenntnisse haben und über Berufserfahrungen verfügen, die eine Zwischenlegalisierung in Entwicklungsländern oder in Übersee erleichtern.
   - Das Eindringen in Objekte des Paß- und Meldewesens in Ländern des Operationsgebietes, die für die Übersiedlungen von besonderer Bedeutung sind, ist nach wie vor vorrangig zu beachten. Es ist mit einer zielstrebigen Aufklärung des operativen Dokumentationsregimes zu verbinden.

   Beim Einsatz übersiedelter IM ist zu beachten, daß sie in der Regel als Führungskader nicht im Blickfeld des Gegners stehen sollen.

4. Das wichtigste Kettenglied für die Bearbeitung der Hauptobjekte sind die *Werber.* Sie müssen, abgeleitet von der Zielperson, in der Regel „sauber", das heißt für den Feind überprüfbar sein.
   Darüber hinaus sind folgende Gesichtspunkte zu beachten:
   - Bei der Bearbeitung und Werbung von Personen aus feindlichen Hauptobjekten muß die operativ notwendige Bewegung von Werbern stets überprüfbar sein. Dazu sind vor allem Werber geeignet, die in der unmittelbaren Umgebung der feindlichen Hauptobjekte wohnen oder tätig sind bzw. Verbindungen dorthin entwickeln können.
   - Für die Bearbeitung weiblicher Personen aus feindlichen Hauptobjekten sind grundsätzlich Werber einzusetzen, die einer Tiefenüberprüfung der feindlichen Abwehrorgane standhalten.
   - Stärker sind solche Werber zu gewinnen, die als Ausländer, insbesondere aus kapitalistischen Hauptstaaten, ständig in der BRD wohnhaft

sind bzw. vom Ausland her regelmäßig geschäftliche oder persönliche Verbindungen in die BRD unterhalten. Solche Werber sind besonders gut als Vertreter einer fremden Flagge geeignet. In bestimmten Fällen können Ausländer, die ständig oder zeitweilig in der DDR leben, auf ihre Eignung als Werber geprüft werden.
- Bei der Vorbereitung von Werbern auf ihren künftigen Einsatz ist stärker auf die Einsatzmöglichkeiten von fremden Flaggen zurückzugreifen. Solche Legenden und Flaggen sind planmäßig aufzubauen, abzusichern und weitgehend überprüfbar zu gestalten.

5. Die *Kontaktarbeit im Operationsgebiet und in der DDR* ist unter strikter Beachtung der bestehenden Grundsätze und Weisungen durchzuführen und auf die entscheidenden Schwerpunkte zu konzentrieren.
   - In der Kontaktarbeit gewinnt die gründlichere Personenaufklärung zunehmende Bedeutung, wobei die personelle und qualitative Eignung, die Perspektive und der operative Nutzen eindeutig zu klären sind.
   - Ziel der verstärkt im Operationsgebiet zu entwickelnden Kontaktarbeit ist es, IM zu finden, die dem Anforderungsbild der feindlichen Hauptobjekte entsprechen und die zur Bearbeitung und zum Eindringen in die Hauptobjekte eingesetzt werden können.
   - Es ist mehr mit der Methode des indirekten Kontaktes zu arbeiten, wobei bereits im Zusammenhang mit der Aufklärung der Person die günstigste Werbebasis und Werbeflagge auszuwählen sind.
   - Die Regeln der Konspiration und die höheren sicherheitsmäßigen Anforderungen an die Kontaktarbeit im Operationsgebiet sind bereits zu Beginn der Bearbeitung eines Hinweises strikt einzuhalten.
   - Mit dem Ziel, Maßnahmen zur Erhöhung der Effektivität und zur Senkung des Sicherheitsrisikos festzulegen, sind die Kontakt- und Werbeaktivitäten der legal abgedeckten Residenturen im Sinne dieser Schlußfolgerungen weiter zu qualifizieren.
   - Die Kontaktarbeit in der DDR ist vorrangig auf operativ geeignete Personen des Operationsgebietes auszurichten. Dabei ist auf die operative Nutzung der vielfältigsten Beziehungen zwischen den beiden deutschen Staaten und Westberlin zu orientieren. Darüber hinaus sind die Verbindungen von DDR-Bürgern in uns operativ interessierende Länder bzw. der Kreis der in der DDR überwiegend bzw. ständig lebenden Ausländer sorgfältig auf ihre operative Eignung für eine Bearbeitung der Hauptobjekte zu analysieren.

     Mit Hilfe von IM unter DDR-Verwandten/Bekannten und in geeigneten Institutionen ist im Vorfeld vor der direkten Kontaktaufnahme der Kandidat aufzuklären und auf Eignung und Perspektive zu prüfen. In dieser Phase ist die Verbindung vorrangig über die bestehenden Verbindungen zu halten. Es muß im Auge behalten werden, daß über DDR-Verbindungen geworbene IM im Prinzip auch für Aufgaben zur operativen Bearbeitung der Hauptobjekte einsetzbar sind. Generallinie muß sein, unter Nutzung aller operativen Möglichkeiten unseres Organs, eine große Anzahl von Personen aufzuklären und zu überprüfen, aber nur die perspektivreichsten Personen zu kontaktieren bzw. mit dem Ziel der Werbung zu bearbeiten.

- In den Kontakt- und Werbeprozessen ist auf der Basis gesicherter Erkenntnisse und einer rechtzeitigen Konsultation mit den jeweiligen Fachabteilungen gewissenhaft zu entscheiden, wann welche operativen Maßnahmen einzuleiten sind. Es ist zu vermeiden, daß unter Zeitdruck oder anderen Sachzwängen falsche Entscheidungen getroffen werden.
  Es ist zu berücksichtigen, daß sich kontaktierte oder geworbene Personen beim Feind stellen und überworben werden können.
- Es ist erforderlich, alle bedeutsamen Kontakte rechtzeitig unter Leitungskontrolle zu stellen.

6. Die umfangreichen politisch, ideologischen, operativen und anderen *Abwehrmaßnahmen des Feindes* gegen die Arbeit der Sicherheitsorgane der sozialistischen Länder *im Operationsgebiet* haben sich weiter verstärkt.
   Damit wird das Ziel verfolgt, den psychologischen Druck auf das IM-Netz zu erhöhen, durch Werbe-, Über- und Abwerbungsversuche sowie Verhaftungen in die sozialistischen Aufklärungsorgane einzudringen bzw. politische Wirkung (Unsicherheit, Mißtrauen usw.) zu erzielen und die Nutzung legaler Positionen der sozialistischen Länder durch ihre Sicherheitsorgane zu verhindern.
   Diese Maßnahmen des Feindes gegen die Tätigkeit der sozialistischen Sicherheitsorgane im Operationsgebiet, verbunden mit verstärkten direkten Angriffen gegen das operative Netz und die Auslandskader, ist durch die wirkungsvolle Nutzung unseres IM-Netzes und der legal abgedeckten Residenturen, durch den Schutz der vorhandenen und die Schaffung neuer IM-Positionen zu begegnen.
   Den Feind nicht unterschätzen, seine Tätigkeit ständig analysieren, die Lücken finden, die das gegnerische Abwehrsystem läßt, sie durch qualifiziertes Handeln operativ nutzen – das sind wesentliche Voraussetzungen dafür, dem Feind immer einen Schritt voraus zu sein.
   Das erfordert, folgende Gesichtspunkte besonders zu beachten:
   - Die Pläne, Absichten, Maßnahmen, Mittel und Methoden feindlicher Organe im Operationsgebiet und feindlicher Kräfte in der DDR gegen die Arbeit der Sicherheitsorgane der sozialistischen Staaten und gegen die Auslandsvertretungen sind kontinuierlich aufzuklären. Das Eindringen in die Zentralen der feindlichen Abwehr und die umfassende abwehrmäßige Nutzung der Möglichkeiten unseres IM-Netzes im Operationsgebiet und in der DDR sind dabei wichtige Voraussetzungen.

- Zur Unterlaufung der feindlichen Abwehrorgane ist ständig nach neuen Wegen, neuen Methoden und Varianten zu suchen. Festgefügte Schemata sind in der operativen Arbeit nicht zuzulassen. Das zwingt uns zu entsprechenden Überlegungen in der Kontaktarbeit, der Werbemethodik, dem Verbindungswesen sowie zu Fragen der Übersiedlung von Führungskräften für das illegale Netz.
- Um das Eindringen des Gegners ins IM-Netz vor allem durch Selbstanbieter bzw. durch einen perspektivisch angelegten Einsatz von Doppelagenten zu verhindern, sind die IM/OibE[123] im Operationsgebiet auf die erhöhten Anforderungen der gegenwärtigen politischen und operativen Lage und das aggressive Auftreten der imperialistischen Geheimdienste, insbesondere ihre Werbe-, Über- und Abwerbungsversuche, einzustellen. Den politischen, ideologischen und operativen Maßnahmen des Feindes sowie der maßlosen Hetz- und Verleumdungskampagne gegen die sozialistischen Staaten und ihre Sicherheitsorgane ist vorgangsbezogen offensiv und durch eine verstärkte und sorgfältige erzieherische Arbeit mit IM/OibE sowie durch wirkungsvolle politisch-ideologische Maßnahmen zu begegnen. Unsicherheiten unter operativen Kräften müssen frühzeitig erkannt und schnell überwunden werden.
- In der ideologischen und erzieherischen Arbeit mit IM ist konkret, sachbezogen und überzeugend darzustellen, daß
  - sozialistischer Kundschafter zu sein, eine große und ehrenvolle Aufgabe ist;
  - sich aus der Aggressivität des Imperialismus und aus dem Kampf zur Erhaltung und Sicherung des Friedens die Pflicht und das moralische Recht der sozialistischen Kundschaftertätigkeit ergibt;
  - das MfS über ein solides und schlagkräftiges Netz von Patrioten an der unsichtbaren Front verfügt, das eine streng konspirative, erfolgreiche und wirkungsvolle Aufklärungsarbeit leistet und auch unter den Bedingungen verstärkter Angriffe des Feindes seine Treue und Zuverlässigkeit unter Beweis gestellt hat;
  - jeder, der in dieser Kampffront sozialistischer Aufklärer kämpft, zu den Verteidigern der Menschheit, ihrer humanistischen Ideale, des Fortschritts und des Friedens gehört;
  - es zu den wichtigsten Grundsätzen der sozialistischen Aufklärungstätigkeit gehört, daß die Kämpfer an der unsichtbaren Front den Schutz und die besondere Fürsorge der Zentrale genießen und das Risiko so gering wie möglich gehalten wird; die DDR und Macht und Einfluß des gesamten sozialistischen Lagers mit der Sowjetunion an der Spitze stehen in jeder Situation, besonders aber in schwierigen Situationen, hinter dem IM;

123 OibE: Offizier im besonderen Einsatz.

• Agentenpsychosen und von imperialistischen Geheimdiensten gesteuerte operative Maßnahmen Bestandteile der politisch-ideologischen Diversion und der imperialistischen Konfrontationspolitik sind, mit denen die feindlichen Organe das Ziel verfolgen, IM zu verunsichern und zu zersetzen, Skepsis und Widersprüche zu erzeugen, schwankende und labile operative Kräfte zur Offenbarung und zum Verrat zu bewegen und die operative Arbeit zu erschweren.

– Leistungen von IM bei der Erfüllung der ihnen übertragenen operativen Aufgaben sind zu ihrer Festigung stets zu würdigen.

– Höchste qualitative Maßstäbe sind an die Auswahl, Ausbildung und Erziehung von operativen Einsatzkadern zu stellen. Ihre Sicherheitslage ist vor den Einsätzen gründlich zu prüfen. Dabei sind besonders zurückliegende operative Aktivitäten und sicherheitsrelevante Vorkommnisse verantwortungsbewußt zu analysieren und zu klären.
Das trifft auch auf Einsatzkader zu, die in legal abgedeckten Residenturen eingesetzt werden sollen bzw. sind.

– Die Analyse von Sicherheitsfragen im operativen Reiseverkehr ist weiterzuentwickeln und durch eine stärkere Koordinierung der Arbeit der beteiligten D[ienst]E[inheit], insbesondere der Abteilungen VI und IX sowie der AG S und KOST[124], zu sichern, daß erkannte Probleme und Erkenntnisse des Gegners auf diesem Gebiet rechtzeitig ausgewertet und periodisch oder aus aktuellem Anlaß als Hilfsmittel für die Leitungstätigkeit bereitgestellt werden, damit schnell auf Veränderungen der Lage reagiert werden kann.

7. Die sich verschärfenden Regimebedingungen im Operationsgebiet, insbesondere die technische Perfektionierung der feindlichen Abwehrtätigkeit und die Einführung der maschinell lesbaren Personalausweise und der Reisepässe der BRD, anderer imperialistischer Staaten sowie der EG, haben wesentliche Auswirkungen auf das *operative Verbindungswesen*. Deshalb kommt es darauf an, sowohl das persönliche als auch das unpersönliche Verbindungswesen noch vielfältiger und sicherer zu organisieren und die aktuellen Erkenntnisse des Feindes in der operativen Praxis zu beachten. Einige Probleme sind dabei grundlegend neu zu durchdenken.
Dabei muß jede Entscheidung über die *persönliche Verbindung* zur politischen und operativen Führung von IM mit hohem Verantwortungsbewußtsein und strengen Anforderungen an die Sicherheit, Qualität und Vorbereitung der IM und der zu erzielenden Ergebnisse getroffen werden.

124 Die Abteilung IV der HV A war zuständig für Militärspionage, die Abteilung IX für äußere Spionageabwehr und Gegenspionage. AG S: Arbeitsgruppe Sicherheit der HV A. KOST: Koordinierungsstelle der HV A.

- Zur Erhöhung der Sicherheit bei operativen Reisen ist unbedingt eine Reduzierung der Zahl und gleichzeitig eine breitere und differenziertere Auffächerung der Reisewege sowie die Ausrüstung der IM mit operativen Dokumentationen nach dem Zuverlässigkeitsgrad der IM notwendig.
- Notwendige Treffs zwischen Instrukteuren und Quellen und mit wichtigen IM aus dem Operationsgebiet sind vorrangig während des Urlaubs dieser IM in klassischen Urlaubsländern durchzuführen. Bei Treffs operativer Mitarbeiter der Zentrale sind solche natürlichen Urlaubsaufenthalte durch die IM zu nutzen, um von dort gut vorbereitet und abgedeckt ins Treffland zu kommen.
- Bei der Trefftätigkeit operativer Mitarbeiter in Drittländern ist in Abstimmung mit der Koordinierungsstelle (KOST) zu prüfen und festzulegen, ob und in welchem Umfang ein Zusammenwirken mit der legal abgedeckten Residentur zweckmäßig ist. Die Unterkünfte der Treffpartner sind so auszuwählen, daß dem Feind auch nachträglich keine Zuordnung möglich ist.
- Bei Treffs mit wichtigen Quellen und IM im Operationsgebiet ist zu sichern, daß vor Durchführung der Treffs eine Verbindungsaufnahme der Instrukteure mit der Zentrale erfolgt, um zu gewährleisten, daß zwischenzeitlich bekanntgewordene Informationen für die Sicherung der Treffs genutzt werden können.
- Vor jeder Kontaktaufnahme zur Durchführung von Treffs mit IM des Operationsgebietes hat durch beide Treffpartner eine gründliche, unauffällige und sorgfältige Selbstkontrolle auf mögliche Feindaktivitäten zu erfolgen. Das trifft sowohl für Treffs im Operationsgebiet als auch in der DDR zu. Die Absicherung der Treffs ist zu verstärken.
- Es ist ständig zu prüfen, ob IM aus dem Operationsgebiet, die nicht mehr für die Bearbeitung der Hauptobjekte eingesetzt werden, als KW, Materialübergabestelle oder als Kurier geeignet und einsetzbar sind. Gleichzeitig ist zu prüfen, ob solche IM Unterkunft für wichtige DDR-Einsatzkader bereitstellen können, um das feindliche Erfassungs- und Registriersystem zu unterlaufen. Für den Ausbau des Verbindungswesens sind unter anderem verstärkt Personen zu gewinnen, die aus beruflichen und anderen Gründen eine häufige Reisetätigkeit zwischen Westberlin und dem Hauptoperationsgebiet durchführen.
- Da der Feind große Anstrengungen zur Enttarnung unseres IM-Netzes im grenzüberschreitenden operativen Reiseverkehr auf Westberlin konzentriert, sind Treffs in der Hauptstadt der DDR mit natürlichem Aufenthalt in Westberlin zu verbinden. Die Treffs sollten erst nach einem ausreichend langen Aufenthalt und entsprechender Absicherung in Westberlin durchgeführt werden. Wochenendreisen von IM nach Westberlin sollten in der Regel nicht für Treffs genutzt werden.

- Die Einreise von IM in die Hauptstadt der DDR ist legendiert durchzuführen. Zu sichern ist, daß die Kontaktaufnahme zum operativen Mitarbeiter und die Trefftätigkeit konspirativ durchgeführt werden.
- Unter Berücksichtigung der verstärkten Feindarbeit gegen das IM-Verbindungswesen auf der Grundlage von Rastermerkmalen sind größere Anstrengungen zur Schaffung entsprechender Reisekader (zum Beispiel ältere Männer und Frauen) und Reisedokumente erforderlich. Bei strenger Beachtung der Regimefragen sind verstärkt die sich bietenden Möglichkeiten bei Reisen in dringenden Familienangelegenheiten zu nutzen.
- Im Verbindungswesen eingesetzte IM müssen auf eine verschärfte Feindtätigkeit eingestellt sein. Das erfordert vor allem ein gründliches Wissen zum operativen Regime und zu den mitgeführten Dokumenten. Auf der Grundlage der Beratung mit der Reisestelle der Abteilung VI[125] ist die zweckmäßigste Entscheidung durch den für den operativen Vorgang verantwortlichen Leiter zu treffen. Mit den IM sind für den Fall der Wahrnehmung einer Bearbeitung Festlegungen für den weiteren Ablauf der Reise und für ihre Verhaltensweisen zu treffen. Die IM müssen den feindlichen Kontrollmechanismus bei der Grenzpassage stärker aufklären, beachten und über ihre Kenntnisse und Erfahrungen berichten.
- Bei der Suche und Auswahl von DDR-Einsatzkadern sind höhere Anforderungen an die politische und operative Qualität der IM zu stellen. Dabei ist zu berücksichtigen, daß IM im Verbindungswesen längerfristig zum Einsatz kommen und disponibel einsetzbar sein müssen. Wo erforderlich, ist ein hauptamtlicher Einsatz von Instrukteuren zu Spitzenquellen zu prüfen und vorzunehmen.
- Die *unpersönliche Verbindung* ist durch entsprechende Maßnahmen und stärkere Anwendung der vorhandenen operativ-technischen Verbindungsmittel, des TBK-Systems und der Grenzschleusen effektiver und sicherer zu gestalten. Die bestehenden Zug-TBK[126] sind zu nutzen, wenn sich ihr Einsatz als zweckmäßig erweist. In geeigneten Fällen ist der Aufbau von Verbindungsresidenturen zu prüfen. Außerdem sind neue Varianten der unpersönlichen Verbindungen zu suchen und zu erproben.
- Regelmäßig ist das Warnsystem in allen IM-Vorgängen zu überprüfen und, wo nötig, sind konkrete und differenzierte Festlegungen zu treffen, die eine Verbindungsaufnahme auch unter komplizierten Lagebedingungen sichern.

125 Die Abteilung VI der HV A war zuständig für Reiseeinsätze im Westen und „Regimefragen".
126 TBK: Toter Briefkasten.

- Die konspirativen Objekte, KW[127], Deckadressen und -telefone in der DDR sind vom Sicherheitsstandpunkt zu überprüfen und, wenn erforderlich, Entscheidungen über den weiteren Einsatz zu treffen.

8. Als Voraussetzung für eine wirksame *Leitungstätigkeit* sind die analytische Arbeit, die lang- und kurzfristige Planung sowie die Koordinierung und Zusammenarbeit der Diensteinheiten mit der täglichen operativen Arbeit ins richtige Verhältnis zu bringen und systematisch weiter zu qualifizieren. Kernfragen für die Leitungstätigkeit bleiben dabei die Lösung der in den Planorientierungen festgelegten und in den Arbeitsplänen der Leiter der DE bestätigten Schwerpunktaufgaben und der sich daraus für die DE ergebenden Verpflichtungen.
   - Die richtig erkannten operativen Aufgaben sowie die zu ihrer Lösung bewährten und neu erarbeiteten Methoden müssen zusammen mit den Konsequenzen, die sich aus den Erkenntnissen des Gegners über unsere Arbeit und seinen Maßnahmen ergeben, auch weiterhin durchgesetzt werden. Das muß durch die persönliche Anleitung und Kontrolle aller Leiter und den schwerpunktmäßigen, zielgerichteten Einsatz der verfügbaren und zu entwickelnden Kräfte gesichert werden. Um zu gewährleisten, daß die Leiter ständig die wichtigsten operativen Aufgaben unter Kontrolle halten und, wenn erforderlich, selbst an der Realisierung entsprechender Maßnahmen teilnehmen, sind diese Probleme zum Hauptbestandteil der persönlichen Arbeitspläne zu machen.
   - Von allen unterstellten Leitern ist vierteljährlich Rechenschaft über die Realisierung der festgelegten Schwerpunktaufgaben zu fordern. Bei Absprachen mit dem Leiter der HV A bzw. mit seinen Stellvertretern ist stets auf der Grundlage dieser Pläne zu berichten.
   - Die Leitungstätigkeit hat zu gewährleisten, daß die immer wieder geforderte hohe Qualität in der operativen Vorgangsbearbeitung und ein richtiges Verhältnis zwischen Aufwand und Nutzen gesichert werden.
   - Die dienstlichen Bestimmungen und Weisungen zur Gewährleistung einer hohen Sicherheit, Konspiration, Disziplin und Ordnung sind konsequent durchzusetzen. Das betrifft insbesondere auch die OAG[128]. Wesentliche Fragen dazu sind mehr in den Mittelpunkt der Erziehungsarbeit auf dienstlicher und parteilicher Ebene zu stellen und durch konkrete Festlegungen und Kontrollmaßnahmen ihre konsequente Durchsetzung zu sichern.
   - Im Zusammenwirken mit der Parteiorganisation sind periodisch reale Einschätzungen der Leistungen und Ergebnisse der Arbeit der Mitarbeiter vorzunehmen, auf deren Grundlage der zweckmäßigste und ef-

127 KW: Konspirative Wohnung.
128 OAG: Operative Außengruppe.

fektivste Einsatz der Mitarbeiter im Interesse der Gesamtaufgabenstellung der Abteilung anzustreben ist.
- Die Leiter müssen alle Möglichkeiten nutzen, um die Mitarbeiter ihres Kollektivs durch eine lebensnahe Auswertung von operativen Erfahrungen und Regimekenntnissen zu einer ideenreichen operativen Arbeit zu befähigen. Die Reisen von Einsatzkadern und die Durchführung von Treffs mit IM müssen zielgerichtet zur Erarbeitung von Fakten genutzt werden.
- Die aus gesamtvolkswirtschaftlicher Verantwortung heraus erlassene Weisung des Ministers vom 25.1.1983 zu Kaderfragen – GVS 2/83 – und die dazu an die Diensteinheiten der HV A ergangenen Festlegungen sind strikt einzuhalten. Mit dem vorhandenen Kaderbestand auszukommen und den höchsten operativen Nutzen zu erreichen, ist eine prinzipielle Anforderung an alle Leiter.
- Die Orientierung der Abwehr-Diensteinheiten sowie der Offiziere für Aufklärung in den Kreisdienststellen zu Erfordernissen, Methoden in der Basisnutzung und aktuellen Problemen der Aufklärungstätigkeit ist weiterhin differenziert vorzunehmen.

Die Verantwortung der Mitarbeiter der Abteilungen XV/BV, die für die Anleitung der Offiziere für Aufklärung in den Kreisdienststellen eingesetzt sind, hat sich erhöht. Sie müssen in Zusammenarbeit mit den Leitern der Abteilungen XV/BV und den Fachabteilungen der HV A über die Bearbeitungswürdigkeit operativ interessanter Personen nach höchsten qualitativen Merkmalen entscheiden.

Die operativen Schlußfolgerungen vom 28.5.1979 sind bis zum 15.12.1983 an den Stab der HV A zurückzusenden.

15. November 1983

Dienstanweisung Nr. HV A 2/83 zur Organisierung und Durchführung der Wirtschaftsaufklärung im Bereich der Hauptverwaltung A und der Abteilungen XV der Bezirksverwaltungen – Wirtschaftsaufklärung[129]

Die ständig wachsende Rolle der Ökonomie in der internationalen Klassenauseinandersetzung und der vom Imperialismus unter Führung der USA entfachte Wirtschaftskrieg erfordern eine verstärkte Bekämpfung der feindlichen Pläne, Absichten und Maßnahmen zur ökonomischen Destabilisierung der sozialistischen Länder, die umfassende Aufklärung der Wirtschaftsbeziehungen zwischen dem sozialistischen und dem nichtsozialistischen Wirtschaftsgebiet, die Aufdeckung und Nutzung der zwischen den imperialistischen Industrie- und den Entwicklungsländern vorhandenen Widersprüche sowie die Analyse bedeutsamer Probleme der Weltwirtschaft.
Zur Qualifizierung der Arbeit auf diesem Gebiet

weise ich an:

I. Grundsätze

1. Die Wirtschaftsaufklärung im Sinne dieser Dienstanweisung beinhaltet die Aufklärung internationaler wirtschaftlicher Prozesse und Probleme, die für die erfolgreiche Durchsetzung der offensiven Entspannungs- und Sicherheitspolitik, die gemeinsame Wirtschaftsstrategie der sozialistischen Staatengemeinschaft – einschließlich der Erfüllung der Aufgaben der Außenwirtschaft der DDR – von Bedeutung sind.
2. Die operative Aufgabenstellung „*Wirtschaftsaufklärung*“ ist als zentrale Schwerpunktaufgabe für alle operativen Diensteinheiten in den Jahresarbeitsplänen konkret auszuweisen und in den Jahresberichten abzurechnen.
3. Federführend für die Durchsetzung dieser Aufgabenstellung sowie für die sich daraus ergebenden Koordinierungsaufgaben ist mein Stellvertreter und Leiter des Sektors Wissenschaft und Technik (SWT) der HV A.

II. Operative Aufgaben

1. Die Informationsbeschaffung ist auf folgende Probleme zu orientieren:
   - wirtschaftspolitische Einschätzungen, Aktivitäten und Entscheidungen der imperialistischen Hauptländer von strategischer Bedeutung

129 BStU, ASt Berlin, Abteilung XV/8, Bl. 1–9. – Kopf: Ministerrat der Deutschen Demokratischen Republik, Ministerium für Staatssicherheit, Stellvertreter des Ministers. – Vermerke: Auf Bl. 1: VVS 0198, MfS Nr. A 60/83, 41. Ausfertigung. Datenleiste mit Paraphen. Auf Bl. 9: handschriftlich gezeichnet: Wolf, Generaloberst.

auf den Gebieten der Handels-, Kredit- und Währungspolitik, des Transport- und Kommunikationswesens und des Technologietransfers sowie zur Lage und Entwicklung auf den internationalen Energie-, Rohstoff- und Nahrungsgütermärkten;

- Probleme der ökonomischen Beziehungen zwischen den nichtsozialistischen und den sozialistischen Ländern (Ost-West-Handel), Ostwirtschaftsstrategien der Regierungen, Monopolkreise und internationale Organisationen, begünstigende Bedingungen für die sozialistischen Staaten im Handel mit den als Schwerpunktländer ausgewählten kapitalistischen Industrieländern und Entwicklungsländern;
- Pläne, Absichten und Maßnahmen feindlicher Geheimdienste, anderer feindlicher Zentren, zum Beispiel Konzerne, subversive Organisationen u.a.m., mit der Zielstellung, politische, wirtschaftliche, wissenschaftliche und andere nationale und internationale Einrichtungen und Organe sowie ökonomische und wissenschaftlich-technische Beziehungen für subversive Aktivitäten in sozialistischen Staaten zu nutzen. Rechtzeitige Aufdeckung neuer, wichtiger Mittel und Methoden im Rahmen des imperialistischen Wirtschaftskrieges gegen die Staaten der sozialistischen Gemeinschaft;
- Differenzen, Widersprüche und Konflikte zwischen den kapitalistischen Industrieländern sowie zwischen kapitalistischen Industrieländern und Entwicklungsländern aufgrund der krisenhaften Wirtschaftsentwicklung und unterschiedlicher bzw. gegensätzlicher ökonomischer Interessen und ihre Nutzung für die außenwirtschaftlichen Beziehungen der DDR und der anderen Länder der sozialistischen Staatengemeinschaft sowie für aktive Maßnahmen.

Die Abteilung VII[130] hat in Zusammenarbeit mit dem Sektor Wissenschaft und Technik regelmäßig den operativen Diensteinheiten entsprechend aktualisierte und konkretisierte Informationsschwerpunkte zuzustellen.

2. Die operativen Diensteinheiten haben Maßnahmen einzuleiten und durchzuführen, die eine effektivere Nutzung der vorhandenen Quellen zur Realisierung der Informationsaufgabenstellung sichern. Dazu sind die den operativen Diensteinheiten strukturell zugewiesenen Objekte im Operationsgebiet verstärkt unter dem Gesichtspunkt der Wirtschaftsaufklärung zu bearbeiten.
3. (1) Zur Erhöhung des Informationsaufkommens ist die Bestimmung der Zielobjekte für die Erfüllung dieser Aufgabenstellung zu präzisieren bzw. zu ergänzen und sind neue Quellenpositionen und andere Stützpunkte in den Objekten der Wirtschaftsaufklärung zu schaffen.

130 Die Abteilung VII der HV A war zuständig für Auswertung und Information.

Der SWT hat dazu den operativen Diensteinheiten entsprechende Orientierungshilfen zu geben.

(2) Durch die Abteilungen I, III, XI und SWT/AG 1[131] sind verstärkt die Möglichkeiten der legal abgedeckten Residenturen, insbesondere in den imperialistischen Hauptländern und in den unter ökonomischen Aspekten strategisch wichtigen Entwicklungsländern, zur Lösung der Aufgaben im Rahmen der Wirtschaftsaufklärung auszuschöpfen.

(3) Bestehende inoffizielle Verbindungen in politischen und wirtschaftsleitenden Organen, ökonomischen Forschungseinrichtungen, Kombinaten und Außenhandelsbetrieben sind für die Erfüllung der Aufgaben der Wirtschaftsaufklärung im Zusammenwirken mit den zuständigen Diensteinheiten des MfS zielstrebiger zu nutzen.

(4) Die AG K[132] hat ihre Möglichkeiten der operativen Nutzung der Imperialismusforschung der DDR zur Informationsbeschaffung, insbesondere zu nationalen und internationalen wirtschaftspolitischen Strategien, zu Hauptprozessen der kapitalistischen Wirtschaftsbeziehungen, zu zwischenimperialistischen ökonomischen Widersprüchen und zu strategischen und aktuellen Problemen der Ost-West-Wirtschaftsbeziehungen sowie zur Objekt- und Personenbearbeitung, umfassend einzusetzen.

4. Abwehrinformationen, die Rückschlüsse auf Probleme der Wirtschaftsaufklärung zulassen, sind auch der Abteilung VII[133] zuzuleiten. [Fußnote im Original: Siehe Dienstanweisung Nr. HV A 1/80, Ziffer 4.8., VVS A 18/80.]
5. Zur Beeinflussung relevanter Prozesse der Weltwirtschaft und zur Unterstützung spezieller Aufgaben unserer Außenwirtschaft sind in Abstimmung mit dem SWT aktive Maßnahmen vorzubereiten.
6. Internationale Konferenzen, Beratungen usw. werden von der Diensteinheit federführend bearbeitet, in deren regionale Zuständigkeit der jeweilige Veranstaltungsort fällt. Soweit die Trägerinstitution derartiger Veranstaltungen ein Hauptobjekt einer anderen Diensteinheit ist, ist diese mit einzubeziehen.

131 Die Abteilung I der HV A war zuständig für die Ausforschung der Bundesregierung, die Abteilung III der HV A war zuständig für die Informationsbeschaffung über „legal abgedeckte Residenturen" in Auslandsvertretungen der DDR, die Abteilung XI der HV A war verantwortlich für Spionage in Nordamerika und in US-Einrichtungen in der Bundesrepublik. Die Arbeitsgruppe (AG) 1 des Sektors Wissenschaft und Technik bereitete Kader für Einsätze in Auslandsvertretungen der DDR mit dem Ziel der Wissenschafts- und Industriespionage vor.

132 Die Arbeitsgruppe (AG) K war für die Koordinierung des Einsatzes von „legalen Residenten" vornehmlich im Wissenschaftsbereich zuständig. 1988 in die Abteilung XVI der HV A umgewandelt.

133 Die Abteilung VII der HV A war zuständig für Auswertung und Information.

III. Koordinierungs- und Strukturfragen

1. Die Realisierung der zentralen Schwerpunktaufgabe *„Wirtschaftsaufklärung"* erfordert ein enges Zusammenwirken aller Diensteinheiten. Zur Gewährleistung einer effektiven Kooperation werden folgende Verantwortlichkeiten für Koordinierungsaufgaben festgelegt:

(1) Mein Stellvertreter und Leiter des SWT koordiniert alle operativen Fragen der Wirtschaftsaufklärung im Rahmen der HV A. Dazu gehören die Koordinierung bedeutender operativer Fragen bei der Objektbearbeitung, die zielstrebige Nutzung offizieller DDR-Institutionen für die Wirtschaftsaufklärung sowie die Bestimmung bzw. Veränderung von Hauptobjekten der Wirtschaftsaufklärung u. ä., einschließlich der Entwicklung und Führung wichtiger IM auf diesem Gebiet.

(2) Mein Stellvertreter und Leiter des SWT ist gleichzeitig für Koordinierungsfragen mit den Diensteinheiten der Abwehr, insbesondere der HA XVIII[134], zuständig. Er hält Kontakt zum Leiter der HA XVIII zur Entscheidung von Grundsatzfragen der Aufklärung und Abwehr feindlicher Maßnahmen auf ökonomischem Gebiet und sich daraus ergebenden operativen Erfordernissen (Nutzung von Positionen in DDR-Institutionen, zum Beispiel Reisekader, zur Erlangung von Informationen aus Objekten im Operationsgebiet, Aufbau von Quellenpositionen in feindlichen Objekten und anderes) sowie zur Abstimmung von Aufklärungsschwerpunkten mit strategischer Bedeutung für die Volkswirtschaft der DDR und der sozialistischen Staatengemeinschaft.

(3) Die Abteilungen XV der Bezirksverwaltungen bearbeiten im Rahmen ihrer territorialen Zuständigkeit und operativen Möglichkeiten vorhandene Objekte der Wirtschaftsaufklärung. Im Rahmen der Jahresarbeitsplanung sind entsprechende Aufgabenstellungen aufzunehmen und zu realisieren. Dazu trifft mein Stellvertreter und Leiter des Stabes in Koordinierung mit meinem Stellvertreter und Leiter des SWT die erforderlichen Festlegungen.

In Abstimmung mit den Leitern der Bezirksverwaltungen sind die Leiter der Abteilungen XV für Koordinierungsfragen mit den Diensteinheiten der Abwehr auf der Ebene der Bezirksverwaltungen, insbesondere den Abteilungen XVIII, verantwortlich.

(4) Operative Probleme der Diensteinheiten der HV A, die inhaltliche Fragen dieser Dienstanweisung tangieren und an den Leiter der Hauptabteilung XVIII herangetragen bzw. durch ihn entschieden werden müssen (zum Beispiel Einschleusungen in wichtige Sicherheitsbereiche der Volkswirtschaft oder Maßnahmen im Operationsgebiet, die bedeutsame Konsequenzen für derartige Bereiche haben könnten etc.), sind mit meinem Stellvertreter und Leiter des SWT abzustimmen.

(5) Die Koordinierung grundsätzlicher und strategischer Fragen der

134 Die Hauptabteilung XVIII war zuständig für die Kontrolle der Wirtschaft.

Wirtschaftsaufklärung mit dem KfS[135] und anderen Bruderorganen erfolgt über meinen Stellvertreter B. Die Abstimmung auf Linie ist durch die zuständigen Abteilungsleiter mit den Partnern der Bruderorgane im Rahmen der internationalen Zusammenarbeit vorzunehmen.

(6) Die Abteilung VII[136] koordiniert im Rahmen ihrer Aufgabenstellung die inhaltlichen Fragen der Informationsbeschaffung entsprechend den wirtschaftspolitischen Erfordernissen, dem Informationsbedarf der Partei- und Staatsführung und der wirtschaftsleitenden Organe sowie der Bruderorgane anderer sozialistischer Länder. Zur Gewährleistung dieser Tätigkeit beschafft bzw. erhält die Abteilung VII den Informationsbedarf der im Verteiler interner Ausgangsinformationen enthaltenen Empfänger über die zu ihnen bestehenden Verbindungen (Leitung HV A, Leitung SWT, SWT/V[137], Abwehrdiensteinheiten).

2. Zur intensiveren Bearbeitung der bereits durch die operativen Diensteinheiten in die Wirtschaftsaufklärung einbezogenen Objekte sowie für die operative Bearbeitung ausgewählter Objekte der imperialistischen Wirtschaftspolitik und zur Lösung der Aufgaben des SWT im Rahmen dieser Dienstanweisung ist im SWT/Abteilung XV ein spezielles Referat zu bilden. Bei diesem Referat ist eine Übersicht über die in Bearbeitung befindlichen Objekte der Wirtschaftsaufklärung mit Ausweisung der Verantwortlichkeit zu führen.
3. Für die weitere Verbesserung der Auswertung der im Rahmen der Wirtschaftsaufklärung beschafften internen Informationen ist in der Abteilung VII das Referat 5 hauptverantwortlich. Diesem Referat obliegt die Federführung bzw. die Koordinierungsfunktion bei
   - der komplexen Auswertung aller Informationen zu strategisch bedeutungsvollen weltwirtschaftlichen Problemen sowie zu aktuellen wirtschafts- und handelspolitischen Fragen, einschließlich der Gesamtheit der ökonomischen Beziehungen zwischen dem nichtsozialistischen Wirtschaftsgebiet und den Ländern der sozialistischen Staatengemeinschaft. Von besonderer Bedeutung ist dabei die Herausarbeitung zu erwartender perspektivischer Entwicklungen;
   - der Konkretisierung und ständigen Aktualisierung der Informationsschwerpunkte unter Beachtung des Informationsbedarfs der Parteiführung der zuständigen Staats- und Wirtschaftsorgane (ZK, MfAA, MAH, MWT, MEE usw.)[138] und zuständiger Diensteinheiten der Abwehr;

135 KfS: Komitee für Staatssicherheit beim Ministerrat der UdSSR.

136 Die Abteilung VII war zuständig für Auswertung und Information.

137 Die Abteilung V im Sektor Wissenschaft und Technik der HVA war zuständig für die Auswertung der Ergebnisse der Wissenschafts- und Industriespionage.

138 ZK: Zentralkomitee der SED. MfAA: Ministerium für Auswertige Angelegenheiten der DDR. MAH: Ministerium für Außenhandel der DDR. MWT: Ministerium für Wissenschaft und Technik der DDR. MEE: Ministerium für Elektrotechnik und Elektronik.

- der Erarbeitung der Wirtschaftspolitischen Informationsübersicht (WPÜ);
- der engen Kooperation mit dem bei der Abteilung XV/SWT geschaffenen Referat Wirtschaftsaufklärung.

IV. Schlußbestimmungen

1. Der Stab analysiert periodisch die Ergebnisse aller Diensteinheiten bei der Durchführung der gestellten Aufgaben der Wirtschaftsaufklärung. Dies erfolgt erstmalig Ende 1984.
2. Zu den Problemen der Wirtschaftsaufklärung ist unter Federführung des SWT in Zusammenarbeit mit dem Objekt S[139] bis zum 31.3.1984 ein Schulungsmaterial zu erarbeiten. Dieses Material ist 1984 als Fachschulungsthema in allen operativen und informationsauswertenden Diensteinheiten zu behandeln.
3. Diese Dienstanweisung tritt mit Wirkung vom 1.12.1983 in Kraft.

139 Objekt S: Schule der HV A.

15. Februar 1985

Bekämpfung feindlicher Stellen und Kräfte im Operationsgebiet, die subversiv gegen die DDR und andere sozialistische Staaten tätig sind (außer imperialistische Geheimdienste und kriminelle Menschenhändlerbanden)[140]

Zur weiteren Qualifizierung und Vervollkommnung der politisch-operativen Arbeit und deren zentralen Führung und Leitung zur zielgerichteten Aufklärung und offensiven Bekämpfung der feindlichen Stellen und Kräfte im Operationsgebiet (feindliche Stellen und Kräfte gemäß der 2. Durchführungsbestimmung (Ziffer 12.) meiner Richtlinie Nr. 1/76),[141] die subversive Tätigkeit gegen die DDR und andere sozialistische Staaten inspirieren, organisieren bzw. durchführen, insbesondere zur Realisierung der politisch-operativen Zielstellung, erfolgreich in ihre Ausgangsbasen und Führungsgremien einzudringen, rechtzeitig und umfassend ihre Pläne, Absichten und Maßnahmen zu erkennen, wirksam ihre feindlichen Machenschaften zu entlarven sowie nachhaltig ihr Wirksamwerden in der DDR und anderen sozialistischen Staaten vorbeugend zu verhindern,

weise ich an:

1. Die politisch-operative Verantwortlichkeit für die Aufklärung, Kontrolle bzw. Bearbeitung operativ bedeutsamer feindlicher Stellen und Kräfte im Operationsgebiet ist von den in der Anlage 1 festgelegten Diensteinheiten voll wahrzunehmen. Die Leiter dieser Diensteinheiten haben in Durchsetzung der dazu in meinen dienstlichen Bestimmungen und Weisungen enthaltenen Aufgaben und Festlegungen sowie unter Berücksichtigung der anderen Diensteinheiten übertragenen spezifischen und problembezogenen Aufgaben eine den politisch-operativen Erfordernissen entsprechende zentralisierte, komplexe und koordinierte Aufklärungs- und Abwehrarbeit zu organisieren und durchzuführen. Sie haben dazu die zweckmäßigsten Formen, Mittel und Methoden der operativen Aufklärung, Kontrolle bzw. Bearbeitung der feindlichen Stellen und Kräfte festzulegen.

140 BStU, ZA, GVS 0008 MfS Nr. 4/85, 104. Ausfertigung, Bl. 1–12. – Kopf: Ministerrat der Deutschen Demokratischen Republik, Ministerium für Staatssicherheit, Der Minister an die Leiter der Diensteinheiten. – Vermerke: Auf Bl. 1: Datenleiste mit Paraphen. Auf Bl. 3: Anlage 1 (mit jeweils 1. Austauschblatt). Auf Bl. 4: handschriftlich gezeichnet: Mielke, Armeegeneral; Anlagen 1 und 2. Auf Bl. 10: Anlage 2 (mit jeweils 1. Austauschblatt).

141 Vgl. Richtlinie 1/76 zur Entwicklung und Bearbeitung operativer Vorgänge (OV), abgedruckt in: Gill/Schröter (1991), S. 346–402. Vgl. 2. Durchführungsbestimmung zur Richtlinie 1/76: Bearbeitung zentraler operativer Vorgänge (ZOV), vom 15.2.1985; BStU, ZA, BdL-Dok. 003237.

2. Durch die Leiter der verantwortlichen Diensteinheiten ist die erforderliche Abstimmung und Zusammenarbeit einschließlich Informationsaustausch mit den Leitern anderer Diensteinheiten zu organisieren.
   Es ist ein einheitliches, aufeinander abgestimmtes und arbeitsteiliges Vorgehen der beteiligten Diensteinheiten, insbesondere hinsichtlich der objekt-, personen- und vorgangsbezogenen Arbeit im und nach dem Operationsgebiet und des zweckmäßigen, qualifizierten und zentral geleiteten Einsatzes geeigneter operativer Kräfte und Mittel, zu sichern.
   Bei Vorliegen der Voraussetzungen sind gemäß der 2. Durchführungsbestimmung meiner Richtlinie Nr. 1/76 Zentrale Operative Vorgänge zur wirksamen Realisierung der vorgegebenen politisch-operativen Zielstellung zu entwickeln, anzulegen und zu bearbeiten.
3. Die Leiter anderer Diensteinheiten haben alle politisch-operativen Maßnahmen, bezogen auf die in der Anlage 1 erfaßten feindlichen Stellen und Kräfte sowie zu Bürgern der DDR, bei denen eindeutige Verbindungen zu den genannten Stellen und Kräften erarbeitet bzw. bekannt wurden, nur zu planen und zu realisieren, nachdem eine Abstimmung mit dem Leiter der für die feindliche Stelle bzw. feindlichen Kräfte verantwortlichen Diensteinheit erfolgte.
4. Die Leiter der verantwortlichen Diensteinheiten haben zu gewährleisten, daß die erforderlichen Überprüfungen und Erfassungen der feindlichen Stellen und Kräfte, Registrierungen der Vorgänge und Akten sowie die notwendigen Veränderungen in der Abteilung XII gemäß meiner Dienstanweisung Nr. 2/81[142] sowie die Erfassungen sowohl in den Informationsspeichern der Diensteinheiten als auch in der ZPDB[143] gemäß meiner Dienstanweisung Nr. 1/80[144] ordnungsgemäß vorgenommen werden.
5. Notwendige Veränderungen bestehender Verantwortlichkeiten von Diensteinheiten zur Aufklärung, Kontrolle bzw. Bearbeitung feindlicher Stellen und Kräfte sind durch den Leiter der jeweils verantwortlichen Diensteinheit mit dem Leiter der Diensteinheit, der die Verantwortlichkeit übertragen werden soll, abzustimmen und mir zur Entscheidung vorzulegen.
6. Die in der Anlage 2 erfaßten feindlichen Stellen und Kräfte, zu denen gegenwärtig nicht die Notwendigkeit besteht, eine konkrete Verantwortlichkeit für Diensteinheiten festzulegen, die aber im Blickfeld des MfS bleiben müssen, sowie neu in Erscheinung tretende feindliche Stellen und Kräfte sind in der ZAIG[145] zentral zu erfassen.

142 Dienstanweisung 2/81: Die einheitliche Gestaltung der Erfassung und Überprüfung von Personen und Objekten, der Registrierung von Vorgängen und Akten sowie die Archivierung politisch-operativen Schriftgutes in den Abteilungen XII, vom 1.7.1981; BStU, ZA, BdL-Dok. 004210.

143 ZPDB: Zentrale Personendatenbank.

144 Vgl. Dienstanweisung 1/80: Grundsätze der Aufbereitung, Erfassung und Speicherung operativ bedeutsamer Informationen durch die operativen Diensteinheiten des MfS, vom 20.5.1980; BStU, ZA, BdL-Dok. 005221.

145 ZAIG: Zentrale Auswertungs- und Informationsgruppe des MfS.

Der Leiter der ZAIG hat zu sichern, daß zu diesen feindlichen Stellen und Kräften ständig der Erkenntnisstand vervollkommnet, die erforderliche Auskunftsfähigkeit gegenüber anfragenden Diensteinheiten gewährleistet sowie bei Notwendigkeit in Abstimmung mit den zuständigen zentralen Diensteinheiten Vorschläge für Entscheidungen über festzulegende Verantwortlichkeiten für Diensteinheiten erarbeitet und mir vorgelegt werden.

7. Die erforderlichen Informationsflüsse zwischen den Diensteinheiten sind auf der Grundlage meiner Dienstanweisung Nr. 1/80 (Rahmenkatalog) zu gestalten. Der Leiter der ZAIG hat entsprechend diesen Festlegungen den Rahmenkatalog zu präzisieren sowie bei Veränderungen bzw. Neufestlegungen von Verantwortlichkeiten seine ständige Aktualisierung gemäß der Dienstanweisung Nr. 1/80 Ziffer 6.1. zu gewährleisten.
Es ist zu sichern, daß alle bekanntwerdenden operativen Informationen zu den feindlichen Stellen und Kräften der jeweils verantwortlichen Diensteinheit gemäß den Ziffern 1 und 6 zwecks Zusammenführung, Einschätzung und Verdichtung und zur Einleitung vorbeugender Maßnahmen zur Abwehr von Gefahren rechtzeitig übermittelt werden.
Die Leiter dieser Diensteinheiten haben zu sichern, daß aufgaben- und problembezogene Informationen den Diensteinheiten zur Verfügung gestellt werden, die sie zur Lösung der ihnen übertragenen Aufgaben benötigen.

Anlage 1[146]

Feindliche Stellen und Kräfte im Operationsgebiet, die subversive Tätigkeit gegen die DDR und andere sozialistische Staaten inspirieren, organisieren bzw. durchführen oder durch anderweitige politisch-operativ relevante Aktivitäten Sicherheitsinteressen der DDR und anderer sozialistischer Staaten berühren bzw. gefährden (außer imperialistische Geheimdienste und kriminelle Menschenhändlerbanden) sowie politisch-operative Verantwortlichkeiten der Diensteinheiten für die Aufklärung, Kontrolle bzw. Bearbeitung

Feindliche Stellen und Kräfte	*Verantwortlichkeit*
1. *Action Directe*	XXII
2. *Aktion Sühnezeichen/Friedensdienst e. V.* 1000 Berlin 12, Jebenstraße 1	XX/4
3. *Aktionskomitee für verfolgte Christen (AVC)* 6478 Nidda, PF 2121	XX/4
4. *Alternative Liste für Demokratie und Umweltschutz (AL)* 1000 Berlin, Badensche Straße 29	BV Berlin/XV
5. *amnesty international* London/Großbritannien	HV A/III
6. *Ananda Marga* (religiös-fanatische Sekte indischen Ursprungs) Europa-Zentrale: Berlin (West)	XXII
7. *Arabische Organisation des 15. Mai*	XXII
8. *Arbeitsgemeischaft der Ostsektor-Kreisverbände (AOK)* (Gemeinschaft der Jungen Union) 1000 Berlin (West)	BV Berlin/VII
9. *Arbeitsgemeinschaft 13. August e. V.* 1000 Berlin, Friedrichstraße 44	XXII
10. *Arbeitskreis Atomwaffenfreies Europa* 1000 Berlin, Apostel-Paul[us]-Straße 32	HV A/II

146 In der Fassung vom 14.10.1988. Die Fassung vom 15.2.1988 ist abgedruckt in: Siebenmorgen (1993), S. 367–391.

11. *Arbeitskreis Christliche Osthilfe* (auch: Deutscher Hilfsfonds-Arbeitskreis Christliche Osthilfe) 3540 Korbach-Lelbach, Am Rothbusch 28	XX/4
12. *Arbeitskreis ehemaliger DDR-Akademiker* 5000 Köln, Rosenstraße 45	HV A/IX
13. *Archiv und Forschungsstelle für unabhängige oppositionelle Literatur Osteuropas* (Bremer Archiv) 2800 Bremen, Bibliothekstraße Universität Bremen	BV Schwerin/ XV
14. *ARD/Programmdirektion Fernsehen, Ostredaktion* 8000 München 2, Arnulfstraße 42	HV A/X
15. *ASALA* (Armenische Geheimarmee für die Befreiung Armeniens)	XXII
16. *Aspen-Institut für humanistische Studien e. V.* 1000 Berlin, Inselstraße 10	BV Berlin/XV
17. *Atlantisches Institut* Paris/Frankreich	HV A/III
18. *Aufnahmeflüchtlingslager Traiskirchen* Wien/Österreich	II/AGA
19. *Axel Springer Verlag* 1000 Berlin, Kochstraße 50	HV A/X
20. *Brüsewitz-Zentrum* (Trägerverein: Christlich-Paneuropäisches Studienwerk e.V.) 5300 Bonn 1, Karl-Barth-Straße 7	XX/4
21. *Büro für öffentliche Information des NATO-Kommandos Zentraleuropa* Brunssum/Niederlande	HV A/XII
22. *Büro für öffentliche Information des NATO-Oberkommandos Europa* SHAPE/Casteau/Belgien	HV A/XII
23. *Bulgarische Befreiungsbewegung (BOD)* Hauptsitz: Rue Brunel 18, 75017 Paris/France	XXII

24. *Bund der Mitteldeutschen e. V. (BMD)* — HV A/II
5300 Bonn 1, Poppelsdorfer Allee 82

25. *Bund der Vertriebenen – Vereinigte Landsmannschaften und Landesverbände* — HV A/II
5300 Bonn 2, Godesberger Allee 72 – 74

26. *Bund Heimattreuer Jugend e. V.* — XXII
3300 Braunschweig, Steinhorstwiese 5, PF 508
1000 Berlin 15, PF 463

27. *Bundesamt für die Anerkennung ausländischer Flüchtlinge* — II/AGA
8502 Zirndorf, Rothenburger Straße 29

28. *Bundesamt für gewerbliche Wirtschaft* — HV A/I
6236 Eschborn 1, Frankfurter Straße 29–31

29. *Bundesinstitut für ostwissenschaftliche und internationale Studien (BIOst)* — HV A/I
5000 Köln 30, Lindenbornstraße 29

30. *Bundeslandsmannschaft Thüringen e. V.* — BV Suhl/XX
6500 Mainz 32, Gottfried-Schwalbach-Str. 40

31. *Bundesverband der Deutschen Industrie (BDI)* — HV A/XV
(einschließlich nachgeordnete Industrie- und Landesverbände)
5000 Köln 51, Gustav-Heinemann-Ufer 84–88

32. *Bundeswehrakademie für Psychologische Verteidigung* — HV A/IV
5220 Waldbröl/BRD

33. *Bundeszentrale für politische Bildung* — HV A/I
5300 Bonn 1, Berliner Freiheit 7

34. *Caritas Betreuungs- und Rechtsberatungsstelle Zirndorf* — II/AGA
8502 Zirndorf, Rothenburger Straße 29

35. *Center for Strategic and International Studies* — HV A/XI
USA/Washington D.C.

36. *Christian Solidarity International (CSI)* — XX/4
Internationales Komitee und Sekretariat:
Zürich/Schweiz, Forchstraße 280
Deutsche Sektion der CSI: 5300 Bonn,
Stralsunder Weg 26 (BRD-Sekretariat)

37. *Christliche Ostmission* 6390 Usingen/Taunus, Hattsteiner Allee 17	XX/4
38. *Deutsch-Deutsche Arbeitsgruppe* 3180 Wolfsburg	I/KGT/Auf-kl[ärung]
39. *Deutsche Gesellschaft für Sozialbeziehungen e. V./ Deutsche Gesellschaft für zeitgeschichtliche Fragen e. V.* 5300 Bonn-Bad Godesberg, Ubierstr. 88	I/Äuß[ere] Abw[ehr]
40. *Deutsche Vereinigung gegen den politischen Mißbrauch* der Psychiatrie e. V. (DVpMP) 8000 München	XX/1
41. *Deutsche Welle* 5000 Köln, Raderberggürtel 50	HV A/X
42. *Deutsches Institut für Wirtschaftsforschung (DIW)* 1000 Berlin 33, Königin-Luise-Straße 5	BV Berlin/XV
43. *Deutsches Missionszentrum* (mit den Arbeitszweigen – Internationaler Hilfsfonds – Christliche Ostmission e. V.) 6382 Friedrichsdorf, Otto-Hahn-Straße 10–14	XX/4
44. *Deutschlandfunk* 5000 Köln, Raderberggürtel 40	HV A/X
45. *Deutschlandpolitisches Bildungszentrum Schnackenburg* 3131 Schnackenburg 1, Kirchstraße	I/KGT/Auf-kl[ärung]
46. *Durchgangswohnheim des Landes Berlin* 1000 Berlin-Marienfelde, Marienfelder Allee 66–80	ZKG/4
47. *ETA* (spanisch-baskische terroristische Organisation)	XXII
48. *Europäisches Netzwerk für den Ost-West-Dialog* (mit „Initiative Ost-West-Dialog") BRD, 1000 Berlin (West), westeuropäische Staaten	XX/5
49. *European Nuclear Disarmament (END)* London SE 1, Black Prince Southbank House, END-Office	HV A/III

50.	*Förderungsgesellschaft Afrika mbH* 4780 Lippstadt, Lange Str. 30 a	ZKG/5
51.	*Forschungsinstitut der Deutschen Gesellschaft für Auswärtige Politik e. V.* 5300 Bonn, Adenauerallee 131	HV A/I
52.	*FORUM OST, Verein zur Verwirklichung der Menschenrechte e. V.* 6000 Frankfurt/Main 60, Röderbergweg 136	BV Gera/BKG
53.	*Freiheitliche Deutsche Arbeiterpartei (FAP)* 7000 Dortmund 1, Schlosserstraße 49a	HV A/II
54.	*Freundeskreis Afghanistan e. V.* BRD, 1000 Berlin 61, Oranienstr. 159	XXII
55.	*Friedrich-Ebert-Stiftung e. V.* 5300 Bonn 2 , Godesberger Allee 149	HV A/II
56.	*Friedrich-Naumann-Stiftung* 5330 Königswinter 41, Königswinterer Straße	HV A/II
57.	*Gemeinschaft ehemaliger politischer Häftlinge – Vereinigung der Opfer des Stalinismus e. V. (VOS)* 5300 Bonn 1, Lennéstraße 8	HV A/IX
58.	*Generalsekretariat des Rates der EG, Internationales Sekretariat für Europäische Politische Zusammenarbeit* Brüssel/Belgien	HV A/XII
59.	*Gesamtdeutsches Institut – Bundesanstalt für gesamtdeutsche Aufgaben (BfgA)* 5300 Bonn 1, Adenauerallee 10 1000 Berlin, Fehrbelliner Platz 3 (einschließlich Forschungsstelle für gesamtdeutsche wirtschaftliche und soziale Fragen 1000 Berlin, Berliner Straße 154 und Gesellschaft für Deutschlandforschung, 1000 Berlin, Stresemannstraße 90)	HV A/I
60.	*Gesellschaft für bedrohte Völker e. V.* 3400 Göttingen, Groner Straße 40	II/AGA
61.	*Glaube in der 2. Welt* (Verein und Institut) Zollikon/Schweiz 8400 Regensburg, Stahlzwinger Weg 12	XX/4

62. *Goethe-Institut zur Pflege der deutschen Sprache im Ausland und zur Förderung der internationalen kulturellen Zusammenarbeit e. V.* — HV A/I
8000 München 2, Lenbachplatz 3

63. *Graue Wölfe* — XXII
BRD und 1000 Berlin (West)

64. *GREENPEACE Deutschland e. V.* — XVIII/6
2000 Hamburg 11, Haus der Seefahrt,
Hohe Brücke 1
Kontaktgruppe in: 1000 Berlin 42,
Leonhardyweg 100

65. *Gruppe um Abu Mohamed* — XXII

66. *Gruppe um Abu Nidal (FATAH/RC)* — XXII

67. *Hanns-Seidel-Stiftung e. V.* — HV A/II
8000 München 19, Lazarettstraße 19

68. *Haus Rissen – Internationales Institut für Politik* und *Wissenschaft* — HV A/XVI
2000 Hamburg 56, Rissener Landstraße 193

69. *Heinrich Bauer Verlag* — HV A/X
2000 Hamburg, Burchardstraße 11

70. *Help and Action* — XX/7
(Verbindung zum Komitee „Writers in Prison“
beim Internationalen P.E.N.-Club)
Frankreich/B.P. 11 77 850 Hericy

71. *Hermann-Ehlers-Akademie Hamburg* — BV Schwerin/XV
2000 Hamburg 62, Fibigerstr. 163
(Einrichtung der Hermann-Ehlers-Stiftung e. V.
2300 Kiel, Gurlittstraße 3)

72. *Hilferuf von drüben e. V.* — ZKG/5
4780 Lippstadt, Lange Straße 30 A

73. *Hilfsaktion Märtyrerkirche e. V.* — XX/4
7772 Uhldingen-Wetter/BRD und USA

74. *Hoover-Institution on War, Revolution and Peace* — HV A/XI
USA/California, Stanford

75. *Hundert,6* — BV Berlin/XV
(Privater Rundfunksender auf UKW-Frequenz 100,6 Mhz)
1000 Berlin 33, Paulsborner Straße 44

76. *Informationsbüro West* — II/13
1000 Berlin 12, Kantstraße 165

77. *Informations-Direktorat der Abteilung Politische Angelegenheiten des NATO-Generalsekretariats* — HV A/XII
Brüssel/Belgien

78. *Informationszentrum Berlin* — BV Berlin/XV
1000 Berlin 12, Hardenbergstraße 20

79. *Initiative Freiheit für Andersdenkende* — XX/5
1000 Berlin, Cuorystr. 20/2

80. *Innere Mission Zirndorf* — II/AGA
8502 Zirndorf, Rothenburger Straße 29

81. *Institut für Außenhandel und Überseewirtschaft der Universität Hamburg* — BV Gera/XV
Hamburg, Edmund-Siemens-Allee 1

82. *Institut für Gesellschaft und Wissenschaft an der Universität Erlangen-Nürnberg (IGW)* — BV Gera/XV
8520 Erlangen, Äußere Brucker Straße 33

83. *Institut für politische Wissenschaft, Ostrecht und vergleichendes Staatsrecht* — BV Erfurt/XV
Universtität Würzburg
8700 Würzburg, Sanderring 2

84. *Institut for East-West-Security-Studies* — HV A/XI
New York/USA

85. *Inter Aid International GmbH Verlag (IA)* — XX/4
8801 Schillingsfürst/BRD, Frankenheimer Straße 47

86. *Inter Nationes e. V.* — HV A/I
5300 Bonn 2, Kennedyallee 91–103

87. *Intergovernement Committee* — II/AGA
8502 Zirndorf, Rothenburger Straße 29

88. *International Institute for Strategic Studies* — HV A/III
London/Großbritannien

89. *Internationale Gesellschaft für Menschenrechte (IGfM)* — ZKG/5
6000 Frankfurt/Main 1, Kaiserstraße 72
(nationale Sektionen, Arbeitsausschüsse und Arbeitsgruppen in mehreren nichtsozialistischen Staaten bzw. in mehreren Städten der BRD und 1000 Berlin (West))

90. *IRA* (irische terroristische Organisation)	XXII
91. *John Hopkins University* Washington/USA	HV A/XI
92. *Kämpfende Kommunistische Zellen (CCC)* (belgische terroristische Organisation)	XXII
93. *Katholischer Caritas-Verband* 8502 Zirndorf, Rothenburger Straße 29	II/AGA
94. *Keston College* Keston/Kent, Großbritannien	XX/4
95. *Königsteiner Anstalten* mit: – Albertus-Magnus-Kolleg – Katholisches Institut für Sozialforschung und Flüchtlingsfragen – Ostakademie Königstein e. V. – Ostpriesterakademie – Ostpriesterhilfe e. V. – Redaktion „Digest des Ostens" im Haus der Begegnungen 6240 Königstein, Bischof-Kaller-Straße 3	HV A/II BV Frank- furt/O./XX
96. *Komitee „Writers in Prison" beim Internationalen P.E.N.-Club* Frankreich	XX/7
97. *Komitee zur Verteidigung und Verwirklichung demokratischer Rechte und Freiheiten in Ost- und West-, in ganz Deutschland* 6000 Frankfurt/Main	II/AGA
98. *Konrad-Adenauer-Stiftung e. V.* 5205 Sankt Augustin, Rathausallee 12	HV A/II
99. *Konservative Aktion Deutschland e. V.* (bzw. Die Deutschen Konservativen e. V.) 2000 Hamburg 76, Hamburger Straße 3	HV A/II
100. *Koordinierungskomitee für Ost-West-Handelspolitik (COCOM)* Paris/Frankreich	HV A/XII

101. *Kuratorium Unteilbares Deutschland* HV A/II
(mit Paul-Löbe-Institut/Institut für
gesamtdeutsche Bildungsarbeit)
5300 Bonn 1, Remigiusstraße 1,
1000 Berlin 30, Lützowplatz 9

102. *Landeszentrale für politische Bildungsarbeit Berlin* BV Berlin/XV
1000 Berlin 62, Salzburger Straße 21–25

103. *Licht im Osten – Missionsbund zur Ausbreitung des Evangelismus e. V.* XX/4
Zentrale: 7015 Korntal-Münchingen,
Zuffenhauser Straße 37

104. *Liga für Menschenrechte* HV A/III
London/Großbritannien

105. *Massachusetts Institute of Technology Center for International Studies* HV A/XI
Cambridge/Massachusetts

106. *Mission für Süd-Ost-Europa e. V.* XX/4
5900 Siegen 21 (Geisweid), PF 223345

107. *Missionswerk Friedensstimme der Vereinigung Heimgekehrter evangelischer Baptisten-Brüdergemeinde* XX/4
5270 Gummersbach, Hückerswagener Straße 119

108. *Missionswerk Operation Mobilisation Deutschland e. V.* XX/4
6950 Mosbach, Alte Neckarelzer Straße 2

109. *Moslem-Brüder* XXII
1000 Berlin (West)

110. *Niedersächsische Landeszentrale für politische Bildung* BV Halle/VI
3000 Hannover 1, Hohenzollernstraße 46

111. *NSDAP/AO; NSDAP/Ortsgruppe Berlin* XXII
BRD, 1000 Berlin (West)

112. *NTS – Bund russischer Solidaristen* HV A/IX
(und Nachfolgeeinrichtungen, u. a. „possev-Verlag“)
6000 Frankfurt/Main 80, Flurscheideweg 15

113. *Organisation Internationale Revolutionäre* XXII

114.	*Ost-Akademie e. V.* 2120 Lüneburg, Herderstraße 1–11	BV Schwerin/ VI
115.	*Ost-Ausschuß der Deutschen Wirtschaft* 5000 Köln 51, Gustav-Heinemann-Ufer 84–88	HV A/XV
116.	*Osteuropa-Institut an der FU Berlin* 1000 Berlin 33, Garystraße 55	BV Berlin/XV
117.	*Osteuropa-Mission Deutschland e. V.* 6338 Hüttenberg, PF 80	XX/4
118.	*Otto Benecke Stiftung* 5300 Bonn 1, Bonner Talweg 57	II/AGA
119.	*Otto-Suhr-Institut der FU Berlin* 1000 Berlin 33, Ihnestraße 21	BV Berlin/XV
120.	*Polish-American Immigration and Relief Committee* 8502 Zirndorf, Rothenburger Straße 29	II/AGA
121.	*Radio 100* (linksalternativer Sender auf UKW-Frequenz 103,4 Mhz) 1000 Berlin 30, Potsdamer Straße 131	BV Berlin/XV
122.	*Radio Free Europe und Radio Liberty* (einschließlich Samisdat-Archiv e. V.) 8000 München 22, Oettingenstraße 67	HV A/IX
123.	*Rand Corporation* Santa Monica/California/USA Main Street 1700	HV A/XI
124.	*Revolutionäre Zellen/Rote Zora* BRD und 1000 Berlin (West)	XXII
125.	*RIAS Berlin/Abt. Politik I (Ost- und Außenpolitik)* 1000 Berlin 62, Kufsteiner Straße 69	II/13
126.	*Rote Armee Fraktion (RAF)* BRD und 1000 Berlin (West)	XXII
127.	*Rote Armee Japans*	XXII
128.	*Rote Brigaden* (italienische terroristische Organisation)	XXII
129.	*Sekretariate der Politischen Gruppen des Europa-Parlaments* Luxemburg, Brüssel	HV A/XII

130. *Sender Freies Berlin* 1000 Berlin 19, Masurenallee 8–14	HV A/X
131. *Solidarność-Exilorganisationen* BRD und 1000 Berlin (West)	II/AG 4
132. *STERN-Redaktion* 2000 Hamburg 36, Warburgstraße 50	HV A/X
133. *Stiftung Wissenschaft und Politik/Forschungsinstitut für Internationale Politik und Sicherheit* 8026 Ebenhausen, Zeller Weg 27	HV A/I
134. *St. Raphaelsverein e. V.* (Raphael-Werk – Dienst am Menschen unterwegs –) 2000 Hamburg 1, Adenauerallee 41 8502 Zirndorf, Rothenburger Straße 29	II/AGA
135. *TAZ* 1000 Berlin 65, Wattstraße 11–12	HV A/X
136. *Tolstoy Foundation Inc.* 8502 Zirndorf, Rothenburger Straße 29	II/AGA
137. *Treuhandstelle für Industrie und Handel* 1000 Berlin 15, Kurfürstendamm 32	HV A/I
138. *Tufts University* *Fletcher School of Law and Diplomacy Institute for Foreign Policy Analysis, Inc. (IFPA)* Cambridge/Massachusetts/USA	HV A/XI
139. *United American Relief Committee* 8502 Zirndorf, Rothenburger Straße 29	II/AGA
140. *United States Information Agency (USIA)* Washington/USA	HV A/XI
141. *Verband ehemaliger DDR-Bürger e. V.* 1000 Berlin 44, Finowstraße 29	ZKG/4
142. *Verein Grenzopfer e. V.* 3119 Barum, Nr. 112	I/KGT/Aufkl.
143. *Vereinigung der Atlantischen Gesellschaften* Paris/Frankreich	HV A/III
144. *West-Ost-Nachrichtenagentur (WONA)* 1000 Berlin 30, Passauer Straße 4	II/13

145.	*Wiking-Jugend* BRD, 1000 Berlin (West)	XXII
146.	*World Council of Churs* 8502 Zirndorf, Rothenburger Straße 29	II/AGA
147.	*ZDF/Ostredaktion* 6500 Mainz 31, Essenheimer Landstraße	HV A/X
148.	*Zentrale Aufnahmestelle des Landes Hessen (ZASt)* 6300 Gießen 1, PF 5940	ZKG/4
149.	*Zentrale Erfassungsstelle der Landesjustiz-verwaltungen* 3320 Salzgitter, Am Pfingstanger 2	BV Magde-burg/XV
150.	*Zentrale Melde-, Beratungs- und Betreuungsstelle für Vorkommnisse und Fragen im West-Ost-Verkehr (ZMBB)* 1000 Berlin, Fehrbelliner Platz 2	VIII/4
151.	*Zentralinstitut für sozialwissenschaftliche Forschung der FU Berlin (ZI 6)* 1000 Berlin 31, Babelsberger Straße 14–16	BV Berlin/XV
152.	*Zeugen Jehova* 6200 Wiesbaden, Greufstraße 5 Europazentrale Selters/BRD	XX/4
153.	*Zirndorf-Sammellager für ausländische Flüchtlinge* 8502 Zirndorf, Rothenburger Straße 29	II/AGA

Anlage 2

Feindliche Stellen und Kräfte im Operationsgebiet, die subversive Tätigkeit gegen die DDR und andere sozialistische Staaten inspirieren, organisieren bzw. durchführen oder durch anderweitige politisch-operativ relevante Aktivitäten Sicherheitsinteressen der DDR und anderer sozialistischer Staaten berühren bzw. gefährden (außer imperialistische Geheimdienste und kriminelle Menschenhändlerbanden) ohne politisch-operative Verantwortlichkeiten von Diensteinheiten, die zentral in der ZAIG zu erfassen sind

1. *Ackermann-Gemeinde e. V.*
   8000 München, Heßstraße 26
2. *Akademie für Politische Bildung*
   8132 Tutzing, Haus Buchensee 1
3. *Akademie Sankelmark*
   2391 Sankelmark, Post Oeversee
4. *Aktion 100 000 Partnerschaften Ost – West*
   (mit Berliner Initiative 100 000 Partnerschaften Ost – West)
   BRD
   1000 Berlin (West)
5. *Arbeitsgemeinschaft Ost- und Mitteldeutscher Aus- und Übersiedler e. V. (AGOMA)*
   1000 Berlin 46, Derfflinger Str. 9a
   5300 Bonn 1, Postfach 1127
6. *Arbeitsgemeinschaft Staat und Gesellschaft e. V.*
   7400 Tübingen, Sigwartstr. 13
7. *Arbeitsgruppe Ost-West e. V.*
   1000 Berlin (West)
8. *Association Internationale de Defense des Artistes (AIDA)*
   AIDA – Deutschland, Sektion München e. V.:
   8000 München, Agricolastraße 16
   AIDA – Deutschland, Sektion Hamburg e. V.:
   2000 Hamburg, Rostocker Str. 18
9. *Berliner Bürgergemeinschaft e. V.*
   1000 Berlin 19, Suarezstraße 15 – 17
10. *Bonner Friedensforum e. V.*
    5300 Bonn 1, Meckenheimer Allee 91
11. *Christlicher Dienst für die Befreiung der Völker (ChSWN)*
    6719 Carlsberg, Linienstraße 11

12. *Deutsche Gesellschaft für Osteuropakunde e. V.*
1000 Berlin 15, Schaperstraße 30

13. *Deutsches Polen-Institut e. V.*
6100 Darmstadt, Alexandraweg 28

14. *Deutschlandpolitisches Bildungswerk Nordrhein-Westfalen*
4542 Tecklenburg, Meesenhof 5

15. *Europäische Akademie Berlin e. V.*
1000 Berlin 33, Bismarckallee 46–48

16. *Europäische Akademie Lerbach*
(Einrichtung des Gustav-Stresemann-Instituts e. V. für internationale Bildung und europäische Zusammenarbeit)
5060 Bergisch-Gladbach 2, Haus Lerbach

17. *Europäische Konferenz für Menschenrechte und Selbstbestimmung (EKMS)*
Luzern/Schweiz
Deutsche Sektion e. V.: 5300 Bonn 1, Gorch-Fock-Str. 1

18. *Frauen für den Frieden*
Kontaktanschrift: Martin-Niemöller-Haus,
1000 Berlin 33, Pacelliallee 61

19. *Fridtjof-Nansen-Akademie für politische Bildung*
6507 Ingelheim, Wilhelm-Leuschner-Str. 61

20. *Fördererkreis für Ost-West-Information e. V. im paritätischen Bildungswerk, Landesverband Berlin*
1000 Berlin 45, Boothstr. 25

21. *Gesamtdeutscher Studentenverband e. V.*
5300 Bonn 1, Gorch-Fock-Str. 1

22. *Gesamteuropäisches Studienwerk e. V.*
4973 Vlotho, Südfeldstraße 2–4

23. *Gesellschaft für Deutschlandpolitik Berlin e. V.*
Kontaktanschrift: 1000 Berlin, Nachodstraße 1

24. *Gesellschaft für die Einheit Deutschlands e. V.*
BRD, 1000 Berlin (West)

25. *Gesellschaft für Wehrkunde e. V. (GfW)*
5300 Bonn 1, Wenzelgasse 42

26. *Informationsstelle zur Solidarität mit den Opfern staatlicher Repression in der DDR und Osteuropa*
Kontaktanschrift: Grünes Zentrum Köln, 5000 Köln 1, Michaelstraße 26

27. *Informations- und Bildungszentrum Schloß Gimborn e. V.*
5277 Marienheide, Schloßstraße 10

28. *Institut für intereuropäische Studien*
(Einrichtung der Europäischen Staatsbürger-Akademie e. V.)
1000 Berlin 36, Mariannenplatz 26

29. *Institut für Ostrecht e. V.*
8000 München, Theresienstraße 40

30. *Intercontact, Gesellschaft für Studien- und Begegnungsreisen mbH*
5300 Bonn 2, Mirbachstraße 2

31. *Internationale de la Resistance – Resistance International*
(Internationale des Widerstands – Widerstand International)
Avenue des Champs Elysees 102, 75008 Paris/France

32. *Internationales Kulturzentrum Achberg (INKA)*
8991 Achberg-Esseratsweiler

33. *Koordinationsausschuß für Osteuropaforschung*
6300 Gießen, Otto-Behaghel-Straße 10/D

34. *Landesinstitut für Erziehung und Unterricht (LEU)*
7000 Stuttgart 1, Rotebühlstraße 133

35. *Landsmannschaft Berlin-Mark Brandenburg*
7000 Stuttgart 1, Schloßstraße 92

36. *Ludwig-Frank-Stiftung für ein freiheitliches Europa e. V.*
Geschäftsstelle: 3300 Braunschweig, Campestraße 12

37. *Neue Gesellschaft – Vereinigung für politische Bildung e. V.*
2000 Hamburg 13, Rothenbaumchaussee 19

38. *Ost-West-Studienzentrum*
6500 Mainz, Klosterstraße 52

39. *Osteuropa-Institut München*
8000 München 80, Scheinerstraße 11

40. *ROBIN WOOD, Gewaltfreie Aktionsgemeinschaft für Natur und Umwelt e. V.*
2800 Bremen 1 (Lahnstraße 65 oder St.-Pauli-Str. 10)

41. *SIEG/AJ-Presse-Dienst*
Österreich: A-6911 Lochau, Postfach 5
BRD: D-8990 Lindau, Postfach 1661
Schweiz: Ch-9430 St. Margrethen, Postfach 1

42. *Sozialdemokratischer Arbeitskreis ehemaliger politischer Häftlinge aus der SBZ/DDR*
1000 Berlin (West)
SPD-Parteivorstand AL II – Referat 8, 5300 Bonn, Ollenhauerstr. 1, Postfach 2280

43. *Sozialistisches Osteuropakomitee (SOK)*
2000 Hamburg 13, Postfach 2648
1000 Berlin 30, Postfach 4147

44. *Stiftung für ehemalige politische Häftlinge*
5300 Bonn 2, Wurzerstraße 106

45. *TEMPO*
(Zeitschrift)
2000 Hamburg 13, Harvestehuder Weg 41

46. *Verein für das Deutschtum im Ausland (VDA)*
8000 München 60, Landsberger Str. 509

47. *Vereinigung Europäischer Journalisten e. V. (VEJ) – Deutsche Gruppe –*
5300 Bonn 2, Kastanienweg 26

48. *WIENER/Deutschlands Zeitschrift für Zeitgeist*
WIENER Verlag GmbH, 8000 München 2, Altheimer Eck 13

49. *WIR in Ost und West*
(deutschlandpolitisches Jugendmagazin, Herausgeber: Arbeitsgemeinschaft Jugend und Bildung e. V.)
6200 Wiesbaden 1, Universum Verlagsanstalt, PF 5720

50. *Zentralverband Mittel- und Ostdeutscher e. V. (ZMO)*
– Zusammenarbeit mit Osteuropa –
6500 Mainz 31, Kafkaweg 57

21. Mai 1986

Zentrale Planvorgabe für 1986 und den Zeitraum bis 1990 (Auszug)[147]

1. Ziel- und Aufgabenstellungen zur Unterstützung der auf die Erhaltung des Friedens und den Schutz des Sozialismus gerichteten Politik der Partei

Aufgabe aller Diensteinheiten der Aufklärung und der Abwehr ist die maximale Unterstützung der Partei- und Staatsführung [für die] Verwirklichung ihrer Politik zur Gewährleistung günstiger äußerer Bedingungen für die weitere Gestaltung der entwickelten sozialistischen Gesellschaft in der DDR, insbesondere

- ihres zielstrebigen, beharrlichen Wirkens für die Aktivierung und das Zusammenwirken aller Kräfte des Friedens, der Vernunft und des Realismus mit dem Ziel, durch effektive Schritte der Rüstungsbegrenzung und Abrüstung einen Kernwaffenkrieg abzuwenden, die Militarisierung des Weltraums zu verhindern, die Kernwaffen abzuschaffen und die Konfrontation durch die Zusammenarbeit der Staaten zu überwinden;
- der weiteren Festigung des Bruderbundes mit der Sowjetunion und den anderen sozialistischen Bruderländern sowie des umfassenden Beitrags zur allseitigen Stärkung und Erhöhung der Macht und der internationalen Ausstrahlungskraft des Sozialismus durch die immer vollkommenere Entfaltung seiner Vorzüge;
- der aktiven antiimperialistischen Solidarität mit allen um ihre nationale und soziale Befreiung kämpfenden Völkern; der Entwicklung gleichberechtigter und freundschaftlicher Beziehungen mit allen befreiten Staaten und der Unterstützung ihres Kampfes um eine neue internationale Wirtschaftsordnung auf der Grundlage der Gleichberechtigung sowie
- des konsequenten Bemühens um den Ausbau von Beziehungen der friedlichen Koexistenz zu den kapitalistischen Staaten, der Aufrechterhaltung und Entwicklung eines sachlichen politischen Dialogs und gegenseitig vorteilhafter Zusammenarbeit auf der Grundlage der allgemeinen anerkannten Prinzipien und Normen des Völkerrechts und der gegenseitigen Berücksichtigung der legitimen Interessen.

147 BStU, ZA, DSt 103287, Bl. 9–35. – Kopf: Ministerrat der Deutschen Demokratischen Republik, Ministerium für Staatssicherheit, Der Minister. – Vermerk: Auf Bl. 1: GVS MfS 0008-41/86, 63. Exemplar, Persönlich.

Die Realisierung aller damit verbundenen Aufgaben und Maßnahmen unter Ausschöpfung der spezifischen Möglichkeiten des MfS, einschließlich einer wirksamen Öffentlichkeitsarbeit, ist zugleich der wichtigste Beitrag der Diensteinheiten zur Durchsetzung der abgestimmten Friedenspolitik der Länder der sozialistischen Gemeinschaft, insbesondere des vom Genossen Michail Gorbatschow am 15.1.1986 und auf dem XXVII. Parteitag der KPdSU unterbreiteten umfassenden Programms zur Befreiung der Welt von Atomwaffen bis zum Jahre 2000 und für die Schaffung eines Systems der internationalen Sicherheit.

1.1. Verhinderung jeglicher Überraschungen durch den Gegner, besonders auf militärischem Gebiet

Entsprechend der Aufgabenstellung des XI. Parteitages an das MfS behält für alle Diensteinheiten der Aufklärung und Abwehr die Aufgabe absolute Priorität, unter Einsatz aller geeigneten operativen und operativ-technischen Möglichkeiten einen größtmöglichen Beitrag zum frühzeitigen Erkennen akuter gegnerischer Aggressionsentschlüsse und militärischer Überraschungen zu leisten. Entsprechend meinem Befehl Nr. 1/85[148] ist der Variante eines nuklearstrategischen Überfalls besondere Aufmerksamkeit zuzumessen. Das erfordert,

- die Aufklärung der politischen und militärischen Pläne, Absichten und Maßnahmen des Gegners zu verstärken und dazu neue qualifizierte Quellen in politischen und militärischen Entscheidungszentren, vor allem in den USA, im Apparat der NATO und in anderen wichtigen NATO-Staaten sowie in den Geheimdienstzentralen zu schaffen;
- weiter planmäßig solche operativen und operativ-technischen Positionen zu schaffen und zu erschließen, die für die rechtzeitige und zuverlässige Gewinnung von Spannungsmerkmalen nutzbar sind;
- selbst für einzelne Indikatoren alle Quellenmöglichkeiten, besonders im Operationsgebiet, zu untersuchen, noch gründlicher zu prüfen und zu nutzen sowie
- eine schnelle und qualifizierte Auswertung aller gewonnenen Informationen und Erkenntnisse zu gewährleisten.

Zur Realisierung dieser Aufgabenstellungen ist es notwendig,

- in allen operativen Diensteinheiten unter persönlicher Verantwortung der Leiter die Möglichkeiten noch zielstrebiger und umfassender zu erschließen und voll auszuschöpfen;
- durch alle operativen Diensteinheiten ständig neue Potenzen zur Unterstützung der Aufklärung zu schaffen und einzusetzen und

148 Befehl 1/85 vom 15.2.1985 zu den Aufgaben der Diensteinheiten des MfS zur frühzeitigen Aufklärung akuter Aggressionsabsichten und überraschender militärischer Aktivitäten imperialistischer Staaten und Bündnisse, insbesondere zur Verhinderung eines überraschenden Raketenkernwaffenangriffs gegen Staaten der sozialistischen Gemeinschaft; BStU, ZA, DSt 103137.

– die Zusammenarbeit zwischen den Diensteinheiten der Aufklärung und der Abwehr enger und effektiver zu gestalten.

Vor allen operativen Diensteinheiten steht die Aufgabe, ihren Beitrag zur Aufklärung der Pläne, Absichten und Maßnahmen der USA-Administration zur Erlangung militärischer Überlegenheit zu erhöhen und dazu alle Möglichkeiten umfassend zu nutzen und neue zu erschließen. Besondere Bedeutung kommt dabei der Aufklärung und Bewertung des Militärpotentials der USA und der NATO insgesamt, aller Pläne und Maßnahmen zur weiteren Verstärkung des militärischen Potentials, zur Erhöhung der Gefechtsbereitschaft der Streitkräfte sowie ihrer Fähigkeit zur Kriegsführung zu.

Verstärkt sind vor allem Informationen und Erkenntnisse zu gewinnen

– zur Militärpolitik der imperialistischen Hauptstaaten und der NATO;
– zum Stand und der Entwicklung des militärstrategischen Konzepts der imperialistischen Hauptmächte und Bündnisse, zu den Veränderungen in den militärstrategischen Leitvorstellungen der USA, die auf eine Stärkung der offensiven Komponente ihrer Strategie abzielen (Vorstellungen vom Enthauptungsschlag, von der horizontalen Eskalation, dem Airland-Battle-Konzept und dem Konzept zur Bekämpfung nachfolgender Kräfte), und zu ihrer Durchsetzung in der NATO;
– über die Befähigung der Streitkräfte zur Ausführung der neuen strategischen Konzeption, über Pläne zu einer schnellen Steigerung der Kampfkraft der Streitkräfte einschließlich ihrer Dislozierung und Ausrüstung, über gegnerische Planungen für Manöver und Übungen und zur Überprüfung der Gefechts- und Mobilmachungsbereitschaft der Streitkräfte sowie zur Erhöhung der Kriegsbereitschaft aller gesellschaftlichen Bereiche;
– über interne Einschätzungen imperialistischer Kreise zur Kriegsbereitschaft ihrer Streitkräfte und der Bevölkerung sowie über die Streitkräfte und die innenpolitische Stabilität des Warschauer Vertrages.

Schwerpunkte in der Aufklärung der Rüstungsplanung, -forschung, -entwicklung und -produktion der USA und ihrer Verbündeten zur Sicherung der materiellen Grundlagen ihrer Pläne für die Kriegsführung sind vorrangig

– das frühzeitige Erkennen sich anbahnender, militärisch nutzbarer wissenschaftlich-technischer Durchbrüche;
– die konkreten Pläne und Maßnahmen zur Fortsetzung der USA-Weltraumrüstung (SDI und ihrer Komponenten);
– Forschungen und Entwicklungen auf nuklearem Gebiet und in der Raketentechnik;
– geheime Aktivitäten auf dem Gebiet der biologischen Kampfmittel;
– Forschungsarbeiten auf dem Gebiet meteorologischer und geotektonischer Waffen sowie auf dem Gebiet schwerer Ionen, der Gentechnik und der Molekularbiologie;

- Forschungs- und Entwicklungsarbeiten auf dem Gebiet neuartiger konventioneller Waffentechnik und der chemischen, einschließlich binären Waffen;
- Pläne und Vorstellungen zur Schaffung einer sogenannten Europäischen Verteidigungsinitiative (EVI) bzw. eines westeuropäischen taktischen Raketenabwehrsystems (ATM-Systems);
- militärische und zivile Bedeutung des westeuropäischen Hochtechnologieprogramms „Eureka";
- Weiterentwicklung der elektronischen Kampfführung.

Im Mittelpunkt der Aufklärung haben des weiteren die konkreten Maßnahmen in der Rüstungszusammenarbeit zwischen den USA und westeuropäischen NATO-Staaten, Japan, Israel und anderen Ländern, von Forschungseinrichtungen und Unternehmen, Wissenschaftlern und militärischen Kreisen – unabhängig davon, ob sie mit oder ohne Unterstützung durch die jeweiligen Regierungen tätig sind – zu stehen. Das gilt insbesondere hinsichtlich der Teilnahme von Firmen und Forschungseinrichtungen der BRD sowie Westberlins an Projekten im Rahmen des SDI-Programms; das gilt auch für andere Rüstungsbereiche, die bei der Erreichung wissenschaftlich-technischer Durchbrüche, der Schaffung neuer, weiterentwickelter Waffensysteme unter Nutzung der Ergebnisse des wissenschaftlich-technischen Fortschritts eine maßgebliche Rolle spielen.

Aufzuklären und einzuschätzen sind Beratungen innerhalb der NATO über die militärstrategischen, bündnis- und rüstungskontrollpolitischen Konsequenzen des SDI-Projektes sowie die Vorbehalte, Ablehnungen und andere vom USA-Kurs abweichende Positionen politischer Kräfte in westeuropäischen Ländern gegenüber den USA-Weltraumrüstungsplänen, die Differenzen und Meinungsverschiedenheiten dazu. Umfassend zu erkennen und zu werten sind alle Kräfte, die gegen eine Beteiligung an SDI sind (Auftreten, Argumente, Einfluß).

1.2. Aufklärung der gegen den Frieden, gegen Rüstungsbegrenzung, Abrüstung und Entspannung, gegen die Schaffung eines allumfassenden Systems der internationalen Sicherheit gerichteten Pläne, Absichten und Maßnahmen des Imperialismus

Durch die Diensteinheiten der Aufklärung und Abwehr sind die Positionen der Regierung der USA, der Regierungen der anderen NATO-Staaten und weiterer westlicher Länder sowie anderer Kräfte, die über politischen Einfluß verfügen, zu den Hauptfragen der Friedenssicherung, zur Beendigung des Wettrüstens, zur Abrüstung, Entspannung und internationalen Sicherheit verstärkt aufzuklären. Die Aufklärungstätigkeit ist zielgerichtet auszurichten auf

- Reaktionen auf die Friedensoffensive des Sozialismus, besonders auf die Vorschläge, Initiativen und Maßnahmen der UdSSR; positive Re-

aktionen, Zustimmung und Unterstützung durch westliche politische Kreise; vor allem auch konkrete Vorstellungen reaktionärer Kräfte, wie der Friedensoffensive begegnet werden soll;
- sich vollziehende Differenzierungsprozesse, unterschiedliche Vorstellungen und Meinungen in den USA, in anderen NATO-Staaten und neutralen und nichtpaktgebundenen Ländern gegenüber bestimmten Seiten des USA-Hochrüstungs- und-Konfrontationskurses;
- Pläne, Absichten und Aktivitäten im Zusammenhang mit weiteren sowjetisch-amerikanischen Gipfeltreffen, besonders die Verhandlungs- und Gesprächskonzeptionen, die Strategie und Taktik sowie hinsichtlich weiterer bilateraler Verhandlungen, Gespräche und Treffen zu Fragen der Beziehungen zwischen den USA und der UdSSR;
- Positionen bzw. Konzeptionen für die bilateralen Abrüstungsverhandlungen zwischen den USA und der UdSSR in Genf und deren Abstimmung zwischen den USA und ihren Verbündeten;
- Positionen bzw. Konzeptionen für die multilateralen Verhandlungen im Rahmen des KSZE-Prozesses, insbesondere für die Stockholmer Konferenz über vertrauens- und sicherheitsbildende Maßnahmen und Abrüstung in Europa, das Wiener KSZE-Folgetreffen sowie für die Wiener Verhandlungen über die Reduzierung von Streitkräften und Rüstungen in Mitteleuropa und für die Genfer Abrüstungskonferenz.

Aufzuklären und einzuschätzen sind weiterhin
- die Entwicklung des inneren Kräfteverhältnisses in den USA im Zusammenhang mit den Präsidentschaftswahlen im Jahre 1988 und sich abzeichnende Auswirkungen auf die weitere Politik der USA;
- die Ergebnisse der periodischen Tagungen der NATO-Führungsgremien, vor allem auch die Koordinierung der Politik der NATO-Staaten und die Festlegung ihrer Positionen zu wesentlichen internationalen Problemen, die Ergebnisse der Gipfeltreffen der sieben führenden imperialistischen Länder und der Tagungen weiterer bedeutsamer westlicher Gremien;
- die Positionen westeuropäischer Staaten zur Ausgestaltung des Ost-West-Dialogs in den bilateralen Beziehungen; Haltungen und Reaktionen der neutralen und nichtpaktgebundenen Staaten zu Grundfragen der Friedenssicherung;
- bedeutsame Entwicklungen in der westlichen Friedensbewegung, Pläne und Vorstellungen über konkrete Aktivitäten, Auseinandersetzungen zwischen progressiven und feindlichen Kräften in der Friedensbewegung, der Einfluß der Bewegung auf die Politik der Regierungen imperialistischer Länder sowie die Versuche, diese Bewegung geheimdienstlich zu unterwandern und zu steuern, Spalter- und andere feindliche Kräfte in der Bewegung zu fördern, die Friedenskräfte und ihre Aktivitäten zu schwächen, zu desorientieren und in eine antisozialistische Richtung zu drängen, die Versuche feindlicher Kräfte

innerhalb der westliche Friedensbewegung, oppositionelle Kräfte in sozialistischen Staaten zu unterstützen und zu antisozialistischen Handlungen zu inspirieren;
- die Positionen und Absichten der Sozialdemokratie, vor allem der Sozialistischen Internationale, der SPD und anderer Parteien, und ihr Einfluß auf die offizielle Politik und auf die Friedensbewegung.

Die Aufklärung der Politik der USA und ihrer Verbündeten in den verschiedenen Regionen der Erde, insbesondere gegenüber den Ländern der „Dritten Welt", zur Schaffung einer breiten gegen den Sozialismus und den sozialen Fortschritt gerichteten Front, ist schwerpunktmäßig noch stärker auszurichten auf das rechtzeitige Erkennen der Pläne, Absichten und Maßnahmen,
- neutrale, nichtpaktgebundene sowie national befreite Staaten und bedeutsame regionale Organisationen in die Konfrontationspolitik einzubeziehen;
- politische, militärische und ökonomische Positionen in diesen Ländern zu sichern und auszubauen sowie weitere militärische Bündnisse zu schaffen;
- die Positionen und den Einfluß des Sozialismus und der nationalen Befreiungsbewegung in den betreffenden Regionen zu schwächen und zurückzudrängen;
- neue Krisen und Spannungs- bzw. Konfliktherde zu schüren, militärische Operationen und Interventionen, besonders gegen sozialistisch orientierte Staaten vorzubereiten, Putsche, Staatsstreiche und Bürgerkriege in einzelnen Ländern zu organisieren sowie konterrevolutionäre Kräfte, vor allem mit militärischen Mitteln, zu unterstützen;
- eine vielfältige Diversionstätigkeit, Druck- und Erpressungspolitik, auch unter Einbeziehung reaktionärer Regime durchzuführen sowie den Entwicklungsländern kapitalistische Verhältnisse aufzuzwingen.

Fortzusetzen ist die Aufklärung der Angriffe des Imperialismus und anderer reaktionärer Kräfte gegen die kommunistische Weltbewegung bzw. gegen einzelne kommunistische Parteien sowie die Aufklärung und Einschätzung der Lage und Entwicklung in führenden kommunistischen Parteien Westeuropas.

1.3. Unterstützung der Politik der DDR gegenüber der BRD

Durch die Diensteinheiten der Aufklärung und Abwehr ist ein maximaler Beitrag zur Unterstützung der Politik der DDR gegenüber der BRD zu leisten. Unter Nutzung aller Möglichkeiten gilt es, die Aufklärung und Einschätzung der Außen- und Innenpolitik der BRD vor allem auf folgende Schwerpunkte auszurichten und weiter zu qualifizieren:
- Stellung der BRD als wichtigster Partner der USA im NATO-Bündnis und in der EG und ihre Bestrebungen zum weiteren Ausbau ihres Einflusses in Westeuropa und die Reaktionen der Verbündeten darauf;

- Unterordnung der Politik der BRD unter den Hochrüstungs- und Konfrontationskurs der USA, Unterstützung der wesentlichsten Seiten dieser Politik durch die Regierung, aber auch die weitere Entwicklung von differenzierten Haltungen politischer Kräfte in der BRD gegenüber den amerikanischen Rüstungsprogrammen, besonders zu SDI, hinsichtlich ihrer sicherheitspolitischen und militärstrategischen Konsequenzen sowie von bestimmten Vorbehalten und Widersprüchen zur Politik der USA, einschließlich spezifischer eigenständiger Interessen;
- gegen die sozialistischen Staaten, insbesondere die DDR, gerichtete Pläne, Absichten und Aktivitäten der Regierung der BRD, von feindlichen Organen, Institutionen, Zentren und Kräften in der BRD auf den verschiedensten Gebieten;
- Forcierung revanchistischer, nationalistischer Angriffe gegen die DDR und andere sozialistische Staaten, besonders gegen den politischen und territorialen Status quo in Europa und differenzierte Auffassungen politischer Kreise der BRD über die Taktik zur Realisierung der Wiedervereinigungs- und anderer revanchistischer Konzeptionen;
- Pläne, Absichten und Maßnahmen zur weiteren Gestaltung der Beziehungen zwischen der BRD und der DDR, besonders bilateraler Verhandlungen und Gespräche auf verschiedenen Gebieten, sowie Treffen auf hoher und höchster Ebene sowie generell Pläne und Aktivitäten zur Durchsetzung der politischen Ziele der BRD gegenüber der DDR;
- Mißbrauch von Verträgen und Abkommen für eine Einmischung in die inneren Angelegenheiten der DDR, für die Einwirkung in die DDR, für die Ausübung von Druck, vor allem hinsichtlich sogenannter menschlicher Erleichterungen;
- unter Entstellung bzw. Verfälschung der KSZE-Schlußakte und des Abschlußdokuments des Madrider Treffens organisierte Angriffe gegen die souveränen Rechte und Interessen der DDR, Verletzung der Souveränität der DDR durch staatliche Organe der BRD;
- Pläne und Absichten der BRD und des Westberliner Senats zur weiteren Gestaltung des Verhältnisses Westberlins zur DDR, insbesondere zum Ausbau der Bindungen Westberlins an die BRD sowie im Zusammenhang mit der 750-Jahrfeier Berlins 1987.

Aufzuklären und einzuschätzen sind

- mögliche Veränderungen im innenpolitischen, parlamentarischen Kräfteverhältnis in der BRD und das eventuelle Entstehen neuer Kräftekonstellationen im Zusammenhang mit den Landtagswahlen 1986 und den Bundestagswahlen im Januar 1987 und deren Auswirkungen auf die Gesamtpolitik der BRD, besonders auch auf die Politik gegenüber der DDR und anderen sozialistischen Staaten;

- Auseinandersetzungen in politischen Kreisen der BRD um die künftige Politik sowie die Differenzierungsprozesse in den Regierungsparteien, die Meinungsbildung in der SPD und bei den Grünen.

1.4. Aufklärung und Vereitelung der strategischen Pläne des Imperialismus im Kampf gegen den Sozialismus

Alle Möglichkeiten der Diensteinheiten der Aufklärung und Abwehr sind umfassend zu nutzen, um die strategischen Pläne, Absichten und Machenschaften der imperialistischen Hauptmächte, besonders der USA, der BRD und anderer NATO-Staaten, im Kampf gegen die sozialistische Staatengemeinschaft auf politischem, diplomatischem, ideologischem, wirtschaftlichem und wissenschaftlich-technischem Gebiet aufzuklären und zu durchkreuzen. Besondere Bedeutung besitzt dabei die gründliche Aufklärung und vorbeugende Verhinderung der gesamten subversiven Tätigkeit, der konkreten Absichten und Aktivitäten für das weitere Vorgehen gegen den Sozialismus, der dabei zum Einsatz gelangenden Mittel und Methoden sowie der damit beabsichtigten Wirkungen seitens des Imperialismus, besonders seiner Geheimdienste, der Zentren der politisch-ideologischen Diversion und weiterer feindlicher Stellen und Kräfte.

Es sind verstärkte Anstrengungen zur Entlarvung und Vereitelung der Pläne, Absichten und Machenschaften zu unternehmen, die auf die Unterminierung der Einheit und Geschlossenheit, die Spaltung und Schwächung der sozialistischen Staatengemeinschaft gerichtet sind. Das gilt insbesondere hinsichtlich

- von Schlußfolgerungen des Gegners in Auswertung des XXVII. Parteitages der KPdSU, des XI. Parteitages der SED und der Parteitage der anderen Bruderparteien;
- der Praktizierung einer differenzierten Politik gegenüber einzelnen sozialistischen Staaten und eines selektiven Vorgehens bei der Gestaltung der Beziehungen;
- des Ausspielens sozialistischer Staaten gegeneinander und der Durchsetzung einer Politik der Bevorzugung unter Nutzung dafür geeignet erscheinender Positionen in der Innen- und Außenpolitik einzelner sozialistischer Staaten;
- der Störung und Schwächung des Bündnisses und der Beziehungen einzelner sozialistischer Staaten mit der UdSSR und der Zurückdrängung des Einflusses der UdSSR innerhalb der sozialistischen Gemeinschaft;
- der Schürung von Nationalismus und Antisowjetismus und der Ausnutzung nationaler Minderheitenprobleme für die Entfachung von Differenzen zwischen sozialistischen Staaten sowie
- der breiten Nutzung der Ergebnisse der Ost- und Kommunismusforschung für den Kampf gegen den Sozialismus.

Die Aufklärungs- und Abwehrtätigkeit ist des weiteren noch zielgerichteter, qualifizierter und koordinierter auf die Aufklärung und vorbeugende Verhinderung solcher Pläne, Absichten und Aktivitäten zu konzentrieren, die auf die Schwächung und Destabilisierung einzelner sozialistischer Staaten und die Beeinträchtigung ihrer innenpolitischen Stabilität gerichtet sind, vor allem durch

- Einmischung in die inneren Angelegenheiten, Druckausübung auf verschiedenen Gebieten, ideologische und andere Formen der Einwirkung auf und in die sozialistischen Staaten;
- Ausnutzung bestimmter innerer Entwicklungsprobleme, Schwierigkeiten, Mängel und Schwächen für das differenzierte Vorgehen gegen sozialistische Staaten, insbesondere zur Schürung von Unzufriedenheit, Zweifeln und Unruhe in der Bevölkerung und zur Schaffung eines Oppositions- und Konfliktpotentials;
- Forcierung der Menschenrechtsdemagogie und entsprechender Angriffe gegen die sozialistischen Staaten, Inspirierung oppositioneller und anderer feindlich-negativer Kräfte in sozialistischen Staaten zu antisozialistischen Handlungen und öffentlichkeitswirksamen Aktivitäten, insbesondere unter Bezugnahme auf Fragen der Menschenrechte und Grundfreiheiten, sog. menschliche Erleichterungen und Begegnungen sowie weitere „humanitäre" Probleme;
- Inspirierung, Förderung, Unterstützung und Steuerung einer sog[enannten] inneren Opposition und politischer Untergrundtätigkeit im Sinne konterrevolutionärer Entwicklungen (Strategie und Taktik, Mittel und Methoden, Steuerung durch Geheimdienste, Zentren der politisch-ideologischen Diversion und andere feindliche Stellen und Kräfte);
- Organisierung eines engen Zusammenwirkens feindlicher Zentren mit antisozialistischen, oppositionellen Kräften in sozialistischen Staaten (Kontakte, Verbindungskanäle, Absprachen über gemeinsame Aktivitäten);
- Initiierung des Zusammenwirkens feindlicher Kräfte in sozialistischen Staaten über die Ländergrenzen hinweg, besonders unter Einbeziehung feindlich-negativer Kräfte in der DDR;
- Inspirierung und Steuerung antisozialistischer Aktivitäten von Emigrantenorganisationen, Verrätern, Renegaten und ausgewiesenen Staatsfeinden, besonders Schaffung entsprechender Zusammenschlüsse;
- Nutzung und Mißbrauch des KSZE-Prozesses, besonders weiterer KSZE-Folgetreffen, zum Beispiel des Folgetreffens in Wien ab November 1986 (Vorkonferenz ab September) sowie verschiedener Expertentreffen der KSZE-Teilnehmerstaaten, für Angriffe gegen die sozialistischen Staaten;
- Herbeiführung eines engeren Zusammenwirkens zwischen reaktionären Kirchenleitungen/-kräften in westlichen und in sozialistischen

Ländern, von Kirchen in sozialistischen Ländern mit dem Vatikan und mit Organen und Einrichtungen in imperialistischen Staaten sowie Aktivierung der Kirchen in sozialistischen Staaten zur Einnahme oppositioneller Positionen und zu direkten politischen Angriffen gegen die sozialistische Staatsmacht;
- Inspirierung einer sog[enannten] blockübergreifenden, staatlich unabhängigen Friedensbewegung in sozialistischen Staaten unter Einbeziehung negativer Kräfte, der westlichen Friedensbewegung und der Grünen sowie
- Nutzung der Menschenrechtsproblematik und von Fragen des Umweltschutzes zur Initiierung anderer alternativer Bewegungen.

Auf der Grundlage geeigneter Aufklärungsergebnisse ist der Beitrag der Hauptverwaltung A für eine wirksame Öffentlichkeitsarbeit des MfS weiter zu erhöhen. Im Mittelpunkt haben dabei die Entlarvung
- friedensgefährdender und antisozialistischer Pläne der aggressivsten imperialistischen Kreise;
- der Hintergründe, Inspiratoren und Organisatoren gegen die DDR gerichteter politischer Provokationen und Einmischungsversuche und deren offensive Zurückweisung;
- des subversiven Wirkens imperialistischer Geheimdienste und anderer feindlicher Stellen und Kräfte

zu stehen.

Unter Verantwortung der ZAIG[149] sind dazu planmäßig konkrete Vorhaben mit den Massenmedien der DDR vorzubereiten und zu realisieren. Darüber hinaus sind die Voraussetzungen für ein flexibles Reagieren auf bestimmte gegnerische Angriffe und politisch-operativ bedeutsame Vorgänge im Operationsgebiet im Zusammenwirken mit den Massenmedien, besonders dem Rundfunk und der Presse, durch rechtzeitige Vorbereitung und Bereitstellung geeigneter Materialien zu vervollkommnen.

1.5. Aufklärung und Analysierung der Politik der Volksrepublik China

Die Aufklärung und Einschätzung der Außen- und Militärpolitik und der inneren Entwicklung der VR China[150] sind insbesondere auf nachfolgende Schwerpunkte auszurichten:
- konzeptionelle Vorstellungen und Stand der Realisierung des Aufbaus eines „Sozialismus chinesischer Prägung“ sowie daraus resultierende Auswirkungen auf die Außenpolitik;
- Positionen zu den Grundfragen der internationalen Entwicklung, besonders zur Friedenssicherung, einschließlich von Reaktionen auf die Friedensinitiativen der UdSSR und der anderen sozialistischen Staa-

149 ZAIG: Zentrale Auskunfts- und Informationsgruppe des MfS.
150 VR China: Volksrepublik China.

ten sowie Pläne, Absichten und Aktivitäten im Zusammenhang mit weiteren bedeutsamen internationalen Problemen;
- Gestaltung der Beziehungen zu und der Zusammenarbeit mit den imperialistischen Hauptmächten, vor allem unter Berücksichtigung der Bestrebungen des Imperialismus nach verstärkter Einflußnahme auf die Innen- und Außenpolitik der VR China;
- Pläne, Absichten, Aktivitäten zur Entwicklung der Beziehungen mit der UdSSR und den anderen sozialistischen Staaten, einschließlich auf Parteiebene, unter besonderer Berücksichtigung von Differenzierungsversuchen; Absichten zur konkreten Ausgestaltung der ökonomischen und wissenschaftlich-technischen Zusammenarbeit mit den sozialistischen Staaten;
- Vorstellungen zu Veränderungen der Militärdoktrin und der Entwicklung des Militärpotentials, einschließlich der Rolle und Wirksamkeit der Zusammenarbeit mit imperialistischen Ländern auf diesem Gebiet.

1.6. Nutzung der operativen Basis der Diensteinheiten der Aufklärung und der Abwehr sowie Vervollkommnung der IM-Arbeit im und nach dem Operationsgebiet

Die Realisierung der vorgenannten Ziel- und Aufgabenstellungen verlangt die stärkere Nutzung der operativen Basis. Das erfordert von allen Diensteinheiten der Aufklärung und Abwehr eine wesentliche Verstärkung und Vervollkommnung der politisch-operativen Arbeit, vor allem hinsichtlich
- der Erarbeitung von Personenhinweisen aus der Analyse der Verbindungen der IM der operativen Diensteinheiten in das Operationsgebiet. Verstärkt sind neben den direkten Verbindungen der IM in das Operationsgebiet jene operativen Potenzen und Möglichkeiten zu erfassen, aufzuklären und zu nutzen, die sich sowohl aus ihren verwandtschaftlichen, bekanntschaftlichen, anderen privaten als auch aus dienstlichen, beruflichen und weiteren offiziellen Kontakten in das Operationsgebiet, wie auch in der DDR selbst, ergeben. Die Erfassung entsprechender Informationen über Verbindungen der IM hat konkreter und abrechenbarer zu erfolgen.
  Dabei sind strengere Maßstäbe an die Bearbeitungswürdigkeit zu legen, um zu gewährleisten, daß nur solche Hinweise in Bearbeitung genommen werden, die zur Realisierung operativer Schwerpunktaufgaben Ergebnisse erwarten lassen;
- der Nutzung aller Verbindungen der IM der Diensteinheiten der Abwehr, einschließlich der Kreisdienststellen, in das Operationsgebiet zur Schaffung neuer Positionen in feindlichen Stellen, staatlichen Einrichtungen, wirtschaftlichen Unternehmen und Territorien, soweit dem keine abwehrrelevanten Fakten oder Aufgaben entgegenstehen.

Solche Verbindungen sind kontinuierlich zu erfassen, aufzuklären und gemeinsam mit der Hauptverwaltung A, den Abteilungen XV der Bezirksverwaltungen bzw. mit operativen Diensteinheiten, die entsprechend meinem Schreiben vom 15.2.1985, GVS MfS o008-4/85, für die politisch-operative Bearbeitung feindlicher Stellen und Kräfte im Operationsgebiet konkrete Verantwortung tragen, auf ihre Bearbeitungswürdigkeit und -möglichkeit zu prüfen;[151]

- der Bereitstellung und Übergabe von in der Abwehrarbeit erprobten, zuverlässigen, geeigneten IM an die Hauptverwaltung A bzw. Abteilungen XV der Bezirksverwaltungen zur Lösung von Aufgaben im und nach dem Operationsgebiet;
- des zielgerichteten und mit der Hauptverwaltung A bzw. den Abteilungen XV der Bezirksverwaltungen abgestimmten Einsatzes geeigneter IM der Abwehr, die sich zeitweilig im Operationsgebiet aufhalten bzw. Kontakte mit in der DDR befindlichen Ausländern unterhalten;
- der systematischen Erfassung aller offiziellen Verbindungen in das Operationsgebiet aus den Bereichen Wirtschaft, Wissenschaft, Kunst, Kultur und Sport mit dem Ziel, bestehende operative Möglichkeiten für die Forcierung der Arbeit im und nach dem Operationsgebiet zu erschließen und zielgerichteter zu nutzen;
- der Erarbeitung von Dossiers über operativ bedeutsame Personen aus dem Operationsgebiet und ihre operativ relevanten Beziehungspartner in der DDR, zu denen Informationen, vor allem zur gesellschaftlichen Stellung, zur beruflichen und finanziellen Lage, zur familiären Situation, zu Charakter- und Persönlichkeitseigenschaften, zu politischen Ansichten und Handlungsmotiven, Interessen und Neigungen bekannt werden;

  Übergabe solcher Dossiers an die Hauptverwaltung A bzw. die Abteilungen XV der Bezirksverwaltungen und gemeinsame Abstimmung zur Herbeiführung frühzeitiger qualifizierter Entscheidungen über die Perspektive und Bearbeitung solcher Materialien;
- der konsequenten Ausrichtung der in Kreisdienststellen eingesetzten Offiziere für Aufklärung auf die systematische Erschließung der operativen Basis in den Kreisen, auf die Nutzung aller operativen Potenzen der Kreisdienststellen. Für die qualifizierte Anleitung, Befähigung und Unterstützung bei der Lösung ihrer spezifischen Aufgaben tragen die Abteilungen XV in den Bezirksverwaltungen die volle Verantwortung;
- der stärkeren Nutzung der Einreisen von in festgelegten grenznahen Landkreisen und kreisfreien Städten der BRD wohnhaften Bürgern der BRD in festgelegte Kreise der grenznahen Gebiete der DDR zur

151 Siehe Dokument 13, S. 430–448.

Erarbeitung spezifischer personen- und sachverhaltsbezogener Informationen und deren Übergabe an die Aufklärung.

Grundsätzlich sind dabei alle abwehrmäßigen Gesichtspunkte vor der Übergabe an die Aufklärung zuverlässig zu prüfen, um der Blickfeldarbeit des Gegners gegebenenfalls rechtzeitig offensiv begegnen zu können.

Der Einsatz von IMB, die im Auftrag des MfS Verbindung zu imperialistischen Geheimdiensten unterhalten, hat entsprechend den unter Punkt 2.1. der ZPV[152] aufgeführten Grundsätzen und Aufgabenstellungen zu erfolgen.

Im Interesse der Erfüllung der Gesamtaufgabenstellung des MfS zur Gewährleistung der inneren Sicherheit der DDR und des MfS sind operativ bedeutsame Erkenntnisse der Aufklärung zielgerichteter für die Abwehrarbeit zu erschließen.

Noch umfassender haben die Diensteinheiten der Aufklärung mit ihren spezifischen Mitteln und Möglichkeiten dazu beizutragen, die von den feindlichen Zentren gegen die DDR gerichteten Pläne und Aktivitäten aufzuklären, feindliche Verbindungen und Kontakte in die DDR aufzuspüren und damit ihren Anteil an der Klärung der Frage „Wer ist wer?" zu erhöhen.

Dazu ist die Zusammenarbeit zwischen den Diensteinheiten der Aufklärung und der Abwehr sowohl auf der Ebene des Ministeriums als auch der Bezirksverwaltungen und der Kreisdienststellen durch entsprechende Vereinbarungen, gemeinsam erarbeitete bzw. abgestimmte Aufgabenstellungen, abgestimmten IM-Einsatz und Übergabe bzw. Übernahme von IM zielstrebig und kontinuierlich zu intensivieren.

In die Arbeitspläne der Leiter der Diensteinheiten sind konkrete und abrechenbare Maßnahmen zur Vervollkommnung der Zusammenarbeit und zur Lösung der abgestimmten Aufgaben aufzunehmen.

Spürbar zu verstärken sind die Anstrengungen aller operativen Diensteinheiten zur zielstrebigen Aufklärung, Kontrolle bzw. Bekämpfung feindlicher Stellen und Kräfte im Operationsgebiet. Darin eingeordnet ist die übertragene Verantwortlichkeit an operative Diensteinheiten zur Bearbeitung festgelegter derartiger Stellen und Kräfte gemäß meinem Schreiben vom 15.2.1985, GVS MfS o008-4/85, konsequent wahrzunehmen.[153]

Die politisch-operative Arbeit ist offensiver auszurichten auf

– das Eindringen in die Ausgangsbasen und Führungszentren feindlicher Stellen und Kräfte, um rechtzeitiger und umfassender ihre feindlichen Pläne, Absichten und Machenschaften zu erkennen, ihre Verbindungen und Kontakte in die DDR aufzuspüren und nachhaltiger

152 ZPV: Zentrale Planvorgabe.
153 Siehe Dokument 13, S. 430–448.

ihr Wirksamwerden in der DDR und anderen sozialistischen Staaten vorbeugend zu verhindern;

- die Unterstützung außenpolitischer, einschließlich propagandistischer Maßnahmen der DDR und anderer sozialistischer Staaten zur Entlarvung der inspirierenden, organisierenden und lenkenden Rolle imperialistischer Geheimdienste im Zusammenhang mit den aggressiven, subversiven, kriminellen und weiteren Aktivitäten anderer feindlicher Stellen und Kräfte;
- die Desinformierung, Desorientierung, Verunsicherung und Zersetzung feindlicher Stellen und Kräfte;
- das Erkennen von neu in Erscheinung tretenden feindlichen Stellen und Kräften, die entsprechend ihrer operativen Bedeutsamkeit im Blickfeld des MfS stehen müssen;
- die Erarbeitung von Hinweisen über wesentliche Veränderungen hinsichtlich des Charakters der Zielstellung und Struktur feindlicher Stellen und Kräfte bzw. die Auflösung derartiger Stellen.

Der Leiter der ZAIG wird beauftragt, im Jahre 1987 in operativen Diensteinheiten, die entsprechend meinem Schreiben vom 15.2.1985, GVS MfS o008-4/85 für die Bearbeitung feindlicher Stellen und Kräfte im Operationsgebiet konkret verantwortlich sind, Untersuchungen zur Effektivität der Bearbeitung feindlicher Stellen und Kräfte durchzuführen. Die Ergebnisse sind zentral aufzubereiten. Damit verbunden sind mir Vorschläge zur weiteren schwerpunktmäßigen Bearbeitung zu unterbreiten.

Die Suche, Auswahl und Gewinnung von geeigneten IM aus dem Operationsgebiet zur Aufklärung der gegnerischen Pläne und Absichten sowie zur Aufklärung, Kontrolle und Bekämpfung feindlicher Stellen und Kräfte ist auf folgende Personenkategorien zu konzentrieren:

- Militärangehörige und Zivilisten aus NATO-Objekten in der BRD, Belgien, Großbritannien, Frankreich, den USA sowie im Apparat der EG in Brüssel;
- Bürger der USA, die sich in den USA selbst bzw. in Objekten und Einrichtungen der USA in Europa aufhalten;
- Ausländer (Aspiranten, Studenten usw.), die sich zeitweilig in der DDR aufhalten und die aufgrund ihres Leistungsvermögens, ihrer sozialen Herkunft und entsprechender Förderverbindungen nach Beendigung ihres Aufenthaltes in der DDR relativ gesicherte Positionen in ihren Heimatländern einnehmen werden;
- einreisende Persönlichkeiten des politischen und gesellschaftlichen Lebens aus dem Operationsgebiet, darunter Funktionäre der Parteien, Abgeordnete der Parlamente, Mitarbeiter bedeutsamer staatlicher Organe und Einrichtungen und ähnliche Personen.

Von besonderer operativer Bedeutung sind weiterhin Informationen über

- operativ interessante Personen aus dem Einreiseverkehr in die DDR, die langfristig in dritten Ländern eingesetzt sind (vorrangig Diplomaten, Wissenschaftler, Spezialisten aus kapitalistischen Staaten);
- Geheimdienstmitarbeiter und Agenturen, die gegen die sozialistischen Staaten arbeiten (Erkenntnisse und Anhaltspunkte, Hinweise und operatives Ausgangsmaterial für die offensive Bearbeitung der imperialistischen Geheimdienste und Abwehrorgane im Operationsgebiet);
- Personen, die für die Aufklärung des inneren Regimes im Operationsgebiet von Bedeutung sind, und andere Angehörige bzw. Mitarbeiter der Grenzschutzorgane, der Ausländerämter, der Paß- und Meldebehörden, der Staatsdruckereien und der EDV-Einrichtungen für Bevölkerungsregistratur (Möglichkeiten der IM zur Gewinnung von Angaben über Aktivitäten der BRD-Abwehrorgane gegen IM im Operationsgebiet und den grenzüberschreitenden Reiseverkehr sind voll zu nutzen);
- Reisekorrespondenten und Journalisten, die aus touristischen oder privaten Gründen die DDR besuchen;
- Mitarbeiter aus Forschungs- und Verwaltungsbereichen, technisches Personal aus Archiven und Vervielfältigungseinrichtungen interessierender Konzerne und anderer Wirtschaftsunternehmen;
- Rechtsanwälte, Handelsvertreter und Angehörige anderer freier Berufe mit intensiver Reisetätigkeit;
- Studenten der technischen Fachrichtungen, Jura- und Volkswirtschaftsstudenten, Dolmetscher und Übersetzer, die sich nicht in linken Gruppen exponiert haben;
- Sekretärinnen.

Die komplizierte internationale Lage und die verschärften Regimebedingungen im Operationsgebiet stellen weiter wachsende Anforderungen an die Methodik und Organisierung der Zusammenarbeit mit IM im Operationsgebiet.

Die zuverlässige Gewährleistung und weitere Vervollkommnung eines stabilen Verbindungssystems ist deshalb eine ständige Aufgabe, die in allen operativen Diensteinheiten konsequent durchzusetzen ist.

Insbesondere unter Beachtung der in der BRD in jüngster Vergangenheit in Kraft getretenen neuen Sicherheitsgesetze und weiterer vorbereiteter Maßnahmen zur Verschärfung des Registrier-, Kontroll- und Überwachungsregimes gilt es gewissenhaft zu prüfen und herauszuarbeiten, welche veränderten Bedingungen für die Arbeit mit IM im und nach dem Operationsgebiet bereits entstanden sind bzw. entstehen werden.

Mit dem Ziel der zuverlässigen Gewährleistung der Sicherheit der IM und eines jederzeit stabilen Verbindungssystems sind den herausgearbeiteten Erfordernissen entsprechende Maßnahmen zu realisieren. Dazu haben die Diensteinheiten der Abwehr verstärkt die in der Hauptverwaltung A konzentrierten Regimematerialien aus dem bzw. über das Operationsgebiet zu nutzen. Das operative Vorbereitetsein, auch unter kriegsmäßigen Bedingungen jederzeit zuverlässig die Verbindungshaltung zu garantieren, erfordert,

- ein funktionsfähiges und sicheres Verbindungssystem zu gewährleisten, mit dem Informationen der IM unter allen Lagebedingungen sicher an die Zentrale und umgekehrt übermittelt werden können;
- über mehrere Varianten der Verbindungshaltung zu verfügen und deren Handhabung mit den IM zu trainieren;
- die IM politisch-ideologisch und fachlich-tschekistisch auf komplizierte Einsatzbedingungen, einschließlich auf den Ernstfall, vorzubereiten;
- die Zuverlässigkeit und Standhaftigkeit der IM und ihre Voraussetzungen zur Übernahme operativer Aufgaben auch unter kompliziertesten Bedingungen kritisch zu analysieren und zu beurteilen sowie Maßnahmen zur Ausräumung von Unsicherheitsfaktoren festzulegen;
- die strikte Durchsetzung der Regeln der Konspiration und Geheimhaltung, vor allem im persönlichen und unpersönlichen Verbindungswesen, das zunehmend im Blickpunkt der gegnerischen Abwehrorgane steht.

1.7. Einsatz funkelektronischer Mittel für die Arbeit im und nach dem Operationsgebiet

Im Rahmen der umfassenden Nutzung aller geeigneten operativtechnischen Potenzen zur Unterstützung der Arbeit im und nach dem Operationsgebiet ist durch die verantwortlichen Diensteinheiten, insbesondere die Hauptabteilung III, der zielgerichtete Einsatz der funkelektronischen und anderen spezifischen Mittel zu gewährleisten, vor allem für

- die Realisierung der Aufklärungsaufgaben entsprechend den in den Abschnitten 1.1. bis 1.5. festgelegten Schwerpunkten, vorrangig zur Ausschaltung jeglicher Überraschungen bzw. zur Feststellung von sich bei einzelnen Indikatoren abzeichnenden Veränderungen;
- die Unterstützung der Diensteinheiten der Aufklärung und Abwehr bei der Organisierung des zuverlässigen Schutzes der IM-Arbeit im und nach dem Operationsgebiet, einschließlich des Verbindungswesens, unter anderem durch schnelles Reagieren gekennzeichnete Operativität in der Zusammenarbeit zwischen den jeweiligen Diensteinheiten und vor allem der Hauptabteilung III;
- die wirksame Unterstützung der komplexen Spionageabwehr;
- die ständige Vervollkommnung der Kontrolle und dafür erforderlicher Voraussetzungen zur systematischen Zurückdrängung des Abflusses geheimzuhaltender Informationen nach dem Operationsgebiet.

Durch die Zusammenführung aller Informationen der Diensteinheiten über gegnerische Objekte der elektronischen Kampfführung bei der Hauptabteilung III ist zu gewährleisten, neue Entwicklungstendenzen im gegnerischen Vorgehen auf diesem Gebiet rechtzeitig zu erkennen und daraus resultierende Gefahren für die Sicherheit der DDR abzuwenden.
Durch die Diensteinheiten der Aufklärung und Abwehr ist systematisch darauf hinzuwirken, daß die sich aus dem Einsatz funkelektronischer Mittel ergebenden Möglichkeiten zur Unterstützung der politisch-operativen Arbeit unter strengster Wahrung von Konspiration und Geheimhaltung zielstrebiger und auf Schwerpunkte konzentriert genutzt werden.

3. Juli 1987

Ordnung Nr. 5/87 über die Gewinnung, Aufbereitung und Weiterleitung operativ bedeutsamer Informationen durch Diensteinheiten der Linie III und deren Auswertung in den Diensteinheiten des MfS – Informationsordnung[154]

Die Diensteinheiten der Linie III haben mit ihren spezifischen Mitteln und Methoden einen wichtigen Beitrag zur Gewinnung operativ bedeutsamer Informationen für die Lösung der dem MfS übertragenen sicherheitspolitischen Aufgaben zu leisten.
Zur wirksamen Ausrichtung der Informationsprozesse der Diensteinheiten der Linie III auf die Realisierung der Gesamtaufgabenstellung des MfS, zur Erhöhung ihres politisch-operativen Nutzeffektes sowie zur Gewährleistung der Konspiration und Geheimhaltung der spezifischen Mittel und Methoden der Diensteinheiten der Linie III

ordne ich an:

1. *Gewinnung operativ bedeutsamer Informationen durch die Diensteinheiten der Linie III*

1.1. Die Diensteinheiten der Linie III haben auf der Grundlage zentraler Aufgabenstellungen und bei effektivem Einsatz der spezifischen Mittel und Methoden die Gewinnung operativ bedeutsamer Informationen zu gewährleisten, die insbesondere zur
- Realisierung der im Befehl Nr. 1/85[155] vom 15.2.1985, GVS MfS 0008-1/85, gestellten Aufgaben,
- Einschätzung der politisch-operativen Lage in der DDR, im Operationsgebiet sowie in Krisenregionen,
- rechtzeitigen Aufklärung der Pläne, Absichten und Maßnahmen feindlicher Stellen und Kräfte des Operationsgebietes, vor allem der imperialistischen Geheimdienste, sowie feindlich-negativer Kräfte im Innern der DDR,
- komplexen Spionageabwehr,

154 BStU, ZA, DSt 103395, Bl. 1–7. – Kopf: Ministerrat der Deutschen Demokratischen Republik, Ministerium für Staatssicherheit, Der Minister. – Vermerke: Auf Bl. 1: GVS 0008 MfS-Nr. 9/87, 52. Ausfertigung. Datenleiste mit Paraphen. Auf Bl. 7: handschriftlich gezeichnet: Mielke, Armeegeneral.

155 Befehl 1/85 vom 15.2.1985 zu den Aufgaben der Diensteinheiten des MfS zur frühzeitigen Aufklärung akuter Aggressionsabsichten und überraschender militärischer Aktivitäten imperialistischer Staaten und Bündnisse, insbesondere zur Verhinderung eines überraschenden Raketenkernwaffenangriffs gegen Staaten der sozialistischen Gemeinschaft; BStU, ZA, DSt 103137.

- politisch-operativen Sicherung der Kräfte, Mittel und Methoden des MfS und der Bruderorgane bei der Arbeit im und nach dem Operationsgebiet,
- Erhöhung der Sicherheit und Ordnung sowie der Konspiration und Geheimhaltung

beizutragen haben.

1.2. Die Gewinnung operativ bedeutsamer Informationen hat unter Nutzung aller operativ-technischer Potenzen aus den erfaßbaren Nachrichtenverbindungen und sonstigen Aussendungen des Gegners zu erfolgen.

Der Leiter der Hauptabteilung III hat in enger Zusammenarbeit mit den Leitern der anderen zuständigen Diensteinheiten einen ständigen wissenschaftlich-technischen Vorlauf, der perspektivisch das Eindringen in modernste Bereiche der Informationsübertragung des Gegners und deren operative Nutzung sichert, zu gewährleisten. Entsprechende Festlegungen sind dazu in die Jahrespläne und in andere Plandokumente der Leiter der zuständigen Diensteinheiten aufzunehmen.

1.3. Die Gewinnung operativ bedeutsamer Informationen hat auf der Grundlage

- des in zentralen dienstlichen Bestimmungen und Weisungen bestimmten Informationsbedarfs,
- der jährlichen Informationsbedarfsvorgaben der Leiter der HV A, der Hauptabteilungen und selbständigen Abteilungen sowie der Bezirksverwaltungen,
- der gezielten Informationsbedarfsvorgaben und Kontrollaufträge der operativen Diensteinheiten,
- der ständigen Kontrolle und Analyse der Situation in den spezifischen Informationsquellen der Linie III

zu erfolgen.

2. *Aufbereitung der operativ bedeutsamen Informationen durch die Diensteinheiten der Linie III*

2.1. Die Aufbereitung der gewonnenen operativ bedeutsamen Informationen hat grundsätzlich im Bereich Auswertung der Hauptabteilung III zu erfolgen.

Ausnahmen davon bilden:

- die Aufbereitung der operativ bedeutsamen Informationen in den Referaten Auswertung der Abteilungen III der Bezirksverwaltungen, für deren Bearbeitung die Bezirksverwaltungen verantwortlich sind;
- die selbständige Aufbereitung besonders wichtiger operativ bedeutsamer Informationen durch die Diensteinheiten der Linie III, wenn diese die Einleitung von Sofortmaßnahmen durch andere zuständige Diensteinheiten erfordern.

2.2. Die Aufbereitung der operativ bedeutsamen Informationen zur Auskunftserteilung hat in Form von

- Lageeinschätzungen entsprechend den Festlegungen im Befehl Nr. 1/85,[156]
- täglichen Lageübersichten für den festgelegten Empfängerkreis,
- operativen Meldungen und Ergänzungsmeldungen,
- periodischen Sammelinformationen sowie zusammengefaßten Materialien,
- Sachstandsberichten bzw. Analysen,
- Auskunftsberichten sowie Dossiers zu operativ interessanten Personen, Einrichtungen oder Organisationen,
- EDV-Ausdrucken,
- Indexier- bzw. Erfassungsbelegen zur Einspeicherung in die zentralen EDV-Projekte des MfS,
- Auskünften gemäß den Festlegungen in der Ordnung Nr. 9/80[157] – Speichernutzungsordnung des MfS –

zu erfolgen.

2.3. Die täglichen Lageübersichten gemäß den Festlegungen unter der Ziffer 2.2. haben zu erarbeiten
- im MfS Berlin: die Hauptabteilung III;
- in den Bezirksverwaltungen: die Abteilungen III (ein Exemplar dieser täglichen Lageübersicht ist dem Bereich Auswertung der Hauptabteilung III zu übersenden).

2.4. Zu besonderen politisch-operativen Anlässen ist der Leiter der Hauptabteilung III berechtigt, die Erarbeitung gesonderter Lageeinschätzungen durch die Abteilungen III der Bezirksverwaltungen anzuweisen.

2.5. Die Aufbereitung der erarbeiteten operativ bedeutsamen Informationen durch die Hauptabteilung III hat unter Einbeziehung des gesamten Informationsaufkommens der Diensteinheiten der Linie III zu erfolgen. Einschätzungen, Schlußfolgerungen oder die Herstellung möglicher Zusammenhänge sind für die Empfänger aufbereiteter operativ bedeutsamer Informationen eindeutig erkennbar zu machen.

2.6. Bei besonders wichtigen operativ bedeutsamen Informationen und gegebenem politisch-operativem Erfordernis kann in Abstimmung zwischen dem Leiter der Hauptabteilung III und dem Leiter der sachlich, territorial oder objektmäßig zuständigen Diensteinheit die gemeinsame Aufbereitung der operativ bedeutsamen Informationen erfolgen.

156 Befehl 1/85 zu den Aufgaben der Diensteinheiten des MfS zur frühzeitigen Aufklärung akuter Aggressionsabsichten und überraschender militärischer Aktivitäten imperialistischer Staaten und Bündnisse, insbesondere zur Verhinderung eines überraschenden Raketenkernwaffenangriffs gegen Staaten der sozialistischen Gemeinschaft; BStU, ZA, DSt 103137.

157 Ordnung 9/80: Nutzung ausgewählter Informationsspeicher des MfS durch die operativen Diensteinheiten des MfS – Speichernutzungsordnung –, vom 5.11.1980; BStU, ZA, BdL-Dok. 005745. Vgl. auch Fassung vom 2.11.1984; BStU, ZA, BdL-Dok. 005821.

3. *Weiterleitung operativ bedeutsamer Informationen durch die Diensteinheiten der Linie III*

3.1. Die Weiterleitung operativ bedeutsamer Informationen an die zuständigen Diensteinheiten hat grundsätzlich über den Bereich Auswertung der Hauptabteilung III zu erfolgen.
Ausnahmen davon bilden:
- der Informationsfluß der Abteilungen III an die Leiter der Bezirksverwaltungen entsprechend deren Verantwortlichkeiten bei gleichzeitiger Informationsübermittlung an den Bereich Auswertung der Hauptabteilung III;
- die selbständige Weiterleitung besonders wichtiger operativ bedeutsamer Informationen durch die Diensteinheiten der Linie III, wenn diese die Einleitung von Sofortmaßnahmen durch andere zuständige Diensteinheiten erfordern.

3.2. Die Auswahl und Festlegung der Empfängerdiensteinheit für die Übermittlung operativ bedeutsamer Informationen durch die Diensteinheiten der Linie III hat entsprechend
- der aktiven Erfassung in der Abteilung XII des MfS Berlin,
- den erteilten Kontrollaufträgen,
- der sachlichen, territorialen oder objektmäßigen Zuständigkeit sowie
- den Informationsbedarfsvorgaben

zu erfolgen.

3.2.1. Operativ bedeutsame Informationen, die der Einschätzung der politisch-operativen Lage bzw. der weiteren Aufklärung feindlicher Pläne, Absichten und Maßnahmen dienen, und die keine unmittelbare politisch-operative Bearbeitung erfordern, können von den Diensteinheiten der Linie III an mehrere Empfängerdiensteinheiten übersandt werden.
Die Anzahl der Empfängerdiensteinheiten ist so gering wie möglich zu halten. Die Hauptabteilung III hat sicherzustellen, daß für jede Empfängerdiensteinheit der gesamte Empfängerkreis der operativ bedeutsamen Information erkennbar ist.

3.2.2. Bei operativ bedeutsamen Informationen, in denen mehrere Personen bzw. Objekte genannt werden, die für verschiedene Diensteinheiten aktiv erfaßt sind, ist wie unter der Ziffer 3.2. festgelegt zu verfahren.
Zum eindeutigen Verständnis können den Leitern der betreffenden Diensteinheiten unter Wahrung der Konspiration und Geheimhaltung über die sie unmittelbar betreffenden operativ bedeutsamen Informationen hinausgehende Zusammenhänge übermittelt werden.
Dem Leiter der federführenden Diensteinheit ist der gesamte Umfang der operativ bedeutsamen Informationen mitzuteilen. Er ist für die notwendige Abstimmung und Koordinierung der weiteren Maßnahmen mit den betreffenden Diensteinheiten zuständig.

3.3. Die Weiterleitung operativ bedeutsamer Informationen, die Ersthinweise oder Erkenntnisse über imperialistische Geheimdienste, deren Aktivitäten, Mitarbeiter, Agenturen oder andere nachrichtendienstliche Erkenntnisse beinhalten, hat entsprechend den dazu in der Dienstanweisung Nr. 1/87[158] getroffenen Festlegungen zu erfolgen.

3.4. Die Weiterleitung operativ bedeutsamer Informationen hat grundsätzlich an den Leiter der betreffenden Diensteinheit sowie entsprechend der politisch-operativen Bedeutung bzw. Dringlichkeit
- telefonisch als mündliche Vorausmeldung über gesicherte Leitungen,
- fernschriftlich oder
- auf dem Kurierwege

zu erfolgen.

3.5. Die Weiterleitung operativ bedeutsamer Informationen auf der Grundlage von Originalmaterialien aus den Informationsquellen der Diensteinheiten der Linie III, authentischen Abschriften von Originalmaterialien sowie von Magnetbandaufzeichnungen an andere Diensteinheiten des MfS ist grundsätzlich nicht statthaft.

3.5.1. Ausgenommen von diesen Festlegungen sind:
- chiffrierte Originalmaterialien aus den Informationsquellen der Diensteinheiten der Linie III, die entsprechend der Dienstanweisung Nr. 3/84 vom 24.4.1984, GVS MfS 0008-8/84,[159] an die Abteilung XI des MfS Berlin zur Bearbeitung zu übergeben sind;
- Originalmaterialien aus den Informationsquellen der Diensteinheiten der Linie III, die das gegnerische Chiffrierwesen betreffen und der Abteilung XI des MfS Berlin zu übergeben sind;
- Originalmaterialien und Magnetbandaufzeichnungen der Diensteinheiten der Linie III, die zur technischen Analyse bzw. Systemaufklärung an andere Diensteinheiten des MfS zu übergeben sind;
- Magnetbandaufzeichnungen zur Übergabe an den OTS[160] zur wissenschaftlichen Stimmenanalyse bzw. zum Stimmenvergleich.

Die Weiterleitung derartiger Materialien durch die Diensteinheiten der Linie III ist im Bereich Auswertung der Hauptabteilung III zu dokumentieren.

3.5.2. Sind aus operativen Gründen eine authentische Abschrift von Originalmaterialien, die Einsichtnahme in Originalmaterialien oder ein Anhören von Magnetbandaufzeichnungen der Diensteinheiten der Linie III durch Angehörige anderer Diensteinheiten erforderlich, hat darüber der Leiter der Hauptabteilung III zu entscheiden.

158 Dienstanweisung 1/87 vom 13.2.1987 zur Gewährleistung des komplexen Vorgehens bei der Abwehr geheimdienstlicher Angriffe gegen politische, ökonomische und militärische Bereiche – Spionageabwehr –; BStU, ZA, DSt 103354.

159 Dienstanweisung 3/84 vom 24.4.1984 zur politisch-operativen Sicherung des Chiffrierwesens der DDR; BStU, ZA, DSt 103045.

160 OTS: Operativ-technischer Sektor.

Der Leiter der Hauptabteilung III hat zu gewährleisten, daß die
- Einsichtnahme in Originalmaterialien der Diensteinheiten der Linie III bzw. ein Anhören von Magnetbandaufzeichnungen ausschließlich in Dienstobjekten der Diensteinheiten der Linie III erfolgt,
- Nachweisführung über die Einsichtnahme in Originalmaterialien bzw. das Anhören von Magnetbandaufzeichnungen lückenlos erfolgt,
- Aufbewahrung von Originalmaterialien und Magnetbandaufzeichnungen zeitlich begrenzt – bis 14 Tage nach dem Aufnahmedatum – gesichert wird.

  (Eine längere Aufbewahrungsfrist kann mit dem Leiter der Hauptabteilung III vereinbart werden.)

4. *Auswertung der operativ bedeutsamen Informationen der Diensteinheiten der Linie III in den Diensteinheiten des MfS*

4.1. Die operativ bedeutsamen Informationen der Diensteinheiten der Linie III sind nur den Leitern der Diensteinheiten zu übersenden. Sie sind in den Empfängerdiensteinheiten nur mit den Angehörigen auszuwerten, die sie zur Lösung ihrer Aufgaben benötigen.

4.2. Die Erfassung und Speicherung der operativ bedeutsamen Informationen der Diensteinheiten der Linie III in den Informationsspeichern des MfS hat grundsätzlich entsprechend der Dienstanweisung Nr. 1/80[161] durch die Empfängerdiensteinheiten zu erfolgen (siehe auch Ziffer 5.3.4.). Bei mehreren Empfängerdiensteinheiten einer operativ bedeutsamen Information hat die federführende Diensteinheit die Erfassung und Speicherung zu gewährleisten.

4.3. Die Diensteinheiten, die operativ bedeutsame Informationen der Linie III erhalten, haben nach erfolgter Auswertung unter Wahrung der Konspiration und Geheimhaltung dem Bereich Auswertung der Hauptabteilung III Rückflußinformationen hinsichtlich der
- Bestätigung des Wahrheitsgehaltes und erfolgter Zuordnungen,
- Präzisierung des weiteren Informationsbedarfs

zu übergeben.

4.4. Die von den Diensteinheiten der Linie III in Ausnahmefällen an andere Diensteinheiten entsprechend Ziffer 3.5.1.[162] übergebenen Originalmaterialien sind nach deren Auswertung bzw. Bearbeitung gemeinsam mit den Bearbeitungs- bzw. Dechiffrierungs-/Dekryptierungsergebnissen grundsätzlich nur an die Hauptabteilung III zurückzugeben.

Ausnahmen davon bilden die chiffrierten Originalmaterialien der Diensteinheiten der Linie III, die in der Abteilung XI des MfS Berlin zu verbleiben haben.

161 Dienstanweisung 1/80: Grundsätze der Aufbereitung, Erfassung und Speicherung operativ bedeutsamer Informationen durch die operativen Diensteinheiten des MfS, vom 20.5.1980; BStU, ZA, BdL-Dok. 005221.

162 Auf Bl. 6: Ziffer 3.„4“.1. handschriftlich geändert in : 3.„5“.1.

5. *Gewährleistung der Konspiration und Geheimhaltung sowie der Sicherheit und Ordnung bei der Gewinnung, Aufbereitung, Bereitstellung und Auswertung von operativ bedeutsamen Informationen der Diensteinheiten der Linie III*

5.1. Die Aufbereitung der durch die Diensteinheiten der Linie III gewonnenen operativ bedeutsamen Informationen in der Hauptabteilung III hat unter Wahrung der Konspiration und Geheimhaltung, insbesondere des zuverlässigen Quellenschutzes, zu erfolgen.

5.1.1. Die durch die Diensteinheiten der Linie III aufbereiteten operativ bedeutsamen Informationen haben keine Hinweise zu von anderen Diensteinheiten übergebenen Informationsbedarfsvorgaben bzw. Kontrollaufträgen zu enthalten.

5.1.2. Die aufbereiteten operativ bedeutsamen Informationen der Diensteinheiten der Linie III sind mit einer einheitlichen, jährlich fortlaufenden Numerierung zu versehen.

5.2. Die Hauptabteilung III hat die zentrale Nachweisführung über alle durch sie an die Diensteinheiten weitergeleiteten operativ bedeutsamen Informationen zu gewährleisten.

5.3. Die Empfängerdiensteinheiten haben durch den verantwortungsbewußten Umgang mit den operativ bedeutsamen Informationen einen wirksamen Beitrag zum Schutz der spezifischen Quellen, Mittel, Methoden und Arbeitsweisen der Diensteinheiten der Linie III zu leisten.

5.3.1. Die Empfängerdiensteinheiten haben eine exakte Nachweisführung über den Verbleib der ihnen übergebenen operativ bedeutsamen Informationen zu gewährleisten.

5.3.2. Operativ bedeutsame Informationen, die in den Empfängerdiensteinheiten nicht mehr benötigt werden, sind nachweispflichtig zu vernichten.

5.3.3. Operativ bedeutsame Informationen sind in den Empfängerdiensteinheiten nicht zu vervielfältigen und an andere Diensteinheiten zu übergeben. Erforderliche weitere Verteilervorschläge für die operativ bedeutsamen Informationen sind über den Bereich Auswertung der Hauptabteilung III zu realisieren.

5.3.4. Operativ bedeutsame Informationen sind nicht in Operativen Vorgängen, OPK[163] bzw. anderen Materialien in der Abteilung XII zu archivieren oder in den Zentralen Materialablagen der Diensteinheiten abzulegen.

Die Nachweisführung über die in Operativen Vorgängen, OPK und anderen Materialien ausgewerteten operativ bedeutsamen Informationen hat, soweit erforderlich, unter Bezugnahme auf die Informationsnumerierung der Hauptabteilung III zu erfolgen.

163 OPK: Operative Personenkontrolle.

Der Leiter der Hauptabteilung III ist für die Archivierung aller operativ bedeutsamen Informationen der Diensteinheiten der Linie III verantwortlich.

5.3.5. Vor der vollständigen oder teilweisen Auswertung operativ bedeutsamer Informationen, die zur Gefährdung der Quellen der Linie III führen kann, haben die Leiter der Empfängerdiensteinheiten die Genehmigung des Leiters der Hauptabteilung III einzuholen.

6. *Schlußbestimmungen*

Diese Ordnung tritt mit sofortiger Wirkung in Kraft.

Mein zuständiger Stellvertreter ist berechtigt, bei Erfordernis Durchführungsbestimmungen zu dieser Ordnung zu erlassen.

Bei Notwendigkeit sind auf der Grundlage der Festlegungen in dieser Ordnung zwischen den Leitern der Diensteinheiten und dem Leiter der Hauptabteilung III Koordinierungsvereinbarungen abzuschließen bzw. Verbindungsoffiziere einzusetzen.

7. Dezember 1987

1. Durchführungsbestimmung zur Ordnung Nr. 5/87:[164] Festlegungen zur Erteilung gezielter Informationsbedarfsvorgaben sowie Kontrollaufträge durch die Diensteinheiten des MfS an die Diensteinheiten der Linie III

Zur einheitlichen Durchsetzung der in der Ordnung Nr. 5/87[165] – Informationsordnung – festgelegten Grundsätze zur Erteilung gezielter Informationsbedarfsvorgaben sowie Kontrollaufträge der Diensteinheiten des MfS an die Diensteinheiten der Linie III

bestimme ich:

1. Zur Erteilung gezielter Informationsbedarfsvorgaben sowie Kontrollaufträge an die Diensteinheiten der Linie III sind die Leiter aller Diensteinheiten berechtigt.

2. Gezielte Informationsbedarfsvorgaben an die Diensteinheiten der Linie III können erteilt werden
   - zu operativ bedeutsamen Personen, Objekten und Sachverhalten in der DDR sowie im Operationsgebiet;
   - zum Schutz operativer Kräfte, Maßnahmen, Mittel und Methoden sowie zur Sicherung der politisch-operativen Arbeit im und nach dem Operationsgebiet;
   - zur Einleitung von Recherche- und Überprüfungsmaßnahmen mit spezifischen Mitteln und Methoden der Diensteinheiten der Linie III – Spezialrecherche –;
   - zur Beschaffung von Stimmenkonserven sowie zur Durchführung von Stimmenvergleichen.

2.1. Gezielte Informationsbedarfsvorgaben an die Diensteinheiten der Linie III sind als
   - jährliche Informationsbedarfsvorgaben der Leiter der HV A, Hauptabteilungen/selbständigen Abteilungen und der Bezirksverwaltungen;

164 BStU, ZA, DSt 103395, Bl. 1–5. – Kopf: Ministerrat der Deutschen Demokratischen Republik, Ministerium für Staatssicherheit, Stellvertreter des Ministers. – Vermerke: Auf Bl. 1: GVS 0008 MfS-Nr. 12/87, 52. Ausfertigung. Datenleiste mit Paraphen. Auf Bl. 4: handschriftlich gezeichnet: Schwanitz, Generalleutnant. Auf Bl. 5: Anlage: Muster Kontrollauftrag (auf den Druck des Musters wird hier verzichtet).

165 Ordnung 5/87 des Ministers vom 3.7.1987 über die Gewinnung, Aufbereitung und Weiterleitung operativ bedeutsamer Informationen durch Diensteinheiten der Linie III und deren Auswertung in den Diensteinheiten des MfS – Informationsordnung –; BStU, ZA, DSt 103395.

- längerfristige oder zeitlich begrenzte Informationsbedarfsvorgaben;
- dringende Informationsbedarfsvorgaben

formlos schriftlich, fernschriftlich oder telefonisch über gesicherte Leitungen zu erteilen.

2.2. Gezielte Informationsbedarfsvorgaben an die Diensteinheiten der Linie III sind durch
- die Leiter der Diensteinheiten des MfS Berlin an den Leiter der Hauptabteilung III;
- die Leiter der Bezirksverwaltungen, bei über das Territorium des Bezirkes hinausgehenden Informationsbedarfsforderungen an den Leiter der HA III;
- die Leiter der Diensteinheiten der Bezirksverwaltungen an den Leiter der Abteilung III der Bezirksverwaltung

zu richten.

Ausnahmen davon bilden:

2.2.1. Die Erteilung gezielter Informationsbedarfsvorgaben zum Schutz operativer Kräfte, Maßnahmen, Mittel und Methoden sowie zur Sicherung der operativen Arbeit im und nach dem Operationsgebiet.

Die Erteilung dieser Informationsbedarfsvorgaben hat durch
- die Leiter der Diensteinheiten des MfS Berlin direkt,
- die Leiter der Diensteinheiten der Bezirksverwaltungen über die linienmäßig zuständigen Diensteinheiten des MfS Berlin

an den Leiter der HA III zu erfolgen.

Dazu sind dem Leiter der HA III insbesondere folgende Anforderungen formlos schriftlich zu übermitteln:
- Angaben zum Zeitpunkt der operativen Maßnahmen,
- Anzahl und Geschlecht der zu schützenden operativen Kräfte,
- Hinweise zum Bewegungsablauf,
- Angaben zu genutzten Verkehrsmitteln (Nummern der Reisezüge, Ankunfts- und Abfahrtszeiten, Typ und Farbe genutzter Kfz).

Bei operativ besonders bedeutsamen Vorhaben im Zusammenhang mit dem Schutz operativer Kräfte, Maßnahmen, Mittel und Methoden ist vor der Erteilung der Informationsbedarfsvorgaben bei Erfordernis eine Konsultation mit dem Leiter des Bereiches Auswertung der HA III durchzuführen.

2.2.2. Die Erteilung gezielter Informationsbedarfsvorgaben zur Einleitung von Recherche- und Überprüfungsmaßnahmen mit spezifischen Mitteln und Methoden der Diensteinheiten der Linie III – Spezialrecherche – .

Die Erteilung dieser Informationsbedarfsvorgaben hat ausschließlich an den Leiter der HA III – persönlich – zu erfolgen.

2.2.3. Die Erteilung gezielter Informationsbedarfsvorgaben zur Beschaffung von Stimmenkonserven sowie zur Durchführung von Stimmenvergleichen.

Die Erteilung dieser Informationsbedarfsvorgaben hat formlos schriftlich an den Leiter des Bereiches Auswertung der HA III zu erfolgen.

2.3. Besonders bedeutsame Informationsbedarfsvorgaben an die Diensteinheiten der Linie III sind mir bzw. dem Leiter der zuständigen Bezirksverwaltung zu übergeben.

3. Kontrollaufträge an die Diensteinheiten der Linie III können erteilt werden zu
- Telefon-, Telex- und Faksimileanschlüssen in der DDR und im Operationsgebiet,
- Mobiltelefonanschlüssen (Autotelefon, Schiffstelefon usw.) des Operationsgebietes,
- Eurosignalanschlüssen des Operationsgebietes.

Kontrollaufträge zu weiteren Anschlußarten (Bildschirmtextanschlüsse, Datexanschlüsse, Teletexanschlüsse und Gentexanschlüsse) sind vor ihrer Erteilung mit dem Leiter der HA III abzustimmen.

3.1. Voraussetzungen für die Erteilung von Kontrollaufträgen an die Diensteinheiten der Linie III sind
- die aktive Erfassung der Anschlußnutzer in der Abteilung XII des MfS Berlin für die auftraggebende Diensteinheit bzw. bei Nichterfassung die territoriale, objektmäßige oder sachliche Zuständigkeit,
- keine zu den Anschlußinhabern gleichzeitig bei den Diensteinheiten der Linie 26 eingeleiteten A-Maßnahmen.

3.2. Die Erteilung von Kontrollaufträgen an die Diensteinheiten der Linie III hat mittels Formblatt (siehe Anlage)[166] zu erfolgen. Der Zeitraum von der Erteilung der Kontrollaufträge an die Diensteinheiten der Linie III bis zum Wirksamwerden der Kontrollmaßnahmen beträgt bis zu vier Wochen.

Ausnahmen davon bilden:
- Kontrollaufträge, die aus operativ besonders bedeutsamen Gründen sofort (innerhalb von drei Stunden) zu realisieren sind. (Sie sind den Diensteinheiten der Linie III telefonisch über gesicherte Leitungen zu übermitteln.)
- Kontrollaufträge, die aus operativen Gründen kurzfristig zu realisieren sind. (Sie sind den Diensteinheiten der Linie III fernschriftlich oder mittels Sonderkurier zu übermitteln bzw. zu übergeben.)

Die fernschriftliche bzw. telefonische Erteilung von Kontrollaufträgen an die Diensteinheiten der Linie III hat nur in operativ begründeten und vom Leiter der HV A/HA/selbständigen Abteilung/Bezirksverwaltung bzw. seinen Stellvertretern bestätigten Ausnahmefällen zu erfolgen.

166 Auf den Abdruck des Formblatts wird hier verzichtet.

Fernschriftlich bzw. telefonisch an die Diensteinheiten der Linie III erteilte Kontrollaufträge sind innerhalb von 14 Tagen auf dem bestätigten Wege schriftlich zu erteilen. Andernfalls sind diese Kontrollaufträge nach vier Wochen zu löschen.

3.3. Die Erteilung von Kontrollaufträgen an die Diensteinheiten der Linie III hat
- durch die Leiter der Diensteinheiten des MfS Berlin an den Leiter des Bereiches Auswertung der HA III,
- durch die Leiter der Diensteinheiten der Bezirksverwaltungen an den Leiter der Abteilung III ihrer Bezirksverwaltung

zu erfolgen.

Ausgenommen davon sind Kontrollaufträge der Diensteinheiten der Bezirksverwaltungen zu Anschlüssen außerhalb des Territoriums der betreffenden Bezirksverwaltung und zu Anschlüssen des Operationsgebietes. Derartige Kontrollaufträge sind über die linienmäßig zuständige Diensteinheit des MfS Berlin an den Leiter des Bereiches Auswertung der HA III zu richten.

Über die Erteilung derartiger Kontrollaufträge hat der Leiter der erteilenden Diensteinheit der Bezirksverwaltung den Leiter der Abteilung III seiner Bezirksverwaltung in Kenntnis zu setzen.

3.3.1. Die Erteilung von Kontrollaufträgen an die Diensteinheiten der Linie III zu Anschlüssen, bei denen Zusammenhänge bestehen, hat zusammenhängend zu erfolgen.

3.3.2. Die Erteilung von Kontrollaufträgen an die Diensteinheiten der Linie III zu Anschlüssen von Personen, Objekten und Sachverhalten, die in Zentralen Operativen Vorgängen (ZOV) bzw. in Teilvorgängen (TV) bearbeitet werden, hat über die den ZOV führende Diensteinheit zu erfolgen.

3.3.3. Kontrollaufträge an die Diensteinheiten der Linie III zu Anschlüssen, die über das Territorium der DDR, der BRD bzw. Westberlins hinausgehen, sind vor deren Erteilung mit dem Leiter des Bereiches Auswertung der HA III abzustimmen.

3.4. Bei der Erteilung von Kontrollaufträgen an die Diensteinheiten der Linie III haben die Leiter der Diensteinheiten die Laufzeiten für diese Kontrollaufträge festzulegen.

Die Laufzeiten für Kontrollaufträge in den Diensteinheiten der Linie III betragen

bis sechs Monate; Laufzeit (Z),
bis zwei Jahre; Laufzeit (N).

3.4.1. Zur Realisierung eines langfristigen Informationsbedarfs zu operativ bedeutsamen Personen, Objekten und Sachverhalten können mit dem Leiter der HA III längere Laufzeiten vereinbart werden.

3.4.2. Die Laufzeiten der Kontrollaufträge sind bei operativer Notwendigkeit zu verlängern. Die Verlängerungen sind einen Monat vor Beendigung der Laufzeiten durch die erteilenden Diensteinheiten bei den Diensteinheiten der Linie III formlos schriftlich, unter Bezugnahme auf den laufenden Kontrollauftrag, zu beantragen.

3.5. Bei Veränderungen der Anschlüsse, der Anschlußinhaber bzw. des Informationsbedarfs haben die Diensteinheiten diese Veränderungen den zuständigen Diensteinheiten der Linie III zu übermitteln.
Dazu sind den Diensteinheiten der Linie III neue Kontrollaufträge zu erteilen.
Die Kontrollaufträge zu den bisherigen Anschlüssen können entsprechend der Entscheidung der Leiter der Diensteinheiten in den Diensteinheiten der Linie III weitergeführt oder gelöscht werden.
Werden Veränderungen der Anschlüsse, der Anschlußinhaber bzw. des Informationsbedarfs durch die Diensteinheiten der Linie III festgestellt, sind die betreffenden Diensteinheiten schriftlich darüber zu informieren und deren Entscheidung zum weiteren Verfahren zu fordern.

3.6. Durch die Diensteinheiten sind Löschungen erteilter Kontrollaufträge zu veranlassen, wenn die Notwendigkeit weiterer Kontrollmaßnahmen nicht mehr gegeben ist.
Die Löschungen der Kontrollaufträge in den Diensteinheiten der Linie III haben formlos schriftlich zu erfolgen.

3.7. Die Bereitstellung der Formblätter zur Erteilung von Kontrollaufträgen an die Diensteinheiten der Linie III hat zu erfolgen
- für die Diensteinheiten des MfS Berlin durch den Bereich Auswertung der HA III,
- für die Diensteinheiten der Bezirksverwaltungen durch die Abteilungen III der Bezirksverwaltungen.

4. Diese Durchführungsbestimmung tritt mit sofortiger Wirkung in Kraft.

7. Dezember 1987

2. Durchführungsbestimmung zur Ordnung Nr. 5/87:[167] Übermittlung operativ bedeutsamer Informationen der Diensteinheiten der Linie III an die Sicherheitsorgane der befreundeten sozialistischen Staaten

Zur einheitlichen Durchsetzung der in der Ordnung Nr. 5/87[168] – Informationsordnung – festgelegten Grundsätze zur Übermittlung operativ bedeutsamer Informationen durch die Diensteinheiten der Linie III an die Sicherheitsorgane befreundeter sozialistischer Staaten

bestimme ich:

1. Die Übermittlung operativ bedeutsamer Informationen durch die Diensteinheiten der Linie III an die Sicherheitsorgane befreundeter sozialistischer Staaten hat ausschließlich auf der Grundlage der dazu durch den Genossen Minister und seinen zuständigen Stellvertreter bestätigten
   - bi- und multilateralen Vereinbarungen,
   - Festlegungen des Apparates der Koordination,
   - Festlegungen von Arbeitstreffen auf Leiterebene,
   - Informationsbedarfsvorgaben und Unterstützungsersuchen

   zu erfolgen.
   Sie ist konsequent auf die
   - Durchsetzung der Verantwortung der Diensteinheiten der Linie III und analoger Diensteinheiten der Sicherheitsorgane befreundeter sozialistischer Staaten für die Prozesse des ELOKA[169],
   - Erfüllung der sich aus getroffenen bi- und multilateralen Vereinbarungen ergebenden Verpflichtungen,
   - Realisierung gemeinsamer abgestimmter Aufgaben und die Förderung der internationalen Zusammenarbeit zwischen den Sicherheitsorganen befreundeter sozialistischer Staaten

   auszurichten.

167 BStU, ZA, DSt 103395, 2 Bl. – Kopf: Ministerrat der Deutschen Demokratischen Republik, Ministerium für Staatssicherheit, Stellvertreter des Ministers. – Vermerke: Auf Bl. 1: GVS 0008 MfS-Nr. 13/87, 21. Ausfertigung. Datenleiste mit Paraphen. Auf Bl. 2: handschriftlich gezeichnet: Schwanitz, Generalleutnant.

168 Ordnung 5/87 des Ministers vom 3.7.1987 über die Gewinnung, Aufbereitung und Weiterleitung operativ bedeutsamer Informationen durch Diensteinheiten der Linie III und deren Auswertung in den Diensteinheiten des MfS – Informationsordnung –; BStU, ZA, DSt 103395.

169 ELOKA: Elektronische Kampfführung.

2. Über die Übermittlung operativ bedeutsamer Informationen der Diensteinheiten der Linie III an die Sicherheitsorgane befreundeter sozialistischer Staaten entscheidet in der HA III der Leiter der HA III und bezogen auf die Abteilungen III die Leiter der Bezirksverwaltungen entsprechend ihrer Zuständigkeit.
Vor der Übermittlung operativ besonders bedeutsamer Informationen der Diensteinheiten der Linie III an die Sicherheitsorgane befreundeter sozialistischer Staaten ist davon der Genosse Minister bzw. sein zu ständiger Stellvertreter zu informieren.

3. Die Übermittlung operativ bedeutsamer Informationen durch die Diensteinheiten der Linie III an die Sicherheitsorgane befreundeter sozialistischer Staaten hat auf der Grundlage der Festlegungen der 3. Durchführungsbestimmung zur VS-Ordnung des MfS vom 1.1.1987 (VVS MfS 0008-1/87) und der gültigen bestätigten bi- und multilateralen Vereinbarungen zu erfolgen.
Die Übermittlung operativ bedeutsamer Informationen an die Sicherheitsorgane befreundeter sozialistischer Staaten hat über die Abteilung X zu erfolgen.
Erforderliche, darüber hinausgehende Festlegungen zur Übermittlung operativ bedeutsamer Informationen durch die Diensteinheiten der Linie III an die Sicherheitsorgane befreundeter sozialistischer Staaten hat der Leiter der HA III mit dem Leiter der Abteilung X abzustimmen und mir zur Entscheidung vorzulegen.

3.1. Die Übermittlung operativ bedeutsamer Informationen durch die Diensteinheiten der Linie III an die Sicherheitsorgane befreundeter sozialistischer Staaten hat unter strikter Wahrung der Konspiration und Geheimhaltung, insbesondere des Quellenschutzes, zu erfolgen.
Für die Übermittlung von Originalmaterialien aus den Informationsquellen der Diensteinheiten der Linie III an die Sicherheitsorgane befreundeter sozialistischer Staaten gelten analog die Festlegungen unter Ziffer 3.5. der Ordnung Nr. 5/87 – Informationsordnung –.
Ausnahmen davon bilden Originalmaterialien aus Informationsquellen der Linie III, die international koordiniert oder auf gemeinsamen Stützpunkten der Linie III mit analogen Diensteinheiten der Sicherheitsorgane befreundeter sozialistischer Staaten erarbeitet werden.
Die Festlegungen zur Übermittlung derartiger Originalmaterialien sind Bestandteil der entsprechenden Maßnahmepläne und Vereinbarungen, die der Bestätigung durch den Genossen Minister bzw. seines zuständigen Stellvertreters bedürfen.

3.2. Die Übermittlung operativ bedeutsamer Informationen durch die Diensteinheiten der Linie III an die Sicherheitsorgane befreundeter sozialistischer Staaten hat in deutscher Sprache oder in der Originalsprache des Ausgangsmaterials zu erfolgen.

Ausnahmen davon bilden die in der Zusammenarbeit im Apparat der Koordination weiterzuleitenden operativ bedeutsamen Informationen, die durch die Diensteinheiten der Linie III in russischer Sprache zu übergeben sind.

3.3. Die zentrale Nachweisführung zu allen von den Diensteinheiten der Linie III an die Sicherheitsorgane der befreundeten sozialistischen Staaten weitergeleiteten operativ bedeutsamen Informationen ist im Bereich Auswertung der HA III zu gewährleisten.

4. Diese Durchführungsbestimmung tritt mit sofortiger Wirkung in Kraft.

7. Dezember 1987

3. Durchführungsbestimmung zur Ordnung Nr. 5/87:[170] Übermittlung von durch die Diensteinheiten der Linie III erarbeiteten Informationen an die Partner des politisch-operativen Zusammenwirkens

Zur einheitlichen Durchsetzung der in der Ordnung Nr. 5/87[171] – Informationsordnung – festgelegten Grundsätze zur Übermittlung von Informationen durch die Diensteinheiten der Linie III an die Partner des politisch-operativen Zusammenwirkens

bestimme ich:

1. Die Übermittlung von Informationen durch die Diensteinheiten der Linie III an die Partner des politisch-operativen Zusammenwirkens hat ausschließlich auf der Grundlage der vom Genossen Minister bzw. seinen Stellvertretern bestätigten
   - längerfristigen Vereinbarungen,
   - Jahrespläne des politisch-operativen Zusammenwirkens,
   - Maßnahmepläne für das politisch-operative Zusammenwirken bei Aktionen und Einsätzen,
   - Informationsbedarfsanforderungen und Unterstützungsersuchen

   zu erfolgen.
   Sie ist konsequent auf die
   - Durchsetzung der Verantwortung der Diensteinheiten der Linie III für die Prozesse des ELOKA[172],
   - arbeitsteilige Einbeziehung der Partner des politisch-operativen Zusammenwirkens in die Lösung von Teilaufgaben der Diensteinheiten der Linie III,
   - Unterstützung der Partner des politisch-operativen Zusammenwirkens,

   auszurichten.

2. Die Diensteinheiten der Linie III haben politisch-operativ zusammenzuwirken mit

170 BStU, ZA, DSt 103395,3 Bl. – Kopf: Ministerrat der Deutschen Demokratischen Republik, Ministerium für Staatssicherheit, Stellvertreter des Ministers. – Vermerke: Auf Bl. 1: GVS 0008 MfS-Nr. 14/87, unleserliche Ausfertigung. Datenleiste mit Paraphen. Auf Bl. 3: handschriftlich gezeichnet: Schwanitz, Generalleutnant.

171 Ordnung 5/87 des Ministers vom 3.7.1987 über die Gewinnung, Aufbereitung und Weiterleitung operativ bedeutsamer Informationen durch Diensteinheiten der Linie III und deren Auswertung in den Diensteinheiten des MfS – Informationsordnung –; BStU, ZA, DSt 103395.

172 ELOKA: Elektronische Kampfführung.

– dem Bereich Aufklärung des Ministeriums für Nationale Verteidigung (MfNV), Verwaltung operativ-taktische Aufklärung;
– dem Bereich Operativ des MfNV, Abteilung Funkelektronischer Kampf;
– dem Kommando der Grenztruppen des MfNV, Abteilung Grenzaufklärung;
– dem Kommando Volksmarine des MfNV, Abteilung Aufklärung;
– dem Kommando LSK/LV des MfNV;
– der Verwaltung Nachrichten des Ministeriums des Innern, Zentrales Operatives Fernsehen und Funkkontrollorgan;
– dem Zentralamt für Funkkontrolle des Ministeriums für Post- und Fernmeldewesen.

3. Die Organisation der Übermittlung sowie die zentrale Nachweisführung von Informationen durch die Diensteinheiten der Linie III an die Partner des politisch-operativen Zusammenwirkens ist in der HA III durch den Leiter der HA III zu gewährleisten. Bezogen auf die Abteilungen III haben die Leiter der Bezirksverwaltungen analoge Festlegungen zu treffen.

3.1. Die Übermittlung von Informationen an nicht unter der Ziffer 2 dieser Durchführungbestimmung genannte Partner des politisch-operativen Zusammenwirkens durch die Diensteinheiten der Linie III hat nur nach meiner Zustimmung zu erfolgen. Die Leiter der Abteilungen III der Bezirksverwaltungen haben im genannten Zusammenhang die Zustimmung der Leiter der Bezirksverwaltungen einzuholen.

3.2. Wurde die Zustimmung zur Übermittlung von Informationen an nicht unter der Ziffer 2 dieser Durchführungsbestimmung genannte Partner des politisch-operativen Zusammenwirkens erteilt, hat die Übermittlung der Informationen in Abstimmung mit dem Leiter der für die politisch-operative Sicherung bzw. der territorial oder sachlich für die betreffenden Partner des politisch-operativen Zusammenwirkens zuständigen Diensteinheit zu erfolgen.

3.3. Sind besonders bedeutsame Informationen durch die Diensteinheiten der Linie III an die Partner des politisch-operativen Zusammenwirkens zu übermitteln, bedarf dies meiner Zustimmung. Die Leiter der Abteilungen III der Bezirksverwaltungen haben in diesen Fällen die Entscheidung des Leiters der Bezirksverwaltung einzuholen.

3.4. Die Übermittlung von Informationen durch die Diensteinheiten der Linie III an Partner des politisch-operativen Zusammenwirkens hat unter strikter Wahrung der Konspiration und Geheimhaltung, insbesondere des Quellenschutzes, zu erfolgen.
Für die Übermittlung von Originalmaterialien an die Partner des politisch-operativen Zusammenwirkens gelten analog die Festlegungen unter der Ziffer 3.5. der Ordnung Nr. 5/87 – Informationsordnung –.

3.5. Mit der Übermittlung von Informationen durch die Diensteinheiten der Linie III an Partner des politisch-operativen Zusammenwirkens ist zu gewährleisten, daß diese Informationen entsprechend der angestrebten Zielstellung genutzt werden und daraus für das MfS kein Schaden entsteht.
Den Partnern des politisch-operativen Zusammenwirkens sind durch die Diensteinheiten der Linie III Hinweise zum Umfang und zur Art der Auswertung der übermittelten Informationen zu übergeben.

3.6. Die Übermittlung von Informationen durch die Diensteinheiten der Linie III hat nur an die Personen aus den Organen des politisch-operativen Zusammenwirkens zu erfolgen, die von den abwehrmäßig zuständigen Diensteinheiten überprüft und für das politisch-operative Zusammenwirken mit dem MfS bestätigt wurden. Zur ständigen abwehrmäßigen Kontrolle des politisch-operativen Zusammenwirkens ist engstens mit den abwehrmäßig zuständigen Diensteinheiten, insbesondere mit den Leitern der Hauptabteilung I, VII und XIX,[173] zusammenzuarbeiten.

3.7. Als Absender der Informationen der Diensteinheiten der Linie III, die an die Partner des politisch-operativen Zusammenwirkens übermittelt werden, ist einheitlich die Bezeichnung

„Spezialfunkdienste des MfS"

zu verwenden. Andere Bezeichnungen sind nicht zu verwenden.

4. Diese Durchführungsbestimmung tritt mit sofortiger Wirkung in Kraft.

173 Die Hauptabteilung I.

6. Dezember 1988

Planorientierung des Leiters der Hauptverwaltung A für das Jahr 1989[174]

Einleitung

Die Arbeitspläne der Diensteinheiten der HV A und der Abteilungen XV/BV haben sich an dem vom XI. Parteitag der SED an das MfS erteilten Auftrag zu orientieren, den Genosse Erich Honecker in seinen Ausführungen vor den 1. Sekretären der Kreisleitungen am 12. Februar 1988 bekräftigte.

Unter den insgesamt günstigeren internationalen Bedingungen für die Fortsetzung der Friedensstrategie der sozialistischen Staaten kommt es darauf an,

- alle politisch-operativen Maßnahmen auf den Schutz unserer Republik und der sozialistischen Staatengemeinschaft zu konzentrieren;
- weitere Beiträge zur Festigung der positiven Tendenzen der internationalen Entwicklung, zur Intensivierung der Ost-West-Beziehungen und zum noch entschiedeneren Zurückdrängen der politischen Kräfte in den imperialistischen Hauptländern, die den Abrüstungsprozeß und den Ost-West-Dialog mißbrauchen wollen, zu leisten;
- an der Stärkung der ökonomischen Positionen des Sozialismus und seiner Ausstrahlungskraft mitzuwirken.

Das erfordert die Erhöhung der Qualität der operativen Arbeit mit dem Ziel,

- unsere operativen Positionen in feindlichen Hauptobjekten, aus denen heraus ein maximaler Beitrag zur Erfüllung der gestellten Hauptaufgaben geleistet werden kann, zu sichern und auszubauen;
- eine größtmögliche Sicherheit des IM-Netzes im Operationsgebiet und in der DDR durch strikte Beachtung der Grundsätze der operativen Arbeit und der Veränderungen des operativen Regimes zu gewährleisten;
- die Arbeitsfähigkeit des IM-Netzes im Operationsgebiet, seiner Verbindungen zur Zentrale und die Auswertung und Analyse der beschafften Informationen unter allen Lagebedingungen zu sichern;
- den Beitrag der HV A zur Unterbindung subversiver Aktionen des Feindes bereits am Ausgangspunkt bzw. im Planungs- und Vorbereitungsstadium zu vergrößern.

Dabei ist der Grundsatz zu beachten, unsere operative Arbeit so zu gestalten, daß politischer Schaden für die Friedenspolitik und die außenpolitischen Interessen der Republik vermieden wird.

174 BStU, ZA, GVS MfS 0059 – A 31/88, 37 Seiten. – Kopf: Ministerrat der Deutschen Demokratischen Republik, Ministerium für Staatssicherheit, Stellvertreter des Ministers. – Vermerk: Auf Bl. 6: 52. Exemplar; handschriftlich gezeichnet: Großmann, Generalleutnant.

Bei der Erarbeitung der Pläne der Diensteinheiten sind neben den bereits genannten Dokumenten und den langfristigen Orientierungen des Ministers folgende Materialien zu berücksichtigen:

- Aufgabenstellung des 6. Und 7. Plenums des ZK der SED;
- Zentrale Planvorgabe des Ministers für 1989;
- Abschlußdokument der Berliner Beratung der Aufklärungen der Sicherheitsorgane der Länder der sozialistischen Staatengemeinschaft vom Oktober 1988 (GVS MfS Nr. A 24/88);
- Referat des Ministers vom 17.10.1988 zur Eröffnung dieser Beratung (GVS MfS Nr. A 26/88).

Die Ergebnisse der Berliner Beratung haben langfristige Bedeutung für die Orientierung der operativen Arbeit der Hauptverwaltung A und das abgestimmte Zusammenwirken mit den Bruderorganen. Die im Schlußdokument formulierten Erkenntnisse und Schlußfolgerungen sind in allen Diensteinheiten entsprechend der Spezifik durchzusetzen. Die qualitative Verbesserung und Beschleunigung des gegenseitigen Informationsaustausches bilden dabei einen Schwerpunkt.

Über Vorhaben und Maßnahmen zur gemeinsamen Bearbeitung operativer Vorgänge ist mir bzw. meinen zuständigen Stellvertretern regelmäßig zu berichten.

I.

1. Herausragende Aufgabe bleibt es, einen entscheidenden Beitrag zur *Gewährleistung der äußeren und inneren Sicherheit der DDR und des sozialistischen Staatenbündnisses* gegen militärische, politische, ökonomische, subversive und geheimdienstliche Angriffe und zur Vereitelung feindlicher Überraschungen zu leisten.

   Die Durchsetzung des Ministerbefehls Nr. 1/85[175] zur *rechtzeitigen und zuverlässigen Aufklärung akuter imperialistischer Aggressionsabsichten* in allen möglichen Handlungs- und Kriegsarten hat vorrangige Bedeutung.

   Die operativen Diensteinheiten haben dazu die Schaffung einer breiten Quellenbasis in den politischen und militärischen Entscheidungszentren der USA, der BRD und den anderen NATO-Staaten anzustreben, um unter allen Lagebedingungen eine ständige zuverlässige Beurteilung der Absichten des Gegners zu sichern. Die operativ-technischen Möglichkeiten sind auf besonders wichtige Objekte zu konzentrieren. In der Arbeit mit den Quellen sind ihre Möglichkeiten zur Früherkennung sorgfältiger und realistischer zu bestimmen.

175 Befehl 1/85 zu den Aufgaben der Diensteinheiten des MfS zur frühzeitigen Aufklärung akuter Aggressionsabsichten und überraschender militärischer Aktivitäten imperialistischer Staaten und Bündnisse, insbesondere zur Verhinderung eines überraschenden Raketenkernwaffenangriffs gegen Staaten der sozialistischen Gemeinschaft; BStU, ZA, DSt 103137.

Die lageabhängige Einbeziehung legal abgedeckter Residenturen ist durch Präzisierung der Aufgabenstellungen und Qualifizierung der Meldetätigkeit fortzusetzen.
Die Abteilung VII[176] hat ihre koordinierende und unterstützende Tätigkeit zur Durchsetzung des Befehls Nr. 1/85 zu qualifizieren.
Es sind Spannungsmerkmale hoher Schlüssigkeit zu bestimmen. Im Zusammenwirken der Abteilung VII mit den operativen und operativ-technischen Diensteinheiten sind vorgangsbezogene Maßnahmen zu ihrer Absicherung festzulegen. Die Tätigkeit des Lagezentrums der HV A ist so zu entwickeln, daß eine schnelle Analyse von Informationen gemäß Aufgabenstellung des Befehls Nr. 1/85 erfolgen kann.

2. In der *militärpolitischen Aufklärungstätigkeit* ist die Informationsbeschaffung auf die kontinuierliche, fundierte, möglichst durch interne Dokumente abgestützte Berichterstattung zu folgenden Schwerpunkten zu konzentrieren:
   - Militär-, Sicherheits- und Rüstungspolitik der imperialistischen Hauptmächte und neue Entwicklungen in den militärischen Bündnisbeziehungen zwischen ihnen (Veränderungen in der NATO, bi- und multilaterale militärische Kooperation in Westeuropa, militärische Entwicklungen im Fernen Osten, Überlegungen zu neuen Bündnissen, Auffassungen zur militärpolitischen Rolle Westberlins);
   - Neufassung/Präzisierung der Militärdoktrin, der militärstrategischen Konzepte, der Grundsatzdokumente für den Einsatz der Streitkräfte und militärtechnischer Schlüsselprojekte von strategischer Bedeutung;
   - Entwicklung der Systeme der Gesamtverteidigung und ihrer wesentlichsten Elemente in den europäischen NATO-Staaten und den USA;
   - Entwicklungsstand/Perspektiven der Streitkräfte der NATO und ihrer Mitgliedsstaaten sowie Ausbau der Kriegsschauplätze;
   - Operations- und Mobilmachungsplanung der imperialistischen Hauptstaaten und Kernwaffeneinsatzgrundsätze und -pläne der USA bzw. der NATO;
   - Stand der Kriegsbereitschaft der imperialistischen Staaten und der Gefechtsbereitschaft und Kampfkraft ihrer Streitkräfte, Manöver, Übungen und andere friedenszeitliche Aktivitäten der Truppen, Kräfte, Stäbe und Einrichtungen;
   - gegnerische Erkenntnisse über die Militär- und Sicherheitspolitik, die Streitkräfte, die Rüstung und die Verteidigungsbereitschaft der einzelnen sozialistischen Staaten und des Warschauer Vertrages;
   - Entwicklung der Mittel und Methoden der elektronischen Kampfführung (ELOKA) und der strategischen und taktischen Tarnung von Technik und Objekten.

176 Die Abteilung VII der HV A war zuständig für Auswertung und Information.

Zur Lösung dieser Aufgaben sind die Ergebnisse der periodischen Tagungen der politischen und militärischen Gremien der NATO (NATO-Rat, Verteidigungsplanungsausschuß, Nukleare Planungsgruppe, Europagruppe) aufzuklären und zu analysieren. Über die militärische Zusammenarbeit zwischen den westeuropäischen Staaten mit dem Kernstück BRD – Frankreich sowie im Rahmen der WEU ist ein zuverlässiges Bild zu erarbeiten, und ihre Perspektiven sind einzuschätzen.

Maßnahmen zur Bearbeitung der Zivilverteidigung und des Katastrophenschutzes in der BRD sind mit der Abteilung XVIII abzustimmen. Zur Erschließung dafür geeigneter weiterer operativer Möglichkeiten im grenznahen Raum zur DDR ist im März 1989 eine Beratung mit den Leitern der dafür in Frage kommenden Abteilungen XV/BV durchzuführen.

3. Die Aufklärung der Aktivitäten imperialistischer Länder in der Planung, Forschung, Entwicklung und Produktion von Rüstungsgütern ist auf das Ausschließen von Überraschungen auf militär-technischem Gebiet durch eine zuverlässige Berichterstattung über den Stand der Realisierung von Projekten mit politisch-strategischer und militärstrategischer Relevanz zu konzentrieren.

   Es sind rechtzeitig umfassende Aussagen über die politische, technische und finanzielle Realisierung der strategischen Verteidigungsinitiative (SDI) und ihrer Komponenten sowie deren Umsetzung im Rahmen der Verbesserung konventioneller Waffensysteme zu gewährleisten (Laser-, Teilchenstrahl- und Partikelstrahlwaffen; Waffen mit elektromagnetischer Geschoßbeschleunigung; Hochleistungsenergiequellen; Optoelektronik; Sensorik; neuartige Raketentechnik und Raumfahrzeuge; Aufklärungs-, Führungs-, Verbindungs- und Kontrollsysteme; spezifische Werkstoffforschung).

   Unter dem Aspekt möglicher weiterer Kernwaffenreduzierung sind Forschungs- und Entwicklungsarbeiten auf dem Gebiet der nichtnuklearen Waffentechnik, die in ihrer Wirkung Kernwaffen gleichkommt, von besonderem Interesse (binäre Waffen, biologische Kampfmittel, Umweltwaffen).

   Das trifft auch auf moderne, zielgenaue konventionelle Waffen zu, die für Aufgaben bestimmt sind, welche bisher von Nuklearwaffen wahrgenommen wurden.

4. Die operativen Positionen in der NATO, in den USA, der BRD und den anderen imperialistischen Hauptstaaten sind zu nutzen, um Anzeichen für *militärische Konfrontationen, imperialistische Aggressionshandlungen gegen Drittstaaten* und Vorbereitungshandlungen für die Ausübung von Gewalt gegen progressive Regime in der Dritten Welt rechtzeitig aufzuklären.

   Das betrifft insbesondere Aktivitäten zur Eskalation regionaler Konflikte in der Golfregion und im Nahen Osten, gegenüber Afghanistan und Kampuchea, in Äthiopien, im südlichen Afrika und in Mittelamerika.

Die Konzeptionen der USA für das Vorgehen in den Konfliktregionen und gegenüber den Entwicklungsländern und deren eventuelle Modifizierung durch die neue Administration sind aufzuklären. Die amerikanischen Positionen für die Konsultationen mit der UdSSR zu diesen Problemen sind einzuschätzen.

Dabei ist der Aufklärung der Pläne, Absichten und Maßnahmen zum Ausbau des Stützpunktsystems der USA, ihrer militärischen Präsenz in der Golfregion, im Nahen Osten und im Pazifikraum sowie der Erweiterung ihrer militärischen Zusammenarbeit mit regionalen Hauptverbündeten, wie Israel, Südafrika und Japan, besondere Bedeutung beizumessen.

Die Aktivitäten der imperialistischen Staaten zur Destabilisierung progressiver Entwicklungsländer und zur Unterstützung oppositioneller oder konterrevolutionärer Kräfte sind aufzuklären. In bezug auf Afghanistan, Angola, Moçambique, Äthiopien und Nikaragua ist eine kontinuierliche Bewertung der aktuellen Sicherheitslage und der Entwicklungstendenzen dieser Länder zu gewährleisten.

5. Die Aufklärung von Plänen und Handlungen des Gegners zur *Verletzung bzw. Umgehung abgeschlossener Verträge und Vereinbarungen* auf den Gebieten der Rüstungsbegrenzung, Abrüstung und Vertrauensbildung sowie zur Verletzung des Kernwaffensperrvertrages stellt einen weiteren Schwerpunkt dar. Von Bedeutung sind die Einhaltung des ABM-Vertrages, die Realisierung des Mittelstreckenraketenabkommens und die Anwendung der Festlegungen des Stockholmer Dokuments.

   Alle die mit dem Befehl Nr. 14/88[177] des Ministers gestellten Aufgaben im Zusammenhang mit der Durchführung von Inspektionen in der DDR im Rahmen des INF-Vertrages sind umzusetzen.

6. Eine neue Qualität erfordert der Kampf gegen die Aktivitäten der
   - *Geheimdienste* der USA, der BRD, Großbritanniens und Frankreichs,
   - *Zentren der ideologischen Diversion* und
   - *Feindorganisationen,* insbesondere gemäß der Weisung Nr. 4/85 des Ministers.

   Sie verstärken ihre Bestrebungen zur Destabilisierung der sozialistischen Länder und zur Spaltung der sozialistischen Staatengemeinschaft und betrachten die gegenwärtig in den sozialistischen Ländern vor sich gehenden Prozesse als günstig für die Schaffung einer von außen gesteuerten politischen Oppositionsbewegung. Alle Diensteinheiten haben höhere Anstrengungen zur Schaffung neuer Positionen zu leisten.

   Zu allen erkennbaren operativen Möglichkeiten zur Bearbeitung von Geheimdiensten sind von den vorgangsführenden Diensteinheiten grund-

177 Befehl 14/88 vom 30.6.1988 zur politisch-operativen Sicherung der Aktivitäten von Inspektoren der USA und der Mitglieder ihrer Flugzeugbesatzungen im Zusammenhang mit Inspektoren im Rahmen des Vertrages zwischen der UdSSR und den USA über die Liquidierung ihrer Raketen mittlerer und kürzerer Reichweite vom 8.12.1987 (INF-Vertrag); BStU, ZA, BdL-Dok. 008552.

sätzlich Konsultationen mit der Abteilung IX durchzuführen, bei denen über das abgestimmte Vorgehen zu entscheiden ist.

Die operative Arbeit ist auf folgende Schwerpunkte zu konzentrieren:

- Erarbeitung aktueller Erkenntnisse über strategische Orientierungen und neue Konzeptionen der Geheimdienste insbesondere der USA und der BRD gegenüber der DDR und den anderen sozialistischen Staaten sowie über neue Formen ihres operativ-taktischen Vorgehens.
- Aufdeckung konkreter Pläne, Maßnahmen und Aktivitäten der feindlichen Geheimdienste zur Spionage und zu Angriffen gegen die Parteien, den Staatsapparat und die Sicherheitsorgane.
- Pläne zur Inspirierung und Steuerung politischer Oppositions- und Untergrundtätigkeit und Verschärfung der politisch-ideologischen Diversion.
- Fortführung operativer Maßnahmen zur Identifizierung und offensiven Bearbeitung von Mitarbeitern und Agenturen des Feindes mit dem Ziel der Erarbeitung operativ nutzbarer Dossierangaben über diese Personen.
- Durchführung wirksamer aktiver Maßnahmen gegen die Geheimdienste.
- Beschaffung von Informationen zur Gewährleistung des Schutzes unserer operativen Positionen im Operationsgebiet, zur Aufdeckung der feindlichen Doppelagententätigkeit und von Angriffen gegen im Ausland tätige DDR-Einsatzkader. Einen Schwerpunkt bildet die Erarbeitung von Informationen als Grundlage für Maßnahmen zum vorbeugenden Schutz des operativen Verbindungssystems.
- Ausschöpfung aller operativen Möglichkeiten zur Aufklärung und Analyse der Tätigkeit der Geheimdienste der NATO-Staaten unter Nutzung der bi- und multilateralen Ost-West-Beziehungen, insbesondere hinsichtlich des Einsatzes erfahrener Gesprächsaufklärer imperialistischer Geheimdienste in Ost-West-Begegnungen auf allen Ebenen und Gebieten, sowie von Manöverbeobachtern und Inspektoren auf den Territorien sozialistischer Staaten.

Die Kooperation mit der Hauptabteilung II[178] ist weiter zu vervollkommnen. Durch die Abteilung IX[179] sind notwendige gemeinsame Maßnahmen entsprechend der Dienstanweisung Nr. 1/87[180] des Ministers mit der Hauptabteilung II abzustimmen.

7. Der Gegner erwartet durch den Abschluß des Wiener Folgetreffens und im Ergebnis der Intensivierung der Ost-West-Beziehungen auf allen Ebenen günstigere Möglichkeiten für die politisch-ideologische Diversion.

178 Die Hauptabteilung II war zuständig für Spionageabwehr.
179 Die Abteilung IX der HV A war zuständig für äußere Spionageabwehr und Gegenspionage.
180 Dienstanweisung 1/87 zur Gewährleistung des komplexen Vorgehens bei der Abwehr geheimdienstlicher Angriffe gegen politische, ökonomische und militärische Bereiche – Spionageabwehr –, S. 8; BStU, ZA, DSt 103354.

Die offensive Arbeit gegen die Zentren der *politisch-ideologischen Diversion* und die *Bekämpfung feindlicher Stellen und Kräfte* im Operationsgebiet zur vorbeugenden Verhinderung, Aufdeckung und Bekämpfung der politisch-ideologischen Diversion und *politischen Oppositions- und Untergrundtätigkeit* ist durch die umfassende Nutzung des gesamten IM-Netzes, vor allem für eine qualifizierte Arbeit am Feind und das Eindringen in die entscheidungsvorbereitenden und steuernden Zentren des Gegners, zu intensivieren.

Schwerpunkte der Informationsbeschaffung sind:

- Pläne und Maßnahmen zur Nutzung des KSZE-Prozesses, besonders des abschließenden Dokuments des Wiener Folgetreffens und weiterer wichtiger Vereinbarungen zwischen der DDR und der BRD bzw. zwischen SED und SPD zur Verstärkung des Drucks auf die DDR hinsichtlich der Durchsetzung des imperialistischen Menschenrechtskonzepts.
- Bewertung der inneren Situation und der Politik der DDR und der anderen sozialistischen Länder durch den Gegner und seine Schlußfolgerungen für das weitere feindliche Vorgehen.
- Versuche des Gegners, innere Vorgänge und politische Maßnahmen der DDR für antisozialistische Kampagnen zu nutzen.
- Gegnerische Absichten zum Mißbrauch von kirchenführenden und kirchlichen Organisationen.
- Pläne zum Mißbrauch der Umgestaltungsprozesse in der Sowjetunion und den anderen sozialistischen Staaten, um kapitalistischen Wertvorstellungen und Entwicklungskonzepten in den sozialistischen Staaten Raum zu verschaffen und die imperialistische Differenzierungspolitik weiter zu modifizieren und zu intensivieren.

Alle Diensteinheiten sind auf der Grundlage meiner Weisung vom 29.2.1988 verantwortlich für die Aufklärung und offensive Bearbeitung von im Operationsgebiet festgestellten Ausgangspunkten der Organisierung der politischen Oppositions- und Untergrundtätigkeit.

Das betrifft die:

- Identifizierung feindlicher Kräfte, die unmittelbar Einfluß auf die Inspirierung und Steuerung der politischen Untergrundtätigkeit im Gesamtsystem der BRD und anderen NATO-Staaten nehmen. Aufklärung ihrer Pläne und Absichten, Überprüfung aller Hinweise auf mögliche Einflüsse imperialistischer Geheimdienste;
- Aufklärung und Bearbeitung von Feindorganisationen, „Initiativen" und Einzelpersonen, die als Organisatoren der politischen Untergrundtätigkeit in der DDR und anderen sozialistischen Staaten in Erscheinung treten;
- Entlarvung konspirativer Verbindungskanäle und Maßnahmen zur Schaffung weiterer Verbindungslinien zwischen Feindkräften des Operationsgebietes und feindlich-negativen Kräften in der DDR;

- detaillierte Erfassung aller Hinweise über Haltungen, Aktivitäten, Pläne und Maßnahmen sich im Operationsgebiet aufhaltender Feindpersonen aus der DDR.

Geeignete DDR-IM sind auf dem Territorium der DDR mit in die Bearbeitung oppositioneller Kräfte und Gruppierungen einzubeziehen.
Um gegnerische Aktivitäten im Zusammenhang mit den Volkswahlen in der DDR am 7.5.1989 und dem 40. Jahrestag der DDR rechtzeitig zu erkennen und verhindern zu helfen, sind alle DDR-IM verstärkt zu mobilisieren.

II.

Die *Außen- und Innenpolitik der imperialistischen Länder*, die *Abstimmungsprozesse* zwischen ihnen und die sich vollziehenden *Differenzierungen* sind Schwerpunkte der Aufklärung zur Unterstützung der offensiven Außenpolitik der sozialistischen Staaten.
Die Möglichkeiten und Ansatzpunkte für weitere Abkommen über Abrüstung, Rüstungskontrolle und Vertrauensbildung, für die Entwicklung stabiler Beziehungen der friedlichen Koexistenz und für die Lösung globaler Probleme sind herauszuarbeiten.
Aufzuklären sind konzeptionelle Vorstellungen der USA, der BRD und anderer großer westeuropäischer Staaten und Japans für die Anpassung der imperialistischen Gesamtstrategie an sich verändernde Bedingungen, die Koordinierungs- und Integrationsbestrebungen zwischen ihnen und die dabei auftretenden Differenzen und Widersprüche.

1. Die zuverlässige Aufklärung der tatsächlichen Absichten und Positionen der USA, der Länder Westeuropas und Japans zu den Problemen der *Rüstungsbegrenzung, Abrüstung und der Gewährleistung der internationalen Sicherheit*, die Erarbeitung eines umfassenden und realistischen Bildes über deren Reaktionen auf die Vorschläge der sozialistischen Staaten sowie deren Durchsetzbarkeit in bi- und multilateralen Verhandlungsgremien gewinnt weiter an Bedeutung. Das betrifft:
   - die Schaffung eines umfassenden Systems der internationalen Sicherheit im Rahmen der UNO;
   - die Einhaltung und weitere Gültigkeit des ABM-Vertrages und die 50%ige Reduzierung der strategischen Nuklearwaffen der USA und der UdSSR;
   - die Reduzierung der konventionellen Streitkräfte und Rüstungen in Europa;
   - die Festigung des Nichtweiterverbreitungsregimes für nukleare Waffen und Schritte zur Erweiterung der bestehenden Verbote für Kernwaffentests;
   - das weltweite Verbot chemischer Waffen und ihre Vernichtung einschließlich der Festigung der Genfer Konvention von 1925 über chemische Waffen;

- die Einbeziehung der taktischen Kernwaffen in den Verhandlungsprozeß;
- die regionalen Initiativen zur Schaffung kern- und chemiewaffenfreier Zonen und die Vorschläge für die Erweiterung vertrauens- und sicherheitsbildender Maßnahmen.

2. Die Aufklärung der Positionen der NATO- und der neutralen und nichtpaktgebundenen Staaten zur *weiteren Gestaltung des KSZE-Prozesses* nach Abschluß des Wiener KSZE-Folgetreffens ist fortzusetzen. Dabei bilden Gesamtbewertungen des Treffens und entsprechende Schlußfolgerungen für das weitere Vorgehen, insbesondere in bezug auf Konferenzen über konventionelle Abrüstung in Europa, festgelegte Expertentreffen und Foren der KSZE-Staaten zu Problemen der Körbe II und III, durch die genannten Staaten wichtige Schwerpunkte.
   Der konstruktive Verlauf des KSZE-Prozesses und die schrittweise Umsetzung der Konzeption vom „gemeinsamen europäischen Haus" ist durch aktive Maßnahmen zu unterstützen.
   Die Pläne und Absichten der EG zur Ausgestaltung der Beziehungen mit dem RGW und der Entwicklung der bilateralen Beziehungen zu seinen Mitgliedstaaten sind weiter aufzuklären. Beachtung ist der Analyse des westeuropäischen Integrationsprozesses im Hinblick auf die Schaffung des EG-Binnenmarktes bis 1992, der Bestrebungen anderer westeuropäischer Staaten (zum Beispiel Österreich) zur Annäherung an bzw. zum Beitritt in die EG sowie der sich daraus für die sozialistischen Staaten ergebenden wirtschafts- und handelspolitischen Konsequenzen beizumessen.
3. Zur Gewährleistung der *Sicherheit der ökonomischen Außenbeziehungen der DDR* haben alle Diensteinheiten ihren Beitrag zu erhöhen. Von besonderer Bedeutung sind:
   - die Beschaffung von Informationen, die sich spürbar auf die Erweiterung des außenwirtschaftlichen Spielraumes der DDR, der UdSSR und anderer Bruderstaaten auswirken, eine optimale Nutzung von Chancen zur Erhöhung des Valutaeinganges ermöglichen oder auf Verhandlungen mit der BRD bzw. Westberlin und Drittstaaten über wirtschaftliche, technische, finanzpolitische und verkehrspolitische Fragen Einfluß haben;
   - die gründliche Analyse sich aus der Normalisierung der Beziehungen RGW – EG und bilateralen Verträgen sozialistischer Staaten mit der EG ergebenden Konsequenzen für die außenwirtschaftlichen Beziehungen der DDR;
   - die Erarbeitung wirtschaftspolitischer Informationen über die Länder, die als Außenhandelspartner der DDR längerfristige Bedeutung haben.
4. Die Aufklärung der feindlichen Pläne gegen die sozialistischen Staaten erfordert die Ausschöpfung aller operativen Möglichkeiten zur Erkundung

und Beeinflussung der *Abstimmungsprozesse zwischen den imperialistischen Hauptländern.* Neben dem jährlichen westlichen Wirtschaftsgipfel und den periodischen Tagungen der NATO- und EG-Führungsgremien ist die Informationsbeschaffung besonders auf politische Aktivitäten zum Ausbau des westeuropäischen „Pfeilers" der NATO zur Weiterentwicklung der Westeuropäischen Union und auf die Entwicklung des Verhältnisses BRD – Frankreich – Großbritannien zu richten.

Daraus ergeben sich als Schwerpunktaufgaben:

- Die Integrationsprozesse in Westeuropa sind mit Blick auf neue Bedrohungen gegenüber den sozialistischen Staaten Europas, aber auch hinsichtlich neu entstehender Ansatzpunkte zu analysieren.
- Die Dialogpolitik der DDR und der UdSSR gegenüber den westeuropäischen Staaten ist durch Bereitstellung qualifizierter Informationen zu unterstützen.
- An die Analyse der Politik Frankreichs und Großbritanniens ist unter dem Gesichtspunkt sich abzeichnender Veränderungen in den europa- und ostpolitischen Positionen heranzugehen. Es ist ein Beitrag zur Erkundung der Pläne und Absichten der französischen Regierung im Zusammenhang mit dem Mitterrand-Besuch in der UdSSR, der DDR und anderen sozialistischen Ländern und dem geplanten Gegenbesuch des Genossen Gorbatschow in Frankreich zu leisten. Die Aktivitäten Frankreichs und Großbritanniens gegenüber China sind aufmerksam zu verfolgen.
- Mit aktiven Maßnahmen ist ein Beitrag zur Schaffung günstiger Bedingungen für die Realisierung der Politik der sozialistischen Staaten und zur Durchsetzung[181] feindlicher Pläne zu leisten. Darüber hinaus sind die Positionen und der Einfluß realistisch denkender Kräfte in den imperialistischen Ländern und in der westeuropäischen Friedensbewegung zu fördern.
- Bei Treffen führender Repräsentanten der DDR, insbesondere des Generalsekretärs des ZK der SED mit westlichen Spitzenpolitikern, sind alle vorhandenen operativen Möglichkeiten zu nutzen, um einen optimalen Erfolg zu sichern.

5. Unter Nutzung der Möglichkeiten aller Diensteinheiten ist die Aufklärung der *Außen- und Innenpolitik der USA* weiter zu intensivieren. An der Festigung und am Ausbau der inoffiziellen Positionen in den USA-Objekten ist konzentriert zu arbeiten. In die Bearbeitung der Hauptobjekte der USA müssen stärker als bisher operative Positionen in der BRD und in anderen Staaten einbezogen werden. Der Anteil dokumentarischer Materialien am Informationsaufkommen zur USA-Politik ist zu erhöhen.

181 Auf Bl. 20: „Durchsetzung" handschriftlich geändert in: „Durchkreuzung".

Von besonderem Interesse sind Bewertungen des innenpolitischen Kräfteverhältnisses im Ergebnis der Präsidentschafts- und Kongreßwahlen 1988 und Wertungen zur Politik der neuen Administration gegenüber ihren Bündnispartnern der UdSSR und den anderen sozialistischen Staaten und zum Vorgehen in Mittelamerika, in der Pazifikregion und in den internationalen Krisengebieten.

6. Die operativen Maßnahmen gegenüber der BRD sind darauf zu richten, wirksam die Realisierung der politischen Zielstellungen der Partei- und Staatsführung zu unterstützen und die BRD als wichtigen NATO-Staat zu konkreten Beiträgen für die Friedenssicherung und zur Abrüstung zu bewegen. Es ist ein reales Bild über die politischen, militärischen, wirtschaftlichen, ideologischen und sonstigen Aktivitäten gegen die DDR und ihre Verbündeten zu erarbeiten. Das Zurückdrängen rechtskonservativer und nationalistischer Kräfte in der BRD ist weiter aktiv zu beeinflussen.

   Möglichkeiten und Bedingungen für einen eventuellen Gegenbesuch von Bundeskanzler Kohl in der DDR sind aufzuklären. Pläne und Absichten der BRD zur längerfristigen Verwirklichung ihrer revanchistischen Grundpositionen, zur Intensivierung ihrer nationalistischen Propaganda, vor allem im Zusammenhang mit politischen Aktivitäten zum 40. Jahrestag der Gründung der BRD sowie zum Mißbrauch der mit der DDR abgeschlossenen Verträge und Vereinbarungen für die Einmischung in innere Angelegenheiten der DDR sind zu erkunden.

   Es sind konkrete Beiträge zur Aufklärung der politischen und wirtschaftlichen Absichten der BRD nach dem Kohl-Besuch in der UdSSR (24.–26.10.88) sowie in Vorbereitung eines geplanten Besuches des Genossen Gorbatschow in der BRD im 1. Halbjahr 1989 zu leisten. Zu erkunden sind die politischen und ökonomischen Aktivitäten der BRD gegenüber der VR China.

   Dabei erfordern alle mit der sogenannten Berlin-Initiative der Westmächte verfolgten Pläne und Absichten und die diesbezüglichen Abstimmungen zwischen den Westmächten, der BRD-Regierung und dem Westberliner Senat besondere Beachtung. Ansatzpunkte für die Gestaltung sachlicher, im politischen und ökonomischen Interesse der DDR liegender Beziehungen zu Westberlin, sind herauszuarbeiten.

   Zu analysieren sind mögliche Verschiebungen im politischen Kräfteverhältnis in Westberlin im Ergebnis der Wahlen zum Abgeordnetenhaus am 29. Januar 1989 und deren Auswirkungen auf die Politik des Senats.

   Mit Aufmerksamkeit sind alle Pläne zu verfolgen, das Vierseitige Abkommen über Westberlin zu unterlaufen, die Bindungen Westberlins zur BRD und zur EG vertragswidrig auszubauen und ein Junktim zwischen den Beziehungen DDR – BRD sowie DDR – Westberlin geltend zu machen.

7. Aufzuklären und zu beeinflussen ist die weitere Entwicklung des *innenpolitischen Kräfteverhältnisses in der BRD*. Dabei sind im Vorfeld einer Serie wichtiger Landtagswahlen und der Bundestagswahl im Jahre 1990 die Wahl des Bundespräsidenten (23.5.1989), die Europawahlen (18.6.1989) sowie Kommunalwahlen in Hessen (12.3.1989), Rheinland-Pfalz und dem Saarland (18.6.1989), Nordrhein-Westfalen (1.10.1989) und Baden-Württemberg (22.10.1989) von Bedeutung.
Zu analysieren sind die Situation und der Verlauf des Differenzierungsprozesses in den Koalitionsparteien, unter besonderer Berücksichtigung der Ende 1988 erfolgten personellen Veränderungen in Spitzenfunktionen der CSU und FDP. Diese Entwicklungen sind auf ihre politische und operative Nutzbarkeit zu prüfen. Es sind aktive Beiträge zur Stärkung realistisch orientierter Kräfte in der Koalition zu leisten. Die Rechtskräfte sind auf der Grundlage geeigneter Informationen zu kompromittieren und politisch zu isolieren.
Die Weiterführung des Dialogs SED – SPD ist vor allem zu Grundfragen der Abrüstung und Vertrauensbildung zu fördern. Aufzuklären und zu bekämpfen sind Bestrebungen einzelner SPD-Politiker, den Dialog und die getroffenen Vereinbarungen zur Unterstützung und Inspirierung feindlicher Kräfte in der DDR zu mißbrauchen.
Der Differenzierungsprozeß unter den Grünen ist weiter aufzuklären und mit dem Ziel zu beeinflussen, realistische Kräfte zu stärken und sozialismusfeindliche, subversiv wirkende Kräfte zurückzudrängen.
Die differenzierte politische Haltung der Monopolbourgeoisie und ihr Einfluß auf die Regierungspolitik, die politischen Parteien und Organisationen ist qualifizierter aufzuklären.
8. Die Aufklärung und Störung der imperialistischen Pläne und Absichten gegenüber ausgewählten *Entwicklungsländern und den NPG-Staaten*[182] ist fortzusetzen. Dabei gewinnt die immer bessere Einbeziehung dieser Länder in den Kampf um ein umfassendes System der internationalen Sicherheit, in die Bemühungen zur Stärkung der Rolle der UNO und in die Bestrebungen zur Etablierung einer neuen internationalen Wirtschaftsordnung an Bedeutung.
Die operativen Aktivitäten sind besonders zur richten auf die
   - Erkundung der Positionen der USA, der VR China[183], Japans und anderer Staaten zu den Vorschlägen der UdSSR für Frieden und Sicherheit in der asiatisch-pazifischen Region sowie zur Lösung der Kampucheafrage;
   - Aufklärung der imperialistischen Pläne und Absichten zur Einflußnahme auf die Entwicklung im südlichen Afrika zwecks Durchset-

182 NPG: Nichtpaktgebundene.
183 VR China: Volksrepublik China.

zung einer prowestlichen Lösung für Namibia bzw. für das Zusammenwirken mit der Republik Südafrika;

- Analyse der Bestrebungen der USA, Israels und reaktionärer arabischer Kräfte, eine Nahost-Konfliktlösung im Rahmen einer internationalen Friedenskonferenz zu verhindern, in der Palästinafrage eine Separatlösung zu erreichen und im Libanon prowestliche Interessen zur Geltung zu bringen;
- Erkundung von Plänen, Absichten und Maßnahmen der USA, die auf das Scheitern des mittelamerikanischen Verhandlungsprozesses, die Destabilisierung Nikaraguas, die Zerschlagung der nationalen Befreiungsbewegung El Salvadors und die Zurückdrängung der Positionen Kubas abzielen;
- Bewertung der Lage in der Bewegung der Nichtpaktgebundenen vor der IX. Gipfelkonferenz 1989 in der SFRJ[184].

9. Die *Zusammenarbeit mit den Sicherheitsorganen in ausgewählten jungen Nationalstaaten und nationalen Befreiungsbewegungen* ist fortzusetzen. Die mit dem Sozialismus verbundenen Kräfte sind zu stärken und zu befähigen, den Kampf für eine progressive Entwicklung zu führen und die Konterrevolution und deren imperialistische Hintermänner qualifiziert zu bekämpfen. Durch Bereitstellung geeigneter Informationen ist der Dialog und die Zusammenarbeit der Partei- und Staatsorgane der DDR mit den politisch führenden Kräften und Organisationen dieser Länder zu unterstützen.
   Die Abteilungen VII, IX und X haben im Zusammenwirken mit der Abteilung III[185] die kontinuierliche Bereitstellung von Übergabeinformationen und -materialien an die befreundeten Sicherheitsorgane zu sichern, mit denen auf die Orientierung und Entscheidungsfindung in diesen Ländern Einfluß genommen werden soll.
   Entsprechend den Wünschen befreundeter Sicherheitsorgane und auf der Grundlage mit ihnen abgeschlossener Vereinbarungen ist der Einsatz geeigneter Kader als Berater bzw. Verbindungsoffiziere zu gewährleisten. Erforderliche Ausbildungsmaßnahmen sind durchzuführen. Die materielle Unterstützung im Rahmen der entsprechenden Möglichkeiten ist abzusichern.
   Die Analyse der Sicherheitslage und der Entwicklungen in den Ländern, die für die SSG von besonderem Interesse sind, ist in Zusammenarbeit mit den sozialistischen Bruderorganen zu gewährleisten, um Überraschungen und Schäden für diese Länder selbst und unsere Länder weitgehend auszuschließen.

184 SFRJ: Sozialistische Föderative Republik Jugoslawien.

185 Die Abteilung III der HV A war zuständig für „legal abgedeckte Residenturen" in Auslandsvertretungen der DDR. Die Abteilung VII der HV A war zuständig für Auswertung und Information. Die Abteilung IX der HV A war zuständig für äußere Spionageabwehr und Gegenspionage.

10. Schwerpunkte zur Aufklärung der *Politik der imperialistischen Staaten gegenüber der VR China* und Maßnahmen zur Beobachtung sich vollziehender Entwicklungen in China sind die:
    - zuverlässige Analyse der chinesischen Innen- und Außenpolitik auch unter dem Gesichtspunkt der Gewinnung weiterer Ansatzpunkte für die Entwicklung der politischen und ökonomischen Zusammenarbeit und der Ausprägung gemeinsamer oder annähernd gleicher Positionen in Fragen des Friedens und der Abrüstung;
    - Beschaffung von Einschätzungen zur inneren Lage und zur Außenpolitik der VR China durch führende Kreise imperialistischer Hauptländer sowie von Prognosen zur weiteren Entwicklung der Beziehungen zwischen China und der UdSSR, besonders im Hinblick auf ein mögliches Gipfeltreffen der Führer beider Länder 1989;
    - umfassende Aufklärung der Pläne und Absichten der imperialistischen Staaten, den Annäherungsprozeß Chinas an andere sozialistische Länder zu beeinflussen und zu behindern;
    - Erarbeitung von Informationen über die Zusammenarbeit der VR China mit den USA, Japan, der BRD und zur inneren und wirtschaftlichen Entwicklung der VR China.

III.

Die Hauptverwaltung A und die Abteilungen XV/BV haben ihren Beitrag zur Verwirklichung der ökonomischen Strategie der Partei, insbesondere zur schnelleren Entwicklung der Volkswirtschaft der DDR, zur dauerhaften Sicherung der intensiv erweiterten Reproduktion und zur Stärkung der sozialistischen ökonomischen Integration zu erhöhen.
Die Zielstellungen der wissenschaftlich-technischen Aufklärung müssen mit der Wirtschafts- und Wissenschaftsstrategie der DDR voll übereinstimmen und daran orientiert sein, das Streben nach im Weltmaßstab überdurchschnittlichen Leistungen und Zeitgewinn sowie hohen ökonomischen Effekten maximal zu unterstützen.

1. Die *Beschaffung von Informationen zu wissenschaftlich-technischen Spitzenerzeugnissen und Schlüsseltechnologien* ist auf solche Gebiete zu konzentrieren, die unmittelbar der Lösung von Schwerpunktaufgaben des Staatsplanes Wissenschaft und Technik dienen.
   Das sind Informationen zu folgenden Problemen:
   - für die *Elektronisierung der Volkswirtschaft* neue Basistechnologien für höchstintegrierte und superschnelle Logik-, Steuer-, Speicher- und Prozessor-Schaltkreise im Submikrometerbereich, hochleistungsfähige optoelektronische Bauelemente und neuartige Sensortechnik, hochproduktive automatische Fertigung von elektronischen Baugruppen, Weiterentwicklungen der Informationstechnik auf der Basis neuer Rechentechnik und neuer Softwarelösungen mit höchster Verarbei-

tungsgeschwindigkeit, Expertensysteme, Systeme der künstlichen Intelligenz und optoelektronische Massenspeichertechnik und ihre Kopplung in neuartigen Netzwerken, insbesondere durch weiterentwickelte Lichtleitertechnik;

- für die *komplexe Automatisierung von Fertigungslinien* flexible, systemorientierte Lösungsvarianten der rechnergestützten Projektierung, Konstruktion, technologische Optimierung, Fertigungsvorbereitung und Produktionsleitung; hochautomatisierte Fertigungsausrüstungen mit integrierten, koppelbaren elektronischen Steuersystemen, hochgenauer Meßtechnik und hochproduktiver Robotertechnik für Präzisionsfertigungen;
- für die *Weiterentwicklung der energetischen Basis* neue technologische Lösungen zur Nutzung der Kernenergie und qualitativ neuer zuverlässiger Systeme der Steuerung, Kontrolle und Automatisierung kernenergetischer Prozesse und Ausbildungsmaßnahmen für Bedienkräfte von Kernkraftwerken zur Erhöhung der Sicherheit von Kernkraftwerken, neue alternative Energiequellen, verlustarmer Energietransport und rationelle Energieverteilung;
- für *neue Werkstoffe und Technologien ihrer Herstellung und Verarbeitung* Verfahren zu besseren stoffwirtschaftlichen Nutzung, vor allem einheimischer Rohstoffe in der Veredlungsmetallurgie und der Elektronik, insbesondere der Supraleitung, der Karbochemie, der Glas- und Keramikindustrie, der Polymerchemie, neuartige technologische Prozesse mit hoher Abproduktarmut, Umweltschutzsicherheit und günstiger Energiebilanz;
- für die beschleunigte Entwicklung der *Biotechnologie* neue Ergebnisse der biotechnischen Forschung, Bioprozeß- und Verfahrenstechnik mit Zellkultur- und genetischen Methoden für die Pflanzen- und Tierzüchtung, neue biologische Wirkstoffe und medizinische Präparate enzymtechnische Verfahren biologischer Pflanzenschutz und Neuentwicklungen von Bioreaktoren und Bauelementen der Biosensortechnik.

2. Die Federführung der HV A bei der *Bekämpfung der feindlichen Embargopolitik* gegen die DDR und andere Bruderländer ist in vollem Umfange wahrzunehmen.
   Die Beschaffung ausgewählter Spezialausrüstungen der Hochtechnologie sowie qualifizierter Dokumente zu Erzeugnissen, die unter die COCOM-Regelungen fallen, bleibt eine vorrangige Aufgabe, die nur durch den koordinierten Einsatz geeigneter operativer Kräfte und Mittel gelöst werden kann.
   - Alle operativen Diensteinheiten haben die sich bietenden Möglichkeiten konsequent zu nutzen, um einen Beitrag zur Durchbrechung der Embargopolitik zu leisten. Daraus resultierende Aufgaben sind in den Arbeitsplänen konkret auszuweisen. Maßnahmen zur Beschaffung von

Embargomaterialien sind mit den zuständigen Abteilungen des Sektors Wissenschaft und Technik abzustimmen.
- In Abstimmung mit der Abteilung X[186] sind aktive Maßnahmen gegen die Embargopolitik durchzuführen.

3. Die erreichten Fortschritte in der Zusammenarbeit mit den HA XVIII und XX[187] auf dem Gebiet der Abwehrarbeit sind auszubauen. Schwerpunkt ist die Absicherung der Forschungskooperation mit der Sowjetunion und den anderen sozialistischen Staaten im Rahmen der langfristigen Zusammenarbeit auf dem Gebiet von Wissenschaft und Technik.
Die vertragsgerechte Durchsetzung des Abkommens über die Zusammenarbeit auf den Gebieten Wissenschaft und Technik mit der BRD ist im Zusammenwirken mit den HA XVIII und XX zu unterstützen, um effektivitätsfördernde Ergebnisse bei seiner Realisierung zu erzielen und zugleich den Abfluß von Informationen und seinen Mißbrauch durch den Gegner zu verhindern.
Es ist ein Beitrag zur Kontrolle der an der Zusammenarbeit beteiligten Wissenschaftler der BRD und Westberlins zu leisten.

IV.

Zur Realisierung der der HV A und den Abteilungen XV/BV zugewiesenen Aufgaben der Gesamtaufgabenstellung des MfS sind unter Beachtung der sich ständig weiter verändernden internationalen politischen und politisch-operativen Lagebedingungen die Prozesse der Führungs- und Leitungstätigkeit zu qualifizieren.
Die operativ-methodischen, analytischen, operativ-technischen, kaderpolitischen und materiell-sicherstellenden Aufgaben sind entsprechend dieser Erfordernisse weiter zu vervollkommnen. Dazu gehören die:
- umfassende und noch offensivere Nutzung der Möglichkeiten der Dialogpolitik der Partei nicht nur in erster Linie für die Vorbereitung von Werbungen, sondern auch für eine qualifizierte Informationsabschöpfung hochrangiger Geheimnisträger;
- Beachtung der zunehmenden Bedeutung der operativen Basis der DDR für den Ausbau von Kontakten auf der Grundlage einer zu entwickelnden Bereitschaft, uns auf die verschiedenste Art und Weise zu helfen und uns in unserem Kampf zu unterstützen;
- Erarbeitung erforderlicher Schlußfolgerungen für die sich aus der immer breiteren Anwendung von Wissenschaft und Technik im Operationsgebiet ergebenden Konsequenzen für die gesamte operative und operativ-

186 Die Abteilung X der HV A war zuständig für „aktive Maßnahmen" und „Desinformation".
187 Die Hauptabteilung XVIII war zuständig für die Kontrolle der Wirtschaft. Die Hauptabteilung XX war zuständig für die Kontrolle der Blockparteien und Massenorganisationen, des Staatsapparates, der Jugend, des Sports, der Kirchen, der Medien, des Kulturbetriebs und oppositioneller Gruppierungen.

technische Arbeit, insbesondere für die Informationserarbeitung, den Transport und die Auswertung von Informationen sowie sich ergebende Gefährdungsmomente.

Auf der Grundlage von mir erlassener dienstlicher Bestimmungen sind abrechenbare Maßnahmen und Aufgaben zu planen und in den Mittelpunkt der Führungs- und Leitungstätigkeit zu stellen.

Das EDV-Projekt SIRA ist auf ESER-Technik weiterzuentwickeln und in den IADE für die qualitative Verbesserung der Informationsauswertung zu nutzen.[188]

1. Die *Schaffung neuer Positionen in den feindlichen Hauptobjekten* ist Schwerpunkt der Arbeit aller operativen Diensteinheiten.
   Dazu sind neue *Quellen* auf der Grundlage umfassend aufgeklärter Personenhinweise aus den zu bearbeitenden Objekten zu schaffen.
   Alle bewährten Methoden und Erfahrungen der Diensteinheiten sind unter besonderer Berücksichtigung der neuen politischen und operativen Lagebedingungen anzuwenden.
   Ausgehend davon ist der Einsatz von *Werbern* zu planen und zu realisieren. Die Schaffung von *Perspektiv-IM* bleibt ein weiterer Schwerpunkt zum Eindringen in die Hauptobjekte.
   Aus dem vorhandenen Bestand an Perspektiv-IM sind unter Beachtung realer Möglichkeiten der IM zielstrebig Schleusungsvorgänge zu entwickeln.
   Entsprechend der Spezifik der zu bearbeitenden Hauptobjekte sind die Anforderungen an die Perspektiv-IM zu erhöhen sowie deren Ausbildungs- und Entwicklungsprozesse entsprechend zu steuern.
   Zur Erschließung neuer qualifizierter Informationsmöglichkeiten in und an den Hauptobjekten ist der Entwicklung *operativ-technischer Vorgänge* größere Aufmerksamkeit zu schenken.
   Auf der Grundlage der OTM-Ordnung[189] sind in Abstimmung mit der Abteilung VIII unter Nutzung vorhandener IM des Operationsgebietes geeignete Vorgänge zu entwickeln, Maßnahmen zu planen und zu realisieren.
   Konsequent und zielstrebig sind IM des Operationsgebietes zu entwickeln und in solchen Positionen zum Einsatz zu bringen, von denen aus sie aufgrund ihrer objektiven Voraussetzungen in der Lage sind, in feindliche Datenbanken und -netze einzudringen. Auf der Grundlage des von der Abteilung VIII dazu erarbeiteten Materials ist mit allen operativen Referatsleitern eine Fachschulung durchzuführen.

188 EDV: Elektronische Datenverarbeitung. SIRA: System zur Informationsrecherche der HV A. ESER: Einheitliches System elektronischer Rechentechnik (des Ostblocks). IADE: Informationsauswertende Diensteinheit.

189 Operativ-technische Mittel.

2. Die Maßnahmen zur Erarbeitung bearbeitungswürdiger Hinweise und zur Qualifzierung der *Dossierarbeit* sind weiterzuführen.
   Entsprechend den erhöhten Anforderungen an die Qualität des zu schaffenden IM-Netzes im Operationsgebiet sind in den Plänen der Diensteinheiten konkrete Maßnahmen zur Erarbeitung und zur ständigen Vervollkommnung nutzbarer Dossiers sowie bearbeitungswürdiger Hinweise und Vorlaufmaterialien festzulegen.
   Das IM-Netz im Operationsgebiet ist noch zielstrebiger zur Hinweiserarbeitung einzusetzen. Die Anzahl operativ-interessanter Personenhinweise zur Lösung der Schwerpunktaufgaben ist zu erhöhen.
   Die politisch-operativen Möglichkeiten der LAR[190], insbesondere in den NATO-Staaten und in Richtung USA und BRD, sind in enger Abstimmung und Zusammenarbeit mit den zuständigen operativen Diensteinheiten zur Hinweiserarbeitung zu nutzen.
   Zur Sicherung der effektiven Hinweis-, Vorverdichtungs- und Dossierarbeit durch die Auswertungen in den Diensteinheiten auf der Grundlage meiner Dienstanweisung Nr. HV A 2/88[191] sind
   - die Auswertung in den Diensteinheiten kadermäßig zu verstärken;
   - die Schwerpunkte der Informations- und Auswertungstätigkeit für die konzentrierte Bearbeitung zugewiesener Objekte bzw. Aufgaben der Diensteinheit zu bestimmen;
   - die mit der Neuregelung von Erfassungsfragen im Zusammenhang stehenden angewiesenen Maßnahmen schrittweise und termingerecht zu realisieren.

   Der Stab hat die Tätigkeit der Auswertungen durch weitere Orientierungen und individuelle Beratungen in inhaltlicher und organisatorischer Hinsicht wirkungsvoll zu unterstützen.
   Zur rationellen Arbeit mit den Informationsspeichern der Auswertungen und zur Vereinfachung von Überprüfungs- und Erfassungsprozessen sind durch den Stab in Zusammenarbeit mit der Abteilung XX[192] kurzfristig bereits vorhandene EDV-Anwenderlösungen bereitzustellen, um in weiteren Diensteinheiten schrittweise die Voraussetzungen für eine einheitliche EDV-Anwendung zu schaffen.
   Die Nutzung der *operativen Basis in der DDR* bleibt eine wichtige Grundlage für die Schaffung von Voraussetzungen für eine wirksame operative Arbeit nach und im Operationsgebiet und erlangt weitere Be-

190 LAR: Legal abgedeckte Residentur.
191 Dienstanweisung 2/88 der HV A zur Organisierung der Bereitstellung, Aufbereitung, Erfassung und Speicherung operativ bedeutsamer Informationen durch die operativen Diensteinheiten der Hauptverwaltung A und die Abteilungen XV der Bezirksverwaltungen, vom 1.7.1988; BStU, ASt Berlin, XV 389.
192 Die Abteilung XX der HV A war zuständig für den Einsatz der elektronischen Datenverarbeitung (EDV) im Spionageapparat des MfS.

deutung bei der Erschließung von Möglichkeiten, die sich aus der Dialogpolitik unserer Partei ergeben. Das betrifft vor allem die

- Erarbeitung von Hinweisen auf interessierende Personen des Operationsgebietes auf der Grundlage zentraler Vorgaben zu Objekten, Territorien, Berufen und Tätigkeiten;
- operative Verdichtung vorgegebener Personenhinweise durch zeitweilige Übernahme entsprechender operativer Materialien von Diensteinheiten der HV A;
- Erarbeitung von Hinweisen zur Schaffung von DDR-IM für kurz- und längerfristige Einsätze in das Operationsgebiet für Diensteinheiten der HV A und die Realisierung möglicher Übergaben von DDR-IM.

Eine besondere Verantwortung haben die Abteilungen XV/BV dafür, die an der territorialen Basis entstehenden für die Aufklärung operativ nutzbaren Möglichkeiten systematisch zu erschließen und schwerpunktorientiert zu bearbeiten.

Die Offiziere für Aufklärung der Kreisdienststellen sind im Rahmen ihrer doppelten Unterstellung durch die Abteilungen XV/BV so anzuleiten, daß sie vorrangig zur Erschließung der sich im Territorium entwikkelnden operativen Möglichkeiten wirksam werden.

Die weitere methodische und inhaltliche Qualifizierung der Basisarbeit erfordert, die gegenwärtigen und sich weiter entwickelnden politischen und politisch-operativen Lagebedingungen noch konsequenter zu beachten:

- die weiter an Umfang zunehmenden Kontakte und Beziehungen in das Operationsgebiet sowie der sich erweiternde dienstliche und private Reiseverkehr zwischen der DDR und dem Operationsgebiet,
- die wachsenden feindlichen subversiven, zum Teil geheimdienstlich getarnten Aktivitäten unter Nutzung der zunehmenden Kontaktbeziehungen auf politischer, gesellschaftlicher und privater Ebene.

3. Die Gewährleistung der *Kontinuität und der Sicherheit der IM-Arbeit im und nach dem Operationsgebiet* unter allen Lagebedingungen ist ein wichtiger Bestandteil der Führungs- und Leitungstätigkeit.

Es sind verstärkte Anstrengungen zu unternehmen, aus dem vorhandenen IM-Netz des Operationsgebietes geeignete Kandidaten für die Entwicklung als *Führungs-IM* auszuwählen, zu überprüfen und zu befähigen.

Die in den Diensteinheiten vorhandenen Führungs-IM, die noch keine Quellen oder IM im Operationsgebiet führen, sind zielstrebig zum Einsatz in ihre vorgesehene Funktion zu entwickeln bzw. bei Nichteignung anderweitig einzusetzen.

Für die Schaffung von *illegalen Residenten* im Operationsgebiet sind überprüfte und erprobte IM bzw. OibE zu übersiedeln.

Die Schaffung *austauschbarer IM*, die zur Unterstützung von Über-

siedlungsvorhaben genutzt werden können, ist in den Arbeitsplänen der Diensteinheiten auszuweisen. Der zweckmäßige Einsatz bereits übersiedelter Residenten und anderer IM ist zu analysieren.
Die Sicherheit und Vielfältigkeit im persönlichen und unpersönlichen *Verbindungswesen* ist unter allen Lagebedingungen zu gewährleisten.
In Zusammenarbeit mit der Abteilung IX und der AG S hat die Abteilung VI[193] ständig und gewissenhaft die Veränderungen der Reiseströme zu studieren, Gefahrenmomente real zu bewerten und vorgangsbezogen eine noch breitere Auffächerung der Reisewege sowie differenziertere Ausstattung der IM mit operativen Dokumenten in Abhängigkeit von deren Aufgabenstellung und Zuverlässigkeit durchzusetzen.
Alle operativen Diensteinheiten haben die Realisierung der Informationsanforderungen der Abteilung VI zum Dokumenten- und Kontrollregime zu gewährleisten, insbesondere hinsichtlich der neuen Generation maschinenlesbarer und fälschungssicherer Pässe und Ausweise.
Von weiterer Bedeutung für die Sicherung des Verbindungswesens sind die:

- Erprobung und Stabilisierung der eingeleiteten Maßnahmen zum Ausbau der operativ-technischen Verbindungslinien zu ausgewählten IM für den Spannungs- und Konfliktfall, einschließlich ihrer Doppelabsicherung;
- intensive Nutzung der operativ-technischen Verbindungssysteme und die Entwicklung und Einführung neuer operativ-technischer Verbindungsmittel in die operative Praxis. Noch differenzierter ist durch die Leiter der Diensteinheiten zu entscheiden, welche Vorgänge mit operativ-technischen Mitteln auszurüsten sind;
- Einrichtung weiterer spezieller Verbindungslinien an der Staatsgrenze der DDR zur BRD und Westberlin;
- konsequente Umsetzung der in Ergänzung der OTM[194]-Ordnung festgelegten Maßnahmen zum Einsatz von Containern im grenzüberschreitenden operativen Reiseverkehr.

4. Entsprechend den Aufgabenstellungen in den Dienstanweisungen Nr. HV A 7/71 in der Fassung vom 20.4.1987 und Nr. HV A 2/82 in der Fassung vom 1.9.1987[195] tragen die Leiter der Diensteinheiten die volle

193 Die Abteilung XI der HV A war zuständig für äußere Spionageabwehr und Gegenspionage, die Arbeitsgruppe (AG) S für Sicherheitsfragen, die Abteilung VI für „operativen" Reiseverkehr und „Regimefragen".
194 OTM: Operativ-technische Mittel.
195 Dienstanweisung Nr. HV A 7/71 des Stellvertreters des Ministers über Maßnahmen zum Schutz und zur Sicherung des inoffiziellen Netzes der Hauptverwaltung A und der Abteilungen XV der Bezirksverwaltungen in der Fassung vom 20.4.1987, S. 13 ff.; BStU, ASt Berlin, XV 14. Dienstanweisung 2/82 in der Fassung vom 1.9.1987 über Maßnahmen zur Gewährleistung des Schutzes und der Sicherheit der Angehörigen und Objekte des MfS im Bereich der HV A und der Abteilungen XV der Bezirksverwaltungen; BStU, ASt Berlin, XV.

Verantwortung für die unbedingte Einhaltung der Konspiration, für den *umfassenden Schutz des inoffiziellen Netzes und die Gewährleistung der inneren Sicherheit, Ordnung und Disziplin im Kaderbestand* der HV A. Im Mittelpunkt steht die vorbeugende schadensverhütende Führungs- und Leitungstätigkeit der Leiter der Diensteinheiten in enger Zusammenarbeit mit der AG S[196].

Anhaltenden Versuchen feindlicher Geheimdienste, in die Konspiration des MfS einzudringen, IM und Mitarbeiter zu entlarven, aufzuklären und sie für ihre Ziele und Absichten zu nutzen, ist entschieden zu begegnen.

Die Voraussetzungen für Analysen und für Recherchen nach ausgewählten Merkmalen des IM-Bestandes sind durch den Aufbau IM-bezogener Datenspeicher in der Abteilung VI[197], im Stab und in der AG S weiter zu verbessern. Auf der Grundlage weiterer mir zur Bestätigung vorzulegender Vorschläge ist mit deren EDV-technischen Realisierung zu beginnen.

Die operativen Diensteinheiten haben folgende Maßnahmen durchzusetzen:

- Qualifizierung des vorausschauenden Erkennens und der Abwehr der Angriffe feindlicher Geheimdienste gegen das IM-Netz und die Mitarbeiter der HV A und allen anderen Diensteinheiten des MfS.
- In Zusammenarbeit mit der AG S und der Abteilung Kader 3 sind die Anforderungen der 3. Durchführungsbestimmung der HV A zur OibE-Ordnung Nr. 6/86 des Ministers an die politisch-operative Arbeit mit OibE durchzusetzen.[198]

  Ab 1.1.1989 ist die politisch-operative Arbeit mit HIM/A gemäß der 1. Durchführungsbestimmung zur Richtlinie Nr. 2/79 des Ministers vom 1.2.1988 zu gestalten.[199]
- Zur Gewährleistung einer hohen Sicherheit bei operativen Reisen von Mitarbeitern der HV A und der Abteilungen XV/BV in das Operationsgebiet sind die Festlegungen der Auslandsdienstreiseordnung einzuhalten.
- Den jährlich durchzuführenden Fachschulungen zum vorbeugenden Verhalten vor feindlichen Untersuchungs- und Justizorganen ist 1989 die überarbeitete Dienstanweisung zum Verhalten gegenüber den feindlichen Organen zugrunde zu legen.

196 AG S: Die Arbeitsgruppe (AG) S der HV A war zuständig für Sicherheitsfragen.

197 Die Abteilung VI der HV A war verantwortlich für „operativen" Reiseverkehr und „Regimefragen".

198 Ordnung 6/86 über die Arbeit mit Offizieren im besonderen Einsatz des Ministeriums für Staatssicherheit – OibE-Ordnung –, abgedruckt in: Müller-Enbergs (1998), S. 858–874.

199 1. Durchführungsbestimmung HV A zur Richtlinie 2/79 des Ministers, GVS MfS o0088–2/79, über die Arbeit mit hauptamtlichen Inoffiziellen Mitarbeitern des Ministeriums für Staatssicherheit in den Diensteinheiten der Hauptverwaltung A und den Abteilungen XV der Bezirksverwaltungen; abgedruckt in: Müller-Enbergs (1998), S. 906–940.

Zur Qualifizierung der Mitarbeiter sowie ausgewählter IM bzw. Einsatzkader sind die Schulungen durch die AG S bzw. durch das Objekt S auf dem Gebiet des Erkennens und der Abwehr feindlicher Observationsmaßnahmen weiterzuführen.

- Zum Schutz und der Absicherung von konspirativen Objekten und Wohnungen sind die Festlegungen der DA Nr. HV A 1/83[200] konsequenter zu realisieren. Der Leiter der AG S hat dazu bis 30.4.1989 eine Beratung mit objektführenden Mitarbeitern bzw. Sicherheitsoffizieren aller Diensteinheiten der HV A durchzuführen.
- Auf der Grundlage eines zu bestätigenden Planes sind unter Federführung der Abteilung RD/Referat Finanzen regelmäßige Kontrollen der Einhaltung der Operativgeldordnung Nr. 3/83[201] des Ministers sowie meiner 1. Durchführungsbestimmung zur Operativgeldordnung durch die Finanzrevisionskommission der HV A durchzuführen.
  Die Ergebnisse sind mit den Leitern der betreffenden Diensteinheiten auszuwerten.

Zur Gewährleistung der Konspiration im Umgang mit den Erfassungs- und Registrierdaten zu allen Personen, Vorgängen und Akten der HV A und der Abteilungen XV/BV sind die von mir am 17. Juni 1988 bestätigten „Schlußfolgerungen zur Gestaltung der Arbeit des Referates 7 des Stabes auf der Grundlage der Bestimmungen und Weisungen für Diensteinheiten der Linie XII/MfS" in kürzester Frist umzusetzen.
Durch den Stab sind dazu die dienstlichen Bestimmungen im I. Quartal zu überarbeiten bzw. neu zu erarbeiten.
In Zusammenarbeit der Abteilung VIII, des Stabes und der AG S sind in der Bildstelle die derzeitige Arbeitsordnung, deren Einhaltung, die Gewährleistung der Konspiration und die kadermäßige Besetzung zu überprüfen.
Erforderliche Veränderungen sind mir bis zum 1.2.1989 vorzuschlagen.

5. Die Leitungstätigkeit der Residenten in *legal abgedeckten Residenturen* ist weiter zu qualifizieren. Aus der Kaderreserve für leitende und mittlere leitende Kader sind Vorschläge für den Einsatz als Residenten zu unterbreiten.
   An der Schule ist mit der speziellen Ausbildung von Residenten und Mitarbeitern für Residenturen zu beginnen.
   Bei der Weiterentwicklung der Linienarbeit in den Residenturen ist die

200 Die Dienstanweisung (DA) Nr. HV A 1/83 konnte im Bestand des Bundesbeauftragten bisher nicht ermittelt werden.

201 Ordnung 3/83 vom 15.4.1983 über die Planung, Verwendung, Nachweisführung, Abrechnung und Kontrolle finanzieller Mittel für politisch-operative Zwecke (Operativgelder) im Ministerium für Staatssicherheit – Operativgeldordnung –; BStU, ZA, DSt 102927.

Rolle der federführenden Diensteinheiten zu erhöhen. Insbesondere geht es um die Verbesserung der Koordinierung bei nicht liniengebundenen Aufgaben, beim Einsatz von IM und bei Sicherheitsfragen.

6. In den Diensteinheiten sind die erforderlichen Maßnahmen zur *Herstellung und Gewährleistung höherer Stufen der Einsatzbereitschaft* zu planen.
   Aus den Orientierungen und Forderungen des Ministers auf der Dienstkonferenz am 26.2.1988 ergeben sich für die Vorbereitungsarbeit auf eine Spannungsperiode und den Verteidigungszustand folgende Aufgaben:
   - Die Stellenpläne der Diensteinheiten für den Verteidigungszustand sind in Verantwortung der Leiter der Diensteinheiten neu zu erarbeiten und mir bzw. meinen zuständigen Stellvertretern bis zum 31.5.1989 zur Bestätigung vorzulegen.
   - Die sich aus dem Punkt 2 meines Befehls Nr. 2/88 (GVS A 14/88[202]) für das Jahr 1989 ergebenden Aufgaben sind in die Jahresarbeitspläne aufzunehmen. Der Leiter der AGL[203] legt mir bis zum 30.8.1989 einen Bericht über den Stand der Vorbereitungsarbeit vor.
     Der Leiter der AGL ist bis zum 16.1.1989 schriftlich zu unterrichten, in welchem Monat Maßnahmen durchgeführt werden sollen. Die AGL hat die Durchführung dieser Maßnahmen zu unterstützen, zu kontrollieren und meinem Stellvertreter und Leiter des Stabes regelmäßig darüber zu berichten.
7. Die weitere Qualifizierung der *Kader- und Erziehungsarbeit* ist schwerpunktmäßig auf die Gewährleistung der inneren Sicherheit, die Ausprägung des Leistungswillens und der Leistungsbereitschaft aller Angehörigen zu orientieren.
   Es ist davon auszugehen, daß die gegenwärtigen und zusätzlichen Aufgaben mit dem vorhandenen Kaderbestand zur realisieren sind.
   Ständige Aufgabe ist die Analyse des effektiven und zweckmäßigen Kadereinsatzes.
   Die Suche, Auswahl und Gewinnung von Kadern auf Perspektive als Grundlage zur Realisierung des Kaderersatzbedarfs ist zu sichern.
   Die Leiter der Diensteinheiten haben die Kaderreserve stets auf dem notwendigen Stand zu halten. Es sind nur solche Angehörige in die Kaderreserve aufzunehmen, die ihre Befähigung für mittlere leitende Dienststellungen bereits nachgewiesen haben.

202 Befehl 2/88 des Stellvertreters des Ministers der HV A vom 20.6.1988 zur politisch-operativen Vorbereitung der Hauptverwaltung A auf besondere Lagebedingungen im Operationsgebiet BRD und Westberlin; BStU, ASt Berlin, XV 9.

203 AGL: Arbeitsgruppe des Leiters, zuständig für Planungen für den Spannungs- und Verteidigungsfall.

8. Die *Lehr- und Forschungstätigkeit der Schule* ist auf die in dieser Planorientierung festgelegten Schwerpunktaufgaben auszurichten.
Durch die Realisierung der im Leitungsdokument „Aufgaben und Wissenschaftsgegenstände des Lehr- und Forschungsbereiches der Schule der HV A“ enthaltenen Aufgabenstellungen und der Studienpläne für das Ergänzungsstudium, das Fachschulfernstudium und die Qualifizierungslehrgänge ist zu sichern, daß die Offiziershörer tiefgründig mit der politischen und operativen Lage vertraut gemacht werden, um die neuen Erfordernisse des tschekistischen Kampfes zu erfassen, und befähigt werden, daraus die Schlußfolgerungen für ihr eigenes Handeln abzuleiten.
Ab September 1989 ist mit der Durchführung von BPS[204]-Fernstudienlehrgängen und mit der Hochschulausbildung zu beginnen. Das Angebot an Weiterbildungsmöglichkeiten ist zielstrebig zu erweitern. Erstmals ist ein entsprechender Lehrgang für Parteisekretäre durchzuführen.
Bis Ende März 1989 sind mir vom Leiter der Schule Vorschläge zur Weiterbildung für Abteilungsleiter und stellvertretende Abteilungsleiter zu unterbreiten, um bereits 1989 damit zu beginnen.
Der Wissenschaftliche Rat und die Wissenschaftlichen Beiräte sind zu qualifizierten Organen der Zusammenarbeit der Schule mit den operativen, informationsauswertenden und operativ-technischen Diensteinheiten der HV A zu entwickeln.
Erfahrene Mitarbeiter und Leiter operativer Diensteinheiten sind stärker in die wissenschaftlich-analytische Arbeit einzubeziehen. Die Möglichkeiten der Lehrkräfte zur Analyse operativer Erfahrungen und Prozesse sind zielstrebig zu erweitern.
In Übereinstimmung mit den Erfordernissen des MfS ist ein einheitliches System der fremdsprachlichen Aus- und Weiterbildung zu schaffen. Der Erwerb der Sprachkundigenprüfung im Fernstudium ist zu ermöglichen.
In Abstimmung mit dem Leiter der Abteilung XIX[205] sind mir vom Leiter der Schule konkrete Vorschläge für die Überarbeitung der 1. Durchführungsbestimmung zur Sprachkaderordnung zu unterbreiten.
In den BPS-Lehrgängen, im Ergänzungsstudium und im Fachschulfernstudium ist mit der fremdsprachlichen Aus- und Weiterbildung zu beginnen.
Der Einsatz audiovisueller und anderer moderner Lehr- und Lernmittel ist zu erhöhen, das operativ-technische Lehrkabinett ist effektiv zu nutzen, und am Aufbau weiterer Lehrkabinette ist zielstrebig zu arbeiten.
Der Anteil der Übungselemente in der Ausbildung muß weiter verstärkt werden.
Durch die operativen Diensteinheiten sind der Schule geeignete Vorgänge zur Auswertung und zur Schaffung von Lehrvorgängen und Fallbeispielen zur Verfügung zu stellen.

204 BPS: Bezirksparteischule.
205 Die Abteilung XIX der HV A war zuständig für Schulungsfragen und Traditionspflege.

9. Die *materiell-technische und finanzielle Sicherstellung* der politisch-operativen Arbeit ist durch eine zielgerichtete, schwerpunktmäßige und effektive Nutzung der zur Verfügung stehenden materiellen und finanziellen Fonds zu gewährleisten. Die Leiter der Diensteinheiten haben die dazu erlassenen Befehle und Weisungen konsequent durchzusetzen und zu sichern, daß die fixierten Aufgaben unter strikter Einhaltung bestehender Plankennziffern und Normative realisiert werden.
Zur Gewährleistung der materiell-technischen und finanziellen Sicherstellung ist es erforderlich,
   - bei allen Angehörigen das politische Verantwortungsbewußtsein für die Planung, Verwendung und Verwaltung der materiellen und finanziellen Fonds weiter auszuprägen;
   - den tatsächlichen Bedarf an materiellen und finanziellen Mitteln gewissenhaft zu ermitteln und mit ausgewählten Diensteinheiten Planverteidigungen durchzuführen;
   - die in den Diensteinheiten vorhandene Technik, Ausrüstung und Ausstattung intensiver zu nutzen und zu warten;
   - durch Maßnahmen zur „dezentralen EDV-Anwendung in der materiell-technischen Sicherstellung" die Ordnungsmäßigkeit, die Auskunftsbereitschaft und die Effektivität bei der Lösung von Versorgungs- und Sicherstellungsaufgaben sowie bei der Abrechnung und Nachweisführung zu erhöhen.

   Durch eine weitere Straffung der zentralen Planung, Leitung und Kontrolle aller Baumaßnahmen und den effektiven Einsatz der Kräfte und Mittel sind die einzusetzenden materiellen und finanziellen Fonds zu minimieren.
   Dazu sind Maßnahmen zur Instandhaltung und -setzung der vorhandenen Bausubstanz einzuleiten und klare Aussagen zu Vorbereitungs- und Baudurchführungsmaßnahmen, Entscheidungsvorlagen, Finanz- und sonstigen Ausgaben zu treffen. Nach Abschluß von Baumaßnahmen hat eine exakte Finanz- und Materialabrechnung zu erfolgen.
   Der Verbrauch von Energieträgern ist weiter zu senken.
   Der Befehl Nr. 10/82 des Ministers und die Nutzungsordnung HV A Nr. 1/82[206] sind weiterhin konsequent durchzusetzen. Im Vordergrund stehen die Senkung des Kraftstoffverbrauchs und die Einhaltung des Kraftstofflimits, die Erarbeitung neuer Kfz-Ausstattungsnormative für die Diensteinheiten auf der Grundlage von Umverteilungen, die effektive Auslastung und der Einsatz von Nutzfahrzeugen, die Koordinierung von Fahrten und die Vermeidung von Leerkilometern.

206 Befehl Nr. 10/82 des Ministers vom 15.5.1982: Maßnahmen zum effektiven Einsatz von Dienstkraftfahrzeugen und zur weiteren Einsparung von Kraftstoff im MfS; BStU, ZA, BdL-Dok. 007277.

Die Verteilung des Wohnungskontingents hat unter Berücksichtigung der sozialpolitischen und politisch-operativen Erfordernisse zu erfolgen.

Nehmen wir den bevorstehenden 40. Jahrestag der Gründung der DDR zum Anlaß, um neue Erfolge in unserem Kampf für die Festigung des Friedens, zur Gewährleistung der inneren und äußeren Sicherheit unseres Landes und zur Stärkung des Sozialismus zu erringen.

24. November 1989

Überlegungen zur Konzeption der Aufklärung[207]

Die Tätigkeit der Verwaltung Aufklärung im Amt für Nationale Sicherheit ist auf das Ziel gerichtet, einen spezifischen nachrichtendienstlichen Beitrag zur Gewährleistung der äußeren und inneren Sicherheit und zur Stärkung der sozialistischen DDR zu leisten. Dazu gehören:

- der Beitrag zur Festigung des Friedens und zur Schaffung günstiger außenpolitischer und außenwirtschaftlicher Bedingungen für die sozialistische Erneuerung der DDR;
- die Unterstützung volkswirtschaftlicher und wissenschaftlich-technischer Prozesse und Erfordernisse in der DDR;
- die Beschaffung politischer, militärischer, wirtschaftlicher interner Informationen zur Politik imperialistischer Hauptstaaten und Bündnisse gegenüber der DDR und den anderen sozialistischen Staaten;
- der Beitrag zur inneren Sicherheit und zum Schutz der verfassungsmäßigen Ordnung der DDR durch die Beschaffung von Informationen über geheimdienstliche und subversive Angriffe gegen die DDR.

Die Beschaffung der Informationen erfolgt mit konspirativen Mitteln und Methoden. Das umfaßt die Gewinnung und Führung inoffizieller Quellen und Positionen außerhalb der DDR, die Gestaltung eines nachrichtendienstlichen Verbindungswesens, den Schutz der Quellen, Personen und Informationen, den Einsatz operativ-technischer Mittel und die vertrauensvolle Zusammenarbeit mit geeigneten Bürgern der DDR auf freiwilliger Basis.

Die Tätigkeit beruht auf den für die Schutz- und Sicherheitsorgane der DDR verbindlichen gesetzlichen Grundlagen und auf dem aufgabenbezogenen Zusammenwirken mit staatlichen Stellen, Einrichtungen der Wirtschaft, Wissenschaft und Kultur sowie gesellschaftlichen Organisationen. (Gesetz über staatliche Sicherheit)[208]

Vor der Verwaltung Aufklärung stehen im Zuge der Erneuerung der sozialistischen Gesellschaftsordnung in der DDR wichtige Aufgaben, die aktuell bzw. langfristig zu lösen sind:

- höchste Priorität haben Schutz und Arbeitsfähigkeit des IM-Netzes im Operationsgebiet und in der DDR;

207 BStU, ZA, ASt Gera, BV Gera, Abteilung XV 0302, Bl. 2–11.
208 Auf Bl. 3: handschriftlich eingefügt: „(Gesetz über staatliche Sicherheit)“.

- die sich verändernden Bedingungen und Anforderungen verlangen eine Überarbeitung der Zielstellungen, Mittel und Methoden, Strukturen und Leitungsprozesse in der operativen Arbeit;
- zur Gewährleistung der Konspiration, hoher Effektivität und Qualität sind die Arbeitsbeziehungen der Verwaltung Aufklärung mit anderen Diensteinheiten im Amt für Nationale Sicherheit zu überprüfen.

Die hohe Bedeutung der politisch-operativen Tätigkeit der Verwaltung Aufklärung erfordert, von folgenden konzeptionellen Überlegungen auszugehen:

1. Die Verwaltung Aufklärung im ANS[209] leistet einen aktiven Beitrag zur Erneuerung. Die eingeleiteten Erneuerungsprozesse im ANS müssen mit aller Konsequenz auch die Tätigkeit der Aufklärung erfassen.
   Stürmische Veränderungen der weltpolitischen Lage bleiben nicht ohne Auswirkungen auf die konkreten Aufgabenstellungen, die Arbeitsweise und Struktur der Aufklärung.
   Die Umgestaltung in der DDR führt zwangsläufig zu neuen gesellschaftlichen Rahmenbedingungen, unter denen die Aufklärung ihre Arbeit fortzusetzen hat.
   Unter demokratischen rechtsstaatlichen Bedingungen sind verschiedene politische Kräfte an der Machtausübung beteiligt. Wahlen nach einem neuen Wahlgesetz können zu wesentlichen Kräfteverschiebungen führen.
2. Die tiefgreifenden Erneuerungsprozesse in einer Reihe sozialistischer Länder finden unter ungünstigen politischen, ökonomischen und ideologischen Rahmenbedingungen statt. Der Sozialismus befindet sich in einer Umbruchsituation. Die Entwicklungen in der Sowjetunion und in anderen sozialistischen Ländern sind in ihren Auswirkungen und in ihrem Ausgang noch nicht überschaubar.
   Dem steht ein Imperialismus gegenüber, der sich als fähig erwiesen hat, die Herausforderung des Sozialismus anzunehmen. Eine enorme Entwicklung der modernen Produktivkräfte sichert ihm die dominierende Stellung in der Weltwirtschaft. Die maßgeblichen imperialistischen Kräfte sehen jetzt – wie nie zuvor – die Chance, den Sozialismus weiter zu destabilisieren und letztlich einen Sieg über ihn zu erringen. Das gilt auch und in besonderem Maße für die BRD. Dadurch sind ernste Gefahren für die Existenz des Sozialismus in der Welt – darunter in der DDR – entstanden.
   Der Imperialismus setzt dabei nicht so sehr auf militärische Macht, der jedoch eine bedeutende Rolle vorbehalten bleibt, sondern auf Möglichkeiten, den Prozeß der Reformen so zu steuern und die Destabilisierung in den sozialistischen Ländern nur so weit zu führen, daß das sich aus gewaltsamen Eruptionen ergebende Risiko von militärischen Auseinandersetzungen nach Möglichkeit vermieden wird. Zugleich gibt es wider-

209 ANS: Amt für Nationale Sicherheit.

streitende Interessen zwischen den imperialistischen Ländern und in ihnen hinsichtlich der sich im Verlauf der Reformprozesse herausbildenden neuen Struktur Europas. Die meisten Staaten Europas fürchten, daß sich das Kräfteverhältnis stark zugunsten der BRD verschieben könnte. Angesichts dessen ist mit Konsequenz ein Höchstmaß an Realismus, Effektivität und Qualität zum Maßstab der Tätigkeit der Aufklärung zu machen. Das setzt einen besseren theoretischen und konzeptionellen Vorlauf voraus. Darauf ist die Schaffung der erforderlichen organisatorischen Voraussetzungen auszurichten.

3. Die Verwaltung Aufklärung hat ihren Beitrag zur Sicherung der Prozesse, die auf einen erneuerten Sozialismus hinzielen, und zur Gewährleistung der dauerhaften Existenz der DDR als souveräner Staat in Europa zu leisten. Es gilt, die politisch-operative Arbeit so zu qualifizieren, daß Überraschungen ausgeschaltet werden. Das bedeutet die vorrangige Konzentration auf Europa – dabei besonders auf die BRD – und die USA. Generell ist eine Erhöhung des DDR-Bezugs der gesamten Tätigkeit erforderlich.
   Schwerpunkte sind:
   - Aufklärung von
     - Kräften und Aktivitäten zur *Beseitigung des Sozialismus* in der DDR,
     - Plänen zur *Liquidierung der DDR als selbständigen Staat* und
     - Haltungen von Kreisen, die bereit sind, die DDR als Realität anzuerkennen, sie zu unterstützen bzw. auf den verschiedensten Gebieten mit ihr zu kooperieren;
   - Entwicklung zwischenimperialistischen Widersprüchen und Integrationsprozessen, insbesondere hinsichtlich ihrer Auswirkungen auf die DDR und das sozialistische Lager;
   - Entwicklung der Stellung der BRD im imperialistischen Lager – vor allem in Europa – unter vorrangiger Berücksichtigung zunehmender Integrationsprozesse;
   - Entwicklung des KSZE-Prozesses und der Möglichkeiten aktiver Mitwirkung der DDR (Europäisches Haus);
   - Aufklärung militärpolitischer und militärtechnischer Konzepte und Entwicklungen der BRD und der NATO sowie von geplanten Maßnahmen im Falle eintretender Destabilisierungen in Europa;
   - Bearbeitung der Aktivitäten feindlicher Geheimdienste gegen die DDR (Äußere Abwehr);
   - Bestimmung sich neu ergebender Anforderungen für die wissenschaftlich-technische Aufklärung, die Wirtschaftsaufklärung und die Erschließung zusätzlicher ökonomischer Möglichkeiten für die DDR;
   - Aufklärung der für die DDR bedeutsamen Bewertungen und Lösungsvorschläge für die globalen Probleme der Gegenwart (Ökologie und anderes);
   - Realisierung politisch-aktiver Maßnahmen;

- Realisierung von Aufgaben zur Aufklärung von Verbindungen, vor allem mit neofaschistischem Charakter, die von der BRD zu verfassungsfeindlichen Kräften in der DDR ausgehen.

4. Unter den neuen Bedingungen erhält die noch engere Zusammenarbeit und Abstimmung mit dem KfS einen wesentlich höheren Stellenwert. Notwendig ist eine höhere Effektivität der Arbeitsteilung, die unter anderem die weitere Abgrenzung der Aufgabenstellungen einschließt. Anzustreben ist ein engeres Zusammenwirken vor allem auf den Gebieten der Auswertung, der Realisierung politisch-aktiver Maßnahmen und der Bearbeitung feindlicher Geheimdienste.
5. Neu zu bewerten sind alle Fragen, die mit der Auswertung der Aufklärungsergebnisse gegenüber den Bündnispartnern in der Regierung der DDR stehen. Dabei geht es neben der Unterstützung der Regierungsarbeit um eine Vertrauensbildung und Motivierung der Koalitionspartner hinsichtlich ihres Engagements zur Unterstützung der Aufklärungsarbeit.
6. Die Aufklärung ist nicht alleiniges Organ zur Informierung der Regierung der DDR. Dazu tragen auch solche Institutionen bei, die über legale Kontakte ins Ausland verfügen bzw. eigens zu diesem Zweck geschaffen wurden.

Andere Ministerien (unter anderem MfAA[210]), Kombinate, Betriebe, Medien, Wissenschaftseinrichtungen[211] und gesellschaftliche Organisationen verfügen auch über ein Informationsaufkommen, das für die Regierungsarbeit nutzbar gemacht wird. Unter Berücksichtigung internationaler und nationaler Rahmenbedingungen ist exakter festzulegen, welche Informationen mit nachrichtendienstlichen Kräften, Mitteln und Methoden beschafft werden können und müssen. Es ist zu bestimmen, in welchem Rahmen die Aufklärung, eingebunden in andere Bereiche bzw. unter Nutzung derer Möglichkeiten wirksam werden kann. Zugleich sind Maßnahmen zur Begrenzung der Tätigkeitsgebiete sowie zur Minimierung von Doppelarbeit notwendig. Eine Abstimmung dazu muß auf Regierungsebene erfolgen.

Ausgehend

- von der hohen Bedeutung, die die politisch-operative Tätigkeit der Verwaltung Aufklärung haben wird;
- von den bisherigen Überlegungen zur Konzeption der Aufklärung und
- unter Beachtung der schwierigeren innenpolitischen und materiellen Arbeitsbedingungen sind durch die Leitung der Verwaltung Aufklärung und die zuständigen Diensteinheiten kurzfristig folgende Problemstellungen zu analysieren und einer Entscheidung zuzuführen:

1. Überprüfung der Schwerpunkte der Arbeit und zugewiesener operativer Objekte im Zusammenhang mit der Jahresplanung 1990. Ziel ist eine wesentliche Konzentration der Aufgabengebiete und eine konsequente

210 MfAA: Ministerium für Auswärtige Angelegenheiten.
211 Auf Bl. 7: handschriftlich eingefügt: „Wissenschaftseinrichtungen".

Reduzierung der Haupt- und Basisobjekte entsprechend den tatsächlichen Anforderungen und Möglichkeiten aus der Sicht der DDR.

2. Ausgehend von der Bestimmung neuer bzw. veränderter Aufgaben in der Volkswirtschaft und Wissenschaftsentwicklung der DDR ist eine Überprüfung aller Quellen der Aufklärung auf dem Gebiet der wissenschaftlich-technischen und Wirtschaftsaufklärung sowie eine Präzisierung der Arbeitsgebiete im Sektor Wissenschaft und Technik vorzunehmen. Kriterien sind der reale Bedarf und die Fähigkeit der DDR und der UdSSR zur Auswertung und praktischen Nutzung der Informationen, die Reduzierung finanzieller Mittel sowie spezielle Vereinbarungen mit Bruderorganen. Eine Konzentration aller Quellen der Verwaltung Aufklärung mit Möglichkeiten auf dem Gebiet der wissenschaftlich-technischen Aufklärung im Bereich WTA[212] ist durchzusetzen. Ausnahmen sind durch die Diensteinheiten beim Leiter der HV A[213] zu begründen.
3. Unter Beachtung aktueller politischer Entwicklungen sind Zielstellung, Aufwand und Methoden für aktive Maßnahmen neu zu bestimmen. Daraus ergeben sich Verpflichtungen für alle DE.[214]
4. Überprüfung der Effektivität des operativen Netzes im Operationsgebiet. Mit dem Ziel der langfristigen Sicherung der wichtigsten Quellen entsprechend den sich aus Punkt 1 und 2 ergebenden Kriterien sowie unter Sicherheitsaspekten sind Vorschläge zur Beendigung der Zusammenarbeit, Konservierung, Veränderungen der operativen Aufgabenstellung sowie zur langfristigen Sicherung der Funktionsfähigkeit zu unterbreiten. Durchzusetzen ist eine wesentliche quantitative Reduzierung. Bei Perspektiv-IM ist eine schriftliche Begründung zur Fortsetzung der Zusammenarbeit vorzunehmen.
   In der Kategorie Werber sind Maßnahmen zur Aufnahme konkreter Personenbearbeitung bis zum 30.6.1990 zu planen. Nach diesem Termin ist die Zusammenarbeit zu beenden bzw. eine Neubestimmung der operativen Funktion zu begründen.
5. Das IM-Netz in der DDR ist auf Zuverlässigkeit und reale Einsatzmöglichkeiten zu überprüfen und erheblich zu reduzieren. Die IM-Kategorien Werber und Instrukteur/Kurier müssen im Zentrum des IM-Bestandes stehen. IM, die für diese Aufgabenstellungen nicht oder nicht mehr geeignet sind, sollten auf Verwendung im Verbindungswesen (DA, KW) oder für Absicherungsfunktionen geprüft bzw. archiviert werden.
6. In der Arbeit aller operativen Diensteinheiten müssen im Zusammenhang mit der Jahresplanung 1990 Überlegungen angestellt werden, mit größerer Konsequenz und kurzfristig laufende Werbevorgänge abzu-

212 Auf Bl. 8: handschriftlich eingefügt: „Bereich WTA". WTA: Wissenschaftlich-technische Auswertung.

213 Auf Bl. 8: handschriftlich durchgestrichen: „H".

214 Auf Bl. 8: handschriftlich eingefügt: „Daraus ergeben sich Verpflichtungen für alle DE." DE: Diensteinheit.

schließen. In der Planung ist die Methode fremde Flagge vorrangig[215] vorzusehen. Die operative Methode der Arbeit aus legalen Positionen der DDR gewinnt an Bedeutung und ist vorrangig von den Abteilungen XV/BV, der Abt[eilung] XVI sowie von Diensteinheiten mit fachlich begründeten Basis- bzw. Objektbeziehungen anzuwenden. Neue Möglichkeiten, die sich aus den aktuellen gesellschaftlichen Veränderungen in der DDR ergeben, sind kurzfristig auf ihre Anwendbarkeit und Wirksamkeit zu prüfen. Erste Erfahrungen werden auf einer Dienstberatung beim Leiter der Verwaltung Aufklärung ausgewertet.

7. Ausgehend von zentralen Festlegungen ist die Arbeit mit legalen Residenturen und VO unter dem Aspekt tatsächlicher operativer Notwendigkeiten, dem Verhältnis von Aufwand und Nutzen und der Verantwortung der Verwaltung Aufklärung im Amt für Nationale Sicherheit mit dem Ziel entschiedener Reduzierung zu überprüfen.
8. In Übereinstimmung mit grundsätzlichen Festlegungen zur Objektbearbeitung durch die Diensteinheiten ist der nachrichtendienstliche Charakter von Informationen auszuprägen. Im Interesse der Erhöhung der Qualität (intern, neuwertig, zutreffend) ist eine quantitative Einschränkung durch die Diensteinheiten anzustreben. In diesem Zusammenhang werden die bisherigen Bewertungskriterien durch die IADE überarbeitet. Die Praxis der Jahresauswertung auf diesem Gebiet ist zu verändern. Dazu wird eine Arbeitsgruppe eingesetzt (VII, V, IX, XVIII, Stab).
   Der Verteiler für Ausgangsinformationen sowie die Kontrolle und Nachweisführung über Verbleib und Rücklauf sind zu überarbeiten und dem Leiter der Verwaltung Aufklärung als Entscheidungsvorschlag vorzulegen.
9. In der Zusammenarbeit mit IM der DDR und bei Neuwerbungen müssen Veränderungen, die sich in den rechtlichen Grundlagen der Tätigkeit des Amtes für Nationale Sicherheit ergeben, berücksichtigt werden (Charakter der Verpflichtung, Sanktionen). Neuregelungen zum NSW-Reiseregime sind zu beachten, zu nutzen und Erfahrungen unverzüglich auszuwerten. Bei Ermittlungen, Kontaktaufnahmen und Werbungen von IM/DDR ist verstärkt mit Legenden zu arbeiten.
10. Für die Aufgabenstellung und Methodik der Abt[eilung] XV/BV sind unter Beachtung zentraler Entscheidungen konkrete Vorschläge zur Jahresplanung 1990 zu unterbreiten.
11. Zu Konsequenzen in der Kaderarbeit der Verwaltung Aufklärung, die sich aus aktuellen Entwicklungen sowie aus zentralen Entscheidungen ergeben, ist dem Leiter der HV A das Ergebnis einer Arbeitsgruppe vorzulegen (K 3, Stab, Abt. III, SWT, Abt[eilung] XVI).

215 Auf Bl. 9: „vorrangig“ handschriftlich durchgestrichen, eingefügt: „mit größerem Nachdruck“.

12. Für die Arbeit mit OAG[216] sind in den Diensteinheiten Bedarf und materielle Möglichkeiten sowie die Stabilität von Legenden zu überprüfen. Im Interesse erhöhter Konspiration der Arbeit ist der Aufbau geeigneter Außenstellen der operativen Diensteinheit vorzuschlagen.
13. Unter dem Aspekt einer Erhöhung der Effektivität der politisch-operativen Arbeit ist der Inhalt der Tätigkeit von Diensteinheiten mit Querschnittsaufgaben neu zu bestimmen.
    Die Konzeption des Stabes als Instrument zur Unterstützung der Führungs- und Leitungstätigkeit des Leiters der Verwaltung Aufklärung und seiner Stellvertreter ist entsprechend der neuen Erfordernisse zu überarbeiten.
14. Mit dem Ziel der weiteren Qualifizierung operativer Leitungsprozesse werden in kürzeren Abständen bzw. bei Sofortbedarf Dienstberatungen des Leiters der Verwaltung Aufklärung mit den Leitern der Diensteinheiten bzw. einem ausgewählten Teilnehmerkreis durchgeführt. Dazu sind durch die Leiter der Diensteinheiten Vorschläge zu unterbreiten, um auf ihrer Grundlage die Planung entsprechender Themen zu qualifizieren.
15. Im Finanzwesen ist in Übereinstimmung mit vorzunehmenden Reduzierungen in den jeweiligen Arbeitsgebieten die Finanzplanung 1990 neu zur Bestätigung vorzulegen. Das Anlegen zentraler operativer Finanzreserven ist zu prüfen. Die Festlegungen über den Umgang mit IM-bezogenen Quittungen sind zu verändern.
16. Der Beitrag der Verwaltung Aufklärung zur Öffentlichkeitsarbeit des Amtes für Nationale Sicherheit ist zu bestimmen und als Maßnahmeplan dem Leiter der Verwaltung Aufklärung zur Bestätigung vorzulegen.

Weitergehende Überlegungen, die die Zusammenlegung von Diensteinheiten, Bereinigung doppelter Zuständigkeiten, Einsparung von Planstellen und finanziellen Mitteln u.a.m. betreffen, werden in Abhängigkeit zentraler Entwicklungen und Entscheidungen vorgeschlagen.

Mit dem KfS[217] ist kurzfristig eine Leiterberatung zur Auswertung spezifischer Erfahrungen zu inhaltlichen und arbeitsorganisatorischen Problemen im Sinne dieser Vorlage vorzusehen.

216 OAG: Operative Außengruppe.
217 KfS: Komitee für Staatssicherheit, MfS-Bezeichnung für den sowjetischen Geheimdienst KGB.

ohne Datum

Zielobjekte der HV A[218]

2. ATAF (ALLI. TAKT. LUFTFLOTTE)	RHEINDAHLEN	202.525.03
4. ATAF (ALLI. TAKT. LUFTFLOTTE)	RAMSTEIN	202.525.04
AA (AUSWAERTIGES AMT)		BRD.132.01
AA (AUSWAERTIGES AMT)		BRD.132.01
AAFCE (ALLIIERTE LUFT-SK)	RHEINDAHLEN	202.524.05
ABEKING U. RASMUSSEN-SCHIFFS- U. YACHTWERFT		BRD.754.07
ABGEORDNETENHAUS WESTBERLIN		WSB.122.01
ABSCHUSSBASE		202.572.01
ABTEILUNG PHYSIK		BRD.412.06.01
AC (NATO-RAT)		202.511.02
ACCHAN (NATO-OBERKOMMANDO-AERMELKANAL)		202.523.03
ACLANT (NATO-OBER-KOMMANDO-ATLANTIK)		202.523.02
ADMIRALSTAB		202.533.02
AEG-TELEFUNKEN		BRD.735.02
AERONAVAL/F.I.T. INGENIEUR-TECHNIK	WIESBADEN	BRD.755.17
AERZTL./SOZIALER DIENST F. BUNDESDIENSTST.		BRD.614.06
AERZTLICHER U. SOZIALER DIENST BUWE	MUENCHEN	BRD.821.01
AFCENT (HQ. EUROPA MITTE)		202.524.01
AFNORTH (HQ. EUROPA NORD)		202.524.02
AFSOUTH (HQ. EUROPA SUED)		202.524.04
AF AMD (GROSSLOGE D. FREIMAURER)		BRD.247.02
AG WISSENSCHAFTL. FORSCHUNGSINST.	ESSEN	BRD.417.03
AGFA-GEVAERT		BRD.722.04
AGRICULTURAL COLLEGE	NORTH-DACOTA	USA.412.11

218 Laut Thesaurus „Zielobjekte der HV A – alphabetische Liste“, o. D. (Mitte der achtziger Jahre); BStU, ASt Gera, BV Gera/Abt. XV 0187, Bl. 21–39.

AG F. EUROPAEISCHE FRIEDENS-FRAGEN		BRD.249.01.01
AG KATHOL. VERTRIEBENEN-ORGANISATIONEN		BRD.243.02
AI (AMNESTY INTERNATIONAL)		GBR.223.01
AIS (AIR INTELLIGENCE SERVICE)		USA.626
AKADEMIE D. SAN. U. GESUND-HEITSW. D. BUWE		BRD.465.03
AKADEMIE D. SAN. U. GESUND-HEITSWESEN. D. BUWE		BRD.463.07
AKADEMIE F. WIRTSCHAFT U. VERWALTUNG		BRD.448.07
AKADEMIE F. ZIVILE VERTEIDIGUNG		BRD.132.02.11
ALFRED KAYSER	SINDELFINGEN	BRD.845.01
ALKEM	HANAU	BRD.712.03
ALLIS CHALMERS POWER SYSTEM INC.	WISCONSIN	USA.713.02
ALLIS CHALMERS CORP.	WEST ALLIS WISCONSIN	USA.712.01
ALTERNAT. LISTE F. DEMOKRAT. U. UMWELTSCH.		WSB.317.01
AMERHAM BUCHLER	BRAUNSCHWEIG	BRD.792.05
AMK (AMT F. MILITAERKUNDE)	MUENCHEN	BRD.537.09
AMK (AMT F. MILITAERKUNDE)	MUENCHEN	BRD.614.07
AMT F. SEE- U. SCHIFFAHRTS-WESEN	HAMBURG	BRD.786.01
AMT F. SEE- U. SCHIFFAHRTS-WESEN	HAMBURG	BRD.614.08
AMT F. WEHRKUNDL. STATISTIK / DOKUMENTAT. BUWE		BRD.614.09
AMT F. WEHRKUNDL. STATISTIK / DOKUMENTAT. BUWE		BRD.537.10
ANAOG DEVICES		BRD.733.14
ANBW (AMT F. NACHRICHTEN-WESEN D. BUWE)		BRD.537.01
ANTI SURFACE EUROMISSILE	PARIS	FRA.755.05
ANT NACHRICHTENTECHNIK	BACKNANG	BRD.735.08
AOK (AG. D. OSTSEKTOR-KREISVERBAENDE)	BERLIN	BRD.316.01.08
ARABISCHE LIGA		107.101
ARBEITERBUND F. WIEDERAUFBAU D. KPD		BRD.226.05
ARBEITSAMT		BRD.132.07.05

ARBEITSGEM. HANDEL MIT DER DDR	BERLIN	BRD.783.02
ARBEITSGEM. KERAMISCHE INDUSTRIE	FRANKFURT	BRD.773.01
ARBEITSKR. ATOMWAFFEN-FREIES EUROPA	BERLIN	BRD.225.01
ARBEITSKR. ATOMWAFFEN-FREIES EUROPA	BERLIN	BRD.351.02
ARBEITSKR. F. VERGLEICHENDE DT.-FORSCHUNG		BRD.132.12.04
ARD		BRD.236.01
ARIANE SPACE	FRANKREICH	FRA.755.04
ASPEN-INST. F. HUMANIST. STUDIEN	WESTBERLIN	WSB.215.01
ASTA (ALLG. STUDENTEN-AUSSCHUESSE)		BRD.323.16
ASTRONAUTICS CORP. OF AMERICA	MILWAUKEE	USA.755.02
ASV (AKTION SUEHNEZEICHEN/ FRIEDENSD.)	BERLIN	BRD.352.01
ASW (AG. F. SICHERHEIT IN D. WIRTSCHAFT)		BRD.342.02
ATLANTISCHES INSTITUT	PARIS	202.289.01
ATLANTISCHE GESELLSCHAFT		202.289.05
AUBURN UNI.	ALABAMA	USA.412.01
AUERGESELLSCHAFT		WSB.747.01
AUER GLASWERKE	BAD-GANDERSHEIM	BRD.746.17
AUSLAENDERBEHOERDE		BRD.159.03
AUSLANDSFILIALE/TOCHTER-GESELLSCHAFT		BRD.143.03.06
AUSLANDSVERTRETUNGEN		BRD.132.01.01
AUSWEICHSITZ D. BUNDESREGIERUNG		BRD.111.01.02
AVIATEST		BRD.733.05.01
AVIATEST-NIEBERDING		BRD.733.05.02
BA (BUNDESANSTALT F. ARBEIT)	NUERNBERG	BRD.132.07.02
BAKOEV (BUNDESAKADEMIE F. OEFF. VERWALTG.)		BRD.413.11
BAKOEV (BUNDESAKADEMIE F. OEFF. VERWALTUNG)		BRD.132.02.02
BAKWVT (BUNDESAKADEMIE F. WEHRVERWALTUNG)		BRD.461.01
BALTAP (NATO-KOMMANDO OSTSEEAUSGAENGE)		202.524.03
BANKAKADEMIE	FRANKFURT/M.	BRD.448.05

BANKENVERBAND/BANKEN-VEREINIGUNG		BRD.141.02
BANK F. GEMEINWIRTSCHAFT		BRD.143.02
BANK F. HANDEL U. INDUSTRIE		BRD.143.04.04
BARCH (BUNDESARCHIV)		BRD.115.01
BASF (BADISCHE ANILIN- U. SODA-FABRIKEN)		BRD.722.02
BATELLE-INSTITUT		BRD.452.02
BAUSCH U. LOMB-NIEDER-LASSUNG BRD	FRANKFURT	USA.733.01.01
BAUSCH U. LOMB		USA.733.01
BAW (BUNDESAMT F. GEWERBL. WIRTSCHAFT)		BRD.132.05.03
BAYER-PFLANZENSCHUTZ-ZENTRUM	MONHEIM	BRD.722.03.01
BAYER-SPARTE PFLANZENSCHUTZ	LEVERKUSEN	BRD.438.07
BAYER	LEVERKUSEN	BRD.722.03
BAYERNKURIER		BRD.233.04
BAZ (BUNDESAMT F. ZIVILSCHUTZ)		BRD.132.10.02
BBC (BROWN U. BOVERIE U. CIE)		SUI.734.01
BBC (BROWN U. BOVERIE U. CIE)	MANNHEIM	BRD.734.04
BDA (BUNDESVEREINIG. DT. ARBEITGEBER)	KOELN	BRD.341.01
BDB (BUNDESVERBAND DEUTSCHER BANKEN)		BRD.14102.01
BDI (BUNDESVERBAND D. DT. INDUSTRIE)		BRD.341.02
BDI-AUSLANDSVERTRETUNGEN		BRD.341.02.14
BDI-KULTURKREIS	KOELN	BRD.341.02.02
BDI	KOELN	BRD.341.02.01
BDLI (BV. D. DT. LUFT- U. RAUM-FAHRTINDUSTRIE)		BRD.755.01
BDV (BUND D. VERTRIEBENEN)	BONN	BRD.251.01
BEHOERDE F. INNERES HAMBURG-DIREKTION 7		BRD.646.02.02
BENDIX CORP.	EATONTOWN, NEW-JERSEY	USA.755.03
BERATUNGSST. EHEM. POLIT. DDR-HAEFTLINGE		BRD.223.01
BERGBAUFORSCHUNG	ESSEN	BRD.425.03
BERLINER BANK-ZENTRALE FRANKFURT		WSB.143.01.04
BERLINER BANK-ZENTRALE WESTBERLIN		WSB.143.01.01

BERLINER BANK		WSB.143.01
BERLINER FRIEDENSFORUM		WSB.225.01
BERUFSFOERDERUNGSDIENST BUWE		BRD.614.10
BERUFSFOERDERUNGSDIENST BUWE		BRD.537.11
BEVOLLMAECHTIGTER D. BRD. I. WESTBERLIN		BRD.111.01.03
BFAI (BUNDESST. F. AUSSEN-HANDELSINFORMATION)		BRD.132.05.04
BFD (BUNDESBEAUFTRAGTER F. DATENSCHUTZ)		BRD.132.02.01
BFD (BUND FREIES DEUTSCHLAND)		BRD.319.02
BFF (BUNDESAMT FUER FINANZEN)		BRD.132.04.01
BFGA (BUNDESANST. F. GESAMTDT. AUFGABEN)		BRD.132.12.01
BFS (BUNDESANST. F. FLUG-SICHERUNG)		BRD.132.08.02
BFST (BUNDESST. F. FERNMELDE-STATISTIK)		BRD.614.03
BFST (BUNDESST. F. FERNMELDE-STATISTIK)		BRD.735.01
BFV (BUNDESAMT F. VERFASSUNGSSCHUTZ)		BRD.644.01
BGA (BUNDESVERB. D. GROSS- U. AUSSENHANDELS)		BRD.781.01.01
BGP (BAYERISCHE GRENZ-POLIZEI)		BRD.152.07
BGS (BUNDESGRENZSCHUTZ)		BRD.152.05
BGS-GSE (GRENZSCHUTZEINZEL-DIENSTE)		BRD.152.06
BGT (BODENSEEWERK-GERAETETECHNIK)		BRD.733.01
BIOLOG. BUNDESANST. F. LAND- U. FORSTWIRTSCH.		BRD.424.05.01
BIOLOG. BUNDESANST.	HANNOVER	BRD.424.08
BIOST. (INST. F. OSTWISS. U. INTERNAT. STUDIEN)		BRD.132.02.07
BIZ (BANK F. INTERNAT. ZAHLUNGSAUSGLEICH)		SUI.142.01
BK (BUNDESKANZLERAMT)		BRD.111.01
BKA (BUNDESKRIMINALAMT)	WIESBADEN	BRD.152.01
BKA (POLIZEILICHES STAATS-SCHUTZORGAN)		BRD.646
BKA-HA. 2	MECKENHEIM	BRD.646.01

BLOHM U. VOSS	HAMBURG	BRD.754.06
BMA (BUNDESMIN. F. ARBEIT U. SOZIALORDNUNG)		BRD.132.07
BMB (BUNDESMIN. F. INNER-DEUTSCHE BEZIEHUNGEN)		BRD.132.12
BMBAU (BM F. RAUMORDN., BAUW. U. STAEDTEBAU)		BRD.132.11
BMBW (BUNDESM. F. BILDUNG U. WISSENSCHAFT)		BRD.401.01
BMBW (BUNDESM. F. BILDUNG U. WISSENSCHAFT)		BRD.132.14
BMD (BUND D. MITTELDEUTSCHEN)	BONN	BRD.251.02
BMF (BUNDESMIN. D. FINANZEN)		BRD.132.04
BMFT (BUNDESM. F. FORSCHUNG U. TECHNOLOGIE)		BRD.132.13
BMI (BUNDESMIN. D. INNERN)		BRD.132.02
BMI-BESCHAFFUNGSSTELLE XII F		BRD.644.01.01
BMI-BESCHAFFUNGSSTELLE		BRD.132.02.05
BMI-SCHULE I (ZENTRALSCHULE-VERFASSUNGSS.)		BRD.644.03.01
BMJ (BUNDESMIN. D. JUSTIZ)		BRD.132.03
BMJFG (BM F. JUGEND, FAMILIE U. GESUNDHEIT)		BRD.132.10
BML (BM. F. ERNAEHRUNG, LAND- U. FORSTW.)		BRD.132.06
BMP (BUNDESMIN. F. POST- U. FERNMELDEWESEN)		BRD.132.09
BMV (BUNDESM. F. VERKEHR)		BRD.132.08
BMV-ABT. SEE U. SEEVERKEHR		BRD.132.08.05
BMVG (BM D. VERTEIDIGUNG)		BRD.531.01
BMVG-FERNMELDEZENTRUM		BRD.537.02
BMVG-FUEHRUNGSSTAB LUFTWAFFE		BRD.531.01.04
BMVG-FUEHRUNGSSTAB HEER		BRD.531.01.03
BMVG-FUEHRUNGSSTAB STREITKRAEFTE		BRD.531.01.02
BMVG-RAK (RUESTUNGS-WIRTSCHAFTL. ARBEITSKREIS)		BRD.532.04
BMVG-RUESTUNGSABTEILUNG		BRD.531.01.01
BMWI (BUNDESMIN. F. WIRTSCHAFT)		BRD.132.05
BMZ (BUNDESM. F. WIRTSCHAFTL. ZUSAMMENARBEIT)		BRD.132.15

BND (BUNDESNACHRICHTEN-DIENST)		BRD.614
BND-ZENTRALE	PULLACH	BRD.614.01
BOING CORP.		USA.755.11
BPA (BUERGERPARTEI)		BRD.319.03
BPA (PRESSE- U. INFORMATIONSD. D. BUNDESREG.)		BRD.111.02
BRD-VERTRETUNG	DDR	BRD.111.01.01
BUCK-CHEMISCH-TECHNISCHE W.	BAD REICHENH.	BRD.724.01
BUNDESAMT F. ERNAEHRUNG U. FORSTWIRTSCHAFT		BRD.132.06.01
BUNDESAMT F. ZIVILSCHUTZ		BRD.132.02.10
BUNDESANST. F. LAND-WIRTSCHAFT	BRAUNSCHWEIG	BRD.424.03
BUNDESANST. F. GEOWISSENSCH. U. ROHSTOFFE		BRD.429.01
BUNDESANSTALT F. FLEISCH-FORSCHUNG		BRD.424.06
BUNDESAUFNAHME/VERTEILUNG IN GRENZD. -LAGER		BRD.132.02.09
BUNDESBAHN-HAUPT-VERWALTUNG		BRD.132.08.04
BUNDESBAUDIREKTION		BRD.132.11.01
BUNDESDISZIPLINARGERICHT		BRD.132.03.06
BUNDESDRUCKEREI		BRD.132.09.01
BUNDESFINANZHOF	MUENCHEN	BRD.132.04.03
BUNDESFORSCH. -ANST. F. LANDESK. U. RAUMORDNUNG		BRD.132.11.02
BUNDESGERICHTSHOF	KARLSRUHE	BRD.132.03.01
BUNDESGESUNDHEITSAMT		BRD.132.10.01
BUNDESINST. F. BERUFSBILDUNGS-FORSCHUNG		BRD.132.07.04
BUNDESKARTELLAMT	WESTBERLIN	BRD.132.05.05
BUNDESPATENTGERICHT		BRD.132.03.05
BUNDESPOST		BRD.132.09.04
BUNDESPRAESIDIALAMT		BRD.101.01
BUNDESRAT		BRD.121.01
BUNDESRECHNUNGSHOF		BRD.141.01
BUNDESSPRACHAMT		BRD.449.06
BUNDESTAG		BRD.121.02
BUNDESVERBAND GLAS- U. MINERALFASERIND.		BRD.773.02
BUNDESVERFASSUNGS-GERICHT		BRD.161.01
BUNDESVERWALTUNGS-GERICHT		BRD.132.03.03

BUNDESVORSTAND/BUNDES-HAUPTAUSSCHUSS		BRD.317.01.01
BUNDESWEHRVERWALTUNGS-AMT		BRD.537.04
BUNDESZENTRALE F. POL. BILDUNG-OSTKOLLEG.		BRD.281.01
BVA (BUNDESAUFSICHTSAMT F. VERSICHERUNGSW.)		BRD.132.04.02
BVA (BUNDESVERWALTUNGSAMT)		BRD.132.02.04
BVA (BUNDESVERSICHERUNGSAMT)		BRD.132.07.01
BVV (BUNDESVERMOEGENS-VERWALTUNG)		BRD.614.11
BVV (BUNDESVERMOEGENS-VERWALTUNG)		BRD.141.03
BWB (BUNDESAMT F. WEHRTECHN. U. BESCHAFFUNG)		BRD.532.01
BWB-ABTEILUNG SCHIFFS- U. SCHIFFSGERAETET.		BRD.532.01.03
BWB-ABTEILUNG LUFTFAHRT-GERAETETECHNIK		BRD.532.01.02
BWB-ABTEILUNG KFZ- U. GERAETETECHNIK		BRD.532.01.01
BWK (BUND WESTDT. KOMMUNISTEN)		BRD.226.02
BZR (BUNDESZENTRALREGISTER)		BRD.132.03.02
C. -RUDOLF-POENSGEN-STIFTUNG	DUESSELDORF	BRD.361.03
CALIFORNIA INST. OF TECHNOLOGY	PASADENA	USA.412.02
CANNON ELEKTRIK		BRD.737.03
CARL-CRANZ-GESELLSCHAFT		BRD.461.02
CDU (CHRISTL. DEMOKRAT. UNION)		BRD.316.01
CDU-BUNDESTAGSFRAKTION		BRD.316.01.02
CDU-BUNDESVORSTAND		BRD.316.01.01
CDU-LANDESVERBAENDE		BRD.316.01.03
CDU-WIRTSCHAFTSRAT		BRD.316.01.04
CENTAG (HQ. MITTE EUROPA-MITTE)	MANNHEIM	202.525.02
CHRISTLICHE FRAKTION		201.121.01.02
CIA (CENTRAL INTELLIGENCE AGENCY)		USA.614
CIR (COMITE INTERMINISTERIEL RENSEIGNEMENT)		FRA.602
CNAD (KONF. D. RUESTUNGS-DIREKTOREN D. NATO)		202.512.01

CND (CAMPAGNE F. NUCLEAR. ABRUESTUNG)	LONDON	GBR.351.01
COMLANDJUET (LAND-SK JUETLAND, AUCH LANDJ.)		202.524.06
COMMERZBANK		BRD.143.05
COMMERZBANK-ZENTRALE	FRANKFURT	BRD.143.05.01
COMPUTERGESELLSCHAFT	KONSTANZ	BRD.737.06
CORNING GLASWORKS		USA.746.01
CSU (CHRISTL. SOZIALE UNION)		BRD.316.02
CSU-LANDESGRUPPE NORDRHEIN-WESTFALEN	BONN	BRD.316.02.02
CSU-LANDESVORSTAND		BRD.316.02.01
CSU-WIRTSCHAFTSBEIRAT		BRD.316.02.03
CUS-RPG (REGIONALE PLANUNGSGRUPPE US/CA)		202.523.04
DAAD (DT. AKADEMISCHER AUSTAUSCHDIENST)	BONN	BRD.289.04
DATENBANK ALLGEMEIN (BUNDESEBENE)		BRD.113.02.03
DATENSTELLE F. RENTEN-VERSICHERUNGSTRAEGER		BRD.145.01
DBJR (DEUTSCHER BUNDES-JUGENDRING)		BRD.323.09
DBK (DEUTSCHE BISCHOFS-KONFERENZ)		BRD.243.01
DCI (DIRECTOR CENTRAL INTELLIGENCE)		USA.603
DEC (DIGITAL EQUIPMENT CORP.)		USA.737.02
DEC-NIEDERLASSUNG BRD		USA.737.02.01
DEGUSSA (DT. GOLD- U. SILBER-SCHEIDEANSTALT)		BRD.723.05
DEPOT		BRD.539.02
DEUBRA (GESELLSCH. F. BRANDSCHUTZSYSTEME)		BRD.744.12
DEUTSCHE-INDUSTRIE-ANLAGEN-GESELLSCHAFT		WSB.744.01
DEUTSCHER-INSTITUTS-VERLAG		BRD.234.04
DEUTSCHES ARCHAEOLOGISCHES INSTITUT		BRD.132.01.02
DEUTSCHES INST. F. WIRTSCHAFTS-FORSCHUNG		BRD.417.03.05
DEUTSCHES NATIONALKOM. F. INTER. JUGENDARBEIT		BRD.323.11
DEUTSCHE AIRBUS	MUENCHEN	BRD.755.09

DEUTSCHE BANK-ZENTRALE FRANKFURT		BRD.143.03.01
DEUTSCHE BANK		BRD.143.03
DEUTSCHE BUNDESBANK		BRD.142.03
DEUTSCHE GESELLSCHAFT F. D. UN		BRD.289.09
DEUTSCHE LIGA-F. MENSCHEN-RECHTE		BRD.223.02
DEUTSCHE SPIEGELGLAS AG	GRUEPLAN	BRD.746.18
DEUTSCHE SPORTJUGEND		BRD.323.08
DEUTSCHE VOLKSUNION		BRD.227.01
DEUTSCHE WELLE		BRD.235.01
DEUTSCHLANDFUNK		BRD.235.02
DEUXIEME BUREAU		FRA.624
DFG (DEUTSCHE FORSCHUNGS-GEMEINSCHAFT)		BRD.401.04
DFG (DEUTSCHE FORSCHUNGS-GEMEINSCHAFT)		BRD.452.01
DFG/VK (DT. FRIEDENSGES. -KRIEGS-DIENSTGEGNER)		BRD.289.03
DFVLR (DT. FORSCHGS. U. VERSANST. F. LUFTF.)		BRD.433.01
DFVLR-AERODYN. VERSUCHS-ANST.	GOETTINGEN	BRD.433.01.03
DFVLR-HAUPTVERWALTUNG		BRD.433.01.01
DFVLR-INST. F. CHEMISCHE ANTRIEBE		BRD.433.01.07
DFVLR-ZENTRUM KOELN		BRD.433.01.06
DFVLR-ZENTRUM OBERPFAFFENHOFEN		BRD.433.01.05
DFVLR-ZENTRUM STUTTGART		BRD.433.01.04
DFVLR-ZENTRUM BRAUNSCHWEIG		BRD.433.01.02
DGAP (DT. GESELL. F. AUSWAERTIGE POLITIK)	BONN	BRD.215.01
DGAP-FORSCHUNGSINSTITUT	BONN	BRD.215.01.01
DGB (DEUTSCHER GEWERK-SCHAFTSBUND)		BRD.321.01
DGB-BUNDESVORSTAND		BRD.321.01.01
DGB-GEWERKSCHAFTSJUGEND		BRD.323.06
DGB-LANDESBEZIRKS-VORSTAENDE		BRD.321.01.02
DGLR (DT. GESELL. F. LUFT- U. RAUMFAHRT)	BONN	BRD.755.08
DGSE (DIRECTION GENERAL SECUR. EXTERIEURE)		FRA.614

DIA (DEFENCE INTELLIGENCE AGENCY)		USA.624
DIEHL		BRD.744.02
DIEHL-GEBRUEDER JUNGHANS		BRD.733.07
DIEHL	NUERNBERG	BRD.746.07
DIEHL	REMSCHEID	BRD.744.02.01
DIENSTST. F. AUSLANDS-VERMOEGEN	KOELN	BRD.644.04
DIHT (DEUTSCHER INDUSTRIE- U. HANDELSTAG)		BRD.343.01
DIHT-EG-VERTRETUNG	BRUXELLES	BRD.343.01.03
DIHT-GESCHAEFTSSTELLE BONN		BRD.343.01.01
DIHT-GESCHAEFTSSTELLE BERLIN		BRD.343.01.02
DIS (DEFENCE INTELLIGENCE SFAFF)		GBR.624
DJU (JOURNALISTENUNION)		BRD.332.02
DJV (JOURNALISTENVERBAND)		BRD.332.03
DKFZ (DT. KREBSFORSCHUNGS-ZENTRUM)	HEIDELBERG	BRD.424.07
DOKUMENTENDRUCKEREI		BRD.774.01
DOLMETSCHERSCHULE	WUERZBURG	BRD.449.02
DORNIER		BRD.755.05
DOW CHEMICAL		USA.722.02
DPA (DEUTSCHES PATENTAMT)		BRD.132.03.04
DPC (AUSSCHUSS F. VERTEIDI-GUNGSPLANUNG)		202.511.03
DPC-MC (MILITAERAUSSCHUSS D. NATO)		202.521.01
DPSD (DIR. PROTECTION SECURITE DEFENSE)		FRA.654
DRAEGER-WERK	LUEBECK	BRD.746.03
DRESDNER BANK-ZENTRALE FRANKFURT		BRD.143.04.01
DRESDNER BANK		BRD.143.04
DSE (STIFTUNG F. INTERNAT. ENTWICKLUNG)	WSB.	BRD.132.15.01
DSM (DT. SAMMLUNG V. MIKRO-ORGANISMEN)		BRD.424.01.01
DST (DIRECTION SURVEILLANCE TERRITOIRE)		FRA.644
DT. KATHOLISCHES ZK-ARBEITS-KRS. F. OSTFRAGEN		BRD.243.05
DT. STAATSBUERGERINNEN-VERBAND	WESTBERLIN	BRD.289.05

DU PONT DE NEMOURS		USA.722.03
DVG (DT. VERBUNDGESELLSCHAFT)	HEIDELBERG	BRD.342.01
DWK (GES. F. WIEDERAUFBERTG. V. KERNBRENNST.)		BRD.711.01
DYNAMIT-NOBEL	TROISDORF (B. KOELN)	BRD.723.03
EAP (EUROPAEISCHE ARBEITERPARTEI)		BRD.282.01
EDGEWOOD ARSENAL D. US-ARMY	MARYLAND	USA.465.05
EDP (EUROPEAN DEFENCE PRODUCTS)	BRUESSEL	BEL.755.01
EG-MINISTERRAT		201.101.01.01
EINWOHNERMELDEAMT		BRD.159.01
EKD (EVANGELISCHE KIRCHE DT.)		BRD.242.01
ELAN-SCHALTELEMENTE		BRD.732.01
ELEKTRO SPEZIAL		BRD.735.07
ELEKTRO (GESELL. F. STRAHLUNGSTECHNIK)		BRD.733.04
EMDG (EUROMISSILE DYNAMICS GROUP)		FRA.755.03
END (EUROP. NUKLEARE ABRUESTUNG)	ENGLAND	GBR.351.02
ENTWICKLUNGSBANK		200.141.02
ERFASSUNGSSTELLE F. GRUND-DATEN		BRD.736.02.01
ERFASSUNGSSTELLE F. GRUND-DATEN		BRD.614.04.01
ERNO		BRD.755.03
ERNO-ENERGIETECHNIK	BREMEN	BRD.755.03.02
ERNO-RAUMFAHRTTECHNIK	BREMEN	BRD.755.03.01
ERZ- U. KOHLEFLOTATION		BRD.763.04
ESC (ELECTRONIC SECURITY COMMAND)		USA.636
ESG (ELEKTRONIK-SYSTEME-GESELLSCH.)	MUENCHEN	BRD.733.15.01
ESG/FEG		BRD.733.15
EUROMISSILE		FRA.755.01
EUROP. LABORAT. F. MOLEKULAR-BIOLOGIE		BRD.424.04
EUROPA-KOLLEG	BRUEGGE	202.289.04
EUROPAEISCHE SEKRETAERINNEN-AKADEMIE	WIEN	AUT.448.01
EUROPAEISCHE WIRTSCHAFTS-HOCHSCHULE	OXFORD	GBR.417.01

EUROPAEISCHE WIRTSCHAFTS-HOCHSCHULE	PARIS	FRA.417.01
EUROPAEISCHE WIRTSCHAFTS-HOCHSCHULE	BERLIN	BRD.417.02
EUROPAPARLAMENT		201.121.01
EUROPASPRACHSCHULE	NUERNBERG	BRD.449.04
EUROPASPRACHSCHULE	MUENCHEN	BRD.449.03
EUROSAT	GENF	SUI.755.01
EUROSIL ELECTRONIK		BRD.733.16
EVANGELISCHE AKADEMIE		BRD.242.02
FA. ALFRED TEVES (METALL-WARENFABRIK)	BERGNEUST	BRD.744.09
FA. ANSCHUETZ	KIEL	BRD.746.13
FA. ANTON PILLER	OSTERODE	BRD.734.02
FA. ARNOLD JUNG (LOKOMOTIV-FABRIK)		BRD.753.01
FA. CARL-ZEISS (OPTISCHE WERKE)	OBERKOCHEM	BRD.746.08
FA. E. MERCK	DARMSTADT	BRD.723.06
FA. FRIEDRICH BOYSEN	ALTENSTEIG	BRD.757.01
FA. FRIEDRICH UHDE	DORTMUND	BRD.723.02
FA. FRITZ LEITZ	OBERKOCHEM	BRD.746.12
FA. HARTMANN U. BRAUN	FRANKFURT	BRD.733.09
FA. HEINRICH KISSLING	SULZ	BRD.733.02
FA. JOHNE U. REILHOFER		BRD.733.13
FA. KURT EICHWEBER (PRAEZISIONSGERAETE)		BRD.746.21
FA. PETER SCHREIBER	DUESSELDORF	BRD.744.06
FA. PFISTER	AUGSBURG	BRD.746.04
FA. ROBERT BOSCH		BRD.732.05
FA. VOIGTLAENDER	BRAUNSCHWEIG	BRD.746.11
FA. WALTER U. GOLDERMANN		BRD.733.12
FA. WEGMANN U. CO. (WAGGONFABRIK)		BRD.753.02
FA. WOLF HIRTH (FLUGZEUGBAU)	KIRCHHEIM	BRD.755.14
FACHBEREICH ELEKTROTECHNIK		BRD.461.05.01
FACHBEREICH INFORMATIK		BRD.461.05.02
FACHBEREICH LUFT-U. RAUM-FAHRT		BRD.461.05.03
FACHHOCHSCHULE D. HEERES	DARMSTADT	BRD.463.04
FACHHOCHSCHULE F. OEFFENT-LICHE VERWALTUNG	KOELN	BRD.413.10
FACHHOCHSCHULE D. BUNDES-POST	BERLIN	WSB.413.04
FACHHOCHSCHULE F. WIRTSCHAFT	BERLIN	WSB.413.03

FGAN-FHP (INST. F. HOCH-FREQUENZPHYSIK)		BRD.432.01.03
FGAN-FIM (INST. F. INFORM. -VERARB. U. AUSWERT.)		BRD.422.03.02
FGAN-FOLA (INST. F. LASER-TECHNIK)		BRD.423.01
FGAN-IFE (INSTITUT F. FERNMELDE-TECHNIK U. ELEKTRONIK)		BRD.432.01.04
FHG (FRAUNHOFERGESELLSCHAFT)		BRD.401.03
FHG-ILT (INST. F. LASERTECHNIK)	AACHEN	BRD.436.01.04
FHG-INST. D. PHYSIK/KERNPHYSIK		BRD.423.03
FHG-INST. F. ANGEW. FEST-KOERPERPHYSIK		BRD.436.01.03
FHG-INST. F. ANGEWANDTE MATERIALFORSCHUNG		BRD.431.01.13
FHG-INST. F. FESTKOERPER-TECHNOLOGIE		BRD.436.01.02
FHG-INST. F. HYDROAKUSTIK	OTTOBRUNN	BRD.423.03.01
FHG-INST. F. KURZZEITDYNAMIK-ERNST-MACH		BRD.423.03.03.
FHG-INST. F. NATURWISS. -TECHN. TRENDANALYSEN		BRD.431.01.11
FHG-INST. F. PHYSIKALISCHE MESSTECHNIK		BRD.436.01.01
FHG-INST. F. PRODUKTIONS-TECHNOLOGIE		BRD.431.01.02
FHG-INST. F. SOLARE ENERGIESYSTEME		BRD.423.03.02
FHG-INST. F. SYSTEMT. U. INNOVATIONSFORSCHUNG		BRD.431.01.12
FHG-INST. F. TOXIKOLOGIE U. AEROSOLFORSCHUNG		BRD.425.01.03
FHG-INST. F. TREIB- U. EXPLOSIV-STOFFE		BRD.425.01.01
FHG-INST. F. UMWELTTECHNOL./ OEKOTOXIKOLOGIE		BRD.425.01.02
FHG-INST. F. WERKSTOFF-MECHANIK		BRD.431.01.14
FHG-INST. F. ZERSTOERUNGSFREIE PRUEFVERFAHREN		BRD.431.01.15
FHG-INSTITUTE F. ANGEWANDTE FORSCHUNG		BRD.431.01
FHG-IPA (INST. F. PRODUKTIONS-TECH. /AUTOMATIS.)		BRD.431.01.03

FHG-IPK (INST. F. PRODUKTIONS-ANL. U. KONST.)		BRD.431.01.04
FHG-PATENTSTELLE F. DT. FORSCHUNG		BRD.431.01.01
FHVR (FACHHOCHSCHULE F. VERWALTUNG U. RECHT)		WSB.413.01
FINANZAMT/STEUERAMT		BRD.132.04.04
FLUGMEDIZINISCHES INST.		BRD.465.04
FLUGPLATZ		BRD.551.01
FNS (FRIEDRICH-NAUMANN-STIFTUNG)		BRD.315.01.04
FOREIGN OFFICE		GBR.132.01
FORSCH. ANST. F. SICHERH. U. INTERNAT. FRAGEN		BRD.614.15
FORSCH. ST. F. GES-DT. WIRTSCH. U. SOZ. FRAGEN		WSB.215.02
FORSCH. ST. F. GES-DT. WIRTSCH. U. SOZ. FRAGEN		BRD.132.12.02
FORSCHUNGSINST. F. OPTIK	TUEBINGEN	BRD.436.03
FRANKE U. HEYDECKE (OPTISCHE WERKE)		BRD.746.20
FREMDSPRACHENSCHULE	HAMBURG	BRD.449.01
FRIEDENSBEW. -KOORDINIERUNGS-AUSSCHUSS	BONN	BRD.351.01
FRIEDR. KRUPP-ATLAS-ELEKTRONIK	BREMEN	BRD.733.08
FRIEDRICH-KRUPP-FORSCHUNGS-INSTITUT		BRD.744.08
FRIEDRICH-LUERSSEN-WERFT		BRD.754.02
FTD (FOREIGN-TECHNOLOGY-DIVISION)		USA.629
FTZ (FERNMELDETECHNISCHES ZENTRALAMT)		BRD.132.09.02
FTZ	DARMSTADT	BRD.735.09.01
FU	WESTBERLIN	WSB.412.01
FUEHRUNGSAKADEMIE D. BUWE		BRD.461.03
FUEHRUNGSSTAB LOGISTIK UND SANITAETSWESEN		202.533.06
FUEHRUNGSSTAB MARINE		BRD.531.01.05
GARCHING INSTRUMENTE (IND. NUTZUNG VON F/E)		BRD.439.01
GBF (GESELLSCH. F. BIO-TECHNOLOG. FORSCHUNG)		BRD.424.01

GCHQ (GOVERNMENT COMMUNICAT. HEADQUARTERS)		GBR.634
GEBIETSRECHENZENTRUM		BRD.113.02.01
GELMA (GESELL. F. ELEKTRO-FEINMECHANIK)	BONN	BRD.755.18
GEMEINDERAT/GEMEINDE-VERTRETUNG		BRD.112.04
GEN-BIO-TEC	HEIDELBERG	BRD.792.03
GEN-TECH		USA.792.01
GEN-ZENTRUM		BRD.424.09
GENERALSEKRETARIAT NATO		202.511.01
GENERALSTAB LUFTSTREITKRAEFTE		202.533.03
GENERALSTAB LANDSTREITKRAEFTE		202.533.01
GENERAL-ELEKTRIC-COMP.	FAIRFIELD, CONNETIC.	USA.755.04
GEOLOGISCHES LANDESAMT	SAARLAND	BRD.429.01.09
GEOLOGISCHES LANDESAMT	RHEINLAND-PFALZ	BRD.429.01.08
GEOLOGISCHES LANDESAMT	SCHLESWIG-HOLSTEIN	BRD.429.01.06
GEOLOGISCHES LANDESAMT	NORDRHEIN-WESTFALEN	BRD.429.01.05
GEOLOGISCHES LANDESAMT	HAMBURG	BRD.429.01.04
GEOLOGISCHES LANDESAMT	BADEN-WUERTTEMBERG	BRD.429.01.03
GEOLOGISCHES LANDESAMT	NIEDERSACHSEN	BRD.429.01.02
GEOLOGISCHES LANDESAMT	BAYERN	BRD.429.01.01
GESAMTVERBAND D. TEXTIL-INDUSTRIE	FRANKFURT	BRD.772.01
GES. FUER DEUTSCHLAND-FORSCHUNG		BRD.215.04
GES. F. LOGISTISCHEN SERVICE	MUENCHEN	BRD.756.05
GES. F. LOGISTIK-INFORMATIONS-ZENTR.		BRD.755.12
GES. F. LUFT- U. RAUMFAHRT-MEDIZIN	BONN	BRD.426.01
GES. F. REAKTORSICHERHEIT	KOELN	BRD.711.02
GES. F. SATELITENTECHNIK-EUROSATELITE		BRD.755.16
GES. F. WISS. DATEN-VERARBEITUNG		BRD.452.03
GES. F. HOCHTEMPERATUR-REAKTORTECHNIK		BRD.712.09

GES. KONTINENT		BRD.234.01
GFKF (GES. F. KERNFORSCHUNG)		BRD.423.07
GFKF-KFK (KERNFORSCHUNGS-ZENTRUM)	KARLSRUHE	BRD.712.10
GFS-INSTITUTE IN MUENCHEN		BRD.423.09.01
GHH (GUTEHOFFNUNGSHUETTE)	OBERHAUSEN	BRD.743.02.01
GHH/MAN		BRD.743.02
GHH	STERKRADE	BRD.743.02.02
GIM (GRUPPE INTERNAT. MARXISTEN)		BRD.226.01
GIT (GES. F. INGENIEUR-TECHNIK)	ESSEN	BRD.756.06
GKV (GESAMTVERBAND KUNSTSTOFFVERARB. IND.)		BRD.721.02
GLASWERK	WERTHEIM	BRD.746.19
GLL-F-D (GROSSE LANDESLOGE-D. -FREIM.)		BRD.247.03
GMD (GES. F. MATHEMATIK- U. DV)	BONN	BRD.422.04
GOETHE-INSTITUT		BRD.215.05
GRIMME-ALBERTI-NEUREITER		BRD.732.08
GRIP (GROUP. P. L. REALISATION IND. D. PROGRAMM)		FRA.755.02
GST (GES. F. SYSTEM-TECHNIK)	ESSEN	BRD.756.07
GTZ (GES. F. TECHN. ZUSAMMEN-ARBEIT)		BRD.132.15.02
HAGEN U. CO. (VERSICHERUNGSMAKLER)	KOELN	BRD.644.08
HANDELSVEREIN BRD-DDR	BREMEN	BRD.783.01
HANS-MARTIN-SCHLEYER-STIFTUNG	KOELN	BRD.361.02
HANS-SEIDEL-STIFTUNG		BRD.316.02.04
HARVARD UNI.	CAMBRIDGE, MASSACHUSETTS	USA.412.07
HAUPTSTELLE FUER BEFRAGUNGS-WESEN		BRD.736.03
HAUPTSTELLE FUER BEFRAGUNGS-WESEN		BRD.614.05
HAUS RISSEN (INT. INST. F. POLITIK U. WIRTSCH.)		BRD.215.06
HEERESAMT D. BUWE		BRD.537.06
HEINRICH-BAUER-VERLAG		BRD.234.02
HEINRICH-HERZ-INST. F. NACHRICHTENTECHNIK		WSB.432.01
HELATRONIK		BRD.737.04
HENSCHEL FLUGZEUGWERKE	KASSEL	BRD.755.10

HENSOLD- U. SOEHNE (OPTISCHE WERKE)		BRD.746.10
HERAEUS-QUARZGLASSCHMELZE	HANAU	BRD.746.16
HERITAGE FONDATION		USA.283.01
HERMANN-EHLERS-STIFTUNG	HAMBURG	BRD.289.06
HERMANN-HEMSCHEIDT-MASCHINENFABRIK		BRD.744.05
HEWLETT-PACKARD-NIEDER-LASSUNG	BRD	USA.733.02.01
HEWLETT-PACKARD		USA.733.02
HIAG (BUNDESVERB. EHEM. WAFFEN-SS)		BRD.253.03
HISTORISCHE KOMMISSION		WSB.289.01
HMI (HAHN-MEITNER-INST.) F. KERNFORSCHUNG		WSB.423.01
HOCHSCHULE F. WIRTSCHAFT U. POLITIK	HAMBURG	BRD.412.40
HOCHSCHULE F. VERWALTUNGS-WISSENSCH.	SPEYER	BRD.412.39
HOCHSCHULE F. UNTERNEHMENSFUEHRUNG	KOBLENZ	BRD.417.01
HOCHTEMPERATUR-BRENN-ELEMENTE	HANAU	BRD.712.12
HOECHST		BRD.722.01
HONEYWELL		BRD.737.01
HONEYWELL	OFFENBACH	BRD.737.01.01
HONEYWELL INC.	MINNEAPOLIS, MINNESOTA	USA.755.05
HOOVER-INST. ON PEACE, WAR AND REVOLUTION		USA.215.01
HOWALDTSWERKE DEUTSCHE WERFT		BRD.754.04
HSD (HAUPTSTELLE F. SPEZ. DATENVERARBEITUNG)		BRD.736.02
HSD (HAUPTSTELLE F. SPEZ. DATENVERARBEITUNG)		BRD.614.04
HSFK (STIFTUNG F. FRIEDENS- U. KONFLIKTF.)		BRD.289.07
HUDSON INSTITUTE		USA.215.02
HUMBOLD-LOTZ-ELEKTROTECHNIK	KOELN	BRD.734.01
HWWA (INST. F. WIRTSCHAFTS-FORSCHUNG)	HAMBURG	BRD.417.03.04
HWWA (INST. F. WIRTSCHAFTS-FORSCHUNG)	HAMBURG	BRD.448.09

IABG (IND. -ANLAGEN-BETRIEBS-GESELLSCHAFT)		BRD.532.03
IBH (INGENIEURBUERO DR. HOPP)		BRD.7.566.02.01
IBM		USA.737.01
IBM-DEVELOPMENT LABORATORY	EAST FISHKILL	USA.737.01.02
IBM-RESEARCH LABORATORY	SAN JOSÉ	USA.737.01.01
IBM DEUTSCHLAND		BRD.737.05
IBRD (INTERNAT. BANK F. WIEDER-AUFBAU)		BRD.142.01
IBRD BUERO	GENF	BRD.142.01.01
IDU (INTERNAT. DEMOKRAY. UNION)	LONDON	100.301.02
IFO (INST. F. WIRTSCHAFTS-FORSCHUNG)	MUENCHEN	BRD.417.03.03
IFO (INST. F. WIRTSCHAFTS-FORSCHUNG)	MUENCHEN	BRD.448.10
IGCPK (IG CHEMIE-PAPIER-KERAMIK)		BRD.322.02
IGCPK-HAUPTVORSTAND		BRD.322.02.01
IGFM (INTERNAT. GES. F. MENSCHENRECHTE)		BRD.223.03
IGM (IG METALL)		BRD.322.01
IGM-HAUPTVORSTAND		BRD.322.01.01
IGN (INGENIEURGES. F. NUKLEAR-SCHUTZ)		BRD.715.01
IGW (INST. F. GESELLSCH. U. WISSENSCHAFT		BRD.289.02
IHK (INDUSTRIE- U. HANDELS-KAMMER)		BRD.343.01.04
IIF (INST. OF INTERNATIONAL FINANCE)		USA.142.01
IKL (INGENIEUR-KONTOR LUEBECK)		BRD.754.08
IKV INTERKIRCHLICHER FRIEDENSRAT	ROERMUND	HOL.225.01
IMF (INTERNATIONAL MONETARY FOUND)		USA.142.02
IMF-BUERO	PARIS	USA.142.02.01
IN (INTER NATIONES)		BRD.215.11
INDUMONT (INDUSTRIE-MONTAGE)		BRD.743.06
INDUSTRIEVERWALTUNGS-GESELLSCHAFT	BONN	BRD.841.01
INFORMATIONSST. F. DDR-FORSCHUNG		BRD.132.12.03

INR (BUREAU OF INTELLIGENCE AND RESEARCH)		USA.619
INSCOM (INTELLIGENCE AND SECURITY COMMAND)		USA.635
INST. D. ENTWICKLUNGSHILFE		BRD.132.15.03
INST. F. ADVANCED STUDY/ WISSENSCHAFTSKOLLEG		WSB.215.04
INST. F. ALLGEM. U. ANGEWANDTE GEOLOGIE		BRD.412.18.02
INST. F. ALLGEM. U. ANGEWANDTE GEOPHYSIK		BRD.412.18.01
INSTITUT F. ANGEWANDTE GEOPHYSIK		WSB.412.02.03
INST. F. AUSSENHANDEL/ UEBERSEEWIRTSCHAFT		BRD.214.02.01
INST. F. BERGBAUWISSENSCHAFT		WSB.412.02.01
INST. F. BODENKUNDE, PFLANZENERNAEHRUNG U...		BRD.438.05
INST. F. EAST-WEST-SECURITY-STUDIES	NEW YORK	USA.215.03
INST. F. GENBIOLOGIE FORSCHUNG		WSB.792.01
INST. F. GEOLOGIE		WSB.412.02.02
INST. F. GEOLOGIE U. MINERALOGIE		BRD.412.19.03
INST. F. GEOLOGIE		BRD.412.03.02
INST. F. GEOPHYSIK		BRD.412.10.02
INST. F. INTERNAT. WIRTSCHAFTS-VERGLEICHE	WIEN	AUT.448.02
INST. F. KERNPHYSIK		BRD.412.15.01
INST. F. LANDWIRTSCH. U. GAERTNER. PFLANZENBAU		BRD.438.04
INST. F. OSTEUROPAFORSCHUNG		BRD.215.08
INST. F. PHYSIK		BRD.412.07.01
INST. F. POLITIK U. WISSENSCHAFTEN		WSB.214.01.03
INST. F. SENDE- U. WECHSEL-STROMTECHNIK	KOELN	BRD.644.07
INST. F. STRAHLEN- U. KERN-PHYSIK		BRD.412.03.03
INST. F. SUEDOSTEUROPA-FORSCHUNG		BRD.215.09
INST. F. WEHRMED. U. HYG. RODENWALDT-INST.		BRD.465.05
INST. F. WEHRPHARM. U. LEBENSMITTELCHEMIE		BRD.465.03

INST. F. WIRTSCHAFTSFORSCHUNG (RHEIN. -WESTF)		BRD.417.03.01
INST. U. MUSEUM F. GEOLOGIE/ PALEAONTOLOGIE		BRD.412.10.01
INST. ZUR FOERDERUNG FUEHRUNGSNACHWUCHSES		BRD.448.11
INSTITUT D. FOERSTER		BRD.733.10
INTELLIGENCE CORPS		GBR.635
INTEL SEMICONDUCTOR		USA.737.03.01
INTERATOM	BENSBERG (BERGISCH-GLADBACH)	BRD.712.04
INTERDOC	DEN HAAG	202.289.02
INTERMETALL		BRD.732.06
INTERNAT. HELSINKI-VEREINIGUNG	BERN	SUI.223.01
INTERNAT. INGENIEUR-GES. PETERS U. ZABRANSKY		BRD.756.04
INTERNAT. INST. F. STRATEG. STUDIEN	LONDON	202.289.03
INTERNAT. INST. F. STRATEGIC STUDIES	LONDON	GBR.215.01
INTERNAT. NATRIUM-BRUT-REAKTORBAU		BRD.712.07
INTERPOL	WIESBADEN	BRD.152.02
IONOSPHAEREN-INSTITUT	RHEINHAUSEN	BRD.614.12
IONOSPHAERENINSTITUT	MUENCHEN	BRD.430.01
ISL (DEUTSCH-FRANZ. FORSCHUNGSINST.)		BRD.421.01
ISWA (INST. F. SOZIAL. U. WIRTSCHAFTSPOL. AUSB.)		BRD.448.06
ITT		USA.732.01
ITT-INTERMETALL HALBLEITER-WERK BRD		USA.732.01.01
IV. INTERNATIONALE		BRD.226.07
IW (INST. D. DEUTSCHEN WIRTSCHAFT)	KOELN	BRD.441.01
IWF (INTERNAT. WAEHRUNGS-FONDS D. UNO)		200.141.03
IZB (INFORMATIONSZENTRUM)	WESTBERLIN	WSB.289.02
JCI (JOINT INTELLIGENCE COMMITTEE)		GBR.603
JOHANN-GOTTFRIED-HERDER-INST.	MARBURG	BRD.215.07
JOHN-HOPKINS-UNI.	BALTIMORE, MARYLAND	USA.412.06

JUGENDWERK D. AWO (ARBEITERWOHLFAHRT)		BRD.323.13
JULI (JUNGE LIBERALE)		BRD.315.01.06
JUNGDEMOKRATEN (DEUTSCHE LIBERALE)		BRD.323.04
JUNGE EUROPAEISCHE FOEDERATION		BRD.323.12
JUNGE UNION		BRD.316.01.07
KAMMERGERICHT WESTBERLIN		WSB.132.01
KANSAS STATE UNI.	MANHATTAN, KANSAS	USA.412.05
KARL-ARNOLD-STIFTUNG	KOENIGSWINTER	BRD.316.01.06
KAS (KONRAD-ADENAUER-STIFTUNG)		BRD.316.01.05
KATHOLISCHE MILITAER-SEELSORGE		BRD.249.02
KB (KOMMUNISTISCHER BUND)		BRD.226.06
KEE (KONTAKTST. FOERDERUNGS-FUEHRUNG ENTW-L)		BRD.781.01.02
KENNTNISVERWERTUNGS-GESELLSCH. BRUTREAKTOREN		BRD.712.08
KFA (KERNFORSCHUNGS-ANLAGE)	JUELICH	BRD.423.06
KFW (KREDITANSTALT F. WIEDER-AUFBAU)		BRD.143.01
KHD (KLOECKNER-HUMBOLDT-DEUTZ)		BRD.743.01
KHD (KLOECKNER-HUMBOLDT-DEUTZ)		BRD.757.03
KHD-HUMBOLDT WEDAG		BRD.743.01.03
KHD-HUMBOLDT WERK	KOELN	BRD.757.03.05
KHD-LUFTFAHRTTECHNIK		BRD.755.07
KHD-WERK PORZ		BRD.743.01.05
KHD-WERK VOERDE		BRD.757.03.01
KLOECKNER IONON	TROISDORF	BRD.744.04.02
KLOECKNER IONON	KOELN	BRD.744.04.01
KOENIGSTEINER ANSTALT		BRD.249.03
KOENIG U. BAUER (DRUCK-MASCHINENFABRIK)		BRD.744.13
KOMITEE F. FRIEDEN ABRUESTUNG U. ZUSAMMENARBEIT		BRD.352.02
KOMITEE F. UNABH. GEWERKSCH. IN OSTDEUTSCHL.		BRD.289.08
KOMMUNALE RECHENZENTREN		BRD.113.02.02

KONFERENZ F. EUROP. ATOMARE ABRUESTUNG		BRD.249.04
KONTON REGISTRIERTECHNIK		BRD.733.06
KOORD. AUSSCHUSS F. OSTEUROPAFORSCHUNG		BRD.211.02
KOORD. SEKR. D. BUNDESGEFOERD. OSTEUROPAFORSCHUNG		BRD.211.01
KPD (KOMM. PARTEI DEUTSCHLANDS)		BRD.226.03
KRAFTFAHR-BUNDESAMT		BRD.132.08.01
KRAUSS-MAFFEI		BRD.752.02
KRAUSS-MAFFEI	MUENCHEN	BRD.756.03
KREISTAG		BRD.122.02
KREISVERWALTUNG		BRD.112.02
KRIMINALPOLIZEIAMT SAARLAND-INSPEKTION I		BRD.646.02.10
KRIMINALPOLIZEI		BRD.152.08
KROEGERWERFT	RENDSBURG	BRD.754.03
KUD (KURATORIUM UNTEILBARES DEUTSCHLAND)		BRD.215.02
KUKA WEHRTECHNIK	AUGSBURG	BRD.744.11
KWU (KRAFTWERK-UNION)		BRD.712.01
KWU-A/S ARHUS		BRD.713.03
LABORAT. F. MOLEKULAR-BIOLOGIE/GENZENTRUM		BRD.412.19.02
LANDESAMT F. BODENFORSCHUNG	HESSEN	BRD.429.01.07
LANDESAMT F. DATEN-VERARBEITUNG		BRD.113.01
LANDESPOLIZEIDIREKTION WSB-VBCS		BRD.646.02.11
LANDESZENTRALBANK		BRD.142.02
LANDTAG		BRD.122.01
LANDWIRTSCHAFTL. FORSCHUNGS-ANSTALT	HANNOVER	BRD.438.02
LAWRENCE BERKELY LABORATORY	CALIFORNIA	USA.423.01
LAWRENCE LIVERMOORE LABORATORY	CALIFORNIA	USA.423.02
LBA (LUFTFAHRT-BUNDESAMT)		BRD.132.08.03
LD (LIBERALE DEMOKRATEN FDP-NAHE)		BRD.315.02
LFV (LANDESAEMTER F. VERFASSUNGSSCHUTZ)		BRD.644.02
LFV BW-BADEN-WUERTEMBERG		BRD.644.02.07

LFV BY-BAYERN		BRD.644.02.09
LFV HB-BREMEN		BRD.644.02.04
LFV HE-HESSEN		BRD.644.02.05
LFV HH-HAMBURG		BRD.644.02.02
LFV NS-NIEDERSACHSEN (LMI-ABTEILUNG 4)		BRD.644.02.03
LFV NW-NORDRHEIN-WESTFALEN (LMI-ABT. VI)		BRD.644.02.06
LFV RP-RHEINLAND-PFALZ (LMI/SPORT-ABT. 9)		BRD.644.02.08
LFV SA-SAARLAND		BRD.644.02.10
LFV SH-SCHLESWIG-HOLSTEIN (LMI-ABT. IV/7)		BRD.644.02.01
LFV WSB-WESTBERLIN (SENAT F. INNERES-ABT. IV)		BRD.644.02.11
LHV (LIBERALER HOCHSCHUL-VERBAND)		BRD.323.05
LIAISON-KOMITEE (WESTEUR. FRIEDENSBEWEGUNG)		BEL.351.01
LIBERALE FRAKTION		201.121.01.03
LITEF (LITTON TECHNISCHE WERKE)	FREIBURG	BRD.733.17
LKA (LANDESKRIMINALAMT)		BRD.646.02
LKA BADEN-WUERTEMBERG-ABTEILUNG 8		BRD.646.02.08
LKA BAYERN-ABTEILUNG 7		BRD.646.02.09
LKA BREMEN-INSPEKTION 6		BRD.646.02.04
LKA HESSEN-ABTEILUNG V		BRD.646.02.06
LKA NIEDERSACHSEN-ABTEILUNG 6		BRD.646.02.03
LKA NORDRHEIN-WESTFALEN-ABTEILUNG 2		BRD.646.02.05
LKA RHEINLAND-PFALZ-ABTEILUNG 4		BRD.646.02.07
LMI (LANDESINNENMINISTERIUM/ INNENSENAT)		BRD.132.02.12
LMI SCHLESWIG. H. -KRIMINAL-POLIZEIAMT-DEZERNAT 3		BRD.646.02.01
LOCKHEED. CORP. BURBANK	CALIFORNIEN	USA.755.06
LOS ALAMOS LABORATORY	NEW MEXICO	USA.423.03
LSIB (LONDON SIGNAL INTELLIGENCE BOARD)		GBR.633
LUFTWAFFENAMT D. BUWE		BRD.537.07
LURGI		BRD.723.01

M.A.N. (MASCH. -FABR. AUGSBURG-NUERNBERG)		BRD.744.10
M.A.N. BEREICH NEUE TECHNOLOGIE		BRD.744.10.02
M.A.N. HAUPTVERWALTUNG		BRD.744.10.01
M.A.N. ROLAND DRUCKMASCHINEN		BRD.744.10.03
MAD (MILITAERISCHER ABSCHIRM-DIENST)		BRD.654
MAD-AMT (EHEMALS ASBW)		BRD.654.01
MAD-GRUPPEN (INLAND)		BRD.654.02
MAD-GRUPPE I	KIEL	BRD.654.02.01
MAD-GRUPPE III	DUESSELDORF	BRD.654.02.03
MAD-GRUPPE II	HANNOVER	BRD.654.02.02
MAD-GRUPPE IV MAINZ	MAINZ	BRD.654.02.04
MAD-GRUPPE S	BONN	BRD.654.02.07
MAD-GRUPPE GRUPPE V	STUTTGART	BRD.654.02.05
MAD-GRUPPE VI	MUENCHEN	BRD.654.02.06
MAD-SCHULE		BRD.654.03
MAJOR COMMAND (OBERER NAT. FUEHRUNGSSTAB)		202.533.05
MAK-KRUPP MASCHINENBAU	KIEL	BRD.756.01
MARINEAMT D. BUWE		BRD.537.08
MARTIN MARIETTA CORP.	BETHESDA, MARYLAND	USA.755.07
MASSACHUSETTS GENERAL HOSPITAL CORP.	BOSTON	USA.426.02
MATERIALAMT D. BUWE	ST. AUGUSTIN	BRD.537.03
MATERIAL. PRUEFSTELLE		BRD.539.03
MATHEMATISCHES INST.	OBERWOLFACH	BRD.422.01
MAUSER-WERKE		BRD.746.01
MAXIMILIAN-KOLBE-WERKE		BRD.243.03
MBB (MESSERSCHMITT-BOELKOW-BLOHM)		BRD.755.02
MBB-ANGEWANDTE TECHNOLOGIE	OTTOBRUNN	BRD.755.02.31
MBB-BUERO	BONN	BRD.755.02.23
MBB-BUERO	KOBLENZ	BRD.755.02.25
MBB-BUERO USA	WASHINGTON	BRD.755.02.30
MBB-HELICOPTERWERK	PHILADELPHIA/USA	BRD.755.02.33
MBB-TRANS TECHNICA (GES. F. TECHNOL.-TRANSFER)		BRD.755.02.34
MBB-ZENTRAL- U. UNTERNEH-MENSBER.	OTTOBRUNN	BRD.755.02.01
MC-IMS (INTAERNATIONALER MILITAERSTAB)		202.511.01.01

MC DONNEL DOUGLAS CORP.	ST. LOUIS, MASSACHUS.	USA.755.08
MI (MILITARY INTELLIGENCE)		USA.625
MIKROELEKTRONIK ZENTRUM	BOCHUM	BRD.732.10
MILITARY INTELLIGENCE/COUNTER INTELLIGENCE		USA.655
MINERALOG. -PETROLOG. INST. U. MUSEUM		BRD.412.03.01
MINISTRE DES AFFAIRES ETRANGERES		FRA.132.01
MIT (MASSACHUSSETTS INST. OF TECHNOLOGY)		USA.412.08
MLPD (MARX.-LEN. PARTEI DTSCHLANDS)		BRD.226.04
MLRS-EUROP. PRODUKTIONSGESELLSCH.	OTTOBRUNN	BRD.755.15
MONSANTO CHEMICAL CORP.		USA.723.01
MOTOROLA		USA.732.03
MOTOROLA-NIEDERLASSUNG BRD		USA732.03.01
MFG (MAX-PLANCK-GESELLSCHAFT)		BRD.401.02
MPG-FRITZ HABER INSTITUT	WESTBERLIN	BRD.423.02.04
MPG-INST. F. BIOCHEMIE		BRD.424.02.03
MPG-INST. F. ENTWICKLUNGS-BIOLOGIE	TUEBINGEN	BRD.424.02.04
MPG-INST. F. FESTKOERPER-FORSCHUNG	STUTTGART	BRD.436.02
MPG-INST. F. KOHLEFORSCHUNG		BRD.434.01.02
MPG-INST. F. MATHEMATIK		BRD.422.02
MPG-INST. F. METALLFORSCHUNG		BRD.434.01.01
MPG-INST. F. MOLEKULARE GENETIK	BERLIN	BRD.424.02.01
MPG-INST. F. PLASMAPHYSIK		BRD.423.02.02
MPG-INST. F. QUANTENOPTIK	GARCHING	BRD.423.02.03
MPG-INST. F. STRAHLENCHEMIE		BRD.425.02
MPG-INST. F. STROEMUNGS-FORSCHUNG		BRD.423.02.01
MPG-INST. F. ZUECHTUNGS-FORSCHUNG	KOELN	BRD.424.02.02
MPG-INST. D. WERKSTOFF-FORSCHUNG		BRD.434.01
MTG (MARINETECHN. PLANUNGS-GESELLSCHAFT)		BRD.532.02
MTU (MOTOREN- U. TURBINEN-		BRD.757.02

UNION)		
MTU	FRIEDRICHSHAFEN	BRD.757.02.01
MTU	MUENCHEN	BRD.757.02.02
MWV (MINERALOELWIRTSCHAFTS-VERBAND)	HAMBURG	BRD.721.03
NATIONAL CANCER INST. LABORATORIES	MARYLAND	USA.426.01
NATIONAL SEMICONDUCTOR-NIEDERLASSUNG BRD		USA.732.04.01
NATO-KOMMANDO STREIT-KRAEFTE/OSTSEEAUSGANG		202.524.07
NATURFREUNDE-JUGEND		BRD.323.07
NAUTIKINSTITUT	HAMBURG	BRD.644.06
NAVEL BIOLOG. LABORATORY	OAKLAND, CALIFORNIA	USA.465.04
NEUE GESELLSCHAFT/ FRANKFURTER HEFTE		BRD.233.02
NICO PYROTECHNIK-FA. DIEDERICHS	TRITTAU	BRD.724.02
NIS (NAVEL INTELLIGENCE SERVICE)		USA.627
NIXDORF-COMPUTERTECHNIK		BRD.737.08
NORTHAG (HQ. NORD EUROPA-MITTE)	RHEINDAHLEN	202.525.01
NOSS ELEKTROANLAGEN	KOELN	BRD.734.03
NPD (NATIONALDEMOKR. PARTEI DT.)		BRD.319.01
NPD-BUNDESGESCHAEFTSSTELLE		BRD.319.01.01
NSA (NATIONAL SECURITY AGENCY)		USA.634
NSC (NATIONAL SECURITY-COUNCIL)		USA.602
NSG (NAVEL SECURITY GROUP)		USA.637
NTS (BUND RUSSISCHER SOLIDARISTEN)		URS.262.01
NUKEM	HANAU	BRD.712.11
NUKLEARROHRGESELLSCHAFT	DUISBURG	BRD.712.05
OAS (ORGANIS. AMERIKAN. STAATEN)		106.101
OAU (ORGANIS. AFRIKAN. EINHEIT)		105.101
OBERLANDESGERICHT		BRD.132.03.08
OBERSTES RUECKERSTATTUNGS-GERICHT		BRD.132.03.07
OBJEKTE IM VATIKAN		VAT.241.02

OECD (ORGANIS. F. WIRTSCHAFTL. ZUSAMMENARB.)		201.701.01
OECD (ORGANIS. F. WIRTSCHAFTL. ZUSAMMENARB.)		201.129.02
OERK (OEKUMEN. RAT D. KIRCHEN-WELTKIRCHENRAT)		VAT.241.01
OETV (GEWERK. OEFF. DIENST, TRANSP., VERKEHR)		BRD.322.03
OETV-HAUPTVORSTAND		BRD.322.03.01
ONI (OFFICE OF NAVEL INVESTIGATION)		USA.657
OPTISCHE WERKE	RODENSTOCK	BRD.746.09
ORAGON	HEIDELBERG	BRD.792.02
OSI (OFFICE OF SPECIAL INVESTIGATION)		USA.656
OSTEUROPA-INSTITUT		WSB.214.01.04
OTRAG (ORBITAL TRANSPORT- U. RAKETEN-AG.)		BRD.755.06
OTTO-SUHR-INSTITUT		WSB.214.01.01
PANAVIA AIRKRAFT	MUENCHEN	BRD.755.13
PARTEI D. GRUENEN		BRD.317.01
PARTEI D. GRUENEN-LANDESVERBAENDE		BRD.317.01.03
PARTEI-D. GRUENEN-BUNDESTAGS-FRAKTION		BRD.317.01.02
PASSBEHOERDE		BRD.159.02
PAUL-LOEBE-INSTITUT	WESTBERLIN	BRD.215.03
PAX CHRISTI DT. SEKRETARIAT	FRANKFURT	BRD.243.04
PFA (POLIZEI-FUEHRUNGS-AKADEMIE)	MUENSTER	BRD.152.03
PHILIPS		BRD.735.04
PHILIPS		HOL.735.01
PHILIPS-BEREICH SYSTEM- U. SONDERTECHNIK		BRD.735.04.01
PINE BLUFF ARSENAL D. US-ARMY	ARKANSAS	USA.465.03
PLO		PAL.302.01
POLIGRAF-NUCLEAR	MUENCHEN	BRD.712.06
POLIZEISCHULE		BRD.152.04
POLYTECHN. INST. OF NEW YORK	BROOKLYN	USA.412.10
PORSCHE		BRD.752.03
PORSCHE-ENTWICKLUNGS-ZENTRUM	WEISSACH	BRD.752.03.02
PORSCHE	STUTTGART	BRD.752.03.01
POSSEV-VERLAG (NTS)		BRD.234.03

PRAKEA-SEISMOS	HANNOVER	BRD.763.05
PREUSSAG	HANNOVER	BRD.764.01
PROGEN	HEIDELBERG	BRD.792.01
PRUEFSTELLE FUER BUNDESLIEGENSCHAFTEN	HAMBURG	BRD.644.05
PSIS (PERM. SECRETAR. COM. INTELL. SERVICE)		GBR.602
PTB (PHYSIKALISCH-TECHNISCHE-BUNDESANSTALT)		BRD.132.05.02
PTZ (POSTTECHNISCHES ZENTRAL-AMT)		BRD.132.09.03
RADARLEIT	KIEL	BRD.735.05.01
RADIO FREE EUROPE		BRD.235.03
RADIO LIBERTY		BRD.235.04
RADI CORP. OF AMERICA	BURLINGTON, MASSACHUS.	USA.755.09
RAND CORPORATION (POLITIK-BERATERGESELLSCHAFT)		USA.289.01
RAYCHEM		BRD.733.22
RAYCHEM-BEREICH ELEKTRONIK	HOHENKIRCHEN	BRD.733.22.04
RAYCHEM	OTTOBRUNN	BRD.733.22.03
RAYCHEM	PUTZBRUNN	BRD.733.22.09
RCDS (RING CHRISTL. DEMOKRAT. STUDENTEN)		BRD.323.03
REAKTOR-BRENNELEMENTE UNION	HANAU	BRD.712.02
RECHENZENTRUM		BRD.539.04
REG. WESTBERLIN (SENAT)		WSB.112.01
REGENBOGENFRAKTION		201.121.01.04
REGIERUNGEN D. LAENDER		BRD.112
RESEARCH TRIANGLE INST.	NORTH CAROLINA	USA.424.01
RG (RENSEIGNEMENTS GENERAUX)		FRA.645
RHEINMETALL		BRD.743.03
RHEINMETALL	UNTERLUESS	BRD.746.06.01
RHEINMETALL	WESTBERLIN	BRD.743.03.02
RHEINMETALL	WESTBERLIN	BRD.746.06.02
RHEINMETALL MESS- U. PRUEF-TECHNIK		BRD.733.03
RHODE U. SCHWARZ ENGINEERING U. SALES		BRD.733.11
RING POLITISCHER JUGEND		BRD.323.10
ROCKWELL INTERNATIONAL CORP.	EL SEGUNDO	USA.755.10
RTG (RAKETEN-TECHNISCHE GESELLSCHAFT)		BRD.755.04

RUHRKOHLE	BOTTROP	BRD.763.01
RUSSEL PEACE FOUNDATION	LONDON	GBR.351.03
RWE (RHEIN.-WESTF. ELEKTRIZITAETSWERKE)		BRD.713.02
SAARBERGWERKE		BRD.763.02
SAATZUCHT AG KLEIN WANZLEBEN	EINBECK	BRD.438.06
SAMISDAT-ARCHIV		BRD.235.04.01
SCHIFFSBAU-GESELLSCHAFT	FLENSBURG	BRD.754.05
SCHIFFSMEDIZINISCHES INST.	KIEL	BRD.465.02
SCHILLER-INSTITUT		BRD.289.01
SCHLOEMANN-SIEMAG-VERWALTG.	DUESSELDORF	BRD.743.04.01
SCHOTT U. GENOSSEN	MAINZ	BRD.746.14
SCHULE F. INNERE FUEHRUNG D. BUWE		BRD.463.01
SCHULE F. PSYCHOLOG. VERTEIDIGUNG D. BUWE		BRD.463.02
SCHWEDISCHE FRIEDENS- U. SCHIEDSVEREINIGUNG		SWE.225.01
SCOTLAND YARD/SPECIAL BRANCH		GBR.646
SE (SPEZIAL ELEKTRONIK)		BRD.732.09
SECRETARIAT D'ETAT A LA SECURITE PUBLIQUE		FRA.603
SEKRETAERINNENSTUDIO	MANNHEIM	BRD.448.04
SEKRETAERINNENFACHSCHULE	OBERBAYERN	BRD.448.03
SEKRETAERINNENSTUDIO	STUTTGART	BRD.448.02
SEL (STANDARD ELEKTRIK LORENZ)		BRD.735.03
SEMINAR F. DEUTSCHE U. NORDISCHE RECHTSGESCHICHTE		BRD.214.02.02
SERVA FEINBIOCHEMIKA	HEIDELBERG	BRD.792.04
SET (VERBAND STAHLBAU U. ENERGIETECHNIK)		BRD.741.04
SFB (SENDER FREIES BERLIN)		WSB.235.01
SGS HALBLEITERBAUELEMENTE		BRD.732.07
SHAPE (NATO-OBERKOMMANDO)		202.523.01
SHB (SOZIALIST. HOCHSCHUL-BUND)		BRD.323.01
SI (SOZIALISTISCHE INTERNATIONALE)	LONDON	100.301.01
SIEMENS		BRD.732.02
SIEMENS A/S	ARHUS	BRD.712.13
SIEMENS	ZWEIGSTELLE KOELN	BRD.737.02.01
SIS/MI 6 (SECRET INTELLIGENCE SERVICE)		GBR.614

SNOW-LEHRGRUPPE MAD (SCH. F. NACHRICHTEN)		BRD.654.03.01
SOCIETE EUROP. INTEGRAT. SYST. SPATIAUX	PARIS	FRA.755.06
SOFTLAB	MUENCHEN	BRD.736.04
SOZIALISTISCHER BUND		BRD.323.14
SOZIALISTISCHE FRAKTION		201.121.01.01
SPD (SOZIALDEMOKRATISCHE PARTEI DT.)		BRD.314.01
SPD-ARBEITSGEMEINSCHAFTEN		BRD.314.01.05
SPD-BUNDESTAGSFRAKTION		BRD.314.01.02
SPD-LANDES- U. BEZIRKS-VERBAENDE		BRD.314.01.03
SPD-LANDTAGSFRAKTIONEN		BRD.314.01.04
SPD-PARTEIVORSTAND/ PRAESIDIUM		BRD.314.01.01
SPIEGEL		BRD.233.05
SPRINGER-VERLAG		WSB.234.01
SS (SECRET SERVICE)		USA.648
SS/MI 5 (SECURITY SERVICE)		GBR.644
STADTVERORDNETEN-VERSAMMLUNG		BRD.122.03
STADTVERWALTUNG		BRD.112.03
STAENDIGER MILITAER-AUSSCHUSS		202.521.02
STAENDIGER NATO-RAT		202.511.04
STAHLHELM		BRD.253.02
STANFORD UNI.	CALIFORNIA	USA.412.04
STATE DEPARTEMENT		USA.132.01
STATE UNI. OF NEW YORK	ALBANY/ BUFFALO	USA.412.09
STBA (STATISTISCHES BUNDESAMT)		BRD.114.01
STERN		BRD.233.06
STIFTUNG PREUSSISCHER KULTURBESITZ	WESTBERLIN	BRD.132.02.08
STREITKRAEFTEAMT D. BUWE		BRD.537.05
SUEDDEUTSCHES METALL-KONTOR		BRD.744.01
SUEDDEUTSCHE ZEITUNG		BRD.233.07
SWP FORSCHUNGSINST. F. POLITIK U. SICHERHEIT		BRD.215.10.01
SWP-HAUS EGGENBERG (STIFT. WISS. U. POLITIK)		BRD.215.10
SYS SCAN AS	KONGSBERG	NOR.755.01

TU TEXAS	LUBBOBK	USA.412.14
TU WESTBERLIN		WSB.412.02
TUN (TELEFONBAU U. NORMAL-ZEIT)		BRD.732.04
UBA (UMWELTBUNDESAMT)	WESTBERLIN	BRD.132.02.06
UCC (UNION CARBIDE CORP.)		USA.722.01
UNI. AUGSBURG		BRD.412.02
UNI. BIELEFELD		BRD.412.28
UNI. BOCHUM		BRD.412.29
UNI. BONN FRIEDRICH WILHELM		BRD.412.03
UNI. BONN SEMINAR F. POLIT. WISSENSCHAFTEN		BRD.214.07
UNI. BREMEN		BRD.412.05
UNI. BREMEN OSTFORSCHUNGS-INSTITUT/ARCHIV		BRD.214.01
UNI. CALIFORNIA		USA.412.03
UNI. COLUMBIA RUSSIAN INSTITUTE		USA.214.02
UNI. D. BUWE	HAMBURG	BRD.461.04
UNI. D. BUWE	MUENCHEN	BRD.461.05
UNI. DORTMUND		BRD.412.06
UNI. DUESSELDORF		BRD.412.07
UNI. ERLANGEN NUERNBERG-FRIEDR. ALEXANDER		BRD.412.08
UNI. FRANKFURT/MAIN		BRD.412.09
UNI. FREIBURG ALBERT-LUDWIG		BRD.412.30
UNI. GEORGETOWN CENTER F. STRAT. A. INT. STUDIE		USA.214.01
UNI. GIESSEN		BRD.412.31
UNI. GOETTINGEN		BRD.412.10
UNI. HAMBURG		BRD.412.11
UNI. HANNOVER		BRD.412.12
UNI. HEIDELBERG		BRD.412.13
UNI. KAISERSLAUTERN		BRD.412.32
UNI. KARLSRUHE FRIDERICIANA		BRD.412.14
UNI. KIEL CHRISTIAN-ALBRECHT		BRD.412.24
UNI. KIEL INST. F. WELT-WIRTSCHAFT		BRD.417.03.02
UNI. KIEL INST. F. POLITIK U. OSTRECHT		BRD.214.05
UNI. KOELN		BRD.412.15
UNI. KOELN INST. F. OSTRECHT		BRD.214.03
UNI. KONSTANZ		BRD.412.33
UNI. MAINZ DOLMETSCHER-INST.	GERMESHEIM	BRD.449.05

UNI. MAINZ JOHANN-GUTENBERG		BRD.412.16
UNI. MANNHEIM		BRD.412.34
UNI. MARBURG		BRD.412.17
UNI. MUENCHEN		BRD.412.18
UNI. MUENSTER		BRD.412.20
UNI. OREGON	EUGENE	USA.412.12
UNI. REGENSBURG		BRD.412.35
UNI. REGENSBURG INST. F. NATIONALITAETENRECHT		BRD.214.06
UNI. SAARBRUECKEN		BRD.412.21
UNI. STUTTGART		BRD.412.22
UNI. TEXAS	ARLINGTON	USA.412.13
UNI. TRIER		BRD.412.36
UNI. TUEBINGEN		BRD.412.37
UNI. ULM/DONAU		BRD.412.38
UNI. WITTEN/HERDECKE		BRD.412.25
UNI. WUERZBURG-JULIUS-MAXIMILIAN		BRD.412.23
UNI. WUERZBURG INST. F. OST- U. STAATSRECHT		BRD.214.04
UNO (VEREINTE NATIONEN)		101.101
UNO-HAUPTQUARTIER	NEW YORK	101.101.01
UNO-SITZ	GENF	101.101.02
US-FORCES MEDICAL COLLEGE	YEMPA/ FLORIDA	USA.465.01
US-NAVEL-RESEARCH-LABORATORY	WASHINGTON,V.	USA.465.02
USAFE (HQ. US-LUFTSTREITKR. EUROPA)		USA.554.01
USAREUR (HQ. US-LANDSTREITKR. EUROPA)		USA.542.01
USEUCOM (HQ. US-STREITKR. I. EUROPA)		USA.533.01
USIA (US INFORMATION AGENCY)		USA.281.01
UTILITY POWER CORP.	PALMETTO/ FLORIDA	USA.713.01
VCI (VERBD. D. CHEM. INDUSTRIE)	FRANKFURT/M.	BRD.721.01
VDA (VERBAND D. AUTOMOBIL-INDUSTRIE)	FRANKFURT/M.	BRD.752.01
VDI (VEREIN DT. INGENIEURE)	DUESSELDORF	BRD.332.01
VDMA (VEREIN DT. MASCHINEN-BAUANSTALTEN)		BRD.741.02
VDS (VERBAND DEUTSCHER SOLDATEN)		BRD.253.01
VDS (VEREINIGTE DEUTSCHE STUDENTENSCHAFT)		BRD.323.15

VERBAENDE D. GROSS- U. AUSSEN-HANDELS		BRD.781.01
VERBAND D. DEUTSCHEN SCHIFFBAUINDUSTRIE		BRD.754.10
VERBAND D. FEINMECH. -OPT. INDUSTRIE	KOELN	BRD.746.05
VERBAND DER RESERVISTEN D. BUWE		BRD.253.04
VEREINIGTE DEUTSCHE METALLWERKE	FRANKFURT	BRD.713.01
VEREINIGTE GLASWERKE SCHOTT-ZWIESEL		BRD.746.15
VEREINIGTE GROSSLOGEN-BRUDERSCH. F. FREIM.		BRD.247.01
VERFASSUNGSSCHUTZ		BRD.644
VERTRETUNGEN D. LAENDER B. BUND		BRD.112.01
VERWALTUNGSSCHULE	WEILHEIM	BRD.410.01
VERWALTUNG D. BUNDESTAGES		BRD.121.02.01
VORWAERTS		BRD.233.01
VOS (VEREINIGUNG D. OPFER D. STALINISMUS)	BONN	BRD.262.01
VULKAN SCHIFFBAU U. MASCHINENFABRIK		BRD.754.09
WALTER-REYMOND-STIFTUNG	KOELN	BRD.361.01
WANG COMPUTER		BRD.737.09
WASAG-CHEMIE	ESSEN	BRD.723.04
WASAG-CHEMIE SYTHEN		BRD.723.04.01
WEDAG (WESTFALEN DINNENDAHL GROEPPEL)		BRD.743.05
WEHRBEREICHSKOMMANDO		BRD.538.03
WEHRBEREICHSVERWALTUNG		BRD.538.04
WEHRERSATZAMT		BRD.538.05
WEHRWISS. DSTST. D. BUWE F. ABC-SCHUTZ	MUENSTER	BRD.463.05
WEHRWISS. DSTST. D. BUWE F. ABC-SCHUTZ	MUENSTER	BRD.465.06
WEHRWISSENSCH. FORSCHUNGSSTELLE BUWE		BRD.614.14
WEHRWISSENSCH. FORSCHUNGSSTELLE BUWE		BRD.537.12
WELTBANK		200.141.01
WEU (PARLAMENT VERSAMMLUNG WESTEUROPA)		201.129.01

WIRTSCHAFTSJUNIOREN DEUTSCHLANDS	BONN	BRD.343.01.05
WIRTSCHAFTSSCHULE DR. BUEHMANN		BRD.448.08
WIRTSCHAFTSVERBAND EISEN-, BLECH- U. METALLV.		BRD.741.03
WIRTSCHAFTSVEREIN. METALLE	DUESSELDORF	BRD.741.01
WVB (WIRTSCHAFTSVEREINIGUNG BERGBAU)	BONN	BRD.763.03
WVES (WIRTSCHAFTSVEREINIGUNG EISEN U. STAHL)		BRD.766.01
WZB (WISSENSCHAFTSZENTRUM)	WESTBERLIN	WSB.215.03
ZAHNRAEDERFABRIK RENK		BRD.744.03
ZDF		BRD.236.02
ZEITSCHRIFT F. SOZ. POLITIK U. WIRTSCHAFT		BRD.233.03
ZENTRALE ERFASSUNGSST. D. LANDESJUSTIZVERW.		BRD.229.01
ZENTRALLAZARETT	KOBLENZ-METTERNICH	BRD.465.01
ZENTRALSTELLE F. ARBEITSVERMITTLUNG	FRANKFURT/M.	BRD.132.07.03
ZENTRALVERB. POLIT. FLUECHTL. U. OSTGESCHAEDIG.		BRD.251.04
ZENTRUM F. MOLEKULARE BIOLOGIE		BRD.412.13.01
ZFCH (ZENTRALSTELLE F. CHIFFRIERWESEN)	BAD GODESBERG	BRD.614.02
ZFCH (ZENTRALSTELLE F. CHIFFRIERWESEN)	BAD GODESBERG	BRD.736.01
ZFCH-AUSSENSTELLE F. KOMMERZIELLE NORMUNG		BRD.736.01.01
ZFCH-AUSSENSTELLE F. KOMMERZIELLE NORMUNG		BRD.614.02.01
ZI G (INST. F. SOZIALWISS. FORSCHUNG)		WSB.214.01.02
ZMO (ZENTRALVERBAND MITTEL- U. OSTDEUTSCHER)		BRD.251.03
ZUSE DATENVERARBEITUNGS-ANLAGEN	BAD HERSFELD	BRD.737.07
ZU DEN DREI WELTKUGELN (MUTTERLOGE)		BRD.247.04
ZVEI (ZENTRALVERBAND ELEKTROTECHN. INDUSTRIE)		BRD.731.01

Anhang

Literaturverzeichnis

Monographien und Aufsätze

Andrew, Christopher/Gordiewsky, Oleg (Hrsg.), 1990: KGB. Die Geschichte seiner Auslandsoperationen von Lenin bis Gorbatschow, München.

1992: More Instructions from the Centre: Top Secret Files on KGB Global Operations 1975–1985, London.

1993: Comrade Kryuchkov's instructions: Top Secret Files on KGB Foreign Operations 1975–1985, Stanford/California.

1997: Nachrichtendienste im Kalten Krieg: Probleme und Perspektiven, in: Krieger/Weber 1997, S. 23–48.

Auerbach, Thomas, 1994: Vorbereitung auf den Tag X. Die geplanten Isolierungslager des MfS, hrsg. vom BStU, Berlin.

1997: Der Frieden ist unteilbar. Die blockübergreifende Friedensbewegung im Visier der Stasi-Hauptabteilung XX/5 (1981–1987), in: Deutschland Archiv 30(1997)3, S. 369–377.

1999: Einsatzkommandos an der unsichtbaren Front. Terror- und Sabotagevorbereitungen des MfS gegen die Bundesrepublik Deutschland, Berlin.

Backes, Uwe, 1991: Bleierne Jahre. Baader-Meinhof und danach, Erlangen.

Bailey, George/Kondraschow, Sergej A./Murphy, David E., 1997: Die unsichtbare Front. Der Krieg der Geheimdienste im geteilten Berlin, Berlin.

Bajohr, Walter, 1992: Das Erbe der Diktatur, Bonn.

Bakatin, Wadim, 1993: Im Innern des KGB, Frankfurt/Main.

Barron, John, 1974: KGB. Arbeit und Organisation des sowjetischen Geheimdienstes in Ost und West, Zürich/München.

1984: KGB heute, Bern/München.

Bastian, Uwe, 1995: Greenpeace im unsichtbaren Visier des MfS. Kommentierte Dokumentation über die Ausnutzung und Bekämpfung der Umweltschutzorganisation Greenpeace und Westberliner Alternativgruppen durch die Staatssicherheit der DDR, Berlin (Arbeitspapiere des Forschungsverbundes SED-Staat).

1996: Greenpeace in der DDR: Erinnerungsberichte, Interviews und Dokumente, Berlin.

Baule, Bernward, 1993: Die politische Freund-Feind-Differenz als ideologische Grundlage des Ministeriums für Staatssicherheit (MfS), in: Deutschland Archiv 26(1993)2, S. 170–184.

Benser, Günter/Krusch, Hans-Joachim (Hrsg.), 1993: Dokumente zur Geschichte der kommunistischen Bewegung in Deutschland, Reihe 1945/46, 5 Bände, München u. a.

Berlin-Handbuch 1992: Das Lexikon der Bundeshauptstadt, Berlin.
Bittman, Ladislav, 1972: Geheimwaffe D, Bern
1984: Zum Tode verurteilt. Memoiren eines Spions, München.
Bohnsack, Günther, 1997: Hauptverwaltung Aufklärung: Die Legende stirbt: Das Ende von Wolfs Geheimdienst, Berlin.
Bohnsack, Günther/Brehmer, Herbert, 1992a: Auftrag Irreführung: Wie die Stasi Politik im Westen machte, Hamburg.
1992b: Auftrag: Irreführung: Wie die Stasi im Westen Politik machte, in: Zwie-Gespräch 2(1992)11, S. 29–31.
Borcke, Astrid von, 1992: Vom KGB zum MBRF: Das Ende des sowjetischen Komitees für Staatssicherheit und der neue russische Sicherheitsdienst, in: Aus Politik und Zeitgeschichte (1992)21, S. 33–38.
Borer, Ernst R., 1975: Spionage: Abwerbemethoden und Anwerbepraktiken der Geheimdienste, Kreuzlingen.
Borkowski, Dieter, 1997: Der Mann ohne Skrupel. Ein Wolf im kapitalistischen Schafspelz, in: Die Revolte der Schriftsteller, hrsg. von Andreas W. Mytze, S. 1–5 (Europäische Ideen, 105).
Brandt, Heinz, 1967: Ein Traum, der nicht entführbar ist. Mein Weg zwischen Ost und West, München.
Brauckmann, Roland, 1996: Amnesty International als Feindobjekt der DDR, Berlin, (Schriftenreihe des Berliner Landesbeauftragten für die Unterlagen des Staatssicherheitsdienstes der ehemaligen DDR, 3).
Braunbuch, 1968: Kriegs- und Naziverbrecher in der Bundesrepublik und in Westberlin – Staat, Wirtschaft, Verwaltung, Armee, Justiz, Wissenschaft; hrsg. vom Nationalrat der Nationalen Front des Demokratischen Deutschland und vom Dokumentationszentrum der staatlichen Archivverwaltung der DDR, Berlin.
Brenner, Bert, 1991: Spione – und was nun? Das Stasi-Problem muß in erster Linie politisch gelöst werden, in: Zwie-Gespräch 1(1991)2, S. 15–25.
Brinkschulte, Wolfgang/Gerlach, Hans Jörg/Heise, Thomas, 1993: Freikaufgewinnler. Die Mitverdiener im Westen, Frankfurt/Main.
Bundesministerium des Innern (Hrsg.): Verfassungsschutzbericht für das Jahr 1983, 1989, 1990, 1991, 1993–1995.
Busch, Heinz, 1993: Die Militärspionage der DDR-Staatssicherheit, in: Europäische Sicherheit 42(1993)12, S. 617–621.
Buschfort, Wolfgang, 1991: Das Ostbüro der SPD: Von der Gründung bis zur Berlin-Krise, München (Schriftenreihe Vierteljahrshefte für Zeitgeschichte, 63).
1994: Luftballons als Feindobjekte. Westdeutscher Konzern schließt Geheimabkommen mit der Staatssicherheit, in: Deutschland Archiv 27(1994)3, S. 276–279.
1997: „Schwennicke ist politisch erledigt". Der Kampf der Staatssicherheit gegen den Berliner FDP-Landesvorsitzenden, in: Deutschland Archiv 30(1997)2, S. 252–257.
Buthmann, Reinhard, 1997: Kadersicherung im Kombinat VEB Carl Zeiss Jena. Die Staatssicherheit und das Scheitern des Mikroelektronikprogramms, Berlin.
Chaker, Irene, 1995: Die Arbeit der Hauptverwaltung Aufklärung (HV A) im „Operationsgebiet" und ihre Auswirkungen auf oppositionelle Bestrebungen in der DDR, in: Enquete-Kommission 1995, Bd. VIII, S. 126–242.
Chotjewitz-Häfner, Renate u. a. (Hrsg.), 1994: Die Biermann-Ausbürgerung und die Schriftsteller – ein deutsch-deutscher Fall. Protokoll der ersten Tagung der Geschichtskommission des Verbandes deutscher Schriftsteller (VS), Köln.

Clausen, Claus P./Kamphausen, Helmut/Löwenthal, Gerhard, 1993: Feindzentrale „Hilferufe von drüben", Lippstadt.

Colitt, Leslie, 1996: Spymaster. The real life Karla, his moles, and the east german secret police, London.

Corino, Karl, 1993: Transit. Rundfunksendung des Hessischen Rundfunks vom 4. Dezember 1993, 18.15–19.00 Uhr HR 2 (Manuskript).

DDR-Handbuch, 1985: hrsg. vom Bundesministerium für innerdeutsche Beziehungen, Köln.

Deckname Stabil, 1988: Stationen aus dem Leben und Wirken des Kommunisten und Tschekisten Paul Laufer, Leipzig.

Der Generalbundesanwalt, 1992: Anklageschrift gegen Markus Wolf, Karlsruhe (Eigendruck).

1993a: Anklageschrift gegen Horst Männchen, Karlsruhe (Eigendruck)

1993b: Anklageschrift gegen Rolf Wagenbreth, Wolfgang Mutz, Rolf Raabe und Bernd Michels, Karlsruhe (Eigendruck).

Deutscher Bundestag (Hrsg.), 1994: Der Bereich Kommerzielle Koordinierung und Alexander Schalck-Golodkowski – Werkzeuge des SED-Regimes, Bonn (Abschlußbericht des 1. Untersuchungsausschusses des 12. Deutschen Bundestages).

Die Inoffiziellen Mitarbeiter, 1992: Richtlinien, Befehle, Direktiven (I), hrsg. vom BStU, Berlin.

Dietl, Wilhelm/Neumann, Dieter, 1995: Carlos: Das Ende eines Mythos: Die Jagd nach dem Top-Terroristen, Bergisch-Gladbach.

Ebert, Ottomar, 1984: Spionage-Karussell Ost-West, Bergisch-Gladbach.

Edgar, J. H./Armin, R. J., 1962: Spionage in Deutschland, Berlin.

Eichner, Klaus, 1995a: Strafverfolgung wegen nachrichtendienstlicher Tätigkeit für die DDR, in: Unfrieden in Deutschland/Weissbuch 5: Unrecht im Rechts-Staat. Strafrecht und Siegerjustiz im Beitrittsgebiet, Berlin, S. 285–310.

1995b: Ermittlungsverfahren, Anklagen, Verurteilungen – eine Dokumentation, in: ebenda S. 319–391.

o. J.: Secret Services of the German Democratic Republic (GDR), in: Intelligence Watch Report Quarterly, Bd. 3, Nr. 1, S. 8–18.

Eichner, Klaus/Dobbert, Andreas, 1997: Headquarters Germany. Die amerikanischen Geheimdienste in Deutschland, Berlin.

Ein Bonner Dokument, 1993: Deutscher Bundestag, 12. Wahlperiode: Kleine Anfrage der Abgeordneten des Bundestages Ingrid Köppe und der Gruppe Bündnis 90/Die Grünen, „Kontakte der Bundesregierung zu ehemaligen Mitarbeitern des Ministeriums für Staatssicherheit" (Drucksache 12/5365) und Antwort der Bundesregierung mit Schreiben des Bundesministeriums des Innern v. 20. Juli 1993, in: Horch und Guck 2(1993)10, S. 33–34.

Ein Dokument des sowjetzonalen Polizeistaates. 1954: Die Spitzel- und Agentenarbeit des Staatssicherheitsdienstes; in: SBZ-Archiv 5(1954)1/2, S. 8–10.

Eisenfeld, Bernd, 1995a: Die Ausreisebewegung – eine Erscheinungsform widerständigen Verhaltens, in: Ulrike Poppe u. a. (Hrsg.): Zwischen Selbstbehauptung und Anpassung, Berlin, S. 192–223.

1995b: Die Zentrale Koordinierungsgruppe. Bekämpfung von Flucht und Übersiedlung (MfS-Handbuch, Teil III/17), hrsg. vom BStU, Berlin.

1996: Gerüchteküche DDR – Die Desinformationspolitik des Ministeriums für Staatssicherheit, in: Werkstatt Geschichte Nr. 15, S. 41–53.

1997: Strategien des Ministeriums für Staatssicherheit zur Steuerung der Ausreisebewegung, in: Ausreisen oder dableiben?, hrsg. vom BStU, Berlin, S. 6–18.
1999: Flucht und Ausreise – Macht und Ohnmacht, in: Am Ende des realen Sozialismus (3), Opposition in der DDR von den 70er Jahren bis zum Zusammenbruch der SED-Herrschaft. Analysen – Erfahrungsberichte – Dokumente, hrsg. von Eberhardt Kuhrt in Verbindung mit Hannsjörg F. Buck und Gunter Holzweißig im Auftrag des Bundesministeriums des Innern, Opladen (im Druck).
Eisenfeld, Peter, 1990: Dokumentation zum Staatssicherheitsdienst der ehemaligen DDR in 6 Teilen, Berlin.
Eltgen, Hans, 1995: Ohne Chance: Erinnerungen eines HVA-Offiziers, Berlin.
Engberding, Rainer O. M., 1993: Spionageziel Wirtschaft: Technologie zum Nulltarif, Düsseldorf.
Engelmann, Roger, 1993: Brüchige Verbindungen. Die Beziehungen zwischen FDP und LDPD 1956–1966, in: Engelmann/Erker 1993, S. 13–132.
1997: Diener zweier Herren. Das Verhältnis der Staatssicherheit zur SED und den sowjetischen Beratern 1950–1959, in: Siegfried Suckut/Walter Süß (Hrsg.), Staatspartei und Staatssicherheit. Zum Verhältnis von SED und MfS, Berlin, S. 51–72.
Engelmann, Roger/Erker, Paul, 1993: Annäherung und Abgrenzung. Aspekte deutsch-deutscher Beziehungen 1956–1969. (Schriftenreihe der Vierteljahrshefte für Zeitgeschichte, 66).
Engelmann, Roger/Schumann, Silke, 1995a: Der Ausbau des Überwachungsstaates. Der Konflikt Ulbricht-Wollweber und die Neuausrichtung des Staatssicherheitsdienstes der DDR 1957, in: Vierteljahrshefte für Zeitgeschichte 43(1995)2, S. 341–378.
1995b: Kurs auf die entwickelte Diktatur. Walter Ulbricht, die Entmachtung Ernst Wollwebers und die Neuausrichtung des Staatssicherheitsdienstes 1956/57, hrsg. vom BStU, Berlin.
Enquete-Kommission, 1995: Materialien der Enquete-Kommission „Aufarbeitung von Geschichte und Folgen der SED-Diktatur in Deutschland" (12. Wahlperiode des Deutschen Bundestages), hrsg. vom Deutschen Bundestag, 18 Bände, Baden-Baden und Frankfurt/Main.
Eppelmann, Rainer u. a., 1996: Lexikon des DDR-Sozialismus: Das Staats- und Gesellschaftssystem der Deutschen Demokratischen Republik, Paderborn (Studien zur Politik, 29)
Erich Mielke (MfS) und Leonid Scherbarschin (KGB) über den drohenden Untergang des Sozialistischen Lagers. Protokoll eines Streitgesprächs vom 7. April 1989, in: Deutschland Archiv 26(1993)9, S. 1015–1034.
Erker, Paul, 1993: „Arbeit nach Westdeutschland". Innenansichten des deutschlandpolitischen Apparates der SED 1959–1969, in: Engelmann/Erker 1993, S. 133–196.
Felfe, Heinz, 1986: Im Dienst des Gegners. 10 Jahre Moskaus Mann im BND, Hamburg u. a.
1988: Im Dienst des Gegners. Autobiographie, Berlin (Ost).
Filbinger, Hans, 1994: Die geschmähte Generation. Politische Erinnerungen, 3., erg. und überarb. Auflage: Die Wahrheit aus den Stasi-Akten, München.
Fingerle, Stephan/Gieseke, Jens, 1996: Partisanen des Kalten Krieges: Die Untergrundtruppe der Nationalen Volksarmee 1957 bis 1962 und ihre Übernahme durch die Staatssicherheit, hrsg. vom BStU, Berlin.
Florath, Bernd/Mitter, Armin/Wolle, Stefan (Hrsg.), 1992: Die Ohnmacht der Allmächtigen: Geheimdienste und politische Polizei in der modernen Gesellschaft, Berlin.

Förster, Günter, 1994: Die Dissertationen an der „Juristischen Hochschule" des MfS. Eine annotierte Bibliographie, hrsg. vom BStU, Berlin.

Foitzik, Jan/Buschfort, Wolfgang, 1998: Der sowjetische Terrorapparat in Deutschland. Die Ostbüros der Parteien in den 50er Jahren, Berlin (Schriftenreihe des Berliner Landesbeauftragten für die Unterlagen des Staatssicherheitdienstes der ehemaligen DDR, 7).

Foote, Alexander, 1954: Handbuch für Spione, Darmstadt.

Forni, Luigi, 1965: Spie di Pankow – Spie di Bonn, Mailand.

Frederik, Hans, 1971: Das Ende einer Legende: Die abenteuerlichen Erlebnisse des Towarischtsch Alexander Busch, München.

Fricke, Karl Wilhelm, 1982: Die DDR-Staatssicherheit: Entwicklung, Strukturen, Aktionsfelder, Köln.

1990a: Die Erblast der DDR-Staatssicherheit; in: Außenpolitik 41(1990)4, S. 403–411.

1990b: Entmachtung und Erblast des MfS, in: Deutschland Archiv 23(1990)12, S. 1881–1890.

1991: MfS intern. Macht, Strukturen, Auflösung der DDR-Staatssicherheit, Köln.

1993: „Schild und Schwert": Die Stasi. Funkdokumentation des DLF, Köln.

1994a: „Jeden Verräter ereilt sein Schicksal". Die gnadenlose Verfolgung abtrünniger MfS-Mitarbeiter, in: Deutschland Archiv 27(1994)3, S. 258–265.

1994b: Über „Verrat" und „Verräter" in der DDR-Staatssicherheit. Vorgetragen auf dem Diskussionsforum des Bundesbeauftragten für die Unterlagen des Staatssicherheitsdienstes der ehemaligen DDR in Berlin am 28. Oktober 1993, in: Zwie-Gespräch 4(1994)19, S. 11–16.

1994c: „Verrat" und „Verräter" in der DDR-Staatssicherheit, in: Recht und Politik 30(1994)1, S. 27–30.

1996a: Entführungsopfer posthum rehabilitiert. Das Schicksal des Rechtsanwalts Walter Linse, in: Deutschland Archiv 29(1996)6, S. 713–717.

1996b: Zur Manipulierung und Präjudizierung politischer Strafurteile durch das MfS, in: Deutschland Archiv 29(1996)6, S. 887–896.

1997a: Organisation und Tätigkeit der DDR-Nachrichtendienste, in: Krieger/Weber (Hrsg.) S. 213–224.

1997b: Ordinäre Abwehr – elitäre Aufklärung? Zur Rolle der Hauptverwaltung A im Ministerium für Staatssicherheit, in: Aus Politik und Zeitgeschichte (1997)50, S. 17–26.

Fricke, Karl Wilhelm/Engelmann, Roger, 1998: „Konzentrierte Schläge". Staatssicherheitsaktionen und politische Prozesse in der DDR 1953–1956, Berlin.

Fricke, Karl Wilhelm/Marquardt, Bernhard, 1995: DDR-Staatssicherheit. Das Phänomen des Verrats – Die Zusammenarbeit zwischen MfS und KGB, Bochum.

Fuchs, Jürgen, 1991: Landschaften der Lüge, Teil I–V, in: Der Spiegel, Nr. 47/1991–51/1991.

1993: Politisch-operatives Zusammenwirken und aktive Maßnahmen, in: Bearbeiten – Zersetzen – Liquidieren. Methoden und Arbeitsweise des MfS, hrsg. vom BStU, Berlin, S. 13–24.

1994: Unter Nutzung der Angst. Die „leise" Form des Terrors – Zersetzungsmaßnahmen des MfS, hrsg. vom BStU, Berlin.

1995: Bearbeiten, dirigieren, zuspitzen. Die „leisen" Methoden des MfS, in: Klaus Behnke/Jürgen Fuchs (Hrsg.), Zersetzung der Seele. Psychologie und Psychiatrie im Dienste der Stasi, Hamburg, S. 44–83.

Gast, Wolfgang, 1996: Einsichtnahme von JournalistInnen in Stasiakten. „Trüffelschweine“ für die Staatsanwälte, in: Bürgerrechte & Polizei CILIP (1996)2, S. 51–55.
Gehlen, Reinhard, 1971: Der Dienst. Erinnerungen 1942–1972, Mainz u. a.
1973: Zeichen der Zeit. Gedanken und Analysen zur weltpolitischen Entwicklung, Mainz.
1980: Verschlußsache, Mainz.
Geppert, Dominik, 1996: Störmanöver „Das Manifest der Opposition“ und die Schließung des Ostberliner „Spiegel“-Büros im Januar 1978, Berlin.
Gerken, Richard, 1965: Spione unter uns: Methoden und Praktiken der Roten Geheimdienste nach amtlichen Quellen. Die Abwehrarbeit in der Bundesrepublik Deutschland, Donauwörth.
Gespräch mit der „Operativgruppe“ der Arbeitsgruppe Sicherheit des „Runden Tisches“ zur Stasi-Auflösung, in: Bürgerrechte & Polizei CILIP (1990)1, S. 52–59.
Geworkjan, Natalija, 1992: Der KGB lebt. Fakten, Personen und Schicksale aus der Geschichte des sowjetischen Geheimdienstes, Berlin.
Gieseke, Jens, 1994: Die Hauptamtlichen 1962. Zur Personalstruktur des Ministeriums für Staatssicherheit, in: Deutschland Archiv 27(1994)9, S. 940–954.
1995: Die hauptamtlichen Mitarbeiter des Ministeriums für Staatssicherheit (MfS-Handbuch, Teil IV/1), hrsg. vom BStU, Berlin.
Gill, David/Schröter, Ulrich, 1991: Das Ministerium für Staatssicherheit. Anatomie des Mielke-Imperiums, Berlin.
Gilles, Franz-Otto/Hertle, Hans-Hermann, 1996: Sicherung der Volkswirtschaft. Struktur und Tätigkeit der „Linie XVIII“ des Ministeriums für Staatssicherheit der DDR, dargestellt am Beispiel der Objektdienststellen in der Chemieindustrie, in: Deutschland Archiv 29(1996)1, S. 48–57.
Göpel, Helmut, 1993a: Aufklärung, in: Klaus Naumann (Hrsg.): NVA. Anspruch und Wirklichkeit nach ausgewählten Dokumenten, Berlin/Bonn/Herford, S. 221–239.
1993b: Die Berlin-Operation, in: ebenda, S. 286–300.
Gordiewsky, Oleg/Andrew, Christopher, 1990: KGB. Die Geschichte seiner Auslandsoperationen von Lenin bis Gorbatschow, München.
Graumann, Carl F./Moscovici, Serge (Hrsg.), 1987: Changing conceptions of conspiracy, Berlin.
Gries, Sabine, 1995: Die Pflichtberichte der wissenschaftlichen Reisekader der DDR, in: Voigt/Mertens (Hrsg.), S. 141–168.
Günther, Heinz, o. J. (1992): Wie Spione gemacht wurden, Berlin.
Guillaume, der Spion, 1974: Ein dokumentarischer Bericht, Landshut (anonym).
Guillaume, Günter, 1988: Die Aussage: protokolliert von Günter Karau/Günter Guillaume, Berlin.
1990: Die Aussage: Wie es wirklich war, München.
Haase, Dieter, 1993: Mein Name ist Haase – ich weiß ... zuviel?! Ein Doppelagent berichtet über unheimliche Regierungskriminalität, Celle.
Haendcke-Hoppe-Arndt, Maria, 1997: Die Hauptabteilung XVIII: Volkswirtschaft (MfS-Handbuch, Teil III/10), hrsg. vom BStU, Berlin.
Hagen, Louis, 1969: Der heimliche Krieg auf deutschem Boden seit 1945, Düsseldorf.
Hartmann, Wolfgang, 1995: Gedanken gegen den Strom. Über Bürger der Alt-BRD im Dienste der DDR-Auslandsaufklärung, in: Unfrieden in Deutschland. Weissbuch 5: Unrecht im Rechts-Staat. Strafrecht und Siegerjustiz im Beitrittsgebiet, Berlin, S. 311–318.

1997a: Aufklärer in der BRD, in: Blätter für deutsche und internationale Politik, 42(1997)9, S. 1123–1132.
1997b: „Das Erbe Dzierzynskis" – oder weshalb seine Nachdenklichkeit abhanden kam. Persönliche Reflexionen und Fragen an Meinesgleichen, in: UTOPIE kreativ (1997)83, S. 5–19.
Herborg, Mette/Michaelsen, Per, 1996: Stasi og Danmark, Viborg (Dänemark).
Herms, Michael/Popp, Karla, 1997: Westarbeit der FDJ 1946–1989. Eine Dokumentation, Berlin.
Herz, Peter, 1961: Berlin-Lichtenberg, Normannenstraße 22: Agentenzentrale SSD, Berlin.
Herzberg, Guntolf, 1992: Der OV „Netz" in den Akten des MfS: Die Stasi über das „European Network" und den „Ost-West-Dialog", Berlin (unveröffentlichtes Manuskript).
Hirsch, Ralf/Fuchs, Jürgen, 1993: Zu Artikel „Mustang" im Heft 4. Verleumdungen der Stasi/MfS-Zersetzungsstrategien und Desinformation aufklären, in: Horch und Guck 2(1993)5, S. 18 f.
Höhne, Heinz, 1985: Krieg im Dunkeln, München.
Hoffmann, Dierk/Schmidt, Karl-Heinz/Skyba, Peter (Hrsg.), 1993: Die DDR vor dem Mauerbau. Dokumente zur Geschichte des anderen deutschen Staates, München.
Holzweißig, Gunter, 1992: Das MfS und die Medien, in: Deutschland Archiv 25(1992)1, S. 32–42.
1995: Klassenfeinde und „Entspannungsfreunde": West-Medien im Fadenkreuz von SED und MfS, Berlin (Schriftenreihe des Berliner Landesbeauftragten für die Unterlagen des Staatssicherheitsdienstes der ehemaligen DDR, 2).
1997: Zensur ohne Zensor. Die SED-Informationsdiktatur, Bonn.
Horchem, Hans Josef, 1988: Die verlorene Revolution. Terrorismus in Deutschland, Herford.
Hutton, J. Bernard, 1972: Ostagenten am Werk: Das Ohr am Eisernen Vorhang, Dokumentarbericht, München.
Jackob, Kerstin, 1992: Zur Arbeit des Sektors MfS der Abteilung für Sicherheitsfragen im Zentralkomitee der SED in den fünfziger Jahren, in: Zwie-Gespräch 2(1992)11, S.12–22.
Jentsch, Eva, 1966: Agenten unter uns: Spionage in der Bundesrepublik, Düsseldorf.
John, Otto, 1969: Zweimal kam ich heim: Vom Verschwörer zum Schützer der Verfassung, Düsseldorf.
Jordan, Carlo/Mitter, Armin/Wolle, Stefan, 1994: Die Grünen der Bundesrepublik in der politischen Strategie der SED-Führung (Zwischenbericht), Berlin (unveröffentlichtes Manuskript).
Kabus, Andreas, 1993: Auftrag Windrose: Der militärische Geheimdienst der DDR, Berlin.
Kahl, Werner, 1986: Spionage in Deutschland heute, München.
Kanonenberg, Andreas/Müller, Michael, 1992: Die RAF – Stasi – Connection, Berlin.
Karau, Gisela, 1992: Stasiprotokolle: Gespräche mit ehemaligen Mitarbeitern des „Ministeriums für Staatssicherheit" der DDR, Frankfurt/Main.
Kaufmann, Bernd u. a., 1993: Der Nachrichtendienst der KPD 1919–1937, Berlin.
Kelm, Georg, 1995: Bemerkungen zum „Stasi-Spionage-Beschluß" des Bundesverfassungsgerichtes, in: Horch und Guck 4(1995)16, S. 72–75.

Keworkow, Wjatscheslaw, 1995: Der geheime Kanal. Moskau, der KGB und die Bonner Ostpolitik, Berlin.

Knabe, Hubertus, 1992: Akteneinsicht eines Westdeutschen, in: Hans Joachim Schädlich (Hrsg.): Aktenkundig, Berlin, S. 229–253.

1997a: Die Stasi als Problem des Westens. Zur Tätigkeit des MfS im „Operationsgebiet", in: Aus Politik und Zeitgeschichte (1997)50, S. 3–16.

1997b: Die Stasi war immer mit dabei. Muß die Geschichte der alten Bundesrepublik neu geschrieben werden?, in: Frankfurter Allgemeine Zeitung vom 8.12.1997.

1998: Die feinen Waffen der SED. Nicht-strafrechtliche Formen politischer Viktimisierung in der DDR, in: Hans Kury/Ulrich Baumann (Hrsg.): Politisch motivierte Verfolgung – Opfer von SED-Unrecht, Freiburg, S. 303–329.

Knopp, Guido, 1994: Verräter im Geheimen Krieg, München.

Koch, Egmont, 1992: Das geheime Kartell: BND, Schalck, Stasi & Co., Hamburg.

Koch, Peter-Ferdinand, 1992: Das Schalck-Imperium: Deutschland wird gekauft, München.

1994: Die feindlichen Brüder: DDR contra BRD, eine Bilanz nach 50 Jahren Bruderkrieg, Bern.

Köppe, Ingrid/Saathoff, Günter, 1991: Aufarbeitung der Stasi-Vergangenheit: Täter, Opfer, Unterlagen, in: Vorgänge 30(1991)2, S. 92–102.

Kondraschew, Sergei A., 1997: Stärken und Schwächen der sowjetischen Nachrichtendienste, insbesondere in bezug auf Deutschland in der Nachkriegszeit, in: Krieger/Weber 1997, S. 145–153.

Krieger, Wolfgang/Weber, Jürgen (Hrsg.), 1997: Spionage für den Frieden? Nachrichtendienste in Deutschland während des Kalten Krieges, München.

Krivitsky, Walter G., 1990: Ich war Stalins Agent, hrsg. von Hellmut G. Haasis, Grafenau-Döffingen.

Krjutschkow, Wladimir, 1994: Der Internationalist Markus Wolf, (unter dem Haupttitel: Alte Kameraden) übersetzt und gekürzt dokumentiert von Vera Ammer, in: Deutschland Archiv 27(1994)8, S. 894–896.

Kubina, Michael, 1996: „In einer solchen Form, die nicht erkennen läßt, worum es sich handelt...". Zu den Anfängen der parteieigenen Geheim- und Sicherheitsapparate der KPD/SED nach dem Zweiten Weltkrieg, in: Internationale wissenschaftliche Korrespondenz zur Geschichte der Arbeiterbewegung (IWK) 32(1996)3, S. 340–374.

1998: „Was in dem einen Teil verwirklicht werden kann mit Hilfe der Roten Armee, wird im anderen Teil Kampffrage sein". Zum Aufbau des zentralen Westapparates der KPD/SED 1945–1949, in: Wilke 1998, S. 413–500.

Kummer, Jochen, 1997: Stasi-Akte „Zwilling" – Wie ein WamS-Reporter und sein Bruder bespitzelt wurden, sechsteilige Artikelserie in: Welt am Sonntag, Nr. 17–22 (27. April–1. Juni 1997).

Kundschafter des Friedens, 1989, Leipzig (Publikation für MfS-Angehörige).

Labrenz-Weiß, Hanna, 1998: Hauptabteilung II (MfS-Handbuch, Teil III/7), hrsg. vom BStU, Berlin.

Laufer, Jochen, 1992: Die Ursprünge des Überwachungsstaates in Ostdeutschland. Zur Bildung der Deutschen Verwaltung des Innern in der Sowjetischen Besatzungszone (1946), in: Florath/Mitter/Wolle (Hrsg.), S. 146–168.

Leide, Henry, 1998: Herr der Akten. Eine Skizze zur propagandistischen, operativen und justitiellen Auswertung von NS-Materialien durch das ehemalige MfS (unveröffentlichtes Manuskript).

Lewytzkyj, Boris, 1961: Vom Roten Terror zur sozialistischen Gesetzlichkeit. Der sowjetische Sicherheitsdienst, München.

Lölhöffel, Helmut, 1993: Herzogin tankte, Baron putzte Scheiben. Bestürzendes und Banales aus der Stasi-Akte eines West-Journalisten, in: Horch und Guck 2(1993)5, S. 1–5.

Lohneis, Hans, 1994: „DDR-Wissenschaft im Zwiespalt zwischen Forschung und Staatssicherheit", in: Deutschland Archiv 27(1994)7, S. 747–750.

Lotze, Gerd, 1995: Karl Wienand: Der Drahtzieher, Köln.

Macrakis, Kristie, 1997: Das Ringen um wissenschaftlich-technischen Höchststand: Spionage und Technologietransfers in der DDR, in: Dieter Hoffmann/Kristie Macrakis: Naturwissenschaft und Technik in der DDR, Berlin, S. 59–88.

Mader, Julius, o. J.: Die graue Hand. Eine Abrechnung mit dem Bonner Geheimdienst, Berlin.

1961a: Gangster in Aktion. Aufbau und Verbrechen des amerikanischen Geheimdienstes, Berlin.

1961b: Die Killer lauern. Ein Dokumentarbericht über die Ausbildung und den Einsatz militärischer Diversions- und Sabotageeinheiten in den USA und in Westdeutschland, Berlin.

1968: Who's who in CIA. Ein biographisches Nachschlagewerk über 3 000 Mitarbeiter der zivilen und militärischen Geheimdienstzweige der USA in 120 Staaten, hrsg. von Julius Mader, Berlin.

1984: Dr.-Sorge-Report, Berlin.

1985: Dr.-Sorge-Report. Ein Dokumentarbericht über Kundschafter des Friedens mit ausgewählten Artikeln von Richard Sorge, Berlin.

Mader, Julius/Charisius, Albrecht, 1978: Nicht länger geheim. Entwicklung, System und Arbeitsweise des imperialistischen deutschen Geheimdienstes, Berlin.

Mader, Julius/Stuchliki, Gerhard/Pehnert, Horst, 1967: Dr. Sorge funkt aus Tokyo, Berlin.

Mampel, Siegfried, 1994a: Der Untergrundkampf des Ministeriums für Staatssicherheit gegen den Untersuchungsausschuß Freiheitlicher Juristen in Berlin (West), Berlin (Schriftenreihe des Berliner Landesbeauftragten für die Unterlagen des Staatssicherheitsdienstes der ehemaligen DDR, 1).

1994b: Organisierte Kriminalität der Stasi in Berlin (West). Die Machenschaften des Ministeriums für Staatssicherheit gegen den Untersuchungsausschuß Freiheitlicher Juristen, in: Deutschland Archiv 27(1994)9, S. 907–926.

1996a: Das Ministerium für Staatssicherheit der ehemaligen DDR als Ideologiepolizei. Zur Bedeutung einer Heilslehre als Mittel zum Griff auf das Bewußtsein für das Totalitarismusmodell, Berlin (Schriftenreihe der Gesellschaft für Deutschlandforschung, 50).

1996b: Die DDR- und vergleichende Deutschlandforschung in der Sicht des Ministeriums für Staatssicherheit, in: Deutschland Archiv 29(1996)1, S. 34–48.

1999: Entführungsfall Dr. Walter Linse – Menschenraub und Justizmord als Mittel des Staatsterrors, Berlin (Schriftenreihe des Berliner Landesbeauftragten für die Unterlagen des Staatssicherheitsdienstes der ehemaligen DDR, 10).

Marquardt, Bernhard, 1995: Die Zusammenarbeit zwischen MfS und KGB, in: Enquete-Kommission 1995, Band VIII, S. 297–361.

Meier, Richard, 1992: Geheimdienst ohne Maske: Der ehemalige Präsident des Bundesverfassungsschutzes über Agenten, Spione und einen gewissen Herrn Wolf, Bergisch-Gladbach.

Meier, Stephan Richard, 1992: Carlos. Demaskierung eines Topterroristen, München.
Mertens, Lothar, 1994: „Westdeutscher“ Antisemitismus? MfS-Dokumente über eine Geheimaktion in der Bundesrepublik Deutschland, in: Deutschland Archiv 27(1994)12, S. 1271–1274.
Meyer, Till, 1996: Staatsfeind. Erinnerungen, Hamburg.
Michels, Bernd, 1992: Spionage auf Deutsch: Wie ich über Nacht zum Top-Agent wurde, Düsseldorf.
Minnick, Wendell L., 1992: Spies and Provocateurs: a worldwide Encyclopedia of Persons Conducting Espionage and Covert Action 1946–1991, Jefferson.
Mönnighoff, Martin, 1998: „Hettstedt ruft Münster!“. „Westarbeit“ der Sozialistischen Einheitspartei Deutschlands im Bezirk Halle und in Nordrhein-Westfalen (1956–1970), Münster.
Morsey, Rudolf, 1996: Heinrich Lübke. Eine politische Biographie, Paderborn.
Müller-Enbergs, Helmut, 1993: IM-Statistik 1985–1989, hrsg. vom BStU, Berlin.
Müller-Enbergs, Helmut (Hrsg.), 1996: Inoffizielle Mitarbeiter des Ministeriums für Staatssicherheit. Richtlinien und Durchführungsbestimmungen, Berlin.
1998: Inoffizielle Mitarbeiter des Ministeriums für Staatssicherheit. Teil 2: Anleitungen für Agenten, Kundschafter und Spione in der Bundesrepublik Deutschland, Berlin.
Münchner Arbeitsgruppe „Kommunistische Infiltration und Machtkampftechnik“ im Komitee „Rettet die Freiheit“ (Hrsg.), o. J.: Verschwörung gegen die Freiheit. Die kommunistische Untergrundarbeit in der Bundesrepublik, o. O. (Typoskript).
Myagkow, Aleksei, 1977: KGB intern. Enthüllungen eines Offiziers der III. Hauptverwaltung, Stuttgart.
Naimark, Norman M., 1994: „To know everything and to report everything worth knowing.“ Building the East German Police State 1945–1949, Cold War International History Project, Working Paper No. 10, Stanford University.
1995: The Russians in Germany. A History of the Soviet Zone of Occupation, 1945–1949, Cambridge, Massachusetts/London.
1997: Die Russen in Deutschland. Die sowjetische Besatzungszone 1945 bis 1949, Berlin.
Naumann, Michael, 1980: Spitzel, Stasi, Spione, in: Zeit-Dossier 1, München.
Neugebauer, Gero, 1996: „Nützliche“ oder „schädliche“ DDR-Forschung. Bemerkungen zu Siegfried Mampel „Die DDR- und vergleichende Deutschlandforschung in der Sicht des MfS“, in: Deutschland Archiv 29(1996)3, S. 454–456.
Nielsen, Harald, 1996: The RAF-Stasi-Connection: The cooperation between the Ministry for State Security of the German Democratic Republic and German Left-Wing Terrorism, Ebenhausen (unveröffentlichtes Manuskript).
Nitsche, Rudolf, 1994: Diplomat im besonderen Einsatz: Eine DDR-Biographie, Schkeuditz.
Nollau, Günther, 1959: Die Internationale. Wurzeln und Erscheinungsformen des proletarischen Internationalismus, Köln.
1976: Wie sicher ist die Bundesrepublik?, München.
1979: Das Amt. 50 Jahre Zeuge der Geschichte, München.
Norden, Albert, 1981: Ereignisse und Erlebtes, Berlin.
Oldenburg, Fred/Stephan, Gerd-Rüdiger, 1995: Honecker kam nicht bis Bonn. Neue Quellen zum Konflikt zwischen Ostberlin und Moskau 1984, in: Deutschland Archiv 28(1995)8, S. 791–806.

Organisationsstruktur des Ministeriums für Staatssicherheit 1989, 1995: bearbeitet von Roland Wiedmann, (MfS-Handbuch, Teil V/1), hrsg. vom BStU, Berlin.
Ostberlin. Agitations- und Zersetzungszentrale für den Angriff gegen den Bestand und die verfassungsmäßige Ordnung der Bundesrepublik Deutschland und Operationsbasis der östlichen Spionagedienste, 1960: Drucksache 131179.60 der Bundesdruckerei, Bonn.
Peterlini, Hans Karl, 1992: Bomben aus zweiter Hand: Zwischen Gladio und Stasi, Südtirols mißbrauchter Terrorismus, Bozen (Italien).
Petzold, Frank, 1993: Betrachtungen zur Auflösung des Ministeriums für Staatssicherheit unter der Regierung Modrow (Teil I–III). Zur Stasi-Auflösung, in: Horch und Guck 2(1993)9, S. 3–16; 2(1993)10, S. 15–24; 2(1993)11, S. 28–34.
Pfister, Elisabeth, 1999: Unternehmen Romeo. Die Liebeskommandos der Stasi, Berlin.
Piekalkiewicz, Janusz, 1988: Weltgeschichte der Spionage: Agenten – System – Aktionen, München.
Pötzl, Norbert F., 1997: „Basar der Spione". Die geheimen Missionen des DDR-Unterhändlers Wolfgang Vogel, Hamburg.
Pumphrey, Doris und George, 1998: Angeklagt der „geheimdienstlichen Tätigkeit für eine fremde Macht", in: Geheim 14(1998)1, S. 18–21.
Puschkin, Juri, 1992: GRU in Deutschland. Aktivitäten des sowjetischen Geheimdienstes nach der deutschen Wende, Düsseldorf.
Reichenbach, Alexander, 1992: Chef der Spionage: Die Markus-Wolf-Story, Stuttgart.
Reichelt, Hans, u. a. (Hrsg.), 1995: Unfrieden in Deutschland. Weissbuch 5, Unrecht im Rechts-Staat: Strafrecht und Siegerjustiz im Beitrittsgebiet, Berlin.
Richter, Michael, 1993: „Operationsgebiet" West, in: Die politische Meinung 38(1993)286, S. 35–40.
Richter, Peter/Rösler, Klaus, 1992: Wolfs Westspione. Ein Insider-Report, Berlin.
Ridder, Helmut, 1996: Die deutsch-deutsche Spionage im Okular der westdeutschen Deutschland-Jurisprudenz, Bonn (Edition Blätter, 1).
Röhl, Klaus Rainer, 1974: Fünf Finger sind keine Faust, Köln.
Roesler, Jörg, 1994: Industrieinnovation und Industriespionage in der DDR. Der Staatssicherheitsdienst in der Innovationsgeschichte der DDR; in: Deutschland Archiv 27(1994)10, S. 1026–1040.
Roigk, Horst, 1995: Die Tätigkeit des ehemaligen MfS zur Sicherung der Volkswirtschaft der DDR. In: Zwie-Gespräch 5(1995)28–29, S. 12–23.
Ruland, Bernd, 1971: Krieg auf leisen Sohlen: Spionage in Deutschland, Stuttgart.
Runge, Irene/Stelbrink, Uwe, 1990: Markus Wolf: „Ich bin kein Spion": Gespräche mit Markus Wolf, Berlin
Rupieper, Herrmann-Josef/Schroedter, Ekkard, 1997: Feindobjektakte „Spinne", Halle.
Sacharov, Vladimir Vladimirovic/Filippovych, Dmitrij Nikolaevic/Kubina, Michael, 1998: Tschekisten in Deutschland. Organisation, Aufgaben und Aspekte der Tätigkeit der sowjetischen Sicherheitsapparate in der Sowjetischen Besatzungszone Deutschlands (1945–1949), in: Wilke 1998, S. 293–335.
Schädlich, Hans Joachim (Hrsg.), 1992: Aktenkundig, Berlin.
Scharnhorst, Gerd, 1965: Spione in der Bundeswehr: Ein Dokumentarbericht, Bayreuth.

Schell, Manfred/Kalinka, Werner, 1991: Stasi und kein Ende: Die Personen und Fakten, Bonn.
Schiffers, Reinhard, 1997: Verfassungsschutz und parlamentarische Kontrolle in der Bundesrepublik Deutschland 1949–1957. Mit einer Dokumentation zum „Fall John“ im Bundestagsausschuß zum Schutz der Verfassung, Düsseldorf.
Schlomann, Friedrich W., 1981: Die Ostblock-Spionage gegen die Bundesrepublik Deutschland: Eine Analyse der nachrichtendienstlichen Offensive des Warschauer Paktes – insbesondere der „DDR“ – gegen das freie Deutschland, München (Informationen zur Deutschlandpolitik, 18).
1984: Operationsgebiet Bundesrepublik: Spionage, Sabotage und Subversion, München.
1991: Die östliche Spionage gegen die Bundesrepublik Deutschland, in: Politische Studien 42(1991)320, S. 581–601.
1992: Das Erbe der Spionage, in: Politische Studien 43(1992)324, S. 82–92.
1993: Die Maulwürfe: Noch sind sie unter uns, die Helfer der Stasi im Westen, München.
Schmaldienst, Fritz/Matschke, Klaus-Dieter, 1995: Carlos-Komplize Weinrich: Die internationale Karriere eines deutschen Top-Terroristen, Frankfurt/Main.
Schmidt, Hagen, 1997: Spion unter Spitzeln, Köln.
Schollwer, Wolfgang, 1996: Die DDR-Staatssicherheit und das Ostbüro der FDP, in: Deutschland Archiv 29(1996)1, S. 100–106.
Scholz, Michael F., 1997: Bauernopfer der deutschen Frage. Der Kommunist Kurt Vieweg im Dschungel der Geheimdienste, Berlin.
Schroeder, Klaus/Staadt, Jochen, 1995: Im Westen nichts Neues? Dokumentation zur Diskussion um den Einfluß von SED, FDJ und MfS auf die Freie Universität Berlin, Berlin (Arbeitspapiere des Forschungsverbundes SED-Staat).
Schutzkomitee Freiheit und Sozialismus in Selbstzeugnissen, Dokumenten, Briefen und im Zerrspiegel der MfS-Akten, London, 1995 (Europäische Ideen, Sonderheft 1).
Schwan, Heribert, 1997: Erich Mielke. Der Mann, der die Stasi war, München.
Schwarz, Victor F., 1992: „Mustang“. MfS, CIA und DDR-Opposition. In: Horch und Guck 1(1992)4, S. 18–21.
Seiffert, Wolfgang/Treutwein, Norbert, 1991: Die Schalck-Papiere: DDR-Mafia zwischen Ost und West, München.
Sélitrenny, Rita/Weichert, Thilo, 1991: Das unheimliche Erbe: Die Spionageabteilung der Stasi, Leipzig.
Semirjaga, Michail, 1996: Wie Berijas Leute in Ostdeutschland die „Demokratie“ errichteten, in: Deutschland Archiv 29(1996)5, S. 741–752.
Senator für Inneres (Hrsg.), 1959: Östliche Untergrundarbeit gegen Westberlin, Berlin.
Seul, Arnold, 1995: Das Ministerium für Staatssicherheit und die DDR-Volkswirtschaft, in: Enquete-Kommission 1995, Band VIII, S. 532–584.
Sherr, James, 1995: The new Russian Intelligence Empire, in: Problems of Post-Communism, November/Dezember 1995, S. 11–17.
Siebenmorgen, Peter, 1993: „Staatssicherheit“ der DDR. Der Westen im Fadenkreuz der Stasi, Bonn.
Staadt, Jochen, 1993: Die geheime Westpolitik der SED 1960–1970. Von der gesamtdeutschen Orientierung zur sozialistischen Nation, Berlin.
Staatssicherheit verpflichtete Agenten, 1950, in: SBZ-Archiv 1(1950)3, S. 26.

Stasi-Lexikon ohne alphabetische Folge, 1993, Teil 5 und 6, in: Horch und Guck 2(1993)5, S. 57 und 6, S. 73.

Stephan, Gerd-Rüdiger, 1994: Die Akten des DDR-Ministeriums für Staatssicherheit (MfS) und die Zeitgeschichtsforschung, in: Zeitschrift für Geschichtswissenschaft 42(1994)6, S. 530–532.

Stiller, Werner, 1986: Im Zentrum der Spionage, Mainz.

Stolle, Uta, 1997: Traumhafte Quellen. Vom Nutzen der Stasi-Akten für die Geschichtsschreibung, in: Deutschland Archiv 30(1997)2, S. 209–221.

Strotmann, Michael, 1993: Die Last der Vergangenheit. Zum Umgang mit den Stasi-Akten, in: Deutschland Archiv 26(1993)12, S. 1372–1389.

Suckut, Siegfried (Hrsg.), 1996: Das Wörterbuch der Staatssicherheit. Definitionen des MfS zur „politisch-operativen Arbeit", Berlin.

Süß, Walter, 1993: Zu Wahrnehmung und Interpretation des Rechtsextremismus in der DDR durch das MfS, in: Deutschland Archiv 26(1993)4, S. 388–407.

Tantzscher, Monika, 1994: Maßnahme „Donau" und Einsatz „Genesung". Die Niederschlagung des Prager Frühlings 1968/69 im Spiegel der MfS-Akten, hrsg. vom BStU, Berlin.

1996: Die Stasi und ihre geheimen Brüder. Die internationale geheimdienstliche Kooperation des MfS, in: Diktaturen in Europa im 20. Jahrhundert – der Fall DDR, hrsg. von Heiner Timmermann, Berlin, S. 595–621.

1998: Die verlängerte Mauer. Die Zusammenarbeit der Sicherheitsdienste der Warschauer-Pakt-Staaten bei der Verhinderung von „Republikflucht", hrsg. vom BStU, Berlin.

Tätigkeit des MfS gegen äußere und innere Feinde der DDR, 1987, in: Informationsmaterial für die Öffentlichkeitsarbeit, Berlin, (internes Material, hrsg. vom MfS) Heft 12, S. 1–65.

Thoms, Lieselotte, Die unsichtbare Front (ohne weitere Angaben).

Tumanow, Oleg, 1993: Geständnisse eines KGB-Agenten, Berlin.

Turber, Rudolf, 1992: Die Auswertung westlicher Medien im MfS, in: Deutschland Archiv 25(1992)3, S. 248–254.

Untersuchungsausschuß Freiheitlicher Juristen (Hrsg.), o. J., Der Staatssicherheitsdienst: Terror als System, Berlin.

Unverhau, Dagmar, 1998: Das „NS-Archiv" des Ministeriums für Staatssicherheit. Stationen einer Entwicklung, Münster.

Vielain, Heinz/Schell, Manfred, 1978: Verrat in Bonn, Berlin.

Viett, Inge, 1997: Nie war ich furchtloser. Autobiographie, Hamburg.

Villemarest, Pierre de, 1991: Le coup d'Etat de Markus Wolf: la guerre secrete des deux Allemagnes 1945–1991, Frankreich.

Voelkner, Hans, 1989: Salto mortale: Vom Rampenlicht zur unsichtbaren Front, Berlin.

Voigt, Dieter/Mertens, Lothar (Hrsg.), 1995: DDR-Wissenschaft im Zwiespalt zwischen Forschung und Staatssicherheit, Berlin (Schriftenreihe der Gesellschaft für Deutschlandforschung, 45).

Walther, Joachim, 1996: Sicherungsbereich Literatur. Schriftsteller und Staatssicherheit in der Deutschen Demokratischen Republik, Berlin.

Wegmann, Bodo, 1995: Die Nachrichtendienste der Russischen Föderation, in: Erich Schmidt-Eenboom (Hrsg.): Nachrichtendienste Nordamerika, Europa und Japan, Weilheim, S. 848–935.

1997: Die struktur-historische Darstellung des geheimen militärischen Nachrichtendienstes der Deutschen Demokratischen Republik 1952 bis 1990. Historisch-politische Studien Nr. XXXI/4, hrsg. vom DRA-Studienkreis, Neustadt (Typoskript).

Wegmann, Bodo/Tantzscher, Monika, 1996: SOUD. Das geheimdienstliche Datennetz des östlichen Bündnissystems, hrsg. vom BStU, Berlin.

Weichert, Thilo, 1991: Der Geheimdienstspeicher der ehemaligen Ostblockstaaten – SOUD. Die Enthüllungen des Bundeskriminalamtes BKA, in: Datenschutz-Nachrichten 14(1991)5/6, S. 5–10.

Wenzel, Otto, 1993: Wie Westberlin besetzt werden sollte, in: Die politische Meinung 38(1993)278, S. 71–75.

1995: Kriegsbereit: Der Nationale Verteidigungsrat der DDR 1960 bis 1989, Köln.

Werner, Ruth, 1977: Sonjas Rapport, Berlin.

Whitney, Craig R., 1993: Advocatus Diaboli: Wolfgang Vogel – Anwalt zwischen Ost und West, Berlin.

Wilke, Manfred (Hrsg.), 1998: Die Anatomie der Parteizentrale. Die KPD/SED auf dem Weg zur Macht, Berlin.

Wolf, Markus, 1991: In eigenem Auftrag: Bekenntnisse und Einsichten, München

1992: L' oeil de Berlin: entretiens de Maurice Najman avec l'expatron des services secrets est-allemands, Paris.

1997: Spionagechef im geheimen Krieg. Erinnerungen, Düsseldorf/München.

Wolffsohn, Michael, 1995: Die Deutschland-Akte. Juden und Deutsche in Ost und West – Tatsachen und Legenden, München.

Wolle, Stefan (Hrsg.), 1996: Polen und die DDR im Jahre 1956, in: Hans Henning Hahn und Heinrich Olschowsky (Hrsg.): Das Jahr 1956 in Ostmitteleuropa, Berlin, S. 46–57.

Wollweber, Ernst, 1990: Aus Erinnerungen. Ein Porträt Walter Ulbrichts, dokumentiert von Wilfriede Otto, in: Beiträge zur Geschichte der Arbeiterbewegung 32(1990)3, S. 350–378.

Wüst, Jürgen, 1995: Menschenrechtsorganisation im Stasi-Visier, in: Die politische Meinung 40(1995)305, S. 66–71.

1996: Die Internationale Gesellschaft für Menschenrechte (IGFM) im Visier von Antifa und Staatssicherheit, in: Jahrbuch Extremismus & Demokratie, Bonn, S. 37–53.

Wunschik, Tobias, 1992: Der Prozeß gegen Silke Maier-Witt, in: Uwe Backes/Eckhard Jesse (Hrsg.): Jahrbuch Extremismus & Demokratie, Bonn, S. 146–156.

1993: Biographisches Porträt: Werner Lotze, in: Uwe Backes/Eckhard Jesse (Hrsg.), Jahrbuch Extremismus & Demokratie, Bonn, S. 177–189.

1995: Die Hauptabteilung XXII: „Terrorabwehr“, (MfS-Handbuch, Teil III, 16), hrsg. vom BStU, Berlin.

1997a: Baader-Meinhofs Kinder. Die zweite Generation der RAF, Opladen.

1997b: Die maoistische KPD/ML und die Zerschlagung ihrer „Sektion DDR“ durch das MfS, hrsg. vom BStU, Berlin.

Zeller, Claus, 1969: Marx hätte geweint: Der Porst-Prozeß, geteilte Nation im Zwielicht, Stuttgart.

Ausarbeitungen von MfS-Mitarbeitern

Im Folgenden wird eine Auswahl einschlägiger Ausarbeitungen von Mitarbeitern des MfS zur West-Arbeit aufgeführt. Dissertationen wurden nicht berücksichtigt, da dazu bereits eine ausführliche Übersicht vorliegt.[219]

Diplomarbeiten zur West-Arbeit des MfS

Bestier (Hauptmann)
Die Zusammenführung und Qualifizierung von IM-Beobachtergruppen im Operationsgebiet zur Schaffung von Beweismitteln feindlich tätiger Personen
37 Seiten, [1964], Z. Tgb.-Nr. Pos D 138, MfS-JHS MF 138.

Beyer, Karl (Major; HA XIX/II)
Die politisch-operative Arbeit nach dem und im Operationsgebiet zur Sicherung des berufsbedingten grenzüberschreitenden Verkehrs der Binnenschiffahrt der DDR
110 Seiten, 30.4.1977, JHS MF VVS 001-322/77.

Bieler, Klaus (Hauptmann; BV Frankfurt/Oder, Abt. II)
Einige politisch-operative Voraussetzungen und Möglichkeiten zur Entwicklung vorhandener Perspektiv-IM (B) im Operationsgebiet zu IMF mit dem Ziel der Aufklärung der Pläne, Absichten, Maßnahmen, Mittel und Methoden des BND gegen die DDR
50 Seiten, 15.2.1971, JHS MF VVS 160-182/71.

Blechschmidt, Heini (Hauptmann; BV Karl-Marx-Stadt, Abt. II)
Einige Methoden des Einsatzes von Werbern im Operationsgebiet auf der Linie II – äußere Abwehr
48 Seiten, 20.12.1971, JHS MF VVS 160-219/71.

Bogisch, Heinz-Peter (Oberleutnant; HA XX/5)
Die Erarbeitung geeigneter Anknüpfungspunkte für die Ausarbeitung und Anwendung von Maßnahmen der Zersetzung bei Menschenhändlerbanden
44 Seiten, Dezember 1976; VVS JHS 001-691/76.

Bormann, Manfred (Major; HA VIII/Bereich 6), Kempe, Peter (Hauptmann; HA VIII/ Bereich 6)
Die Möglichkeiten und Bedingungen einer planmäßigen Suche und Auswahl von Werbekandidaten aus dem Operationsgebiet entsprechend den Anforderungen der operativen Beobachtung und Ermittlung
95 Seiten, Januar 1979, JHS MF GVS 001-61/79.

Brandt, Heinrich (Hauptmann; BV Neubrandenburg, Abt. II)
Ausgewählte Probleme der politisch-ideologischen Erziehungsarbeit mit Instrukteuren, die inoffizielle Mitarbeiter im Operationsgebiet anleiten und erziehen
75 Seiten, 20.7.1972, JHS MF GVS 160-64/72.

Braun, Walter (Hauptmann; BV Karl-Marx-Stadt, Abt. II)
Die zielgerichtete Herausarbeitung von operativ-relevanten Informationen über die Reisetätigkeit von Personen aus dem Operationsgebiet in die DDR und die Festlegung erster operativer Maßnahmen zur Entwicklung von Ausgangsmaterialien der Militärspionage
69 Seiten, 13.12.1974, JHS MF VVS 001-357/74.

219 Vgl. dazu: *Förster 1994*. Die vorliegende Auflistung basiert im wesentlichen auf einer Auswahl von Günter Förster.

Dallmann, Erhard (Major; BV Magdeburg, Abt. XIX)
Die Erfordernisse einer zielgerichteten Personenaufklärung und -kontrolle unter den Beschäftigten des VEB Deutsche Binnenreederei im berufsbedingten grenzüberschreitenden Verkehr im Operationsgebiet zur Aufdeckung und Verhinderung feindlicher Angriffe
70 Seiten, 19.8.1972, JHS MF VVS 160-241/72.

Dalski, Jürgen (Major; BV Frankfurt/Oder, AG XXII), Jerie, Dieter (Oberleutnant; Abt. XXII)
Darstellung operativ-bedeutsamer Erscheinungen und Handlungen neonazistischer Potentiale des Operationsgebietes, deren Auswirkungen auf die DDR und daraus resultierende Schlußfolgerungen
91 Seiten, 3.1.1986, JHS MF VVS o001-403/85, JHS 20411.

Daum, Heinz (Hauptmann; Verwaltung Groß-Berlin, Abt. VI), Ullrich, Giesbert (Oberleutnant; Verwaltung Groß-Berlin, Abt. VI)
Probleme der durchgängigen Kontrolle und Überwachung von operativ-interessanten Personen aus dem Operationsgebiet unter den Bedingungen der Interhotels
86 Seiten, 15.12.1972, JHS MF VVS 160-312/72.

Debski, Detlef (Oberleutnant; HA IX/9)
Die Vorbereitung und Durchführung von Zersetzungsmaßnahmen gegen die kriminelle Menschenhändlerbande LAMPL aus der Sicht der Linie Untersuchung
60 Seiten, August 1982, JHS MF VVS o001-280/82.

Doberstein, Werner (Oberleutnant; BV Magdeburg, Abt. XX)
Die Notwendigkeit und Wege zur Nutzung der operativen Basis der Abteilung XX, Bezirksverwaltung Magdeburg, für ihre vorgangs- und personenbezogene Arbeit im und nach dem Operationsgebiet zur rechtzeitigen und vorbeugenden Verhinderung von Versuchen der Inspirierung und Organisierung politischer Untergrundtätigkeit durch feindliche Organisationen, Einrichtungen und Kräfte aus dem Operationsgebiet
58 Seiten, 13.1.1982, JHS MF VVS 001-353/81.

Dorn, Wolfgang (Major; HA VIII)
Der Einsatz von Instrukteuren zur Qualifizierung der Zusammenarbeit mit Beobachter-IM und zur Vervollkommnung und Entwicklung der Arbeit mit Residenten der Linie VIII im Operationsgebiet
122 Seiten, JHS MF GVS 001-94/75.

Frantz, Josef (Major; BV Frankfurt/Oder, Abt. II)
Die Notwendigkeit und Möglichkeit sowie einige Kriterien und Voraussetzungen zur Überwerbung von Agenten imperialistischer Geheimdienste, die im Operationsgebiet wohnhaft sind und als Instrukteure bzw. Kuriere zu Spionen in der DDR eingesetzt werden
49 Seiten, Juli 1970, JHS MF GVS 160-27/70.

Geithner, Gerhard (Oberleutnant; BV Gera, Abt. II)
Die Anleitung und Entstehung von inoffiziellen Mitarbeitern, die zeitweilig ins Operationsgebiet reisen, zum Erkennen und zur Abwehr einer durch feindliche Abwehrorgane eingeleiteten Observation
60 Seiten, 10.12.1970, JHS MF VVS 160-193/70.

Gesierich, Klaus (Humboldt-Universität Berlin, Fachrichtung Kriminalistik)
Erkenntnisse der kriminalistischen Wissenschaft und Praxis auf dem Gebiet der

Spurenverursachung und ihre Nutzbarmachung beim Einsatz von IM im Operationsgebiet, insbesondere im System des Verbindungswesens zur Sicherung gegen imperialistische Abwehrorgane
80 Seiten, November 1965, Z. Tgb.-Nr. Pos D 253, JHS MF VVS 253.

Glaser, Dietmar (Major; BV Potsdam, Abt. II)
Aufgaben der Abteilung II der Bezirksverwaltung Potsdam zur weiteren Vervollkommnung der Arbeit im und nach dem Operationsgebiet unter Berücksichtigung der gegenwärtigen Bedingungen
107 Seiten, 8.2.1980, JHS MF GVS 001-62/80.

Gollesch, Tassilo (Hauptmann; HA I/GK-Nord Aufklärung), Weidner, Wilfried (Hauptmann; HA I/GK-Nord Aufklärung)
Die Mittel und Methoden zur Erarbeitung und Bearbeitung von Personenhinweisen über Werbekandidaten aus dem Operationsgebiet, welche als Ermittler-IM im territorialen Zuständigkeitsbereich der Grenzaufklärung der Hauptabteilung I im Grenzvorfeld der BRD tätig werden sollen
82 Seiten, 29.9.1980, JHS MF VVS 001-320/80.

Görmer, Adolf (Major; HA I/GKN/Abw./UA Halberstadt)
Die langfristige und zielgerichtete Aufklärung von IM-Kandidaten im Operationsgebiet unter Ausnutzung aller Mittel und Möglichkeiten, insbesondere durch die Entsendung von Einsatzkadern
53 Seiten, 10.11.1975, JHS MF GVS o001-101/75.

Graf, Herbert (Major; HA I/GKN/Aufklärung), Litsche, Peter (Hauptmann; HA I, GKS/Aufklärung)
Aufgaben und Arbeitsgrundsätze für die Organisation der politisch-operativen Grenzarbeit des Bereiches Aufklärung der Hauptabteilung I/Kommando Grenztruppen an der Staatsgrenze zur BRD, insbesondere im Rahmen des Verbindungswesens zu IM im Operationsgebiet
59 Seiten, 10.10.1979, JHS MF GVS o001-84/79, K 680.

Grohmann, Bernd (Hauptmann; BV Berlin, Abt. XV)
Aktivitäten und Tendenzen der Westberliner „Ost- und DDR-Forschung" unter den Bedingungen des Übergangs der aggressiven imperialistischen Kreise zur Hochrüstungs- und Konfrontationspolitik
86 Seiten, Oktober 1985, JHS MF VVS o001-300/85, JHS 20326.

Grüneberg, Kurt (Major; BV Frankfurt/Oder)
Die Überprüfung der im Operationsgebiet tätigen inoffiziellen Mitarbeiter mittels einer systematischen und konkreten Berichtsauswertung und Vergleichsarbeit
36 Seiten, 20.3.1965, Z. Tgb.-Nr. Pos D 165, MfS-JHS MF 164.

Günther, Ralf (Major), Fünfstück, Michael (Hauptmann)
Ausgewählte Probleme der konspirativen und offensiven Aufklärung von Werbemotiven und Werbegrundlagen der IM-Kandidaten aus dem Operationsgebiet
104 Seiten + Seite 1/1, JHS MF GVS o001-75/87, JHS 20965.

Güntherodt, Ulrich (Hauptmann; BV Halle/Abt. XVIII/5)
Die Planung, Leitung und Organisation der Zusammenarbeit der BV Halle/Abteilung XVIII mit den KD/OD zur Qualifizierung der Arbeit im und nach dem Operationsgebiet
111 Seiten, 30.8.1985, JHS MF VVS o001-358/85, JHS 20372.

Haase, Gerhard (Oberstleutnant; SED-Kreisleitung), Bauer, Hans-Jürgen (Major; Abt. IV)
Die Voraussetzungen und Anforderungen zur Durchführung von politisch-opera-

tiven Reisen in das Operationsgebiet mit inoffiziellen Mitarbeitern (operativ-konspirative Reisetätigkeit)
136 Seiten, 30.10.1969, JHS MF GVS 001-109/69.

Haase, Wolfgang (Major; KD Artern)
Die Arbeit mit Einsatz- und Entwicklungskonzeptionen als eine wesentliche Voraussetzung für die weitere Qualifizierung und Effektivierung der Arbeit mit inoffiziellen Mitarbeitern, untersucht und dargestellt am Beispiel eines operativ-wertvollen Inoffiziellen Mitarbeiters aus der sachbezogenen und personengebundenen Arbeit in Richtung Operationsgebiet
78 Seiten, 20.5.1980, JHS MF GVS 001-63/80.

Hanke, Klaus Peter (Oberleutnant; HA II/13)
Grundlegende Orientierungen zur Qualifizierung der politisch-operativen Arbeit der HA II/13 im und nach dem Operationsgebiet
85 Seiten, 15.8.1988, JHS MF GVS o001-90/88, JHS 21135.

Hauck, Horst (Oberstleutnant; BV Potsdam/Abteilung VI)
Die politisch-operative Bearbeitung von kriminellen Menschenhändlerbanden einschließlich der Nutzung der Möglichkeit ihrer Zersetzung/Zerschlagung. Dargestellt an den Ergebnissen der politisch-operativen Bearbeitung der KMHB [...] und [...] in den ZOV „Rennstall“ und „Alias“
38 Seiten und 32 Seiten Anhang; Mai 1983; JHS MF VVS o001-1414/83.

Haußner, Lothar (HA II/4)
Voraussetzungen und Hauptmöglichkeiten, Perspektivkader aus dem Operationsgebiet in das Blickfeld des Gegners zu rücken, mit dem Ziel des Einschleusens in Dienststellen des Bundesnachrichtendienstes
42 Seiten, [1964], Z. Tgb.-Nr. Pos D 158, MfS-JHS MF 157.

Heckel, Helmut (Major; HA I/Äußere Abwehr)
Zu einigen politisch-operativen und psychologischen Fragen, wie sie sich im persönlichen Kennenlernen und der Kontaktführung bei IM-Kandidaten mit der Perspektive des zeitweiligen Einsatzes in das Operationsgebiet ergeben
85 Seiten, 31.7.1972, JHS MF VVS 160-226/72.

Hille, Heinz (Major; KD Wernigerode)
Die Aufgaben einer Kreisdienststelle bei der Aufdeckung der Pläne und Absichten der feindlichen Dienststellen und Mitarbeiter im Operationsgebiet – westliches Vorfeld – im Rahmen des Einsatzes von inoffiziellen Mitarbeitern der äußeren Abwehr
[Enthält Verhinderung von Feindtätigkeiten an der Staatsgrenze.]
113 Seiten, 30.10.1969, JSH MF VVS 160-128/69.

Hoffmann, Peter (Hauptmann; BV Frankfurt/Oder, Abt. IX), Blum, Eberhard (Hauptmann; KD Beeskow)
Die Bekämpfung der politischen Untergrundtätigkeit durch die Erarbeitung von Beweisen, insbesondere zu den Ausgangspunkten im Operationsgebiet und zur subjektiven Seite verletzter Straftatbestände
78 Seiten, 30.10.1977, JHS MF VVS 001-403/77.

Horn, Frank (Offiziersschüler; HA VIII/6)
Die Schaffung eines IMS für den spezifischen Einsatz zur Erarbeitung von Hinweisen auf politisch-operativ nutzbare Kontakte und Verbindungen in das Operationsgebiet für die Hauptabteilung VIII/6
43 Seiten, 31.3.1989, GVS o165-MfS D 18/89, JHS 22051.

Horschig, Dieter (Oberleutnant; VfS Groß-Berlin, Abt. II)
Politisch-operative Probleme der Kontaktierung von Werbekandidaten aus dem Operationsgebiet mit Verbindungen in die DDR
94 Seiten, 18.1.1974, JHS MF VVS 160-253/73.

Hünich, Werner (Hauptmann; HA VIII/4)
Zur Gestaltung einiger Elemente eines funktionssicheren Verbindungssystems zwischen Zentrale und IM im Operationsgebiet Westberlin zur Gewährleistung eines schnellen Informationsaustausches
63 Seiten, 30.7.1970, JHS MF VVS 160-151/70.

Illert, [Werner] (Oberleutnant; HA VIII; Humboldt-Universität Berlin)
Die Arbeit mit Personen- und Materialschleusen ins Operationsgebiet Westberlin als Bestandteil des Verbindungssystems und die sich daraus ergebenden Schlußfolgerungen für die Perspektive
62 Seiten, 1.3.1971, JHS MF VVS 160-180/70.

Jesche, Peter (Oberleutnant; BV Berlin, Abt. VIII/6)
Suche, Auswahl und Anwendung von Legendierungen für den Einsatz von IM-Ermittlern im Operationsgebiet Westberlin
110 Seiten, 15.1.1983, JHS MF GVS 001-68/83.

Kämpf, Hartmut (Oberleutnant; BV Halle, Abt. II)
Die Gestaltung einer zielgerichteten effektiven Blickfeldarbeit mit IM im Operationsgebiet zur offensiven Organisierung einer schwerpunktmäßigen vorgangs-, personen- und objektbezogenen Abwehrarbeit auf dem Gebiet der Militärspionage
83 Seiten, 15.7.1978, JHS MF GVS 001-52/78.

Kempe, Harald (Hauptmann; VfS Groß-Berlin, Abt. II)
Der Einsatz von IM zur Vorbereitung der Anwerbung hauptamtlicher Mitarbeiter der Geheimdienste im Operationsgebiet
47 Seiten, September 1964, Z. Tgb.-Nr. Pos D 110, MfS-JHS MF 110.

Klinger, André (Offiziersschüler; BV Neubrandenburg, Abt. II; 2. OSL)
Die Verantwortung der operativen Diensteinheiten für die Gewährleistung der inneren Sicherheit des MfS im Zusammenhang mit Privatreisen von IM in das Operationsgebiet
79 Seiten, 30.8.1989, JHS MF VVS o001-302/89, JHS 21465.

Knoll, Dieter (Oberleutnant; BV Gera, Abt. II)
Die Entwicklung von Verhaltensweisen zur Gewährleistung der Sicherheit bei Einsatz-IM im Reiseverkehr des Operationsgebietes
83 Seiten, 30.11.1971, JHS MF GVS 160-34/71.

Kobbelt, Dr. (Oberst, HV A/IX), Weser, Dr. (Major; ZMD), Kaden (Hauptmann; HV A/IX)
Das Erkennen der objektiven und subjektiven Bedingungen von Fehlhandlungen übersiedelter inoffizieller Mitarbeiter im Operationsgebiet als eine Grundlage für die Realisierung einer erfolgreichen Aufklärungstätigkeit des MfS
266 Seiten, 2 Bände, JHS MF VVS 001-261/78, JHS 21883/ 1 und 2 [Forschungsergebnisse].

Koch Wolfgang (Hauptmann)
Der Einsatz von Werbern unter fremder Flagge zur Bearbeitung hauptamtlicher Mitarbeiter ausländischer imperialistischer Geheimdienste im Operationsgebiet
33 Seiten, 3.10.1966, Z. Tgb.-Nr. Pos D 297, MfS-JHS MF 295.

Kowski, Adolf (Hauptmann; BV Schwerin, Abt. VI), Liedtke, Hartmut (Oberleutnant; BV Schwerin, Abt. VI)
Die Anforderungen an IMF aus dem Operationsgebiet zur Bekämpfung der kriminellen Menschenhändlerbanden. Einige Grundfragen ihrer Gewinnung und Zusammenarbeit mit ihnen
124 Seiten, JHS MF VVS 001-311/76.

Kratsch (Major)
Die Vorbereitung und Durchführung der Werbung von Perspektivkadern im Operationsgebiet und einige sich daraus ergebende Schlußfolgerungen für die Führungs- und Leitungstätigkeit der Linie II/2
74 Seiten, 30.9.1965, Z. Tgb.-Nr. Pos D 191, MfS-JHS MF 191.

Krause, Dietrich (Hauptmann; HA VI, Abt. 1)
Anforderungen an zur Bekämpfung krimineller Menschenhändlerbanden im Operationsgebiet eingesetzte IMF
100 Seiten, 3.8.1976, JHS MF VVS 001-333/76.

Krebs, Heinz (Major; HA II), Fröhlich, Lothar (Hauptmann; HA II)
Die Zusammenarbeit mit IM im Operationsgebiet, die zur Lösung äußerer Abwehraufgaben eingesetzt sind, und die bewußte Nutzung der in diesem Bereich wirkenden psychologischen Faktoren
79 Seiten, Mai 1972, JHS MF VVS 160-292/72.

Kühn, Wolfgang (Hauptmann)
Erkenntnisse und Möglichkeiten zur Verbesserung der Auftragserteilung und Berichterstattung im Rahmen der Qualifizierung und Erziehung der IM in den Bereichen des grenzüberschreitenden Verkehrs der Deutschen Reichsbahn und Mitropa, die zur Bearbeitung operativ-relevanter Kontaktversuche im Operationsgebiet eingesetzt werden
66 Seiten, 29.7.1971, JHS MF GVS 160-65/71, K 577.

Leistner, Heinz (Major; HA VII/3)
Der zielstrebige Einsatz inoffizieller Mitarbeiter im Operationsgebiet zur Aufklärung verdächtiger Rückverbindungen von Staatsangehörigen des nichtsozialistischen Auslands, die um ständigen Aufenthalt in der Deutschen Demokratischen Republik nachsuchen
86 Seiten, 26.11.1969, JHS MF VVS 160-136/69.

Lemser, Andreas (Offiziersschüler; KD Weimar)
Politisch-operative Prozesse des MfS bei der vorbeugenden Verhinderung, Aufdeckung und Bekämpfung erkannter Angriffsrichtungen des subversiven Mißbrauchs der Städtepartnerschaft durch feindlich-negative Kräfte des Operationsgebietes und feindlich-negative Personen, die im Sinne von politischer Untergrundtätigkeit in der DDR wirken
67 Seiten, 30.3.1989, JHS MF VVS o001-306/89, JHS 21467.

Lenz, Siegfried (Hauptmann; BV Schwerin, Abt. XVIII)
Die Qualifizierung der politisch-operativen Arbeit der Linie XVIII im und nach dem Operationsgebiet durch eine intensive linienspezifische Nutzung ihrer operativen Basis
60 Seiten, 20.2.1978, JHS MF VVS 001-275/78.

Lipfert, Gottfried (Hauptmann; HA VIII/3)
Die Erhöhung der Wirksamkeit der Zusammenarbeit mit inoffiziellen Mitarbeitern des MfS im Operationsgebiet BRD durch Qualifizierung der politisch-ideologischen Erziehung
66 Seiten, 31.7.1972, JHS MF VVS 160-224/72.

Lipkowski, Jürgen (Oberleutnant; JHS, Sektion Politisch-operative Spezialdisziplin)
Grundfragen der Entwicklung und Führung von IMB für die Arbeit im und nach dem Operationsgebiet (Grundlagenmaterial)
89 Seiten, Februar 1983, JHS MF VVS o001-318/83.

Lodtka, Frank (Offiziersschüler; HA II/2)
Die Schaffung von perspektivischen Basen des MfS im Operationsgebiet unter Nutzung der Möglichkeiten des Personenkreises der Übersiedlungsersuchenden bei gleichzeitiger Beachtung und Nutzung der gegenwärtigen konkreten objektiven Bedingungen im Verhältnis DDR – BRD
104 Seiten, 30.4.1988, JHS MF GVS o001-63/88, JHS 21112.

Lorenz, Wolfgang (Hauptmann; HA I/GK-Nord, UA Aufklärung Grabow)
Die Untersuchung objektiver und subjektiver Bedingungen, die bei der Prüfung der Zuverlässigkeit von IM (Operationsgebiet) der Hauptabteilung I/Grenzaufklärung zu beachten sind
80 Seiten, 14.9.1978, JHS MF VVS 001-350/78.

Löser, Heinz (Hauptmann; HA I/8)
Zum Inhalt und über Wege der Vermittlung eines aufgabenbezogenen tschekistischen Feindbildes an IM-Ermittler der Hauptabteilung I aus dem Operationsgebiet Westberlin
46 Seiten, 10.10.1979, JHS MF VVS 001-329/79.

Matter, Dieter-Jürgen
Die Schaffung der operativen Basis eines inoffiziellen Mitarbeiters im Operationsgebiet
73 Seiten, 1.7.1969, JHS MF GVS 160-294/69.

Meitzner, Eberhard (Hauptmann; HA I/GK-Nord/Aufklärung)
Die Anwendung zweckmäßiger Mittel und Methoden zur Erarbeitung aussagefähiger Überprüfungsangaben zur Einschätzung der Ehrlichkeit und Zuverlässigkeit von IM der Grenzaufklärung der Hauptabteilung I aus dem Operationsgebiet
73 Seiten, 31.8.1976, JHS MF GVS 001-76/76.

Melchert, Kurt (Major; BV Magdeburg, Abt. II)
Die Analyse des IM-Systems der äußeren Spionageabwehr des Bezirkes Magdeburg im Operationsgebiet im Hinblick auf die Verkündung eines Notstandsfalles in Westdeutschland
73 Seiten, 20.12.1968, JHS MF VVS 160-144/68.

Miksch, Manfred (Oberstleutnant; HA VIIII/6), Müller, Werner (Major; HA VIIII/6)
Der Aufbau und der operative Einsatz von Beobachter-Residenturen im Operationsgebiet BRD
123 Seiten, JHS MF GVS 001-81/77.

Mikuszeit, Erwin (Hauptmann; HA VIII/III)
Die Methoden der Aufklärung und Kontaktierung von Personen aus dem Operationsgebiet für die inoffizielle Zusammenarbeit auf der Linie Ermittlung der Hauptabteilung VIII
(Schulungsmaterial)
79 Seiten, 31.8.1966, Z. Tgb.-Nr. Pos D 310, MfS-JHS MF 306.

Mohrmann, Fritz (Hauptmann; BV Schwerin, Abt. II)
Zu einigen Problemen des zielstrebigen Einsatzes inoffizieller Mitarbeiter der Linie II/1 im Operationsgebiet zur Suche, Auswahl und Aufklärung von Perspektiv-IM
54 Seiten, JHS MF VVS 160-144/69.

More, Jens (Offiziersschüler; KD Potsdam), Wolf, Andreas (Offiziersschüler; KD Potsdam)
Politisch-operative Nutzung der Reisen in dringenden Familienangelegenheiten von Bürgern des Verantwortungsbereiches der KD Potsdam zur Erarbeitung von operativen Anhaltspunkten für Feindangriffe auf diesen Personenkreis, zur Informationsgewinnung über das Operationsgebiet sowie zur Stärkung der operativen Basis der KD
73 Seiten, 30.3.1988, JHS MF VVS o001-278/88, JHS 21157

Mühlberg, Helmut (Major; Abt. XXI)
Ziele, Aufgaben und Anforderungen für eine wirkungsvollere Bearbeitung der in Operativen Vorgängen erfaßten Fahndungsobjekte aus dem Operationsgebiet unter besonderer Berücksichtigung der neuen Bedingungen im Klassenkampf
68 Seiten, August 1978, JHS MF GVS 001-63/78.

Mühle, Thomas (Offiziersschüler; HA IX/6)
Methodisches und taktisches Vorgehen in Vorkommnisuntersuchungen von Fahnenfluchten Angehöriger der Grenztruppen der DDR in das Operationsgebiet
48 Seiten, 31.3.1988, JHS MF VVS o001-330/88, JHS 21202.

Müller, Gerhard (Major; Abt. E)
Die Stellung der operativen Technik im Verbindungssystem zwischen Operationsgebiet und Zentrale
41 Seiten, 30.1.1971, JHS MF GVS 160-23/70.

Müller, Peter (Major; BV Schwerin, Abt. II)
Die Organisierung der politisch-operativen Arbeit der Linie II im Operationsgebiet unter Beachtung des vorbereiteten und verkündeten Notstandes
[Enthält Schutzgesetze, Sicherstellungsgesetze, Notverordnungen.]
60 Seiten, 23.12.1968, JHS MF VVS 160-143/68.

Naß, Alfred (Major; HA I/GK Süd Aufklärung)
Ziele, Mittel und Methoden der Überprüfung von IM und IM-Kandidaten aus dem Operationsgebiet
75 Seiten, 31.8.1979, JHS MF VVS o001-91/79.

Oss, Juris (Oberleutnant; BV Magdeburg, Abt. XV)
Die Suche und Auswahl von Werbern für den Einsatz im Operationsgebiet aus dem IM-System der inneren Abwehr in industriellen Großbetrieben für die Aufklärung und äußere Abwehr.
Untersucht am Beispiel des IM-Systems der Operativgruppe des VEB „Ernst Thälmann“ Magdeburg
72 Seiten, September 1968, JHS MF GVS 001-90/68, K 91.

Ostrowski, Wolfgang (Oberstleutnant; HA I/Aufklärung), Teichmann, Gerhard (Hauptmann; HA I/Aufklärung)
Die Bearbeitung des westlichen Grenzvorfeldes und des besonderen Territoriums Westberlin.
Die effektive Gestaltung des Systems der Zusammenarbeit der in diesen Bereichen des Operationsgebietes tätigen Diensteinheiten des Ministeriums für Staatssicherheit
188 Seiten, 30.1.1970, JHS MF VVS 160-195/69.

Parade, Karsten (Offiziersschüler; XXII/4)
Die Analysierung vorhandener Materialien zu ausgewählten operativ bedeutsamen Exil- und Emigrantenorganisationen des Operationsgebietes und die sich daraus er-

gebenden Konsequenzen für die Suche von IM-Kandidaten zur Bearbeitung dieser Organisationen
74 Seiten, 25.4.1988, GVS o106-855/88, JHS 22048.

Passig, Helmut (Major; KD Pößneck)
Einige Aspekte der Herausarbeitung und Kontrolle der Rückverbindungen ehemaliger Staatsbürger der DDR, die ungesetzlich die DDR verlassen haben, und von Personen, die aus der Staatsbürgerschaft der DDR entlassen wurden und im Operationsgebiet mit feindlichen Personen und Organisationen zusammenarbeiten bzw. von diesen genutzt werden, um Straftaten gemäß den §§ 97, 105, 213 und 219 StGB zu organisieren und durchzuführen sowie Personen zu rechtswidrigen Übersiedlungsersuchen zu inspirieren
92 Seiten, 20.8.1979, JHS MF VVS 001-359/79.

Pechmann, Volkmar (Oberleutnant; HA XX/5)
Die politisch-operative Zersetzung – eine wesentliche Methode zur Bekämpfung der Organisatoren und Inspiratoren politischer Untergrundtätigkeit im Operationsgebiet, besonders unter ehemaligen DDR-Bürgern
37 Seiten, 13.6.1986, JHS MF GVS o001-94/86, JHS 20475.

Pfannschmidt, Lutz (Hauptmann; HA I/GK Nord – Bereich Aufklärung)
Der Einsatz von IM der Grenzaufklärung der Hauptabteilung I im Operationsgebiet zur Aufklärung und Bearbeitung subversiver Angriffe gegen die Staatsgrenze und Grenztruppen der DDR
58 Seiten, 12.1.1982, JHS MF VVS 001-350/81.

Pietras, Günter (Major; HA XX/4)
Die Gewährleistung einer konzentrierten und schwerpunktbezogenen politisch-operativen Arbeit gegen feindliche politisch-klerikale Zentren im Operationsgebiet zur weiteren Stärkung der inneren Sicherheit der DDR
(Dargestellt an den Zentren „Brüsewitz-Zentrum“ und „Evangeliumsrundfunk“ Wetzlar)
31 Seiten, 30.7.1982, JHS MF VVS 001-297/82.

Pioch, Klaus-Dieter (Hauptmann; HA I, Abt. Äußere Abwehr)
Anforderungen an die Gestaltung des Verbindungswesens in der ersten Phase der Zusammenarbeit mit Personen aus dem Operationsgebiet
104 Seiten, 28.12.1973, JHS MF VVS 160-308/73.

Pojar (Major)
Die Suche und Auswahl von Perspektivkadern aus der DDR und dem Operationsgebiet, die zum Einsatz als Leiter von Beobachtungsgruppen im Operationsgebiet geeignet sind
(Schulungsmaterial)
42 Seiten, [1965], Z. Tgb.-Nr. Pos D 175, MfS-JHS MF 174.

Prätorius, Peter (Major; BV Leipzig, Abt. XI)
Möglichkeiten und Wege der vorgangs- und personenbezogenen Arbeit mit IM im und nach dem Operationsgebiet zur Spionageabwehr auf Linie XI
74 Seiten, 15.12.1983, JHS MF GVS 001-89/83.

Quitzsch, Frank (Hauptmann; KD Dresden-Stadt)
Politisch-operativ bedeutsame Probleme bei der Nutzung der rechtlichen Regelungen der „Anordnung über die Auswahl, Bestätigung und Vorbereitung von Reise- und Auslandskadern und die Durchführung ihrer dienstlichen Reisen“ (VVS B2 – 1034/81 des Ministerrates der DDR) zur Erhöhung der Qualität und Quantität

operativ relevanter Informationen aus der kommerziellen Reisetätigkeit in das Operationsgebiet
45 Seiten, 4.2.1985, JHS MF VVS o001-394/84, JHS 20227.

Rabe, Karl (Hauptmann; Abt. II)
Die grundsätzlichen Anforderungen an die Qualifizierung der Zusammenarbeit mit Werbungskandidaten aus dem Operationsgebiet auf der Linie II in der ersten Phase des Gewinnungsprozesses nach der Kontaktaufnahme bis zur Werbung
79 Seiten, 12.10.1970, JHS MF GVS 160-25/70.

Radecker, Ulrich (Oberleutnant; HA VIII/Abt. 13), Scherf, Reiner (Oberleutnant; HA VIII/Abt.13)
Prüfung der Nutzbarkeit ausgewählter Einrichtungen des Operationsgebietes, ihrer Mittel und Methoden der Recherchetätigkeit zu Personen im Operationsgebiet für die weitere Qualifizierung der Ermittlungsführung der Hauptabteilung VIII/Abteilung 13
104 Seiten, 8.7.1988, JHS MF GVS o001-87/88, JHS 21132.

Radzuweit, Alfred (Hauptmann; BV Schwerin, Abt. II)
Die politisch-operative Zusammenarbeit mit IMF aus dem Operationsgebiet und der sich daraus ergebende Nutzeffekt bei der Bearbeitung des Bundesnachrichtendienstes durch die Äußere Spionageabwehr
90 Seiten, 14.9.1970, JHS MF GVS 160-55/70.

Ramm, Sven (Offiziersschüler; HA XIX/3)
Die Bestimmung von politisch-operativen Aufgaben der Abwehrarbeit an den Ausgangspunkten feindlicher Angriffe gegen das Verkehrswesen der DDR im Operationsgebiet als eine wesentliche Voraussetzung für die Qualifizierung der Grundprozesse der inneren Abwehr in den Bereichen des Verkehrsträgers Mitropa
96 Seiten, 31.3.1989, JHS MF VVS o001-282/89, JHS 21448.

Rapmund, Thomas (Oberleutnant; Abt. XV)
Operative Erfahrungen, Erkenntnisse und Reserven der Kreisdienststelle Karl-Marx-Stadt/Stadt der Bezirksverwaltung Karl-Marx-Stadt bei der Erschließung von Möglichkeiten der Reisekader-IM zur Realisierung eines Beitrages hinsichtlich der Qualifizierung der Arbeit im und nach dem Operationsgebiet
65 Seiten, 10.7.1989, JHS MF VVS o001-468/89, JHS 21588.

Roß, Torsten (Offiziersschüler; Abt. XXII/1)
Analysierung operativ bedeutsamer Aktivitäten neonazistischer Organisationen, Gruppen und Kräfte des Operationsgebietes BRD/WB in den Jahren 1986 und 1987 sowie ihre politisch-operative Einschätzung zur weiteren Präzisierung von Schwerpunkten der operativen Bearbeitung dieser Feindpotentiale durch die Abteilung XXII/1
122 Seiten, 15.2.1988, JHS MF VVS o001-292/88, JHS 21169.

Rusch, Horst (Major; HA I/GK Nord/Aufklärung)
Die Hauptaufgabe der Hauptabteilung I/Aufklärung und die Organisierung des Zusammenwirkens mit der Hauptabteilung I/Abwehr bei der Realisierung des Schutzes der Staatsgrenze West zur DDR gegenüber den subversiven Angriffen durch die westdeutschen Grenzüberwachungsorgane und Personen aus dem grenznahen Operationsgebiet
63 Seiten, 28.7.1972, JHS MF VVS 160-228/72.

Scheffler, Dieter (Hauptmann; HA XIX/3)
Zu Anforderungen einer weiteren Qualifizierung der Zusammenarbeit mit IM unter Reise-, Verhandlungs- und Betreuungskadern aus speziellen Bereichen des

Ministeriums für Verkehrswesen der DDR zum Erkennen subversiv tätiger Personen im Operationsgebiet
66 Seiten, 28.8.1972, JHS MF GVS 160-53/72.

Schenk, Kurt (Hauptmann; BV Gera, Abt. II)
Die zielstrebige Überprüfung der im feindlichen Operationsgebiet tätigen inoffiziellen Mitarbeiter mittels der konkreten Auftragserteilung und Berichtsauswertung, des Einsatzes von überprüften, zuverlässigen inoffiziellen Mitarbeitern sowie der Auswertung und des Vergleiches aller über den inoffiziellen Mitarbeiter vorhandenen Überprüfungsergebnisse und Materialien
51 Seiten, Dezember 1964, Z. Tgb.-Nr. Pos D 151, MfS-JHS MF 151.

Schenker (Hauptmann; BV Karl-Marx-Stadt)
Die offensive Nutzung von Reisekadermonteuren aus dem VEB Buchungsmaschinenwerk Karl-Marx-Stadt zur Schaffung von Verbindungen, die sich objektiv aus den im Operationsgebiet bestehenden Generalvertretungen ergeben, zwecks Abschöpfung bzw. Anschleusung mit der politisch-operativen Zielstellung zur Erforschung der Pläne und Absichten des Gegners
102 Seiten, 1966/67, VVS MfS 160-D 338, JHS MF 333.

Schieferdecker, Jörg (Leutnant, HA III)
Gegenwärtige und perspektivische Anforderungen an die spezifisch-operative Vorgehensweise zur funktaktisch-technischen Aufklärung BRD-interner Richtfunkstrecken unter dem Gesichtspunkt der weiteren Erschließung von Informationsquellen für die Hauptabteilung III.
15.3.1989, BStU, ZA, HA III/AKG 369.

Schindler, Harald (Major; BV Karl-Marx-Stadt, Abt. II), Franik, Wolfgang (Hauptmann; BV Karl-Marx-Stadt, Abt. II), Ullmann, Dieter (Hauptmann; BV Karl-Marx-Stadt, Abt. II)
Kernfragen der weiteren Qualifizierung des persönlichen Treffs auf dem Gebiet der DDR mit IM der Abwehrlinien aus dem Operationsgebiet
87 Seiten, 1.10.1975, JHS MF GVS 001-80/75.

Schindler, Manfred (Major; HA I, Abt. Äußere Abwehr)
Bearbeitung ausgewählter Fahnenfluchtverbrechen durch die HA I im Operationsgebiet
72 Seiten, 8.2.1984, JHS MF GVS o001-91/83.

Schleder, Reinhard (Major; KD Bad Salzungen)
Die weitere Vervollkommnung und Qualifizierung der politisch-operativen Arbeit im und nach dem Operationsgebiet der KD Bad Salzungen auf der Grundlage der Bearbeitung des Feindobjektes „Heimatkreis Geisaer Amt“
73 Seiten, 1.12.1986, JHS MF GVS o001-93/86, JHS 20474.

Schlösser, Bernd (Major; BV Erfurt, Abt. XVIII)
Grundfragen der Qualifizierung der Arbeit mit den Reisekader-IM auf Linie XVIII der Bezirksverwaltung Erfurt zur Erhöhung der Wirksamkeit der Arbeit im und nach dem Operationsgebiet
63 Seiten, 22.8.1986, JHS MF GVS o001-91/86, JHS 20473.

Schmelter, Josef (Hauptmann; BV Schwerin, Abt. XV), Schäfer, Karl-Heinz (Hauptmann; BV Magdeburg, Abt. XV)
Grundsätze und methodische Probleme bei der Erarbeitung und Verwendung operativer Legenden in der politisch-operativen Arbeit ins und im Operationsgebiet
120 Seiten, 15.9.1971, JHS MF VVS 160-392/71.

Schmidt, Uwe (Hauptmann; HA I/GK Süd/Aufklärung, UA GR-3 Dernbach; BV Erfurt)
Schlußfolgerungen für die politisch-operative Arbeit der Diensteinheiten der Grenzaufklärung der Hauptabteilung I in das und im Operationsgebiet, die sich aus Aufgaben und Handlungen der Grenzüberwachungsorgane der BRD im Grenzvorfeld bei Fahndungen ergeben
106 Seiten, 15.12.1983, JHS MF GVS o001-87/83.

Schönherr, Gottfried (Hauptmann; BV Karl-Marx-Stadt, Abt. II)
Die Nutzung der Möglichkeiten der im feindlichen Operationsgebiet tätigen inoffiziellen Mitarbeiter bei der Suche, Auswahl und Aufklärung von Perspektivkadern mit dem Ziel des Eindringens in Zentren der imperialistischen Geheimdienste im Raum Bayern
74 Seiten, 6.10.1966, Z. Tgb.-Nr. Pos D 344, MfS-JHS MF 338.

Schröder, Bernd (Oberleutnant; BV Schwerin, Abt. VI)
Erfahrungen der Abteilung VI der Bezirksverwaltung Schwerin sowie Probleme bei der Suche, Auswahl, Aufklärung und Überprüfung vorgangsbezogener IM-Kandidaten aus dem Operationsgebiet. Zur Aufklärung, Aufdeckung und Bekämpfung staatsfeindlicher Aktivitäten von KMHB und Herausarbeitung bedeutsamer Schlußfolgerungen für die Entwicklung von IM-Vorlaufmaterialien
63 Seiten, 20.12.1984, JHS MF GVS o001-69/84, K 464.

Schuart, Lutz (Hauptmann; KD Magdeburg)
Das Erkennen der Motive, ihre Nutzung bei der Werbung und ihre Entwicklung in der ersten Phase der Zusammenarbeit mit IM aus dem Kreis positiver Jugendlicher aus Erweiterten Oberschulen sowie Fach- und Hochschulen, die für die perspektivische Entwicklung zum Einsatzkader in das Operationsgebiet vorgesehen sind
77 Seiten, 18.9.1976, JHS MF VVS 001-355/76.

Schult, Rudi (Oberleutnant; BV Potsdam, Abt. XI)
Grundfragen der Entwicklung von Blickfeldarbeit auf Linie XI zur Qualifizierung der Arbeit im und nach dem Operationsgebiet
57 Seiten, November 1981, JHS MF GVS o001-72/81.

Schuster, Theodor (Hauptmann; Verwaltung Groß-Berlin, Abt. XIX)
Zu ausgewählten Problemen der Zusammenarbeit mit inoffiziellen Mitarbeitern im Verkehrszweig Deutsche Reichsbahn im Operationsgebiet Westberlin
75 Seiten, 31.8.1972, JHS MF VVS 160-213/72.

Schwarz, André (Offiziersschüler; BV Schwerin, Abt. XV)
Die Nutzung der operativen Basis des Bezirkes Schwerin, insbesondere des Ausreiseverkehrs von DDR-Bürgern in dringenden Familienangelegenheiten, zur offensiven Bearbeitung eines zugewiesenen Objektes im Operationsgebiet BRD im Sinne der Weisung 4/85 des Genossen Minister
65 Seiten, 1.4.1988, JHS MF VVS o001-403/88, JHS 21270.

Schwarzfeld, Paul (Hauptmann; BV Magdeburg, Abt. II)
Methoden des Studiums und der Überprüfung von inoffiziellen Mitarbeitern aus dem Operationsgebiet
69 Seiten, 30.11.1973, JHS MF GVS 160-54 A/73.

Storch, Lothar (Major; BV Suhl)
Die zielstrebige Einleitung von Maßnahmen zur Orientierung und Nutzung der im feindlichen Operationsgebiet vorhandenen IM für die Suche, Aufklärung und Aus-

wahl von Perspektivkadern mit dem Ziel des Eindringens in den westdeutschen Geheimdienst
(Schulungsmaterial)
131 Seiten, Oktober 1966, Z. Tgb.-Nr. Pos D 333, MfS-JHS MF 328.

Straube, Karl-Heinz (Major; HA VI, Abt. 1)
Vorbereitung und Einsatz von IME, die als Beobachtergruppe im Operationsgebiet zur personen- und vorgangsbezogenen Arbeit entsprechend der Spezifik der Linie VI eingesetzt werden
82 Seiten, 20.12.1982, JHS MF VVS 001-337/82.

Teichert, Dirk (Offiziersschüler)
Zur weiteren Qualifizierung der Erarbeitung perspektivvoller Ausgangsmaterialien für die Suche und Auswahl von IM-Kandidaten unter Ausländern zur Arbeit im und nach dem Operationsgebiet
73 Seiten, 31.3.1989, JHS MF VVS o001-362/89, JHS 21514.

Tiebel, Werner (Hauptmann; HA VIII/13)
Die Gewährleistung der aktuellen und konkreten Einschätzung der politisch-operativen Lage als Grundlage der Leitung politisch-operativer Arbeitsprozesse in den Diensteinheiten des Stellvertreterbereiches Operationsgebiet der Hauptabteilung VIII
41 Seiten, 1.10.1980, JHS MF GVS 001-72/80.

Tippmar, Dieter (Oberleutnant; Abt. XIX)
Die Schaffung inoffizieller Mitarbeiter im Operationsgebiet Hof als Voraussetzung zur Gestaltung einer wirksamen äußeren Spionageabwehr
50 Seiten, 14.7.1969, JHS MF VVS 160-210/69.

Walter, Horst (Hauptmann; KD Halle)
Die Nutzung der Möglichkeiten der Kreisdienststelle Halle für die Entwicklung und Verstärkung der politisch-operativen Arbeit nach dem Operationsgebiet
49 Seiten, 10.4.1978, JHS MF VVS 001-280/78.

Wehner, Jan (Offiziersschüler; HA II/2)
Probleme der Erarbeitung von aktuellen und aufgabenbezogenen Anforderungsbildern für Perspektiv-IM aus dem Operationsgebiet, die mit dem Ziel ihrer Einschleusung in den Verfassungsschutz der BRD vorläufig als Polizeibeamte eingestellt werden sollen
52 Seiten, 5.5.1989, JHS MF VVS o001-311/89, JHS 21471.

Wessig, Gerd (Hauptmann; HA VI, Abt. 1)
Zur Instruierung und zum Einsatz von inoffiziellen Mitarbeitern im und nach dem Operationsgebiet, die zur Erarbeitung von Ersthinweisen und Ausgangsmaterialien über Aktivitäten krimineller Menschenhändlerbanden und anderer feindlicher Kräfte bei der Organisierung und Durchführung des staatsfeindlichen Menschenhandels und von ungesetzlichen Grenzübertritten eingesetzt werden
41 Seiten, Februar 1988, JHS MF VVS o001-384/87, JHS 21078.

Wilde, Horst (Hauptmann; BV Groß-Berlin, Abt. VIII)
Die Gewinnung geeigneter Beobachter- und Ermittler-IM im Operationsgebiet Westberlin auf der Grundlage konkreter Anforderungsbilder
64 Seiten, 14.7.1976, JHS MF VVS 001-359/76.

Willomitzer, Herbert (Major; Abt. IV)
Die Vorbereitung von politisch-operativ-taktischen und operativ-technischen Maßnahmen zur Weiterführung der politisch-operativen Arbeit in einem Teilbereich

der Linie IV/MfS im Operationsgebiet nach Auslösung einer Notstandssituation
159 Seiten, 20.11.1969, JHS MF GVS 160-187/69.

Wolf, Ulrich (Hauptmann; HA I/KGM – Aufklärung, UA GR 44)
Zu einigen Anforderungen an die Suche, Auswahl und Aufklärung sowie Herstellung des sozialen Kontaktes zu geeigneten Perspektiv-IM-Kandidatinnen aus dem Operationsgebiet mit der Zielstellung der Werbung und Lancierung in Grenzüberwachungsorgane der BRD und Westberlin
141 Seiten, 15.8.1979, JHS MF GVS 001-87/79, K 632.

Wortha, Holger (Offiziersschüler)
Analyse der Regimebedingungen der Polizei von Berlin (West) und des Grenzzolldienstes von Berlin (West), die im Gewinnungsprozeß von IM aus dem Operationsgebiet mit der Einsatzrichtung des Eindringens in diese Organe zu beachten sind
131 Seiten, 1.12.1989, JHS MF VVS o001-421/90, JHS 21630.

Zapf, Peter (Major; KD Parchim)
Die Nutzung der politisch-operativen Potenzen der Abwehr zur Erhöhung der Wirksamkeit der Aufklärung und Bekämpfung der vom Operationsgebiet ausgehenden Angriffe gegen die Volkswirtschaft des Bezirkes
87 Seiten, 10.1.1988, GVS o028 BVfS SWu 156/87, JHS 22046.

Zenker, Kurt (Oberstleutnant; BV Dresden)
Probleme der Qualifizierung von IM im Operationsgebiet, insbesondere in der ersten Etappe der Zusammenarbeit
67 Seiten, Dezember 1968, JHS MF VVS 160-159/68.

Zentsch, Ronald (Feldwebel, HA III, Abt. 11)
Analyse der objektiven Möglichkeiten des Bereiches Amateurfunk des Operationsgebietes zur Lösung der linienspezifischen Ziel- und Aufgabenstellungen der Hauptabteilung III, Abteilung 11, und sich daraus ergebende operative Konsequenzen zur Entwicklung einer zuverlässigen IM-Basis
161 Seiten, 23.4.1988, JHS MF GVS o001-64/88, JHS 21113.

Zollfrank, Helfried (Hauptmann; Abt. IV), Leiß, Günter (Hauptmann; Abt. IV), Eichhorn, Franz (Hauptmann; Abt. IV)
Psychologische Aspekte auf dem Gebiet der Äußeren Abwehr bei der Vorbereitung und Durchführung operativer Reisen durch IM und der Einfluß der im Operationsgebiet herrschenden Bedingungen während des zeitweiligen Aufenthaltes im Einsatzgebiet. Schlußfolgerungen für die Anleitung, Erziehung und Qualifizierung der IM in psychologischer Sicht
123 Seiten, JHS MF VVS 160-204/73.

Abschlußarbeiten im postgradualen Studium

Erhardt, Arnd (Hauptmann; KD Ilmenau)
Möglichkeiten der Basisnutzung der Technischen Hochschule Ilmenau für die Arbeit im und nach dem Operationsgebiet
21 Seiten, 15.8.1985, GVS JHS o001-373/85.

Firesch, Roland (Major; BV Leipzig, Abt. II)
Anforderungen an die Einleitung von politisch-operativen Maßnahmen in der Vorgangs- und OPK-Bearbeitung der inneren Abwehr im und nach dem Operationsgebiet
32 Seiten, 25.10.1983, VVS JHS 001-1471/83.

Heymel, Horst (Major; HA I, GK Süd, UA GR 9 Aufklärung Meiningen)
Ausgewählte Probleme zur Aufklärung, Prüfung der Werbbarkeit und Gewinnung perspektivvoller IM-Kandidaten aus dem Operationsgebiet
34 Seiten, 30.6.1986, VVS JHS 001-1235/86, JHS 20926.

Isensee, Gerd (Hauptmann; HA VIII/6)
Grundsätzliche operative Anforderungen und Bedingungen beim Einsatz von Markierungsmitteln in der operativen Beobachtung im Operationsgebiet
26 Seiten, Oktober 1985, GVS JHS 001-380/85, JHS 20390.

Knespel, Herbert (Oberstleutnant; BV Suhl, Abt. VI), Heinze, Wolfgang (Hauptmann; BV Suhl, Abt. VI)
Zur zielgerichteten Gewinnung operativ bedeutsamer Informationen und deren Nutzung für die operative Arbeit im und nach dem Operationsgebiet
123 Seiten, 2.9.1983, VVS JHS 001-1475/83.

Müller, Heinz-Günther (Major; KD Weißensee)
Versuche des Mißbrauchs der evangelischen Kirche der DDR zur Schaffung einer oppositionellen Bewegung – dargestellt am OV „Brett", unter Beachtung der Verbindungen der Hauptverdächtigen in das Operationsgebiet
44 Seiten, 16.5.1985, VVS JHS 001-1215/84, JHS 20253.

Müller, Peter (Oberstleutnant; BV Schwerin, Abt. II)
Einige ausgewählte Probleme des Einsatzes von neugeworbenen IM zur operativen Bearbeitung spionageverdächtiger Personen aus dem Operationsgebiet und die sich daraus ergebenden Aufgaben und Schlußfolgerungen für einen Leiter einer Diensteinheit
63 Seiten, 27.7.1984, VVS JHS 001-1480/83.

Pump, Otto (Oberstleutnant; KD Halberstadt)
Die Ausschöpfung der Möglichkeiten einer Grenzkreisdienststelle im Zusammenhang mit der Arbeit im und nach dem Operationsgebiet
102 Seiten, 10.9.1984, VVS JHS 001-1222/84.

Schmidt, Hans-Jürgen (Oberstleutnant; BV Halle, OD Buna)
Politisch-operative Kontrolle von NSW-Reisekadern nach der Rückkehr aus dem Operationsgebiet, konkret bezogen auf die Sicherungsbereiche Außenwirtschaftsbeziehungen und komplexe Anlagensicherheit
102 Seiten, 15.8.1984, VVS JHS 001-1204/84, JHS 20243.

Schmidt, Wolfgang (Hauptmann; KD Strausberg)
Analyse der IM-Verbindungen der KD Strausberg hinsichtlich einer Nutzung für die Arbeit im und nach dem Operationsgebiet und Überlegungen zur weiteren Nutzung einer IM-Verbindung ins Operationsgebiet
30 Seiten, VVS JHS 001-1454/83.

Schneider, Reinhard (Hauptmann; HA I, MfNV, UA Sonderaufgaben)
Untersuchungen zu ausgewählten Problemen unter den Reisekader-IM des Ministeriums für Nationale Verteidigung zur Erhöhung der operativen Wirksamkeit ihres Einsatzes im Operationsgebiet zur Erkennung und Bekämpfung der subversiven Angriffe gegen das Ministerium für Nationale Verteidigung
39 Seiten, 18.7.1986, GVS JHS 001-353/86, JHS 20600.

Schuchardt, Horst (Major; BV Erfurt, Abt. XV)
Erfahrungen bei der Feststellung der Eignung von IM/DDR für den Einsatz im Operationsgebiet im Prozeß ihrer abwehrmäßigen Erprobung
38 Seiten, 5.9.1983, VVS JHS 001-1448/83.

Abkürzungen

A-Auftrag	auch A-Maßnahme (Abhören des Telefonverkehrs bzw. Dokumentieren von Post- und Paketsendungen)
AWACS	Airborne Early Warning and Control System (Luftgestütztes Frühwarnsystem der NATO-Staaten)
ABBAX	Fluchthilfeorganisation
ABC-Waffen	Atomare, biologische, chemische Waffen
ABM	Antiballistic Missile: Antiballistikraketen
Abt. M	Diensteinheit des MfS, die Post- und Paketkontrollen sowie Postzollfahndungen durchführt
PZF	Postzollfahndung
Abt./Abtlg.	Abteilung
ABV	Abschnittsbevollmächtigter
AdK	Apparat der Koordination
AE	Akteneinheit
AfNS	Amt für Nationale
A(f)NS	Sicherheit
AG	Arbeitsgebiet
AG	Arbeitsgruppe
AG A	Arbeitsgruppe Ausländer
AG BKK	Arbeitsgruppe Bereich Kommerzielle Koordinierung
AG K	Arbeitsgruppe Koordinierung (der HA II)
AG S	Arbeitsgruppe Sicherheit (der HV A)
AGL	Arbeitsgruppe des Leiters
AGL	Abteilungsgewerkschaftsleitung
AGM	Arbeitsgruppe des Ministers
AGM/S	Arbeitsgruppe des Ministers/Sonderfragen
AGOMA	Arbeitsgemeinschaft Ost- und Mitteldeutscher Aus- und Übersiedler e.V.
AG S	Arbeitsgruppe Sicherheit
AIDA	Association Internationale de Défense des Artistes: Internationale Vereinigung für die Verteidigung der Künstler
AIM	Archivierter IM-Vorgang bzw. -Vorlauf
AL	Alternative Liste
AO	Angriffsobjekt
AO	Anordnung
AOK	Arbeitsgemeinschaft der Ostsektor-Kreisverbände
AOPK	Archivierte OPK
APN	Außenpolitischer Nachrichtendienst
APO	Abteilungsparteiorganisation (der SED)
APO	Außerparlamentarische Opposition
ARD	Arbeitsgemeinschaft der öffentlich-rechtlichen Rundfunkanstalten
ASALA	Armenische Geheimarmee für die Befreiung Armeniens
ASBW	Amt für Sicherheit der Bundeswehr
ASt	Außenstelle (des BStU)
ASTA	Allgemeiner Studentenausschuß
ATM	Raketenabwehrsystem
AV	Auslandsvertretung
AVC	Aktionskomitee für verfolgte Christen

B-Auftrag	auch B-Maßnahme (Raumüberwachung mittels Mikrofon bzw. Untersuchung und Dokumentierung von Post- und Paketsendungen)
BDI	Bundesverband der Deutschen Industrie
BdL/Dok.	Büro der Leitung/Dokumentenverwaltung
BfgA	Bundesanstalt für gesamtdeutsche Aufgaben
BfV	Bundesamt für Verfassungsschutz
BGS	Bundesgrenzschutz
BIOst	Bundesinstitut für ostwissenschaftliche und internationale Studien
BKA	Bundeskanzleramt
BKA	Bundeskriminalamt
BKG	Bezirkskoordinierungsgruppe
Bl.	Blatt
BMD	Bund der Mitteldeutschen
BMVg.	Bundesministerium der Verteidigung
BMVtg Fü	Bundesministerium der Verteidigung, Führungsstab
BMWi	Bundesministerium für Wirtschaft
BMZ	Bundesministerium für wirtschaftliche Zusammenarbeit
BND	Bundesnachrichtendienst
B-Netz	Funktelefonnetz (der Bundesrepublik Deutschland)
BOD	Bulgarische Befreiungsbewegung
BPS	Bezirksparteischule
BStU	Der Bundesbeauftragte für die Unterlagen des Staatssicherheitsdienstes der ehemaligen DDR
BTD	Bundestagsdrucksache
BUWE	Bundeswehr
BV	Bezirksverwaltung
BV/V	Bezirksverwaltung/Verwaltungen
BVfS	Bezirksverwaltung für Staatssicherheit
C- Netz	Richtfunksystem der Deutschen Bundespost
CCC	Cellules Communistes Combattentes: Kämpfende Kommunistische Zellen
CDU	Christlich-Demokratische Union
ChSWN	Christlicher Dienst für die Befreiung der Völker
CIA	Central Intelligence Agency (Auslandsaufklärungsdienst der USA)
COCOM	Coordinating Committee/Controlling Commission: Koordinierungsausschuß/Kontrollkommission
ČS	Tschechoslowakei
CSI	Christian Solidarity International
ČSSR	Československá Socialisticka Republiká: Tschechoslowakische Sozialistische Republik
CSU	Christlich-Soziale Union
DA	Dienstanweisung
DARC	Deutscher Amateur-Radio-Club
D-Auftrag	auch D-Maßnahme (Optische und elektronische Beobachtung von Personen und Dokumentierung von Handlungsabläufen bzw. Weiterleitung von Post- und Paketsendungen ohne Kontrolle)
DAV	Dienstleistungsamt für ausländische Vertretungen
DB	Dienstberatung, Dienstbereich, Dienstbesprechung

DB	Durchführungsbestimmung
DBP	Deutsche Bundespost
DDR	Deutsche Demokratische Republik
DE	Diensteinheit
Dfb.	Durchführungsbestimmung
DFD	Demokratischer Frauenbund Deutschlands
DGB	Deutscher Gewerkschaftsbund
DHG	Diensthabender Gehilfe
DIW	Deutsches Institut für Wirtschaftsforschung
DKP	Deutsche Kommunistische Partei
DP	Deutsche Post
DRK	Deutsches Rotes Kreuz
DRP	Deutsche Reichspartei
DSP	Deutsche Soziale Partei
DSt	Dienststelle
DV	Dienstvorschrift
DV	Datenverarbeitung
dv-	datenverarbeitend
DVdI	Deutsche Verwaltung des Innern
DVpMP	Deutsche Vereinigung gegen den politischen Mißbrauch der Psychiatrie e.V.
DVU	Deutsche Volksunion
DZKK	Dezentrale Zielkontrollkartei
EDV	Elektronische Datenverarbeitung
EG	Einsatzgruppe
EG	Europäische Gemeinschaft
EHF	extremely high frequency: extrem hohe Frequenz
EKKI	Exekutivkomitee der Kommunistischen Internationale
EKMS	Europäische Konferenz für Menschenrechte und Selbstbestimmung
ELOKA	Elektronische Kampfführung
EPR	Elektronisches Personenregister
EPZ	Europäische Politische Zusammenarbeit
ESER	Einheitliches System elektronischer Rechentechnik
ETA	Euskadi ta Ascatasuna: (baskische Separatistenorganisation)
EVI	Europäische Verteidigungsinitiative
EWG	Europäische Wirtschaftsgemeinschaft
F	Form
F	Funkabwehr
F 16	Form 16: Zentrale Personenkartei des MfS
F 17	Form 17: Feindobjektkartei des MfS
F 22	Form 22: Vorgangskartei des MfS
F 430	Form 430: Erfassungsbeleg des MfS
F 431	Form 431: Auskunftsersuchen im MfS
F 432	Form 432: Übernahme-/Löschungsmitteilung im MfS
F 505	Form 505: IM-Vorauswahlkartei des MfS
F 78	Form 78: Straßenkartei des MfS
FAD	Funkabwehrdienst
FAP	Freiheitliche Deutsche Arbeiterpartei
FBS	Funkbeobachtungsstation
FDGB	Freier Deutscher Gewerkschaftsbund
FDJ	Freie Deutsche Jugend
FDP	Freie Demokratische Partei
F/E	Forschung/Entwicklung
FIM	Führungs-IM
FMdI	Ministerium des Innern der ČSSR

FOA	Feindobjektakte
FPS	Funkpeilstation
FU	Freie Universität (Berlin)
GAK	Gesamtdeutscher Arbeitskreis (der Land- und Forstwirtschaft)
GBM	Gesellschaft zum Schutz von Bürgerrecht und Menschenwürde
Gestapo	Geheime Staatspolizei
GfW	Gesellschaft für Wehrkunde e.V.
GI	Geheimer Informator
GIM	Gruppe Internationaler Marxisten
GM	Geheimer Mitarbeiter
GmbH	Gesellschaft mit beschränkter Haftung
GME	Geheimer Mitarbeiter im besonderen Einsatz
GMS	Gesellschaftlicher Mitarbeiter für Sicherheit
GO	Grundorganisation der SED
Gra	Gera
GÜST	Grenzübergangsstelle
GVS	Geheime Verschlußsache
HA	Hauptabteilung
HF	Hochfrequenz
HICOG	High Commissioner for Germany (engl.): Hochkommissar für Deutschland
HIM	Hauptamtlicher Inoffizieller Mitarbeiter
HIM/A	Hauptamtlicher Inoffizieller Mitarbeiter/Aufklärung
HPA	Handelspolitische Abteilung
HPF	Hauptabteilung Paßkontrolle und Fahndung
HV	Hauptverwaltung
HV	Hauptvermittlungsstelle
HV A	Hauptverwaltung A (Aufklärung)
Hvd	Hilferufe von drüben (Menschenrechtsorganisation)
I	Stellvertreterbereich Informationsgewinnung (HA III)
IA	Inter Aid International GmbH Verlag
IADE	Informationsauswertende Diensteinheit
IBFG	Internationaler Bund Freier Gewerkschaften
IBM	International Business Machines (US-Elektronikkonzern)
IGfM	Internationale Gesellschaft für Menschenrechte
IGW	Institut für Gesellschaft und Wissenschaft (an der Universität Erlangen-Nürnberg)
IM	Inoffizieller Mitarbeiter
IMB	Inoffizieller Mitarbeiter der Abwehr mit Feindverbindung bzw. zur unmittelbaren Bearbeitung im Verdacht der Feindtätigkeit stehenden Personen
IMF	Inoffizieller Mitarbeiter der inneren Abwehr mit Feindverbindung zum Operationsgebiet
INF	Intermediate-range Nuclear Forces: atomare Mittelstreckenraketen
INKA	Internationales Kulturzentrum Achbaerg
INPOL	Informations- und Auskunftssystem der Polizei
INSCOM	Intelligence and Security Command: Aufklärungs- und Sicherheitskommando (der USA)
IPZ	Internationales Pressezentrum

IRA	Irish Republican Army: Irische Republikanische Armee
IR-Schleuse	Infrarot-Schleuse
ISDN	Integrated Services Digital Network (Digitales Fernsprechnetz)
ITU	Institut für Technische Untersuchungen
IWE	Informationsbüro West
IWF	Institut für wirtschaftswissenschaftliche Forschung
JHS	Juristische Hochschule (des MfS)
K	Kriminalpolizei
KABD	Kommunistischer Arbeiterbund Deutschlands
KB	Kommunistischer Bund
KBA	Kraftfahrt-Bundesamt
KBW	Kommunistischer Bund Westdeutschlands
KD	Kreisdienststelle (des MfS)
KfS	Komitee für Staatssicherheit (deutsch für KGB)
KFZ	Kraftfahrzeug
KGB	Komitet gossudarstwennoi besopasnosti: Komitee für Staatssicherheit (der UdSSR)
KGT	Kommando der Grenztruppen
KgU	Kampfgruppe gegen Unmenschlichkeit
KMHB	Kriminelle Menschenhändlerbande
KoKo	Kommerzielle Koordinierung
KOM	Kraftomnibus
KOST	Koordinierungsstelle (der HV A)
KP	Kommunistische Partei
KP	Kontaktperson
KPČ	Kommunistische Partei der Tschechoslowakei
KPD/ML	Kommunistische Partei Deutschlands/Marxisten-Leninisten
KPdSU	Kommunistische Partei der Sowjetunion
KS	Komitee für Staatssicherheit
KSW	Koordinierungsstelle für Sicherheitsfragen in der gewerblichen Wirtschaft
KSZE	Konferenz über Sicherheit und Zusammenarbeit in Europa
KW	Konspirative Wohnung
KW	Kurzwelle
LAR	Legal abgedeckte Residenturen
LEU	Landesinstitut für Erziehung und Unterricht
LMI	Landesinnenministerium
LSK	Leistungssportkommission der DDR
LSK/LV	Luftstreitkräfte/Luftverteidigung
LSO	Landessicherungsorgane
LTTE	Liberation Tigers of Tamil Eelam (Separatistenorganisation in Sri Lanka)
MAD	Militärischer Abschirmdienst
MAH	Ministerium für Außenhandel
MAI	Ministerium für Außenhandel und Innerdeutschen Handel
M-Apparat	(Geheimer) Militär-Apparat (der KPD)
MAW	Ministerium für Außenwirtschaft
MdB	Mitglied des Bundestages
MdI	Ministerium des Innern
MEE	Ministerium für Elektrotechnik und Elektronik
MfAA	Ministerium für Auswärtige Angelegenheiten

MfNV	Ministerium für Nationale Verteidigung
MfS	Ministerium für Staatssicherheit
Mdg	Magdeburg
MGB	Ministerstwo gossudarstwennoi besopasnosti: Ministerium für Staatssicherheit (der UdSSR 1946–1953)
MHz	Megahertz
MI	Militärinspektion (der Westmächte in Westberlin)
MI	Military Intelligence
MIK	Militärisch-industrieller Komplex
MIS	Military Intelligence Service: Geheimdienst der USA
MO	Militärorganisation (der DKP)
Mob-Arbeit	Mobilmachungsarbeit
MVM	Massenvernichtungsmittel
MVM	Militärverbindungsmission (der Westmächte in Potsdam)
MWT	Ministerium für Wissenschaft und Technik
N/I	(Abteilung) Nachrichten und Informationen
N-Apparat	Nachrichten-Apparat (der KPD)
NATO	North Atlantic Treaty Organization: Nordatlantikpakt-Organisation
NKWD	Narodny kommissariat wnutrennich del: Volkskommissariat für innere Angelegenheiten (der UdSSR 1934–1946)
NLA	National-Liberale Aktion
NPD	Nationalsozialistische Partei Deutschland
NPG-Staaten	Nichtpaktgebundene Staaten
NRW	Nordrhein-Westfalen
NS	Nationalsozialistisch
NSDAP	Nationalsozialistische Deutsche Arbeiterpartei
NSW	Nichtsozialistisches Wirtschaftsgebiet
NTS	Narodno-trudowoi sojus: Volksarbeitsbund (russische Emigrantenorganisation)
NVA	Nationale Volksarmee
OAG	Operative Außengruppe
OD	Objektdienststelle
OEI	Osteuropa-Institut (der Freien Universität Berlin)
OfA	Offizier für Aufklärung
OG	Operationsgebiet
OG	Operationsgruppe
OibE	Offizier im besonderen Einsatz
OLZ	Operatives Leitzentrum
OPK	Operative Personenkontrolle
OSI	Otto-Suhr-Institut (der Freien Universität Berlin)
OTM	Operativ-technische Mittel
OTS	Operativ-technischer Sektor
OV	Operativer Vorgang
OZK	Operative Zielkontrolle
PBA	Politisch Beratender Ausschuß
PdVP	Präsidium der Deutschen Volkspolizei
PID	Politisch-ideologische Diversion
PIM	Perspektiv-IM
PIV	Plan für die Informationstätigkeit im Verteidigungszustand
PK	Personenkategorie
PKE	Paßkontrolleinheit
PLO	Palestine Liberation Organization: Palästinensische Befreiungsorganisation

PS	Personenschutz
PUT	Politische Untergrundtätigkeit
PZF	Postzollfahndung
RAF	Rote Armee Fraktion
RCDS	Ring Christlich-Demokratischer Studenten
RD	Rückwärtige Dienste
RGW	Rat für Gegenseitige Wirtschaftshilfe
RIAS	Rundfunk im amerikanischen Sektor
RSA	Rufnummerselektierungsanlage
Rst	Rostock
RZ	Revolutionäre Zellen
SAE	Spezifische Ausbildungseinrichtung
SAPMO-BA	Stiftung Archiv der Parteien- und Massenorganisationen der DDR im Bundesarchiv
SB	Spartacusbund
SDI	Strategic Defense Initiative: Strategische Verteidigungsinitiative (der USA)
SdM	Sekretariat des Ministers
SDS	Sozialistischer Deutscher Studentenbund
SED	Sozialistische Einheitspartei Deutschlands
SEW	Sozialistische Einheitspartei Westberlins
SF	Spezialfunkdienst
SFRJ	Sozialistische Förderative Republik Jugoslawien
SHF	superhigh frequency: superhohe Frequenz
SIRA	System Information und Recherche der Aufklärung (Datenbank der HV A)
SOK	Sozialistisches Osteuropakomitee
SOUD	Soglashenije o sisteme objedinennowo utschota dannych (o protiwnike): System der gemeinsamen vereinigten Erfassung von Informationen (über den Gegner)
SPD	Sozialdemokratische Partei Deutschlands
SS	Schutzstaffel (der NSDAP)
SSG	Sozialistische Staatengemeinschaft
StäV	Ständige Vertretung (Bezeichnung für die diplomatischen Vertretungen der DDR und der Bundesrepublik in Bonn und Ostberlin)
StUG	Stasi-Unterlagen-Gesetz
SU	Sowjetunion
SWR	Slushba wneschne raswedki: Dienst für Auslandsaufklärung
SWT	Sektor Wissenschaft und Technik
TA 500	Richtfunksystem
T-Auftrag	auch T-Maßnahme (Kontrolle des Fernschreibverkehrs)
TBK	Toter Briefkasten
Tgb.-Nr.	Tagebuchnummer
TSK	Territoriale spezifische Kräfte
TU	Technische Universität
TV	Teilvorgang
UAP	Unabhängige Arbeiterpartei
UBA	Umweltbundesamt
UdSSR	Union der Sozialistischen Sowjetrepubliken
UFJ	Untersuchungsausschuß Freiheitlicher Juristen
UHF	ultrahigh frequency: ultrahohe Frequenz

UNO	United Nations Organization: Organisation der Vereinten Nationen
US	United States: Vereinigte Staaten
USA	United States of America: Vereinigte Staaten von Amerika
USIA	United States Information Agency: Informationsagentur der USA
USPD	Unabhängige Sozialdemokratische Partei Deutschlands
VDA	Verein für das Deutschtum im Ausland
VdgB	Vereinigung der gegenseitigen Bauernhilfe
VEJ	Vereinigung Europäischer Journalisten e.V.
VHF	very high frequency: sehr hohe Frequenz
VMA	vormilitärische Ausbildung
VMA	Vorzimmer Minister (Post-) Ausgang
VO	Verordnung, Verbindungsoffizier, Vorlauf-Operativ
VOS	Vereinigung der Opfer des Stalinismus
VP	Volkspolizei
vpa	verlag politisches archiv
VR	Volksrepublik
VRD	Verwaltung Rückwärtige Dienste
VS	Verfassungsschutz
VS	Verschlußsache
VSH-Kartei	Vorverdichtungs-, Such- und Hinweis-Kartei
VUS	Vereinigung unvereinigter Sozialisten
VVB	Vereinigung Volkseigener Betriebe
VVO	Vaterländischer Verdienstorden
VVS	Vertrauliche Verschlußsache
WEU	Westeuropäische Union
WFA	Wissenschaftlich-technische Forschungsarbeit
WKM	Wachkommando Missionsschutz
WONA	West-Ost-Nachrichtenagentur
WPÜ	Wirtschaftspolitische Informationsübersicht
WTA	Wissenschaftlich-technische Auswertung
ZA	Zentralarchiv
ZAGG	Zentrale Arbeitsgruppe Geheimnisschutz
ZAIG	Zentrale Auswertungs- und Informationsgruppe
Z-Apparat	auch ZER-Apparat: (Geheimer) Zersetzungsapparat (der KPD)
ZASt	Zentrale Aufnahmestelle (des Landes Hessen)
ZDF	Zweites Deutsches Fernsehen
ZEG	Zentrale Einsatzgruppe
ZK	Zentralkomitee
ZKG	Zentrale Koordinierungsgruppe
ZMBB	Zentrale Melde,- Beratungs- und Betreuungsstelle (für Vorkommnisse und Fragen im West-Ost-Verkehr)
ZMO	Zentralverband Mittel- und Ostdeutscher e.V.
ZOS	Zentraler Operativstab
ZOV	Zentraler Operativer Vorgang
ZOW	Zentrales Objekt Wuhlheide (HA II)

ZPDB Zentrale Personendatenbank

ZPV Zentrale Planvorgabe

ZSK Zentrale spezifische Kräfte

ZSR Zentralnaja Slushba Raswedki: Zentraler Dienst für Aufklärung

ZV Zentralvermittlungsstelle

Personenregister

Angaben zu den Autoren

HUBERTUS KNABE, geb. 1959, Dr. phil., wissenschaftlicher Mitarbeiter der Abteilung Bildung und Forschung des BStU. Veröffentlichungen u. a.: Klaus Ehring (Pseudonym des Verf.) und Martin Dallwitz: Schwerter zu Pflugscharen. Friedensbewegung in der DDR, Reinbek 1982; (Hrsg.): Aufbruch in eine andere DDR. Reformer und Oppositionelle zur Zukunft ihres Landes, Reinbek 1989; Umweltkonflikte im Sozialismus. Möglichkeiten und Grenzen der Problemartikulation in sozialistischen Systemen – eine vergleichende Analyse der Umweltdiskussion in der DDR und Ungarn, Köln 1993.

EISENFELD, BERND, geb. 1941, Betriebswirt (grad.), wissenschaftlicher Mitarbeiter beim BStU. Veröffentlichungen u. a.: Kriegsdienstverweigerung in der DDR ein Friedensdienst? Genesis – Befragung – Analyse – Dokumente, Frankfurt/M. 1978; Die SDI im Spiegel ausgewählter deutscher Zeitungen und Wochenblätter 1983 bis 1985, Wiesbaden 1987; Die Zentrale Koordinierungsgruppe. Bekämpfung von Flucht und Übersiedlung (MfS-Handbuch, Teil III/17), BStU, Berlin 1995.

HECHT, JOCHEN, geb. 1942, Dr. oec., Archivar und Diplomhistoriker, seit 1991 Mitarbeiter im Archivbereich des BStU, 1992/93 Leiter eines Erschließungsreferates und ab Ende 1993 Leiter des Grundsatzreferates AR 1 im Archiv des BStU, seit 1996 zusätzlich vertretungsweise Wahrnehmung der Leitung der Abteilung Archivbestände beim BStU. Veröffentlichungen u. a. zum Verkehrswesen der DDR und zum Archivgut der Deutschen Reichsbahn.

LABRENZ-WEISS, HANNA, geb. 1955, Dr. phil., Historikerin, wissenschaftliche Mitarbeiterin der Abteilung Bildung und Forschung des BStU. Veröffentlichungen u. a.: Das Bild Preußens in der polnischen Geschichtsschreibung, Rheinfelden 1986; Die Hauptabteilung II: Spionageabwehr (MfS-Handbuch, Teil III/7), BStU, Berlin 1998.

SCHMIDT, ANDREAS, geb. 1962, Dipl.-Sonderpädagoge, Mitarbeiter der Abteilung Bildung und Forschung des BStU. 1989/1990 Mitglied des Bürgerkomitees Gera zur Auflösung des MfS, 1990–1995 Leiter der Außenstellen Gera und Erfurt des BStU. Veröffentlichungen u. a.: Essays zu den Themenkomplexen Staatssicherheit und Verweigerung sowie lyrische und poetische Arbeiten.

SÜNDRAM, BIRGIT, geb. 1963, Dipl.-Archivarin, seit 1991 Mitarbeiterin im Archivbereich des BStU, ab 1993 Leiterin des Erschließungsreferates AR 4 (Bestände: Leitung, KuSch, ZAIG u. a.) im Archiv des BStU, seit 1996 zusätzlich vertretungsweise Wahrnehmung der Leitung der Abteilung Archivbestände beim BStU.

TANTZSCHER, MONIKA, geb. 1942, Dipl.-Slawistin, Mitarbeiterin der Abteilung Bildung und Forschung des BStU. Veröffentlichungen u. a.: Maßnahme „Donau“ und Einsatz „Genesung“. Die Niederschlagung des Prager Frühlings 1968/69 im Spiegel der MfS-Akten, BStU, Berlin 1994; mit Bodo Wegmann: SOUD. Das geheimdienstliche Datennetz des östlichen Bündnissystems, BStU, Berlin 1996; Die verlängerte Mauer. Die Zusammenarbeit der Sicherheitsdienste der Warschauer-Pakt-Staaten bei der Verhinderung von „Republikflucht“, BStU, Berlin 1998.

WUNSCHIK, TOBIAS, geb. 1967, Dr. phil., Historiker, Mitarbeiter der Abteilung Bildung und Forschung des BStU. Veröffentlichungen u. a.: Die Hauptabteilung XXII: „Terrorabwehr“ (MfS-Handbuch, Teil III/16), BStU, Berlin 1995; Die maoistische KPD/ML und die Zerschlagung ihrer „Sektion DDR“ durch das MfS, BStU, Berlin 1997; Baader-Meinhofs Kinder. Die zweite Generation der RAF, Opladen 1997.

ZIEHM, HERBERT, geb. 1947, Dipl.-Ing. (Energiewirtschaft), Referatsgruppenleiter AU II (Auskunftsersuchen öffentlicher und nichtöffentlicher Stellen) beim BStU. 1990 Mitwirkung an der Stasi-Auflösung in Berlin als Mitglied bzw. Arbeitsgruppenleiter des „Bürgerkomitees Normannenstraße“ und als Mitarbeiter des „Komitees zur Auflösung des MfS“, seit Oktober 1990 Mitarbeiter des BStU, 1992–1999 Referatsleiter AU II.2 (Auskunftsersuchen von Gerichten, Staatsanwaltschaften und Polizei).

Inoffizielle Mitarbeiter des Ministeriums für Staatssicherheit

Teil 2: Anleitungen für die Arbeit mit Agenten, Kundschaftern und Spionen in der Bundesrepublik Deutschland
Herausgegeben von Helmut Müller-Enbergs

Ch. Links

1118 Seiten, gebunden; 68,00 DM/sFr.; 496 öS; ISBN 3-86153-145-3
Ch. Links Verlag, Berlin, 1. Auflage Oktober 1998, 2. Auflage Dezember 1998

Die von Helmut Müller-Enbergs verfaßte Behördenpublikation enthält einen guten Überblick über Struktur und Arbeitsweise der HV A. Hervorzuheben ist insbesondere die gelungene Darstellung der von den jeweiligen Diensteinheiten der HV A betriebenen systematischen Ausspähung der politischen, gesellschaftlichen und wirtschaftlichen Institutionen der Bundesrepublik Deutschland, die auch dem nicht mit der Materie vertrauten Leser auf anschauliche Weise einen Eindruck von der nahezu flächendeckenden Spionagetätigkeit der HV A vermittelt.
Dr. Peter Frisch, Präsident des Bundesamtes für Verfassungsschutz

Wer sich durch den [...] Text durcharbeitet, erhält eine faktengesättigte Vorstellung von Struktur und Strategie der Stasi-Spionage, wie sie die Fachliteratur bislang nicht gekannt hat.
Dr. Karl Wilhelm Fricke, Deutschlandfunk (Köln)

Als relativ langjähriger Mitarbeiter der [Hauptverwaltung] Aufklärung muß ich zugeben, daß ich zuvor nie so viel Wissen über Theorie und Praxis der Arbeit der Aufklärung akkumulieren konnte, wie es durch diesen Band geschehen ist. Das Buch ist für mich ein nachträgliches Lehrbuch und in seiner Konkretheit auch ein wichtiges Zeitdokument.
Oberst der HVA IX

Müller-Enbergs darf sich ohne jede Übertreibung auf die Fahnen schreiben, daß es ihm als Ersten gelungen ist, die tatsächliche Anatomie der ehemaligen DDR-„Agentur“ zu enthüllen.
Kid Möchel, Öffentliche Sicherheit (Wien)

Müller-Enbergs beweist weitgehend Augenmaß bei der Gratwanderung zwischen Mystifikation und Verdammung der HV A und taucht die lange normativ-hitzig geführte Debatte in das Abkühlbecken der Rationalität.
Erich Schmidt-Eenboom, Neues Deutschland

Ein Standardwerk.
Dr. Jochen Staadt, Frankfurter Allgemeine Zeitung

Thomas Auerbach

Einsatzkommandos an der unsichtbaren Front

Terror- und Sabotagevorbereitungen des MfS gegen die Bundesrepublik Deutschland

Ch.Links

192 Seiten, Broschur; 20,00 DM/sFr.; 146 öS; ISBN 3-86153-183-6
Ch. Links Verlag Berlin, 1. Auflage April 1999, 3. Auflage Oktober 1999

Akribisch ist die Aufklärung „sensibler Ziele“ in der Bundesrepublik durch partisanenähnliche „Einsatzgruppen“ des MfS von der DDR betrieben worden. Mehrjährige Nachforschungen in den zerstreuten Akten der „Arbeitsgruppe des Ministers/Sondereinheiten“ förderten jetzt Details über Erich Mielkes 3 600 Kämpfer starke Untergrundarmee zutage. Das Ergebnis der Recherchen findet sich in Thomas Auerbachs Buch über die „Einsatzkommandos an der unsichtbaren Front“.
Der Spiegel

Zu einem der unerhörten deutsch-deutschen Kapitel, den geplanten Terroraktionen des Ministeriums für Staatssicherheit gegen die Bundesrepublik, legt Thomas Auerbach ein aufsehenerregendes Buch vor.
Frankfurter Rundschau

Die Pläne für Meuchelmord und Bombenattentate im Westen liegen jetzt im Detail vor, akribisch zusammengetragen in einem Band. Nachzuweisen sind bislang jedoch nur einige wenige Taten in den 60er Jahren. Auerbachs Studie gilt daher als Zwischenstand zu dem brisanten Thema.
Berliner Morgenpost

Die geplanten Methoden des MfS reichten von Sprengstoffanschlägen über Mord bis hin zur Vergiftung von Trinkwasser im Bundesgebiet. Dies belegt die neue Studie der Gauck-Behörde über Einsatzkommandos an der unsichtbaren Front.
Tagesspiegel

Hunderte von Agenten waren in der Bundesrepublik damit beschäftigt, Terror- und Sabotageziele im Westen auszukundschaften und Informationen über zu liquidierende Personen zu sammeln. Das geht aus den Untersuchungen von Thomas Auerbach hervor, die er im Auftrag der Gauck-Behörde zusammengestellt hat.
Die Welt

Auerbachs Studie liefert eine haarsträubende Zwischenbilanz. Offen bleibt, inwieweit die staatsterroristischen Einsatzplanungen tatsächlich umgesetzt wurden. Hierzu sind weitergehende Recherchen notwendig.
Freie Presse